ASIA EDITION 제13판

살바토레의 **국제경제학**

Σ 시그마프레스

살바토레의 **국제경제학** 제13판

발행일 | 2021년 3월 5일 1쇄 발행

지은이 | Dominick Salvatore
옮긴이 | 최낙일, 김갑용
발행인 | 강학경
발행처 | **㈜ 시그마프레스**
디자인 | 김은경
편 집 | 류미숙

등록번호 | 제10−2642호
주소 | 서울특별시 영등포구 양평로 22길 21 선유도코오롱디지털타워 A401~402호
전자우편 | sigma@spress.co.kr
홈페이지 | http://www.sigmapress.co.kr
전화 | (02)323−4845, (02)2062−5184~8
팩스 | (02)323−4197

ISBN | 979−11−6226−313−6

International Economics, 13th edition (ASIA EDITION)

＊ 책값은 책 뒤표지에 있습니다.

역자 서문

오늘날 국제경제는 갈수록 중요성이 더해 가고 있다. 최근 들어 세계화의 가속화, 세계경제의 블록화, EU 및 유로의 탄생 및 이후의 브렉시트, 중국의 WTO 가입에 따른 중국경제의 급부상, EU-미국, 미국-일본, 미국-중국 간의 통상마찰, 서브프라임 사태로 인한 미국발 금융위기의 국제적 전파 등 굵직한 사건들이 발생하였을 뿐 아니라 그 외에 이루 헤아릴 수 없는 수많은 국제경제 현상 및 사건들이 발생하여 우리들의 삶에 직·간접적으로 큰 영향을 주고 있다.

이러한 국제경제학 사건들에 관심을 가지면서 이러한 사건들이 국내경제와 우리의 삶에 어떤 영향을 주는지를 파악하고 급격한 국제환경의 변화에서 어떻게 대처해야 하는가를 모색하는 일은 매우 중요한 일이지만 결코 쉬운 일은 아니다. 따라서 국제경제 현상을 보다 명료하게 이해하기 위해서는 복잡다단한 국제경제 현상을 단순화시켜 해석하고 설명하는 이론적 도구가 필요하며, 이것이 국제경제학을 공부하는 이유가 된다.

이러한 필요에 입각하여 국제경제 문제의 설명과 이해에 큰 도움이 될 수 있는 알기 쉬운 접근 방법을 사용한 미국 포드햄대학교의 도미니크 살바토레의 *International Economics*의 제13판을 번역하여 출판하게 된 것을 기쁘게 생각한다. 이 책은 1판부터 3판까지 번역되었고, 그 후 8판 및 10판이 번역된 바 있지만, 그동안 국제경제의 새로운 전개 과정에 발맞추어 많은 부분이 수정, 보완, 추가되었다. 또한 이전 번역본의 번역상 오류도 대폭 수정하였다.

이 책이 기존의 다른 책과 구별되는 장점은 다음과 같다.

첫째, 저자도 밝히고 있는 바와 같이 복잡한 국제경제 이론을 먼저 직관적으로 설명하고 차후에 수식이나 도표를 이용하여 보다 논리적으로 설명하는 방식을 취함으로써 국제경제학에 대한 깊은 이해가 없는 독자들도 국제경제 문제를 직관적으로 이해할 수 있도록 하였다. 둘째, 국제경제학에 관련된 거의 모든 내용을 빠짐없이 수록했으며, 보다 높은 고급 분석은 부록에서 설명하였다. 셋째, 설명 방식이 매우 세밀하고 자세할 뿐 아니라 비약 없이 전개되므로 주의 깊게 책을 읽을 경우 어려운 개념도 비교적 쉽게 이해할 수 있다. 마지막으로 무엇보다도 매력적이었던 것은 풍부한 사례연구 및 국제경제 자료들을 제공함으로써 자칫 현실감을 느끼기 어려운 국제경제이론에 생동감을 불어넣었다는 점이다.

번역을 하는 과정에서 원저의 내용을 충실하게 전달할 수 있도록 최선을 다했다고 생각되나 본의 아닌 오역도 있을 것이다. 이 점에 대해서는 독자들의 따가운 질책을 기대한다.

끝으로 살바토레 교수의 국제경제학의 한국어판을 계속 출간해 주시는 (주)시그마프레스의 강학경 사장님, 문정현 부장, 그리고 멋진 책으로 탄생시켜 준 편집부 여러분께 감사를 표한다.

저자 서문

이 책은 대단한 호평을 받은 것으로 자부하는 국제경제학 교과서의 제13판으로 미국, 캐나다 및 기타 영어를 사용하는 국가의 700개 이상의 대학에서 교재로 사용되고 있다. 또한 중국어, 프랑스어, 그리스어, 인도네시아어, 이탈리아어, 한국어, 폴란드어, 포르투갈어, 세르비아어, 스페인어, 러시아어 및 기타 언어로 번역되었다. 이 책이 미국 및 범세계적으로 국제경제학의 주요 교과서로 자리매김할 수 있도록 했던 특징들은 제13판에서도 그대로 유지되었으나, 새로운 중요한 토픽과 중요한 최근의 진전상황을 포괄할 수 있도록 내용을 완전히 새롭게 바꾸고 확대하였다.

국제경제의 중요한 진전상황

제13판의 중요한 목적은 오늘날 세계경제가 직면하고 있거나 장차 직면하게 될 중요한 국제경제 문제들을 이해하고, 평가하며 해결책을 제시하는 데 필수적인 국제경제학의 이론과 원리를 포괄적으로 명쾌하게 설명하는 것이다. 이러한 문제로는 다음과 같은 사항들이 있다.

1. 1929년 대공황 이래 최악의 경제 및 금융위기인 '대침체기' 후에 나타난 선진국 경제의 저성장과 고실업이다.
2. 미국과 기타 선진국에서의 보호주의가 강화됨에 따라 특화와 무역 수준은 감소하고 모든 국가의 후생을 저해할 수 있는 무역전쟁의 망령이 야기되고 있다.
3. 환율의 과도한 급변성과 지속적이고도 큰 폭의 환율 불균형으로 인해 국제무역과 투자의 국제적 이동이 위축되며 국제금융 및 통화위기를 초래할 수 있다.
4. 미국에서의 심각한 구조적 불균형, 유럽 및 일본의 저성장, 중부 및 동부 유럽에서의 미흡한 구조조정으로 인해 국제무역량이 감소할 수 있고, 달러가 붕괴될 수 있다.
5. 많은 개발도상국에서의 극심한 빈곤과 불평등의 확대는 미국과 다른 선진국에게 도덕적, 정치적, 개발상의 문제를 제기하고 있다.
6. 자원고갈, 환경 악화, 기후변화는 미국과 기타 선진국의 지속적 성장과 신흥시장에서의 지속 가능한 발전을 저해하고 있다.

이러한 사건들은 미국과 기타 세계의 후생에 중요한 영향을 미치지만 대체로 미국과 개별 국가의 통제 밖에 있다.

제13판의 새로운 내용

제1장은 이 책의 제12판이 출간된 이후 세계경제에서 발생한 극적인 경제 및 금융 변화를 반영할 수 있도록 대폭 개정되고 보완되었다. 1.6절은 완전히 개정하여 오늘날 미국과 세계가 직면하는 주요 국제경제(무역 및 금융) 문제를 식별할 수 있도록 하였으며, 21.6절에서는 해결 방법을 논의하였다.

세계경제의 급격한 세계화는 대부분의 국가에 이익을 가져다주지만, 중국과 같은 신흥시장으로부터의 경쟁이 치열해지는 미국이나 기타 선진국뿐만 아니라 세계화를 활용할 수 없는 빈곤국에게는 도전이 되기도 한다. 이러한 토픽들은 이 책의 무역 및 금융 부문에 새로 추가된 새로운 절과 사례연구에서 다룬다.

달러-유로 및 달러-인민폐 환율은 오늘날 미국의 막대하고도 감당하기 어려운 무역수지 적자만큼이나 뉴스에 자주 등장하고 있다. 미국의 무역수지 적자, 보호무역주의, 환율 불균형 사이의 관계는 이론적으로 그리고 실증적으로 모든 경우에 있어서 이 책의 무역 및 금융 부문에서 다룬다.

세계경제의 세계화와 국제 자본시장의 자유화는 국제무역과 국제 경쟁력에 영향을 미치기도 하지만 정부의 국내정책과 금융문제에 대한 통제권을 잠식하기도 한다. 환율은 급변성과 큰 폭의 불균형을 보이는데, 이는 국제무역과 투자의 흐름과 각 국가의 비교우위를 저해한다. 동시에 세계의 금융시장에서 국가 간 상호의존성이 증가함에 따라 야기되는 잠재적 문제점들과 도전 등에 대처할 수 있도록 국제 거시정책의 협조가 충분히 이루어지지 않았다.

이 책에서는 세계경제의 위험한 구조적 불균형을 심도 있게 분석하고, 이를 해결할 수 있는 정책대안들을 살펴본다. 오늘날 세계경제의 구조적 불균형으로는 미국의 무역수지 및 재정 적자, 유럽의 저성장과 높은 실업률, 10년에 걸친 일본의 정체, 중국으로부터의 경쟁으로 인한 선진국과 개발도상국에 대한 경쟁적 도전, 선진국과 신흥시장 경제에서 금융 및 경제위기의 가능성, 세계의 빈곤, 환경 및 테러리즘을 들 수 있다. 이들 토픽이 이 책에서 심도 있게 다루어진다.

이 책에서는 127여 개의 사례연구가 포함되어 있는데, 많은 사례가 새롭게 추가된 것이며 나머지는 전면적으로 개정되었다.

이 책에서 새롭게 확대되고 개정된 내용은 다음과 같다. 최근 글로벌 금융위기 이전과 이후의 세계화의 이익과 도전, 그래비티 모형, 비교우위의 변화 패턴, 국제무역으로 인한 다양성의 이익, 유럽연합-미국 간 무역분쟁과 보호무역주의 및 현재(2019) 중국과의 무역전쟁, 비관세장벽의 만연, 전략적 무역과 산업정책, 신흥경제대국의 등장, 수입비중이 높은 미국의 수입경쟁산업에서의 일자리 상실, 국제무역과 미국 및 기타 선진국의 탈공업화, 국제무역과 미국의 임금 불평등, NAFTA로 인한 이익과 비용, 국제무역과 환경의 지속가능성, 세계화와 세계의 빈곤, 개발도상국에서의 무역과 성장, 도하 라운드의 붕괴, 미국의 이민정책에 대한 논쟁.

국제금융의 새로운 장과 사례연구에서는 다음을 다룬다. 외환시장의 규모, 통화 및 지리적 분포, 캐리 트레이드, 환율 예측에서의 기본 모형 또는 뉴스, 미국의 중국에 대한 지속불가능한 무역수지 적자, 예측할 수 없는 유로/달러 환율, 이행경제에서의 발라사-사무엘슨 효과, 구조적 불균형 및 환율의 불균형, 달러의 실효환율과 미국의 경상수지 적자, 수입물가에 대한 환율전가, 대서양경제에서의 금융정책의 협조(또는 부재), EU의 부적절한 구조 조정 및 저성장, 석유가격과 성장, 인플레이션 타기팅과 환율, 글로벌 금융위기와 대침체, 대침체 이후의 더딘 회복과 성장, 유로존 위기와 유로의 미래, IMF 회원국의 환율조정, 국제금융 체제의 개혁 등.

대부분의 무역 및 금융 데이터 역시 이 책에 포함되어 있다.

독자 및 수준

이 책은 국제경제를 완벽하게 이해하는 데 필수적인 모든 원리와 이론을 소개한다. 교과서 자체에는 이를 직관적인 수준에서 소개하고 장의 맨 뒤에 있는 부록에서는 좀 더 엄밀하게 소개한다. 또한 부분균형을 먼저 다루고, 더 어려운 (선택적인) 일반균형분석을 후에 다룬다. 따라서 이 책은 신축성을 가질 수 있도록 구성되었으며 분석 수준이 지나치게 복잡하거나 단순한 다른 국제경제학 교과서의 단점을 극복할 수 있다.

책의 구성

이 책은 4부로 구성되어 있다. 제1부(제2~7장)는 무역이론(즉, 무역의 원인과 무역으로부터의 이익)을 다루고, 제2부(제8~12장)는 무역정책(즉, 무역의 흐름에 대한 장해)을 다룬다. 제3부(제13장~15장)는 무역수지와 금융수지의 측정, 외환시장 및 환율결정을 다룬다. 제4부(제16장~21장)는 현행 국제금융체제의 작동뿐만 아니라 개방경제 거시경제학 또는 국내경제와 외국과의 거시적 관계를 다룬다.

국제경제학의 일반적인 한 학기 학부 과정에서 교수는 14개의 핵심 장(1~6장, 8장, 13~18장, 21장)과 다른 장의 몇 개의 절을 다루고 부록은 제외하고 강의할 수 있다. 국제무역 학부 과정에서는 제1~12장을 다루고, 국제금융 학부 과정에서는 제13~21장을 강의할 수도 있다.

이 책에서 제시된 많은 예와 현실세계에서의 사례연구들은 경영대학원의 국제경제학 강좌에서 사용해도 적합하다.

학생들에게

- 동일한 기초개념을 다루는 장에서는 동일한 예를 사용한다. 이러한 특징은 이 책에 고유한 것이다. 예를 들면 (무역이론과 무역정책을 다루는) 제2장부터 제11장에 이르기까지 동일한 도표와 숫자가 각 장에서 사용된다. 이렇게 함으로써 학생들은 매번 새로운 예를 가지고 다시 시작할 필요가 없으므로 학생들의 부담은 크게 경감된다.
- 예에서는 실제의 숫자가 이용되고 도표는 일정한 척도로 그려져 있다. 이렇게 함으로써 소개되는 다양한 개념과 이론들을 학생들에게 보다 구체적이고 접근 가능하며 관련성 있게 하여 그래프를 읽기 쉽고 이해하기 쉽게 하였다.
- (장마다 4개에서 9개까지의) 127여 개의 사례연구가 소개되고 있다. 이러한 현실세계에서의 사례연구는 일반적으로 짧은 분량이지만 적절한 내용이어서 학생들의 이해를 공고히 하고 각 장에서 소

개된 가장 중요한 토픽에 대해 흥미를 더해 준다.

- 각 장의 절은 참조를 용이하도록 하기 위해 번호를 매겼다. 다소 긴 절은 2개 또는 그 이상의 번호를 매긴 하위 절로 나누었다. 모든 그래프와 도표는 본문에서 자세하게 설명하였으며 또한 캡션에서도 간략하게 요약하였다.
- 본문을 읽기 편하게 색상과 음영을 적절히 이용하여 학생들의 이해를 돕도록 하였다.
- 각 장은 다음과 같은 학습 보조 도구로 끝을 맺는다.
- **요약** — 한 문단으로 본문의 각 절을 복습한다.
- **주요용어** — 각 장에서 색깔로 처리된 용어를 목록화하여 한눈에 볼 수 있게 하였다.
- **복습문제** — (각 절에 대하여 2개 또는 1개 이상의 문제에 해당하는) 12개에서 14개의 복습문제를 장마다 수록하였다.
- **연습문제** — 장마다 12개에서 15개의 연습문제를 수록하였다. 이 문제들은 학생들에게 특정한 척도를 계산하거나 사건을 설명하도록 한다.
- **부록** — 부록은 각 장에서 직관적으로 설명된 자료를 엄밀하게 그러나 자세하고 명백하게 설명한다.

도미니크 살바토레
포드햄대학교 경제학과 교수

차례

제3장 국제무역의 표준이론

제4장 수요와 공급, 오퍼곡선과 교역조건

제7장 **경제성장과 국제무역**

제2부 국제무역정책

제8장 **무역제한조치 : 관세**

제9장 비관세장벽과 신보호주의

제10장 **경제통합론 : 관세동맹과 자유무역지역**

제11장 **국제무역과 경제발전**

제3부　국제수지, 외환시장 및 환율

제15장 **환율결정이론**

제20장   변동환율제도 대비 고정환율제도, 유럽통화제도 및 거시경제정책 조정

제21장   국제통화제도 : 과거, 현재 및 미래

사례연구

서론

- 세계화의 의미와 중요성을 이해한다.
- 국제경제와 한 국가의 생활수준의 관계를 설명한다.
- 국제경제의 주제를 살펴본다.
- 오늘날 미국과 세계경제가 직면하고 있는 주요 국제경제 문제점과 도전을 식별한다.

1.1 세계경제의 세계화

세상은 급속도로 세계화되고 있으며 그 결과 세계의 국가나 국민들에게 많은 기회도 제공하지만 중요한 도전도 되고 있다. 오늘날 세계에서 발생하고 있는 세계화 혁명을 간략하게 살펴봄으로써 국제경제를 공부하기로 하자.

1.1A 우리는 글로벌 경제에서 살고 있다

우리는 세계화된 세상에서 살고 있다. 우리는 휴대전화, 아이패드, 이메일, 메신저(즉석교신), 화상회의 등을 통해 세계의 어느 지역과 즉시 연결할 수 있고 믿을 수 없이 빠른 속도로 어느 지역이든 여행할 수 있다. 기호는 수렴하고 있으며(즉, 범세계적으로 보다 많은 사람들이 동일한 것을 원하고 있다.) 우리가 소비하는 많은 재화는 외국에서 생산되었거나 부품을 수입하고 있다. 예를 들면 뉴욕 병원에서 찍은 방사선 사진이 벵갈루루(인도)에서 판독되거나 H&R Block이 세금환급을 처리하기 위해 해외로 자료를 보내는 경우처럼, 우리가 사용하는 많은 서비스 중 외국인들이 제공하는 서비스는 점차로 증가하고 있다.

재화와 서비스의 국제무역만큼 자유롭지는 않지만, 다양한 기술을 가진 수백만의 노동자들이 범세계적으로 이주해 왔고 또한 이주할 수 있으며, 수천 개의 일자리가 선진국으로부터 인도와 중국 같은 신흥시장으로 이동했다.

금융 역시 세계화되었다. 우리는 세계의 어느 곳에 있는 회사이든 투자할 수 있고 세계의 거의 모든 지역에 있는 회사로부터 금융상품(주식과 채권)을 매입할 수도 있다. 다수의 펜션 펀드는 사실상 해외에 투자하고 있으며, 한 금융센터에서의 금융위기는 마우스를 한 번 클릭하는 것만으로도 범세계적으로 전파된다. 우리는 달러를 유로나 기타 통화로 쉽고 신속하게 환전할 수 있으며 통화가 교환되는 비율은 빈번하고도 급격하게 움직인다. 요약하면 기호, 생산, 경쟁, 노동시장 및 금융시장은 급속도로 세계화되고 있으며 소비자, 노동자, 투자자 그리고 유권자로서의 우리에게 큰 영향을 미친다. 정말이지 우리는 글로벌 경제에 살고 있다(사례연구 1-1 및 1-2 참조).

1.1B 세계화의 도전

세계화(globalization)는 그 범위와 중요성에 있어서 산업혁명에 비견되는 혁명이다. 그러나 산업혁명은 한 세기에 걸쳐 진행된 반면 오늘날의 세계화는 10년 또는 20년에 걸쳐 우리의 눈앞에서 진행되고

사례연구 1-1   미국에서 판매되는 델 PC, 아이폰 및 아이패드는 전혀 미국산이 아니다!

텍사스의 라운드 록에 본사를 두고 있는 델은 미국, 유럽 및 아시아 지역의 34개 국가에 세계적인 생산 네트워크를 통합관리하고 있다. 미국에서 판매되고 있는 대부분의 PC에 대해 델은 최종 조립만 미국에서 하고, 컴포넌트, 주변기기, 프린트 회로기판(PCB) 조립 및 (부품조립 등의) 하위부품의 조립에 대해서는 외부의 공급업자와 계약 제조업자에 의존하고 있다. 그 이유는 대부분의 부품이나 컴포넌트는 세계의 다른 지역에서 생산하는 것이 저렴하며 또 그렇기 때문에 수입하는 것이다(표 1-1 참조). 고부가가치 상품이든(전력공급 장치나 키보드와 같은) 저부가가치 상품이든 델의 조립공장 근처에서 만들 필요는 없다. 수요의 급변성에 대처하기 위해 항공으로 수송하기에는 비용이 많이 들고 재고로 보유하기에는 위험이 따르는 (머더보드와 기타 PCB 조립품과 같은) 몇몇 중간 수준의 부품만이 국지적으로 생산될 뿐이며, 그나마도 항상 그런 것은 아니다.

HP의 PC에 이용되는 부품과 컴포넌트의 90% 이상이 미국 이외의 지역에서 생산되고 있다. 애플 아이폰의 부품은 거의 모두 아시아산이다. 즉, 일본산 스크린과 대한민국산 플래시 메모리를 이용하여 중국에서 조립된다! 애플은 디자인과 소프트웨어를 담당하고 다른 부품의 혁신들을 총괄한다. 애플이 도입한 아이패드는 삼성과 LG 디스플레이(대한민국), 도시바(일본), 브로드콤(미국), 캐쳐 테크놀로지, 윈텍, 심플로 테크놀로지(타이완), ST마이크로일렉트로닉스(이탈리아, 프랑스)의 부품과 컴포넌트를 사용하여 중국에서 조립된다. 2011년에 이용할 수 있게 된 새로운 보잉 787 드림라이너 제트기의 부품과 컴포넌트 중 미국에서 생산되는 비중은 30%가 되지 않는다. 현대 생산의 공급사슬에서 다양한 부품과 컴포넌트를 아웃소싱하는 것을 분절화 또는 프래그멘테이션(fragmentation)이라 한다.

표 1-1   특정 부품과 컴포넌트를 델 PC에 공급하는 회사와 지역

부품/컴포넌트	지역	회사
모니터	유럽 및 아시아	필립스, 노키아, 삼성, 소니, 에이서
PCB	아시아, 스코틀랜드, 동부유럽	SCI, 셀레스티카
드라이브	아시아, 주로 싱가포르	시게이트, 맥스터, 웨스턴 디지털
프린터	유럽(바르셀로나)	에이서
부품조립	아시아와 동부유럽	혼하이/폭스텍
섀시	아시아와 아일랜드	혼하이/폭스텍

출처 : J. Dedrick and K. L. Kramer(2002): "Dell Computer: Organization of a Global Production Network" and "Globalization of the Personal Computer Industry: Trends and Implications" *Working Paper*, Irvine, CA: Center for Research on Information Technology and Organization(CRITO), University of California, Irvine, 2002; "The Laptop Trail," *The Wall Street Jouranl*, June 9, 2005, p31; "Rising in the East," *The Economist*, January 3, 2009,p47 ; "Dreamliner Production Gets Closer Monitoring. "*The Wall Street Journal*, October 7, 2009, p.B1; M. P. Timmer et al., "Fragmentation, Incomes and Jobs: An Analysis of European Competitiveness," *Economic Policy*, October 2013, pp. 613–661; "Not Really Made in China," *The Wall Street Journal*, December 16, 2016, p. B1; and "Globally Sourced," *The Wall Street Journal*, February 2017, p. A1.

사례연구 1-2 미국산 자동차란 무엇인가?

이상하게 들릴지 모르겠지만 무엇이 미국산 자동차인가라는 질문은 대답하기 어렵다. 오하이오에서 생산되는 혼다 어코드를 미국산으로 간주해야 할까?(피아트가 크라이슬러를 소유한다는 점을 감안하여) 캐나다에서 생산되는 크라이슬러 미니밴은 미국산인가? 수입된 일본산 부품을 40% 가까이 사용하는 켄터키에서 생산된 토요타와 마쯔다는 미국산 자동차인가? 무엇이 미국산 자동차인가를 결정하는 일은 갈수록 어려워지고 있으며 견해의 차이도 크다.

어떤 사람들은 북아메리카(미국, 캐나다, 멕시코)에서 조립된 자동차가 미국산 부품을 사용한다는 이유로 이를 미국산으로 간주해야 한다고 생각한다. 그러나 미국 자동차 노조는 캐나다와 멕시코에서 만들어진 자동차가 그들의 일자리를 빼앗아 간다고 생각한다. 또 다른 어떤 사람들은 미국 내 일본인 소유의 공장에서 생산된 자동차가 미국인들에게 일자리를 제공하기 때문에 이를 미국산으로 간주한다. 다른 사람들은 일본의 이러한 이전기업(transplants)에 의한 생산물을 외국산으로 간주하는 데 그 이유는 (1) 이들 공장이 창출하는 일자리는 미국 자동차업체로부터 유래한 것이며 (2) 이들 기업이 일본에서 수입한 자동차 부품을 40% 가까이 사용하고 있고 (3) 이들 기업이 이윤을 일본으로 송금하기 때문이다. 그러나 이들 이전기업이 미국산 부품을 75%나 90% 사용한다면 어떻게 될까? 마쯔다의 미시간 공장에서 생산된 포드의 프로브는 미국산일까?

미국 내에서 판매되는 자동차의 부품 중 몇 퍼센트가 국산이고 외제인지를 명기하도록 한 1992년의 미국 자동차 라벨링법이 발효된 후에도 미국산 자동차가 무엇인지를 결정하는 것은 어려운 일이다. 상호 의존관계와 세계화가 갈수록 심화되는 세상에서 이러한 질문이 타당한지도 의심스러운 일이다. 경쟁력을 확보하기 위해서는 자동차업체들이 양질의 부품과 컴포넌트를 값이 싼 곳에서 구매한 후 대량생산의 이점을 달성할 수 있도록 범세계적으로 판매해야만 한다. 포드사는 6개 국가(미국, 영국, 독일, 이탈리아, 일본, 호주)에서 자동차를 디자인하고 30개 지역(북아메리카에 3개, 남아메리카에 3개, 아시아에 7개, 유럽에 17개)에 생산설비를 갖추고 있으며 미국에서보다 미국 이외의 지역에서 더 많은 노동자를 고용하고 있다. 사실상 자동차 및 기타 산업들은 일부 소수의 범세계적인 독립기업으로 급격히 재편되고 있다.

출처 : "Honda's Nationality Proves Trboublesome for Free Trade Pact," *The New York Times*, October 9, 1992, p.1; "What is a U.S. Car? Read the Label," *The New York Times*, September 18,1994, Section 3, p.6; "Made in America? Not Exactly: Transplants Use Japanese Car Parts," *The Wall Street Journal*, September 1, 1995,p. A3B; "What is an American Car?" *The Wall Street Journal*, January 26, 2009, p.A5; and "One Ford for the Whole World," *Business Week*, May 15, 2009, pp.58-59. and "Global Car Industry Runs on NAFTA," *The Wall Street Journal*, November 11, 2016, p. A1.

있다. 물론 세계화가 새로운 현상은 아니다. 로마의 주화는 2000년 전 로마제국에 걸쳐 유통되었고 중국에서 중국 통화는 그보다 이전에 유통되었다. 보다 최근에 세계는 1870~1914년, 1945~1980년 그리고 1980년 이후 지금까지 3단계의 세계화를 경험한 바 있다.

1870~1914년의 세계화는 유럽에서의 산업혁명과 자원이 풍부하고 인구가 희박한 북아메리카(미국, 캐나다), 남아메리카(아르헨티나, 칠레, 우루과이), 오스트레일리아 및 뉴질랜드 그리고 남아프리카 지역의 개방에 기인한 것이다. 이들 지역은 수백만 명의 이주자들과, 특히 영국으로부터의 방대한 해외투자를 받아들여 식량 및 원자재 생산을 위한 새로운 토지를 개척하였다. 이른바 이들 '신정착지역'은 유럽에 식량과 원자재를 수출하는 대신 제조업품을 수입함으로써 급속히 발전하였다. 이 기간의 현대적 세계화는 1914년 제1차 세계대전의 발발과 더불어 막을 내렸다.

급속한 세계화의 두 번째 기간은 1945년 제2차 세계대전의 종결과 더불어 시작되었다. 이 시기의 특징은 1929년 미국에서 시작된 대공황과 제2차 세계대전 동안 부과된 심각한 무역 보호를 해체한 결과 국제무역이 급속도로 증가한 점이었다. (1980년 이후) 현재의 세계화 혁명은 원거리통신과 수송수단의 엄청난 발전으로 인한 속도와 깊이 및 긴박함, 국가 간 자본이동에 대한 대부분의 규제를 철폐함에 따른 대규모 국제 자본이동 그리고 세계 대부분의 국가들이 참여한다는 점에서 차이가 있다. 그 결과 오늘날의 세계화는 이전의 세계화에 비해 훨씬 더 광범위하고 극적이다. 최근 2008~2009년의 심각한 범세계적 금융 및 외환위기는 세계화의 행렬을 일시적으로 감속시켰을 뿐이다.

그러나 혁명으로서 오늘날의 세계화는 많은 이점과 혜택을 가져다주기도 하지만 몇 가지 불리한 점과 해로운 부작용도 있다. 사실상 이점과 불리한 점의 정도와 형태에 대해서는 다양한 견해 차이가 있다. 저렴하고, 품질 좋은 제품이나 서비스를 해외로부터 얻을 수 있다는 점만으로 국내 일자리를 희생해야 하는 것을 정당화할 수 있는가? 몇몇 국가의 일부 사람들은 대단히 부유하고 뚱뚱한 반면 다른 사람들은 절망적으로 가난하여 기아로 죽어 가는 이유는 무엇인가?

노동자의 이주로 인해 노동은 보다 효율적으로 이용되지만 선진국에서는 일자리를 상실하게 되고 미숙련노동에 대한 임금은 하락하며, 이민국(emigrating country)에 손실을 입히기도 한다(즉, 두뇌유출). 마찬가지로 금융의 국제화와 규제받지 않는 자본이동의 결과 범세계적으로 자본이 보다 효율적으로 이용되며 개인과 기업에게 보다 높은 수익과 위험의 분산기회를 제공한다. 그러나 이로 인해 1997년 아시아에서 시작하여 대부분의 개발도상국에 영향을 미친 국제금융위기나 2007년 미국에서 발생하여 2008년과 2009년 세계 전체에 영향을 미친 서브프라임 모기지 위기와 같은 국제금융위기가 주기적으로 발생하기도 한다. 마지막으로 원유나 기타 광물자원 및 물과 같은 자원을 고갈시키고 있지는 않은가? 세계는 기후변화로 인한 재앙으로 치닫고 있지는 않은가?

세계화의 이러한 불리한 점과 부정적인 측면 때문에 사람들은 최선의 정책으로서의 자유무역에 대한 오래된 믿음을 다시 생각하게 되었고 강력한 반세계화 운동이 촉발되었다. 반세계화 운동(antiglobalization movement)은 범세계적인 여러 가지 인간문제와 환경문제가 세계화 때문이며, 다국적기업의 이윤을 위해 인간 복지 및 환경 복지를 희생한다고 세계화를 비난한다. 또한 세계화는 가난한 국가에서의 미성년자 노동과 부유한 국가에서의 일자리 상실과 임금의 하락뿐 아니라 범세계적인 환경오염과 기후변화의 주범으로 비난받고 있다. 이러한 비난에도 어느 정도 일리가 있기는 하지만 깊이 있게 경제를 분석해 보면, 이러한 심각한 세계적 문제의 1차적 원인은 다른 곳에 있다는 것을 알게 될 것이다(사례연구 1-3 참조).

세계화는 여러 가지의 사회적, 정치적, 법적 및 윤리적 측면을 가지고 있기 때문에 경제학자들은 시민사회 전체뿐만 아니라 다른 사회과학자와 자연과학자들과 협조하여 세계화가 보다 인간적인 면모를 갖도록 노력해야 한다(즉, 모든 국가와 사람들이 세계화로 인한 이익을 공유하도록 해야 한다). 세계화는 물질적인 것을 생산할 때 효율성을 증대시키기 때문에 중요하며 또한 우리가 이런 사실로부터 숨거나 도피할 수 없기 때문에 세계화가 불가피하기도 하다. 그러나 우리는 세계화가 지속 가능하고 인간적인 면모를 갖추어 궁극적으로는 '공정'해지기를 원한다. 이렇게 되기 위해서는 세계의 지배구조가 깊이 변화해야 하며, 이러한 점이 오늘날 그리고 다음 10년 동안 인류가 직면하고 있는 도전이다.

이러한 모든 토픽과 다른 많은 토픽이 이 책에서 다루고 있는 국제무역론의 직접적 · 간접적 주제이다.

사례연구 1-3   인도의 세계화는 미국에 해로운가?

선진국으로부터 인도와 같은 저임금국가로 (소비자의 질의에 응답하는 등의) 저기술 서비스 산업을 아웃소싱하는 것은 선진국에서의 비용과 가격을 절감시키며 큰 우려를 불러일으키지 않는다. 그러나 최근 들어 계산 및 항공 공학, 투자은행 및 의약 연구 등과 같은 많은 고기술 및 고임금 일자리가 인도 및 기타 신흥시장으로 이전되어, 특히 미국과 같은 선진국에서는 큰 우려가 제기되고 있다. 표 1-2는 2008년 미국의 다국적기업들이 첨단기술 서비스와 일자리를 인도로 아웃소싱한 것을 보여 주고 있다.

IBM, 씨티그룹, 모건 스탠리 같은 기업들은 고기술, 고임금 일자리를 인도와 (특히 중국과 같은 신흥시장과 같이) 보다 저렴하게 수행할 수 있는 곳으로 아웃소싱함으로써

국제 경쟁력을 유지할 수 있고, 미국 소비자에 대한 제품 및 서비스 가격을 낮출 수 있기 때문에 급성장하는 신흥시장을 활용하는 것이 필요하다고 지적한다. 그러나 고기술, 고임금 일자리와 이를 바탕으로 하는 핵심 기술을 해외로 이전하는 것은 미국 내에서 고급 일자리를 상실할 뿐만 아니라 미국이 계속해서 세계의 기술 선도자로 남을 수 있을 것인가에 대한 우려를 불러일으키고 있다.

다양한 분야에서 노동량을 절감시키는 기술진보와 아울러 특히 중국과 같은 일부 신흥시장에 노동비용과 기타 비용이 상승하기 때문에 일부 제조업은 미국과 기타 선진국으로 되돌아가고 있다(이러한 과정을 인소싱 또는 리쇼어링이라고 한다).

표 1-2   인도의 세계화

미국기업	세계의 노동력	인도의 노동력	인도의 비율	아웃소싱된 서비스
엑센추어	146,000	27,000	18.5	2008년 말까지 이 기업은 미국보다는 인도에서의 일자리가 더 많을 것으로 기대
IBM	356,000	52,000	14.6	인도 및 세계의 고객을 위한 소프트웨어 솔루션을 독자적으로 개발
씨티그룹	327,000	22,000	6.7	미국 주식 분석 및 미국기업에 대한 신용평가

출처 : "India's Edge Goes Beyond Outsourcing," The New York Times, Apirl 4, 2008, p. C1 and "IBM to Cut U.S. Jobs, Expand in Inida." *The Wall Street Journal*, March 26, 2009, p. B1; "Outsourced Forever," *Forbes*, September 26, 2011, pp. 38–39; "Benefits of Outsourcing Comes under Scrutiny," *The Financial Times*, October 16, 2013, p. 1; and "Manufacturers Capitalize on Goods Made in the U.S." *The Financial Times*, October 16, 2013, p. 1; "Why They're Wrong," *The Economist*, October 1, 2016, p. 11; "The Jobs Sent to India May Now Go to Indiana," *The Wall Street Journal*, July 31, 2017, p. A1; and "IBM Makes a Big Bet on India," *The New York Times*, October 1, 2017, Business, p. 1.

1.2 국제무역과 한 국가의 생활수준

미국은 한 대륙에 걸쳐 있고, 다양한 인적 자원과 천연자원이 풍부하기 때문에 미국이 필요로 하는 대부분의 상품들을 비교적 효율적으로 생산할 수 있다. 이러한 점을 스위스나 오스트리아와 같이 소수의 특화된 자원만을 가지고 있고 훨씬 적은 범위의 상품을 생산하고 수출하여 기타 대부분의 상품을 수입하는 소규모 산업국가의 상황과 비교해 보자. 일본, 독일, 프랑스, 이탈리아, 영국, 캐나다와 같은 대규모 산업국가조차도 국제무역에 결정적으로 의존하고 있다. 개발도상국의 경우에는 수출이 고용기회를 제공하고, 국내에서 생산할 수 없는 상품이나, 필요한 첨단기술을 구매할 수 있는 소득을 제공한다.

국가 간 경제적 관계 또는 국가 간 상호의존성(interdependence)에 대한 개략적인 척도는 국내총생

산(GDP)에서 차지하는 상품과 서비스의 수출과 수입의 비율로 측정한다. GDP란 한 국가에서 생산된 상품과 서비스의 총가치를 뜻한다. 그림 1-1은 GDP에 대한 수출과 수입의 비율이 미국보다는 소규모 산업국가와 개발도상국의 경우에 훨씬 더 높다는 점을 보여 주고 있다. 따라서 국제무역은 미국보다는 대부분 기타 국가의 경우에 훨씬 더 중요하다.

미국의 무역의존 비중이 상대적으로 낮다고 하더라도 미국의 높은 생활수준은 국제무역에 상당히 많이 의존하고 있으며, 무엇보다도 커피, 바나나, 코코아, 차, 스카치, 꼬냑과 같이 미국이 전혀 생산하지 않는 상품들이 있다. 게다가 미국은 주석, 텅스텐, 크롬과 같이 어떤 산업 활동에 중요한 광물자원의 매장량이 전혀 없으며 원유, 구리 및 기타 많은 광물자원의 매장량이 감소하고 있는 실정이다. 한 국가의 생활수준에 양적으로 더욱 중요한 것은 국내에서 생산될 수는 있지만 외국보다 더 높은 비용으로 생산되는 상품들이다. 우리는 차후에 이러한 점들이 **무역으로부터의 이익**이나 이득을 설명할 수 있다는 것을 살펴볼 것이다. 1950년부터 2016년까지 국제무역의 증가로 인하여 미국의 1인당 국민소득은 2016년 달러로 $7,000 이상 증가한 것으로 추정된다(Hufbauer and Lu, 2017).

그럼에도 불구하고 미국은 아마도 국제무역을 포기하고도 생활수준의 급격한 감소 없이 생존할 수 있을 것이다. 2018년 연구에 따르면 미국의 무역을 통한 이익은 GDP의 2~8%이다. 그러나 스위스나 오스트리아는 말할 것도 없고 일본, 독일, 영국, 이탈리아의 경우에는 동일한 상황이 적용되지 않는다. 과거에 군사적, 정치적 이유로 자급자족을 높게 평가해 온 러시아나 중국도 최근에는 첨단과학제

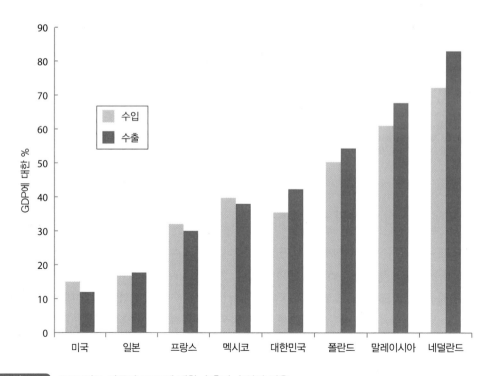

그림 1-1 2017년도 각국의 GDP에 대한 수출과 수입의 비율

국제무역(수출과 수입)은 미국보다는 대부분의 기타 소규모 산업국가와 개발도상국에 더욱더 중요하다.

출처 : International Monetary Fund, *International Financial Statistics*(Washington, D.C. : IMF, 2018).

품, 외국자본, 곡물, 콩 및 기타 농산품까지도 수입하는 동시에 그들이 필요로 하는 수입품을 지불할 수 있도록 그들의 상품과 서비스를 수출할 필요를 인정하고 있다.

일반적으로 세계 전체의 무역이 세계 전체의 생산보다 빠른 속도로 증가해 온 것으로 알 수 있듯이 (그림 1-2 참조), 국가 간 상호의존 관계는 지난 수년간 심화되어 왔다. 지난 50년간 미국의 경우에는 확실히 그러하다(사례연구 1-4 참조). 세계무역이 세계 전체의 생산보다 빠른 속도로 증가한 데 대한 예외는 세계경제의 경기침체로 인한 1981~1982년, 2001년, 2009년 그리고 2012~2016년이다. 최근 세계무역이 느리게 증가한 이유는(그림 1-2 참조) 세계 생산의 프래그멘테이션(fragmentation)이 역전되었기 때문이다. 예를 들면 상품 수출에서 중국의 부품과 컴포넌트가 차지하는 비율은 1990년대 중반의 최고 60%에서 2010년 초 이래로 약 30%로 감소했다.

그러나 국가들은 여러 가지 다른 방법에 의해서도 상호의존적일 수 있는데, 그 결과 한 국가에서의 경제적 사건이나 정책은 다른 국가에 (그리고 반대로도) 중요한 영향을 미친다. 예를 들어 미국이 자국 경제를 부양하면 미국 국민에 의한 상품과 서비스에 대한 수요 증가의 일부는 수입으로 누출되며,

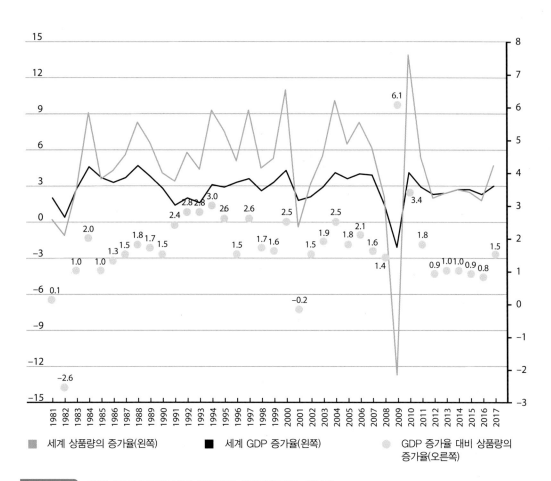

그림 1-2 세계 GDP 증가율 대비 상품량의 증가율(1981~2017)

출처 : WTO, *World Trade Statistical Review* (Geneva: WTO, 2018), p. 31. See also C. Constantiescu, A. Mattoo, and M. Ruta, "The Global Trade Slowdown: Cyclical or Structural?" *IMF Working Paper WP/15/6*, January 2015.

사례연구 1-4　국제무역의 중요성이 커지고 있는 미국

미국에서 수입과 수출이 GDP에서 차지하는 비율은 1960년대 대부분 4~5% 사이에 머물렀지만, 1970년대에 급격히 증가하였다. 그림 1-3은 수입이 미국 GDP에서 차지하는 비율이 1960년대 후반 5%에서 1980년에는 10% 이상으로 증가하였다가 2008년에는 역대 최고로 18%로 증가한 후 미국의 경기침체로 인해 2009년에는 14% 이하로 하락했다. 수출은 1960년대 후반 GDP의 5%에서 1980년에는 약 10%로 증가했으며, 2008년에는 최고 약 13%에 달하였으나 2009년에는 미국의 경기침체와 해외의 낮은 성장률 때문에 11%로 하락했다. 그 후 GDP 대비 미국의 수출과 수입은 증가하기도 하고 감소하기도 하였으며 2017년에는 각각 15%, 12%였다. 그림 1-3은 지난 50년간 미국의 경우 국제무역이 갈수록 중요해졌음을 보여 준다. (즉, 미국과 세계경제의 상호의존성이 더 커졌다.) 또한 이 그림은 1976년 이래로 GDP에서 차지하는 수입의 비중이 수출의 비중보다 더 컸으며, 이러한 격차는 1980년대 초와 1996년부터 2006년까지 급격히 확대되었음을 보여 준다. 그 결과 미국의 무역수지 적자가 확대되었고 미국의 산업계와 노동계는 외국으로부터의 경쟁에 대하여 미국 국내시장과 일자리를 보호해야 한다고 주장하게 되었다.

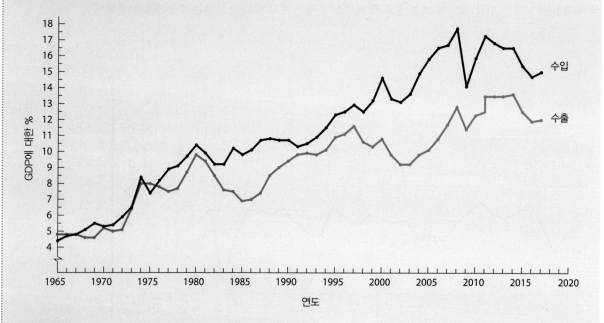

그림 1-3　미국 GDP에 대한 수출과 수입의 비율(1965~2017)

미국에서 GDP에 대한 수출과 수입의 비율은 1970년대 초반 이래 급격히 상승하였다. 따라서 국제무역은 미국의 경우 더 중요해졌다고 할 수 있다. 1980년대 전반기와 다시 1996년부터 2006년 기간에 미국의 수입은 수출을 크게 초과하였는데, 그 결과 미국의 무역수지 적자폭이 크게 확대되었다.

출처 : International Monetary Fund, *International Finacial Statistics Yearbook*(Washington, D.C: IMF, Various Issues).

이러한 상품을 수출하는 다른 국가의 경기가 촉진된다. 반대로 미국에서의 이자율 상승은 해외자금(자본)을 유인하여 달러의 가치가 상승한다. 미국으로의 자금유입은 그 자체로 달러의 국제적 가치를 상승시키는데, 이는 미국의 수입을 촉진하고 수출을 억제한다. 그 결과 미국의 수입은 촉진되고 수출은 위축되어 미국 내 경제활동은 둔화하고 해외의 경제활동이 활성화된다.

　마지막으로 국가 사이의 무역장벽을 낮추고자 하는 무역협상의 결과 (컴퓨터와 같은) 첨단기술 상품의 수출이 증가하여 미국 내의 첨단기술 산업의 고용 및 임금은 상승할 수 있지만, 신발과 섬유의 수입이 증가하여 그 분야에서의 고용 및 임금은 감소할 수도 있다. 따라서 오늘날의 세계에서 국가들이 얼마나 밀접하게 연결되어 있고 또 상호의존 관계에 있는지를 알 수 있으며, 순전히 국내 문제를 해결하기 위한 정부의 정책이 얼마나 중요한 국제적 반향을 일으키는지를 알 수도 있다.

1.3 노동과 자본의 국제적 이동

세계경제의 상호의존성은 재화, 서비스, 노동과 자본의 국경을 넘어선 이동으로 반영된다.

1.3A 재화와 서비스의 국제적 이동 : 그래비티 모형

국제무역이 한 국가의 생활수준에 갈수록 중요해진다는 점은 이미 살펴보았다. 그러나 미국의 주요 교역대상국은 어느 나라이고 그 이유는 무엇인가? 일반적으로 한 국가는 소국보다는 대국(GDP가 높은 국가)과, (수송비가 많이 드는) 지리적으로 먼 국가보다는 인접한 국가와, 덜 개방된 경제체제를 가진 국가보다는 개방된 경제체제를 가진 국가와, 언어와 문화적 토양이 상이한 국가보다는 유사한 국가와 더 많은 무역을 할 것이다.

가장 단순한 형태의 그래비티 모형(gravity model)에 의하면 (다른 조건이 일정할 때) 두 국가 간의 양자 간 무역은 두 국가의 GDP의 곱에 비례하거나 양의 관계에 있으며, (물리학에서 뉴턴의 중력법칙과 같이) 두 국가 간의 거리가 멀수록 감소한다. 즉, 두 국가의 경제 규모가 클수록(그리고 유사할수록), 지리적 거리가 가까울수록 두 국가 간의 무역은 클 것으로 예상된다.

그래비티 모형은 다음과 같은 식으로 표현된다.

$$T = C \cdot \frac{Y_1 \cdot Y_2}{D} \tag{1-1}$$

T = 두 국가(1국과 2국) 사이의 무역액
C = 상수
Y = GDP
D = 1국과 2국 사이의 거리

그래비티 방정식 (1-1)의 의미는 다음과 같다. (1국과 2국의 무역액인) T는 (상수) C에 (1국의 GDP인) Y_1과 (2국의 GDP인) Y_2를 곱하고 (1국과 2국 사이의 거리인) D를 나눈 것과 같다. 상수 C는 그래비티 항(즉, Y_1, Y_2 및 D) 사이의 관계의 크기를 보여 준다. 그러나 위의 식은 개략적으로만 성립할 것으로 생각되는데, 그 이유는 그래비티 모형이 명기하고 있지 않는 기타의 다른 요인에 의해서도 무역이 영향을 받기 때문이다.

[캐나다와 미국처럼 동일한 언어를 사용하고 문화적 환경이 유사하며, 제10장에서 논의되는 멕시코와 더불어 자유무역협정(NAFTA)을 체결한 경우와 같이] 두 국가가 동일한 언어를 사용하고 문화적 환경이 유사하며 그들 사이에 무역에 대한 규제가 없을 때 두 국가 사이의 무역은 그렇지 않은 경우보다 더 커질 것이다. 실제로 그래비티 모형이 예측한 무역량과 실제 무역량의 차이는 두 국가 사이

사례연구 1-5 그래비티 모형의 적용

그래비티 모형에 의하면 미국은 원거리의 유사한 국가보다 이웃 국가인 캐나다, 멕시코와 무역을 더 많이 하며, 소규모 국가보다는 경제대국인 중국, 일본, 독일 등과 더 많은 무역을 할 것으로 예상된다. 표 1-3은 바로 이 점을 보여 준다. 즉, 미국의 가장 중요한 무역상대국은 경제 대국이며 근거리에 있다. (이 장 부록에서는 국제무역의 지역별, 상품별 집중에 대한 상세한 자료와 아울러 재화와 서비스의 주요 수출국과 수입국을 보여 준다. 사례연구 13-1은 2017년 미국의 주요 수출상품과 수입상품을 보여 준다.)

표 1-3	2017년도 미국의 주요 무역상대국(10억 달러)		
국가	수출(달러)	수입(달러)	수출+수입(달러)
캐나다	188.0	523.7	711.7
중국	341.3	338.5	679.8
멕시코	276.7	345.4	622.1
일본	114.7	171.3	286.0
독일	86.6	153.3	239.9
영국	126.2	110.6	236.8
대한민국	73.4	82.7	156.1
인도	49.5	76.8	126.3
프랑스	53.0	66.8	119.8
브라질	63.5	35.0	98.5

출처 : U.S.Department of Commerce, "U.S. International Trade by Selected Countries and Areas," December 2018.

의 실제 무역 환경과 가장 유리한 무역 환경의 정도를 반영하는 것으로 볼 수 있다.

동시에 그래비티 모형이 예측하는 미국과 캐나다 사이의 무역은 이 모형으로 예측할 수 있는 미국이나 캐나다의 인접 주 사이의 무역만큼 크지는 않다. 다른 요인들이 (즉, 문화의 차이와 국산품에 대한 선호와 같은) 존재하기 때문에 동일한 국가의 인접 주 사이의 무역이 아주 유사한 국가 사이의 무역보다 더 클 것이라는 점은 명확하다(사례연구 1-5 참조).

1.3B 노동과 자본의 국제적 이동

재화와 서비스의 무역 외에도 국경을 넘어선 자본과 사람의 이동(이주) 역시 세계경제에서 경제통합이나 세계화의 다른 척도가 된다.

오늘날 자기가 태어난 국가 외에서 살고 있는 사람들의 수는 약 1억 9천만 명인데, 이 중 약 60%는 부유한 국가에서 살고 있다(약 3,600만 명은 유럽, 3,800만 명은 미국 거주). 사람들은 주로 경제적 동기(즉, 생활수준을 향상시키거나 자녀들에게 보다 많은 기회를 제공하기 위해)에 의해 이주하지만 일부는 정치적·종교적 억압을 피하기 위해 이주한다. 미국에서 살고 있는 3,800만 명의 외국 태생의 이민자들은 미국 인구의 12.5%, 미국 노동력의 16.2%에 해당한다. 이 중에서 1,100만 명 이상 또는 거의 30%의 사람들이 미국에 불법으로 이주했다. 대부분의 국가는 미숙련노동의 유입을 억제하기 위하여 (종종 숙련노동이나 기술인력의 이민은 장려하지만) 이민에 대해 규제를 하고 있다. 이주는 재화나 서비스 및 자본의 국제적 이동에 비해 더 제한적이며 규제를 받는다(노동의 국제적 이주에 대해서는 12.6절에서 상세하게 논의한다).

일반적으로 자본은 노동보다 국경을 넘어서 더 자유롭게 이동할 수 있다. (은행여신이나 채권과 같은) 금융자본은 일반적으로 이자율이 높은 국가나 시장으로 이동하며, 플랜트나 기업에 대한 해외직접투자는 기대수익이 높은 곳으로 이동한다. 그 결과 자본은 보다 효율적으로 사용되며 일반적으로 대여자나 차입자 모두에게 이득이 된다. 1970년대에 중동 국가들은 원유 수출로 인한 막대한 수입을 뉴욕과 런던 소재 은행에 예치했는데, 이들 은행들은 이 자금을 라틴아메리카 및 아시아 국가와 기업에 대출하였다(환류하였다). 1980년대에 일본은 막대한 금액의 수출소득을 미국 내 금융자산과 실물자산에 투자하였고, 자회사를 설립하는 데 이용하였다.

1980년대 중반 이후 미국은 생산에 비해 과다한 지출을 충당함에 따라 대규모 차입국이 되었다(사례연구 1-6 참조). 세계적 은행들은 주요 국제금융센터(뉴욕, 런던, 프랑크푸르트, 도쿄, 상하이, 싱가포르)에 지점을 설립하였으며, 거의 5조 달러(미국 GDP 또는 미국 경제의 약 30%에 해당)의 외환이

사례연구 1-6 자본의 주요 순수출국 및 순수입국

표 1-4는 2017년도 자본의 주요 순수출국 및 순수입국을 보여 주고 있다. 실제적으로 투자자들이 해외 대여와 투자기회를 활용하고 위험을 커버하며 포트폴리오를 분산시킴에 따라 모든 국가들은 자본을 수출하고 또한 수입하고 있다. 자본을 수입하는 것보다 더 많이 수출하는 국가는 자본의 순수출국이며, 자본을 수출하는 것보다 더 많이 수입하는

국가는 자본의 순수입국이다. 이 표로부터 독일, 중국과 일본은 자본의 순수출국임을 알 수 있다. 반대로 미국은 자본의 가장 큰 순수입국이다. 미국은 소득에 비해 지나치게 지출을 많이 하고 있는데, 이는 미국이 교정을 해야 하는 것이다.

표 1-4 2017년도 자본의 주요 순수출국 및 순수입국

자본의 순수출국	세계자본 수출에 대한 비율(%)	자본의 순수입국	세계자본 수입에 대한 비율(%)
독일	21.2	미국	43.5
중국	14.1	영국	10.0
일본	14.0	인도	4.8
네덜란드	5.8	캐나다	4.6
타이완	5.7	터키	4.4
대한민국	5.6	프랑스	3.4
스위스	4.5	오스트레일리아	3.0
싱가포르	4.4	아르헨티나	2.9
기타	24.7	기타	23.4

출처 : IMF Data Bank, July 2018.

매일 세계적 금융센터에서 24시간 거래되고 있고, (원유를 수출하는 중동 국가와 노르웨이, 싱가포르, 중국, 러시아, 브라질이 소유한 금융기관과 같은) 새로이 설립된 국부 펀드 등은 범세계적으로 다양한 투자를 하고 있다. 금융시장은 유례없이 세계화되고 있다. 이로 인한 문제점은 한 국가에서 금융위기가 발생하면 다른 국가로 신속하게 전파된다는 점이다(제12장에서는 국제자본이동을 상세하게 살펴본다).

1.3C 범세계적 금융위기 이전과 이후의 세계화

그림 1-4를 통하여 1980년대 초반 시작되었던 세계경제의 세계화 과정(무역, 서비스 및 자본의 국제적 이동)은 1990년대에 급속히 진전되어 2007년에 최고조에 달하였으나 2008~2009년의 범세계적 금융위기와 경기침체로 급격히 위축되었음을 알 수 있다. 세계화 과정은 2010년 세계경제의 회복과 더불어 향상되기는 했으나 2011년부터 2017년까지의 수준은 (절대규모와 세계 GDP에 대한 비중으로 보나) 2007년의 정점보다는 낮은 수준이다. 국경 간 이동 또는 세계화가 장차 급속한 성장세를 회복할지 아니면 2010~2017년 수준에서 머물러 있을지는 현재 의문점이다. 서비스가 세계 GDP의 약 2/3를 차지하고 있지만, 재화의 국제무역이 가장 중요한 무역의 구성 부분이라는 점에 주목하자(서비스 및 금융의 국제적 이동보다 약 3~4배 가까이 더 크다).

한편 (세계화 과정의 다른 구성 요소인) 모국 이외의 지역에서 살고 있는 사람들의 비중은 1980년대 이후 약 2.7%로 놀라울 정도로 안정적이었다. 그러나 단기 여행객과 외국 대학에 등록하는 학생들

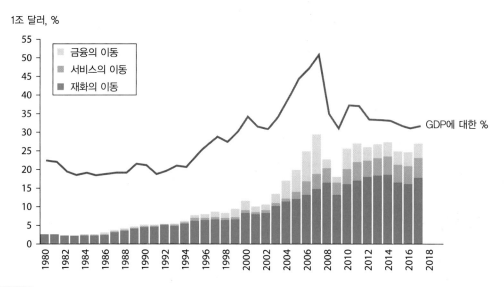

그림 1-4 재화, 서비스 및 금융의 이동(1980~2017)

세계화(재화, 서비스 및 금융의 국경 간 이동)는 1990년의 5조 달러(세계 GDP의 23%)에서 증가하여 2007년에는 29조 달러(세계 GDP의 52%)로 최고조에 달하였다. 그러나 2008~2009년의 범세계적 금융위기와 경기침체로 인하여 감소하였으며 2017년에는 27조 달러(세계 GDP의 33%)였다.

출처 : McKinsey, *Global Flows in a Digital Age*(New York, April 2014); "Globalization Is Changing, Not Going into Reverse," *The Financial Times*, April 15, 2016, p. 9; Hu and M. Spence, "Why Globalization Stalled," *Foreign Affairs*, July/August, 2017, pp. 54–63; WTO, *World Trade Statistical Review* (Geneva: WTO, 2018); and IMF, *International Financial Statistics Yearbook* (Washington, D.C.: IMF, 2018).

의 수는 급격하게 증가했다. 데이터와 통신의 국경 간 이동은 이보다 더 빨리 증가했다.

1.4 국제경제이론과 정책

이제 국제경제이론과 정책의 목적 및 주제를 살펴보기로 한다.

1.4A 국제경제이론과 정책의 목적

일반적인 경제이론의 목적은 예측하고 설명하는 것이다. 즉, 경제이론은 경제적 사건을 둘러싸고 있는 세부적인 사항들로부터 추상화하여 그 사건을 설명하고 예측하는 데 가장 중요한 것으로 생각되는 몇몇 변수화 관계를 추출하는 것이다. 이러한 맥락에서 국제경제학은 보통 2개의 국가, 2개의 상품, 2개의 생산요소가 존재하는 세계를 가정한다. 또한 국제경제학은 우선 무역규제가 없고, 생산요소가 국내에서는 완전히 이동 가능하지만 국제적으로는 이동 불가능하며, 상품 및 생산요소 시장은 완전경쟁상태에 있으며 수송비는 없다고 가정한다.

이러한 가정들은 지나치게 제한적으로 보일 수도 있다. 그러나 이러한 단순화하기 위한 가정으로부터 도출한 결론은 2개 이상의 국가, 2개 이상의 상품, 2개 이상의 생산요소가 존재하고 생산요소가 어느 정도 국제적으로 이동할 수 있으며, 불완전경쟁, 수송비 그리고 무역규제가 존재하는 세상을 다룰 수 있도록 가정을 완화하여도 성립한다.

국제경제학은 앞서 언급한 이러한 단순화하기 위한 가정으로부터 출발하여 무역의 원인, 무역으로부터의 이익, 무역규제의 원인과 효과를 살펴보며 각종 정책이 해당 국가와 다른 국가의 후생에 미치는 효과를 검토한다. 또한 국제경제이론은 여러 형태의 국제통화제도에서 거시경제정책의 효과를 살펴본다.

국제경제학의 대부분은 일반적인 미시경제학의 원리를 국제적 맥락에 적용한 것이기는 하지만, 국제경제학 분야 자체 내에서도 다양한 이론 발전이 이루어졌으며 후에 일반 경제이론의 주요 부분으로 자리 잡게 되었다. 한 가지 예가 (10.4A절에서 논의될) 차선의 이론이다. 생산이론, 일반균형이론, 성장이론 및 후생경제학은 다른 많은 경제이론과 함께 국제경제학 영역의 업적에서 큰 도움을 받았다. 이러한 공헌은 경제학의 특별한 영역으로서 국제경제학의 활력과 중요성을 입증하는 것이다.

1.4B 국제경제학의 주제

국제경제학은 국가 간 경제적 상호연관성을 다룬다. 또한 한 국가와 여타 국가 사이의 재화 및 서비스의 흐름과 이러한 흐름을 규제하기 위한 정책 그리고 이들 정책이 한 국가의 후생에 미치는 효과를 분석한다. 이러한 경제적 상호연관성은 국가 간 정치적, 사회적, 문화적, 군사적 관계에 의해 영향을 받고 또한 영향을 미치기도 한다.

구체적으로 국제무역론은 국제무역이론과 국제무역정책을 다룬다. 국제무역이론(international trade theory)은 무역으로부터의 이익과 무역의 발생원인을 분석하고, 국제무역정책(international trade policy)은 무역규제가 존재하는 이유와 그 효과를 살펴본다. 국제수지(balance of payment)는 한 국가의 다른 국가에 대한 총수입과 총지불을 측정한 것이며, 외환시장(foreign exchange market)은 한 국가의 통화를 다른 통화와 교환하기 위한 제도적인 틀이다. 마지막으로 개방경제 거시경제학은 국제수지 조정(adjustment in balance-of-payments)(적자와 흑자)을 다룬다. 보다 중요하게는 개방경제 거시경제학은 한 국가 경제의 내부부문과 외부부문의 관계를 분석하며 여러 형태의 국제통화제도에서 내부부문과 외부부문의 상호연관성 또는 다른 국가와의 상호의존성을 분석한다.

국제무역이론과 정책은 개별 국가를 한 단위로 분석하고 개별 상품의 (상대) 가격을 분석하기 때문에 국제경제학의 미시경제(microeconomics) 측면을 다룬다. 반대로 국제수지가 국민소득수준과 일반 물가수준 전반에 미치는 경제정책과 조정정책과 아울러 총수입과 총지불을 다루기 때문에 이는 국제경제학의 거시경제(macroeconomics) 측면이다. 이를 개방경제 거시경제학(open-economy macroeconomics) 또는 국제금융(international finance)이라고도 한다. 국제 간 경제관계는 지역 간 경제관계(즉, 한 국가의 상이한 지역 사이의 경제적 관계)와 다르기 때문에 다소 상이한 분석방법이 필요하며, 이로 인해 국제경제학은 경제학의 독특한 분야로 인정된다. 즉, 국가는 재화, 서비스 및 생산요소의 국경을 넘어선 이동에는 보통 규제를 가하지만 내부적인 이동에는 규제를 가하지 않는다. 게다가 이들의 국제적 이동은 언어, 관습 및 법률의 차이로 인해 어느 정도 저해를 받는다. 그뿐만 아니라 재화, 서비스 및 자원의 국제적 이동의 결과 외국 통화의 수취나 지불이 발생하는데, 그 가치는 시간의 경과에 따라 변동한다.

국제경제학은 지난 200년간 애덤 스미스에서 데이비드 리카도, 존 스튜어트 밀, 알프레드 마셜, 존 메이너드 케인스와 폴 사무엘슨에 이르기까지 세계의 가장 저명한 경제학자들의 공헌에 의해 오랜 기간 지속적으로 발전해 왔다. 다음 장에서는 이들과 다른 경제학들이 이룩한 공헌에 대해 논의할 것이다. 경제학의 다른 분야들은 최근에 탄생했으며, 이처럼 탁월한 공헌자를 배출한 분야는 없다.

1.5 현재의 국제경제 문제점과 도전

이 절에서는 오늘날 세계가 직면하고 있는 가장 중요한 국제경제의 문제점과 도전을 간략하게 살펴본다. 이러한 것들은 국제경제이론과 정책을 공부함으로써 이해하고 해결방안을 평가할 수 있는 문제들이다. 오늘날 세계의 가장 중요한 경제적 도전은 대부분의 선진국이 직면하고 있는 저성장과 고실업이다. 무역 분야에서 가장 심각한 문제점은 세계화가 진행되고 있고 중국이 세계의 경제대국으로 부상하는 상황에서 발생하고 있는 선진국의 보호무역주의이다. 금융 분야에서는 환율의 과도한 급변성(즉, 한 국가 통화의 국제가치가 급격하게 변동하는 것)과 대폭의 지속적인 불균형(즉, 환율이 장기간에 걸쳐 불균형 상태에 머물러 있는 것)이다. 기타의 심각한 문제점으로는 많은 개발도상국에서의 심각한 빈곤, 자원의 부족, 환경의 악화, 기후변화 및 이로 인해 세계경제의 지속적 성장과 발전이 저해 받을 수 있는 위험성 등이다. 이들 문제와 도전을 간단히 살펴보면 다음과 같다.

1. '대침체기' 이후 선진국의 저성장과 고실업 문제 최근 10년 이래로 선진국들은 1929년 대공황 이래 가장 심각했던 경제적 금융위기(대침체라고 함)에서 탈출하면서 저성장과 고실업을 경험하고 있다. 2008~2009년 위기는 2007년 8월 미국의 (고위험인) 서브프라임 주택 모기지 시장에서 시작하여 2008년에는 미국 전체의 금융시장과 부동산시장 그리고 다른 국가로 확산되었다. 미국과 기타 선진국은

은행과 금융기관들을 파산으로부터 구제하기 위하여 이자율을 인하하며 막대한 규모의 경기부양책을 실시하였다. 그러나 이러한 노력은 경기후퇴가 더 이상 심각해지지 않도록 하는 데만 성공했을 뿐이다. 2010년에 경기후퇴가 공식적으로 종식되었지만 저성장과 고실업은 오늘날 선진국들이 직면하고 있는 가장 심각한 경제문제이다.

2. 세계의 경제대국으로 부상한 중국으로 인한 도전 중국이 세계의 정치 및 경제대국으로 부상했기 때문에 미국과 기타 국가들은 이에 응전해야 하는 부담을 갖게 된다. 현재 중국은 세계 최대의 무역국이지만 중국의 국가 자본주의 때문에 중국은 선진국들과 다른 신흥국들에 대해 불공정한 무역 및 경쟁 우위를 갖게 되었다는 주장이 제기되고 있다. 또한 중국은 미국 국채를 2조 달러 이상 보유하고 있으며 자국 통화(인민폐)를 달러와 경쟁 관계에 있는 국제통화로 만들려고 하고 있다. 동시에 지난 30년간 중국의 괄목할 만한 경제성장은 세계경제의 성장을 촉진하기도 하였다. 현재 미국과 세계가 직면하고 있는 도전은 세계경제에서 중국의 중요성을 모두에게 이익이 되는 방향으로 반영하는 문제이다.

3. 급격하게 세계화되는 상황에서 선진국의 보호무역 순수 국제무역이론을 공부하는 제1부(제2~7장)에서는 세계 전체의 관점에서 최상의 정책은 자유무역이라는 사실을 배우게 된다. 자유무역을 하면 각국은 가장 효율적으로 생산할 수 있는 상품의 생산에 특화하여 이 중 일부를 수출함으로써 국내에서 생산할 수 있는 것보다 더 많은 상품을 획득할 수 있게 된다. 그러나 현실세계에서 대부분의 국가는 자유무역에 대해 규제를 하고 있다. 무역규제는 항상 국가 후생의 관점에서 정당화되고 있기는 하지만, 보통은 침묵하는 다수의 사람들을 희생하여 이익을 얻는 소수의 생산자들이 주장하고 있다. 이러한 문제는 선진국들이, 특히 중국과 같은 주요 신흥시장으로부터 받고 있는 경쟁적 도전이 커짐에 따라 더욱 악화되고 있다. 일자리 상실에 대한 광범위한 불안으로 인해, 미국과 같은 선진국에서는 외국과의 경쟁으로부터 보호를 요구하고 있다. 선진국이 직면하는 도전은 경쟁력을 계속 유지하는 것이며, 일자리의 상실을 피하고 세계화의 이득을 공유하며 보호주의에 대한 요구를 피하는 것이다. 선진국들이 이러한 도전에 대응하는 방안에 관해서는 이 책의 제2부(제8~12장)에서 살펴본다.

4. 환율의 과도한 변동과 불균형 및 금융위기 제3부(13장~15장)에서 국제금융론을 공부할 때 환율의 지속적 불균형과 환율의 과도한 변동 및 급변성을 살펴볼 것이다. 주기적인 금융위기는 선진국과 신흥국 경제 모두에서 경제적 및 금융적 불안정성을 야기하여 성장을 저해하였다. 1997년 동남아시아와 2007년 미국에서 발생한 금융위기를 상기하자. 이는 국제무역과 특화를 저해하여 전세계적으로 불안정한 국제금융환경을 조성할 수 있다. 또한 이로 인해 현행 국제금융체제의 개혁과 주요 국가 간 경제정책의 국제적 협조가 새롭게 요구되고 있다(이 문제는 제20장과 제21장에서 다룬다).

5. 선진국에서 구조적 불균형과 이행경제 내의 불충분한 구조조정 미국은 과도한 지출과 국가 저축의 부족이라는 구조적 불균형에 직면하고 있다. 이는 미국이 해외에서 과도하게 차입함으로써 분수에 넘치는 생활을 하고 있음을 의미한다. 그 결과는 막대한 자본유입, 달러의 과대평가, 지속할 수 없는 폭넓은 무역수지 적자 및 불안정한 금융 여건이다. 유럽은 경직된 노동시장에, 일본은 유통구조상의 심각한 비효율성에 직면하고 있는데, 이는 이들 국가의 성장을 둔화시킨다. (과거 중부 및 동부 유럽의 공산주의 국가인) 이행경제에서는 완전한 시장경제를 설립하고 젊은 기술인력의 막대한 해외 이민을

줄이기 위해서는 추가적인 구조조정이 필요하다. 이들 지역에서의 성장이 저조하기 때문에 세계경제의 성장이 둔화되고 이는 또 보호무역주의에 대한 요구를 불러일으킨다. 따라서 오늘날의 상호의존적인 세계에서는 지역적이고 국가적인 문제가 신속하게 범세계적 문제가 되고 있다. 제4부(개방경제 거시경제학을 다루는 제16장~19장)에서는 이러한 도전에 대처할 수 있는 정책들을 살펴본다.

6. 많은 개발도상국에서의 심각한 빈곤   중국과 인도 같은 많은 개발도상국들이 급속히 성장해 왔지만, 특히 사하라 이남 아프리카 국가와 같은 일부 최빈 개발도상국은 심각한 빈곤과 경제적 정체, 생활수준의 국제 간 불평등의 확대에 직면하고 있다. (세계 인구의 1/10에 상당하는) 7억 이상의 사람들은 하루에 2달러 이하로 생활하고 있다. 해마다 수백만 명의 사람들이 기아로 죽어 가는 세상은 윤리적인 관점에서 받아들일 수 없을 뿐 아니라 행복하거나 평온하다고 말할 수 없다. 제11장과 제21장에서는 부유한 국가와 최빈 개발도상국 간의 생활수준의 격차가 이처럼 크게 확대되고 있는 이유와 또 최빈국에서의 성장을 촉진하기 위한 방안이 무엇인지를 살펴볼 것이다.

7. 자원 부족, 환경 악화, 기후변화와 지속 가능한 발전   부유한 국가의 성장과 빈곤한 국가의 발전은 현재 자원 부족, 환경 악화 및 기후변화에 의해 위협받고 있다. 특히 중국이나 인도에서의 수요급증과 생산국에서의 공급 경직성으로 인해 원유가격이나 기타 원자재 가격은 지난 수년간 급격히 상승하였고 식량 가격 역시 마찬가지이다. 최근의 범세계적 금융위기로 인한 경기침체 및 저성장으로 인하여 원자재 및 식품에 대한 수요와 가격은 완화되거나 하락했지만 자원 부족의 문제가 장차 다시 등장할 것이라는 점은 분명하다. 많은 주요 신흥경제에서 환경보호는 성장이라는 지상 명령 때문에 뒷전으로 밀려나 있다. 환경오염은 중국의 일부 지역에서 심각하게 진행되고 있으며 아마존 삼림은 급속도로 파괴되고 있다. 또한 우리는 지구상의 생명체에 더욱더 심각한 영향을 미치는 위험한 기후변화를 목격하고 있다. 이러한 문제점들은 모든 학문의 공동 노력과 범세계적인 협조 및 세계의 지배구조를 변화시킴으로써 적절하게 분석하고 해결할 수 있다.

1.6 이 책의 구성 및 방법론

이 절에서는 간략하게 이 책의 구성, 내용 및 방법론을 소개한다.

1.6A 이 책의 구성

이 책은 4부로 구성되어 있다. 제1부(제2~7장)에서는 국제무역이론을 다룬다. 제2장에서는 비교우위라는 중요한 이론에 대한 설명을 하고, 제3장에서는 국제무역의 원인과 무역으로부터의 이익을 살펴보며, 제4장에서는 국제적으로 교역되는 상품과 서비스의 균형상대가격이 어떻게 결정되는지를 설명한다. 제5장에서는 헥셔-오린 무역이론과 실증적 타당성을 살펴보고, 제6장에서는 규모의 경제와 불완전경쟁으로 인해 무역이 발생하게 되는 신무역이론을 살펴보며, 제7장에서는 성장과 무역을 살펴본다.

　제2부(제8~12장)에서는 국제무역정책을 다룬다. 제8장에서는 무역규제의 가장 중요한 수단인 관세를 살펴보고, 제9장에서는 비관세장벽을 살펴보고 보호무역주의를 정당화하기 위해 통상 제기되는

논거들을 평가하며 보호무역주의의 역사를 요약한다. 제10장에서는 몇몇 국가 간의 경제통합을 살펴보고, 제11장에서는 국제무역이 경제발전에 미치는 효과를 살펴보며, 제12장에서는 자원의 국제적 이동과 다국적기업을 논의한다.

제3부(제13장~15장)에서는 국제수지, 외환시장 및 환율결정을 살펴본다. 이들 장을 명료하게 이해하는 것이 국제수지 불균형의 조정과 개방경제 거시경제학을 다루는 제4부의 이해에 필수적이다. 제13장에서는 국제수지의 측정을 논의한다. 제14장에서는 이론을 소개할 뿐만 아니라 외환시장의 실제 운용을 살펴보고 따라서 경영학 전공학생뿐만 아니라 국제경제학 학생들에게도 현실적인 유용성이 있다. 제15장은 환율의 금융적 결정원리와 환율 급변성의 원인을 보다 상세하게 살펴본다.

제4부(제16장~21장)에서는 국제수지 불균형이 조정되는 다양한 메커니즘을 살펴보는데, 이를 개방경제 거시경제학이라고 한다. 제16장은 국내 가격과 외국 가격의 관계를 변화시킴으로써 작동하는 조정 메커니즘을 살펴보며, 제17장은 소득 조정 메커니즘을 살펴보고 이어서 자동 조정 메커니즘을 종합한다. 제18~19장은 조정정책과 개방경제 거시경제학을 살펴본다. 제20장은 고정환율제도와 변동환율제도를 비교하며, 유럽통화제도를 살펴보고, 국제거시경제 정책의 협조를 논의한다. 마지막으로 제21장에서는 시간의 추이에 따른 국제통화제도의 운용, 특히 현재의 작동상황을 살펴보고 오늘날 세계가 직면하고 있는 주요 국제경제문제를 살펴본다.

이 책은 추상적이고 이론적인 수준에서 시작하여 보다 응용된 정책 지향적인 방향으로 논의를 전개한다. 그 이유는 어떤 문제의 해결책을 위한 적절한 정책을 추구하기 이전에 그 문제의 성격부터 이해해야 하기 때문이다. 이 책의 각 부는 단순한 개념으로부터 출발하여 점진적으로 그리고 체계적으로 보다 복잡하고 어려운 문제로 나아간다.

1.6B 이 책의 방법론

이 책은 국제경제학을 완벽하게 이해하기 위해 필요한 모든 원리와 이론을 소개한다. 그러나 본문에서는 직관적인 수준에서 소개하며 중급 미시경제학이나 거시경제학을 필요로 하는 보다 엄밀한 증명은 각 장의 뒤에 있는 부록에서 소개한다. 따라서 이 책은 다양한 학문적 배경의 학생들에게 모두 유용하도록 구성되어 있으며, 국제경제학을 신축적으로 공부할 수 있도록 구성하였다. 소개되는 개념과 이론에 좀 더 쉽게 접근하고 구체화하기 위해 동일한 기초개념이나 이론을 다루는 장에서는 모두 동일한 예를 사용하며 모든 예에서는 실제의 숫자를 사용하였다.

어떤 이론이나 논점을 설명하기 위하여 이 책에서 이용된 수많은 예나 현재의 사건들 외에도 이 책의 각 장에는 4~10개 정도의 특정 사례연구가 포함되어 있다. 이러한 현실 세계에서의 간략한 사례연구는 논의에 적합하고, 각 장에서 소개된 가장 중요한 토픽에 대한 이해를 공고히 하며 흥미를 갖게 하기 위해서 삽입되었다.

각 장은 6~7개 정도의 절과 학습목표, 요약, 주요용어, 복습문제, 연습문제, 부록 등을 수록하고 있다. 각 장의 절은 (이 장에서와 같이) 참조하기 쉽도록 번호를 매겼다. 분량이 많은 절은 번호를 매겨 2개 이상의 하위 절로 나누었다.

요약 부분에서는 각 장의 절을 1개의 문단으로 요약하였고, 주요용어는 (이 장에서처럼) 처음 소개되고 설명될 때는 색깔 글씨체로 인쇄하였다. 이 용어들은 각 장의 맨 뒤에 주요용어란으로 목록화하였다.

    각 장에는 12~14개의 복습문제 및 연습문제가 수록되었다. 복습문제는 각 장에서 다루어진 가장 중요한 개념을 살펴본다. 연습문제는 학생들로 하여금 실제 세계의 현행 국제경제문제를 분석하도록 하거나 또는 연필과 종이를 가지고 특정 이론을 설명하는 도표를 그리도록 하거나 특정한 척도를 실제로 계산하도록 한다. 도표와 계산은 다소 어렵기는 하지만 까다롭지도 않고 시간이 많이 걸리지도 않는다. 이러한 문제들은 각 장에서 다루어진 내용을 학생들이 정확하게 이해하여 유사한 문제를 분석할 수 있는지 알 수 있도록 수록되었다. 학생들이 능동적으로 참여할 때만 국제경제학이 생동감 있게 느껴지기 때문에 학생들은 이러한 연습문제를 모두 풀어 보기 바란다.

요약

1. 오늘날의 세계는 기호, 생산, 노동시장 및 금융시장의 세계화를 근간으로하는 혁명 중에 있다. 세계화는 효율성을 증대시키기 때문에 중요하며, 국제경쟁은 세계화를 필요로 하므로 세계화는 불가피하다. 세계화는 세계의 소득 불평등, 미성년자 노동, 환경오염 및 기타 문제 때문에 비난받고 있으며 이로 인해 반세계화 운동이 강력하게 전개되었다.

2. 미국은 미국이 생산하지 못하는 많은 상품들과 (매장량이 전혀 없거나 감소하고 있는) 일부 광물자원을 얻기 위하여 국제무역에 의존하고 있다. 한 국가의 생활수준에 양적으로 보다 중요한 것은 국내에서 생산할 수는 있지만 외국보다 더 비싸게 생산할 수밖에 없는 여러 가지의 상품이다. 다른 국가의 경우에는 그 국가의 후생에 국제무역이 보다 더 중요하다.

3. 세계경제의 상호의존성은 재화, 용역, 노동 및 자본의 국경을 넘어선 이동에 반영된다. 그래비티 모형에 의하면 (다른 조건이 일정할 때) 두 국가 간의 무역은 각국의 GDP의 곱에 비례하거나 양의 관계에 있으며, 두 국가 간 거리가 멀수록 작아진다. 오늘날 약 1억 9천만 명의 사람들이 자기가 태어난 곳 외에서 살고 있는데, 이 중 3,800만 명이 미국에 살고 있다. (은행여신, 채권, 플랜트 및 기업에 대한 해외직접투자 형태의) 막대한 양의 자본이 매년 국경을 넘어 이동하고 있다.

4. 여러 가지의 단순화하기 위한 가정으로부터 출발하여 국제경제학은 무역의 발생 원인과 무역으로부터의 이익, 무역규제의 이유와 국제적 지불과 수취를 규제하기 위한 정책 및 후생에 미치는 효과를 살펴본다. 따라서 국제경제학은 순수 국제무역이론과 국제무역정책, 국제수지와 외환시장 및 국제수지의 조정 혹은 개방경제 거시경제학을 다루는데 처음의 두 가지 토픽은 국제경제학의 미시적 측면이고, 마지막 두 토픽은 거시적 측면 혹은 국제금융이다.

5. 오늘날 세계가 직면하고 있는 주요 국제경제문제로는 (1) '대침체기' 이후 선진국이 직면하고 있는 저성장과 고실업, (2) 중국이 주요 경제적 · 정치적 강국으로 등장함에 따라 야기되는 도전, (3) 세계화된 세상에서 선진국에서 보호무역주의의 등장, (4) 환율의 과도한 변동 및 폭넓은 불균형, 금융위기, (5) 선진국에서의 구조적 불균형 및 이행경제에서의 불충분한 구조조정, (6) 많은 개발도상국에서의 심각한 빈곤, (7) 자원 부족과 환경 악화 및 기후변화이다.

6. 이 책은 4부로 구성되어 있다. 제1부(제2장~7장)에서는 국제무역이론을 다루고 제2부(제8장~12장)에서는 국제무역정책을 살펴본다. 제3부(제13장~15장)에서는 국제수지와 외환시장을 살펴보고, 제4부(제16장~21장)에서는 국제수지 불균형이 조정되는 다양한 메커니즘과 개방경제 거시경제학을 다룬다.

주요용어

개방경제 거시경제학(open-economy macroeconomics)

거시경제(macroeconomics)

국제금융(international finance)

국제무역이론(international trade theory)

국제무역정책(international trade policy)

국제수지(balance of payments)

국제수지 조정(adjustment in balance-of-payments)

그래비티 모형(gravity model)

미시경제(microeconomics)

반세계화 운동(antiglobalization movement)

상호의존성(interdependence)

세계화(globalization)

프래그멘테이션(fragmentation)

외환시장(foreign exchange market)

복습문제

1. 세계화의 뜻은 무엇인가? 이로 인한 유리한 점과 불리한 점은? 반세계화 운동이 전개되는 이유는 무엇인가?

2. 국제무역론의 주제가 될 수 있는 현재의 중요한 사건은 무엇인가? 이것이 중요한 이유는? 이로 인해 미국과 유럽 사이의 경제적 · 정치적 관계는 어떤 영향을 받는가? 미국과 다른 나라는?

3. 국제무역이 미국의 생활수준과 관련 있는 이유는 무엇인가? 기타 선진국의 생활수준은? 소규모 산업국가의 생활수준은? 개발도상국의 생활수준은? 이들 국가 중에서 국제무역이 가장 중요한 국가군은?

4. 한 국가의 여타 국가에 대한 상호의존관계를 파악할 수 있는 개략적인 지표는 무엇인가? 그래비티 모형의 내용은 무엇인가?

5. 국제무역이론은 무엇을 연구하는가? 무역정책은? 이들 분야가 국제경제학의 미시경제학적 측면인 이유는 무엇인가?

6. 국제수지란 무엇이고 외환시장이란 무엇인가? 국제수지의 조정이란? 이들 토픽이 국제경제학의 거시경제적 측면인 이유는? 개방경제 거시경제학과 국제금융이란 무엇인가?

7. 일반적인 경제이론의 목적은 무엇인가? 특히 국제무역이론과 국제무역정책의 목적은 무엇인가?

8. 국제경제학을 공부하기 위해 단순화하기 위한 가정에는 어떤 것이 있는가? 이들 가정을 정당화할 수 있는 이유는?

9. 국제경제학을 공부할 때 일반적으로 국제무역이론을 먼저 살펴보는 이유는 무엇인가? 무역정책을 학습하기 전에 무역이론을 공부하는 이유는? 이들 중 어느 분야가 더 추상적인가? 응용의 성격이 강한 분야는?

10. 오늘날 세계가 직면한 국제경제의 가장 중요한 문제는 무엇인가? 세계화의 이익과 이에 대한 비판에는 무엇이 있는가?

11. 과거 학습한 경제학에서 수요, 공급 및 균형의 개념은 무엇인가? 수요의 탄력성 의미를 기억하는가? 완전경쟁은? 요소시장은? 생산가능곡선은? 수확체감의 법칙은? 한계생산성 이론은? (만일 이들 개념을 기억하지 못한다면 경제학 원론 교재를 복습하라.)

12. 과거에 공부했던 경제학에서 인플레이션, 경기후퇴, 성장의 개념은 무엇인가? 한계소비성향, 승수, 가속도 원리란 무엇인가? 금융정책, 재정적자, 재정정책이란 무엇인가? (이들 중 일부 개념을 잘 모른다면 과거 경제학 원론 교재를 복습하라.)

연습문제

1. 일간신문을 보고 다음 사항을 살펴보라.
   (a) 국제무역의 성격을 띠고 있는 7~8개의 뉴스 항목
   (b) 이들 뉴스의 내용이 미국경제에 미치는 **효과나 영향**
   (c) 이들 뉴스의 여러분 **개인**에 대한 중요성

2. 이 문제는 몇몇 국가의 상호의존성을 측정하는 것과 관련되어 있다.
   (a) 그림 1-1에 나타나지 않은 **산업국가** 5개를 찾아보라.
   (b) 학교도서관에 가서 최근의 *International Financial Statistics*를 찾아보고 여러분이 선택한 국가의 경제적 상호의존 정도를 보여 주는 표를 작성하라. 소국의 경제적 상호의존성은 대국보다 큰가?

3. 그림 1-1에 나타나지 않은 **개발도상국** 5개를 찾아 연습문제 2번과 동일하게 풀어 보라.

4. 미국과 브라질 및 아르헨티나의 무역은 그래비티 모형의 예측대로 행해지는가?

5. 경제학 원론 교재를 찾아보고 차례로부터
   (a) 경제학 원론 교재의 미시경제학 부분에 소개된 토픽을 살펴보라.
   (b) 경제학 원론 교재의 미시경제학 차례와 이 책의 제1부 및 제2부를 비교하라.
   (c) 경제학 원론 교재의 거시경제학 부분에 소개된 토픽을 살펴보라.
   (d) 경제학 원론 교재의 거시경제학 차례와 이 책의 제3부 및 제4부를 비교하라.

6. (a) 소비자 이론에 의하면 다른 조건은 모두 일정할 때 가격이 상승하면(세금을 부과한 결과) 상품의 수요량은 어떻게 변화하는가?
   (b) (예컨대 세금을 부과한 결과) 국내소비자가 지불하는 수입품의 가격이 상승하면 수입량은 어떻게 변화하겠는가?

7. (a) 정부는 예선 적자를 어떻게 없애거나 줄이는가?
   (b) 국가는 국제수지 적자를 어떻게 없애거나 줄이는가?

8. (a) 국제경제관계는 지역 간 경제관계와 어떤 차이가 있는가?
   (b) 어떤 점에서 유사한가?

9. 한 국가가 자발적으로 국제무역에 참가함으로써 이익을 얻는다는 사실을 어떻게 추론할 수 있는가?

10. 한 국가가 국제무역으로 이익을 얻음에도 불구하고 대부분의 국가들이 국제무역을 규제하는 이유는 무엇이라고 생각하는가?

11. 한 국가가 무역을 규제하여 다른 나라를 희생시킴으로써 이익을 얻을 수 있는 방법에는 무엇이 있는가?

12. 미국의 달러 가치가 다른 나라의 통화에 비해 하락할 때 미국의 통화량은 어떻게 될 것이라고 생각하는가?
    (a) 수입은?
    (b) 수출은?

부록

이 부록에서는 재화와 서비스의 주요 수출국 및 수입국과 아울러 국제무역의 상품별, 지역별 집중에 관한 기본적 데이터를 소개한다. 또한 현재의 사건들에 대한 추가적 국제 자료와 정보를 제공할 수 있는 출처를 소개한다.

A1.1 기본적 국제무역 데이터

표 1-5는 2017년 세계 상품무역의 상품별 구성을 보여 준다. 이 표에 의하면 세계 전체의 상품수출액은 17조 7,300억 달러였으며, 이 중 1조 7,320억 달러(9.8%)가 농업제품, 2조 6,290억 달러(14.8%)가 연료 및 광업제품, 12조 580억 달러(68%)가 제조업품[이 중 4,110억 달러(2.3%)가 철강, 1조 9,840억 달러(11.2%)가 화학품, 1조 8,410억 달러(10.4%)가 사무용 및 통신 장비, 1조 4,580억 달러(8.2%)가 자동차제품, 5조 6,200억 달러(31.7%)가 기타 제조업품]이었다. 따라서 세계 전체 수출의 68%가 제조업품, 14.8%는 연료 및 광업제품, 9.8%는 농업제품, 나머지 7.4%가 분류되지 않은 상품이다.

표 1-6은 2017년도 세계 상품무역의 지역별 구성을 보여 준다. 이 표에 의하면 세계 전체의 상품 수출 17조 7,300억 달러 중 2조 4,470억 달러(13.8%)가 북아메리카[이 중 1조 5,470억 달러(8.7%)는 미국, 4,210억 달러(2.4%)는 캐나다, 4,090억 달러(2.3%)는 멕시코]로부터, 6,030억 달러(3.4%)는 남아메리카와 중앙아메리카[이 중 2,180억 달러(1.2%)는 브라질]로부터, 6조 7,020억 달러(37.8%)는 유럽[이 중 1조 4,480억 달러(8.2%)는 독일]으로부터 5,320억 달러(3.0%)는 독립국가연합[이 중 3,530억 달러(2.0%)는 러시아연방]으로부터, 4,250억 달러(2.4%)는 아프리카[이 중 890억 달러(0.5%)는 남아프리카]로부터, (대부분이 원유인) 9,930억 달러(5.6%)는 중동[이 중 2,180억 달러(1.2%)는 사우디아라비아]으로부터, 6조 280억 달러(34%)는 아시아[이 중 2조 2,630억 달러(12.8%)는 중국]로부터 수출하였다. 따라서 유럽(유럽연합)과 아시아가 가장 중요한 수출지역이며 그다음이 북아메리카이다. 표 1-6의 마지막 두 열은 2017년 세계 상품 수입의 지역별 구성을 보여 준다.

표 1-7은 2017년 지역별 상품 수출의 최종 도착지를 보여 준다. 이 표의 첫째 열은 북아메리카 상품 수출의 38.1%가 북아메리카로(이는 미국의 캐나다와 멕시코에 대한 수출, 캐나다와 멕시코의 미국에 대한 수출 및 상호 간 수출임), 4.2%가 남아메리카 및 중앙아메리카로, 18%가 유럽으로, 0.7%가 독립

표 1-5　2017년 세계 상품무역의 상품별 구성[10억 달러 및 세계 점유율(%)]

항목	수출액(10억 달러)	점유율(%)
농업제품	1,732	9.8
연료 및 광업제품	2,629	14.8
제조업품	12,058	68.0
철강	411	2.3
화학품	1,984	11.2
사무용 및 통신 장비	1,841	10.4
자동차제품	1,458	8.2
섬유 및 의류	750	4.2
기타 제조업품	5,620	31.7
미분류 상품	1,311	7.4
총계	17,730	100.0

출처 : WTO, *World Trade Statistical Review* (Geneva, 2018).

| 표 1-6 | 2017년 세계 상품무역의 지역별 구성[10억 달러 및 점유율(%)] |

지역 또는 국가	수출액(10억 달러)	점유율(%)	수입액(10억 달러)	점유율(%)
북아메리카	2,447	13.8	3,370	18.7
미국	1,547	8.7	2,410	13.4
캐나다	421	2.4	442	2.5
멕시코	409	2.3	432	2.4
남·중앙 아메리카 및 카리브해	603	3.4	595	3.3
브라질	218	1.2	157	0.9
칠레	68	0.4	65	0.4
아르헨티나	58	0.3	67	0.4
유럽	6,702	37.8	6,687	37.1
독일	1,448	8.2	1,167	6.5
네덜란드	652	3.7	574	3.2
프랑스	535	3.0	625	3.5
이탈리아	506	2.9	453	2.5
영국	445	2.5	644	3.6
스페인	321	1.8	351	1.9
독립국가연합(CIS)[a]	532	3.0	414	2.3
러시아연방	353	2.0	238	1.3
아프리카	425	2.4	541	3.0
남아프리카	89	0.5	101	0.6
중동	993	5.6	739	4.1
사우디아라비아	218	1.2	131	0.7
아시아	6,028	34.0	5,678	31.5
중국	2,263	12.8	1,842	10.2
일본	698	3.9	672	3.7
대한민국	574	3.2	478	2.7
인도	298	1.7	447	2.5
오스트레일리아	231	1.3	229	1.3
세계 전체	17,730	100.0	18,024	100.0

[a] 아르메니아, 아제르바이잔, 벨라루스, 그루지야, 카자흐스탄, 키르기즈공화국, 몰도바, 러시아연방, 타지키스탄, 투르크메니스탄, 우크라이나, 우즈베키스탄

출처 : WTO, *World Trade Statistical Review* (Geneva, 2018), Tables A4, A5, and A6.

국가연합(CIS)으로, 1.1%가 아프리카로, 2.1%가 중동으로, 35.7%가 아시아로 수출되었음을 보여 준다. 표 1-7의 두 번째 열은 남아메리카와 중앙아메리카의 수출 중 22.4%가 같은 지역의 다른 국가로 수출되었음을 보여 준다. 남아메리카와 중앙아메리카의 주요 교역 상대국은 북아메리카, 아시아, 유

표 1-7	2017년 상품 수출의 지역별 도착지(%)						
	북아메리카	남·중앙 아메리카	유럽	독립국가연합 (CIS)[a]	아프리카	중동	아시아	세계 전체
북아메리카	38.1	29.8	6.0	3.1	5.0	9.9	10.1	13.8
남·중앙아메리카	4.2	22.4	1.5	1.8	3.0	2.5	3.5	3.4
유럽	18.0	17.1	70.0	41.7	35.2	30.0	14.1	37.8
독립국가연합[a]	0.7	1.4	3.7	24.4	3.8	2.2	2.1	3.0
아프리카	1.1	1.3	2.3	0.6	13.9	3.0	2.2	2.4
중동	2.1	1.0	2.0	1.7	6.8	18.4	8.1	5.4
아시아	35.7	27.0	14.5	26.8	32.3	34.0	59.9	34.0
세계 전체	100.0	100.0	100.0	100.0	100.0	100.0	100.0	100.0

[a] 아르메니아, 아제르바이잔, 벨라루스, 그루지야, 카자흐스탄, 키르기즈공화국, 몰도바, 러시아연방, 타지키스탄, 투르크메니스탄, 우크라이나, 우즈베키스탄
출처 : WTO, *World Trade Statistical Review* (Geneva, 2018).

럽이다. 세 번째 열은 유럽 수출의 약 70%가 유럽 지역 내 무역임을 보여 준다. 예상한 바와 같이 유럽은 독립국가연합(CIS)과 아프리카의 가장 중요한 교역 상대국이며, 중동은 주로 아시아와 유럽으로 수출하고 있다(대부분 원유임). 아시아 지역의 수출 중 아시아 지역 내 무역은 59.9%를 차지하고 있으며 나머지는 주로 유럽, 북아메리카, 중동으로 수출된다.

　표 1-8은 2017년 세계의 주요 수출국과 수입국을 보여 준다. 이 표를 통해 세계의 상위 수출국과 수입국은 경제대국인 산업국가와 중국이며, 중국은 1위 수출국이고 미국은 1위 수입국이다. 중국은 최근 들어 주요 수출국과 수입국에서 순위가 크게 올라 수출에서는 1위이고 수입에서는 미국의 뒤를 이어 2위를 차지하고 있다. 또한 표 1-8을 통해 주요 수출국은 또한 주요 수입국임을 알 수 있다.

　표 1-9는 2017년도 상업 서비스의 주요 수출국과 수입국을 보여 준다. 미국이 서비스 수출과 수입에서 모두 1위이며, 중국은 서비스 수출에서 5위이고 수입에서 2위인 점을 제외하면, 서비스 무역의 순위는 상품무역의 순위와 비슷하다. 상업 서비스 무역은 상품무역 규모의 약 30% 정도이며, 선진국과 신흥시장을 포함한 대부분의 국가가 서비스 경제로 이행되는 점을 반영하여 서비스 무역은 상품무역보다 훨씬 빠르게 증가해 왔다는 점을 주목하자.

A1.2 국제적 자료 및 정보의 다른 출처

최근의 경제동향과 무역 및 금융에 대한 국가별, 국제적 자료에 대한 가장 중요한 출처는 다음과 같다.

미국 정부가 출간한 출판물

Economic Report of the President(Washington D.C.: U.S. Government Printing Office, 연간)는 (국제무역 및 금융자료를 포함하여) 미국경제에 대한 시계열 자료와 함께 최근의 경제동향에 대한 장을 수록하고 있다.

표 1-8 2017년 상품의 주요 수출국과 수입국[10억 달러 및 점유율(%)]

	수출				수입		
순위	국가	액수(10억 달러)	점유율(%)	순위	국가	액수(10억 달러)	점유율(%)
1	중국	2,263	12.8	1	미국	2,410	13.4
2	미국	1,547	8.7	2	중국	1,842	10.2
3	독일	1,448	8.2	3	독일	1,167	6.5
4	일본	698	3.9	4	일본	672	3.7
5	네덜란드	652	3.7	5	영국	644	3.6
6	대한민국	583	3.2	6	프랑스	625	3.5
7	프랑스	535	3.0	7	네덜란드	574	3.2
8	이탈리아	506	2.9	8	대한민국	478	2.7
9	영국	445	2.5	9	이탈리아	453	2.5
10	벨기에	430	2.4	10	인도	447	2.5
위의 총계		9,098	51.3	위의 총계		9,312	51.8
세계 전체		17,730	100.0	세계 전체		18,024	100.0

출처 : WTO, *World Trade Statistical Review* (Geneva, 2018), Tables A6.

표 1-9 2017년 상업 서비스의 주요 수출국과 수입국[10억 달러 및 점유율(%)]

	수출				수입		
순위	국가	액수(10억 달러)	점유율(%)	순위	국가	액수(10억 달러)	점유율(%)
1	미국	762	14.4	1	미국	516	10.2
2	영국	347	6.6	2	중국	464	9.1
3	독일	300	5.7	3	독일	322	6.3
4	프랑스	248	4.7	4	프랑스	240	4.7
5	중국	226	4.3	5	네덜란드	211	4.2
6	네덜란드	216	4.1	6	영국	210	4.1
7	아일랜드	186	3.5	7	아일랜드	199	3.9
8	인도	183	3.5	8	일본	189	3.7
9	일본	180	3.4	9	싱가포르	171	3.4
10	싱가포르	164	3.1	10	인도	153	3.0
위의 총계		2,812	53.3	위의 총계		2,675	52.6
세계 전체		5,279	100.0	세계 전체		5,074	100.0

출처 : WTO, *World Trade Statistical Review* (Geneva, 2018), Tables A8.

Federal Reserve Bulletin(Washington D.C.: Board of Governors of the Federal Reserve System, 월간)은 미국과 기타 국가에 대한 막대한 양의 무역 및 금융정보와 자료를 수록하고 있다.

Statistical Abstract of the United States(Washington D.C.: U.S. Department of Commerce, 연간)는 통계의 국제 비교와 아울러 미국에 대한 많은 자료를 수록하고 있다.

International Trade by Selected Countries and Areas (U.S. Department of Commerce: www.bea.gov/international/index/htm) 상품군별, 지역별 국제무역에 대한 월별, 분기별, 연간 자료를 수록하고 기타 미국 국내 및 국제 자료를 수록

국제기구가 출간한 출판물

Balance of Payments Statistics Yearbook (Washington, D.C.: International Monetary Fund, annual) includes detailed balance of payments statistics on 165 countries.

Direction of Trade Statistics(Wasington D.C.: International Monetary Fund, 분기 및 연간)는 187개국의 세계 각국에 대한 수출과 수입에 대한 상세한 자료를 수록하고 있다.

International Financial Statistics(Washington D.C.: International Monetary Fund, 월간 및 연간)는 188개 국가에 대한 다양한 경제자료를 수록하고 있다.

International Trade Statistics(Geneva, World Trade Organization, 연간)는 160개 회원국 및 다양한 국가군에 대한 무역자료를 수록하고 있다.

Main Economic Indicators(Paris, Organization for Economic Cooperation and Development, 월간 및 연간)는 OECD 34개 회원국에 대한 다양한 경제자료를 수록하고 있다.

OECD Economic Outlook(Paris: Organization for Economic Cooperation and Development, 매년 6월 및 12월)은 34개 회원국 및 국가군별 요약 자료와 최근의 경제동향에 대한 분석 및 미래의 경제활동에 대한 OECD의 예측을 수록하고 있다.

World Economic Outlook(Washington D.C.: International Monetary Fund, 매년 4월 및 10월)은 주요 산업국가 및 국가군별 요약 자료와 최근의 경제동향에 대한 분석 및 미래의 경제활동에 대한 IMF의 예측을 수록하고 있다.

World Development Report(Oxford University Press, World Bank, 연간)는 개발도상국에 대한 경제, 사회적 자료와 최근의 경제동향 및 미래에 대한 예측을 수록하고 있다.

최근의 경제동향에 대한 출처

Chicago Tribune(일간)

Financial Times(일간)

Los Angeles Times(일간)

New York Times(일간)

Wall Street Journal(일간)

Washington Post(일간)

Business Week(주간)

The Economist(주간)

Forbes(격주간)

Fortune(격주간)

Federal Reserve Bulletin(월간)

IMF Survey Magazine(격주간)

Monthly Bulletin of Statistics(UN에서 출간함, 월간)

국제무역이론

제1부(제2~7장)는 국제무역이론을 다룬다. 제2장에서는 대단히 중요한 이론인 비교우위의 이론으로부터 설명을 시작하여, 제3장에서는 국제무역의 원인과 무역으로부터의 이익을 살펴보고, 제4장에서는 국제적으로 교역되는 상품과 서비스의 균형상대가격이 어떻게 결정되는지를 정식으로 논의한다. 국제무역에 대한 헥셔-오린 이론과 이 이론에 대한 실증적 연구결과는 제5장에서 소개한다. 제6장에서는 국제무역이론에서 중요한 새로운 무역이론을 살펴보는데, 이 이론들은 무역이 발생하는 원인을 규모의 경제와 불완전경쟁으로 설명한다. 제7장에서는 국제무역과 경제성장의 관계를 살펴본다.

비교우위의 법칙

- 비교우위의 법칙을 이해한다.
- 기회비용과 상품의 상대가격 사이의 관계를 이해한다.
- 무역의 발생원인과 생산비가 불변일 때 무역으로부터의 이익을 보여 준다.

2.1 서론

이 장에서는 17세기부터 20세기 초반에 이르기까지의 무역이론의 발달과정을 살펴본다. 이러한 역사적 접근방법이 유용한 이유는 우리가 경제사상사 그 자체에 관심이 있기 때문이 아니라 국제무역이론과 개념을 단순한 것으로부터 보다 복잡하고 현실적인 경우로 소개하는 데 편리하기 때문이다.

이 장에서 우리가 이해할 문제는 다음과 같다.

1. 국제무역의 원인(basis of trade)과 무역으로부터의 이익(gains from trade)은 무엇인가? 아마도 (개인의 경우와 마찬가지로) 한 국가는 무역으로부터 이익을 얻을 수 있을 때만 자발적으로 무역에 참가할 것이다. 그러나 무역으로부터의 이익은 어떻게 발생하는가? 이러한 이익은 얼마나 크며 또한 이러한 이익은 교역국 간에 어떻게 분배되는가?

2. 무역 패턴(pattern of trade)은 무엇인가? 즉, 어떤 상품들이 교역되며 각국은 어떤 상품을 수출하고 수입하는가?

17세기와 18세기에 유행했던 중상주의라는 경제적 학설에 관한 간단한 논의에서 시작하여, 애덤 스미스(Adam Smith)에 의해 전개된 절대우위론을 논의한다. 그러나 무역의 패턴과 무역으로부터의 이익을 비교우위의 법칙으로 제대로 설명한 사람은 애덤 스미스보다 대략 40년 후에 저술한 데이비드 리카도(David Ricardo)였다. 비교우위의 법칙은 경제학에서 가장 중요한 법칙 중의 하나로 개인뿐만 아니라 국가에도 적용할 수 있으며, 외견상으로는 논리적 사고인 것처럼 보이는 데서 나타날 수 있는 심각한 오류를 지적하는 데 있어서도 유용하다.

하지만 한 가지 난점은 남아 있는데, 리카도는 비교우위의 법칙을 노동가치설로 설명하였으나, 노동가치설은 그 후에 더 이상 받아들여지지 않고 있다. 그러나 20세기 초에 고트프리드 하벌러(Gottfried Haberler)는 비교우위의 법칙을 생산가능곡선이나 변환곡선에 반영되어 있는 기회비용이론으로 설명함으로써 리카도를 '구원'하게 되었다.

논의를 단순화하기 위해 2개의 국가와 2개의 상품만이 있는 경우로 논의를 한정하자. 이 장의 부록에서는 2개 이상의 상품과 2개 이상의 국가의 경우에 대해 결론을 일반화할 것이다. 또한 비교우위가 국제무역이론의 초석이기는 하지만, 무역은 대규모 생산으로 인한 규모의 경제와 같은 다른 이유에 의해서도 발생할 수 있다는 점을 주목해야 한다. 이러한 문제는 제6장에서 살펴볼 것이다. 그뿐만 아니라 제7장에서 살펴보는 바와 같이 한 국가의 비교우위는 특히 기술변화의 결과 시간이 지남에 따라 변화한다.

2.2 무역에 대한 중상주의자의 견해

체계화된 과학으로서의 경제학은 1776년 애덤 스미스의 **국부론**(*The Wealth of Nations*)의 출간과 함께 시작되었다고 할 수 있다. 그러나 1776년 이전에도 영국, 스페인, 프랑스, 포르투갈, 네덜란드와 같은 국가들이 현대의 국민국가로 발전하는 과정에서 국제무역에 대한 저술은 있었다. 특히 17세기와 18세기 여러 부류의 사람들(상인, 은행가, 정부관리 또는 철학자들까지도)은 팸플릿이나 수필을 저술하여 **중상주의**(mercantilism)라고 알려진 경제철학을 주창하였다. 간략하게 말하면 중상주의자들은 한 국가가 부강해지는 방법은 수입보다 수출을 더 많이 하는 것이라고 주장하였다. 그로 인한 수출잉여는 주로 금이나 은과 같은 귀금속의 유입에 의해 결제될 것이다. 한 국가가 금이나 은을 더 많이 갖게 될수록, 그 국가는 더욱더 부강해진다. 따라서 정부는 한 국가의 수출을 촉진하고 수입은(특히 사치 소비재의 수입은) 억제할 수 있도록 할 수 있는 노력을 다 해야 한다. 그러나 모든 국가가 동시에 수출잉여를 가질 수는 없고, 일정한 시점에서 금과 은의 양은 고정되어 있기 때문에 한 국가는 다른 국가를 희생함으로써만 이득을 얻을 수 있다. 따라서 중상주의자들은 국가의 이익이란 기본적으로 갈등관계에 있다고 믿었으며(사례연구 2-1 참조), 경제적 국가주의를 역설하였다.

중상주의자들은 한 국가의 부를 그 국가가 보유하고 있는 귀금속의 양으로 측정하였다는 점에 주목하자. 이와는 대조적으로 오늘날에는 한 국가의 부를 재화와 서비스를 생산하는 데 사용할 수 있는 인적 자원, 사람에 의해 만들어진 자원 및 천연자원의 양으로 측정한다. 유용한 자원의 양이 많을수록, 인간의 욕구를 충족할 수 있는 재화와 서비스의 유량이 더 많아지며 따라서 한 국가의 생활수준이 더 높아지게 된다.

보다 깊이 있게 분석을 해 보면 중상주의자들이 귀금속을 축적하려고 했던 합리적인 이유가 있기는 하다. 이는 중상주의자들이 주로 지배자를 위해 그리고 국력을 증진시키기 위해 저술했다는 점을 생각하면 이해할 수도 있다. 금을 더 많이 갖게 되면 지배자들은 보다 큰 규모의 잘 훈련된 군대를 보유할 수 있고 국내에서의 권력을 공고히 할 수 있으며, 개선된 육군과 해군을 통해 보다 많은 식민지를 획득할 수도 있다. 게다가 금을 더 많이 갖고 있다는 것은 통화의 유통량이 많아지며(즉, 금화가 더 많아지며) 경제활동이 활성화된다는 것을 의미한다. 또한 정부는 수출을 장려하고 수입을 억제함으로써 국가의 생산량과 고용을 촉진할 수 있었을 것이다.

어쨌든 중상주의자들은 한 국가가 다른 국가들의 희생 위에서만 무역을 통해 이익을 얻을 수 있다고(즉, 무역은 제로섬 게임이었다고) 믿었기 때문에 모든 경제활동에 대한 국가의 엄격한 통제를 주

사례연구 2-1 **무역에 대한 토마스 먼의 중상주의적 견해**

토마스 먼(1571~1641)은 아마도 가장 영향력 있는 중상주의 저술가일 것이다. 또한 그가 저술한 해외무역에 의한 **영국의 부**(*England's Treasure by Foreign Trade*)는 무역에 대한 중상주의의 견해를 탁월하게 설명하였다. 실제로 애덤 스미스가 무역에 대한 중상주의 견해를 공박하였을 때에도 (다음 절 참조) 그 주요 공격 대상은 토마스 먼의 견해에 관한 것이었다. 다음은 먼의 저술에서 발췌한 것이다.

비록 영국이 공물을 받거나 다른 국가로부터 획득한 물품에 의해 부유해질 수는 있지만, 이러한 방법에 의한 부의 획득은 불확실하고 그다지 중요하지 않은 것들이다. 따라서 우리나라의 부를 증대시키는 보통의 방법은 외국무역을 통해서인데, 이때는 다음과 같은 규칙을 준수해야 한다. 즉, 우리가 매년 타국 물품을 소비하는 가치보다 판매하는 것이 더 많아야 한다. 왜냐하면… 우리들에게 물품으로 다시 돌아오지[수입되지 않은] 않는 상품들[수출] 중 일부는 국내에 재산[금괴]으로 돌아올 수

밖에 없기 때문이다….

우리들이 식품이나 의복[드레스]… 등 타국 상품의 과도한 소비를 냉정하게 자제할 수 있다면, 우리의 수입은 아마도… 감소할 것이다. 우리가 수출을 할 때는 어떤 물건이 과연 잉여상태에 있는가를 살펴보아야 할 뿐만 아니라 이웃 나라가 필요로 하는 물건이 무엇인지까지도 살펴봐야 할 것이다. 그럼으로써 … 우리는 … 제조업으로 많은 이익을 얻을 수도 있으며, 역시 그 가격은 우리의 [수출량]을 감소시키지 않을 정도의 고가로 판매하도록 노력해야 한다. 그러나 타국인이 소비하는 잉여상태의 우리 물건은, 동일한 물건이 다른 곳에서 생산되어 우리의 수출을 감소시킬 수도 있다. 따라서 이 경우에는 물건의 유통[판매]을 잃는 것보다는 차라리 가능한 한 낮은 가격으로 판매하는 것이 더 낫다.

출처 : Thomas Munn, *England's Treasure by Foreign Trade*(Reprinted, Oxford : Basil Blackwell, 1928). 대괄호 안의 단어는 의미를 명확하게 하기 위해 추가되었음.

장하였으며 경제적 국가주의를 설파하였다. 이러한 견해는 두 가지 점에서 중요하다. 첫째, 애덤 스미스, 데이비드 리카도 및 기타 고전파 경제학자들의 생각은 무역과 정부의 역할에 대한 중상주의자들의 견해에 대한 반작용이라는 점을 고려할 때 가장 잘 이해할 수 있다. 둘째, 오늘날에도 높은 실업률에 시달리는 국가들이 국내생산과 고용을 촉진하기 위해 수입을 규제하려고 함에 따라 신중상주의가 부활하는 경향이 있기 때문이다(이 점은 제9장에서 자세히 살펴볼 것이다). 사실상 1815~1914년 기간의 영국을 제외하고는 중상주의적 사고에서 완전히 자유로웠던 서유럽 국가는 없었다(사례연구 2-2 참조).

2.3 절대우위에 기인한 무역 : 애덤 스미스

애덤 스미스는 두 국가가 **자발적으로** 상호 무역을 하기 위해서는 두 국가가 모두 이익을 얻어야 한다는 단순한 사실에서 시작하였다. 만일 한 국가가 이득을 전혀 얻지 못하거나 손실을 본다면, 이 국가는 무역을 하지 않을 것이다. 그러면 이렇게 **상호이익이 되는** 무역은 어떻게 발생하며, 이러한 무역으로부터의 이익은 어디에서 나오는 것일까?

2.3A 절대우위

애덤 스미스에 의하면 두 국가 사이의 무역은 절대우위(absolute advantage) 때문에 발생한다. 한 국가가 다른 국가에 비해 한 상품의 생산에서는 효율적이지만(또는 절대우위를 가지고 있지만) 다른 상품의 생산에서는 비효율적이라면 (또는 절대열위를 가지고 있다면), 두 국가는 각각 절대우위에 있는

사례연구 2-2　중상주의는 21세기에도 멀쩡하게 살아 있다!

대부분의 국가들이 자유무역을 찬성한다고 주장하지만, 이들 중 대부분의 국가는 여전히 국제무역에 대해 많은 규제를 하고 있다. 대부분의 산업국가들은 국내에서의 고용을 보호하기 위해 농산품, 직물, 신발, 철강 및 기타 많은 상품의 수입을 규제하고 있다. 또한 이들 국가들은 자국의 국제경쟁력과 미래의 성장에 필수적인 것으로 보이는 컴퓨터 및 통신과 같은 일부 첨단기술 산업에 대해 보조금을 지급하고 있으며, 개발도상국들은 국내 산업을 더욱 보호하고 있다. 다자간 협상을 통해 그동안 일부 상품에 대한(관세나 쿼터와 같은) 명시적인 보호행태가 감소하였거나 철폐되었지만, (세금 혜택이나 연구개발 보조금과 같은) 불투명한 보호행태는 증가하여 왔다. 그동안 발생했던 수많은 무역분쟁들이 그 증거이다.

지난 수년간 미국과 유럽연합(EU) 사이에는 호르몬으로 사육된 미국산 소고기에 대한 EU의 수출 금지, (미국기업이 소유하고 있는) 중앙아메리카 플랜테이션에서 재배된 바나나 대신 아프리카산 바나나에 대한 EU의 특혜, 보잉사의 787 드림라이너 판매를 잠식할 에어버스의 새로운 슈퍼점보제트기 개발에 대한 EU의 보조금, 미국 정부가 일부 수출업자에게 제공한 세금 환급, 미국이 수입철강에 대해 부과한 수입관세 때문에 분쟁이 있었다. 또한 미국, 일본 및 기타 선진국과 개발도상국 간에도 이와 유사한 기타 무역분쟁이 있었다. 실제로 보호되는 상품의 목록은 길고 종류 또한 다양하다. 무역규제는 국내에서의 일자리를 외국의 경쟁으로부터 보호하고 국내의 첨단기술 산업을 육성하기 위해 요구되고 있는데, 이러한 것들이 모두 고전적 중상주의의 주장이다. 중상주의는 비록 기세가 누그러지고 있기는 하지만 21세기에도 여전히 멀쩡하게 살아 있다.

출처 : D. Salvatore, ed., Protectionism and World Welfare (New York: Cambridge University Press, 1933); A. Krueger, "The Struggle to Convince the Free Trade Skeptics," *IMF Survey*, July 12, 2004, pp. 204 – 205; J. N. Bhagwati, *Free Trade Today* (Princeton, N.J.: Princeton University Press, 2002); D. A. Irwin, *Free Trade under Fire* (Princeton, N.J.: Princeton University Press, 2002); D. Salvatore, ed., *Protectionism and World Welfare* (New York: Cambridge University Press, 1993); and D. Salvatore, "The Challenges to the Liberal Trading System," *Journal of Policy Modeling*, July/August 2009, pp. 593 – 599.

상품의 생산에 **특화**하여 이들 중 일부를 절대열위에 있는 상품과 교환함으로써 두 국가 모두 이익을 얻을 수 있다. 이러한 과정에 의해 자원은 가장 효율적인 방법으로 활용되며, 두 가지 상품의 생산량은 모두 증가한다. 이렇듯 두 가지 상품의 생산이 모두 증가하는 것으로 생산에서의 특화를 통해 얻을 수 있는 이익을 측정할 수 있으며, 이러한 이익은 두 국가 간에 무역을 통해 분배된다.

예를 들면 기후 조건 때문에 캐나다는 밀을 생산하는 데는 효율적이지만 바나나를 생산하는 데는 (온실을 이용해야 하기 때문에) 비효율적이다. 반대로 니카라과는 바나나를 생산하는 데는 효율적이지만 밀을 생산하는 데는 비효율적이다. 따라서 캐나다는 니카라과에 대해 밀의 생산에는 절대우위를 가지고 있지만 바나나를 생산하는 데는 절대열위를 가지고 있다. 니카라과의 경우에는 이와는 반대가 된다.

이러한 상황에서 두 국가가 각각 절대우위에 있는 상품의 생산에 특화하여 다른 국가와 무역을 한다면 두 국가 모두 이익을 얻을 수 있다. 캐나다는 밀의 생산에 특화하고(즉, 국내에서 필요한 양 이상으로 생산하고), 이들 중 일부를 니카라과에서 생산된 (잉여) 바나나와 교환할 것이다. 결과적으로 보다 많은 양의 밀과 바나나가 생산되고 소비되며 캐나다와 니카라과는 모두 이익을 얻을 것이다.

이러한 점에서 국가의 행위는 자기가 필요로 하는 상품을 모두 생산하지 않는 개인과 다르지 않다. 개인은 자기가 필요로 하는 상품을 모두 생산하기보다는 자기가 가장 효율적으로 생산할 수 있는 상품만을 생산하여, 이 상품들 중 일부를 그가 필요로 하는 다른 상품들과 교환함으로써 개인들 모두의 총생산량과 후생이 극대화된다.

따라서 중상주의자들은 한 국가는 다른 국가를 희생함으로써만 무역을 통해 이익을 얻을 수 있다고 믿고, 모든 경제활동과 무역에 대해 국가의 엄격한 통제를 주장했던 반면에, 애덤 스미스(애덤 스미스를 따랐던 다른 기타 고전파 경제학자들)는 자유방임(laissez-faire)(즉, 경제에 대한 가급적 적은 정부의 간섭)을 주장했다. 자유무역은 세계의 자원을 가장 효율적으로 이용되게 할 것이며 세계 전체의 후생을 극대화시킬 것이다. 이러한 자유방임과 자유무역정책에 대해서는 단지 몇 가지의 예외가 있는데, 이 중 한 가지가 국가안보에 중요한 산업의 보호이다.

이러한 관점에 비추어 볼 때 오늘날 대부분의 국가들이 국제무역의 자유로운 흐름에 대해 많은 규제를 가하는 것은 역설적으로 보이는데, 무역규제는 항상 국가의 후생이라는 관점에서 합리화되고 있다. 사실상 무역규제는 수입에 의해 손해를 보는 몇몇 산업과 그 산업에 종사하는 노동자들에 의해 주장되고 있는데, 이렇게 볼 때 무역규제는 (국내 제품과 경쟁하는 수입품에 대해 높은 가격을 지불해야 하는) 다수의 사람들을 희생하여 소수의 몇 사람에게만 이득을 준다. 이 문제는 제2부에서 자세히 다룰 것이다.

또한 스미스의 이론은 영국에서 (저렴해진 식량수입으로 낮은 임금을 지불하게 되는) 공장 소유주의 이익을 대변하는 반면, (저렴해진 식량수입으로 인해 식량의 희소성이 감소했기 때문에) 지주들에게는 불리하게 작용했으며, 이러한 점은 사회적 압력과 이러한 압력을 지원하는 새로운 경제이론 사이의 관계를 보여 주고 있다.

2.3B 절대우위의 예시

이제 절대우위의 예를 **숫자로** 살펴보는데, 절대우위는 다음 절에서 소개될 비교우위라는 보다 매력적인 이론을 소개하는 데 출발점이 된다.

표 2-1은 한 시간의 노동으로 미국에서는 6부셸의 밀을 생산할 수 있는 반면, 영국에서는 1부셸의 밀을 생산할 수 있음을 보여 주고 있다. 반대로 한 시간의 노동으로 영국에서는 직물 5야드를 생산하는 반면 미국에서는 4야드만을 생산하고 있다. 따라서 미국은 밀의 생산에 있어서 영국보다 효율적이며 영국에 대해 절대우위를 가지고 있는 반면, 영국은 직물의 생산에 있어서 미국보다 효율적이며 미국에 대해 절대우위를 가지고 있다. 무역을 하게 되면, 미국은 밀의 생산에 특화하여 이 중 일부를 영국의 직물과 교환하며, 영국의 경우에는 이와 반대가 된다.

만일 미국이 밀 6부셸(6W)을 영국의 직물 6야드(6C)와 교환한다면 미국은 (미국 국내에서는 6W에 대하여 4C만을 얻을 수 있기 때문에) 2C의 이익을 얻게 되며, 노동력 30분을 절약할 수 있게 된다. 마

표 2-1	절대우위	
	미국	영국
밀(부셸/시간당 노동)	6	1
직물(야드/시간당 노동)	4	5

찬가지로 영국이 미국으로부터 얻는 6W은 영국 국내에서 그만큼을 생산하기 위해서는 6시간의 노동력이 필요하므로 6시간의 노동력과 가치가 같다. 영국에서는 이 6시간의 노동력으로 (6시간에 시간당 5야드를 곱하면) 30C를 생산할 수 있다. (영국에서는 1시간이 조금 넘는 노동력으로 생산할 수 있는) 6C를 미국과 6W에 교환하게 됨으로써, 영국은 24C의 이득을 얻거나 거의 5시간의 노동력을 절약할 수 있게 된다.

현시점에서 영국이 미국보다 더 많은 이익을 얻는다는 점은 중요하지 않다. 중요한 점은 두 국가가 생산에서의 특화와 무역을 통해 상호 이익을 얻는다는 점이다.(2.6B절에서는 국가 간에 상품이 교환되는 비율이 어떻게 결정되는가를 살펴보고, 또한 이와 밀접한 관계가 있는 문제로 무역으로부터의 이익이 교역국 사이에 어떻게 분배되는지를 살펴볼 것이다.)

그러나 절대우위는 선진국과 개발도상국의 무역과 같은 오늘날 세계무역의 극히 일부분만을 설명할 수 있다. 세계무역의 대부분, 특히 선진국 사이의 무역은 절대우위로는 설명할 수 없다. 비교우위의 법칙으로 무역의 발생원인과 무역으로부터의 이익을 제대로 설명한 사람은 데이비드 리카도였다. 실제로 절대우위는 보다 일반적인 비교우위론의 특수한 경우에 불과하다.

2.4 비교우위에 근거한 무역 : 데이비드 리카도

1817년에 리카도는 정치경제와 과세의 원리에 대하여(*On the Principles of Political Economy and Taxation*)를 출판하였는데, 여기에서 그는 비교우위의 법칙을 설명하고 있다. 비교우위의 법칙은 경제학에서 가장 중요하고 도전받지 않는 법칙 중의 하나이며, 실제로 여러 가지로 응용될 수 있다. 이 절에서는 비교우위를 정의하고, 이를 간단한 숫자의 예를 들어 다시 설명한 후에 각국이 비교우위에 있는 상품의 생산에 특화하고 수출하기 때문에 두 국가 모두 이익을 얻을 수 있다는 점을 보여 줌으로써 비교우위의 법칙을 증명한다. 2.6A절에서는 비교우위의 법칙을 그래프를 이용하여 증명한다.

2.4A 비교우위의 법칙

비교우위의 법칙(law of comparative advantage)에 의하면 한 국가가 다른 국가에 대하여 두 가지 상품의 생산에 있어서 모두 비효율적이라고(절대열위에 있다고) 하더라도 상호이익이 되는 무역이 발생할 수 있다. 두 상품에서 모두 절대열위에 있는 국가는 절대열위가 보다 작은 상품(이 상품이 이 국가가 비교우위에 있는 상품이다.)의 생산에 특화하고 수출하며, 절대열위가 더 큰 상품(이 상품이 이 국가가 비교열위에 있는 상품이다.)을 수입하게 된다.

이 법칙의 내용은 표 2-2를 보면 보다 명확해진다. 표 2-2와 표 2-1의 유일한 차이점은 이제 영국은

표 2-2 비교우위

	미국	영국
밀(부셸/시간당 노동)	6	1
직물(야드/시간당 노동)	4	2

한 시간의 노동력으로 직물 5야드 대신 2야드만을 생산한다는 점이다. 따라서 영국은 밀과 직물의 생산에 있어 모두 미국에 대해 절대열위에 있다.

그러나 영국의 노동은 미국과 비교하여 생산성이 직물의 생산에 있어서는 1/2이지만 밀의 생산에 있어서는 1/6이기 때문에 **영국은 직물에 비교우위**를 가지고 있다. 반대로 미국은 영국에 비해 밀과 직물의 생산에 있어 절대우위를 가지고 있지만, 밀 생산에서의 절대우위(6:1)가 직물 생산에서의 절대우위(4:2)보다 크기 때문에 **미국은 밀에 비교우위**를 가지고 있다. 요약하면 미국의 절대우위는 밀에서 더 크기 때문에 밀에 비교우위를 가지고 있고, 영국의 절대열위는 직물에서 더 작기 때문에 영국의 비교우위는 직물에 있다. 비교우위의 법칙에 의하면 미국이 밀의 생산에 특화하여 이 중 일부를 영국의 직물과 교환한다면 두 국가 모두 이익을 얻을 수 있다(동시에 영국은 직물의 생산에 특화하여 직물을 수출한다).

두 국가, 두 상품이 존재하는 세계에서 일단 어느 한 국가가 어느 한 상품에 비교우위를 가지고 있으면, 다른 국가는 반드시 다른 상품에 비교우위를 가지게 됨을 주목하자.

2.4B 무역으로부터의 이익

지금까지 비교우위의 법칙을 말로 설명하고 간단한 숫자를 들어 다시 설명하였다. 그러나 아직까지 비교우위의 법칙을 증명한 것은 아니다. 이를 증명하기 위해서는 미국과 영국이 각각 비교우위를 가지고 있는 상품의 생산에 특화하고, 이를 수출함으로써 두 국가 모두 이익을 얻을 수 있다는 점을 보여 주어야 한다.

우선 미국이 6W 대신에 영국으로부터 4C만을 얻을 수 있다면 미국은 무역에 대해 무차별할 것이다. 왜냐하면 미국은 6W의 생산을 포기함으로써 방출되는 자원으로 국내에서 정확하게 4C를 생산할 수 있기 때문이다(표 2-2 참조). 또한 미국은 6W 대신 4C보다 적게 얻는다면 무역을 하지 않을 것이다. 마찬가지로 영국은 미국으로부터 얻는 1W 대신에 2C를 포기해야 한다면 무역에 대해 무차별할 것이며, 1W 대신에 2C 이상을 포기해야 한다면 무역을 하지 않을 것임이 확실하다.

두 국가가 모두 이익을 얻을 수 있다는 점을 보여 주기 위해 미국이 영국과 6W을 6C와 교환할 수 있다고 가정하자. 미국은 국내에서 6W을 4C와 교환하므로 미국은 2C(또는 30분의 노동력)의 이익을 얻는다. 영국 역시 이익을 얻는다는 점을 보기 위해서 영국이 미국으로부터 얻는 6W을 영국 국내에서 생산하기 위해서는 6시간의 노동력이 필요하다는 점을 주목하자. 대신에 영국은 이 6시간의 노동력으로 12C를 생산할 수 있으며, 미국으로부터 얻은 6W에 대해 6C만 포기하면 된다. 따라서 영국은 6C의 이익을 얻거나 또는 3시간의 노동력을 절약할 수 있게 된다. 또다시 영국이 무역으로부터 미국보다 더 많은 이익을 얻는다는 점은 현재로서는 중요하지 않다. 중요한 점은 어느 한 국가(이 경우에는 영국)가 다른 국가보다 두 상품의 생산에 있어 비효율적이더라도 두 국가 모두 무역을 통해 이익을 얻을 수 있다는 점이다.

일상생활에서의 간단한 예를 생각하면 이러한 사실을 스스로 납득할 수 있을 것이다. 어떤 변호사가 그의 비서보다 두 배나 빨리 타이프를 칠 수 있다고 하자. 그러면 변호사는 자기 비서에 비해 법률업과 타이핑 모두에서 절대우위를 갖게 된다. 그러나 비서는 법률학위 없이 법률업을 할 수 없기 때문에, 변호사는 법률업에 더 큰 절대우위를 가지고 있으므로 비교우위를 갖게 되고, 비서는 타이핑에서 비교우위를 갖게 된다. 비교우위의 법칙에 따르면 변호사는 그의 모든 시간을 법률업을 하는 데 사용하고 비서로 하여금 타이핑을 하도록 해야 한다. 예를 들어 변호사는 법률업을 함으로써 시간당 100달러를 벌고 비서에게 타이핑을 시키는 대가로 10달러를 지불한다면, 변호사는 본인이 타이핑을 함으로써 실제로는 시간당 80달러의 손해를 보게 된다. 그 이유는 변호사가 직접 타이핑을 함으로써 시간당 20달러를 절약하지만(비서보다 2배 빨리 타이핑을 하므로), 법률업을 수행할 때의 100달러를 포기하게 되기 때문이다.

미국과 영국의 예로 돌아가서 6W과 6C를 교환함으로써 두 국가 모두 이익을 얻는다는 점을 알 수 있다. 그러나 이 비율은 상호이익이 되는 무역이 발생할 수 있는 유일한 교환비율은 아니다. 미국은 국내에서 6W과 4C를 교환할 수 있으므로(6W과 4C를 생산하는 데는 1시간의 노동력이 필요하다는 의미에서), 미국이 6W에 대하여 영국으로부터 4C 이상을 얻을 수 있으면 미국은 이익을 얻게 된다. 반대로 영국에서는(6W과 12C를 생산하는 데는 6시간의 노동력이 필요하다는 의미에서) 6W = 12C이다. 영국이 미국으로부터 6W을 얻기 위해 포기해야 하는 직물의 양이 12C 이하이면, 영국은 무역을 통해 이익을 얻을 수 있다. 요약하면 미국은 6W에 대하여 영국으로부터 4C 이상을 얻을 수 있는 한 이익을 얻게 되며, 영국은 미국으로부터 얻는 6W에 대하여 12C 이하를 포기하는 한 이익을 얻게 된다. 따라서 상호이익이 되는 무역이 발생할 수 있는 범위는 아래와 같다.

$$4C < 6W < 12C$$

12C와 4C의 차이(즉, 8C)는 두 국가가 6W을 무역함으로써 얻을 수 있는 무역으로부터의 총이익이다. 예를 들어, 6W과 6C가 교환된다면, 미국은 2C의 이익을 얻고 영국은 6C의 이익을 얻어 총무역으로부터의 이익이 8C가 된다는 점은 이미 살펴본 바 있다. 교환비율이 (미국에서의 **국내 또는 내부적** 교환비율인 표 2-2 참조) 4C = 6W에 근접할수록 미국으로 귀속되는 무역으로부터의 이익은 적어지고 영국으로 귀속되는 무역으로부터의 이익은 커진다. 반대로 교환비율이 (영국에서의 국내 또는 내부적 교환비율인) 6W = 12C에 근접할수록 무역을 통해 미국이 얻을 수 있는 이익은 영국의 이익에 비해 커진다.

예를 들어 미국이 영국과 6W을 8C와 교환한다면, 두 국가는 각각 4C의 이익을 얻어 총이익은 8C가 된다. 미국이 6W을 10C와 교환할 수 있다면, 미국은 6C의 이익을 얻고 영국은 2C의 이익밖에 얻지 못한다(물론 6W 이상이 교환되면 무역으로부터의 이익은 비례적으로 커질 것이다). 2.6B절에서는 수요 및 공급조건에 의해 이러한 교환비율이 실제 세계에서 어떻게 결정되는지를 살펴본다. 이러한 교환비율은 무역으로부터의 총이익이 교역 당사국 간에 어떻게 분배되는지를 결정한다. 지금까지 우리가 살펴보고자 했던 점은, 한 국가가 다른 국가에 비해 두 상품의 생산에서 모두 비효율적이라고 하더라도 상호이익이 되는 무역이 발생할 수 있다는 점을 증명하는 것이었다.

지금까지는 생산에서의 특화 및 무역으로부터의 이익을 직물의 양으로 측정하였다. 그러나 무역으로부터의 이익은 밀의 양으로 측정할 수도 있으며, 보다 현실적으로는 직물과 밀의 양으로 측정할 수도 있다. 이 점은 비교우위의 법칙을 도표를 이용하여 설명하는 2.6A절에서 살펴볼 것이다.

2.4C 비교우위가 없는 경우

(흔한 일은 아니지만) 비교우위가 **없는** 경우가 있다. 이는 한 국가가 다른 국가에 대해 가지고 있는 절대열위가 두 상품에서 같을 때 발생한다. 예를 들면 영국에서 한 시간의 노동력으로 1W 대신에 3W을 생산할 수 있다면(표 2-2 참조), 영국 노동의 생산성은 미국에 비하여 밀과 직물의 생산에서 절반이 된다. 이때는 영국(과 미국)은 직물이나 밀의 생산에 있어서 비교우위를 갖지 못하게 되며 상호이익이 되는 무역이 발생할 수 없다.

이렇게 되는 이유는 (앞에서와 마찬가지로) 미국은 6W에 대하여 4C 이상을 교환할 수 있는 경우에만 무역을 하기 때문이다. 그러나 현재의 경우에는 영국 국내에서 2시간의 노동력으로 6W이나 4C를 생산할 수 있기 때문에, 영국이 미국으로부터 6W을 얻는 데 대하여 4C 이상을 포기하지 않을 것이다. 이러한 상황에서는 상호이익이 되는 무역이 발생할 수 없다.

이런 경우에는 비교우위의 내용을 다소 수정하여 다음과 같이 정리할 수 있다. 한 국가가 다른 국가에 대하여 두 상품의 생산에서 모두 절대열위를 가지고 있다고 하더라도, (한 국가가 다른 국가에 대하여 가지고 있는 절대열위가) 두 상품에서 같은 비율이 아니라면 상호이익이 되는 무역이 발생할 수 있다. 이러한 예외적인 경우에 주의하는 것이 이론적으로는 중요한 일일지 몰라도, 이러한 일이 실제로 발생하는 것은 매우 드물고 우연의 일치이기 때문에 비교우위 법칙의 적용 가능성은 큰 영향을 받지 않는다. 그뿐만 아니라 수송비와 같은 자연적인 무역장벽 때문에 비교우위를 어느 정도 가지고 있다고 하더라도 무역이 발생하지 않을 수 있다. 그러나 현재의 시점에서는 이러한 자연적인 또는 (관세와 같은) 인위적인 장벽은 존재하지 않는다고 가정한다.

2.4D 화폐를 도입한 경우의 비교우위

(위에서 언급한 비교우위의 법칙에 대한 예외적인 경우를 무시할 때) 비교우위의 법칙에 의하면 한 국가(이 경우는 영국)가 다른 국가(미국)에 비해 두 가지 상품의 생산에서 모두 절대열위를 가지고 있다 하더라도 상호이익이 되는 무역이 발생할 수 있다. 그러나 여러분은 영국이 두 상품의 생산에 있어서 모두 비효율적인데도 불구하고 어떻게 미국으로 어떤 상품을 수출할 수 있을까 하고 의문을 품을 것이다. 이 문제에 대한 해답은 영국에서는 임금이 미국보다 훨씬 낮기 때문에 **두 상품의 가격을 어느 한 국가의 통화로 표시했을 때**, (영국이 비교우위를 가지고 있는 상품인) 직물의 가격이 영국에서 더 싸고 밀의 가격은 미국에서 더 싸기 때문에 가능해진다. 이렇게 되는 원리를 살펴보자.

미국에서의 임금은 시간당 6달러라고 가정하자. 미국에서는 한 시간의 노동으로 6W을 생산할 수 있으므로(표 2-2 참조), 밀 1부셸의 가격은 $P_W = 1$달러가 된다. 반대로 한 시간의 노동으로 4C를 생산할 수 있으므로 (6/4C달러로부터) $P_C = 1.50$달러가 된다. 또한 영국에서는 임금이 시간당 1파운드라고 하자['파운드(£)'는 영국의 통화를 의미]. 영국에서는 1시간의 노동으로 1W을 생산하므로(표 2-2 참조) 영국에서 $P_W = 1$파운드가 된다. 마찬가지로 1시간의 노동은 2C를 생산하므로 $P_C = 0.5$파운드가 된다. 파운드와 달러 사이의 환율이 1파운드=2달러라면, 영국에서 $P_W = 1$파운드=2달러이고 $P_C = 0.5$파운드=1달러가 된다. 표 2-3은 환율이 1파운드=2달러일 때, 미국과 영국에서 밀과 직물의 달러 표시 가격을 보여 주고 있다.

표 2-3으로부터 달러로 표시한 (미국이 비교우위를 가지고 있는 상품인) 밀의 가격은 영국보다 미국

	미국	영국
밀 1부셸의 가격	1.00	2.00
직물 1야드의 가격	1.50	1.00

표 2-3 미국과 영국에서 1파운드＝2달러일 때 밀과 직물의 달러 표시 가격

에서 더 싸다는 점을 알 수 있다. 반대로 (영국이 비교우위를 가지고 있는 상품인) 직물의 달러 표시 가격은 영국에서 더 싸다는 점을 알 수 있다(두 상품의 가격을 파운드화로 표시해도 결과는 마찬가지).

달러로 표시한 밀의 가격이 미국에서 더 싸기 때문에 상인들은 미국에서 밀을 사서 영국에 팔려고 할 것이며, 영국에서 직물을 사서 미국으로 판매하려고 할 것이다. 직물을 생산할 때 영국 노동의 생산성이 미국 노동의 생산성에 비해 1/2이지만, 영국의 노동자들은 미국 임금의 1/3(미국의 임금이 6달러인 데 반해, 영국의 임금은 1파운드＝2달러)만을 받으므로 달러로 표시한 직물의 가격은 영국에서 더 싸다. 다른 말로 하면 영국의 노동이 미국의 노동에 비하여 비효율적인 것인 영국에서의 낮은 임금에 의해 상쇄되고도 남는다. 결과적으로 직물의 달러 표시 가격은 영국에서 더 싸기 때문에 영국은 미국으로 직물을 수출할 수 있게 된다. 영국의 임금이 미국의 임금에 비해 (밀과 직물의 생산에 있어서 미국과 영국 간에 생산성 격차와 동일한) 1/6에서 1/2의 수준인 한 이는 항상 그렇다.

만일 달러와 파운드 사이의 환율이 1파운드＝1달러라면(따라서 영국의 임금은 미국 임금의 1/6이다), 영국에서 달러로 표시한 밀의 가격은 P_W＝1파운드＝1달러가 된다. 이 가격은 미국에서의 가격과 같으므로(표 2-3 참조), 이러한 환율에서는 미국이 영국으로 밀을 수출할 수 없게 된다. 동시에 영국에서는 P_C＝0.5파운드＝0.5달러이므로 영국은 미국으로 이전보다 더 많은 직물을 수출하게 될 것이다. 영국의 무역수지는 흑자가 되고 달러와 파운드 사이의 환율(즉, 파운드화의 달러 표시 가격)은 상승하게 된다.

반대로 만일 환율이 1파운드＝3달러라면(따라서 영국의 임금은 미국 임금의 1/2이다), 영국에서 직물의 가격은 P_C＝0.5파운드＝1.5달러(미국에서의 가격과 같음, 표 2-3 참조)가 된다. 결과적으로 영국은 미국으로 직물을 수출할 수 없게 된다. 미국의 무역수지는 흑자가 되고 환율은 하락하게 된다. 달러와 파운드 사이의 교환비율은 궁극적으로는 (어떠한 개입이나 기타의 국제거래가 없다면) 무역수지가 균형을 이루는 상태에서 결정될 것이다. 이 장 부록에서 이 문제를 다시 검토한다.

따라서 미국에서는 영국의 저임금으로부터 미국 노동자들의 높은 임금과 높은 생활수준을 보호할 필요가 있다는 주장이 제기될 수도 있지만, 일반적으로 이러한 주장은 잘못된 것이다. 영국에서는 보다 효율적인 미국의 노동으로부터 영국의 노동을 보호해야 한다는 반대의 주장이 제기될 수도 있는데 이 역시 잘못된 것이다. 이러한 주장들은 확실히 일관성이 없으며, 근본적으로 잘못된 것이다(사례연구 2-3 참조).

2.5 비교우위와 기회비용

리카도는 몇 가지의 단순화하기 위한 가정을 전제로 비교우위의 법칙을 설명하였다. 즉, (1) 두 국가

사례연구 2-3　양초제조업자의 탄원서

때때로 이론이나 논리보다는 풍자와 조소가 더 효과적일 때가 있다. 예를 들어 중상주의 철학이 지배적이었던 시기에 보호무역주의의 만연으로 격앙된 프랑스의 경제학자 프레데릭 바스티아(Frederix Bastiat, 1801~1851)는 보호무역주의자들의 터무니없는 논리와 결론을 풍자적인 방법으로 꼬집어서 보호무역주의 주장자들을 압도하였다. 1845년 바스티아가 작성한 프랑스 양초제조업자의 가상적 탄원서가 가장 성공적으로 목적을 달성한 경우로 다음은 발췌한 내용이다.

> 우리는 양초 생산에 있어서 우리보다 월등한 조건에 있는 한 외국 경쟁업체와 치열한 경쟁상태에 처해 있는데, 그 회사는 어처구니없이 낮은 가격으로 국내시장을 점령하고 있습니다. 그 회사가 침투해 오는 순간 우리는 교역의 문을 닫아 버립니다. 즉, 우리의 모든 고객은 그 회사로 몰려들고 헤아릴 수 없이 많은 세분화된 관련 산업을 가지고 있는 우리의 토종산업은 갑자기 침체상태에 빠져듭니다. 이 경쟁회사는 … 다름 아닌 태양입니다.

우리가 바라건대 햇빛이 집안에 들어오는 데 이용되는 모든 창문, 천창, 지붕창, 커튼, 가리개, 채광창, 다시 말해 햇빛이 들어오는 모든 출구, 구멍, 틈새의 차단을 명령하는 하나의 법안을 통과시킴으로써 조국이 고맙게도 우리를 극히 불공평한 싸움으로 내몰고 있지 않다고 스스로 만족할 수 있도록 양초제조업자의 그 잘난 편견을 거들어 주는 것입니다.

여러분이 낮에는 가격이 0인 햇빛을 자유롭고 무한정하게 얻을 수 있다는 사실을 인정하면서, 단지 가격이 0에 가깝다고 해서 석탄, 철, 치즈 및 여러 외국제품의 수입을 저지하는 것은 대단한 모순이라고 생각하지 않으십니까?

만일 여러분이 가능한 한 많이 자연 햇볕을 차단시키고 인공 햇볕의 수요를 창출한다면 우리 프랑스 제조업자들 중 그 누가 고무되지 않겠습니까? 수지양초의 소비가 많을수록 소와 양도 많이 있어야 할 것이며, 따라서 우리는 수없이 넓은 인공초원과 인조고기, 인조양모, 인조가죽 그리고 무엇보다도 농업발달의 기초가 되는 인조비료를 보유해야 되지 않겠습니까?

출처 : Frédéric Bastiat, *Economic Sophisms*(Edinburgh : Oliver and Boyd, 1873), pp. 49~53, abridged.

와 두 상품, (2) 자유무역, (3) 각 국가 내에서는 노동이 완전히 이동 가능하지만, 국가 간에는 노동의 이동 불가능함, (4) 일정한 생산비, (5) 수송비가 존재하지 않음, (6) 기술변화가 없음, (7) 노동가치설이다. (1)~(6)까지의 가정은 쉽게 완화할 수 있지만 (노동가치설이 성립한다는) 가정 (7)은 타당하지 않으며, 비교우위를 설명하는 데 이용되어서는 안 된다.

2.5A　비교우위와 노동가치설

노동가치설(labor theory of value)에 의하면 한 상품의 가격 또는 가치는 전적으로 이 상품의 생산에 투입되는 노동의 양에 의해 결정되며, 이것은 다음과 같은 사실을 의미한다. (1) 노동이 유일한 생산요소이거나 아니면 모든 상품을 생산할 때 노동이 고정된 비율로 이용되고, (2) 노동은 동질적(즉, 한 가지 형태의 노동만이 있음)이다. 이러한 가정은 모두 사실이 아니기 때문에 노동가치설에 입각해서 비교우위를 설명할 수는 없다.

특히 노동이 유일한 생산요소도 아니며 모든 상품을 생산할 때 노동이 고정된 비율로 사용되지도 않는다. 예를 들면 (철강과 같은) 상품을 생산할 때는 (직물과 같은) 상품을 생산할 때보다 노동자 1인당 훨씬 많은 자본장비가 필요하다. 또한 대부분의 상품을 생산할 때는 노동, 자본 및 기타 생산요소 사이에 어느 정도 대체 가능성이 있다. 그뿐만 아니라 노동이 동질적이 아니라는 점은 명확하며 훈련, 생산성 및 임금 등에서 큰 차이가 있다. 최소한 노동 생산성의 차이는 인정해야 할 것이다. 실제로 리카도의 비교우위론은 이러한 방법으로 검증되었다(2.7절 참조). 어쨌든 비교우위론은 노동가치설을 전제로 설명할 필요는 없으며, (우리가 수용할 수 있는) 기회비용 이론을 바탕으로 설명할 수 있다.

2.5B 기회비용 이론

1936년 하벌러는 비교우위 이론을 기회비용으로 설명하였다. 이러한 이유에서 비교우위의 법칙을 때때로 기회비용 이론(opportunity cost theory)이라고도 한다.

기회비용 이론에 의하면 한 상품의 비용은 그 상품을 한 단위 더 생산할 수 있도록 자원을 동원하기 위하여 포기되는 다른 상품의 양이다. 이때 노동이 유일한 생산요소라거나 노동이 동질적이라는 가정은 필요 없다. 또한 한 상품의 가격이나 비용이 노동의 양에 의해 결정된다거나 이를 통해 알 수 있다는 가정도 필요 없다. 결과적으로 어떤 상품의 생산에서 기회비용이 낮은 국가는 그 상품에 비교우위를 갖는다(그리고 다른 상품에 비교열위를 갖는다).

예를 들어 무역을 하지 않을 때, 미국이 국내에서 밀 1단위를 더 생산하기 위하여 자원을 동원하기 위해서는 직물 2/3단위를 포기해야 한다면, 밀의 기회비용은 직물 2/3단위(즉, 미국에서 1W=2/3C)가 된다. 만일 영국에서 1W=2C라면(포기해야 하는 직물의 양으로 표시된) 밀의 기회비용은 영국보다는 미국에서 더 낮으므로 미국은 영국에 대해 밀의 생산에 비교(생산비)우위를 갖게 된다. 이 경우 두 국가, 두 상품이 존재하는 세계에서는 영국이 직물에 비교우위를 갖는다.

비교우위의 법칙에 의하면 미국은 밀의 생산에 특화하고 이 중 일부를 영국의 직물과 교환해야 한다. 이것이 바로 앞에서 노동가치설에 입각해서 비교우위를 설명할 때 얻은 결론이지만 이제는 기회비용 이론으로 이를 설명할 수 있다.

2.5C 생산비가 일정할 때 생산가능곡선

기회비용은 생산가능곡선 또는 변환곡선을 이용하여 설명할 수 있다. 생산가능곡선(production possibility frontier)이란 한 국가가 이용 가능한 최선의 기술로 모든 생산자원을 완전히 활용할 때 생산할 수 있는 두 가지 상품의 여러 가지 조합이다.

표 2-4는 미국과 영국에서의 밀(백만 부셸/연간)과 직물(백만 야드/연간)의 (가상적인) 생산가능계

표 2-4 영국과 미국에서 밀과 직물의 생산가능계획

미국		영국	
밀(W)	직물(C)	밀(W)	직물(C)
180	0	60	0
150	20	50	20
120	40	40	40
90	60	30	60
60	80	20	80
30	100	10	100
0	120	0	120

획표이다. 여기에서 미국은 180W과 0C, 또는 150W과 20C, 또는 120W과 40C, 또는 그 아래의 0W 과 120C를 생산할 수 있음을 알 수 있다. 미국이 포기하는 각각의 30W에 대하여 20C를 생산할 수 있 도록 생산자원이 방출되고 있다. 다시 말하면 (다음의 두 가지는 동일한 양의 생산자원을 이용한다는 의미에서) 30W=20C이다. 따라서 미국에서 밀 한 단위의 기회비용은 1W=2/3C(표 2-2와 동일함)이 며 항상 일정하다. 반대로 영국은 60W과 0C, 또는 50W과 20C, 또는 40W과 40C 또는 그 아래의 0W 과 120C를 생산할 수 있다. 영국은 영국이 포기하는 각각의 10W에 대하여 20C를 더 생산할 수 있다. 따라서 영국에서 밀의 기회비용은 1W=2C이며 항상 일정하다.

표 2-4에 있는 영국과 미국의 생산가능계획은 그림 2-1에 생산가능곡선으로 그릴 수 있다. 경계선 상의 각 점은 이 국가가 생산할 수 있는 밀과 직물의 어느 한 조합을 표시한다. 예를 들면 미국은 점 *A* 에서 90W과 60C를 생산하고, 영국은 점 *A′*에서 40W과 40C를 생산한다.

생산가능곡선의 내부 또는 아래에 있는 점들은 생산가능한 점들이기는 하지만 한 국가가 유휴자원 을 가지고 있거나 이용 가능한 최선의 기술을 사용하지 않는다는 점에서 비효율적인 점들이다. 반대 로 생산가능곡선보다 위에 있는 점들은 현재 이 국가가 이용 가능한 기술이나 생산자원으로는 생산 할 수 없는 점들이다.

그림 2-1에서 생산가능곡선의 기울기가 우하향 또는 음의 기울기를 갖는다는 사실은 미국과 영국 이 밀을 더 생산하기 위해서는 직물 생산의 일부를 포기해야 한다는 점을 의미한다. 두 국가에서 생산 가능곡선이 직선이라는 사실은 각국에서 기회비용이 일정하다는 점을 의미한다. 즉, 1W을 추가적으 로 생산하기 위해서는, 생산가능곡선상의 어떤 점에서 시작을 하든, 미국은 2/3C를 영국은 2C를 포기해 야 한다는 점을 의미한다.

일정한 기회비용(constant opportunity cost)인 경우는 (1) 두 가지 상품을 생산할 때 생산자원 또는 생산요소가 완전 대체적이거나 고정된 비율로 이용되며, (2) 동일한 생산요소는 완전히 동질적일 때,

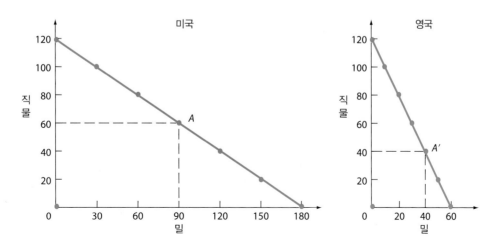

그림 2-1 **영국과 미국의 생산가능곡선**

미국과 영국의 생산가능곡선은 표 2-4의 값들을 그래프 위에 표시하여 그릴 수 있다. 생산가능곡선은 우하향하는데, 이는 각국이 밀을 더 생산 함에 따라 어느 정도의 직물을 포기해야 함을 의미한다. 생산가능곡선이 직선인 것은 기회비용이 일정하다는 점을 반영하고 있다.

즉 질이 완전히 같을 때 발생한다. 이때는 한 국가가 직물의 생산을 포기하고 밀을 더 생산하기 위해 생산자원을 동원하더라도, 현재 밀의 생산량과는 관계없이 밀의 생산에 부적합한 생산자원을 이용하지는 않을 것이다. 직물을 더 생산하는 경우에도 마찬가지이다. 따라서 어느 상품을 한 단위 추가적으로 생산하기 위하여 포기해야 하는 다른 상품의 양은 일정하다는 의미에서 생산비가 일정하다.

각국에서 기회비용이 일정하기는 하지만 국가 간에 기회비용은 다를 수 있으며, 이로 인해 무역이 발생하게 된다. 그러나 생산비용이 일정하다는 점은 비현실적이다. 생산비용이 일정한 경우를 현재 논의하는 이유는 다음 장에서 다루게 될 보다 현실적 경우인 생산비용이 증가하는 경우를 소개하는 데 편리하기 때문이다.

2.5D 기회비용과 상품의 상대가격

밀의 기회비용은 한 단위의 밀을 추가적으로 생산하기 위하여 필요한 자원을 방출할 수 있도록 포기되어야 하는 직물의 양이라고 하는 점은 이미 살펴본 바 있다. 이것은 생산가능곡선 또는 변환곡선의 (절댓값으로서의) 기울기로 표현되는데, 이를 **한계변환율**이라고도 한다.

그림 2-1에서 미국의 변환곡선의 (절댓값으로서의) 기울기는 120/180＝2/3＝미국에서 밀의 기회비용이며 항상 일정하다. 영국 변환곡선의 기울기는 120/60＝2＝영국에서 밀의 기회비용이며 항상 일정하다. 가격은 생산비와 같고, 밀과 직물을 모두 생산한다는 가정 아래 밀의 기회비용은 밀의 직물에 대한 상대가격(P_W/P_C)과 같다.

따라서 미국에서는 P_W/P_C＝2/3이고 또는 역으로 P_C/P_W＝2/3＝1.5이다. 영국에서는 P_W/P_C＝2이고 P_C/P_W＝1/2이다. 미국에서 P_W/P_C가 더 낮다는(영국의 2에 대하여 미국의 2/3) 사실은 미국이 밀에 비교우위를 가지고 있다는 점을 반영한다. 마찬가지로 P_C/P_W가 영국에서 더 낮다는 사실은(미국의 3/2에 대하여 영국의 1/2) 영국이 직물에 비교우위를 가지고 있다는 점을 반영한다. 생산비가 일정한 경우에 P_W/P_C는 각국에서 생산 또는 공급조건에 의해 전적으로 결정된다는 점에 주목하자. 수요조건은 상품의 상대가격(relative commodity prices)을 결정하는 데 전혀 영향을 미치지 못한다.

결론적으로 두 국가 사이의 (변환곡선의 기울기의 차이로 표현되는) 상품의 상대가격의 차이는 각국의 비교우위를 반영하는 것이며 상호이익이 되는 무역이 발생하는 원인이 된다.

2.6 생산비가 불변인 경우 무역의 원인과 무역으로부터의 이익

무역을 하지 않을 때 한 국가는 자국이 생산하는 상품만을 소비할 수 있다. 따라서 한 국가의 생산가능곡선은 **소비가능곡선**을 표현한다. 또한 이 국가가 실제로 어떤 상품의 조합을 생산하는가는 국민들의 기호 또는 수요조건에 의해 결정된다.

2.6A 무역으로부터의 이익에 대한 예시

무역을 하지 않을 때 미국은 생산가능곡선상의 점 A(90W과 60C)와 같은 조합을 생산하고 소비할 수 있으며(그림 2-2 참조), 영국은 점 A'(40W과 40C)을 선택할 수 있다.

무역이 가능해지면 미국은 (비교우위를 가지고 있는 상품인) 밀의 생산에 특화하여 생산가능곡선

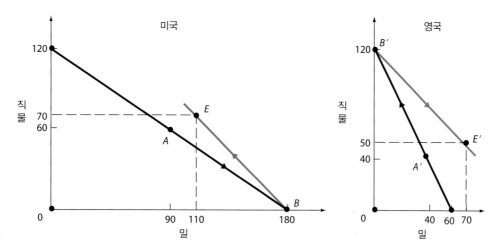

그림 2-2 **무역으로부터의 이익**

무역을 하지 않을 때 미국과 영국은 각각 점 A와 점 A'에서 생산하고 소비한다. 무역이 시작되면 미국은 점 B에서 밀의 생산에 특화하고, 영국은 점 B'에서 직물의 생산에 특화한다. 미국은 영국과 70W을 70C와 교환함으로써 점 E에서 소비할 수 있고(20W과 10C의 이익을 얻으며), 영국은 점 E'에서 소비하게 된다(30W과 10C의 이익을 얻는다).

상의 점 B'(180W과 0C)에서 생산할 것이며, 마찬가지로 영국은 직물의 생산에 특화하여 점 B'(0W과 120C)에서 생산할 것이다. 이때 만일 미국이 영국과 70W과 70C를 교환한다면, 미국은 점 E(110W과 70C)에서 소비하고 영국은 점 E'(70W과 50C)에서 소비할 수 있게 된다. 따라서 미국은 무역을 통하여 20W과 10C의 이익을 얻고(그림 2-2에서 점 E와 점 A를 비교), 영국은 30W과 10C(점 A'과 점 E'을 비교)의 이익을 얻는다.

두 나라에서 밀과 직물의 소비가 증가한 이유는 각국이 비교우위 상품의 생산에 특화하여 생산량이 증가했기 때문이다. 즉, 무역을 하지 않을 때 미국은 90W을 생산하고 영국은 40W을 생산하여 총생산량은 130W이었다. 생산에서의 특화와 무역으로 인하여 (미국에서) 180W이 생산되었다. 마찬가지로 무역을 하지 않을 때 미국은 60C를 영국은 40C를 생산하여 총생산량은 100C였다. 생산에서의 특화와 무역으로 인하여 (영국에서) 120C가 생산된다.

미국과 영국은 생산에서의 특화로 인하여 증가한 생산량 50W과 20C를 공유하게 되는데, 이것이 무역으로부터의 이익이다. 무역을 하지 않으면 미국은 밀의 생산에 특화할 수 없는데, 그 이유는 미국이 직물을 일부 소비하기 때문이다. 마찬가지로 영국도 밀을 일부 소비하기 때문에 무역을 하지 않는 경우에는 직물의 생산에 특화할 수 없다.

2.6B 무역을 할 때 상품의 상대가격

그림 2-3에 나타난 밀과 직물에 대한 수요 및 공급곡선을 이용하여 현재의 무역모형을 보다 깊이 이해할 수 있다. 또한 그림 2-3은 무역과 생산에서의 특화가 이루어질 때, 상품의 균형상대가격이 어떻게 결정되는지를 이해하는 데 도움을 준다.

그림 2-3의 왼쪽 도표에서 $S_{W(US+UK)}$는 미국과 영국이 모든 생산자원을 이용하여 밀만을 생산할 때, 미국과 영국의 밀공급을 합한 것이다. $0B=180W$의 길이는 밀의 기회비용이 $P_W/P_C=2/3$일 때 (그림

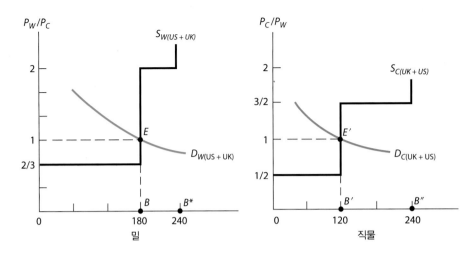

그림 2-3 **수요와 공급으로 설명한 상품의 균형상대가격**

왼쪽 도표에서 $S_{W(US+UK)}$는 미국과 영국이 모든 생산자원을 이용하여 밀만을 생산할 때 미국과 영국의 밀 공급을 합한 것이다. 이 곡선은 P_W/P_C =2/3일 때 미국이 생산할 수 있는 최대한 양의 밀은 180W=0B이고 P_W/P_C=2일 때 영국이 생산할 수 있는 최대한 양의 밀은 BB^*=60W임을 보여 준다. $D_{W(US+UK)}$는 무역을 할 때 미국과 영국의 밀에 대한 수요를 합한 곡선이다. $D_{W(US+UK)}$는 $S_{W(US+UK)}$와 점 E에서 교차하며, 무역을 할 때 (모두 미국에서만 생산되는)180W의 균형 거래량과 P_W/P_C=1의 균형상대가격이 결정된다. 오른쪽 도표는 $D_{C(UK+US)}$가 $S_{C(UK+US)}$와 교차하는 점 E'에서 (모두 영국에서만 생산되는) 직물의 균형 거래량 120C와 균형상대가격 P_C/P_W=1이 결정되는 것을 보여 준다.

2-2의 왼쪽 도표와 같이) 미국이 밀의 생산에 완전특화하여 최대한 생산할 수 있는 밀의 양이다. BB^* =60W의 길이는 (그림 2-2의 오른쪽 도표에서와 같이) 밀의 기회비용이 P_W/P_C=2일 때 영국이 밀 의 생산에 특화하여 최대한 생산할 수 있는 밀의 양이다. 따라서 240W은 미국과 영국이 모두 가지 고 있는 자원을 밀의 생산에만 사용할 때 생산할 수 있는 최대한 양의 밀을 합한 것이다. 결과적으로 $S_{W(US+UK)}$는 240W에서 수직선이 된다.

무역을 함에 따라 미국과 영국의 밀에 대한 총수요의 합이 그림 2-3의 $D_{W(US+UK)}$라고 하자. $D_{W(US+UK)}$ 는 $S_{W(US+UK)}$와 점 E에서 교차하며, 무역을 할 때 (그림 2-2의 왼쪽 도표에서와 같이) 180W의 균형 거래 량과 P_W/P_C=1의 균형상대가격이 결정된다. 무역을 하게 되면 밀은 미국에서만 생산되고, 미국은 밀 의 생산에 완전특화한다는 점에 주목하자.

직물에 대해서도 마찬가지 방법을 적용할 수 있다. 그림 2-3의 오른쪽 도표에서 $S_{C(UK+US)}$는 미국 과 영국이 모든 생산자원을 이용하여 직물만을 생산할 때, 미국과 영국의 직물공급을 합한 것이다. (그림 2-2에서와 마찬가지로) 영국은 P_C/P_W=1/2일 때 최대한 120C=$0B'$을 생산할 수 있고, 미국은 P_C/P_W=3/2일 때 최대한 120C=$B'B''$을 생산할 수 있다.

무역을 함에 따라 영국과 미국에서의 밀에 대한 총수요가 그림 2-3의 오른쪽 도표에서와 같이 $D_{C(UK+US)}$라고 하자. $D_{C(UK+US)}$는 $S_{C(UK+US)}$와 점 E'에서 교차하며 균형 거래량은 120C가 되고 균형상대가 격은 (그림 2-2의 오른쪽 도표에서와 같이) P_C/P_W=P_W/P_C=1이 된다. 무역을 하게 되면 직물은 영국 에서만 생산되고, 영국은 직물의 생산에 완전특화한다는 점을 주목하자.

마지막으로 두 국가에서 완전특화(complete specialization)를 하는 경우에 각 상품의 균형상대가격 (그림 2-3 참조)은 무역 이전의 각국의 상대가격 사이에서 결정된다는 점을 주목하자. 그러나 그림

2-3의 왼쪽 도표에서 $D_{W(US+UK)}$가 더 낮은 위치에 있어 $S_{W(US+UK)}$의 수평한 부분인 0과 B 사이의 P_W/P_C =2/3에서 교차한다면, 미국에서 무역 이전의 밀의 상대가격인 P_W/P_C=2/3에서 무역이 발생하며, 무역으로부터의 이익은 모두 영국이 갖게 된다. 이러한 경우는 영국이 직물의 생산에만 완전특화하는 소국의 경우(small-country case)이며, 미국은 대국이어서 밀의 생산에 완전특화하지 않는 경우에 발생한다(연습문제 10 참조). 이것이 이른바 소국의 경우이다. 그러나 이러한 이익이 대가 없이 오는 것은 아닌데, 그 이유는 소국(여기서는 영국)은 장차 자국이 유일하게 수출하는 상품에 대한 수요가 감소할 수 있는 위험이 있기 때문이다.

2.7 리카도 모형에 대한 실증 분석

이제 리카도 무역모형에 대한 실증적 분석의 결과를 살펴보자. 서로 다른 국가 내의 여러 산업 사이에 노동생산성의 차이가 발생할 수 있는 가능성을 인정하면, 리카도의 무역모형은 무역의 패턴을 아주 잘 설명하고 있음을 알 수 있다.

맥두걸(MacDougall)은 1951년과 1952년에 이런 방법으로 리카도의 무역모형을 처음으로 검증하였는데, 그는 1937년도의 미국과 영국의 25개 산업에 대한 노동생산성 및 수출자료를 이용하였다.

미국에서의 임금은 영국보다 2배 높았기 때문에 맥두걸은 미국의 노동생산성이 영국의 노동생산성보다 2배 이상 높은 산업에서는 미국에서의 생산비가 영국보다 더 낮을 것이라고 주장하였다. 이러한 산업은 미국이 영국에 대해 비교우위를 가질 수 있는 산업이며, 제3시장(즉, 세계의 다른 지역)에서 영국보다 더 저렴하게 판매할 수 있는 산업일 것이다. 반대로 영국의 노동생산성이 미국의 노동생산성보다 1/2 이상인 산업에서는 영국이 비교우위를 가지며 미국보다 더 저렴하게 판매할 수 있을 것이다.

맥두걸은 그의 실증 분석에서 미국과 영국 사이의 무역은 제외하였는데, 그 이유는 산업별로 관세의 차이가 상당히 커서 두 국가 사이의 노동생산성의 차이를 상쇄하는 경향이 있기 때문이다. 동시에 두 국가는 제3시장에서는 일반적으로 동일한 관세에 직면하였다. 미국과 영국 사이의 무역을 제외한 것은 두 국가 간의 무역이 전체 무역의 5% 이하였기 때문에 분석 결과를 왜곡시키지 않았다.

그림 2-4는 맥두걸의 결과를 요약해서 보여 준다. 수직축은 미국의 노동자 1인당 생산량과 영국의 노동자 1인당 생산량의 비율을 표시한다. 이 비율이 높을수록 미국 노동자의 상대적 생산성은 더 크다. 수평축은 제3시장에 대한 미국의 수출과 영국의 수출비율을 표시한다. 이 비율이 높을수록 기타 다른 지역에서 미국의 수출은 영국보다 크다. 양축의 눈금은 (동일한 거리가 **절대적** 차이를 측정하는) 산술적으로 표시된 것이 아니라 로그함수로 표현하였기 때문(길이가 같으면 **변화율**이 같음을 의미한다)이라는 점을 주목하자.

그림 2-4에 있는 점들은 노동생산성과 수출 사이의 (색칠해진 선으로 표시된) 양의 상관관계를 보여 주고 있다. 즉, 미국에서의 노동생산성이 상대적으로 높은 산업은 미국의 영국에 대한 수출비율이 높은 산업이다. 이는 그림에서 표시된 (맥두걸이 연구한 총 25개 산업 중에서) 20개 산업의 경우에 적용된다. 미국과 영국에서 노동생산성과 수출 사이의 양의 상관관계는 그 후에 1950년 자료를 사용한 발라사(Balassa)와 1950년과 1959년 자료를 이용한 스턴(Stern)에 의해서도 확인되었다.

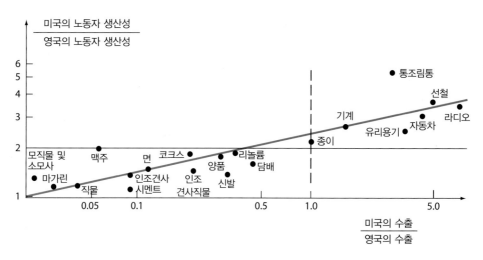

그림 2-4 미국과 영국의 상대적 노동의 생산성과 비교우위

이 그림은 미국와 영국의 20개 산업에서 상대적 노동생산성과 수출 점유율 사이에 양의 관계가 있음을 보여 주고 있으며 따라서 리카도의 무역 모형을 뒷받침한다고 볼 수 있다.

출처 : G.D.A. MacDougall, "British and American Exports: A Study Suggested by the Theory of Comparative Costs", *Economic Journal*, December 1951, p. 703.

그러나 한 가지 의문점은 남아 있다. 미국이 생산비의 우위를 가지고 있는 산업(즉, 미국 노동자의 생산성이 영국 노동자의 생산성보다 2배 이상 높은 산업)에서 미국이 영국으로부터 수출시장을 (단지 수출 점유율이 높아지는 데 그치지 않고) 모두 차지하지 못하는 이유는 무엇일까? 맥두걸은 그 이유를 제품차별화 때문이라고 설명하였다. 다시 말하면, 미국과 영국에서의 동일한 산업의 상품은 동질적이 아니라는 것이다. 미국의 자동차는 영국의 자동차와 동일하지 않다. 미국의 자동차가 더 싸다고 할지라도, 세계의 여타 지역에 있는 소비자들은 여전히 영국의 자동차를 더 선호할 수도 있다. 따라서 영국은 가격이 더 높다고 하더라도 여전히 자동차를 수출할 수 있다. 그러나 가격 차이가 더 커질수록 자동차 수출에서 영국의 점유율은 감소할 것이며, 대부분의 다른 상품의 경우에도 마찬가지이다. 마찬가지로 미국은 영국에 대해 생산비 열위에 있는 상품도 제3시장으로 수출할 수 있게 된다.

리카도 무역모형을 뒷받침하는 최근의 추가 증거는 사례연구 2-4에 제시된다. 이러한 모든 실증분석 결과들은 실제 무역 패턴이 국가 사이의 산업별 노동생산성 격차에 기인한 것이라는 점을 뒷받침하는 것으로 보인다. 노동비용 이외의 생산비용, 수요조건, 정치적 유대관계 및 자유로운 국제무역의 흐름을 저해하는 다양한 방해요인들은 노동생산성과 수출 비중 사이의 관계를 깨뜨리지 못했다.

단순한 리카도 무역모형이 상당 부분 실증적 연구에 의해 뒷받침된다고 하더라도 이 모형은 비교우위를 설명하기보다는 가정한다는 점에서 심각한 결함이 있다. 즉, 리카도와 고전파 경제학자들은 일반적으로 국가 간 노동생산성의 격차와 비교우위를 설명하지 못하고 있으며, 국제무역이 생산요소의 소득에 미치는 효과에 대해서도 별다른 설명을 하지 못하고 있다. (제5장에서 다루게 될) 헥셔-오린 모형과 (제6장에서 살펴볼) 규모의 경제와 제품 차별화로 인한 무역모형은 이러한 중요한 문제에 대해 설명한다는 점에서 리카도 모형보다 이론적으로 개선된 것이라고 볼 수 있다.

사례연구 2-4 　리카도 모형에 대한 기타의 실증 분석

1995년에 행한 리카도 무역모형에 관한 연구에서 골럽(Golub)은 상대적 단위당 노동비용(노동생산성에 대한 노동 1단위당 임금)과 미국의 영국, 일본, 독일, 캐나다, 오스트레일리아에 대한 상대적 수출 점유율을 살펴본 결과 일반적으로 상대적 단위당 노동비용과 상대적 수출 점유율은 역의 관계에 있는 점을 발견하였다. 즉, 한 국가의 상대적 단위당 노동비용이 높을수록 그 국가의 수출 점유율은 낮고 그 역도 성립한다. 이러한 관계는 특히 미국-일본의 경우에 강하게 나타났다.

그림 2-5의 선은 1990년 미국과 일본 사이의 무역에 관해 골럽이 연구한 33개 산업의 상대적 단위당 노동비용과 상대적 수출 점유율 사이의 음의 상관관계를 보여 주며, 리카도의 무역모형을 재차 뒷받침하고 있다. 그림 2-4에서는 상대적 노동생산성과 수출 점유율 사이의 관계가 양으로 나타난 반면, 그림 2-5에서는 상대적 단위당 노동비용과 상대적 수출 점유율 사이의 관계가 음으로 나타났는데, 그 이유는 상대적 단위당 노동비용은 상대적 노동생산성의 역수이기 때문이다.

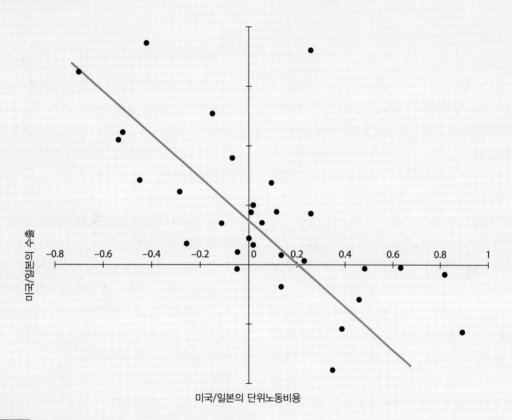

미국/일본의 단위노동비용

그림 2-5 　미국과 일본의 상대적 수출 및 상대적 노동비용

이 그림은 미국과 일본의 33개 산업에 대한 상대적 수출 점유율과 상대적 단위당 노동비용 사이에는 명확한 음의 관계가 있음을 보여 준다. 이 그림은 미국의 단위당 노동비용이 높을수록 미국의 일본에 대한 상대적 수출이 낮음을 보여 주며 리카도 무역모형을 뒷받침해 준다.

출처 : S. S. Golub, *Comparative and Absolute Advantage in the Asia-Pacific Region*(San Francisco: Federal Reserve Bank of San Francisco, Center for Pacific Basin Monetary and Economic Studies 1995), p. 46; S.S.Golub and C.T.Hsieh, "The Classical Ricardian Theory of Comparative Advantage Revisited", *Review of International Economics*, May 2000, pp. 221~234, A. Costinot, D. Donaldson and I. Komunjer, "What Goods Do Countries Trade? A Quantitative Exploration of Ricardo's Ideas," *Review of Economic Studies*, April 2012, pp. 581-608; and William R. Kerr, "Heterogeneous Technology Diffusion and Ricardian Trade Patterns," *NBER Working Paper 19657*, November 2013, pp. 221-234; A. Costinot, D. Donaldson, and I. Komunjer, "What Goods Do Countries Trade? A Quantitative Exploration of Ricardo's Ideas," *Review of Economic Studies*, April 2012, pp. 581-608; and William R. Kerr, "Heterogeneous Technology Diffusion and Ricardian Trade Patterns," *NBER Working Paper 19657*, November 2013; and A. Costinot and D. Donaldson, "Idea, New Insights: The Ricardian Revival in International Trade," *NBER Reporter*, No. 3 2017, pp. 1-7.

(계속)

위의 결과는 1972년부터 1991년까지 미국과 기타 9개국(일본, 독일, 영국, 프랑스, 이탈리아, 캐나다, 오스트레일리아, 멕시코, 대한민국)의 39개 부문의 무역을 대상으로 한 골럽과 셰이(Golub and Hsieh)의 2000년 연구에서도 재차 확인되었다.

좀 더 최근에는 코스티노(Costinot), 도널드슨(Donaldson), 코뮤너(Komunjer)(2012)는 리카도 이론에 관한 엄밀한 실증분석을 하였다. 이들은 1997년도의 13개 산업, 21개국(18개의 유럽국가 및 일본, 대한민국, 미국)에 대한 횡단면 자료를 사용하였는데 제품 차별화도 고려하였다. 그들의 분석결과에 의하면 국가 간 및 산업 간 생산성 격차에 대한 수출의 탄력성은 평균 6.53으로 나타났는데, 이는 리카도 이론을 뒷받침하는 새로운 증거이다. 탄력성이 6.53이라는 것은 한 국가의 생산성이 1% 상승하면 수출이 6.53% 증가한다는 것을 의미한다. 비슷한 접근방법을 이용하여 커(Kerr, 2013)는 수출과 생산성 격차 간의 탄력성이 1.6과 2.4 사이에 있음을 발견한 바 있다.(이 값이 1보다 크면 리카도 이론을 뒷받침한다.)

요약

1. 이 장에서는 중상주의로부터 애덤 스미스, 리카도, 하벌러에 이르는 무역이론의 발달을 살펴보았으며 다음과 같은 두 가지 기본적 질문을 설명하고자 하였다. (a) 무역이 발생하는 이유는 무엇이며 무역으로부터의 이익은 무엇인가? 그리고 (b) 무역 패턴은 어떻게 결정되는가?

2. 중상주의자들은 한 국가가 다른 국가를 희생함으로써만 무역으로부터 이익을 얻을 수 있다고 믿었다. 결과적으로 중상주의자들은 수입 규제, 수출 유인책 및 모든 경제활동에 대한 정부의 규제를 역설하였다.

3. 애덤 스미스에 의하면 무역은 절대우위 때문에 발생하며 두 국가 모두에게 이익이 된다(이러한 논의는 두 국가, 두 상품이 존재하는 세계를 가정한다). 즉, 각국이 절대우위가 있는 상품의 생산에 특화하여 그 생산물 중 일부를 절대열위에 있는 상품과 교환하면, 두 국가 모두 두 상품을 더 소비할 수 있게 된다. 그러나 절대우위는 오늘날 세계무역의 일부분만을 설명하고 있다.

4. 데이비드 리카도는 비교우위의 법칙을 소개하였다. 비교우위의 법칙이란 한 국가가 다른 국가에 비하여 두 상품의 생산에서 모두 비효율적이라고 하더라도 (한 국가가 다른 국가에 대하여 가지고 있는 절대열위가 두 상품에서 같은 비율이 아니라면) 상호이익이 되는 무역이 여전히 발생한다는 것이다. 비효율적인 국가는 절대열위가 덜한 상품의 생산에 특화하여 그 상품을 수출해야 한다(이 상품이 이 국가가 비교우위를 가지고 있는 상품이다). 그러나 리카도는 비교우위를 노동가치설로 설명하였는데, 노동가치설은 받아들이기 어려운 이론이다.

5. 고트프리트 하벌러는 비교우위의 법칙을 기회비용으로 설명하여 위의 난점을 '구원'하였다. 기회비용 이론에 의하면 상품의 비용은 그 상품을 한 단위 더 생산할 수 있도록 생산자원을 동원하기 위하여 포기되어야 하는 다른 상품의 양이다. 한 상품의 기회비용은 그 상품의 상대가격과 같고 생산가능곡선의 (절댓값으로서의) 기울기로 측정된다. 직선인 생산가능곡선은 기회비용이 일정하다는 것을 반영한다.

6. 무역을 하지 않을 때 한 국가의 생산가능곡선은 그 국가의 소비가능 영역이다. 무역을 함에 따라 각국은 비교우위가 있는 상품의 생산에 특화하여 그중 일부를 비교열위를 가지고 있는 상품과 교환할 수 있다. 이렇게 함으로써 두 국가는 무역을 하지 않을 때와 비교하여 두 가지 상품 모두를 더 소비할 수 있게 된다. 완전특화를 하는 경우에 상품의 균형상대가격은 두 국가에서 무역 이전의 상품의 상대가격 사이에서 결정될 것이다.

7. 1951년과 1952년에 맥두걸은 1937년 자료를 이용하여

리카도의 무역모형에 관한 실증분석을 처음으로 시도하였다. 맥두걸의 결과는 미국의 노동생산성이 영국보다 상대적으로 높은 산업은 제3시장에 대한 미국의 수출비중이 영국보다 높은 산업이었음을 보여 준다. 이러한 결과는 1950년 자료를 이용한 발라사와 1950년과 1959년 자료를 이용한 스턴 및 1990년 자료를 이용한 골럽의 연구, 그리고 1972~1991년 자료를 이용한 골럽과 셰이의 연구, 1997년 자료를 이용한 코스티노, 도널드슨, 코뮤너의 연구와 시계열 자료를 이용한 커의 연구에서도 확인되었다. 따라서 비교우위는 리카도가 주장한 것처럼 노동생산성이나 생산비의 차이에 기인하는 것으로 보인다. 그러나 리카도의 모형은 국가 간 노동생산성 또는 생산비의 차이가 발생하는 원인을 설명하지 못하고 있으며, 국제무역이 생산요소의 소득에 미치는 효과도 설명하지 못하고 있다.

주요용어

국제무역의 원인(basis of trade)

노동가치설(labor theory of value)

무역으로부터의 이익(gains from trade)

무역 패턴(pattern of trade)

기회비용 이론(opportunity cost theory)

비교우위의 법칙(law of comparative advantage)

상품의 상대가격(relative commodity prices)

생산가능곡선(production possibility frontier)

소국의 경우(small-country case)

완전특화(complete specialization)

일정한 기회비용(constant opportunity cost)

자유방임(laissez-faire)

절대우위(absolute advantage)

중상주의(mercantilism)

복습문제

1. 이 장에서 우리가 대답하고자 하는 근본적인 질문은 무엇인가? 이 장에서 소개된 모형은 어떤 의미에서 현실세계를 추상화 또는 단순화한 것인가? 이 모형은 일반화될 수 있는가?

2. 무역에 대한 중상주의자들의 견해는 무엇인가? 국가의 부에 대한 중상주의자들의 개념은 오늘날과는 어떤 차이가 있는가?

3. 무역에 대한 중상주의자들의 견해을 공부하는 것이 중요한 이유는 무엇인가? 중상주의자들과 애덤 스미스의 견해의 차이점은 무엇인가? 오늘날 이러한 차이점은 어떤 연관성이 있는가?

4. 애덤 스미스에 의하면 무역이 발생하는 원인과 무역 패턴은 무엇인가? 무역으로부터의 이익은 어떻게 해서 발생하는가? 애덤 스미스는 국제무역에서 어떤 정책을 주장했는가? 애덤 스미스는 한 국가의 경제생활에서 정부의 적절한 기능이 무엇이라고 생각했는가?

5. 어떤 점에서 리카도의 비교우위의 법칙이 애덤 스미스의 절대우위 이론보다 훌륭한가? 비교우위 이론에서 무역으로부터의 이익은 어떻게 발생하는가? 한 국가가 모든 상품의 생산에 있어 다른 국가보다도 비효율적임에도 불구하고 다른 국가로 무엇인가를 수출할 수 있는 이유는 무엇인가?

6. 비교우위의 법칙에 관한 예외는 무엇인가? 그것은 자주 발생하는가?

7. 비교우위의 법칙에 관한 리카도의 설명을 받아들일 수 없는 이유는 무엇인가? 어떤 이론을 이용하여 그 법칙을 설명할 수 있는가?

8. 기회비용과 한 국가의 생산가능곡선 사이의 관계는 무

엇인가? 기회비용이 일정한 경우 생산가능곡선의 모양은? 상품의 기회비용과 그 상품의 상대가격은 어떤 관계가 있는가? 이를 그래프로 보여 줄 수 있는가?

9. 무역을 하지 않을 때 한 국가의 생산가능곡선과 소비가능곡선이 같은 이유는? 무역을 하지 않을 때 한 국가는 각각의 상품에 대한 소비를 어떻게 결정하는가?

10. 완전특화란 무엇인가? 불완전 특화란? 전자의 경우에

는 두 국가가 모두 무역을 통해 이익을 얻지만 후자의 경우에는 소규모 국가만 이익을 얻는 이유는 무엇인가?

11. 각각의 교역되는 상품에 대한 결합 공급곡선은 어떻게 결정되는가? 무역을 할 때 상품의 균형상대가격은 어떻게 결정되는가?

12. 리카도 모형에 관한 실증 분석 결과는 어떠한가?

연습문제

1. 표 2-5는 네 가지의 가상적 상황에서 미국과 영국이 한 시간의 노동으로 생산할 수 있는 밀과 직물의 양을 보여 주고 있다. 각각의 경우에 미국과 영국이 절대우위나 절대열위를 가지고 있는 상품은 무엇인가?

2. 표 2-5의 각각의 경우에 미국과 영국이 비교우위나 비교열위를 가지고 있는 상품은 무엇인가?

3. 표 2-5의 각각의 경우에 무역의 원인과 무역이 가능한지를 살펴라.

4. 표 2-5에서 사례 B의 경우에 미국이 영국과 4W을 4C와 교환한다고 하자.
   (a) 미국이 무역으로부터 얻는 이익은 얼마인가?
   (b) 영국이 무역으로부터 얻는 이익은 얼마인가?
   (c) 상호이익이 되는 무역이 발생하는 범위는?
   (d) 4W과 6C를 교환한다면 각국은 무역으로부터 얼마의 이익을 얻는가?

5. 노동이 유일한 생산요소이고 동질적(즉, 한 가지 종류)이라고 가정하고 표 2-5에서 사례 B에 해당하는 경우를 생각해 보자.

   (a) 미국과 영국에서 밀과 직물을 생산하는 데 노동의 양으로 표시한 가격은 얼마인가?
   (b) 임금이 6달러일 때 미국에서 밀과 직물을 생산하는 데 드는 달러 표시 가격은 얼마인가?
   (c) 임금이 1파운드일 때 영국에서 밀과 직물을 생산하는 데 드는 파운드 표시 가격은 얼마인가?

6. 연습문제 5번과 관련하여 다음 문제에 답하라.
   (a) 파운드와 달러 사이의 환율이 1파운드＝2달러일 때, 영국에서 밀과 직물의 달러 표시 가격은 얼마인가? 이러한 환율에서 미국은 영국으로 밀을 수출할 수 있는가? 이러한 환율에서 영국은 미국으로 직물을 수출할 수 있는가?
   (b) 달러와 파운드 사이의 환율이 1파운드＝4달러인 경우는 어떠한가?
   (c) 환율이 1파운드＝1달러라면 어떻게 되는가?
   (d) 미국이 영국으로 밀을 수출하고 영국이 미국으로 직물을 수출하도록 되는 환율의 범위는?

7. 표 2-5에서 사례 B의 경우는 백만 부셸의 밀과 백만 야

표 2-5 미국과 영국에서의 생산가능곡선상의 점								
	사례 A		사례 B		사례 C		사례 D	
	미국	영국	미국	영국	미국	영국	미국	영국
밀(부셸/시간당 노동)	4	1	4	1	4	1	4	2
직물(야드/시간당 노동)	1	2	3	2	2	2	2	1

드의 직물을 나타낸다고 하자.

(a) 미국과 영국의 생산가능곡선을 그리라.

(b) 자급자족 상황일 때 미국과 영국에서 밀의 상대가격(P_W/P_C)은 얼마인가?

(c) 자급자족 상황일 때 미국과 영국에서 직물의 상대가격(P_C/P_W)은 얼마인가?

8. 연습문제 7번의 미국과 영국의 생산가능곡선에서 무역을 하지 않을 때 또는 자급자족인 경우의 생산점이 미국에서는 3W, 3/4C(백만 단위)이고 영국에서는 1/2W, 1C라고 가정하자. 또한 무역을 함에 따라 미국은 영국과 1W을 1C와 교환한다고 가정하자. 도표를 이용하여 미국과 영국에서 무역을 하지 않을 때(자급자족 상태)의 생산점 및 소비점, 무역을 할 때의 생산점 및 소비점 및 무역으로부터의 이익을 보이라.

9. (a) 그림 2-3의 왼쪽 도표에서 $D_{W(US+UK)}$가 1/3만큼 위로 이동하면 밀의 균형상대가격은 얼마가 될까? 이때 미국과 영국은 얼마만큼의 밀과 직물을 생산하는가?

(b) 위의 (a)에 대한 해답을 통해서 그림 2-3의 오른쪽 도표에서 $D_{C(UK+US)}$에 관해서 알 수 있는 사실은?

10. 그림 2-3의 왼쪽 도표에서 $D_{W(US+UK)}$가 $S_{W(US+UK)}$의 수평한 부분과 $P_W/P_C = 2/3$와 120W에서 교차한다면 어떻게 될까? 이 경우에 두 국가 간 특화의 패턴은 어떻게 되며 무역으로부터의 이익은 어떻게 분배되는가?

11. 이제 영국이 소국이고 그 규모는 그림 2-2의 오른쪽 도표에 나타난 규모의 1/2이며 $P_W/P_C = 2/3$에서 20C와 30W을 미국과 교환하는 경우를 보여 줄 수 있도록 그림 2-2와 유사한 그림을 그리라.

12. (a) 리카도의 무역모형은 어떻게 검증되었는가?

(b) 어떤 의미에서 실증분석 결과는 리카도의 모형을 뒷받침한다고 볼 수 있는가?

(c) 다른 무역모형이 필요한 이유는 무엇인가?

13. 미국은 미국의 일자리를 보호하기 위하여 직물수입을 규제해야 한다는 주장에 대해 어떤 반론을 제기할 수 있는가?

부록

이제 비교우위의 이론을 2개 이상의 상품과 2개 이상의 국가가 존재하는 경우로 확장한다. 각각의 경우에 비교우위의 이론은 쉽게 일반화됨을 알 수 있다.

A2.1 2개 이상의 상품이 존재하는 경우의 비교우위

표 2-6은 미국과 영국에서 5개 상품의 달러 표시 및 파운드 표시 비용 또는 가격을 보여 주고 있다(경제학에서 '비용'은 모든 '정상이윤'을 포함한 모든 생산요소에 대한 보수를 포함하므로 '비용'과 '가격'은 여기에서 동일한 의미로 사용된다).

미국과 영국이 어떤 상품을 수출하고 수입하는지를 결정하기 위해서는 먼저 모든 상품의 가격을 동일한 통화로 표시한 후 두 국가에서의 가격을 비교해야 한다. 예를 들면, 파운드와 달러 사이의 환율이 1파운드=2달러라면, 영국에서 달러로 표시한 상품의 가격은 다음과 같이 된다.

표 2-6	미국과 영국에서의 상품 가격	

상품	미국에서의 가격(달러)	영국에서의 가격(파운드)
A	2	6
B	4	4
C	6	3
D	8	2
E	10	1

상품	A	B	C	D	E
영국에서의 달러 표시 가격	12	8	6	4	2

이러한 환율에서 상품 A와 B의 달러 표시 가격은 미국에서 더 낮으며, 상품 C의 가격은 양국에서 동일하고, 달러로 표시한 상품 D와 E의 가격은 영국에서 더 낮다. 결과적으로 미국은 상품 A와 B를 영국으로 수출하고 상품 C와 D를 영국으로부터 수입한다. 상품 C는 교역되지 않는다.

이제 달러와 파운드 사이의 환율이 1파운드=3달러라고 가정하자. 영국에서 달러로 표시한 상품의 가격은 다음과 같이 된다.

상품	A	B	C	D	E
영국에서의 달러 표시 가격	18	12	9	6	3

이처럼 환율이 높은 경우에는 상품 A, B, C의 달러 표시 가격은 미국에서 더 낮으며, 상품 D와 E의 달러 표시 가격은 영국에서 더 낮다. 따라서 미국은 영국으로 상품 A, B, C를 수출하고 영국으로부터 상품 D와 E를 수입한다. 환율이 1파운드=2달러였을 때 교역되지 않았던 상품 C가 환율이 1파운드=3달러인 경우에는 미국에 의해 수출된다는 점에 주목하자.

마지막으로 환율이 1파운드=1달러라면 영국에서 달러로 표시된 상품의 가격은 다음과 같이 된다.

상품	A	B	C	D	E
영국에서의 달러 표시 가격	6	4	3	2	1

이 경우에 미국은 상품 A만을 영국으로 수출하고 상품 B(이 상품은 양국에서 가격이 같기 때문에 교역되지 않는다)를 제외한 모든 상품을 수입한다.

달러와 파운드 사이의 실제환율은 (다른 국제 거래가 없다면) 미국의 영국에 대한 수출액이 미국의 영국으로부터의 수입액과 정확하게 같아지는 수준에서 결정될 것이다. 일단 이러한 균형 환율에 도달하게 되면 미국은 어떤 상품을 수출하고 영국은 어떤 상품을 수출하게 되는지를 정확하게 알 수 있다. 각국은 이렇게 결정된 특정한 균형환율에서 수출하는 상품에 비교우위를 가지고 있다(환율이 균형으로부터 장기간 이탈해 있는 상황은 고려하지 않기로 한다.)

표 2-6을 통해서 알 수 있는 것은 미국의 비교우위는 상품 A에서 가장 크고 따라서 미국은 적어도 상품 A만은 수출한다는 점이다. 이렇게 되기 위해서는 달러와 파운드 사이의 환율이 1파운드>0.33달러가 되어야만 한다. 영국의 비교우위는 상품 E에서 가장 크기 때문에, 영국은 적어도 상품 E를 수출할 것이다. 이렇게 되기 위해서는 달러와 파운드 사이의 환율은 1파운드<10달러가 되어야 한다. 이러한 논의는 상품의 수가 몇 개이든 일반화시킬 수 있다.

A2.2 2개 이상의 국가가 존재할 때의 비교우위

2개의 국가와 5개의 상품 대신에, 2개의 상품(밀과 직물)과 5개의 국가(A, B, C, D, E)가 있다고 하자. 표 2-7은 국내에서의 P_W/P_C가 낮은 순으로부터 높은 순으로 순서를 매긴 것이다. 무역을 하게 되면 균형 P_W/P_C는 1~5 사이에서 결정될 것이다. 즉, $1<P_W/P_C<5$가 된다.

만일 무역을 함에 따라 균형 $P_W/P_C=3$이 되면 A국과 B국은 D국과 E국에 밀을 수출하고 직물을 수입할 것이다. 이 경우에 C국은 무역을 하지 않는데, 그 이유는 무역 이전의 P_W/P_C가 균형 P_W/P_C와 같기 때문이다. 무역균형이 $P_W/P_C=4$인 경우에는 A국, B국, C국은 E국으로 밀을 수출하고 직물을 수입하며, D국은 무역을 하지 않는다. 무역을 함에 따라 균형 $P_W/P_C=2$가 된다면, A국은 밀을 B국을 제외한 모든 국가에 수출하고 직물을 수입할 것이다.

이러한 논의는 국가의 수가 몇 개이든 쉽게 일반화할 수 있다. 그러나 여러 개의 상품과 여러 개의 국가가 동시에 존재하는 경우로 이러한 분석을 확장하는 것은 성가신 일이며 동시에 불필요하다. 현시점에서 중요한 점은 2개의 국가와 2개의 상품이 존재하는 단순한 모형으로부터 얻은 결론을 일반화시킬 수 있으며 여러 개의 국가와 상품이 존재하는 경우에 적용시킬 수 있다는 점이다.

표 2-7 국내에서의 P_W/P_C 순에 의한 국가별 순위

국가	A	B	C	D	E
P_W/P_C	1	2	3	4	5

연습문제 3개의 국가와 3개의 상품이 존재하는 경우에 각국은 다른 2개의 국가로부터 한 가지 상품을 수입하고 다른 2개의 국가에 1개의 상품을 수출하는 예를 만들어 보라.

국제무역의 표준이론

- 기회비용이 증가하는 경우 상품의 상대가격과 한 국가의 비교우위가 어떻게 결정되는지를 이해한다.
- 기회비용이 증가할 때 무역의 발생원인과 무역으로부터의 이익을 살펴본다.
- 미국과 기타 선진국에서 국제무역과 탈공업화의 관계를 알아본다.

3.1 서론

이 장에서는 단순 무역모형을 확장하여 기회비용이 증가하는 보다 현실적인 경우를 살펴보기로 한다. 기호 또는 선호는 사회무차별곡선으로 파악할 수 있다. 그 후 기회비용이 증가할 때 무역을 하지 않는 경우 수요와 공급의 힘에 의해 어떻게 각 국가에서 균형상대가격이 결정되는가를 살펴보며, 이를 통해 각 국가가 어느 상품에 비교우위가 있는지를 알 수 있다.

그 후 무역을 하는 경우 각 국가는 비교우위에 있는 상품의 생산에 특화하여, 그 상품의 일부를 수출하고, 비교열위에 있는 상품을 수입함으로써 각 국가가 어떻게 이익을 얻는가를 보여 준다. 이 장의 마지막 절에서는 기회비용이 증가할 때 두 국가가 기호 외에 모든 것이 동일한 경우에도 어떻게 상호이익이 되는 무역이 가능한가를 보여 준다.

이 장과 다음 장에서는 (영국과 미국이 아닌) 1국과 2국, (직물과 밀이 아닌) 상품 X와 상품 Y를 사용하여 설명을 일반화하는 것이 더 편리할 것이다.

이 장의 부록에서는 다음 장들의 부록에서 살펴볼 자료를 이해하는 데 필수적인 생산이론의 여러 측면들을 검토할 것이다. 이 장과 이후 장의 부록들을 생략해도 이 책을 이해하는 데는 큰 문제가 없다.

3.2 기회비용이 증가하는 경우의 생산가능곡선

기회비용이 일정한 경우보다는 기회비용이 증가하는 경우가 훨씬 현실적이다. 기회비용 증가(increasing opportunity cost)란 어떤 상품을 추가적으로 생산하기 위해 포기해야 하는 다른 상품의 양이 증가하는 것을 의미한다. 기회비용이 증가하는 경우 생산가능곡선은 (직선이 아니라) 원점에 대해 오목하게 된다.

3.2A 기회비용 증가의 예시

그림 3-1은 1국과 2국의 상품 X와 상품 Y에 대한 가상적인 생산가능곡선을 보여 준다. 두 생산가능곡선 모두 원점에 대해 오목한데, 이는 두 상품의 생산에 있어 기회비용이 증가한다는 사실을 반영하고 있다.

1국은 점 *A*부터 시작하여 상품 X의 생산을 점점 더 증가시킨다고 가정하자. 점 A에서 이용 가능한 최선의 기술로 모든 자원을 이미 사용하고 있기 때문에 그 국가는 상품 Y의 생산을 감소시켜야만 상품 X의 생산을 증가시킬 수 있다(제2장에서 이러한 이유로 생산가능곡선이 음의 기울기를 갖는다는 것을 살펴보았다).

그림 3-1은 1국이 20단위의 상품 X를 추가적으로 생산함에 따라 상품 Y를 점점 더 많이 포기해야 한다는 것을 보여 준다. 상품 Y 단위로 표시한 기회비용이 증가한다는 점은 그림에서 아래쪽으로 향하는 화살표가 점점 길어지는 것으로 반영된다. 이것은 원점에 대해서 오목한 생산가능곡선을 의미한다.

1국이 상품 Y를 추가적으로 생산하는 경우에도 기회비용이 증가한다. 이것은 1국이 생산하는 20Y의 추가적인 단위에 대해서 상품 X를 점점 더 많이 포기해야 한다는 것을 보여 줌으로써 증명할 수 있다. 그러나 그림 3-1의 1국의 경우에 이를 보여 주는 대신 2국의 생산가능곡선에 대해 상품 Y의 생산에서 기회비용 증가를 보여 준다.

2국의 생산가능곡선을 따라서 점 *A′*으로부터 위쪽으로 이동할 때 왼쪽으로 향하는 화살표가 점점 길어지는 것을 관찰하게 되는데, 이것은 2국이 상품 Y를 20단위씩 추가적으로 생산함에 따라 포기해

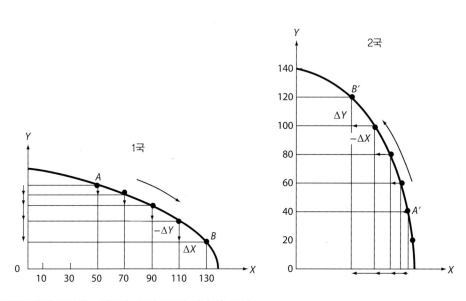

그림 3-1 기회비용이 증가하는 경우의 1국과 2국의 생산가능곡선

오목한 생산가능곡선은 각 국가가 두 상품의 생산에서 기회비용이 증가하는 것을 반영한다. 이와 같이 1국은 자국이 추가적으로 생산하는 각각의 20단위의 상품 X의 생산에 대해 상품 Y를 점점 더 많이 포기해야 한다. 이것은 길이가 점점 증가하는 하향의 화살표로 설명된다. 유사하게 2국은 자국이 생산하는 20단위의 추가적인 상품 Y 각각에 대해 포기되는 상품 X의 단위로 기회비용 증가를 야기한다(왼쪽 방향의 화살표의 길이가 증가하는 것으로 설명된다).

야 하는 상품 X의 양이 점점 커지는 것을 의미한다. 이와 같이 1국과 2국의 오목한 생산가능곡선은 각 국에서 각 상품을 생산하는 기회비용이 모두 증가하는 것을 반영한다.

3.2B 한계변환율

상품 Y 단위로 표시한 상품 X의 **한계변환율**(Marginal Rate of Transformation, MRT)은 한 국가가 상품 X 한 단위를 더 생산하기 위해 포기해야 하는 상품 Y의 양을 나타낸다. MRT는 상품 X(수평축을 따라 측정된 상품)의 기회비용과 같으며 생산점에서 생산가능곡선의(절대적) 기울기와 같다.

그림 3-1에서 1국의 생산가능곡선의 기울기(MRT)가 1/4이라는 것은 1국이 이 생산점에서 상품 X 한 단위를 더 생산하기 위해 필요한 만큼의 자원을 방출하기 위해서는 상품 Y 1/4 단위를 포기해야 한다는 것을 의미한다.

이와 같이 1국의 생산가능곡선상에서 점 *A*에서 점 *B*로 이동하는 것은 기울기가 1/4에서 1로 증가하는 것을 의미하며 상품 X를 더 생산함에 따라 기회비용이 증가하는 것을 의미한다. 이는 생산가능곡선이 직선인 경우와 대조를 이루는데, 이때 상품 X의 기회비용은 산출량 수준과 관계없이 일정하고, 생산가능곡선의 일정한 기울기 값으로 주어진다.

3.2C 기회비용 증가와 생산가능곡선이 상이한 이유

지금까지 오목한 생산가능곡선으로 반영된 기회비용 증가의 의미를 검토하였다. 그러나 기회비용은 왜 증가하는가? 기회비용 증가는 왜 기회비용이 일정한 경우보다 더 현실적인가?

기회비용은 (1) 생산요소 또는 자원이 동질적이지 않은 경우, (2) 모든 상품의 생산에서 생산요소가 같은 비율 또는 집약도로 사용되지 않는 경우에 증가한다. 이것은 한 상품의 생산을 증가시킴에 따라 점점 더 비효율적이거나 덜 적합한 생산방식이 사용된다는 것을 의미한다. 그 결과 첫 번째 상품을 한 단위씩 추가적으로 생산하는 데 필요한 자원을 방출하기 위해 포기해야 하는 두 번째 상품의 양이 점점 증가하는 것을 의미한다.

예를 들어 한 국가에서 어떤 토지는 편평하고 밀을 재배하는 데 적합하며, 다른 토지는 경사가 있어 목초 및 우유생산에 적합하다고 가정하자. 그 국가는 최초에는 밀 생산에 특화했지만 지금은 우유생산에 집중하기를 원한다고 가정하자. 경사진 지역을 밀재배로부터 목초생산으로 전환함으로써 그 국가는 밀을 적게 포기하고 우유를 많이 생산하게 된다. 이와 같이 최초에는 밀 단위로 표시한 우유의 기회비용이 작다. 그러나 이러한 전환과정이 계속됨에 따라 밀 생산에 적합한 편평한 땅은 궁극적으로 목초재배에 사용되어야 할 것이다. 그 결과 우유의 기회비용은 상승하고, 생산가능곡선은 원점에 대해 오목할 것이다.

그림 3-1에서 1국과 2국의 생산가능곡선의 차이는 두 국가의 생산요소의 부존량이 서로 다르거나 생산에서 사용하는 기술이 다르다는 데서 원인을 찾을 수 있다. 현실세계에서 서로 다른 국가의 생산가능곡선은 두 국가의 (동일한 생산기술을 갖고 있더라도) 요소부존량이 다르기 때문에 상이하다.

자원의 공급 또는 이용 가능성이나 기술이 변화함에 따라 생산가능곡선은 이동하며, 이러한 이동의 유형과 정도는 발생하는 변화의 유형과 정도에 의존한다. 이러한 변화는 경제성장과 그것이 국제무역에 미치는 효과를 다루는 제7장에서 자세히 다루기로 한다.

3.3 사회무차별곡선

지금까지는 생산가능곡선에 반영된 한 국가의 생산 또는 공급에 관련된 사항을 논의했다. 이번에는 한 국가의 기호 또는 선호를 도입하기로 한다. 이것은 사회무차별곡선으로 표현된다.

사회무차별곡선(community indifference curve)이란 한 국가나 사회에 동일한 만족을 제공하는 두 상품의 여러 가지 조합들을 보여 준다. 원점에서 먼 곡선일수록 높은 만족을, 가까운 곡선일수록 낮은 만족을 나타낸다. 사회무차별곡선은 음의 기울기를 가지며 원점에 대해 볼록하며, 유용성을 갖기 위해서는 서로 교차해서는 안 된다(개인의 무차별곡선에 친숙한 독자들은 사회무차별곡선이 그것과 거의 유사하다는 것을 알 것이다).

3.3A 사회무차별곡선의 설명

그림 3-2에서는 1국과 2국에 대해 세 가지 가상적인 무차별곡선을 보여 준다. 국가마다 기호나 선호가 상이하기 때문에 사회무차별곡선은 상이하다.

점 *N*과 점 *A*는 동일한 무차별곡선 *I*상에 있기 때문에 같은 만족을 준다. 점 *T*와 *H*는 더 높은 무차별곡선 *II*상에 있기 때문에 더 큰 만족을 준다. 점 *T*는 점 *A*에 비해 상품 Y는 더 많고 상품 X는 더 적더라도 무차별곡선 *II*상에 있기 때문에 더 큰 만족을 준다. 점 *E*는 무차별곡선 *III*상에 있기 때문에 한층 더 큰 만족을 얻게 한다. 2국에 대해서는 $A'=R'<H'<E'$이다.

그림 3-2에서 사회무차별곡선이 음의 기울기를 갖는다는 것을 주목하라. 이것은 한 국가가 상품 X를 더 많이 소비함에 따라 동일한 만족을 얻기 위해서는 상품 Y를 덜 소비해야 하기 때문이다. 이와 같이 1국이 무차별곡선 *I*상의 점 *N*에서 점 *A*로 이동함에 따라 상품 X를 더 소비하고 상품 Y를 덜 소비한다. 마찬가지로 2국이 무차별곡선 *I'*상에서 점 *A'*에서 점 *R'*으로 이동함에 따라 상품 X를 더 소

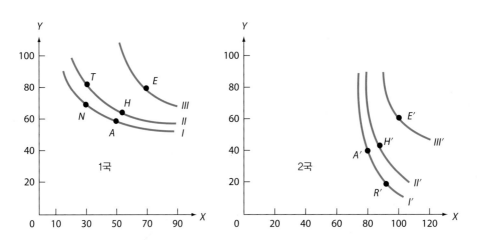

그림 3-2 **1국과 2국의 사회무차별곡선**

사회무차별곡선이란 한 사회나 국가에 동일한 만족을 제공하는 상품 X와 상품 Y의 여러 가지 조합을 보여 준다. 원점에서 멀수록 더 높은 만족의 수준을 나타낸다. 사회무차별곡선은 음의 기울기를 가지며 원점에 대해서 볼록하다. 그리고 유용성을 갖기 위해서는 교차해서는 안 된다. 곡선의 기울기가 감소하는 것은 소비에서 상품 Y 단위로 표시한 상품 X의 한계대체율(MRS)이 감소하는 것을 반영한다.

비하고 상품 Y를 덜 소비한다. 한 국가가 동일한 양의 상품 Y를 소비하면서 상품 X의 소비를 증가시키면 그 국가는 필연적으로 더 높은 무차별곡선으로 이동할 것이다.

3.3B 한계대체율

소비에서 상품 Y 단위로 표시한 상품 X의 한계대체율(Marginal Rate of Substitution, MRS)이란 한 국가가 상품 X 한 단위를 더 소비하고도 동일한 무차별곡선상에 있기 위해 포기해야 하는 상품 Y의 양을 의미한다. 이것은 소비점에서 사회무차별곡선의 기울기로 주어지며 그 국가가 곡선을 따라 아래쪽으로 이동함에 따라 감소한다. 예를 들어 점 N에서 무차별곡선 I의 기울기는 점 A에서 보다 더 크다(그림 3-2 참조). 마찬가지로 점 A'에서 무차별곡선 I'이 기울기는 점 R'에서보다 더 크다.

무차별곡선의 절대적 기울기 또는 한계대체율(MRS)의 하락은 한 국가가 상품 X를 더 많이 소비하고 상품 Y를 덜 소비함에 따라 상품 Y 한 단위가 상품 X에 비해 한계적으로 더 가치 있게 된다는 것을 의미한다. 그러므로 한 국가는 상품 X의 소비가 추가적으로 증가함에 따라 포기하려는 상품 Y의 양이 감소할 것이다.

한계대체율(MRS)의 하락은 사회무차별곡선이 원점에 대해 볼록하다는 것을 의미한다. 따라서 생산에서 기회비용의 증가가 오목한 생산가능곡선으로 반영되듯이, 소비에서 한계대체율의 체감은 사회무차별곡선이 볼록한 것으로 반영된다. 3.4절에서 무차별곡선의 이러한 볼록한 특성이 그 국가가 유일한 균형 소비점에 이르기 위해 필요하다는 것을 볼 것이다.

3.3C 사회무차별곡선에서의 몇 가지 난점

전에 언급했듯이 사회무차별곡선이 유용하기 위해서는 서로 교차해서는 안 된다. 교차점은 서로 다른 무차별곡선이 동일한 만족을 나타내는 것을 의미하며 이것은 정의와 모순된다. 이와 같이 그림 3-2에서 1국과 2국의 무차별곡선은 교차하지 않게 그린다.

그러나 사회무차별곡선의 특정한 집합 또는 사회무차별지도는 한 국가에서의 특정한 소득분배를 전제한다. 소득분배가 달라지는 경우 완전히 다른 무차별곡선의 집합이 나타나며 전의 무차별곡선과 교차할 수 있다.

이것은 한 국가가 무역개방을 하거나 무역수준을 확대할 때 발생한다. 수입품과 경쟁하는 국내생산자는 손해를 보고 수출업자는 이익을 볼 것이다. 개별 소비자도 소비의 패턴이 상품 X나 상품 Y로 편향되는지에 따라 다른 영향을 받을 것이다. 이와 같이 무역은 그 국가의 실질소득을 변화시키고, 무차별곡선이 교차되게 할 수 있다. 그러한 경우에는 무역의 개방이나 팽창이 그 국가의 후생을 증가시키는가를 결정하기 위해 사회무차별곡선을 사용할 수 없다.

이러한 난점을 해결하는 한 가지 방법은 소위 보상원리를 사용하는 것이다. 이 원리에 따르면 이익을 얻는 사람이 손실을 본 사람의 손실을 충분히 보상한 후에도 이익이 발생한다면 그 국가는 무역으로부터 이익을 얻는다는 것이다. 이것은 보상이 실제로 일어나는가에 관계없이 사실이다.(보상이 이루어지는 한 가지 방법은 정부가 이익을 보는 자에게 세금을 부과하고 손실을 보는 자에게 보조금이나 조세경감의 방법으로 보상하는 것이다.) 다른 방법은 사회무차별곡선이 교차하지 않도록 선호나 기호, 소득, 소비 패턴에 관해 제약적인 가정을 하는 것이다.

보상원리나 제약적인 가정들로 인해 사회무차별곡선에 내재된 개념적인 난점들이 모두 제거되지는 않지만 무차별곡선이 서로 교차하지 않도록 그릴 수 있다(사회무차별곡선을 계속 사용할 수 있다).

3.4 폐쇄경제하의 균형

3.2절에서는 한 나라의 생산 또는 공급조건을 반영하는 생산가능곡선을 살펴보았고, 3.3절에서는 한 나라의 기호나 선호를 반영하는 사회무차별곡선을 살펴보았다. 이제 (무역이 없는) 폐쇄경제하에서 이러한 수요와 공급의 힘이 어떻게 상호작용하여 한 나라에서의 균형점 또는 사회후생을 극대화하는 점을 결정하는가를 살펴보기로 한다.

무역을 하지 않을 때 주어진 생산가능곡선하에서 한 나라가 도달할 수 있는 가장 높은 무차별곡선에 도달하게 되면 균형이 성립한다. 이것은 이 나라의 사회무차별곡선이 생산가능곡선과 접하는 점에서 이루어진다. 두 곡선이 접하는 점에서의 공통된 기울기는 그 국가의 국내에서 상품의 균형상대가격을 뜻하며, 이 나라의 비교우위를 반영한다. 이것이 과연 무엇을 의미하는지 살펴보자.

3.4A 폐쇄경제하의 균형에 관한 예시

그림 3-3은 그림 3-1의 생산가능곡선과 그림 3-2의 사회무차별곡선을 결합한 것이다. 그림 3-3으로부터 무차별곡선 I는 1국이 자국의 생산가능곡선으로 도달할 수 있는 가장 상위의 무차별곡선임을 알 수 있다. 이와 같이 1국은 무역을 하지 않는 경우 또는 폐쇄경제(autarky)하에서 점 A에서 생산하고 소비할 때에 균형을 이루고 후생을 극대화하게 된다. 마찬가지로 2국은 점 A'에서 균형상태에 있게 되는데 점 A'에서 2국의 생산가능곡선은 무차별곡선 I'과 접하고 있다.

사회무차별곡선은 원점에 볼록하고 교차하지 않도록 그려졌기 때문에 이러한 접점이나 균형점은 유일하게 결정된다는 사실에 주목하자. 또한 수없이 많은 무차별곡선이 있기 때문에(즉, 무차별지도는 조밀하기 때문에) 이러한 균형점이 반드시 하나 존재한다는 것은 확실하다. 하위의 무차별곡선상에 있는 점들은 도달 가능하지만 이 나라의 후생을 극대화시켜 주는 점들은 아니다. 반대로 말하면 이 나라는 현재의 이용 가능한 자원과 기술로는 보다 상위의 무차별곡선에 도달할 수 없다.

3.4B 상품의 균형상대가격과 비교우위

폐쇄경제하의 상품의 균형상대가격(equilibrium-relative commodity price in isolation)은 자급자족하의 생산 및 소비점에서 생산가능곡선과 무차별곡선상의 공통접선의 기울기로 표시된다. 따라서 무역을 하지 않는 경우 1국에서 상품 X의 균형상대가격은 $P_A = P_X/P_Y = 1/4$이고 2국에서는 $P_{A'} = P_X/P_Y = 4$가 된다(그림 3-3 참조). 양국의 생산가능곡선의 모양과 위치가 서로 다르므로 양국의 상대가격은 상이하다.

폐쇄경제하에서 $P_A < P_{A'}$이므로 1국은 상품 X에 비교우위를 갖고, 2국은 상품 Y에 비교우위를 갖게 된다. 따라서 1국은 상품 X의 생산에 특화하여 수출하고 그 대가로 2국의 상품 Y를 수입하게 되면 양국은 이익을 얻을 수 있다. 다음 절에서는 어떻게 이익이 생기게 되는지를 살펴본다.

그림 3-3으로부터 (생산가능곡선으로 요약되는) 공급의 힘과 (무차별곡선으로 요약되는) 수요의 힘

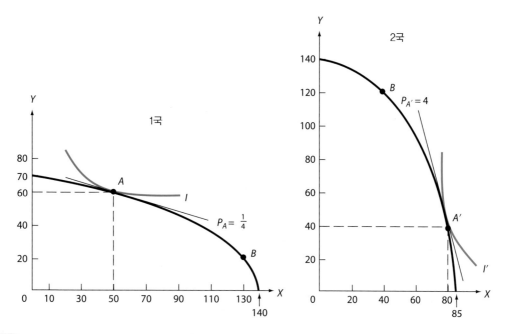

그림 3-3 **폐쇄경제하에서의 균형**

1국은 폐쇄경제하에서 생산가능곡선과 무차별곡선이 접하는 점 A에서 생산하고 소비함으로써 균형상태에 있거나 후생을 극대화한다. 유사하게 2국은 생산가능곡선과 무차별곡선이 접하는 점 A'에서 균형상태에 있다. 1국에서 상품 X의 균형상대가격은 생산가능곡선과 무차별곡선이 접하는 점에서 이루어진다. 1국의 상대가격 $P_A = 1/4$이고, 2국의 상대가격 $P_{A'} = 4$이다. 상품 X의 상대가격이 1국에서 2국보다 더 낮기 때문에 1국은 상품 X에 비교우위가 있고, 2국은 상품 Y에 비교우위가 있다.

이 함께 작용하여 폐쇄경제하의 각국의 균형상대가격이 어떻게 결정되는가를 알 수 있다. 예를 들어 무차별곡선 I가 다른 모양이었다면 이 무차별곡선은 생산가능곡선과 다른 점에서 접하게 될 것이고 1국에서 상품 X의 균형상대가격도 달리 결정되었을 것이다. 2국의 경우도 마찬가지다. 이 점은 불변비용의 경우와 대조가 되는데, 불변비용의 경우에 각국에서의 균형 P_X/P_Y는 산출수준이나 수요조건과는 관계없이 일정하며 한 나라의 생산가능곡선의 일정한 기울기로 나타낼 수 있다.

사례연구 3-1은 제조업품에서의 선진경제대국과 신흥경제국의 비교우위를 보여준다.

3.5 기회비용 증가의 경우 무역의 발생원인과 무역으로부터의 이익

양국에서 상품의 상대가격이 상이하다는 것은 바로 비교우위를 반영하는 것이며 이것이 상호이익이 되는 무역의 기초가 된다. 한 상품의 상대가격이 상대적으로 낮은 나라는 다른 나라에 비하여 이 상품에 비교우위를 가지고, 다른 상품에는 비교열위를 가지게 된다. 따라서 각국은 비교우위 상품의 생산에 특화하여(즉, 국내에서 소비하는 것 이상으로 생산하여) 이 중 일부를 다른 나라가 생산하는 비교열위 상품과 교환하게 된다.

그러나 각국이 비교우위 상품의 생산에 특화함에 따라 기회비용은 증가하게 되며, 결국 무역이 균

사례연구 3-1 선진경제대국과 신흥경제국의 비교우위

표 3-1은 2017년도 미국, 유럽연합, 일본, 대한민국, 중국, 인도, 러시아, 브라질, 멕시코가 비교우위를 가지고 있 던 (즉, 무역수지 흑자를 기록했던) 일부 제조업품을 보여 준다. 더 자세한 논의는 사례연구 5-4에서 볼 수 있다.

표 3-1   2017년도 미국, 유럽연합, 일본, 대한민국, 중국, 인도, 러시아, 브라질, 멕시코의 비교우위
미국 : 의약품 이외의 화학제품, 항공기, 과학기기 의료용 진단 기기
유럽연합 : 화학제품, 자동차제품, 항공기, 기계
일본 : 철강, 의약품을 제외한 화학제품, 자동차 부품, 기계
대한민국 : 철강, 의약품을 제외한 화학제품, 사무용 및 통신 장비, 자동차제품, 섬유
중국 : 사무용 및 통신 장비, 대부분의 기계와 자동차를 제외한 수송장비, 섬유 및 의류, 개인 및 가사 용품
인도 : 섬유 및 의류, 상업 서비스
러시아 : 제조업품은 없지만 연료 및 광산품
브라질 : 농산품, 자동차제품, 개인 및 가사 용품
멕시코 : 사무용 및 통신 장비, 자동차제품

출처 : WTO, *International Trade Statistics*(Genenva: WTO, 2018).

형되는 수준에서 양국 상품의 상대가격이 일치할 때까지 특화가 계속될 것이다. 이때 양국은 서로 무역을 하지 않는 경우보다 무역을 함으로써 두 가지 상품을 더 많이 소비할 수 있게 된다.

3.5A 비용증가의 경우 무역의 발생원인과 무역으로부터의 이익에 관한 예시

무역을 하지 않는 경우(그림 3-3 참조) 1국에서 상품 X의 상대가격은 $P_A = 1/4$이고, 2국에서는 $P_{A'} = 4$가 됨을 알았다. 따라서 1국은 상품 X에 비교우위를 가지고, 2국은 상품 Y에 비교우위를 갖는다.

양국 간에(정부의 무역에 관한 장벽의 제거든, 운송비의 급격한 감소를 통하여든) 무역이 가능하게 되었다고 가정하자. 1국은 상품 X의 생산에 특화하여 수출하고, 그 대가로 2국으로부터 상품 Y를 수입한다. 이것이 어떻게 발생하는가는 그림 3-4에서 설명된다.

점 A(폐쇄경제하의 균형점)에서 시작하여 1국이 상품 X의 생산에 특화하여, 생산가능곡선상에서 아래 방향으로 이동함에 따라 X생산의 기회비용은 증가하게 된다. 이것은 생산가능곡선의 기울기가 증가한다는 사실에 반영되어 있다. 2국은 상품 Y의 생산에 특화하여 점 A'으로부터 생산가능곡선의 위로 이동함에 따라 상품 Y 생산의 기회비용이 증가하게 된다. 이것은 생산가능곡선의 기울기가 감소한다는 사실에 반영되어 있다(즉, 상품 X의 기회비용은 감소하며 상품 Y의 기회비용이 증가함을 의미한다).

생산에서의 이러한 특화 과정은 양국에서 상품의 상대가격(생산가능곡선의 기울기)이 일치할 때까지 진행된다. 무역을 하는 경우의 공통적인 상대가격(기울기)은 무역을 하기 전의 상대가격인 1/4과 4 사이의

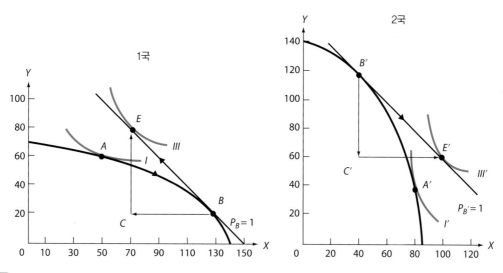

기회비용이 증가하는 경우의 무역 이익

무역을 하는 경우 1국은 점 *A*에서 점 *B*로 생산이 이동한다. 그 경우 2국과 60X를 주고 60Y를 얻는 교환을 통해(삼각형 *BCE*) 1국은 점 *E*에서 소비하게 된다. 이와 같이 1국은 무역을 통해 20X와 20Y의 이익을 얻는다. 마찬가지로 2국은 생산이 점 *A*′에서 점 *B*′으로 이동할 경우 1국과 60Y를 주고 60X를 얻는 교환을 통해(삼각형 *B*′*C*′*E*′) 2국은 점 *E*′에서 소비하게 된다. 이와 같이 2국도 무역을 통해 20X와 20Y의 이익을 얻는다. 그러므로 $P_B = P_{B'} = 1$은 무역이 균형을 이루는 상대가격이다.

어떤 점에서 무역량이 균형되도록 결정될 것이다. 이것은 그림 3-4에서 $P_B = P_{B'} = 1$이다.

무역을 하는 경우 1국의 생산점은 점 *A*에서 점 *B*로 아래로 이동한다. 그 후 2국과 60X를 60Y와 교환하여(무역삼각형 *BCE* 참조), 1국은 무차별곡선 *III*상의 점 *E*(70X와 80Y)에서 소비할 수 있게 된다. 이것은 1국이 $P_X/P_Y = 1$에서 무역을 할 때 도달할 수 있는 최상의 만족수준이다. 따라서 1국은 무역을 하지 않을 때의 균형점과 비교하여 20X와 20Y의 이익을 얻는다(무차별곡선 *III*상의 점 *E*와 무차별곡선 *I*상의 점 *A*를 비교해 볼 것). 선 *BE*를 무역가능선 또는 간단히 **무역선**이라고 하는데, 그 이유는 이 선 위에서 무역이 발생하기 때문이다.

마찬가지로 2국의 생산점은 점 *A*′에서 점 *B*′으로 위로 이동하며, 2국은 1국과 60X와 60Y를 교환함으로써(무역삼각형 *B*′*C*′*E*′ 참조) 무차별곡선 *III*′상의 점 *E*′(100X와 60Y)에서 소비하게 된다. 따라서 2국은 생산에서의 특화와 무역으로 인하여 20X와 20Y의 이익을 본다.

생산특화와 무역으로 인해 각국은 생산가능곡선(이는 무역을 하지 않을 때의 소비가능곡선이다)의 바깥부분에서 소비할 수 있음에 유념하자.

3.5B 무역을 하는 경우 상품의 균형상대가격

무역을 하는 경우 상품의 균형상대가격(equilibrium-relative commodity price with trade)이란 무역이 균형될 수 있도록 하는 양국의 공통된 상대가격을 말한다. 그림 3-4에서 이것은 $P_B = P_{B'} = 1$이다. 이 상대가격에서 1국이 수출하고자 하는 양(60X)은 2국이 수입하고자 하는 양(60X)과 일치한다. 마찬가지로 이 가격에서 2국이 수출하려고 하는 양(60Y)은 1국이 수입하고자 하는 양(60Y)과 정확히 일치한다.

그 외의 상대가격하에서는 무역이 균형되지 않으므로, 그러한 상대가격은 지속될 수 없다. 예를 들어 $P_X/P_Y=2$라면 이러한 높은 가격에서 1국은 상품 X를 2국이 수입하고자 하는 상품 X의 양보다 많이 수출하려고 할 것이다. 따라서 상품 X의 상대가격은 균형수준인 1로 하락한다. 마찬가지로 상품 X의 상대가격이 1보다 낮은 경우에는 2국이 수입하려고 하는 상품 X의 양이 1국이 수출하려고 하는 상품 X의 양보다 더 많게 된다. 따라서 상품 X의 상대가격은 1이라는 가격을 향하여 상승할 것이다(이를 상품 Y로 설명해도 결론은 위와 같다).

그림 3-4의 균형상대가격은 시행착오의 과정을 거쳐서 결정된다. 즉, 여러 가지의 상대가격을 시험적으로 거친 후 무역을 균형시킬 수 있는 단일의 상대가격이 결정되는 것이다. 무역을 할 때 균형상대가격을 결정할 수 있는 보다 정확한 이론적 방법이 있다. 이 방법은 소위 오퍼곡선을 이용하는 것으로 다음 장에서 설명하기로 한다.

이 시점에서 말할 수 있는 것은 상품 Y(2국의 수출품)에 대한 1국의 수요가 크고 상품 X(1국의 수출상품)에 대한 2국의 수요가 작을수록 무역을 할 때의 균형가격은 1/4(무역이 개시되기 전 1국에서의 상대가격) 근처에서 결정되고 1국이 차지하는 이익의 몫은 작아진다는 것이다. 무역을 할 때 일단 균형상대가격이 결정되면 무역으로부터의 이익이 양국에 어떻게 분배되는가를 정확하게 알 수 있고 위의 모형은 완결된다. 그림 3-4에서는 무역을 할 때 상품 X의 균형상대가격($P_B=P_{B'}=1$)에 따라 이익이 1국과 2국에 균등하게 분배(20X와 20Y)되는 것으로 되어 있지만 반드시 그런 것은 아니다.

물론 **무역을 하기 전** 양국에서의 상대가격이 동일하다면(이러한 현상은 거의 발생하지 않겠지만), 각국은 비교우위나 비교열위를 가지지 않게 되며, 생산에서의 특화나 상호이익이 되는 무역도 발생하지 않는다.

3.5C 불완전특화

기회비용이 불변인 경우와 증가하는 경우의 무역모형 간에는 한 가지 근본적인 차이가 있다. 불변비용하에서 양국은 각국의 비교우위 상품의 생산에 완전히 특화한다(즉, 한 상품만을 생산한다). 예를 들어 그림 2-2와 그림 2-3에서 미국은 밀의 생산에 완전특화하고 영국은 직물의 생산에 완전특화한다. 미국은 자국의 밀을 영국의 직물로 교환하는 것이 이익이 되므로 밀의 기회비용이 일정한 경우 미국은 자국이 필요로 하는 직물 전부를 자국의 밀과 교환으로 얻는 것이 이익이 된다. 직물생산에 있어서 영국의 경우도 마찬가지다.

위와는 대조적으로 기회비용이 증가할 때는 양국의 생산에서 불완전특화(incomplete specialization)가 일어난다. 예를 들어 무역을 할 때 1국이 상품 X(1국의 비교우위상품)의 생산량을 증가시키는 경우에도 얼마간의 상품 Y를 계속 생산한다(그림 3-4의 점 B 참조). 마찬가지로 2국도 상품 X를 계속 생산한다(그림 3-4의 점 B' 참조)

그 이유는 1국이 상품 X의 생산에 특화함에 따라 상품 X 생산에서의 기회비용이 증가하기 때문이며, 마찬가지로 2국도 상품 Y의 생산을 증가시킴에 따라 상품 Y의 기회비용이 증가하기 때문이다(이는 X의 기회비용이 하락하는 것을 의미한다). 따라서 각국이 자국의 비교우위 상품생산에 특화함에 따라 상품의 상대가격은 서로 균등해지는 방향으로 변화하게 되어(즉, 상대가격의 차가 감소함) 결국 양국에서 상품의 상대가격은 일치하게 된다.

양국에서 상품의 상대가격이 일치할 때는 각국의 비교우위상품의 생산을 증가시키는 것이 더 이상

사례연구 3-2 몇몇 국가의 특화 및 수출 집중

현실세계에서는 기회비용 증가로 인해 하나의 제품에 완전특화하는 국가는 없다. 생산과 무역에서 완전특화에 가장 가까운 예는 쿠웨이트로서 2017년에 석유수출이 총수출 가치의 89.8%를 차지했다. 아르헨티나는 천연자원에 대한 특화 비중이 높은 또 다른 개발도상국인데 식료품 수출

이 총수출의 60.3%를 차지한다. 표 3-2는 미국, 유럽의 가장 큰 수출 품목(화학)도 총수출의 18% 이하임을 보여 준다. 일본(자동차제품)과 중국(사무용 및 통신 장비)의 경우는 22%에서 27% 사이이며, 브라질(식료품)의 경우 35.8%이다.

표 3-2 2017년 몇몇 국가의 총수출의 백분비로서의 선도적인 수출		
미국	화학제품	13.3
유럽	화학제품	17.7
일본	자동차제품	21.5
대한민국	사무용 및 통신 장비	23.7
중국	사무용 및 통신 장비	26.2
브라질	식료품	35.8
아르헨티나	식료품	60.3
쿠웨이트	연료	89.8

출처 : WTO, *World Trade Statistical Review* (Geneva, 2018).

이익이 되지 않는다(사례연구 3-2 참조). 이러한 현상은 각국이 생산에 완전특화를 하기 이전에 발생한다. 그림 3-5에서도 1국과 2국이 생산에 완전특화를 하기 이전인 $P_B = P_{B'} = 1$에서 균형이 이루어지고 있다.

3.5D 비용이 증가할 때 소국의 경우

비용이 불변인 경우 생산에서의 완전특화의 유일한 예외는 소국의 경우에 발생했음을 상기하자. 이때는 소국만이 비교우위 상품의 생산에 완전특화하였다. 대국은 무역을 할 때에도 두 가지 상품을 계속 생산했는데(그림 2-3 참조) 이는 소국이 대국의 수입수요를 완전히 충족시킬 수 없기 때문이다. 그러나 비용이 증가하는 경우에는 소국에서도 불완전특화가 일어날 수 있다.

그림 3-4를 이용하여 비용이 증가할 때 소국의 경우를 설명할 수 있다. 이제 1국은 소국으로 무역이 개시되기 전 (전과 같이) 점 A에서 균형을 이루고 있고, 2국은 대국, 혹은 세계의 여타 국가이다(이 경우 그림 3-4에서 2국을 완전히 무시해야 함).

세계시장에서 상품 X의 균형상대가격을 1($P_W = 1$)이라 하고 이 가격은 소국인 1국과 무역을 하더라도 영향을 받지 않는다고 가정해 보자. 무역을 하지 않았을 때 1국에서 상품 X의 상대가격($P_A = 1/4$)은 세계시장가격보다 낮으므로 1국은 상품 X에 비교우위를 가지고 있다. 무역이 개시됨에 따라 1국은 상품 X의 생산에 특화하여 $P_B = 1 = P_W$인 생산가능곡선상의 점 B에 도달한다. 여기서 1국이 비록 소국이라 할지라도 1국은 상품 X의 생산에 완전특화하지 않는다(불변비용의 경우라면 상품 X의 생산에 완전

특화할 것이다).

1국은 60X를 60Y와 교환함으로써 무차별곡선 *III*상의 점 *E*에 도달하고 20X와 20Y의 이익(무차별곡선 *I*상의 자급자족의 점 *E*와 비교하여)을 얻는다. 1국이 소국이 아니더라도 이러한 결과가 된다는 점을 주목하자. 유일한 차이점은 이 경우에 1국은 2국(또는 여타의 세계국가)의 상대가격에 영향을 미치지 못하므로 (20X와 20Y에 해당하는) 무역으로부터의 이익이 모두 1국에 귀속된다는 점이다.

3.5E 교환 및 특화로부터의 이익

한 국가의 무역으로부터의 이익은 교환으로부터의 이익과 특화로부터의 이익 두 가지로 나누어 볼 수 있다. 그림 3-5는 소국인 1국에 대해서 무역으로 인한 이익을 분해하고 있다(단순화를 위해 자급자족 시의 가격선 $P_A = 1/4$과 무차별곡선은 생략하였음).

무역이 개시됨에 따라 1국은 상품 X의 생산에 어떤 이유로 특화할 수 없고 MRT$= 1/4$인 점 *A*에서 계속 생산해야 한다고 가정하자. 점 *A*에서 1국은 세계시장에서의 상대가격인 $P_W = 1$로 20X와 20Y를 교환하여 무차별곡선 *II*상의 점 *T*에서 소비하게 될 것이다. 1국은 점 *A*와 비교할 때 점 *T*에서는 상품 X를 보다 적게 소비하고 상품 Y를 보다 많이 소비하지만 점 *T*는 보다 상위의 무차별곡선 *II*상에 있으므로 1국의 만족은 자급자족 시보다 증가한다. 소비점이 점 *A*에서 점 *T*로 이동하는 것은 **교환으로부터의 이익**(gains from exchange)을 나타낸다.

그 후 1국이 X의 생산에 특화하여 점 *B*에서 생산한다면 1국은 기타 국가와 60X를 60Y로 교환하여 무차별곡선 *III*상의 점 *E*에서 소비하게 된다. 소비점이 점 *T*에서 점 *E*로 이동하는 것은 생산에서의 **특화로부터의 이익**(gains from specialization)을 나타낸다.

요약하면 (무차별곡선 *I*상의) 점 *A*에서 (무차별곡선 *II*상의) 점 *T*로 이동하는 것은 교환만으로도 가

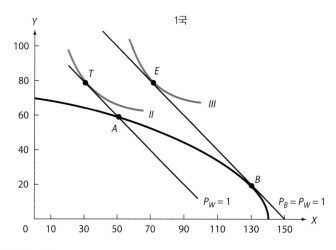

그림 3-5 교환 및 특화로부터의 이익

1국이 무역을 개시하더라도 상품 X의 생산에 특화하지 않고 점 *A*에서 생산하는 경우 1국은 세계 가격하($P_W = 1$)에서 20X를 수출하고 그 대가로 20Y를 얻게 된다. 그리고 무차별곡선 *II*상의 점 *T*에서 소비하게 된다. 점 *A*에서 점 *T*까지 소비의 증가는 교환으로부터의 이익만을 의미한다. 그리고 나서 1국이 상품 X의 생산에 특화하여 점 *B*에서 생산하게 되면, 무차별곡선 *III*상의 점 *E*에서 소비하게 된다. 점 *T*에서 점 *E*로의 소비의 증가는 생산에서 특화로부터의 이익을 의미한다.

능하다. 1국의 생산이 점 A(자급자족점)에 계속 머물더라도 점 A에서 점 T로 이동할 수 있다. 점 T에서 (무차별곡선 *III*상의) 점 E로 이동하는 것은 생산에서의 특화로부터의 이익을 나타낸다.

1국이 무역을 하는 경우 점 A에서는 MRT<P_W이므로 생산에서 균형상태에 있지 않다는 것을 주목할 필요가 있다. 생산에서 균형점이 되기 위해서는 상품 X의 생산이 증가하여 $P_B=P_W=1$인 점 B에 도달해야 한다. 2국에서의 무역이익도 마찬가지로 교환으로부터의 이익과 특화로부터의 이익으로 분해될 수 있다.

사례연구 3-3은 현실세계에서 작동하는 비교우위의 예로서 미국 노동의 재배치를 살펴본다. 그리고 사례연구 3-4는 미국, 유럽연합, 일본과 같은 선진국들에서의 탈공업화(deindustrialization)가 외국무역보다는 노동생산성의 증가나 내부적인 요인들에 기인하고 있음을 보여 준다.

사례연구 3-3 수입비중이 높은 미국의 수입경쟁산업에서 일자리 상실

표 3-3은 1979~1999년까지 수입비중이 높은 다양한 미국의 수입경쟁산업에서 일자리를 상실한 노동자의 수를 보여 준다. 수입비중이 높은 수입경쟁산업은 수입비율이 25% 이상인 산업들로 정의된다. 이 표로부터 1979~1999년 기간 동안 이러한 산업에서 650만 명의 노동자들이 일자리를 상실했으며, 그중 전기기계 및 의류가 각각 1,181,000명과 1,136,000명으로 수위를 차지하고 있다. 보다 최근에 오서와 핸슨(Author and Hanson)은 1991년부터 2011년 기간에 미국의 제조업에서 상실된 일자리 520만 개 중에서 60만 개에서 125만 개의 일자리 상실이 (특히 21세기 초 이후 중국으로부터의 수입 때문에) 수입 경쟁에 의한 것으로 추정하고 있다. 그러나 사례연구 3-4에서 살펴보는 바와 같이 미국 내 대부분의 일자리 상실은 수입 경쟁으로 인한 것이 아니라 생산성 증가와 같은 내적인 요인에 의한 것이다.

표 3-3 수입비중이 높은 미국의 수입경쟁산업에서의 일자리 상실

산업	상실된 일자리(천 명)	산업	상실된 일자리(천 명)
전기기계	1,181	직물	159
의류	1,136	장난감 및 스포츠제품	156
자동차	918	철강 외 1차 금속	133
전기컴퓨터장비	513	사진장비	68
라디오와 텔레비전	395	가죽제품	57
철강	361	사무 및 회계용 기계	41
건설기계	351	도자기 및 관련제품	24
타이어 및 다른 고무제품	193	시계	9
신발류	184	가죽완제품	5
과학장비	164	기타 산업	406
		총계	6,454

출처 : L.G. Kletzer, *Job Loss from Imports: Measuring the Costs*(Washington, D.C.: Institute for International Economics, 2001), pp. 18~19; "The Factory Floor Has a Ceiling on Job Creation," *The Wall Street Journal*, January 12, 2012, p A6; L.Edwards and R.Z.Lawrence, *Rising Tide in Emergin Economies Food for the United States?* (Washington D.C.: Peterson Institute for International Economics, 2013); and D. Author and G.Hanson, "Labor Market Adjustment to International Trade," *NBER Reporter*, Number 2, 2014, pp11-14; "IBM Makes a Big Bet on India," *The New York Times* (Business), October 1, 2017, p. 1; and "Outsourcing Grabs More of Workforce," *The Wall Street Journal*, December 29, 2017, p. B3.

사례연구 3-4   미국, 유럽연합, 일본에서의 국제무역과 탈공업화

1970년 이후로 대부분 선진국은 제조업에서 고용비율의 하락으로 나타나는 탈공업화 문제에 관심을 기울였다. 그러나 이 현상은 모든 선진국에서 발생했으며 때때로 주장된 것처럼 외국무역이 주된 원인은 아니었다. 표 3-4에서는 1970년부터 1994년까지 산업국가 전체와 미국, 유럽연합, 일본에서 탈공업화를 설명하는 요인들 간의 상대적 중요성을 보여 준다.

표 3-4에 따르면 제조업 분야에서의 고용의 평균비중은 산업국가 전체와 미국, 유럽연합의 경우 대략 10% 정도 하락하였고, 일본의 경우에는 4% 정도 하락하였다. 그러나 이러한 하락의 대부분이 할 수 있는 노동생산성 증가에 기인하며 투자율의 감소나 기타 국내적 요인의 영향은 미미했음을 이 표는 보여 준다. 실제로 국제무역의 결과 (제조업 부문 고용이 9.6% 감소한) 미국을 제외하고는 산업 고용이 증가했다(음의 부호는 탈공업화의 반대를 의미한다).

표 3-5로부터 1991년부터 2010년까지, 특히 2000년부터 2010년 기간에 대부분 선진국 국가들은 제조업 부문에서 일자리를 많이 잃어버렸음을 알 수 있다. 그러나 2010년 이후에 선진국 국가들 대부분에서의 일자리 상실은 (미국에서는 약간 증가했으며) 많이 줄어들었다. 그 이유는 (특히 중국과 같은) 역동적인 신흥공업국에서 임금이 상승했고, [3D 프린팅, 나노기술, 로봇, 인공지능(AI), 생의학과 같은] 기술진보로 인하여 (특히 미국과 같은) 선진국에서 제조업 일자리를 어느 정도 회복(인소싱 또는 리쇼어링)했기 때문이다.

2000년부터 2010년의 10년 동안 미국에서 막대한 양의 제조업 일자리가 사라진 이유로는 이 기간에 미국의 중국으로부터의 수입이 급증한 때문이라고 여겨져 비난받았지만, 2011년 이후에는 미국의 중국으로부터의 수입이 계속 증가했음에도 불구하고 일자리 상실은 더 이상 발생하지 않았다. 탈공업화 관련 내용은 제5장, 8장, 9장에서 더 논의된다.

표 3-4   탈공업화의 요인

	산업국가	미국	유럽연합	일본
제조업의 점유율				
고용(%)				
1970	27.6	26.4	30.4	27.0
1994	18.0	16.0	20.2	23.2
변화율	−9.6	−10.4	−10.2	−3.8
다음의 요인들로 인한 변화(%)				
생산성 증가	65.6	65.4	59.8	157.9
투자	18.8	3.8	20.6	71.1
무역	(−)2.1	9.6	(−)2.9	(−)30.0
기타	17.7	21.2	22.5	(−)51.7
총계	100.0	100.0	100.0	100.0

출처 : International Monetary Fund, *Staff Studies for the World Economic Outlook*, Washington, D.C. : IMF December 1997, p. 68.

표 3-5	선진국에서의 제조업 고용의 평균 변화율(1991~2016)		
국가	1991~2000	2001~2010	2011~2016
미국	2.1	−23.6	0.6
일본	−14.7	−18.2	−5.4
독일	−23.6	−10.2	−4.8
프랑스	−10.7	−20.9	−15.0
영국	−31.1	−27.5	−4.2
이탈리아	3.5	−12.4	−3.6
캐나다	18.6	−21.7	−15.0
네덜란드	−1.3	−23.9	−18.0

출처 : U.S.Bureau of Labor Statistics Databank, 1991-2018; "Pain from Free Trade Spurs Second Thoughts," *The Wall Street Journal*, March 28,2008, p.A1; "Is U.S. Manufacturing Falling off the Radar Screen," *The New York Times*, September 10, 2010,p.1; "Outsourcing and Offshoring," *The Economist, Special Report,* January 19, 2013, pp. 1-29; R.Z.Lawrence and L.Edwards,"U.S. Employment and Deindustrialization: Insights from History and International Experience," *Policy Brief No.* PB13-27 (Washington D.C.: IIIE, October 2013); D.Author and G.Hanson, op.cit.; McKinsey, *Automation, Jobs and the Future of Work*(New York, December 2014); and "Jobs and the Clever Robot," *The Wall Street Journal*, February 25, 2015, p.A1; "Is China Stealing U.S. Jobs?" Time, April 11, 2016, pp. 34-35; R. Z. Lawrence, "Recent Manufacturing Employment Growth," NBER Working Paper 24151, December 2017; D. Acemoglu and P. Restrepo, "Race between Man and Machine: Implications of Technology Growth, Factor Shares, and Employment," American Economic Review, June 2018, pp. 1488-1542; and D. Salvatore, ed., Special Issue of the Journal of Policy Modeling, Part A, "Technology, Productivity, Growth, and Jobs," May/June 2019 (with papers by Robert Gordon, Dale Jorgenson, and Robert Shiller).

3.6 기호의 차이로 인한 무역

그림 3-3과 그림 3-4에서 무역이 없는 경우 1국과 2국 간에 상대가격의 차이가 발생하는 이유는 양국에서 생산가능곡선과 무차별곡선이 상이하기 때문이었다. 이에 따라 양국의 비교우위가 결정되고, 생산에서의 특화와 상호이익이 되는 무역이 발생할 수 있었다.

비용이 증가하는 경우에는(이렇게 될 가능성은 거의 없지만) 양국의 생산가능곡선이 동일하다고 하더라도 양국에서의 기호나 선호가 상이하다면 상호이익이 되는 무역은 계속 발생할 수 있다. 무역을 하지 않을 때 한 상품에 대한 수요나 선호가 낮은 국가에서는 이 상품에 대한 상대가격이 낮을 것이므로 이 국가는 이 상품에 대해 비교우위를 갖게 되므로 앞에서 설명한 바와 같이 생산에서의 특화와 무역이 진행된다.

3.6A 기호의 차이로 인한 무역의 예시

그림 3-6은 전적으로 기호의 차이에 의한 무역을 보여 준다. 양국의 생산가능곡선은 동일한 것으로 가정하였으므로 하나의 곡선으로 표시하였다. 1국의 경우 무차별곡선 I이 점 A에서 생산가능곡선과 접하고 2국의 경우는 무차별곡선 I'이 점 A'에서 생산가능곡선과 접하고 있으므로 1국에서 무역을 하기 전의 상품 X의 상대가격은 더 낮다. 따라서 1국은 상품 X에 비교우위를, 2국은 상품 Y에 비교우위를 가지고 있다.

무역이 개시됨에 따라 2국은 상품 Y의 생산에 특화를 하는 반면(따라서 생산가능곡선을 따라 위로

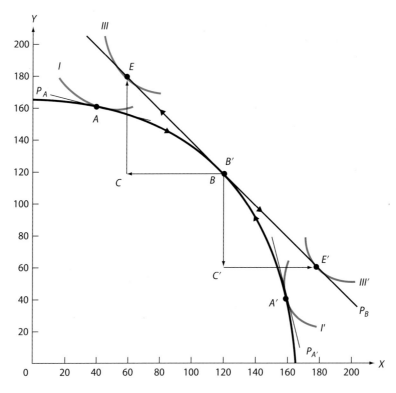

　기호의 차이로 인한 무역

1국과 2국은 동일한 생산가능곡선을 갖지만(하나의 곡선으로 표시됨) 기호가 다르다(다른 무차별곡선). 무역을 하지 않을 때 1국은 점 *A*에서 소비하며, 2국은 점 *A*′에서 생산하고 소비한다. $P_A < P_{A'}$이므로 1국은 상품 X에, 2국은 상품 Y에 비교우위를 갖는다. 무역을 하는 경우 1국은 상품 X의 생산에 특화하고 점 *B*에서 생산하며, 2국은 상품 Y의 생산에 특화하고 점 *B*′(점 *B*와 동일)에서 생산한다. 1국은 점 *E*에서 소비하고(20X와 20Y의 이익을 얻는다) 2국은 점 *E*′에서 소비한다(또한 20X와 20Y를 얻는다).

이동한다) 1국은 상품 X에 특화한다(따라서 생산가능곡선을 따라 아래로 이동한다). 이러한 특화는 양국에서 P_X/P_Y가 일치하여 무역이 균형될 때까지 계속된다. 이 점이 바로($P_B = P_{B'} = 1$)인 점 *B*(이 점은 점 *B*′과 일치한다)이다. 이때 1국은 60X를 2국의 60Y와 교환하여(무역삼각형 *BCE* 참조) 무차별곡선 *III*상의 점 *E*에서 소비하게 된다. 따라서 1국은 점 *A*와 비교하여 20X와 20Y의 이익을 얻는다. 마찬가지로 2국은 1국과 60X를 60Y와 교환하여 (무역 삼각형 *B*′*C*′*E*′ 참조) 무차별 곡선 *III*′ 위에 있는 점 *E*′에서 소비한다. (따라서 *A*′과 비교할 때 20X와 20Y의 이익을 얻는다.) 전적으로 기호의 차이에 의해 무역이 이루어질 때는 양국이 자급자족으로부터 멀어짐에 따라 생산형태는 더욱더 유사해진다는 점에 유의하자.

　따라서 양국에서 기호만 상이한 경우에도 상호이익이 되는 무역이 발생할 수 있다. 제5장에서는 무역이 요소부존도와 생산가능곡선의 차이로 인해 발생하게 되는 정반대의 경우를 살펴본다(이를 헥셔-오린 모형이라고 한다). 양국에서 생산가능곡선과 무차별곡선이 동일한 경우에만(또는 생산가능곡선의 차이가 무차별곡선의 차이에 의해 상쇄되는 경우에만), 무역 이전의 상품의 상대가격은 양국에서 일치하게 되고, 상호이익이 되는 무역이 발생할 수 없다.

요약

1. 이 장에서는 단순모형을 기회비용이 증가하는 보다 현실적인 경우로 확장한다. 또한 수요와 관련이 있는 기호는 사회무차별곡선에 반영된다. 그리고 나서 이러한 수요와 공급의 힘이 상호작용하여 각 국가의 비교우위를 결정하고, 생산에서 특화 및 상호이익이 되는 무역이 발생하는지를 보여 준다.

2. 기회비용 증가란 한 국가가 어느 상품을 추가적으로 생산하기 위해 포기해야 하는 다른 상품의 양이 증가하는 것을 의미한다. 이것은 원점에 대해 오목한 생산가능곡선으로 반영되며, 생산가능곡선의 기울기는 한계변환율(MRT)을 보여 준다. 기회비용은 자원이 동질적이지 않고, 모든 상품의 생산에 자원이 같은 비율로 사용되지 않기 때문에 증가한다. 생산가능곡선은 각 국가의 요소부존과 기술조건이 다르기 때문에 다른 모양을 갖는다.

3. 사회무차별곡선이란 한 사회나 국가에 동일한 만족을 주는 두 상품의 여러 가지 조합을 보여 준다. 원점에서 멀수록 더 높은 만족수준을 나타낸다. 사회무차별곡선은 음의 기울기를 가지며 원점에 대해서 볼록하며, 교차하지 않아야 유용하게 사용할 수 있다. 무차별곡선의 기울기는 소비에서의 한계대체율(MRS) 또는 한 국가가 상품 X 한 단위를 추가적으로 소비할 때 동일한 만족수준에 있기 위해서 포기해야 하는 상품 Y의 양을 제공한다. 무역은 한 국가 내의 소득분배에 영향을 주므로 무차별곡선이 교차할 수 있다. 이러한 난점은 보상원리에 의해 극복될 수 있는데 보상원리란 한 국가가 무역을 통해 손해를 본 사람을 충분히 보상해 주고도 남는 이익이 있는 경우에 무역은 이익을 가져온다는 것이다. 또는 몇 가지 제약적인 가정들을 도입함으로써 이러한 난점을 피할 수 있다.

4. 무역을 하지 않을 때 한 국가는 생산가능곡선상에서 가능한 가장 높은 수준의 무차별곡선에 도달할 때 균형이 성립한다. 이것은 그 나라의 사회무차별곡선이 생산가능곡선과 접할 때에 발생하며, 이러한 접점에서 공통접선의 기울기는 대내적인 균형상대가격과 같으며 그 국가의 비교우위를 반영한다.

5. 무역을 하는 경우 각 국가는 자신이 비교우위를 갖는 상품의 생산에 특화하며 보통 기회비용은 증가한다. 생산에서의 특화는 두 국가의 상품의 상대가격이 무역이 균형되는 수준에서 동일하게 될 때까지 이루어진다. 그렇다면 무역을 함으로써 무역이 없는 경우에 비해 보다 높은 무차별곡선상에서 소비하게 된다. 기회비용이 증가하는 경우 소국의 경우에도 생산의 특화는 불완전하다. 무역으로부터의 이익은 교환으로부터의 이익과 생산특화로부터의 이익으로 구분할 수 있다.

6. 기회비용이 증가하는 경우 두 국가의 생산가능곡선이 동일하더라도 기호나 수요 또는 선호가 두 국가 간에 상이하면 상호이익이 되는 무역이 발생할 수 있다. 한 상품에 대해 상대적으로 작은 수요나 기호를 갖는 국가는 폐쇄경제하의 상대가격이 더 낮기 때문에 그 상품에 비교우위를 갖게 되며 이로 인해 생산에서의 특화와 상호이익이 되는 무역이 발생한다.

주요용어

규모에 대한 수익불변(constant returns to scale)

교환으로부터의 이익(gains from exchange)

균형(equilibrium)

기회비용 증가(increasing opportunity cost)

노동의 자본에 대한 기술적 한계대체율(marginal rate of technical substitution (MRTS) of labor for capital in production)

등량선(isoquant)

등비용선(isocost)

무역을 하는 경우 상품의 균형상대가격(equilibrium-relative commodity price with trade)

불완전특화(incomplete specialization)

사회무차별곡선(community indifference curve)

생산계약곡선(production contract curve)

생산자(producer)

생산함수(production function)

에지워스 상자도(edgeworth box diagram)

콥-더글러스 생산함수(Cobb-Douglas production function)

탈공업화(deindustrialization)

특화로부터의 이익(gains from specialization)

팽창경로(expansion path)

폐쇄경제(autarky, 자급자족)

폐쇄경제하의 상품의 균형상대가격(equilibrium-relative commodity price in isolation)

한계대체율(Marginal Rate of Substitution, MRS)

한계변환율(Margubak Rate of Transformation, MRT)

1차 동차(homogeneous of degree 1)

복습문제

1. 이 장의 내용은 제2장의 내용보다 어떤 점에서 보다 현실적인가?

2. 이 장에서는 한 국가의 기호 또는 선호를 어떻게 도입하였는가? 이들이 필요한 이유는 무엇인가?

3. 생산가능곡선이 원점에 대해 오목하면 두 가지 상품 모두 기회비용이 증가하는 이유는 무엇인가? 생산가능곡선의 기울기는 무엇을 측정하는가? 한 국가가 수평축에 표시된 상품을 더 생산하면 이 기울기는 어떻게 변화하는가?

4. 기회비용이 증가하는 이유는 무엇인가? 왜 국가의 생산가능곡선은 서로 다른가?

5. 사회무차별곡선은 무엇을 측정하는가? 그 특징은 무엇인가? 무차별곡선의 기울기는 무엇을 측정하는가? 한 국가가 수평축에 표시된 상품을 더 많이 소비할수록 무차별곡선의 기울기가 작아지는 이유는 무엇인가?

6. 무역이론에서 무차별곡선을 이용할 때의 문제점은 무엇인가? 이러한 문제점은 어떻게 극복할 수 있는가?

7. 폐쇄경제하의 상품의 균형상대가격이란 무엇인가? 각 국에서 이 가격은 어떻게 결정되는가? 이를 통해 한 국가의 비교우위를 어떻게 알 수 있는가?

8. 왜 무역을 할 때 상품의 상대가격이 두 국가에서 같아질 때까지만 각국의 특화가 진행되는가? 무역을 하게 되면 상품의 균형상대가격은 어떻게 결정되는가?

9. 왜 기회비용이 증가하면 (소규모 국가의 경우에도) 생산의 불완전특화가 발생하는가? 기회비용이 증가할 때의 결과와 기회비용이 일정할 때의 결과는 어떤 차이가 있는가?

10. 무역으로부터의 이익이란? 특화로부터의 이익이란?

11. 두 국가 간 기호의 차이만으로도 생산의 특화와 상호이익이 되는 무역이 발생할 수 있는가? 보다 일반적인 경우와의 차이점은 무엇인가?

12. 두 국가 간 요소부존량의 차이나 기술의 차이만으로도 생산의 특화와 상호이익이 되는 무역이 발생할 수 있는가?

연습문제

1. X-Y축상의 원점에 대해 오목한 생산가능곡선을 매우 크게 그려라.

   (a) 생산가능곡선의 중점 근처에서 시작하여 화살표를 이용하여 다음 각 경우에 기회비용이 증가함을 보여라. 수평축으로 측정되는 상품인 X의 생산을 증가시키는 경우와 Y의 생산을 증가시키는 경우

(b) X의 생산을 증가시킬 때 생산가능곡선의 기울기는 어떻게 변화하는가? Y의 생산을 증가시킬 때는? 이러한 기울기의 변화가 반영해 주고 있는 사실은 무엇인가?

2. X-Y축상에 맨 위의 두 곡선이 서로 교차하도록 3개의 사회무차별곡선을 그리라.

  (a) 사회무차별곡선은 왜 우하향하는가(또는 음의 기울기를 갖는가)?

  (b) 무차별곡선의 기울기는 무엇을 측정하는가? 각각의 무차별곡선에서 아래로 이동함에 따라 기울기가 작아지는 이유는?

  (c) 교차하는 2개의 무차별곡선 중 교차점의 오른쪽에서는 어느 것이 더 큰 만족도를 나타내는가? 왼쪽에서는? 이것이 무차별곡선의 정의와 부합되지 않는 이유는? 이로부터 어떤 결론을 얻을 수 있는가?

3. X-Y축상에 오목한 생산가능곡선의 완만한 부분과 접하는 사회무차별곡선을 그리고, 오목한 생산가능곡선의 경사진 부분과 접하는 또 다른 사회무차별곡선을 그리라.

  (a) 각국에서 무역이 개시되기 전 상품의 균형상대가격을 나타내는 직선을 그리라.

  (b) 각국이 비교우위를 가지고 있는 상품은 무엇인가?

  (c) 어떠한 조건하에서(흔하지 않지만) 양국 사이의 비교우위나 비교열위가 존재하지 않는가?

4. 연습문제 3번의 도표 위에 각국이 무역을 개시할 때 다음에 답하라.

  (a) 생산에서의 특화의 방향(생산가능곡선상의 화살표로) 및 균형생산점, 균형소비점을 나타내라.

  (b) 폐쇄경제와 비교할 때 각국이 소비에서 얻는 이익의 크기는 어떻게 되나? 두 나라 중 이익을 더 많이 얻는 나라는? 또한 이유는?

5. X-Y축상에 P_X/P_Y가 1/4인 경우 상품 X의 공급량 QS_X =0, P_X/P_Y가 1/2인 경우 상품 X의 공급량 $QS_X=40$, P_X/P_Y가 1인 경우 상품 X의 공급량 $QS_X=60$, P_X/P_Y가 1.5인 경우 상품 X의 공급량 $QS_X=70$인 1국의 상품 X에 대한 수출공급곡선을 그리라. 같은 공간에 P_X/P_Y가

1.5인 경우 상품 X의 수요량 $QD_X=40$, P_X/P_Y가 1인 경우 상품 X의 수요량 $QD_X=60$, P_X/P_Y가 1/2인 경우 상품 X의 수요량 $QD_X=120$, 1국의 상품 X 수출에 대한 2국의 수요곡선을 그리라.

  (a) 무역을 하는 경우 상품 X의 수출에 대한 균형상대가격을 구하라.

  (b) P_X/P_Y가 1.5인 경우 무슨 일이 일어나는가?

  (c) P_X/P_Y가 1/2인 경우 무슨 일이 일어나는가?

6. 연습문제 5번의 그림과 얻은 결과는 본문의 그림 3-4와 어떤 관계가 있는가? 설명하라.

7. 오목한 생산가능곡선의 아주 완만한 부분과 접하는 사회무차별곡선을 그린 후 무역을 하지 않을 때 상품의 균형상대가격을 보이고, 그것을 P_A라고 하자. 이 나라는 P_W로 주어진 세계시장의 상대가격에 영향을 미칠 수 없는 소국에 해당한다고 하자. 생산에서 특화의 과정, 교역량 및 무역으로부터의 이익을 도표를 이용하여 나타내라.

8. (a) 연습문제 7번의 소국은 왜 비교우위상품의 생산에 완전특화할 수 없는가?

  (b) 이 경우 불변비용의 경우와 어떻게 다른가?

9. X-Y축상에 오목한 생산가능곡선을 동일하게 그린 후 이 곡선에 접하는 사회무차별곡선을 상이하게 그리라.

  (a) 자급자족 상황에서 각국에서의 상품의 균형상대가격을 표시하라.

  (b) 생산에서 특화의 과정과 상호이익이 되는 무역을 나타내라.

10. 연습문제 9번에서 두 무차별곡선이 동일하다면 결과는 어떻게 되겠는가? 이 상황을 도표로 그리라.

11. 생산가능곡선은 동일하고 무차별곡선은 상이하지만, 기회비용이 일정한 경우라면 결과는 어떻게 되겠는가? 이러한 상황을 도표로 그리라.

12. 2국이 소국인 경우 그림 3-4의 오른쪽 도표에 2국에서 교환으로부터의 이익을 특화로부터의 이익과 분리시켜 주는 그림을 그리라.

13. 1990년대 초반 NAFTA(미국, 멕시코, 캐나다 간의 자유무역협정) 협상 동안 반대자들은 멕시코의 임금이

매우 낮기 때문에 미국은 멕시코에 많은 일자리를 내
줄 것이라고 주장했다. 이러한 주장의 논리 전개는 무

엇이 잘못되었는가?

부록

이 부록에서는 이후에서 소개되는 내용들을 이해하는 데 필수불가결한 생산이론의 여러 면들을 검토
한다. 먼저 생산함수, 등량선, 등비용선과 균형을 복습한 후 2국, 2상품, 2요소에 대해서 이러한 개념
들을 적용한다. 그 후 에지워스 상자도를 유도하고, 각국의 생산가능곡선을 유도한다. 마지막으로 에
지워스 상자도를 사용하여 각 국가가 무역을 하는 경우 생산을 특화함에 따라 자원사용비율의 변화
를 보여 준다.

A3.1 생산함수, 등량선, 등비용선과 균형

생산함수(production function)란 한 기업이 다양한 양의 생산요소를 투입하여 생산할 수 있는 상품의
최대량을 나타낸다. 이 순수한 기술적인 관계는 엔지니어들에 의해 결정되며 등량선으로 표현된다.

등량선(isoquant)이란 한 기업이 특정한 산출량 수준을 생산하기 위하여 사용할 수 있는 두 생산요
소, 예컨대 자본(K)과 노동(L)의 다양한 조합을 표시하고 있다. 원점에서 먼 등량선은 보다 많은 산출
량을 의미하며 원점에서 가까운 등량선은 보다 적은 산출량은 의미한다. 등량선은 무차별곡선과 동
일한 일반적인 특징을 갖는다. 등량선은 우하향하고, 원점에 대해 볼록하며, 서로 교차하지 않는다
(그러나 무차별곡선은 효용을 서수적으로만 측정하는 데 반해 등량선은 산출량의 기수적 척도를 제
공한다).

한 기업이 K를 보다 적게 이용하고도 동일한 등량선상에 있기 위해서는 L을 더 이용하여야 하므로
등량선은 우하향한다. 등량선의 기울기(절대치)를 생산에 있어 노동의 자본에 대한 기술적 한계대체율
[marginal rate of technical substitution (MRTS) of labor for capital in production]이라고 하며, 이는 L
을 한 단위 더 사용하고도 동일한 등량선상에 있기 위하여 포기해야 하는 K의 양을 나타낸다. 한 기업
이 등량선상에서 아래로 움직이면서 L을 더 많이 이용하고 K를 더 적게 이용함에 따라 K를 L로 대체
하는 것이 점점 더 어려워진다. 즉, K에 대한 L의 기술적 한계대체율(또는 등량선의 기울기)이 체감한
다. 그러므로 등량선은 원점에 대해 볼록하게 된다. 마지막으로 2개의 등량선이 서로 교차한다는 것
은 두 등량선상에서 산출수준이 동일한 것을 의미하게 되므로 이는 등량선의 정의와 부합되지 않기
때문에 등량선은 서로 교차하지 않는다.

그림 3-7에서 1X로 표시된 곡선은 임의로 정의한 상품 X 한 단위에 대한 등량선을 의미하며, 2X
곡선은 상품 X 두 단위에 대한 등량선을 뜻한다. 등량선은 우하향하며, 원점에 대해 볼록하고, 서로
교차하지 않는다는 점에 주의하자.

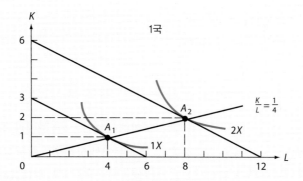

그림 3-7 **등량선, 등비용선과 균형**

등량선 1X와 2X는 기업이 상품 X 한 단위와 두 단위를 각각 생산할 수 있는 노동과 자본의 여러 가지 조합을 나타낸다. 등량선은 기울기가 음이며 볼록하고 서로 교차하지 않는다. 등비용선은 한 기업이 주어진 총지출(TO)로 살 수 있는 노동과 자본의 여러 가지 양을 나타낸다. $3K$와 $6L$, $6K$와 $12L$을 연결하는 선은 등비용선이다. 등비용선의 기울기는 노동의 상대가격 P_L/P_K을 측정한다. 균형점은 그 기업이 주어진 지출(TO)로 가능한 한 가장 높은 등량선에 도달하는 점인 A_1과 점 A_2이다. 점 A_2는 점 A_1에 비해 노동과 자본을 2배 투입하고 생산량도 2배이다. 점 A_1과 점 A_2를 연결하는 원점을 통과하는 직선은 팽창경로로서 일정한 자본-노동비율 K/L=1/4을 이용하여 1X와 2X를 생산할 수 있음을 보여 준다.

등비용선(isocost)이란 생산요소의 가격이 주어져 있을 때 한 기업이 일정한 비용 혹은 총지출(TO)로서 구입할 수 있는 K와 L의 여러 가지 조합을 나타내 주는 선이다. 예를 들어 그림 3-7에서 한 기업의 총지출이 TO=30달러이고, 자본 한 단위의 가격은 P_K=10달러이며, 임금률은 P_L=5달러라 하자. 이러한 조건에서 이 기업은 $3K$(수직 절편)나 $6L$(수평 절편) 또는 직선(등비용선)상에 나타난 K와 L의 어떤 조합이든지 고용할 수 있다. 등비용선의(절댓값으로서) 기울기 3/6=1/2은 L(수평축을 따라서 측정되는 요소)의 상대가격을 나타낸다. 즉 P_L/P_K=5달러/10달러=1/2이다. 요소가격이 변화하지 않은 상태에서 총지출이 TO=60달러로 증가하면 등비용선은 처음 등비용선과는 평행하지만 원점에서 2배 멀리 떨어진 곳에 위치한다(그림 3-7 참조).

생산자(producer)는 일정한 비용으로 산출량을 극대화할 때(즉, 주어진 등비용선에서 가능한 한 가장 높은 등량선에 도달할 때) 균형(equilibrium)을 이룬다. 이것은 등량선이 등비용선과 접할 때(즉, MRTS=P_L/P_K) 발생한다. 그림 3-7에서 등비용선이 낮은 경우 생산자는 점 A_1에서 균형을 이루어 1X를 생산하고, 등비용선이 높은 경우에는 점 A_2에서 균형을 이룬다. 등량선 2X는 등량선 1X보다 산출량은 2배이며, 원점에서 2배 멀리 떨어져 있고, 이를 생산하기 위한 지출 및 K와 L도 2배 필요하게 된다는 점을 주목하자. 원점에서부터 균형점 A_1과 A_2를 연결하는 직선을 팽창경로(expansion path)라 하는데, 1X를 생산할 때나 2X를 생산할 때 K/L=1/4로서 일정하다.

팽창경로가 직선이고, 투입량이 일정비율로 증가하는 경우 산출량도 같은 비율로 증가하는 특징을 갖는 생산함수를 1차 동차(homogeneous of degree one) 또는 규모에 대한 수익불변(constant returns to scale)인 생산함수라 하고, 그 대표적인 예는 콥-더글러스 생산함수(Cobb-Douglas production function)이다. 이 생산함수는 유용한 특징을 가지고 있기 때문에 국제경제학에서는 이 생산함수를 많이 이용한다. 이 생산함수의 경우(요소가격이 변화하지 않는 한) K/L 비율은 일정하므로 산출량의 수준에 관계없이 K와 L의 생산성 역시 일정하게 된다. 게다가 이러한 유형의 생산함수의 경우 특정상품에 대한 여러 종류의 생산량을 표시하는 등량선의 모양이 정확하게 비슷하거나 동일하다(그림 3-7 참조). 그 결과 자본 단위로 표시한 노동의 대체탄력성(노동의 가격 또는 임금이 하락함에 따라 생산에서 노동이 자본 대신 사용되는 정도를 측정한다)이 1과 같다(부록 A5.6절에서 자세히 검토된다).

A3.2 2국-2상품-2생산요소가 존재할 때의 생산이론

그림 3-8은 2국-2상품-2생산요소를 다룰 수 있도록 그림 3-7을 확장한 것이다. 그림 3-8은 1국과 2국의 상품 X와 상품 Y의 등량선을 보여 준다. 양국 모두에서 상품 Y는 상품 X에 비해 더 높은 K/L의 비율로 생산되고 있음에 주목하자. 따라서 Y는 자본집약적인 상품이고, 상품 X는 노동집약적인 상품이라고 할 수 있다. 또한 상품 X와 상품 Y의 생산에 있어서 1국의 K/L 비율이 2국보다 낮다는 점에 주목하자. 그 이유는 1국에서 노동의 상대가격(즉, P_L/P_K 또는 등비용선의 기울기)이 2국보다 더 낮기 때문이다.

이유가 무엇이든 양국에서 노동의 상대가격(즉, P_L/P_K)이 상승한다면, 양국의 생산자들은 비용을 극소화하기 위하여 두 가지 상품의 생산에서 L을 K로 대체할 것이다. 따라서 양국에서 두 가지 상품의 생산에서 K/L 비율은 상승할 것이다.

상품 X와 상품 Y가 1국보다는 2국에서 더 자본집약적이라고 하더라도, 양국에서 상품 X는 항상 노동집약적인 상품이다. 상품 X와 상품 Y의 등량선이 단 한 번 교차(그림 3-8 참조)한다는 점에 이런 중요한 사실이 반영되어 있으며, 이 점은 요소집약도 역전을 다루는 제5장 부록에서 많이 이용될 것이다.

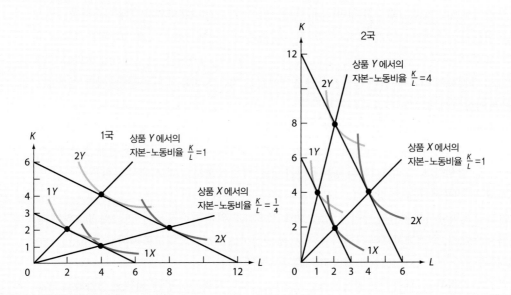

그림 3-8 2국-2상품-2생산요소가 존재할 때의 생산

상품 Y는 두 국가에서 자본집약적인 상품이다. 1국에서 노동의 상대가격이 2국보다 더 낮기 때문에 상품 X와 상품 Y를 생산할 때의 자본-노동비율(K/L)은 2국보다 1국에서 더 작다. 두 국가에서 상품 Y는 자본집약적인 상품이고, 상품 X는 노동집약적인 상품이기 때문에 상품 X와 상품 Y의 등량선은 각 국가에서 단 한 번 교차한다.

A3.3 에지워스 상자도와 생산가능곡선의 유도

이제 그림 3-8에서 살펴본 내용을 바탕으로 에지워스 상자도(Edgeworth box diagram)를 유도하고 그로부터 각국의 생산가능곡선을 도출하고자 한다. 1국의 경우에는 그림 3-9에서, 2국의 경우에는 그림 3-10에서 설명한다.

우선 그림 3-9의 상단 도표를 살펴보자. 상단 도표에서 상자의 모양은 주어진 시점에서 1국이 이용할 수 있는 노동(상자의 길이로 측정됨)과 자본(상자의 높이로 측정됨)의 양을 반영하고 있다.

상자의 왼쪽 하단에 위치한 원점(O_X)은 상품 X에 대한 생산량이 0인 원점을 나타내며, 상품 X 등량선이 O_X로부터 멀리 떨어져 있을수록 상품 X의 생산량이 더 커진다. 반면 오른쪽 상단에 위치한 원점

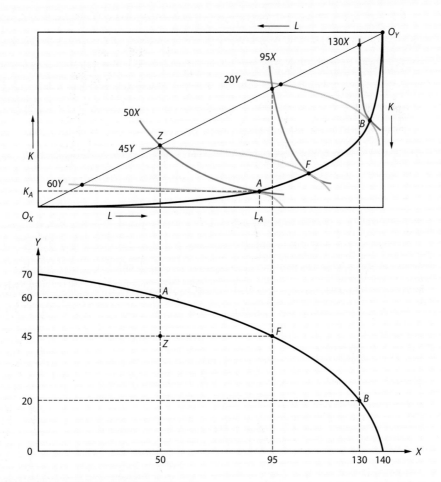

그림 3-9 **1국에서 에지워스 상자도와 생산가능곡선의 유도**

상단에서 상자의 크기는 1국에서 이용 가능한 노동과 자본의 총량을 나타낸다. 좌측 하단 코너는 상품 X에 대한 원점으로서 원점에서 멀리 있는 상품 Y의 등량선은 보다 많은 생산량을 의미한다. 오른쪽 윗부분 코너는 상품 Y에 대한 원점으로서 상품 Y의 산출량이 많을수록 원점에서 먼 상품 Y 등량선으로 주어진다. 상자 안의 임의의 점은 상품 X와 상품 Y를 각각 생산하는 데 얼마만큼의 노동과 자본이 사용되는가를 보여 준다. 상품 X와 상품 Y의 등량선들의 접점을 연결하는 곡선을 **계약곡선**이라 한다. 계약곡선상에 있지 않은 점은 다른 상품의 생산을 감소시키지 않고 한 상품의 생산을 증가시킬 수 있기 때문에 비효율적이다. 계약곡선은 자본과 노동이 완전고용되도록 요소가격이 변하기 때문에 직선이 아니다. 계약곡선을 투입물 공간에서 산출물 공간으로 대응시킴으로써 아랫부분에 있는 1국의 생산가능곡선을 유도할 수 있다.

(O_Y)은 상품 Y의 생산량이 0인 원점이며 상품 Y 등량선이 O_Y로부터 멀리 떨어져 있을수록 상품 Y의 생산량은 더 커진다.

상자 내의 임의의 점은 이용 가능한 총노동량($\overline{L}$)과 이용 가능한 총자본량($\overline{K}$)이 상품 X와 상품 Y의 생산에 얼마만큼 사용되는가를 보여 준다. 예를 들어 점 A에서는 L_A와 K_A가 50X를 생산하기 위하여 이용되고 있고 나머지 양, 즉 $\overline{L} - L_A$와 $\overline{K} - K_A$는 60Y를 생산하기 위하여 이용되고 있다(그림 3-9 참조).

상자 내에서 상품 X의 등량선이 상품 Y의 등량선과 접하는 점들을 연결하면 한 국가의 생산계약곡선(production contract curve)을 구할 수 있다. 따라서 제1국의 계약곡선은 O_X와 점 A, F, B 및 O_Y를 연결한 선으로 표시된다. 계약곡선상에 있지 않은 점에서는 생산이 비효율적이다. 그 이유는 그러한 점들에서는 한 나라가 한 가지 상품의 생산을 감소시키지 않고도 다른 상품의 생산을 증가시킬 수 있기 때문이다.

예를 들어 1국은 도표의 점 Z에서 점 F로 이동함으로써 상품 Y는 동일하게 생산하고 (점 Z와 점 F는 45Y의 등량선상에 있음) 상품 X를 더 많이 생산할 수 있다(즉, 50X 대신 95X를 생산함). 또는 제1국의 점 Z에서 점 A로 이동하여 상품 X는 동일하게 생산하고(점 Z와 점 A는 50X의 등량선상에 있음) 상품 Y를 더 많이(즉, 45Y 대신 60Y) 생산할 수 있다. 또는 1국은 상품 X와 상품 Y를 모두 더 많이 생산하는 계약곡선상의 점 A와 점 F 사이에서 생산(이 경우의 등량선은 그림에 표시되지 않았음)할 수 있다. 일단 계약곡선상에 있게 되면 1국은 한 가지 상품에 대한 생산을 감소시킴으로써만 다른 상품을 더 생산할 수 있다. 계약곡선이 오른쪽 아래로 기울어져 있다는 사실은 상품 X가 1국에서 노동집약적인 상품임을 의미한다.

계약곡선을 상단 도표에 있는 투입공간에서 하단 도표에 있는 산출공간으로 위치를 전환하면, 하단 도표에 있는 1국의 생산가능곡선을 도출할 수 있다. 예를 들어 상단 도표에서 50X에 대한 등량선이 직선의 대각선 $O_X O_Y$와 교차하는 점 Z로부터, 하단 도표의 점 A(즉, 50X)를 구할 수 있다. 하단 도표의 점 A는 상단 도표 점 A의 바로 아래에 있지 않고 점 Z 바로 아래에 있는데, 이는 K/L가 일정한 상태에서(즉, 직선의 대각선을 따라) 산출량이 측정되기 때문이다. 대각선을 따라 측정한다는 것은 투입량을 이용하여 산출량을 측정한다(규모에 대한 수익불변의 경우에)는 사실을 반영하고 있다.

산출량은 대각선을 따라 측정되지만 (앞에서 설명한) 효율성을 고려하면 1국은 50X에 대한 등량선과 60Y에 대한 등량선이 접하는 그림 위의 점 A에서 50X를 생산해야 한다. 이에 해당하는 것이 하단 도표의 점 A인데, 이는 50X와 60Y의 산출을 뜻한다. 그림 3-9 상단 도표에서 만일 1국이 점 A 대신 점 Z에서 생산한다면, 1국은 50X를 생산하지만 불과 45Y만 생산하게 되고, 이는 하단 도표의 생산가능곡선 내부에 있는 점 Z로 표시된다.

마찬가지로 상단 도표에서 95X를 나타내는 등량선 X와 대각선이 교차하는 점 바로 아래에서는 하단 도표의 생산가능곡선상에서 95X와 45Y를 나타내는 점 F를 구할 수 있다. 마지막으로 상단 도표에서 130X와 20Y를 나타내고 있는 등량선상의 점 B는 하단에 있는 생산가능곡선상의 130X와 20Y에 해당되는 점 B에 투영된다. 따라서 계약곡선과 생산가능곡선은 일대일로 대응되며, 계약곡선상의 각 점은 생산가능곡선상의 한 점으로 유일하게 결정된다.

규모에 대한 수익불변을 가정했기 때문에 상품 X의 산출량은 대각선상에서 원점 O_X로부터 대각선의 거리에 비례한다는 점에 주의하자. 마찬가지로 상품 Y의 산출량은 원점 O_Y로부터 대각선의 거리에 비례한다(이러한 이유로 대각선을 따라서 산출량을 측정한다). 또한 생산가능곡선상의 X절편과 Y

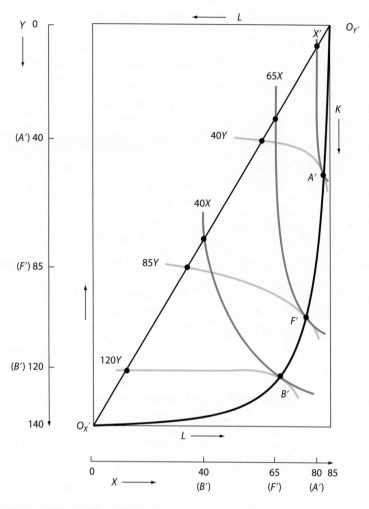

에지워스 상자도의 형태는 2국이 1국에 비해 상대적으로 자본이 풍부하다는 것을 보여 준다. 효율성을 고려하는 경우 2국은 점 A′, F′, B′을 통과하고 원점 O_X과 O_Y을 연결하는 선인 계약곡선상에서 생산해야 한다. 점 A′, F′, B′에서 상품 X의 생산량은 각 점을 통과하는 등량선이 대각선과 교차하는 점에 의해 주어진다. 이러한 산출량은 그림의 밑에 있는 X축 아래로 투사된다. 유사한 방법으로 점 A′, F′, B′에서 상품 Y의 생산량은 각 점(상품 X의 등량선과 접하면서)을 통과하는 상품 Y의 등량선이 대각선과 교차하는 점으로 표현된다. 이러한 산출량은 그림의 왼쪽에 있는 Y축으로 투사된다.

절편은 에지워스 상자도의 길이와 높이에 대응한다는 점을 주목하자.

그림 3-10은 2국의 에지워스 상자도를 나타내고 있다. 이 상자의 모양은 1국에 비하여 2국의 K가 상대적으로 풍부하다는 점을 보여 준다. 1국의 경우와 마찬가지로, 점 A′, F′, B′에서의 생산량은 각 점을 지나는 X 등량선이 대각선과 교차하는 점으로 표시된다. 이러한 산출량은 아래 그림에서 X축으로 대응된다. 마찬가지로 점 A′, F′, B′에서 생산되는 상품 Y의 양은 각 점을 지나는 (또한 X 등량선과 접하는) Y 등량선이 대각선과 교차하는 점으로 표시된다. 이 산출량은 그림 왼쪽의 Y축으로 투영된다. 예를 들면 점 B′을 지나는 X 등량선은 40X의 산출에서 대각선과 교차한다(하단 그림의 X축 참조). 마찬가지로 점 B′을 지나는 Y 등량선은 120Y의 산출에서 대각선과 교차한다(그림 왼쪽의 Y축 참조). 이에 따라 제

2국의 생산가능곡선(여기에서는 그리지 않았음)상에서 점 B'에 대한 좌표가 40X와 120Y로 나타난다. 2국 생산가능곡선상의 다른 점도 이와 유사하게 도출된다. 지금 도출한 1국과 2국의 생산가능곡선은 이 장에서 이미 이용했던 것들이다. 그러나 지금과 그때의 다른 점은 이러한 생산가능곡선을 가정에 의존하는 대신 그것을 도출해 낸 것이라는 점이다.

> **연습문제** 그림 3-10으로부터 2국의 생산가능곡선을 도출하라. 2국에서는 어떤 상품이 노동집약적인가? 그 이유는?

A3.4 몇 가지 중요한 결론

1국의 계약곡선상에서 점 A로부터 점 B로 이동하는 것은(그림 3-9 참조) 상품 X(1국의 비교우위상품)의 생산이 증가하는 것을 의미하며 이에 따라 K/L 비율은 상승한다. K/L 비율의 이러한 상승은 원점 O_X로부터 점 B를 잇는 직선의 기울기가 원점 O_X로부터 점 A를 잇는 직선 (이러한 직선을 그리지는 않았음)의 기울기보다 크다는 사실로 알 수 있다. 점 A에서 점 B로 이동함에 따라 상품 Y의 생산에서 K/L 비율도 상승한다. 이는 원점 O_Y로부터 점 B를 잇는 직선의 기울기가 원점 O_X로부터 점 A를 연결하는 직선의 기울기보다 크다는 사실로 알 수 있다.

두 가지 상품의 생산에서 K/L의 비율이 1국에서 상승하는 이유는 다음과 같이 설명될 수 있다. 상품 Y는 자본집약적이므로 1국이 상품 Y의 생산을 감소시킴에 따라 상품 X의 생산을 확대시키는 데 이용되는 K/L의 비율보다 더 높은 비율로 자본과 노동이 방출된다. 따라서 이 국가의 자본 중 일부는 고용되지 않을 것이며 자본의 상대가격은 하락(즉, P_L/P_K은 상승)하게 될 것이다.

결과적으로 이용 가능한 자본이 완전히 이용될 때까지 1국은 두 상품의 생산에 있어서 노동 대신 자본으로 대체할 것이다. 따라서 1국에서 K/L 비율은 두 상품의 생산에서 상승할 것이다. 또한 이러한 이유로 생산계약곡선은 직선이 아니며 1국이 X의 생산을 증가시킴에 따라(즉, 원점 O_X로부터 더욱 멀어짐에 따라) 기울기는 더욱 커지게 된다. 생산요소의 상대가격이 변화하지 않을 때에만 계약곡선은 직선이 되는데, 여기에서는 요소가격이 변화하고 있다. 1국에서 P_L/P_K이 상승하는 것은 그림 3-9의 상단 도표에서 점 B에서의 공통접선의 기울기가 점 A와 비교하여 (그림을 간단히 하기 위하여 이러한 접선을 실제로 그리지 않았음) 커진다는 점에서 알 수 있다. 헥셔-오린 무역 모형의 요소가격 균등화 정리를 증명하는 제5장 부록에서는 이러한 결과를 복습하고 확장할 것이다.

> **연습문제** 2국이 계약곡선상의 점 A'에서 점 B'으로 이동함에 따라(즉, 비교우위상품인 상품 Y의 생산에 특화함에 따라) 왜 상품 X와 상품 Y의 생산에서 K/L 비율이 하락하는가를 설명하라.(이 문제를 풀 수 없으면 부록 A3.4절을 다시 읽어라.)

수요와 공급, 오퍼곡선과 교역조건

- 균형가격이 수요와 공급에 의해 어떻게 결정되는지를 보여 준다.
- 균형가격의 결정을 오퍼곡선으로 보여 준다.
- 교역조건의 의미와 미국과 기타 국가의 경우에 교역조건이 어떻게 변화해 왔는지 살펴본다.

4.1 서론

제3장에서는 두 국가 간 상품의 상대가격 차이가 각국의 비교우위를 반영하고, 상호이익이 되는 무역의 발생원인임을 살펴보았다. 무역이 이루어지는 상품의 균형상대가격은 시행착오를 통해 무역이 균형을 이루는 수준에서 결정된다. 이 장에서는 무역을 하는 경우 상품의 균형상대가격이 결정되는 보다 엄밀한 이론적 틀을 소개한다. 먼저 (수요, 공급곡선을 사용하는) 부분균형분석에서부터 시작하여 오퍼곡선을 사용하는 보다 복잡한 일반균형분석을 소개한다.

4.2절에서는 무역을 하는 경우 상품의 균형상대가격이 어떻게 결정되는가를 수요곡선과 공급곡선을 사용하여 살펴본다(부분균형분석). 그리고 일반균형분석을 살펴보기 위해 4.3절에서 1국과 2국의 오퍼곡선을 유도한다. 4.4절에서 무역을 하는 경우 두 국가의 오퍼곡선의 상호작용에 의해 어떻게 상품의 균형상대가격이 결정되는가를 보여 주며, 4.5절에서는 일반균형분석과 부분균형분석의 관계를 검토한다. 마지막으로 4.6절에서는 교역조건의 의미, 척도, 중요성을 검토한다. 이 장의 부록에서는 정식으로 오퍼곡선을 유도하고 불안정적 복수균형을 검토한다.

4.2 무역을 하는 경우 상품의 균형상대가격 : 부분균형분석

그림 4-1은 무역을 하는 경우 상품의 균형상대가격이 어떻게 결정되는가를 부분균형분석을 통해 보여 준다. 그림 4-1에서 도표 A와 도표 C의 D_X와 S_X 곡선은 각각 1국과 2국에서 상품 X에 대한 수요곡선과 공급곡선을 나타낸다. 그림 4-1의 세 도표 모두에서 수직축은 상품 X의 상대가격을 나타내고 (P_X/P_Y 또는 상품 X 한 단위를 더 구입하기 위해 포기해야 하는 상품 Y의 양) 수평축은 상품 X의 양을 측정한다.

그림 4-1의 도표 A에서는 무역을 하지 않는 경우 1국은 P_1의 상대가격에서 점 A에서 생산하고 소

비하며, 2국은 P_3 가격에서 점 A'에서 생산하고 소비한다. 무역을 하게 되면 두 국가가 모두 대국인 경우 상품 X의 상대가격은 P_1과 P_3 사이에서 결정될 것이다. 가격이 P_1보다 높은 경우 1국은 상품 X에 대한 수요보다 더 많이 공급할 것이고 그 차이 또는 초과공급을 수출할 것이다(도표 A). 한편 가격이 P_3보다 낮은 경우 2국은 상품 X에 대한 공급보다 더 많이 수요할 것이고 그 차이 또는 초과수요만큼 수입할 것이다(도표 C).

도표 A에서는 가격 P_1에서 1국에서 상품 X의 공급량은 상품 X의 수요량과 일치하고, 따라서 1국은 상품 X를 전혀 수출하지 않는다. 이것은 도표 B에서 곡선 S(1국의 수출공급곡선)상의 점 A^*로 표현된다. 또한 도표 A의 가격 P_2에서 BE만큼의 초과공급은 1국이 P_2에서 수출하는 상품 X의 수량을 나타낸다. 이것은 도표 B의 B^*E^*와 일치하며 1국의 상품 X에 대한 수출공급곡선 S상의 점 E^*로 표현된다.

한편 도표 C의 가격 P_3(점 A)에서 2국의 상품 X의 공급량은 상품 X의 수요량과 일치하므로 2국은 상품 X를 전혀 수입하지 않는다. 이것은 도표 B에서 곡선 D(2국의 수입수요곡선)상의 점 A''으로 표현된다. 또한 도표 C의 가격 P_2에서 $B'E'$만큼의 초과수요는 2국이 P_2에서 수입하는 상품 X의 수량을 나타낸다. 이것은 도표 B의 B^*E^*와 일치하며 2국의 상품 X에 대한 수입수요곡선상의 E^*로 표현된다.

가격 P_2에서 2국의 상품 X에 대한 수입수요량(도표 C에서 $B'E'$)은 1국이 공급하는 수출량(도표 A에서 BE)과 일치하는데, 이는 도표 B에서 상품 X에 대한 수요곡선 D와 공급곡선 S의 교점으로 표현된다. 따라서 P_2는 무역을 하는 경우 상품 X에 대한 균형상대가격이 된다. 도표 B에서 P_X/P_Y가 P_2보다 큰 경우 공급되는 상품 X의 수출량은 수요량을 초과하게 되고, 상품 X의 상대가격은 P_2로 하락하게 된다. 한편 P_X/P_Y가 P_2보다 작은 경우 상품 X의 수입수요는 수출공급량을 초과하여 P_X/P_Y는 P_2까지 상승한다.

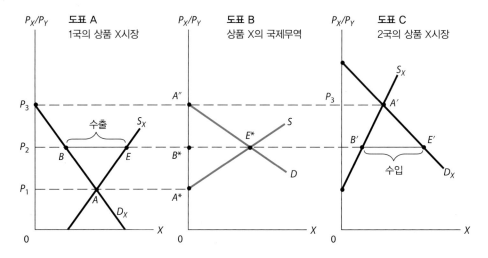

그림 4-1 **상품의 균형상대가격에 대한 부분균형분석**

도표 A에서 상품 X의 상대가격 P_X/P_Y가 P_1보다 큰 경우, 1국의 상품 X에 대한 초과공급은 도표 B에서 1국의 상품 X에 대한 수출공급곡선(S)으로 표현된다. 한편 상품 X의 상대가격 P_X/P_Y가 P_3보다 작은 경우 도표 C에서 2국의 상품 X에 대한 초과수요는 도표 B에서 1국의 상품 X에 대한 수입수요곡선(D)으로 표현된다. 도표 B는 P_2에서만 2국의 상품 X에 대한 수입수요가 1국의 상품 X에 대한 수출공급과 일치한다는 것을 보여준다. 이와 같이 P_2는 무역을 할 때 상품 X의 균형상대가격이다. 상품 X의 상대가격 P_X/P_Y가 P_2보다 큰 경우 상품 X에 대한 수출초과공급이 있을 것이고, 상품 X의 상대가격 P_X/P_Y는 P_2까지 하락할 것이다. 상품 X의 상대가격 P_X/P_Y가 P_2보다 작은 경우 상품 X의 수입에 대한 초과수요가 있을 것이고, P_X/P_Y는 P_2까지 상승할 것이다.

같은 상황이 상품 Y의 경우에도 해당된다. 상품 Y는 2국에 의해 수출되고 1국에 의해 수입된다. 상품 Y의 상대가격이 균형수준보다 높은 경우 2국이 공급하는 상품 Y의 수출공급량은 1국이 수요하는 상품 Y의 수입수요를 초과하게 되고, 상품 Y의 상대가격은 균형수준으로 하락한다. 한편 상품 Y의 상대가격이 균형보다 낮은 경우 상품 Y의 수입수요량은 상품 Y의 수출공급을 초과하게 되고, 상품 Y의 상대가격은 균형수준으로 상승한다(이것은 연습문제 1번에 수록). 사례연구 4-1은 1970년부터 2017년까지 국제 석유가격을 명목값 및 실질값(인플레이션으로 조정)으로 보여 주고, 사례연구 4-2는 같은 기간에 미국의 수입에 대한 수출가격지수를 보여 준다.

4.3 오퍼곡선

이 절에서는 오퍼곡선을 정의하고 그 곡선의 기원을 살펴본다. 그리고 나서 두 국가의 오퍼곡선을 유도하고 곡선의 모양에 관해 설명한다.

사례연구 4-1 석유의 수요, 공급 및 국제가격

표 4-1은 1970년부터 2017년까지 석유가격이 큰 폭으로 변동한 것을 보여 준다. 1973년 가을 아랍과 이스라엘 간의 전쟁 및 1979년과 1980년의 이란혁명 기간에 공급충격의 결과로 OPEC(석유수출국기구)은 석유가격을 1970년 배럴당 평균 1.21달러 및 1972년의 1.82달러에서 1974년에는 11.00달러로, 1980년에는 35.52달러로 인상하였다. 이로 인해 비산유국들의 에너지 보존이 촉진되고 탐사 및 석유생산이 확산되었다. 그러나 1980년대와 1990년대의 초과공급으로 인해 OPEC은 석유가격이 1986년에 13.53달러, 1998년에 12.28달러까지 하락하는 것을 막을 수 없었다. 그 이후 석유가격은 2000년에 27.60달러, 2008년에는 94.10달러로 상승하였고 2010년에는 77.38달러, 2012년에는 109.45달러로 상승했다. 그후 2016년에는 40.68달러 및 2017년에는 52.51달러로 하락했다.

그러나 표 4.1에서 알 수 있듯이 시간이 지남에 따라 모든 물가가 상승한다는 점을 감안했을 때, (인플레이션을 조정한) 원유의 실질가격은 1970년 배럴당 1.21달러 및 1972년에 1.69달러 및 1974년 8.66달러에서 1980년 16.73달러로 상승했다가 1986년 4.79달러 및 1998년 2.92달러로 하락했다. 그 후 2000년에 6.19달러 및 2008년에 16.96달러로 다시 상승하였다가 2012년에는 18.50달러, 2016년에는 6.58달러, 2017년에는 8.31달러였다. 따라서 2017년에 원유의 실질가격은 1970년보다 (8.31/1.21=) 6.7배 비싸진 반면, 명목가격은 같은 기간 43.4배 비싸졌다.

표 4-1 석유의 명목 및 실질가격(1970~2017)

연도	1970	1972	1974	1978	1979	1980	1985	1986	1990
석유가격(배럴당 달러)	1.21	1.82	11.00	12.79	29.19	35.52	27.01	13.53	22.26
실질석유가격(배럴당 달러)	1.21	1.69	8.66	7.61	15.60	16.73	9.71	4.79	6.61

연도	1998	2000	2005	2008	2010	2012	2014	2016	2017
석유가격(배럴당 달러)	12.28	27.60	50.59	94.10	77.38	109.45	96.29	40.68	52.51
실질석유가격(배럴당 달러)	2.92	6.19	10.05	16.96	13.76	18.50	15.78	6.58	8.31

출처 : IMF data, 2019.

사례연구 4-2 미국에서 수입품에 대한 수출품의 가격지수

그림 4-2는 1970년부터 2017년까지 미국의 수입상품에 대한 수출가격 지수 또는 교역조건을 보여 준다. 이 지수는 1970년부터 1980년까지 거의 계속적으로 하락하였고, 1980년부터 1986년까지는 상승하였으며, 96으로 하락한 2008년을 제외하고는 1986~2017년에는 100~108(2010＝100) 사이에 있었다. 특히 석유 수입가격이 크게 상승한 1973～1974년과 1979～1980년 두 차례의 오일쇼크 기간과 원유

가격과 1차 상품수입 가격이 급등했던 2002년~2008년 기간에 이 지수의 하락폭이 특히 컸다. 그림으로부터 미국 수출의 평균상대가격은 1970년의 148에서 1980년에는 (2008년에도) 96으로 하락하였고, 2017년에는 108이었다. 이는 평균적으로 미국이 1970년의 수입량을 수입하기 위해서는 2008년 및 2017년의 수출량이 1970년에 비해 각각 42 퍼센트와 31 퍼센트 증가해야 함을 의미한다.

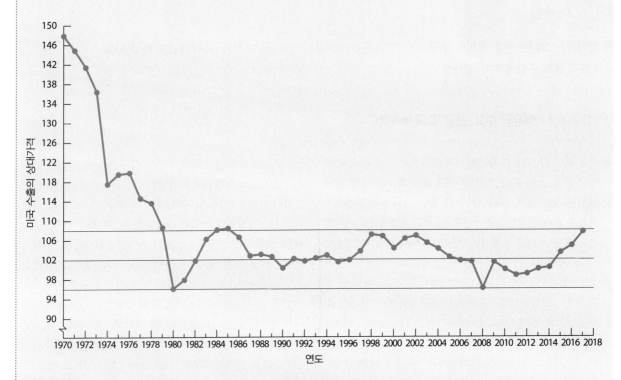

그림 4-2 미국의 수출상대가격 지수(1970~2017)(2010＝100)

미국의 수입에 대한 수출가격지수는 1970년 148에서 1974년 118로(1973년과 1974년의 석유가격의 대폭적인 상승으로 인해), 그리고 제2차 오일쇼크로 인해 1980년에는 96으로 하락하였다. 그 이후 그 지수는 1985년에 107로 상승했지만, 원유가격 및 기타 1차 상품가격의 상승으로 인하여 2008년에 96으로 하락했다. 2017년에는 이 지수가 108이다.

출처 : Calculated from IMF data, 2018.

4.3A 오퍼곡선의 기원과 정의

오퍼곡선(offer curves)[때때로 상호수요곡선(reciprocal demand curves)으로도 부름]은 20세기 영국의 두 경제학자 알프레드 마셜과 이시드로 에지워스에 의해 고안되어 국제경제학에 도입되었다. 그 후로 오퍼곡선은 특별히 교육적인 목적으로 국제경제학에서 광범위하게 사용되었다.

한 국가의 오퍼곡선은 다양한 수출상품의 양을 자발적으로 공급하기 위해 그 대가로 얼마만큼의 수입상품을 요구하는가를 보여 준다. 정의에 의해 알 수 있듯이 오퍼곡선은 수요와 공급의 요소를 모두 포함한다. 또는 한 국가의 오퍼곡선이란 여러 가지의 상대가격에서 그 국가가 얼마만큼 수출하고 수입할 것인가를 보여 준다고도 볼 수 있다.

한 국가의 오퍼곡선은 그 국가의 생산가능곡선, 무차별지도, 무역이 발생할 수 있는 가상적인 여러 상대가격으로부터 비교적 쉽게 도출할 수 있다. 부록에서는 오퍼곡선을 엄밀하게 유도하는데, 이는 영국의 경제학자이자 노벨상 수상자인 제임스 미드의 업적이다.

4.3B 1국의 오퍼곡선의 유도와 형태

그림 4-3의 왼쪽 도표에서 1국은 그림 3-3에서와 같이 무역 이전(자급자족)에는 점 A에서 균형을 이루고 있었다. $P_B = P_X/P_Y = 1$인 상태에서 무역이 발생하면 1국은 생산이 점 B로 이동하고, 2국에 60X를 수출하고 60Y를 수입하여 무차별곡선 III상의 점 E에 도달한다(지금까지는 그림 3-4의 왼쪽 도표와 정확히 일치한다). 이것은 그림 4-3의 오른쪽 도표의 점 E에 해당한다.

그림 4-3 왼쪽 도표에서 $P_F = P_X/P_Y = 1/2$인 경우 생산이 점 A에서 점 F로 이동하고, 2국에 40X를 수출하고, 20Y를 수입하여 무차별곡선 II상의 점 H에 도달한다. 이것은 그림 4-3 오른쪽 도표의 점 H에 해당한다. 오른쪽 도표에서 원점과 점 H, 점 E 및 같은 방법으로 구할 수 있는 다른 점들을 연결함으로써 오른쪽 도표상에 1국의 오퍼곡선을 유도할 수 있다. 이것은 1국이 자발적으로 상품 X의 여러 단위들을 수출하고자 할 때 얼마만큼의 상품 Y를 요구하는가를 보여 준다.

단순화를 위해 왼쪽 도표에서 폐쇄경제에서의 가격선 $P_A = 1/4$과 점 A에서 생산가능곡선과 가격선

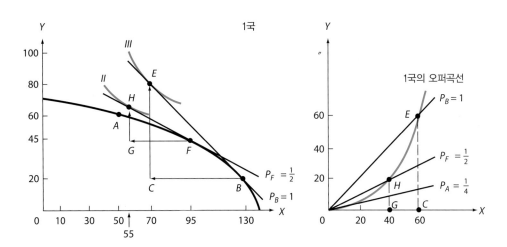

그림 4-3　1국의 오퍼곡선 유도

왼쪽 도표에서 1국은 무역 전 균형점 A에서 시작한다. $P_B = 1$인 상태에서 무역이 발생하면 1국은 생산이 점 B로 이동하고 2국에 60X를 수출하고 60Y를 수입하여 점 E에 도달한다. 이것은 오른쪽 도표의 점 E에 해당한다. 왼쪽 도표에서 $P_F = 1/2$인 경우 생산이 점 A에서 점 F로 이동하고, 2국에 40X를 수출하고, 20Y를 수입하여 점 H에 도달한다. 이것은 오른쪽 도표의 점 H에 해당한다. 오른쪽 도표에서 원점과 점 H 및 점 E를 연결하면 1국의 오퍼곡선이 유도된다. 이것은 1국이 자발적으로 상품 X의 여러 단위들을 수출하고자 할 때 얼마만큼의 상품 Y를 요구하는가를 보여 준다.

P_A에 접하는 무차별곡선 I을 생략하였다. 오른쪽 도표에 있는 가격 P_A, P_F와 P_B는 왼쪽 도표에 있는 P_A, P_F와 P_B와 기울기의 **절댓값**이 동일하므로 동일한 상품 X의 상대가격을 표시한다.

그림 4-3의 오른쪽 도표에 있는 1국의 오퍼곡선은 폐쇄경제에서의 가격선 P_A=1/4보다 위에 존재하고, 비교우위 상품의 수출을 측정하는 X축 쪽으로 볼록하게 굽은 형태를 갖는다. 1국이 더 많은 상품 X를 수출하기 위해서는 P_X/P_Y가 상승해야 한다. 이렇게 P_F=1/2인 경우에는 40X를 수출하고 P_B=1인 경우에는 60X를 수출하는데, 그 이유는 두 가지이다. (1) 1국은 수출을 위해 상품 X를 더 많이 생산할수록 기회비용이 증가한다. (2) 무역을 하는 경우 1국이 소비하는 상품 X의 수량은 적어지고, 상품 Y의 수량은 많아짐에 따라 상품 X 마지막 한 단위가 상품 Y 단위와 비교하여 더 가치 있게 평가된다는 것이다.

4.3C 2국의 오퍼곡선의 유도와 형태

그림 4-4의 왼쪽 도표에서 2국은 그림 4-3에서와 같이 무역 전 균형점 A'에서 시작한다. $P_{B'}=P_X/P_Y$ =1인 상태에서 무역이 발생하면 2국은 생산이 점 B'으로 이동하고, 1국에 60Y를 수출하고 60X를 수입하여 무차별곡선 III'상의 점 E'에 도달한다(지금까지는 그림 3-4의 왼쪽 도표와 정확히 일치한다). 그림 4-4의 왼쪽 도표상의 무역삼각형 $B'C'E'$은 오른쪽 도표의 무역삼각형 $O'C'E'$에 상응하며 2국의 오퍼곡선상의 점 E'에 해당한다.

그림 4-4 왼쪽 도표에서 $P_{F'}=P_X/P_Y$=2인 경우 2국은 생산이 점 F'으로 이동하고, 40Y를 수출하고,

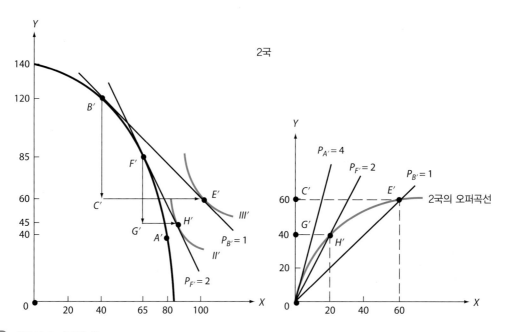

그림 4-4 **2국의 오퍼곡선 유도**

왼쪽 도표에서 2국은 무역 전 균형점 A'에서 시작한다. $P_{B'}$=1인 상태에서 무역이 발생하면 1국은 생산이 점 B'으로 이동하고, 1국에 60Y를 수출하고 60X를 수입하여 점 E'에 도달한다. 이것은 오른쪽 도표의 점 E'에 해당한다. 왼쪽 도표에서 $P_{F'}$=2인 경우 2국은 생산이 점 A'에서 점 F'으로 이동하고, 2국에 40Y를 수출하고, 20X를 수입하여 점 H'에 도달한다. 이것은 오른쪽 도표의 점 H'에 해당한다. 오른쪽 도표에서 원점을 점 H'과 점 E'에 연결시킴으로써 2국의 오퍼곡선을 유도할 수 있다. 이것은 2국이 자발적으로 상품 Y의 여러 단위들을 수출하고자 할 때 얼마만큼의 상품 X를 요구하는가를 보여 준다.

20X를 수입하여 무차별곡선 II상의 점 H'에 도달한다. 이것은 오른쪽 도표의 점 H'에 해당한다. 왼쪽 도표의 무역삼각형 $F'G'H'$은 오른쪽 도표의 무역삼각형 $O'G'H'$에 상응하며, 2국 오퍼곡선상의 점 H'을 구할 수 있다. 오른쪽 도표에서 원점과 점 H', 점 E' 및 같은 방법으로 구할 수 있는 다른 점들을 연결함으로써 오른쪽 도표상에 2국의 오퍼곡선을 유도할 수 있다. 이것은 2국이 자발적으로 상품 Y의 여러 단위들을 수출하고자 할 때 얼마만큼의 상품 X를 요구하는가를 보여 준다.

단순화를 위해 왼쪽 도표의 폐쇄경제에서의 가격선 $P_{A'}=4$와 점 A'에서 생산가능곡선과 가격선 $P_{A'}$에 접하는 무차별곡선 I을 생략하였다. 오른쪽 도표에 있는 가격 $P_{A'}$, $P_{F'}$, $P_{B'}$은 왼쪽 도표에 있는 $P_{A'}$, $P_{F'}$, $P_{B'}$과 기울기의 절댓값이 동일하므로 동일한 상품 X의 상대가격을 표시한다.

그림 4-4의 오른쪽 도표에 있는 2국의 오퍼곡선은 폐쇄경제하의 가격선 $P_{A'}=4$보다 아래에 존재하고, 비교우위의 상품을 수출하는 측정하는 Y축 쪽으로 볼록하게 굽은 형태를 갖는다. 2국에 더 많은 상품 Y를 수출하도록 하기 위해서는 P_Y/P_X가 상승해야 한다. 이렇게 $P_{F'}=2$인 경우에는 40Y를 수출하고 $P_{B'}=1$인 경우에는 60Y를 수출한다. 그 이유는 두 가지이다. (1) 2국은 수출을 위해 상품 Y를 더 많이 생산할수록 기회비용이 증가한다. (2) 무역을 하는 경우 2국이 소비하는 상품 X의 수량은 많아지고, 상품 Y의 수량은 적어짐에 따라 상품 Y 마지막 한 단위가 상품 X와 비교하여 더 가치 있게 평가된다는 것이다.

4.4 무역을 하는 경우 상품의 균형상대가격 : 일반균형분석

양국의 오퍼곡선의 교점은 양국 간에 무역이 이루어지는 균형상대가격을 나타낸다. 이 균형가격에서만 양국 간의 무역은 균형을 이루게 되며, 그 외의 상대가격하에서는 양국이 의도하는 수출량과 수입량이 일치하지 않게 된다. 이와 같은 불일치가 발생하면 상품의 상대가격은 균형수준을 향해 움직이게 된다. 이것은 그림 4-5를 통해 알 수 있다.

그림 4-5에 표시된 1국과 2국의 오퍼곡선은 각각 그림 4-3과 그림 4-4에서 유도된 것이다. 두 오퍼곡선은 점 E에서 교차하여 균형상대가격이 $P_X/P_Y=P_B=P_{B'}=1$임을 나타내고 있다. 가격선 P_B에서 1국은 자국 오퍼곡선상의 점 E가 표시하는 대로 60Y를 수입하고, 60X를 수출하게 된다. 또한 2국은 자국 오퍼곡선상의 점 E'이 표시하는 대로 60X를 수입하고 60Y를 수출함으로써 P_B에서 무역은 균형을 이루게 된다.

P_B를 제외한 다른 P_X/P_Y에서는 무역은 균형을 이루지 못한다. 예를 들어 $P_F=1/2$에서는 1국의 수출 40X(그림 4-5의 점 H 참조)는 2국의 상품 X 수입수요보다 적게 된다.(그림 4-5에는 나타나 있지 않지만 P_F와 2국의 오퍼곡선을 확대하면 이 두 선이 교차할 때 결정되는 상품 X의 수입수요량이 1국의 수출 40X를 초과함을 알 수 있다.)

이와 같이 $P_F=1/2$에서 2국의 상품 X에 대한 초과수입수요로 인해 P_X/P_Y는 상승하게 됨으로써 1국의 상품 X 수출공급은 증가하고(즉, 1국은 자국의 오퍼곡선을 따라 위로 이동함) 2국의 상품 X 수입수요는 감소한다(즉, 2국은 자국의 오퍼곡선을 따라 아래로 이동함). 이 결과 수요와 공급이 P_B에서 균형을 이루게 되며 상품 Y의 경우도 마찬가지로 $P_F \neq P_B$인 P_X/P_Y에서는 P_F가 P_B로 향하여 수렴하게 된다.

그림 4-5에서 양국 오퍼곡선의 교점이 의미하는 $P_B=1$이라는 무역 후 상품의 균형상대가격은 그림

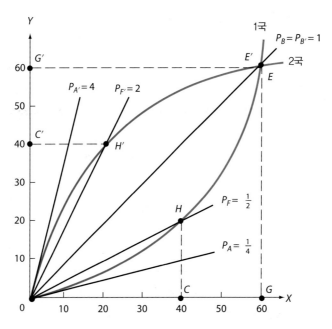

그림 4-5 무역을 하는 경우 상품의 균형상대가격

1국과 2국의 오퍼곡선은 그림 4-3과 그림 4-4에 해당한다. 두 오퍼곡선은 점 E에서 만나 P_B=1이라는 상품의 균형상대가격이 결정된다. 가격 P_B에서 1국은 60X를 수출하고 60Y를 수입하며, 2국은 정확히 60Y를 수출하고 60X를 수입하므로 균형을 이루게 된다. 상품 X의 상대가격 P_X/P_Y<1인 경우 1국이 수출하는 상품 X의 수출량이 2국이 수요하는 상품 X의 수입량에 미치지 못하게 된다. 이로 인해 상품 X의 상대가격은 균형수준으로 상승한다. P_X/P_Y>1인 경우 정반대의 결과가 나타난다.

3-4에서의 시행착오의 과정을 통해 도달한 것과 동일하다. P_B=1에서 우연하게도 양국이 얻게 되는 무역으로부터의 이익은 동일하다(그림 3-4 참조).

4.5 일반균형분석과 부분균형분석의 관계

또한 수요곡선과 공급곡선을 이용하여 양국의 균형을 보여 줄 수 있으며, 이를 통해 4.4절의 일반균형분석과 4.2절의 부분균형분석 간의 관계를 보여 줄 수 있다. 이것은 그림 4-6으로 알 수 있다.

그림 4-6에서 S는 1국에서 상품 X의 수출공급곡선을 나타내고, 이는 그림 4-3의 왼쪽 도표에 있는 1국의 생산가능곡선과 무차별지도로부터 유도된다(그림 4-3의 오른쪽 도표에 있는 1국의 오퍼곡선이 유도되는 것과 동일한 정보). 구체적으로 S는 P_X/P_Y=1/4에서 상품 X의 수출공급량이 0(점 A)이고, P_X/P_Y=1/2에서는 40(점 H), P_X/P_Y=1에서는 60(점 E)임을 보여 준다(그림 4-3의 왼쪽 도표와 그림 4-3의 오른쪽 도표상 1국의 오퍼곡선으로 알 수 있는 바와 같이). P_X/P_Y=1.5에서 1국이 70X를 수출한다는 것(그림 4-6의 S곡선의 점 R)은 유사한 방법으로 그림 4-3의 왼쪽 도표로부터 알 수 있으며 부록 A4.3절에 있는 그림 4-9의 1국의 오퍼곡선의 점 R로 표시된다.

한편 D는 1국의 수출상품인 상품 X에 대한 2국의 수요곡선이며 이는 그림 4-4의 왼쪽 도표에 있는 2국의 생산가능곡선과 무차별지도로부터 유도된다(그림 4-4의 오른쪽 도표에 있는 2국의 오퍼곡선이 유도되는 것과 동일한 정보). 구체적으로 그림 4-6의 D는 P_X/P_Y=1에서 2국의 상품 X 수출에 대한 1국

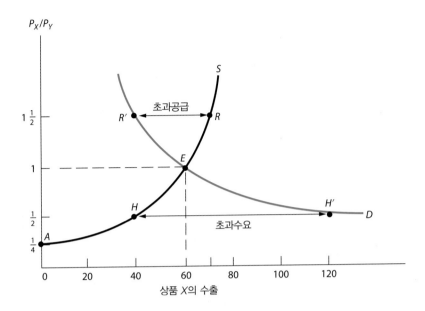

그림 4-6 상품의 균형상대가격 : 부분균형분석

S는 1국에서 상품 X의 수출공급곡선을 나타내고, D는 1국의 수출분석 상품 X에 대한 2국의 수요곡선은 나타낸다. S와 D는 그림 4-3과 4-4의 왼쪽 도표로부터 유도되며 그림 4-5와 동일한 기본정보를 제공한다. D와 S는 점 E에서 교차하고, 균형가격 P_X/P_Y=1과 균형수출량 60X가 결정된다. P_X/P_Y=1인 경우 R′R인 30X만큼의 수출초과공급이 있고, P_X/P_Y는 균형점인 P_X/P_Y=1까지 하락한다. P_X/P_Y=1/2인 경우 H′H인 80X만큼의 수출초과수요가 있고, P_X/P_Y는 P_X/P_Y=1까지 상승한다.

의 수입수요량이 60(점 E)이고(그림 4-6의 왼쪽 도표에서처럼), P_X/P_Y=1/2에서는 120(점 H′), P_X/P_Y =1.5에서는 40(점 R′)임을 보여 준다.

D와 S는 그림 4-6의 점 E에서 교차하고, 균형가격 P_X/P_Y=1과 균형수출량 60X가 결정된다(그림 4-5에서처럼). 그림 4-6에서는 P_X/P_Y=1.5인 경우 R′R인 30X만큼의 수출초과공급이 있고, P_X/P_Y는 균형점인 P_X/P_Y=1까지 하락한다. 한편 P_X/P_Y=1/2인 경우 HH′인 80X만큼의 수출초과수요가 있고, P_X/P_Y는 P_X/P_Y=1까지 상승한다. 이와 같이 X의 상대가격은 그림 4-6의 점 E로 표시된 (그림 4-5에서 처럼) P_X/P_Y=1의 균형상대가격 수준으로 움직이게 되며, 상품 Y의 관점에서도 동일한 결과를 얻을 수 있다(연습문제 8번 참조).

한편 2국이 소국인 경우 2국의 수입수요곡선이 1국의 상품 X의 수출공급곡선의 수평한 부분과 교 차하게 된다(수평축 가까이서). 그 경우 2국은 1국에서의 무역이 전 가격인 P_X/P_Y=1/4에서 무역을 하게 되고, 2국은 무역으로부터의 이익 전부를 획득하게 된다(이 경우 역시 오퍼곡선을 통해 알 수 있다)(연습문제 10번 참조).

그림 4-6은 그림 4-5와 동일한 기본정보를 보여 주며, 모두 다 생산가능곡선과 무차별지도로부터 유도된다. 그러나 두 그림 간에는 기본적인 차이가 있다. 그림 4-5는 일반균형분석을 하고 있으며, 상품 X 시장만이 아닌 모든 시장을 함께 고려하고 있다. 이것은 상품 X 시장의 변화가 다른 시장에 영향을 주며, 이것이 다시 상품 X 시장 자체에도 반향효과를 주기 때문에 중요하다. 한편 수요곡선과 공급곡선을 이용하는 그림 4-6의 부분균형분석은 상품 X 시장과 경제 내의 모든 다른 상품시장 간의 반향

및 연결관계를 고려하지 않는다. 부분균형분석은 1차적인 근삿값으로서는 유용하지만 완전하고 전반적인 분석을 위해서는 보다 어려운 일반균형분석이 요구된다.

4.6 교역조건

이 절에서는 각국의 교역조건을 정의하고, 그 측정문제를 살펴본다. 동시에 한 나라의 교역조건 변화가 과연 무엇을 의미하는가를 살펴보고, 지금까지 논의된 내용을 정리하며 무역모형의 유용성을 검토한다.

4.6A 교역조건의 정의와 측정

한 나라의 교역조건(terms of trade)은 그 나라 수입상품가격에 대한 수출상품가격의 비율로 정의된다. 2국 모형에서 어느 한 나라의 수출은 교역상대국의 수입이므로 교역상대국의 교역조건은 특정국 교역조건의 역수가 된다.

두 상품만이 아닌 다수의 교역상품 모형에서 어느 특정국의 교역조건은 수입가격지수에 대한 수출가격지수의 비율로 정의된다. 흔히 이 교역조건은 %로 표시하기 위하여 100을 곱해 사용하며, 이를 여타의 교역조건과 구별하여 상품 교역조건(commodity barter terms of trade) 혹은 순교역조건(net barter terms of trade)이라고 부른다.

시간이 경과함에 따라 수요와 공급조건이 변동하게 되면 오퍼곡선도 이동하게 되어 교역조건 및 교역량이 변동하게 된다. 이 문제는 국제무역의 성장과 변화에 대해 다룬 제7장에서 더 살펴볼 것이다. 특정국의 교역조건이 개선되는 경우 보통 수출가격이 수입가격에 비해 상승한다는 의미에서 그 나라에 유익하다.

4.6B 교역조건의 예시

1국이 상품 X를 수출하고 상품 Y를 수입하므로 1국의 교역조건은 P_X/P_Y가 되며 그림 4-5에서 이것은 $P_X/P_Y=P_B=1$ 혹은 100(%로 표시해서)이 된다. 1국이 다수의 상품을 수출하고 수입할 경우에는 P_X는 수출가격지수, P_Y는 수입가격지수가 된다.

2국은 상품 Y를 수출하고 상품 X를 수입하므로 2국의 교역조건은 P_Y/P_X가 되며, 이것은 1국의 교역조건의 역수이므로 1 또는 100(%로 표시해서)이 된다.

시간이 지남에 따라 1국의 교역조건이 100에서 120으로 상승한다는 것은 1국의 수출가격이 수입가격에 비해 20% 상승한다는 것을 의미함과 동시에, 2국의 교역조건이 100에서 $(100/120)100=83$으로 악화됨을 의미한다. 기준시점에서 1국의 교역조건을 100이라 하면 교역조건의 변동을 %로 측정할 수 있음에 유의하라.

1국의 교역조건이 개선된다는 것이 반드시 1국의 후생수준이 향상되는 것을 의미하지는 않으며, 동시에 2국의 교역조건이 악화되었다고 해서 2국의 후생수준이 더 낮아졌다는 것을 의미하는 것은 아니다. 교역조건의 변화는 국내외의 많은 요인들이 작용한 결과이기 때문이며, 단지 교역조건의 변화만을 관찰함으로써 그 나라의 후생의 순효과를 속단할 수는 없다. 이 문제에 답하기 위해서는 더 많은 정보와

사례연구 4-3　G7 국가의 교역조건

표 4-2는 1970년부터 2017년까지 몇 개 연도에 대해 대규모 산업국가인 G7 국가의 교역조건을 보여 준다. 교역조건은 수출단가지수를 수입단가지수로 나누어 측정한 것인데, 2010년에 100이었다. 표 4-2는 같은 기간에 G7 국가의 교역조건이 큰 변동을 한 것을 보여 준다. 1970년과 비교해 2017년의 교역조건이 미국, 특히 일본의 경우 매우 낮았으며, 프랑스 및 이탈리아의 경우 약간 낮았으며 캐나다, 독일, 영국의 경우에는 약간 높았다.

표 4-2　산업국가들의 교역조건(1972~2017)												(수출단가지수/수입단가지수 : 2010=100)
	1970	1975	1980	1985	1990	1995	2000	2005	2010	2015	2017	변화율(%) 1972~2017
미국	148	120	96	108	100	102	104	103	100	104	108	−31
캐나다	83	92	91	86	88	85	87	96	100	94	96	12
일본	203	159	116	117	141	150	134	117	100	98	99	−69
독일	98	95	88	84	97	103	99	101	100	102	102	2
영국	96	83	93	94	96	94	98	102	100	104	104	8
프랑스	112	105	98	94	103	102	100	100	100	103	102	−9
이탈리아	118	95	89	92	109	103	102	102	100	102	103	−14

출처 : U.N. Statistical Office and IMF data, 2018.

분석이 필요하며 제11장에서 다루기로 한다. 사례연구 4-3은 G7 국가의 교역조건을 보여 주며, 사례연구 4-4는 1990~2017년 기간에 대해 선진국과 개발도상국들의 교역조건을 보여 준다.

4.6C 모형의 유용성

지금까지 설명해 온 무역모형은 아주 많은 유용한 정보와 분석을 단순 명료하게 요약한 것이다. 즉, 양국의 생산과 공급조건, 기호와 수요조건, 무역을 하지 않는 경우의 생산과 소비점, 그리고 각국의 비교우위(그림 3-3 참조)를 보여 준다. 또한 무역 후 생산의 특화 정도, 교역조건, 무역이익의 크기 및 각국에 귀속되는 무역이익의 정도 등을 보여 주었다(그림 3-5와 그림 4-5 참조).

이 장에서 살펴본 무역모형은 두 나라(1국과 2국), 두 상품(상품 X와 상품 Y) 그리고 두 생산요소(노동과 자본)만을 다룬 완전한 일반균형모형(general equilibrium model)이다. 이것은 한 국가의 수요, 공급조건의 변화가 교역조건, 교역량, 각 국가의 무역이익의 몫에 어떤 영향을 주는가를 검토하기 위해 사용될 수 있다.

그러나 (1) 비교우위의 발생원인을 파악하고, (2) 국제무역이 두 교역상대국의 생산요소의 보수에 미치는 효과를 이해할 수 있도록 현재의 무역모형을 확장할 필요가 있는데 이는 다음 장에서 다룬다.

사례연구 4-4 선진국과 개발도상국의 교역조건

표 4-3은 선진국 전체와 개발도상국 전체 및 아프리카, 아시아, 유럽, 중동 및 서반구 개발도상국의 교역조건을 1990년부터 2017년까지 몇 개 연도에 대해 보여 준다. 교역조건은 수출단가지수를 수입단가지수로 나누어 측정한 것으로 2010년에 100이다.

표 4.3은 1990년부터 2017년 기간에 선진국의 교역조건이 변하지 않아 안정적이었음을 보여 준다. 같은 기간에 개발도상국 전체의 교역조건은 1990년의 77에서 2017년의 95로 상승했다. (유럽의 개발도상국을 제외하면) 여러 하위집단 개발도상국의 경우에도 교역조건은 (크기는 다르지만) 개선되었다.

1990년부터 2017년까지 선진국과 개발도상국 (및 여러 하위집단 개발도상국의 경우에도) 교역조건의 절대적 변화가 작아서 상대적으로 안정적이었다는 점은 같은 기간 다양한 국가군 간 성장률의 큰 격차, 원유가격의 급변 및 2008~2009년의 세계적 금융위기를 고려하면 괄목할 만하다.

표 4-3 선진국과 개발도상국의 교역조건(1990~2017)						(수출단가지수/수입단가지수 : 2010=100)	
	1990	1995	2000	2005	2010	2015	2017
선진국	**101**	**102**	**100**	**101**	**100**	**100**	**101**
유로지역	101	102	100	101	100	101	101
기타 선진국	101	102	100	101	100	99	102
개발도상국	**77**	**74**	**80**	**92**	**100**	**92**	**95**
아프리카	69	68	80	94	100	85	88
아시아	93	92	90	96	100	104	101
유럽	100	79	85	93	100	96	96
중동	58	52	64	93	100	74	72
서반구	67	70	76	83	100	73	93

출처 : U.N. Statistical Office and IMF data, 2018.

요약

1. 이 장에서는 수입수요곡선과 수출공급곡선 및 오퍼곡선을 유도하고 이를 이용하여 두 나라 간에 무역이 이루어지는 균형무역량과 균형상대가격을 결정하였다. 여기서 얻어진 결과는 시행착오의 과정을 거쳐 제3장에서 내린 결과들을 확인해 준다.

2. 폐쇄경제의 균형가격보다 가격이 높으면 상품의 초과공급이 발생하며, 이러한 상품의 초과공급은 그 국가의 수출공급이 된다. 반면에 폐쇄경제의 균형가격보다 가격이 낮으면 상품의 초과수요가 발생하며 이러한 초과수요는 그 국가의 수입수요가 된다. 상품의 수출공급곡선과 수입수요곡선이 교차하는 점에서 부분균형 상대가격과 수량이 결정된다.

3. 한 국가의 오퍼곡선은 다양한 양의 수출상품을 기꺼이 공급하기 위해 얼마만큼의 수입상품이 필요한 것인가를 보여 준다. 한 국가의 오퍼곡선은 생산가능곡선, 무차별곡선과 무역이 발생하는 여러 가지 상대가격들로부터 유도되며, 각 국가의 오퍼곡선은 비교우위를 갖는 상품을 측정하는 쪽으로 굴절한다. 양국의 오퍼곡선은 두 국가의 무역 전 또는 폐쇄경제하의 상대가격 사이에 위치하며, 한 국가가 수출을 더 많이 하도록 하

기 위해서는 그 상품의 상대가격이 상승해야 한다.

4. 두 국가의 오퍼곡선이 교차하는 점에서 두 나라 간의 무역이 발생하는 균형상대가격이 결정되며, 이 균형가격에서만 무역 균형이 이루어진다. 그 외의 다른 상대가격에서는 두 상품의 수출량과 수입량이 일치하지 않는다. 그 결과 상대가격은 균형가격의 방향으로 움직인다.

5. 또한 무역을 할 때 상품의 균형상대가격과 거래량을 부분균형방법으로 분석할 수 있다. 이 방법은 교역상품에 대한 수요곡선과 공급곡선을 이용한다. 상품에 대한 수요곡선과 공급곡선은 생산가능곡선과 무차별

곡선으로부터 유도되는데, 이들 곡선은(일반균형 분석방법에서 이용되는) 오퍼곡선을 유도할 때의 정보와 동일한 내용을 포함한다.

6. 한 국가의 교역조건은 그 국가의 수입상품의 가격에 대한 수출상품 가격의 비율로 정의된다. 무역상대국의 교역조건은 다른 국가의 교역조건의 역수가 된다. 두 상품 이상이 거래되는 경우 수입가격에 대한 수출가격의 지수를 사용하고, 백분율로 교역조건을 표시하기 위해 100을 곱한다. 현재의 무역모형은 2국–2상품–2요소만을 다룬다는 점을 제외하고는 일반균형모형이다.

주요용어

교역조건(terms of trade)

무역무차별곡선(trade indifference curve)

상품 교역조건(commodity barter terms of trade)

상호수요곡선(reciprocal demand curves)

상호수요의 법칙(law of reciprocal demand)

순교역조건(net barter terms of trade)

오퍼곡선(offer curves)

일반균형모형(general equilibrium model)

복습문제

1. 두 국가에서 어떤 상품에 대한 총수요곡선과 총공급곡선으로부터 이 상품의 수입수요곡선과 수출공급곡선을 어떻게 도출할 수 있는가?

2. 수요곡선과 공급곡선으로부터 무역을 할 때 상품의 균형상대가격을 결정하라.

3. 오퍼곡선이 유용한 이유는 무엇인가? 오퍼곡선은 그림 3.4의 무역모형과 어떤 관계가 있는가?

4. 오퍼곡선은 무엇을 보여 주는가? 이는 어떻게 유도되는가? 그 모양은 어떠한가? 무엇이 그 모양을 결정하는가?

5. 오퍼곡선을 이용하여 무역이 발생할 수 있는 상품의 균형상대가격을 결정하라.

6. 상품의 상대가격이 불균형일 때 어떤 힘에 의해 균형에 이르게 되는가?

7. 한 국가의 생산가능곡선과 무차별곡선으로부터 수출상품의 공급곡선과 수입상품의 수요곡선을 유도하라.

8. 교역재에 대한 수요곡선과 공급곡선을 이용하는 것이 부분균형분석인 이유는 무엇인가? 무역에 대한 부분균형분석과 일반균형분석은 어떤 관계가 있는가?

9. 어떤 국가의 무역을 하지 않을 때의 상품의 상대가격에서 무역이 발생할 수 있는 경우는 무엇인가?

10. 교역조건은 무엇을 측정하는가? 2개의 국가만이 무역을 할 때 교역조건 사이의 관계는? 교역되는 상품이 2개 이상일 때 교역조건은 어떻게 측정할 수 있는가?

11. 한 국가의 교역조건이 개선된다는 것은 무슨 의미인가? 교역조건은 한 국가의 후생에 어떤 영향을 미치는가?

12. 여기에서의 무역모형이 일반균형분석인 이유는? 현재의 무역모형을 어떻게 확장하여야 하는가?

연습문제

1. 무역을 하는 경우 상품 Y의 균형상대가격이 그림 4-1로부터 유도될 수 있음을 그래프로 보이라.

2. 교과서를 참조하지 말고 한 나라의 오퍼곡선을 그 나라의 생산가능곡선, 무차별곡선 그리고 교역이 가능한 두 상품의 상대가격을 이용하여 도출하라(그림 4-3과 유사하게 그릴 것).

3. 교역상대국의 오퍼곡선도 같은 방법으로 도출하라(그림 4-4와 유사하게 그릴 것).

4. 연습문제 2번과 3번으로부터 도출된 오퍼곡선을 다른 그래프에 함께 옮겨 교역이 성립되는 상품의 균형상대가격을 찾아라(그림 4-5와 유사하게 그릴 것).

5. 한 나라의 오퍼곡선은 어떠한 의미에서
   (a) 수요곡선과 유사한가?
   (b) 공급곡선과 유사한가?
   (c) 일반적인 수요 및 공급곡선과 다른가?

6. 그림 4-5를 참조하여 다음 물음에 답하라.
   (a) 1국의 가격선과 오퍼곡선이 서로 교차할 때까지 $P_{F'}$ 선을 연장하라(연장 부분에서의 오퍼곡선이 뒤로 굽어지도록 할 것).
   (b) (a)에서 그린 그림을 이용하여 $P_{F'}$이 상품 Y로 표시한 P_B로 이동되도록 해주는 힘이 무엇인가 설명하라.
   (c) 1국의 오퍼곡선에서 뒤로 굽어진 부분(음의 기울기 부분)이 의미하는 바는 무엇인가?

7. 무역이익이 국가 간에 서로 달리 분배될 수 있음을 설명하기 위해서
   (a) 교역상대국의 오퍼곡선보다 훨씬 더 큰 곡률을 갖는 한 나라의 오퍼곡선을 그리라.
   (b) 곡률이 작은 오퍼곡선을 갖는 국가와 곡률이 큰 오퍼곡선을 갖는 국가 중 어느 국가가 더 큰 무역이익을 얻는가?

   (c) 그 이유는 무엇인가?

8. 그림 4-4의 왼쪽 도표를 활용하여 상품 Y에 대한 2국의 수출공급곡선을 구하라. 그림 4-3의 왼쪽 도표를 활용하여 상품 Y에 대한 1국의 수입수요곡선을 구하라. 위에서 유도한 수요곡선과 공급곡선을 활용하여 무역을 하는 경우 상품 Y의 균형상대가격이 어떻게 결정되는가를 보이라.

9. (a) 연습문제 8번의 해답에서의 분석방법은 왜 부분균형인가?
   (b) 그림 4-5의 분석은 왜 일반균형분석인가?
   (c) 부분균형분석과 일반균형분석의 관계는 무엇인가?

10. 1국과 2국의 오퍼곡선을 그리되, 2국은 소국이어서 1국의 무역 이전 상대가격에서 무역을 하는 경우를 생각하자. 무역으로부터의 이익은 두 국가 간에 어떻게 분배되는가? 그 이유는?

11. 기회비용이 일정한 경우 두 국가가 무역을 할 때 균형을 그리라.

12. 일정 기간에 한 나라의 교역조건이 100에서 110으로 개선될 경우
    (a) 교역상대국의 교역조건은 어느 정도 악화되었는가?
    (b) 어떤 점에서 교역상대국이 불리해지는가? 교역조건의 악화는 이 교역상대국의 후생수준을 분명히 저하시킨다고 볼 수 있는가?

13. OPEC(석유수출국기구)은 카르텔로서 활동하고 있으며 공급을 제한함으로써 석유가격을 설정할 수 있다고 자주 언급되고 있다. 이것에 동의하는가? 그 이유를 설명하라.

부록

이 부록에서는 제임스 미드(James Meade)가 완성한 기법을 사용하여 정식으로 오퍼곡선을 유도하는 방법을 보여 준다. A4.1절에서는 1국의 무역무차별곡선을 유도하고 A4.2절에서는 무역무차별지도를 유도한다. A4.3절에서는 무역무차별지도와 무역이 발생할 수 있는 여러 가지 상대가격으로부터 1국의 오퍼곡선을 유도한다. A4.4절에서는 1국의 오퍼곡선과 관련하여 2국의 오퍼곡선을 살펴본다. A4.5절에서는 양국에서의 생산, 소비 및 무역을 동시에 보여 주는 완전한 일반균형모형을 제시한다. 마지막으로 A4.6절에서는 복수균형 및 불안정적 균형을 검토한다.

A4.1 1국의 무역무차별곡선의 유도

그림 4-7의 제2상한은 1국의 생산가능곡선과 사회무차별곡선 I을 보여 주고 있다. 이 그림과 그림 3-3과의 유일한 차이점은 생산가능곡선과 사회무차별곡선 I이 제1상한이 아닌 제2상한에 그려져 있다는 점과 수량의 크기를 왼편에서 오른편으로 하지 않고 오른편에서 왼편으로 측정한다는 점이다(이것은 곧 분명해진다). 그림 3-3에서와 같이 1국은 무역을 하기 전 50X와 60Y를 생산하고 소비함으로써 점 A에서 균형을 이루고 있다.

생산가능곡선과 무차별곡선 I이 접한 상태에서 상품축이 항상 평행을 이루도록 1국의 생산가능곡선을 무차별곡선 I을 따라 이동시키게 되면 생산가능곡선의 원점이 그림 4-7의 TI 궤적을 그리게 된다. 즉, 점 A^*는 점 A에서 유도되고, 점 B^*는 점 B에서, 점 W^*는 점 W에서 그리고 점 Z^*는 점 Z로부

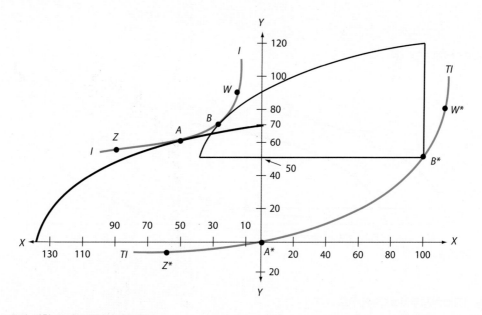

그림 4-7 **1국에 대한 무역무차별곡선의 유도**

무역무차별곡선 TI는 생산가능곡선이 무차별곡선과 접하고 상품축들이 항상 평행을 유지한 상태에서 1국의 생산가능곡선을 미끄러지게 함으로써 유도된다. 이렇게 하면 생산가능곡선의 **원점**은 무역무차별곡선 TI를 지나게 된다. 그 결과 1국의 후생수준이 (무차별곡선 I의 A와 같이) 처음에 무역을 하지 않을 때와 같아지는 여러 가지 **무역** 상황을 추적할 수 있다.

터 유도된다.

곡선 *TI*는 1국의 무차별곡선 *I*에 대응하는 무역무차별곡선이며, 1국이 무역 이전과 동일한 후생수준을 갖도록 해 주는 여러 가지 무역상황을 보여 주고 있다. 예를 들어, 점 *A*와 점 *B*는 동일한 무차별곡선 *I* 선상에 있기 때문에 점 *A*에서와 점 *B*에서의 1국의 후생수준은 동일하다. 그러나 1국은 점 *A*에서 무역 전 50X와 60Y를 생산하고 소비하나, 점 *B*에서는 130X와 20Y를 생산하고(이 경우 점 *B**가 원점이 됨) 30X와 70Y를 소비(이 경우 점 *A**가 원점이 됨)함으로써 100X를 수출하고, 50Y를 수입하게 된다.

따라서 무역무차별곡선(trade indifference curve)은 한 국가에 동일한 후생을 제공하는 여러 가지 무역상황을 나타낸다. 무역무차별곡선으로 표현되는 후생수준은 각 무역무차별곡선이 도출되는 각 사회무차별곡선의 후생수준이다. 또한 임의의 점에서 무역무차별곡선의 기울기는 그 무역무차별곡선이 유도되는 사회무차별곡선상의 그에 상응하는 점에서의 기울기와 동일하다.

A4.2 1국의 무역무차별지도의 유도

각각의 사회무차별곡선에 대응하는 무역무차별곡선은 하나 존재하며, 보다 높은 위치의 무역무차별곡선은 보다 높은 위치에 있는 사회무차별곡선(높은 후생수준을 반영하는)으로부터 유도된다. 따라서 한 나라의 무역무차별지도는 그 나라의 사회무차별곡선지도로부터 도출될 수 있다.

그림 4-8에서는 사회무차별곡선 *I*로부터(그림 4-7에서처럼) 무역무차별곡선 *TI*이, 사회무차별곡선 *III*로부터 무역무차별곡선 *TIII*가 도출되는 것을 보여 준다. 사회무차별곡선 *III*는 그림 그림 3-2에 표시

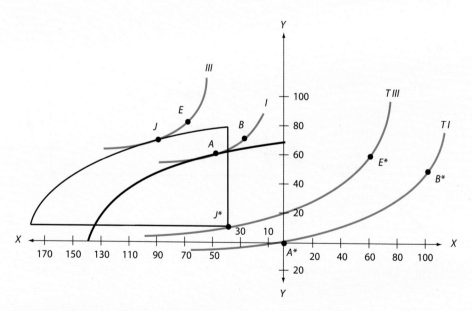

그림 4-8   **1국의 무역무차별지도의 유도**

무역무차별곡선 *TI*은 그림 4-7에서와 같이 1국의 무차별곡선 *I*으로부터 유도된다. 무역무차별곡선 *TIII*는 상품축들이 항상 평행을 유지한 상태에서 1국의 생산가능곡선을 무차별곡선 *III*를 따라 미끄러지게 함으로써 유도된다. 보다 높은 위치에 있는 사회무차별곡선 *III*으로부터 더 높은 수준의 무역무차별곡선 *TIII*가 유도된다. 각각의 무차별곡선에 대해 그에 상응하는 무역무차별곡선을 유도할 수 있으며 결국 1국의 전체 무차별지도를 형성하게 된다.

한 것과 같다. 그림 4-8에서 사회무차별곡선 III에 접하면서 생산가능곡선을 양축에 평행하도록 이동시키게 되면 접점 J는 $TIII$상의 J^*로 접점 E는 E^* 등으로 나타난다. 점 E는 $TIII$상의 점 E^*로 나타난다.

그림 4-8에서는 단지 TI과 $TIII$만을 유도하였다. 그러나 1국의 각각의 무차별곡선에는 그에 상응하는 무역무차별곡선이 존재하기 때문에 1국의 전체 무역무차별지도를 얻을 수 있다.

A4.3 1국의 오퍼곡선의 정형화된 도출

한 나라의 오퍼곡선은 그 나라 상품의 여러 가지 상대가격선들이 무역무차별곡선과 접합으로써 무역이 발생하는 접점의 궤적이다. 1국의 오퍼곡선은 그림 4-9에서 도출된다.

그림 4-9의 TI에서부터 TII까지는 그림 4-8과 마찬가지로 생산가능곡선과 사회무차별곡선으로부터 도출된 1국의 무역무차별곡선들이다. 그림 4-5에서와 같이 원점과 연결된 선 P_A, P_F, P_B, $P_{F'}$, $P_{A'}$은 무역이 이루어지는 상품 X의 상대가격선을 나타낸다.

접점 H, E, R, S, T를 원점과 연결하면 1국의 오퍼곡선이 유도되며, 이것은 그림 4-3에서보다 단순한 기법으로 유도했던 오퍼곡선과 동일하다. 유일한 차이는 1국 오퍼곡선의 상부에 위치한 후방굴절하는 부분까지도 유도했다는 점이다. 전에 정의한 것과 같이 1국의 오퍼곡선은 1국의 상품 X 수출공급량과 상품 Y 수입수요량의 여러 가지 조합을 나타낸다. 또한 1국의 교역조건이 개선될수록 무역무차별곡선의 위치는 더욱 높아지며, 그에 따라 1국의 후생수준도 더욱 커진다.

그림 4-9에서 교역조건이 $P_A = 1/4$에서 $P_M = 1.5$로 개선됨에 따라 1국은 상품 X의 수출공급을 점점 더 늘리고 그 대가로 상품 Y 수입수요도 더 증가한다. 점 R에서 1국은 상품 X를 70X까지 수출하려고 한다. 점 R을 지나서는 1국은 상품 X는 적게 수출하는 반면, 상품 Y는 더 많이 수입하려고 한다. 점 R을 지나서 1국의 오퍼곡선이 후방굴절하는 이유는 (4.3B절에서 논의된 바와 같이) 일반적으로 굴절하기 전의 오퍼곡선의 모양과 굴곡이 결정된 이유와 동일하다. 즉, 점 R을 지나서는 상품 X의 기회비용이 크게 증가하게 되고 또한 상품 Y 단위로 표시한 상품 X의 한계대체율이 크게 증가함에 따라 상품 X는 점점 덜 수출하는 반면 상품 Y는 점점 더 많이 수입하고자 한다.

또한 1국의 오퍼곡선의 형태는 1국의 상품 X에 대한 **국내수요**의 대체효과 및 소득효과로 설명될 수 있다. 즉, P_X/P_Y가 상승하게 되면 1국의 상품 X 생산량은 증가하는 반면 상품 X의 수요는 감소한다. 그 결과 1국은 상품 X를 더 많이 수출할 수 있다. 한편 P_X/P_Y가 상승함에 따라 1국의 소득도 증가하게 되는데, 그 이유는 1국이 상품 X를 수출하기 때문이다. 소득의 증가로 인해 상품 X를 포함한 모든 정상재에 대한 수요가 증가한다. 그 결과 대체효과에 의해 1국의 상품 X 수출은 증가하는 반면 소득효과에 의해 상품 X의 수출은 감소하는 경향이 있으며, 이 두 가지 효과는 동시에 작용한다. 즉, $P_X/P_Y = 1.5$까지(즉, 점 R까지)는 대체효과가 소득효과보다 크게 되어 1국의 상품 X 수출공급은 증가하나 $P_X/P_Y > 1.5$에서는 소득효과가 대체효과보다 커서 1국의 상품 X 수출공급이 감소하는 것이다(즉, 1국의 오퍼곡선은 후방굴절한다).

또한 1국의 오퍼곡선은 상품 Y에 대한 수입수요도 표현하는데, 그것은 (일반적인 수요곡선에서와 같이) 수입가격의 관점이 아니라 그 나라의 수출상품인 상품 X로 표시한 총지출의 관점에서 표현된다. 1국의 교역조건이 개선(즉, P_Y/P_X의 하락)됨에 따라 상품 X로 측정한 총지출은 점 R까지 상승하여, 점 R에서 극

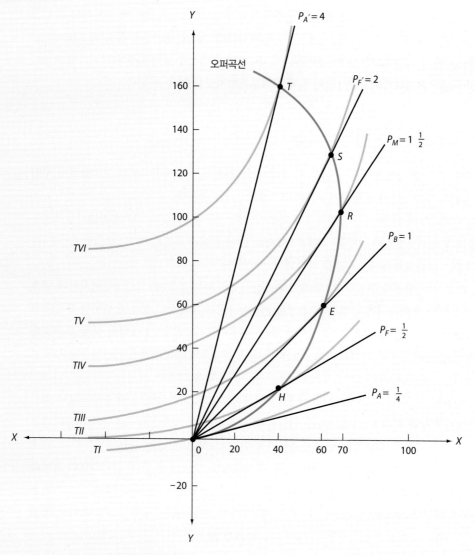

1국의 오퍼곡선에 대한 정형화된 도출

곡선 *TI*과 *TIII*는 그림 4-8에서 예시된 바와 같이 생산가능곡선과 사회무차별곡선으로부터 유도된 1국의 무역무차별곡선이다. 직선 원점에서 뻗어 나온 P_A, P_F, P_B, P_M, $P_{F'}$, $P_{A'}$은 무역이 발생하는 상품 X의 상대가격을 나타낸다. 원점과 무역무차별곡선과 가격선의 접점들을 연결함으로써 1국의 오퍼곡선이 도출된다. 이것은 점 *R*까지 탄력적이며, 점 *R*에서는 단위탄력적이고, 후방굴절 부분에서는 비탄력적이다.

대가 되고, 점 *R*을 지나서는 감소한다. 따라서 1국의 오퍼곡선은 점 *R*까지는 탄력적이며, 점 *R*에서는 단위탄력적이고, 점 *R*을 지나서는 비탄력적이 된다.

　이와 같은 논리로 인해서 타국의 수출상품에 대해 약한 수요를 가진 국가가 강한 수요를 가진 국가보다 더 큰 굴절(낮은 탄력성)을 갖게 되고 더 큰 무역이익을 얻게 된다는 것을 직관적으로 알 수 있다.

　이것을 때때로 상호수요의 법칙(law of reciprocal demand)이라 하는데, 영국의 고전학파 경제학자인 존 스튜어트 밀(Jhon S. Mill)은 이를 숫자를 통해 설명하였고, 그 후 오퍼곡선 혹은 상호수요곡선으로 일반화되고 도식화되었다.

연습문제 　보다 상급수준의 학생들은 1국의 오퍼곡선으로부터 역으로 (a) 1국의 상품 Y에 대한 수입수요곡선과(P_Y/P_X를 수직축으로 한 상태에서), (b) 1국의 상품 X에 대한 수출공급곡선 (P_X/P_Y를 수직축으로 한 상태에서)을 그릴 수 있어야 한다.

A4.4 2국의 오퍼곡선의 정형화된 도출

2국의 오퍼곡선은 앞에서와 마찬가지로 2국의 무역무차별지도와 무역이 성립될 수 있는 여러 가지 상품상대가격을 이용하여 도출된다. 그림 4-10에서는 전체적인 유도과정을 반복하지 않고 개괄적으

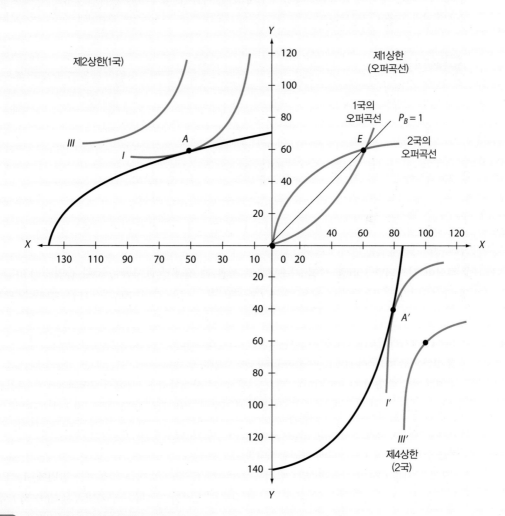

그림 4-10　2국의 오퍼곡선의 정형화된 도출

2국의 오퍼곡선은 1국의 경우와 마찬가지로 무역무차별곡선과 무역이 발생할 수 있는 여러 가지 상대가격으로부터 유도될 수 있다. 여기서는 전 과정을 반복하지 않고 단순히 개괄한다. 이와 같이 제1상한의 1국의 오퍼곡선은 제2상한의 생산가능곡선과 무차별곡선으로부터 유도되고 무차별 곡선과 같은 방향으로 굴절한다. 마찬가지로 제1상한에서 2국의 오퍼곡선은 제4상한의 생산가능곡선과 무차별곡선으로부터 유도되고 무차별곡 선과 같은 방향으로 굴절한다.

로 보여 주고 있다.

그림 4-10의 제2상한에는 1국의 생산가능곡선 및 무차별곡선 I과 III가, 제4상한에서는 2국의 생산가능곡선 및 무차별곡선 I'과 III'이 그려져 있다. 2국의 생산가능곡선과 무차별곡선을 제4상한에 나타냄으로써 제1상한에서 2국의 오퍼곡선을 1국의 오퍼곡선과 연관지어 유도할 수 있다.

그림 4-10의 제1상한에 있는 1국의 오퍼곡선은 그림 4-9에 있는 1국의 무역무차별지도로부터 도출되었으며, 1국의 오퍼곡선과 사회무차별곡선은 동일한 방향으로 굽어진다. 그리고 동일한 방법으로 그림 4-10의 제1상한에 있는 2국의 오퍼곡선은 제4상한에 위치한 2국의 무역무차별지도로부터 도출될 수 있으며, 2국의 사회무차별곡선과 동일방향으로 굽어진다.

그림 4-10의 제1상한에 위치한 1국과 2국의 오퍼곡선은 그림 4-5의 오퍼곡선과 동일하며, 교점에서 $P_B=1$이라는 상품의 균형상대가격이 결정된다. 다음 절에서 다시 소개하겠지만 이 점 E에서만 유일하게 일반균형이 성립된다.

> **연습문제** 2국의 오퍼곡선을 유도할 수 있는 2국의 무역무차별곡선을 후방굴절 부분을 포함하여 그리라.

A4.5 생산, 소비 및 무역의 일반균형

그림 4-11은 양국의 생산과 소비 및 무역이 모두 균형을 이루는 경우 이와 관련된 사항들을 하나의 도표에 겹친 것이다. 양국의 오퍼곡선(그림 4-10의 점 E와 마찬가지로)이 교차하는 점 E^*에서 1국과 2국의 생산가능곡선은 만나게 된다.

무역이 시작되면 1국(점 E^*를 기준점으로 했을 때 점 E가 표시하는 바와 같이)은 130X와 20Y를 생산하고(원점을 기준점으로 했을 때 점 E가 표시하는 바와 같이) 70X와 80Y를 소비함으로써 2국에 60X를 수출하고 60Y를 수입하게 된다. 한편 2국은 40X와 120Y(점 E^*를 기준점으로 했을 때 점 E가 표시하는 바와 같이)를 생산하고 100X와 60Y(원점을 기준점으로 했을 때 점 E가 표시하는 바와 같이)를 소비함으로써 1국에 60Y를 수출하고 60X를 수입하게 된다.

국제무역은 양국의 오퍼곡선이 교차하는 점 E^*의 상대가격 $P_B=1$에서 60X와 60Y가 교환됨으로써 균형을 이룬다. 또한 $P_B=1$은 1국과 2국에서 상품 X의 국내상대가격이 된다(점 E와 점 E'에서 각국의 생산가능곡선과 접하는 상대가격선을 보면 알 수 있다). 따라서 양국에서의 생산자와 소비자 및 무역업자는 동일한 균형상대가격에 직면하게 된다.

1국의 무차별곡선 III상의 점 E는 원점을 기준점으로 하여 소비를 측정하는 반면에, 1국의 생산가능곡선상의 점 E는 점 E^*를 기준점으로 하여 생산을 측정한다. 1국의 무차별곡선 III가 점 E에서 생산가능곡선과 접하는 것이 상이하게 보이는 듯하나 실제로는 그림 3-4에서 1국의 결과와 전적으로 일치하며, 2국도 역시 마찬가지이다.

그림 4-11은 이미 앞서 전개하였던 무역모형의 결과 및 결론을 요약해 주고 있고, 내용상 아무런 모순이 없다(그림 3-4와 비교). 그림 4-11은 두 나라와 두 상품을 다루고 있다는 사실만을 제외하면

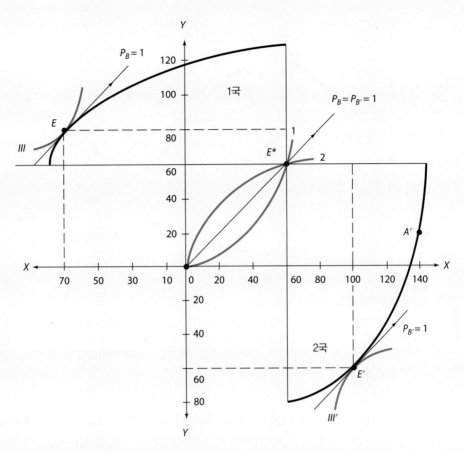

그림 4-11 미드의 일반균형 무역모형

이 그림은 미국와 영국의 20개 산업에서 상대적 노동생산성과 수출 점유율 사이에 양의 관계가 있음을 보여 주고 있으며, 따라서 리카도의 무역
1국과 2국의 생산가능곡선은 점 E^*(그림 4-10에서 점 E와 동일한 점)에서 만나며 거기서 두 국가의 오퍼곡선이 교차한다. 무역을 하는 경우 1국
은 130X와 20Y(점 E^*에 상응하는 점 E)를 생산하고 70X와 80Y를 소비한다(동일한 점 E이지만 원점으로부터 계산함). 그래서 2국과 60X를 수
출하고 60Y를 수입한다. 한편 2국은 40X와 120Y(E^*에 상응하는 점 E)를 생산하고 100X와 60Y를 소비한다(동일한 점 E이지만 원점으로부터 계
산함). 그래서 1국과 60Y를 수출하고 60X를 수입한다. 국제무역은 점 E^*에서 균형을 이루고, 무역을 할 때 각국 국내에서 상품의 균형상대가격은
$P_B = 1$이다.

완전한 일반균형모형이다. 그림 4-11이 매우 복잡하긴 하나 엄청나게 많은 유용한 정보를 단 하나의
그래프에다 요약하고 있다. 그림 4-11은 신고전파 무역모형의 결정판으로, 이것을 완전히 이해하면
차후 보다 더 깊이 있는 연구와 분석을 하는 데 크게 도움이 될 것이다.

A4.6 복수균형 및 불안정적 균형

그림 4-12에서 1국의 오퍼곡선은 2국의 오퍼곡선과 A와 B 및 C 세 점에서 교차하며, 균형점 B와 점 C는
안정적 균형점이지만 점 A는 불안정적 균형이다. 그것은 점 A에서 약간의 괴리가 발생하면 경제적 힘의
작용에 의해 균형점인 점 A로부터 점 B나 점 C로 이동하기 때문이다.

예를 들어 P_F에서는 2국의 상품 X에 대한 수입수요가 1국의 상품 X에 대한 수출공급보다 GH만큼

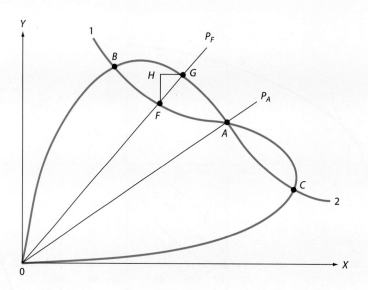

그림 4-12 안정적 균형과 불안정적 균형

균형점 A는 그 균형점으로부터 이탈한 경우 경제적인 힘이 작용하여 자동적으로 그 점으로부터 멀어지기 때문에 불안정적이다. 예를 들어 P_F에서 2국은 1국이 수출하고자 하는 상품의 양보다 GH만큼 더 많이 수요한다. 동시에 P_F에서 1국은 2국이 수출하고자 하는 것보다 상품 Y를 FH만큼 적게 수요한다. 앞의 두 가지 이유로 점 B에 도달할 때까지 P_X/P_Y는 상승하며, 점 B에서 조금만 이탈하더라도 그 국가는 다시 점 B로 돌아오게 된다. 한편 P_X/P_Y가 P_A 밑으로 하락하더라도 그 국가는 안정적 균형점인 점 C로 이동할 것이다.

크다. 동시에 1국의 상품 Y에 대한 수입수요가 2국의 상품 Y에 대한 수출공급보다 FH만큼 적다. 이 두 가지 이유로 인해 점 B에 도달할 때까지 P_X/P_Y는 상승한다. 점 B를 지나서는 1국의 상품 Y에 대한 수입수요는 2국의 상품 Y에 대한 수출공급보다 크게 되고, 또한 2국의 상품 X 수입수요는 1국의 상품 X 수출공급보다 작게 됨으로써 양국이 점 B로 다시 돌아갈 때까지 P_X/P_Y는 하락한다. 따라서 점 B는 안정적 균형점이다

또한 어떠한 이유에서든지 만일 P_X/P_Y가 P_A 이하로 하락하면(그림 4-12) 경제적 힘의 작용에 의해 양국은 자동적으로 또 하나의 안정적 균형점인 C에 도달하게 된다.

연습문제   그림 4-12에 2개의 상품의 상대가격을 하나는 점 A와 점 C 사이에, 다른 하나는 점 C의 오른쪽 부분에 양국의 오퍼곡선이 만나도록 그리라. 그린 2개의 상품의 상대가격선에서 출발하여 그 국가가 자동적으로 균형점 C에 도달하도록 하는 경제적 힘을 설명하라.

요소부존과 헥셔-오린 이론

- 비교우위가 국가 간 요소부존량 차이 때문에 발생하는 이유를 설명한다.
- 무역이 국가 간에 또한 국내에서 생산요소의 상대가격에 어떤 영향을 미치는지를 설명한다.
- 숙련노동과 미숙련노동 사이의 임금 격차에 무역이 큰 영향을 미치지 못하는 점을 설명한다.

5.1 서론

이 장에서는 두 가지 중요한 방향으로 무역모형을 확장한다. 첫째는 비교우위의 이유(즉, 무엇이 비교우위를 결정하는지)를 설명한다. 앞에서는 두 국가 간 상품의 상대가격의 차이가 비교우위의 증거이며 상호이익이 되는 무역의 발생 원인임을 살펴보았다. 이제 한 걸음 더 나아가 두 국가 간 비교우위와 상품의 상대가격의 차이가 발생하는 이유 또는 원인을 살펴본다. 둘째는 국제무역이 두 국가에서 생산요소의 소득에 미치는 효과를 분석하는 방향으로 무역모형을 확장하는 것이다. 즉, 무역이 노동소득뿐만 아니라 국가 간 소득격차에 미치는 효과를 설명하고자 한다.

애덤 스미스, 리카도, 밀은 대체로 이러한 두 가지 중요한 문제를 해결하지 못했다. 고전파 경제학자들에 따르면(노동을 유일한 생산요소로 고려하여) 비교우위는 국가 간 **노동생산성**의 차이에서 결정된다고 하였으나, 고전파 경제학자들은 이러한 생산성의 차이가 아마도 기후의 차이에서 발생했을 것이라고 생각했을 뿐 발생하는 이유를 설명하지 못했다. 헥셔-오린 이론은 비교우위의 이유를 설명하고 무역이 요소소득에 미치는 효과를 설명하기 위해 앞의 두 장에서 살펴본 무역모형을 확장하고 있다.

5.2절에서는 헥셔-오린 이론의 가정을 소개하고, 5.3절에서는 요소집약도와 요소부존도를 정의하며, 요소부존도가 요소가격 및 생산가능곡선 형태와 어떻게 관련되는지를 설명한다. 5.4절에서는 헥셔-오린 모형을 소개하고 이를 그림으로 설명한다. 5.5절에서는 국제무역이 각국의 요소소득과 소득분배에 미치는 효과를 설명한다. 마지막으로 5.6절은 헥셔-오린 무역모형에 관한 실증 분석들을 소개한다. 요소가격균등화 정리를 정식으로 도출하고 헥셔-오린 무역모형을 검증하기 위한 보다 정교한 도구들은 부록에서 소개한다.

5.2 헥셔-오린 모형의 가정

헥셔-오린 이론은 몇 가지 단순화하기 위한 가정들을 전제로 한다(이들 가운데 일부는 헥셔와 오린이 암묵적으로만 가정한 것도 있다). 분석을 하면서 필요할 때마다 이러한 가정들을 언급하기보다는 현시점에서 가정들을 모두 소개하고 각 가정의 의미를 설명하는 것이 논리적이며 편리하다. 이렇게 함으로써 소개되는 모형을 보다 잘 이해할 수 있고 설명을 보다 유연하고 직접적으로 할 수 있다. 다음 장에서는 이론을 보다 현실적으로 하기 위해 이러한 가정들을 완화하며, 이러한 가정의 완화가 이 장의 결론에 어떤 영향을 미치는지를 살펴본다.

5.2A 가정

헥셔-오린 이론은 다음의 가정들에 기초한다.

1. 2개의 국가(1국, 2국), 2개의 상품(상품 X, 상품 Y), 2개의 생산요소(노동, 자본)가 존재한다.
2. 기술수준은 두 국가에서 동일하다.
3. 두 국가에서 상품 X는 노동집약적이고 상품 Y는 자본집약적이다.
4. 두 가지의 상품은 양국에서 규모에 대한 수익불변인 생산기술로 생산된다.
5. 두 국가에서 생산을 할 때 불완전특화가 발생한다.
6. 양국의 기호는 동일하다.
7. 두 국가에서 상품 및 생산요소시장은 완전경쟁시장이다.
8. 국내에서 생산요소는 완전히 이동 가능하지만 국가 간 생산요소의 이동은 불가능하다.
9. 수송비, 관세 등 기타 무역장벽이 존재하지 않는다.
10. 양국에서 모든 자원은 완전고용되고 있다.
11. 두 국가 간 무역수지는 균형상태에 있다.

5.2B 가정의 의미

가정 1(2개의 국가, 2개의 상품, 2개의 생산요소)의 의미는 명확하며 2차원 평면 그림으로 이론을 설명할 수 있도록 하기 위해 도입되었다. (다음 장에서 논의되는 바와 같이) 이 가정을 완화하여 (보다 현실적인 경우인 2개 이상의 국가, 2개 이상의 상품, 2개 이상의 생산요소가 존재하는 경우를 살펴보아도) 헥셔-오린 이론의 결론은 기본적으로 변하지 않는다는 점을 염두에 두고 단순화를 위해 이와 같이 가정한다.

가정 2(즉, 기술수준은 양국에서 동일하다는 가정)는 양국 모두 동일한 일반적 생산방법에 접근할 수 있으며 이용한다는 것을 의미한다. 따라서 양국에서 요소가격들이 같다면 양국의 생산자들은 각 상품을 생산할 때 노동과 자본을 각각 동일한 양만큼씩 사용한다. 일반적으로 요소가격이 상이하기 때문에 각국의 생산자들은 생산비용을 최소화하기 위해 상대적으로 저렴한 생산요소를 더 많이 사용한다.

가정 3[상품 X는 노동집약적(labor intensive)이고 상품 Y는 자본집약적(capital intensive)이라는 가정]은 양국에서 상품 X를 생산하기 위해서는 상품 Y에 비해 상대적으로 더 많은 노동을 필요로 한다는 것을 의미한다. 보다 정확하고 전문적인 용어를 사용하면, 이는 양국에서 생산요소의 상대가격이 동일하다면 상품 X를 생산할 때의 노동-자본 비율(labor-capital ratio, L/K)이 상품 Y를 생산할 때보다 높다는 것을 의미한다. 이는 상품 X를 생산할 때의 자본-노동 비율(capital-labor ratio, K/L)이 상품 Y를 생산할 때보다 낮다는 말과 같다. 그러나 이것이 1국과 2국에서 상품 X를 생산할 때의 K/L 비율이 같다는 것을 의미하는 것은 아니며, 단지 양국에서 상품 X를 생산할 때의 K/L가 Y를 생산할 때의 K/L보다 낮다는 점만을 의미한다. 이 점은 매우 중요하기 때문에 5.3A절에서 다시 명확하게 다룰 것이다.

가정 4[양국에서 두 상품을 생산할 때 규모에 대한 수익불변(constant returns to scale)의 가정]는 어느 상품의 생산에 이용되는 노동과 자본의 양이 모두 증가하면 그 상품의 생산량도 동일한 비율로 증가한다는 것을 의미한다. 예를 들어 1국이 상품 X의 생산에 투입되는 노동과 자본의 양을 모두 10% 증가시키면 상품 X의 생산량도 10% 증가하며, 상품 X의 생산에 이용되는 노동과 자본의 투입량을 2배로 증가시키면 생산량도 2배로 증가한다. 이것은 상품 Y의 생산에 있어서도 적용되며 2국에서도 마찬가지다.

가정 5(양국에서 생산을 할 때 불완전특화가 이루어진다는 가정)는 자유무역을 하더라도 양국은 두 가지 상품을 모두 생산한다는 것을 의미한다. 이것은 양국 가운데 어느 한 국가도 '매우 작은' 국가가 아니라는 것을 의미한다.

가정 6(양국의 기호가 동일하다는 가정)은 무차별곡선들의 형태와 위치에 반영되어 있는 수요가 양국에서 동일하다는 것을 의미한다. 따라서(예 : 자유무역을 하는 경우에서와 같이) 상품의 상대가격이 양국에서 동일하면 양국은 상품 X와 Y를 동일한 비율로 소비한다는 것을 의미한다. 이것은 5.4C절에서 설명된다.

가정 7[상품 및 생산요소 시장에서의 완전경쟁(perfect competition)]은 양국에서 상품 X와 Y의 생산자, 소비자 및 무역거래자들이 각각 규모가 너무 작아서 이들 상품의 가격에 영향을 미칠 수 없음을 의미한다. 노동과 자본의 수요자 및 공급자의 경우에도 마찬가지다. 또한 완전경쟁은 장기의 경우에 상품의 가격이 생산비용과 같고 따라서(암묵적 비용을 포함한) 모든 비용을 고려할 경우(경제적) 이윤이 0이 됨을 의미한다. 마지막으로 완전경쟁은 모든 생산자, 소비자 및 생산요소의 소유자들이 국내 모든 부문과 산업에서 상품가격과 요소가격에 관한 완전한 정보를 가지고 있다는 것을 의미한다.

가정 8[생산요소의 국내 이동가능성(internal factor mobility) 및 국제적 이동 불가능성]은 노동과 자본은 보수가 낮은 지역이나 산업에서 보수가 높은 지역이나 산업으로 자유롭게 이동할 수 있고 또 실제로 신속하게 이동하기 때문에 동일한 질의 노동과 자본에 대한 보수는 국내의 모든 지역이나 산업 그리고 어떠한 용도로 사용되든 같아야 한다는 점을 의미한다. 반면 국가 간 생산요소의 이동가능성(international factor mobility)은 0(즉, 국가 간 생산요소의 이동이 불가능하다)이며, 이는 무역을 하지 않는 경우 요소소득의 국가 간 격차는 무한히 지속될 수 있음을 의미한다.

가정 9(수송비, 관세 및 무역장벽이 없다는 가정)는 무역을 하게 되면 양국에서 상품의 상대가격(및 절대가격)이 같아질 때까지 생산의 특화가 계속된다는 것을 의미한다. 수송비 또는 관세가 존재하는 경우에는 상품의 상대가격(및 절대가격)이 수송비나 관세만큼 차이가 날 때까지 생산의 특화가 진행될 것이다.

가정 10(양국에서 모든 자원이 완전고용된다는 가정)은 각 국가에서 활용되지 않는 생산요소나 자원이 없다는 것을 의미한다.

가정 11(국가 간 무역수지가 균형상태에 있다는 가정)은 각 국가의 총수출액과 총수입액이 같다는 것을 의미한다.

5.3 요소집약도, 요소의 풍부성 및 생산가능곡선

5.4절에서 소개될 헥셔-오린 이론은 요소집약도와 요소의 풍부성으로 표현되므로 이들 용어의 명확하고 정확한 의미를 이해하는 것은 매우 중요하다. 따라서 5.3A절에서는 요소집약도의 의미를 설명하고, 5.3B절에서는 요소풍부성의 의미 및 요소가격과의 관계를 설명한다. 마지막으로 5.3C절에서는 각 국가의 요소풍부성과 생산가능곡선 형태 사이의 관계를 설명한다.

5.3A 요소집약도

2개의 상품(X, Y)과 2개의 생산요소(노동, 자본)가 존재하는 경우에 상품 Y를 생산할 때의 자본-노동 비율(K/L)이 상품 X를 생산할 때의 K/L보다 크면 상품 Y를 자본집약적이라고 한다.

예를 들어 상품 Y 1단위를 생산할 때 2단위의 자본과($2K$) 2단위의 노동($2L$)이 필요하다면 자본-노동 비율은 1이다. 즉, Y를 생산할 때의 $K/L=2/2=1$이 된다. 만일 상품 X 1단위를 생산하기 위해 $1K$와 $4L$이 필요하다면, 상품 X를 생산할 때의 $K/L=1/4$이 된다. 상품 Y를 생산할 때 $K/L=1$이고 상품 Y를 생산할 때 $K/L=1/4$이므로 상품 Y는 자본집약적이고 상품 X는 **노동집약적**이라고 한다.

두 상품의 자본집약도를 측정할 때 중요한 점은 두 상품의 생산에 사용되는 노동과 자본의 **절대량**이 아니라 **노동 한 단위당 자본량**(즉, K/L)이라는 점에 주의하자. 예를 들어 (앞의 예와 같이) 1Y를 생산하는 데는 $2K$와 $2L$이 필요한 반면, 1X를 생산하기 위해서는 ($1K$와 $4L$ 대신에) $3K$와 $12L$이 필요하다고 하자. 비록 1X 생산에는 $3K$가 필요하고, 1Y 생산에는 $2K$가 필요하지만 상품 Y는 자본집약적 상품인데, 그 이유는 상품 Y를 생산할 때의 K/L가 상품 X를 생산할 때의 K/L보다 크기 때문이다. 즉, 상품 Y를 생산할 때의 $K/L=2/2=1$이지만, X를 생산할 때의 $K/L=3/12=1/4$이기 때문이다.

수직축에는 자본(K)을 수평축에는 노동(L)을 측정하고, 원점을 지나는 직선 위에서 생산이 이루어진다면, 이 직선의 기울기가 상품을 생산할 때의 자본-노동 비율(K/L)이 된다. 그림 5-1은 이 점을 보여 주고 있다.

그림 5-1은 1국이 $2K$와 $2L$을 투입하여 1Y를 생산할 수 있음을 보여 주고 있다. 규모에 대한 수익이 불변이기 때문에(가정 4), 1국은 $4K$와 $4L$을 투입하여 2Y를 생산할 수도 있다. 따라서 상품 Y의 경우에 $K/L=2/2=4/4=1$이 된다. 이것은 1국에서 상품 Y를 생산할 때의 원점을 지나가는 직선의 기울기가 1인 것으로 표현된다(그림 5-1 참조). 한편 1국에서 상품 X를 1단위 생산하기 위해서는 $1K$와 $4L$이 필요하고, 2X를 생산하기 위해서는 $2K$와 $8L$이 필요하다. 따라서 1국에서 X를 생산할 때의 $K/L=1/4$이다. 이러한 사실은 1국에서 상품 X를 생산할 때의 직선의 기울기가 1/4인 것으로 표현된다. 상품 Y를 생산할 때의 K/L 또는 직선의 기울기가 상품 X를 생산할 때보다 크기 때문에 1국에서 상품 Y는 자본집약적이고 상품 X는 노동집약적이라고 한다.

2국의 경우에는 상품 Y를 생산할 때의 K/L(또는 직선의 기울기)가 4이고 상품 X를 생산할 때는 1이다

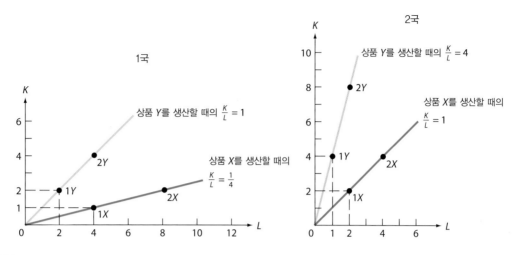

1국과 2국에서 상품 X와 Y를 생산할 때의 요소집약도

1국에서는 상품 Y를 생산할 때의 자본-노동 비율(K/L)이 1이고, 상품 X를 생산할 때의 $K/L=1/4$이다. 이러한 사실은 1국에서 각 상품을 생산할 때의 직선의 기울기로 표현된다. 따라서 1국에서 상품 Y는 자본집약적이다. 2국에서는 상품 Y를 생산할 때의 $K/L=4$이고 상품 X를 생산할 때의 $K/L=1$이다. 2국은 두 상품을 생산할 때의 K/L가 1국보다 더 높은데, 그 이유는 2국에서 자본의 상대가격(r/w)이 더 낮기 때문이다. r/w이 하락한다면 생산자들은 생산비용을 극소화하기 위하여 노동을 자본으로 대체할 것이다. 그 결과 두 상품을 생산할 때의 K/L는 상승한다.

(그림 5-1 참조). 따라서 2국에서도 상품 Y는 자본집약적이고 상품 X는 노동집약적이다. 이러한 사실은 양국에서 상품 Y를 생산할 때 원점을 지나가는 직선의 기울기가 상품 X를 생산할 때보다 가파르다(즉, 기울기가 크다)는 사실로 알 수 있다.

양국에서 모두 상품 Y가 자본집약적이기는 하지만, 2국은 1국보다 더 높은 K/L를 이용하여 상품 X와 Y를 생산한다. 상품 Y를 생산할 때 2국에서의 $K/L=4$이지만 1국에서는 $K/L=1$이다. 상품 X를 생산할 때는 2국에서 $K/L=1$이지만 1국에서 $K/L=1/4$이다. 그러면 다음과 같은 의문이 생긴다. 두 가지 상품을 생산할 때 왜 2국은 1국보다 자본집약적인 생산방법을 선택할까? 그 해답은 2국에서는 자본이 1국보다 상대적으로 저렴하기 때문에 2국의 생산자들은 생산비용을 최소화하기 위하여 두 가지 상품을 생산할 때 상대적으로 더 많은 자본을 투입하는 것이다. 그렇다면 왜 2국에서 자본이 상대적으로 저렴할까? 이 문제에 답하기 위해서는 요소의 풍부성을 정의하고 요소 풍부성과 요소가격의 관계를 살펴보아야 한다.

그러나 이를 살펴보기 전에 이와 연관되어 있는 다음의 중요한 문제를 해결해 보자. 어떤 이유로든 만약 자본의 상대가격이 하락한다면 어떤 결과가 나타날까? 생산자들은 생산비용을 최소화하기 위해 두 상품을 생산할 때 노동을 자본으로 대체할 것이다. 그 결과 두 상품은 보다 자본집약적이 될 것이다. 그러나 생산요소의 상대가격이 어떻게 변화하더라도 상품 Y를 생산할 때의 K/L를 상품 X를 생산할 때의 K/L보다 클 때만 상품 Y는 명백하게 자본집약적 상품이라고 말할 수 있다. 이것은 기본적으로 경험적 문제이며 5.6절에서 검토될 것이다. 지금은 이것이 사실이라고 (즉, 생산요소의 상대가격이 어떻게 변화한다고 하더라도 Y는 항상 자본집약적이라고) 가정하자.

요약하면 생산요소의 상대가격이 어떻게 변화하더라도 상품 Y를 생산할 때의 K/L가 상품 X를 생산할 때보다 더 크면, 상품 Y는 항상 자본집약적이라고 말할 수 있다. 2국에서는 자본의 상대가격이

1국에서보다 낮으므로 2국에서는 두 상품을 생산하는 데 있어 K/L가 더 크다. 만약 자본의 상대가격이 하락한다면, 생산자들은 비용을 최소화하기 위해 각 상품을 생산할 때 노동을 자본으로 대체할 것이다. 따라서 두 상품을 생산할 때의 K/L는 더 커지기는 하지만 상품 Y는 자본집약적 상품이다.

5.3B 요소의 풍부성

요소의 풍부성(factor abundance)을 정의하는 데는 두 가지 방법이 있다. 한 가지 방법은 물량 단위로 (즉, 각국이 사용할 수 있는 자본과 노동의 총량으로) 정의하는 방법이다. 두 번째 방법은 생산요소의 상대가격(relative factor prices)으로 (즉, 각국에서 자본 임대료와 노동 가격으로) 정의하는 방법이다.

물량적 정의에 의하면 2국이 이용할 수 있는 총노동량에 대한 총자본량의 비율(TK/TL)이 1국보다 크면(즉, 2국의 TK/TL가 1국의 TK/TL보다 크면) 2국은 자본풍부국이다. 여기에서 중요한 것은 각국이 이용할 수 있는 자본과 노동의 절대량이 아니라 총노동량에 대한 총자본량의 비율이라는 점을 주목하자. 따라서 2국이 1국보다 자본을 더 적게 가지고 있어도 2국의 TK/TL가 1국보다 크면 2국은 자본풍부국이다.

생산요소의 가격에 의한 정의에 의하면 2국에서 노동의 가격에 대한 자본 임대료 비율(즉, 2국의 P_K/P_L)이 1국보다 낮으면(즉, 2국의 P_K/P_L가 1국의 P_K/P_L보다 작으면) 2국은 자본풍부국이다. 통상적으로 자본 임대료는 이자율(r)이고 노동의 시간당 가격은 임금(w)이므로 $P_K/P_L=r/w$이 된다. 이 경우에도 역시 한 국가가 자본풍부국인지 아닌지는 r의 절대적 수준이 아니라 r/w에 의해 결정된다. 예를 들어 2국의 r이 1국보다 높다고 하더라도 r/w이 1국보다 낮으면 2국은 자본풍부국이다.

생산요소의 풍부성에 대한 두 가지 정의의 관계는 명백하다. 물량 단위로 정의한 생산요소의 풍부성에 대한 정의는 생산요소의 공급 측면만 고려한다. 요소가격에 의한 정의에서는(상품이나 생산요소의 가격은 완전경쟁시장에서는 수요와 공급에 의해 결정된다는 사실을 경제원론을 통해 이미 알고 있으므로) 수요 및 공급 측면을 모두 고려한다. 또한 경제원론으로부터 생산요소에 대한 수요는(상품을 생산하기 위해서는 생산요소가 필요하므로 최종 상품에 대한 수요에서 유발된) 유발수요(derived demand)임을 알고 있다.

양 국가에서 기호 또는 선호가 동일하다고 가정했으므로 요소의 풍부성에 대한 두 가지 정의의 결과는 같다. 즉, 수요조건(과 기술수준)이 동일할 때 2국의 TK/TL가 1국보다 크면 P_K/P_L는 1국에서 더 높게 된다. 따라서 2국은 어느 정의에 의하더라도 자본풍부국이 된다.

그러나 일반적으로는 항상 그러한 것은 아니다. 예를 들어 2국에서는 1국에서보다(자본집약적인 상품인) 상품 Y에 대한 수요가 크고 따라서 자본에 대한 수요가 매우 크기 때문에, (2국에서 자본의 공급량이 상대적으로 더 많다고 하더라도) 2국에서 자본의 상대가격이 1국에서보다 더 높은 경우도 생각해 볼 수 있다. 이 경우에 2국은 물량적 정의에 의하면 자본풍부국이지만 요소가격 정의에 의하면 노동풍부국이 된다.

이런 경우에는 요소가격에 의한 정의를 이용하여야 한다. 즉, 자본의 상대가격이 낮은 국가는 자본풍부국이다. 하지만 기호가 동일하다고 가정했기 때문에 현재의 경우에는 두 가지 정의 방법 사이에 모순은 없다. 왜냐하면 어떤 방법으로 정의하더라도 2국은 자본풍부국이며, 1국은 노동풍부국이기 때문이다. 이 장에서는 별도의 언급이 없는 한 이렇게 가정하기로 한다.

5.3C 요소의 풍부성과 생산가능곡선

2국은 자본풍부국이고 상품 Y는 자본집약적인 상품이기 때문에 2국은 1국보다 상대적으로 상품 Y를 더 많이 생산할 수 있다. 반면 1국은 노동풍부국이고 상품 X는 노동집약적 상품이므로 1국은 2국보다 상품 X를 상대적으로 더 많이 생산할 수 있다. 따라서(수평축에 상품 X를 측정하면) 1국의 생산가능곡선은 2국의 생산가능곡선에 비해 기울기가 완만하고 더 넓게 나타난다.

1국과 2국의 생산가능곡선을 동일한 축에 그린 그림이 그림 5-2이다.(이것은 그림 3-1과 동일하며, 제3장과 제4장에서 사용된 그림이다.) 1국은 노동풍부국이고 상품 X는 노동집약적 상품이므로, 1국의 생산가능곡선은 상품 X를 측정하는 수평축 방향으로 치우치게 그려졌다. 반대로 2국은 자본풍부국이고 상품 Y는 자본집약적인 상품이므로, 2국의 생산가능곡선은 상품 Y를 측정하는 수직축 방향으로 치우쳐 있다. 두 국가의 생산가능곡선을 동일한 축에 그린 이유는, 이렇게 함으로써 생산가능곡선의 모양의 차이를 명확하게 알 수 있고, 또한 5.4C절에서 소개할 헥셔-오린 이론을 설명하는 데 도움이 되기 때문이다. 사례연구 5-1은 각국의 상대적 요소부존량을 보여 주며, 사례연구 5-2는 주요 선진국 및 개발도상국들의 노동자 1인당 자본을 보여 준다. 요소집약도와 요소 풍부성의 정의를 명확하게 설명했으므로 이제 헥셔-오린 이론을 살펴보기로 하자.

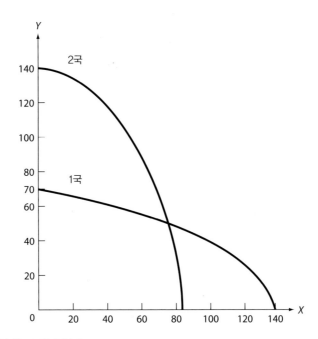

그림 5-2 **1국과 2국의 생산가능곡선의 형태**

1국의 생산가능곡선은 2국의 생산가능곡선에 비해 기울기가 완만하고 더 넓은 모양으로 나타나는데, 이것은 1국이 2국에 비해 상대적으로 상품 X를 더 많이 생산할 수 있다는 것을 의미한다. 그 이유는 1국이 노동풍부국이고 상품 X가 노동집약적이기 때문이다.

사례연구 5-1 각국의 상대적 요소부존량

표 5-1은 2015년도 주요 선진국과 개발도상국에 대한 세계 GDP에 대한 각국 GDP의 구성비와 아울러 (1) 토지, (2) 물적 자본, (3) R&D 과학자, (4) 숙련노동, (5) 반숙련노동, (6) 미숙련노동의 세계 전체에 대한 구성비를 보여 준다. 경작 가능 토지는 농업제품을 생산하기 위한 일반적 자원이며, 물적 자본은 기계, 공장 및 기타 비인적 생산수단을 의미한다. R&D 과학자는 대학 이상의 교육을 받은 최고로 숙련된 노동으로 첨단기술 제품을 생산하는 데 이용되며, 숙련노동은 대학 교육을 받은 노동이고, 미숙련노동은 초등학교 이상의 교육을 받지 않은 노동이다. 이들 요소의 세계 전체 부존량 중에서 한 국가가 차지하는 구성비가 세계 GDP 대비 이들 국가의 GDP 구성비(2010년 국제 달러 가격으로 표시된 GDP)보다 높으면, 이 국가는 그 요소를 풍부하게 가지고 있다고 정의한다.

표 5-1에 의하면 미국의 경우 세계 전체에 대한 물적 자본의 구성비가 GDP 구성비보다 높고, 숙련노동, 반숙련노동, 미숙련노동은 GDP 구성비보다 낮다는 것을 알 수 있다. 따라서 미국은 자본집약적 상품과 R&D 과학자를 집약적으로 이용하는 상품에 비교우위 또는 수출잉여를 가지며, 숙련노동, 반숙련노동, 미숙련노동으로 생산되는 모든 상품뿐만 아니라 농업제품 및 기타 토지 및 천연자원 집약적인 상품에는 비교열위를 가질 것으로 예상된다.

일본, 독일, 영국, 프랑스는 자본집약적 상품과 R&D 과학자를 집약적으로 이용하는 상품을 상대적으로 풍부하게 가지고 있고(따라서 비교우위를 가진다), 또한 이탈리아는 물적 자본에, 캐나다는 경작가능 토지, 물적 자본, R&D 과학자에 비교우위를 갖는다.

대한민국은 물적 자본과 R&D 과학자를 상대적으로 풍

표 5-1 2015년도 세계 전체 대비 각국의 요소부존비율

국가	(1) 경작가능 토지(%)	(2) 물적 자본(%)	(3) R&D 과학자(%)	(4) 숙련노동 (%)	(5) 반숙련 노동(%)	(6) 미숙련 노동(%)	(7) GDP(%)
미국	10.6	19.5	16.7	10.3	8.5	0.0	15.8
일본	0.3	9.4	8.5	4.0	2.4	0.0	4.3
독일	0.8	4.5	4.6	2.7	2.2	1.4	3.4
영국	0.4	2.7	3.32.3	1.9	1.9	2.4	
프랑스	1.2	3.9	3.4	2.0	1.5	0.9	2.3
이탈리아	0.5	2.8	1.4	1.6	1.2	0.7	1.9
캐나다	3.1	2.4	2.1	1.2	0.9	0.7	1.4
대한민국[a]	0.1	2.1	4.1	1.5	1.3	1.1	1.7
중국	8.5	16.0	19.1	4.4	23.8	19.2	17.1
인도	10.9	3.4	2.7	6.7	7.7	18.4	7.0
러시아	8.6	2.3	5.7	4.4	4.4	2.0	3.3
브라질	5.6	2.7	2.0	1.7	1.5	1.5	2.8
멕시코	1.6	3.3	0.6	3.3	2.3	2.5	2.0
기타 국가	47.9	25.1	25.8	54.0	40.2	49.8	27.7
세계 전체	100.0	100.0	100.0	100.0	100.0	100.0	100.0

[a] IMF는 현재 대한민국을 선진국으로 분류함.

출처 : World Bank, *World Development Report*, 2018: *PENN World Table*, 2015 및 *OECD Economic Outlook*, 2018.

부하게 가지고 있고, 중국은 R&D 과학자와 반숙련 및 미숙련 노동을 상대적으로 풍부하게 가지고 있다. 인도는 경작가능 토지와 반숙련 및 미숙련 노동이 풍부하며, 러시아는 경작가능 토지와 R&D 과학자 그리고 숙련 및 반숙련 노동이 풍부하고, 브라질은 경작가능 토지가 풍부하고 물적 자본에 대해서는 중립적이다. 멕시코는 물적 자본, 숙련 노동, 반숙련 노동, 미숙련 노동이 풍부하다.

사례연구 5-2　각국의 자본 - 노동 비율

표 5-2는 2015년도 선진국 및 개발도상국의 노동자 1인당 자본의 양을 보여 준다. 자본저량은 각국에서 달러의 실질 구매력을 반영하기 위해 2010년 국제 달러 가격으로 측정하였으며 이에 따라 국제 비교를 의미 있게 할 수 있다. 이 표를 통해 미국의 1인당 자본의 양은 (표의 좌측에 있는) 기타 선진국보다 높고, 대한민국의 1인당 자본의 양은 (표의 우측에 있는) 기타 개발도상국보다 높다는 점을 알 수 있다. 따라서 이 표로부터 미국은 기타 선진국 및 개발도상국에 대하여 또한 대한민국은 기타 개발도상국에 대해 (또한 대한민국은 캐나다, 독일, 스페인 및 영국에 대해) 자본집약적 상품에 비교우위를 가지고 있음을 추론할 수 있다.

표 5-2　2015년도 각국의 노동자 1인당 자본의 양(2010년 국제 달러 가격)

선진국	노동자 1인당 자본의 양(달러)	개발도상국	노동자 1인당 자본의 양(달러)
미국	215,709	대한민국[a]	181,072
프랑스	199,337	터키	128,425
일본	194,164	러시아	93,695
이탈리아	182,978	중국	92,029
캐나다	176,042	멕시코	82,558
독일	174,304	타이	63,119
스페인	163,960	브라질	56,296
영국	131,494	인도	25,030

[a] IMF는 현재 대한민국을 선진국으로 분류함.

출처 : *PENN World Table*, 2015 and World Bank, *World Development Indicators*, 2018.

5.4 요소부존량과 헥셔-오린 이론

1919년 스웨덴 경제학자 엘리 헥셔(Eli Heckscher)는 '국제무역이 소득분배에 미치는 효과'라는 제목의 논문을 발표하여, 오늘날 '현대적 국제무역이론'의 초석이 되었다. 이 논문은 10년 이상 관심을 끌지 못하였으나 헥셔의 제자였던 스웨덴의 경제학자 베르틸 오린(Bertil Ohlin)이 이 논문을 발전시켜 1933년에 지역 간 국제무역이라는 저서를 발간하여 크게 주목을 받았다.

오린의 연구는 헥셔의 연구 내용과 더 나아가 그보다 더 많은 내용을 포함하고 있으므로 여기서는 오린의 연구만 소개하기로 한다. 그러나 모형의 핵심은 헥셔에 의해 처음으로 도입되었으므로 헥셔의 공헌을 인정하여 이 이론을 헥셔–오린 이론이라고 부른다. 오린은 국제무역에 관한 연구 업적을 인정받아 (제임스 미드와 함께) 1977년 노벨 경제학상을 공동 수상했다.

헥셔–오린 이론(H-O theory)은 (무역 패턴을 설명하고 예측하는) 헥셔–오린 정리(H-O theorem)와 (무역이 생산요소의 가격에 미치는 효과를 다루는) 요소가격 균등화 정리라는 두 가지 정리로 집약된다. 요소가격 균등화 정리는 5.5절에서 소개하기로 한다. 이 절에서는 H-O 정리를 소개한다. 우선 H-O 정리의 내용을 소개하고 그 의미를 간략하게 살펴본 뒤 H-O 이론이 갖는 일반균형 이론적 특성을 설명하고 그래프를 이용하여 설명하기로 한다.

5.4A 헥셔–오린 정리

5.2절의 가정에서 출발하여 헥셔–오린 정리(Heckscher-Ohlin theorem)의 내용을 설명하면 다음과 같다. 한 국가는 상대적으로 풍부하고 저렴한 생산요소를 집약적으로 사용하여 생산되는 상품을 수출하며, 상대적으로 희소하고 값비싼 생산요소를 집약적으로 사용하여 생산되는 상품을 수입한다. 요약하면 노동풍부국은 노동집약적 상품을 수출하고 자본집약적 상품을 수입한다.

앞의 예에 의하면 1국은 상품 X를 수출하는데, 그 이유는 상품 X가 노동집약적 상품이고 1국에서는 노동이 상대적으로 풍부하며 저렴한 생산요소이기 때문이다. 반대로 2국은 상품 Y를 수출하는데, 그 이유는 상품 Y가 자본집약적 상품이고 2국에서는 자본이 상대적으로 풍부하고 저렴한 생산요소이기 때문이다(즉, r/w이 1국보다는 2국에서 더 낮기 때문).

H-O 정리는 국가 간 상대가격의 차이와 비교우위를 결정하는 모든 원인 중에서 상대적 요소풍부성 또는 요소부존도의 국가 간 차이를 비교우위와 국제무역의 기본적인 원인 또는 결정요인으로 간주한다. 이러한 이유에서 H-O 모형을 요소비율이론(factor-proportions theory) 또는 요소부존이론(factor-endowment theory)이라고도 부른다. 즉, 각 국가는 상대적으로 풍부하고 저렴한 생산요소를 집약적으로 사용하는 상품을 특화하여 생산하고 수출하며 상대적으로 희소하고 값비싼 생산요소를 집약적으로 사용하는 상품을 수입한다.

따라서 H-O 정리는(고전파 경제학자들이 그랬던 것처럼) 비교우위를 가정하는 것이 아니라 이를 설명하고 있다. 즉, H-O 정리는 생산요소의 상대적 부존량 및 가격의 차이가 무역을 하지 않을 때의 국가 간 상품의 상대가격의 차이를 가져오는 원인이라고 설명한다. 이러한 상품 및 생산요소의 상대가격 차이로 인해(2.4D절에서 설명한 바와 같이) 결국 국가 간 생산요소 및 상품의 절대가격의 차이가 발생한다. 그러므로 무역의 직접적인 원인은 바로 이러한 국가 간 상품의 절대가격 차이이다.

5.4B 헥셔–오린 이론의 일반균형 체계

그림 5-3을 통해 H-O 이론의 일반균형적 특성을 일목요연하게 요약하여 살펴볼 수 있다. 그림의 오른쪽 하단에서부터 출발하면, 기호와 생산요소 소유권의 분배(즉, 소득분포)가 결합하여 상품의 수요를 결정한다는 점을 알 수 있다. 상품에 대한 수요는 이를 생산하기 위해 필요한 생산요소에 대한 유발수요를 결정한다. 완전경쟁상태에서 생산요소에 대한 수요는 생산요소의 공급과 함께 생산요소 가격을 결정하며, 생산요소의 가격은 기술수준과 함께 최종 상품의 가격을 결정한다. 상품의 국가 간 상대가격의 차이는 비교우위와 무역 패턴(즉, 어느 국가가 어느 상품을 수출하는가)을 결정한다.

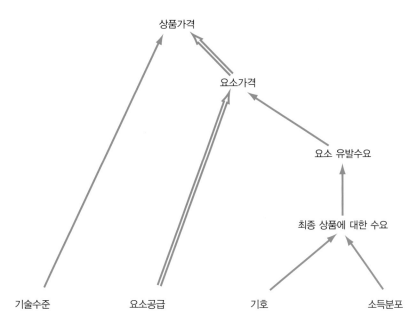

헥셔–오린 이론의 일반균형 체계

그림의 오른쪽 하단에서 시작하면 생산요소의 소유권 분배, 즉 소득분포와 기호가 상품에 대한 수요를 결정하며, 최종 상품에 대한 수요로부터 생산요소에 대한 수요가 유발된다. 생산요소에 대한 수요와 공급은 생산요소의 가격을 결정하며, 생산요소의 가격과 기술수준이 상품의 가격을 결정한다. 국가 간 상품의 상대가격의 차이가 비교우위와 무역 패턴을 결정한다.

    그림 5-3은 모든 경제적 요인들이 결합하여 최종 상품의 가격을 어떻게 결정하는지를 명확하게 보여 주고 있다. 이러한 이유에서 H–O 모형을 일반균형모형이라고 한다.

    그러나 H–O 모형은 동시에 작용하고 있는 모든 경제적 요인 중에서 국가 간 생산요소의 **물량적 이용 가능성**이나 생산요소의 공급의 차이로 국가 간 상품의 상대가격의 차이와 무역을 설명하고 있다. 특히 오린은 국가 간 기호(및 소득분포)가 같다고 가정하였다. 그 결과 국가 간 상품 및 생산요소에 대한 수요가 유사하게 된다. 따라서 국가 간에 상품의 상대가격의 차이가 발생하는 원인은 국가 간 여러 가지 생산요소의 공급량이 차이가 있기 때문이다. 마지막으로 기술수준은 동일하지만 요소가격의 차이가 있기 때문에 국가 간 상품의 상대가격 차이와 무역이 발생한다. 즉, 그림 5-3의 복선으로 그려진 화살표는 생산요소의 상대적 공급 차이로 인해 생산요소 및 상품의 상대가격의 차이가 발생한다는 점을 보여 주고 있다.

    여기서 주목할 것은 이러한 H–O 모형의 결과를 얻기 위해 두 국가에서 선호와 소득분배 그리고 기술수준이 동일할 필요는 없다는 점이다. 이들은 대체로 유사하기만 하면 된다. 기호, 소득분배 및 기술이 동일하다는 가정은 헥셔–오린 이론을 그림으로 간단히 설명하고 설명을 용이하게 하기 위한 것이다. 이러한 가정들은 6.2절에서 완화된다.

5.4C 헥셔–오린 이론의 설명

그림 5-4를 이용하여 H–O 이론을 설명해 보자. 왼쪽 도표는 그림 5-2에서처럼 1국과 2국의 생산가능곡선을 보여 준다. 5.3C절에서 설명한 바와 같이 1국의 생산가능곡선은 X축 쪽으로 치우쳐 있는데,

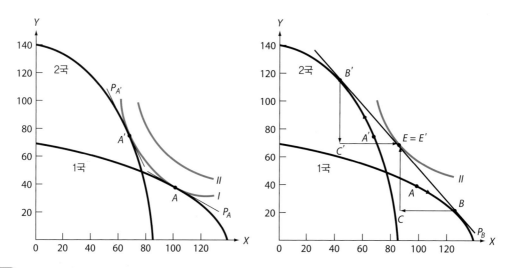

그림 5-4 **헥셔-오린 모형**

양국의 기호가 동일하다는 가정에 의해 무차별곡선 *I*은 양국에서 동일하다. 무차별곡선 *I*은 1국의 생산가능곡선과 점 *A*에서 접하며 2국의 생산가능곡선과는 점 *A′*에서 접한다. 이에 따라 무역 이전의 상품의 균형상대가격이 1국에서는 P_A, 2국에서는 $P_{A′}$으로 결정된다(왼쪽 도표 참조). P_A <$P_{A′}$이므로 1국은 상품 X에 비교우위를 가지며 2국은 상품 Y에 비교우위를 갖는다. 무역을 하게 되면(오른쪽 도표 참조) 1국은 점 *B*에서 생산하고 상품 X를 상품 Y와 교환하여 점 *E*에서 소비하며(무역삼각형 *BCE*). 2국은 점 *B′*에서 생산하고 상품 Y를 상품 X와 교환하여 점 *E′*에서 소비한다. 무역 이후 양국은 모두 상위의 무차별곡선 *II*에서 소비할 수 있으므로 무역으로부터 이익을 얻는다.

그 이유는 양국에서 기술수준이 동일하고 1국은 노동풍부국이며 상품 X는 노동집약적 상품이기 때문이다. 기호 역시 동일하다고 가정하였으므로 양국의 무차별곡선 역시 동일하다. (양국에서 동일한) 무차별곡선 *I*은 1국의 생산가능곡선과 점 *A*에서 접하고, 2국의 생산가능곡선과 점 *A′*에서 접하고 있다. 무차별곡선 *I*은 1국과 2국이 폐쇄경제에서 도달할 수 있는 최상위의 무차별곡선이며 점 *A*와 점 *A′*은 무역을 하지 않을 때의 균형 생산점 및 소비점이다. 비록 양국이 동일한 기호(무차별지도)를 가지고 있다고 가정하였지만, 무역 이전이나 이후에도 양국이 동일한 무차별곡선에 있을 이유는 없다는 점에 주목하자. 다만 그림을 단순화하기 위하여 양국이 동일한 무차별곡선에 있다고 그렸을 뿐이다.

무차별곡선 *I*이 점 *A*와 *A′*에서 접하고 있기 때문에 무역 이전 또는 폐쇄경제의 상품의 균형상대가격은 1국의 경우 P_A가 되고 2국의 경우에는 $P_{A′}$임을 알 수 있다. P_A<$P_{A′}$이므로 1국은 상품 X에 2국은 상품 Y에 비교우위를 갖는다.

오른쪽 도표는 무역을 하게 되면(양국의 생산가능곡선상의 화살표의 방향으로 알 수 있는 바와 같이) 1국은 상품 X의 생산에, 2국은 상품 Y의 생산에 특화하고 있음을 보여 준다. 이러한 생산에서의 특화는 1국이 점 *B*, 2국은 점 *B′*에 도달할 때까지 계속되며, 결국 양국의 생산가능곡선이 상품의 상대가격선인 P_B와 접하게 된다. 이때 1국은 상품 X를 수출하고 상품 Y를 수입하여 무차별곡선 *II* 위의 점 *E*에서 소비한다(무역삼각형 *BCE* 참조). 한편 2국은 상품 Y를 수출하고 상품 X를 수입하여 점 *E′*에서 소비한다(무역삼각형 *B′C′E′* 참조).

1국의 상품 X 수출과 2국의 상품 X의 수입은 같다(즉, *BC=C′E′*)는 점을 주목하자. 마찬가지로 2국의 상품 Y의 수출과 1국의 상품 Y의 수입은 같다(즉, *B′C′=CE*). P_X/P_Y>P_B이면, 1국은 이렇게 높은 상품 X의 상대가격에서 2국이 수입하려고 하는 상품 X의 양보다 더 많은 양을 수출하려고 하므로 P_X/P_Y는 P_B로 하락한다. 반대로 $P_X/P_Y < P_B$이면 1국은 이렇듯 낮은 상품 X의 상대가격에서 2국이 수입하려는 양보다 더 적은 양을 수출하려고 하므로 P_X/P_Y는 P_B로 상승한다. 이와 같은 P_X/P_Y의 변화는 상품 Y의 상대가격의 변화로도 설명될 수 있다.

또 한 가지 주목해야 할 것은 점 E에서는 점 A와 비교할 때 상품 Y는 더 많고 상품 X는 더 적다는 점이다. 그럼에도 불구하고 점 E가 보다 상위의 무차별곡선 II 위에 있으므로 1국은 무역으로부터 이익을 얻는다. 마찬가지로 점 E'에서는 점 A'과 비교할 때 상품 X는 많고 상품 Y는 더 적더라도 점 E'이 상위의 무차별곡선 II 위에 있으므로 2국 역시 이익을 얻는다. 어느 한 국가 또는 두 국가에서 상품 및 생산요소 시장의 수요조건이나 공급조건이 변화하지 않는 한 이러한 생산에서의 특화, 무역 및 소비 유형은 변하지 않는다.

이제 그림 3-4와 그림 5-4를 간단히 비교해 보는 것이 도움이 될 것이다. 그림 3-4에서는 양국의 생산가능곡선의 차이 외에도 기호의 차이가 있기 때문에 폐쇄경제에서 양국 상품의 상대가격의 차이는 그림 5-4에서보다 더 커진다. 반대로 양국 기호의 차이가 너무 커서 상호이익이 되는 무역이 발생하지 않을 수도 있다. 이러한 상황은 폐쇄경제에서 양국의 상이한 무차별곡선이 각국의 생산가능곡선과 접한 결과 양국에서 상품의 상대가격이 동일한 경우에 발생한다. 이 점은 이 장 끝의 연습문제 4번에서 다시 한 번 제시된다.

H-O 이론이 성립하기 위해서 양국의 기호가 동일(즉, 양국의 무차별곡선이 동일)하다는 가정이 반드시 필요한 것은 아니라는 점을 주목하자. 다만 기호의 차이가 존재하더라도, 이러한 기호의 차이가 너무 크지 않아서 국가 간 요소부존도와 생산가능곡선의 차이가 상품의 상대가격의 차이와 비교우위를 가져오는 경향을 상쇄하지만 않으면 된다. 따라서 어떤 의미에서는 그림 3-4가 그림 5-4보다 일반적인 H-O 모형을 설명한다고 할 수 있다. 사례연구 5-3은 각 산업을 요소집약도로 분류하며, 사례연구 5-4는 H-O 이론이 예측하는 바와 같이 주요 선진국 및 개발도상국의 무역 패턴이 요소부존량과 부합하는지를 살펴본다.

5.5 요소가격 균등화와 소득분배

이 절에서는 요소가격 균등화 정리를 설명하는데, 이 정리는 H-O 정리가 성립할 경우에만 성립하며 H-O 정리에서 직접적으로 유도된 필연적 결과이다. 이 정리를 엄밀하게 증명한 사람은 (1970년 노벨 경제학상을 수상한) 폴 사무엘슨(Paul Samuelson)이다. 그런 이유로 이 정리를 헥셔−오린−사무엘슨 정리(간단히 H-O-S 정리)라고도 한다.

5.5A절에서는 요소가격 균등화 정리의 내용을 소개하고 그 의미를 설명하며, 5.5B절에서는 요소가격 균등화 정리를 직관적으로 증명한다. 5.5C절에서는 이 정리와 밀접한 관계가 있는 문제로 무역이 교역국 내의 소득분배에 미치는 효과를 설명한다. 5.5D는 한 가지 이상의 생산요소가 산업 간에 이동할 수 없는 특정요소의 경우로 분석을 확장한다. 5.5E절에서는 요소가격 균등화 정리의 현실적 타당성을 간략히 살펴본다. 요소가격 균등화 정리에 대한 엄밀한 증명은 이 장 부록에 수록하였다. 이 정리를 증명하기 위해서는 제3장 부록에 소개된 중급 미시경제학의 분석도구가 필요하다.

사례연구 5-3 요소집약도에 의한 주요 상품군의 분류

표 5-3은 국제무역이 이루어지고 있는 주요 상품군에 대한 개략적인 요소집약도를 보여 준다. 그러나 부품과 컴포넌트를 해외로부터 아웃소싱하는 세계화 시대에서 어떤 상품의 전반적인 평균적 요소집약도는 일부 부품과 컴포넌트의 요소집약도와 다를 수 있다는 점에 주의해야 할 것이다.

표 5-3 주요 상품군의 요소집약도

경작가능 토지 및 기타 천연자원 집약적 상품

농업제품(식료품, 원자재)
연료 및 광업제품(광석 및 기타 광물, 연료, 비철금속)

자본집약적 상품

철강
농업 화학제품
자동차제품(자동차, 부품, 엔진)

R&D 과학자 및 기타 숙련노동 집약적 상품

화학제품(의약품 및 농업 화학제품을 제외한 기타 화학제품)
사무용 및 통신 장비
민간 항공기, 엔진, 부품
기계(발전기, 전기 및 비전기 기계)
과학기기 및 제어기기

미숙련노동 집약적 상품

직물
의류 및 신발
개인 및 가사 용품

출처 : WTO, *International Trade Statistical Review*(Geneva: WTO, 2018); J. Romalis, "Factor Proportions and the Structure Commodity of Trade," *American Economic Review*, March 2004, pp. 67-97.

5.5A 요소가격 균등화 정리

5.2A절의 가정을 바탕으로 한 요소가격 균등화 정리(factor-price equalization H-O-S theorem)의 내용은 다음과 같다. 무역의 결과 국가 간 동질적 생산요소에 대한 상대적 보수 및 절대적 보수는 균등화된다. 이러한 의미에서 국제무역은 생산요소의 국제적 이동가능성을 대체한다.

이 정리는(5.2A절의 가정이 모두 성립할 때) 무역의 결과 동질적 노동(즉, 훈련, 숙련도 및 생산성이 동일한 노동)에 대한 임금이 모든 교역국에서 동일해진다는 것을 의미한다. 마찬가지로 무역의 결과 동질적 자본(즉, 생산성과 위험이 동일한 자본)에 대한 보수가 모든 교역국에서 동일해진다. 즉, 무역의 결과 1국과 2국에서 w와 r이 동일해진다. 생산요소의 절대가격 및 상대가격 모두 균등화된다.

사례연구 5-4 각국 무역의 요소집약도

이제 사례연구 5-1에서 살펴본 여러 국가의 순수출이 각국의 상대적 요소부존량과 부합하는지를 알아보기 위해 2017년도의 무역자료를 검토하기로 하자.

미국 : 2017년도에 미국은 (의약품을 제외한 화학제품과 같은) 자본집약적이고 R&D 집약적인 상품과 항공기 및 과학기기와 의료용 진단기기에서 순수출을 기록했고 (연료와 같은) 일부 천연자원과 (섬유, 직물, 개인 및 가사 용품과 같은) 미숙련노동집약적인 상품에서는 순수입을 기록했다. 이러한 사실은 미국의 상대적 요소부존량과 대체로 부합한다. 한편 미국은 기계, 의약품, 사무용 및 통신 장비와 같은 R&D 집약적인 상품에서는 무역수지가 적자를 기록한 반면, 무역수지 적자를 기록할 것이라고 예상했던 농산물에서는 무역수지가 흑자였다. 또한 미국은 무역수지 흑자를 보일 것으로 기대했던 (철강 및 자동차제품과 같은) 일부 자본집약적 상품에서는 무역수지가 적자인 반면, 숙련노동이 상대적으로 풍부하지 않음에도 불구하고 상업 서비스 무역에서는 큰 폭의 무역수지 흑자를 기록했다.

유럽연합 : 상대적 요소부존량으로 예측할 수 있는 바와 같이 유럽연합(EU-28)은 (자동차제품과 화학품과 같은) 자본집약적 상품과 R&D 집약적 상품에서는 무역수지 흑자를, 연료, 광업제품, 섬유 및 의류, 개인 및 가사 용품에서는 무역수지 적자를 기록했다. 그러나 EU는 사무용 및 통신 장비에서는 큰 폭의 무역수지 적자를, 농업 및 철강에서는 어느 정도 무역수지 균형을 달성한 반면, 상업 서비스에서는 큰 폭의 무역수지 흑자를 기록했는데, 이러한 사실은 EU의 상대적 요소부존량과는 부합하지 않는 점이다.

일본 : 2017년 일본의 무역수지는 상대적 요소부존량으로 예측할 수 있는 바와 같이 자본집약적 상품과 R&D 집약적 상품에서는 큰 폭의 흑자를, 천연자원 집약적 상품과 반숙련노동 및 미숙련노동 집약적 상품에서는 큰 폭의 적자를 보였다. 그러나 일본은 (R&D 집약적인) 사업용 항공기에서는 큰 폭의 적자를 보였으며 (숙련노동을 필요로 하는) 상업 서비스에서는 실질적으로 무역수지가 균형상태에 있었다.

캐나다 : 캐나다의 무역 특징은 상대적 요소부존량으로 예측할 수 있는 바와 같이 농업제품, 연료와 광업제품에서 순수출이 크게 나타났고, 상업 서비스와(직물과 같은) 미숙련 노동 집약적 상품에서는 순수입이 크게 발생했다는 점이다. 그러나 상대적 요소부존량과는 반대로 캐나다는 철강, 화학 및 자동차에서는 적자를 기록했다.

중국 : 상대적 요소풍부성으로 예측할 수 있는 바와 같이 중국은 농업제품, 연료 및 광업제품 및 자동차제품에서 순수입을 기록한 반면, 사무용 및 통신 장비, 전기기기, 직물, 의류, 개인 및 가사 용품에서는 순수출을 기록했다. 그러나 상대적 요소부존량과는 반대로 중국은 (철강과 같은) 일부 자본집약적 상품과 (R&D 집약적인) 화학품에서는 무역수지 적자를 기록했다.

기타 국가 : 위에서 살펴본 국가 외에도 대한민국, 인도, 러시아, 브라질, 멕시코의 무역은 상당 부분 각국의 요소부존량을 반영하지만 몇 가지 예외는 있다.

요약하면 가장 큰 선진국이나 개발도상국 무역의 대부분은 요소부존량(H-O 이론)의 예측대로 발생했지만 몇 가지 예외는 있다고 말할 수 있다. H-O 이론을 보다 엄밀하게 검증한 결과는 5.6절에서 논의된다. 시간이 지남에 따라 비교우위가 변화하는 것은 제7장에서 살펴본다.

출처 : WTO, *International Trade Statistical Review*(Geneva: WTO, 2018)

1국에서는 노동의 가격, 즉 임금이 상대적으로 더 낮기 때문에 무역 이전의 상품 X의 상대가격은 1국에서 더 낮다는 점을 5.4절에서 살펴본 바 있다. 1국이 (노동집약적 상품인) 상품 X의 생산에 특화하고 (자본집약적 상품인) 상품 Y의 생산을 감소시킴에 따라 노동에 대한 수요가 상대적으로 증가하여 임금(w)이 상승하는 반면 자본에 수요가 상대적으로 감소하여 이자율(r)이 하락한다. 2국에서는 정반대의 경우가 나타난다. 즉, 2국이 상품 Y의 생산에 특화하고 상품 X의 생산을 감소시킴에 따라 노동에 대한 수요는 상대적으로 감소하여 임금이 하락하는 반면 자본에 대한 수요는 상대적으로 증가하여 이자율이 상승한다.

요약하면 무역의 결과 w는 (저임금국가인) 1국에서는 상승하고 (고임금국가인) 2국에서는 하락한다. 즉, 무역은 무역을 하지 않을 때 존재했던 국가 간 임금 격차를 감소시킨다. 마찬가지로 무역으로 인해 (자본이 비싼) 1국의 r은 하락하고 (자본이 저렴한) 2국의 r은 상승하여 결국 폐쇄경제에서의 양국 간 r 격차는 감소한다. 이로써 무역이 무역 이전에 존재했던 국가 간 w와 r의 차이를 **감소시키는 경향**이 있다는 점을 증명한 셈이다.

한 걸음 더 나아가 모든 가정이 성립한다면 무역의 결과 동질적 생산요소에 대한 보수의 국가 간 격차가 감소할 뿐만 아니라 사실상 생산요소의 상대가격이 완전하게 균등화된다는 점도 보여 줄 수 있다. 그 이유는 생산요소의 상대가격이 상이한 이상, 상품의 상대가격 역시 상이하게 되어 무역이 계속 확대되기 때문이다. 그러나 무역이 확대되면 국가 간 요소가격의 격차는 감소하므로 상품의 상대가격이 완전히 일치할 때까지 무역은 확대될 것이며, 이는 생산요소의 상대가격이 국가 간에 동일해짐을 의미한다.

5.5B 상대적 요소가격 균등화와 절대적 요소가격 균등화

이제 무역의 결과 (5.2A절의 가정이 성립한다면) 생산요소의 상대가격이 국가 간 균등해진다는 점을 그림으로 살펴보자. 그림 5-5에서 노동의 상대가격(w/r)은 수평축으로 상품 X의 상대가격(P_X/P_Y)은 수직축으로 측정한다. 각국은 동일한 기술수준을 가지고 있으며 완전경쟁하에서 생산하고 있으므로 w/r와 P_X/P_Y는 일대일 대응 관계에 있다. 즉, 각각의 w/r는 특정한 P_X/P_Y와 연관되어 있다.

무역을 하기 이전에 1국은 점 A에서 $w/r=(w/r)_1$이고 $P_X/P_Y=P_A$이며, 2국은 점 A'에서 $w/r=(w/r)_2$이고 $P_X/P_Y=P_{A'}$이다. 무역 이전에 1국의 w/r는 2국보다 낮으므로, P_A는 $P_{A'}$보다 작고 따라서 1국은 상품 X에 비교우위를 갖는다.

(노동풍부국인) 1국이 (노동집약적 상품인) 상품 X의 생산에 특화하고 상품 Y의 생산이 감소함에 따라 1국에서는 노동에 대한 수요가 자본에 대한 수요에 비해 증가하므로 w/r는 상승하고, 그 결과 1국에서 P_X/P_Y가 상승한다. 반면 (자본풍부국인) 2국에서는 (자본집약적 상품인) 상품 Y의 생산에 특화함에 따라 자본에 대한 상대적 수요가 증가하고 r/w은 상승한다(즉, w/r는 하락한다). 그 결과 2국에서는 P_Y/P_X가 상승한다(즉, P_X/P_Y가 하락). 이 과정은 그림 5-5의 점 $B=B'$이 될 때까지 계속되는데, 이때 양국에서 $P_B=P_{B'}$이 되고 $w/r=(w/r)^*$가 된다. 양국에서 w/r가 동일해질 경우에만 $P_B=P_{B'}$이 된다는 점에 주목하자. 그 이유는 양국이 (가정에 의해) 동일한 기술수준과 완전경쟁하에서 생산하고 있기 때문이다. 또한 $P_B=P_{B'}$은 P_A와 $P_{A'}$ 사이에 위치하고 있고 $(w/r)^*$는 $(w/r)_1$과 $(w/r)_2$ 사이에 위치하고 있다는 점도 주목하자. 요약하면 무역의 결과 P_X/P_Y는 동일해지고 P_X/P_Y가 동일해지는 것은 (양국이 두 상품을 계속 생산하는 한) 양국에서 w/r가 완전하게 일치하는 경우에만 가능하다. 상대적 요소가격 균등화 정리를 보다 엄밀하게 증명하는 일은 다소 어려운데, 이는 이 장 부록을 참고하기 바란다.

위의 설명은 생산요소의 절대가격이 아닌 **상대가격**이 균등화되는 과정을 설명한 것이다. 생산요소

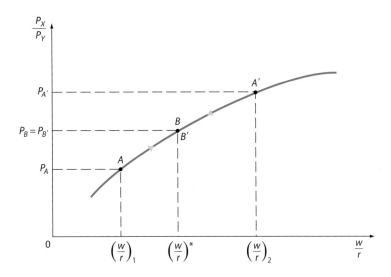

상대적 요소가격 균등화

그림에서 수평축은 w/r를 수직축은 P_X/P_Y를 나타낸다. 무역 이전에 1국은 점 A에서 $w/r=(w/r)_1$이고 $P_X/P_Y=P_A$이며, 2국은 점 A'에서 $w/r=(w/r)_2$이고 $P_X/P_Y=P_{A'}$이다. 1국에서는 w/r가 2국보다 낮기 때문에 P_A는 $P_{A'}$보다 작고, 따라서 1국은 상품 X에 비교우위를 갖는다. 무역을 하면 1국은 상품 X의 생산에 특화하고 노동에 대한 수요가 상대적으로 증가하여 w/r는 상승한다. 2국이 상품 Y의 생산에 특화함에 따라 자본에 대한 수요가 상대적으로 증가하고 r/w은 상승한다(즉, w/r는 하락한다). 이러한 과정은 $B=B'$이 될 때까지 계속되어 결국 양국에서 $w/r=(w/r)^*$가 된다.

의 절대가격이 균등화된다는 것은 무역의 결과 양국에서 동질적 노동에 대한 실질임금과 동질적 자본에 대한 실질이자율이 각각 같아진다는 것을 의미한다. 그러나 상품 및 생산요소 시장이 완전경쟁 상태에 있으며, 기술수준은 양국에서 동일하고 두 상품이 규모에 대한 수익불변인 생산기술로 생산된다면, 무역의 결과 생산요소의 가격이 상대적으로 균등화될 때 생산요소에 대한 보수는 절대적으로도 균등화된다. 부록에서는 상대적 요소가격 균등화 정리를 증명한 후에 절대적 요소가격 균등화 정리에 대해 엄밀하게 증명한다.

　요소가격에 미치는 효과에서 무역은 생산요소의 국제적 이동가능성을 대체하고 있음을 주목하자. 이동가능성이 완전하다면(즉, 정보가 완전하고 어떤 법적 제한이나 이동 비용이 존재하지 않는다면) 노동은 저임금국가에서 고임금국가로 이동하여 양국의 임금은 같아질 것이다. 마찬가지로 자본도 이자율이 낮은 국가에서 이자율이 높은 국가로 이동하여 양국의 이자율은 같아질 것이다. 무역은 생산요소의 수요에 영향을 미치는 반면, 생산요소의 국제적 이동가능성은 생산요소의 공급에 영향을 미친다. 어떤 경우이든 결과적으로 동질적 생산요소에 대한 절대적 보수는 완전히 균등화된다. (비록 완전하지는 않더라도) 생산요소가 어느 정도 국제적으로 이동가능하다면, 무역을 적게 하더라도 국가 간 요소가격은 균등화된다.

5.5C 무역이 소득분배에 미치는 효과

앞에서는 무역이 국가 간 요소가격의 차이에 미치는 효과를 살펴보았지만, 이제는 무역이 한 국가 내의 생산요소의 상대가격과 소득에 미치는 효과를 살펴보기로 하자. 이 두 가지 문제는 분명 관련된 것이긴 하지만 동일한 문제는 아니다.

특히 5.5A절에서 무역의 결과 양국에서 w와 r이 각각 균등화되는 경향이 있다는 점을 살펴보았다. 이제 무역이 각국 내의 실질임금과 노동의 실질소득 그리고 실질이자율과 자본소유자의 실질소득에 어떤 영향을 미치는지를 살펴보기로 하자. 국제무역의 결과 한 **국가** 내에서 실질임금과 노동자의 실질소득은 실질이자율과 자본소유자의 실질소득과 비교하여 증가할까 아니면 감소할까?

5.5A절에서 무역의 결과 한 국가 내에서 풍부하고 저렴한 생산요소의 가격은 상승하는 반면 희소하고 값비싼 생산요소의 가격은 하락한다는 사실을 살펴본 바 있다. 우리가 든 예에서 1국의 w는 상승하고 r은 하락하는 반면 2국의 w는 하락하고 r은 상승하였다. 무역 이전이나 이후에도 노동과 자본은 완전고용 상태에 있음을 가정하였기 때문에 노동의 실질소득과 자본소유자의 실질소득은 요소가격의 변동과 같은 방향으로 변화한다. 따라서 무역의 결과 (노동이 저렴하고 자본의 가격이 비싼) 1국에서는 노동의 실질소득이 증가하고 자본소유자의 실질소득은 감소한다. 반대로 (노동이 비싸고 자본이 저렴한) 2국에서는 무역의 결과 노동의 실질소득은 감소하고 자본소유자의 실질소득은 증가한다. 이것이 8.4C절에서 상세하게 살펴볼 스톨퍼-사무엘슨 정리의 결론이다.

(미국, 독일, 일본, 프랑스, 영국, 이탈리아, 캐나다와 같은) 선진국에서는 (우리들의 예에서 2국처럼) 자본이 상대적으로 풍부하기 때문에 무역의 결과 노동의 실질소득은 감소하고 자본소유자의 실질소득은 증가하는 경향이 있다. 이러한 이유 때문에 선진국의 노동조합은 일반적으로 무역규제를 선호한다. 반면 (인도, 이집트, 대한민국, 멕시코와 같은) 개발도상국에서는 노동이 상대적으로 풍부한 요소이므로 무역의 결과 노동의 실질소득은 증가하고 자본소유자의 실질소득은 감소한다.

헥셔-오린 이론에 의하면 미국과 같이 자본이 풍부하고 노동이 희소한 국가에서는 무역의 결과 노동의 실질임금과 실질소득이 감소하기 때문에 미국 정부는 무역을 규제해야 하는 것이 아닐까? 그 답은 거의 언제나 '아니요'이다. 왜냐하면 무역의 결과 노동자들이 입는 손실(특히 미숙련노동)(사례연구 5-5 참조)은 자본소유자들이 얻는 이익보다 적기 때문이다. 자본소유자에 대한 과세와 노동자에 대한 보조금과 같은 재분배정책을 적절히 취한다면 양측 모두 무역으로부터 이익을 얻을 수 있다. 이러한 재분배정책은 수입품으로 인해 실직한 노동자를 재교육하고 노동자에 대한 세금감면과 일부 사회보장 혜택을 제공하는 형태를 취할 수 있다. 이러한 중요한 문제는 제8~9장의 무역규제에 관한 논의에서 살펴본다.

사례연구 5-5 무역 때문에 미국의 임금 불평등이 심화되었는가?

지난 20년간 무역으로 인해 미국 및 기타 산업국가에서 숙련노동과 미숙련노동 사이의 임금 불평등이 심화되었는가? 그 답은 '그렇다'이지만 무역이 중요한 원인은 아니다. 첫째, 몇 가지 사실들을 살펴보자. 1979년부터 1993년까지 미국의 고교 졸업생의 평균임금은 20% 이상 감소하였지만 대학교 졸업자의 평균임금은 11% 증가하여 숙련노동과 미숙련노동 사이에 임금 격차가 크게 확대되었다. 다른 연구에 의하면

1973년부터 1996년 기간에 미국에서 대학 졸업자와 고등학교 졸업자 사이의 실질임금 격차가 63% 확대되었다. 문제는 국제무역이 얼마나 임금 격차의 확대에 기여했는가라는 점이다.

이 문제에 대해서는 의견이 일치하지 않는다. 우드(Wood, 1994, 1995, 1998), 보르하스와 라미(Borjas and Ramey, 1994), 작스와 샤츠(Sachs and Shatz, 1994, 1996), 로드릭(Rodrik,

1997) 그리고 핀스트라와 핸슨(Feenstra and Hanson, 2009)은 신흥공업경제(NIEs)의 제조업 수출확대가 1980년부터 2000년 동안 미국의 임금 격차와 서부유럽의 실업에 대한 주요 원인이라고 주장한다.

그러나 크루그먼과 로렌스(Krugman and Lawrence, 1994), 바그와티와 코스터스(Bhagwati and Kosters, 1994), 크루그먼(Krugman, 1995, 2000), 슬로터와 와겔(Slaughter and Wagel, 1997), 클라인(Cline, 1997) 및 OECD(1998) 등의 학자는 산업국가의 저임금국가로부터 비원유(nonpetroleum) 수입이 GDP의 3% 정도에 불과하기 때문에 국제무역이 미국에서 미숙련노동자에 대한 실질임금 하락이나 (실질임금이 경직적인) 서부유럽에서의 실업에 대한 주요 원인이 될 수 없다고 주장한다. 그들 역시 국제무역이 산업국가에서 미숙련노동자의 문제를 야기했다는 점은 인정하지만, 미국에서 숙련노동과 미숙련노동의 임금 불평등의 확대에는 국제무역이 (10~15% 정도에 불과한) 미미한 역할을 했다는 것이다. 숙련노동과 미숙련노동 간 임금 불평등의 확대의 대부분은 아마도 자동화나 여러 업무의 컴퓨터 처리와 같은 기술진보 때문인데, 기술진보가 미국과 유럽에서 미숙련노동에 대한 수요를 급격히 감소시켰기 때문이다. 여러 증거들은 후자, 즉 1990년대 중반까지 무역은 산업국가의 미숙련노동에 대한 수요와 임금에 약간의 직접적 영향(약 10%)만을 미쳤다에 무게가 실리는 것으로 보인다. 임금 불평등의 확대는 대부분 다른 요인 때문이다(표 5-4 참조).

그러나 2005년 이후에 로렌스(Lawrence, 2008), 크루그먼(Krugman, 2008), 리폴트(Lippoldt, 2012), 하스켈 등(Haskel et al., 2012) 그리고 오서와 핸슨(Author and

Hanson, 2014)은 1990년대 중반 이래 숙련노동-미숙련노동 임금 불평등의 원인으로서의 국제무역의 중요성은 커져 왔다고 믿는다. 에벤스타인 등(Ebenstein et al., 2009)은 미국에서 이러한 영향이 임금 불평등에 미치는 효과는 과거에 생각했던 것보다 커서 기술변화의 효과에 필적할 만하다는 점을 발견했다. 에드워즈와 로렌스(Edwards and Lawrence, 2013)는 국제무역으로 인해 선진국은 점차 숙련 집약적인 상품을 수출하고 저숙련 집약적 부품과 컴포넌트를 아웃소싱함에 따라 기술변화가 촉진되고, 이로 인해 미국과 기타 산업국가에서 숙련-미숙련 임금 불평등이 간접적으로 확대된다는 점을 지적한다.

골딘과 카츠(Goldin and Katz, 1999)와 반 리넨(Van Reenen, 2011)은 1990년대 이후에 발생한 기술진보의 유형은 (그 이전보다 훨씬 더) 숙련노동 편향적 기술변화이기 때문에 자본은 숙련노동보다는 미숙련노동과 더 잘 대체되고, 따라서 자본과 숙련노동의 보완성이 더 커진다고 주장한다. 즉, 신기술과 기계를 이용하거나 작동하기 위해서는 숙련노동이 필요한 반면 미숙련노동은 대체된다. 그 결과 숙련노동에 대한 수요는 상대적으로 미숙련노동 수요보다 증가하여 숙련노동에 대한 임금 및 소득은 미숙련노동에 비해 상승한다. 사례연구 5-1에서 살펴본 바와 같이 선진국은 자본집약적, R&D 집약적, 숙련노동 집약적 상품에 비교우위를 갖고, 이들 상품에 비교우위를 갖기 때문에 국제무역의 결과 미국 및 기타 선진국에서 숙련노동과 미숙련노동의 임금 및 소득 격차는 확대되는 경향이 있다. 사례연구 1-3, 3-3, 3-4를 다시 참조하라.

표 5-4   **미국에서 임금 불평등의 원인**

임금 불평등의 원인	기여도(%)
기술변화	37.7
무역	10.1
최저임금의 정체	7.2
노동조합의 쇠퇴	4.4
이민	2.9
설명되지 않는 부분	37.7

출처 : "At the Heart of the Trade Debate: Inequity." *The Wall Street Journal*, October 31,1997, p.A2.

5.5D 특정요소 모형

앞에서 논의한 국제무역이 소득분배에 미치는 효과는 생산요소가 국내 산업 및 부문 간에 완전히 이동 가능하다는 가정을 전제로 한 것이다. 이러한 가정은 장기의 경우에는 타당할 것으로 생각되지만, 예컨대 자본과 같은 일부 생산요소가 특정한 용도로 사용될 수밖에 없기 때문에 산업 간 또는 부문 간에 이동할 수 없는 단기의 경우에는 타당하지 않을 수 있다. 이런 경우에는 무역의 소득분배효과에 대한 헥셔-오린 모형의 결론은 수정돼야 하는데, 이를 설명하는 것이 바로 특정요소 모형(specific-factors model)이다.

특정요소 모형을 설명하기 위해 상대적으로 노동이 풍부한 어떤 국가가 노동집약적 상품 X와 자본집약적 상품 Y를 생산하고 있다고 가정하자. 두 가지의 상품은 모두 노동과 자본을 이용하여 생산되는데, 노동은 산업 간 자유롭게 이동 가능하지만 자본은 각 산업에서 특정적인 용도로 사용되기 때문에 산업 간 이동이 불가능하다고 하자. 즉, 상품 X(식품)를 생산하는 데 이용되는 자본은 상품 Y(직물)를 생산하는 데 이용할 수 없으며, 반대로 상품 Y를 생산하는 데 이용되는 자본 역시 상품 X를 생산하는 데 이용할 수 없다. 이것은 마치 세 가지의 생산요소, 즉 (두 상품의 생산에 모두 이용되고 산업 간 이동이 자유로운) 노동, 상품 X의 생산에만 이용되는 천연자원(경작지), 그리고 상품 Y의 생산에만 이용되는 자본이 존재하는 경우와 같다.

무역을 하게 되면 이 국가는 (노동집약적 상품인) 상품 X의 생산에 특화하여 수출하고 (특정 자본을 집약적으로 사용하는) 상품 Y를 수입할 것이다. 그 결과 이 국가에서 상품 X의 상대가격(P_X/P_Y)은 상승하고 노동수요가 증가하여 명목임금이 상승하기 때문에 상품 Y의 생산에 고용되었던 노동 가운데 일부는 X산업으로 이동할 것이다. 노동은 산업 간 이동이 자유롭기 때문에 상품 Y의 상대가격이 하락하고 일부 노동이 X산업으로 이동함에도 불구하고 Y 산업에서는 이전보다 더 높은 명목임금을 지불해야 한다.

이러한 변화가 국가의 **실질임금**에 미치는 효과는 분명하지 않은데, 그 이유는 (노동의 공급곡선이 수직선이 아니기 때문에 이 점은 부록의 그림 5-9로 설명됨) 상품 X의 상대가격(P_X/P_Y)이 상승하는 정도가 명목임금이 상승하는 정도보다 더 크기 때문에 상품 X로 측정한 실질임금은 하락하기 때문이다. 반면 명목임금은 상승한 반면 (수입경쟁상품인) 상품 Y의 가격은 하락하기 때문에 상품 Y로 측정한 실질임금은 상승한다. 즉, 상품 X로 측정한 실질임금은 감소하지만 상품 Y로 측정한 실질임금은 상승한다. 따라서 실질임금에 미치는 효과는 분명하지 않다. 상품 X를 주로 소비하는 노동자의 경우 실질임금과 실질소득은 감소하고 상품 Y를 주로 소비하는 노동자의 경우 실질임금과 실질소득은 증가한다.

그러나 특정요인인 자본에 대해서는 결과를 명확하게 이야기할 수 있다. 자본은 각 산업에서 특정한 용도로만 사용되므로 무역을 하더라도 상품 Y를 생산하는 데 사용되던 자본이 상품 X를 생산하는 데 사용될 수 없다. (이 국가의 수출상품인) 상품 X를 생산하는 데는 고정된 양의 특정자본이 더 많은 양의 노동과 결합되므로 상품 X를 생산하는 데 사용되는 자본에 대한 실질보수는 증가한다. 반대로 (수입경쟁상품인) 상품 Y를 생산하는 데는 고정된 양의 특정자본이 더 적은 양의 노동과 결합되므로 상품 Y를 생산하는 데 사용되는 특정자본에 대한 실질보수는 감소한다.

특정요소 모형의 결론은 무역이 이동 가능한 생산요소에 대해서는 불분명한 영향을 미치지만, 수출상품을 생산하는 데 이용되는 이동 불가능한 특정요소의 소득분배에는 유리한 영향을 미치며 수입경쟁 상품의 생산에 이용되는 이동 불가능한 특정요소의 소득분배에는 불리한 영향을 미친다는 것이다. 앞의 예에서 무역의 결과 (이동 가능한 요소인) 노동의 실질임금 및 실질소득이 증가하거나 감소할지는 불분명하지만, (이 국가의 수출상품인) 상품 X의 생산에 이용되는 특정자본에 대한 실질보수는 증가하고 (수입경쟁상품인) 상품 Y의 생산에 이용되는 특정자본에 대한 실질보수는 감소한다. 만약 상품 X를 생산하는 데 이용되는 특정요소가 천연자원이라면 무역으로 인해 토지의 실질소득 또는 실질 임대료는 증가하고, 상품 Y를 생산하는 데 이용되는 자본에 대한 실질보수는 감소하며 노동자의 실질소득이 어떻게 변화할지는 불분명하다(특정요소 모형은 부록 A5.4에서 엄밀하게 증명된다).

5.5E 경험적 타당성

그렇다면 과연 현실에서도 무역의 결과 각 국가의 동질적 생산요소에 대한 보수는 균등화되었을까? 일반적인 관측은 그렇지 않음을 보여 준다. 즉, 미국이나 독일에서 의사, 기사, 기술자, 기능공, 비서, 노동자 등의 임금이 대한민국이나 멕시코에서보다 훨씬 높다.

그 이유는 H-O-S 이론에서 전제가 되는 여러 가지의 단순화하기 위한 가정들이 현실에서는 성립하지 않기 때문이다. 예를 들어, 각 국가는 동일한 기술수준을 갖고 있지 않으며, 수송비와 무역장벽이 존재하기 때문에 국가 간 상품의 상대가격이 균등화되지도 않는다. 게다가 불완전경쟁 상태에 있으며 규모에 대한 보수가 불변인 생산기술로 생산되지 않는 산업도 많이 있다. 따라서 무역의 결과 각국의 동질적 생산요소에 대한 임금과 이자율이 균등화되지 않는다고 하더라도 그리 놀랄 만한 일은 아니다.

이러한 상황에서는 무역의 결과 동질적 생산요소에 대한 보수의 국가 간 격차가 완벽하게 제거되기보다는 **감소**한다고 말하는 것이 훨씬 현실적일 것이다. 무역의 결과 주요 선진국들의 제조업 분야에서 실질임금 격차는 감소한 것처럼 보이지만(사례연구 5-6 참조), 이를 이론에 대한 '증명'이라고 생각하기는 어려우며, 기타 국가들과 기타 생산요소들의 경우에 명확한 해답을 제시하는 것은 더욱 어렵다.

그 이유는 비록 무역으로 인해 국가 간 생산요소 보수의 절대적 차이가 감소하기는 하지만, 여러 가지 요인이 동시에 작용하여 이러한 관계가 명확하게 드러나지 않기 때문이다. 예를 들어 무역으로 인해 미국과 이집트 간의 동질적 노동에 대한 실질임금과 소득 격차가 감소하는 경향이 있다고 하더라도, 미국에서는 이집트에서보다 훨씬 빠른 속도로 기술이 진보했기 때문에 사실상 두 국가 간 보수의 격차는 더 커졌다. 실제로 이러한 현상은 제2차 세계대전 이후의 선진국 그룹과 개발도상국 그룹 사이에도 발생했던 것으로 보인다.

그러나 이러한 사실을 요소가격 균등화 정리에 대한 반증이라고 볼 수는 없는데, 그 이유는 무역을 하지 않았더라면 국가 간의 이러한 격차는 오늘날 보다 훨씬 더 컸을 것이기 때문이다. 어쨌든 요소가격 균등화 정리를 통해 요소가격에 영향을 미치는 결정적인 요인들을 식별하고 경제학 및 무역모형의 일반균형적 특성에 대한 통찰력을 얻을 수 있기 때문에 요소가격 균등화 정리는 매우 유용하다.

그러나 요소가격 균등화 정리가 성립한다고 하더라도 무역의 결과 1인당 국민소득의 국제적 차이가

사례연구 5-6 산업국가 간 실질임금의 수렴

표 5-5는 선진 산업국가(G7)의 제조업 분야에서 시간당 실질임금(미국=100)에서 1959년부터 2006년까지는 미국의 실질임금으로 수렴했지만, 2008~2009의 심각한 금융위기 이후에는 그렇지 않다는 점을 보여 준다. 특히 해외에서의 실질임금은 1959년에는 미국의 27%에서 1983년에는 43%, 1997년 97%, 2006년에는 102%로 상승했지만 그후 2016년에는 (74%로 하락하여) 격차가 커졌는데, 그 이유는 아마도 금융위기 이후 세계무역의 성장세가 둔화되었고 미국에서의 성장이 다른 G7 국가들보다 신속하고도 일찍 재개되었기 때문인 것 같다. 확실히 1959년부터 2006년까지 G7 국가들 사이에 실질임금이 수렴한 것은 (국제무역의 급속한 확대 외에도) 다른 요인들, 예컨대 미국과 기타 G7 국가들 사이의 기술격차의 감소, 기타 G7 국가들에서 노동력의 증가율이 미국보다 낮았던 점 및 국제적 노동 이동성의 증가 때문인 것으로 보인다.

표 5-5	주요 선진국의 제조업 시간당 실질임금(미국 임금에 대한 백분율)				
국가	1959	1983	1997	2006	2016
일본	11	24	95	79	68
이탈리아	23	42	86	94	83
프랑스	27	41	108	111	93
영국	29	35	84	102	84
독일	29	56	127	129	111
캐나다	42	57	80	94	77
단순 평균	27	43	97	102	74
미국	100	100	100	100	100

출처 : Bureau of Labor Statistics, and Conference Board Data Bases, 2018.

제거되거나 감소한다고 말할 수는 없다. 요소가격 균등화 정리는 무역으로 인해 동질적 생산요소에 대한 보수의 국제적 차이가 제거되거나 감소할 것이라는 점을 예측할 뿐이다. 국가 간 실질임금이 동일해진다고 하더라도 1인당 국민소득은 큰 격차를 보일 수도 있다. 1인당 국민소득은 요소가격 균등화 정리와는 직접 관련이 없는 다른 요인들에 의해서도 결정된다. 이러한 다른 요인들로는 미숙련노동에 대한 숙련노동의 비율, 경제활동 참가율, 부양률, 노동자들의 근로유형 등을 들 수 있다. 예를 들어 일본은 인도에 비해 미숙련노동에 대한 숙련노동의 비율이 높고, 경제활동 참가율은 높지만 부양률은 낮다. 또한 일본 노동자들은 근로와 꼼꼼함에서 자긍심을 느끼는 것으로 보인다. 따라서 일본과 인도에서 동질적 노동에 대한 임금이 정확히 일치하더라도 일본의 1인당 국민소득은 인도보다 훨씬 높을 수 있다.

5.6 헥셔-오린 모형에 대한 검증

이 절에서는 헥셔-오린 모형에 대한 실증분석 결과들을 소개하고 평가한다. 실증분석에 의해 경험적 타당성이 충분히 검토된 뒤에야 비로소 모형은 하나의 이론으로 받아들여진다. 만약 어떤 모형이 경험적 증거들과 모순된다면 그 모형은 기각되며 대안의 모형이 모색된다.

5.6A절에서는 바실리 레온티에프(Wassily Leontief)가 처음으로 검증한 헥셔−오린 모형의 실증분석 결과를 소개한다. 이 결과는 헥셔−오린 모형과 모순되는 것처럼 보이므로, 이를 설명하기 위한 시도가 다양하게 이루어졌고, 그 과정에서 수많은 여타의 실증분석들이 행해졌다. 이 점은 5.6B절에서 소개한다. 5.6C절에서는 **요소집약도의 역전**이라 부르는 상황을 설명하는데, 요소집약도의 역전 현상이 빈번하게 나타난다면 H−O 모형은 기각된다. 그러나 실증분석 결과를 통해 요소집약도의 역전이 현실에서 그렇게 자주 나타나는 현상이 아니라는 사실을 알 수 있다.

5.6A 검증 결과 − 레온티에프 역설

레온티에프는 1947년도의 미국 자료를 이용하여 1951년에 처음으로 헥셔−오린 모형을 검증하였다. 미국은 세계에서 가장 자본이 풍부한 국가이므로 레온티에프는 미국이 자본집약적 상품을 수출하고 노동집약적 상품을 수입할 것으로 예상하였다.

이 연구에서 레온티에프는 1947년도 미국의 대표적 수출상품 및 수입대체상품 '상품 묶음' 백만 달러에 포함된 노동과 자본을 계산하기 위해 **산업연관표**(input-output table)를 이용하였다.(한 경제의 산업연관표는 각각의 생산물에 대한 출처와 목적지를 보여 주는 표이다. 레온티에프 자신은 이러한 새로운 분석기법의 발전에 크게 이바지했으며 그 공로를 인정받아 1973년 노벨상을 수상하였다.)

여기서 주목할 점은 레온티에프가 미국의 수입품이 아닌 수입대체상품에서의 자본−노동 비율을 추정했다는 사실이다. **수입대체상품**(import substitutes)은 자동차와 같이 미국이 국내에서 생산하기도 하지만 (완전특화의 경우가 아니므로) 외국으로부터 수입하는 상품을 말한다. 레온티에프가 수입대체상품에 관한 미국 자료를 사용할 수밖에 없었던 이유는 미국의 실제 수입품에 대한 **외국**의 생산자료를 구할 수 없었기 때문이다. 그러나 레온티에프는 (미국에서는 외국에 비해 자본이 상대적으로 저렴하기 때문에) 미국의 수입대체상품이 미국의 실제 수입품보다 더 자본집약적이라고 하더라도, 헥셔−오린 정리가 사실이라면 미국의 수출상품은 수입대체상품보다 더 자본집약적이어야 할 것이라고 생각하였다. 물론 미국의 실제 수입품에 대한 외국의 생산자료를 사용하지 않고 미국의 수입대체상품에 대한 미국 자료를 이용하였기 때문에 미국에서 전혀 생산되지 않는 커피나 바나나와 같은 상품들은 계산에서 제외하였다.

레온티에프의 검증 결과는 아주 의외의 결과로 나타났다. 미국의 수입대체상품에서의 자본집약도가 수출상품에서의 자본집약도보다 약 30% 정도 더 높게 나타났다. 즉, 미국은 노동집약적 상품을 수출하고 자본집약적 상품을 수입하는 것으로 보였다. 이 결과는 H−O 모형의 예측과는 정반대였으며, 이를 **레온티에프 역설**(Leontief paradox)이라고 한다(사례연구 5-7 참조).

이 연구에서 레온티에프는 H−O 모형을 기각하는 대신 이 결과를 합리화하려고 했다. 그는 도출된 결과가 일종의 착시였다고 주장하였다. 1947년도 미국 노동은 외국 노동에 비하여 약 3배 생산적이었으므로 미국의 노동에 3을 곱하고 이 숫자를 자본의 이용 가능성과 비교하면 미국은 실제로는 노동풍부국이라는 것이었다. 그러므로 미국의 수출상품이 수입대체상품에 비해 노동집약적 상품이라는 것은 의외의 결과가 아니라 H−O 모형의 예측과 일치한다는 것이었다. 이러한 해명은 수용할 수 없는 것이었고, 그 후에 레온티에프 자신도 이러한 해명을 철회하였다. 그 이유는 미국의 노동이 (레온티에프가 생각한 바와 같이 3배는 아니더라도) 외국 노동에 비해 보다 생산적이었다는 점은 분명하기는 하지만, 미국의 자본 역시 외국 자본에 비해 더 생산적이었기 때문이다. 따라서 미국의 노동과 자본을 모두 거의 같은 수로 곱해야 하고, 이에 따라 미국이 자본풍부국이라는 점은 거의 영향을 받지 않는다.

한편 미국의 기호가 자본집약적 상품을 선호하는 방향으로 편향되어 있어서 미국에서 자본집약적 상품의 상대가격이 높다는 해명이 제기되기도 하였는데, 이러한 해명 역시 설득력이 없다. 이러한 해명을 수용할 수 없는 이유는 국가 간 기호의 차이가 크지 않다는 사실이 밝혀졌기 때문이다. 국가별 가계 소비 유형에 관한 하우태커(Houthakker)의 1957년 연구는 식품, 의류, 주택 및 기타 종류의 상품에 대한 수요의 소득탄력성이 국가 간에 놀랄 정도로 유사하다는 점을 발견하였다. 따라서 레온티에프의 역설을 국가 간 기호의 차이로 해명하는 것은 수용할 수 없다.

5.6B 레온티에프 역설의 해명과 헥셔-오린 모형에 관한 기타의 실증연구

레온티에프 역설을 해명하기 위한 한 가지 가능한 해명 방법은 레온티에프가 검증을 위해 이용했던 1947년도 자료는 제2차 세계대전의 영향을 받고 있었던 시기이므로 대표성이 없다는 것이다. 레온티에프는 이러한 비판에 대해 1956년에 1947년도 산업연관표와 1951년도 무역자료를 이용하여 다시 검증하였다(1951년도는 통상적으로 전후 복구가 완료된 시점으로 생각된다). 그 결과는 미국의 수출상품이 수입대체상품보다 약 6% 정도 더 노동집약적이었던 것으로 나타났다. 레온티에프는 역설을 완화할 수는 있었지만 제거할 수는 없었다(사례연구 5-7 참조).

편향된 결과가 나타난 이유를 좀 더 일반적인 데서 찾는다면 레온티에프가 2요소(노동, 자본) 모형을 이용하였기 때문에 (토지, 기후, 광물자원, 삼림 등과 같은) 천연자원과 같은 기타의 생산요소들을 고려하지 않았다는 점을 들 수 있다. 그러나 어떤 상품은 천연자원 집약적 상품일 수 있기 때문에 이 상품을 (2요소 모형에서와 같이) 자본집약적 상품이나 노동집약적 상품으로 구분하는 것은 적절하지 않다. 게다가 채탄, 철강 생산, 농업 등과 같이 천연자원을 이용하는 생산과정은 보통 막대한 양의 물적 자본을 필요로 한다. 따라서 미국이 천연자원의 수입에 상당 부분 의존하고 있다면, 미국의 수입대체상품의 생산에서 자본집약도가 높게 나타나는 현상을 설명하는 데 도움이 될 수도 있다.

미국의 관세정책 역시 레온티에프의 연구가 편향되도록 한 원인이 될 수도 있다. 관세는 수입 상품에 대한 세금이다. 따라서 관세는 수입을 억제하고 수입대체상품의 국내생산을 촉진한다. 1956년의 연구에서 크라비스(Kravis)는 미국에서 가장 강력하게 보호받는 산업들이 노동집약적인 산업들이라는 점을 발견했다. 이것이 무역 패턴을 왜곡시키고 미국의 수입대체상품의 노동집약도를 감소시켜 레온티에프의 역설이 발생했을 수도 있다는 것이다.

아마도 역설의 원인 가운데 가장 중요한 점은 레온티에프가 자본을 측정할 때 (기계, 기타 설비, 건물 등과 같은) 물적 자본만을 고려하였을 뿐 인적 자본(human capital)을 전혀 고려하지 않았다는 사실이다. 인적 자본은 노동자에 체화되어 있는 교육, 직업훈련 및 보건 등을 일컫는데, 이러한 것들은 노동자의 생산성을 향상시킨다. 미국의 노동자에게는 외국의 노동자에 비해 더 많은 인적 자본이 체화되어 있으므로 인적 자본을 물적 자본에 합하면 미국 수출상품은 수입대체상품보다 더 자본집약적으로 나타날

사례연구 5-7 미국 무역의 자본 및 노동 투입량

표 5-6은 미국의 수출상품 및 수입대체상품 백만 달러당 자본 및 노동 투입량과 수입품의 수출품에 대한 자본/연간노동 비율을 보여 주고 있다. 예를 들면 레온티에프는 1947년도 자료에서 미국 수입대체품에서의 자본/연간노동 비율 18,180달러를 수출품에 대한 자본/연간노동 비율 14,010달러로 나누어 수입대체품의 수출품에 대한 자본/연간노동 비율 1.30을 구하였다. 미국은 자본풍부국이며 미국의 수입대체상품이 미국의 수출상품보다 더 자본집약적이므로 역설이 나타난

다. 1951년도 무역자료를 이용한 경우 수입대체품/수출품에 대한 K/L 비율은 1.06으로 하락했으며 천연자원 산업을 제외하면 그 비율은 0.88로 떨어졌다(즉, 역설이 사라졌다). 1958년도 요소 투입량과 1962년도 무역자료를 이용하여 볼드윈(Baldwin)은 수입대체품/수출에 대한 K/L 비율 1.27을 구하였다. 천연자원 산업을 제외하면 그 비율은 1.04로 떨어졌으며, 인적 자본을 포함시킨 경우에는 0.92로 하락했다(즉, 역설이 다시 사라졌다).

표 5-6 미국의 수출상품 및 수입대체상품 백만 달러당 자본 및 노동 투입량

	수출	수입대체	수입/수출
레온티에프(1947년도 투입 요구량, 1947년도 무역)			
자본	$2,550,780	$3,091,339	
노동(연간노동)	182	170	
자본/연간노동	$14,010	$18,180	1.30
레온티에프(1947년도 투입 요구량, 1951년도 무역)			
자본	$2,256,800	$2,303,400	
노동(연간노동)	174	168	
자본/연간노동	$12,977	$13,726	1.06
자본/연간노동(천연자원 부문 배제)			0.88
볼드윈(1958년도 투입 요구량, 1962년도 무역)			
자본	$1,876,000	$2,132,000	
노동(연간노동)	131	119	
자본/연간노동	$14,200	$18,000	1.27
자본/연간노동(천연자원 부문 배제)			1.04
자본/연간노동(천연자원 부문 배제, 인적 자본 포함)			0.92

출처 : Leontief(1951, 1956) and Baldwin(1971).

수 있다.[인적 자본에 대한 분석은 1961년 슐츠(Schultz)와 1964년 베커(Becker)의 연구를 필두로 개발되었으며 유행하기 시작하였다고 말하는 것이 레온티에프에게도 공정할 것이다.]

인적 자본과 관련이 있는 것으로 미국 수출품에 대한 연구개발(R&D) 활동의 영향도 들 수 있다. R&D 활동에서 비롯된 '지식' 자본으로 인하여 일정한 물적 및 인적 자원으로 생산할 수 있는 생산액이 증가한다. 얼핏 살펴보아도 대부분의 미국 수출품은 R&D 집약적이고 숙련노동 집약적이다. 따라서 인적 자본과 물적 자본은 미국의 무역 패턴을 설명하는 데 있어 중요한 고려사항들인데, 레온티에

프는 이러한 점들을 그의 연구에서 고려하지 않았다.

인적 자본 접근방법을 이용한 수많은 실증연구 중에서 가장 중요한 연구는 크라비스(Kravis), 키싱(Keesing), 케넨(Kenen), 볼드윈(Baldwin)의 연구이다. 1956년에 발표된 2개의 연구에서 크라비스는 1947년도와 1951년도에 미국의 수출산업에서의 임금이 수입대체 산업에서의 임금보다 약 15% 정도 더 높았다는 점을 발견했다. 크라비스는 미국의 수출산업에서의 임금이 더 높은 것은 미국의 수출품에 체화되어 있는 인적 자본 및 생산성이 수입대체 산업에서의 인적 자본 및 생산성보다 높은 것을 반영하는 것이라고 주장했으며, 그의 주장은 옳았다.

1966년의 연구에서 키싱은 1957년도의 경우 미국의 수출품은 기타 9개 선진국의 수출품에 비해 훨씬 숙련노동 집약적이었다는 점을 발견했다. 이것은 미국 노동이 다른 국가들에 비해 더 많은 인적 자본을 체화하고 있으며 대부분 고도로 훈련되어 있었다는 사실을 반영한다.

수출품과 수입대체품에 체화된 인적 자본을 실제로 추정하고 이러한 추정치를 물적 자본과 합하여 미국의 수출품과 수입대체품에 대한 K/L를 다시 계산한 것은 1965년 케넨의 연구였다. 1947년도 자료를 이용하고 (레온티에프의 처음 연구에서처럼) 천연자원과 관련된 부문을 제외하지 않고서도 케넨은 레온티에프 역설을 제거하는 데 성공하였다.

1971년의 연구에서 볼드윈은 1958년도 미국의 산업연관표와 1962년도 무역자료를 이용하여 레온티에프의 연구를 재현하였다. 볼드윈은 인적 자본을 포함하지 않는 경우에 천연자원을 제외하는 것만으로는 역설을 해소할 수 없음을 발견하였다(사례연구 5-7 참조). 그러나 개발도상국의 경우와 캐나다의 경우 역설은 계속 나타났으며, 또한 다른 국가들의 자료를 이용한 경우에도 유사한 역설적 결과들이 나타났다. 1977년의 연구에서 브랜슨(Branson)과 모노야스(Monoyios)는 H-O 무역모형을 검증하기 위해 인적 자본과 물적 자본을 결합하여 하나의 척도로 삼는 것이 적절한가에 대한 몇 가지 문제점을 제기하였다.

1980년과 1984년의 연구에서 리머(Leamer)는 다요소의 경우에는 수출품과 수입품이 아닌 생산과 소비에 있어서의 요소집약도를 비교해야만 한다고 주장했다. 리머(1984)는 이러한 접근에 따라 레온티에프의 1947년도 자료를 분석한 결과 미국의 생산에 체화되어 있는 K/L가 소비에 체화되어 있는 K/L보다 훨씬 더 컸으므로 역설이 해소됨을 발견하였다. 이와 같은 결과는 1972년도 자료를 사용한 스턴(Stern)과 마스커스(Maskus)의 1981년 연구와 1958년부터 1981년까지 매년 천연자원을 제외한 자료를 이용한 살바토레(Salvatore)와 바라제시(Barazesh)의 1990년 연구에 의해서도 확인되었다.

그러나 1987년의 연구에서 보웬(Bowen), 리머(Leamer), 스바코스카(Sveikauskas)는 27개 국가, 12개 요소, 여러 상품에 관한 무역, 요소 투입량, 요소부존에 관한 1967년도 횡단면 자료를 이용하여 분석한 결과 H-O 모형이 61% 정도(동전을 무작위로 던지는 것과 별반 다르지 않는 정도)의 경우에서만 성립한다는 것을 발견하였다. 이로 인해 헥셔-오린 모형의 타당성은 심각한 타격을 받는 것으로 보였다. 그러나 그 후의 연구는 제한된 형태의 H-O 모형을 뒷받침하는 것으로 보인다. 1993년의 연구에서 브리처(Brecher)와 초드리(Choudhri)는 미국-캐나다 무역에서 H-O 모형을 뒷받침하는 생산 근거를 발견하였다. 1994년 우드(Wood)의 연구는 숙련노동과 토지의 상대적 이용가능성의 차이로 선진국과 개발도상국 간의 무역에 대한 H-O 모형을 뒷받침하는 결과를 제시하였으며, 세계은행의 1995년 연구결과도 마찬가지이다(사례연구 5-8 참조). 선진국 간의 제조업 무역에 대한 H-O 모형을 뒷받침하는 추가적인 근거는

사례연구 5-8　숙련노동과 토지가 존재하는 경우의 H-O 모형

그림 5-6은 토지가 풍부하고 숙련노동이 희소한 아프리카(1)는 1차 산품을 더 많이 수출하며, 숙련노동이 풍부한 산업국가(5)는 제조업품을 더 많이 수출하고 있음을 보여 준다. 라틴아메리카(2), 남아시아(3), 동아시아(4)는 아프리카와 산업국가 사이에 위치하고 있는데, 이들 국가들은 아프리카보다 상대적으로 토지가 희소하고 숙련노동이 풍부하여 아프리카보다는 제조업품을 더 많이 수출하지만 산업국

가들보다는 적게 수출한다. 그림에서 직선은 상대적인 요소부존도와 수출품 유형 사이의 일반적인 관계를 나타내는 회귀선이다. 이 회귀선은 (그림에 표시되지 않았지만) 각각의 국가로 구성된 1985년도의 126개 표본자료를 이용하여 추정되었으며, 숙련노동의 이용가능성과 제조업품의 수출 사이에는 정의 상관관계가 명확하게 있음을 보여 준다. 그림에서 원으로 표시된 문자는 각 지역 평균을 나타낸다.

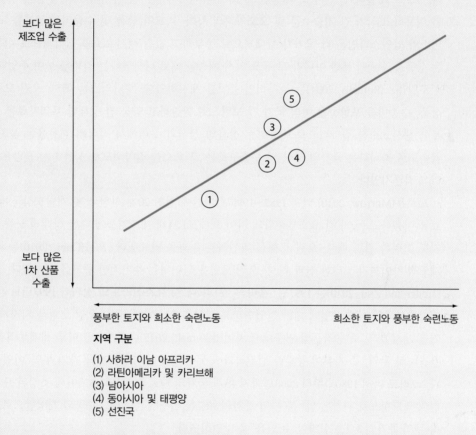

지역 구분

(1) 사하라 이남 아프리카
(2) 라틴아메리카 및 카리브해
(3) 남아시아
(4) 동아시아 및 태평양
(5) 선진국

그림 5-6　**숙련노동과 토지가 존재하는 경우의 비교우위**

회귀선은 상대적으로 토지가 풍부하고 숙련노동이 희소한 아프리카 국가들은 다른 지역에 비해 1차 산품을 많이 수출하고 제조업품을 적게 수출하고 있음을 보여 준다.

출처 : World Bank, World Development Report(Washington D.C. : World Bank, 1995), p. 59.

제임스(James)와 엠슬리(Elmslie)의 1996년 연구에 의해서 제시되었으며, 보다 광범위하기는 하지만 제한된 근거는 리머(1993, 1995), 우드(1997) 등의 연구에 의해 제시되기도 하였다.

　그러나 H-O 이론의 타당성에 대한 가장 강력하고 신빙성 있는 근거는 최근의 연구에서 제시되었

다. 1970년부터 1992년 기간에 선진국 및 개발도상국을 포함하는 대규모 표본을 이용하고 국가 간 기술수준의 차이를 고려하고 있는 해리건(Harrigan)과 자크라젝(Zakrajsek)의 2000년 연구는 요소부존도가 비교우위를 잘 설명하고 있음을 보여 준다. 쇼트(Schott)는 2001년의 연구에서 (예 : 손으로 조립된 휴대용 무전기도 전기기기에 포함되고 있기 때문에 과거의 선행연구와 같이 모든 전기기기를 첨단기술 부문으로 간주하는 것은 오류임을 지적하면서) 보다 세분화된 자료를 이용하여 분석한 결과 H-O 이론을 뒷받침할 수 있는 강력한 근거를 보여 주고 있다.

보다 신빙성 있고 결정적인 근거는 데이비스(Davis)와 와인스타인(Weinstein)의 연구(2001)에서 찾을 수 있다. 1970년부터 1995년까지의 기간에 대해 (미국, 일본, 독일, 프랑스, 영국, 이탈리아, 캐나다, 오스트레일리아, 덴마크, 네덜란드) 10개국과 기타 국가들 사이의 34개 부문의 무역에 관한 자료를 이용하고 국가 간 기술수준 및 요소가격의 차이, 비교역 상품 및 수송비의 존재를 고려하여, 데이비스와 와인스타인은 각 국가가 상대적으로 풍부하고 값싼 생산요소를 집약적으로 이용하여 생산하는 상품을 수출할 뿐만 아니라 그 규모 역시 예측한 대로 나타났다는 결과를 보여 주었다.

로말리스(Romalis, 2004)는 추가적인 증거를 제시하였다. 로말리스는 헥셔-오린 모형을 차별화된 상품, 수송비를 포함하는 여러 국가 간 모형으로 확장하고 양국 간 상세한 무역자료를 이용하여, "풍부한 생산요소를 집약적으로 이용하는 상품의 생산과 무역에서 각국의 점유율은 높고, 생산요소를 급속도로 축적하는 국가의 생산 및 수출구조는 그 요소를 집약적으로 사용하는 산업으로 변화한다."라고 결론지었다.

모로우(Morrow, 2010) 역시 1985~1995년 기간에 걸친 20개 선진국 및 개발도상국에 대한 패널 자료를 이용하고 (국가 간 요소부존량의 차이 외에도) 24개 제조업품에 대한 상대적 노동생산성 격차까지도 고려한 결과 헥셔-오린 모형을 확인하는 결과를 발표했다. 초르(Chor, 2010)는 각국의 상대적 제도적 차이까지 고려한 결과 헥셔-오린 모형을 확인하는 추가적인 증거를 제시했다. 트레플러와 주(Trefler and Zhu, 2010)는 1997년 '올바른' (보다 나은) 요소집약도의 정의와 1997년도 41개 선진국 및 개발도상국의 24개 산업에 대한 산업연관표를 이용해서 이에 헥셔-오린 모형을 지지하는 또 다른 증거를 제시했다. 보다 최근의 연구에서 자이먹(Zymek, 2015)은 "1980년 이후 세계무역 확대의 대부분은 남-북 무역, 즉 자본이 풍부한 선진국과 노동이 풍부한 개발도상국 간의 무역"이었음을 지적하였다. 그러고 나서 1980년부터 2008년까지 45개 국가의 자료를 이용하여 "미세 조정된 요소부존도에 의한 무역모형으로 관찰된 남-북 무역 증가의 90%를 설명할 수 있고, 중국의 개방만으로도 예측된 남-북 무역 증가의 3/4을 설명할 수 있음"을 발견하였다.

따라서 전통적인 헥셔-오린 모형을 이용하여 (종종 남북 무역이라고 불리는) 선진국과 개발도상국 간의 무역을 이해할 수 있고(Baldwin, 2008, pp.174~175 참조), 세계에서 더 큰 비중을 차지하는 (북북 무역) 선진국 간의 무역도 헥셔-오린 모형을 국가 간 상이한 기술, 요소가격, 비교역재의 존재, 규모의 경제, 제품차별화, 수송비를 고려할 수 있도록 확장함으로써 이해할 수 있다. 그러나 어떤 사람들은 원래의 H-O 모형은 크게 변화하지 않았고 따라서 그 결과는 일반적 요소부존량 무역모형이라고 주장할 수도 있다. 다음 장에서는 국제무역과 비교우위를 결정하는 보완적인 요인으로 규모의 경제, 제품차별화, 기술격차를 검토한다.

5.6C 요소집약도 역전

요소집약도 역전(factor-intensity reversal)은 어떤 상품이 노동풍부국에서는 노동집약적이고 자본풍부국에서는 자본집약적인 경우를 말한다. 예를 들어 상품 X가 (저임금국가인) 1국에서는 노동집약적이지만 (고임금국가인) 2국에서는 자본집약적이라면 요소집약도 역전이 존재하는 것이다.

언제 그리고 왜 요소집약도 역전이 발생하는지를 설명하기 위해 생산요소의 대체탄력성(elasticity of substitution)이라는 개념을 이용한다. 대체탄력성은 생산요소의 상대가격이 하락함에 따라 한 생산요소가 다른 생산요소로 대체될 수 있는 정도나 용이함을 측정하는 것이다. 예를 들어 상품 X를 생산할 때는 상품 Y를 생산하는 경우에 비하여 자본에 대한 노동의 대체탄력성이 더 크다고 하자. 이는 상품 X를 생산할 때 노동을 자본으로 (또는 반대로) 대체하는 것이 상품 Y를 생산할 때보다 훨씬 용이하다는 것을 의미한다.

두 상품을 생산할 때 대체탄력성의 차이가 클수록 요소집약도 역전이 나타날 가능성은 더 커진다. 상품 X를 생산할 때 대체탄력성이 크면 1국은 임금이 낮기 때문에 노동집약적인 생산방법으로 상품 X를 생산할 것이다. 반면 2국에서는 임금이 높기 때문에 자본집약적인 생산방법으로 상품 X를 생산할 것이다. 동시에 상품 Y를 생산할 때의 대체탄력성이 매우 낮다면, 양국은 생산요소의 상대가격이 큰 차이가 있음에도 불구하고 상품 Y를 생산할 때 비슷한 생산방법을 채택할 수밖에 없다. 따라서 상품 X는 1국에서 노동집약적인 반면 2국에서는 자본집약적이 되며, 이때 요소집약도의 역전이라는 현상이 발생한다.

요소집약도 역전이 존재하면 H-O 정리와 요소가격 균등화 정리는 모두 성립되지 않는다. 요소집약도 역전이 존재하면 (노동풍부국인) 1국은 (1국에서 노동집약적 상품인) X를 수출하고 (자본풍부국인) 2국은 (2국에서 자본집약적 상품인) 상품 X를 수출하기 때문에 헥셔-오린 모형은 성립하지 않는다. 양국이 동일하고도 동질적인 상품을 서로 수출할 수는 없기 때문에, H-O 모형으로는 무역 패턴을 예측할 수 없다.

요소집약도의 역전이 존재하면 요소가격 균등화 정리 역시 성립되지 않는데, 그 이유는 다음과 같다. 1국이 상품 X의 생산에 특화하고 더 많은 노동을 필요로 함에 따라 (저임금국가인) 1국에서 노동의 상대적 임금이나 절대적 임금은 상승하게 된다. 반대로 2국은 상품 X를 1국으로 수출할 수 없기 때문에 2국은 상품 Y의 생산에 특화하고 수출하여야 할 것이다. 그러나 2국에서 상품 Y는 노동집약적 상품이기 때문에 2국에서의 임금은 상승할 것이기 때문이다. 양국에서 상대적 임금과 절대적 임금 격차가 어떻게 될 것인가 하는 문제는 양국에서 임금이 상승하는 속도에 따라 달라진다. 양국의 상대적 · 절대적 임금 격차는 국제무역의 결과 감소할 수도 있고, 증가할 수도 있으며 변화하지 않을 수도 있어 요소가격 균등화 정리는 더 이상 성립되지 않는다.

요소집약도 역전이 실제로 나타난다는 것은 의심의 여지가 없다. 문제는 요소집약도의 발생 빈도이다. 만약 요소집약도 역전이 빈번하게 나타나는 현상이라면 전체 H-O 이론 전체는 기각되어야 한다. 그러나 요소집약도 역전이 매우 드물게 나타난다면 H-O 모형은 타당할 수 있으며 요소집약도 역전을 예외적인 경우로 취급할 수 있다. 현실세계에서 요소집약도 역전의 발생빈도에 관한 문제는 경험적 문제이다.

민하스(Minhas)는 1962년에 요소집약도 역전에 관한 실증분석을 처음으로 시도하였는데, 이 연구에서 그는 요소집약도의 역전이 분석사례 중 1/3 정도에서 발생하여 상당히 빈번하게 발생하고 있음을 발견하였다. 그러나 레온티에프는 1964년의 연구에서 민하스의 연구결과에 편의를 야기한 중요한 요인들을 제거하여 연구사례 중 8%의 경우에서만 요소집약도 역전이 발생하였으며, 천연자원의 사용량이 높은 2개의 산업을 제외하면 겨우 1% 정도에서만 이러한 현상이 발생하였음을 보여 주었다.

민하스의 연구를 다른 측면에서 검증한 1966년 볼(Ball)의 연구는 현실세계에서 요소집약도 역전의 발생가능성이 매우 낮다는 레온티에프의 결론을 확인하고 있다. 따라서 (5.2절의 가정 3인) 생산요소의 상대가격이 어떻게 변화한다고 하더라도 한 가지 상품은 노동집약적이고 다른 상품은 자본집약적이라는 가정은 일반적으로 성립하는 것으로 보이며, H-O 모형은 기각되지 않고 타당할 수 있다.

요약

1. 이 장에서 소개된 헥셔–오린 이론은 이전에 소개된 무역모형을 확장하여 비교우위의 발생원인(즉, 결정요인)과 무역이 생산요소의 소득에 미치는 효과를 설명하고 있다. 고전파 경제학자들은 이러한 두 가지 문제에 대해 설명하지 못하였다.

2. 헥셔–오린 이론은 다음과 같은 많은 단순화 가정에 기초하고 있다(이 중 일부는 헥셔와 오린이 단지 암묵적으로만 가정하였다). (1) 2개의 국가, 2개의 생산요소 및 2개의 상품, (2) 기술수준은 양국에서 동일하다. (3) 동일한 상품이 양국에서 노동집약적이다. (4) 규모에 대한 수익불변, (5) 생산에서의 불완전특화, (6) 양국에서의 동일한 기호, (7) 상품 및 생산요소 시장의 완전경쟁, (8) 국내에서 생산요소의 완전 이동성 및 생산요소의 국제적 이동불가능성, (9) 수송비, 관세 및 기타 무역장벽이 없다, (10) 완전고용, (11) 무역수지의 균형 등이고, 이러한 가정들은 제6장에서 완화된다.

3. 2개 국가(1국과 2국), 2개의 상품(X와 Y) 및 2개의 생산요소(노동과 자본)가 존재하는 세계에서, 상품 Y를 생산할 때의 자본집약도가 상품 X를 생산할 때의 자본집약도보다 양국에서 더 높으면 상품 Y를 자본집약적이라고 한다. 만약 2국에서 자본의 상대가격(r/w)이 1국에서보다 낮다면 2국을 자본풍부국이라고 한다. 따라서 2국의 생산가능곡선은 Y축의 방향으로 1국의 생산

가능곡선은 X축의 방향으로 치우쳐 있다. 2국에서는 자본의 상대가격이 낮기 때문에 2국의 생산자들은 두 가지 상품을 생산할 때 1국의 생산자들보다 더 자본집약적인 생산방법을 채택한다. 또한 자본의 상대가격이 하락하면 두 상품의 생산에서 노동이 자본으로 대체되므로 자본집약도는 상승한다. 만약 생산요소의 상대가격이 어떻게 변하여도 양국에서 상품 X를 생산할 때보다 상품 Y를 생산할 때의 자본집약도가 더 높다면 상품 Y는 항상 자본집약적이다.

4. 헥셔–오린 이론 또는 요소부존이론은 2개의 정리로 집약된다. 헥셔–오린(H-O) 정리에 의하면 각국은 상대적으로 풍부하고 값싼 생산요소를 집약적으로 이용하여 생산하는 상품을 수출하고 상대적으로 희소하고 값비싼 생산요소를 집약적으로 이용하여 생산하는 상품을 수입한다. 요소가격 균등화 정리(H-O-S)에 의하면 무역의 결과 국가 간 동질적 요소에 대한 상대적 및 절대적 보수는 균등화된다. 만약 일부 생산요소가 특정적인 경우(즉, 일부 산업에서만 사용될 수 있다면), 특정요소 모형은 무역의 결과 국내에서 이동 가능한 생산요소는 이익을 얻는지 손해를 보는지 분명하지 않지만, 수출상품의 생산에 이용되는 특정요소는 이익을 얻고 수입경쟁 상품의 생산에 이용되는 특정요소는 손해를 본다는 점을 설명하고 있다.

5. 무역 이전 국가 간 상품의 상대가격의 차이를 유발하는 여러 가지 요인 중에서 헥셔와 오린은 (기술수준과 기호가 동일할 때) 요소부존량의 차이를 비교우위의 결정원인 또는 이유로 강조하였다. 무역의 결과 동질적 생산요소에 대한 상대적 · 절대적 보수가 국가 간에 균등화된다는 점에서 무역은 생산요소의 국제적 이동을 대체한다고 할 수 있다. 모든 상품 및 생산요소 시장은 전체적으로 통일된 체계의 구성 부분으로 어느 한 부분에서 변화가 발생하면 이는 다른 부분들에도 영향을 미친다는 점에서 헥셔–오린 이론의 일반균형 특징이 나타난다.

6. 헥셔–오린 모형에 대한 첫 검증은 1947년 미국 자료를 이용한 레온티에프에 의해 처음으로 이루어졌다. 레온티에프는 미국의 수입대체상품이 수출상품보다 약 30% 정도 더 자본집약적이었음을 발견했다. 미국은 가장 자본이 풍부한 국가이므로 이러한 결과는 H-O 모형의 예측과 정반대되는 것이며, 이를 레온티에프 역설이라고 한다. 경험적 연구 결과에 의하면 전통적 헥셔–오린 모형은 선진국과 개발도상국 사이의 무역(남–북 무역이라고도 함)을, 상당히 제약적이거나 단서가 많은 헥셔–오린 모형은 선진국 사이의 무역(북–북 무역)의 상당 부분을 설명할 수 있는 것으로 보인다.

7. 요소집약도 역전은 어떤 상품이 노동풍부국에서는 노동집약적이고 자본풍부국에서는 자본집약적인 경우를 말한다. 두 상품을 생산할 때 생산요소의 대체탄력성이 크게 차이가 날 경우 요소집약도의 역전이 발생할 수 있다. 요소집약도 역전이 발생하면 H-O 정리와 요소가격 균등화 정리는 모두 성립되지 않는다. 민하스는 1962년에 행한 실증분석에서 요소집약도 역전이 상당히 빈번하게 발생하였음을 보여 주었다. 그러나 레온티에프와 볼은 민하스의 결과는 편의(偏倚)된 것이며 요소집약도 역전이 희귀한 현상임을 보여 주었다.

주요용어

국가 간 생산요소의 이동가능성(international factor mobility)

국내 이동가능성(internal factor mobility)

규모에 대한 수익불변(constant returns to scale)

노동집약적(labor intensive)

노동–자본 비율(labor-capital ratio, L/K)

대체탄력성(elasticity of substitution)

대체탄력성 불변 생산함수[constant elasticity of substitution (CES) production function, CES 생산함수]

레온티에프의 역설(Leontief paradox)

산업연관표(input-output table)

생산요소의 상대가격(relative factor prices)

수입대체상품(Import substitutes)

오일러 정리(Euler's theorem)

완전경쟁(perfect competition)

요소가격 균등화 정리(factor-price equalization H-O-S theorem)

요소부존이론(factor-endowment theory)

요소비율이론(factor-proportions theory)

요소의 풍부성(factor abundance)

요소집약도 역전(factor-intensity reversal)

유발수요(derived demand)

인적 자본(human capital)

자본집약적(capital intensive)

자본–노동 비율(capital-labor ratio, K/L)

콥–더글러스 생산함수(Cobb-Douglas production function)

특정요소 모형(specific-factors model)

헥셔–오린 이론(Heckscher-Ohlin theory)

헥셔–오린 정리(Heckscher-Ohlin theorem)

복습문제

1. 어떤 의미에서 헥셔-오린 이론은 앞 장의 무역모형을 확장했다고 할 수 있는가? 고전파 경제학자들은 이 점에 대해 어떻게 생각했는가?

2. 헥셔-오린 이론의 가정을 서술하라. 각 가정의 의미와 중요성은 무엇인가?

3. 노동집약적 상품이란 무엇인가? 자본집약적 상품이란? 자본-노동 비율이란 무엇인가?

4. 자본풍부국은 무엇을 의미하는가? 각국에서 생산가능곡선의 모양을 결정하는 것은 무엇인가?

5. 두 국가에서 각국의 상품을 생산할 때 자본-노동 비율은 무엇에 의해 결정되는가? 두 가지 상품을 생산할 때 두 나라 중 어떤 나라의 자본-노동 비율이 높을 것으로 예상되는가? 그 이유는? 각국이 두 가지 상품을 생산할 때 두 나라에서 자본-노동 비율이 같아지는 경우는 언제인가?

6. 두 가지 상품을 생산할 때 노동과 자본이 대체될 수 있다면 어느 경우에 한 상품이 노동집약적이거나 자본집약적인가?

7. 헥셔-오린 이론의 내용은 무엇인가? 헥셔와 오린은 어떤 요인을 비교우위와 국제무역의 근본적 결정요인

이라고 생각하는가?

8. 요소가격 균등화 정리의 내용은 무엇인가? 요소가격 균등화 정리와 생산요소의 국제적 이동가능성의 관계는 무엇인가?

9. 헥셔-오린 이론이 일반균형 이론인 이유는 무엇인가?

10. 레온티에프 역설이란 무엇인가? 이 역설을 설명할 수 있는 몇 가지 방법을 서술하라. 인적 자본은 이 역설을 설명하는 데 어떤 공헌을 하는가?

11. 인적 자본과 국제무역의 관계에 관한 실증적 연구의 결과는? 천연자원과 국제무역의 관계에 관한 실증적 연구 결과는? 오늘날 헥셔-오린 이론의 위상은?

12. 요소집약도의 역전이란 무엇인가? 요소집약도의 역전과 생산에서의 대체탄력성의 관계는? 요소집약도의 역전이 자주 발생하는 일이라면 헥셔-오린 정리와 요소가격 균등화 정리가 성립하지 않는 이유는? 현실세계에서 요소집약도의 역전이 자주 발생하는가에 관한 실증 연구의 결과는?

13. 최근의 연구들은 헥셔-오린 이론을 기각하는가, 아니면 지지하는가?

연습문제

1. 1국과 2국에 대해 2개의 그래프를 그리고 수평축에는 노동을 수직축에는 자본을 표시하라.

   (a) 무역을 하지 않을 때 양국에서 상품 Y를 생산할 때의 K/L가 상품 X를 생산할 때보다 더 크고, 1국은 2국보다 두 상품을 생산할 때의 K/L가 더 큰 경우를 표현할 수 있도록 원점을 지나는 직선을 그려서 설명하라.

   (b) 무역의 결과 2국에서 r/w이 상승한다면 각 상품의 K/L를 측정하는 직선의 기울기는 어떻게 변하는가?

   (c) 무역의 결과 1국에서 r/w이 하락한다면 각 상품의 K/L를 측정하는 직선의 기울기는 어떻게 변하는가?

   (d) 위의 (b)와 (c)의 결과를 이용하여 무역을 하게 되면 무역을 하지 않는 경우와 비교하여 양국에서 각 상품을 생산할 때의 K/L의 차이가 더 커지는가 아니면 감소하는가?

2. 본문을 참고하지 말고

   (a) 각국에 대해 자급자족경제의 균형과 무역 이후의 생산점 및 소비점을 표현할 수 있도록 그림 5-4와 유사한 그림을 그리라.

   (b) (a)의 그림을 참고하여 각국의 비교우위를 결정하는 요인을 설명하라.

   (c) 무역 이전에는 각국의 상품 소비량이 다르지만 무역

을 할 경우 동일한 양을 소비하는 이유를 설명하라.

3. 그림 5-4에 표시된 1국과 2국의 생산가능곡선으로부 터 시작하여 양국에서 기호의 차이가 약간 존재한다고 하더라도 1국은 여전히 상품 X에 비교우위를 가지고 있음을 그림으로 설명하라.

4. 그림 5-4에 표시된 1국과 2국의 생산가능곡선으로부 터 시작하여 양국에서 기호의 차이가 충분히 존재하면 각국의 요소부존량의 차이가 상쇄되어 무역을 하지 않 을 때의 1국과 2국의 상품의 상대가격이 같아질 수 있 음을 보이라.

5. 그림 5-4에 표시된 1국과 2국의 생산가능곡선으로부터 시작하여 양국에서 기호의 차이가 대단히 크다면 1국 은 자본집약적인 상품을 수출할 수도 있음을 보이라.

6. 요소부존의 차이로 인해 두 국가의 생산가능곡선은 다 른 모양을 가지고 있다.
   ⓐ 이 외에 어떤 요인에 의해 생산가능곡선의 모양이 다르게 나타날 수 있는가?
   ⓑ 헥셔와 오린은 어떤 가정을 하여 이러한 경우를 배 제시키고 있는가?
   ⓒ 무역을 하지 않을 때 양국에서 상품의 상대가격이 차 이가 나도록 하는 다른 요인들로는 무엇이 있는가?

7. 1국과 2국 간에 기호의 차이가 약간 있다고 하더라도 헥셔–오린 모형이 성립하는 경우를 표현할 수 있도록 그림 5-4와 유사한 그림을 그리라.

8. 가난한 개발도상국을 여행하다 보면 그곳에서는 사람 들이 미국의 소비자들과는 다른 상품 및 서비스를 소 비하는 것을 발견할 수 있다. 이 사실은 개발도상국의 기호가 미국의 기호와 매우 다르다는 것을 의미하는 가? 설명하라.

9. 그림 5-4의 무역 이전 균형점에서 시작하여 1국에서 비교열위 상품(즉, 상품 Y)을 더 선호하는 방향으로 기 호가 변화했다고 가정하자.
   ⓐ 이러한 기호의 변화는 1국의 P_X/P_Y에 어떤 영향을 미치는가? 그런 결론을 내리게 된 이유는?

   ⓑ 이러한 기호의 변화가 1국의 r/w에 어떤 영향을 미 치는가?
   ⓒ 이러한 기호의 변화는 무역량 및 무역 패턴에 어떤 영향을 미치는가?

10. 다음 인용문에 대해 논하라. "각국에서 동질적인 생산 요소에 대한 보수가 완전히 균등화되기 위해 필요한 가정들은 지나치게 제한적이며 현실을 대표할 수 없기 때문에, 요소가격이론은 그 이론이 주장하는 것과는 정반대의 것, 즉 자유무역으로 요소가격이 같아질 가 능성은 거의 없다는 것을 증명한다고 할 수 있다."

11. 무역으로 인해 지난 20년간 미국의 격차가 심화되었다 고 하는데 그렇게 될 수 있는 이유를 설명하라.

12. ⓐ 레온티에프 역설의 의미와 중요성을 논하라.
    ⓑ 레온티에프 역설을 설명하는 데 있어 인적 자본의 중요성에 관한 크라비스, 키싱, 케넨, 볼드윈의 실 증분석 결과를 요약하라.
    ⓒ 리머, 스턴, 마스커스, 살바토레, 바라제시는 이 역 설을 어떻게 설명하였나?
    ⓓ 현재 이러한 논쟁은 어떤 상태인가?

13. 그림 5-1과 유사한 그림을 그려 요소집약도 역전을 설 명하라.
    ⓐ 위의 그림을 참고하여 요소집약도 역전이 어떻게 나타나는지를 설명하라.
    ⓑ 현실세계에서 요소집약도 역전 발생가능성에 관한 민하스, 레온티에프, 볼의 연구결과를 요약하라.

14. 요소집약도 역전이 존재하는 경우 자본 가격의 국제적 격차가 무역으로 인해 감소할 수도, 증가할 수도 또는 변하지 않을 수도 있음을 설명하라.

15. 최근의 연구들은 H-O 모형을 어떻게 입증하려고 하 는지를 설명하라.
    ⓐ 이와 같은 최근의 실증연구 결과들을 설명하라.
    ⓑ H-O 모형의 유용성과 이 이론의 수용 여부에 대해 일 반적 결론을 내린다면 어떤 결론을 내릴 수 있을까?

부록

여기서는 요소가격 균등화 정리를 정식으로 증명하고 요소집약도 역전을 살펴보기로 한다. A5.1절에서는 그림 3-9와 3-10에 있는 1국과 2국의 에지워스 상자도를 (현재의 목적에 맞도록 조금 수정하여) 다시 살펴본다. A5.2절에서는 무역이 양국의 **상대적 요소가격을 균등화시킨다는 것을 설명한다. A5.3절에서는 무역의 결과 **절대적 요소가격** 역시 균등화됨을 설명한다. A5.4절은 특정요소모형을 이용하여 무역의 단기 소득분배 효과를 설명한다.

A5.5절부터 A5.7절에서는 제3장의 부록에서 복습한 고급의 분석도구를 활용하여 요소집약도 역전을 살펴본다. A5.5절에서는 요소집약도 역전을 그림으로 설명하며, A5.6절은 노동과 자본의 대체탄력성을 측정하는 공식을 소개하고 대체탄력성과 요소집약도 역전과의 관계를 설명한다. A5.7에서는 현실세계에서 요소집약도 역전의 발생빈도를 실증적으로 검증할 수 있는 분석방법을 살펴본다.

A5.1 1국과 2국의 에지워스 상자도

그림 5-7은 1국과 2국의 에지워스 상자도를 상품 X에 대한 원점이 일치하도록 겹쳐 놓은 것이다. 1국은 노동풍부국이고 2국은 자본풍부국이므로 상품 Y에 대한 원점은 일치하지 않는다. 다음의 분석을 용이하게 하도록 2개의 상자를 겹쳐 놓았다.

양국에서 **기술수준**이 동일하므로 상품 X의 등량선들은 양국에서 동일하며 (공통의 원점 O_X로부터 측정된다), 마찬가지로 상품 Y의 등량선도 양국에서 동일하다(그러나 1국의 경우 원점은 O_Y이고 2국의 원점은 $O_{Y'}$이다). 상품 X의 등량선이 O_X로부터 멀어질수록 상품 X의 양은 더 많아지며, 상품 Y의 등량선이 각각 O_Y와 $O_{Y'}$으로부터 멀어질수록 생산량은 더 많아진다.

각 국가에서 상품 X의 등량선과 상품 Y의 등량선이 접하는 모든 점들을 연결하면 그 국가의 생산계약곡선을 도출할 수 있다. 그림 5-7에서 1국의 생산계약곡선 위의 점 A, F, B는 각각 (그림 3-9의) 1국의 생산가능곡선 위의 점들과 대응된다. 마찬가지로 2국의 생산계약곡선 위의 점 A', F', B' 역시 2국 생산가능곡선 위의 점들과 대응한다. 양국에서 상품 X가 노동집약적 상품이므로 양국의 생산계약곡선은 대각선 아래에 위치하고 있음을 주목하자.

A5.2 상대적 요소가격 균등화

그림 5-8은 그림 5-7을 다시 그린 것이지만 (그림을 간단하게 나타내기 위해) 모든 등량곡선과 (이후의 분석에서 필요 없는) 점 F와 F'을 생략하였다. 무역을 하지 않을 때의 균형점은 (그림 3-3과 3-4에서처럼) 1국에서는 A이고 2국에서는 A'이다. 1국에서 상품 X를 생산할 때의 K/L 비율은 2국에서보다 낮다. 이러한 사실은 (그림에는 표시되어 있지 않지만) O_X와 A를 연결하는 직선의 기울기가 O_X와 A'을 연결하는 직선의 기울기보다 작은 것으로부터 알 수 있다. 마찬가지로 1국에서 상품 Y를 생산할 때의 K/L 역시 2국에서보다 낮다. 이러한 사실은 (그림에는 표시되어 있지 않지만) O_Y와 A를 연결하는 직선의 기울기가 (역시 그림에는 표시되지 않았지만) $O_{Y'}$과 A'을 연결하는 직선의 기울기보다 작

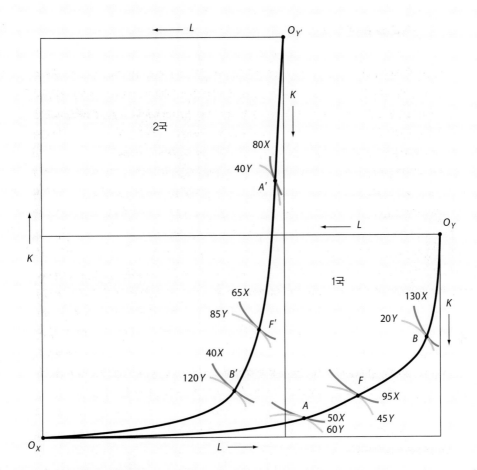

그림 5-7 1국과 2국의 에지워스 상자도

이 그림은 2국의 에지워스 상자도(그림 3-10)를 1국의 에지워스 상자도(그림 3-9)와 상품 X에 대한 원점이 일치하도록 겹쳐 놓은 것이다. 기술수준이 양국에서 동일하므로 상품 X에 대한 등량선은 양국에서 동일하며, 상품 Y에 대한 등량선도 마찬가지다. 각국의 생산계약곡선 위의 모든 점들은 그 국가의 생산가능곡선상의 점들과 대응관계에 있다. 양국에서 상품 X가 노동집약적이기 때문에 양국의 계약곡선은 대각선보다 아래에 위치한다.

은 것으로부터 알 수 있다.

1국은 2국과 비교할 때 두 상품의 생산에 있어 노동 1단위당 자본의 비율이 낮기 때문에 1국은 2국보다 노동생산성 및 임금(w)이 더 낮고 자본생산성과 이자율(r)은 더 높다. 이것은 양국의 생산함수가 (계속 가정해 온 바와 같이) 규모에 대한 수익불변의 특징을 가지고 있는 일차동차인 경우에 항상 성립한다.

1국은 2국에 비해 w는 낮고 r이 높으므로 1국의 w/r는 2국보다 낮다. 이 점은 1국이 노동풍부국이고 2국이 자본풍부국이라는 사실과도 일치하는 것이다. 폐쇄경제 균형점 A에서 1국의 w/r가 더 낮다는 사실은 점 A를 지나는 (짧은 실선의) 선분의 기울기(의 절댓값)가 점 A'을 지나는 (짧은 실선의) 선분의 기울기보다 더 작다는 사실에 반영되어 있다. (이 선분들은—그림 5-8에는 그리지 않았지만—점 A와 점 A'에서 상품 X 및 Y의 등량선의 공통접선이다.)

요약하면 폐쇄경제 균형점 A에서 1국은 두 상품의 생산에 있어 2국보다 낮은 K/L를 사용한다. 그 결

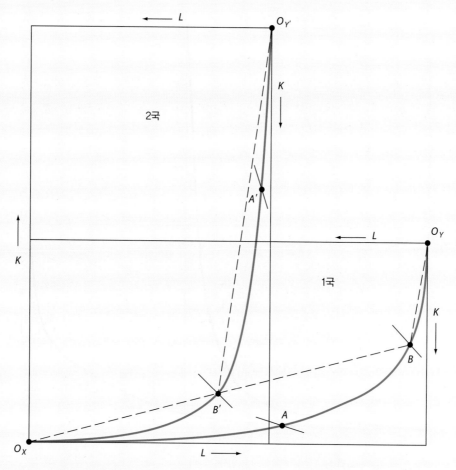

그림 5-8 요소가격 균등화 정리의 증명

1국의 무역 이전 균형점 A와 2국의 무역 이전 균형점 A'에서, 두 상품을 생산할 때 1국에서의 K/L는 2국에서 보다 낮다. 이러한 사실은 (그림에서 보이지는 않지만) O_X에서 점 A를 연결하는 직선의 기울기가 O_X에서 점 A'을 연결하는 직선의 기울기보다 작고, O_Y에서 점 A를 연결하는 직선의 기울기가 $O_{Y'}$에서 점 A'을 연결하는 직선의 기울기보다 작은 것으로 알 수 있다. 1국에서는 w/r(점 A를 지나는 실선으로 표시된 선분의 기울기)가 작고 상품 X는 노동집약적이므로 1국은 점 B에 도달할 때까지 상품 X의 생산에 특화하며, 2국은 점 B'에 도달할 때까지 상품 Y의 생산에 특화한다. 점 B와 점 B'에서 자본집약도와 임금의 상대가격(w/r)은 양국에서 같아진다.

과 1국에서는 2국에서보다 노동생산성은 낮고 자본생산성은 높다. 결과적으로 (노동풍부국인) 1국에서는 w/r가 2국보다 더 낮다.

1국은 노동풍부국이고 상품 X는 노동집약적이므로 무역을 하게 되면 1국은 상품 X의 생산에 특화한다(즉, 점 A에서 생산계약곡선을 따라 O_Y 방향으로 이동한다). 마찬가지로 2국은 상품 Y의 생산에 특화하며 점 A'으로부터 O_X 방향으로 이동한다. 생산에서의 특화는 1국이 점 B, 2국은 점 B'에 이를 때까지 계속되며, 이 점에서 양국에서 두 가지 상품을 생산할 때의 K/L는 같아진다. 각 상품을 생산할 때의 자본집약도는 1국과 2국의 경우에 각각 상품 X의 경우에는 O_X와 점 B 및 점 B'을 연결하는 점선의 기울기로, 상품 Y의 경우에는 O_Y와 B를 연결하는 점선 및 $O_{Y'}$과 B'을 연결하는 평행한 점선으로 표시된다.

1국에서 생산점이 점 A에서 점 B로 이동함에 따라 두 상품을 생산할 때의 K/L는 상승함에 주목하자. 이러한 사실은 O_X 및 O_Y와 점 B를 연결하는 점선의 기울기가 O_X 및 O_Y와 점 A를 연결하는 선분의 기울기보다 크다는 점에서 알 수 있다. 이와 같이 K/L가 증가한 결과 (저임금국가인) 1국의 노동생산성과 임금이 상승한다. 반면 2국의 생산이 점 A'에서 점 B'으로 이동함에 따라 두 상품을 생산할 때의 K/L가 감소한다는 사실에 주목하자. 이러한 사실은 O_X 및 $O_{Y'}$과 점 B'을 연결하는 점선의 기울기가 이 점들로부터 점 A'을 연결하는 선분의 기울기보다 작다는 점에서 알 수 있다. 이와 같이 K/L가 감소한 결과 (고임금국가인) 2국의 노동생산성과 임금이 하락한다. 자본의 경우에는 정반대가 된다.

무역을 하지 않을 때 1국에서의 w/r는 2국에서보다 낮았다(점 A와 점 A'을 지나는 짧은 실선의 기울기의 절댓값을 참고하기 바람). (저임금국가인) 1국이 상품 X의 생산에 특화함에 따라 1국에서는 두 상품을 생산할 때의 K/L와 w/r가 상승한다. (고임금국가인) 2국이 상품 Y의 생산에 특화함에 따라 2국에서는 두 상품을 생산할 때의 K/L와 w/r가 하락한다. 이러한 생산 특화는 양국에서 K/L와 w/r가 같아질 때까지 계속된다. 이는 무역을 하게 될 때 1국은 점 B에서 2국은 점 B'에서 생산할 때 발생한다. 이것으로 5.2A절의 가정들이 성립할 때 무역의 결과 생산요소의 상대가격은 양국에서 균등화된다는 점을 정식으로 증명하였다.

> **연습문제** 1국의 자본부존량이 매우 적다면 생산요소의 상대가격이 균등화되기 전에 1국은 상품 X의 생산에 완전특화할 수 있음을 그림으로 그려 보라.

A5.3 절대적 요소가격 균등화

절대적 요소가격 균등화를 증명하는 것은 상대적 요소가격 균등화를 증명하는 것보다 어렵고, 학생들이 중급 수준의 미시경제학 및 거시경제학을 수강했다고 하더라도 학부 수준에서는 잘 다루지 않는다. 여기서는 내용의 완결성을 기하고 수준 높은 학부생과 대학원 1년생에게 도움이 될 수 있도록 이 정리에 대한 증명을 소개한다.

절대적 요소가격 균등화 정리는 오일러 정리(Euler's theorem)를 이용하여 증명한다. 오일러 정리에 의하면 생산을 할 때 규모에 대한 수익이 불변이고 각각의 생산요소는 생산성만큼 보수를 받는다면 생산물은 각 생산요소에 대한 보수의 합과 정확하게 일치한다. 구체적으로 노동의 한계생산성(MPL)에 투입된 노동량(L)을 곱하고 이를 자본의 한계생산성(MPK)에 투입된 자본량(K)의 곱과 합한 값은 정확히 생산물과 같다. 상품 Y의 경우에도 마찬가지이다. 상품 X를 생산할 때의 오일러 정리를 식으로 표현하면 다음과 같다.

$$(MPL)(L) + (MPK)(K) = X \tag{5A-1}$$

양변을 L로 나누어 정리하면 다음과 같다.

$$X/L = MPL + (MPK)(K)/L \tag{5A-2}$$

MPL로 묶어 내면 다음과 같다.

$$X/L = MPL[(1+K/L)(MPK/MPL)] \qquad (5A\text{-}3)$$

무역을 하게 되면 1국과 2국은 각각 그림 5-8의 점 B와 점 B'에서 생산하게 된다. 점 B와 점 B'에서는 양국에서 w/r가 같으므로 MPK/MPL 역시 같다. 또한 점 B와 점 B'에서는 양국에서 X를 생산할 때의 K/L도 같음을 이미 알고 있다. 마지막으로 X/L는 상품 X를 생산할 때 노동의 평균생산성이며, 규모에 대한 수익불변과 동일한 기술수준을 가정했기 때문에 이 역시 양국에서 같다. 결국 식 (5A-3)에서 노동의 평균생산성이 같아지려면 MPL 역시 양국에서 반드시 같아져야 한다.

실질임금은 MPL과 같으므로 양국에서 MPL이 같다는 것은 상품 X를 생산할 때 양국의 실질임금이 같다는 것을 의미한다. 완전경쟁과 국내에서는 생산요소가 완전하게 이동 가능하다고 가정하였기 때문에, 각국 내에서 상품 Y를 생산할 때의 실질임금 임금 역시 상품 X를 생산할 때의 실질임금과 같다. 마찬가지 방법으로 양국에서 두 상품을 생산할 때의 실질이자율 역시 같다는 점을 증명할 수 있다. 이로써 (대단히 제한된 가정 아래) 양국에서 두 상품을 생산할 때의 생산요소에 대한 보수가 절대적으로 균등화됨을 증명하였다. 즉, 양국에서 두 상품을 생산할 때의 실질임금이 같다는 것을 증명하였다. 마찬가지로 양국에서 두 상품을 생산할 때의 실질이자율 역시 같게 된다.

A5.4 무역의 단기 소득분배효과 : 특정요소 모형

(노동풍부국인) 1국에서 노동은 산업 간 이동이 자유롭지만 자본은 이동 불가능하다고 가정하자. 노동은 이동 가능하므로 1국에서 두 상품 X와 Y를 생산할 때의 임금은 같다. 1국에서 두 상품의 생산에 고용된 균형 고용량과 균형임금은 X와 Y를 생산할 때의 노동의 한계생산물 가치 곡선이 만나는 점에서 결정된다. 미시경제학으로부터 상품 X를 생산할 때의 노동의 한계생산물 가치는 상품 X의 가격과 노동의 한계생산성을 곱한 것과 같다는 사실을 알고 있을 것이다. 즉, $VMPL_X = P_X \cdot MPL_X$이다. 마찬가지로 상품 Y의 경우에도 $VMPL_Y = P_Y \cdot MPL_Y$이다. 또한 자본이 일정할 때 노동을 더 고용하면 수확체감의 법칙에 따라 $VMPL$이 감소한다는 사실을 알고 있다. 마지막으로 기업은 이윤을 극대화하기 위하여 임금이 노동의 한계생산물 가치와 같아질 때까지 노동을 고용할 것이다(즉, $w = VMPL$).

이제 그림 5-9를 이용하여 1국이 상품 X와 Y를 생산할 때 폐쇄경제에서의 균형임금과 고용량을 살펴볼 수 있다. 이 그림에서 수평축은 1국이 사용 가능한 총노동량을 표시하며 수직축은 임금을 나타낸다. 우선 $VMPL_X$(이 곡선은 보통의 경우처럼 왼쪽으로부터 오른쪽으로 측정한다.)와 $VMPL_Y$(이 곡선은 오른쪽으로부터 왼쪽으로 측정한다.)를 보자. 균형임금은 이 두 곡선이 교차하는 점에서 결정되며 ED이다. 노동이 산업 간에 완전하게 이동 가능하다고 가정하였으므로, 두 상품을 생산할 때의 임금은 같다. 상품 X의 생산에는 OD의 노동량이, 상품 Y의 생산에는 나머지 DO'의 노동량이 고용된다.

(노동풍부국인) 1국은 (노동집약적 상품인) 상품 X에 비교우위를 갖기 때문에 무역이 개시되면 상대가격 P_X/P_Y는 상승한다. $VMPL_X = P_X \cdot MPL_X$이므로 P_X가 상승하면 $VMPL_X$는 같은 비율로 EF만큼 위로 이동하여 $VMPL'_X$가 된다. 임금은 ED에서 $E'D'$으로 상승하지만 상품 X의 가격만큼 상승하지는 않고, 상품 Y의 생산에 고용되어 있던 DD'의 노동이 상품 X를 생산하는 데 이용된다. w는 P_X보다 적

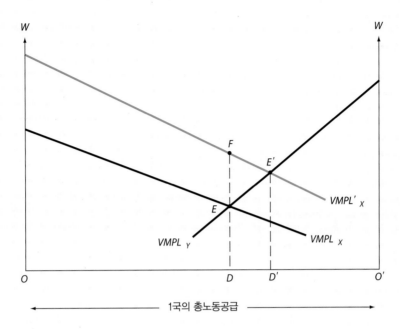

특정요소 모형

노동은 산업 간 이동 가능한 데 반해 자본은 이동할 수 없다. 수평축은 1국이 이용 가능한 총노동공급을 나타내며 수직축은 임금(w)을 나타낸다. 무역 이전에는 $VMPL_X$와 $VMPL_Y$가 만나는 점에서 임금 $w=ED$가 결정된다. OD의 노동이 상품 X의 생산에 투입되고 DO'의 노동은 상품 Y의 생산에 투입된다. 무역을 하게 되면 P_X/P_Y가 상승하여 $VMPL_X$는 $VMPL'_X$로 이동하고 임금은 ED에서 $E'D'$으로 상승하여 DD'의 노동이 상품 Y의 생산에서 상품 X의 생산으로 이동한다. (P_Y가 변하지 않았다고 가정할 때) 임금은 P_X보다 적게 상승하므로 상품 X로 측정한 임금은 하락하고 상품 Y로 측정한 임금은 상승한다. 상품 X의 생산에는 고정된 자본이 더 많은 노동과 결합되므로 $VMPK_X$는 상승하고 X와 Y로 측정한 r 역시 상승한다. 상품 Y를 생산할 때는 일정한 양의 자본과 더 적은 노동이 결합하므로 $VMPK_Y$는 하락하고 상품 X와 Y로 측정한 r은 하락한다.

게 상승하므로 상품 X로 측정한 실질임금은 하락하고 (P_Y는 변하지 않았으므로) 상품 Y로 측정한 실질임금은 상승한다. 즉, P_X의 상승이 노동의 실질소득에 미치는 효과는 분명치 않으며 지출 패턴에 따라 달라진다. 주로 상품 X를 소비하는 노동자의 생활수준은 악화되지만 주로 상품 Y를 소비하는 노동자의 생활수준은 향상될 것이다.

그러나 (특정요소인) 자본에 대한 보수(r)에 미치는 효과는 분명하다. 상품 X를 생산하는 데 이용되는 특정자본은 더 많은 노동과 결합되므로 $VMPK_X$는 상승하고 어느 상품으로 측정하든 r은 상승한다. 반면 상품 Y를 생산하는 데 고용된 자본은 결합되는 노동량의 감소로 인해 $VMPK_Y$는 감소하며, Y로 측정한 r도 감소하며 X로 측정한 r은 더욱더 감소한다.

따라서 무역이 개시됨에 따라 (이 국가에서 희소한 생산요소인) 이동 불가능한 자본에 대한 실질소득은 산업별로 상이하게 나타난다. 즉, 상품 X의 생산에 특정적으로 사용되는 자본의 실질소득은 증가하는 반면 상품 Y의 생산에 특정적으로 사용되는 자본의 경우는 실질소득이 감소한다. 반면에 (두 상품의 생산에서 동일한) 실질임금은 상품 X로 평가하면 감소하고 상품 Y로 평가하면 상승하는데, 이것은 자본이 산업별로 이동 불가능하거나 산업별로 특정적인 경우에 특정요소 모형으로 알 수 있는 무역의 단기적 소득분배효과이다.

특정요소 모형을 일반화시키면 무역은 이동 가능한 생산요소에 대해서는 불명확한 효과를 미치지만 수출부문에 특정적인 생산요소에 대해서는 유리한 효과를 미치고 수입경쟁부문에 특정적인 생산요소에 대해서는 불리한 효과를 미친다고 할 수 있다. 이것이 바로 일부 생산요소가 특정적이거나(즉, 일부 산업에만 사용될 수 있는) 이동 불가능한 단기에 예상할 수 있는 결과이다. 물론 장기에는 모든 생산요소들이 산업 간에 자유롭게 이동할 수 있으므로 헥셔–오린 모형에 의하여 한 국가의 수출부문에 집약적으로 이용되는 생산요소의 실질소득은 증가하는 반면, 수입경쟁부문에 집약적으로 사용되는 생산요소의 실질소득은 감소한다는 것을 알 수 있다.

> **연습문제** 만약 2국에서 노동은 산업 간에 자유롭게 이동할 수 있는 반면, 자본은 이동이 불가능하다면 무역을 할 때 (자본풍부국인) 2국의 노동과 자본의 실질소득은 어떻게 변화하는가?

A5.5 요소집약도 역전에 대한 예시

그림 5-10은 상품 X와 상품 Y에 대한 등량선을 각각 하나만 그린 것이다. (A3.1절로부터) 생산함수가 1차 동차일 때 등량선 하나를 가지고도 각 상품의 전체 생산함수를 표현할 수 있다는 점을 살펴본 바 있다. 그뿐만 아니라 기술수준이 양국에서 동일하다고 가정했으므로 하나의 등량선으로 양국의 등량선을 표현할 수 있다.

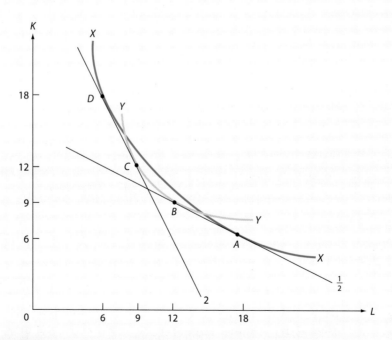

그림 5-10 요소집약도 역전

w/r=1/2에서 상품 X는 점 A에서 K/L=6/18=1/3로 생산되고 상품 Y는 점 B에서 K/L=9/12=3/4으로 생산된다. 따라서 상품 X는 노동집약적이다. 한편 w/r=2에서 상품 Y는 점 C에서 K/L=12/9=4/3로 생산되고 상품 X는 점 D에서 K/L=18/6=3으로 생산된다. 상품 X는 w/r=1/2일 때는 노동집약적이고 w/r=2이면 자본집약적이므로 요소집약도 역전이 존재한다.

그림 5-10에서 $w/r=1/2$일 때 상품 X는 점 A에서 생산되는데, 이때 X-등량선은 등비선의 기울기 (w/r)가 1/2인 점에서 접하고 있으며 $K/L=6/18=1/3$이다. 상품 Y는 점 B에서 생산되며, 이때 Y 등량선은 등비선의 기울기가 1/2인 점에서 접하고 $K/L=9/12=3/4$이 된다. 따라서 $w/r=1/2$일 때는 상품 Y를 생산할 때의 K/L가 상품 X를 생산할 때의 K/L보다 높으며 상품 X는 상대적으로 노동집약적인 상품이 된다.

반대로 $w/r=2$인 경우에 상품 Y는 점 C에서 생산되는데, 이때 Y 등량선은 등비선의 기울기(w/r)가 2인 점에서 접하고 $K/L=12/9=4/3$이 된다. 상품 X는 점 D에서 생산되며 이때 X 등량선은 등비선의 기울기가 2인 점에서 접하고 $K/L=18/6=3$이 된다. 따라서 $w/r=2$일 때는 상품 X가 상대적으로 자본집약적인 상품이 된다.

결과적으로 상품 X는 $w/r=1/2$일 때는 노동집약적이 되고 $w/r=2$일 때는 자본집약적이 되어, 이때 요소집약도의 역전이 존재한다고 한다.

요소집약도 역전이 존재하면 H-O 정리와 요소가격 균등화 정리 모두 성립하지 않는다. 예를 들어 1국은 노동풍부국이고 $w/r=1/2$이고, 2국은 자본풍부국이며 $w/r=2$라고 가정하자. 1국에서 $w/r=1/2$일 때 1국은 노동풍부국이고 상품 X는 노동집약적 상품이므로 1국은 상품 X의 생산에 특화하여 이를 수출하게 된다. 2국에서 $w/r=2$이고 2국은 자본풍부국이며 상품 X는 자본집약적 상품이므로 2국은 상품 X의 생산에 특화하여 이를 수출해야 한다. 양국이 동질적 상품을(즉, 상품 X) 서로 수출할 수는 없으므로 H-O 정리는 더 이상 무역 패턴을 설명하지 못한다.

H-O 모형이 성립하지 않을 때 요소가격 균등화 정리 역시 성립하지 않는다. 이를 살펴보기 위해 (저임금국가인) 1국이 (노동집약적 상품인) 상품 X의 생산에 특화하면 노동의 수요는 증가하고 1국에서 w와 w/r는 상승한다. 1국이 상품 X에 특화하여 수출하고 있으므로 (두 국가가 동일한 상품을 서로 수출할 수는 없으므로) 2국은 상품 Y에 특화하고 수출해야 한다. 그러나 2국에서 상품 Y는 노동집약적이므로, 노동에 대한 수요가 증가하고 (고임금국가인) 2국에서도 역시 w와 w/r가 상승한다. 즉, (저임금국가인) 1국과 (고임금국가인) 2국에서 모두 임금이 상승한다.

만약 1국의 임금이 2국보다 빠른 속도로 상승하면 요소가격 균등화 정리가 예측하는 바와 같이 양국의 임금 격차가 감소하겠지만, 1국의 임금이 2국의 임금보다 느린 속도로 상승하면 임금 격차는 확대되며, 양국의 임금이 동일하게 상승한다면 임금 격차는 변하지 않는다. 각각의 경우에 무역이 요소가격의 격차에 미치는 효과를 사전적으로 알 수 없으므로 요소가격 균등화 정리는 기각된다.

그림 5-10에서 X-등량선의 곡률이 Y-등량선보다 훨씬 작고, 생산요소의 상대가격이 위치한 범위 내에서 2번 교차할 때 요소집약도 역전이 발생하고 있음을 볼 수 있다. 두 등량선의 곡률이 유사하면 이들은 오직 1번만 교차할 것이고 요소집약도 역전은 나타나지 않는다.

연습문제 그림 5-10과 유사한 그림을 그리고 양국의 생산요소 상대가격 범위 내에서 상품 X 및 상품 Y 등량선이 1번만 교차할 때 요소집약도 역전이 발생하지 않음을 보이라.

A5.6 요소의 대체탄력성과 요소집약도 역전

앞에서 요소집약도 역전이 발생하기 위해서는 상품 X와 상품 Y의 등량선의 곡률 차이가 충분히 커서 양국의 생산요소 상대가격 범위 내에서 이들 등량선이 2번 교차해야 한다는 것을 보았다. 등량선의 곡률은 노동의 상대가격(w/r)이 하락할 때 자본이 노동으로 대체될 수 있는 정도를 보여 준다. w/r가 하락하면 생산자들은 비용을 최소화하기 위해 두 상품을 생산할 때 자본을 노동으로 대체하려고 할 것이다.

등량선이 평평할수록(즉, 곡률이 작을수록) 자본을 노동으로 (또는 반대로) 대체하기가 용이하다. 등량선의 곡률과 어떤 생산요소가 다른 생산요소로 대체될 수 있는 정도는 대체탄력성으로 측정할 수 있다. 자본에 대한 노동의 대체탄력성(elasticity of substitution, e)은 다음의 식으로 정의된다.

$$e = \frac{\Delta(K/L)/(K/L)}{\Delta(기울기)/(기울기)}$$

예를 들어 상품 X를 생산할 때 점 D와 A 사이의 자본에 대한 노동의 대체탄력성은 다음과 같이 계산된다. 그림 5-10에서 점 D에서의 $K/L=3$이고 점 A에서의 $K/L=1/3$이다. 따라서 X 등량선을 따라 점 D에서 점 A로 이동할 때 K/L의 변화는 $3-(1/3)=2(2/3)=8/3$이다. 따라서 $\Delta(K/L)/(K/L)=(8/3)/3=8/9$이 된다. X 등량선 기울기의 절댓값은 점 D에서는 2이고 점 A에서는 1/2이다. 따라서 Δ기울기 $2-(1/2)=1(1/2)=3/2$이 된다. 따라서 Δ기울기/기울기$=(3/2)/2=3/4$이 된다. 이러한 수치를 위의 공식에 대입하면 아래와 같다.

$$e = \frac{\Delta(K/L)/(K/L)}{\Delta(기울기)/(기울기)} = \frac{8/9}{3/4} = 32/27 = 1.19$$

마찬가지로 Y 등량선 위의 두 점 C와 B 사이의 자본에 대한 노동의 대체탄력성은 아래와 같다.

$$e = \frac{\Delta(K/L)/(K/L)}{\Delta(기울기)/(기울기)} = \frac{[(4/3-3/4)]/(4/3)}{(2-1/2)/(2)} = \frac{(7/12-4/3)}{(11/2)/2} = \frac{21/48}{3/4} = 84/144 = 0.58$$

따라서 X 등량선이 Y 등량선보다 곡률은 작고 대체탄력성은 큰 값을 갖는다. X 등량선과 Y 등량선이 두 번 교차하는 이유는 각국의 생산요소의 상대가격선 내에서 이들 등량선의 곡률과 대체탄력성의 차이가 있기 때문이며 그 결과 요소집약도 역전이 발생한다. 등량선의 곡률과 대체탄력성의 차이는 요소집약도 역전이 발생하기 위한 필요조건이지 충분조건은 아님을 주의하자. 요소집약도 역전이 발생하기 위해서는 대체탄력성의 차이가 충분히 커서 두 상품의 등량선들이 각국의 생산요소 상대가격선 범위 내에서 2번 교차해야 한다.

> **연습문제** (요소집약도 역전이 발생하지 않았던) 앞의 문제에서 상품 X 및 Y에 대한 대체탄력성을 구하고 이들의 곡률이 비슷하기 때문에 대체탄력성이 큰 차이를 보이지 않음을 확인하라. 단, 각 점의 좌표는 $A(4, 2)$, $B(3, 3)$, $C(3, 2.5)$, $D(2, 4)$이며 등량선의 기울기의 절댓값은 점 A, C에서 1, 점 B, D에서 2를 가정한다.

A5.7 요소집약도 역전의 검증

1961년까지 경제학자들은 주로 콥-더글러스 생산함수(Cobb-Douglas production function)를 이용하였다. 콥-더글러스 생산함수에서는 상품을 생산할 때의 대체탄력성이 1이 된다. 그 결과 이 생산함수는 현실세계에서 요소집약도 역전이 발생하는 빈도를 측정하는 데는 전혀 도움이 될 수 없었다.

부분적으로 국제무역에서 요소집약도 역전을 측정할 필요성 때문에 애로우(Arrow), 체너리(Chenery), 민하스(Minhas), 솔로(Solow)는 대체탄력성 불변 생산함수[constant elasticity of substitution (CES) production function, CES 생산함수]라는 생산함수를 1961년에 개발하였다. 이름이 의미하는 바와 같이 CES 생산함수의 경우에는 각 산업의 대체탄력성은 일정하지만 산업별로는 대체탄력성이 상이할 수 있다.

민하스는 바로 이 CES 생산함수를 이용하여 요소집약도의 역전을 측정하였다. 즉, 민하스는 그가 분석한 6개 산업에서 대체탄력성이 큰 차이를 보였으며, 그가 분석한 사례 중 1/3 정도의 경우에 요소집약도 역전이 발생하고 있음을 발견하였다. 요소집약도의 역전이 이러한 정도로 발생한다는 것은 요소집약도 역전을 예외적인 것이라고 취급하기에는 너무 빈번한 것이며, 이것이 만약 사실이라면 H-O 모형은 심각한 타격을 받게 될 것이다.

그러나 레온티에프는 CES 생산함수를 유도해 내기 위해 사용된 (민하스가 선택한 6개 산업 대신에) 전체 21개 산업에 대한 대체탄력성을 계산한 결과 요소집약도 역전이 분석사례 중 8% 정도만 발생하였음을 발견하였다. 더욱이 천연자원 집약적인 2개 산업을 제외했을 경우 요소집약도 역전은 1%만 발생하였다. 따라서 레온티에프는 요소집약도 역전은 매우 드문 경우이며, 이러한 예외적 현상을 감안하면 H-O 모형은 기각되어서는 안 된다는 결론을 내렸다.

민하스 역시 다른 방법으로 검증하였다. 그는 미국과 일본의 동일한 20개 산업에 대한 K/L를 계산하여, 각 국가에서 K/L 비율의 산업별 순위를 구하고, 두 국가에서 산업별 순위의 순위상관계수를 구하였다. 미국이 상대적으로 자본풍부국이었기 때문에 모든 산업에서 미국이 일본보다 자본집약적일 것으로 예상된다. 그러나 요소집약도 역전이 희귀한 현상이라면 자본집약도의 산업별 순위는 미국과 일본에서 매우 유사하게 나타나야 한다. 즉, 미국에서 자본집약도가 높은 산업들이 일본에서도 자본집약도가 높아야 한다. 민하스는 순위상관계수가 겨우 0.34라는 사실을 발견하였으며 요소집약도 역전이 흔히 있는 현상이라는 결론을 내렸다.

그러나 볼은 농업과 천연자원 집약적인 2개 산업을 제외하면 순위상관계수는 0.77로 커지며, 따라서 요소집약도 역전이 흔한 현상이 아니라는 결론에 도달했다.

규모의 경제, 불완전경쟁 및 국제무역

- 규모의 경제로 인해 어떻게 국제무역이 발생하는지 알아본다.
- 제품차별화로 인해 어떻게 산업내무역이 발생하는지를 설명한다.
- 무역에 관한 기술 갭 모형과 제품수명주기 모형을 이해한다.
- 수송비와 환경기준과 국제무역의 관계를 이해한다.

6.1 서론

제5장에서 헥셔–오린 이론은 국가 간 요소부존도의 차이로 비교우위를 설명한다는 점을 살펴보았다. 그러나 헥셔–오린 이론으로는 오늘날 무역의 상당 부분을 설명할 수 없다. 이 장에서는 몇 가지 새로운 보완적 무역이론을 통하여 이러한 결함을 보충하고자 하는데, 이들 이론은 국제무역의 상당 부분을 규모의 경제, 불완전경쟁 및 시간의 경과에 따른 국가 간 신기술의 개발 및 전파의 차이로 설명한다.

6.2절에서는 헥셔–오린 이론의 기초가 되는 각각의 가정들을 완화했을 때 어떤 결과가 나타나는지를 살펴보고, 6.3절에서는 규모의 경제에 기인한 국제무역을 살펴본다. 또한 6.4절에서는 오늘날 국제무역의 상당 부분을 설명하기 위해서는 불완전경쟁이 중요하다는 점을 살펴보고, 6.5절에서는 국가 간 기술의 동태적 변화로 국제무역을 설명하려는 모델을 살펴본다. 마지막으로 6.6절에서는 수송비와 환경기준이 산업의 입지 및 국제무역에 미치는 영향에 대해서 살펴본다. 이 장의 부록에서는 외부경제와 외부경제가 국제무역에 미치는 효과를 살펴본다.

6.2 헥셔–오린 모형과 신무역 이론

이 절에서는 5.2절에서 논의된 헥셔–오린 이론의 여러 가정들을 완화시켜 본다. 그 결과 여러 가지 가정들을 완화시킨다 하더라도 기본적 헥셔–오린 모형의 타당성은 변함이 없지만, 헥셔–오린 이론으로는 설명되지 않는 국제무역의 상당 부분을 설명하기 위해서는 새로운 보완적 이론이 필요하다는 것을 알게 될 것이다.

헥셔-오린 이론의 첫 번째 가정(2개의 국가, 2개의 상품, 2개의 생산요소)을 완화하여 2개 이상의 국가, 2개 이상의 상품, 2개 이상의 생산요소를 포괄하는 모형으로 확대하더라도, 분석이 복잡해지기는 하지만, 상품의 수가 생산요소의 수보다 같거나 많으면, 헥셔-오린 이론은 근본적으로 타당하다. 2개 이상의 생산요소를 다루는 경우에 발생하는 한 가지 난점은 상품을 단순히 노동집약적이거나 자본집약적으로 분류할 수 없으며 무역 패턴을 예측하기 위해서 요소집약도 지수를 작성해야 한다는 점이다. 이러한 작업은 복잡하기는 하지만 가능한 일이다.

헥셔-오린 이론의 두 번째 가정(즉, 생산을 할 때 양국은 동일한 기술을 사용한다는 가정)은 일반적으로 타당하지 않다. 즉, 현실세계에서 국가들은 상이한 기술을 이용하는 경우가 종종 있다. 그러나 기술은 생산요소로 간주될 수 있다는 점에서 국가 간의 기술 격차에 기인하는 무역은 헥셔-오린 이론의 영역에 포함된다고 볼 수 있다. 그러나 시간이 경과함에 따라 국가 간 기술의 변화에 기인하는 무역은 다른 문제로, 이러한 점은 기술 갭 모형이나 제품수명주기 모형으로 설명된다. 그러므로 이러한 모형들은 기본적 헥셔-오린 모형을 동태적으로 확장한 것으로 생각할 수 있기는 하지만 사실상 다른 모형이며 6.5절에서 논의된다.

세 번째의 가정, 즉 양국에서 상품 X는 노동집약적 상품이고 상품 Y는 자본집약적 상품이라는 가정은 요소집약도의 역전이 존재하지 않음을 의미한다. 5.6C절에서 논의된 바와 같이 요소집약도의 역전이 존재하면 헥셔-오린 이론은 더 이상 타당하지 않게 된다. 그러나 경험적 연구에 의하면 요소집약도의 역전은 현실세계에서 흔한 현상이 아니다. 레온티에프의 역설은 인적 자본을 포함하고 천연자원 집약적인 상품을 제외한 후에 수출품과 수입품에서의 K/L 비율을 비교하지 않고 생산과 소비에서의 K/L 비율을 비교함으로써 해결될 수 있을 것으로 보인다.

헥셔-오린 이론은 규모에 대한 수익불변(가정 4)을 가정하고 있지만, 규모에 대한 수익증가에 의해서도 국제무역이 발생할 수 있다. 규모에 대한 수익증가는 헥셔-오린 이론으로는 설명되지 않는 국제무역의 상당 부분을 설명하고자 한다는 점에서 헥셔-오린 이론과 보완적 관계에 있다고 볼 수 있다. 규모의 경제에 기인하는 무역은 6.3절에서 다루게 된다.

헥셔-오린 모형의 다섯 번째 가정은 양국에서 불완전특화를 한다는 것이었다. 무역에 의해 어느 한 국가에서 완전특화가 발생한다면 상품의 상대가격은 균등화되지만 생산요소의 가격은 균등화되지 않게 된다. 예를 들어 그림 5-8에서 1국이 이용할 수 있는 자본의 양이 매우 적어서(양국에서 요소가격이 균등화되는) 점 B가 1국의 에지워스 상자도 밖에 위치한다면(따라서 도달할 수 없다면), 양국에서 상품의 상대가격은 균등화된다고 하더라도 요소가격은 균등화되지 않을 것이다.

기호가 동일하다는 가정 6은 어느 정도 경험적으로 입증되었다. 국가 간 상품의 상대가격 차이와 무역을 설명하는 데 있어서, 국가 간 기호의 차이는 생산요소의 상대적 물질적 이용가능성의 차이를 상쇄할 만큼 충분히 크지는 않다.

생산물 시장과 생산요소 시장에서 완전경쟁이라는 가정 7을 완화하는 것은 보다 까다로운 일이다. 산업국가 간에 제조업 무역의 상당 부분은 제품차별화와 규모의 경제에 기인하는 것으로 보이는데, 이러한 점은 (적어도 처음에는) 헥셔-오린의 요소부존량 모형과는 쉽게 양립하기 어려울 것으로 보인다. 이러한 산업내무역(intra-industry trade)은 6.4절에서 다루기로 한다.

국가 간에 생산요소가 이동할 수 없다는 가정 8을 완화하면 헥셔-오린 모형이 수정되기는 하지만 그 타당성을 잃게 되는 것은 아니다. 5.5A절에서 지적한 바와 같이 생산요소의 국제적 이동가능성은 국가 간에 상품의 상대가격과 생산요소의 가격을 균등화시킨다는 점에서 국제무역을 대체하는 것이다. 국가 간 생산요소의 이동가능성이 완벽하지는 않지만 어느 정도 존재한다면 무역을 더 적게 하더라도 상품과 생산요소의 상대가격은 균등화될 수 있다. 이러한 점에서 기본적 헥셔-오린 모형은 수정되지만 그 타당성을 잃게 되지는 않는다.

마찬가지로 수송비와 기타 국제무역에 대한 비금지적 장애(nonprohibitive obstruction, 가정 9)는 무역으로부터의 이익과 무역 규모를 감소시키기는 하지만 이로 인해 단지 헥셔-오린 정리와 요소가격 균등화 정리의 내용이 수정될 뿐 그 타당성이 없어지는 것은 아니다. 수송비와 환경기준은 6.6절에서 논의된다.

자원이 완전고용되지 않는다면(가정 10을 완화하면) 활용되지 않거나 제대로 활용되지 않는 자원으로 인해 잠재적 비교우위가 나타나지 않을 수도 있다. 그 결과 헥셔-오린 이론은 무역 패턴을 잘못 예측할 수 있다. 그러나 일시적 경기 침체나 마찰적 실업(직업을 바꾸는 과정에서 발생하는 실업)의 경우를 제외하고는 완전고용의 가정은 충족되고 있으며 적어도 선진국에서는 특히 그러하다.

국가 간의 무역은 균형을 이룬다는 가정 11을 완화하면, 무역수지가 적자인 국가는 만일 무역수지가 균형을 이루었다면 비교우위 때문에 실제로 수출했을 수도 있던 상품들을 수입하는 경우도 발생할 수 있다. 그러나 대부분의 무역수지 불균형은 GNP에 비해 일반적으로 그다지 크지 않기 때문에, 헥셔-오린 모형이 무역 패턴을 올바르게 예측할 수 없을 것이라는 비판은 한 국가의 비교우위가 대단히 작은 상품들의 경우에만 타당하다.

결론적으로 헥셔-오린 이론의 가정을 대부분 완화하더라도 헥셔-오린 이론이 수정되기는 하지만 그 타당성을 잃게 되는 것은 아니다. 그러나 규모에 대한 수익불변과 완전경쟁의 가정을 완화하는 경우에는 헥셔-오린 이론으로는 설명되지 않는 무역의 상당 부분을 설명할 수 있도록 해 주는 새로운 보완적인 무역이론이 요구된다. 시간의 경과에 따른 국가 간 기술변화의 격차에 기인하는 국제무역은 새로운 무역이론을 필요로 한다. 이제 새로운 보완적인 무역이론을 살펴보기로 하자.

6.3 규모의 경제와 국제무역

헥셔-오린 모형의 가정 중의 하나는 양국에서 2개의 상품이 규모에 대한 수익불변인 생산기술로 생산된다는 것이었다(5.2절의 가정 4). 규모에 대한 수익이 증가하는 경우에는 두 국가가 모든 면에서 동일하다고 하더라도 상호이익이 되는 무역이 발생할 수 있다. 이 점이 바로 헥셔-오린 모형이 설명하지 못하는 무역의 유형이다.

규모에 대한 수익증가(increasing returns to scale)란 생산요소 또는 투입량이 증가하는 비율 이상으로 산출량이 증가하는 상황을 말한다. 즉, 모든 투입량이 2배 증가하면 산출량은 2배 이상 증가하고, 모든 투입량이 3배 증가하면 산출량은 3배 이상 증가한다. 따라서 규모에 대한 수익증가는 생산규모가 커짐에 따라 분업과 특화가 보다 더 잘 이루어질 수 있기 때문에 발생한다. 즉, 각각의 노동자는 단순 반복적 작업을 수행하는 일에 특화함으로써 그 결과 생산성이 증가할 수도 있다. 게다가 생산규모가 커지게 되면 생산규모가 작았을 때 가능했던 것보다 더욱 전문화되고 생산성 높은 기계를 도입하

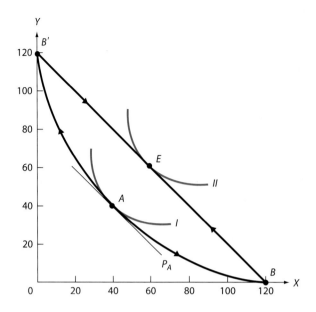

그림 6-1 규모의 경제로 인한 무역

무차별곡선과 생산가능곡선이 동일하고 생산가능곡선이(규모의 경제로 인하여) 원점에 대해 볼록하면 무역을 하지 않을 때 상품의 균형상대가격은 양국에서 P_A로 동일하게 표현된다. 무역을 하게 되면 1국은 상품 X의 생산에 완전특화하여 점 B에서 생산할 수 있다. 이때 2국은 상품 Y의 생산에 완전특화하여 점 B′에서 생산할 것이다. 그 후 60X와 60Y를 상호 교환하면 무차별곡선 II상의 점 E에서 소비하게 되어 20X와 20Y의 이익을 얻는다.

는 것이 용이해질 수도 있다. 앤트와일러와 트레플러(Antweiler and Trefler, 2002)는 상품을 생산하는 산업의 1/3이 규모에 대한 수익증가라는 생산기술의 특징을 가지고 있다는 점을 발견하였다.

그림 6-1은 상호이익이 되는 무역이 규모에 대한 수익증가에 의해 발생할 수 있다는 점을 보여 주고 있다. 만일 두 국가가 모든 면에서 동일하다고 가정한다면, 하나의 생산가능곡선과 하나의 무차별곡선을 이용하여 두 국가를 표현할 수 있다. 규모에 대한 수익증가로 인하여 생산가능곡선은 원점에 대해 볼록한 또는 안쪽으로 휘어진 모양을 갖게 된다. 생산가능곡선과 무차별곡선이 동일하기 때문에 무역을 시작하기 전의 상품의 상대가격 역시 양국에서 동일하다. 그림 6-1에서 이 경우의 상대가격은 양국에서 모두 $P_X/P_Y=P_A$이며, 생산가능곡선과 무차별곡선이 접하는 점 A에서의 기울기로 표현되고 있다.

무역을 하게 되면 1국은 상품 X의 생산에 완전특화하여 점 B에서 생산할 수 있다. 이때 2국은 상품 Y의 생산에 완전특화하여 점 B′에서 생산할 것이다. 60X와 60Y를 상호 교환함으로써 각국은 무차별곡선 II상의 점 E에서 소비할 수 있고, 따라서 20X와 20Y의 이익을 얻을 수 있다. 이러한 무역으로부터의 이익은 각국이 한 가지 상품을 생산할 때만 규모에 대한 수익이 증가하기 때문에 발생한다. 무역을 하지 않는다면 각국은 두 가지 상품 모두를 소비하고자 할 것이므로 한 가지 상품의 생산에만 특화할 수 없을 것이다.

무역을 하지 않을 때의 균형점 A는 다음과 같은 점에서 불안정적이라는 점에 주목하자. 즉, 어떤 이유로든 1국이 생산가능곡선을 따라 점 A의 오른쪽으로 이동하면, 상품 X의 상대가격(생산가능곡선의 기울기)은 결국 1국이 상품 X의 생산에 완전특화할 때까지 하락하게 된다. 마찬가지로 2국이 생산가능곡선을 따라 점 A의 왼쪽으로 이동하면, 2국이 상품 Y의 생산에 완전특화할 때까지 P_X/P_Y는 상승한다(따라서 그 역인 P_X/P_Y는 하락한다).

위의 설명과 그림 6-1에 관하여 몇 가지 점을 명확히 할 필요가 있다. 첫째, 두 국가 중 어느 국가가 상품 X나 Y의 생산에 특화할 것인가 하는 문제는 전혀 관계가 없다는 점이다. 현실세계에서 이러한 점은 역사적 우연에 의해 발생할 수 있다. 둘째, 두 국가에게 상호이익이 되는 무역이 규모에 대한 수익증가로 인해 발생하기 위해서는 두 국가가 모든 점에서 동일할 필요가 없다는 점은 최소한 직관적으로는 명백하다. 셋째, 규모의 경제가 아주 광범위한 산출량 수준에서 지속된다면, 국가 내의 한 개 또는 몇몇 기업이 해당 상품의 전체 시장을 장악하게 되어, 독점(monopoly)(대체재가 존재하지 않는 상품의 유일한 생산자)이나 과점(oligopoly)(동질적인 또는 차별화된 상품의 소수의 생산자)이 나타나게 된다.

넷째, 1980년대 초반 이래 아웃소싱과 오프쇼링을 통해 해외에 생산설비를 설치하는 일이 급격히 증가했을 뿐만 아니라 부품 및 컴포넌트의 국제무역이 급격히 증가해 왔는데, 이러한 것들이 중요한 신국제적 규모의 경제(new international economies of scale)의 원천이 되었다. 아웃소싱(outsourcing)이란 한 기업이 생산비를 절감하기 위하여 해외에서 부품이나 컴포넌트를 구입하는 것을 말한다. 반면 오프쇼링(offshoring)은 한 기업이 자사 제품에 필요한 부품이나 컴포넌트를 해외에 있는 자체 공장에서 생산하는 것을 말한다. 아웃소싱이나 오프쇼링을 통해 국제적 규모의 경제를 달성할 수는 있지만(사례연구 6-1 참조), 수많은 고임금 일자리가 해외로 이전된다는 불만도 야기되었다(사례연구 6-2 참조).

규모의 경제 또는 규모에 대한 수익증가는 외부경제와 명확하게 구분되어야 한다. 전자는 한 기업의 산출량이 증가함에 따라 그 기업의 평균생산비가 감소하는 것을 의미한다. 따라서 규모의 경제 또는 규모에 대한 수익증가는 기업 내부적인 것이다. 반대로 외부경제(external economies)는 전체 산업의 산출량이 증가함에 따라(즉, 기업 외부적인 이유로) 개별기업의 평균생산비가 하락하는 것을 의미한다. 외부경제와 국제무역에서 외부경제의 중요성에 관해서는 이 장 부록에서 검토한다.

마지막으로 어느 정도 규모의 경제와 관련이 있는 것으로 1961년 린더(Linder)가 제시한 가설이 있는데, 이 가설에 의하면 한 국가는 국내에서 큰 시장이 존재하는 제조업 상품을 수출한다는 것이다. 이러한 상품들은 대다수의 사람들에게 인기를 끌 수 있는 상품들이다. 이러한 시장의 욕구를 충족시키는 과정에서 그 국가는 필요한 경험과 효율성을 확보하게 되어 후에는 유사한 기호와 소득수준을 가진 다른 국가로 상품을 수출하게 된다. 이 국가는 자국 내의 저소득층 또는 고소득층 소수에게 인기 있는 상품을 수입할 것이다. 이러한 '기호의 유사성(preference similarity)' 또는 '중첩 수요(overlapping demands)' 가설에 의하면 제조업품 무역은 소득수준과 기호가 유사한 국가들 사이에 가장 클 것이다. 린더의 가설은 그의 고국인 스웨덴에서는 입증되었지만, 다른 국가의 경우에는 아직 입증되지 않았다. 예컨대 이 가설은 일본이나 대한민국과 같은 비기독교 국가가 인조 크리스마스 트리나 크리스마스 카드에 대한 국내시장이 없음에도 불구하고 이들 제품을 수출하는 이유를 설명하지 못하고 있다.

사례연구 6-1 신국제적 규모의 경제

오늘날 국제적 기업이 생산하고 있는 제품 중에서 여러 다른 국가에서 생산되는 부품과 컴포넌트가 갈수록 많아지고 있는데(사례연구 1-1 참조), 그 이유는 생산비를 최소화하기 위한 것이다. 예를 들어 일부 포드 피에스타의 모터는 영국에서, 변속기는 프랑스에서, 클러치는 스페인에서 생산되고 부품은 독일에서 조립되어 유럽 전역에서 판매되고 있다. 마찬가지로 일본과 독일의 카메라는 저임금을 이용하기 위하여 싱가포르에서 조립되고 있다.

투입물의 해외 '구매(sourcing)'는 보다 많은 이윤을 얻기 위한 선택의 문제가 아니라, 경쟁력을 유지하기 위한 필수조건일 뿐이다. 보다 저렴한 투입요소를 획득하기 위해 해외로 눈을 돌리지 않는 기업들은 세계시장에서뿐만 아니라 국내시장에서도 경쟁력을 상실하게 된다. 현재 미국의 기업들은 아웃소싱에 1,000억 달러 이상을 지출하고 있으며, 그렇게 함으로써 비용을 10~15%까지 절감하고 있다. '아웃소싱'은 현재 일본기업의 총제조업 비용의 1/3 이상을 차지하고 있으며, 이로 인해 일본기업은 생산비의 20% 이상을 절약하고 있다.

오늘날과 같이 급격하게 작아지고 있는 세상에서 경쟁력을 유지하기 위해서 기업들은 항상 보다 저렴한 요소의 공급처와 해외생산을 추구해야만 한다. 실제로 이러한 과정은 오늘날의 세계경제에서 제조업의 신국제적 규모의 경제로 생각될 수 있다. 1980년대에 기업들이 국내에서 경영을 합리화할 수밖에 없었던 것처럼, 오늘날의 기업들은 신국제적 규모의 경제를 활용할 수 있도록 제조과정 전체 시스템을 범세계적으로 통합해야 하는 도전에 직면하고 있다.

사실상 세계적 기업들은 그들의 생산물에 투입되는 부품이나 컴포넌트를 아웃소싱이나 **오프쇼링**(즉, 해외에서의 직접생산)할 뿐만 아니라 세계적 **공급** 또는 **가치사슬**(supply or value chain)의 일환으로 상당 부분의 생산을 세계 여러 지역으로 분산(프래그멘테이션)시키는 데까지 이르고 있다. 이 점은 수천 명의 사상자를 내고 (3기의 원자로를 포함한) 주요 사회간접시설을 파괴했을 뿐만 아니라 특히 자동차와 같은 많은 생산물의 국제적 공급사슬이나 가치사슬을 파괴한 2011년 3월 일본을 강타한 쓰나미가 발생하자 더욱 분명해졌다.

이러한 프래그멘테이션과 세계적 공급사슬 또는 가치사슬의 세계에서는 다국적기업들이 장차의 경쟁적 지위에 필수적인 (선진국에서의 R&D와 같은) 핵심 역량에 더욱더 집중하고 외부의 공급자가 특별히 생산우위를 가지고 있는 (개발도상국에서 미숙련노동 등을 필요로 하는) 기타의 부품이나 컴포넌트는 아웃소싱하거나 해외생산(오프쇼링)을 한다. 어떤 의미에서는 이제 국가들의 무역 중 수출품에 체화된 생산요소나 투입요소의 무역이 차지하는 비중이 생산물이나 서비스 그 자체의 무역과 비슷하거나 더 크다고 할 수 있다.

출처 : "Manufacturing's New Economies of Scale", *Harvard Business Review*, May-June 1992, pp. 94-102; "How to Think Strategically about Outsourcing," *Harvard Management Update*, May 2000, pp. 4-6; and D. Salvatore, "The U.S. Challenge to European Firms," *European Journal of International Management*, Vol. 1, No.1, 2007, pp. 69-80. M.P.Timmer et al., "Fragmentation, Incomes and Jobs: An Analysis of European Competitiveness," *Economic Policy*, October 2013, pp.613-661; and D.Salvatore, *Magegerial Economics in a Global Economy*, 9th ed. (Oxford University Press, 2019) Chs. 6 and 7.

6.4 불완전경쟁과 국제무역

이 절에서는 불완전경쟁과 국제무역 간의 중요한 관계를 처음에는 직관적으로, 그리고 난 후 정형화된 모형을 통해 살펴본다. 또한 산업내무역을 측정하는 방법을 살펴본다.

6.4A 제품차별화에 기인한 무역

오늘날 현대 경제의 생산물 중 상당 부분이 동질적 상품보다는 차별화된 상품과 관련이 있다. 따라서 시보레는 토요타, 폭스바겐, 볼보, 또는 르노와 동일한 상품이 아니다. 결과적으로 국제무역의 상당

사례연구 6-2 미국 산업에서의 일자리 상실률과 세계화

표 6-1은 2003년부터 2005년까지 미국 제조업 부문에서 사라진 일자리의 비율이 서비스 산업에서보다 3배 높지만, 일자리 상실은 교역재보다는 비교역재 부문에서 훨씬 높았다는(따라서 이는 수입의 증가나 아웃소싱 또는 오프쇼링 때문은 아니다는) 점을 보여 준다. 사례연구 3-4에서 논의한 바와 같이 미국에서 일자리 상실의 직접적 원인은 대부분 국제무역 때문이 아니라 노동생산성을 향상시킨 기술 변화 때문이었으며, 이는 대체로 저숙련 산업 노동자에게 큰 영향을 미쳤다. 사무엘슨(Samuelson, 2004), 바그와티(Bhagwati, 2007), 블라인더(Blinder, 2008), 코우(Coe, 2008),

서머스(Summers, 2008), 그리고 해리슨과 맥밀란(Harrison and McMillan, 2011) 등이 논의한 바와 같이 현재 공포스러운 것은 통신 및 수송 분야의 혁명으로 인해 제조업품뿐만이 아니라 최근까지도 안전하게 생각되었던 서비스 분야에서 갈수록 많은 고숙련 고임금 직업이 수출된다는 것이다. 실제로 베어풋과 마타로니(Barefoot and Mataloni, 2011)는 1999년부터 2009년까지 미국의 다국적기업들은 미국 내에서 거의 90만 개의 일자리를 줄인 대신 해외에서는 290만 개의 일자리를 확대했다는 점을 발견했다.

표 6-1 산업별 미국의 일자리 상실률(%)

산업	전체	교역재	비교역재
제조업	12	12	17
정보	4	4	15
금융 서비스	4	3	12
전문적 기업 서비스	4	6	3

출처 : J. Bradford Jensen and Lori G. Kletzer, based on Table 3 in "'Fear' and Offshoring: The Scope and Potential Impact of Imports and Exports of Services," PIIE Policy Brief 08-1, Peterson Institute for International Economics, January 2008. (https://piie.com/publications/policy-briefs/fearand-offshoring-scope-and-potential-impact-imports-and-exports).

부분이 동일한 산업이나 포괄적 제품군 중에서의 차별화된 상품(differentiated products)의 교환과 관련이 있다. 즉, 국제무역의 상당량이 차별화된 상품의 산업내무역(intra-industry trade)으로, 이는 완전히 상이한 상품의 산업간무역과는 반대되는 것이다(사례연구 6-3 참조).

산업내무역은 생산에 있어 중요한 규모의 경제를 활용하기 위하여 발생한다. 즉, 국제적 경쟁으로 인하여 산업국가 내의 개별기업이나 플랜트는 동일한 상품의 여러 가지 이형제품(varieties)이나 유형(style)을 생산하지 않고 오직 한 가지 또는 기껏해야 몇 가지의 이형제품이나 유형만을 생산한다. 이것은 단위당 생산비용을 절감하는 데 결정적으로 중요하다. 소수의 이형제품이나 유형만을 생산하면, 보다 전문화되고 속도가 빠른 기계를 개발하여 연속적이고 장기적 조업이 가능해진다. 이때 한 국가는 기타의 이형제품이나 유형은 다른 국가로부터 수입한다. 산업내무역의 결과, 소비자들은 다양한 선택범위(즉, 차별화된 상품의 다양성)와 생산을 할 때 규모의 경제 때문에 발생하는 보다 저렴한 가격으로 인하여 이익을 얻게 된다. 사례연구 6-4는 소비자들이 무역을 통해 구입할 수 있는 제품의 다양성이 커지기 때문에 발생하는 후생이익을 살펴본다.

산업내무역의 중요성은 1958년 유럽연합 또는 공동시장 가입국 간 관세 및 기타 국제무역에 대한

사례연구 6-3 자동차제품에서의 미국의 산업내무역

표 6-2는 1965년, 1973년, 1980년, 1985년, 1990년, 1995년, 2000년, 2005년, 2010년 2015년, 2017년도에 캐나다, 멕시코, 유럽, 일본과의 자동차제품(자동차, 부품, 엔진, 차체)의 무역을 보여 준다. 여러 국가에서 다양한 생산자들에 의해 생산되는 자동차 및 자동차제품은 동질적이지 않고 차별화되어 있으며 따라서 산업내무역이 발생한다. 1965년부터 2017년 동안 미국의 자동차제품의 산업내무역이 급격히 증가한 것은 무역규제의 감소와 수송비의 절감에 기인한 것이었으며, 미국과 캐나다의 산업내무역이 증가한 것은 1965년 미국–캐나다 간의 자동차 무역협정에 기인한 것

표 6-2 자동차제품에서의 미국의 수입과 수출(10억 달러)

연도	캐나다	멕시코	유럽	일본	세계
수입					
1965	0.11	—	0.07	0.01	0.19
1973	4.92	—	3.14	2.41	10.55
1980	7.87	0.22	6.73	11.85	26.94
1985	20.77	2.93	11.84	24.55	58.57
1990	27.71	4.39	13.27	30.12	78.51
1995	41.63	12.11	15.65	34.94	108.02
2000	58.75	28.30	29.11	44.49	170.20
2005	64.42	29.86	43.06	49.37	205.45
2010	47.96	43.73	33.63	42.92	189.76
2015	62.61	106.27	59.91	50.58	350.03
2017	62.15	116.47	64.46	55.45	359.85
수출					
1965	0.62	—	0.07	—	0.87
1973	4.12	—	0.48	0.09	6.03
1980	9.54	1.35	1.46	0.19	16.74
1985	16.32	2.72	1.15	0.21	21.07
1990	19.48	3.57	3.65	1.52	32.55
1995	28.94	5.14	5.45	4.07	52.51
2000	38.23	13.28	6.55	2.73	67.20
2005	45.77	13.55	10.41	1.45	85.99
2010	43.05	17.14	9.73	1.24	99.51
2014	59.62	33.98	19.64	2.09	159.45
2015	57.23	34.11	18.75	2.00	151.92
2017	61.59	33.88	20.16	2.88	157.64

출처 : WTO and Bureau of Labor Statistics, 2018; and "Global Car Industry Runs on NAFTA," *The Wall Street Journal*, November 11, 2016, p. A1.

인데, 이 협정으로 인해 양국 간의 자동차제품의 자유무역이 확립되었다. 그 결과 캐나다에서 생산되던 자동차 모델의 수는 줄었지만(이에 따라 생산에서의 규모의 경제를 더 많이 실현할 수 있게 되었으며), 동시에 미국으로부터의 수입을 통해 캐나다 소비자들이 선택할 수 있는 모델의 수는 증가하였다. 미국-멕시코 간의 자동차제품에 대한 산업내무역 역시 1994년 1월 1일 발효된 NAFTA(북미 자유무역협정)로 인해 급격히 증가하였다. NAFTA에 대해서는 제10장에서 상세하게 논의될 것이다. 향후에는 소형차의 생산은 멕시코로 이전되는 반면, 대형차의 생산은 미국과 캐나다에 집중될 것으로 보인다. 미국의 일본과의 자동차제품 무역은 대체로 일방적이지만, 캐나다와 멕시코의 무역은 쌍방적이라는 점에 주목하자. 2010년 (멕시코를 제외한) 자동차제품의 무역이 감소한 것은 세계경제의 저성장 때문이었다.

사례연구 6-4　국제무역을 통한 다양성의 이익

지금까지는 무역을 통한 후생이익을 수입품 가격의 하락과 소비의 증가로 측정하였다. 그러나 국제무역의 결과 소비자들이 구매할 수 있는 상품의 다양성이 증가하기 때문에 아주 중요한 또 다른 무역으로부터의 이익이 발생한다. 브로다(Broda)와 와인스타인(Weinstein)은 미국 소비자들이 1972년에 구입할 수 있었던 것보다 2001년에 구입할 수 있었던 다양한 상품들을 구입하기 위해 GDP의 3%인 2,800억 달러를 추가적으로 지불할 용의가 있다고 추정했다. 미국의 소비자들이 선택할 수 있었던 상품의 다양성은 1972년의 74,667개(평균 9.7개국으로부터 7,731개의 재화)에서 2001년에는 259,215개(평균 15.8개국으로부터 16,390개의 재화)로 증가했다. 따라서 이들은 전통적인 수입가격지수가 다양성으로 인한 가치의 증가를 고려하지 않기 때문에 수입품의 가격을 연간 약 1.2% 과대평가한 것으로 추정한다.

　소비자들이 각 유형의 상품을 보다 다양하게 선택함으로써 발생하는 무역으로부터의 이익은 최근에야 무역을 개방한 개발도상국의 경우에 훨씬 크다. (중국이 대체로 폐쇄경제였던) 1972년에 중국의 소비자들이 선택할 수 있었던 다양성과 비교하여 (중국이 국제무역 개방을 한) 1997년에 중국의 소비자들이 선택할 수 있었던 훨씬 광범위한 다양성으로 인해 중국은 GDP의 326.1%라는 엄청난 이익을 얻어 이익이 가장 큰 국가였다. 그다음이 과거 소비에트연방으로 GDP의 213.7%의 이익을 얻었다. 대한민국과 타이완은 각각 GDP의 185.3%와 126.9%의 이익을 얻어 그 뒤를 잇고 있다. 사실상 이들이 연구한 기타 19개국에서의 이익은 (미국의 경우 GDP의 3%와 비교할 때) 두 자리 숫자였는데, 그 이유는 이들이 다룬 연구가 지난 30년간 미국 경제가 가장 개방된 시기였기 때문이다(따라서 GDP 대비 비율로는 가장 적은 이익을 얻었다). 그러나 블로니겐과 소더베리(Blonigen and Soderbery, 2010)는 미국이 다양성으로 인해 얻는 이익을 훨씬 더 클 것으로 생각한다.

출처 : C. Broda and D. Weinstein, "Globalization and the Gains from Variety," *Quareterly Journal of Economics*, Apirl 2006, pp541-585; and B. Blonigen and A. Soderbery, "Measuring the Benefits of Foreign Products Variety with an Accurate Variety Set," *Journal of International Economics*, November 2010, pp168-180;and G. Sheu, "Price, Quality, and Variety : Measuring the Gains from Trade in Differentiated Products," *American Economic Journal: Applied Economics*, October 2014, pp. 66–89.

장애가 제거됨에 따라 명확해졌다. 경제학자 발라사(Balassa)는 이러한 장애가 제거됨에 따라 교역량이 급증하였으며, 대부분의 교역량 증가는 포괄적으로 분류된 산업 내에서의 차별화된 상품의 교환과 관련이 있다는 점을 발견하였다. 즉, 독일의 자동차는 프랑스 및 이탈리아의 자동차와, 프랑스의 세탁기는 독일의 세탁기와, 이탈리아의 타자기는 독일 및 프랑스의 타자기 등과 교환되었다.

　유럽연합이 설립되기 이전에도 대부분의 산업에서 플랜트 규모는 유럽과 미국에서 거의 비슷하였다. 그러나 유럽에서의 단위비용이 훨씬 높았는데, 그 이유는 유럽의 플랜트가 미국의 플랜트에 비해 보다 많은 이형제품과 유형을 생산했기 때문이다. 관세가 인하되고 결국은 철폐됨에 따라 유럽연합 내에서의 무역은 확대되었고 각각의 플랜트는 한 가지 상품 중에서 소수의 이형제품이나 유형의 생산에 특화할 수 있게 되었으며 결과적으로 단위비용은 급격히 감소하였다.

6.4B 산업내무역과 헥셔-오린 모형의 관계

1979년 이래 헬프먼, 크루그먼 및 랭커스터(Helpman, Krugman, and Lancaster)와 다른 사람들에 의해 개발된 산업내무역 모형과 헥셔-오린 모형의 차이점은 무엇인가?

첫째, 헥셔-오린 모형에서의 무역은 비교우위 또는 국가 간(노동, 자본, 천연자원 및 기술)과 같은 요소부존도의 차이에 기인하지만, 산업내무역은 제품차별화와 규모의 경제에 의해 발생한다. 따라서 국가 간 요소부존도의 차이가 클수록 비교우위에 의한 무역이 더 커지지만, 산업내무역은 규모나(생산요소를 광의로 정의할 때) 요소부존 비율이 유사한 산업국가 간에 더욱 커진다.

둘째, 규모의 경제에 의해 생산되는 차별화된 상품의 경우에는 무역 이전의 상품의 상대가격으로 무역 패턴을 정확히 예측할 수 없다. 특히 무역을 하지 않는 경우에 대국에서는 국가적 규모의 경제가 더 크기 때문에 소국에 비하여 더 싼 비용으로 생산할 수 있다. 그러나 무역을 하게 되면 모든 국가는 같은 정도로 규모의 경제를 활용할 수 있기 때문에, 소국이 대국보다 동일한 상품을 싸게 판매할 수도 있다.

셋째, 무역은 한 국가의 희소 생산요소의 보수를 감소시킨다는 헥셔-오린 모형과는 반대로, 규모의 경제로 인한 산업내무역의 경우에는 모든 생산요소가 이익을 얻을 수도 있다. 유럽연합의 설립이나 세계대전 이후의 제조업품에 대한 무역자유화에 대해서는 이익집단의 저항이 별로 없었다는 점은 이러한 사실로 설명될 수 있다. 이러한 점은 산업국가의 노동자계층이 일부 선진 개발도상국가와의 무역자유화에 대해 강한 반론을 제기하는 점과는 대조가 되는데, 그 이유는 이들 국가와의 무역이 산업내무역이라기보다는 산업간무역의 성격을 가지고 있기 때문이다. 따라서 전체 산업(직물산업과 같은)이 붕괴될 수 있고, 실질임금이 하락하며 산업국가 내에서의 노동력이 다른 산업으로 재배치되는 결과를 초래할 수 있다.

마지막으로 산업내무역은 어떤 제품의 부품 및 컴포넌트 무역의 급속한 증가와도 관련이 있다. 사례연구 6-1에서 살펴본 바와 같이 국제적 기업은 생산비를 최소화하기 위하여(국제적 규모의 경제) 특정 제품의 다양한 부품을 여러 나라에서 생산하거나 수입하기도 한다. 각국이 총생산비를 최소화하기 위하여 비교우위를 활용하는 것은 기본적 헥셔-오린 모형을 현대적 생산조건에 맞게 확장한 것으로 볼 수 있는데, 이러한 패턴은 일부 개발도상국에게는 절실하게 필요한 고용기회를 제공하기도 한다. 이 문제는 국제적 자원의 이동과 다국적 기업을 살펴보는 제12장에서 다시 논의하기로 하자.

따라서 우리가 얻을 수 있는 잠정적인 결론은 비교우위는 **산업간무역**의 패턴을 결정하지만, 차별화된 제품에서의 규모의 경제는 **산업내무역**을 발생시킨다는 점이다. 오늘날의 세계에서 이러한 두 가지 무역의 형태는 모두 발생하고 있다. (선진국과 개발도상국에서와 같이) 요소부존도가 상이하면 할수록 비교우위와 산업간무역이 더욱더 중요해지며, 반대로 (선진국 간의 경우처럼) 광의로 정의된 요소부존도가 유사할수록 산업내무역이 더욱더 중요해질 것이다. 그러나 랭커스터(1980)가 지적한 바와 같이 산업내무역의 경우에도 "배후의 어디엔가는 비교우위가 있다." 어쩌면 산업간무역은 **자연적 비교우위**를 반영하는 반면, 산업내무역은 **획득된** 비교우위를 반영하고 있을 수도 있다.

　보다 중요한 점은 5.6절에서 논의된 헥셔-오린 이론에 대한 최근의 실증적 연구결과들에 의하면, 국가 간 기술 및 요소가격의 격차와 비교역상품 및 수송비의 존재를 인정하고, 보다 세분화된 요소부존도 및 무역자료를 이용하면, 상당 부분의 산업내무역은 사실상 요소부존도 및 비교우위의 국제 간 차이에 기인한다는 점을 보여 준다. 따라서 산업내무역과 헥셔-오린 이론은 처음 보이는 것처럼 그렇게 대립되는 것은 아닌 것으로 보인다. 다시 말하면 상당량의 산업내무역은 요소부존도 및 비교우위의 차이에 기인한 무역과 사실상 양립할 수 있다. 예를 들어 미국이 멕시코로부터 컴퓨터를 수입하는 것은 사실상 컴퓨터에 체화된 멕시코의 미숙련노동을 수출함과 아울러 미국의 숙련노동에 의해 생산된 컴퓨터 칩을 재수출하는 것일 수도 있다.

6.4C 산업내무역의 측정

산업내무역의 수준은 다음과 같이 산업내무역 지수(intra-industry trade index, T)로 측정될 수 있다.

$$T = 1 - \frac{|X - M|}{X + M} \tag{6-1}$$

여기에서 X와 M은 각각 특정 산업 또는 상품군에서의 수출액 및 수입액을 표시하며 식 (6-1)의 분자에 있는 수직선은 절댓값을 의미하고, T는 0부터 1까지 또는 0부터 100까지의 값을 취할 수 있다. 만일 한 나라가 해당 상품을 수출만 하거나 수입만 한다면(산업내무역이 존재하지 않음) $T=0$이다. 반대로 어느 상품의 수출과 수입이 같다면 $T=1$이다(산업내무역이 극대화된다).

　그루벨과 로이드(Grubel and Lloyd)는 1967년도의 10개 산업국가의 여러 산업에 대해 T 지수를 계산하였다. 그 결과 10개 산업국가를 가중 평균한 T 지수는 화석연료, 윤활유 및 관련 산업의 경우 0.30, 화학제품의 경우 0.66으로 나타났으며, 10개 국가에서 전 산업을 가중평균한 T 지수는 0.48로 나타났다. 이는 1967년도에 10개 산업국가의 전체 무역 중 절반 정도가 동종 산업에 속하는 차별화된 상품을 교환하였다는 것을 의미한다. T의 값은 또한 시간이 지남에 따라 증가해 왔다. 그 값은 1959년에는 0.36, 1964년에는 0.42, 1967년에는 0.48이었다. 사례연구 6-5는 산업내무역에 관한 최근의 추정값을 주요 산업국가와 개발도상국가의 경우에 대하여 보여 주고 있다.

　그러나 T-지수를 이용하여 산업내무역의 정도를 측정하는 데는 심각한 결함이 있는데, 그 이유는 산업이나 상품군을 얼마나 광범위하게 정의하느냐에 따라 T-지수의 값이 변화하기 때문이다. 구체적으로 어떤 산업을 광범위하게 정의할수록 T의 값은 커지게 된다. 왜냐하면 어떤 산업을 광범위하게 정의할수록 한 국가는 차별화된 생산물의 일부 이형제품을 생산하고 다른 이형제품을 수입할 가능성이 높기 때문이다(사례연구 6-6 참조). 따라서 T-지수는 주의해서 사용해야 한다. 그럼에도 불구하고, T-지수는 국가 간 산업내무역의 차이를 측정하고, 시간이 지남에 따라 동일 산업에서의 산업내무역이 어떻게 변화하는가를 측정하는 데 매우 유용하다(사례연구 6-7 참조).

6.4D 산업내무역에 관한 정형화된 모형

그림 6-2는 산업내무역에 관한 정형화된 모형을 보여 주고 있다. 그림 6-2에서 D는 차별화된 제품을

사례연구 6-5 산업내무역의 증가

표 6-3은 1988~1991년, 1996~2000년, 2008년도 동안 산업국가에서 제조업품의 산업내무역 비율에 관한 자료를 보여 주고 있다. 이 표를 통하여 2008년도에 벨기에에서 산업내무역 비율이 가장 높았고(92.0), 프랑스(88.3), 헝가리(87.9), 네덜란드(86.7), 오스트리아(86.6)의 순으로 높았으며, 그리스, 뉴질랜드, 아일랜드가 가장 낮았음을 알 수 있

다. 다른 6개 G7 국가(프랑스 제외)의 점유율은 영국의 지수가 81.6, 독일이 77.2, 미국이 74.9, 이탈리아가 74.1, 일본이 53.7이었다. 제조업 부문에서의 산업내무역 역시 대부분의 국가(아일랜드 제외)에서 1988~1991년과 2008년도에 상당히 증가하였다.

표 6-3 각국의 총제조업 무역 중 제조업품의 산업내무역 비율

국가	1988~1991	1996~2000	2008	국가	1988~1991	1996~2000	2008
프랑스	75.9	77.5	88.3	덴마크	61.6	64.8	78.9
캐나다	73.5	76.2	76.6	이탈리아	61.6	64.7	74.1
오스트리아	71.8	74.2	86.6	폴란드	56.4	62.6	80.9
영국	70.1	73.7	81.6	포르투갈	52.4	61.3	n.a.
멕시코	62.5	73.4	78.2	대한민국	41.4	57.5	69.7
헝가리	54.9	72.1	87.9	아일랜드	58.6	54.6	50.9
스위스	69.8	72.0	69.3	핀란드	53.8	53.9	70.3
독일	67.1	72.0	77.2	일본	37.6	47.6	53.7
벨기에	77.6	71.4	92.0	뉴질랜드	37.2	40.6	41.3
스페인	68.2	71.2	83.6	터키	36.7	40.0	66.7
네덜란드	69.2	68.9	86.7	노르웨이	40.0	37.1	64.3
미국	63.5	68.5	74.9	그리스	42.8	36.9	47.0
스웨덴	64.2	66.6	80.4	오스트레일리아	28.6	29.8	n.a.

출처 : OECD, "Intra-Industry Trade", *Economic Outlook*(Paris: OECD, June 2002) and OECD Data Base, 2010.

판매하는 기업이 직면하는 수요곡선이다. 다른 많은 기업들이 유사한 상품을 판매하기 때문에, 이 기업이 직면하는 수요곡선은 대단히 탄력적이다(즉, D의 경사가 작다). 이는 가격이 조금만 변화하더라도 이 기업의 판매량은 많이 변화한다는 점을 의미한다. (현재의 경우와 같이) 차별화된 제품을 판매하는 기업의 수가 많고, 특정 산업에 대한 진입과 퇴출이 용이한 경우의 산업조직을 독점적 경쟁(monopolistic competition)이라고 한다. 어느 특정기업이 판매량을 증가시키기 위해서는 모든 상품에 대한 가격(P)을 인하해야 하기 때문에, 이 기업의 한계수입곡선(MR)은 수요곡선(D)보다 아래에 위치하고 있고, 따라서 $MR < P$이다. 예를 들어 이 수요곡선으로부터 이 기업은 $P=4.5$달러에 2단위를 판매하고 총수입 9달러를 얻을 수 있거나 또는 $P=4$달러에 3단위를 판매하여 총수입 12달러를 얻을 수 있다는 점을 알 수 있다. 따라서 세 번째로 판매되는 상품 단위에 대한 $P=4$달러와 비교할 때, 총수입

사례연구 6-6 G20 국가의 산업내무역 지수

표 6-4는 2006년 (선진경제대국과 신흥시장경제 그리고 유럽연합 전체로 구성된) G20 국가의 산업내무역 지수를 SITC 3자리와 5자리에서 살펴본 것이다. 지수가 0.000이라는 것은 산업내무역이 0이라는 사실을, 그리고 지수가 1.0이라는 것은 각각의 해당 상품 분야의 수출과 수입이 같다는 것을 의미한다. SITC 3자리 수준에서의 산업내무역 지수가 5자리 수준에서의 지수보다 모든 국가의 경우에 클 것으로 예상된다. (즉, 산업의 포괄범위가 커질수록, 다시 말해 자동차제품, 기차 및 항공기를 포함하는 수송장비는 자동차보다 포괄 범위가 넓을수록 산업내무역 지수는 더 커질 것이다.) 이 표로부터 선진국에 대한 산업내무역 지수가 G20 국가보다 더 크다는 것을 알 수 있다.

표 6-4 SITC 3자리와 5자리의 G20 국가에 대한 산업내무역 지수

국가	SITC 3자리(%)	SITC 5자리(%)	국가	SITC 3자리(%)	SITC 5자리(%)
프랑스	60.0	42.4	브라질	37.3	13.7
캐나다	59.9	42.1	인도	31.8	12.7
독일	57.0	41.9	아르헨티나	31.3	15.6
영국	52.5	36.2	중국	30.5	18.2
미국	50.3	31.7	남아프리카	29.4	9.2
이탈리아	49.7	34.4	인도네시아	29.1	11.7
멕시코	47.8	33.4	터키	21.7	13.0
타이	44.9	25.2	러시아	14.6	4.7
대한민국	41.2	24.0	사우디아라비아	7.0	1.1
일본	39.8	23.8	**단순 평균**	**38.7**	**2.29**

출처 : M.Bulhart, "Global Intra-Industry Trade, 1962-2006," *The World Economy*, March 2009, pp. 401-459.

의 변화 또는 한계수입은 $MR = 3$달러이다.

특정 상품의 몇몇 이형제품 중 한 가지만을 생산함으로써 기업은 생산에 있어서 규모에 대한 수익증가를 얻을 수 있기 때문에, 평균비용곡선(AC) 역시 오른쪽 아래로 이동한다(즉, 산출량이 증가함에 따라 평균비용이 하락한다). 결과적으로 이 기업의 한계비용곡선(MC)은 평균비용곡선(AC)보다 아래에 위치한다. 그 이유는 평균비용이 하락하기 위해서는 한계비용이 평균비용보다 작아야 하기 때문이다. 이 기업에 최적인 생산량 수준은 3단위이고, 점 E로 표시되고 있는데, 이 점은 한계수입(MR)곡선과 한계비용(MC)곡선이 교차하는 점이다(그림 6-2 참조). 생산량이 이 수준보다 작으면, MR(즉, 추가적 수입)이 MC(즉, 추가적 비용)보다 크기 때문에 이 기업은 생산량을 확대하는 것이 이득이 된다. 반대로 생산량 수준이 3단위보다 많으면, $MR < MC$가 되어 이 기업은 생산량을 감소하는 것이 이득이 된다. 따라서 최적 생산량(Q)은 3단위이다. 이때 이 기업은 수요곡선상의 점 A와 같이 4달러의 가격을 부과할 것이다. 게다가 이 산업에 속한 기업들이 이윤을 얻는 한 장기적으로는 보다 많은 기업들이 이 산업으로 진입할 것이기 때문에, 이 기업이 직면하게 되는 수요곡선(D)은 AC 곡선과 접하게 될 것이고 결국은

사례연구 6-7   2017년도 미국 일부 산업의 산업내무역 지수

표 6-5는 미국의 일부 상품에 대한 수출액과 수입액 및 가끔 사용되는 식 (6-1A)를 이용한 산업내무역 지수 T를 보여 준다. 식 (6-1)을 이용해도 결과는 동일하며 표 6-5에 대해 이를 확인해 보라. 식 (6-1A)의 분자는 수출액이나 수입액 중 적은 것을 사용한다.

$$T = \frac{\min(X, M)}{(X+M)/2} \qquad (6\text{-}1A)$$

표 6-5로부터 미국의 산업내무역 지수는 산업용 엔진이나 반도체와 같은 첨단기술 제품의 경우에 대단히 높은데, 이들 제품은 미국이 다른 선진국이나 (중국과 같은) 주요 신흥시장경제권에 거의 같은 양을 수입하고 수출하기도 하는 상품이다. 반대로 (민간 항공기와 같이) 미국이 주로 수출하는 일부 하이테크 제품과 미국이 (개발도상국으로부터) 주로 수입하는 (가정용 가구, 의류, 가사용품 같은) 로테크 노동집약적 상품의 경우에는 T가 아주 낮다.

표 6-5	2017년도 미국 일부 산업의 수출액, 수입액 및 산업내무역 지수		
제품	수출액(백만 달러)	수입액(백만 달러)	산업내무역 지수(%)
산업용 엔진	25,249	24,652	98.8
반도체	47,971	54,157	93.9
과학 및 의료 장비	46,722	45,865	93.0
발전기	54,966	76,118	83.9
공작기계	6,680	12,043	71.4
통신장비	38,244	74,323	67.9
플라스틱 제품	4,715	17,356	66.7
의료 및 치과 용품	51,158	110,099	63.4
민간 항공기	56,034	13,740	39.4
컴퓨터	15,378	69,021	36.4
텔레비전	4,965	25,696	32.4
가정용 가구	4,780	36,821	23.0
의류 및 가사용품	10,471	136,871	14.2

출처 : Bureau of Economic Analysis, 2018.

$Q=3$에서 $P=AC=4$달러가 된다. 이는 이 기업의 이윤은 0이 된다는(즉, 장기적으로 투자에 대한 정상적 수익만을 얻게 된다) 점을 의미한다.

이제 산업간무역과 산업내무역의 관계를 살펴보기로 하자. 먼저 1국은 상대적으로 노동이 풍부한 국가이고 상품 X는 노동집약적인 반면, 2국은 자본을 상대적으로 풍부하게 가지고 있고 상품 Y는 자본집약적이라고 가정하자. 상품 X와 Y가 동질적이라면, 헥셔-오린 이론으로 예측할 수 있는 바와 같이 1국은 상품 X를 수출하고 상품 Y를 수입하는 반면, 2국은 상품 Y를 수출하고 상품 X를 수입할 것이다. 이는 산업간무역이며 비교우위만을 반영하고 있다. 한편, 상품 X와 상품 Y에 다양한 이형제품들이 존재한다면(즉, 상품 X와 Y가 차별화되었다면), 1국은 상품 X의 순수출국이 되겠지만(이것은 비

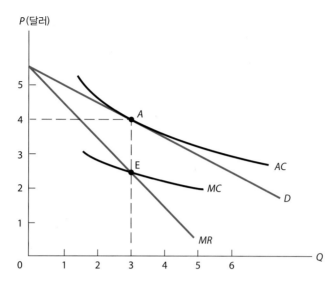

그림 6-2 독점적 경쟁에서의 생산과 가격

D는 특정기업이 판매하는 생산물에 대한 수요곡선이고, MR은 이에 상응하는 한계수입곡선이다. 이 생산물은 차별화되어 있기 때문에 D는 오른쪽 아래로 이동한다. 결과적으로 $MR < P$이다. 독점적 경쟁 상태에 있는 이 기업의 최적 생산량은 3단위이고 점 E로 표시되고 있는데, 이 점에서 $MR = MC$이다. $Q = 3$일 때, $P = AC = 4$달러(점 A)가 되고 이 기업의 이윤은 0이 된다(즉, 장기적으로 투자에 대한 정상적 수익만을 얻게 된다). 또한 AC는 이 기업의 평균비용곡선으로 규모의 경제로 인하여 AC는 오른쪽 아래로 이동한다.

교우위에 근거한 산업간무역이다), 상품 X의 이형제품 중 몇 가지를 수입할 것이며 상품 Y의 몇몇 이형제품을 수출할 것이다(이것은 제품차별화와 규모의 경제에 기인한 산업내무역이다).

마찬가지로 2국은 상품 Y의 순수출국이 되겠지만 또한 상품 Y의 이형제품 중 몇 가지를 수입할 것이며, 상품 X의 이형제품을 몇 가지 수출할 것이다. 1국과 2국의 상품 X 및 Y의 순수출은 산업간무역을 반영하는 것으로 이는 비교우위 때문에 발생한다. 반대로 1국이 상품 X의 이형제품 중 몇 가지를 수입하고 상품 Y의 이형제품을 수출하는 한편, 2국은 상품 Y의 이형제품을 몇 가지 수입하고 상품 X의 이형제품을 몇 가지 수출한다는 사실(즉, 각각의 상품에 대한 시장을 상호 침투한다는 사실)은 산업내무역을 반영하는데, 이는 제품차별화와 규모의 경제로 인한 것이다. 따라서 제품이 동질적이라면 산업간무역만이 있을 뿐이며, 반대로 제품이 차별화되어 있을 때는 산업간무역과 산업내무역이 모두 있게 된다. 또한 요소부존도와 기술이 두 국가 간에 유사할수록 산업내무역에 대한 산업간무역의 중요성은 작아지게 되는 반면, 요소부존도와 기술이 국가 간에 상이한 경우에는 이와 반대가 된다. 시간이 지남에 따라 산업국가의 요소부존도와 기술은 보다 유사하게 되었기 때문에, 산업간무역에 대한 산업내무역의 중요성은 커져 왔다. 그러나 앞에서 지적한 바와 같이 상당 부분의 산업내무역 역시 (요소의 개념을 협의로 세분화하여 정의할 때) 국제적 요소부존도의 차이에 기인한 것이다.

6.4E 기타의 산업내무역

이제 그림 6-3을 이용하여 산업내무역을 다른 측면에서 검토해 보자. 그림 6-3의 수평축은 독점적 경쟁산업에서의 기업의 수(N)를 측정하고 수직축은 제품의 가격(P)과 평균생산비 또는 단위당 생산비용(AC)을 측정한다. 모든 기업들의 제품이 차별화되어 있지만, 모든 기업은 동일한 가격에서 판매한

다. 이렇게 되는 경우는 독점적 경쟁산업에 있는 모든 기업들이 대칭적이거나, 동일한 수요함수 및
비용함수에 직면하게 될 때이다.

그림 6-3에서 곡선 P는 산업 내 기업의 수와 제품가격 사이의 관계를 보여 준다. 산업 내 기업의 수가
많을수록 제품가격은 더 낮아지므로 곡선 P는 오른쪽 아래로 이동하는데, 그 이유는 산업 내 기업의 수
가 많아질수록 경쟁이 격화되기 때문이다. 예를 들어 N=200일 때, P=4달러(그림에서 점 F 참조)이고
N=300일 때 P=3달러(점 E)가 되며, N=400일 때 P=2달러(점 E')가 된다. 반대로 곡선 C는 산업 전체
의 생산량이 일정할 때 산업 내 기업의 수와 평균생산비 사이의 관계를 보여 준다. N의 수가 많아질수록
AC가 커지는 사실을 반영하여 곡선 C는 오른쪽 위로 이동한다. 그 이유는 산업 전체의 생산량이 일정할
때, 기업의 수가 많아질수록 산업 전체의 생산량 중 개별기업이 생산하는 비율이 작아지게 되고, 따라서
개별기업의 평균생산비는 증가하기 때문이다. 예를 들어 N=200일 때 AC=2달러(그림에서 점 G)가 되
고, N=300일 때 AC=3달러(점 E)가 되며 N=400일 때 AC=4달러(점 H)가 된다.

곡선 P와 곡선 C가 만나는 점에서 균형점 E가 결정이 되며, 이때 P=AC=3달러이고 N=300이며 각
각의 기업의 이윤은 0이 된다. 200개의 기업이 있다면 AC=2달러(점 G)인 반면 P=4달러(점 F)가 된다.
이때 기업들은 이윤을 얻기 때문에 더 많은 기업들이 이 산업에 진입하게 되어 장기균형점인 E에 도달
하게 된다. 반대로 N=400이면, AC=4달러(점 H)인 반면 P=2달러(점 E')가 된다. 이때는 기업들이 손
실을 입으므로 일부 기업들은 이 산업으로부터 퇴출하여 장기 균형점 E에 도달하게 될 것이다.

무역을 확대하거나 시작함으로써 그리고 그 결과 더욱 확대되고 통합된 세계시장의 일부가 되기
때문에, 각국의 기업들은 보다 적은 범위의 제품 생산에 특화하여 평균생산비가 하락할 수 있게 된

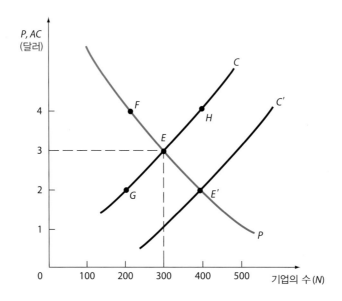

그림 6-3 **독점적 경쟁과 산업내무역**

곡선 P는 산업 내의 기업의 수(N)와 생산물의 가격 사이의 음의 관계를 보여 주고, 곡선 C는 N과 산업 전체의 생산량이 일정할 때 개별 기업의
평균비 사이의 양의 관계를 보여 준다. 곡선 P와 C가 만나는 점 E에서 균형이 이루어지는데, 이때 P=AC=3달러이고 N=300이다. 무역을 하
게 되면 C 곡선이 C'으로 아래로 이동하여 새로운 균형점은 E'이 되고, 이때 P=2달러이고 N=400이 된다.

다. 이때는 국가들의 요소부존도나 기술이 동일하다고 하더라도 상호이익이 되는 무역이 발생할 수 있다. 각국의 소비자들은 제품가격이 하락하고, 선택할 수 있는 제품의 범위가 더 커지기 때문에 이익을 얻을 수 있다. 이러한 점은 그림 6-3에서 곡선 C가 곡선 C'으로 아래로 이동하는 것으로 표현된다. 곡선 C는 곡선 C'으로 아래로 이동하는데, 그 이유는 시장규모나 산업 전체의 판매량이 커지게 되면 기업의 수가 일정한 경우에 개별기업의 판매량이 증가하게 되고, 개별기업의 평균비용이 하락하기 때문이다. 곡선 C가 곡선 C'으로 아래로 이동하게 되면, 새로운 장기 균형점은 E'이 되어, 원래의 장기 균형점 $E(P=3$달러, $AC=3$달러)와 비교할 때 $P=AC=2$달러이고 $N=400$이 됨을 알 수 있다. 산업 전체의 판매량 증가는 곡선 P에 영향을 미치지 못한다(즉, 곡선 P는 이동하지 않음)는 점에 주의하자.

6.5 동태적 기술 격차에 기인한 무역

(헥셔-오린 이론에서 강조하고 있는) 노동, 자본 및 천연자원의 상대적 이용가능성의 차이와 규모의 경제 및 제품차별화의 존재와는 관계없이 국가 간 동태적 기술의 변화는 그 자체로 무역의 결정원인이 될 수 있다. 이러한 점은 기술 갭 및 제품수명주기 모형으로 살펴볼 수 있다. 이 두 가지 모형에서는 본질적으로 시간이 개재되기 때문에 이러한 모형들은 정태적 헥셔-오린 모형을 동태적으로 확장한 것으로 볼 수 있다.

6.5A 기술 갭 및 제품수명주기 모형

1961년 포스너(Posner)에 의해 개략적으로 설명된 **기술 갭 모형**(technological gap model)에 의하면 산업국가 사이의 무역 중 상당 부분은 신제품과 새로운 생산과정의 도입에 기인하고 있다. 신제품이나 새로운 생산과정은 혁신 기업이나 국가로 하여금 세계시장에서 일시적 독점적 지위를 갖도록 한다. 이러한 **일시적 독점**은 새로운 발명품을 촉진하기 위하여 부여되는 특허나 저작권 때문에 생기는 경우가 종종 있다.

기술적으로 가장 발달한 국가인 미국은 많은 수의 새로운 첨단기술 제품을 수출한다. 그러나 외국의 생산자가 신기술을 획득하면서, 그들은 노동비용이 상대적으로 저렴하기 때문에 궁극적으로 해외시장을 정복하게 되고 미국의 시장마저도 정복하게 된다. 그러는 동안 미국의 생산자들은 더욱 새로운 제품과 생산과정을 도입하여 새로운 기술 갭을 바탕으로 이들 제품을 수출한다. 그러나 이 모형의 결점은 기술 갭의 크기를 설명하지 못할 뿐 아니라 기술 갭이 발생하는 원인과 시간이 지남에 따라 기술 갭이 소멸되는 원인을 설명하지 못한다는 점이다.

기술 갭 모형을 확장하고 일반화한 것이 **제품수명주기 모형**(product cycle model)인데, 이 모형은 1966년 버넌(Vernon)에 의해 개발되었다. 이 모형에 의하면 신제품의 도입기에는 보통 생산을 하기 위해 고도의 숙련된 노동이 필요하다. 제품이 성숙기에 들어서고 많은 사람들이 사용하게 될 때는 이 제품은 표준화되며, 이때 이 제품은 대량 생산기술과 덜 숙련된 노동에 의해 생산된다. 따라서 이 제품에 대한 비교우위는 이 제품을 원래 도입했던 선진국으로부터 노동이 상대적으로 저렴한 개발도상국으로 이전된다. 이러한 과정은 혁신국으로부터 저임금국가로의 해외직접투자를 수반하기도 한다.

버넌은 고소득, 노동절약적 제품이 부유한 국가에서 처음 도입되기 쉬운 이유로 다음과 같은 점을 지적한다. (1) 부유한 국가에서 고소득, 노동절약적 제품을 도입할 수 있는 기회가 가장 크고, (2) 이러한 신제품을 개발하기 위해서는 소비자들의 반응을 통해 제품을 보완하는 데 유리하도록 시장과의 인접성이 필요하며, (3) 서비스를 제공할 필요가 있기 때문이다. 기술 갭 모형은 **모방화 과정**에서의 시차를 강조하지만 제품수명주기 모형은 **표준화 과정**을 강조한다. 이러한 모형들에 의하면 고도로 발달한 산업국가들은 보다 발달된 신기술을 체화시킨 비표준화된 상품을 수출하고 덜 발전된 구기술을 체화시킨 표준화된 상품들을 수입할 것으로 예상된다.

제2차 세계대전 이후 미국과 일본 사이의 라디오 제조업체의 경험은 제품수명주기 모형에 관한 고전적 예이다. 제2차 세계대전 직후 미국의 기업들은 미국에서 개발된 진공관 덕분에 라디오에 대한 국제시장을 지배하였다. 그러나 수년 내에 일본이 미국기술을 복제하고 저렴한 노동력을 이용하여 라디오 시장에서의 높은 점유율을 차지하였다. 그러자 미국은 다시 트랜지스터의 개발로 인해 기술적인 선도역할을 차지할 수 있었다. 그러나 일본은 수년 내에 또다시 이 기술을 모방하여 미국보다 더 저렴하게 판매하였다. 그 후 미국은 프린트 회로기판(printed circuit)을 도입함으로써 일본과 성공적으로 경쟁할 수 있는 능력을 갖추었다. 이러한 최신의 기술 때문에 라디오가 노동집약적 방법으로 생산될지 아니면 자본집약적으로 생산될지 그리고 미국이 시장에 계속 잔류하게 될지 아니면 미국과 일본이 궁극적으로는 대한민국과 싱가포르와 같은 보다 저렴한 생산자에 의해 퇴출당할지는 두고 볼 일이다.

1967년의 연구에서 그루버(Gruber), 메타(Mehta)와 버넌(Vernon)은 연구개발(R&D) 비용과 수출성과 사이에 강한 양의 상관관계가 있음을 발견하였다. 그들은 연구개발 비용을 국가나 기업이 신제품이나 새로운 생산과정에서 획득할 수 있는 **일시적 비교우위**에 대한 대용변수로 간주하였다. 이렇게 볼 때 이러한 결과는 기술 갭 모형과 이와 밀접한 관계에 있는 제품수명주기 모형의 타당성을 보여 준다고 볼 수 있다. 제7장에서는 R&D에 기인한 기술적 측면에서 미국의 선도적 지위의 격차가 유럽이나 일본에 비해 좁혀져 왔다는 점을 살펴볼 것이다.

이러한 모형에서 무역은 원래 산업국가에서 (고숙련노동이나 연구 및 개발에 대한 지출과 같은) 상대적으로 풍부한 생산요소에 의하여 개발된 신기술 때문에 발생하였다는 점을 주목하자. 그 후에는 모방과 표준화를 통해 저개발국가가 상대적으로 저렴한 노동력으로 인하여 비교우위를 갖게 된다. 이렇게 볼 때 무역은 국가 간 상대적 요소부존량(기술)이 시간이 지남에 따라 변화하기 때문에 발생한다고 할 수 있다. 따라서 기술 갭 모형과 제품수명주기 모형은 헥셔-오린 모형에 대한 대안적 모형이라기보다는 기본적 헥셔-오린 모형을 기술적으로 동태적인 세계로 확장한 것으로 볼 수 있다. 요약하면 제품수명주기 모형은 **정태적 비교우위**를 설명하는 **기본적 헥셔-오린 모형**과는 반대로 신제품과 신생산 과정에 대한 **동태적 비교우위**를 설명하려는 것이다. 시간의 경과에 따른 비교우위의 변화와 성장의 원천에 대해서는 다음 장에서 논의한다.

6.5B 제품수명주기 모형에 대한 예시

제품수명주기 모형은 그림 6-4를 통해 도식화할 수 있는데, (이 모형의 한 가지 설명 방법에 따라) 이 그림은 혁신국과 모방국의 관점에서 어느 제품의 수명을 5단계로 분류하고 있다. I 단계(수평축의 시

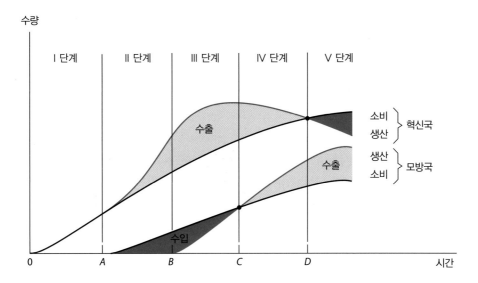

제품수명주기 모형

Ⅰ 단계(시간 *OA*)에서는 이 제품이 혁신국에서만 생산되고 소비되며, Ⅱ 단계(*AB*)에서는 혁신국에서의 생산이 완전무결해지고 국내 및 해외에서 증가하는 수요를 충족할 수 있도록 생산이 급격히 증가한다. Ⅲ 단계(*BC*)에서는 이 제품이 표준화되며, 모방국도 국내 소비를 할 수 있도록 생산을 시작한다. Ⅳ 단계(*CD*)에서는 모방국이 제3시장에서 혁신국보다 더 저렴하게 판매하며, Ⅴ 단계(점 *D* 이후)에서는 혁신국의 시장에서도 모방국이 더 저렴하게 판매한다.

간 *OA*에 해당) 또는 신제품 단계에서는, 이 제품이(이때 이 제품은 특별한 신제품이다.) 혁신국에서 만 생산되고 소비된다. Ⅱ 단계 또는 제품의 성장단계(시간 *AB*)에서는 혁신국에서의 생산은 완전무결 해지고 국내 및 해외에서의 수요증가를 충족할 수 있도록 생산이 급격히 증가한다. 이 단계에서는 이 제품이 해외에서 전혀 생산되지 않기 때문에 혁신국은 국내 및 해외시장에서 독점상태에 있다.

Ⅲ 단계 또는 제품의 성숙기(시간 *BC*)에는 이 제품이 표준화되며, 혁신기업은 국내의 다른 기업 및 해외기업에게 라이선스하여 이 제품을 생산하는 것이 이익이 된다고 판단할 수도 있다. 따라서 모방 국은 국내에서 소비할 수 있도록 이 제품을 생산하기 시작한다. Ⅳ 단계(시간 *CD*)에서는 이 제품이 표준화되어 더 이상 개발기술이나 엔지니어링 기술이 필요하지 않기 때문에, 모방국은 저렴한 노동 비용이나 기타 비용으로 인해 제3국에서 혁신국보다 더 싸게 판매할 수 있게 되고, 혁신국에서 이 제 품에 대한 생산은 감소한다. 마지막으로 Ⅴ 단계(즉, 점 *D*를 지난 부분)에서는 모방국이 혁신국의 시 장에서도 이 제품을 더 싸게 판매할 수 있게 되며, 혁신국에서의 생산은 급격히 감소하거나 아니면 생 산이 붕괴된다. 단계 Ⅳ와 Ⅴ를 제품의 쇠퇴기라고도 한다. 기술의 확산, 표준화 및 해외에서의 저렴 한 비용으로 인하여 이 제품의 수명은 다하게 된다. 이제는 혁신국이 새로운 기술에 집중하여 신제품 을 도입할 차례이다.

이러한 제품의 수명주기를 경험한 제품으로는 라디오, 스테인리스강, 면도날, TV 및 반도체를 들 수 있다. 최근 들어 신기술의 확산 시차는 상당히 짧아졌기 때문에, 제품수명주기의 시간 압축(time compression)을 목격할 수 있다. 즉, 혁신국에서 신제품이 소개될 때부터 모방국이 제3시장과 혁신국 시장에서 혁신국을 축출할 때까지 소요되는 시간이 갈수록 짧아지고 있다. 이러한 점은 신기술과 신

사례연구 6-8 세계에서 가장 경쟁력 있는 국가, 미국

표 6-6은 2018년 스위스에 있는 경영개발연구원(Institute for Management Development, IMD)이 측정한 국제경쟁력 상위 20개 국가를 보여 주고 있다. 국제경쟁력은 한 국가나 기업이 세계시장에서 자국민의 부를 경쟁자보다 더 잘 창출할 수 있는 능력으로 정의되었다. 국제경쟁력은 300개의 경쟁력 평가기준의 가중평균으로 계산되는데, 이 기준은 네 가지 대항목으로 분류되며 이는 (1) 경제적 성과(국내 경제에 대한 거시경제적 평가), (2) 정부의 성과(정부의 정책이 경쟁력에 이바지하는 정도), (3) 기업의 효율성(기업이 혁신적이고 이윤을 창출하는 정도), (4) 사회기반시설(기초적, 기술적 과학 및 인적 자원이 기업의 필요에 부응하는 정도)이다.

표 6-6이 보여 주는 바와 같이 미국이 1위를 차지하고 있으며 그 뒤를 홍콩(중국), 싱가포르, 네덜란드, 스위스, 덴마크가 차지한다. 지수가 계산된 63개 국가 중에서 기타 G7 국가들로는 캐나다가 10위, 독일 14위, 영국 20위, 일본 25위, 프랑스 28위, 이탈리아가 42위였다. 중국은 13위, 대한민국 27위, 스페인 36위, 인도 44위, 러시아 45위, 남아프리카 53위, 아르헨티나 54위, 브라질 60위, 베네수엘라 63위였다. 세계경제포럼(다보스포럼)은 *Global Competitiveness Report*에서 이와 비견되는 국제경쟁력 순위를 제공하는데, 2017~2018년도의 상위 10개국으로는 스위스가 1위이고 그 다음이 미국, 싱가포르, 네덜란드, 독일, 홍콩(중국), 스웨덴, 영국, 일본, 노르웨이의 순이었다.

표 6-6 2018년도의 국제경쟁력 순위

순위	국가	순위	국가
1	미국	11	룩셈부르크
2	홍콩(중국)	12	아일랜드
3	싱가포르	13	중국
4	네덜란드	14	카타르
5	스위스	15	독일
6	덴마크	16	핀란드
7	아랍에미리트	17	타이완
8	노르웨이	18	오스트리아
9	스웨덴	19	오스트레일리아
10	독일	20	영국

출처 : IMD, 2018.

제품에 의존하여 국제경쟁력을 유지하는 미국과 같은 국가에는 어려움을 초래할 수 있다. 미국이 신제품과 신기술을 도입하여 획득할 수 있는 이득은 다른 국가, 특히 중국에 의해 보다 신속하게 복제되고 있다. 아이패드는 애플의 스티브 잡스가 고안했지만 모든 생산은 아웃소싱으로 이루어졌다. "미국은 뒤처지지 않기 위해서는 더욱 빠르게 달릴 수밖에 없다."는 격언은 이 경우에 대단히 적절하다. 그러나 미국은 신기술과 신제품을 매우 빠르게 도입함으로써 세계에서 가장 경쟁력 있는 국가로 꼽히고 있다(사례연구 6-8 참조).

6.6 수송비, 환경기준 및 국제무역

지금까지는 수송비가 0인 것으로(5.2절의 가정 9) 가정했다. 이 절에서는 이 가정을 완화한다. 그 결과 수송비는 수출국과 수입국에서 교역상품의 가격에 영향을 미침으로써 무역에 직접적인 영향을 미칠 수 있으며 또한 국제적인 생산과 산업의 입지에도 영향을 미치기 때문에 무역에 간접적인 영향을 미치는 것을 알 수 있다. 이 절에서는 이러한 두 가지 효과와 환경오염이 산업의 입지와 무역에 미치는 효과를 살펴본다.

6.6A 수송비와 비교역상품

수송비는 운임, 보관비, 하역비, 보험료, 운송 중인 화물에 대한 이자비용 등을 뜻한다. 한 지역이나 국가에서 다른 지역으로 화물을 운송하는 데 드는 비용을 모두 포괄하여 수송비(transport costs) 또는 물류비(logistics cost)라 한다.

동질적인 상품이라면 무역을 하기 이전의 두 지역 간 가격 차이가 두 지역 간 수송비보다 클 때 국제적으로 거래가 이루어질 것이다. 수송비나 물류비를 고려하면 대부분의 상품과 서비스가 국제적으로 거래되지 않는 이유를 알 수 있다. 이러한 것을 비교역상품(nontraded goods)과 비교역서비스(nontraded services)라고 한다. 이러한 것들은 국가 간 수송비가 가격 차이보다 큰 것들이다. 따라서 시멘트는 가격 대비 중량이 크기 때문에 국경지역을 제외하고는 국제적으로 거래되지 않는다. 마찬가지로 보통사람들은 단순히 이발을 하기 위해 뉴욕에서 영국으로 여행하지는 않을 것이다.

일반적으로 교역상품의 가격은 세계 전체의 수요 및 공급조건에 의해 결정되지만, 비교역상품의 가격은 국내의 수요 및 공급조건에 의해 결정된다. 냉동트럭 및 냉동선의 이용으로 인한 수송비의 하락 때문에 비교역상품이 교역상품으로 되었다. 예를 들어 보스턴, 시카고, 뉴욕 및 필라델피아의 상점에서 볼 수 있는 포도와 기타의 과일 및 채소는 남아메리카로부터 수송해 온 것으로, 과거에는 높은 수송비와 상품의 부패 때문에 이러한 일이 가능하지 않았다. 마찬가지로 컨테이너화된 화물선적(대단히 대규모의 표준화된 컨테이너에 선적하는 방법)의 발달로 말미암아 수송비와 거래비용이 크게 하락하여, 과거에 비교역상품이었던 많은 상품이 교역상품이 되었다. 수송비와 물류비용은 선진국보다는 개발도상국의 경우에 훨씬 더 높기 때문에 개발도상국의 기업에게 있어서는 심각한 무역 장애로 작용한다.

수송비를 분석하는 방법에는 두 가지 방법이 있다. 한 가지 방법은 일반균형분석(general equilibrium analysis)으로, 이는 한 국가의 생산가능곡선이나 오퍼곡선을 이용하여 수송비를 상품의 상대가격으로 표시하는 것이다. 보다 직접적인 방법은 부분균형분석(partial equilibrium analysis) 방법으로 절대 수송비 또는 통화로 표시된 수송비를 분석하는 것으로, 이 방법은 분석하고자 하는 상품의 생산량, 소비량, 교역량을 제외한 두 국가 간의 환율, 소득 수준 및 기타 모든 조건이 일정하다고 놓고 분석하는 것이다. 그림 6-5는 이 방법을 보여 주고 있다.

그림 6-5에서 공통의 수직선은 1국과 2국에서 상품 X의 달러 표시 가격을 나타낸다. 2국의 경우에는 (보통의 경우와 마찬가지로) 상품 X의 양이 증가하는 것은 공통의 원점으로부터 오른쪽으로 이동하는 것으로 측정된다. 대신에 1국의 경우에는 상품 X의 양이 증가하는 것은 공통의 원점으로부터 왼쪽으로

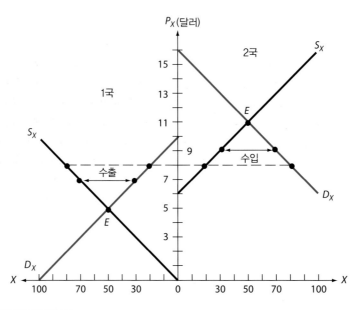

그림 6-5 **수송비에 대한 부분균형분석**

공통의 수직축은 양국에서 상품 X의 달러 표시 가격을 나타낸다. 1국의 경우 공통의 원점으로부터 왼쪽으로 이동하는 것은 상품 X의 양이 증가하는 것을 나타낸다. 무역을 하지 않을 때 1국은 P_X=5달러에서 50X를 생산하고 소비하며, 2국은 P_X=11달러에서 50X를 생산하고 소비한다. 또한 단위당 수송비가 2달러라면, 1국에서 P_X=7달러가 되고, 2국에서는 P_X=9달러가 된다. P_X=7달러에서 1국은 70X를 생산하여 30X를 소비하고 40X를 수출한다. P_X=9달러에서 2국은 30X를 생산하고 40X를 수입하여 70X를 소비한다.

이동하는 것으로 측정된다. 1국의 경우 당연히 그렇지만 **원점으로부터 왼쪽으로 이동할수록** 1국의 상품 X에 대한 공급곡선은 양의 기울기를 갖는 반면 수요곡선(D_X)은 음의 기울기를 갖는다(오른쪽 아래로 이동)는 점을 주목하자.

무역을 하지 않는 경우 1국은 P_X=5달러(1국의 D_X와 S_X가 교차하는 점으로 표시된)의 균형가격에서 50X를 생산하고 소비하며, 2국은 P_X=11달러에서 50X를 생산하고 소비한다. 그러나 무역을 하게 되면, 1국은 상품 X를 2국으로 수출할 것이다. 1국이 상품 X를 수출함에 따라 P_X가 1국에서는 상승하고 2국에서는 하락한다. 단위당 수송비용이 2달러라면, 2국에서의 P_X는 1국에서보다 2달러만큼 더 높으며, 이 비용은 수출량과 수입량이 같아지도록 두 나라가 분담하게 된다. 그 예로 그림 6-5에서는 1국이 P_X=7달러이고, 2국이 P_X=9달러일 때 그렇게 된다. P_X=7달러에서 1국은 70X를 생산하여, 국내에서 30X를 소비하고 40X를 2국으로 수출한다. P_X=9달러, 2국은 30X를 생산하고 40X를 수입하여 70X를 소비한다.

수송비가 없는 경우에는 양국에서 P_X=8달러가 되고 60X가 거래된다는 점에 주목하자. 따라서 수송비로 인해 생산에서 특화의 정도와 교역량 및 무역으로부터의 이익은 감소한다. 그뿐만 아니라 수송비가 존재하게 되면 상품 X의 절대가격(과 상대가격)은 양국에서 상이해져, 헥셔-오린 모형의 모든 가정들이 충족된다고 하더라도 요소가격은 완전히 균등화되지 않을 것이다.

마지막으로 그림 6-5는 양국이 수송비를 균등하게 분담하도록 그려져 있다. 일반적으로 1국의 D_X와 S_X의 기울기가 2국에 비해 클수록 1국이 분담해야 하는 수송비의 몫은 커지게 된다.(이 명제에 관한 증명과 수송비에 관한 일반균형적 분석은 이 장 연습문제로 수록되어 있다.)

6.6B 수송비와 산업의 입지

수송비는 생산과 산업의 입지에 영향을 미침으로써 국제무역에도 영향을 미친다. 산업은 자원 지향적, 시장 지향적, 또는 자유 입지형으로 분류될 수 있다.

자원 지향적 산업(resource-oriented industry)은 그 산업에서 이용하는 원자재 공급원의 근처에 위치하는 경향이 있는 산업이다. 예를 들어 광업은 광물이 매장되어 있는 곳 근처에 위치할 수밖에 없다. 보다 일반적으로 어느 산업에서 이용하는 원자재를 수송하는 비용이 최종 생산물을 시장에 운반하는 데 드는 비용보다 훨씬 높은 산업이 자원 지향적 산업이다. 철강, 기초 화학 및 알루미늄과 같은 산업이 이러한 산업인데, 이러한 산업에서는 중량이 많이 나가고 부피가 큰 원자재를 보다 가벼운 최종 생산물로 가공하는(즉, 가공단계에서 상당한 양의 중량 손실이 수반되는) 산업이다.

반대로 시장 지향적 산업(market-oriented industry)은 그 산업제품의 시장 근처에 위치하는 산업이다. 이러한 산업은 생산과정에서 보다 무거워지거나 수송이 어려워지는, 즉 가공단계에서 중량이 늘어나는 산업이다. 소프트-드링크 산업이 하나의 훌륭한 예인데, 이 산업에서는 고도로 농축된 용액을 시장으로 운반한 후 물을 첨가하고 병에 담는다(이것들은 모두 중량을 늘리는 작업이다).

자유 입지형 산업(footloose industry)은 생산과정에서 별로 중량이 추가되거나 중량이 감소하지 않는 산업이다. 이러한 산업은 중량 대비 가격이 높은 경향이 있고, 이동성이 대단히 높으며, 문자 그대로 가고 싶은 곳에 마음대로 갈 수 있는 산업이다. 이러한 산업은 기타 투입요소의 이용가능성으로 인해 생산비용이 가장 저렴한 곳에 위치하는 경향이 있다. 그 한 예가 미국의 컴퓨터산업인데, 이 산업에서는 미국에서 생산된 컴포넌트를 멕시코 국경지역으로 운반하여 그곳에서의 저렴한 노동력을 이용하여 조립한 후, 미국으로 다시 수출하여 최종 생산물로 포장한 후 미국시장에서 판매한다. 각국의 정부는 이러한 자유 입지형 산업을 유치하기 위하여 국내 및 해외의 투자가들에게 세제상의 특혜를 부여한다.

6.6C 환경기준, 산업 입지 및 국제무역

산업의 입지와 국제무역은 각국의 상이한 환경기준에 의해서도 영향을 받는다. 환경기준(environmental standards)이란 한 국가가 허용하는 대기오염, 수질오염, 열오염 및 기타 폐기물의 처리 때문에 발생하는 오염 등의 수준을 말한다. 환경오염은 편리하고 저렴한 환경을 상품과 서비스를 생산, 소비, 처리할 때 발생하는 모든 유형의 폐기물에 대한 쓰레기 처리장으로 이용할 때 발생한다.

환경오염은 심각한 무역 문제를 야기할 수도 있는데, 그 이유는 교역상품 및 서비스의 가격이 종종 사회적 환경비용을 반영하지 못하기 때문이다. 환경기준이 약한 국가는 해외로부터 공해기업을 유치하여 오염을 유발하는 상품과 서비스의 생산에서 비교우위를 획득함으로써 사실상 환경을 자원부존 또는 생산요소로 이용할 수 있다. 예를 들어 미국의 노동자들은 NAFTA를 반대했는데, 그 이유는 미국기업이 환경기준법이 허술하고 정화비용이 낮은 멕시코로 이주함에 따라 미국 내에서 일자리를 잃어버릴 것이라는 두려움 때문이었다. 실제로 환경에 대한 우려가 꽤 심각했기 때문에 미국 의회에서 NAFTA를 통과시키기 위해서는 환경에 대한 측면적 합의가 추가되어야 했다. 1999년 3월 제네바에서 열린 고위급회담에서는 무역협상 시 환경영향 평가를 반영하도록 강력히 촉구했다.

패트릭 로우(Patrick Low)에 의한 세계은행연구(1992)에 의하면 공해산업과 공해산업의 수출은 청정산업보다 더 빠르게 확대되었으며, 공해산업의 수출도 부유한 선진국보다 가난한 개발도상국에서 더 빠르게 확대되었다는 점을 보여 준다. 그러나 이 연구에 의하면 국가들은 부유해짐에 따라 경제발전에 대해 보다 '환경친화적'으로 접근하며 '지속 가능한 개발'에 더 많은 관심을 기울이는 것으로 나타났다(사례연구 6-9 참조).

2001년 7월 산업국가들이 지구 온난화를 야기한 온실가스 배출에 대해 감축목표를 설정하기로 한 역사적 합의가 1997년 서명된 기후변화에 관한 교토의정서 이행의 일환으로 서명되었다. 미국은 감축목표가 자의적이고 준수하기에 비용이 많이 든다는 이유로 서명을 거부했다. 2007년 12월 발리에

사례연구 6-9 환경성과 지수

표 6-7은 2018년도 환경성과 지수(EPI)에 관한 180개국의 순위를 보여 주고 있다. EPI는 (1) 인류의 건강에 대한 환경 스트레스를 경감시킬 수 있는 능력과 (2) 천연자원관리를 촉진할 수 있는 능력을 기준점으로 정하고, 6개 항목에 포함된 25개 성과지표를 이용하고 결합하여 하나의 점수를 산출한다.

표 6-7에서 스위스가 EPI에서 1위이고, 그다음이 프랑스, 덴마크, 말타, 스웨덴, 영국, 룩셈부르크, 오스트리아, 아일랜드, 핀란드였다. 기타 국가들의 순위는 스페인(12), 독일(13), 이탈리아(16), 일본(20), 오스트레일리아(21), 캐나다(25), 미국(27), 러시아(52), 대한민국(60), 브라질(69), 멕시코(72), 아르헨티나(74), 중국(120), 남아프리카(142)이고 부룬디(180)가 꼴찌이다. 일반적으로 부유한 국가의 순위는 높고 가난한 국가의 순위는 낮으며 최빈국의 순위는 최하위이다.

표 6-7 2018년도 환경성과 지수(EPI) 순위

순위가 높은 국가		순위가 낮은 국가	
순위	국가	순위	국가
1	스위스	171	중앙아프리카공화국
2	프랑스	172	니제르
3	덴마크	173	레소토
4	말타	174	아이티
5	스웨덴	175	마다가스카르
6	영국	176	네팔
7	룩셈부르크	177	인도
8	오스트리아	178	콩고민주공화국
9	아일랜드	179	방글라데시
10	핀란드	180	부룬디

출처 : Wendling,Z.A. Emerson,J.W.,Esty,D.C.,Levy,M.A., de Sherbinin,A., et al. (2018). 2018 Environmental Performance Index. new Haven, DT: Yale Center for Environmental Law and & Policy. https://epi.yale.edu/

서 개최된 기후변화에 관한 UN 회의에서 (미국을 포함한) 190개국이 2012년 만료가 되는 교토의정서를 대신할 새로운 협약을 2012년까지 협상하기로 한 협정에 서명하였으며, 열을 함유한 가스의 배출을 2050년까지 절반으로 감축하기로 하였다.

2011년 12월 남아프리카 더반에서 개최된 UN 기후변화회의에서는 교토협약을 연장하여 2015년 프랑스에서 개최된 2015 당사국총회에서 신협약을 타결하기로 결정하였으며 2020년까지 발효될 예정이다. 여기에는 전 세계 온실가스 배출의 약 3/5을 차지하는 개발도상국에 의한 배출규제도 포함된다. 또한 신협약에서는 1,000억 달러의 '녹색기후기금'을 설립하여 개발도상국들이 환경변화의 충격을 상쇄할 수 있도록 선진국이 돕도록 했다. 2012년 12월 카타르 도하에서 개최된 UN 회의에서는 2015년 회의에 방해가 되는 절차적 장애물들을 제거하였다.

2015년 12월 12일 기후변화에 관한 UN 기본협약(UNFCCC)은 "기후변화를 방지하고 저탄소미래를 위해 필요한 투자와 조치들을 강화하고 가속화하기 위한" 획기적인 조치에 합의했다. 파리협약은 2016년 4월 22일 서명되었고, 2016년 11월 4일 발효되었다. 이는 기후변화에 대처하기 위해 모든 국가(당사자)가 시도한 첫 번째 사건이었다. 이 협약의 핵심 목적은 지구 온도의 산업화 대비 이전 상승폭을 금세기에 섭씨 2도로 더 나아가서는 섭씨 1.5도까지 제한할 수 있도록 기후변화의 위협에 대한 세계적 대응을 강화하는 것이다. 또한 이 협약은 개발도상국에게 금융지원과 신기술을 제공하여 개발도상국들이 기후변화의 충격에 대처할 수 있는 능력을 확충하는 것이 목적이다. 그 후 2017년 6월 1일 미국의 트럼프 대통령은 "이 협약이 미국 경제를 잠식하고 … 미국은 항구적으로 불리한 처지에 놓이기 때문에…" 미국은 법적으로 가능한 날까지(2020년 11월 4일) 이 협약에 참여하지 않겠다고 발표했다. 그리고 2018년 12월 폴란드에서 열린 UN 회의는 이러한 약속불이행의 우려 속에서도 파리 기후변화 협약의 주요 목표를 지지했다.

요약

1. 헥셔와 오린은 국가 간 요소부존도의 차이로 비교우위를 설명한다. 그러나 이 이론은 오늘날 국제무역의 상당 부분을 설명하지 못하고 있다. 이러한 갭을 보완하기 위해서는 규모의 경제, 불완전경쟁 및 국가 간 기술변화의 차이로 국제무역을 설명하는 새롭고, 보완적인 모형이 필요하다.

2. 헥셔-오린 이론의 가정을 대부분 완화해도 모형이 수정되기는 하지만 그 타당성을 잃게 되는 것은 아니다. 그러나 규모에 대한 수익불변, 완전경쟁 및 국가 간 기술 격차가 존재하지 않는다는 가정을 완화하면 새로운 보완적 무역이론이 필요하게 되는데, 이러한 모형으로 헥셔-오린 모형으로는 설명할 수 없는 국제무역의 상

당 부분을 설명할 수 있다.

3. 모든 면에서 두 국가가 동일하다고 하더라도 규모의 경제로 인해 상호이익이 되는 무역이 발생할 수 있다. 규모의 경제가 존재할 때 각국이 어느 한 가지 상품에 특화하면, 세계 전체의 총생산량은 각국이 특화하지 않는 경우보다 더 커지게 된다. 무역을 통해 각국은 이러한 이익을 공유할 수 있다. 아웃소싱과 오프쇼링은 새롭고도 중요한 국제적 규모의 경제의 원천이기도 하지만 고임금 일자리가 해외로 이전된다는 불만을 야기하기도 한다.

4. 오늘날 국제무역의 많은 부분이 차별화된 상품의 교환과 관련이 있다. 이러한 산업내무역은 생산에 있어서

중요한 규모의 경제를 활용하기 위해서 발생하는데, 규모의 경제는 각각의 기업이나 플랜트가 어떤 제품의 한 가지 또는 소수의 유형이나 이형제품을 생산할 때 발생한다. 산업내무역은 지수로 측정할 수 있다. 차별화된 상품의 경우 기업은 오른쪽 아래로 이동하는 수요곡선에 직면하게 되고 평균비용곡선이 오른쪽 아래로 이동하는 곳에서 생산을 하며, 이윤은 0이 된다. 생산량 수준이 일정할 때 독점적 경쟁산업에 있는 기업의 수가 많아질수록 생산물의 가격은 낮아지며 평균비용은 높아진다. 무역을 함에 따라 시장이 확대되면, 상품가격은 낮아지며 기업의 수는 많아진다. 국가의 요소부존도가 유사할수록 산업내무역은 산업간무역에 비해 더 중요해진다.

5. 기술 갭 모형에 의하면 기업은 다른 국가의 모방기업에 의해 시장을 빼앗길 때까지는 신상품을 수출한다. 그러는 동안 혁신기업은 신제품이나 신공정을 도입할 것이다. 이와 관련된 제품수명주기 모형에 의하면 제품은 다섯 가지의 단계를 거친다. 즉, 제품의 도입 단계, 수출을 하기 위한 생산의 확대 단계, 표준화 및 모방을 통한 해외생산 단계, 해외의 모방기업이 제3시장에서 저렴하게 판매하는 단계, 해외기업이 혁신국의 국내시장에서도 혁신기업보다 저렴하게 판매하는 단계이다.

6. 수송비가 존재하면 무역 이전의 가격 차이가 수송비보다 높은 상품만이 교역되며, 수출량과 수입량이 같을 때 양국에서 교역되는 상품의 상대적 가격은 수송비만큼 차이가 날 것이다. 그러므로 수송비는 생산 및 산업의 입지에도 영향을 미침으로써 국제무역에도 영향을 미치게 된다. 산업은 자원 지향적, 시장 지향적, 자유 입지형 산업으로 분류될 수 있으며, 환경기준 역시 산업의 입지와 국제무역에 영향을 미친다.

주요용어

과점(oligopoly)

규모에 대한 수익증가(increasing returns to scale)

기술 갭 모형(technological gap model)

독점(monopoly)

독점적 경쟁(monopolistic competition)

동태적 외부경제(dynamic external economies)

물류비(nontraded goods and services)

부분균형분석(partial equilibrium analysis)

비교역상품(nontraded goods)

비교역서비스(nontraded services)

산업내무역(intra-industry trade)

산업내무역 지수(intra-industry trade index, T)

수송비(transport or logistics costs)

시장 지향적 산업(market-oriented industries)

신국제적 규모의 경제(new international economies of scale)

아웃소싱(outsourcing)

오프쇼링(offshoring)

외부경제(external economies)

유치산업보호론(infant industry argument)

일반균형분석(general equilibrium analysis)

자원 지향적 산업(resource-oriented industries)

자유 입지형 산업(footloose industries)

제품수명주기 모형(product cycle model)

차별화된 상품(differentiated products)

학습곡선(learning curve)

환경기준(environmental standards)

복습문제

1. 헥셔-오린 이론의 중요한 한계는 무엇인가?

2. 헥셔-오린 이론의 어느 가정을 완화해도 결론은 변함이 없는가?

3. 헥셔-오린 이론으로는 설명할 수 없는 상당 부분의 국제무역을 설명하기 위해 새로운 보완적인 이론을 만들기 위해서는 헥셔-오린 이론의 어느 가정을 완화해야 하는가?

4. 규모의 경제란 무엇인가? 이것이 무역의 원인이 될 수 있는 이유는? '신국제적 규모의 경제'란 무엇인가?

5. 제품 차별화란 무엇인가? 이로 인해 불완전경쟁이 야기되는 이유는? 제품차별화에 의해 어떻게 무역이 발생할 수 있는가?

6. 산업내무역은 어떻게 측정되는가? 이러한 측정방법의 결함은 무엇인가?

7. 독점적 경쟁이란 무엇인가? 산업내무역을 설명하기 위해 독점적 경쟁 모형을 이용하는 이유는?

8. 산출량 수준이 일정할 때 독점적 경쟁산업에서 기업의 수가 많을수록 가격은 낮아지지만 개별 기업의 평균비용이 상승하는 이유는?

9. 독점적 경쟁산업에서 시장 규모가 커지면 가격은 낮아지고 기업의 수가 더 많아지는 이유는 무엇인가?

10. 기술 갭 모형에 의하면 국제무역은 어떻게 발생하는가? 이 모형에 대한 비판점은 무엇인가? 제품수명주기 모형의 내용은 무엇인가? 제품수명주기 모형의 각 단계는 무엇인가?

11. 헥셔-오린 이론과 기타의 무역이론은 어떤 관계가 있는가?

12. 헥셔-오린 이론과 신무역이론의 실증적 타당성은? 수송비와 비교역상품의 관계는 무엇인가? 수송비는 헥셔-오린 정리에 어떤 영향을 미치는가? 수송비는 요소가격 균등화 정리에 어떤 영향을 미치는가?

13. 자원 지향적 산업이란 무엇인가? 시장 지향적 산업은? 자유 입지형 산업은 무엇인가? 이처럼 산업이 분류되는 이유는 무엇인가?

14. 환경기준은 산업입지와 국제무역에 어떤 영향을 미치는가?

연습문제

1. 그림 6-1과 유사한 그림을 그려서 두 국가의 생산가능곡선이 동일하지만 기호가 상이한 경우 규모의 경제에 의해서 상호이익이 될 수 있는 무역이 발생할 수 있음을 보이라.

2. 두 국가의 기호는 동일하지만 생산가능곡선이 상이한 경우에 대하여 연습문제 1번의 문제를 다시 풀어 보라.

3. 생산가능곡선과 기호가 모두 상이한 경우에 대하여 연습문제 1번 문제를 다시 풀어 보라.

4. 수출과 수입이 각각 다음과 같은 경우 산업내무역 지수를 구하라.
   (a) 1,000과 1,000
   (b) 1,000과 750
   (c) 1,000과 500
   (d) 1,000과 25
   (e) 1,000과 0

5. 연습문제 4번에서 수출과 수입을 바꾸어서 다시 구하라.

6. 그림 6-2에서와 동일한 *AC* 및 *MC* 곡선을 이용하여, 다른 기업이 이 제품을 모방하여 특정기업의 시장점유율이 감소하기 전에 특정기업이 이윤을 얻는 상황을 설명할 수 있도록 그림 6-2와 유사한 그림을 그리라.

7. (a) 어떤 점에서 독점적 경쟁과 독점은 유사한가?
   (b) 차이는 무엇인가?
   (c) 산업내무역 모형에서 독점적 경쟁과 독점의 차이가 소비자 후생에 중요한 이유는 무엇인가?

8. 완전경쟁기업, 독점적 경쟁기업 및 독점기업이 직면하

는 수요곡선은 어떤 차이가 있는가? 그리고 그 이유는?

9. 그림 6-3에서 곡선 C가 곡선 C'의 절반만큼 이동하였다면 어떤 결과가 발생하는가?

10. 제품수명주기의 각 단계에서 혁신국과 모방국의 수출을 나타내는 도표를 그리라.

11. 외국의 생산자들이 로열티를 지급하지 않고 미국산 제품의 위조품과 해적판의 생산 및 판매를 증가시키면 미국 내에서의 제품수명주기는 어떤 영향을 받는지 설명하라.

12. 생산가능곡선을 이용하여 수송비를 분석하라.

(힌트 : 무역을 하게 되면 상품의 상대가격은 수송비만큼 차이가 생긴다.)

13. 오퍼곡선을 이용하여 연습문제 12번과 같이 분석하라.

14. 그림 6-5와 유사한 그림을 그려, 교역되는 상품에 대한 수요곡선 및 공급곡선의 기울기가 클수록 수송비를 더 많이 분담한다는 사실을 설명하라.

부록

이 부록의 A6.1에서는 외부경제와 외부경제가 무역 패턴에 미치는 효과를 살펴보고 A6.2에서는 동태적 외부경제와 학습곡선을 다룬다.

A6.1 외부경제와 무역 패턴

6.3절에서 산업의 생산량이 증가함에 따라 개별기업의 평균생산비용이 감소하는 것으로 외부경제를 정의한 바 있다. 외부경제는 내부경제 또는 규모에 대한 수익증가와 구분을 해야 하는데, 후자는 기업의 산출량이 확대됨에 따라 평균생산비가 감소하는 것을 뜻한다. 외부경제는 어떤 산업이 지역적으로 집중될수록 보다 특화된 노동이나 기타 서비스를 더 용이하게 제공받을 수 있기 때문에 발생한다. 따라서 그 산업 내에 있는 모든 기업의 생산성은 높아지고 평균비용은 낮아진다. 이러한 이유로 인해 수많은 컴퓨터 기업들이 캘리포니아의 실리콘 밸리에 밀집되어 있고, 금융기관과 은행들이 뉴욕 시에 집중되어 있는 것이다.

외부경제는 개별기업의 규모보다는 산업 내에 있는 기업의 수가 확대되는 것에 의해 좌우되기 때문에 완전경쟁과 양립할 수 있다. 즉, 규모의 경제가 있게 되면 기업들은 기업의 규모가 크기 때문이 아니라 산업의 규모가 크기 때문에 평균생산비의 하락을 향유할 수 있다. 이와 반대로 내부경제 또는 규모에 대한 수익이 증가하는 경우에는 산업 내에 있는 하나 또는 소수 기업의 규모가 커짐에 따라 독점이나 과점이 야기되며 완전경쟁이 붕괴하게 된다.

외부경제는 국제무역의 패턴에도 영향을 미친다. 특히 특정산업의 규모가 큰 국가는 평균생산비가 낮을 수 있으며(즉, 외부경제가 클 수 있으며) 따라서 그 상품의 수출국이 될 수 있다. 어떤 국가에서 처음으로 특정 산업이 시작되거나 규모가 커지는가 하는 문제는 순전히 역사적 우연일 수 있다. 그러나 일단 어떤 국가에서 처음으로 산업이 시작되거나 다른 국가에 비해 규모가 커지게 되면 이 국가는 시간이 지남에 따라 다른 국가에 비해 비용우위를 더욱더 많이 가질 수 있을 것이다. 즉, 그 국가의 우위는 시간이 지남에 따라 누적적으로 된다. 1국이 이 상품을 이미 생산하고 있고 수출하고 있는 한, (2국의 생산량이 1국에서처럼 많이 증가한다면) 2국이 저비용의 생산자가 될 수 있다고 하더라도 이렇게 되는 것은 불가능하다. 따라서 외부경제가 현저하게 존재하는 경우에는 무역의 패턴을 결정할 수 없다. 그림 6-6에서는 이것을 보여 준다.

그림 6-6에서 D_W는 어떤 상품에 대한 세계 전체의 수요곡선을 의미한다. 이 상품은 1국에 의해 (평균비용곡선 AC_1으로) 생산될 수도 있고, 2국에 의해(평균비용곡선 AC_2로) 생산될 수도 있다. 이 상품의 평균생산비는 외부경제로 인해 각국에서 산업의 생산량이 증가함에 따라 하락한다. 산업 내에 있는 기업들 간의 경쟁으로 인해 각국에서의 가격(P)은 평균생산비(AC)와 같게 된다.

어떤 역사적 우연이나 기타의 이유에 의하여 이 산업이 1국에서 먼저 시작되었고, 2국에서는 시작되지 않았다고 하자. 그러면 1국은 이 상품 3단위를 $AC=P=3$달러에(그림에서 점 E_1) 세계시장에 공급할 수 있을 것이다. 그러나 2국은 $AC=P=2$달러(그림에서 점 E_2)에 상품 4단위를 공급할 수 있다. 그러나 1국이 이미 시장에 존재하는 한 2국은 이 시장에 진입할 수 없다. 특히 2국은 이 상품을 생산하기 위해서는 $AC=4$달러(그림의 점 B)에 직면하게 된다. 이 비용은 1국이 이미 세계시장에 공급하는 가격보다 높기 때문에, 2국은 이 상품을 생산할 수 없을 것이다. 따라서 외부경제가 큰 경우에는 실제의 생산비나 잠재적 생산비가 낮은 것만으로 무역 패턴을 결정할 수 없다.

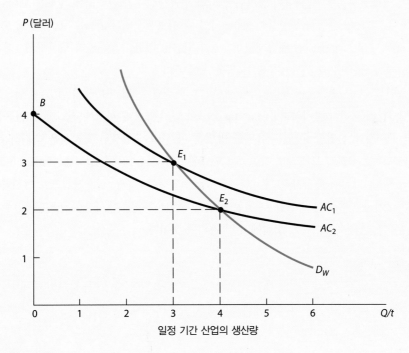

그림 6-6   외부경제와 특화

D_W는 어떤 상품에 대한 세계 전체의 수요곡선을 의미한다. AC_1 곡선과 AC_2 곡선은 규모의 경제 때문에 오른쪽 아래로 이동한다. 1국이 이 상품의 유일한 공급자라면 이 국가는 이 상품을 $AC=P=3$달러에서(점 E_1) 3단위 생산할 것이고, 반대로 2국이 이 상품의 유일한 공급자라면 2국은 이 상품을 $AC=P=2$달러에서(점 E_2) 4단위 생산할 것이다. 어느 경우이든 완전경쟁이므로 $AC=P$가 된다. 만약 2국에서 이 산업이 존재하지 않았다면, 2국은 이 상품 생산을 시작할 수 없는데, 그 이유는 이 상품을 처음 생산하기 시작할 때의 평균비용(점 B)이 1국이 이미 시장에 존재할 때의 평균생산비용(점 E_1)보다 높기 때문이다.

연습문제 1개의 기업에게만 외부경제가 존재하는 경우의 그림을 그리라.

A6.2 동태적 외부경제 및 특화

기업들의 생산경험이 풍부해짐에 따라 기업들은 종종 생산품이나 생산기술을 개선하게 된다. 그러면 다른 기업들이 혁신기업을 모방함에 따라 전체 산업의 생산비가 하락할 수 있다. 한 산업의 누적적 생산량이 증가하고 시간이 지나면서 기업들이 지식을 축적함에 따라 평균생산비가 하락하는 것을 동태적 외부경제(dynamic external economies)라 한다. 앞에서 논의한 단순한 외부경제는 일정 기간 산업의 생산량이 증가할 때 발생하는데, 동태적 외부경제는 시간이 지남에 따라 한 산업의 생산량이 증가하고 기업이 지식을 축적할 때 발생한다. 예를 들어 100번째의 항공기를 조립하는 데는 1,000시간이 걸리지만, 경영자와 노동자가 생산경험을 축적함에 따라 효율성이 커지기 때문에 200번째 항공기를 조립할 때는 700시간만 걸릴 수도 있다. 현실세계의 경험으로부터 많은 산업의 경우에 누적적 생산량이 2배 증가함에 따라 생산비는 20~30% 감소함을 알 수 있다.

동태적 외부경제는 학습곡선(learning curve)을 이용하여 그림으로 표현할 수 있다. 학습곡선은 시간이 지나면서 누적 생산량이 증가함에 따라 평균생산비가 감소하는 정도를 보여 준다. 예를 들어 그림 6-7은 1국의 산업의 생산량이 200단위일 때 평균생산비는 2.5달러(L_1상의 점 F)이며, 누적 생산량이 400단위로 2배가 되면 평균생산비는 2달러(점 C)이고, 다시 누적 생산량이 2배가 되어 800단위가 되면 평균생산비가 1.6달러(점 H)가 됨을 보여 준다.

또한 그림 6-7은 2국이 400단위의 생산량을 단위당 1.5달러(L_2상의 점 G)에 생산할 수는 있지만, 단위당 3달러(점 J)라는 시작비용(start-up cost)이 높기 때문에 시장에 진입할 수 없음을 보여 주고 있다. 2국이 시장에 진입할 수 있는 유일한 방법은 이 산업이 성장하고 지식을 축적하는 동안 일시적으로 무역보호를 하거나 보조금을 지급하는 방법뿐이다. 이를 유치산업보호론(infant industry argument)이라고 한다. 그러나 승자가 될 수 있는 산업을 선별하는 것(즉, 성장산업으로 발전하여 상당한 기간 세계시장에서 자유롭게 경쟁할 수 있는 산업을 선별하는 것)은 지극히 어려운 일이다. 이 점에 관해서는 무역정책을 논의하는 9.4B절에서 더 논의될 것이다.

연습문제 학습곡선에 대한 식은 $AC=aQ^b$로 표현할 수 있다. 각각의 매개변수의 의미를 설명하고 학습곡선을 표현하기 위해서는 이것들이 양 또는 음이 되어야 하는지를 설명하라.

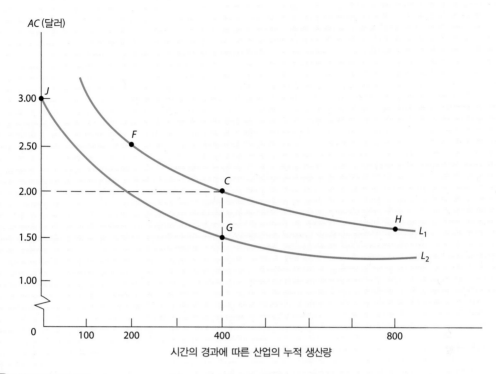

그림 6-7 학습곡선과 특화

이 그림은 1국의 산업의 경우에 생산량이 200단위(L_1상의 점 F)일 때 평균생산비는 2.5달러이고, 누적 생산량이 400단위(점 C)로 2배 증가하면 평균생산비는 2달러가 되며, 누적 생산량이 다시 2배 증가하여 800단위(점 H)가 되면 평균생산비가 단위당 1.6달러가 됨을 보여 주고 있다. 또한 이 그림은 2국이 생산물 400단위를 단위당 1.5달러(L_2상의 점 G)에 생산할 수 있음을 보여 주는데, 그러나 2국은 단위당 3달러의 보다 높은 시작비용(점 J)에 직면하고 있기 때문에 이 시장에 진입할 수 없다.

제 7 장

경제성장과 국제무역

학습목표

■ 한 국가의 요소부존량 변화가 성장, 교역조건, 무역량과 후생에 어떤 영향을 미치는
지 알아본다.
■ 기술변화가 성장, 무역, 후생에 어떤 영향을 미치는지를 설명한다.
■ 기호의 변화가 무역, 성장, 후생에 어떤 영향을 미치는가를 이해한다.

7.1 서론

6.5절에서 논의된 동태적인 성격을 지닌 기술 갭과 제품수명주기에 기인한 무역을 제외하고는 지금까지 논의된 무역이론은 완전히 정태적인 성격을 가지고 있다. 즉, 한 국가의 요소부존도, 기술 및 기호가 주어져 있을 때, 그 국가의 비교우위와 무역으로부터의 이익이 어떻게 결정되는지를 살펴보았다. 그러나 요소부존도는 시간이 지남에 따라 변화하며, 기술은 개선되고 기호 역시 변화할 수 있다. 결과적으로 한 국가의 비교우위 역시 시간이 지남에 따라 변화한다.

이 장에서는 이러한 변화를 포괄할 수 있도록 무역모형을 확장하여 한 국가의 요소부존도의 변화 그리고/또는 기술 진보가 한 국가의 생산가능곡선에 어떤 영향을 미치는가를 살펴본다. 이러한 변화는 기호의 변화와 아울러 한 국가의 오퍼곡선, 교역량, 교역조건 및 무역으로부터의 이익에 영향을 미친다.

7.2절에서는 한 국가의 요소부존도 변화가 생산가능곡선을 어떻게 변화시키는지를 설명하고 립진스키 정리(Rybczynski theorem)를 살펴본다. 7.3절에서는 여러 유형의 기술진보를 정의하고 이러한 기술진보가 생산가능곡선에 미치는 영향을 살펴본다. 7.4절에서는 국가 규모가 너무 작아서 교역조건에 영향을 미칠 수 없는 국가의 경우에 성장이 무역과 후생에 미치는 영향을 살펴본다. 7.5절에서는 보다 복잡한 경우인 대국으로 분석을 확장한다. 마지막으로 7.6절에서는 양국에서의 성장과 기호의 변화가 교역량 및 교역조건에 미치는 영향을 살펴본다. 부록에서는 립진스키 정리를 정식으로 증명하고, 국가 내에서 어느 한 생산요소가 이동 가능하지 않을 때 성장의 효과를 살펴보며, 힉스의 기술진보를 그래프를 이용하여 설명한다.

이 장과 부록에서는 앞 장에서 설명된 대부분의 분석도구를 사용하게 될 것이며 따라서 무역이론이 어떻게 활용되는지를 살펴보게 될 것이다. 우리가 행하고 있는 분석의 유형은 동태분석(dynamic analysis)에 반대되는 개념으로 비교정학(comparative statics)이 있다. 비교정학은 기저에 있는 경제 환

경의 변화가 균형의 위치에 미치는 영향을 분석하는 것으로 이행기간이나 조정과정은 고려하지 않는다. 반면에 **동태분석**은 조정과정 그 자체와 시간경로를 다룬다. 동태적 무역이론은 아직도 초보적 단계에 있지만, 비교정학은 시간이 지남에 따라 요소부존도, 기술 및 기호가 변화할 때 국제무역에 미치는 효과에 대해 많은 것을 분석할 수 있도록 해 준다.

7.2 생산요소의 증가

한 국가의 인구는 보통 시간이 지남에 따라 증가하며 이에 따라 노동력 역시 증가한다. 마찬가지로 자원 중 일부를 자본설비를 생산할 수 있도록 활용함으로써 한 국가의 자본저량 역시 증가한다. **자본**이란 노동력의 교육이나 훈련뿐만 아니라 기계, 공장, 사무용 빌딩, 수송수단 및 통신수단과 같이 인간에 의해 만들어진 모든 생산수단을 의미하는 것으로, 이것들은 모두 한 국가의 상품 및 서비스 생산능력을 증진시킨다.

여러 형태의 노동과 자본이 있지만 논의를 단순화하기 위해서 앞 장에서와 마찬가지로 노동과 자본의 각 단위들은 동질적(즉, 동일하다고)이라고 가정하자. 그러면 두 종류의 생산요소 노동(L)과 자본(K)이 존재하고, 따라서 분석을 하는 데 있어서 편리하게도 평면기하를 이용할 수 있게 된다. 물론 현실세계에서는 천연자원도 있고, 어떤 것은 (광물과 같이) 고갈될 수도 있으며 혹은 발견이나 신기술의 적용에 의해 새롭게 발견되는 것도 있다.

성장을 하는 국가는 규모에 대한 수익불변에서 2개의 상품(노동집약적인 상품 X와 자본집약적인 상품 Y)을 생산한다고 계속 가정하자.

7.2A 시간의 경과에 따른 노동의 증가와 자본 축적

시간이 경과함에 따라 한 국가의 노동과 자본의 부존량이 증가하면 그 국가의 생산가능곡선은 밖으로 이동한다. 이러한 이동의 형태나 정도는 노동과 자본이 증가하는 비율에 좌우된다. 만일 노동과 자본이 동일한 비율로 증가하면, 그 국가의 생산가능곡선은 생산요소의 증가 비율만큼 균일하게 밖으로 이동한다. 결과적으로 과거의 생산가능곡선과 새로운 생산가능곡선(생산요소가 증가하기 이전과 이후의)의 기울기는 원점을 지나는 직선과 이러한 2개의 생산가능곡선이 만나는 점에서는 모두 같게 된다. 이것이 균형성장(balanced growth)의 경우이다.

만일 노동부존량만이 증가한다면 두 상품의 생산량은 증가하게 되는데, 그 이유는 노동이 두 상품의 생산에 모두 이용되고 어느 정도 자본을 대체할 수 있기 때문이다. 그러나 (노동집약적 상품인) X의 생산이 (자본집약적 상품인) Y의 생산보다도 더 많이 증가한다. 만일 자본부존량만이 증가한다면 반대의 경우가 성립하게 된다. 노동과 자본이 다른 비율로 증가하는 경우에도 마찬가지의 방법으로 한 국가의 생산가능곡선이 밖으로 어떻게 이동하는지를 알 수 있다.

그림 7-1은 1국에서 생산요소가 증가하는 여러 가지 가상적인 유형들을 보여 주고 있다(설명을 명확하게 하기 위하여 생산요소 및 요소부존량이 증가하는 정도를 확대하였다). 2국의 생산요소가 증가하는 경우에도 마찬가지이며, 이 문제는 이 장 연습문제로 남겨 두기로 한다.

그림 7-1의 왼쪽 도표는 1국이 이용할 수 있는 노동과 자본의 양이 2배 증가하는 경우에 균형성장

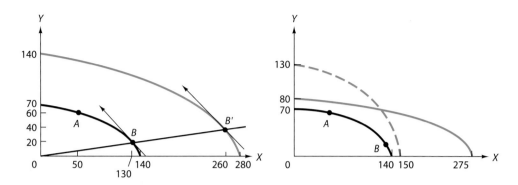

그림 7-1 시간의 경과에 따른 노동과 자본의 증가

왼쪽 도표는 규모에 대한 수익이 불변인 생산기술의 경우에 노동과 자본이 2배 증가하는 균형성장의 예를 보여 주고 있다. 2개의 생산가능곡선의 형태는 동일하며, 원점을 지나는 어느 직선상의 점에서도 생산가능곡선의 기울기 또는 P_X/P_Y가 동일하다. 오른쪽 도표는 노동 또는 자본만이 2배 증가하는 경우를 보여 주고 있다. 노동만이 2배 증가하는 경우 (노동집약적 상품인) X의 생산량이 Y의 생산량보다 높은 비율로 증가한다(그러나 생산량이 2배만큼 증가하지는 않는다). 마찬가지로 자본만이 2배 증가하는 경우에는 Y의 생산량이 X의 생산량보다 높은 비율로 증가하지만 2배만큼 증가하지는 않는다(점선으로 표시된 생산가능곡선 참조).

의 예를 보여 주고 있다. 규모에 대한 수익불변을 가정하였으므로 1국이 생산할 수 있는 각 상품의 최대 생산량은 140X에서 280X로 70Y에서 140Y로 2배 증가한다. 확장된 생산가능곡선의 형태는 성장 이전의 생산가능곡선의 형태와 동일하기 때문에 2개의 생산가능곡선의 기울기 또는 P_X/P_Y는 원점을 지나는 직선과 생산가능곡선들이 만나는 점 B와 B'에서 동일하다는 점에 주목하자.

그림 7-1의 오른쪽 도표는 성장 이전의 1국의 생산가능곡선을 다시 그리고(140X와 70Y의 절편), 다른 두 가지의 생산가능곡선을 추가하여 그린 것이다. 이 중 하나는 노동만 2배 증가한 경우이고(실선) 다른 하나는 자본만 2배 증가한 경우(점선)이다. 만일 노동만 2배 증가한 경우에 생산가능곡선은 노동집약적 상품의 생산량을 측정하는 X축 방향으로 보다 많이 이동하고, 자본만 2배 증가한 경우에 생산가능곡선은 자본집약적 상품의 생산량을 측정하는 Y축 방향으로 더 많이 이동한다. 그러나 노동만 2배 증가할 때 상품 X의 최대 생산량은 2배만큼 증가하지 않는다(즉, X의 생산량은 140X에서 275X 만큼만 증가한다)는 점을 주목하자. 상품 X의 생산량이 2배 증가하기 위해서는 노동과 자본의 양이 모두 2배 증가해야 한다. 마찬가지로 자본만 2배 증가할 때도 상품 Y의 최대 생산량 역시 (70Y에서 130Y로) 2배만큼 증가하지는 않는다.

노동과 자본이 같은 비율로 증가하고 두 상품을 생산할 때의 생산기술이 규모에 대한 수익 불변이라면, 성장 후의 생산성 및 노동과 자본에 대한 보수는 성장이 있기 이전과 동일하게 된다. 만일 부양률(총인구 중 피부양자의 비율)이 변화하지 않는다면 1인당 국민소득과 이 국가의 후생은 변화하지 않는다. 만일 노동만 증가한다면(또는 노동이 자본 이상으로 증가한다면), K/L는 하락하고 노동생산성, 노동에 대한 보수 및 1인당 소득은 하락할 것이다. 반대로 자본부존량만 증가한다면(또는 자본이 노동 이상으로 증가한다면), K/L는 상승하고 따라서 노동생산성, 노동에 대한 보수 및 1인당 소득은 증가할 것이다.

7.2B 립진스키 정리

립진스키 정리(Rybczynski theorem)란 상품의 가격이 일정할 때 어느 한 가지 생산요소의 부존량이 증가하면 증가한 생산요소를 집약적으로 이용하는 상품의 생산량은 생산요소 증가율 이상으로 증가하지만 다른 상품의 생산량은 감소한다는 것이다. 예를 들어, 1국에서 노동만이 증가한다면, P_X와 P_Y가 일정할 때 (노동집약적 상품인) X의 생산량은 노동 증가율 이상으로 증가하지만 (자본집약적 상품인) Y의 생산량은 감소한다.

그림 7-2는 (그림 7-1의 오른쪽 도표와 마찬가지로) 노동만 2배 증가하기 이전과 이후의 생산가능곡선을 보여 주고 있다. 성장을 하기 전에 무역을 하면 앞 장에서와 마찬가지로 1국은 점 B에서(즉, 130X와 20Y), $P_X/P_Y=P_B=1$로 생산을 한다. 노동만 2배 증가하고 P_X/P_Y가 $P_B=1$이라면 1국은 확장된 새로운 생산가능곡선상의 점 M에서 생산을 하게 될 것이다. 점 M에서 1국은 270X를 생산하지만 10Y만을 생산한다. 따라서 립진스키 정리에 의해 예상되는 바와 같이 상품 X의 생산량은 2배 이상 증가하지만 상품 Y의 생산량은 감소한다. 상품 Y의 생산에 이용되던 노동과 자본 일부가 X의 생산에 이용되고 또한 노동이 2배 증가했기 때문에 상품 X의 생산량은 2배 이상 증가한다.

립진스키 정리를 그래프를 이용하여 정식으로 증명하는 일은 부록에서 다루기로 한다. 여기서는 립진스키 정리를 직관적인 방법으로 적당히 증명하기로 하자. 그 증명은 다음과 같다. 한 가지 생산요소의 양이 증가함에 따라 상품의 가격이 변하지 않기 위해서는 생산요소의 가격(즉, w와 r이)이 변하지 않아야 한다. 그러나 생산요소의 가격은 두 상품을 생산할 때의 K/L와 노동 및 자본의 생산성이 변하지 않는 경우에만 변하지 않는다. 증가한 노동력을 완전 고용하고 두 상품의 생산에서 K/L가 변하지 않을 수 있는 유일한 방법은 (노동집약적 상품인) X의 생산에서 증가한 노동력을 완전히 흡수할 수 있도록, (자본집약적 상품인) Y의 생산이 감소하여 충분한 자본과 (그리고 적은 노동을) 방출하는 방법 외에는 없다. 따라서 상품의 가격이 변화하지 않는다면, 상품 X의 생산은 증가하고 상품 Y의 생산은 감소한다. 사실상 상품 X의 생산량은 노동이 증가하는 비율 이상으로 증가하는데, 일부 노동과 자본이 상품 Y의 생산으로부터 상품 X의 생산으로 전환되기 때문이다. 이를 확대효과(magnification

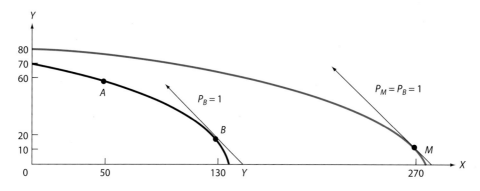

그림 7-2 노동만 증가할 때의 립진스키 정리

성장 이전에 무역을 하면 앞 장에서와 마찬가지로 1국은 점 B에서(130X와 20Y), $P_X/P_Y=P_B=1$로 생산을 한다. 노동만이 2배 증가하고 P_X/P_Y가 $P_B=1$로 변하지 않는다면 1국은 확장된 새로운 생산가능곡선상의 점 M에서(270X와 10Y) 생산을 한다. 따라서 립진스키 정리의 내용과 같이 (노동집약적인 상품인) X의 생산은 증가하고, (자본집약적인 상품인) Y의 생산은 감소한다.

effect)라고 하며, 부록 A7.1절에서는 이를 정식으로 증명한다.

요약하면 P_X와 P_Y가 (따라서 P_X/P_Y가) 변하지 않기 위해서는 w와 r이 변하지 않아야 된다. 그러나 두 상품의 생산에서 K/L가 변하지 않을 경우에만 w와 r이 변하지 않는다. 증가한 노동력을 완전히 흡수하면서 w와 r이 변하지 않는 유일한 방법은 Y의 생산량이 감소하여 Y의 생산에서 이용되었던 노동과 자본이 높은 비율의 K/L로 방출되고, 이렇게 방출된 K가 증가한 L과 X를 생산할 때의 낮은 K/L로 결합하는 방법뿐이다. 따라서 상품 X의 생산량은 증가하고, 상품 Y의 생산량은 감소하므로 사실상 X의 생산량은 노동의 증가율 이상으로 증가한다. 마찬가지로 K만이 증가하면, 상품 Y의 생산량은 K의 증가율 이상으로 증가하며 X의 생산량은 감소한다.

만일 어느 생산요소가 국내에서 이동 불가능하다면 결과는 달라지는데, 이동 불가능한 생산요소가 증가한 생산요소인지 증가하지 않은 생산요소인지에 따라 좌우된다. 이 문제는 제5장 부록에서(A5.4절) 소개된 특정요소 모형을 부록 A7.2절에서 이용하여 다루기로 한다.

7.3 기술진보

몇 가지 경험적 연구결과에 의하면 산업국가에서 1인당 소득이 증가한 것은 대부분 기술진보에 기인한 것이었으며, 자본 축적에 기인한 정도는 훨씬 작았다. 그러나 기술진보를 분석하는 것은 생산요소 증가를 분석하는 것보다 복잡한데, 그 이유는 기술진보에는 여러 가지 정의나 유형이 있으며 또한 한 상품 또는 두 가지 상품의 생산에서 기술진보가 발생하는 속도가 다를 수 있기 때문이다.

우리들의 목적에 가장 적합한 **기술진보**에 대한 정의는 1972년 노벨경제학상을 공동 수상한 영국의 경제학자 존 힉스(John Hicks)가 제시하였다. 7.3A절에서는 힉스의 기술진보의 여러 유형을 정의한다. 그리고 7.3B절에서는 여러 유형의 힉스의 기술진보가 한 국가의 생산가능곡선에 미치는 영향을 살펴본다. 앞으로의 논의에 있어서 기술진보가 발생하기 이전과 이후에도 규모에 대한 수익이 불변인 생산기술을 가정하며 기술진보는 단 한 번만 발생한다고 가정하자.

7.3A 중립적 · 노동절약적 · 자본절약적 기술진보

기술진보는 보통 중립적 · 노동절약적 · 자본절약적 기술진보로 분류된다. 모든 기술진보는(그 유형에 관계없이) 일정한 생산량을 생산하는 데 필요한 노동과 자본의 양을 감소시킨다. 여러 유형의 힉스의 기술진보는 이러한 일정한 생산량을 생산하는 데 필요한 노동과 자본의 양이 어떻게 감소하는가를 보여 주는 데 그 특징이 있다.

중립적 기술진보(neutral technical progress)는 노동과 자본의 생산성을 같은 비율로 증가시키며, 따라서 생산요소의 상대가격 w/r가 변화하지 않을 때 중립적 기술진보가 발생한 후의 K/L의 비율은 기술진보가 발생하기 이전과 같다. 다시 말하면 w/r가 변하지 않으면, 자본이 노동으로(또는 반대로) 대체되지 않으며 결과적으로 K/L는 변하지 않는다. 이때 정해진 생산량 수준은 보다 적은 노동과 보다 적은 자본으로 생산될 뿐이다.

노동절약적 기술진보(labor-saving technical progress)는 자본의 생산성을 노동생산성 이상으로 증가시킨다. 그 결과 생산을 할 때 자본이 노동을 대체하게 되며 따라서 w/r가 변하지 않을 때 K/L는 상승한다. 노동 한 단위당 보다 많은 자본이 사용되기 때문에 이러한 유형의 기술진보를 노동절약적이라고 한다. 이 경우에 정해진 생산량 수준은 보다 적은 노동과 자본으로 생산될 수 있지만 보다 높은 K/L의 비율로 생산된다는 점에 주목하자.

자본절약적 기술진보(capital-saving technical progress)는 노동의 생산성을 자본의 생산성 이상으로 증가시킨다. 그 결과 생산을 할 때 자본은 노동으로 대체되며 w/r가 변하지 않을 때 K/L는 증가(K/L는 감소)한다. 자본 한 단위당 보다 많은 노동이 사용되기 때문에 이러한 유형의 기술진보를 자본절약적이라고 한다. 이 경우에 정해진 생산량은 더 적은 노동과 자본으로 생산될 수 있지만 더 높은 K/L(보다 낮은 K/L)의 비율로 생산된다는 점에 주목하자.

이 장의 부록에서는 다소 수준 높은 분석틀을 이용하여, 기술진보에 대한 힉스의 정의를 그래프를 이용하여 보다 엄밀하게 살펴본다.

7.3B 기술진보와 한 국가의 생산가능곡선

모든 형태의 기술진보는 생산요소가 증가할 때와 마찬가지로 한 국가의 생산가능곡선을 밖으로 이동시킨다. 생산가능곡선의 이러한 이동의 형태와 정도는 한 상품 또는 두 상품에서 기술진보의 유형 및 기술진보율에 좌우되는데, 여기서는 중립적 기술진보만을 다루기로 한다. 비중립적인 기술진보는 대단히 복잡하고 보다 고급의 대학원 수준의 교과서에서 수리적으로 접근할 수 있다.

2개의 상품에서 중립적 기술진보가 같은 비율로 발생하면, 한 국가의 생산가능곡선은 기술진보가 발생하는 비율만큼 밖으로 균일하게 이동한다. 이 경우 생산가능곡선에 미치는 효과는 생산요소의 균형성장의 경우와 동일하다. 따라서 이 국가의 과거의 생산가능곡선과 새로운 생산가능곡선의 (이러한 유형의 기술진보가 발생하기 이전과 이후의) 기울기는 생산가능곡선이 원점으로부터의 직선과 만나는 점에서 모두 같게 된다.

예를 들어 1국에서 상품 X와 Y를 생산할 때 노동과 자본의 생산성이 2배 증가하고 두 가지 상품의 생산에 있어 규모에 대한 수익불변이라고 하자. 이러한 유형의 기술진보를 나타내는 그래프는 그림 7-1의 왼쪽 도표와 동일한데, 이 도표는 노동과 자본의 양이 2배 증가할 때를 표현한 것으로 여기에서는 다시 그리지 않았다.

그림 7-3은 기술진보 이전의 1국의 생산가능곡선과 상품 X를 생산할 때만 또는 상품 Y를 생산할 때(점선으로 표시된 생산가능곡선)만 노동과 자본의 생산성이 2배 증가할 때 1국의 생산가능곡선을 보여 준다.

상품 X를 생산할 때만 노동과 자본의 생산성이 2배 증가하면 상품 Y의 각각의 생산량 수준에 대하여 상품 X의 생산량은 2배 증가한다. 예를 들어 상품 Y의 생산량이 60Y로 일정할 때, 상품 X의 생산량은 기술진보가 발생하기 이전의 50X에서 기술진보가 발생한 후에는 100X(각각 점 A와 점 A')로 증가한다. 마찬가지로 상품 Y의 생산량이 20Y로 일정한 경우에 상품 X의 생산량은 130X에서 260X(점 B와 B')로 증가한다. 1국의 모든 자원이 상품 X를 생산하기 위해 사용되는 경우 X의 생산량 역시 (140X에서 280X로) 2배 증가한다. 만일 상품 X를 생산할 때만 기술진보가 발생하고 이 국가의 모든 자원이 상품 Y를 생산하는 데만 이용된다면 상품 Y의 생산량은 70Y로 변하지 않는다는 점을 주목하자.

마찬가지 방법으로 추론해 보면 상품 Y를 생산할 때만 노동과 자본의 생산성이 증가하는 경우에

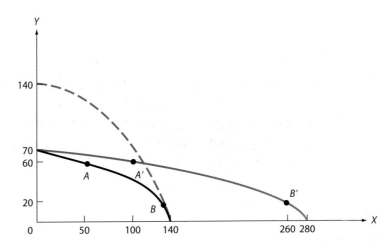

그림 7-3 **중립적 기술진보**

위의 그림은 기술진보가 발생하기 이전과 상품 X를 생산할 때만 또는 상품 Y를 생산할 때(점선으로 표시된 생산가능곡선)만 노동과 자본의 생산성이 2배 증가한 경우의 생산가능곡선을 보여 주고 있다. 만일 1국이 모든 자원을 노동과 자본의 생산성이 2배 증가한 상품만을 생산하는 데 이용한다면, 그 상품의 생산량 역시 2배 증가한다는 점에 주목하자. 반대로 1국이 기술진보가 발생하지 않은 상품을 생산하는 데 모든 자원을 사용한다면, 그 상품의 생산량은 변하지 않는다.

생산가능곡선이 어떻게 이동하는지를(그림 7-3의 점선으로 표시된 생산가능곡선) 설명할 수 있다. 학생들은 그림 7-3과 그림 7-1의 오른쪽 도표와의 차이를 면밀하게 검토해야 한다.

마지막으로 무역을 하지 않는 경우에는 어떤 유형의 기술진보이든 그 국가의 후생을 증가시키는 경향이 있다는 점을 지적하고자 한다. 그 이유는 생산가능곡선이 보다 더 확대되고 노동력과 인구가 변화하지 않은 상태에서는 성장이 발생한 후에 적절한 재분배 정책을 통해 성장이 발생하기 이전보다 개별 국민들의 후생수준이 높아질 수 있기 때문이다. 이 장의 나머지 부분에서는 성장이 무역 및 후생에 미치는 효과를 살펴볼 것이다. 사례연구 7-1은 몇몇 국가에서 시간의 경과에 따른 노동자 1인당 자본의 변화를 살펴본다.

7.4 성장과 무역 : 소국의 경우

이제 앞의 7.2절과 7.3절의 논의를 토대로 한 국가의 규모가 너무 작아서 무역을 할 때 상품의 상대가격에 영향을 미칠 수 없는 경우에(따라서 이 국가의 교역조건은 변화하지 않는다.) 성장이 생산, 소비, 무역 및 후생에 미치는 효과를 분석해 보기로 하자. 7.4A절에서는 일반적인 성장의 문제를 논의하고 순무역편향적, 역무역편향적 및 중립적 생산 및 소비를 정의한다. 이러한 개념들을 이용하여 7.4B절에서는 특정 유형의 생산요소 증가 효과를 설명하고 7.4C절에서는 기술진보의 효과를 분석한다. 7.5절에서는 한 국가가 무역을 통해 상품의 상대가격에 영향을 미칠 수 있는 보다 현실적인 경우를 검토하기로 한다.

사례연구 7-1 주요국에서 노동자 1인당 자본의 증가

표 7-1은 사례연구 5-2의 표 5-2에 포함된 국가들에 대해 1990년부터 2015년까지 (2010년 국제 달러가격으로 측정한) 1인당 자본량을 보여 준다. 표 7-1을 통해 미국, 영국, 캐나다의 1인당 자본량은 이 표에 있는 다른 기타 선진국보다 빠른 속도로 증가했음을 알 수 있다. 또한 중국, 터키, 인도의 1인당 자본량 역시 표에 있는 기타 개발도상국보다

빠른 속도로 증가했다.

표 7-1로부터 1990년부터 2015년까지 미국의 자본집약적 상품에서의 비교우위는 다른 선진국에 비하여 증가했음을 알 수 있다. 같은 기간에 미국의 자본집약적 상품에서의 비교우위는 러시아, 멕시코, 브라질을 제외한 (특히 중국, 터키, 인도와 같은) 개발도상국에 대해서는 감소했다.

표 7-1	주요국에서의 자본-노동 비율의 변화(1990~2015)(2010년 국제 달러가격)						
국가	1990	1995	2000	2005	2010	2015	2015/1990
미국	88,132	112,582	144,659	175,650	193,790	215,709	2.45
프랑스	101,616	128,110	150,855	170,897	190,009	199,337	1.96
일본	107,515	144,833	170,782	186,661	192,651	194,164	1.81
이탈리아	93,607	128,769	152,345	175,993	193,245	182,978	1.95
캐나다	75,663	93,736	111,953	130,646	153,464	176,042	2.33
독일	115,155	125,094	149,621	157,276	169,618	174,304	1.51
스페인	83,057	107,074	127,265	144,399	159,957	163,960	1.97
영국	54,684	74,794	97,175	112,449	119,715	131,494	2.40
대한민국[a]	49,000	83,576	112,592	139,503	165,657	181,027	3.69
터키	19,556	29,230	58,634	79,709	102,601	128,425	6.57
러시아	na	na	55,191	62,689	79,030	93,695	1.70
중국	7,198	12,220	19,573	31,516	55,557	92,029	12.78
멕시코	65,394	61,629	69,720	72,126	77.150	82,558	1.26
타이	23,258	43,801	48,971	49,145	54,248	63,119	2.71
브라질	34,801	40,571	45,773	43,746	49,573	56,296	1.62
인도	4,513	6,147	8,042	11,120	18,401	25,030	5.55

na. = 자료 입수 불가능.

[a] IMF는 현재 대한민국을 선진국으로 분류함.

출처 : Penn World Tables, 2015; World Bank, United Nations, ILO, various years.

7.4A 성장이 무역에 미치는 효과

지금까지 생산요소가 증가하거나 기술진보가 발생하면 한 국가의 생산가능곡선이 밖으로 이동한다는 점을 살펴보았다. 이때 교역량의 변화는 한 국가의 수출가능 상품과 수입가능 상품의 생산이 증가하는 정도와 성장과 무역을 통해 국민소득이 증가할 때의 소비 패턴의 변화에 의해 좌우된다.

상품의 상대가격이 일정할 때 한 국가의 수출가능 상품의 생산이 수입가능 상품의 생산보다 더 많이 증가하면, 성장의 결과 무역은 생산 이상으로 증가하는 경향이 있는데, 이 경우를 순무역편향적(protrade)이라고 한다. 기타의 경우는 역무역편향적(antitrade)이거나 중립적(neutral)이다. 생산량이 무역량과 동일한 비율로 증가하면 생산은 무역에 대해 중립적 효과를 미친다. 한편 상품의 상대가격이 일정할 때 한 국가의 수입가능 상품의 소비가 수출가능 상품의 소비보다 더 증가하면, 소비효과에 의해 무역은 생산 이상으로 확대되는 경향이 있으며 이를 순무역편향적이라고 한다. 기타의 경우 소비 확대는 역무역편향적이거나 중립적이다.

따라서 생산과 소비는 순무역편향적(상품의 상대가격이 변화하지 않을 때 무역이 생산보다 더 증가하면), 역무역편향적 또는 중립적일 수 있다. 한 국가의 수출가능 상품의 생산량이 수입가능 상품의 생산량 이상 증가하면 생산은 순무역편향적이다. 또한 한 국가의 수입가능 상품의 소비가 수출가능 상품의 소비 이상으로 증가하면 소비는 순무역편향적이다.

성장과정에서 무역량은 사실상 이러한 생산효과와 소비효과의 순효과에 의해 결정된다. 생산과 소비가 순무역편향적이면, 무역량은 생산량이 확대되는 속도보다 빠르게 증가하는 반면, 생산과 소비가 역무역편향적이면 무역량은 생산량보다는 적게 확대되고 경우에 따라서는 절대적으로 감소할 수도 있다. 만일 생산이 순무역편향적이고 소비가 역무역편향적이거나, 생산이 역무역편향적이고 소비가 순무역편향적이라면 무역량은 상반되는 이들 효과의 순효과에 의해 결정된다. 한편 생산과 소비가 중립적인 경우는 실제 발생할 가능성이 별로 없지만, 무역량은 생산량과 같은 속도로 확대된다.

생산요소는 다양한 유형과 비율로 증가하여 성장할 수 있으며 기술진보에 의해 성장할 수 있다. 또한 생산 및 소비는 순무역편향적, 역무역편향적 또는 중립적일 수 있기 때문에 성장이 무역과 후생에 미치는 효과는 경우마다 달라진다. 따라서 ('이러이러한 경우라면 이러한 경우가 발생할 것'이라는 형식의) 분류적 접근방법을 택해야 할 것이다. 결과적으로 우리가 택할 수 있는 방법은 몇 가지 예를 들어 어느 특정 상황에서 어떤 일이 발생할 수 있는가를 분석할 수 있도록 여러 가지 효과를 살펴보는 것이다.

7.4B 생산요소의 증가, 무역 및 후생의 예시

그림 7-4의 상단 도표는 그림 7-2를 다시 그린 것인데, 이 도표는 1국의 노동이 2배 증가하고 성장 이후에도 1국의 교역조건이 변화하지 않는 경우를 보여 준다. 즉, 성장 이전에 1국은 점 B에서 생산을 하여 60X와 60Y를 $P_B = 1$에서 교환하고 (앞 장에서와 마찬가지로) 무차별곡선 III에 도달하고 있었다. 1국에서 노동이 2배 증가하면 7.2A절에서 설명한 바와 같이 1국의 생산가능곡선은 밖으로 이동한다. 1국의 규모가 작아서 상품의 상대가격에 영향을 미칠 수 없다면 1국은 점 M에서 생산을 하는데, 이 점에서 확장된 새로운 생산가능곡선은 $P_M = P_B = 1$과 접하게 된다. 점 M에서는 점 B와 비교해 볼 때 립진스키 정리의 내용과 같이 1국의 상품 X의 생산은 2배 이상 증가하지만, 상품 Y의 생산은 감소한다. $P_M = P_B = 1$에서 1국은 150Y를 150X와 교환하여 사회무차별곡선 VII상의 점 Z에서 소비한다.

(1국의 수출가능 상품인) 상품 X의 생산은 증가한 반면 상품 Y의 생산은 감소하기 때문에 이때 생산의 증가는 순무역편향적이다. 마찬가지로 (1국의 수입가능 상품인) 상품 Y의 소비가 상품 X의 소비 이상으로 증가하기 때문에(즉, 점 Z는 원점과 점 E를 연결한 직선의 왼쪽에 있다.) 소비의 증가 역시

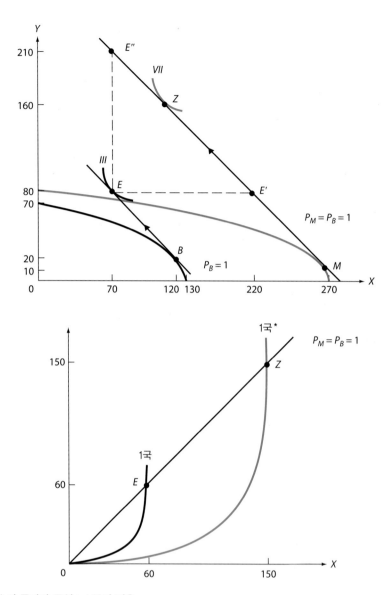

그림 7-4 생산요소의 증가와 무역 : 소국의 경우

상단 도표는 1국의 노동이 2배 증가한 후 1국은 $P_M=P_B=1$에서 150X와 150Y를 교환하여 무차별곡선 *VII*에 도달함을 보여 주고 있다. 성장의 결과 상품 X와 Y의 소비가 증가하므로 두 상품은 정상재이다. 노동은 2배 증가하지만 소비는 2배만큼 증가하지는 않으므로(점 *Z*와 점 *E*를 비교할 것) 1국의 사회후생은 감소한다. 하단 도표는 성장 이전에 자유무역을 하면 1국은 $P_X/P_Y=P_B=1$에서 60Y와 60X를 교환하고, 성장 이후에 자유무역을 하면 1국은 $P_X/P_Y=P_B=1$에서 150Y와 150X를 교환함을 보여 준다.

순무역편향적이다. 생산과 소비가 모두 순무역편향적이므로 무역량은 상품 X의 생산량 이상으로 증가한다.

성장과 무역의 결과 1국의 소비가능영역은 확장된 새로운 생산가능곡선과 점 *M*에서 접하는 직선 P_M이 된다는 사실에 주목하자. 성장과 무역의 결과 두 상품의 소비가 증가한다는 사실은 두 상품이 **정상재**(normal goods)임을 의미한다. 상품 Y가 **열등재**(inferior goods)인 경우에만 1국에서 상품 Y의 절대적인 소비량이 감소했을 것이다(즉, P_M 선상의 점 *E'* 보다 오른쪽 하단에서 소비했을 것이다). 마찬가지로 상품 X가 열등재인 경우에만 1국에서 상품 X의 절대적인 소비량이 감소했을 것이다(즉, P_M 선상의 점 E''보다 왼쪽 상단에서 소비했을 것이다).

그림 7-4의 하단 도표는 교역조건이 변하지 않는 경우에 1국의 무역이 확대됨을 오퍼곡선을 이용하여 보여 주고 있다. 즉, 성장 이전에 자유무역을 하면 1국은 $P_X/P_Y=P_B=1$에서 60Y와 60X를 교환하고, 성장 이후에 자유무역을 하면 1국은 $P_X/P_Y=P_M=P_B=1$에서 150Y와 150X를 교환한다. 교역조건이 불변임을 보여 주는 직선은 2국(또는 세계의 기타 지역) 오퍼곡선의 직선부분이기도 하다. 그 이유는 1국의 규모가 너무 작아서 성장 이전과 이후에 1국의 오퍼곡선이 (대규모 국가인) 2국의 오퍼곡선의 직선부분과 교차하고 따라서 교역조건은 변하지 않기 때문이다.

성장 이후에 1국의 후생수준이 감소한다는 점에 주목하자. 그 이유는 1국의 노동력(인구)은 2배 증가하는 반면에 총소비는 2배만큼 증가하지 않기 때문이다(성장 이전에 70X와 80Y를 소비하는 점 E와 성장 이후에 120X와 160Y를 소비하는 점 Z를 비교하자). 따라서 이러한 유형의 성장 결과 1국의 '대표적' 국민의 소비 및 후생은 감소한다. 대표적 국민이란 국가 전체와 동일한 기호와 소비 패턴을 가지고 있으면서 평균소비량을 소비하는 사람을 말한다.

7.4C 기술진보, 무역 및 후생

두 상품의 생산에서 동일한 비율로 중립적 기술진보가 발생하면, 상품의 상대가격이 변화하지 않는 경우에 두 상품의 생산이 동일한 비율로 증가한다는 점을 7.3B절에서 살펴본 바 있다. 만약 이 국가에서 각 상품의 소비가 같은 비율로 증가한다면, 교역조건이 일정할 때 무역량 역시 같은 비율로 증가할 것이다. 즉, 생산과 소비가 중립적으로 확대되면 무역량도 같은 비율로 확대된다. 생산은 중립적이고 소비가 순무역편향적이면, 무역량은 생산량 이상으로 확대된다. 그러나 노동, 인구 및 교역조건이 변하지 않기 때문에 대표적 국민의 후생은 무역량과는 관계없이 더 커지게 된다.

수출가능 상품의 생산에서만 중립적 기술진보가 발생하는 것은 순무역편향적이다. 예를 들어 1국에서 상품 X를 생산할 때만 중립적 기술진보가 발생한다면, 1국의 생산가능곡선은 그림 7-3에 그려진 바와 같이 X축 방향으로만 확대된다. 교역조건이 변화하지 않을 때 1국에서 상품 X의 생산량은 그림 7-4에서보다도 더 증가하는 반면, (그림 7-4에서와 같이) 상품 Y의 생산량은 감소한다. 1국은 무차별곡선 *VII*보다 상위의 무차별곡선에 도달하게 되며, 무역량은 그림 7-4에서보다도 더 확대될 것이다. 더욱 중요한 점은 노동력과 인구가 일정할 때 이제 대표적 국민의 후생은 (그림 7-4에서 노동만이 증가할 때와는 반대로) 증가한다는 점이다.

반대로 (수입가능 상품인) 상품 Y의 생산에서만 중립적 기술진보가 발생하는 것은 역무역편향적이며, 1국의 생산가능곡선은 (그림 7-3에서 점선으로 표시된 바와 같이) Y축 방향으로만 확대된다. 교역조건, 기호 및 인구가 변화하지 않는다면 무역량은 감소하는 경향이 있지만 국가 후생은 증가한다. 이 경우는 1국에서 자본만이 증가하는 경우와 유사하며 7.5C절에서 다루기로 한다. 중립적 기술진보가 두 상품에서 다른 비율로 발생하는 경우에 무역량은 증가하거나 감소할 수 있지만 후생은 항상 증가한다. 이 결과는 일반적으로 비중립적인 기술진보의 경우에도 마찬가지이다. 따라서 기술진보는 그 유형에 따라 무역량을 증가시키거나 감소시키기는 하지만, 소국의 경우에는 항상 후생을 증대시킨다. 사례연구 7-2는 몇몇 선진국 및 개발도상국에서 자본심화와 기술변화에 기인한 노동생산성의 증가를 살펴본다.

사례연구 7-2   자본심화, 기술변화 및 효율성의 향상에 기인한 노동생산성의 증가

표 7-2는 1965~1990년까지 몇몇 선진국과 개발도상국에 대하여 자본심화(즉, 노동자 1인당 자본의 증가), 기술변화 및 효율성의 향상(추격)이 노동생산성에 기여한 정도를 경제규모 순에 따라 보여 주고 있다. 이 표는 노동생산성이 대한민국에서 가장 빠르게 증가했고(425%), 그다음이 일본(209%), 타이(195%) 순임을 보여 주고 있다. 미국은 표 7-2에 포함된 국가들 중에서 가장 낮은 성장률(31%)을 경험했

다. 또한 이 표는 대부분의 노동생산성 증가는 자본심화에 기인하고 있음을 보여 준다. 기술변화는 프랑스에서 노동생산성의 증가에 가장 높은 기여를 하였고, 그다음이 인도, 일본, 독일, 타이 순이다. 효율성의 향상이 가장 높았던 국가는 대한민국, 이탈리아, 타이이다. 아르헨티나, 칠레, 멕시코, 스페인 및 영국에서는 실제로 효율성이 감소하였다.

표 7-2   자본심화, 기술변화 및 효율성의 향상에 기인한 노동생산성의 증가(1965~1990)

국가	노동생산성의 변화율(%)	노동생산성의 변화율에 대한 기여도		
		자본심화	기술변화	효율성의 향상
미국	31.1	19.3	9.9	0.0
일본	208.5	159.9	15.2	3.1
독일	70.7	31.8	14.4	13.3
프랑스	78.3	47.2	16.3	4.1
영국	60.7	64.9	1.4	−3.8
이탈리아	117.4	45.5	13.3	31.9
캐나다	54.6	18.6	11.7	16.7
스페인	111.7	125.5	7.1	−12.3
멕시코	47.5	66.7	2.1	−13.3
인도	80.5	38.9	15.7	12.4
대한민국	424.5	259.7	2.9	41.7
아르헨티나	4.6	59.3	1.8	−35.5
터키	129.3	95.6	6.6	9.9
타이	194.7	104.1	12.6	28.3
필리핀	43.8	20.9	7.9	10.3
칠레	16.6	50.2	1.9	−23.9

출처 : S. Kumar and R. R. Russell, "Technological Change, Technological Catch-up, and Capital Deepening: Relative Contributions to Growth and Convergence," *American Economic Review*, June 2002, pp. 527-548.

7.5 성장과 무역 : 대국의 경우

이제 7.4절에서의 논의를 바탕으로 한 국가의 규모가 충분히 커서 무역하는 상품의 상대가격에 영향을 미칠 수 있을 때(따라서 이 국가의 교역조건은 변화한다), 성장이 생산, 소비, 무역 및 후생에 미치는 효과를 분석한다. 7.5A절에서는 한 국가의 성장이 교역조건 및 후생에 미치는 효과를 살펴보고, 7.5B절에서는 성장 그 자체로 한 국가의 후생이 증대될 수는 있지만, 성장의 결과 교역조건이 상당히 악화되어 성장 이전보다 후생이 감소하는 경우를 살펴본다. 마지막으로 7.5C절에서는 성장이 한 국가의 교역조건과 후생을 향상시키는 경우를 살펴본다.

7.5A 성장과 국가의 교역조건 및 후생

성장의 결과 성장의 원천 및 유형과는 관계없이 가격이 일정할 때 무역량이 증가하면, 그 국가의 교역조건은 악화되는 경향이 있다. 반대로 성장의 결과 가격이 일정할 때 무역량이 감소하면, 그 국가의 교역조건은 개선되는 경향이 있다. 이를 성장의 교역조건 효과(terms-of-trade effect)라 한다.

성장이 한 국가의 후생에 미치는 효과는 교역조건 효과와 부의 효과의 순효과에 의하여 결정된다. 부의 효과(wealth effect)란 성장의 결과 노동자 또는 사람 1인당 생산량의 변화를 뜻한다. 양의 부의 효과는 그 자체로 한 국가의 후생을 증대시키는 경향이 있으며, 그 밖의 경우에는 한 국가의 후생은 감소하거나 변화하지 않는 경향이 있다. 만일 성장과 무역의 결과 교역조건이 개선되고 부의 효과가 양이면, 그 국가의 후생은 반드시 증대되며, 만일 이 두 가지 효과가 모두 불리하면 그 국가의 후생은 반드시 감소한다. 만일 부의 효과와 교역조건 효과가 반대 방향으로 움직이면, 이 두 가지 상반되는 힘의 상대적 크기에 따라 그 국가의 후생은 증가 또는 감소하거나 변화하지 않을 수 있다.

예를 들어 1국에서 노동만 2배 증가하면, 부의 효과는 그 자체로 1국의 후생을 감소시키는 경향이 있다. 이것이 그림 7-4의 경우이다. 게다가 이러한 유형의 성장은 $P_M = P_B = 1$에서 무역량을 확대시키므로, 1국의 교역조건은 악화되는 경향이 있다. 따라서 1국의 후생은 두 가지 이유에 의해 감소되는데 그림 7-5는 이 경우를 보여 주고 있다.

그림 7-5는 1국이 상품의 상대가격에 영향을 미칠 수 있을 정도로 규모가 크다는 점을 제외하고는 그림 7-4와 동일하다. 성장과 무역의 결과 교역조건이 $P_M = P_B = 1$에서 $P_N = 1/2$로 악화되면, 1국은 점 N에서 생산하고 2국과 140X와 70Y를 교환하여 무차별곡선 IV상의 점 T에서 소비한다(그림 7-5의 상단 도표 참조). 이 국가의 규모가 작아서 교역조건에 영향을 미칠 수 없었던 경우에도 1국의 후생은 감소했을 뿐만 아니라(즉, 부의 효과는 음) 이제는 교역조건도 악화되었기 때문에 1국의 후생은 더욱더 감소한다. 이러한 점은 무차별곡선 IV가 무차별곡선 VII보다 낮은 위치에 있다는 사실에 반영되어 있다.

그림 7-5의 하단 도표는 1국이 (그림 7-4의 하단 도표와 같이) 교역조건에 영향을 미칠 수 없는 경우와 미칠 수 있는 경우에, 이러한 유형의 성장이 교역조건과 무역량에 미치는 효과를 오퍼곡선을 이용하여 보여 주고 있다.

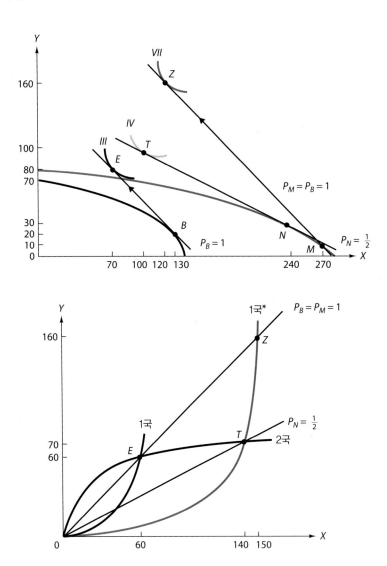

그림 7-5 생산요소의 증가와 무역 : 대국의 경우

그림 7-5는 1국의 규모가 커서 교역조건에 영향을 미칠 수 있다는 점을 제외하고는 그림 7-4와 동일하다. 성장과 무역의 결과 교역조건이 $P_M = P_B = 1$에서 $P_N = 1/2$로 악화되면, 1국은 점 N에서 생산하고 2국과 140X를 70Y와 교환하여 무차별곡선 IV상의 점 T에서 소비한다(상단 도표 참조). 무차별곡선 IV가 무차별곡선 VII보다 낮은 위치에 있기 때문에 이제 이 국가의 후생은 더욱더 감소한다. 하단 도표는 이 국가가 교역조건에 영향을 미칠 수 있는 경우와 없는 경우에 이러한 유형의 성장이 교역조건과 무역량에 미치는 효과를 오퍼곡선을 이용하여 보여 주고 있다.

7.5B 궁핍화 성장

부의 효과가 그 자체로는 한 국가의 후생을 증대시키는 효과가 있다고 하더라도 교역조건이 지나치게 악화되어 한 국가의 순후생이 감소할 수도 있다. 이러한 경우를 자그디시 바그와티(Jagdish Bhagwati)는 궁핍화 성장(immiserizing growth)이라고 하였는데, 그림 7-6은 이 경우를 보여 주고 있다.

그림 7-6은 그림 7-3의 1국의 생산가능곡선을 다시 그린 것인데, 이 그림은 상품 X의 생산에서만 중립적 기술진보가 발생하여 노동과 자본의 생산성이 2배 증가하기 이전과 이후의 상황을 그린 것이다. 가격이 변화하지 않는다면 부의 효과 자체에 의해 1국의 후생은 증가하는데, 그 이유는 1국의 노동력과

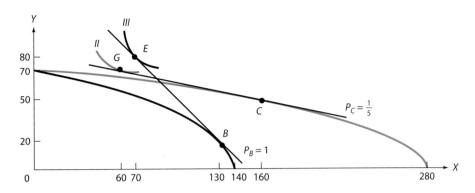

그림 7-6 궁핍화 성장

그림 7-6은 그림 7-3에 있는 1국의 생산가능곡선을 다시 그린 것인데, 이 그림은 상품 X의 생산에서만 중립적 기술진보가 발생하여 노동과 자본의 생산성이 2배 증가하기 이전과 이후의 상황을 그린 것이다. 이러한 유형의 성장이 발생하면, 부의 효과 자체에 의해 1국의 후생은 증가할 것이다. 그러나 1국의 교역조건이 $P_B=1$에서 $P_C=1/5$로 급격하게 악화됨에 따라 1국은 점 C에서 생산하여 100X를 수출하고 20Y를 수입하여, 무차별곡선 II상의 점 G(이 점은 1국이 성장 이전에 자유무역을 할 때 도달했던 무차별곡선 III보다 낮은 위치에 있음)에서 소비한다.

인구는 일정한 반면 1국의 생산량이 증가하기 때문이다. 그러나 이러한 유형의 기술진보는 무역량을 증가시키므로 1국의 교역조건은 악화되는 경향이 있다. 예를 들어서 1국의 교역조건이 $P_B=1$에서 $P_C=$ 1/5로 급격하게 악화되면, 1국은 점 C에서 생산하여 100X를 수출하고 20Y를 수입하여, 무차별곡선 II 상의 점 G(이 점은 1국이 성장 이전에 자유무역을 할 때 도달했던 무차별곡선 III보다 낮은 위치에 있음)에서 소비할 것이다.

다음과 같은 경우에 1국에서 궁핍화 성장이 발생할 가능성이 크다. (a) 가격이 일정할 때 성장의 결과 1국의 수출이 대폭 증가한다. (b) 1국의 경제규모가 상당히 크기 때문에 수출을 상당량 늘리면 교역조건이 악화된다. (c) 1국의 수출품에 대한 2국(또는 세계의 기타 국가)의 소득탄력성이 대단히 낮기 때문에 1국의 교역조건이 상당히 악화된다. (d) 1국의 무역의존도가 높기 때문에 1국의 교역조건이 상당히 악화되면 국가 후생이 감소한다.

궁핍화 성장은 현실세계에서 그리 흔한 현상은 아닌 것으로 보이며, 궁핍화 성장이 발생한다면 그것은 선진국보다는 개발도상국에서 발생할 가능성이 크다. 시간이 경과함에 따라 개발도상국의 교역조건이 어느 정도 악화되어 온 것으로 보이기는 하지만, 생산의 증가가 이러한 교역조건의 악화를 충분히 상쇄해 왔기 때문에 개발도상국의 1인당 소득이나 후생은 일반적으로 증가해 왔다. 최근에 개발도상국의 인구가 급격히 증가하지 않았더라면, 이들 국가의 1인당 실질소득은 더 빠르게 증가했을 것이다. 이 문제와 기타의 문제들은 국제무역과 경제발전을 다루는 제11장에서 충분히 논의될 것이다.

7.5C 이익이 되는 성장과 무역의 예시

이제는 1국에서 (희소한 생산요소인) K만이 2배 증가하여 부의 효과 그 자체에 의해 1국의 후생이 증대되는 경우를 살펴보기로 한다. 이 결과는 1국에서 (자본집약적 상품인) Y의 생산에서만 중립적 기술진보가 발생하는 경우와 대단히 유사하다. 이러한 유형의 성장 결과 상품의 가격이 변화하지 않는다면 무역량이 감소하는 경향이 있기 때문에 1국의 교역조건은 개선되는 경향이 있다. 부의 효과 및 교역조건 효과가 유리한 경우에는 1국의 후생은 반드시 증가하며, 그림 7-7은 이 경우를 설명한다.

그림 7-7의 상단 도표는 성장 이전의 생산가능곡선과 자본만이 2배 증가한 경우의 생산가능곡선 (그림 7-1의 오른쪽 도표에서 점선으로 표시된 생산가능곡선)을 보여 주고 있다. 상품의 상대가격이 $P_B=1$일 때, 1국은 110X와 105Y를 생산하고(상단 도표의 점 R), 2국과 15X를 15Y와 교환하여 무차별곡선 V상의 점 U에서 소비한다. 노동과 인구가 변하지 않기 때문에 이러한 유형의 성장은 1국의 후생을 증대시킨다.

그뿐만 아니라 가격이 일정할 때 1국의 무역량은 (성장 이전의 자유무역을 하는 상황인 점 E와 비교하여) 감소하기 때문에, 1국의 교역조건은 $P_R=P_B=1$에서 $P_S=2$로 개선된다. $P_S=2$에서 1국은 점 S에서

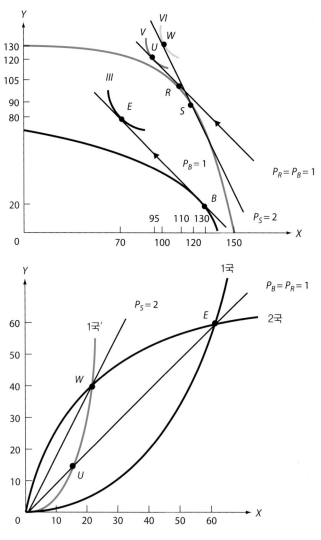

그림 7-7 1국의 교역조건과 후생을 개선시키는 성장

1국에서 (희소한 생산요소인) K만이 2배 증가하면, 교역조건이 $P_R=P_B=1$로 변화하지 않는 경우에(상단 도표 참조) 점 R에서 생산할 것이다. 1국은 15X와 15Y를 2국과 교환하여 무차별곡선 V상의 점 U에서 소비한다. 그러나 1국의 규모가 크면 1국은 $P_R=P_B=1$에서 X를 적게 수출하려고 하기 때문에 1국의 교역조건은 개선된다. $P_S=2$에서 1국은 점 S에서 생산하고 20X와 40Y를 2국과 교환하여 무차별곡선 VI상의 점 W에서 소비한다. 부의 효과와 교역조건 효과가 모두 유리하기 때문에 1국의 후생은 증가한다. 하단 도표는 1국이 교역조건에 영향을 미칠 수 있을 때와 없을 때, 이러한 유형의 성장이 교역조건과 무역량에 미치는 효과를 오퍼곡선을 이용하여 보여 주고 있다. 이 그림을 그림 7-5와 비교해 보자.

120X와 90Y를 생산하고 20X와 40Y를 2국과 교환하여 무차별곡선 *VI*상의 점 *W*에서 소비한다. 따라서 1국의 후생은 부의 효과와 아울러 교역조건 효과에 의해 증가한다.

그림 7-7의 하단 도표는 1국이 교역조건에 영향을 미칠 수 있을 때와 없을 때, 이러한 유형의 성장이 교역조건과 무역량에 미치는 효과를 오퍼곡선을 이용하여 보여 주고 있다. 독자들은 부의 효과와 교역조건 효과가 모두 유리한 (따라서 1국의 후생은 두 가지 이유로 증가하는) 그림 7-7과 두 가지 효과가 모두 불리하여 1국의 후생이 감소하는 그림 7-5를 주의하여 비교하기 바란다. 사례연구 7-3에서는 신흥경제대국의 등장과 성장을 살펴본다.

7.6 양국에서의 성장, 기호의 변화 및 무역

지금까지는 1국만 성장한 것으로 가정하였다. 그 결과 1국의 생산가능곡선과 오퍼곡선만이 이동하였다. 이제 양국이 모두 성장하는 경우를 포괄할 수 있도록 분석을 확장하기로 한다. 양국이 모두 성장하게 되면, 양국의 생산가능곡선과 오퍼곡선이 이동한다. 오퍼곡선을 이용하여 양국에서 성장과 기호 변화의 효과를 분석하기로 하자.

7.6A 양국에서 성장 및 기호

그림 7-8은 한 국가 또는 양국에서 여러 유형의 성장이 무역량 및 교역조건에 미치는 효과를 보여 주고 있다. 양국이 모두 대국이라고 가정하자. '1'과 '2'로 표시된 오퍼곡선은 각각 1국과 2국의 원래의 (성장 이전의) 오퍼곡선이다. 오퍼곡선 '1*'와 '2*' 및 오퍼곡선 '1''과 '2''은 각각 여러 유형의 성장이 발생한 경우 1국과 2국의 오퍼곡선이다. 그림을 지저분하지 않게 하기 위하여 각각의 균형점을 지나가는 상품의 상대가격선은 그리지 않았다. 그러나 각각의 균형점에서 1국의 교역조건(즉, P_X/P_Y)은 그 점에서 교환되는 상품 Y의 양을 상품 X의 양으로 나누면 알 수 있다. 동일한 균형점에서 2국의 교역조건은 1국의 교역조건의 역수이다.

성장 이전의 원래의 오퍼곡선 1과 2에서, 1국은 2국과 $P_B=1$에서(균형점 E_1 참조) 60X를 60Y와 교환한다. (그림 7-5에서와 같이) 1국에서 노동이 2배 증가하면, 1국의 오퍼곡선은 1로부터 1*로 시계방향으로 회전하며, 1국은 140X를 수출하고 70Y를 수입한다(점 E_2). 이 경우 1국의 교역조건은 P_X/P_Y =70Y/140X=1/2로 악화되며 2국의 교역조건은 P_Y/P_X=2로 개선된다.

2국만이 성장하여 2국의 오퍼곡선이 2에서 2*로 시계반대방향으로 회전하면 균형점은 E_3가 된다. 예를 들어 이런 상황은 2국에서 (풍부한 생산요소인) 자본이 2배 증가할 때 발생할 수 있다. E_3에서 2국은 1국과 140Y를 70X와 교환하며, 따라서 2국의 교역조건은 P_Y/P_X=1/2로 악화되고 1국의 교역조건은 P_X/P_Y =2로 개선된다. 양국이 모두 성장하여 오퍼곡선이 1*와 2*가 되면 균형점은 E_4가 된다. 무역량은 140X와 140Y로 확대되지만 양국의 교역조건은 1로 변하지 않는다.

반대로 (그림 7-7에서와 같이) 1국에서 자본이 2배 증가하면 1국의 오퍼곡선은 1에서 1'으로 시계반대방향으로 회전하여 균형점은 E_5가 된다. 이때 1국은 2국과 20X를 40Y와 교환하여 1국의 교역조건은 2로 개선되고 2국의 교역조건은 1/2로 악화된다. 만약 2국의 노동만이 증가하여 2국의 오퍼곡선이 2'으로 시계방향으로 회전한다면 균형점은 E_6가 된다. 이러한 상황은 2국에서 (희소한 생산요소인)

사례연구 7-3 신흥경제대국의 등장과 성장

개발도상국 중에서 신흥경제대국이 등장하고 있다. 이들 국가는 BRICS(브라질, 러시아, 인도, 중국, 남아프리카공화국)이다. 중국은 이미 경제대국이고, 인도는 경제대국의 길목에 들어서고 있으며 브라질과 러시아가 그 뒤를 따르고 있다. 2011년에 중국의 지원을 받아 편입된 남아프리카공화국은 경제규모가 훨씬 작다. 표 7-3은 신흥경제대국의 규모 및 경제적 중요성에 관한 데이터를 미국, EU, 일본과 같은 전통적 경제대국과 비교하여 보여 준다.

경제규모에 대한 가장 중요한 척도는 구매력(PPP)으로 평가한 국민총소득(GNI)이다. 이는 개발도상국의 GNI가 선진국의 GNI에 비해 과소평가될 수 있는 (15.2절에서 논의되는 저평가된 환율, 비시장 생산과 같은) 모든 원인을 고려한 것이다.

표 7-3에서 PPP로 평가했을 때 경제대국은 28개 회원국으로 구성된 유럽연합(제10장에서 살펴볼 EU-28)과 미국과 중국이며, 그다음이 인도와 일본 순이다. 러시아와 브라질은 이에 비해 경제규모가 훨씬 작으며 남아프리카공화국은 더 작다. PPP로 평가한 1인당 GNI, 즉 각국의 생활수준 척도에서는 미국이 단연 1위이고 그다음이 EU-28, 일본이다. 러시아, 중국, 브라질, 남아프리카공화국, 인도가 그다음이다. 이들 국가의 1인당 국민소득은 미국보다 훨씬 낮으며 특히 인도가 그러하다. 그러나 중국과 인도의 성장 속도는 훨씬 빠르며 러시아, 브라질, 남아프리카공화국의 성장도 전통적 경제대국보다 빠르다. PPP로 측정한 총 GNI로 평가한 중국의 경제규모는 2017년에 미국을 추월했다. 그러나 1인당 국민소득의 측면에서는 미국과 중국의 격차는 아직도 상당하다.

그러나 경제규모나 성장률보다 더 중요한 점은 세계시장과 국내시장에서 점점 정교한 제품(특히 중국) 및 서비스(특히 인도)의 여러 분야에서 전통적 경제대국에 대한 신흥경제대국의 도전이 날로 치열해지고 있다는 점이다.

표 7-3 2017년 신흥경제대국과 전통적 경제대국의 상대적 경제규모

	인구 (백만)	국토면적 (km^2)	GNI[a] (10억 달러)	1인당 GNI[a] (달러)	평균성장률(%) (2000~2017)
중국	1,386	9,563	23,242	16,760	9.7
인도	1,339	3,287	9,449	7,060	7.5
브라질	209	8,516	3,173	15,160	2.9
러시아	145	17,098	3,655	24,893	3.5
남아프리카공화국	57	1,219	745	13,090	2.9
EU(28)	512	4,384	20,900	40,890	1.1
미국	326	9,832	19,608	60,200	1.7
일본	127	378	4,821	37,920	0.8

[a]구매력 평가(PPP)

출처 : World Bank and Eurostat Databanks, 2018.

노동이 2배 증가하는 경우 발생할 수 있다. 이때 2국은 1국과 20Y를 40X와 교환하여 2국의 교역조건은 2로 개선되는 반면 1국의 교역조건은 1/2로 악화된다. 양국이 모두 성장하여 오퍼곡선이 1에서 1′으로 2에서 2′으로 회전한다면, 무역량은 15X와 15Y에 불과하지만 양국의 교역조건은 1로(균형점 E_7 참조) 변하지 않는다.

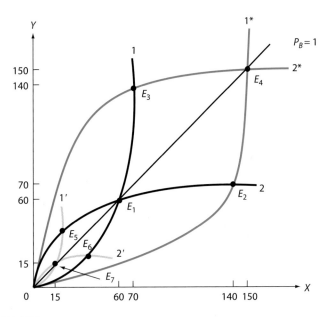

그림 7-8 양국에서의 성장과 무역

1국에서 (1국의 풍부한 생산요소인) 노동이 2배 증가하면 1국의 오퍼곡선은 1에서 1*로 회전하여, 균형점은 E_2가 되고 무역량은 증가하지만 교역조건은 악화된다. 2국에서 (2국의 풍부한 생산요소인) 자본이 2배 증가하면, 2국의 오퍼곡선은 2에서 2*로 회전하여 균형점은 E_3가 되고 무역량은 증가하지만 교역조건은 악화된다. 대신에 1국에서 자본이 2배 증가하면, 1국의 오퍼곡선은 1'으로 회전하여, 무역량은 감소하지만 교역조건은 개선된다. 2국에서 노동이 증가하면 2국의 오퍼곡선은 2'으로 회전하여, 균형점은 E_6가 되고 무역량은 감소하지만 2국의 교역조건은 개선된다. 양국의 오퍼곡선이 1'과 2'으로 이동하면 무역량은 더욱더 감소하며(E_7 참조), 교역조건은 변하지 않는다.

    양국에서 두 가지 상품을 생산할 때 균형성장이나 중립적 기술진보가 일어나면, 양국의 오퍼곡선은 밖으로 이동하고 그 국가의 수출가능 상품을 측정하는 축으로 가까이 이동하게 된다. 이 경우 무역량은 확대되고 각국의 오퍼곡선의 모양(즉, 굴곡)과 오퍼곡선이 회전하는 정도에 따라 교역조건은 변화하지 않거나 한 국가는 개선되지만 다른 국가는 악화되는 결과가 나타난다.

7.6B 양국에서 기호의 변화와 무역

시간이 지남에 따라 경제가 성장할 뿐만 아니라 국민들의 기호도 변화할 것이다. 이미 살펴본 바와 같이 성장은 생산가능곡선에 영향을 미침으로써 그 국가의 오퍼곡선에 영향을 미치지만, 기호의 변화는 무차별곡선에 영향을 미침으로써 그 국가의 오퍼곡선에 영향을 미친다.

    1국에서 (2국의 수출가능 상품인) 상품 Y에 대한 욕구가 커지게 되면, 1국은 수입하는 상품 Y의 각 단위당 더 많은 양의 (1국의 수출가능 상품인) X를 제공하고자 할 것이다. 이를 다른 말로 표현하면, 1국이 수출하는 상품 X의 일정한 양에 대하여, 1국은 더 적은 양의 상품 Y와 기꺼이 교환하려고 할 것이다. 그 결과 1국의 오퍼곡선은 그림 7-8의 1에서 1*와 같이 시계방향으로 회전하며, 무역량은 증가하지만 1국의 교역조건이 악화되는 결과를 초래한다.

    반대로 2국에서 상품 X에 대한 기호가 증가하면, 2국의 오퍼곡선은 2에서 2*와 같이 시계반대방향으로 회전하며, 무역량은 증가하지만 2국의 교역조건은 악화된다. 만약에 위의 경우와 반대로 기호가 변화하면 오퍼곡선 역시 반대방향으로 회전할 것이며, 양국의 기호가 모두 변화하면 양국의 오퍼곡선도 모두 회전할 것이다. 무역량과 교역조건은 성장의 경우와 마찬가지로 각국에서 기호가 변화하는 정도와 유형에 의해 결정된다.

요약하면 양국에서 성장 및/또는 기호의 변화는 양국의 오퍼곡선을 이동시켜, 무역량 및/또는 교역조건을 변화시킨다고 할 수 있다. 한 국가의 오퍼곡선이 그 국가의 수출상품을 측정하는 축의 방향으로 이동하면, 오퍼곡선이 이동하는 원인에 관계없이, 상품의 가격이 일정할 때 무역량이 확대되는 경향이 있으며 그 국가의 교역조건은 악화된다. 한 국가의 오퍼곡선이 반대로 이동하는 경우에는 상품의 가격이 일정할 때 무역량이 감소하는 경향이 있으며, 그 국가의 교역조건은 개선된다. 한 국가의 오퍼곡선이 일정하게 이동하더라도 무역 상대국의 오퍼곡선의 굴곡이 클수록 그 국가의 교역조건이 개선되는 정도가 더 커진다.

사례연구 7-4에서는 G7 선진국에서의 생산 및 무역의 증가와 후생을 살펴본다(개발도상국에서의 무역과 성장에 관해서는 제11장에서 살펴본다).

사례연구 7-4 선진 산업국가에서의 성장, 무역 및 후생

표 7-4는 1990∼2017년까지 (선진 산업국가인) G7의 실질 국내총생산(GDP), 수출, 교역조건 및 1인당 GDP의 연평균 증가율을 보여 준다. 이 표로부터 실질 GDP의 연평균 증가율은 미국의 2.6%부터 이탈리아의 0.6%까지 분포되어 있으며, G7 국가 전체의 단순 평균은 1.7%임을 알 수 있다. 수출량의 평균 증가율은 독일과 프랑스의 5.7%부터 일본의 2.6%까지 분포되어 있고, 7개국 전체의 평균은 4.2%이다. 따라서 수출이 GDP보다 2.5배 빠르게 증가했다.

교역조건의 변화는 일본의 경우 연평균 1.5% 악화되었으며, 영국의 경우 0.4%, 7개국 전체로는 가중치가 적용되지 않은 평균변화율은 0%이다. 표 7-4의 마지막 열은 (생활수준 변화에 대한 개략적인 척도로) 1인당 실질 GDP의 연간 증가율이 영국은 1.4%, 이탈리아는 0.2%이고 7개국 전체의 가중치가 적용되지 않은 연간 증가율은 1.0%임을 보여 준다. 여러 요인이 1인당 GDP의 증가에 기여했지만 수출증가가 그중 하나라는 점은 확실하다.

표 7-4 GDP, 수출 및 교역조건의 변화(1990∼2017)

	연평균 증가율			
	실질 GDP	수출량	교역조건	1인당 GDP
미국	2.6	4.8	0.2	1.3
일본	1.0	2.6	−1.5	0.8
독일	1.4	5.7	0.3	1.3
영국	2.1	3.6	0.4	1.4
프랑스	1.5	5.7	0.0	0.9
이탈리아	0.6	2.9	−0.2	0.2
캐나다	2.4	4.1	0.2	1.3
단순 평균	1.7	4.2	0.0	1.0

출처 : IMF, *International Financial Statistics*(Washington, D.C., Various Issues); OECD, *Economic Outlook*(Paris, Various Issues), and World Bank, *World Development Indicators*(Washington, D.C., Various Issues).

요약

1. 앞에서 논의된 무역이론은 정태적인 성격을 지니고 있었다. 즉, 한 국가의 요소부존도, 기술 및 기호가 주어졌을 때 한 국가의 비교우위와 무역으로부터의 이익이 어떻게 결정되는지를 살펴보았다. 그러나 요소부존도는 시간이 지남에 따라 변하므로 기술은 보통 개선되고, 기호 역시 변한다. 이 장에서는 이러한 변화에 따라 균형이 어떻게 변하는지를 살펴보았다. 이를 비교정학이라고 한다.

2. 규모에 대한 수익불변과 가격이 일정할 때, 노동과 자본이 같은 비율로 증가하면(균형성장), 한 국가의 생산가능곡선은 생산요소의 증가비율만큼 균일하게 밖으로 이동하며, 1인당 생산량은 변하지 않는다. 만일 노동이 자본보다 빠르게 증가하면, 그 국가의 생산가능곡선은 노동집약적 상품을 비례 이상 생산하는 방향으로 이동하며, 1인당 생산량은 감소한다. 자본이 노동보다 빠르게 증가하면, 반대의 경우가 성립한다. 립진스키 정리에 의하면 상품의 가격이 변화하지 않을 때, 어느 한 가지 생산요소의 부존량이 증가하면 그 생산요소를 집약적으로 사용하는 상품의 생산은 생산요소 이상으로 증가하지만 다른 상품의 생산은 감소한다.

3. 모든 기술진보는 일정한 생산량을 생산하는 데 필요한 자본과 노동의 양을 감소시키고, 생산가능곡선을 밖으로 이동시키며 그 국가의 후생을 증가시키는 경향이 있다. 힉스의 중립적 기술진보는 노동과 자본의 생산성을 같은 비율로 증가시키며, 한 국가의 생산가능곡선에 생산요소의 균형성장과 동일한 영향을 미친다. 결과적으로 생산요소의 상대가격(w/r)이 일정할 때 K/L는 변하지 않는다. 노동절약적 기술진보는 자본생산성을 노동생산성 이상으로 증가시킨다. 그 결과 생산을 할 때 노동은 자본으로 대체되고, w/r가 변하지 않으면 K/L는 상승한다. 반면 자본절약적 기술진보는 노동절약적 기술진보의 반대이다.

4. 생산과 소비는 (상품의 가격이 일정할 때 무역이 비례적으로 더 많이 증가하면) 순무역편향적, 역무역편향적 또는 중립적이다. 한 국가의 수출가능 상품의 생산이 수입가능 상품의 생산 이상 증가하면 생산은 순무역편향적이다. 또한 한 국가의 수입가능 상품의 소비가 수출가능 상품의 소비 이상으로 증가하면 소비는 순무역편향적이다. 성장과정에서 무역량은 생산효과와 소비효과의 순효과에 의해 결정된다.

5. 성장의 결과 상품의 가격이 일정할 때 한 국가의 무역량이 성장의 원인에 관계없이 증가하면, 그 국가의 교역조건은 악화되는 경향이 있으며, 그렇지 않다면 그 국가의 교역조건은 변하지 않거나 개선될 것이다. 성장이 한 국가의 후생에 미치는 효과는 부의 효과에 의해서도 좌우된다. 부의 효과란 성장의 결과 노동자 또는 사람 1인당 생산량이 증가하는 것을 의미한다. 성장의 교역조건 효과와 부의 효과가 유리하면, 그 국가의 후생은 반드시 증가한다. 기타의 경우에는 이러한 두 가지 효과의 순효과에 따라 그 나라의 후생은 변하지 않을 수도 있고 감소할 수도 있다. 불리한 교역조건 효과가 유리한 부의 효과를 압도하여 한 국가의 후생이 감소하는 경우를 '궁핍화 성장'이라고 한다.

6. 양국에서의 성장 및/또는 기호 변화의 결과 양국의 오퍼곡선은 이동하며, 무역량 및/또는 교역조건을 변화시킨다. 한 국가의 오퍼곡선이 그 이유에 상관없이, 그 국가의 수출가능 상품을 측정하는 축의 방향으로 이동하면, 상품의 가격이 일정할 때 무역량은 증가하는 경향이 있고 그 국가의 교역조건은 악화된다. 반면 한 국가의 오퍼곡선이 반대방향으로 이동하면 상품의 가격이 일정할 때 무역량은 증가하는 경향이 있으며, 그 국가의 교역조건은 개선된다. 또한 한 국가의 오퍼곡선이 일정하게 이동하더라도, 무역 상대국의 오퍼곡선의 굴곡이 클수록 그 국가의 교역조건이 개선되는 정도가 더 커진다.

주요용어

교역조건 효과(terms-of-trade effect)

궁핍화 성장(immiserizing growth)

균형성장(balanced growth)

노동절약적 기술진보(labor-saving technical progress)

동태분석(dynamic analysis)

립진스키 정리(Rybczynski theorem)

부의 효과(wealth effect)

비교정학(comparative statics)

순무역편향적(protrade)

역무역편향적(antitrade)

열등재(inferior good)

자본절약적 기술진보(capital-saving technical progress)

정상재(normal goods)

중립적(neutral)

중립적 기술진보(neutral technical progress)

복습문제

1. 앞 장에서 논의된 무역이론이 정태적이라는 말은 무슨 뜻인가? 비교정학(비교정태분석)이란 무엇인가?

2. 앞 장에서 논의된 무역이론을 한 국가의 요소부존량, 기술변화 및 기호변화를 포괄할 수 있도록 어떻게 확장할 수 있는가? 그 결과 나타나는 무역이론은 동태적인가? 그 이유는?

3. 여러 가지 유형의 요소부존량의 증가가 한 국가의 생산가능곡선에 어떤 영향을 미치는가? 균형성장이란 무엇인가?

4. 립진스키 정리는 무엇인가?

5. 중립적·노동절약적·자본절약적 기술진보를 설명하라.

6. 한 상품 또는 두 상품 모두에서 중립적 기술진보가 발생한다면 생산가능곡선은 어떻게 변하는가? 생산가능곡선에 미치는 효과와 관련하여 어떤 유형의 기술진보가 균형성장에 해당하는가?

7. 생산 또는 소비가 순무역편향적, 역무역편향적, 중립적이라는 말은 무슨 뜻인가?

8. 어느 유형의 성장이 순무역편향적일 가능성이 큰가? 어느 유형의 성장이 역무역편향적일 가능성이 큰가? 어느 유형의 상품이 순무역편향적 소비를 야기할 가능성이 큰가? 역무역편향적 소비는?

9. 교역조건이 성장에 미치는 효과는 무엇인가? 성장의 부의 효과란 무엇인가? 한 국가가 소국이어서 상품의 상대가격에 영향을 미칠 수 없을 때 성장과 무역으로 인한 후생의 변화를 어떻게 측정할 수 있는가? 한 국가가 대국이어서 상대가격에 영향을 미칠 수 있다면?

10. 어느 유형의 성장이 한 국가의 후생을 감소시킬 가능성이 큰가? 궁핍화 성장이란 무엇인가? 어느 유형의 성장이 한 국가의 후생을 증가시킬 가능성이 큰가?

11. 한 국가의 오퍼곡선이 수출품 축의 방향으로 회전하거나 이동한다면 교역조건과 교역량에 미치는 효과는? 어떤 유형의 성장 또는 기호변화가 오퍼곡선을 어떻게 움직이도록 하는가?

12. 한 국가의 오퍼곡선이 이동할 때 무역상대국 오퍼곡선의 모양은 교역조건에 어떤 영향을 미치는가?

연습문제

1. 앞 장에서 소개된 성장 이전의 2국의 생산가능곡선으로부터 시작하여, 다음과 같은 상황을 보여 줄 수 있는 2국의 새로운 생산가능곡선을 그리라.
   (a) 2국이 이용할 수 있는 노동과 자본의 양이 2배 증가하는 경우
   (b) 자본의 양만 2배 증가하는 경우
   (c) 노동의 양만 2배 증가하는 경우

2. 앞 장에서 소개된 성장 이전의 2국의 생산가능곡선으로부터 출발하여, 자본의 양만 2배 증가하는 경우 립진스키 정리를 보여 주는 2국의 새로운 생산가능곡선을 그리라.

3. 앞 장에서 소개된 성장 이전의 2국의 생산가능곡선으로부터 시작하여, 다음과 같은 상품의 생산에서 노동과 자본의 생산성이 2배 증가하는 중립적 기술진보를 보여 줄 수 있는 2국의 새로운 생산가능곡선을 그리라.
   (a) 상품 X 및 상품 Y
   (b) 상품 X만
   (c) 상품 Y만

4. 연습문제 3번의 그래프와 연습문제 1번과 2번의 생산가능곡선을 비교하라.

5. 다음과 같은 가정하에 그림 7-4의 상단 도표와 유사한 그림을 2국에 대하여 그리라.
   (a) 2국에서 자본의 양만이 2배 증가한다.
   (b) 자유무역을 할 때 상품의 균형상대가격은 $P_X/P_Y = 1$ 이다.
   (c) 2국의 규모가 너무 작아서 성장 이전이나 이후에도 상품의 상대가격에 영향을 미치지 못한다.
   (d) 성장 이후에 2국이 150Y를 수출한다.

6. 연습문제 5번과 동일한 가정하에서 그림 7-4의 하단 도표와 유사한 그림을 2국에 대하여 그리라.

7. 다음과 같은 가정하에 그림 7-5의 상단 도표와 유사한 그림을 2국에 대하여 그리라.

   (a) 2국의 규모가 커서 상품의 상대가격에 영향을 미칠 수 있다.
   (b) 2국의 교역조건이 성장 이전에 자유무역을 할 때의 $P_Y/P_X = 1$로부터 성장 이후에 자유무역을 할 때는 $P_Y/P_X = 1/2$로 악화된다.
   (c) 성장 이후에 자유무역을 하면 2국은 140Y를 수출한다.

8. 연습문제 7번과 동일한 가정하에서 그림 7-5의 하단 도표와 유사한 그림을 2국에 대하여 그리라.

9. 2국에서 상품 Y를 생산할 때만 노동과 자본의 생산성이 2배 증가할 때, 2국의 궁핍화 성장을 보여 줄 수 있도록 그림 7-6과 유사한 그림을 그리라.

10. 한 국가의 인구 및 노동력이 증가할 때의 궁핍화 성장을 설명할 수 있도록 그림 7-6과 유사한 그림을 그리라.

11. 그림 7-7의 상단 도표와 유사한 그림을 다음과 같은 가정 아래 그리라.
    (a) 2국에서 노동만이 2배 증가한다.
    (b) 2국의 교역조건이 성장 이전에 자유무역을 할 때의 $P_Y/P_X = 1$로부터 성장 이후에 자유무역을 할 때는 $P_Y/P_X = 2$로 개선된다.
    (c) 2국이 성장 이후 자유무역을 할 때 20Y를 수출한다.

12. 연습문제 11번과 같은 가정 아래 그림 7-7의 하단 도표와 유사한 그림을 2국에 대하여 그리라.

13. 표 7-2의 자료는 표에 있는 다른 국가와 비교하여 미국의 노동생산성은 가장 작게 증가하고, 효율성은 향상되지 않았으며, 기술은 약간만 개선되었다는 점을 시사한다. 이 사실은 표 6-5의 정보와는 모순된 것으로 보인다. 이러한 외견상의 모순을 어떻게 해결할 수 있겠는가?

부록

부록의 A7.1절에서는 립진스키 정리를 정식으로 증명하고, A7.2절에선 한 가지의 생산요소가 이동 불가능할 때의 성장의 효과를 분석하며, A7.3절에서는 힉스의 중립적 노동절약적 및 자본절약적 기술진보를 그림을 이용하여 설명한다.

A7.1 립진스키 정리에 대한 정형화된 증명

7.2B절에서 논의된 바와 같이 립진스키 정리는 상품의 상대가격이 변화하지 않을 때 어느 한 가지 생산요소의 부존량이 증가하면 그 생산요소를 집약적으로 사용하는 상품의 생산량은 생산요소 이상으로 증가하며 다른 상품의 생산량은 감소한다는 것을 말한다.

여기에서 소개되는 립진스키 정리에 대한 정식 증명은 A3.3절에서 소개된 바와 같이 에지워스 상자도로부터 한 국가의 오퍼곡선을 도출하는 과정을 그대로 따라가면 된다. 그림 3-10으로부터 시작하여 1국에서 노동만이 2배로 증가하는 경우에 한하여 립진스키 정리를 정식으로 증명해 보자.

립진스키 정리는 (그림 7-2에서와 같이) 자유무역을 할 때의 생산점 B에서 시작하여 증명할 수도 있고 또는 (앞 장에서처럼) 자급자족 또는 무역을 하지 않을 때의 생산 및 소비 균형점인 A에서 시작하여 증명할 수 있다. 상품의 상대가격이 초기의 균형점 수준에서 변하지 않고, 성장 이후의 새로운 생산점을 초기의 특정 생산점과 비교하는 한, 어떤 점에서 시작하는가는 전혀 중요하지 않다. 여기서는 점 A에서부터 시작하는데, 이렇게 함으로써 무역을 하지 않을 때 상품의 상대가격에 대한 립진스키 정리의 함축적 의미를 검토할 수 있기 때문이다.

그림 7-9는 그 증명을 보여 준다. (그림 7-9의 하단에 있는) 1국의 생산가능곡선상의 점 A는 (그림 7-9의 상단에 있는) 노동이 2배 증가하기 이전 1국의 에지워스 상자도에 있는 점 A로부터 도출된다. 이는 그림 3-9에서와 정확히 일치한다. 노동이 2배 증가하면 1국의 에지워스 상자도의 길이는 2배가 되지만 (자본의 양은 일정하므로) 높이는 변하지 않는다.

상품의 상대가격이 변하지 않기 위해서는 요소가격이 변하지 않아야 한다. 그러나 요소의 상대가격은 두 상품을 생산할 때의 K/L 및 노동과 자본의 생산성이 일정한 경우에만 변하지 않는다. 노동이 2배 증가한 후, 노동과 자본을 완전고용하고 K/L가 변하지 않을 수 있는 유일한 방법은 도표 상단에 있는 에지워스 상자도에서 생산점이 A에서 A^*로 이동하는 것뿐이다. 점 A와 A^*에서 상품 X를 생산할 때의 K/L는 같은데, 그 이유는 점 A와 점 A^*가 원점 O_X를 지나는 동일한 선분상에 있기 때문이다. 마찬가지로 상품 Y를 생산할 때의 K/L도 점 A에서와 점 A^*에서가 같은데, 그 이유는 원점 O_Y^*와 점 A^*를 연결하는 점선으로 표시된 선분이 원점 O_Y와 A를 연결하는 선분과 기울기가 같기 때문이다. 노동이 2배 증가한 후 모든 자원을 완전 고용하고 두 상품의 생산에서 K/L가 변하지 않는 점은 에지워스 상자도 내에서 점 A^*가 유일하다. 점 A와 점 A^*에서 등량선의 기울기는 동일한데, 이는 이 두 점에서 w/r가 동일하다는 것을 의미한다.

에지워스 상자도에서 점 A^*는 점 A보다 원점 O_X에서 멀리 있기 때문에 1국에서 상품 X의 생산량은 증가한다. 반대로 점 A^*는 점 A보다 원점 O_Y^*에 가까이 있기 때문에 1국의 상품 Y의 생산량은 감

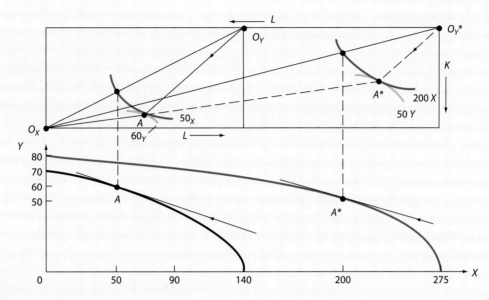

그림 7-9 **그래프를 이용한 립진스키 정리의 증명**

(도표의 하단에 있는) 1국의 생산가능곡선상의 점 A는 (도표의 상단에 있는) 1국의 에지워스 상자도 내에 있는 점 A로부터 도출된다. 이는 그림 3-9에서와 정확히 일치한다. 노동이 2배 증가하면 상자의 길이가 2배 증가한다. P_X와 P_Y가 변하지 않기 위해서는 w와 r이 변하지 않아야 한다. 그러나 w와 r은 두 상품을 생산할 때 K/L가 변하지 않을 때만 변하지 않으며, 도표의 상단 및 하단에 있는 점 A뿐이다. 이 경우가 성립하고 L의 증가는 완전히 고용되는 유일한 점은 점 A^*에서는 두 상품을 생산할 때의 K/L가 점 A에서와 같다. 점 A^*에서는 립진스키 정리의 내용과 같이 (노동집약적인 상품인) X의 생산은 2배 이상 증가하는 반면 상품 Y의 생산은 감소한다.

소한다. 이러한 사실은 노동이 증가하기 전에는 1국의 생산가능곡선상의 점 A에서 생산되다가 노동이 증가한 후에는 생산가능곡선상의 점 A^*에서 생산되는 것으로 반영된다. 즉, $P_A = P_A^* = 1/4$일 때 1국은 성장 이전의 생산가능곡선상의 점 A에서 50X와 60Y를 생산하지만, 성장 이후에는 생산가능곡선상의 점 A^*에서는 200X와 50Y만을 생산한다. 노동이 2배 증가하면 상품 X의 생산량은 2배 이상 증가한다(이 경우에는 4배 증가하였다). 즉, 노동의 증가는 (노동집약적인 상품인) X의 생산에 확대효과를 미친다. 이로써 립진스키 정리는 증명되었다.

P_X/P_Y가 불변일 때 상품 Y의 생산이 감소한다는 점을 증명하였으므로, 상품 Y가 열등재가 아닌 한 P_X/P_Y가 불변일 수 없다는 점을 추가적으로 설명하고자 한다. 상품 Y가 열등재인 경우에만 1국에서 실질 국민소득이 증가하고 무역을 하지 않는 경우에 상품 Y의 소비가 절대적으로 감소할 것이기 때문이다. 상품 Y가 열등재라는 사실을 배제하면, 성장 이후 무역을 하지 않을 때 상품 Y가 절대적으로 더 많이 생산되고 소비되도록 P_X/P_Y는 하락(P_Y/P_X는 상승하여)하여야 한다. 따라서 상품의 상대가격이 변화하지 않는다고 가정한 것은 **상품의 상대가격이 변화하지 않는다면** 각 상품의 생산량이 어떻게 변화할 것인가를 분석하기 위한 한 가지 방법일 뿐이다. 그러나 상품 Y가 열등재가 아니거나 1국의 규모가 너무 작아 자유무역을 할 때 상품의 상대가격에 영향을 미치지 못하는 경우를 제외하면 상품의 상대가격은 변화하지 않을 수 없다. 1국의 규모가 너무 작아 자유무역을 할 때 상품의 상대가격에 영향을 미치지 못하는 경우에는 상품 Y가 열등재가 아니더라도 상품의 상대가격이 일정할 때, 1국은 성장의 결과 두 상품을 보다 더 소비할 수 있다. 이것이 바로 그림 7-4가 보여 주는 것이다.

(a) 2국의 무역 이전 또는 자급자족 균형점 A^*로부터 시작하여, 2국에서 자본이 2배 증가했을 때의 립진스키 정리를 그래프를 이용하여 증명하라. (b) 2국에서 자본이 2배 증가한 후 실제로 새로운 균형점에서 생산과 소비를 하기 위해서는 어떤 제약적인 가정이 필요한가? (c) 성장의 결과만으로 볼 때 상품의 상대가격은 어떻게 변할 것으로 예상되는가? 성장과 자유무역의 결과 상품의 상대가격은 어떻게 변할 것으로 예상되는가?

A7.2 생산요소가 이동 불가능할 때의 성장

상품의 가격이 일정할 때 한 생산요소의 부존량이 증가하면 그 생산요소를 집약적으로 사용하는 상품의 생산은 비율 이상으로 증가하는 반면, 다른 상품의 생산은 감소한다는 사실을, 립진스키 정리를 통하여 살펴본 바 있다. 또한 상품의 가격이 변화하지 않으면, 요소가격 역시 변하지 않음을 살펴보았다.

이제 상품의 가격이 변하지 않고 어느 한 생산요소가 국내의 산업 간에 이동 불가능할 때 생산요소 증가의 효과를 분석하려고 한다. 이 경우는 제5장 부록 A5.4절에서 소개된 특정요소 모형을 이용하여 분석할 수 있다. 그 결과는 립진스키 정리로 예측되는 결과와는 다르며, 국내에서 이동 불가능한 생산요소가 증가한 생산요소인지 아니면 증가하지 않은 생산요소인지에 따라 달라진다.

그림 7-10의 왼쪽 도표는 (1국에서 상대적으로 풍부하고 이동 가능한 생산요소인) 노동공급의 증가를 보여 주고 있으며, 오른쪽 도표는 (1국에서 희소하고 이동 불가능한 생산요소인) 자본공급의 증가를 보여 주고 있다. (그림 5-8에서와 같이) 두 도표에서 이 국가 내의 총노동공급이 OO'인 상태에서

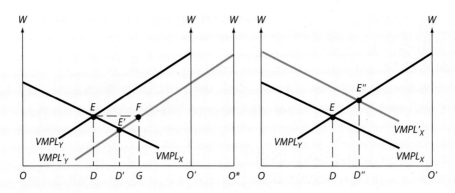

그림 7-10 특정요소 모형에서의 성장

국내에서 노동이 이동 가능하고 자본은 이동 불가능하면 성장 이전에 2개의 그림에서 $w=ED$가 되며, OD만큼의 노동이 X를 생산하는 데 이용되고 DO'만큼의 노동은 Y를 생산하는 데 이용된다. 왼쪽 도표에서 노동공급이 $O'O^*=EF=DG$만큼 증가하면, 임금은 $E'D'$으로 하락하고 DD'의 추가적인 노동은 X를 생산하는데, $D'G$의 추가적인 노동은 Y를 생산하는 데 이용된다. X와 Y의 생산량은 증가하며 양 산업에서 r은 상승한다. 오른쪽 도표에서는 X의 생산에 있어서만 K가 증가한다. 그 결과 $VMPL_X$ 곡선은 $VMPL'_X$로 위로 이동한다. 임금은 $w=E''D''$으로 상승하며 상품 X를 생산하는 데 이용되던 DD''의 노동이 상품 Y를 생산하는 데 이용된다. X의 생산은 증가하며 Y의 생산은 감소하고, 상품의 가격이 변하지 않을 때 양 산업에서 r은 하락한다.

시작하자. 이때 두 산업에서의 임금은 ED가 되며, $VMPL_X$ 곡선과 $VMPL_Y$ 곡선이 만나는 점에서 결정된다. OD만큼의 노동은 상품 X의 생산에 이용되고 DO'의 노동은 상품 Y의 생산에 이용된다.

이제 노동공급이 증가하고 노동은 이동 가능하지만 자본은 이동 불가능한 경우를 나타내는 그림 7-10의 왼쪽 도표를 살펴보자. 노동공급이 OO'에서 OO^*로 $O'O^* = EF = DG$만큼 증가하면, 두 산업에서의 새로운 균형임금은 $E'D'$으로 $VMPL_X$ 곡선과 $VMPL'_Y$ 곡선이 만나는 점에서 결정된다. DG만큼의 노동공급 증가 중 DD'은 상품 X을 생산하는 데 고용되며, $D'G$는 상품 Y를 생산하는 데 고용된다. 두 산업에서 자본의 양은 변화하지 않았지만 노동량이 증가했기 때문에 두 상품의 생산량은 증가한다. 그러나 상품 X의 생산이 상품 Y의 생산보다 더 많이 증가하는데, 그 이유는 상품 X는 노동집약적 상품이고, 증가한 노동 중 더 많은 양이 X의 생산에 고용되기 때문이다. 게다가 두 산업에서 자본의 양은 변하지 않은 상태에서 더 많은 노동이 고용되었으므로, VMPK와 자본에 대한 임금(r)은 두 산업에서 모두 상승한다.

따라서 노동의 공급이 증가하고 노동은 이동 가능하지만 자본이 이동 불가능한 경우에는 상품의 가격이 일정할 때 두 가지 상품의 생산은 증가하고, 모든 산업에서 w는 하락하고 r은 상승한다. (노동과 자본이 모두 국내에서 이동 가능한) 장기의 경우에, 노동공급이 증가하면 상품가격이 불변일 때 상품 X의 생산은 노동 증가율 이상으로 증가하고 상품 Y의 생산은 감소하며 w와 r은 변하지 않는다(립진스키 정리).

이제 그림 7-10의 오른쪽 도표를 살펴보자. 이 도표는 상품 X의 생산에서만 (1국에서 희소하고 이동 가능하지 않은) 자본공급이 증가한 경우를 보여 준다. 상품 X의 생산에 있어 각각의 노동은 더 많은 노동과 결합하여 생산하므로 $VMPL_X$ 곡선은 $VMPL'_X$로 위로 이동한다. 이제 양 산업에서의 새로운 균형임금은 $VMPL'_X$와 $VMPL_Y$가 교차하는 데서 결정되며 균형임금은 상승하고 상품 Y를 생산하는 데 이용되던 DD''만큼의 노동이 상품 X를 생산하는 데 이용된다. 양 산업에서 w가 상승하므로 (가정한 바와 같이) 상품가격이 변하지 않기 위해서는 r이 하락해야 한다. 그뿐만 아니라 상품 X를 생산할 때 더 많은 노동과 자본이 이용되기 때문에 상품 X의 생산은 증가한다. 반대로 상품 Y를 생산할 때 이용되는 자본의 양은 같지만 이용되는 노동의 양이 감소했기 때문에 상품 Y의 생산은 감소한다. 따라서 이 경우에 생산의 변화는 립진스키 정리의 내용과 유사하다.

그러나 위의 모든 결과들은 상품의 가격이 변화하지 않는다는 가정을 전제로 하고 있다. 상품 X의 생산은 증가하는 반면 상품 Y의 생산은 감소하기 때문에 (또는 상품 X의 생산보다 적게 증가하기 때문에), P_X/P_Y는 하락할 것이며, (1국이 소국이 아니라면) 교역조건은 악화될 것이고, 따라서 (상품의 가격이 불변이라는 전제하에) 앞에서 도출한 성장이 요소가격에 미치는 효과는 수정되어야 할 것이다.

연습문제 1국의 상품 Y의 생산에서만 자본공급이 증가하면 어떻게 되겠는가?

A7.3 그래프를 이용한 힉스의 기술진보에 대한 분석

이 절에서는 (A3.1절과 A3.2절에서 살펴본) 등량선을 이용하여 힉스가 분류한 중립적, 노동절약적,

및 자본절약적 기술진보를 그래프로 설명하고자 한다. 또한 여러 유형의 기술진보가 생산요소의 상대가격에 미치는 효과를 검토한다.

모든 혁신은 그 유형에 관계없이 일정한 양의 생산량을 나타내는 등량선이 원점방향으로 이동하는 것으로 표현될 수 있다. 이는 기술진보가 발생한 후 일정량의 생산량을 더 적은 생산요소의 투입으로 생산할 수 있음을 의미한다. 여러 유형의 기술진보는 생산요소의 상대가격(w/r)이 일정할 때 기술진보가 K/L에 미치는 효과에 의해 구분된다.

K/L가 변화하지 않으면 힉스의 기술진보는 **중립적**이다. 기술진보의 결과 K/L가 상승하면 **노동절약적**이며, K/L가 감소하면 **자본절약적**이다. 그림 7-11은 이러한 점을 보여 주고 있다.

세 도표에서 기술진보 이전에 $4L$과 $4K$를 이용하여 $100X$를 생산하는 점 A_1으로부터 시작하기로 하자. 중립적 기술진보가 발생한 후에는 동일한 $100X$를 $2L$과 $2K$(왼쪽 도표의 점 A_2)로 생산할 수 있으며 $w/r=1$(등비선의 기울기의 절댓값)로 일정할 때 $K/L=1$로 변하지 않는다. 노동절약적 기술진보의 경우에는 동일한 $100X$를 $3K$와 $1L$(중앙 도표의 점 A_3)로 생산할 수 있으며, $w/r=1$로 일정할 때 $K/L=3$이 된다. 마지막으로 자본절약적 기술진보의 경우에는 동일한 $100X$를 $1K$와 $3L$(오른쪽 도표의 점 A_3)로 생산할 수 있으며, $w/r=1$로 일정할 때 $K/L=1/3$이 된다.

중앙 도표의 점 A_2에서는 이자율에 대한 자본의 한계생산성 비율이(즉, MPK/r) MPL/w보다 크고 따라서 상품 X를 생산할 때 노동이 자본으로 대체된다. 노동이 자본으로 대체됨에 따라 r/w은 상승할 것이며 K/L가 상승하는 정도는 둔화된다. 어쨌든 노동절약적 기술진보의 결과 r은 w에 비해 상승할 것이다.

반대로 오른쪽 도표의 점 A_2에서는 MPL/w이 MPK/r보다 크기 때문에 상품 X를 생산할 때 자본이 노동으로 대체된다. 자본이 노동으로 대체됨에 따라 w/r는 상승하고, K/L는 하락(즉, L/K이 상승)하는 정도가 둔화된다. 어쨌든 자본절약적 기술진보의 결과 w는 r에 비해 상승할 것이다.

따라서 노동의 양이 상대적으로 많이 증가하거나 또는 노동절약적 혁신이 발생하면, K/L와 w/r는 감

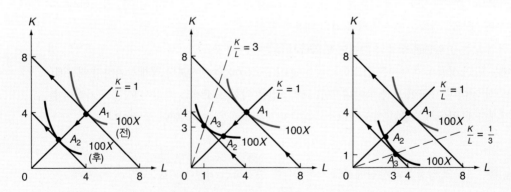

그림 7-11 힉스의 중립적, 노동절약적, 자본절약적 기술진보

세 그림에서 점 A_1에서 시작하자. 이 점은 기술진보가 발생하기 이전에 $4L$과 $4K$로 $100X$를 생산하고 있음을 보여 준다. 중립적 기술진보가 발생하면 동일한 $100X$는 이제 (왼쪽 도표의 점 A_2인) $2L$과 $2K$로 생산되며 $w/r=1$(등비선의 기울기의 절댓값)로 일정할 때 $K/L=1$로 변하지 않는다. 노동절약적 기술진보의 경우에는 동일한 $100X$를 $3K$와 $1L$(중앙 도표의 점 A_3)로 생산할 수 있으며, $w/r=1$로 일정할 때 $K/L=3$이 된다. 마지막으로 자본절약적 기술진보의 경우에는 동일한 $100X$를 $1K$와 $3L$(오른쪽 도표의 점 A_3)로 생산할 수 있으며, $w/r=1$로 일정할 때 $K/L=1/3$이 된다.

소하는 경향이 있다. 자본절약적 혁신이 노동집약적 상품을 생산할 때 발생하면 이러한 경향은 더 커진다. 그 이유는 이 경우에 노동에 대한 수요가 가장 많이 증가하기 때문이다. 성장과 무역이 w/r에 어떤 영향을 미치는가를 알기 위해서는 순전히 내적인 성장만이 w/r에 대해 미치는 효과와 더불어 국제무역이 w/r에 대해 미치는 효과를 같이 고려해야 한다. 이러한 점은 이미 이 장에서 논의하였다.

> **연습문제**　이 장에서 소개된 분석도구를 사용하여 다음과 같은 명제에 대해 상세하게 논평하라. 자본투자의 결과 실질임금은 상승하는 경향이 있지만 기술진보는 유형에 따라 실질임금을 증가시키거나 감소시킬 수 있다.

국제무역정책

제2부(제8~12장)에서는 국제무역정책 또는 통상정책을 다룬다. 제8장에서는 역사적으로 가장 중요한 무역제한조치인 관세를 다룬다. 제9장에서는 다른 무역제한조치들로 논의를 확대하고 통상적으로 무역제한조치를 정당화하는 주장들을 평가하고 그 역사를 요약한다. 제10장에서는 경제통합을 다루고 제11장에서는 국제무역이 경제발전에 미치는 효과를 다룬다. 제12장에서는 국제자원이동과 다국적기업을 다룬다.

제 8 장

무역제한조치 : 관세

학습목표

- 관세가 소비자와 생산자에게 미치는 효과를 서술한다.
- 소국과 대국의 경우 관세의 비용과 편익을 파악한다.
- 최적관세와 보복을 서술한다.
- 관세구조의 의미와 중요성을 이해한다.

8.1 서론

제1부에서는 자유무역을 하는 경우 세계생산량이 극대화되고, 모든 국가들이 이익을 얻는 것을 보았다. 그러나 현실적으로는 모든 국가들이 무역에 어떤 제한조치들을 부과하고 있다. 이러한 제한이나 규제조치들은 그 국가의 무역이나 통상과 관련되기 때문에 일반적으로 **무역정책**(trade policy) 또는 **통상정책**(commercial policy)이라 한다. 무역제한조치들이 해당 국가의 후생의 관점에서 합리화되고 있기는 하나, 현실적으로는 보통 그러한 규제조치로 이익을 얻는 그 국가 내의 특정 그룹들에 의해 옹호되고 있다.

관세는 역사적으로 볼 때 가장 중요한 유형의 무역제한조치이다. 관세란 거래되는 상품이 국경을 통과할 때 부과되는 세금이나 징수금이다. 이 장에서는 관세를 살펴보고, 다음 장에서는 관세 이외의 무역규제조치들을 논의한다. **수입관세**(import tariff)는 수입되는 상품에 부과되는 관세이고, **수출관세**(export tariff)는 수출되는 상품에 부과되는 관세이다. 수입관세가 수출관세보다 더 중요하므로 수입관세를 중심으로 논의하기로 하자. 수출관세는 미국헌법에서 금지되어 있으나, 개발도상국에서는 자국의 전통적인 수출품(예 : 가나의 코코아, 브라질의 커피)의 가격을 올리고, 수입(收入)을 증대시킬 목적으로 수출관세를 자주 사용하고 있다. 개발도상국들은 조세수입을 증대시키기 위해 징수가 용이한 수출관세에 크게 의존하고 있다. 반면에 선진국들은 조세수입의 확보에는 소득세를 주로 사용하고, 산업(보통 노동집약적 산업)보호를 목적으로는 관세나 기타 수입제한조치를 사용하고 있다.

관세는 가격, 수량 또는 두 가지가 복합되어 부과될 수 있다. **종가관세**(ad valorem tariff)란 거래상품 가치의 일정한 비율로 표시되며, **종량관세**(specific tariff)란 거래상품의 물적 단위당 일정한 액을 단위수로 합계한 것으로 표시된다. 마지막으로 **복합관세**(compound tariff)란 종량관세와 종가관세를 결합한 것이다. 예를 들어 자전거에 10%를 부과하는 것은 자전거의 수입가격이 100달러인 경우 자전거마다 10달러의 관세를 관세당국에 납부하고, 200달러인 경우에는 단위마다 20달러의 관세를 납부하는 것이다. 반면 수입 자전거에 10달러의 종량관세를 부과한다는 것은 관세당국이 수입가격에 관계 없이 단위마다 10달러의 관세를 징수하는 것을 의미한다. 마지막으로 5%의 종가관세와 10달러의 종량관세가 복합된 복합관세를 부과하면 관세당국은 100달러 자전거의 경우 15달러의 관세를 200달러의 경우 20달러의 관세를 징수한다. 미국은 종가관세와 종량관세를 거의 동일한 빈도로 사용하지만 유럽은 주로 종가관세에 의존하고 있다. 이 장에서 종가관세를 중심으로 설명하기로 한다.

관세는 제2차 세계대전 이후 크게 감소하였으며 지금 선진국에서는 제조업에 대해 평균 3% 이하의 관세를 부과하는(사례연구 8-1) 반면에, 개발도상국에서는 관세율이 매우 높은 실정이다(사례연구 8-2). 농업 분야의 무역은 아직도 무역장벽이 높은데, 이것은 다음 장에서 살펴보기로 한다.

이 장에서는 관세가 관세부과국과 교역 상대국의 생산, 소비, 무역, 후생에 미치는 효과를 분석한다. 먼저 부분균형분석(수요곡선과 공급곡선의 사용)에서 시작하여 보다 복잡한 일반균형분석을 소개한다. 일반균형분석에서는 생산가능곡선이나 사회무차별곡선 또는 오퍼곡선을 사용한다.

사례연구 8-1 주요 선진국에서 비농업제품에 대한 평균관세율

표 8-1은 미국, 유럽연합, 일본, 캐나다(즉, 주요 선진국과 유럽연합)가 2017년에 여러 가지 비농업제품에 부과한 평균관세율을 보여 준다. 이 표에 의하면 가장 높은 관세는 항상 의류, 직물, 가죽제품(유럽연합과 일본에서는 어류 및 수산제품, EU와 캐나다에서는 수송장비)에 부과하였고, 비농업제품에 대한 평균관세율은 5% 미만이다. 일부 소규모 선진국의 경우 평균관세율은 이보다도 더 낮다.

표 8-1 2017년 미국, 유럽연합, 일본, 캐나다의 비농업제품에 대한 관세(%)

	미국	유럽연합	일본	캐나다
어류 및 수산제품	0.2	11.6	5.6	0.9
광물 및 금속	1.7	2.0	1.0	1.0
원유	1.8	2.5	0.7	0.9
화학제품	2.8	4.6	2.3	0.7
목재, 종이 등	0.5	0.9	0.9	1.0
직물	7.9	6.5	5.4	2.3
의류	11.6	11.5	9.0	16.5
가죽, 신발	3.9	4.1	7.7	3.8
비전기기계	1.2	1.8	0.0	0.4
전기기계	1.5	2.5	0.1	1.0
수송장비	2.9	4.7	0.0	5.5
기타 제조업품	2.2	2.3	1.2	2.5
평균	3.1	4.2	2.5	2.1

출처 : WTO Data Bank (Geneva, 2018).

사례연구 8-2 　주요 개발도상국에서 비농업제품에 대한 평균관세율

표 8-2는 2017년 중국, 인도, 브라질, 러시아, 대한민국, 멕시코가 여러 가지 비농업제품에 대해 부과한 관세율을 보여 준다. 이 표는 멕시코가 가장 낮은 관세를 부과하며(5.8%), 다른 국가들의 평균 관세율은 6.2%(러시아)와 13.9%(브라질) 사이에 있다. 그러나 이들 6개국은 선진국보다 훨씬 높은 관세를 부과하고 있다.

표 8-2 　2017년 중국, 인도, 브라질, 러시아, 대한민국, 멕시코의 비농업제품에 대한 관세(%)

	중국	인도	브라질	러시아	대한민국	멕시코
어류 및 수산제품	10.8	29.9	10.3	7.1	16.7	14.0
광물 및 금속	7.8	8.5	10.1	7.3	4.6	3.6
원유	5.3	4.2	0.4	4.4	4.5	0.1
화학제품	6.6	8.1	8.0	4.7	5.6	2.3
목재, 종이 등	4.1	8.9	10.4	8.2	2.4	4.5
직물	9.6	11.9	23.3	7.6	9.0	9.8
의류	16.0	15.1	35.0	7.4	12.5	21.2
가죽, 신발	13.3	10.1	16.1	5.7	7.6	6.1
비전기기계	8.1	7.2	12.8	2.6	5.9	2.8
전기기계	8.6	7.3	14.2	4.5	6.0	3.5
수송장비	12.3	24.9	19.2	8.4	5.7	8.5
기타 제조업품	11.7	8.9	15.2	7.6	6.1	5.2
평균	8.8	10.7	13.9	6.2	6.8	5.8

출처 : WTO Data Bank (Geneva, 2018).

8.2절에서는 관세를 부과하더라도 그 국가의 무역량이 매우 작아 세계시장가격에 영향을 줄 수 없는 국가를 상정하고, 그러한 국가가 관세를 부과하는 경우 부분균형효과를 살펴본다. 8.3절에서는 관세구조를 살펴보고 보다 복잡한 일반균형분석을 다루며, 8.4절에서는 소국의 관세효과를, 8.5절에서는 대국의 관세효과를 보기로 한다. 마지막으로 8.6절에서는 최적관세의 개념을 보기로 한다. 부록에서는 대국에서의 관세의 부분균형분석을 보고, 실효보호율에 관한 식을 유도한다. 또한 그래프를 통해 스톨퍼-사무엘슨 정리와 그 예외사항을 분석하고 관세가 요소소득에 미치는 단기효과 및 최적관세의 측정에 관한 사항을 논의한다.

8.2 관세의 부분균형분석

관세에 관한 부분균형분석은 소국이 소규모 국내산업과 경쟁하고 있는 수입품에 대해 관세를 부과하는 경우 가장 적절하다. 그 경우 관세로 인해 (소국이므로) 세계시장가격이 변하지 않고, (그 산업이 소규모이므로) 나머지 산업도 영향을 받지 않는다.

8.2A 관세의 부분균형효과

관세의 부분균형효과는 그림 8-1을 이용하여 분석할 수 있다. 그림에서 D_X는 2국의 상품 X에 대한 수요곡선을, S_X는 상품 X에 대한 공급곡선을 나타낸다. 1국에 대한 분석은 이 장의 마지막에 있는 연습문제에서 다룬다. 2국은 소국이고, 산업 X도 소규모산업으로 가정할 때 무역이 이루어지지 않는 경우 D_X와 S_X의 교점인 균형점 E에서 가격은 3달러에 수요량과 공급량은 30X가 된다. 세계가격이 1달러인 상태에서 자유무역이 이루어지면 2국은 상품 X를 70X(AB) 소비하는데, 그중 10X(AC)를 국내에서 생산하고, 나머지 60X(CB)는 수입하게 된다(그림 3-4 오른쪽 도표에서처럼). 수평선 S_F는 2국이 자유무역을 할 때 무한탄력적인 외국으로부터의 공급곡선을 나타낸다.

2국이 상품 X의 수입에 100%의 종가관세를 부과하면 상품 X의 가격은 2달러로 상승하게 된다. 2국은 50X(GH)의 상품 X를 소비하게 되는데, 그중 20X(GJ)는 국내에서 생산하고, 나머지 30X(JH)는 수입한다. 점선으로 표시된 수평선 $S_F + T$는 2국의 관세가 포함된 상품 X에 대한 새로운 외국으로부터의 공급곡선을 나타낸다. 이와 같이 관세의 **소비효과**(consumption effect of a tariff)(국내소비의 감소)는 20X(BN)이고, **생산효과**(production effect)(관세로 인한 국내생산의 증가)는 10X(CM)가 되며, **무역효과**(trade effect)(수입의 감소)는 30X(BN+CM)가 된다. 수입효과(revenue effect, 정부가 징수한 관세수입)는 30달러(MJHN)(수입되는 30X에 개당 1달러 부과)가 된다.

2국에서 관세부과로 인해 가격이 1달러만큼 동일하게 상승하는 경우 상품 X의 수요곡선(D_X)이 더 탄력적이고, 평평할수록 소비효과는 더 커진다. 마찬가지로 상품 X의 공급곡선(S_X)이 탄력적일수록 생산효과도 그만큼 더 커진다. 이와 같이 상품 X의 수요곡선과 공급곡선이 탄력적일수록 관세의 무역효과는 그만큼 커지고 관세수입효과는 작아지게 된다.

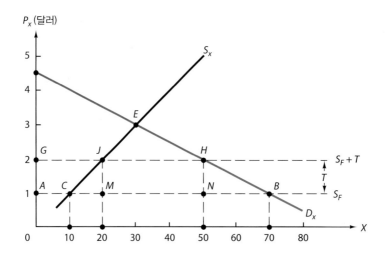

그림 8-1 관세의 부분균형효과

D_X와 S_X는 2국의 상품 X에 대한 수요곡선과 공급곡선을 나타낸다. P_X=1달러인 자유무역 가격하에서 2국은 상품 X를 70X(AB) 소비하고, 그중 10X(AC)는 국내생산하고 나머지 60X(CB)는 수입하고 있다. 상품 X에 100%의 수입관세를 부과하면 P_X는 2국의 개인들에게 2달러가 된다. P_X=2달러에서 2국은 상품 X를 50X(GH) 소비하는데, 그중 20X(GJ)는 국내생산하고 나머지 30X(JH)는 수입하게 된다. 이와 같이 관세의 소비효과는 20X(BN) 감소이고, 생산효과는 10X(CM) 증가이다. 무역효과는 30X(BN+CM) 감소이고 관세수입은 30달러(MJHN)이다.

8.2B 관세가 소비자 잉여와 생산자 잉여에 미치는 효과

2국이 상품 X의 수입에 부과하는 100% 관세의 결과 상품 X 가격이 1달러에서 2달러로 상승하는 경우 소비자 잉여는 감소하고 생산자 잉여는 증가한다. 이것은 그림 8-2에서 검토되며, 8.2C절에서 관세의 비용과 편익을 측정하기 위해 사용된다.

그림 8-2에서 왼쪽 도표는 관세로 인한 소비자 잉여의 손실을 보여 준다. 그것은 색칠된 부분 (*AGHB*)으로 60달러이다. 그 이유는 다음과 같다. 관세가 부과되기 전 2국의 소비자는 1달러의 가격에 70X를 소비하고 있다. 소비자는 소비하는 마지막 단위(70번째 상품)에 대해서는 기꺼이 지불하고자 하는 만큼만 지불한다(*D_X*상의 점 *B*). 그러나 소비자는 그들이 구입한 그 전 단위에 대해서는 더 높은 가격을 지불하고자 하며 더 큰 만족을 얻는다. 실제로 수요곡선의 높이는 각각의 상품 단위에 대해 그것을 소비하기 위해 기꺼이 지불하고자 하는 최대가격을 나타낸다. 소비자가 각 단위에 대해 기꺼이 지불하고자 하는 가격과 실제로 지불한 가격의 차이를 소비자 잉여(consumer surplus)라 부른다. 그래프상에서 소비자 잉여는 가격 위의 수요곡선 아래의 영역으로 측정된다.

예를 들어 그림 8-2의 왼쪽 도표에서 2국의 소비자는 상품 X의 30번째 단위의 소비에 대해 3달러 (=*LE*)를 기꺼이 지불하고자 하지만, 실제로는 1달러만을 지불하기 때문에 2달러(*KE*)의 소비자 잉여를 획득한다. 마찬가지로 상품 X의 50번째 단위에 대해서 소비자는 2달러(*ZH*)를 기꺼이 지불하고자 하지만, 실제로는 1달러(*ZN*)만을 지불하기 때문에 1달러(*NH*)의 소비자 잉여가 발생한다. 상품 X의 70번째 단위의 경우에 소비자는 1달러(*WB*)를 지불하고자 한다. 이것은 실제로 지불한 가격과 동일하므로 70번째의 상품에 대해서는 소비자 잉여가 0이 된다. 수입관세가 없는 경우 1달러의 가격에 70X를 구입하므로 2국의 소비자 잉여는 122.5달러(3.50달러에 70을 곱해 2로 나눈값)가 된다. 이것은 소비자가 기꺼이 지불하고자 하는 가격(*ORBW*=192.5달러)과 실제로 지불한 가격(*OABW*=70달러)의 차이이다.

2국이 100%의 수입관세를 부과하면 상품 X의 가격은 1달러에서 2달러로 상승하고, 구입은 70단

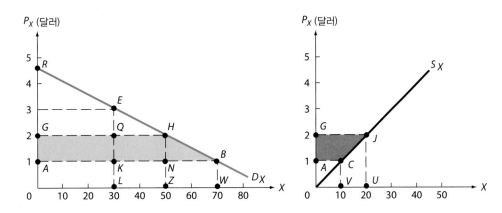

그림 8-2　관세가 소비자 잉여 및 생산자 잉여에 미치는 효과

왼쪽 도표에서 상품 X의 가격을 *P_X*=1달러에서 *P_X*=2달러로 상승시키는 관세는 소비자 잉여를 *ARB*(122.5달러)에서 *GRH*(62.5달러)로 감소시키거나, 색칠된 *AGHB*(60달러)만큼 감소시킨다. 오른쪽 도표는 관세가 생산자 잉여를 색칠된 *AGJC*(15달러)만큼 증가시킨다는 것을 보여 준다.

위에서 50단위로 감소한다. 관세로 인해 소비자는 $OGHZ(=100달러)$만큼 지불하고, 소비자 잉여는 $ARB=122.5달러$에서 $GRH=62.5달러$로 감소한다(그림 8-2 왼쪽 도표의 색칠된 영역). 이와 같이 2국이 100%의 수입관세를 부과하면 소비자 잉여는 감소한다.

그림 8-2의 오른쪽 도표에서 관세로부터 지대 또는 생산자 잉여의 증가는 색칠한 부분 $AGJC=15달$러이다. 그 이유는 다음과 같다. 자유무역 가격인 $P_X=1달러$에서 국내생산자는 10단위를 생산하고 10달러$(OACV)$의 수입을 얻는다. 관세로 인해 $P_X=2달러$가 되면 20단위를 생산하고, 40달러$(OGJU)$의 수입을 획득한다. 생산자 수입의 30달러의 증가$(AGJC+VCJU)$ 중에서 15달러$(VCJU)$는 생산비용의 증가를 의미하고 나머지$(AGJC=15달러)$는 지대(rent) 또는 생산자 잉여(producer surplus)의 증가를 의미한다. 관세로 인한 지대나 생산자 잉여의 증가를 관세의 보조금 효과라 한다.

8.2C 관세의 비용 및 편익

소비자 잉여와 생산자 잉여의 개념과 척도를 사용하여 관세의 비용과 편익을 분석할 수 있다. 그림 8-3은 이를 보여 주며 그림 8-1과 그림 8-2에서 제공된 정보를 요약하고 확장한다.

그림 8-3은 2국이 100%의 관세를 부과하는 경우 상품 X의 가격이 1달러에서 2달러로 상승하고 소비는 70X(AB)에서 50X(GH)로 감소하고, 생산은 10X(AC)에서 20X(GJ)로 증가하여 수입이 60X(CB)에서 30X(JH)로 하락한 결과 2국의 정부는 수입관세로 30달러$(MJHN)$를 징수한다는 것을 보여 준다(그림 8-1처럼). 더 나아가 소비자 잉여는 60달러$(AGHB)$만큼 하락하고(그림 8-2 왼쪽 도표처럼), 생산자 잉여는 15달러$(AGJC)$만큼 증가한다(그림 8-2 오른쪽 도표처럼).

그림 8-3은 60달러$(AGHB=a+b+c+d)$의 소비자 잉여의 감소분 중에서 30달러$(MJHN=c)$는 정부의 관세수입으로 징수되고, 15달러$(AGJC=a)$는 지대 또는 생산자 잉여의 형태로 상품 X의 생산자에

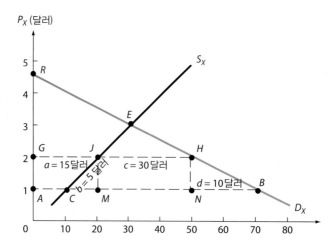

그림 8-3 관세의 부분균형비용 편익

2국에서 상품 X에 100%의 관세를 부과하는 경우 상품 X의 가격은 1달러에서 2달러로 상승한다. 이것은 소비자 잉여를 $AGHB=a+b+c+d$($=$15+5+30+10=60달러)만큼 감소시킨다. 이 중 $MJHN=c$($=$30달러)가 정부에 의해 조세수입으로 징수되고, $AGJC=a$($=$15달러)는 상품 X의 생산자에게 지대나 생산자 잉여의 증가의 형태로 재분배되며, (삼각형 CJM의 면적$=b=$5달러와 BHN의 면적$=b=$10달러인) 나머지 15달러는 보호비용 또는 경제의 사중적 손실을 의미한다.

게 재분배되며, 나머지 15달러($CJM=b=5$달러와 $BHN=d=10$달러의 합계)는 경제의 보호비용 또는 사중적 손실이 된다.

보호비용(protection cost) 또는 사중적 손실(deadweight loss)의 생산측면 구성요인($CJM=b=5$달러)은 관세로 인해 국내 자원이 수출가능 상품인 상품 Y의 효율적인 생산으로부터 수입가능 상품인 상품 X의 비효율적인 생산으로 이전되기 때문에 발생한다. 보호비용 또는 사중적 손실의 소비측면 구성요인($BHN=d=10$달러)은 관세로 인해 상품 Y의 가격에 비해 상품 X의 가격이 인위적으로 상승해 2국의 소비 패턴을 왜곡시키기 때문에 발생한다.

이와 같이 관세는 (상품에 더 높은 가격을 지불하는) 국내소비자로부터 (더 높은 가격을 받는) 국내생산자로, (수출가능 상품을 생산하는) 풍부한 생산요소로부터 (수입가능 상품을 생산하는) 희소한 생산요소로 소득을 재분배시키며, 이로 인해 관세의 보호비용 또는 사중적 손실이라 불리는 비효율성이 발생한다. 소비자 잉여의 손실을 관세로 인해 구조된 일자리의 수로 나누면 구조된 국내 일자리당 비용을 계산할 수 있다(사례연구 8-3 및 8-4 참조).

위의 분석은 소국(무역에 의해 상품가격에 영향을 주지 않는 국가)에서 관세의 부분균형효과이다.

사례연구 8-3　몇몇 미국 제품에 대한 무역자유화의 후생효과

표 8-3은 미국에서 (전반적인 평균관세율이 낮음에도 불구하고) 보호가 매우 높았던 특정 품목에 대해 1990년에 무역보호(관세나 관세 상당치)를 제거하는 경우의 후생효과를 보여 준다. 소비자 비용은 관세로 인한 소비자 잉여의 감소(그림 8-3에서 $AGHB=a+b+c+d$)를 뜻하며, 관세수입은

미국 정부가 관세로 징수한 수입(그림 8-3에서 $MJHN=c$)이다. 생산자 이익은 관세로부터 발생한 생산자 잉여의 증가분(그림 8-3에서 $AGJC=a$)을 의미하며, 사중적 손실은 관세의 보호비용(그림 8-3에서 $CJM+BHN$)이다. 또한 표 8-3은 관세에 의해 구조된 국내 일자리당 비용을 보여 준

표 8-3 미국에서 선별된 제품에 대한 수입관세의 경제적 효과

제품	관세(%)	소비자 비용 (백만 달러)	관세수입 (백만 달러)	생산자 이익 (백만 달러)	사중적 비용 (백만 달러)	일자리당 소비자 비용 (천 달러)
세라믹 타일	19.0	139	92	45	2	401
코스튬 주얼리	9.0	103	51	46	5	97
냉동 농축 오렌지주스	30.0	281	145	101	35	57
유리제품	11.0	266	95	162	9	180
수하물	16.5	211	169	16	26	934
고무신발류	20.0	208	141	55	12	122
여성 신발	10.0	376	295	70	11	102
여성 핸드백	13.5	148	119	16	13	191

출처 : G. C. Hufbauer and K. A. Elliott, *Measuring the Cost of Protection in the United States*(Washington, D.C. : Institute for International Economics, 1994), pp. 8-13. (https://piie.com/bookstore/measuring-costs-protection-united-states).

(계속)

다. 이것은 관세의 소비자 비용(즉, 소비자 잉여의 감소분)을 관세의 결과 구조된 국내 일자리의 수로 나눈 값이다.

예를 들어 표 8-3은 미국이 고무신발류 수입에 20%의 관세를 부과하면 (표 8-3의 밑으로부터 세 번째 행) 미국 소비자에게 2억 800만 달러의 비용이 발생하고, 미국 정부는 관세수입을 1억 4,100만 달러 징수하며 생산자 이익은 5,500만 달러, 사중적 비용은 1,200만 달러임을 보여 준다. 이 표는 또한 미국에서 (자유무역을 하는 경우와 비교했을 때) 고무신발류의 생산으로 구조된 일자리의 비용이 (2억 800만 달러를 구조된 일자리 1,705개로 나눈) 12만 2천 달러에 이르는 것을 보여 주고 있다. 상대적으로 중요하지 않은 상품이더라도 관세보호의 비용이 미국 소비자에게 매우 높고 미국 수입경쟁산업에서 일자리를 유지하기 위한 비용이 대단히 높다는 점을 주목하자.

표 8-4는 표 8-3의 일부 제품에 대해 미국이 관세를 철폐할 경우 발생할 수 있는 연간 후생이익의 변화를 2015~2020년을 기준으로 보여 준다. 미국의 수입관세가 대단히 낮음에도 불구하고 생산량과 고용에 대한 효과는 상당하다. (표의 마지막 열에 표시된) 후생이익 역시 상당한데, 섬유 및 의류(그 자체로 한 항목에 속한다)의 경우에 특히 그러한데, 이들 부문에서 일자리를 보호하기 위한 비용 역시 상당하다. 미국이 (다음 장에서 논의될) 모든 제품에 대해 (관세뿐만이 아닌) 모든 종류의 수입 보호를 철폐할 경우 후생이익은 33억 달러에 이를 것으로 미국 국제무역위원회는 추산하고 있다.

표 8-4 수입제한을 철폐함으로써 예상되는 미국 내 변화

제품	미국의 관세율(%)	2015년 고용수준	생산량(%)	고용(%)	후생이익(백만 달러)
섬유 및 의류	5.2~12.8	368,200	−4.0~−4.6	−4.3~−4.5	2,366.1
유리제품	7.2	13,798	−1.5	−1.3	100.8
전기 조명 기구	5.0	26,490	−1.0	−0.4	82.9
자기 및 기타 도자기	5.3	3,527	−3.5	−4.0	77.0
담배	6.7	10,593	−0.1	−0.1	70.3
세라믹 타일	6.2	4,916	−2.8	−2.5	57.9
셀룰로스 유기섬유	4.7	3,713	−1.5	−1.6	23.8

출처 : United States International Trade Commission (USITC), *The Economic Effects of Significant U.S. Import Restraints* (Washington, D.C. : USITC, December 2017).

대국이 관세를 부과하는 경우의 부분균형효과는 보다 복잡하므로 보다 높은 수준의 학생들을 위해 부록 A8.1에서 소개한다.

8.3 관세구조이론

지금까지는 최종 상품의 수입에 대한 명목관세(nominal tariff)를 논의해 왔다. 여기서는 앞 절의 부분균형분석을 확장하여 실효보호율을 정의하고 측정하며, 실효보호율의 중요성을 논의하고자 한다. 이것은 1960년대 이후 개발된 비교적 새로운 개념이며, 오늘날에는 널리 사용되고 있다.

사례연구 8-4   몇몇 EU 제품에 대한 무역자유화의 후생효과

표 8-5는 유럽연합에서 (전반적인 평균관세율이 낮음에도 불구하고) 보호가 매우 높았던 특정 품목에 대해 1990년에 무역보호(관세나 관세 상당치)를 제거하는 경우의 후생효과를 보여 준다. 이 표는 미국의 경우와 동일하게 해석할 수 있으며, 유일한 차이점은 비용과 편익이 유로로 표시된다는 점이다. 유로는 1990년 유럽연합 15개 회원국 중 12개 회원국의 새로운 통화이다. 이 책을 저술할 당시 1유로의 가치는 대략 1.15달러였기 때문에 표 8-5의 유로가치에 상응하는 달러 가치는 약 15% 높을 것이다.

예를 들면 표 8-5는 유럽연합이 22.9%의 관세(또는 관세 상당치)를 화학섬유(표 8-5의 첫째 행)의 수입에 부과하면 유럽연합 소비자에게는 5억 8,000만 유로(6억 6,700만 달러)의 비용이, 유럽연합 정부에게 3억 6,200만 유로(4억 1,600만 달러)의 관세수입이, 1억 3,900만 유로(1억 6,000만 달러)의 생산자 이익, 7,900만 유로(9,100만 달러)의 사중적 손실이 발생함을 보여 준다. 또한 유럽연합의 화학섬유 생산에서 보존된 각각의 일자리 비용이 (자유무역과 비교했을 때) 526,000유로(5억 8,000만 유로를 보존된 1,103개의 일자리로 나눈) 또는 605,900달러에 달하는 것을 알 수 있다. 상대적으로 중요하지 않은 상품이더라도 관세보호의 비용이 유럽연합 소비자에게 매우 높고 유럽연합 수입경쟁산업에서 일자리를 유지하기 위한 비용이 대단히 높다는 점을 주목하자. 1999년 무역보호의 총비용은 영국에서는 GDP의 약 3%, 기타 EU 지역에서는 2%로 추정된다.

표 8-5   유럽연합에서 선별된 제품에 대한 보호의 경제적 효과

제품	관세(%)	소비자 비용 (백만 유로)	관세수입 (백만 유로)	생산자 이익 (백만 유로)	사중적 비용 (백만 유로)	일자리당 소비자 비용 (천 유로)
화학섬유	22.9	580	362	139	79	526
비디오카세트	30.2	313	165	82	67	420
집적회로	47.6	2,187	548	139	564	366
복사기	33.7	314	242	5	66	3,483
강철	21.9	1,626	229	397	333	316
승객용 차량	17.1	2,101	979	278	276	569
직물	21.4	7,096	1,742	2,678	668	180
의류	31.3	7,103	1,696	1,712	1,079	214

출처 : P. A. Messerlin, *Measuring the Cost of Protection in Europe*(Washington, D.C. : Institute for International Economics, 2001), pp. 46-47, 54-55. (https://piie.com/bookstore/measuring-costs-protection-europe-european-commercial-policy-2000s)

8.3A 실효보호율

국가마다. 원자재를 무관세로 수입하거나, 투입물에 대한 수입관세율이 투입물로 생산되는 최종 상품에 대한 수입관세율보다 더 낮은 경우가 아주 흔하다. 그 이유는 보통 국내가공이나 고용을 촉진하기 위해서인데, 예를 들면 한 국가는 양모를 무관세로 수입하지만 의류의 국내생산과 국내 고용을 증진시키기 위해서 의류수입에는 관세를 부과한다.

이러한 경우에 [그 국가에서 발생한 국내부가가치(domestic value added) 또는 가공과정으로 계산된] 실효보호율(rate of effective protection)은 (최종 상품의 가치로 계산된) 명목관세율을 초과한다.

국내부가가치는 최종재의 가격에서 그 상품의 생산에 들어가는 수입된 중간재의 비용을 뺀 것과 일치한다. 명목관세율이 소비자에게 중요한 반면(왜냐하면 명목관세율은 관세부과의 결과로 최종 상품의 가격이 상승하는 정도를 나타내기 때문에) 실효관세율은 수입경쟁상품의 국내 가공에 실제로 얼마정도의 보호가 제공되는가를 보여 주기 때문에 생산자들에게 중요하다. 다음의 한 가지 예가 명목관세율과 실효관세율 간의 차이를 명백히 밝혀 준다.

옷 한 벌의 국내생산에 80달러 상당의 수입원모가 투입된다고 생각하자. 또한 그 옷의 자유무역 가격은 100달러이지만 수입되는 한 벌당 10%의 명목관세를 부과한다면, 판매되는 옷의 가격은 국내소비자에게 110달러가 된다. 이 중 80달러는 수입된 원모, 20달러는 국내부가가치, 10달러는 관세이다. 그렇다면 각각의 수입된 옷에 징수된 10달러 관세는 10%의 명목관세율을 나타내는데, 명목관세율은 최종재 가격으로 계산되기 때문이다(즉, $10/$100=10%). 반면에 실효관세율은 50%가 되는데, 즉 ($10/$20=50%) 이것은 실효관세율이 국내에서 그 옷에 부과된 부가가치로 계산되기 때문이다.

소비자들은 10달러의 관세가 그들이 구입하는 옷의 가격을 10달러 또는 10% 증가시킨다는 사실에만 관심을 갖지만 생산자들은 이 10달러의 관세를 국내에서 생산된 옷에 대한 부가가치인 20달러의 50%로 간주하므로, 그들에게 있어서 10달러의 관세는 국내 가공가치의 50%에 해당한다. 이것은 10%의 명목관세율이 나타내는 것보다 훨씬 더 큰 보호의 정도를 의미하므로 수입되는 의류와 경쟁관계에 있는 의류의 국내생산자에게 있어서 국내생산을 촉진하는 데 중요한 것은 실효관세 보호율이다. 수입된 중간재가 무관세로 되거나 수입되는 중간재로 생산하는 최종재보다 수입중간재에 더 낮은 관세가 부과되는 경우 실효보호율은 명목관세율을 상회하게 된다.

실효보호율은 보통 다음과 같은 식에 의해 계산된다(부록에서 유도됨).

$$g = \frac{t - a_i t_i}{1 - a_i} \qquad (8\text{-}1)$$

여기서 g는 최종재 생산자에 대한 실효보호율이고, t는 최종재 소비자에 대한 명목보호율, a_i는 관세가 없는 상태에서 최종재의 가격에 대한 수입투입물 비용의 비율, t_i는 수입투입물의 명목관세율을 나타낸다.

앞서 옷의 예에서 t는 10% 또는 0.1%, $a_i = $80/$100 = 0.8$, $t_i = 0$일 때

$$g = \frac{0.1 - (0.8)(0)}{1.0 - 0.8} = \frac{0.1 - 0}{0.2} = \frac{0.1}{0.2} = 0.5 \text{ 또는 } 50\% \text{가 된다.}$$

5%의 명목관세율이 수입투입물에 부과되면(즉, $t_i = 0.05$)

$$g = \frac{0.1 - (0.8)(0.05)}{1.0 - 0.8} = \frac{0.1 - 0.04}{0.2} = \frac{0.06}{0.2} = 0.3 \text{ 또는 } 30\% \text{가 된다.}$$

대신에 $t_i = 10\%$가 부과되면

$$g = \frac{0.1 - (0.8)(0.1)}{1.0 - 0.8} = \frac{0.1 - 0.08}{0.2} = \frac{0.02}{0.2} = 0.1 \text{ 또는 } 10\%(t\text{와 일치})$$

t_i=20%인 경우

$$g=\frac{0.1-(0.8)(0.2)}{1.0-0.8}=\frac{0.1-0.16}{0.2}=\frac{-0.06}{0.2}=-0.3\ \text{또는}\ -30\%\text{가 된다.}$$

8.3B 실효보호이론의 일반화와 평가

식 (8-1)로부터 최종재의 실효보호율(g)과 명목관세율(t) 간에는 다음과 같은 중요한 관계가 있음을 알 수 있다.

1. a_i가 0인 경우 $g=t$
2. a_i와 t_i가 고정된 경우 t의 값이 클수록 g도 커진다.
3. t와 t_i의 값이 주어진 상태에서 a_i의 값이 클수록 g도 커진다.
4. $t>t_i$인 경우 $g>t$이고, $t=t_i$인 경우 $g=t$이고, $t<t_i$인 경우 $g<t$ (앞의 세 가지 예 참조)
5. a_it_i가 t를 초과하는 경우 실효보호율은 (−)가 된다(위의 마지막 예 참조).

　국내생산자에게 수입중간재에 대한 관세는 그들의 생산비를 증가시키는 조세이며, 최종재에 부과된 명목관세율이 일정할 때 실효보호율을 감소시켜 국내생산이 억제된다. 몇 가지 경우(위의 결론 5 참조)에 최종재에 대한 명목관세율이 (+)인 경우에도 자유무역을 할 때보다 국내생산이 감소할 수 있다.

　명목관세율은 매우 잘못 인식될 수 있으며 수입경쟁상품의 국내생산자에게 실제로 제공되는 보호의 정도에 관한 대략적인 감마저 제공하지 못한다. 더 나아가 대부분의 산업 국가들은 원자재에 대해서는 매우 낮거나 0인 명목관세를, 가공의 정도가 커짐에 따라서는 그만큼 관세율도 높아지는 경사형 관세구조를 가지고 있다. 이러한 경사형 관세구조로 인해, 중간재가 존재하는 경우 실효보호율은 명목관세율보다 훨씬 클 수 있다. 사례연구 8-5에서 알 수 있듯이 선진국에서 가장 높은 관세율은 단순한 의류와 같은 노동집약적인 상품에 부과되고, 이러한 상품은 개발도상국이 비교우위를 갖고 있으며, 그 자체로서 그들의 발전에 매우 중요한 상품이다. 현재 대부분의 개발도상국도 똑같이 하고 있다(즉, 경사형 관세구조를 사용한다. 사례연구 8-6 참조). 이러한 문제는 제11장에서 자세히 분석된다.

　그러나 실효보호의 개념은 그 부분균형적 속성으로 인해 조심스럽게 사용되어야 한다. 특히 이 이론은 상품의 국제가격과 수입중간재의 국제가격이 관세에 의해 영향을 받지 않으며 투입이 생산에서 고정된 비율로 이루어진다는 가정에 입각하고 있다. 의심할 바 없이 그러한 두 가지 가정은 타당성이 약한데, 예를 들어 수입관세의 결과 국내생산자에 대한 수입투입물의 가격이 상승하는 경우 생산자들은 생산을 할 때 국내투입물로 대체할 것이다. 이러한 결점에도 불구하고 실효보호율은 명목관세율보다 수입경쟁상품의 국내생산자에게 실제로 제공되는 보호 정도를 측정하는 데 있어서 분명히 우월하다. 그래서 우루과이 라운드 무역협상 중에 중요한 역할을 했다(9.6B절 참조).

　식 (8-1)은 명목관세율이 상이하게 부과되는 여러 가지 수입투입물이 존재하는 경우에도 쉽게 확대될 수 있다. 이것은 그 식의 분모에 있는 각각의 수입투입물의 a_i의 합계와 분자에 있는 각각의 수입투입물의 a_it_i의 합계를 사용해서 이루어진다(부록에서 실제로 유도되는 식은 이러한 일반적인 경우이며, 앞에서 논의된 투입물이 1개인 경우는 특수한 경우이다).

사례연구 8-5 미국, 유럽연합, 일본, 캐나다에서 공산품의 관세구조

표 8-6은 미국, 유럽연합, 일본, 캐나다에서 우루과이 라운드 이후 원자재, 중간재, 최종재의 수입에 대한 관세율 수준을 보여 준다. 운송장비, 비전기기계, 전기기계 그리고 기타 제조업제품은 표 8-1에서와 같이 (가공 정도와 관계없이) 단일 관세가 부과되고, 표 8-6에는 포함되어 있지 않다. 이 표는 주요 산업국가에서 수입되는 많은 제조업제품

들이 경사형 관세구조를 가지고 있다는 것을 보여 준다. 가공단계에 따른 관세의 증가는 직물 및 의류, 가죽, 고무, 여행용품의 수입에서 가장 크다. 또한 (일본을 제외하고) 어류 및 수산제품, 광물제품(캐나다 제외) 등에서 많이 발견된다. 화학제품, 목재, 펄프, 종이, 가구 등에 대해서는 상황이 복합적이며 다른 선진국에 대한 관세구조도 유사하다.

표 8-6 2000년 미국, 유럽연합, 일본, 캐나다에서 공산품 수입에 대한 경사형 관세구조(%)

	미국			유럽연합		
	원자재	중간재	최종재	원자재	중간재	최종재
목재, 펄프, 종이, 가구	0.0	0.7	0.7	0.0	1.0	0.5
직물 및 의류	2.8	9.1	9.1	2.6	6.6	9.7
가죽, 고무, 여행용품	0.0	2.3	11.7	0.1	2.4	7.0
금속류	0.8	1.1	2.9	0.0	1.2	2.8
화학제품	0.0	4.1	2.3	0.0	5.2	3.4
광물제품	0.6	1.3	5.3	0.0	2.4	3.7
어류 및 수산제품	0.7	1.7	4.0	11.2	13.3	14.1

	일본			캐나다		
	원자재	중간재	최종재	원자재	중간재	최종재
목재, 펄프, 종이, 가구	0.1	1.9	0.6	0.2	0.9	1.9
직물 및 의류	2.6	5.9	8.3	2.5	11.1	14.5
가죽, 고무, 여행용품	0.1	10.4	20.7	0.3	5.7	10.3
금속류	0.0	1.0	0.9	0.1	1.7	5.2
화학제품	0.0	2.9	1.0	0.0	4.7	3.9
광물제품	0.2	0.5	1.8	2.7	1.0	4.4
어류 및 수산제품	5.2	10.4	7.9	0.6	0.3	4.6

출처 : WTO, *Market Access: Unfinished Business*(Geneva: WTO, 2001), pp. 36-39.

8.4 소국에서 관세의 일반균형분석

이 절에서는 일반균형분석을 사용하여 관세가 생산, 소비, 무역 및 후생에 미치는 효과를 분석한다. 여기서 분석의 대상이 되는 국가는 너무 작아서 교역으로 인해 세계가격에 영향을 줄 수 없다고 가정한다. 다음 절에서 이 가정을 완화해서 보다 현실적이고 복잡한 경우를 다루게 된다. 이 경우의 국가는 무역을 통해서 세계가격에 영향을 줄 수 있는 충분히 큰 국가이다.

사례연구 8-6 여러 개발도상국의 지역별 부문별 경사형 관세

그림 8-4는 2017년 선진국의 농업 및 제조업 분야에서 여러 개발도상국의 지역별 및 부문별 경사형 관세 구조를 보여 준다. 왼쪽 도표는 관세 및 경사형 관세가 일반적으로 제조업 부문보다는 농업 부문에서, 다른 지역보다는 남아시아 지역에 대해 더 높다는 점을 보여 준다. 오른쪽 도표는 관세 및 경사형 관세가 다른 부문보다 유지, 직물 및 의류, 피혁제품, 비금속광물에서 더 높다는 것을 보여 준다.

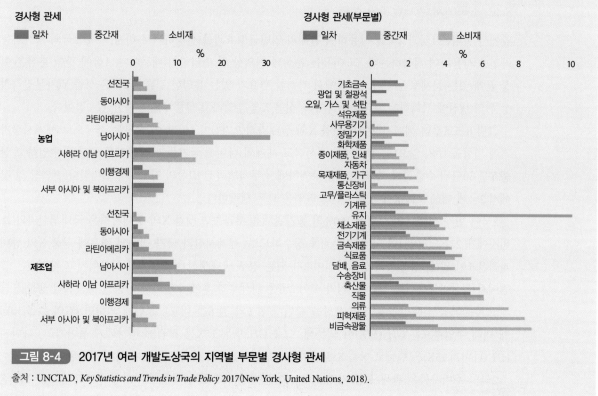

그림 8-4 2017년 여러 개발도상국의 지역별 부문별 경사형 관세

출처 : UNCTAD, *Key Statistics and Trends in Trade Policy* 2017(New York, United Nations, 2018).

8.4A 소국에서 관세의 일반균형효과

소국이 관세를 부과하는 경우 세계시장가격에 영향을 주지 않을 것이다. 그러나 수입되는 상품의 국내가격은 그 소국의 개별생산자나 소비자의 경우에 관세의 크기만큼 상승할 것이다.

소국의 경우에 수입상품의 국내가격이 **개별생산자**나 소비자에게 관세의 크기만큼 상승하더라도 그 가격은 **소국 전체**의 관점에서는 여전히 일정한데, 왜냐하면 그 국가 자체가 관세를 징수하기 때문이다. 예를 들어 수입가능 상품 X의 국제가격이 단위당 1달러이고 그 국가가 상품 X의 수입에 100%의 종가관세를 부과하는 경우 국내생산자는 2달러보다 더 낮은 가격으로 상품 X를 생산해서 팔 수 있는 한 수입상품과 경쟁할 수 있다. 소비자들은 수입되든 국내에서 생산되든 관계없이 상품 X 단위당 2달러를 지불해야 할 것이다(수입상품과 국내생산되는 상품이 동일하다고 가정한다). 그러나 국가가 수입되는 상품 X에 단위당 1달러의 관세를 징수하기 때문에 상품 X의 가격은 그 국가 전체의 관점에서는 여전히 1달러이다.

개별생산자 및 소비자의 경우에 (관세를 포함한) 수입가능 상품의 가격과 (관세를 제외한 가격으로 세계시장가격과 동일한) 국가 전체로서의 가격 간의 차이는 8.4B절의 도표상의 분석을 위해 중요하다. 더 나아가 관세를 부과하는 소국의 정부가 그 관세수입을 공공소비를 보조하기 위해서 사용하고 (예 : 학교나 경찰 등) 또는 일반적인 소득세 경감을 위해서 사용한다고 가정한다. 즉, 소국의 정부는 관세수입을 기본적인 서비스를 제공하기 위한 조세를 덜 징수할 수 있을 것이다.

8.4B 소국에서 관세효과의 설명

앞에서 살펴본 1국과 2국을 사용하여 관세의 일반균형효과를 설명하기로 하자. 우선 2국의 생산가능곡선을 사용하여 시작하는데, 그 이유는 분석의 편의상 더 편리하기 때문이다. 1국에 관한 분석은 이 장 끝에 있는 문제로 남긴다. 앞 장에서 기억할 필요가 있는 유일한 결론은 2국은 상품 Y(자본집약적 상품)의 생산에 특화하는 자본풍부국이며, 상품 X를 수입하고 상품 Y를 수출한다는 점이다.

그림 8-5로부터 세계시장에서 상품 X의 상대가격(P_X/P_Y)이 1이고 이 국가는 소국으로 세계시장가격에 영향을 주지 않으며, 점 B에서 생산하고 세계의 나머지 국가들과 상품 X를 60단위 수입하고 상품 Y를 60단위 수출한다. 그리고 자유무역하에서 무차별곡선 III상의 점 E에서 소비한다(편의상 앞 장에서 2국에 대해 도표상에서 붙였던 프라임은 모두 생략한다).

2국이 현재 상품 X의 수입에 100%의 종가관세를 부과하면 상품 X의 상대가격은 국내생산자와 소비자에게 2가 되지만 (이 국가는 관세를 징수하므로) 세계시장과 국가 전체의 경우에 상품 X의 상대가격은 1이 된다. 상품 X의 상대가격이 2가 되는 경우 국내생산은 점 F에서 이루어지고 가격선은 그 점에서 생산가능곡선과 접한다. 이와 같이 2국은 관세부과 후에 수입가능 상품인 상품 X의 생산을 늘리고 수출가능 상품인 상품 Y의 생산을 줄인다(점 F와 점 B를 비교). 그림에 의하면 FG의 수출(30Y)에 대해 수입수요는 GH'(30X)이 되는데, 그중 GH 또는 15X는 직접 소비자에게 돌아가고, 나머지 HH'(나머지 15X)은 현물로 상품 X에 대한 100%의 수입관세 형태로 정부에 의해 징수된다.

2국의 소비자들은 관세 포함 가격 $P_X/P_Y=2$에 직면하고 있기 때문에 무차별곡선 II'은 $P_F=2$인 점선과 접하게 된다. 그러나 2국 정부는 관세를 징수하여 공공소비나 조세 경감의 형태로 **재분배**하기 때문에 무차별곡선 II'은 또한 (2국 전체로는 $P_X/P_Y=1$인 세계시장가격에 직면하므로) $P_W=1$과 평행한 점선상에 있어야 한다. 따라서 새로운 소비점 H'은 2개의 점선이 교차하는 점에서 결정된다(따라서 2개의 점선에 있어야 한다). ($P_W=1$과 $P_F=2$인 가격선 사이의 각과 같은) 2개의 점선 사이의 각은 100%의 관세율과 같다. 관세를 부과하면 생산은 점 F에서, 소비는 점 H'에서 이루어지므로 2국은 (관세부과 이전에 60Y를 수출하고 60X를 수입하던 것과는 대조적으로) 30Y를 수출하고 30X를 수입한다.

요약하면 2국은 자유무역하에서는 점 B에서 생산하고 세계시장가격 $P_w=1$하에서는 상품 Y를 60단위 수출하고 상품 X를 60단위 수입한다. 상품 X에 100%의 수입관세를 부과하는 경우 상품 X의 상대가격은 2국의 개별생산자나 소비자에게 2가 되고 세계시장과 2국 전체에게는 1이 된다. 그렇다면 생산은 점 F에서 이루어져 관세를 부과하는 경우에 자유무역하에서보다 더 많은 양의 상품 X가 생산된다. 상품 Y 30단위가 상품 X 30단위와 교환되는데, 그중에 상품 X 15단위는 그 국가의 정부에 의해 상품 X에 100% 수입관세의 형태로 현물로 징수된다. 소비는 관세부과 후에 무차별곡선 II'상의 H'점에서 이루어지는데, 이는 자유무역 소비점인 무차별곡선 III상의 E보다 아래에 있다. 왜냐하면 관세로 인해 생산특

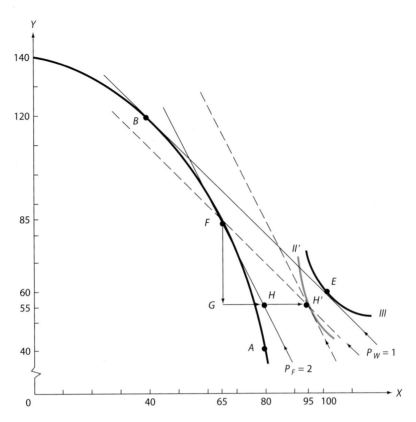

그림 8-5 **소국에서 관세의 일반균형효과**

세계시장에서 P_X/P_Y=1인 경우 (그림 3-4의 오른쪽 도표에서와 같이) 소국은 점 *B*에서 생산하고 점 *E*에서 소비한다. 상품 X의 수입에 100%의 종가관세를 부과하는 경우 2국의 개인에 대해서는 P_X/P_Y=2가 되고 점 *F*에서 생산하고 그 국가는 30Y(*FG*)를 수출하여 그 대가로 30X를 얻는다. 그중 15X(*HH'*)는 정부에 의해 관세로 징수된다. 정부가 관세수입을 전부 국민들에게 재분배한다고 가정하기 때문에 관세부과의 결과, 소비는 무차별곡선 *II'*상의 점 *H'*에서 이루어지며, 점 *H'*에서는 두 점선이 교차한다. 이와 같이 자유무역하에서의 소비 및 후생(*E*)은 관세하에서 소비 및 후생(*H'*)보다 우월하다.

화가 덜 되고 무역이익이 그만큼 줄어들기 때문이다.

상품 X에 300% 수입관세를 부과하는 경우 상품 X의 상대가격(P_X/P_Y)은 국내생산자나 소비자의 경우 4가 되고, 2국은 생산과 소비에서 폐쇄경제점인 점 *A*로 돌아갈 것이며(그림 8-5), 그러한 수입관세를 금지관세(prohibitive tariff)라 부른다. 이 경우 상품 X에 300%의 수입관세는 금지관세가 될 수 있는 최소한의 종가관세율이다. 더 높은 관세는 여전히 금하고 있으며, 2국은 계속해서 점 *A*에서 생산 및 소비를 하게 된다.

8.4C 스톨퍼-사무엘슨 정리

스톨퍼-사무엘슨 정리(Stolper-Samuelson theorem)에 의하면(예 : 관세의 결과로) 한 상품의 상대가격이 상승하면 그 상품의 생산에 집약적으로 사용되는 요소의 수익이 증가한다. 이와 같이 관세를 부과하면 각국의 희소생산요소의 실질소득은 증가할 것이다. 예를 들어 2국(자본풍부국)이 상품 X(노동집약적 상품)에 수입관세를 부과하면 국내생산자와 소비자에게 있어 상품 X의 상대가격이 상승하고 그에 따라 노동(2국의 희소요소)의 실질임금도 상승하게 된다.

그 이유는 상품 X에 대한 수입관세의 영향으로 상품 X의 상대가격이 상승함에 따라 2국은 상품 X를 더 많이 생산하고 상품 Y를 덜 생산하기 때문이다(그림 8-5에서 점 F를 점 B와 비교하라). (노동집약적 상품인) X의 생산이 확대되기 위해서는 (자본집약적 상품인) Y의 생산이 감소할 때 방출되는 L/K 보다 더 높은 노동-자본 비율이 필요하다. 그 결과로 임금-임대료 비율은 상승하고 노동 대신에 자본이 사용되어서 두 상품의 생산에서 자본-노동 비율이 상승한다(이것은 부록 A8.3절에서 그래프로 보여 준다). 노동 각 단위가 더 많은 자본과 결합됨에 따라서 노동의 생산성이 상승하고 임금도 상승한다. 이와 같이 2국이 상품 X에 수입관세를 부과하면 그 국가의 상품 X의 상대가격은 상승하고 노동(그 국가의 희소생산요소)의 소득도 증가한다.

노동생산성이 두 상품의 생산 모두에서 상승하므로 화폐임금뿐 아니라 실질임금도 상승한다. 또한 관세부과 이전과 이후에 완전고용이 이루어지므로 노동의 총소득과 국민소득에서 노동이 차지하는 몫은 더 커진다. 관세에 의해서 국민소득이 감소하고 노동에게 돌아가는 총소득의 몫이 더 높아지기 때문에 (그림 8-5의 점 H'과 점 E 비교) 2국에서 이자율과 자본의 총소득은 하락한다. 이와 같이 소국은 전체적으로 관세에 의해서 피해를 보는 반면에 희소생산요소는 풍부한 생산요소를 희생시키는 대신 이익을 보게 된다(5.5C절 참조).

예를 들어 소국이면서 공업국이고 자본풍부국인 스위스와 같은 나라가 노동집약적인 상품의 수입에 관세를 부과하게 되면 임금은 상승한다. 이것이 일반적으로 산업국가의 노동조합이 수입관세를 선호하는 이유이다. 그러나 자본소유자의 소득 감소가 노동의 이익을 초과하므로 국가 전체적으로는 손실이 발생한다. 스톨퍼-사무엘슨 정리는 소국의 경우에 항상 타당하고 보통 대국의 경우에도 역시 타당하다. 그러나 대국의 경우에는 무역으로 인해 세계시장가격이 영향을 받기 때문에 그 분석은 한층 더 복잡하다.

8.5 대국에서 관세의 일반균형분석

이 절에서는 관세가 생산, 소비, 무역 및 후생에 미치는 효과에 관한 일반균형분석을 무역을 통해서 국제시장가격에 영향을 미칠 수 있는 대국의 경우로 확장한다.

8.5A 대국에서 관세의 일반균형효과

대국에서 관세의 일반균형효과를 분석하기 위해서는 오퍼곡선을 사용하는 것이 더 편리하다. 한 국가가 관세를 부과하게 되면 그 국가의 오퍼곡선은 수입관세의 양만큼 수입상품을 측정하는 축 쪽으로 이동하거나 회전한다. 그 이유는 임의의 수출상품의 양에 대해서 수입업자는 관세를 보상하기(지불하기) 위해서 더 많은 수입상품을 필요로 하기 때문이다. 그 국가가 대국이라는 사실은 무역상대국의 오퍼곡선이 직선이 아니라 곡선이라는 것으로 반영된다.

이러한 상황하에서 대국이 수입관세를 부과하게 되면 무역량은 감소하지만 그 나라의 교역조건은 개선된다. 무역량 감소 그 자체는 국가의 후생을 감소시키는 반면에 교역조건의 개선은 국가의 후생을 증가시키는 경향이 있다. 그러므로 그 국가의 후생이 실제로 증가할 것인가 감소할 것인가는 이 두 가지 상반되는 힘의 순효과에 의존한다. 이것은 소국이 관세를 부과하는 경우와 대조를 이룬다. 소국의 경우에 관세를 부과하면 무역량은 감소하지만 교역조건은 변하지 않기 때문에 소국의 후생은 항상 감소하게 된다.

8.5B 대국에서 관세효과의 설명

2국이 상품 X의 수입에 100% 종가관세를 부과하는 경우 그림 8-6에서 2국의 오퍼곡선이 2′으로 회전한다. 관세에 의해 왜곡된 오퍼곡선 2′은(오퍼곡선 2와) Y축으로부터 정확히 2배의 거리에 있게 된다(예 : 점 H'을 점 H와, 점 E'을 점 D와 비교해 보라).

　관세부과 전에 오퍼곡선 2와 1의 교점에서 균형점 E가 결정되며, 그 점에서 2국은 상품 X의 상대가격($=P_X/P_Y=P_W$) 1에서 60단위의 상품 Y를 수출하고 60단위의 상품 X를 수입한다. 오퍼곡선 2′과 오퍼곡선 1의 교점에서 관세부과 후의 새로운 균형점 E'이 결정되는데, 그 점에서 2국은 새로운 세계가격($=P_X=P_Y=P'_W$) 0.8에서 상품 Y를 40단위 수출하고 상품 X를 50단위 수입하게 된다. 이와 같이 1국(세계의 나머지 국가)의 교역조건은 $P_X/P_Y=P_W=1$에서 $P_X/P_Y=P'_W=0.8$로 악화되는 반면에 2국의 교역조건은 $P_Y/P_X=1/P_W=1$에서 $P_Y/P_X=1/P'_W=1/0.8=1.25$로 개선된다. 임의의 관세율에 대해서 1국의 오퍼곡선이 가파르거나 덜 탄력적일수록 1국의 교역조건은 더 악화되고 2국의 교역조건은 더 개선된다.

　이와 같이 대국인 2국이 관세를 부과하는 경우에 무역량은 감소하지만 그 나라의 교역조건은 개선된

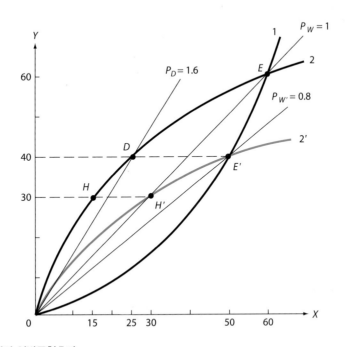

그림 8-6　**대국에서 관세의 일반균형효과**

자유무역 오퍼곡선 1과 2는 양국에서 균형점 E와 $P_X/P_Y=1$을 정의한다. 2국이 상품 X에 100%의 수입종가관세를 부과하면 오퍼곡선은 2′으로 이동해 새로운 균형점 E'을 이루게 된다. 점 E'에서 무역량은 자유무역하에서보다 적어지고 $P_X/P_Y=0.8$이 된다. 이것은 2국의 교역조건이 P_Y/P_X $=1.25$로 개선되는 것을 의미한다. 2국의 후생의 변화는 교역조건의 개선과 무역량 감소의 순효과에 의존한다. 그러나 정부가 상품 X 수입의 반을 관세로 징수하므로 2국의 개인에 대해 $P_X/P_Y=1$에서 $P_X/P_Y=P_D=1.6$으로 상승한다.

다. 이러한 두 가지 상반된 힘의 순효과에 따라 2국의 후생은 증가하거나 감소할 수 있고 변하지 않을 수도 있다. 이는 2국이 소국이어서 무역을 통해 세계시장가격에 영향을 주지 않았던 전의 경우와 대조된다. 그 경우에 1국(세계의 나머지 국가)의 오퍼곡선은 그림 8-6에서 직선으로 그려진다. 2국이 상품 X에 100%의 수입관세를 부과하게 되면 무역량은 자유무역을 할 때의 60단위의 상품 Y 수출과 60단위의 상품 X 수입으로부터 관세부과 이후에는 30단위의 상품 Y 수출과 30단위의 상품 X 수입으로 감소된다 (그림 8-6과 8-5에서 점 E 와 점 H' 비교). 그 결과 소국인 2국의 후생은 관세로 인해서 항상 감소하게 된다.

2국이 대국이라고 가정했던 현재의 경우로 돌아가서 그림 8-6에서 무역으로 왜곡된 오퍼곡선 2′에서 2국은 점 E'에서 균형을 이루고 상품 Y를 40단위 수출해서 상품 X를 50단위 수입하게 되고 세계시장에서 상품 Y의 상대가격은 $P_X/P_Y = P'_w = 0.8$이 된다. 그러나 점 E'에서 2국이 수입하는 50단위의 상품 X 중 25단위는 2국 정부에 의해 상품 X에 대한 100% 수입관세로 현물로 징수되며 나머지 25단위만이 개별소비자에게 직접 돌아가게 된다. 그 결과 2국의 개별소비자와 생산자에 대한 상품 X의 상대가격은 $P_X/P_Y = P_D = 1.6$이 되고 세계시장에서의 가격과 국가 전체로서의 가격의 2배가 된다.

수입가능 상품인 상품 X의 상대가격이 개별소비자와 생산자에게 상승하므로 스톨퍼–사무엘슨 정리는 2국이 대국이라고 가정할 때에 역시 타당하다. 그 국가가 수입관세를 부과한 후에 개별소비자와 생산자가 직면하는 상품 X의 상대가격이 하락하는 예외적인 경우에는 스톨퍼–사무엘슨 정리가 타당하지 않으며 2국에서 임금은 하락하게 된다. 이것을 메츨러 패러독스(Metzler paradox)라 하며 부록 A8.4에서 논의한다.

또 하나 지적할 것은 스톨퍼–사무엘슨 정리는 모든 요소가 국내의 산업 간에 이동 가능한 경우(장기)에 타당하다. 두 생산요소 중 하나(예 : 자본)가 이동 불가능한 경우(단기) 관세가 요소소득에 미치는 효과는 스톨퍼–사무엘슨 정리와 다르며 이것은 부록(A8.5)의 특정요소 모형에서 다룬다.

8.6 최적관세

이 절에서는 대국이 소위 최적관세를 부과함으로써 자유무역 때보다 어떻게 후생을 더 증가시킬 수 있는가를 검토한다. 그러나 그 국가의 이익은 다른 국가들의 손실 위에서 이루어지게 되므로 손실을 본 국가들이 보복을 하여 결국에는 모든 국가들이 손해를 보게 될 것이다.

8.6A 최적관세의 개념과 보복

8.5B절과 그림 8-6에서 보았듯이 대국이 관세를 부과하는 경우 무역량은 감소하지만 그 국가의 교역조건은 개선된다. 무역량의 감소 자체는 국가의 후생을 감소시키는 경향이 있는 반면 교역조건의 개선 자체는 국가의 후생을 증가시키는 경향이 있다.

최적관세(optimum tariff)란 무역량의 감소에서 발생하는 음(−)의 효과에 대해 교역조건의 개선에 따른 순이익을 극대화하는 관세율이다. 즉, 자유무역에서 출발하여 한 국가가 관세율을 높여 감에 따라 그 국가의 후생은 최대점에 도달하고(최적관세), 최적관세율을 지나서 관세율이 증가함에 따라 후생은 감소하게 된다. 궁극적으로 금지관세가 되는 경우 자급자족 상태로 돌아갈 것이다.

그러나 관세를 부과하는 국가의 교역조건이 개선됨에 따라 무역상대국의 교역조건은 악화된다. 왜냐하면 상대국의 교역조건은 관세부과국의 교역조건의 역수 값이기 때문이다. 무역상대국의 경우 무역량도 감소하고 교역조건도 악화되기 때문에 후생수준은 명백히 감소한다. 그 결과 무역상대국은 보복을 하고자 자국의 입장에서 최적관세를 부과할 것이다. 그러나 무역상대국의 보복은 교역조건의 악화로 인한 손실은 회복할 수 있으나 무역량은 더 감소시킬 것이다. 또한 처음에 관세를 부과한 국가는 그것에 대해 다시 보복하고자 할 것이며, 그 과정이 계속되는 경우 모든 국가는 무역으로부터 이익의 전부를 잃어버리게 된다.

한 국가가 최적관세를 부과할 때 상대국이 최적관세를 부과하지 않는 경우라도 관세부과국의 이익은 무역상대국의 손실보다 작으므로 세계 전체적으로는 자유무역에 비해 후생이 감소하게 된다. 자유무역이 세계 후생을 극대화한다는 것은 바로 이런 점 때문이다.

8.6B 최적관세의 개념과 보복에 대한 설명

그림 8-7은 그림 8-6의 자유무역 오퍼곡선 1과 2를 다시 그린 것이다. 여기서 균형점은 E이고 세계시장가격 $P_W=1$이다. 최적관세의 경우 2국의 오퍼곡선은 2*로 회전이동한다(오퍼곡선과 관련된 그 관세가 왜 최적관세가 되는가는 부록 A8.6절에서 설명한다). 1국이 보복하지 않는 경우 오퍼곡선 1과 오퍼곡선 2*의 교점에서 새로운 균형점 E^*가 결정되는데, 그 점에서 2국은 25Y를 수출하고 40X를 수입

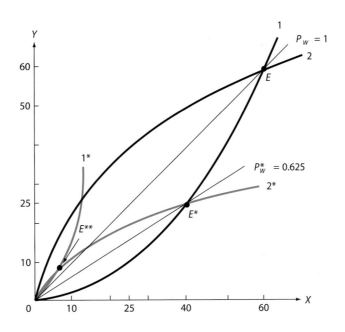

그림 8-7 최적관세와 보복

오퍼곡선 1과 2는 그림 8-6에서와 같이 자유무역 균형점 E와 $P_X/P_Y=1$을 결정한다. 2국의 최적관세로 인해 오퍼곡선이 2*로 회전이동하면 2국의 교역조건은 $P_X/P_Y=1/P^*_W=1/0.625=1.6$으로 개선된다. 균형점 E^*에서 2국은 가능한 최고의 후생수준에 도달하며 자유무역 균형점 E에서보다 후생수준이 높다. 그러나 1국의 후생수준이 감소하므로 1국은 자신의 최적관세를 부과함으로써 보복할 것이며 오퍼곡선 1*와 균형점 E^{**}에 도달하게 된다. 2국도 이에 대해 다시 보복할 것이고, 결국 양국은 무역으로부터의 이익의 전부를 잃어버릴 것이다.

하여 세계시장과 2국 전체에 대해 $P_X/P_Y=P_W^*=0.625$가 된다. 그 결과 1국의 교역조건은 $P_X/P_Y=P_W=1$에서 $P_X/P_Y=P_W^*=0.625$로 악화되고, 2국의 교역조건은 $P_Y/P_X=1/P_W^*=1/0.625=1.6$으로 개선된다.

오퍼곡선 2*와 관련된 관세를 부과하면 교역조건 개선으로 인한 2국의 후생의 증가는 무역량의 감소로 인한 후생의 증가를 초과할 뿐 아니라 2국이 관세로 도달할 수 있는 최고의 후생수준을 나타낸다(그리고 자유무역의 후생수준을 초과한다. 다시 오퍼곡선 2*와 관련된 관세가 왜 최적관세가 되는가는 부록 A8.6절에서 A4.1절에서 유도한 무역무차별곡선을 사용하여 설명된다. 여기서는 최적관세가 부과국과 상대국에 미치는 후생효과만 검토한다).

그러나 교역조건의 악화와 무역량의 감소로 인해 1국의 후생은 (자유무역에 비해) 분명히 감소한다. 그 결과 1국은 보복을 단행하여 오퍼곡선 1*로 표현되는 자국의 최적관세를 부과할 것이다. 오퍼곡선 1*와 2*에서 새로운 균형점은 E^{**}가 된다. 이번에는 1국의 교역조건은 개선되고, 2국의 후생은 자유무역의 경우보다 낮아지며 무역량은 훨씬 적어진다. 이 점에서 2국은 다시 보복할 것이고, 결국은 두 국가의 자급자족 상태를 나타내는 그림 8-7의 원점에서 끝날 것이다. 그렇게 되는 경우 무역으로부터의 모든 이익은 상실되어 버린다.

지금까지 우리는 암묵적으로 **최적수입관세**를 다루었다는 것을 주목하라. 보다 고급의 논문들은 최적수입관세와 최적수출관세는 동등하다는 것을 보여 준다. 소국의 경우 최적수입관세율은 0이라는 것에 주목하라. 왜냐하면 소국의 경우 관세는 교역조건에 영향을 주지 않고 무역량만 감소시키기 때문이다(그림 8-6의 점 E, H' 참조). 이와 같이 상대국이 보복을 하지 않는다 하더라도 소국이 관세를 부과하면 소국의 후생수준은 자유무역을 할 때보다 감소한다. 마지막으로 브로다, 리마오 및 와인스타인(Broda, Limao, & Weinstein, 2008)의 최근 연구에 의하면 각 국가는 수출탄력성이 낮은 상품(즉, 시장지배력을 많이 가지고 있는 상품)에 고율의 관세를 부과하는 것으로 나타났다.

요약

1. 자유무역이 세계후생을 증가시킴에도 불구하고 대부분의 국가들은 그 국가의 특정 집단을 이롭게 하는 무역제한조치들을 사용한다. 역사적으로 가장 중요한 유형의 무역제한조치가 관세인데, 이것은 수출이나 수입에 부과하는 세금이나 징수금이다. **종가관세**는 거래되는 상품가치의 일정비율로 표시되고, **종량관세**는 단위당 고정된 양으로 표시된다. 때때로 둘을 결합해서 복합관세가 된다. 가장 일반적인 것은 종가수입관세이다. 일반적으로 관세율은 과거 50년 동안 하락해 왔으며 오늘날 선진국의 제조업의 경우 평균관세율은 3% 정도에 불과하다.

2. 관세의 부분균형분석에서는 관세부과국의 수입가능 상품에 대한 수요곡선과 공급곡선을 사용한다. 수입가능 상품의 국내가격은 관세만큼 상승한다. 관세부과의 결과 국내소비의 감소, 국내생산의 증가, 수입의 감소, 징수되는 관세수입과 소비자로부터 국내생산자로 소득의 재분배를 가져온다. 또한 관세는 보호비용 또는 사중적 손실이라 불리는 비효율성을 야기한다.

3. 국내생산자에게 실제로 제공되는 보호의 정도는 실효보호율(g)로 측정된다. 이것은 보통 명목보호율(t)과는 큰 차이가 나며 t 값이 양(+)인 경우에도 g는 음(−)이 될 수 있다. 수입원자재에 부과된 관세율과 최종재에 부과된 관세율이 같거나 수입원자재가 존재하지 않는 경우에만 명목관세율과 실효보호율은 동일하게 된다.

일반적으로 선진국에서 실효보호율은 그에 상응하는 명목보호율보다 훨씬 높고 가공 정도가 높을수록 더 높아진다. 그러나 이러한 계산은 부분균형적 속성으로 인해 조심스럽게 다루어져야 한다.

4. 소국이 수입관세를 부과하는 경우 수입가능 상품의 국내가격은 그 국가의 개인에 대해 관세만큼 상승한다. 그 결과 수입가능 상품의 국내소비는 감소하는 반면 국내생산은 증가하여 수입은 감소한다. 관세부과국이 관세를 징수하므로 국가 전체적으로 볼 때는 세계가격은 변하지 않는다. 관세에 관한 이러한 일반균형분석은 제1부에서 개발한 무역모형과 그 국가가 관세수입을 그 국민들에게 공공소비에 대한 보조나 일반소득세 경감 등의 형태로 재분배하는 것을 가정함으로써 분석될 수 있다.

5. 스톨퍼–사무엘슨 정리에 따르면 한 상품의 상대가격의 상승(예 : 관세의 결과)은 그 상품의 생산에 집약적으로 사용되는 요소의 수익 또는 수입을 증가시킨다. 예를 들어 자본풍부국이 노동집약적인 상품에 수입관세를 부과하는 경우 그 나라의 임금은 상승한다.

6. 대국이 수입관세를 부과하는 경우 그 국가의 오퍼곡선은 수입가능 상품을 표시하는 축 쪽으로 관세의 양만큼 회전하여 무역은 감소하고 교역조건은 개선된다. 최적관세란 무역량의 감소로 야기되는 부정적인 효과에 대해 교역조건의 개선으로 발생하는 순효과를 극대화시키는 관세율이다. 그러나 관세부과국의 이익은 상대국의 희생에 의해 이루어지므로 상대국은 보복할 가능성이 있으며 그 경우 결국에는 양국 모두 손해를 보게 된다.

주요용어

관세의 소비효과(consumption effect of a tariff)

국내부가가치(domestic value added)

금지관세(prohibitive tariff)

메츨러 패러독스(Metzler paradox)

명목관세(nominal tariff)

무역정책(trade policy)

무역효과(trade effect)

보호비용(protection cost)

복합관세(compound tariff)

사중적 손실(deadweight loss)

생산자 잉여(producer surplus)

생산효과(production effect)

소비자 잉여(consumer surplus)

수입관세(import tariff)

수입효과(revenue effect)

수출관세(export tariff)

스톨퍼–사무엘슨 정리(Stolper-Samuelson theorem)

실효보호율(rate of effective protection)

종가관세(ad valorem tariff)

종량관세(specific tariff)

지대(rent)

최적관세(optimum tariff)

통상정책(commercial policy)

복습문제

1. 종가관세, 종량관세, 복합관세는 무엇인가? 선진국에서는 수출관세와 수입관세 중 어느 것이 일반적인가? 개발도상국에서는?

2. 선진국에서 관세의 1차적 기능은 무엇인가? 개발도상국에서는?

3. 관세에 대한 부분균형분석이 정당화될 수 있는 경우는

언제인가? 그리고 이를 설명하라.

4. 관세의 소비효과, 생산효과, 무역효과, 수입효과, 재분배 효과란 무엇인가?

5. 관세의 보호비용 또는 사중적 손실이란 무엇인가? 이를 어떻게 측정할 수 있는가?

6. 명목관세와 실효보호의 차이점은 무엇인가? 실효보호의 개념은 왜 유용한가? 실효보호율은 어떻게 측정하는가?

7. 선진국의 관세구조는 어떠한가? 이러한 관세구조가 개발도상국에게 우려의 대상인 까닭은 무엇인가? 실효보호율의 개념과 측정방법에 대한 가장 심각한 결함은 무엇인가?

8. 일반균형분석을 이용하여 소국이 수입관세를 부과했을 때 소국의 개인과 세계 전체에서 수입품의 상대가격에 미치는 효과를 설명하라.

9. 소국의 경우 관세의 부과가 생산의 특화에 미치는 효과는 무엇인가? 교역량에 미치는 효과는? 국가의 후생에 미치는 효과는? 풍부한 생산요소와 희소한 생산요소 사이의 소득분배에 미치는 효과는?

10. 대국의 경우에 일반균형분석 방법을 이용하여 수입관세의 부과가 오퍼곡선, 교역조건, 교역량, 후생 및 풍부한 생산요소와 희소한 생산요소 사이의 소득분배에 미치는 효과를 분석하라.

11. 최적관세란 무엇인가? 교역조건의 변화와 교역량 사이의 관계는 무엇인가?

12. 한 국가가 최적관세(또는 수입관세)를 부과하면 다른 국가가 보복할 가능성이 있는 이유는? 보복과정이 되풀이되면 어떤 결과가 발생할 것인가?

연습문제

1. 1국에 대해서 상품 Y의 양을 수평축에, 상품 Y의 달러가격을 수직축에 놓고 그림 8-1과 유사한 그림을 그리라. 그림 8-1에서 2국의 S_X와 동일한 1국에 대한 S_Y를 그리라. 수직축과 $P_Y = 8$에서 수평축과 80Y에서 교차하는 1국의 D_Y를 그리라. 마지막으로 자유무역의 경우 $P_Y = 1$이고 1국이 상품 Y에 100%에 종가수입관세를 부과한다고 가정하라. 이 그림을 이용하여 1국에 대해서 다음을 살펴보자.

   (a) $P_Y = 1$인 자유무역 가격에서 상품 Y의 소비, 생산, 수입의 수준

   (b) 1국이 상품 Y에 100% 종가관세를 부과한 후에 상품 Y의 소비, 생산, 수입의 수준

   (c) 관세의 소비, 생산, 무역 및 수입효과는 무엇인가?

2. 연습문제 1번과 관련하여

   (a) 관세부과 전후에 소비자 잉여의 달러가치를 계산하라.

   (b) 관세로 인한 생산자 수입의 증가 중에서(자유무역에서의 생산자 수입과 비교하라.) 증가된 생산비는

어느 정도인가? 증가된 지대 및 생산자 잉여는 무엇인가?

   (c) 관세의 보호비용 또는 사중적 손실의 달러가치는 얼마인가?

3. 한 국가가 원자재 및 중간재의 관세율은 인하하지만 최종재에 대해서는 인하하지 않는다고 가정하자. 이것이 그 국가의 실효보호율에 어떤 영향을 주는가?

4. t(최종재의 명목관세)가 40%이고, a_i(관세가 없는 경우에 최종재의 가격에서 수입투입물 비용의 비율)가 0.5이고, t_i(수입투입물의 명목관세)가 40%인 경우 실효보호율을 계산하라.

5. 연습문제 4번에서 t_i의 값이 다음과 같을 때 g를 다시 계산하라.

   (a) t_i가 20%인 경우?

   (b) t_i가 0인 경우?

   (c) t_i가 80%인 경우?

   (d) t_i가 100%인 경우?

6. 연습문제 4번에서

(a) t_i가 20%이고, a_i가 0.6인 경우 g를 다시 계산하라.

(b) 제3장의 연습문제 4번과 앞의 문제 6(a)의 답에서 g와 t 사이의 관계에 대해 어떤 일반적인 결론에 도달할 수 있는가?

7. 1국의 그림 3-4의 무역모형과 1국이 소국이라는 가정으로부터 1국이 자유무역에서 시작하여 상품 Y에 100%의 종가관세를 부과하는 경우 일반균형 결과를 보여 주는 그림 8-5와 유사한 그림을 그리라.

   (힌트 : 그림 4-3에서 관세를 부과하면 40X와 20Y가 교환되는 대신 30X와 15Y가 교환된다고 가정하라.)

8. 스톨퍼–사무엘슨 정리를 이용하여 상품 Y에 수입관세를 부과할 때 1국의 노동과 자본 간의 소득분배에 미치는 효과를 지적하라.

9. 연습문제 8번에서의 해답으로 소득재분배에 미치는 힘을 설명하라. 그 국가가 상품 X에 수입관세를 부과할 때 2국에 소득재분배에 대해 8.4C절에서 주어진 설명과 유사한 방식으로 설명하라.

10. 1국이 대국이라고 가정한다면 연습문제 8번의 결과는 어떻게 변할 것인가?

11. 인도는 노동집약적이거나 자본집약적인 상품 중 어느 것에 수입을 제한할 것 같은가? 그 이유는 무엇인가? 인도에서 노동과 자본 사이의 소득분배에 어떤 효과를 미칠 것 같은가?

12. 그림 8-6에서 1국과 2국의 자유무역 오퍼곡선과 연습문제 1번의 그림에 기초하여 대국이라고 가정되는 1국이 상품 Y에 100%의 종가 수입관세를 부과하는 경우에 일반균형효과를 보여 주는 그림 8-7과 유사한 그림을 그리라.

13. 1국이 최적관세로 인해 상품 X를 25단위 수출하고, 상품 Y를 40단위 수입하고, 그 나라의 최적관세에 대해 2국이 보복하는 것을 보여 주는 그림 8-7과 유사한 그림을 그리라.

14. 두 국가가 쌍방의 최적관세에 대해서 여러 번 보복을 한다면 어떤 결과가 나올 것인가?

부록

이 부록에서는 대국에서 관세의 부분균형효과를 보여 주고, 실효보호율에 관한 식을 유도한다. 스톨퍼–사무엘슨 정리와 그 예외를 그래프로 분석하며, 관세가 요소소득에 미치는 단기효과를 검토하고, 최적관세의 측정에 관하여 살펴본다.

A8.1 대국에서 관세의 부분균형효과

8.2절에서는 소국(무역에 의해 상품 가격에 영향을 주지 않는 국가)에서 관세의 부분균형효과를 검토하였다. 그 분석을 확장하여 대국에서 관세가 부과되는 경우 부분균형효과를 살펴보기로 하자. 이것은 그림 8-8로 알 수 있는데 그림 8-3과 유사하지만 약간 복잡하다.

그림 8-8의 상단 도표에서 S_H는 대국에서 상품 X의 **국내공급곡선**을, S_F는 상품 X의 **해외공급곡선**을 나타내고 S_{H+F}는 상품 X의 총공급곡선을 나타낸다. S_{H+F}는 국내공급곡선 S_H와 상품 X에 대한 해외공급곡선을 합함으로써 얻어진다. $P_X=1$인 경우 상품 X 10단위는 국내에서 공급되고, 10단위는 해외에서 공급되어서 총 20단위가 공급된다. $P_X=2$인 경우 20단위가 국내에서 공급되고 30단위가 해외에서 공급되어 총

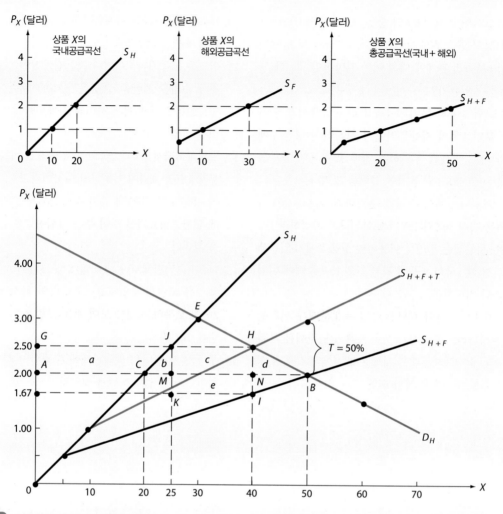

그림 8-8 대국에서 관세의 부분균형효과

상단의 도표에서 S_H는 상품 X의 국내공급곡선을, S_F는 해외공급곡선을 나타내고, S_{H+F}는 상품 X의 총공급곡선을 나타낸다. 하단의 도표에서 자유무역의 경우 D_H가 S_{H+F}와 점 B에서 만나 상품 X의 가격이 2달러이고 수량은 50단위가 된다(AC=20X는 국내에서 공급되고 CB=30X는 외국으로부터 공급된다). 그 국가가 지금 상품 X에 50%의 종가관세를 부과하는 경우 총공급곡선 S_{H+F}는 50%만큼 상향이동해서 S_{H+F+T}가 된다. 그렇게 되면 D_H와 S_{H+F+T}가 점 H에서 교차하여 P_X=2.5달러, Q_X=GH=40이 된다(GJ=25X는 국내에서 공급되고 JH=15X는 외국으로부터 공급된다). 소비자 잉여의 손실은 $a+b+c+d$=22.5달러이다. 그중 a(=11.25달러)는 국내생산자가 더 많이 받게 된 지대이고 c(=7.5달러)는 국내소비자로부터 징수한 관세수입이다. $b+d$(=3.75달러)는 그 국가의 보호비용 또는 사중적 손실이다. 그 국가는 수출업자로부터 e(=4.95달러)를 징수하므로 국가는 관세부과로 순이익 1.2달러(4.95−3.75)를 얻는다.

50단위가 공급된다. 대국은 해외 외국인들로 하여금 자국으로 상품 X를 더 많이 공급하게 하기 위해서는 더 높은 가격을 지불해야 하므로 S_F 곡선은 양(+)의 기울기를 갖는다.

그림 8-8의 하단 도표에서 자유무역의 경우 D_H(그 국가의 상품 X에 대한 국내수요곡선)와 S_{H+F}(조금 크게 그렸을 뿐 그림 8-8의 상단 그림과 동일함)가 점 B에서 만나 상품 X의 가격이 2달러이고 수량은 50단위(=AB)가 된다.(이 중 국내생산자가 AC=20X를 공급하고 외국의 생산자는 CB=30X를 공급한다.) 그 국가가 지금 상품 X에 50%의 종가관세를 부과하는 경우 총공급곡선은 50%만큼 상향이

동해서 S_{H+F+T}가 된다. 그렇게 되면 D_H와 S_{H+F+T}가 점 H에서 교차하여 상품 X의 가격은 2.5달러가 되고 상품 X의 수량은 40단위($=GH$)가 된다(이 중 GJ=25X는 국내생산자가 공급하고 JH=15X는 해외로부터 공급된다).

관세부과로 인한 소비자 잉여의 손실은 $a+b+c+d$=22.5달러이고, 그중 a(=11.25달러)는 국내생산자가 더 얻는 지대이고, c(=7.5달러)는 국내소비자로부터 정부가 징수한 관세수입이며, 나머지($b+d$=3.75달러)는 보호로부터 발생한 사중적 손실이다.

그러나 그 국가의 정부는 해외 수출업자로부터 $IKMN$=e=0.33달러×15=4.95달러만큼 징수한다. 그 이유는 P_X를 증가시킴으로써 관세는 그 국가의 상품 X의 소비와 수입을 감소시키고, 그 국가가 대국이기 때문에 더 적은 수출량이 더 낮은 가격으로 공급될 것이기 때문이다. 구체적으로 관세로 인해 국내소비자는 (자유무역에서 P_X=2달러와 비교하여) 2.5달러를 지불하고 해외 수출업자는 (자유무역하의 2달러 대신에) 1.67달러만을 받는다. 이와 같이 해외 수출업자는 국내생산자와 관세의 부담을 공유하게 된다. 이 국가가 대국이므로 관세부과의 결과 수입가격은 하락할 것이다(즉, 그 국가는 관세로부터 교역조건의 이익을 얻는다).

관세로 인한 국가의 보호비용 또는 사중적 손실은 그 국가가 얻게 되는 교역조건 이익과 비교해야 한다. 이 경우에 국가의 교역조건 4.95달러(e) 이익은 관세의 보호비용 3.75달러($b+d$)를 초과하기 때문에 그 국가는 관세로부터 1.2달러($e-b-d$)의 순이익을 얻는다. 교역조건 이익이 보호비용과 동일해지면 관세로부터 이익도 손해도 보지 않게 되지만, 보호비용보다 교역조건 이익이 작아지면 손해를 보게 된다. 소국은 해외수출 또는 세계가격에 영향을 주지 않기 때문에 보호비용 또는 사중적 손실만큼 관세부과로 인해 순손실을 본다(e=0).

위의 예에서처럼 한 국가가 관세로부터 이익을 얻는다고 하더라도 한 국가의 교역조건의 이익은 다른 외국의 손실을 의미한다. 따라서 외국은 그들 자신의 관세를 통해 보복할 가능성이 높고 결국에는 두 국가 모두 무역과 국제특화 수준의 감소로 인해서 손실을 볼 것이다(8.6절의 최적관세 논의 참조).

> **연습문제**　자유무역과 종량관세하에서 S_H와 S_F의 가격탄력성과 상품의 가격 간의 관계는 무엇인가?

A8.2 실효보호율에 관한 공식의 유도

실효보호율은 보호로 인한 국내부가가치의 증가율을 의미하며 다음과 같은 식으로 계산된다.

$$g = \frac{V'-V}{V} \tag{8A-1}$$

여기서 g는 실효보호율, V는 자유무역에서의 국내부가가치, V'은 최종재와 수입중간재에 관세가 부과되는 경우의 국내부가가치이다.

식 (8A-1)로부터 8.3A절의 식 (8-1)을 유도할 수 있다. 여기에서 V와 V'은 각각 자유무역과 관세를 부과하는 경우 최종재의 국제가격으로 정의되고 이를 식 (8A-1)에 대입하고, 단순화시켜 식 (8-1)을 얻는다.

한 상품(예 : 의류)의 자유무역 가격을 p로 일정하다고 가정하자(즉, 소국의 경우를 다루고 있다). 여러 가지 수입투입물(예 : 모직, 단추 등)의 세계시장 가격이 일정하고 의류의 국내생산에 투입된다고 가정하자. 자유무역을 할 때 의류의 국내생산에 투입되는 이러한 수입투입물들의 비용의 합계는 다음과 같다.

$$a_1 p + a_2 p + \cdots a_n p = \sum a_i p \qquad (8A\text{-}2)$$

여기서 i는 n개의 수입투입물 중 하나를, $a_i p$는 의류의 국내생산에 들어가는 수입투입물 i의 비용을 나타낸다.

이와 같이 자유무역을 할 때 그 국가에서 생산되는 의류의 국내부가가치는 일정한 국제자유무역가격에서 모든 수입투입물의 비용을 뺀 것이다.

$$V = p - p\sum a_i = p(1 - \sum a_i) \qquad (8A\text{-}3)$$

의류수입에 관세가 부과되고 의류의 국내생산에 투입되는 수입투입물에도 관세가 부과되는 경우 국내부가가치(V')는 다음과 같다.

$$V' = p(1+t) - p\sum a_i(1+t_i) \qquad (8A\text{-}4)$$

여기서 t는 의류수입에 부과되는 명목종가관세율이고, t_i는 의류의 국내생산에 투입되는 수입투입물 i의 종가관세율이다. 수입투입물에 따라서 t_i가 다르다는 것을 주목하라.

식 (8A-3)과 (8A-4)를 식 (8A-1)에 대입하여 다음과 같은 결과를 얻는다.

$$g = \frac{V' - V}{V} = \frac{p(1+t) - p\sum a_i(1+t_i) - p(1-\sum a_i)}{p(1-\sum a_i)}$$

분자, 분모의 각 항에 p가 있기 때문에 그것들을 소거하고 괄호를 제거함으로써 다음 식을 얻는다.

$$g = \frac{1 + t - \sum a_i - \sum a_i t_i - 1 + \sum a_i}{1 - \sum a_i}$$

분자에서 같은 항을 제거함으로써 다음 식을 얻는다.

$$g = \frac{t - \sum a_i t_i}{1 - \sum a_i} \qquad (8A\text{-}5)$$

만약 상품의 생산에 투입되는 수입투입물이 하나인 경우 식 (8A-5)의 분자, 분모에서 $\sum$가 제거되고 결국 8.3절의 식 (8-1)로 귀착된다.

실효보호이론의 단점은 생산계수가 기술적으로 고정되었다고 가정하는 것과(즉, 요소대체가 불가능하다.) 수입되는 상품과 수입투입물의 국제가격은 관세에 영향을 받지 않는다(소국 가정)고 가정하는 것이다.

(a) 한 상품의 국내생산에 투입되는 수입투입물에 관세가 부과되면 최종재의 소비, 생산, 무역, 재분배에 어떤 효과를 가져오는가?

(b) 이는 관세의 보호비용의 크기 또는 사중적 손실에 어떤 효과를 가져오는가?(힌트 : 수입투입물에 대한 관세의 결과로 그림 8-1의 어느 곡선이 어느 방향으로 이동하는가를 살펴보라.)

A8.3 도표를 이용한 스톨퍼-사무엘슨 정리

스톨퍼-사무엘슨 정리에 따르면 관세를 부과하는 경우 희소생산요소의 실질수익은 증가한다는 것이다. 예를 들어 자본풍부국인 2국이 노동집약적인 상품(상품 X)의 수입에 관세를 부과하면 국내 생산자 및 소비자에게 P_X/P_Y가 상승해서 2국의 희소요소인 노동의 실질임금 또한 증가하게 된다.

그림 8-6는 2국이 상품 X에 수입관세를 부과할 때 P_X/P_Y가 상승하고 그 결과 상품 X의 생산은 증가하고 상품 Y의 생산이 감소하는것을 보여 준다. 관세부과의 결과 두 상품을 생산할 때의 자본집약도는 상승하고, 스톨퍼-사무엘슨 정리의 내용과 같이 임금이 상승한다.

이를 보여 주기 위해 그림 8-9에서 2국에 대한 에지워스 상자도를 사용한다(그림 3-10과 5-6에서 프라임은 제거하였음). 그림 8-9에서 점 A는 폐쇄경제의 생산점이고, 점 B는 자유무역의 생산점이며 점 F는 상품 X에 100%의 관세를 부과할 때의 생산점이다. 점 F가 점 B보다 원점 O_X에서 멀고 원점 O_Y에서는 가까운데 그 이유는 상품 X에 대한 수입관세의 결과로 P_X/P_Y가 상승하여 2국에서 상품 X의 생산은 증가하고 상품 Y의 생산은 감소하기 때문이다.

원점 O_X에서 점 B까지 실선의 기울기는 **자유무역**을 할 때 상품 X 생산에서의 자본집약도를 측정하고 원점 O_Y부터 점 B까지의 실선의 기울기는 상품 Y 생산의 자본집약도를 측정한다. (상품 X에 수입관세 부과 후) 점 F에서 생산하는 경우에 상품 X 생산의 자본집약도와 상품 Y 생산의 자본집약도는 각각 원점 O_X와 O_Y로부터 점 F까지 **점선**의 기울기로 측정된다. 각 원점에서 점선의 기울기가 실선의 기울기보다 크므로 상품 X에 수입관세를 부과하는 경우 두 상품의 생산에 있어서 자본집약도가 자유무역의 경우보다 높아진다.

상품 X에 대한 관세부과 후 두 상품 생산에서(노동 단위당) 더 많은 자본이 결합됨으로써 노동의 생산성은 증가하고 두 상품의 생산에서 임금률은 상승한다. 이것은 점 $F(w/r$ 측정)를 통과하는 짧은 실선의 기울기가 점 B를 통과하는 짧은 실선의 기울기보다 더 크다는 사실에 의해 반영된다. 요소시장에서의 완전경쟁을 가정하면 임금은 두 상품 모두 생산에서 균등화될 것이다.

그림 3-9와 그림 5-6의 상단에 있는 1국의 에지워스 상자도를 이용하여 상품 Y에 100% 관세를 부과하는 경우 생산점이 B에서 F로 이동하고 두 상품의 생산에서 자본집약도가 감소하며 1국에서 생산성과 자본소득이 증가함을 보이라.

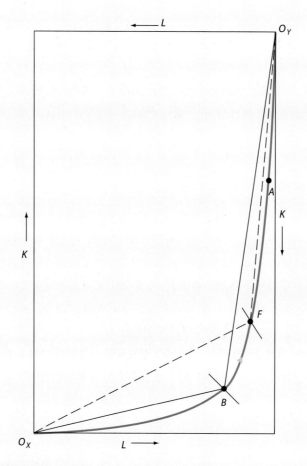

그림 8-9 **도표를 이용한 스톨퍼-사무엘슨 정리**

2국이 상품 X에 수입관세를 부과하게 되면 P_X/P_Y는 상승하고, 계약곡선상의 자유무역점 B로부터 F로 생산점이 이동하게 되며 상품 X 생산은 증가하고 상품 Y 생산은 감소한다. 양 원점으로부터 F까지의 **점선**의 기울기가 양 원점으로부터 B까지의 **실선**의 기울기보다 크기 때문에 관세부과 후의 자본집약도(K/L)가 양 상품의 생산에서 모두 높게 된다. 노동 단위당 더 많은 자본이 사용됨에 따라 노동의 생산성은 증가하고 그에 따라 노동의 소득은 스톨퍼-사무엘슨 정리의 내용과 같이 관세부과 후 더 증가한다.

A8.4 스톨퍼-사무엘슨 정리의 예외, 메츨러 패러독스

관세부과의 결과 개인에게 수입가능 상품의 상대가격이 상승하지 않고 하락하는 특이한 경우 희소요소의 소득 역시 감소하게 되고, 스톨퍼-사무엘슨 정리는 더 이상 타당하지 않게 된다. 이 경우를 분석하기 위해 그림 8-10에서 왼쪽 도표를 보기로 하자. 이 도표는 그래프 분석을 보다 명확하게 하기 위하여 수입관세가 아닌 **수출관세**를 다루고 있다는 것 외에는 그림 8-6과 동일하다.

그림 8-10의 왼쪽 도표는 2국의 개별 수출업자가 55Y를 수출하고 그중 15Y($D'E'$)는 정부에 의해 수출관세의 형태로 현물로 징수되고 나머지 40Y는 50X를 얻기 위해 외국인에게 돌아간다는 것을 보여 준다. 그 결과 관세로 인해 2국의 개인에 대해 $P_X/P_Y=P_{D'}=1.1$이 되어 자유무역하에서 $P_X/P_Y=P_W$ =1과 비교된다.

오퍼곡선 2에서 2'으로의 이동이 수출관세보다는 수입관세에 기인한다면 2국의 개인에 대해 P_X/P_Y

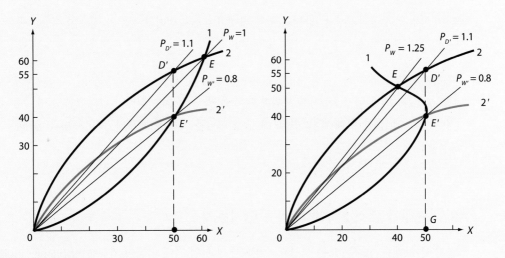

메츨러 패러독스

왼쪽 도표는 2국에서 수출관세를 부과할 때 상품 X의 상대가격은 국가 전체적으로는 P_X/P_Y=0.8로 하락하지만 개인적으로는 자유무역의 상대가격 P_X/P_Y=1과 비교하여 P_X/P_Y=1.1로 상승함을 보여 준다. 2국의 개인에 대해서 상품 X의 상대가격이 상승하므로 2국은 노동집약재를 더 많이 생산하고 노동의 소득은 증가하여 스톨퍼-사무엘슨 정리가 타당하다. 오른쪽 도표에서 자유무역을 할 때 P_X/P_Y=1.25(E)가 되고 2국이 동일한 수출관세를 부과하면 2국의 개인에 대해 P_X/P_Y=1.1이 된다. 2국이 관세를 부과할 때 P_X/P_Y가 하락하기 때문에 노동의 소득은 감소한다. 이와 같이 스톨퍼-사무엘슨 정리는 더 이상 타당하지 않게 되고 메츨러 패러독스가 성립하는데, 이것은 오른쪽 도표에서 1국의 오퍼곡선이 후방굴절하거나 점 E를 지나서 비탄력적이기 때문에 발생한다.

의 상승은 더 클 것이라는 것을 주목하라[그림 8-6에서 P_D(=1.6)를 보라]. 그러나 스톨퍼-사무엘슨 정리가 성립하기 위해 중요한 것은 2국의 개인에 대해 P_X/P_Y가 상승하는 것이다. 그 이유는 P_X/P_Y가 상승하는 경우 수출관세이든 수입관세이든 관계없이 노동과 자본은 상품 Y의 생산으로부터 상품 X의 생산으로 이동하고, 두 상품 모두의 생산에서 자본집약도가 상승하고 따라서 노동의 생산성과 소득이 상승하기 때문이다(A8.3절에서 설명한 것과 정확하게 동일하다).

1국(또는 세계의 나머지 국가)의 오퍼곡선이 후방굴절하고 한 점을 지나서 음의 방향으로 구부러지거나 비탄력적인 예외적인 경우에 한해서(그림 8-10의 오른쪽 도표와 같이) P_X/P_Y는 2국의 개인에 대해서 상승하지 않고 하락하게 된다(자유무역 균형가격과 비교하여). 그 경우에 스톨퍼-사무엘슨 정리는 더 이상 타당하지 않다. 특별히 그림 8-10의 오른쪽 도표에서 자유무역 균형점 E(오퍼곡선 1과 2의 교점에 의해서 주어짐)에서 P_W는 1.25가 된다. 2국에 의한 수출관세 부과는 오퍼곡선 2를 2′으로 회전시켜 2국 전체와 나머지 세계에 대해서 균형점이 E'이 되고 세계시장가격 $P_{W'}$은 0.8이 된다. 그러나 2국의 개인은 15Y($D'E'$)의 수출관세를 지불해야 하고 따라서 2국의 개인에 대한 P_X/P_Y=$P_{D'}$=1.1이 된다.

2국이 수출관세를 부과하면 2국 개인에 대한 P_X/P_Y는 감소하므로(자유무역을 할 때의 P_X/P_Y=1.25에서 수출관세 부과 후에는 P_X/P_Y=1.1로) 스톨퍼-사무엘슨 정리는 더 이상 타당하지 않다. 즉, 2국의 관세부과에 따른 P_X/P_Y의 하락이 2국으로 하여금 상품 X를 덜 생산하고 상품 Y를 더 생산하게 한다. Y는 자본집약적인 상품이므로 두 상품의 생산에서 자본집약도는 하락하고 노동의 소득과 생산성도 하락하게 된다. 이것은 스톨퍼-사무엘슨 정리의 내용과 정반대이고 이를 메츨러 패러독스라 한다.

그러나 메츨러 패러독스는 예외적이다. 그것이 발생할 수 있는 필요충분조건은 다른 국가의 오퍼곡선이 후방으로 굴절되거나, 관세의 영역 내에서 비탄력적이고 정부가 징수한 수출관세수입의 전부가 수입가능 상품의 소비에 지출되는 경우이다.

1국이 수출관세를 부과할 때 스톨퍼–사무엘슨 정리가 타당함을 보여 주는 그림은 왼쪽 도표에, 메츨러 패러독스를 보여 주는 그림은 오른쪽 도표에 그림 8-10과 유사한 그림을 그리라.

A8.5 관세가 요소소득에 미치는 단기효과

스톨퍼–사무엘슨 정리는 모든 생산요소가 국내의 산업 간에 이동이 가능한 장기(long-run)를 대상으로 한다. 그러나 노동은 이동이 가능하지만 어떤 자본은 상품 X 산업에 고정되고, 어떤 자본은 상품 Y 산업에 고정되는 단기의 경우를 상정해 보자. 관세가 요소소득에 미치는 단기효과는 스톨퍼–사무엘슨 정리가 설명하는 장기의 경우와 다르다. 이것은 A5.4절에서 설명된 특정요소모형에 의해 분석될 수 있다.

자본이 풍부해서 자본집약적인 상품 Y를 수출하고, 상품 X를 수입하는 2국을 상정해 보자. 그림 8-11에서 OO'는 2국에서 이용 가능한 총노동공급을 나타내고, 세로축은 임금률을 나타낸다. 자유무역을 할 때 2국의 양 산업에서 균형 임금률은 ED이고 이는 두 산업의 한계생산물 곡선인 $VMPL_X$와 $VMPL_Y$의 교점에 의해 결정된다. OD의 노동은 상품 X 산업에 사용되고, 상품 Y의 산업에는 DO'의 노동이 사용된다.

2국이 상품 X의 수입에 관세를 부과하여 P_X가 상승하면 $VMPL_X$는 비례적으로 상승하여 $VMPL'_X$가

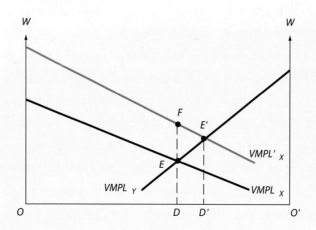

그림 8-11 관세가 요소소득에 미치는 단기효과

2국(자본풍부국)이 수입관세를 부과하면 보통 P_X는 상승하고, $VMPL_X$는 $VMPL'_X$로 상향 이동한다. 임금은 비례 이하로 상승하여 DD'의 (이동 가능 생산요소인) 노동이 상품 Y의 생산으로부터 상품 X의 생산으로 이동한다. 상품 X 단위로 측정한 실질임금은 하락하고, 상품 Y 단위로 측정한 실질임금은 증가한다. (이동 불가능한 생산요소인) 자본의 실질수익률은 상품 X 산업에서는 증가하고, 상품 Y 산업에서는 하락한다.

된다. 그 결과 임금은 ED에서 $E'D'$으로 상승하며 DD' 단위의 노동이 상품 Y의 생산으로부터 상품 X의 생산으로 이동한다. 명목임금 w는 P_X보다 덜 증가하므로 상품 X 단위로 표시한 임금은 하락하고, Y단위로 표시한 임금은 상승한다(P_Y는 변하지 않으므로).

상품 X 산업에 특정화된 자본은 더 많은 노동과 결합되므로 자본의 실질 한계생산물가치는 상품 X로 표시하든 상품 Y로 표시하든 상승하게 된다. 반면에 상품 Y의 생산에서는 더 적은 노동이 고정된 자본과 사용되므로 상품 Y 산업에서 자본의 한계생산물가치는 상품 X 단위로 표시해서 하락하고, 상품 Y 단위로도 하락하게 된다.

이와 같이 자본풍부국인 2국에서 상품 X에 대해 관세를 부과하면 이동 가능한 요소인 노동의 실질소득은 상품 X 단위로 측정하면 하락하고 상품 Y 단위로 측정하면 상승하게 한다. 이동 불가능한 요소인 자본의 실질소득은 상품 X 산업에서는 상승하고, 상품 Y 산업에서는 하락한다. 이러한 결과는 자본과 노동이 이동 가능한 경우에 얻어지는 스톨퍼–사무엘슨 정리와 비교된다. 스톨퍼–사무엘슨 정리에서는 자본풍부국에서 관세부과로 인해 실질임금은 증가하고 실질임대료는 감소하였다.

> **연습문제**　노동풍부국인 1국에서 자본집약적인 상품인 Y에 관세를 부과하는 경우 노동은 이동 가능하지만 자본은 이동 불가능한 경우 실질 w와 실질 r에 어떤 영향을 주는가?

A8.6 최적관세의 측정

8.6A절에서는 최적관세를 무역량의 감소로부터 발생하는 부정적인 효과에 대해 교역조건의 개선으로부터 발생하는 순이익을 극대화하는 관세율로 정의하였다. 그림 8-7의 오퍼곡선 2*가 2국의 최적관세와 관련되는 이유는 E^*가 2국이 임의의 관세로 달성할 수 있는 가장 높은 무역무차별곡선상의 점이기 때문이다. 이것은 그림 8-12의 TI로 표시되는데, 이 그림은 그림 8-7과 동일하다.

무역무차별곡선은 부록 A4.1절에서 1국에 대해 유도되었다. 2국의 다른 무역 무차별곡선들도 그림 8-12의 TI와 동일한 일반모양을 가지며, TI의 왼쪽(2국에 대한 보다 낮은 후생)이나 오른쪽(TI보다 후생수준이 높지만 2국이 도달할 수 없음)에 위치한다.

이와 같이 최적관세란 가능한 한 가장 높은 무역무차별곡선에 도달하게 하는 관세율로서 무역상대국의 오퍼곡선과 접하는 관세율이다. 이와 같이 TI는 1국의 오퍼곡선과 접하게 된다. TI와 점 E^*에 도달하기 위해서는 2국은 오퍼곡선이 2에서 2*까지 회전하도록 수출 또는 수입관세를 부과해야 한다.

2국은 상품 Y에 100% 종가수출관세를 부과함으로써 오퍼곡선을 2에서 2*로 이동시킬 수 있다. 구체적으로 보면 2국의 수출업자는 균형점 E^*에서 50Y(JN)를 수출하는데, 그중 25Y(JE^*)는 2국의 정부에 의해 상품 Y에 대한 수출관세로 징수되고, 나머지 25Y(E^*N)는 40X와 교환된다. 2국은 상품 X에 대한 훨씬 높은 수입관세를 부과하면 오퍼곡선을 2에서 2*로 회전시킬 수 있다는 점을 주목하자. 실제로 최적수출 관세율과 최적수입 관세율은 동일하다(그림 8-12에서는 그렇게 보이지 않는다 하더라도). 이것은 보다 고급의 대학원 과정에서 수학을 사용해서만 보일 수 있다.

그러나 한 국가가 어떤 수입품에 수요 독점력을 갖는 것보다(예 : 브라질이 커피 수출에 대해, 석유

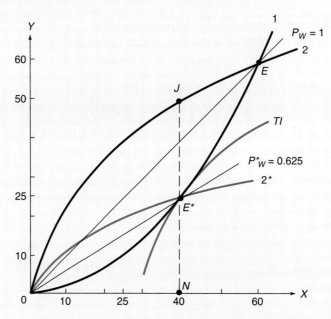

그림 8-12 최적관세의 측정

균형점 E^*가 2국이 도달할 수 있는 최고의 무차별곡선상에 있으므로 오퍼곡선 2*는 2국의 최적관세와 관련되어 있으며, 1국의 오퍼곡선과 접하는 TI에 의해 주어진다. 2국은 100%의 종가수입관세를 부과함으로써 TI상의 균형점 E^*에 도달할 수 있다(왜냐하면 $JE^*=E^*N$이므로). 2국은 TI보다 높은 무역무차별곡선에 도달할 수 없다. 한편 100%의 최적관세율이 아닌 어떤 관세율을 부과해도 이 국가는 TI보다 낮은 무역무차별곡선상에 위치하게 된다.

수출국들의 OPEC을 통한 석유수출에 대해) 수출품에 독점력을 갖는 것이 더 그럴듯하므로 최적관세 논의는 수입보다 수출의 관점에서 보는 것이 더 적절하다.

최적수출 또는 수입관세율(t^*)은 다음과 같다.

$$t^* = \frac{1}{e-1} \tag{8A-6}$$

여기서 e는 무역상대국의 오퍼곡선의 탄력성이다. 이와 같이 e가 무한대가 되면(상대국의 오퍼곡선이 직선일 때 이것은 또한 상대국이 소국임을 의미한다.) 2국의 최적관세율은 0이 된다. 한편 1국의 오퍼곡선이 어떤 곡률을 가지면(e가 무한대보다 작으면) 최적관세율은 양(+)의 값을 갖는다. e의 값이 작을수록(상대국의 오퍼곡선의 곡률이 클수록) t^*의 값은 커진다. 그러나 식 (8A-6)은 최적관세율을 구하기 위해 먼저 E^*(그림 8-12 참조)를 찾아야 하므로 실용적이지 않다.

8.6B절에서 지적했듯이 최적관세로부터 얻는 이익은 상대국의 희생의 결과이며 따라서 상대국은 보복할 가능성이 크다. 그러므로 상호적인 보복이 계속된다면 결국 두 국가는 무역이익의 모든 것을 잃어버릴 것이다. 상대국의 관세율이 주어진 상태에서 두 국가가 우연히 **동시**에 최적관세를 부과하지 않는다면 무역량은 0으로 축소될 것이다.

(a) 1국에 대해서 상품 X에 대한 최적수출관세를 보여 주는 그림 8-12와 유사한 그림을 그리라(힌트 : 1국의 무역 무차별곡선은 그림 4-8 참조). 동일한 그림 위에 1국이 이미 최적관세를 부과한 후에 2국의 최적관세를 보이라(힌트 : 그림 8-7 참조). (b) 1국이 최적관세를 부과하고 2국이 자신의 최적관세로 보복한 후에 1국과 2국의 대략적인 교역조건은 어떠한가? (c) 자유무역과 비교하여 각국의 후생은 어떻게 변화되었는가?

비관세장벽과 신보호주의

- 쿼터와 기타 비관세장벽의 의미와 효과를 익힌다.
- 덤핑과 수출보조금의 효과를 서술한다.
- 보호주의의 정치경제학과 전략적 무역정책 및 산업정책을 설명한다.
- 우루과이 라운드의 결과와 도하 라운드의 목적을 서술한다.

9.1 서론

역사적으로 볼 때 관세가 가장 중요한 무역제한조치라고는 하더라도, 그 외에 수입 쿼터, 수출자율규제, 반덤핑조치 등과 같은 다른 유형의 무역장벽들이 있다. 관세는 전후기간 동안 협상을 통해 인하되었기 때문에 비관세 무역장벽의 중요성이 크게 증대되었다.

이 장에서는 비관세장벽의 효과를 분석한다. 9.2절에서는 수입 쿼터의 효과를 살펴보고, 수입관세와 비교한다. 9.3절에서는 다른 비관세장벽들을 다루는데 국제 카르텔, 덤핑, 수출보조금 등과 같은 무역장벽뿐만 아니라 수출자율규제와 기타 규제들도 논의한다. 9.4절에서는 보호주의에 관한 논의들을 다룬다. 이러한 것 중에는 명백히 오류인 것도 있고 경제적 의미를 갖는 것도 있다. 9.5절에서는 전략적 무역정책이나 전략적 산업정책을 다루며, 9.6절에서는 1934년부터 지금까지 미국의 통상 또는 무역정책의 역사를 개관한다. 마지막으로 9.7절에서는 무역협상으로서의 우루과이 라운드 결과를 요약하고, 도하 라운드에 관해 논의한다. 그리고 현재 세계가 직면하고 있는 현안 문제들을 살펴본다. 부록에서는 집중화된 카르텔의 작용, 국제가격차별, 국내 왜곡을 시정하기 위해 관세 대신 보조금과 세금을 사용하는 문제 등을 그래프를 통해 분석한다.

9.2 수입 쿼터

쿼터(quota)는 가장 중요한 비관세장벽으로 수입상품과 수출상품의 양에 대한 **직접적인** 수량규제이다. 이 절에서는 수입 쿼터를 다루며, 수출 쿼터(수출자율규제 형태로)는 9.3A절에서 다룰 것이다. 수입 쿼터의 효과는 8.2절에서 관세의 효과를 분석하기 위해 사용한 부분균형분석 방법을 사용하여 분석한다. 수입 쿼터와 그에 상당하는(equivalent) 수입관세의 유사성에 또한 주목하자.

9.2A 수입 쿼터의 효과

수입 쿼터는 국내산업이나 농업을 보호하거나 국제수지를 방어하기 위해 사용되며, 제2차 세계대전 직후 서유럽에서 매우 광범위하게 사용되었다. 그 후로 수입 쿼터는 선진공업국에서는 농업을 보호하기 위해, 후진국에서는 제조업의 수입대체를 촉진하거나 국제수지 방어 목적으로 사용되었다.

그림 9-1은 수입 쿼터에 대한 부분균형분석을 보여 주는데, 이는 그림 8-1과 거의 동일하다. D_X는 상품 X에 대한 수요곡선을, S_X는 공급곡선을 나타낸다. 세계가격이 1달러인 상태에서 자유무역이 이루어지면 이 국가는 70단위(AB)를 소비하는데, 그중 10단위(AC)는 국내에서 생산하고 나머지 60단위(CB)는 수입하게 된다. 30단위(JH)만큼의 수입 쿼터가 부과되면 국내가격은 2달러로 상승하게 되며, 이것은 상품 X에 100%의 종가관세를 부과하는 것과 같다(그림 8-1 참조). 그 이유는 2달러의 가격하에서만 50단위(GH)의 수요량이 20단위(GJ)의 국내생산과 30단위(JH)의 수입 쿼터와 일치하기 때문이다. 이와 같이 수입 쿼터 30단위(JH)로 인해 국내소비는 20단위(BN)만큼 감소하고 국내생산은 10단위(CM)만큼 증가하여 100%의 수입관세와 그 효과가 동일하게 된다(사례연구 9-1 참조). 정부가 수입권을 최고입찰자에게 경매방식으로 배분하게 되면 수입효과는 30달러($JHNM$의 영역)가 된다. 그 경우 30단위의 수입 쿼터는 암묵적인 100%의 수입관세와 모든 면에서 동일하게 된다.

수요곡선이 D_X에서 D_X'로 이동하는 경우 30단위($J'H'$)로 주어진 수입 쿼터의 결과 상품 X의 국내가격은 2.5달러로 상승한다. 국내생산은 25단위($G'J'$)로 증가하고, 국내소비도 50단위에서 55단위($G'H'$)로 증가한다. 반면에 (수요곡선 D_X에서 D_X'로의 이동에 직면하여) 100%의 관세가 부과된 경우

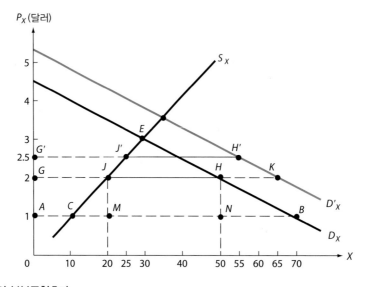

그림 9-1 수입 쿼터의 부분균형효과

D_X와 S_X는 각각 한 국가의 상품 X에 대한 수요곡선과 공급곡선을 나타낸다. P_X=1달러인 자유무역에서 시작하여 30X(JH)의 수입 쿼터를 부과하면 P_X=2달러가 되고 상품 X의 소비는 50X(GH)가 되는데 그중 20X(GJ)는 국내에서 생산된다. 정부가 경쟁시장에서 수입허가권을 가장 높은 입찰자에게 경매에 붙이는 경우 100%의 수입관세처럼 수입효과 역시 30달러($JHNM$)가 된다. 30X($J'H'$)의 수입 쿼터에서 수요곡선이 D_X에서 D_X'로 이동하는 경우 소비는 50X에서 55X($G'H'$)로 증가하고 그중 25X($G'J'$)는 국내에서 생산된다.

사례연구 9-1 미국의 설탕 수입 쿼터에 대한 경제적 효과

2005년 미국은 미국으로 수입되는 설탕 수입을 연간 140만 톤의 쿼터로 규제했다. 이 쿼터로 인해 미국 소비자들이 지불하는 설탕의 가격은 2배 이상 상승하여 연간 17억 달러에 달하는(그림 8.3에서 $a+b+c+d$ 면적의 합으로 표시되는) 소비자 잉여의 손실이 발생했는데, 이 중 9억 달러는 생산자 잉여의 형태로 생산자에게 귀속되었고(그림 8.3의 면적 'a'), 4억 달러는 미국으로 설탕을 수출한 외국의 수출업자들이 더 높은 가격을 받았기 때문에 그들에게 귀속되었고(그림 8.3의 면적 'c'), 나머지 4억 달러는 미국 내 생산 및 소비가 왜곡되어 발생한 사중적 손실(그림 8.3에서 '$b+d$'의 면적)이다. 따라서 설탕 쿼터로 인한 미국의 후생 손실은 약 8억 달러(소비자 잉여의 감소분 17억 달러 − 생산자 잉여의 증가 9억 달러)이다.

소비자 잉여의 감소분 17억 달러를 2005년 미국 인구 3억 명으로 나누면 미국인들은 설탕 쿼터 때문에 평균적으로 약 6달러를 더 지불한 것이다. 물론 대부분의 미국인들은 이 쿼터를 모르고 있고, 1년 동안 설탕에 대한 지출이 적기 때문에 이를 크게 신경 쓰지도 않을 것이다. 그러나 미국 내 대규모 설탕 생산업체의 숫자가 1,000개도 되지 않기 때문에 설탕 생산업체의 평균이윤은 연간 2백만 달러 증가했다(따라서 미국의 설탕업체들이 쿼터를 유지하기 위해 연방정부에 지속적인 노력을 한 것은 놀랄 만한 일이 아니다!). 설탕 쿼터를 철폐하면 2005년도 미국의 설탕산업에서 7,000개의 일자리가 없어질 것으로 추정되므로, 이는 미국의 설탕산업에서 보존되는 일자리 한 개에 대한 소비자 비용이 약 24만 3,000달러에 (설탕 쿼터로 인한 소비자 잉여의 감소분 17억 달러를 보존된 7,000개의 일자리로 나눈 금액) 달한다는 것을 의미한다.

2015년 미국 국내 설탕산업의 고용이 15,100인으로 감소하자 미국 정부는 120만 톤의 설탕 쿼터로 미국의 설탕 수입을 제한하였다. [이를 암묵적인 관세 상당치(또는 외국의 수출업자에 대한 수출세 상당치)라 한다.] USITC는 미국의 설탕 수입에 대한 모든 무역보호를 폐지하면 − 2015~2020년 기준치와 비교하여 − 국내의 설탕 생산은 4.5% 감소, 국내고용은 4.2%(634명) 감소, 3억 4,770만 달러의 후생 이익이 발생할 것으로 추정하였다. 2017년에는 설탕에 대한 관세할당을 완전히 폐지하는 대신 이를 완화하기 위한 입법조치(2017년의 설탕현대화법)가 도입되었는데 이를 시행하게 되면 설탕수입은 증가하고 미국의 소비자들이 지불하는 설탕가격은 하락할 것이다.

출처 : United States International Trade Commission, *The Economic Effects of Significant U.S. Import Restraints*, (Washington, D.C. : USITC, December 2017); "Candy-Coated Cartel," Policy Analysis, CATO Institute, April 10, 2018.; "USDA Announces Sugar TRQs for Fiscal Year 2019," July 2, 2018, https://www.fas. usda.gov/newsroom/usda−announces−sugar−trqs−fiscal−year−2019.

국내가격은 2달러로 불변이고, 국내생산도 20단위(*GJ*)로 불변이며 국내소비는 65단위(*GK*)로 증가하고, 수입은 45단위(*JK*)가 된다.

9.2B 수입 쿼터와 수입관세의 비교

그림 9-1에서 D_X에서 D'_X로의 이동을 통해 수입 쿼터와 수입관세의 여러 가지 차이점 중 한 가지가 분명해진다. 즉, 수입 쿼터가 주어진 경우에 수요가 증가하면 이에 상당한(equivalent) 수입관세에 비해 국내가격은 상승하고 국내생산은 증가한다. 반면에 수입관세의 경우 수요의 증가는 국내가격을 변화시키지 않고 그에 따라 국내생산도 변화하지 않으며 동등한 수입 쿼터에 비해 소비와 수입이 보다 더 증가한다(그림 9-1 참조). S_X의 이동이나 D_X의 하락은 유사한 방법으로 분석될 수 있고, 이 장 마지막 연습문제에서 다룬다. D_X나 S_X의 어떤 이동에 대한 조정은 수입 쿼터의 경우는 국내가격에서, 수입관세의 경우는 수입량에서 변화가 일어나므로 수입 쿼터는 (수입관세의 경우처럼) 가격 메커니즘을 단순히 변경시키는 것이 아니라 그것을 완전히 대체하는 역할을 한다.

수입 쿼터와 수입관세의 두 번째 중요한 차이점은 쿼터의 경우 수입허가권의 배분과 관련된다. 정부가 경쟁시장에서 수입허가권을 경매로 팔지 않는다면 그것을 획득한 기업들은 독점이윤을 획득하게 된다. 이 경우에 정부는 수입허가권을 잠재적 수입업자들 간에 어떻게 배분할 것인가에 대한 기준을 마련해야 한다. 그러한 결정은 효율성보다는 자의적인 행정적 판단에 근거할 수도 있으며 실제적, 잠재적 수입업자의 여러 가지 잠재적 효율성이 변화된 경우에도 여전히 경직적인 상태를 유지할지도 모른다. 더 나아가 수입허가권이 독점이윤을 가져오기 때문에 잠재적 수입업자는 상당한 노력을 로비하는 데 쏟아붓거나 정부 관리들을 매수하여 수입권을 따내려고 할 것이다(소위 지대 추구활동). 이처럼 수입 쿼터는 시장 메커니즘을 대체할 뿐 아니라 전체 경제의 관점에서 볼 때 낭비를 초래하고 부패의 씨앗을 내포하게 된다.

마지막으로 관세의 무역효과는 불확실한 반면, 수입 쿼터는 수입을 특정한 수준으로 **확실하게** 제한하는데, 그 이유는 D_X나 S_X의 모양을 알기 어렵기 때문에 바람직한 수준으로 수입을 제한하기 위한 관세율을 추정하는 것이 매우 어렵기 때문이다. 더 나아가서 외국의 수출업자는 조업의 효율성을 높이거나, 이윤의 폭을 줄임으로써 관세의 모두 또는 일부를 흡수할 수 있으므로 실제 수입 감소액은 예상보다 더 낮아질지도 모른다. 쿼터의 경우에는 수입국으로 수입되는 수입량이 제한되기 때문에 수출업자는 이렇게 할 수 없다. 국내생산업자가 수입관세보다 수입 쿼터를 강하게 선호하는 것은 이러한 이유와 쿼터가 훨씬 눈에 덜 띄기 때문이다. 그러나 수입 쿼터는 수입관세보다 더 제한적이기 때문에 사회는 일반적으로 이러한 노력을 저지해야 한다. 9.7A절에서 보게 되는 것처럼 우루과이 라운드 조항 중의 하나는 수입 쿼터와 다른 비관세장벽을 이에 상당한 관세로 바꾸는 것이다(관세화 과정).

9.3 다른 비관세장벽과 신보호주의

이 절에서는 관세와 수입 쿼터 외의 다른 비관세장벽들을 다룬다. 여기에는 수출자율규제, 기술적, 행정적 및 기타 규제 등이 포함된다. 무역규제에는 그 외에 국제 카르텔, 덤핑이나 수출보조금 등이 있다. 지난 20년 동안 비관세장벽(Nontariff Trade Barriers, NTBs), 또는 신보호주의(new protectionism)는 국제무역의 흐름을 방해하는 데 관세보다 더 중요한 역할을 했고, 국제무역체제에 주요한 위협이 되어 왔다. 이 절에서는 수출자율규제로 시작하여 비관세장벽과 신보호무역주의를 다룬다.

9.3A 수출자율규제

비관세장벽 중 가장 중요한 것 중의 하나는 수출자율규제(Voluntary Export Restraints, VERs)이다. 수출자율규제는 수입하는 국가에서 상대국의 수출에 의해 국내의 특정 산업 전반이 위협받는다고 판단될 때 더욱 높은 수준의 수입규제조치가 취해질 수 있다는 위협하에 수출국으로 하여금 소위 자율적으로 수출을 규제하도록 하는 것이다. 수출자율규제는 1950년대 미국, 유럽연합 및 기타 선진국에 의해서 일본, 대한민국 및 다른 국가의 의류, 철강, 전자제품, 자동차 및 기타제품의 수출을 억제할 목적으로 시도되었으며, 이러한 산업은 지난 30년 동안 선진국에서 심각한 고용의 감소를 경험한 성숙된 산업들이다. 수출자율규제는 때때로 시장 질서협정으로도 불리는데, 이는 수출자유규제를 사용하는 미국과 기타 선진국들이 외관상으로나마 자유무역을 지지하는 것처럼 보이기 위해 붙인 이름이다. 우루과이 라운드는 1999년까지 모든 수출자율규제를 폐지하도록 요구하였고 새로운 수출자율규제의 시행도 금지하였다.

수출자율규제가 성공적인 경우 그 경제적 효과는 수입 쿼터의 경우와 동일하지만 그것이 수출국가에 의해 시행되므로 수입(收入)효과나 지대가 외국의 수출업자에게 돌아간다는 점에 차이가 있다. 이것의 한 예는 1981년 일본 자동차에 대한 미국의 수출자율규제이다(사례연구 9-2 참조). 미국은 또한

사례연구 9-2 미국과 유럽으로 수출되는 일본 자동차에 대한 수출자율규제

1977년부터 1981년까지 미국의 자동차 생산은 약 1/3로 감소하였고, 수입의 비율은 18%에서 29%로 상승하였으며, 거의 30만 명에 달하는 자동차산업의 노동자들이 일자리를 잃었다. 또한 미국의 3대 자동차 회사(GM, 포드, 크라이슬러)는 1980년에 40억 달러의 손실을 경험했다. 그 결과 미국은 미국으로 수출되는 일본의 자동차의 수량을 1981년부터 1983년까지 매년 168만 대로 제한하고 1984년과 1985년에는 185만 대로 제한하는 협정을 일본과 체결하였다. 일본은 미국이 한층 더 엄격한 수입규제를 할 것을 두려워해서 자동차 수출을 제한하는 데 동의했다.

미국의 자동차 제조업자들은 1981년부터 1985년까지의 기간을 잘 이용하여 수지균형점을 낮추고 품질을 향상시켰지만 비용 개선을 소비자에게 돌려주지 않고 디트로이트는 1983년에 거의 60억 달러의 이익을, 1984년에는 100억 달러, 1985년에는 80억 달러의 이익을 보았다. 일본은 고가의 자동차를 수출함으로써 더 높은 이익을 창출했다. 물론 최대의 피해자는 미국 일반 대중이었는데, 그들은 국내 및 외국 자동차에 대해서 실질적으로 더 높은 가격을 지불해야 했다. 미국의 국제무역위원회는 1984년에 그 협정에 의해 미국 국산자동차는 가격이 660달러 인상되었고, 일본 자동차는 1,300달러 인상된 것으로 추정했다. 미국 국제무역위원회는 또한 그 협정으로 미국 소비자가 부담한 총비용은 1981년부터 1984년까지 157억 달러였고, 4만 4천 명의 자동차산업의 일자리가 1인당 10만 달러 이상의 비용을 치르고 유지된 것으로 추정했다.

1985년 이래로 미국은 VER 협정의 갱신을 요구하지 않았지만 일본은 미국과의 더 많은 무역마찰을 회피하기 위하여 자동차 수출을 제한했다(1986년부터 1991년까지는 230만 대로 그 후에는 165만 대로). 그러나 1980년대 말 이래로 일본은 이른바 시설이전 공장에서 미국의 자동차를 생산하는 데 크게 투자했으며, 그 결과 1996년에 일본은 미국에서 200만 대 이상의 자동차를 생산했고, 미국 자동차 시장의 23%를 차지했다. 2009년에 일본 자동차 생산업자의 미국시장 점유율은 해외 자동차업체의 점유율 46%에서 35%에 달했다.

미국의 뒤를 이어 캐나다와 독일 역시 일본의 자동차 수출에 대한 규제를 실시하였다(프랑스와 이탈리아는 이미 엄격한 쿼터를 부과하고 있었다). 유럽연합 자동차 시장에 대한 일본의 점유율을 16%로 제한하기로 한 1991년의 협정은 일본 자동차(수입 및 유럽 내 생산)의 유럽시장 점유율이 11.4%에 도달한 1999년 말 종료되었다. 2008년에는 점유율이 13%를 초과했고 장차 상승할 것으로 예상된다.

해외 자동차업체의 미국 내 판매량(수입품과 미국 내 생산을 합하여)은 디트로이트의 빅 3보다 더 많다. 2009년도에 GM은 파산신청을 했다가 미국 정부가 납세자의 돈 495억 달러를 투자한 후에 회생하였고, 그 결과 미국 정부는 이 회사의 지분을 61% 보유하게 되었다. 크라이슬러 역시 정부지원으로 회생하였으나 그 후 이탈리아의 피아트에 의해 인수되었다. 2010년 이래로 미국의 자동차업체들은 생산과 판매를 늘리고, 일본 업체로부터 일부 시장을 탈환하기도 했다. 2010년에 GM은 미국보다는 중국에서 생산된 차를 더 많이 판매하고 있다!

출처 : U.S. International Trade Commission, *A Review of Recent Development in the U.S. Automobile Industry Including an Assessment of the Japanese Voluntary Restraint Agreement*(Washington, D.C. February 1985); "Japanese Cars Europe Sales Records," *The Japan Times*, January 16, 2005, p. 1; "America's Other Auto Industry", *The Wall Street Journal*, December 1, 2008, p. A22; "The Medicine Starts to Work," *The Economist*, May 22, 2010, p. 69; and "U.S. Automakers Getting Back on Track at Just the Right Time," *Money Morning*, October 11, 2011, p. 1; and "How American Cars are Really Sold in China," CNN Money, April 10, 2018.

1982년 주요 철강 수출공급자와 수출자율규제를 협상하여 미국 철강시장의 20%까지 수입을 제한하였다. 이러한 조치는 대략 20,000개의 일자리를 구했지만 대신 미국의 철강가격은 20~30% 정도 상승한 것으로 추정된다. 이 수출자율규제는 1992년에 시효가 끝났으며, 즉시 외국철강수입에 대한 반덤핑관세의 부과요구로 대체되었는데(9.3D절 참조) 이는 미국, 일본, 유럽연합, 중국 및 여타 국가 간에 심각한 분쟁을 불러일으켰다.

수출자율규제는 수출 국가들이 마지못해 수출을 억제하므로 수입 쿼터에 비해 수입을 규제하는 면에서는 덜 효과적이다. 해외수출업자들은 그들의 쿼터를 시간이 지남에 따라 고품질, 고가격으로 채우고자 한다. 이러한 제품의 질적 향상은 일본의 미국에 대한 자동차 수출자율규제의 경우에 매우 분명하다. 더 나아가서 대체로 수출자율규제는 주요 공급국가에만 관련되기 때문에 다른 국가들이 주요 공급자의 수출을 대체할 여지가 있으며 제3국을 통한 선적이 가능하다.

9.3B 기술 · 행정 및 기타 규제

국제무역은 또한 기술 · 행정 및 기타 규제(technical, administrative, and other regulations)에 의하여 저해된다. 여기에는 자동차 및 전기장비에 대한 안전규정, 수입식품의 위생적인 생산과 포장을 위한 건강규정, 원산지와 함량에 대한 상표요구조건 등이 포함된다. 이러한 많은 규제들은 법적인 목적을 가지고 있지만 어떤 것들은 프랑스에서 스카치에 대한 광고금지나 영국에서 TV에서 외국영화를 상영하는 것을 금지하는 것과 같이 수입규제를 위해 위장된 것이다.

다른 무역규제는 국내 공급자로부터 구매할 것을 요구하는 법에 의해 발생한다(소위 정부조달정책). 예를 들어 1933년에 통과된 '바이 아메리칸'법에 의하면 정부 당국은 국내 공급자에게 12%까지(국방 계약에 대해서는 50%까지) 가격우위를 제공했다. 도쿄 라운드의 무역자유화의 일환으로(9.6D절 참조) 미국 및 여타 국가들은 이러한 관행과 규제를 공개하고 외국 공급자에게 공정한 기회를 제공하는 정부조달 협정에 동의했다.

최근에는 국경세에 대한 관심이 커지고 있다. 국경세는 수출업자에게 국내간접세를 환급하는 것으로(관세 외에도) 수입업자에게 부과된다. 미국에서 간접세의 예는 물품 및 판매세이고, 유럽에서는 부가가치세(VAT)이다. 미국에서 대부분의 정부수입은 (소득세와 같이) 직접세를 통해 징수되고, 유럽에서는 (부가가치세와 같이) 간접세를 통해 징수되기 때문에 미국의 수출업자는 유럽의 수출업자에 비해 훨씬 더 적은 환급을 받게 되고 경쟁열위에 있게 된다.

국제상품협정과 복수환율 역시 무역을 제한한다. 국제상품협정은 개발도상국의 주요한 관심사이며, 제11장에서 논의한다.

9.3C 국제 카르텔

국제 카르텔(international cartel)은 서로 다른 국가에 소재한 상품의 공급자들이 산출량 및 수출을 제한해서 총이윤을 극대화시키거나 증가시킬 목적으로 조직한 기구이다. 미국에서 국내 카르텔이 불법이고, 유럽에서는 제한되지만 국제 카르텔은 어느 한 국가의 관할 아래 있지 않기 때문에 쉽게 해체될 수 없다.

현재의 국제 카르텔 중에서 가장 악명 높은 것은 석유수출국기구(OPEC)로 1973년과 1974년 사이에 생산 및 수출을 제한함으로써 원유가격을 4배 높이는 데 성공했다. 또 하나의 예는 국제항공운송협회로서 국제항공요금 및 정책을 집행하기 위해 2007년까지 매년 회합한 주요 국제항공노선 카르텔이다.

국제 카르텔은 필요 불가결한 상품의 국제적 공급자가 극소수이고, 그에 대한 밀접한 대체상품이 존재하지 않는 경우 매우 성공적일 것이다. OPEC은 1970년대에 이러한 조건들을 아주 잘 충족시켰다. 그러나 국제 공급자가 많은 경우에는 그것들을 효과적인 카르텔로 조직한다는 것은 더 어렵다. 마찬가지로 어느 상품에 대한 좋은 대체상품이 있는 경우에 국제 카르텔이 생산 및 수출을 제한하여 가격과 이윤을 증가시키고자 시도하면 구입자들은 대체상품으로 이동하게 된다. 이것은 석유 또는 주석 외의 다른 광물이나 설탕, 커피, 코코아, 고무 이외의 다른 농산물 분야에서 국제 카르텔이 형성되기 어려운 이유이다.

카르텔의 힘은 생산과 수출을 제한할 수 있는 능력에 있기 때문에 임의의 한 공급자가 카르텔 밖으로 나가거나 카르텔을 속이고 그 카르텔 가격보다 낮은 가격으로 무제한의 판매를 하고자 하는 인센티브가 존재한다. 이는 높은 원유가격으로 인해 원유탐사와 (영국, 노르웨이, 멕시코와 같은) 비회원국의 생산이 촉진된 1980년대의 예를 통해 OPEC에게 명백해졌다. 석유제품에 대한 수요를 감소시킨 에너지 보존조치와 아울러 가격 상승으로 인한 공급의 증가로 인해 1980년대와 1990년대의 원유가격은 1970년대에 비해 급락했다. 또한 경제이론이 예측하는 바와 같이 카르텔은 내재적으로 불안정하고 자주 붕괴하거나 실패하게 된다. 그러나 카르텔은 성공하게 되면 총이윤을 극대화하는 독점자[집중화된 카르텔(centralized cartel)]로서 행동하게 된다(A9.1절 참조).

9.3D 덤핑

무역장벽은 또한 덤핑으로부터 유래할 수도 있다. 덤핑(dumping)은 한 제품을(생산비 이하로 또는) 국내보다 해외에서 더 낮은 가격으로 수출하는 것이다. 덤핑은 지속적, 약탈적 및 산발적 덤핑으로 분류된다. 지속적 덤핑(persistent dumping)은 국제가격차별 또는 국내 독점기업이 총이윤을 극대화하기 위하여 제품을 국제시장보다 (운송비나 무역장벽에 의해 고립되는) 국내시장에서 더 높은 가격으로 지속적으로 판매하는 것이다. 부록 A9.2절에서 국내 공급자가 총이윤을 극대화하기 위해서 어떻게 국내와 해외에서 가격을 책정하는가를 보여 준다.

약탈적 덤핑(predatory dumping)은 해외의 생산자를 업계로부터 축출하기 위해서 한 상품을 비용 이하 또는 해외에서 보다 낮은 가격으로 일시적으로 판매하는 것인데, 그 후에는 새로 획득된 해외에서의 독점력을 활용하여 가격을 상승시킨다. 산발적 덤핑(sporadic dumping)은 한 상품을 생산비 이하로 국내보다 해외에서 더 낮은 가격으로 간헐적으로 판매하는 행위이다. 이것은 그 제품의 예기치 않는 일시적인 초과공급을 국내가격을 하락시키지 않고, 해소하기 위한 것이다.

약탈적 덤핑을 상쇄하기 위한 무역규제조치가 정당화되고 부당한 해외경쟁으로부터 국내산업을 보호하는 것이 허용된다. 이러한 규제는 보통 반덤핑관세 형태를 띠는데, 가격 차이를 상쇄하거나 그러한 관세부과를 하겠다고 위협하는 것이다. 그러나 덤핑의 유형을 결정하는 것이 쉽지 않고 국내생산자들은 어떠한 유형의 덤핑에 대해서도 변함없이 보호를 요구한다. 그렇게 함으로써 그들은 수입을 억제하고 그들 자신의 생산 및 이윤을 증가시키게 된다. 실제로 지속적이고 산발적인 덤핑의 경우에는 낮은 가격으로 인해 소비자가 얻는 이익이 국내생산자가 부담하는 생산에서의 손실보다 더 클 수도 있다.

지난 40년 동안 일본은 미국에 철강과 TV를 덤핑 수출하는 것으로, 유럽 국가들은 자동차와 철강과 다른 제품을 덤핑하는 것으로 비난을 받아 왔다. 많은 선진국, 특히 유럽연합에 속한 선진국들은 그들의 농업지지 프로그램하에서 생산되는 농산물을 덤핑 수출하려고 하는 경향이 있다. 덤핑이 입증되는 경우에 위반한 국가 또는 기업은 반덤핑관세를 부과받는 대신에 제품의 가격을 올리기를 선호한다(1976년 폭스바겐, 1977년 일본 TV 수출업자들이 했던 것처럼). 2007년에는 (유럽연합을 1개 국가로 간주했을 때) 29개국이 (많은 개발도상국을 포함하여) 반덤핑법이 존재하고 있었다.

1978년 미국 정부는 트리거 프라이스 메커니즘(trigger-price mechanism)을 도입하여 (1980년대 말의 대한민국) 세계 최저 생산국보다 낮은 가격에 철강이 미국에 수입된다는 고소가 접수되면 신속하게 반덤핑 조사를 받도록 하였다. 덤핑이 입증되면 미국 정부는 수입철강의 가격을 최저생산비 국가의 가격과 같아지도록 관세를 부과하여 국내 철강산업을 신속하게 구제한다. 미국에 대한 철강 수출 자율규제가 종료된 1992년 이래로 미국의 철강 생산업자들은 외국의 철강 생산자들에 대해 수백 건의 반덤핑 제소를 하여 뜨거운 논쟁을 불러일으켰다.

1985년 미국 생산자들은 일본의 컴퓨터 칩(컴퓨터의 두뇌이고 가장 현대적인 기계) 수출업자에 대해서 반덤핑 제소를 하였다. 이에 대해 일본은 1986년에 미국 및 여타 국가에서의 칩의 덤핑을 중지하는 협정을 체결하였다. 그러나 덤핑이 지속되자 미국은 1987년에 미국으로 수출되는 3억 달러 상당의 일본제품에 대해 100% 수입관세를 부과하였다. 그 관세는 일본이 해외 생산자들로 하여금 일본 칩의 시장점유율을 1986년의 8%에서 1992년까지 20%로 확대한다는 반도체 협정을 체결하자 1991년에 폐지되었다. 그러나 미국의 칩 생산자들은 1994년까지 동의한 일본에서의 시장점유율이 20%에 도달하지 못하자 의견의 불일치가 계속되었다. 1996년에 그 협정은 갱신되었지만 미국과 일본의 컴퓨터 칩 산업이 시장점유율에 대한 요구 없이 상호 간의 시장을 모니터링한다는 데만 동의했다.

1998년과 1999년에 미국은 유럽연합, 일본, 대한민국, 브라질, 러시아로부터의 철강 수입에 대해 반덤핑관세를 부과했으며, 2002년 3월에는 러시아, 브라질, 일본, 중국으로부터의 철강 수입에 대해 30%의 관세를 부과했다(이에 대해 WTO는 이를 불법으로 판정하여 미국은 2003년 이를 철회했다). 2010년에 WTO는 중국의 덤핑 및 정부 보조금으로부터 미국의 생산자들을 보호하기 위하여 미국이 중국산 철강 파이프, 타이어 및 기타 제품에 대하여 2008년 부과한 관세를 지지했다. 철강산업이 반덤핑 조사를 요구하는 일은 근래에 특히 미국에서 빈번해졌는데 그 이유는 세계시장에서의 만성적인 초과공급 때문이다.

2005년에 미국은 미국에 대한 중국산 직물 및 의류 수출의 연간 증가율을 2008년까지 7.5%로 제한할 것을 협상했다(유럽연합 역시 2008년까지 10% 한도를 협상했다). 이러한 규제조치는 우루과이 라운드 이행조치의 일환으로 2004년 직물 및 의류에 대한 쿼터가 철폐됨에 따라 이들 중국산 제품이 미국과 유럽연합에 넘쳐났기 때문에 필요한 것으로 생각되었다. 미국이 유럽연합의 (미국인 소유의 플랜테이션에서 생산되는) 중앙아메리카와 카리브산 바나나 수입 규제에 대해 비난했던 바나나 사례는 오래 끌어왔는데, 2010년 미국에게 유리한 방향으로 해결되었다.

2011년 미국은 미국산 닭고기 제품에 대한 중국의 과중한 반덤핑관세를 철폐하도록 WTO에 요청했다. 미국과 유럽연합은 (고급 카탈로그와 잡지에 사용되는) 중국의 코팅 용지에 대해 반덤핑 및 상계관세를 부과했다. 미국은 미국의 전자결제 서비스 공급자가 중국시장에 대한 접근을 제한한 중국정부의 조치에 대해 WTO의 심리를 요구했다. 또한 중국도 미국의 중국에 대한 SUV 수출에 대해 22%까지의 가혹한 관세를 부과했다.

2012년 3월, 미국, 일본 및 유럽연합은 중국이 여러 형태의 희토류, 텅스텐 및 몰리브덴에 대한 중국의 수출규제에 대한 분쟁해결절차에 따라 중국과 협의할 것을 요청하였다. 2012년 5월 미국 상무부는 몇몇 중국의 태양 전자판 기업이 덤핑한 것으로 판정하여 그들의 수출품에 대해 31%의 관세를 부과하였다.

시행 중인 반덤핑 조치의 수는 1998년 1월의 880건에서 2011년 9월에는 1,683건으로 증가했다. 평균적으로 반덤핑 조사의 절반 정도가 아무런 조치 없이 종료되며 나머지는 관세를 부과하거나 수출업자가 가격을 인상하는 것으로 종결되었다. 사례연구 9-3은 2016년과 2017년에 G20 국가가 시행한 반덤핑 조사이다.

9.3E 수출보조금

수출보조금(export subsidies)은 한 국가의 수출을 촉진하기 위해 수출업자나 잠재적 수출업자에게 직

사례연구 9-3 G20 국가에 의한 반덤핑 조사

표 9-1은 WTO 회원국인 (가장 중요한 선진국, 개발도상국 그리고 유럽연합으로 구성된) G20 국가가 2016년과 2017년에 시행한 반덤핑 조치의 수를 보여 준다. 이 표를 통해 반덤핑 조치의 수는 2016년의 140건에서 2017년에는 154건으로 증가했음을 알 수 있다. 2017년에 인도가 가장 많은 반덤핑 조치를 받았고(47), 그다음이 미국(33), 오스트 레일리아(14) 및 브라질, 캐나다와 멕시코(각각 19건)이다. (전체로서의) 유럽연합은 11건이었다. G20 중 다른 국가들(프랑스, 독일, 이탈리아, 영국, 남아프리카공화국)은 2016~2018년 기간에 아무런 반덤핑 조치를 받지 않았다. 2016~2017년 기간에 대부분의 반덤핑 조치가 부과되었던 상품은 금속, 화학품, 플라스틱, 펄프/종이 및 기계였다.

표 9-1 G20 국가가 시행한 반덤핑 조치의 수

G20 국가	2016	2017	G20 국가	2016	2017
아르헨티나	1	1	일본	2	1
오스트레일리아	5	14	대한민국	3	4
브라질	13	10	멕시코	12	2
캐나다	3	10	러시아	4	1
중국	11	5	사우디아라비아	0	1
유럽연합	5	11	터키	9	10
인도	37	47	미국	35	33
인도네시아	0	3	총계	140	154

출처 : WTO, *Report on G20 Trade Measures*(WTO: Geneva, 2018).

접적인 지급(또는 세금감면이나 저금리 대부)을 하는 것으로 그 자체로 덤핑의 한 형태로 간주될 수 있다. 수출보조금은 국제협정에 의해서 불법이지만 많은 국가들은 위장된 그리고 그렇게 위장되지 않은 형태로 수출보조금을 제공하고 있다.

예를 들어 모든 주요 선진국들은 미국의 수출입은행(Export-Import Bank)과 같은 대리인을 통해서 그 국가의 수출품을 구입하는 해외 바이어들에게 낮은 금리의 대부를 통해 구입 자금을 조달하도록 한다. 이러한 저금리 신용대출은 미국 수출의 약 2%를 차지하지만 중국, 일본, 프랑스, 독일 수출의 경우에는 훨씬 높다. 실로 이것은 오늘날 미국이 다른 선진국들에 대해서 갖는 가장 심각한 무역분쟁의 원인이다. 보조금의 크기는 상업적인 대부로 지불되는 이자율과 보조된 이율의 차이로 측정할 수 있다. 수출입은행의 정관은 2014년 6월 30일 만료되었으나 2015년 7월 1일까지 연장되었고 그 후 2015년 12월 4일에 2019년 9월 30일까지 갱신되었다.

또 다른 예로는 '치외법권 소득'으로 해외에 자회사를 설립한 미국의 (보잉, 마이크로소프트, 캐터필러 등을 포함하는) 3,600개 기업들은 1971년부터 적용된 미국 세법의 해외영업법인(Foreign Sales Corporations, FSC) 조항을 이용하여 수출소득에 대해 일부 조세감면을 받았다. 이 조항으로 인해 미국기업들은 연간 약 40억 달러의 세금을 절감할 수 있었다. 1999년 WTO는 이러한 세금감면은 일종의 수출보조금으로 판정하고 미국으로 하여금 이를 폐지하도록 요구하였다. 미국은 항소했지만 패배했고, 2004년에는 FSC를 폐지하였으나 40억 달러의 제재를 받게 되었다. 그러나 미국이 수출보조금을 모두 폐지하지 않았기 때문에 2005년에 WTO는 유럽연합이 3억 달러의 미국 무역에 대해 제재를 할 수 있도록 허용했다.

2010년에 미국은 중국이 풍력장비 생산에 대한 보조금을 불법으로 지급한다고 소송을 제기했다. 중국은 재생가능 에너지, 풍력 에너지, 태양열 및 수력발전 제품군에 대한 미국의 정부정책과 보조금에 대한 자체 조사를 실시하겠다고 응수했다. 2011년에는 중국이 여러 가지 중요한 첨단기술 제품 생산에 필수적인 희토류와 같은 일부 원자재의 수출을 제한하고 있다는 유럽연합, 멕시코 및 미국의 불만에 대해 WTO는 중국에 불리한 판결을 내렸다. 2016년 미국은 중국과 기타 5개국(브라질, 대한민국, 멕시코, 러시아, 터키)으로부터의 철강 수입에 대해 관세를 부과하였고 2017년과 2018년에는 다른 국가로부터의 철강 수입에 대해 더 높은 관세를 부과하였다(차후에 논의함).

특히 골치 아픈 문제로는 공동농업정책(CAP)의 일환으로 유럽연합이 농민들의 소득을 보전하기 위해 지원하는 높은 농산물 가격이다. 이러한 높은 농업보조금으로 농산품 잉여가 막대하게 발생하였고, 또한 보조금에 의한 수출이 발생하게 되었는데, 이는 미국이나 다른 국가의 수출시장을 빼앗는 것이었으며 미국과 유럽연합 사이의 가장 첨예한 무역분쟁의 원인이 되었다(사례연구 9-4 참조).

또한 EU가 항공기(에어버스)에 지급하는 보조금과 일본의 통상산업성(MITI)이 컴퓨터 및 기타 첨단기술에 지급하는 보조금 때문에 심각한 분쟁이 발생했다. 2018년 WTO는 에어버스가 A380 및 A350 항공기를 개발하는 데 220억 달러 이상의 불법보조금을 지급했다고 판정하여 미국으로 하여금 EU에 대해 100억 달러 이상의 벌칙금을 부과하도록 하였는데, 이로써 2006년 세계무역시스템에서 발생한 가장 심각한 논쟁을 종결시켰다.

상계관세(Countervailing Duties, CVDs)는 외국 정부가 지급한 수출보조금을 상쇄하기 위해 수입품에 대해 종종 부과된다. 사례연구 9-5는 미국, 유럽연합, 일본 및 캐나다의 수입품과 고소득국가, 중

사례연구 9-4　OECD 국가에서의 농업보조금

표 9-2는 2010년과 2017년에 OECD 국가가 자국의 농업 부문에 지불한 보조금을 10억 달러로 또한 생산자 보조금 상당치(즉, 총농가소득의 비율로)를 보여 준다. 이 표에 의하면 2017년도에 농업보조금을 가장 많이 사용한 국가는 유럽연합(931억 달러)이고, 그다음이 일본(425억 달러), 미국(310억 달러), 대한민국(246억 달러)이다. 2017년 일본의 생산자 보조금 상당치는 유럽연합의 2.7배였고, 미국의 4.9배였다. 대한민국, 노르웨이, 스위스, 일본은 가장 많은 생산자 보조금 상당치를 지불했다. 농업보조금은 오늘날 가장 첨예한 무역분쟁의 원인이며 (현재에도 그러하며) 우루과이 라운드의 타결이 지연되고 도하 라운드가 실패하는 원인이 되었다(9.8절 참조).

농업보조금에 대한 가장 첨예한 무역분쟁 중의 하나는 2002년 미국이 목화재배 농가에게 지급했던 30억 달러의 보조금에 대해 브라질이 이의를 제기한 면직물 사례이다. 2004년에 WTO는 이러한 보조금이 "WTO 규정에 불일치"(즉, 불법이라고)하다고 판결했다. 브라질은 미국이 보조금을 철폐하기 위해 처한 조치에 만족하지 않았기 때문에 2009년 8억 2,930만 달러의 미국 상품에 대한 보복관세를 발표했지만, 2010년 미국이 1억 4,730만 달러의 기금을 설립하여 브라질 목화재배 농가에게 기술 지원을 해주고 2014년에는 면직물에 대한 보조금을 철폐하기로 약속함에 따라 이의 시행을 연기했다.

표 9-2　2010년 및 2017년 여러 OECD 국가의 농업보조금 및 생산자 보조금 상당치

국가	10억 달러		농업 생산에 대한 보조금 비율	
	2010	2017	2010	2017
미국	30.8	31.0	7	10
유럽연합	104.7	93.1	20	18
일본	52.8	42.5	50	49
캐나다	7.1	4.5	18	10
오스트레일리아	–	1.3	0.8	2
노르웨이	3.6	2.9	61	53
스위스	5.7	6.1	54	51
멕시코	6.5	4.2	12	8
대한민국	19.6	24.6	45	54
터키	24.4	13.4	28	23
산업국가 전체　총합	253.1	227.9	평균　18	18

출처 : OECD, *Agricultural Policies in OECD Countries: Mointoring and Evaluation*(OECD: Paris, 2018); and R. Schnepf, *Brazil's WTO Against U.S. Cotton Program*(Washington D.C.: Congresseional Research Service, February 2014).

간소득국가 및 저소득국가라는 국가군에 대한 비관세장벽의 정도를 살펴본다.

9.3F 수출보조금의 분석

수출보조금은 그림 8-1과 유사한 그림 9-3을 통해 분석할 수 있다. 그림 9-3에서 D_X와 S_X는 각각 2국의 상품 X에 대한 수요곡선과 공급곡선을 나타낸다. 상품 X의 자유무역 세계가격이 3.5달러(그림 8-1에서

사례연구 9-5　비관세장벽의 만연

표 9-3은 1996년 모든 유형의 비관세장벽(수출자율규제, 반덤핑 조치, 기술 및 기타 규제, 상계관세)이 미국, 유럽연합, 일본 및 캐나다 등에 만연해 있는 것을 보여 준다. 이러한 비관세장벽의 만연은 영향을 받는 관세선(tariff lines)의 비율로 측정된다. 예를 들면 미국은 1996년 식품, 음료, 담배 무역의 2.8%가 일부 유형의 비관세장벽에 영향을 받았

표 9-3　대규모 선진국에서 비관세장벽의 만연

	영향을 받는 관세선의 비율			
	미국	유럽연합	일본	캐나다
식품, 음료, 담배	2.8	17.2	5.9	0.4
직물 및 의류	67.5	75.2	31.9	42.9
목재 및 목재제품	0.6	0.0	0.0	3.2
종이 및 종이제품	1.1	0.7	0.0	0.4
화학, 석유제품	3.3	2.9	0.9	0.6
비금속광물제품	3.6	0.0	0.0	0.0
기초금속산업	30.4	0.6	5.1	1.7
조립금속제품	5.9	0.0	0.0	2.2
다른 제조업	1.7	0.0	0.0	0.9
평균 제조업	17.9	13.4	10.3	7.8

출처 : WTO, *Market Access: Unfinished Business*(Geneva : WTO, 2004).

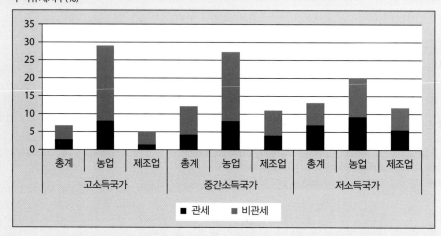

그림 9-2　총체적 무역규제지수(OTRI)

이 그림은 OTRI를 관세와 비관세장벽으로 구분하여 총 %로 보여 준다. 저소득국가의 OTRI는 고소득국가나 중간소득국가보다 높았다. 제조업에서도 마찬가지이지만 농업에서는 그 반대이다.

출처 : UNCTAD, *Non-Tariff Measures to Trade: Economic and Policies Issue for Developing Countries*(New York : UNCTAD, 2013).

고, 유럽연합 17.2%, 일본 5.9%, 캐나다에서는 0.4%였다. 이 표로부터 지금까지 모든 국가 또는 지역에서 가장 보호를 많이 받는 부분은 직물과 의류라는 것을 알 수 있다. 총체적으로 볼 때 모든 제조업품에서 비관세장벽의 무역 가중 백분비는 미국에서 17.9%, 유럽연합에서 13.4%, 일본에서 10.3%, 캐나다에서 7.8%이다.

그림 9-2는 관세와 비관세장벽에 대한 최근의 거시 자료를 보여 준다. 이 그림에 의하면 2012년에 저소득국가의 총체적 무역규제지수(Overall Trade Restrictiveness Index, OTRI)

는 중간소득국가나 고소득국가보다 높았다. 제조업에서도 마찬가지이지만 농업에서는 그 반대이다. 또한 이 그림은 고소득국가와 저소득국가에서 OTRI 중 비관세장벽의 비중이 저소득국가보다 훨씬 높았으며, 특히 농업 부문에서 그러하다는 점을 보여 준다. 이 세 가지 국가군 모두의 경우(제조업품의 수입이 농업제품의 수입보다 훨씬 많기 때문에) 농업 부문에서의 OTRI는 제조업 부문이나 전체 OTRI보다 훨씬 높다.

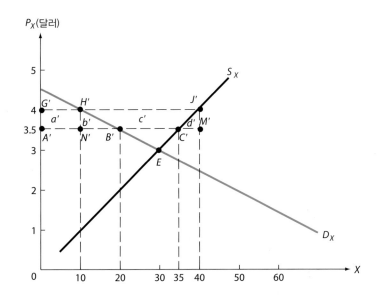

그림 9-3 **수출보조금의 부분균형효과**

P_X = 3.5달러의 자유무역가격하에서 소국인 2국은 35X($A'C'$)를 생산하고 20X($A'B'$)를 소비하고 15X($B'C'$)를 수출한다. 수출되는 상품 X의 각 단위에 0.5달러의 보조금을 지불하는 경우 P_X는 국내생산자와 소비자에게 4달러로 상승한다. P_X가 4달러인 경우 2국은 40X($G'J'$)를 생산하고 10X($G'H'$)를 소비하고 30X($H'J'$)를 수출한다. 국내소비자는 7.5달러($a'+b'$)를 잃고 국내생산자는 18.75달러($a'+b'+c'$)를 얻으며 정부보조금은 15달러($b'+c'+d'$)이다. 2국의 보호비용 또는 사중적 손실은 3.75달러(삼각형 $B'H'N'=b'=2.5$달러와 $C'J'M'=d'=1.25$달러)이다.

는 1달러)이면 2국은 35X($A'C'$)를 생산하고 20X($A'B'$)를 소비하며 나머지 15X($B'C'$)를 수출한다. 즉, 3달러 이상의 가격하에서는 2국은 상품 X의 수입자가 아니라 수출자가 된다.

2국의 정부(소국 가정)가 수출상품 X의 단위당 0.5달러의 보조금을 지급하면(16.7%의 종가보조금과 동일) 상품 X의 가격은 국내생산자와 소비자에게 4달러가 된다. P_X = 4달러에서 2국은 40X($G'J'$)를 생산하고 10X($G'H'$)를 소비하고 30X($H'J'$)를 수출한다. 상품 X의 가격 상승은 2국에서 상품 X 생산자에게는 이익이 되지만 소비자에게는 손해가 된다. 2국은 또한 보조금 비용을 지불해야 한다.

구체적으로 보면 국내소비자는 7.5달러($a'+b'$)의 손해를 보고, 국내생산자는 18.75달러($a'+b'+c'$)의 이익을 보며 정부보조금은 15달러($b'+c'+d'$)이다. d'은 상품 X를 더 생산하기 위해 상승한 국내비용을 의미하므로 생산자 잉여 증가분의 일부가 되지 않는다. 또한 2국에서는 3.75달러(삼각형 $B'H'N'=b'=2.5$달러와 $C'J'M'=d'=1.25$달러의 합)의 보호비용 또는 사중적 손실이 발생한다.

국내생산자는 국내소비자의 손실과 2국의 조세 부담자의 보조금 비용의 합계보다 이익을 덜 얻기(즉, 2국은 3.75달러에 해당하는 사중적 손실 또는 보호비용만큼 손해를 보기 때문에) 때문에 다음과 같은 의문이 생긴다. 2국은 왜 수출업자에게 보조금을 지불하는가? 그 대답은 국내생산자가 보조금을 얻기 위해서 2국 정부에 성공적으로 로비를 하거나 2국 정부가 X 산업을 바람직한 첨단산업으로 생각하여 X 산업을 장려하는 경우이다(이것은 9.5절에서 논의됨). 외국 소비자는 보조금으로 인하여 $P_X=3.5$달러에서 15X를 얻는 대신에 30X를 얻기 때문에 이익을 본다. 또한 2국이 소국이 아닌 경우 상품 X의 수출을 더 많이 하기 위해서 상품 X의 가격을 하락시킬 필요가 있기 때문에 교역조건도 악화될 것이다.

9.4 보호주의의 정치경제학

이 절에서는 보호무역을 찬성하는 여러 가지 주장을 다룬다. 여기에는 분명히 오류인 주장에서부터 몇 가지 제약조건하에서 경제적으로 충분히 타당성이 있는 주장까지 매우 다양하다.

9.4A 보호무역에 관한 잘못된 주장과 의심스러운 주장

한 가지 **잘못된 주장**은 무역규제가 **값싼 해외노동으로부터 국내노동을 보호하기 위해** 필요하다는 것이다. 이 논의는 국내임금이 해외에서보다 더 높더라도 국내 노동생산성이 해외에서보다 충분히 높은 경우, 국내노동비용은 더 낮을 수도 있기 때문에 오류가 된다. 저임금국가는 노동집약적인 상품의 생산 및 수출에 특화하고, 자본집약적인 상품의 생산 및 수출은 고임금국가가 특화함으로써(2.4절 참조) 비교우위에 근거하여 상호이익이 되는 무역이 발생할 수 있다.

보호를 찬성하는 또 하나의 **잘못된 주장**은 **과학적 관세**(scientific tariff)이다. 이것은 국내생산자들이 해외경쟁에 대처하도록 수입품의 가격을 국내가격과 동등하게 하는 관세이다. 그러나 그러한 소위 과학적 관세하에서는 모든 상품에서 국제가격 차이와 무역이 제거될 것이다.

두 가지 **의심스러운 논의**는 보호라고 하는 것이 (1) 국내 실업을 감소시키거나, (2) 그 나라의 국제수지 적자를 해소시키기 위해 필요하다는 것이다. 보호는 국내생산을 통해 수입대체를 유발함으로써 국내 실업을 감소시키고 국제수지 적자를 해소할 수 있다. 그러나 이러한 것들은 보호에 대한 **인근 궁핍화** 논의이다. 왜냐하면 그것들은 다른 국가를 희생하기 때문이다. 특별히 보호가 실업 및 국제수지 적자를 줄이기 위해서 사용되는 경우 해외에서 더 큰 실업과 무역수지 적자가 발생한다. 그 결과 다른 국가들은 보복을 할 것이고 결국에 모든 국가는 손실을 보게 된다. 국내 실업과 국제수지 적자는 적절한 통화정책과 재정정책, 무역정책을 사용해서 해소되어야지 무역규제로 하는 것은 바람직하지 않다.

9.4B 유치산업론과 보호에 대한 기타 근거 있는 주장

경제논리에 타당한(그럼에도 불구하고 몇 가지 제약하에서만 타당한) 보호를 찬성하는 한 가지 주장은 **유치산업보호론**(infant-industry argument)이다. 이 논의에서는 한 국가가 한 상품에 잠재적 비교우위를 가지고 있더라도 노하우의 결여나 최초의 산출량 수준이 낮기 때문에 그 산업이 자리를 잡을 수 없거나 이미 시작되었더라도 기존의 해외기업과 성공적으로 경쟁할 수 없다고 주장한다. 그렇다면 그러한 유치기간 동안에 국내산업을 창설해서 일시적인 보호를 하는 것은 정당화될 수 있다. 그것은 해외경쟁에 대처하고, 규모의 경제를 달성하며 그 국가의 장기적인 비교우위를 반영할 때까지이므로, 그것이 달성되면 보호는 철회되어야 한다. 그러나 이 논의가 타당하기 위해서는 성장하는 산업에서의 수익이 유치기간 동안 그 제품의 국내소비자가 지불하는 보다 높은 가격을 상쇄할 만큼 충분히 커야 한다.

보호에 대한 유치산업론은 타당하기는 하지만 여러 가지 중요한 제약조건을 요구한다. 무엇보다도 그러한 논의는 선진국보다 자본시장이 적절하게 기능하지 못하는 개발도상국에서 더 정당화된다. 두 번째로 어느 산업 또는 어느 잠재적 산업이 이러한 조치를 받을 자격이 있는지를 찾아내는 것이 쉽지 않다. 경험에 따르면 보호는 일단 주어지는 경우 철회하기가 쉽지 않다. 세 번째로 가장 중요한 것은 유치산업에 대해 무역보호(예 : 수입관세의 형태로)로 할 수 있는 것을 그에 상응하는 생산보조로 더 효과적으로 할 수 있다는 것이다. 그 이유는 순수한 **국내 왜곡**은 상대가격과 국내 소비를 왜곡시키는 무역정책보다는 순수하게 **국내 정책**을 사용해서 극복돼야 하기 때문이다. 생산보조금은 보다 직접적인 지원의 형태이고 수입관세보다 철회하기가 더 쉽지만, 한 가지 실제적인 어려움은 보조금은 수입관세와 달리 수입을 창출하는 것이 아니고 오히려 수입을 요구한다는 데서 발생한다. 그러나 그 원칙은 여전히 타당하다.

똑같은 일반 원칙이 다른 유형의 국내 왜곡에도 타당하다. 예를 들어 한 산업이 **외부경제**(즉, 다른 산업에서 일하게 될 노동자를 훈련시킴으써 사회 전체가 얻는 이득)를 창출하는 경우 그 산업은 과소투자된다(왜냐하면 이 산업은 투자로 인한 이득을 충분히 획득하지 못하므로). 그 산업을 지원하고 더 큰 외부경제를 사회에 제공하는 한 가지 방법은 수입을 제한하는 것인데, 이것은 그 산업은 지원하지만 국내소비자에게 그 제품의 가격을 상승시키므로 보다 좋은 방법은 그 산업에 직접 보조금을 지불하는 것이다. 이는 소비왜곡과 무역규제로 발생하는 소비자의 손실 없이 그 산업을 지원할 수 있다. 마찬가지로 **외부불경제**를 일으키는 활동(오염)을 저지하기 위해서 직접세는 관세보다 더 좋은 방법일 것이다. 왜냐하면 조세는 상대가격과 소비를 왜곡시키지 않기 때문이다. **국내 왜곡**을 교정하는 가장 좋은 방법은 무역정책보다는 **국내 정책**을 사용하는 것이라는 일반원칙은 A9.3절에서 그래프로 설명한다.

무역규제는 국방에 중요한 국내산업을 보호하기 위해 옹호될 수도 있다. 이 경우조차도 관세의 보호보다 직접적인 생산보조금이 일반적으로 더 좋은 방법이다. 어떤 관세는 다른 국가들로 하여금 관세의 상호인하에 동의하도록 유도하기 위해 사용되는 협상관세의 성격을 갖는다. 여기서 관세가 의도한 목표를 달성하는 데 얼마나 효율적인가를 판단하는 데에는 정치학자들이 더 적절하다. 경제적으로 가장 타당한 경우는 8.6절에서 논의한 **최적관세**이다. 즉, 한 국가가 교역조건을 변화시킬 만큼 충분히 큰 경우 그 국가는 시장 지배력을 이용하여 최적관세로 교역조건을 개선시키고 후생을 증가시킬 수 있다. 그러나 다른 국가들은 보복을 하고자 할 것이며 결국에는 모든 국가가 손해를 보게 된다. 그렇다고는 하더라도 브로다, 리마오, 와인스타인(Broda, Limao, & Weinstein, 2009)은 수출공급 탄력성이 높은 상품보다는 낮은 상품에 높은 관세가 부과된다는 증거를 제시하였다.

9.4C 누가 보호를 받는가

무역보호는 상품가격을 상승시킴으로써 생산자를 이롭게 하고 소비자(그리고 보통은 국가 전체)를 해롭게 한다. 그러나 생산자는 소수이고 보호로부터 큰 이익을 얻기 때문에 그들은 정부에 로비를 통하여 보호주의 조치를 채택하게 할 강한 유인을 갖는다. 다른 한편으로 손실은 많은 소비자들 간에 퍼지기 때문에 그들 각자는 보호로부터 매우 적게 잃게 되므로 자신들을 효과적으로 조직화해서 보호주의 조치에 저항할 것 같지 않다. 이와 같이 보호주의를 선호하는 편향이 존재한다(사례연구 9-1 참조).

최근에 경제학자들은 어느 그룹과 산업이 보호를 받는가에 관한 여러 가지 이론을 개발했고 이러한 이론의 몇 가지는 실증적으로 확인이 되었다. 선진국에서 보호는 현재의 일자리를 잃어버리는 경우 다른 고용 기회를 찾기 매우 어려운 미숙련 저임금 노동자를 고용하는 노동집약적 산업에서 더 많이 이루어진다. 고도로 조직화된 산업은 덜 조직화된 산업보다 더 보호를 받는다는 **압력단체** 또는 이익단체 이론은 어느 정도 실증적으로 확인되었다(Hilmann, 1989; Grossman & Helpman, 1994 참조). 어떤 산업이 소수의 기업으로 구성된다면 조직화의 가능성이 더 크다. 또한 소비자 제품을 생산하는 산업이 일반적으로 다른 산업의 투입물로 사용되는 중간재를 생산하는 산업에 비해 더 많은 보호를 얻을 수 있는데, 왜냐하면 소비자 제품을 생산하는 산업은(중간재 산업을 보호하는 경우 투입물의 가격이 상승하므로) 보호를 저지하거나 **상쇄할 수 있는 능력**을 갖고 있기 때문이다.

게다가 일부 지역에서 소수의 노동자를 고용하는 산업보다는 광범위한 지역에서 다수의 노동자를 고용하는 산업이 보다 많은 보호를 받을 가능성이 더 높다. 다수의 노동자를 고용하는 산업은 그들 산업을 보호하는 정부 관료들을 선출할 수 있는 투표능력이 있다. 또 하나의 이론은 무역정책은 **현 상태**를 유지하는 쪽으로 치우치는 경향이 있다는 것이다. 즉, 한 산업이 과거에 보호되었다면 지금도 보호될 가능성이 크다. 정부 역시 누가 이익을 보고 손해를 보느냐에 관계없이 소득분배에 커다란 변화를 가져오는 무역정책을 채택하지 않으려고 한다. 마지막으로 보호는 후진국 제품과 경쟁하는 산업이 보호받기 쉬운데, 그 이유는 후진국들이 그들의 수출품에 대한 무역규제를 저지할 수 있는 경제적·정치적 능력이 약하기 때문이다.

상기 이론의 몇몇은 겹치기도 하고 몇몇은 충돌되기도 하고 몇몇은 부분적으로만 실증적으로 확인이 되었다. 아웃소싱이나 오프쇼링으로부터 국내 일자리를 보호하기 위해 관세, 쿼터 및 보조금 형태의 무역보호가 요구되기도 한다. 그러나 사례연구 1-1, 3-3 및 6-2에서 살펴본 바와 같이, 이는 국내 일자리를 보호하기보다는 소비자 가격을 상승시키고 국내생산자의 국제경쟁력을 약화시킨다. 오늘날 미국에서 가장 높은 보호를 받는 산업은 직물과 의류산업이다. 사례연구 9-6은 완전한 무역자유화로 인해 세계경제가 얻는 이익의 추정치를 보여 준다.

9.5 전략적 무역정책 및 산업정책

이 절에서는 전략적 무역정책 및 산업정책을 다룬다. 먼저 일반적으로 접근하고(9.5A절) 다음에는 게임이론을 사용하여 살펴본다(9.5B절). 9.5C절에서는 외국의 산업육성정책(industrial targeting)과 전략적 무역정책에 대한 미국의 대응을 논의한다.

사례연구 9-6 완전한 무역자유화를 할 때 세계경제가 얻는 이익

표 9-4는 농업, 직물 및 기타 제조업 부문에서 완전한 무역자유화를 할 때 고소득국가, 개발도상국 및 세계 전체에 대한 경제적 효과를 10억 달러, 1인당 달러 및 GDP에 대한 비율로 보여 준다. 모든 이익은 2015년까지 누적한 것이다. 따라서 이 표의 첫 번째 행은 농업 무역을 완전히 자유화할 때 2015년까지의 누적이익이 고소득국가의 경우 1,260억 달러, 개발도상국의 경우 560억 달러, 세계 전체로는 1,820억 달러임을 보여 준다. 직물 및 기타 제조업품을 무역자유화할 때의 이익은 이보다는 적다.

이 표의 첫 번째 열은 모든 부문의 무역을 자유화할 때 고소득국가들이 얻는 이익은 1,970억 달러(1인당 194.63달러에 해당) 또는는 고소득국가 GDP의 0.6%이며, 개발도상국이 얻는 이익은 900억 달러(1인당 17.59달러) 또는 개발도상국 GDP의 0.8%임을 보여 준다. 세계 전체로는 총이익은 2,870억 달러(1인당 46.84달러) 또는 세계 GDP의 0.7%이다. 따라서 총이익의 절반은 농업 부문에서 나오며 총이익의 2/3는 고소득국가로 귀속된다(그러나 GDP에 대한 비율로 보면 개발도상국들이 얻는 이익이 더 많다).

표 9-4 완전한 무역자유화를 할 때 세계경제가 얻는 이익

자유화 부문	고소득국가	개발도상국	세계 전체
	총액, 10억 달러		
농업	126	56	182
직물	14	24	38
기타	57	10	67
총합	197	90	287
	1인당 달러		
농업	124.48	10.95	29.70
직물	3.83	4.69	6.20
기타	56.31	1.95	10.93
총합	194.63	17.59	46.84
	GDP 대비 비율		
농업	0.38	0.50	0.44
직물	0.04	0.21	0.09
기타	0.17	0.09	0.16
총합	0.60	0.80	0.70

출처 : K.Anderson and W.Martin, ed., *Agricultural Reform and the Doha Development Agenda*(Washington D.C. : World Bank, 2006) Ch. 12.

9.5A 전략적 무역정책

전략적 무역정책(strategic trade policy)은 적극적 무역정책과 보호무역론을 옹호하는 비교적 최근의 이론이다. 이 논의에 따르면 한 국가는 그 국가의 미래 경제성장에 핵심적이라 할 수 있는 반도체, 컴퓨터, 원거리통신 또는 기타 산업 등에서 (일시적 무역보호, 보조금, 조세감면, 정부와 산업체 간의 협력 등을 통해) 비교우위를 창출할 수 있다는 것이다. 이러한 첨단산업은 위험성이 높고, 규모의 경제를 누리기 위해서 대규모의 생산이 요구되고, 성공하게 되는 경우 광범위한 외부경제효과를 발생시킨다. 전략적 무역정책에 의하면 이러한 산업들을 장려함으로써 이로부터 발생하는 외부경제효과를 누릴 수 있으며 미래의 경제성장 전망도 높일 수 있다. 이것은 핵심적인 첨단산업의 비교우위를 획득하기 위해 선진국에서 이루어진다는 것을 제외하면 개발도상국에서의 유치산업보호론과 유사하며, 대부분의 국가는 이러한 정책을 시행하고 있다. 실제로 일부 경제학자는 일본이 전후에 공업과 기술 분야에서 놀라운 진보를 이룬 것은 일본의 전략적 산업 및 무역정책에 기인한다고까지 생각할 정도이다.

전략적 산업정책과 무역정책(industrial policy)의 사례로 일본의 경우는 1950년대의 철강산업과 1970년대와 1980년대의 반도체산업, 유럽의 경우는 1970년대의 콩코드(초음속 비행기) 개발과 1970년대부터 에어버스의 개발을 들 수 있다. 또한 중국의 경우 지난 10년간 고속철과 그리고 최근에는 태양 전지판의 개발을 예로 들 수 있다. 1970년대 일본에서의 반도체 개발은 성공적인 전략적 무역 및 산업정책의 교과서적인 사례로 제시된다. 1970년대에 반도체(많은 새로운 제품에 사용되는 컴퓨터 칩과 같은)시장은 미국이 주도하고 있었다. 일본에서 강력한 권력을 갖는 통상산업성은 1970년대 중반부터 이 산업의 발전을 목표로 연구개발 자금을 지원하고 그 산업의 투자에 세금혜택을 부여하고 정부–산업 간의 협력을 증진시키는 한편 (특히 미국과 같은) 외국으로부터 경쟁에 대해 국내산업을 보호하였다.

1980년대 중반 일본이 미국의 반도체시장을 거의 장악한 점을 볼 때 이러한 정책들은 일본의 성공에 기여한 것으로 평가된다. 그러나 대부분의 경제학자들은 이것에 회의적인 시각을 갖고 있으며, 이 분야에서 일본의 놀라운 성공은 과학과 수학에 대한 강조, 높은 투자율, 미국과 같이 분기적 이윤을 강조하지 않고 투자에 대해 보다 장기적인 견해를 취한 것 등을 원인으로 보고 있다. 일본에서 그 외의 목표산업인 철강산업에서는 수익률이 전후 기간 동안 일본 전 산업의 평균수익률보다 낮았다. 유럽에서 콩코드는 기술적인 성공을 거두긴 했으나 상업적인 측면에서는 크게 실패하였으며, 에어버스도 정부의 지속적인 대량의 보조금이 없었다면 경쟁에서 살아남을 수 없었을 것이다.

광범위한 외부경제효과가 존재하는 과점적 시장에서 이론적으로는 전략적 무역정책을 통해 시장의 성과를 개선시킬 수 있고, 국가의 성장과 복지를 증진시킬 수는 있지만 이 이론의 주창자와 보급자들마저 이를 시행하는 데 심각한 어려움이 있음을 인정하고 있다. 첫 번째는 승자(미래에 큰 외부경제를 줄 산업을 선택하는 것)를 선택하는 것이 어렵고 그들이 성공적으로 육성되도록 적절한 정책을 고안하는 것이 어렵다는 것이다. 두 번째로 대부분의 선진국들이 동시에 전략적 무역정책을 선택하게 되면 그들의 노력이 상쇄되어 각자에 대한 잠재적 이익이 작을지도 모른다는 것이다. 세 번째로는 한 국가가 전략적 무역정책을 통해 상당한 성공을 달성하는 경우 이것은 다른 나라의 희생의 대가로 이루어진 것이므로(즉, 인근 궁핍화 정책) 다른 국가는 그에 대해 보복할지도 모른다는 것이다. 이러한 모든 실제적 어려움에 때문에 전략적 무역정책의 옹호자들마저도 결국 아직도 **자유무역이 최선의 정책**이라는 것을 어쩔 수 없이 시인하는 실정이다. 즉, 자유무역은 이론적으로는 준최적일지 모르지만, 현실적으로는 최적이라는 것이다.

9.5B 게임이론을 이용한 전략적 산업정책과 무역정책

이제 게임이론(game theory)을 사용해서 전략적 산업정책과 무역정책의 예를 살펴보자. 보잉과 에어버스가 둘 다 새로운 항공기를 생산할 것인가의 여부를 결정한다고 하자. 또한 새로운 항공기를 개발하는 비용이 매우 크므로 단 하나의 생산자가 전 세계의 시장을 혼자서 독점하는 경우 1억 달러의 이윤이 발생하지만, 두 생산자가 모두 항공기를 생산하게 되면 각자는 1,000만 달러의 손실이 발생한다고 가정하자. 이 정보는 표 9-5에서 두 기업이 모두 항공기를 생산하는 경우 그에 따라 각각 1,000만 달러의 손실이 발생한다는 것이 제1행 제1열에서 나타난다. 보잉만이 항공기를 생산하는 경우 보잉은 1억 달러의 이윤을 얻고 에어버스의 이윤은 0(1행 2열)이 된다. 한편 보잉이 항공기를 생산하지 않고 에어버스만 생산한다면 보잉의 이윤은 0이 되고 에어버스는 1억 달러의 이윤을 얻는다(2행 1열). 마지막으로 어느 기업도 항공기를 생산하지 않는다면 각자의 이윤은 0이 된다(2행 2열).

어떤 이유에선가 보잉이 먼저 시장에 진입해서 1억 달러의 이윤을 얻고 있다고 가정하자. 에어버스는 이윤을 얻을 수 없기 때문에 시장에 진입하지 않는다. 이것은 표의 제1행과 제2열에서 알 수 있다. 에어버스가 시장에 진입한다면 두 기업은 모두 손실을 본다(1행 1열). 이때 유럽 정부가 에어버스에 매년 1,500만 달러의 보조금을 지불한다고 가정하면, 보잉이 이미 항공기를 생산하고 있음에도 불구하고 에어버스 역시 항공기를 생산하게 될 것이다. 왜냐하면 에어버스는 1,000만 달러의 손실을 보더라도 1,500만 달러의 보조금을 받기 때문에 결국 500만 달러의 이익을 얻기 때문이다. 그러나 보잉은 보조금을 받지 않기 때문에 (에어버스가 시장에 진입하지 않았을 때) 1,000만 달러의 이익을 얻다가 에어버스가 시장에 진입하면 1,000만 달러의 손실을 본다.(표의 1행 1열에서 에어버스의 이익은 보조금을 받지 않을 때 −1,000만 달러이지만, 보조금을 받게 되면 500만 달러가 된다.) 결국 보잉이 보조금을 받지 않으면 손실을 보기 때문에, 보잉은 생산을 중단하게 되고 에어버스 혼자 항공기 시장을 차지하게 되어 에어버스는 더 이상 보조금을 받지 않고도 1,000만 달러의 이익을 얻는다(표의 2행 1열).

물론 미국 정부는 그 자신의 보조금으로 보잉이 항공기 생산을 계속하도록 보복을 할 수 있다. 그러나 국방의 경우를 예외로 하면 미국 정부는 기업에 보조금을 주는 경향이 유럽 정부보다 훨씬 덜하다. 현실세계는 이것보다 훨씬 더 복잡하기는 하지만 한 국가가 어떻게 산업 및 전략적 무역정책을 사용함으로써 시장에서 열위를 극복하고 첨단 분야에서 전략적 비교우위를 획득하게 되는가를 볼 수 있다. 실제로 2000년에 에어버스는 550명의 승객을 태울 수 있는 슈퍼점보 A380을 2006년까지 100억 달러 이상의 개발비용으로 생산함으로써 (1969년부터 서비스를 시작하였고 475명의 승객을 태울 수 있는) 보잉 747과 경쟁하게 되었다.

표 9-5 두 기업의 경쟁과 전략적 무역정책

		에어버스	
		생산한다	생산하지 않는다
보잉	생산한다	−10, −10	100, 0
	생산하지 않는다	0, 100	0, 0

보잉은 초음속으로 지구의 어떤 곳도 중간 기착 없이 250명을 운송할 수 있으며 연료 효율성이 20% 향상된 새로운 보잉 드림라이너 787 제트기를 2009년까지 개발한다고 발표하여 에어버스의 A380 개발계획에 응수하였다. 보잉은 승객들이 일찍 도착하고 중간 기착지에서 지체하지 않는 것을 선호할 것으로 믿었다. 게다가 2005년 11월 보잉은 보다 큰 보잉 747(747-8)을 2009년 도입한다고 발표하여 에어버스를 놀라게 했다. 에어버스는 수십억 달러의 정부 보조금으로 에어버스 A350을 개발하여 보잉 787과 정면으로 경쟁하겠다고 발표함으로써 응수했고, 보잉은 보조금과 관련해 에어버스를 WTO에 제소했다.

생산상의 문제로 인한 오랜 지체 후에 에어버스 A380은 2008년에, 보잉 787 드림라이너는 2011년에, 보잉 747-8은 2012년에, 새로운 에어버스 A350은 2015년 1월에 운항을 시작하였다. 에어버스는 향후 20년간 A380 1,200대를 판매할 것으로 예상하였으나 2018년 3월 31일 현재 229대를 판매하였고 102대는 주문을 받았다. 2009년 이래로 에어버스는 (2015년을 제외하면) 판매한 A380에 대해 손실을 입었고 320억 달러의 개발비용을 회수할 수 있는 희망도 없었다. 현재 항공사들은 2개의 엔진을 가지고 있는 보잉 787과 에어버스 A350을 선호하는데, 이들 기종은 보다 저렴하고 연료 효율적이다. 2019년 2월 에어버스는 A380의 생산을 2021년에 중단한다고 발표했으며, 보잉 747-8의 생산은 이보다 더 빨리 중단될지도 모른다.

이런 유형의 분석은 브랜더와 스펜서(Brander and Spencer, 1985)에 의해서 국제무역에 처음으로 도입되었다. 이런 분석이 갖는 한 가지 심각한 약점은 보통 정부의 산업 및 무역정책의 결과를 정확하게 예측하는 것이 매우 어렵다는 것이다(즉, 표 9-5의 숫자를 알기가 어렵다). 표 9-5의 숫자를 조금만 바꾸어도 결과는 완전히 달라진다. 예를 들어 에어버스와 보잉이 항공기를 생산한다면 에어버스는 1,000만 달러의 손실을 입고, 보잉은 효율적인 생산으로 인해 1,000만 달러의 이윤을 갖는다고 가정하자. 그렇다면 에어버스가 보조금으로 항공기를 생산한다 할지라도 보잉은 보조금 없이도 이윤을 창출하기 때문에 시장에 남게 된다. 그렇다면 에어버스는 무한대로 보조금을 요구할 것이고 이 경우에 에어버스에 보조금을 제공하는 것은 좋은 아이디어가 될 것 같지 않다. 따라서 이러한 유형의 분석을 올바르게 수행한다는 것은 극히 어렵다. 여러 다른 전략들의 결과를 정확하게 예측해야 하지만, 정확한 예측을 하기란 어렵기 때문에 대부분의 경제학자들은 자유무역이 결국에 최선의 정책이라고 말하는 것이다.

9.5C 외국의 산업육성정책과 전략적 무역정책에 대한 미국의 반응

미국은 대내적으로 산업육성정책(industrial targeting)과 전략적 무역정책에 대해서는 일반적으로 반대하는 입장이지만, 이러한 정책을 사용하여 미국의 이익을 저해하는 국가에 대해서는 보복을 했다. 민간 기술에 대한 연방정부의 직접지원에 대해 가장 좋은 예가 세마테크이다. 세마테크는 1987년에 14개 미국의 주요 반도체 제조업자들의 비영리 컨소시엄으로 텍사스의 오스틴에서 설립되었는데, 연간 예산은 2억 2,500만 달러(1억 달러는 정부가 나머지는 14개 회원사가 부담)이다. 세마테크의 목적은 회원사가 일본기업과 경쟁할 수 있도록 최신의 컴퓨터 칩 제조기술을 개발하는 것이다. 세마테크는 이러한 노력의 결과 1991년까지 미국의 컴퓨터 칩 회사가 일본의 경쟁자를 따라잡았다고 주장했다. 그 후 세마테크는 완전히 민영화되었고(즉, 더 이상 정부지원을 받지 않는다), 1998년에는 일부 외국기업까지 포함한 12개 주요 컴퓨터 회사의 자회사인 인터내셔널 세마테크를 설립했다(본부는 뉴욕 올버니에 있음). 그러나 미국의 반도체 산업을 지탱하기 위한 원래의 목적을 달성하자 세마테크는 쓸모가 없어지게 되었고, 2015년 5월 올버니에 있는 SUNY 폴리테크 인스티튜트(Suny Polytech Institute)에 흡수되었다.

또한 미국은 해외시장이 보다 광범위하게 시장을 개방하도록 일방적인 조치들을 취해 왔으며, 이에 응하지 않는 국가에 대해서는 독자적인 무역제한 조치를 보복했다. 그 한 예가 1991년 반도체협정인데, 이 협정에서 일본은 미국의 컴퓨터 칩 생산자들이 일본 칩 시장의 20%까지 점유하도록 협조하는 데 동의했다. 이 협정은 1996년 갱신되었으나 시장점유율에 대한 요구 없이 미국과 일본의 컴퓨터 칩 산업이 서로의 시장을 모니터링하도록 하였다. 그 후 미국의 컴퓨터 칩 산업은 세계시장에서 선도적 지위를 탈환했고, 이 협정은 더 이상 적용되지 않는다.

1990년대 초반 미국은 일본 건설회사에 대한 미국시장을 닫겠다고 위협하여, 미국의 건설회사가 일본시장에서 입찰에 참여할 수 있도록 일본의 건설시장을 개방하는 협정을 체결했다. 보다 광범위하게 1990년대 중반 미국은 일본과 미일구조협의(Structual Impediments Initiative, SII)라는 협상을 하였는데, 그 목적은 무엇보다도 일본의 유통 시스템을 미국기업에게 폭넓게 개방하는 것이었다. 그뿐만 아니라 미국은 브라질, 중국 및 인도와 같은 국가들이 미국의 특수한 수출품에 대해 과도하게 규제하는 것을 철폐하도록 요구했고, (특허와 같은) 지적재산권의 무단 사용으로부터 보호해 줄 것을 요구했다. 2013년에 미국은 중국의 대미 태양전자판(solar panel) 수출에 대해 반덤핑관세를 부과했다.

그후 2018년에 트럼프 대통령은 철강과 알루미늄에 대한 수입관세를 인상하였고, 다른 국가들이 자동차 제품에 대해 제공하는 것으로 생각되는 높은 보호조치에 대한 보복으로 자동차 수입관세를 인상하겠다고 위협했으나, 이는 특히 중국의 전략적 무역정책과 산업지원 및 첨단산업 지원정책에 대응하기 위한 것이었으며 이로 인해 무역전쟁의 가능성이 발생했다(사례연구 9-7 참조).

9.6 미국 통상정책의 역사

이 절에서는 미국의 통상정책의 역사를 검토한다. 1934년의 무역협정법으로부터 시작하여 관세 및 무역에 관한 일반협정(GATT)과 1962년의 무역확대법, 케네디 라운드 무역협상에 관해 논의한다. 그리고 1974년의 무역개혁법과 도쿄 라운드 무역협상의 결과를 논의하며, 마지막으로 1984년과 1988년의 무역법을 논의한다.

9.6A 1934년의 무역협정법

1930년대 초반에 다음의 이유들로 세계무역 전체와 특히 미국의 수출이 크게 감소하였다: (1) 대공황으로 인해 전 세계적으로 크게 위축된 경제활동, (2) 1930년의 스무트–홀리 관세법(Smoot-Hawley Tariff Act)의 통과. 이 법으로 인해 1932년에 미국의 평균수입관세가 최고 59%에 달했으며 외국의 보복을 불러일으켰다.

스무트–홀리 관세법은 원래 미국의 농업을 지원하기 위해 도입되었으나 의회의 법안통과 과정에서 제조업의 수입에도 높은 관세가 부과되었다. 그 목적은 수입을 제한하고 국내고용을 증진시키는 인근 궁핍화였다. 그 법안은 관세가 그들에게 심각한 타격을 입힐 것이고 그들도 보복을 할 것이라는

사례연구 9-7 2018년, 트럼프의 무역전쟁이 시작되다

2016년 대통령 선거 유세에서 트럼프 후보는 자신이 대통령이 되면 국제무역협상을 재협상하고 미국의 주요 무역 파트너들과 직접 협상하여 미국의 수출품에 대한 해외의 보호조치들을 제거하고, 그들이 미국 시장에 접근하는 정도와 상응하는 정도로 그들 시장에 접근할 수 있도록 할 것이라고 약속했다.

대통령이 되자 트럼프는 환태평양경제동반자협정(TPP)에서 탈퇴하고, 범대서양무역투자동반자협정(TTIP)을 연기하고, NAFTA의 재협상을 강요하고, 미국의 철강, 알루미늄 및 기타 제품에 대한 수천억 달러의 관세를 부과하였으며, 유럽, 일본, 중국 및 기타국들이 미국의 수출품에 대한 규제를 없애지 않는다면 이들 국가로부터의 자동차 수입에 대해 25%의 관세를 부과하겠다고 위협하였다. 나아가 트럼프는 제2차 세계대전 이후 미국의 주도하에 설립된 WTO가 자유로운 국제무역 체제의 규칙을 준수하지 않는다면 WTO에서 탈퇴할 것이라고 위협하였다.

그러나 가장 위험한 무역분쟁은 중국과의 분쟁이었는데, 이는 미국이 중국으로부터의 수입에 대해 (1) 중국 기업이 대규모로 미국 기술을 체계적으로 도둑질했다는 이유로 (2) 중국 정부가 일부 중국의 대기업에 제공한 불법 보조금과 (3) 미국 및 외국 기업이 중국 내에서 영업하기 위한 전제조건으로 중국 기업과 합작투자를 하고 기술을 이전해야 한다는 요구조건 그리고 (4) (철강과 알루미늄과 같은) 많은 상품에서 생산능력의 과잉 확충과 과잉 생산량을 미국 시장과 세계시장에서 덤핑한다는 이유로 미국이 중국으로부터의 수입에 대해 수십억 달러의 관세를 부과한 2018년에 절정에 달하였다.

미국 기업과 무역에 대한 불공정 무역관행을 시정하라는 미국의 요구에 중국이 주의를 기울이지 않자, 미국은 2018년 6월 처음에는 미국에 대한 중국의 수출품 500억 달러에 대해 수입관세를 부과했다. 중국이 동일한 액수의 미국 수출품에 대해 관세를 부과함으로써 보복하자, 미국은 7월 중국의 수출품 2,000억 달러에 대해 추가적으로 10%의 관세를 부과하여 이를 '더블 업'시켰고(중국이 이를 변화시키지 않는다면 관세율을 25%로 인상하겠다고 위협했다), 2017년 중국의 (대미 수출액은 5,200억 달러를 상회하는 반면) 수입액은 1,900억 달러 이하였기 때문에 중국은 같은 방식으로 보복할 수 없었지만, 미국에 대해 다른 형태의 보호 방식으로 보복한다고 위협했다. 이에 따라 무역전쟁이 발발하게 되었으며, 이는 전쟁 당사국뿐만 아니라 세계전체에 매우 큰 대가와 악영향을 끼쳤다.

트럼프는 중국의 대미 수출에 대한 초기 관세는 '상계관세' 또는 원래 중국의 보호무역주의에 대한 방어조치였고, 따라서 중국의 보호는 정당화되지 않는다고 주장했으며, 이런 이유로 중국이 보복했을 때 이를 '더블 업'시킨 것이라고 주장했다. 트럼프는 중국이 미국 기업과 수출에 대한 중국의 규제를 철폐하도록 강요할 때 WTO를 이용하지 않았고, 중국의 수출품에 대해 상계관세를 부과할 권한도 이용하지 않았는데, 그 이유는 수년간 WTO가 무역체제의 규칙을 준수할 능력이 없거나 그럴 의사가 없다고 생각했기 때문이다. 따라서 트럼프 행정부 아래서 미국의 '방어적인' 보호무역주의적 무역정책은 WTO를 약화시키고 대단히 해로운 무역전쟁의 위험성을 내포하고 있었다. 이 글을 쓸 때(2019년 2월) 미국과 중국은 무역협상을 재개하여 전면적인 무역전쟁을 피하고 있었다.

자료 : D. Salvatore, "The Challenges to the Liberal Trading System," *The Journal of Policy Modeling*, July/August 2009, pp. 593-588; D. Salvatore, Ed., "Trump Economics: Effects on the United States and the World," Special Issue of the *Journal of Policy Modeling*, May/June 2018; C. P. Bown and E. Zhang, "Measuring Trump's Trade Protection: Five Takeaways," *Trade & Investment Policy Watch*, PIIE, February 15, 2019; "U.S and China Resume Trade Talks," *Financial Times*, February 15, 2019, p. 4; and D. Salvatore, ed., Special Issue of the *Journal of Policy Modeling*, Part B, "The Challenge to the Postwar Liberal Trading System," May/June 2019.

36개국의 저항에도 불구하고 통과되었다. 후버 대통령은 이 법을 거부하도록 촉구한 1,000여 명 이상의 미국 경제학자들이 서명한 청원에도 불구하고 그 안을 법제화하는 데 서명하였으나 그 결과는 재난이었다. 1932년까지 깊어 가는 세계 불황에 직면하여 60개국이 가파른 관세율 상승으로 보복하였다. 그 결과는 세계무역의 붕괴였으며(1932년 미국의 수입은 1929년 수준의 31%에 불과하였으며 수출은 한층 더 감소하였다). 이것은 전 세계에 걸쳐 불황의 확산 및 심화를 가져왔다.

세계무역 위축 추세를 역전시키기 위해 루스벨트 대통령 시절 미국의회는 1934년의 무역협정법 (Trade Agreements Act of 1934)을 통과시켰다. 이 법에 구현된 일반원리는 차후 미국의 무역입법의 기초로 여전히 남아 있다. 그 법은 무역정책의 입안을 보다 정치적인 성향을 갖는 의회로부터 대통령에게 이관했고, 스무트-홀리 관세법하에서 설정된 50%만큼의 상호관세 인하를 대통령이 다른 국가들과 협상하도록 허용하였다. 무역협정법은 1962년 무역확대법에 의해 대체될 때까지 총 11번 개정되었으며, 1947년까지 미국의 평균관세율은 1934년 수준의 50% 이하가 되었다.

1934년의 무역협정법과 그에 따르는 무역입법은 최혜국 원칙(most-favored-nation principle)에 기초하고 있다. 이 무차별 원리는 미국이 다른 임의의 무역상대국과 체결한 상호적 관세인하는 모든 무역상대국에게 확대 적용된다. 마찬가지로 미국도 최혜국 원칙에 서명한 임의의 두 국가 간의 양자 간 관세인하로부터 이익을 얻는다. 그러나 이러한 양자 간 접근방법은 양자 간 무역(bilateral trade)이 지배적이었던 상품에서만 관세인가가 발생하는 심각한 약점이 있다. 그렇지 않다면 많은 무임승차국가들은 협상에 직접 가담하여 자신의 관세 양허를 하지 않고도 두 국가 간에 서명된 상호적 관세인하로부터 이익을 취할 것이다.

9.6B 관세 및 무역에 관한 일반협정(GATT)

관세 및 무역에 관한 일반협정(General Agreement on Tariffs and Trade, GATT)은 1947년에 창설되고, 스위스 제네바에 본부를 둔 국제기구로서 다자간 무역협상(multilateral trade negotiations)을 통해 보다 자유로운 무역의 촉진에 기여하고자 하였다. 원래 GATT는 국제무역을 규율하기 위해 1948년 아바나에서 협상된 국제무역기구(International Trade Organization, ITO)의 일부가 될 것으로 기대되었으나, ITO가 미국 상원에 의해서, 그리고 다른 국가에 의해서도 비준이 되지 못함으로써 GATT가 탄생하게 되었다.

GATT는 세 가지 기본원칙에 근거하고 있다.

1. **무차별주의** 이 원칙은 앞에서 언급한 최혜국 원리의 무조건적 수용을 의미한다. 이 원칙에 대한 유일한 예외는 관세동맹과 같은 경제통합의 경우와 한 국가와 그 국가의 식민지 간의 무역이다.
2. 농업부문과 국제수지 문제를 겪는 국가를 제외하고는 **비관세장벽**(쿼터와 같은)의 폐지
3. GATT 틀 안에서 **무역분쟁의 해결**에 대해 국가 간의 협의

1993년까지 총 123개국(과거 소비에트 연방국가들과 중국을 제외한 미국 및 모든 주요 국가 포함)이 GATT의 서명국이 되었고, 24개의 다른 국가는 가입을 신청했다. 이 협정은 세계무역의 90%를 커버하고 있다.

GATT의 후원 아래 1947년부터 1962년 사이에 다섯 가지 무역협상을 통해 관세는 총 35%가 인하되었다. 1965년 GATT는 개발도상국에 특혜무역 조치를 허용하고 그들이 선진국 간의 관세인하 협상으로부터 상호성 없이도 이익을 얻을 수 있도록 하였다(이는 제11장에서 논의됨).

1962년까지 관세인하는 큰 성공을 거두지 못하였다. 왜냐하면 관세의 협상이 **제품별**로 이뤄졌고,

1950년대 미국의회는 주기적으로 무역협정법을 개정할 때마다 심각한 보호주의적 장치를 첨부하고 있기 때문이었다. 이러한 보호주의적 장치는 다음과 같다.

1. 임계점조항(peril-point provision) : 대통령이 국내산업의 심각한 피해를 야기하는 어떠한 관세인하 협상도 하지 못하도록 하는 것이다.

2. 회피조항(escape clause) : 수입으로부터 피해를 입은 것으로 주장하는 국내산업이 국제무역위원회(1975년까지는 미관세위원회)에 청원을 허용하는 것으로 그 위원회는 대통령에게 어떠한 협상된 관세인하도 철회할 수 있도록 한다. 한 산업에서 수입비중이 증가한 것만으로도 충분히 피해를 입증할 수 있다.

3. 국가안보조항(national security clause) : 국가안보를 위해 중요한 산업이 피해를 입을 때 관세감축(이미 협상이 이루어졌더라도)을 막는 것이다.

의미 있는 관세인하는 **필연적으로** 어떤 산업(그 국가가 비교열위에 있는 산업)에 피해를 주기 때문에 이러한 무역제한, 특별히 회피조항은 보다 큰 관세인하를 하는 데 심각한 장애물이 될 수 있다.

9.6C 1962년의 무역확대법 및 케네디 라운드

1962년의 무역확대법(Trade Expansion Act of 1962)이 의회에서 통과되어 무역협정법을 대신하게 된 것은 유럽연합 또는 공동시장의 형성에 의해 창출된 새로운 상황에 대처하기 위한 것이다.

1962년의 무역확대법은 대통령으로 하여금 1962년 수준의 50%까지 일괄적 관세인하 협상을 하도록 허용한 것으로, 이것은 무역협정법의 제품별 접근을 대신한 것이다. 추가적으로 1962년의 법은 관세인하로 일자리를 잃은 노동자나 기업에게 무역조정지원(Trade Adjustment Assistance, TAA)을 제공했다. 이것은 무피해 원칙을 대체했고 해고 노동자에게 재훈련과 이주를 지원하고 피해를 입은 기업에게 세금경감, 저비용 대출, 기술원조의 형태를 띠었다.

조정지원의 원리는 1962년 무역확대법의 가장 중요한 면이다. 왜냐하면 (관세인하로 인한 무역확대의 수혜자인) 사회 전반이 조정의 짐을 부담하거나 분담하기 때문이다. 그러나 지원의 기준이 완화된 1970년대 초까지 조정지원을 받을 만한 기업이나 노동자가 극소수였다. 1980년, 무역지원 프로그램이 절정이던 해에 50만 명 이상의 노동자들이 16억 달러 정도의 지원을 받았고, 그 이후로 계획은 상당히 축소되어서 3~4만 명의 노동자들이 매년 2~4억 달러 정도의 지원을 받았다. 2002년 **무역조정개혁** 법안으로 지원액은 연간 20억 달러로 크게 증가하였다. 2016년에는 약 127,000명의 노동자가 총 10억 달러의 **무역조정지원(TAA)**을 받았다.

1962년의 무역확대법을 근거로 미국은 GATT의 후원 아래 광범위한 다자간 무역협상을 시작하였는데, 이것이 케네디 라운드(Kennedy Round)이다. 케네디 라운드 협상은 1967년에 종결되었고 공산품의 평균관세율을 향후 5년간에 걸쳐 1962년 수준의 총 35%만큼 인하되는 결과를 가져왔다. 1972년 말 그 협정이 시행되었을 때 공산품의 평균관세율은 선진국에서 10% 이하가 되었다. 그러나 아직도 심각한 비관세장벽이 많이 있는데, 특히 농업 부문에서 그러하다.

9.6D 1974년의 무역개혁법과 도쿄 라운드

1962년의 무역확대법은 **1974년의 무역개혁법**(Trade Reform Act of 1974)으로 대체되었다. 이것은 대통령으로 하여금 (1) 60%까지의 관세인하 협상 및 5% 또는 그 이하의 관세를 철폐하는 것을 허용하고, (2) 비관세장벽의 감축을 협상하는 것이다. 이 법은 또한 조정지원을 위한 기준을 자유화하였다.

1974년 무역개혁법을 근거로 미국은 **도쿄 라운드**(Tokyo Round)(도쿄에서 개회식이 개최된 것을 제외하고는 실제로 제네바에서 이루어짐)라고 알려진 다자간 무역협상에 참여하였다. 이는 1979년에 종결되었다. 관세인하 협상은 8년 동안 진행되어 1980년부터 미국에 대해서는 평균 31%, 유럽연합에 대해서는 27%, 일본에 대해서는 28%의 인하가 있었다. 비관세장벽을 시행하는 국가의 행동원칙 또한 규정되어 비관세장벽의 규제 효과를 줄이고자 하였다. 이러한 원칙은 (1) 정부조달원칙의 협정, (2) 상계, 반덤핑관세의 경우 관세 적용의 일률성, (3) 제조업, 준제조업 또는 선별된 개발도상국에 대한 일반특혜관세 등을 포함한다(그러나 직물, 신발, 가전제품, 철강 및 개발도상국에게 중요한 많은 제품들은 제외되었다).

도쿄 라운드에서 무역자유화로 인한 정태적 총이익은 매년 17억 달러 정도 되는 것으로 추정된다. 규모의 경제, 더 큰 효율성과 기술혁신으로부터 발생하는 동태적 이익을 고려할 때 그 금액은 매년 80억 달러에 이를 것이다. 그러나 이러한 금액은 대략적인 추산치에 불과하며, 도쿄 라운드에서 협상된 관세인하로 미국 전체가 이익을 봤다 할지라도 (미국에서 비교적 희소한 요소인) 노동과 비교적 소기업의 비중이 높은 산업들(미국에서 가장 많은 보호를 받는)은 어느 정도 피해를 입었다.

9.6E 1984년과 1988년의 무역법

1974년의 무역개혁법 이후 **1984년의 무역 및 관세법**(Trade and Tariff Act of 1984)이 제정되었다. 이 법은 세 가지 주요한 조항을 원칙으로 한다. (1) 대통령이 지적재산권의 보호, 서비스 교역의 장벽을 완화, 첨단산업제품 직접투자에 대한 국제적 협상을 하도록 허용한다. (2) 개발도상국의 대미 수출에 특혜적으로 부여되는 일반특혜관세(GSP)를 1993년 7월까지 확장하되(11.6절 참조) 개발도상국 중 대한민국과 타이완 같이 선진개발도상국에 대해서는 졸업 또는 특혜적 접근을 철폐한다. (3) 이스라엘과의 자유무역협정을 체결하기 위한 협상을 허용한다. 미국이 1986년에 시작된 새로운 다자간 무역협상(우루과이 라운드)을 요구하는 것은 이 법의 조항을 근거로 한다(9.7A절 참조).

1988년의 전방위 무역 및 경쟁법(Omnibus Trade and Competitiveness Act of 1988)은 슈퍼 301조 조항을 포함하고 있는데 (1) 미국의 특별 무역대표부로 하여금 여러 가지 포괄적인 무역장벽을 유지하는 국가들을 우선협상국으로 지정하여, (2) 그러한 장벽을 제거하기 위한 협상의 엄격한 스케줄을 설정하는 것이다. (3) 협상이 성공적이지 못한다면 그러한 국가로부터 수입을 축소함으로써 보복을 한다. 1989년 5월에 미국은 일본, 브라질, 인도를 가장 불공정한 무역국가로 지목했다. 일본은 공공당국이 미국의 인공위성, 슈퍼컴퓨터를 구매할 것을 거절했고, 미국에서 제조된 삼림제품을 배제했기 때문에 지목되었다. 브라질은 실제로 모든 수입에 부과된 라이선싱 요구 때문에 지목되었고, 인도는 해외직접투자에 대한 제한과 외국에 기반을 둔 보험회사를 규제하는 것 때문이었다. 1988년 슈퍼 301조 조항하에서 이러한 국가들은 그들이 무역규제를 완화하지 않을 경우 선별된 대미 수출품에 100% 관

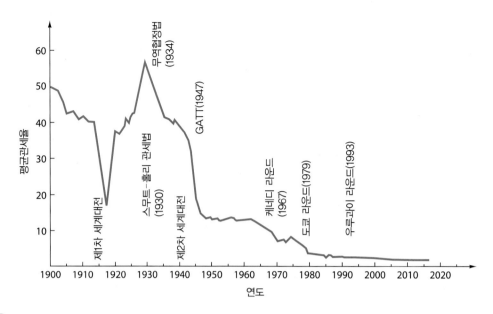

그림 9-4 관세가 부과되는 수입품에 대한 미국의 평균관세율(1900~2018)

미국에서 관세부과 수입품에 대한 평균관세율은 1930년 스무트-홀리 관세법하에서 1932년에 높게는 59%부터 2005년 5% 이하까지 분포되어 있다. 평균관세율은 저관세수입의 비율이 증가하는 경우 관세계획의 변화 없이도 하락할 수 있다(1972년 이후에 저관세 석유수입의 큰 증가 결과와 같이).

출처 : *Historical Abstract of the United States*(Washington, D.C.: U.S. Government Printing Office, 1972); and *Statistical Abstract of the United States*(Washington, D.C.: U.S. Government Printing Office, 2012 and 2018).

세에 직면하였다.

그림 9-4는 1900년부터 2018년까지 관세부과가 가능한 수입품에 대한 미국의 평균관세율의 역사를 요약한다. 다른 주요 선진국에서의 관세율 역시 유사하게 하락하였으며 미국의 관세율과 비교된다(표 8-1 참조). 그림의 평균관세율은 관세계획의 변화 없이도 저관세수입 비율이 증가함에 따라 하락했다. 예를 들면 1972년 이후 평균관세율의 하락은 주로 미국에서 석유의 저관세수입의 큰 증가에 기인한다.

9.7 우루과이 라운드, 도하 라운드의 실패, 미해결의 무역문제

이 절에서는 먼저 성공적인 우루과이 라운드의 조항을 검토한 다음 도하 라운드가 달성하고자 했던 목표와 실패한 이유를 논의한다. 그런 다음 오늘날 세계가 직면한 미해결의 무역문제를 검토할 것이다.

9.7A 우루과이 라운드

1993년 12월 세계에서 123개국이 참가한 역사상 8번째이고 가장 야심찬 다자간 무역협상인 우루과이 라운드(Uruguay Round)가 7년간의 고통스러운 협상에 종지부를 찍었다. 우루과이 라운드는 1986년 9월 우루과이의 푼다 델 에스테에서 시작되었으며, 1990년 12월에 종결짓기로 계획되었으나, 미국과 유럽연합(그중에서도 특히 프랑스)의 농업보조금 감축에 관한 이견으로 인해 3년 동안 결론을 내는 것을 연기해 왔다. 우루과이 라운드의 목적은 신보호주의가 확산되는 것을 억제하고 그 추세를 역전시키는 것이다. 또한 서비스, 농업, 해외투자를 협상의제에 포함하고, 지적재산권 보호에 대한 국제적인 규칙을 협상하고, 보다 시의적절하고 GATT의 규칙과 일치하도록 분쟁해결 메커니즘을 개선하고자 하였다. 그 협정은 1994년 4월 15일에 미국과 기타 국가들에 의해 서명되었으며, 1995년 7월 1일에 효력을 발휘하게 되었다.

그 협정의 주요 조항들은 다음과 같다.

1. 관세 : 공산품에 대한 관세는 평균 4.7%에서부터 3%까지 인하되고, 관세율이 0인 상품의 비율이 20~22%에서 40~45%로 증가했다. 의약품, 건설장비, 의료장비, 종이제품, 철강 등에서 관세가 완전히 제거되었다.

2. 쿼터 : 각국은 농산품 수입에 대한 쿼터와 면직물 및 의류수입에 관한 쿼터를 덜 규제적인 관세로, 농업 분야에서는 1999년 말까지, 면직물 및 의류 분야에서는 2004년 말까지 대체하기로 하였다. 농업 분야의 관세는 개발도상국에서는 24%까지 인하되었고, 선진국에서는 36%, 면직물의 관세는 25%까지 인하되었다.

3. 반덤핑 : 이 협정은 반덤핑법의 사용으로부터 발생하는 논쟁을 해결하기 위해서 보다 강력하고 빠른 조치를 제공한다. 그러나 반덤핑법의 사용을 저지하지는 않는다.

4. 보조금 : 농산물 수출의 보조금의 양이 지난 6년 동안 21% 감축되었고, 공업 분야의 연구에 대한 정부보조금은 응용연구비용의 50%까지 감축되었다.

5. 긴급수입제한조치 : 각국은 일시적으로 관세 또는 다른 제한조치를 사용해서 국내산업에 심각한 피해를 주는 수입증가에 대처하게 된다. 이는 과학적인 근거 없이 단순히 무역을 제한하기 위한 목적으로 건강 및 안전기준을 실시하는 것을 금지한다. 예를 들면 한 국가는 성장 호르몬을 통해 생산된 소고기가 사람이 소비하는 데 안전하지 않다는 것을 보여 주어야만 성장 호르몬으로 사육된 소고기의 수입을 억제할 수 있다.

6. 지적재산권 : 이 협정은 특허 및 상표, 복사권을 20년간 보호한다. 그러나 개발도상국에 대해서는 의료 분야에서 10년간의 단계적 특허보호를 허용한다.

7. 서비스 : 미국은 자국의 은행 또는 증권기업이 일본, 대한민국, 많은 개발도상국 시장에 접근하는 데 실패했고, 프랑스와 유럽연합이 미국의 필름과 TV 프로그램에 대한 방영의 규제를 철폐하도록 하는 데 실패했다.

8. 다른 산업조항 : 미국과 유럽연합은 민간 항공기 제조업자에 대한 정부 보조를 한층 더 제한하고 장거리 전화시장을 개방하며, 유럽의 철강 제조업자에 대한 보조금을 제한하기 위한 논의를 계속하기로 합의했다. 또한 미국은 일본의 컴퓨터 칩 시장을 더욱 개방하기 위한 협상을 계속할 것임을 시사했다.

9. 무역관련 투자조치 : 이 협정은 (자동차 생산업체)와 같은 해외투자자가 국내 부품을 이용하거나 수입한 만큼 수출해야 한다는 조건을 단계적으로 철폐하는 것이다.

10. 세계무역기구 : 이 협정 역시 공산품의 무역뿐 아니라 농산물 및 서비스업의 무역에 대해서도 GATT의 조항을 세계무역기구(World Trade Organization, WTO)의 조항으로 대체한 것이다. 무

역분쟁 또한 GATT에서와 같이 만장일치가 아닌 국가들의 2/3나 3/4의 투표에 의해 해결될 수 있다(이것은 피소국가가 자국에 해가 되는 행동을 저지할 수 있다는 것을 의미한다).

우루과이 라운드의 타결은 그 자체로서 커다란 업적이지만 일부 목표만 성취되었고, 여러 가지 미해결된 무역문제가 남아 있다(다음 절 참조). 2005년까지 우루와이 라운드를 시행하면 세계의 후생은 730억 달러 증가하는데, 이 중 583억 달러는 선진국에 돌아가고 192억 달러는 개발도상국에 귀속될 것으로 추정된다(사례연구 9-8 참조). 그러나 우루과이 라운드가 실패했더라면 심리적 재앙이었을 것이며 무역규제가 만연하고 파괴적인 무역전쟁이 발발했을 것이다.

1996년과 1997년 기간에 통신 분야, 금융 분야, 정보기술 분야의 무역을 개방하려고 하는 다자간 무역협상이 종결되었으며, 시간이 지남에 따라 이 협상으로 인해 우루과이 라운드 전체보다 더 큰 무역의 확대가 발생할 것이다. 1999년에 유럽연합은 멕시코와 자유무역협정을 체결(2000년 7월에 효력 발효)하여 쌍방간 무역에 대한 관세를 모두 철폐하기로 하였다. 2001년에 중국은 WTO에 144번째 회원국으로 가입하였으며, 러시아가 2012년에 156번째 회원국으로 가입하여, 2019년 WTO의 총회원국은 164개국이 되었다.

2002년 8월에 미국의회는 대통령에게 **패스트 트랙**(fast track)이라는 무역촉진권한(trade promotion authority)을 부여해서 광범위한 무역협상을 하도록 했는데, 이는 행정부가 제출한 법안을 의회는 조문 수정 없이 가부간의 결정만 하는 것이다. 이러한 법제화의 목적은 외국 정부로 하여금 미국 정부가 협상에 신속히 대처할 것이라는 확신을 주기 위한 것이다. 또한 이 법안은 대통령이 협상 시에 환경보호, 노동권, 반덤핑법을 고려하도록 하였으며, 일자리를 잃은 노동자에게 건강보험과 기타 혜택으로 연간 12억 달러까지 지원할 수 있게 하였고, 농부와 목축업자들도 혜택을 받을 수 있도록 하였다. 그러나 패스트 트랙은 2007년 만기가 된 후 2015년, 2018년에 갱신되었고, 2021년까지 갱신될 예정이다. 1990년 이후 (유럽연합 및 기타 국가들과 마찬가지로) 미국은 (제10장에서 논의되는 바와 같이) 여러 국가들과 자유무역협정을 체결했다.

9.7B 실패한 도하 라운드

1999년 12월 시애틀에서 개최된 WTO 무역회의에서는 무역협상에 관한 '새천년 라운드(Millenium Round)'를 추진하기 위한 시도가 있었다. 이러한 시도는 (1) 개발도상국들이 새로운 라운드의 의제로 노동 및 환경기준을 포함하는 데 극렬히 반대했고, (2) 미국이 농업제품의 완전한 무역자유화를 의제

사례연구 9-8 우루과이 라운드로 예상되는 이익

표 9-6은 2005년까지 우루와이 라운드가 전면 시행되는 경우 세계 여러 국가와 지역이 얻는 후생이익의 추정치를 달러와 GDP에 대한 비율로 보여 주고 또한 실질임금의 상승률도 함께 보여 준다. 이 표에 의하면 세계의 후생은 730억 달러 증가하는데, 이 중 538억 달러(74%)는 선진국에 돌아가고 나머지는 개발도상국에 귀속된다. 유럽연합과 유럽자유무역연합(EFTA)이 가장 많은 이익(237억 달러)을 얻고 그다음이 미국(198억 달러)과 일본(69억 달러)이다. 개발

| 표 9-6 | 우루과이 라운드로 인한 실질소득의 증가 |

국가 또는 지역	후생이익 (10억 달러)	후생이익 (GDP 대비 %)	실질임금 상승 (%)
선진국			
미국	19.8	0.22	0.21
유럽연합 및 EFTA	23.7	0.22	0.21
일본	6.9	0.11	0.09
캐나다	1.6	0.22	0.20
오스트레일리아와 뉴질랜드	1.8	0.34	0.36
개발도상국			
아시아			
인도	2.8	0.68	0.54
스리랑카	0.1	0.70	0.54
기타 남아시아	2.7	2.29	2.43
중국	1.3	0.14	0.23
홍콩	−0.1	−0.11	0.47
대한민국	2.5	0.45	0.45
싱가포르	1.6	2.11	1.92
인도네시아	0.6	0.24	0.32
말레이시아	2.6	2.19	2.56
필리핀	2.5	2.82	3.91
타이	0.8	0.40	0.76
기타			
멕시코	0.1	0.01	0.03
터키	0.2	0.11	0.09
중부 유럽	1.2	0.33	0.34
중앙아메리카와 남아메리카	0.3	0.02	0.04
총계	73.0		

출처 : D. K. Brown, A. V. Deardorff, and R. Stern, "Computational Analysis of Multilateral Trade Liberalization in the Uruguay Round," *Discussion Paper No.489*, School of Public Affairs, University of Michigan, December 8, 2002.

도상국 중에서는 인도가 가장 많은 이익(28억 달러)을 얻고 그다음이 기타 남아시아(27억 달러), 말레이시아(26억 달러) 및 대한민국과 필리핀(각각 25억 달러)이다. 중국은 13억 달러의 이익을 얻고, 홍콩만이 약간 손해를 본다(1억 달러). GDP 대비 비율과 실질임금으로는 선진국의 이익은 0.4% 이하이지만, 개발도상국의 이익은 (1.92%의 실질임금 이익을 얻는 싱가포르를 제외하면) 기타 남아시아, 싱가포르, 말레이시아 및 필리핀의 경우 GDP의 2%를 초과한다.

에 포함시키려는 데 대해 유럽연합과 일본이 반대했으며, (3) 유럽연합이 요구했던 경쟁 및 투자정책을 논의하는 데 미국이 반대했기 때문이다. 이러한 일들은 강력한 반세계화 운동이 조직한 대규모 시위가 진행되는 중에 일어났는데, 반세계화 운동은 다국적기업의 이익을 위해 인간 및 환경복지를 희생하고, 세계의 여러 가지 인간 및 환경문제가 세계화 때문에 발생했다고 비난하고 있다(1.1절 참조).

2001년 11월 카타르 도하에서 도하 라운드가 개최되었다. 의제는 (1) 농업, 산업제품 및 서비스의 생산과 무역을 한층 더 자유화하며, (2) 투자정책 및 경쟁정책뿐만 아니라 반덤핑 및 긴급수입제한조치에 대한 규칙을 보다 엄격하게 하는 것 등이 포함되었다. 새로운 라운드는 선진국의 경우 농업관세를 45~75%, 개발도상국은 35~60% 인하하는 반면, 최빈개발도상국은 인하하지 않을 것을 제안했다. 또한 비농업제품의 관세에 대해서는 선진국은 50%, 개발도상국은 35% 인하할 (최빈개발도상국은 인하하지 않음) 것을 제안했다. 새로운 라운드로 인해 2015년까지 예상되는 이익은 (완전한 무역자유화를 했을 때 얻을 수 있는 이익의 약 1/3인) 960억 달러였으며(사례연구 9-6의 표 9.4 참조), 이 중 800억 달러는 선진국으로 귀속되며(이는 1인당 79.04달러, 선진국 GDP의 0.24%임), 160억 달러는 개발도상국으로 귀속된다(이는 1인당 3.13달러이며, 개발도상국 GDP의 0.14%임).

처음부터 개발도상국들은 우루과이 라운드가 그들에게 약속한 많은 것을 가져다주지 못한다고 생각하여 양허를 하는 데 주저하였으며, 그 대신 도하 라운드를 진정한 '개발 라운드'로 만들 것을 주장하였다. 도하 라운드는 2004년 말 종결될 것으로 예상되었지만 선진국과 개발도상국 그리고 선진국 간에 농업보조금에 대한 의견 불일치로 5년간의 협상 끝에 2008년 7월 거의 붕괴했다.

사례연구 9-9는 1947년 이래 GATT의 후원하에 시행된 8차례의 다자간 무역 라운드와 2001년 WTO의 후원하에 실행된 9번째의 실패한 도하 라운드를 요약하여 보여 준다.

9.7C 미해결 무역문제

우루과이 라운드의 성공적인 종료에도 불구하고 여전히 심각한 무역문제는 많이 남아 있다.

첫 번째 문제는 무역보호주의가 여전히 만연해 있다는 점이다. 9.3절부터 9.5절에서 논의한 바와 같이 선진국들은 외국의 경쟁으로부터 국내생산과 일자리를 보호하려고 하고 있으며, 새로운 첨단기술산업을 육성하기 위하여 전략적 무역정책과 산업정책을 이용하며, 개발도상국 역시 그렇다. 유럽연합은 산업불모지로 전락할 것이라는 우려 때문에 몇몇 산업에 대한 보호를 강화해 왔다. 러시아는 중고차 수입에 대해 관세를 인상하고, 인도는 중국산 완구의 수입을 금지하고, 아르헨티나는 자동차 부품의 수입, 직물 및 가죽제품에 대한 수입허가 요건을 강화하였다. 미국과 유럽연합, 일본은 농민 및 은행들에게 보조금을 지급하고 있는 반면 중국은 국가경제의 우월성을 달성하기 위해 공격적인 산업정책을 추구하고 있는데, 이는 기술우위를 성취하기 위함으로 보인다.

두 번째 문제는 농업제품에 대한 보조금과 관세가 높은 수준에 있으며, 반덤핑조치와 긴급수입제한조치가 가능하고 종종 남용되기 때문에 심각한 무역분쟁의 소지가 잠재하고 있다는 점이다.

세 번째 무역문제로는 세계가 3개의 무역 블록[EU, NAFTA 및 (명확하게 정의되지는 않았지만) 태평양 블록]으로 분할되는 경향이 있다는 점이다(무역 블록은 제10장과 11장에서 자세히 살펴본다). 이러한 무역 블록이 자유무역체제의 초석이 될 수도 있지만 걸림돌이 될 수도 있으며, 이로 인해 양자 간 무역, 보호무역주의 및 블록 간 무역분쟁이 나타날 수도 있다.

사례연구 9-9   다자간 무역협상 라운드

표 9-7은 무역협상의 연도, 장소, 이름, 참가국, 논의된 주제, 인하된 관세율을 보여 준다. 표로부터 GATT가 지원한 가장 중요한 협상은 1947년의 라운드와 1964~1967년의 케네디 라운드, 1973~1979년의 도쿄 라운드, 1986~1993년의 우루과이 라운드임을 알 수 있다. WTO가 지원하는 새로운 도하 라운드(2001년~)는 규모가 가장 크고 또한 가장 어려운 협상이 될 것으로 보인다.

표 9-7	GATT 무역협정과 WTO 라운드			
연도	장소/이름	참가국 수	논의된 주제	관세인하율
1947	제네바	23	관세	21
1949	안시	13	관세	2
1951	토키	38	관세	3
1956	제네바	26	관세	4
1960~1961	제네바(딜론 라운드)	26	관세	2
1964~1967	제네바(케네디 라운드)	62	관세 및 반덤핑조치	35
1973~1979	제네바(도쿄 라운드)	99	관세, 비관세조치 및 다자간 협상	33
1986~1993	제네바(우루과이 라운드)	125	관세 및 비관세조치 및 농업, 서비스, 직물 및 지적재산권, 분쟁해결 및 WTO 창설	34
2001~	도하(도하 라운드)	150	농업, 공업제품, 서비스업에서 전 세계적 무역자유화	실패

출처 : WTO, *Annual Report* (Geneva: WTO, 2011).

네 번째 문제는 미국과 프랑스와 같은 선진국들이 노동과 환경기준의 설립을 요구하는 것이다. 이는 선진국과 개발도상국 사이의 '공평한 근로조건'을 보장하고 개발도상국에 의한 '사회적 덤핑'(즉, 개발도상국이 그들의 노동자에 대한 기본적 인권이나 적절한 임금 및 작업환경을 보장하지 않음으로써 불공평하게 경쟁하는 것)을 피하기 위한 것으로 보인다. 그러나 노동과 환경기준을 설립하는 것은 보호무역주의 조치로 악용될 위험이 있다. 환경기준 역시 마찬가지이다(6.6C절 참조). 무역관련 투자조치(TRIMs)와 아울러 (보조금과 규제와 같은) 무역관련 경쟁정책 역시 우루과이 라운드에서보다 더 적절하게 처리해야 할 필요가 있다.

마지막으로 2018년 세계가 직면하고 있는 다섯 번째의 가장 위험한 무역문제는 트럼프 대통령 행정부하에서 미국의 (방어적) 보호무역주의적 무역정책인데, 이는 (사례연구 9-7에서 논의한 바와 같이) WTO를 약화시키며 무역전쟁의 위험을 내포하고 있다.

요약

1. 쿼터는 수입 또는 수출에 대한 직접적 수량 규제이다. 수입 쿼터는 상당한(equivalent) 관세와 동일한 소비 및 생산효과를 갖는다. 정부가 수입허가를 경쟁시장에서 가장 높은 가격을 제시하는 입찰자에게 경매로 배정한다면 수입(收入)효과 역시 동일하게 된다. 수요 또는 공급의 변화에 따른 조정은 수입 쿼터의 경우에는 국내가격을 통해 이루어지고, 관세의 경우에는 수입량을 통해 이루어진다. 또한 수입허가가 경매를 통해서 배당되지 않으면 독점이윤을 발생시키고, 그에 따라 부패가 발생할 수 있다. 수입 쿼터는 일반적으로 그에 상당한 수입관세보다 더 규제적이다.

2. 수출자율규제는 수입국이 수출국으로 하여금 한 제품의 수출을 소위 자발적으로 축소하도록 유도하는 것이다. 성공하는 경우의 경제적 효과는 수입효과를 제외하고는 수입 쿼터와 동일하다. 여기서 수입은 해외 공급자가 획득하게 된다. 그러나 수출자율규제는 수입을 제한하는 데 있어서 성공적일 것 같지 않으며, 대부분 우루과이 라운드 협정의 결과로 1999년 말에 폐지되었다. 또한 여러 가지 다른 비관세무역장벽들이 있는데, 이러한 장벽은 지난 30년간 국제무역 흐름의 방해물로서 관세보다 더 중요하게 되었다.

3. 국제 카르텔은 서로 다른 국가에 소재하는 상품의 공급자들이 총이윤을 극대화하거나 증가시킬 목적으로 상품의 생산과 수출을 규제하는 조직이다. 국제 카르텔은 필수적인 상품으로서 좋은 대체 상품이 없고, 국제 공급자가 소수인 경우에 더 성공할 것이다. 카르텔에서 탈퇴하거나 기만할 유인이 존재한다. 또한 무역규제는 덤핑과 수출보조금으로부터 유래할 수 있다. 덤핑은 한 제품을 국내가격보다 더 낮은 가격 또는 비용 이하로 수출하는 것으로 지속적이고, 약탈적이며, 산발적이다. 상계관세는 외국정부가 제공하는 보조금을 상쇄하기 위해서 수입품에 부과하는 관세이다.

4. 관세가 외국의 싼 노동력으로부터 국내 노동자들을 보호하기 위해서 필요하다는 주장과 과학적 관세는 분명히 오류이다. 두 가지 회의적인 인근 궁핍화 논의는 보호무역이 국내실업을 감소시키고, 국제수지의 적자를 해소하기 위해서 필요하다는 것이다. 보호무역주의의 보다 타당한 논의는 유치산업보호론이다. 그러나 보호무역으로 할 수 있는 것은 직접 보조금이나 조세를 통해서 국내 왜곡 없이도 더 잘 이루어질 수 있으며, 국방을 위해서 중요한 산업의 경우에도 동일하다. 보호무역주의에 대해서 경제적으로 가장 타당한 것은 최적관세이다(그러나 이것은 보복을 불러일으킨다). 미국에서의 무역보호주의는 보통 저임금 노동자와 대체로 소비재를 생산하는 잘 조직화된 산업이 무역보호를 받고 있다.

5. 전략적 무역정책 및 산업정책은 보호무역주의에 대한 또 하나의 유보적인 논의이다. 한 국가는 첨단기술 산업을 장려함으로써 거기서 유래하는 커다란 외부경제효과를 획득할 수 있고, 미래의 성장 전망을 높일 수 있다. 그러나 전략적 무역정책과 산업정책은 여러 가지 특별한 어려움에 직면하게 되는데, 그 이유는 국가들이 승자를 선발하기가 어렵고 보복을 야기하기 때문이다. 이러한 이유로 자유무역은 아직도 최선의 정책이다. 그러나 중국의 전략적 무역정책과 산업정책에 '방어적' 수입관세의 부과로 대응함으로써 트럼프 대통령은 2018년 무역전쟁의 위험을 불사했다.

6. 1930년의 스무트-홀리 관세법은 1932년 미국에서 평균 수입관세를 59% 상승시키는 결과를 가져와서 외국의 보복을 불러일으켰다. 1934년의 무역협정법은 대통령에게 최혜국 원칙하에서 50%까지 상호 관세감축을 협상할 수 있는 권한을 부여하였으나, 한 가지 심각한 문제점은 그것이 쌍무적 접근이란 것이다. 관세 및 무역에 관한 일반협정(GATT)은 농업 분야와 국제수지 문제를 겪고 있는 나라를 제외하고는 무차별주의, 협상, 비관세장벽의 철폐를 토대로 자유무역에 기여하였다. 1962년까지만 하더라도 관세감축은 제품별 협상과 특히 임계점조항, 회피조항, 국가안보조항 등 미국의

보호주의자들의 장치에 의해 심각하게 제한을 받았다. 1962년의 무역확대법을 근거로 1967년에 종결된 케네디 라운드의 협상을 통해 공산품에 대해 평균 35%의 관세인하 협상을 하였다. 1962년의 무역확대법은 조정지원으로 무피해 원칙을 대신했다. 1974년의 무역개혁법을 근거로 1979년에 종결된 도쿄 라운드에서 평균 31%의 관세인하 협상을 했으며 비관세장벽에 대한 행동조항을 수용하였다. 1988년의 무역법은 미국의 수출을 크게 제한하는 국가에 대해 보복적 조치를 취할 수 있는 미국의 권한을 강화하였다.

7. 무역협상에 관한 우루과이 라운드는 1993년 12월에 종결되었다. 그것은 공산품에 대한 평균관세율을 4.7%에서 3%까지 인하하였고, 쿼터는 관세에 의해서 대체되고, 반덤핑관세와 긴급수입제한 조치가 엄격하게 제한되도록 하였다. 이 협정은 역시 농산물 수출보조금의 감축과 공산물보조금의 감축을 요구했고, 지적재산권의 보호도 요구하였다. 1996~1997년 기간에 동 협정은 통신, 금융, 정보기술 분야 무역을 개방하는 데 이르렀다. 2000년 7월에는 유럽연합과 멕시코 간에 자유무역협정이 발효되었고, 2001년 11월에는 도하 라운드가 시작되었으며, 2001년에 중국이 WTO의 144번째 회원국이 되었다. 러시아는 2012년에 156번째 회원국이 되었다. 2002년 8월에는 의회가 대통령에게 무역협상을 할 권한을 부여하였다. 새천년 라운드를 시작하고자 하는 시도는 국가들이 2001년 11월 무역회의에서의 의제에 관한 협정에 이르지 못하고 실패하였다. 세계는 몇 개의 무역 블록으로 분할되고 있으며, 심각한 반세계화 운동이 나타났다. 또한 선진국 간 그리고 선진국과 개발도상국 사이에 많은 무역분쟁이 있었다. 이러한 문제점은 도하 라운드에서 해결될 것으로 기대되었으나, 도하 라운드는 농업보조금에 대한 의견 불일치로 2008년 거의 붕괴되었다. 2018년의 가장 위험한 무역문제는 트럼프 대통령 행정부하에서 미국의 '방어적' 무역정책인데, 이는 WTO를 약화시키며 무역전쟁의 위험을 내포하고 있다.

주요용어

게임이론(game theory)

과학적 관세(scientific tariff)

관세 및 무역에 관한 일반협정(General Agreement on Tariffs and Trade, GATT)

국가안보조항(national security clause)

국제무역기구(International Trade Organization, ITO)

국제 카르텔(international cartel)

기술 · 행정 및 기타 규제(technical, administrative, and other regulations)

다자간 무역협상(multilateral trade negotiations)

덤핑(dumping)

도쿄 라운드(Tokyo Round)

무역정책(industrial policy)

무역조정지원(Trade Adjustment Assistance, TAA)

비관세장벽(Nontariff Trade Barriers, NTBs)

산발적 덤핑(sporadic dumping)

상계관세(Countervailing Duties, CVDs)

세계무역기구(World Trade Organization, WTO)

수출보조금(export subsidies)

수출입은행(Export-Import Bank)

수출자율규제(Voluntary Export Restraints, VERs)

스무트-홀리 관세법(Smoot-Hawley Tariff Act)

신보호주의(new protectionism)

약탈적 덤핑(predatory dumping)

양자 간 무역(bilateral trade)

우루과이 라운드(Uruguay Round)

유치산업보호론(infant-industry argument)

임계점조항(peril-point provisions)

전략적 무역정책(strategic trade policy)

지속적 덤핑(persistent dumping)

집중화된 카르텔(centralized cartel)

최혜국 원칙(most-favored-nation principle)

케네디 라운드(Kennedy Round)

쿼터(quota)

트리거 프라이스 메커니즘(trigger-price mechanism)

해외영업법인(Foreign Sales Corporations, FSC)

회피조항(escape clause)

1934년의 무역협정법(Trade Agreements Act of 1934)

1962년의 무역확대법(Trade Expansion Act of 1962)

1974년에 무역개혁법(Trade Reform Act of 1974)

1984년의 무역 및 관세법(Trade and Tariff Act of 1984)

1988년의 전방위 무역 및 경쟁법(Omnibus Trade and Competitiveness Act of 1988)

복습문제

1. 수입 쿼터란 무엇인가? 수입 쿼터는 오늘날 대체로 어떻게 이용되는가? 수입 쿼터에 대한 부분균형분석 효과는 무엇인가? 이에 상당한 관세와 유사한 점 및 차이점은 무엇인가?

2. 수출자율규제란 무엇인가? 미국은 이를 어떻게 사용했는가?

3. 무역에 대한 기술·행정 및 기타의 비관세장벽이란 무엇인가? 이들은 어떻게 무역을 규제하는가? 관세장벽과 비교할 때 비관세장벽의 중요성은 무엇인가?

4. 국제 카르텔이란 무엇인가? 국제 카르텔은 무역을 어떻게 제한하는가? 1970년대에 가장 성공적이었던 국제 카르텔은 무엇인가? 1980년대에 그것의 힘이 약화된 이유는 무엇인가?

5. 덤핑이란 무엇인가? 덤핑의 유형에는 무엇이 있는가? 덤핑을 하는 이유는? 덤핑이 가능하기 위해서는 어떤 조건이 필요한가? 덤핑으로 인해 보통은 무역이 제한되는 이유는?

6. 국가가 수출에 대해 보조금을 지급하는 이유는? 이러한 보조금은 어떤 문제를 야기하는가?

7. 보호에 대한 잘못된 주장과 의심스러운 주장에는 어떤 것이 있는가? 이들 주장이 잘못된 이유와 의심스러운 이유는 무엇인가?

8. 보호에 대한 유치산업보호론은 무엇인가? 이 주장의 전제조건은 무엇인가?

9. 보호에 대해 어느 정도 근거가 있는 기타의 주장은? 이들 주장은 어떻게 보완되어야 하는가?

10. 전략적 무역정책과 산업정책이란 무엇인가? 그 타당성은 무엇인가?

11. 1934년의 무역협정법이 중요한 이유는? GATT의 기본원칙은?

12. 케네디 라운드의 주요 성과는 무엇인가? 도쿄 라운드의 성과는? 1984년과 1988년의 무역법의 주요 내용은?

13. 우루과이 라운드의 성과는?

14. 오늘날 세계가 직면하고 있는 무역문제는 무엇인가?

15. 도하 라운드가 필요한 이유는?

연습문제

1. 국가들이 자유무역이 최선의 정책임에도 불구하고 무역규제를 사용하는 이유를 설명하라.

2. 그림 9-1의 자유무역하에서 D_X와 S_X 그리고 $P_X = 1$달러로부터 시작하여 30X의 수입 쿼터의 부분균형효과를 D_X가 D_X''로 이동하여 D_X와 D_X''가 평행하고 S_X와 $P_X = 2.5$달러에서 S_X와 교차하는 경우를 분석하라.

3. 그림 9-1의 자유무역하에서 D_X와 S_X 그리고 $P_X=1$달러로부터 시작하여 30X의 수입 쿼터의 부분균형효과를 S_X가 S_X'로 이동하고 $P_X=3.5$달러에서 D_X와 교차하는 경우를 분석하라.

4. 그림 9-1의 자유무역하에서 D_X와 S_X 그리고 $P_X=1$달러로부터 시작하여 30X의 수입 쿼터의 부분균형효과를 S_X가 S_X''로 이동하고 $P_X=2.5$달러에서 D_X와 교차하는 경우를 분석하라.

5. 그림 9-1의 자유무역하에서 D_X, S_X 그리고 $P_X=1$달러로부터 S_X가 S_X^*로 (평행하게) 이동하여 D_X와 $P_X=2$달러에서 교차할 때 30X의 수입 쿼터에 대한 효과를 부분균형방법으로 분석하라.

6. 그림 9-1의 자유무역하에서 D_X와 S_X 그리고 $P_X=4.5$달러로부터 시작하여 30X의 수출 쿼터의 부분균형효과를 분석하라.

7. 연습문제 6번에서와 같이 30X 수출 쿼터가 그에 상응하는 수입관세 또는 쿼터와 어떤 점에서 유사하고 차이가 나는가를 설명하라.

8. 양축과 그에 상응하는 한계수입곡선이 교차하는 직선인 수요곡선을 그리라(수직축과 수요곡선의 반거리에 위치한다). 동일한 그래프 위에 수요곡선과 한계수입곡선과 교차하는 가상적인 공급곡선을 그리라. 수출상품시장이 완전경쟁 상태일 때 수출상품의 균형가격과 수량을 결정하라.

9. 연습문제 8번과 동일한 상황에서 공급곡선이 독점자로서 행동하는 수출업자의 카르텔인 경우 그 상품의 균형가격과 수출물량을 결정하라.

10. 연습문제 8번과 9번의 결과를 비교하라.(힌트 : 경제학원론 교재의 완전경쟁과 독점을 복습할 것)

11. 3개의 가격-수량축을 나란히 그리라.
첫 번째 그래프에 가파른 직선인 수요곡선(D_1)을 그리고, 그것으로 국내시장을 표시한다. 동일한 그래프상에 그에 상응하는 한계수입곡선(MR_1)을 그리라.
두 번째 그래프에 낮고 평평한 직선인 수요곡선(D_2)을 그리고, 그것으로 국제시장을 표시한다. 동일한 그래프상에 그에 상응하는 한계수입곡선(MR_2)을 그리라.
세 번째 그래프에 MR_1과 MR_2를 수평으로 합하여 MR을 그리고, 세 번째 그래프에 한계수입곡선의 아래에서부터 위로 교차하는 한계비용곡선(MC)을 그리라. 그런 후에 수평의 점선을 그리고 첫 번째 그래프와 두 번째 그래프까지 확장하라. 수평의 점선이 MR_1과 교차하는 점은 국내 독점자가 국내시장에 얼마만큼 판매하는가를 나타내고, 수평축이 MR_2와 교차하는 점에서는 국제시장에서 얼마만큼 판매하는가를 나타낸다.

(a) 독점자는 국내시장(P_1)과 국제시장(P_2)에서 각각 어떤 가격을 부과하는가?

(b) 이것이 왜 두 시장 간의 판매의 최상 또는 최적의 분배를 나타내는가?

12. 수직축에 평균생산비를, 수평축에 산출량 수준을 측정하는 표 상에 규모에 대한 수익불변에 직면하는 효율적인 외국기업의 장기평균비용곡선과 기업이 성장함에 따라 기존의 외국기업보다 더 효율적이 되는 개발도상국의 유치산업의 장기평균비용곡선을 그려서 유치산업보호론을 설명하라.

13. 표 9-5의 숫자가 다음과 같이 변하는 경우 요구되는 전략적 무역정책을 지적하라.

(a) 10, +10

(b) +10, 0

(c) +5, −10

14. 자유무역생산점 B로부터 그림 8-5의 국가가 65X(점 F)를 생산하기를 원한다고 가정하라.

(a) 그 국가는 관세 또는 보조금으로 어떻게 이것을 할 수 있는가?

(b) 보조금이 더 나은 이유는 무엇인가?

부록

이 부록에서는 집중화된 카르텔의 운용, 국제가격차별, 국내왜곡을 교정하기 위해 관세 대신에 조세나 보조금을 사용하는 경우의 효과를 그래프로 분석한다.

A9.1 집중화된 카르텔

그림 9-5에서 D_X는 상품 X의 수출에 대한 세계 총수요이고, MR_X는 그에 상응하는 한계수입곡선이다. MR_X는 모든 점에서 수직축과 D_X 사이의 거리의 1/2에 위치한다. S_X는 상품 X의 수출에 대한 카르텔의 공급곡선이다. S_X는 모든 카르텔 회원국의 공급곡선들의 수평 합계(ΣMC_X)이다. 완전경쟁하에서 국제 균형점은 점 E인데 P_X=3달러에서 400단위의 상품 X가 거래된다.

독점자로서 활동하는 상품 X의 국제 카르텔(또는 **집중화된 카르텔**)은 수출을 300단위로 감소시키고, 가격을 P_X=3.5달러로 부과시킴으로써(MR_X와 ΣMC_X의 교점 F에 의해 주어짐) 총이윤을 극대화한다(D_X상의 점 G). 집단으로서(즉, 카르텔) 상품 X 수출업자의 총이윤의 증가는 그림의 색칠한 부분으로 표현된다. 이러한 이윤 증가의 이유는 상품 X의 총수출을 300단위로 축소시켜 국제 카르텔은 MC_X가 MR_X를 초과하는 수출을 하지 않음으로써 그 차이의 합계만큼 총이윤이 더 커지기 때문이다.

> **연습문제** 그림 9-5의 D_X와 S_X로부터 시작하여 상품 X의 수출업자가 둘이고, 동일한 경우 그들은 동일한 시장점유율에 동의한다는 독점결과를 보여 주는 그림을 그리라. 이것이 시장-공유 카르텔이다.

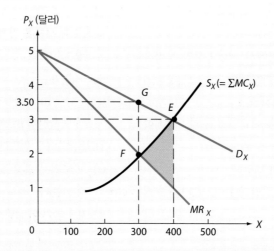

그림 9-5 **국제 카르텔의 총이윤 극대화**

D_X는 상품 X에 대한 수출의 총수요이고, S_X는 수출의 총공급이다. 완전경쟁하에서의 균형점은 점 E인데 P_X=3달러에서 400단위가 거래된다. 상품 X의 수출업자의 카르텔은 독점자로서 활동하며 수출을 300단위로 축소시키고, 가격을 P_X=3.5달러(D_X상의 점 G)로 부과시킴으로써(MR_X와 ΣMC_X의 교점 F에 의해 주어짐) 총이윤을 극대화한다. 카르텔의 총이윤은 그림의 색칠한 부분만큼 더 커진다.

A9.2 국제가격차별

지속적 덤핑 또는 국제적 가격차별은 그림 9-6에서 설명한다. 그림에서 국내시장에서 한계수입곡선 MR_d와 해외시장에서 한계수입곡선 MR_f의 합계는 $\sum MR$이다. 한계수입곡선과 한계비용곡선이 만나는 점 E에서 국내 독점기업은 그 이윤을 극대화하기 위해 **총 300단위를 판매하게 된다.** 총 300단위는 점 E에서의 수평선이 MR_d와 MR_f와 만나는 점에서 국내시장과 해외시장으로 배분된다. 이와 같이 국내 독점기업은 200단위를 해외시장에서 3달러의 가격에 100단위를 국내시장에서 4달러의 가격에 팔게 된다. P_X는 (국내 독점자가 외국경쟁에 직면하게 되는) 해외시장에서보다 (운송비와 무역장벽으로 고립되는) 국내시장에서 더 높아진다.

이윤극대화의 일반원리는 $MR_d = MR_f$이다. 만약 $MR_d \neq MR_f$이면 한계수입이 낮은 시장에서 한계수입이 높은 시장으로 판매를 전환함으로써 두 시장에서 MR이 같아질 때 총수입을 증가시킬 수 있다. 해외수요곡선이 국내수요곡선보다 탄력적이기 때문에 해외가격이 국내가격보다 낮다. 해외시장에서는 밀접한 대체재가 존재하기 때문에 해외수요곡선이 국내수요곡선보다 탄력적이다.

> **연습문제** 국내시장에서 수요의 가격탄력성의 절댓값(e_d)이 2이고, 외국에서의 e_f가 3이고, $\sum MR = MC = 10$달러인 경우 국제가격차별을 하는 국내 독점기업이 총이윤을 극대화하기 위하여 국내시장(P_d)과 해외시장(P_f)에서 어떤 가격에 팔 것인가를 계산하라. (힌트 : 미시경제이론에서 $MR = P(1 - \frac{1}{e})$이라는 공식을 이용하라.)

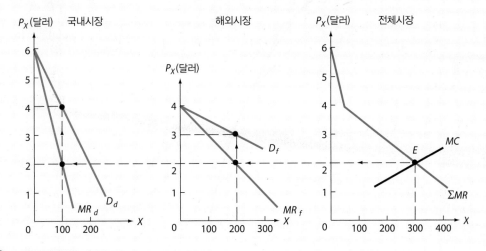

그림 9-6 국제가격차별

총이윤을 극대화하는 총산출량은 300X로 점 E로 표시되는데, 이 점에서 $\sum MR (= MR_d + MR_f)$ 곡선이 MC 곡선과 교차한다. 300X 중에서 (점 E를 지나가는 수평선이 MR_f와 교차하는 점인) 200X는 해외시장에서 $P_X = 3$달러에 판매되며 (점 E를 지나는 수평선이 MR_d와 교차하는 점인) 100X는 $P_X = 4$달러에 국내시장에서 판매된다. 총이윤을 극대화하기 위한 원리는 $MR_d = MR_f$이다.

A9.3 관세, 보조금, 국내목표

이 절에서는 순수한 국내목표를 달성하기 위해서는 보조금이 관세보다 바람직하다는 것을 보여 준다. 그림 9-7(그림 8-4를 확장)은 자유무역하에서 $P_X/P_Y=P_W=1$이면 점 B(40X와 120Y)에서 생산하고, 무차별곡선 *III* 상의 점 E(100X와 60Y)에서 소비하는 것을 나타낸다. 이 국가가 65단위(점 F)의 상품 X를 생산하기를 원한다면 상품 X의 수입에 100%의 관세를 부과하는 경우 국내생산에 100%의 보조금을 지불할 수 있다. 상품 X의 수입에 100%의 관세를 부과하는 경우 $P_X/P_Y=P_F=2$가 되어(정부가 관세수입을 일반적인 보조금의 형태로 재분배하면) 이 국가는 점 F(65X와 85Y)에서 생산하고, 무차별곡선 *II′* 상의 점 $H′$에서 소비하게 된다. 여기까지는 그림 8-4와 동일하다.

상품 X의 국내생산에 100%의 보조금을 지급하게 되면 소비자가 지불하는 가격은 $P_X/P_Y=1$이고 이 국가는 무차별곡선 *II″*에 도달하게 된다(이는 무차별곡선 *II′*보다 상위에 있다). 따라서 보조금은 국내생산자를 동일하게 보호할 수 있는 관세보다 바람직한데, 그 이유는 보조금을 지급하는 경우 관세와는 반대로 소비자가 지불하는 가격이 왜곡되지 않기 때문이다.

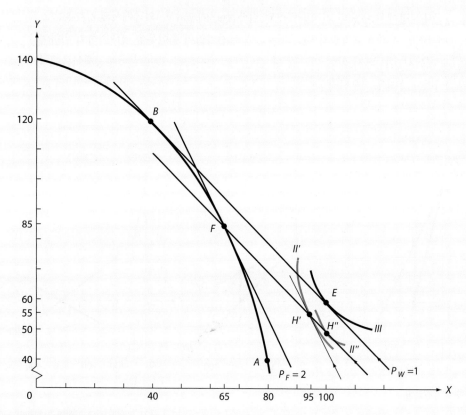

그림 9-7 **국내목표 달성을 위한 관세와 보조금**

자유무역하에서 $P_X/P_Y=P_W=1$이면 그 국가는 점 B(40X와 120Y)에서 생산하고 점 E에서 소비한다. 상품 X에 100%의 수입관세를 부과하는 경우 $P_X/P_Y=P_F=2$가 되고 그 국가는 65X(점 F)를 생산하고, 무차별곡선 *II′*상의 점 $H′$에서 소비한다. 상품 X의 국내생산에 100%의 보조금을 지불하면 소비자가 지불하는 가격은 $P_X/P_Y=1$이 되고(자유무역을 할 때와 같이), 그 국가는 무차별곡선 *II″*에 도달하게 된다(이는 무차별곡선 *II′*보다 상위에 있다).

연습문제 그림 9-7의 국가가 상품 X 생산에서 외부불경제로 인해 자유무역을 할 때 $P_X/P_Y =$ $P_W = 1$에서 점 F에서 생산한다면 어떻게 생산점 B에 도달하는가를 설명하라.

제 10 장

경제통합론 : 관세동맹과 자유무역지역

학습목표
- 무역창출, 무역전환의 의미와 경제통합으로 인한 동태적 이익을 이해한다.
- 유럽연합과 NAFTA의 중요성과 효과를 서술한다.
- 개발도상국가 간 그리고 중부 및 동부유럽 국가의 경제통합을 위한 노력을 서술한다.

10.1 서론

이 장에서는 일반적인 경제통합(economic integration)과 특별한 유형인 관세동맹을 다룬다. 경제통합 이론은 통합에 참여하는 국가들에 대해서만 차별적으로 무역장벽을 감소시키거나, 제거하는 통상정책을 뜻한다. 경제통합의 정도는 특혜무역협정으로부터 자유무역지역, 관세동맹, 공동시장, 경제동맹 등으로 여러 단계가 있다.

특혜무역협정(preferential trade arrangements)은 회원국에 대해서는 비회원국에 비해 더 낮은 무역장벽을 유지한다. 이것은 경제통합의 가장 느슨한 형태이다. 특혜무역협정의 가장 좋은 예는 영연방 특혜제도인데, 이것은 1932년 영국이 창설하여 현재의 영연방 회원국들과 과거의 몇몇 회원국들로 구성되어 있다.

자유무역지역(free trade area)은 회원국 간에는 모든 무역장벽이 제거되지만 비회원국에 대해서는 독자적 무역장벽을 유지하는 경제통합의 한 형태이다. 가장 좋은 예로는 1960년 영국, 오스트리아, 덴마크, 스웨덴, 노르웨이, 포르투갈과 스위스가 결성한 유럽자유무역협정(EFTA), 1993년 미국, 멕시코, 캐나다에 의해 체결된 북미자유무역협정(NAFTA), 1991년 아르헨티나, 브라질, 파라과이, 우루과이로 형성된 남미공동시장(Mercosur)이다.

관세동맹(customs union)은 자유무역지역처럼 회원국 간에는 어떤 무역장벽도 허용하지 않는다. 아울러 비회원 국가에 대해서는 (공동관세의 부과와 같은 형태로) 무역정책의 조화를 목표로 한다. 가장 유명한 예로는 1957년 서독, 프랑스, 이탈리아, 벨기에, 네덜란드, 룩셈부르크로 이루어진 유럽연합(European Union, EU) 또는 유럽공동시장이다. 또 하나의 예는 1834년 주권을 가진 독일의 여러 주들에 의해 형성된 독일관세동맹 또는 관세동맹으로 1870년 비스마르크의 독일 통일에서 중요성이 입증되었다.

공동시장(common market)은 관세동맹을 넘어 회원국 간에 노동과 자본의 자유로운 이동을 허용하는 것이다. 유럽연합은 1993년 초에 공동시장의 단계에 도달하였다.

경제동맹(economic union)은 회원국 간의 통화정책 및 재정정책의 조화를 꾀하거나 통일시킴으로써 공동시장보다 한 단계 더 진행한 것이다. 이것은 가장 진보된 유형의 경제통합으로, 그 대표적인 예는 제2차 세계대전 이후 형성된 벨기에, 네덜란드, 룩셈부르크 세 국가의 경제동맹인 베네룩스이다. 완전한 경제 및 통화동맹의 한 예는 미국이다.

관세동맹을 분석하기 위해 사용된 동일한 개념으로 분석할 수 있는 최근의 흥미로운 전개 상황으로는 무관세지대(duty-free zones) 또는 자유경제지대(free economic zones)가 있다. 이는 원자재와 중간재에 무관세를 허용함으로써 해외투자를 유치하기 위해 설립된 지역이다.

이 장의 논의는 보통 관세동맹의 관점에서 이루어지지만 다른 유형의 지역경제연합에도 대부분 적용될 수 있다. 10.2절에서는 무역창출 관세동맹에 관해 논의하며, 10.3절에서는 무역전환 관세동맹을 분석한다. 또한 10.4절에서는 차선이론을 제시하며, 10.5절에서는 관세동맹의 동태적 효과를 살펴보고, 10.6절에서는 경제통합의 여러 가지 시도에 대한 간단한 역사를 살펴보기로 한다. 부록에서 무역전환 관세동맹의 정태적 효과에 대한 일반균형분석을 소개하고, 현재 진행 중인 지역 간 무역협정(RTA)을 보여 준다.

10.2 무역창출 관세동맹

이 절에서는 먼저 무역창출의 과정을 설명하고 다음에 무역전환 관세동맹의 효과를 분석한다.

10.2A 무역창출

관세동맹의 형성으로 인한 정태적, **부분균형효과**는 무역창출과 무역전환으로 측정된다. 무역창출(trade creation)은 관세동맹의 회원국인 한 국가의 국내생산이 다른 회원국으로부터의 더 낮은 비용의 수입에 의해 대체될 때 발생한다. 관세동맹의 형성 전후에 모든 경제자원이 완전고용되었다고 가정하면 이는 비교우위에 의한 생산 특화를 강화하므로 **회원국**의 후생을 증가시킨다. **무역창출 관세동맹**(trade-creating customs union)의 경우 회원국의 실질소득 증가로 인해 스필-오버 효과가 발생하여 비회원국으로부터의 수입도 증가하므로 비회원국의 후생도 증가하게 된다.

10.2B 무역창출 관세동맹의 설명

무역창출 관세동맹을 설명하는 그림 10-1은 그림 8-3을 변형한 것이다. 그림 10-1에서 D_X와 S_X는 각각 2국의 상품 X에 대한 국내수요와 공급곡선을 나타낸다. 상품 X의 자유무역가격이 1국에서 $P_X=1$달러이고, 3국에서 $P_X=1.5$달러이며, 2국은 소국이어서 이런 가격들에 영향을 줄 수 없다고 가정하자. 최초에 2국이 상품 X의 모든 수입에 무차별적으로 100%의 종가관세를 부과하면 2국은 상품 X를 1국으로부터 $P_X=2$달러에 수입할 것이다. $P_X=2$달러에서 2국은 50X(GH)를 소비하는데, 그중 20X(GJ)는 국내에서 생산하고, 나머지 30X(JH)는 외국에서 수입한다. 2국은 또한 30달러(MJHN)의 관세수입을 징수한다. 그림 10-1에서 S_1은 자유무역하에서 1국의 2국으로의 상품 X에 대한 완전탄력적인 공급곡선을 의미한다. S_1+T

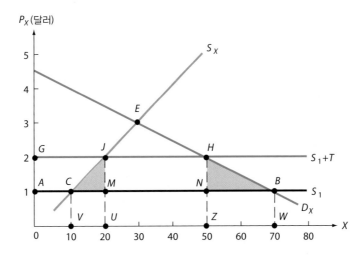

그림 10-1 무역창출 관세동맹

D_X와 S_X는 각각 2국의 상품 X에 대한 국내수요와 공급곡선을 나타낸다. 관세동맹 이전 관세포함 가격 P_X=2달러에서 2국은 50X(GH)를 소비하는데, 그중 20X(GJ)는 국내에서 생산하고 나머지 30X(JH)는 외국에서 수입한다. 2국은 또한 30달러($MJHN$)의 관세수입을 징수한다. 2국은 3국으로부터의 관세포함가격 P_X>2달러이므로 3국에서는 수입하지 않는다. 2국이 1국과만 관세동맹을 체결하면 2국은 70X(AB)를 소비하는데, 그중 10X(AC)는 국내생산하고, 60X(CB)는 P_X=1달러에 1국으로부터 수입한다. 관세수입은 없어지며, $AGJC$ 영역은 국내생산자로부터 국내소비자로의 이전을 의미한다. 또한 2국에서는 CJM과 BHN의 합으로 주어지는 15달러에 상응하는 순정태적 이익이 발생한다.

는 관세포함 공급곡선이다. 3국으로부터 수입하는 상품 X의 관세포함 가격은 P_X=3달러이므로 2국은 3국으로부터 상품 X를 수입하지 않는다.

2국이 1국과만 관세동맹을 체결하면(1국으로부터의 수입에만 관세를 제거하면) 2국은 70X(AB)를 소비하는데, 그중 10X(AC)는 국내생산하고, 60X(CB)는 P_X=1달러에서 1국으로부터 수입한다. 관세수입은 없어지며, 관세동맹의 형성으로 2국의 소비자에게 돌아가는 총이익은 $AGHB$이다. 그러나 그중의 일부만이 2국 전체의 순이익이 된다. $AGJC$ 영역은 생산자 잉여 또는 지대의 감소를 의미하며 $MJHN$은 관세수입의 감소를 의미한다. 또한 삼각형 CJM과 삼각형 BHN의 합으로 주어지는 15달러에 상응하는 순정태적 이익이 2국에 발생한다.

삼각형 CJM은 무역창출로부터 발생하는 생산부문의 후생이익이고, 2국에서 10X(CM)의 생산을 비효율적인 국내생산자로부터($VUJC$의 비용으로) 1국의 보다 효율적인 생산자로($VUMC$의 비용으로) 이동한 결과이다. 삼각형 BHN은 무역창출로 인한 소비부문의 후생이익으로서 2국에서 20X(NB)만큼의 소비 증가로 $ZWBN$만의 지출로 $ZWBH$의 이익을 얻는 것에 기인한다.

관세동맹이론을 발전시킨 바이너(Viner)는 1950년에 무역창출의 생산효과에 집중하고 소비효과는 간과하였다. 관세동맹이론을 확장시킨 미드(Meade)는 1955년에 소비효과를 처음으로 고려하였다. 그후 존슨(Johnson)은 관세동맹의 총후생 효과를 얻기 위해 2개의 삼각형을 합하였다.

10.3 무역전환 관세동맹

이 절에서는 먼저 무역전환의 의미를 설명하고, 다음에 무역전환 관세동맹의 효과를 설명한다.

10.3A 무역전환

무역전환(trade diversion)은 관세동맹 밖으로부터의 저렴한 비용의 수입이 관세동맹 회원국으로부터의 보다 높은 비용의 수입에 의해 대체될 때 발생한다. 이것은 회원국에 특혜무역조치를 하기 때문에 발생한다. 무역전환 자체는 후생의 감소를 가져오는데, 왜냐하면 관세동맹 밖의 보다 효율적인 생산으로부터 관세동맹 안의 보다 비효율적인 생산으로 생산이 전환되기 때문이다. 이와 같이 무역전환은 자원의 국제적 배분을 악화시키고, 생산을 비교우위와 반대방향으로 전환시킨다.

무역전환 관세동맹(trade-diverting customs union)은 무역창출과 무역전환을 둘 다 가져오므로 두 가지 상반된 힘의 상대적 크기에 따라서 회원국의 후생을 증가시킬 수도 있고 감소시킬 수도 있다. 비회원국의 후생은 그들의 경제자원이 무역이 전환되기 전보다 비효율적으로 사용되기 때문에 감소할 것이다. 이와 같이 무역창출 관세동맹은 무역창출만을 가져오고 회원국과 비회원국의 후생을 분명히 증가시키지만 무역전환 관세동맹은 무역창출과 무역전환을 동시에 가져오며 회원국의 후생을 증가시킬 수도 있고 감소시킬 수도 있다(나머지 세계의 후생은 감소할 것이다).

10.3B 무역전환 관세동맹의 설명

무역전환 관세동맹의 효과는 그림 10-2에서 설명된다. 이 그림에서 D_X와 S_X는 각각 2국의 상품 X에 대한 국내수요와 국내공급을, S_1과 S_3는 각각 1국과 3국의 상품 X에 대한 무한탄력적인 자유무역 공급곡선을 나타낸다. 100%의 무차별관세가 부과되면 2국은 1국으로부터 정확히 $S_1 + T$(그림 10-1과 정확히 동일)인 $P_X = 2$달러에 상품 X를 수입한다. 2국은 50X(GH)를 소비하는데, 그중 20X(GJ)는 국내에서 생산하고, 나머지 30X(JH)는 1국에서 수입한다. 2국은 또한 30달러(JMNH)를 관세수입으로 징수한다.

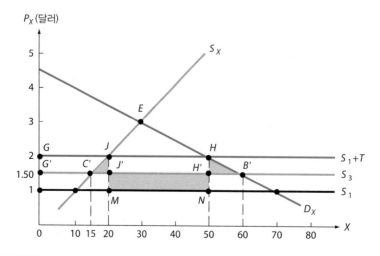

그림 10-2 무역전환 관세동맹

D_X와 S_X는 각각 2국의 상품 X에 대한 국내수요와 국내공급을, S_1과 S_3는 각각 1국과 3국의 상품 X에 대한 무한탄력적인 자유무역 공급곡선을 나타낸다. 100%의 무차별관세가 부과되면 2국은 1국으로부터 $P_X = 2$달러에 30X(JH)를 수입한다. 3국과만 관세동맹을 체결하는 경우 3국으로부터 $P_X = 1.5$달러에 45X(C′B′)를 수입한다. 순수 무역창출로 인한 2국의 후생이익은 3.75달러(2개의 색칠된 삼각형의 면적의 합으로 주어진다.)이고, 무역전환으로 인한 후생손실은 15달러(색칠된 직사각형의 면적)이다. 이와 같이 무역전환 관세동맹은 2국에 11.25달러의 순후생 손실을 가져온다.

2국이 3국과만 관세동맹을 체결하는 경우(3국에 대해서만 관세를 철폐) 2국은 3국으로부터 $P_X=1.5$달러에 수입하는 것이 더 싸다. $P_X=1.5$달러인 경우 2국은 60X($G'B'$)를 소비하는데, 그중 15X($G'C'$)는 국내생산하고 45X($C'B'$)는 3국으로부터 수입하는데, 이때 2국은 관세수입을 징수하지 못한다. 관세가 (동맹 밖의 국가인) 1국으로부터의 수입에 대하여 차별을 하기 때문에 2국의 상품 X 수입은 효율적인 생산자인 1국으로부터 비효율적인 생산자인 3국으로 **전환되었다.** 2국의 관세동맹 전의 수입은 30X였으나 관세동맹 후에는 45X가 된다. 이와 같이 무역전환 관세동맹은 어느 정도의 무역창출을 가져온다.

2국이 3국과 관세동맹을 체결함으로써 얻어지는 정태적 후생효과는 그림 10-2의 색칠한 영역으로 측정된다. 2개의 색칠한 삼각형 $C'JJ'$와 $B'HH'$의 면적의 합 3.75달러는 무역창출로 인한 2국의 후생이익을 나타내고, 색칠한 직사각형 $MNH'J'$의 면적 15달러는 1국에서의 보다 낮은 비용의 수입 30X(JH)가 고비용국가인 3국으로 무역이 전환되기 때문에 발생하는 후생손실을 나타낸다. 보다 구체적으로 보면 관세동맹의 형성으로 인한 소비자 잉여의 증가분 $G'GHB'$에서 $G'GJC'$은 2국에서 소비자에게서 생산자에게로의 이전을 의미한다. 3국과의 관세동맹 체결 전에 2국이 징수한 관세수입 $JMNH$(30달러) 중에서 $J'JHH'$은 관세동맹 체결 후에 보다 낮은 상품 X의 가격으로 2국의 소비자에게 이전된다. $C'JJ'$와 $B'HH'$의 색칠한 삼각형은 2국의 순이익이 되고 색칠한 직사각형 $MNH'J'$의 관세수입의 손실은 설명되지 않는다.

무역전환으로 인한 후생손실을 측정하는 색칠한 직사각형의 영역(15달러)이 순수무역창출로 인한 후생이익을 측정하는 색칠한 삼각형 영역들의 합계(3.75달러)보다 크기 때문에 이러한 무역전환 관세동맹은 2국에 대하여 11.25달러의 후생손실을 가져온다. 그러나 이것은 항상 그런 것은 아니다. 그림 10-2에서 볼 때 D_X와 S_X가 평평할수록(관련된 영역에서 더 탄력적일수록), S_3가 S_1에 가까울수록 색칠한 삼각형의 영역들의 합계는 더 커지고, 색칠한 직사각형의 영역들은 더 작아진다. 무역전환 관세동맹의 경우에도 관세동맹을 체결하는 국가에게 후생의 순이익을 가져올 수 있다. 보다 고급의 일반균형 분석틀에서 무역전환 관세동맹의 정태적 효과에 대한 분석은 이 장의 부록에 제시된다.

유럽연합의 형성으로부터 유래하는 정태적 후생효과를 측정한 결과 놀랍게도 정태적 후생의 순이익(GDP의 1~2%로)이 많지는 않았다.

10.4 차선이론과 관세동맹의 다른 정태적 후생효과

이 절에서는 먼저 차선이론으로 알려진 일반적인 원리를 검토하고, 관세동맹이론을 차선이론의 특별한 경우로 살펴본다. 그리고 나서 관세동맹의 무역창출효과로 인해 후생을 증가시킬 수 있는 조건들을 검토하고, 마지막으로 관세동맹의 다른 정태적 후생효과들을 살펴본다.

10.4A 차선이론

제1부에서 자유무역을 하는 경우 세계자원이 가장 효율적으로 활용되어 세계 산출량과 후생이 극대화된다는 것을 보았다. 그러므로 1950년 바이너가 관세동맹에 관한 이론을 발표하기 전에는 자유무역을 하는 방향으로 이동하면 후생을 증가시키는 것으로 생각되었다. 관세동맹은 회원국 간의 무역장벽을 제거하므로 세계의 나머지 국가에 대해서 무역장벽을 증가시키지 않는 한, 자유무역을 하는

방향으로 이동하는 것을 의미한다. 이는 그 자체로 회원국과 비회원국의 후생을 모두 증가시키는 것으로 생각되었다.

그러나 바이너는 관세동맹을 형성하더라도 회원국의 후생이 증가할 수도 있고 감소할 수도 있다고 생각하였다. 이것은 **차선이론**(theory of the second best)의 한 예로서 이 이론은 후생을 극대화하거나 파레토 최적에 도달하기 위한 모든 조건이 다 충족되지 않는다면 이러한 조건들을 가능한 한 많이 충족시키고자 하는 것이 반드시 차선의 결과를 가져오지 않는다는 것이다. 이와 같이 관세동맹을 형성해서 회원국들끼리만 무역장벽을 해소하는 것은 필연적으로 차선의 후생 결과를 보장하지는 않는다. 약간 놀랄 만한 이 결론은 일반적으로 국제경제 분야에서뿐만 아니라 경제학의 연구에서도 큰 중요성을 갖는다. 차선이론은 이 일반적인 이론을 국제무역에 적용한 하나의 예에 불과하다. 차선이론은 바이너의 연구에서 어느 정도 모호하게 시작됐지만 그 후에 1955년 미드에 의해서 충분히 발전되었고, 1956년 립시와 랭커스터에 의해서 일반화되었다.

10.4B 후생증가의 조건

관세동맹은 다음과 같은 조건들에서 무역창출 및 후생증가를 더 많이 가져올 것이다.

1. 동맹체결 전에 회원국의 무역장벽이 높으면 높을수록. 이 경우 관세동맹을 형성하는 경우 비회원국에서 회원국으로 무역이 전환되는 것보다 회원국 간에 무역이 창출될 가능성이 더 크다.
2. 관세동맹의 여타국과의 무역에 대한 장벽이 낮을수록. 이 경우 관세동맹을 형성하는 경우 비용을 발생시키는 무역전환을 야기할 가능성이 작다.
3. 관세동맹을 형성하는 나라의 수가 많으면 많을수록. 이럴 경우 그들의 규모가 클수록. 이러한 상황에서 저비용 생산자가 동맹 안에 포함될 가능성이 더 크다.
4. 회원국의 경제가 보완적이기보다는 경쟁적일수록. 이 경우 생산특화 및 무역창출의 기회가 더 크다. 이와 같이 관세동맹이 두 경쟁적인 산업국가에 의해 형성될 경우 산업국가와 농업국가 간에 형성되는 것보다 후생은 더 증가한다.
5. 관세동맹의 회원국들이 지리적으로 근접할수록. 운송비로 인해 회원국 간 무역창출이 저해받을 가능성이 작아진다.
6. 관세동맹의 체결 전에 관세동맹의 잠재적 회원국 간에 무역 및 경제관계가 크면 클수록. 이것은 관세동맹의 형성 결과 후생증가의 보다 더 큰 기회를 갖게 된다.

유럽연합(EU)은 유럽자유무역연합(EFTA)보다 더 큰 성공을 거두었다. 그 이유는 유럽연합을 형성한 국가들이 유럽자유무역연합 국가들보다 훨씬 더 경쟁적이고, 지리적으로 더 근접해 있고 동맹 전에 더 큰 무역을 했기 때문이다(앞의 4, 5, 6항목의 이유에 해당).

10.4C 관세동맹의 기타 정태적 후생효과

관세동맹의 형성으로 인한 기타의 **정태적** 효과들도 있는데, 첫 번째는 회원국 간의 무역을 위한 관세공무원, 국경감시원 수의 감축을 통한 행정적 절약이다. 이 이익은 관세동맹이 무역창출적이든 무역전환적이든 발생한다.

두 번째로 무역전환 관세동맹의 결과 여타국으로부터의 수입에 대한 수요 및 수출공급의 감소를 통해 관세동맹의 **집단적** 교역조건이 개선될 수 있다. 이것은 그래프상으로 관세동맹의 오퍼곡선이 안쪽으로 이동하는 것으로 표현되며 무역창출 관세동맹의 경우에는 그 반대가 된다. 왜냐하면 관세동맹의 형성으로 인한 실질소득의 증가 중 일부가 여타국으로부터의 수입수요 증가로 스필-오버되기 때문이다. **개별 국가**의 교역조건이 개선될 것인가, 악화될 것인가, 변하지 않을 것인가는 상황에 따라 다르다.

마지막으로 관세동맹은 국제무역협상에서 단일한 단위로 행동함으로써 개별적 멤버보다 더 큰 교섭력을 발휘할 것이다. 의심할 바 없이 이것은 유럽연합의 경우에 해당된다.

10.5 관세동맹의 동태적 이익

관세동맹을 형성하는 국가들은 앞에 논의된 **정태적 후생효과** 외에 여러 가지 중요한 **동태적** 이익을 얻을 수 있다. 이는 경쟁의 증가, 규모의 경제, 투자에 대한 자극, 경제자원의 효율적 활용에 기인하며 이것을 하나씩 검토해 보기로 한다.

관세동맹의 형성에서 얻을 수 있는 가장 큰 동태적 이익은 그에 따르는 **경쟁의 증가**이다. 즉, 관세동맹이 없는 경우에 생산자들은 느리게 성장하거나 무역장벽 뒤에서 안주할 것이다. 그러나 관세동맹이 형성되고 회원국 간에 무역장벽이 제거되면 각국의 생산자들은 관세동맹 내에 있는 다른 생산자와 경쟁에 대처하기 위해 보다 효율적이 되거나 합병을 하거나 퇴출되거나 할 것이다. 경쟁수준의 증가는 발전을 자극하고 새로운 기술의 활용수준을 높일 것이다. 이러한 모든 노력은 생산비를 감축시켜서 소비자의 이익에 기여할 것이다. 관세동맹은 관세동맹 전에 국가적으로 경쟁을 제한했던 담합이나 시장공유협정과 같은 과점적 관행이 관세동맹 체결 후에도 동맹 내에서 유지되지 않도록 주의를 기울여야 하는데(반트러스트 법을 통과시키거나 집행함으로써), 유럽연합은 이를 시도했었다.

관세동맹으로 인한 두 번째 이익은 확대된 시장으로부터 발생하는 **규모의 경제**일 것이다. 그러나 관세동맹의 회원국이 아닌 소국이라 하더라도 세계의 나머지 시장에 수출함으로써 국내시장의 협소함을 극복하고 생산에서 상당한 규모의 경제를 획득할 수 있다. 예를 들면 벨기에나 네덜란드와 같은 비교적 소국은 그들이 유럽연합에 가입하기 전에도 국내시장 및 수출을 위하여 생산함으로써 많은 산업 공장이 미국의 공장 크기와 견줄 만큼 커서 이미 상당한 규모의 경제를 향유하고 있었다. 한층 더 나아가 유럽연합의 형성으로 각 생산물에서의 차별화된 제품의 종류를 줄이고 생산의 런(run)을 증가시킴으로써 상당한 규모의 경제가 달성되었다(6.4A절 참조).

관세동맹의 형성으로 인한 또 하나의 가능한 이익은 확대된 시장을 활용하고 경쟁의 증가에 대처하기 위해서 **투자를 자극**시키며, 더 나아가 비동맹제품에 부과된(차별적) 무역장벽을 회피하기 위해서 관세동맹 내에 생산시설을 설립하도록 비가맹국을 자극한다는 것이다. 이러한 것을 **관세공장**(tariff factory)이라 한다. 미국기업이 1955년 이후와 다시 1986년 이후에 유럽에서 행한 대규모 투자는 이렇게 급속히 성장하는 시장으로부터 배제되기를 원치 않는 그들의 소망으로 설명될 수 있다.

마지막으로 관세동맹이 공동시장인 경우 노동 및 자본의 자유로운 이동으로 자원이 효율적으로 이용될 것이다.

관세동맹의 형성으로부터 유래하는 동태적 이익은 전에 언급되었던 정태적 이익보다 훨씬 더 크고 중요할 것으로 생각된다. 실제로 영국은 동태적 이익 때문에 1973년에 유럽연합에 가입했다. 최근의 실증적 연구에 의하면 이러한 동태적 이익이 정태적 이익보다 5~6배보다 더 크다는 것을 시사한다.

그러나 주목할 점은 정태적 · 동태적 이익을 얻기 위해 관세동맹을 형성하는 것은 단지 차선적 해결에 불과하다는 것이다. 한 국가가 일방적으로 모든 무역장벽을 제거하는 것이 최선의 정책일지도 모른다. 미국과 같이 충분히 커서 교역조건에 영향을 미칠 수 있는 나라의 경우 무역장벽을 **일방적으로** 제거함으로써 얻을 수 있는 효율성의 이익을 교역조건의 악화로 인한 손실과 비교해야 한다. 모든 무역장벽을 일방적으로 제거하는 것은 그 과정에서 목소리가 매우 크고 영향력 있는 소수가 손해를 입어 강력하게 반대하기 때문에 정치적으로 실행하기가 어렵다. 관련된 질문은 지역 블록(block)이 다자간 자유무역에 디딤돌이냐 걸림돌이냐 하는 것이다. 이 문제에 관해서는 상당한 의견의 불일치가 있다. 어떤 경제학자들은 지역 블록을 통해 무역자유화가 보다 신속하게 (부분적으로) 이루어진다고 믿는 반면, 바그와티 교수(Bhagwati, 2008)와 같은 다른 사람들은 지역 블록이 다자간 무역자유화를 저해하고 블록 간의 잠재적 갈등을 야기한다고 생각한다. 아마도 무역 블록이 새로운 회원국을 쉽게 받아들이고 내부적 무역장벽뿐 아니라 외부적 장벽을 감소시킨다면 두 가지 경우의 장점을 모두 얻을 수 있을 것이다(Salvatore, 2009).

10.6 경제통합 시도의 역사

이 절에서는 유럽연합, 유럽자유무역연합, 북미자유무역협정, 남미공동시장 등으로 시작하여 경제통합의 시도에 관한 역사를 간단히 개괄하고자 한다. 그 후 개발도상국 간의 경제통합, 과거 소비에트 연방(소련)의 공화국들 간의 경제통합에 대해서도 살펴보기로 한다.

10.6A 유럽연합

당시 유럽공동시장이었던 **유럽연합**(EU)은 1957년 3월에 서독, 프랑스, 이탈리아, 벨기에, 네덜란드, 룩셈부르크가 서명한 로마조약에 의해 창설되었고, 1958년 1월 1일 발족하였다. 공동 대외관세는 6개 국가의 1957년 평균관세율로 설정되었다. 1968년에 유럽연합 내의 공산품의 자유무역과 농산품에 대한 공동가격이 달성되었고, 1970년까지 노동과 자본의 자유로운 이동에 관한 제한이 완화되었다. 1973년에 영국, 덴마크, 아일랜드가 회원국으로 가입하고, 그리스가 1981년에 스페인과 포르투갈이 1986년에, 오스트리아, 핀란드, 스웨덴이 1995년에 가입함으로써 회원국은 15개국으로 확대되었다. 1993년 1월 1일 유럽연합은 회원국 간 상품과 서비스, 자원의 자유로운 이동에 관한 모든 남아 있는 규제를 제거해서 통합된 단일시장이 되었다. 2008년에 27개국으로 확대된 유럽연합은 세계에서 가장 큰 무역 블록이다(사례연구 10-1 참조). 크로아티아는 2013년 7월 1일 28번째 회원국으로 가입했다. EU 내의 무역은 통합을 하지 않았을 때와 비교해서 2배 증가한 것으로 추정되며 이러한 무역확대의 반 이상은 산업내무역이다(6.4A절 참조).

유럽연합의 형성은 비회원국가와의 공산품의 무역을 크게 확대시켰다. 이것은 다음과 같은 요인에

사례연구 10-1 유럽연합, 북미자유무역협정, 일본의 경제적 상황

표 10-1은 2017년도 유럽연합(EU28), 북미자유무역협정(NAFTA) 및 일본의 경제적 상황을 보여 준다. 이 표에 의하면 EU28은 NAFTA보다 인구는 104%, 국민총소득(GNI)은 78%, 가중평균을 한 1인당 소득은 74%이다. EU28의 상품 총수출과 역외상품수출(즉, EU 이외의 국가에 대한 수출)은 각각 총 NAFTA 수출의 248%와 89%이다. EU28의 상품 총수입과 역외상품수입(즉, EU 이외의 국가로부터의 수입)은 각각 총 NAFTA 수입의 177%와 64%이다. 일본은 EU28과 비교할 때, 인구는 25%, GNI는 29%, 1인당 국민소득은 118%이고, 수출은 EU28 역외 수출의 12%, 수입은 EU28 역외 수입의 33%이다. 일본의 인구는 NAFTA의 26%, GNI는 NAFTA의 23%, 1인당 국민소득은 NAFTA의 87%, 수출은 EU28 역외 수출의 29%, 수입은 EU28 역외 수입의 20%이다.

표 10-1 유럽연합, 북미자유무역협정, 일본

국가	인구 (백만)	GNI (10억 달러)	GNI (1인당)	수출 (10억 달러)	수입 (10억 달러)
EU(15)	408.2	15,432.6	37,813	5,075.5	4,953.3
독일	82.7	3,596.6	43,490	1,448.3	1,167.0
프랑스	67.1	2,548.3	37,970	535.2	624.7
영국	66.0	2,675.9	40,530	445.0	644.1
이탈리아	60.6	1,878.3	31,020	506.2	452.6
스페인	46.6	1,265.9	27,180	320.5	350.6
신규 회원국	104.4	1,364.9	12,758	828.2	843.8
폴란드	38.0	482.5	12,710	230.9	230.4
EU(28) 합계	512.6	16,797.5	32,711	5,903.7	5,797.1
역외 EU(28)	—	—	—	2,122.5	2,096.6
캐나다	36.7	1,573.5	42,870	420.9	441.7
멕시코	129.2	1,112.5	8,610	409.5	432.2
미국	325.2	18,890.3	58,270	1,546.7	2,409.5
NAFTA 합계	491.6	21,576.3	44,069	2,377.1	3,283.4
일본	126.8	4,888.1	38,550	698.1	671.9

EU(15) : 오스트리아, 벨기에, 덴마크, 핀란드, 프랑스, 독일, 그리스, 아일랜드, 이탈리아, 룩셈부르크, 네덜란드, 포르투갈, 스페인, 스웨덴, 영국
신규 회원국(13) : 불가리아, 크로아티아, 사이프러스, 체코공화국, 에스토니아, 헝가리, 라트비아, 리투아니아, 몰타, 폴란드, 루마니아, 슬로바키아공화국, 슬로베니아

출처 : World Bank, *World Development Report* 2018(World Bank: Washington, D.C., 2018); and WTO, *International Statistical Review* (WTO: Geneva, 2018).

근거한다. (1) 유럽연합의 매우 빠른 성장으로 동맹 외부로부터의 산업제품 수입수요가 증가하였다. (2) 케네디 라운드, 도쿄 라운드의 결과로 산업제품 수입의 평균관세율이 매우 낮은 수준으로 인하되었다. 한편 유럽연합의 형성은 농업 분야에서 무역전환을 가져왔는데, 미국으로부터의 곡물과 같은 온대지방의 산물이 이에 해당된다.

공동농업정책(CAP)의 진전은 유럽연합으로서는 특히 문젯거리였다. 결과는 농산물 가격을 상대적으로 높게 설정함으로써 일반적 유럽연합의 농부와 특히 프랑스 농부를 위해 소비자의 이익을 희생하는 것이었다. 유럽연합은 또한 수입농산물의 가격을 유럽연합이 설정한 공동의 높은 농산품 가격과 일치시키기 위해 관세[가변수입관세(variable import levies)라 함]를 부과하였다. 높은 농산물 지지가격으로 인해 유럽연합 내에서 막대한 농산물 잉여와, 높은 보관비용, 보조금에 의한 수출(수출보조금을 다루는 9.3E 및 사례연구 9-4 참조)이라는 문제가 야기되었다. 이러한 농업정책은 영국이 유럽연합에 가입하는 데 중요한 장애물이 되었는데, 영국은 농산물 가격을 낮게 유지하는 대신 농민들의 소득을 바람직한 수준으로 유지하기 위해서 부족분을 지불했기 때문이다. 이는 미국과 우루과이 라운드 그리고 도하 라운드에서의 첨예한 무역분쟁의 원인이 되었다(9.7절 참조).

1975년 로메 협정에서 유럽연합은 과거 유럽연합의 식민지였던 아프리카, 카리브해, 태평양 지역에 있는 46개 개발도상국으로부터의 수입에 대한 대부분의 무역장벽을 제거하였다. 이 조약은 5년마다(1980, 1985, 1990, 1995) 갱신되었고, 관련 국가의 수는 71개국으로 증가하였다. 1971년 유럽연합은 개발도상국의 제조업, 준제조업 제품의 수입에 일반관세특혜를 부여하였으나 직물, 철강, 가전제품, 신발 및 개발도상국에게 중요한 기타 제품들은 제외되었다. 1979년 도쿄 라운드에서 열대상품의 무역으로 특혜는 확장되었다. 그러나 이러한 특혜가 과거 식민지에 제공된 무역장벽의 완전한 제거보다는 미흡한 수준이었기 때문에 그에 따른 무역전환으로 심각한 논쟁이 발생하게 되었다. 개발도상국의 수출에 대한 쿼터와 관세는 1994년 12월에 종결된 우루과이 라운드 결과 점차적으로 감축되었다(9.7절 참조). 2000년 2월에 로메 협정은 종료되었고, 2000년 6월 베냉의 코토누에서 서명한 **코토누 협정**으로 대체되었다. 새로운 협정의 일반적 목적은 로메 협정과 같다. EU는 2008년 1월 코토누 협정을 '호혜주의를 바탕으로 하는 새로운 동반관계 협정(New Partnership Agreement, NPA)'으로 대체하였는데, 6개 지역 79개국이 참여하였다.

앞에서 언급한 바와 같이 유럽연합의 형성으로부터 발생하는 정태적 후생효과는 GDP의 1~2%이지만 동태적 이익은 훨씬 더 클 것으로 추정된다(사례연구 10-2 참조). 아마도 가장 큰 이익은 과거에 적대 관계에 있던 독일과 프랑스와 같은 국가들이 단일 경제공동체 국가로 통일되면서 발생하는 정치적인 이익일 것이다. 미국은 유럽통합에 대해서 두 가지 마음을 가지고 있었는데, 한편으로는 지지하지만 다른 한편으로는 영향력을 잃을까 봐 두려워했다. 1986년 유럽연합은 로메 조약을 단일 유럽의 **정서**로 개정했고, 이로 인해 회원국 간 재화, 서비스 및 자원의 자유로운 이동에 대한 남은 장벽들이 제거되었다. 이는 사실상 EU 1992 **프로그램**으로 달성되었는데, 이로 인해 EU는 1993년 초에 하나의 통합된 시장이 되었다. 그 결과 비회원국에 대한 보호주의가 강화될 것을 두려워하여 EU에 대한 해외직접투자가 급증하였다.

유럽연합의 운용에 관한 기타의 특징은 다음과 같다. (1) 회원국들은 공통의 **부가가치세 제도**를 채택했는데, 이 제도에서 생산단계마다 생산물에 대한 부가가치에 세금이 부과되어 소비자에게 전가된

사례연구 10-2   유럽연합 단일시장으로부터의 이익

1993년 초 회원국 간에 상품, 서비스, 자본, 노동의 자유로운 흐름을 제한하는 나머지 규제들이 철폐됨에 따라 유럽연합은 하나의 통일된 시장이 되었다. 시간이 지나면서 이는 유럽연합에 상당한 효율성 이익과 기타의 이익을 가져올 것으로 기대된다. 표 10-2에 따르면 유럽연합의 국내총생산(GDP)은 1988년과 비교하여 비관세장벽의 철폐로 0.2% 증가하였고, 생산장벽의 제거로 2.2%, 규모의 경제로부터 1.65%, 경쟁의 격화로부터 1.25% 증가해서 총이익

이 유럽연합 GDP의 5.3%로 2,650억 달러에 이른다. 더 나아가 총체적인 인플레이션율은 6.1%로 감소하고, 180만 명의 추가적인 일자리가 창출되어 유럽연합의 평균실업률이 1.5%만큼 감소할 것으로 기대된다. EU92 계획은 국외자에 대한 유럽연합의 보호주의의 증가를 예상한 미국과 일본으로부터 대량의 해외직접투자를 유발할 것으로 기대된다. 2003년 유럽연합 집행위원회는 EU92의 이익이 EU GDP의 2%로 평가했다.

표 10-2   유럽연합에서 완전통합 내부시장의 잠재적 이익

	1988년 유럽연합 GDP에 대한 비율(%)
이익	
비관세장벽 철폐	0.20
생산장벽 제거	2.20
규모의 경제	1.65
경쟁의 격화	1.25
전반적인 총이익	5.30

출처 : P. Cecchini, *The European Challenge*: 1992 (Aldershot, England: Wildwood House, 1988).

다. (2) (브뤼셀에 본부를 두고 있는 EU의 집행기구) 집행위원회는 법을 제안하고 조약의 준수를 모니터링하며 반트러스트 정책과 같은 공동정책을 관리한다. (3) (각국 정부를 대표하는) 각료회의는 최종 결정을 하지만 집행위원회의 권고에 의해서만 이를 행한다. 또한 유럽의회(5년마다 회원국에서 직접선거로 선출된 751명으로 현재 큰 권한은 없음)와 재판소(집행위원회와 각료회의 결정의 합헌성을 결정)를 둔다. (4) 금융정책과 재정정책의 조화를 포함한 완전한 통화동맹 그리고 궁극적으로는 완벽한 정치적 동맹을 위한 계획을 세운다.

2004년 5월 대부분 과거 공산진영에 있던 중부 및 동부유럽의 10개국이 유럽연합의 회원국이 되었다. 이들 10개국은 폴란드, 헝가리, 체코공화국, 슬로바키아공화국, 슬로베니아, 에스토니아, 리투아니아, 라트비아, 몰타, 사이프러스이다. 불가리아와 루마니아는 2008년 가입했으며 크로아티아는 2013년에 가입했다. 터키와 같은 기타국은 가입을 협상 중이다. 13개 신규 회원국의 가입으로 유럽연합 EU28은 그 규모에 있어서 NAFTA에 필적할 만하다(표 10-1 참조). 그러나 영국이 EU 회원국 내 무제한의 이민을 허용하는 EU의 규칙과 EU의 규제 증가를 회피하기 위해 2016년 6월 23일 유럽연합을 탈퇴[브렉시트(Brexit)]하는 국민투표를 실시하고, 2020년 1월 31일 공식탈퇴하여 EU28은 EU27이 되었다.

10.6B 유럽자유무역연합

유럽자유무역연합(European Free Trade Association, EFTA)이라는 자유무역지역이 1960년에 외부의 7개(영국, 오스트리아, 덴마크, 노르웨이, 포르투갈, 스웨덴, 스위스) 국가에 의해 형성되었고, 1961년에는 핀란드가 준회원국이 되었다. EFTA는 1967년에 공산품의 자유무역을 달성했지만 농산물의 무역장벽을 제거하는 데는 소수의 특별한 조항만 마련했다.

각 국가의 비회원국에 대한 독자적 무역장벽의 유지는 무역굴절(trade deflection)의 문제를 야기할 수 있다. 이는 다른 회원국의 높은 관세를 피하기 위해 비회원국이 저관세회원국으로 수출하는 것이다. 무역굴절을 극복하기 위해 원산지를 조사하고 모든 수입품의 최종국가를 검사한다. 물론 이 문제는 관세동맹에서는 공동 대외관세 때문에 발생하지 않으며, 특혜무역협정에서는 소규모의 관세특혜만 회원국에 부여하기 때문에 심각성이 덜하다.

아이슬란드가 1970년에 가입했고, 핀란드는 1986년에 완전한 회원국이 되었으며, 스위스 관세동맹의 일부인 리히텐슈타인이 1991년에 가입하였다. 그러나 1973년에 영국과 덴마크는 아일랜드와 함께 EFTA를 탈퇴하고 유럽연합에 가입하였고, 1986년 포르투갈 역시 EFTA를 탈퇴하고 EU에 가입하였다. 그 결과 1991년에 EFTA는 7개 회원국(오스트리아, 핀란드, 아이슬란드, 리히텐슈타인, 노르웨이, 스웨덴, 스위스)으로 제네바에 본부를 두고 있다. 1994년 1월 1일에 EFTA는 유럽연합에 가입해 유럽경제지역(European Economic Area, EEA)을 형성했다. 이는 궁극적으로 대부분의 상품, 서비스, 자본, 노동이 17개 회원국 간에 자유롭게 이동하는 관세동맹(스위스와 리히텐슈타인은 1992년 12월 이 조약을 거부했고, 리히텐슈타인은 스위스 없이는 참여할 수 없었음)이며, 인구는 3억 8,500만 명이다. 1995년에 오스트리아, 핀란드, 스웨덴이 EFTA를 탈퇴하고 유럽연합에 가입해서 현재는 4개국(스위스, 노르웨이, 아이슬란드, 리히텐슈타인)만 남아 있다.

10.6C 북미자유무역협정과 기타 자유무역협정

1985년 9월에 미국은 이스라엘과 자유무역협정을 체결하였다. 이것은 미국이 서명한 최초의 양자 간 무역협정으로 두 나라 간의 상품무역에서 관세 및 비관세장벽이 쌍방 간에 감축되었다. 서비스 무역 또한 자유화되었고 지적재산권의 보호를 위한 몇 가지 조항도 신설되었다.

1965년 이래 미국과 캐나다가 자동차 분야에서 자유무역협정을 체결하였으나, 포괄적이고 경제 전반에 걸친 자유무역협정은 오랫동안 이뤄지지 않다가 1988년에야 그러한 자유무역협정이 최종적으로 이루어졌다. 1989년 1월 1일 이 협정이 발효될 때 캐나다는 이미 미국의 가장 큰 무역상대국이 되었으며, 쌍방 간 무역량은 매년 1,500억 달러에 이르렀다(이 중 75%는 이미 무관세). 이 협정에 의해 1998년까지 두 나라 간에 남아 있는 관세 및 비관세장벽의 대부분을 철폐하기로 하였다. 캐나다는 이 협정의 결과 5% 더 빨리 성장하였고, 미국은 1% 더 빨리 성장한 것으로 추정되며 수십만의 일자리가 국경의 양쪽에서 창출되었다.

이 협정은 최초로 서비스 무역을 관장하는 일련의 규칙을 제정하였는데, 각국은 상대방 국가의 서비스 부분을 자국 서비스 부문과 동등한 대우를 하고 회계사, 법률가, 엔지니어 및 기타의 전문 인력이 국경을 넘나들 때 가하는 관료적 규제를 완화하기로 합의하였다. 나아가 이 협정에서는 양국 간 에너지 수송에 관한 나머지 규제를 철폐하고, 상호 간 시장투자에 대한 규제를 완화하였다.

1993년 9월에 미국, 캐나다, 멕시코는 북미자유무역협정(North American Free Trade Agreement, NAFTA)에 서명하였고, 1994년 1월 1일에 발효되었다. 이 협정은 궁극적으로 전체 북미지역의 상품 및 서비스의 자유로운 이동을 가져오는 것이었다. NAFTA는 무역에서의 많은 다른 장벽을 제거하고 세 국가 간에 국경을 넘는 투자의 장벽도 단계적으로 제거했다. 1993년 미국에 400억 달러를 수출하고, 410억 달러를 수입하는 멕시코는 이미 캐나다와 일본에 이어 미국의 세 번째 무역상대국이었다. 그 협정이 발효된 시점에서 NAFTA의 중요한 영향은 미국과 멕시코 간의 무역이다(캐나다는 그저 자국의 이익을 지키기 위해 협상에 참여하였다).

NAFTA의 시행으로 제품시장 및 자원시장에서 경쟁이 격화되고 미국 소비자가 지불하는 여러 가지 상품의 가격이 낮아짐에 따라 미국은 이익을 얻었다. 사실상 1994년부터 2008년까지 미국과 멕시코의 쌍방무역은 3배 이상 증가했다. 미국 경제는 멕시코 경제보다 15배 이상 크기 때문에 NAFTA로 인한 GDP 대비 미국의 이익은 멕시코의 이익보다는 훨씬 적다. 그뿐만 아니라 미국의 임금은 멕시코보다 6배 이상 높기 때문에 NAFTA의 결과 미국 내 미숙련노동의 일자리가 상실될 것으로 기대되었지만, 숙련노동의 일자리가 증가하여 전반적으로 미국 내 고용은 90,000개에서 160,000개 증가했다 (Inter-American Development Bank, 2002). 그러나 허프바우어와 쇼트(Hufbauer and Schott, 2005)는 최근의 한 연구에서 미국 내 고용의 증가는 이보다는 훨씬 적었다고(일자리가 감소한 것으로까지) 결론을 내렸다. 미국 내 (앨라배마와 아칸소 같은) 저임금 지역에서는 고용이 감소했고 고임금 지역에서는 고용이 증가했지만 15년의 유예기간과 일자리를 상실한 노동자에 대해 약 30억 달러를 지원했기 때문에 미국 내 저임금 지역의 노동자에 대한 피해는 최소화되었다.

멕시코와 자유무역을 함에 따라 미국 산업들은 멕시코에서 노동집약적 컴포넌트를 수입하면서도 기타 활동은 미국 내에서 유지하여 저임금 국가의 산업에 모든 일자리를 빼앗기지 않을 수 있었다. 사실상 멕시코가 획득한 일자리는 미국에서 온 것이 아니고 임금수준이 멕시코와 비슷한 말레이시아와 같은 국가에서 유입된 것이다. NAFTA에 대한 의회의 승인을 얻는 조건으로 미국은 미국 산업을 위협할 수 있는 수입 급증을 방지함과 아울러 (미국 기업이 훨씬 느슨한 노동 및 환경규제를 활용하기 위해 사업장을 멕시코로 이전하는 것을 방지하기 위하여) 근로 및 환경기준에 관한 일련의 부수적인 협정을 협상했다.

NAFTA의 시행으로 인해 멕시코는 거대한 미국시장에 보다 용이하게 접근할 수 있어서 수출주도형 성장을 이룰 수 있고, 해외직접투자를 유치할 수 있다는 점에서 이익을 얻는다. 멕시코는 농업 분야에서 일자리를 상실하고 소득이 감소했지만, 이러한 손실은 산업 분야에서의 이익으로 상쇄되고도 남는다. 시간이 지남에 따라 멕시코의 산업 분야에서 고용기회가 증가하고 임금이 상승하여 멕시코인들이 미국으로 이주하려는 압력은 감소할 것으로 예상된다. 그러나 멕시코가 NAFTA로 이익을 얻을 수 있는 역량은 멕시코의 불충분한 구조조정과 취약한 경제제도로 인해 제한받고 있다(사례연구 10-3 참조).

1993년 미국은 미주를 위한 구상(Enterprise fot the Americas Initiative, EAI)을 추진한 결과 1998년 미주자유무역지대를 설립하였는데, 그 목적은 북미와 남미의 34개 민주주의 국가 사이에 반구의 (hemispheric) 자유무역지대를 형성하는 것이다. 그러나 이 협상은 실패했다. 2001년부터 2011년까지 미국은 오스트레일리아, 바레인, 칠레, 이스라엘, 요르단, 모로코, 오만, 페루, 싱가포르 및 중미자

사례연구 10-3 NAFTA로 인한 멕시코의 이익, 기대와 결과

표 10-3은 NAFTA가 2005년까지 멕시코에 미칠 장기적 모의실험 결과를 보여 주며, 이를 실제 결과와 비교한다. NAFTA의 가입 결과 1995~2005년의 10년간 멕시코의 실질 GDP는 연간 5.2% 증가할 것으로 추정되어, NAFTA에 가입하지 않았을 경우의 예상 성장률 3.8%와 비교된다. 또한 멕시코의 NAFTA 가입 결과 (1) 멕시코의 인플레이션율은 연간 14.5%에서 9.7%로, 단기 이자율은 18.3%에서 13.0%로 하락할 것으로 예상되며, (2) 해외직접투자는 연간 60억 달러에서 92억 달러로 증가하고 수출증가율은 8.3%에서 10.4%로 상승하며, (3) 무역수지 적자는 연간 97억 달러에서 149억 달러로 증가하고, 자본유입은 연간 106억 달러에서 147억 달러로 증가할 것으로 예상된다.

1994년부터 2005년까지 평균을 한 실제 결과는 다음과 같다. 실질 GDP는 2.8% 증가했고, 인플레이션율은 13.9%, 단

기 이자율은 18.7%, 해외직접투자의 유입은 169억 달러, 수출증가율은 9.2%, 무역수지 적자는 77억 달러 순금융자본 유입은 168억 달러였다. 1994년부터 2008년까지 실제 결과도 1994년부터 2005년까지의 결과와 유사하다(표 10-3의 마지막 열 참조). 따라서 멕시코는 NAFTA로부터 예상된 이익을 거의 실현하지 못하였는데, 그 이유는 1995년 멕시코의 심각한 경제위기, 2001~2002년 미국의 저성장 및 보다 중요하게는 멕시코의 취약한 경제제도 및 불충분한 구조조정 때문이었다. 이 자료에서 (멕시코의 경기침체 연도인) 1995년과 (미국의 저성장과 경기침체로 인해 미국의 멕시코로부터의 수입이 감소했던) 2001~2002년을 제외하면 멕시코의 연평균 실질 GDP 증가율은 1994~2005년에는 4.5%이고 1994~2008년에는 4.1%가 된다.

표 10-3 북미자유무역협정이 멕시코 경제에 미치는 효과(연평균 : 1994~2005년, 1994~2008년)

	NAFTA에 가입하는 경우	NAFTA에 가입하지 않는 경우	차이	실제 결과 (1994~2005)	실제 결과 (1994~2008)
실질 GDP 성장률(%)	5.2	3.8	1.4	2.8	2.9
인플레이션율(%)	9.7	14.5	−4.8	13.9	12.0
단기 이자율(%)	13.0	18.3	−5.3	18.7	16.5
해외직접투자의 유입(10억 달러)	9.2	6.0	3.2	16.9	18.2
수출증가율(%)	10.4	8.3	2.1	9.2	8.4
무역적자(10억 달러)	14.9	9.7	5.2	7.7	9.6
순금융자본 유입(10억 달러)	14.7	10.6	4.1	16.8	16.2

출처 : L. Klein and D. Salvatore, "Welfare Effects of the NAFTA," *Journal of Policy Modeling*, April 1995, pp. 163-176; G. C. Hufbauer and J. J. Schott, *NAFTA Revisited*(Washington, D.C. : Institute for International Development, 2005); "Measuring the Economic Effects of NAFTA on Mexico," *CEFifo Forum*, No. 4 Winter 2010, pp. 31-37.

유무역협정(CAFTA-DR)(코스타리카, 엘살바도르, 과테말라, 온두라스, 니카라과, 도미니카공화국 참여)과 자유무역협정(FTA)을 체결했다. 2011년에는 대한민국, 파나마, 콜롬비아와의 자유무역협정을 비준했다. 그러나 트럼프 행정부에서는 범대서양무역투자동반자협정(TTIP)을 연기하고, 2017년에는 12개국이 참여할 예정이던 환태평양경제동반자협정(TPP)의 서명을 거부하였다. (나머지 11개국 오스트레일리아, 브루나이, 캐나다, 칠레, 일본, 말레이시아, 멕시코, 뉴질랜드, 페루, 싱가포르, 베트남이 2018년 서명하였다.) 2018년에 미국은 대한민국과 FTA를 재협상하였으며, 캐나다 및 멕시코와 NAFTA를 재협상하였다.

최근 들어 EU와 기타 국가들 역시 FTA에 서명하는 데 적극적이었다. 유럽 지중해 간 자유무역지대(EMFTA)를 설립하기 위한 노력의 일환으로 EU는 알제리, 이집트, 이스라엘, 요르단, 레바논, 모로코, 튀니지, 터키와 FTA를 체결했다. 또한 EU는 노르웨이와 스위스, 남아프리카공화국과 대한민국, 칠레, 콜롬비아, 멕시코, 페루, 그리고 기타 15개 소규모 국가와도 FTA를 체결했다. 또한 EU는 2017년에는 캐나다와 2018년에는 멕시코와 FTA를 체결했으며, 메르코수르 및 (바레인, 쿠웨이트, 오만, 카타르, 사우디아라비아, 아랍에미리트로 구성된) 걸프협력회의(Gulf Cooperation Council)와도 FTA를 협상 중에 있다.

일본은 ASEAN, 브루나이, 칠레, 인도, 인도네시아, 말레이시아, 멕시코, 페루, 필리핀, 싱가포르, 스위스, 타이 및 베트남과 FTA를 체결했다. 캐나다는 미국 및 멕시코와 FTA를 체결했고(NAFTA), 유럽자유무역연합(EFTA), 유럽연합(CETA)뿐만 아니라 칠레, 콜롬비아, 코스타리카, 이스라엘, 요르단, 파나마, 페루와도 FTA를 체결했으며 기타 국가들과도 협상 중에 있다.

2018년 9월 현재 434개의 FTA가 발효 중에 있는데, 1990년에는 그 숫자가 약 50개였다. 오늘날 대부분의 국가는 여러 개의 FTA에 참여하고 있다. 이처럼 양자 간 또는 지역 간 FTA가 스파게티 보울처럼 확산되는 것을 다자간 무역체제에 대한 장애물로 생각하는 사람들도 일부 있다.

10.6D 개발도상국 내에서의 경제통합의 시도

유럽연합의 성공으로 인해 개발도상국 그룹들 간에 경제성장과 발전을 가속화하기 위한 수단으로 경제통합을 하려는 여러 가지 시도가 있었다. 그러나 대부분의 그러한 시도는 제한된 성공만을 거두었거나 실패하였다. (각각의 RTA 참여국과 아울러) 모든 RTA의 사례와 기타 지역별 경제통합의 사례는 부록 A10.2에 수록되어 있다.

이러한 관세동맹은 어느 정도는 산업발전을 장려하는 데 무역전환적이다. 아마도 개발도상국 간의 성공적인 경제통합의 가장 큰 걸림돌은 회원국들 간에 이익이 불균등하게 배분되는 것으로 이익은 주로 블록 내에서 가장 발전된 국가에 귀속된다. 그 결과 낙후된 국가는 경제통합에 참여하지 않아 경제통합 노력은 실패하게 된다. 이러한 어려움을 피하는 한 가지 방법은 산업계획(즉, 각국에게 특정 산업을 할당)을 통해 투자지원을 제공하는 것이다. 이러한 전략이 중앙아메리카 공동시장에서 시도되었지만 그 노력은 실패했고(앞에서 설명한 바와 같이 1990년에 부활하기는 했지만) 그 동맹은 1969년에 와해되었다.

다른 난점으로는 개발도상국들이 새롭게 획득한 주권의 일부를 초국가적인 기구로 이양하기를 꺼린다는 점인데, 이는 성공적 경제통합을 위해 필요한 것이다. 다른 어려움은 회원국 간에 운송 및 통신의 결여, 회원국을 격리시키는 거리, 그들 경제의 기본적으로 보완적인 특성, 농업 분야의 수출에 대한 세계시장에서의 경쟁 등으로 개발도상국 간의 경제통합은 대부분 성공적이었다고 말할 수 없다. 사례연구 10-4는 메르코수르의 경제적 상황을 보여 주며, 사례연구 10-5는 경제통합에 따른 무역패턴의 변화를 보여 준다.

10.6E 중부 · 동부유럽 및 소비에트연방 내의 경제통합

1949년에 소비에트연방(소련)은 동유럽의 공산주의 블록 국가(불가리아, 체코슬로바키아, 헝가리, 폴

사례연구 10-4 메르코수르의 경제적 상황

표 10-4는 1991년 아르헨티나, 브라질, 파라과이, 우루과이 및 베네수엘라가 설립한 메르코수르(Mercosur) 또는 남미공동시장(Southern Common Market)의 경제적 상황을 보여 준다. 베네수엘라는 2012년 다섯 번째 정회원국이 되었다. 볼리비아, 칠레, 콜롬비아, 에콰도르, 가이아나, 페루, 수리남은 준회원국이다. 1994년 메르코수르는 관세동맹으로서의 위상을 공식화했지만 그 과정은 2018년 말까지 아르헨티나와 브라질의 무역분쟁으로 인해 완결되지 못했다. 파라과이는 2012년에, 베네수엘라는 2016년에 메르코수르의 민주주의 조항을 위반하여 자격정지가 되었지만, 파라과이는 2013년 7월 신임 대통령의 선출 후에 복귀한 반면 마두로 치하의 베네수엘라는 2018년 말 현재까지도 자격정지 상태에 있다.

표 10-4는 2017년 메르코수르의 인구는 2억 8,690만 명이고, 총국민소득은 2조 6,631억 달러, 가중 평균 1인당 국민소득은 9,108달러, 총 상품수출은 3,244억 달러이며, 수입은 2,553억 달러임을 보여 준다. 2017년도 메르코수르의 총국민소득, 1인당 평균소득, 수출 및 수입은 2014년보다 훨씬 낮았는데, 그 이유는 베네수엘라, 아르헨티나 및 브라질의 심각한 경제 문제 때문이었다. 메르코수르 국가 사이의 무역은 1990년도의 41억 달러(총무역의 8.7%)에서 2005년에는 211억 달러(총무역의 12.8%)로 증가했지만 세계은행의 연구(Yeats, 1988)에 의하면 이 중 상당 부분이 메르코수르 역외의 효율적인 생산자로부터 무역전환 때문인 것으로 보인다.

표 10-4 메르코수르

국가	인구 (백만 명)	GNI (10억 달러)	GNI (1인당)	수출 (10억 달러)	수입 (10억 달러)
아르헨티나	44.3	577.1	13,040	58.4	66.9
브라질	200.3	1,796.5	8,580	217.8	157.5
파라과이	6.8	26.7	3,920	8.7	11.9
우루과이	3.5	52.7	15,250	7.9	8.5
베네수엘라	32.0	210.1	7,400	31.6	10.5
메르코수르	286.9	2,663.1	9,108	324.4	255.3
미국	325.2	18,890.3	58,270	1,546.7	2,409.5
NAFTA	491.6	21,576.3	44,069	2,377.1	3,283.4
EU(28)	512.6	16,797.5	32,711	5,903.7	5,797.1
역외 EU(28)	–	–	–	2,122.5	2,096.6
일본	126.8	4,888.1	38,550	698.1	671.9

출처 : World Bank, *World Development Indicators* 2018(World Bank: Washington D,C., 2015); and WTO, *International Trade Statistical Review*(WTO: Geneva, 2018).

사례연구 10-5 경제통합에 따른 무역 패턴의 변화

표 10-5는 1990년, 1995년, 2000년, 2005년, 2010년, 2015년, 2017년에 EU, NAFTA, 메르코수르의 총상품수출액,

RTA 역내수출, RTA 총수출에 대한 RTA 역내수출의 비중을 보여 준다. 이 표에 의하면 EU는 RTA 역내무역 비중이

가장 높고 메르코수르는 가장 낮다. 그러나 RTA 역내무역 은(1991년 설립 후 4년 동안) 1990년에서 1995년 사이에 메르코수르에서 가장 빠르게 증가했고(1994년 설립 이후), 1995년부터 2000년까지는 NAFTA에서 가장 빠르게 증가했다. 메르코수르의 총수출 중 역내무역의 비중은 2000년

부터 2005년까지 급격히 하락했는데, 그 이유는 2001년과 2002년 브라질과 아르헨티나에서의 경제위기 때문이었다. 또한 2008년 시작된 세계의 금융위기로 인하여 EU에서는 2005~2015년, NAFTA에서는 2005~2010년 동안 역내무역 비중이 감소하였다.

표 10-5 1990, 1995, 2000, 2005, 2010, 2015, 2017년도 EU, NAFTA, 메르코수르의 총수출과 역내무역(10억 달러 및 %)

EU 수출(10억 달러)			
연도	총수출	EU 역내무역	총수출 중 EU 역내무역의 비중
1990(EU-15)	1,482	980	66.1
1995(EU-15)	1,937	1,295	66.9
2000(EU-15)	2,251	1,392	61.8
2005(EU-27)	4,065	2,756	67.8
2010(EU-27)	5,153	3,365	65.3
2015(EU-27)	5,392	3,407	63.2
2016(EU-28)	5,904	3,781	64.0

NAFTA 수출(10억 달러)			
연도	총수출	NAFTA 역내무역	총수출 중 NAFTA 역내무역의 비중
1990	562	240	42.7
1995	857	394	46.0
2000	1,225	682	55.7
2005	1,476	825	55.9
2010	1,965	956	48.7
2015	2,293	1,146	50.0
2017	2,377	1,189	50.0

메르코수르 수출(10억 달러)			
연도	총수출	메르코수르 역내무역	총수출 중 메르코수르 역내무역의 비중
1990	46	4	8.7
1995	71	15	21.1
2000	85	18	21.2
2005	164	21	12.8
2010	281	44	15.7
2015	301	43	14.3
2017	324	42	13.0

출처 : WTO, *International Statistical Review*(Geneva: WTO, 2018).

란드, 동독, 루마니아)들과 몽골(쿠바, 북한, 베트남)을 포함하여 경제상호원조회의(Council of Mutual Economic Assistance, CMEA 또는 COMECON)를 형성하였다. 이 협정의 목적은 서방국가로부터의 무역을 전환하고 공산국가들 간에 자급자족의 정도를 높이는 것이었다. 이 협정에서 대부분의 CMEA 회원국들은 소련으로부터 원유 및 천연가스를 수입하고 그 대가로 산업 및 농산품을 수출하였다.

또한 CMEA 회원국들은 모든 국제거래를 국영무역회사(state trading company)를 통해 결정하고 통제했다. 그러한 체제하에서 수입되는 상품의 유형과 양은 국내적으로 이용 가능한 제품에 대한 국가적인 계획에 의해서 결정되었으며, 국가는 필요한 수입의 지불을 위해 어떤 상품을 수출할 것인가를 결정했다. 그러므로 그러한 무역에서는 정치적인 거래가 경제적인 거래만큼 중요한 역할을 하였으며 비교우위와 상품의 상대가격은 어떠한 직접적인 역할도 하지 못했다. 실제로 이러한 중앙계획경제(centrally planned economies)(시장의 힘이 아닌 정부의 명령에 의해 가격이 결정되는 경제)는 자급자족을 강조하고 국제무역을 자원의 균형을 유지하고 자체 조달할 수 없는 상품과 서비스를 얻기 위한 필요악으로 간주하였다.

CMEA 간의 무역은 일반적으로 쌍방협정과 대량구매에 의해 이뤄졌다. 쌍방협정(bilateral agreements)에는 물물교환과 상계무역이 포함되는데, 이는 한 가지 상품을 다른 상품과 물물교환하여 각국과의 무역수지 균형을 달성하려는 의도였다. 그 이유는 (CMEA 무역의 계산단위인) '태환 가능한' 루블화의 잉여분을 잉여축적국 외의 다른 국가로부터 상품이나 서비스를 수입하는 데 사용할 수 없기 때문이다. 예를 들어 폴란드가 소련으로부터 수입한 것 이상으로 수출했다면 폴란드는 이렇게 축적된 잉여 루블화를 소련 상품을 구매하는 데만 사용할 수 있다. 대량구매(bulk purchasing)란 한 국영무역회사가 다른 국가의 국영무역회사로부터 1년 또는 수년 동안 특정량의 상품을 구매하기로 한 협정이다.

1989년 말 이후 공산주의 체제는 동유럽 전역과 소련에서 붕괴되었고, 동독과 서독은 재통일되었으며, 유고슬라비아는 해체되었고 소련은 와해되었다. 이러한 강력한 정치적인 변화는 적어도 부분적으로는 중앙계획경제의 실패로 촉발되었다. 12개 중동부유럽국가(Central and Eastern European Countries, CEEC)와 15개의 과거 소련이었던 신독립국가(Newly Independent States, NIS)는 시장경제 노선을 따라 경제를 구조조정하고 자유무역을 시도하고 있다. 이것은 수십 년간의 중앙계획과 비효율성을 경험한 후에 일어난 기념비적인 일이다. 시장경제의 창설은 (1) 가격과 임금을 정부통제로부터 자유화하는 것(수요와 공급이라는 시장의 힘에 의해 자유롭게 자원배분이 이루어질 수 있도록), (2) 생산자원을 정부에서 민간소유로 전환(경제의 사유화), (3) 경쟁과 무역을 자유화하는 방향으로 경제를 개방(즉, 국가무역을 시장원리에 입각한 무역으로 대치), (4) 시장경제의 기능을 원활하게 하는 데 필요한 법적, 제도적 장치를 창설(예 : 소유권, 서방 스타일의 은행제도, 자본시장, 회계, 상법 등)할 것을 필요로 한다.

대부분의 국가에서는 중앙계획경제가 붕괴하면서 무역관계의 파행이 나타났다. 실업의 증가, 높은 인플레이션, 거대한 재정적자, 지속 불가능한 외채, 폴란드, 헝가리, 체코공화국(1992년 체코슬로바키아가 체코와 슬로바키아공화국으로 나누어짐으로써 나타남), 슬로베니아(1991년 과거 유고슬로비아로부터 독립함)와 에스토니아(발트해 국가이자 과거 소련)들은 경제의 구조조정에서 많은 진전을 이루었으며 급속하게 성장하고 있다. 다른 CEEC 국가들은 뒤처져 있다. 시장경제와 민주사회에 필요한 제도의 설립과 대규모 산업의 민영화는 특히 어려운 문제였다. 1989년 이후로 CEEC와 NIS 무역에 큰 변화가 일어났다. 1980년에는 CEEC, NIS의 수출의 51%는 다른 CEEC와 NIS 국가로, 28%는 선진국으로, 21%는 개발도상국으로 이루어졌다. 2008년에는 이 숫자가 각각 20%, 63%, 7%로 변화되었다.

1991년 말 소련은 공식적으로 해체되었고 러시아를 중심으로 대부분의 구 사회주의 공화국들(신흥독립국가 또는 NIS)은 독립국가연합(Commonwealth of Independent States, CIS)을 창설하였다. 1991년에 유럽연합은 폴란드, 헝가리, 체코슬로바키아와 연합협정에 서명하여 이들 국가들이 유럽연합에 철강, 직물, 농산물과 같은 몇 가지 중요한 제품을 제외하고는 유럽연합과 자유무역을 할 수 있도록 허용하였다. 1996년까지 그 협정은 10개의 CEEC 국가로 확대되었다. 1992년에는 폴란드, 헝가리, 체코공화국, 슬로바키아가 유럽연합 가입을 준비하기 위해 중유럽 자유무역연합(Central European Free Trade Association, CEFTA)을 창설하였으며, 발트해 연안국가인 에스토니아, 라트비아, 리투아니아는 EU에 가입하기 위한 준비절차로 발트해 자유무역협정(Baltic Free Trade Agreement, BAFTA)을 설립하였지만 현재는 모두 EU 회원국이다.

10개의 중앙 및 동부유럽 국가(폴란드, 헝가리, 체코공화국, 슬로바키아, 슬로베니아, 에스토니아, 리투아니아, 라트비아, 몰타, 사이프러스)는 2004년 EU 회원국이 되었고, 불가리아와 루마니아는 2008년에, 크로아티아는 2013년에 가입했다. 알바니아와 과거 유고슬라비아였던 보스니아-헤르체고비나, 세르비아, 몬테네그로, 마케도니아는 터키와 더불어 EU 가입을 협상 중이다. 2009년에는 러시아, 아르메니아, 아제르바이잔, 벨라루스, 그루지야, 카자흐스탄, 키르기스스탄, 몰도바, 타지키스탄, 투르크메니스탄, 우크라이나, 우즈베키스탄과 같은 구소련국가들이 자유무역지역인 독립국가연합 자유무역지역(CISFTA)을 설립했다.

요약

1. 경제통합은 회원국들에만 차별적으로 무역장벽을 낮추거나 철폐하는 통상정책을 말한다. 특혜무역협정(영연방 특혜 제도와 같은)에서는 무역장벽은 참여하는 국가들 간의 무역에만 무역장벽을 낮춘다. 자유무역지역(EFTA, NAFTA)은 회원국들 간의 모든 무역장벽을 제거하지만 비회원국에 대해서는 독자적인 무역장벽을 유지한다. 관세동맹(예 : 유럽연합)은 한 단계 더 나아가서 외부세계에 대해서 공동의 통상정책을 채택하고, 공동시장(1993년 이후의 유럽연합과 미래의 메르코수르)은 회원국 간의 노동과 자본의 자유로운 이동을 허용한다. 경제동맹은 회원국들의 통화 및 재정정책을 조화시키거나(베네룩스) 단일화(미국)한다.

2. 관세동맹의 정태적 부분균형효과는 무역창출과 무역전환으로 측정할 수 있다. 무역창출은 한 회원국의 국내생산이 다른 회원국의 더 낮은 비용의 수입에 의해 대체될 때 발생하며, 이것은 생산에서의 특화와 관세동맹 내의 후생을 증대시킨다. 무역창출 관세동맹은 비회원국의 후생도 증가시킨다. 왜냐하면 실질소득 증가의 일부가 여타 세계로부터의 수입 증가를 유발하기 때문이다.

3. 무역전환은 관세동맹 밖의 저비용 수입이 동맹 내 회원국으로부터의 고비용 수입으로 대체될 때 발생한다. 무역전환은 비교우위로부터 역행하는 것이므로 그 자체로 후생을 감소시킨다. 무역을 전환하는 관세동맹은 무역창출과 무역전환을 모두 야기하여 이 두 가지 힘의 상대적 크기에 따라 후생을 증가시키거나 감소시킨다.

4. 관세동맹이론은 차선이론의 특별한 경우이다. 이것은 최대의 사회적 후생 또는 파레토 최적에 도달하기 위한 모든 조건이 다 충족될 수 없는 상황에서 이러한 조건들 중 많은 조건을 가능한 한 많이 충족시킨다고 하더라도 필연적으로 차선의 후생 결과를 가져오지 않는다는 것이다. 관세동맹의 형성이 무역창출을 더 많이 가져와서 후생을 증가시킬 수 있는 조건들은 이론적으로 잘 알려져 있다. 관세동맹의 다른 정태적 효과는 행정적 절약과 협상력의 증대이다. 그러나 관세동맹이 개별 회원국의 교역조건에 미치는 효과는 분명하지 않다.

5. 정태적인 후생이익 이외에도 관세동맹을 형성하는 국가들은 경쟁의 증가와 규모의 경제, 투자에 대한 자극, 경제자원의 효율적 활용으로부터 상당한 동태적 이익을 얻을 수 있다.

6. 유럽연합은 1958년에 서독, 프랑스, 이탈리아, 벨기에, 네덜란드, 룩셈부르크가 창설하였고, 1973년에 영국, 덴마크, 아일랜드가 가입하였으며, 1981년에는 그리스, 1986년에는 스페인과 포르투갈이, 1995년에는 오스트리아, 핀란드, 스웨덴이 가입하였다. 2004년에는 폴란드, 헝가리, 체코공화국, 슬로바키아공화국, 슬로베니아, 에스토니아, 리투아니아, 라트비아, 몰타, 사이프러스가 가입하였다. 불가리아와 루마니아는 2008년에, 크로아티아는 2013년에 가입하였다. 회원국 간의 공산품에 대한 자유무역과 공동 농산물 가격은 1968년에 이루어졌고, 1993년 초에는 완전한 공동시장이 되었다. 유럽연합이 창설된 결과 공산품 분야의 무역은 확대되었지만, 농산물 분야에서는 무역전환이 발생했다. 1993년에 미국, 캐나다, 멕시코는 북미자유무역협정(NAFTA)을 체결하였는데 2018년 9월 재협상이 진행되었다. 개발도상국 간의 경제통합을 위한 많은 시도는 제한된 성공만을 거두었거나 실패하였지만, 남미공동시장(메르코수르)은 성공을 거둔 것 같다. 남미공동시장 회원국은 브라질, 아르헨티나, 파라과이 및 우루과이이다. 지난 10년간 지역 간 무역협정(RTA)이 급증했다.

주요용어

가변수입관세(variable import levies)

경제동맹(economic union)

경제상호원조회의(Council of Mutual Economic Assistance, CMEA 또는 COMECON)

경제통합(economic integration)

공동시장(common market)

관세공장(tariff factory)

관세동맹(customs union)

국영무역회사(state trading company)

남미공동시장(Southern Common Market)

대량구매(bulk purchasing)

독립국가연합(Commonwealth of Independent States, CIS)

메르코수르(Mercosur)

무관세지대(duty-free zones)

메르크수르(Marcosur)

무역굴절(trade deflection)

무역전환(trade diversion)

무역전환 관세동맹(trade-diverting customs union)

무역창출(trade creation)

무역창출 관세동맹(trade-creating customs union)

발트해 자유무역협정(Baltic Free Trade Agreement, BAFTA)

북미자유무역협정(North American Free Trade Agreement, NAFTA)

브렉시트(Brexit)

신독립국가(Newly Independent States, NIS)

쌍방협정(bilateral agreements)

유럽경제지역(European Economic Area, EEA)

유럽연합(European Union, EU)

유럽자유무역연합(European Free Trade Association, EFTA)

자유경제지대(free economic zones)

자유무역지역(free trade area)

중동부유럽국가(Central and Eastern European Countries, CEEC)

중앙계획경제(centrally planned economies)

중유럽 자유무역연합(Central European Free Trade Association, CEFTA)

차선이론(theory of the second best)

특혜무역협정(preferential trade arrangements)

복습문제

1. 경제통합이란 무엇인가? 특혜무역협정이란? 자유무역지대란? 관세동맹이란? 공동시장이란? 경제동맹이란? 각각의 예를 들어 보라.

2. 무역창출이란 무엇인가? 무역창출 관세동맹이 회원국과 기타국에 미치는 정태적 후생효과는? 이러한 정태적 후생효과가 발생하는 이유는? 이를 어떻게 측정할 수 있는가?

3. 무역전환이란 무엇인가? 무역전환 관세동맹이 회원국과 기타국에 미치는 정태적 후생효과는? 이러한 정태적 후생효과가 발생하는 이유는? 이를 어떻게 측정할 수 있는가?

4. 차선이론이란 무엇인가? 관세동맹이론이 차선이론의 특별한 예인 이유는 무엇인가?

5. 어느 경우에 관세동맹이 무역창출을 야기하여 후생을 증대시킬 가능성이 큰가?

6. 관세동맹에 참여하는 국가들은 어떤 동태적 이익을 얻을 수 있는가? 그 크기는 얼마나 큰가?

7. EU의 설립이 다른 국가와의 산업제품 및 농산품 무역에 미치는 효과는 무엇인가?

8. EU의 설립으로 인해 회원국들이 얻게 되는 정태적 이익과 동태적 이익의 크기는?

9. 미국이 협상한 자유무역협정에는 어떤 것이 있는가? NAFTA란 무엇인가?

10. EFTA를 EU와 비교하라.

11. 메르코수르는 무엇인가? 개발도상국 사이에 경제를 통합하기 위한 시도가 제한된 성공만을 거두거나 실패한 이유는 무엇인가?

12. CMEA란 무엇인가? 동부유럽 및 구소련국가들을 구조조정하고 세계경제에 통합시키기 위해서는 무엇이 필요한가?

13. CEFTA와 BAFTA란 무엇인가? 이들의 궁극적 목적은 무엇인가?

연습문제

1. 폐쇄경제에서 A국의 상품 X 가격은 10달러, B국은 8달러, C국은 6달러이고 A국은 소국이어서 무역에 의해 B국과 C국의 가격에 영향을 주지 않는다고 가정하자. A국이 B국과 C국으로부터의 상품 X의 수입에 무차별적인 100% 종가관세를 부과하는 경우 A국은 상품 X를 국내에서 생산하는가 아니면 B국 또는 C국에서 수입하는가?

2. 연습문제 1번에서

   (a) A국이 그 후에 B국과 관세동맹을 체결하는 경우 A국은 상품 X를 국내에서 생산하는가, 아니면 B국 또는 C국에서 수입하는가?

   (b) A국이 B국과 체결하는 관세동맹은 무역창출적인가? 무역전환적인가, 아니면 어느 것도 아닌가?

3. A국, B국, C국에서 상품 X의 폐쇄경제의 가격이 연습

문제 1번과 동일하고 A국 무역을 통해 B국과 C국의 가격에 영향을 주지 않는다고 가정하자. A국이 B국과 C국으로부터의 상품 X의 수입에 무차별적인 50% 종가관세를 부과하는 경우 A국은 상품 X를 국내에서 생산하는가, 아니면 B국 또는 C국에서 수입하는가?

4. 연습문제 3번에서

(a) A국이 그 후에 B국과 관세동맹을 체결하는 경우 A국은 상품 X를 국내에서 생산하는가, 아니면 B국 또는 C국에서 수입하는가?

(b) A국이 B국과 체결하는 관세동맹은 무역창출적인가? 무역전환적인가, 아니면 어느 것도 아닌가?

5. 무역창출 관세동맹의 효과를 설명하는 그림을 그리라.

6. 관세동맹에 참여한 국가의 후생이익을 측정하라.

7. 관세동맹에 참여한 국가의 후생이익을 감소시키는 무역전환 관세동맹의 효과를 설명하는 그림을 그리라.

8. 관세동맹에 참여한 국가가 겪는 순후생손실을 측정하라.

9. 관세동맹에 참여한 국가의 후생을 증가시키는 무역전환 관세동맹의 효과를 설명하는 그림을 그리라.

10. 국가의 후생을 증가시키는 무역전환 관세동맹에 참여하는 국가의 순후생이익을 측정하라.

11. 무역전환 관세동맹이 회원국 후생의 순증가 또는 감소를 가져올 것인가를 결정하는 요인은 무엇인가?

12. A국이 B국과만 관세동맹을 체결하고 C국의 관세포함가격이 B국의 자유무역가격보다 낮은 경우 어떤 일이 발생할 것인가를 보여 주는 그림을 그리라.

13. 1988년 미국-캐나다 자유무역협정을 체결했을 때 멕시코를 포함한 NAFTA를 체결했을 때보다 미국 국내에서 논쟁이 적게 일어난 이유는?

14. 1993년 초 유럽연합이 단일 통합시장으로 전환함에 따라 미국에 미치는 가능한 비용과 편익을 지적하라.

부록

이 부록에서는 무역전환 관세동맹의 정태적 효과에 관한 일반균형분석을 소개하며, 전후 국제무역체제에서 지역주의의 발생 연대기와 최근의 급증상황을 보여 준다.

A 10.1 무역전환 관세동맹의 정태적 효과에 관한 일반균형분석

10.3절에서 무역전환 관세동맹의 형성으로 인한 정태적 부분균형적 후생효과를 분석했다. 이 절에서는 이러한 정태적 후생효과를 보다 고급의 일반균형 틀 내에서 보기로 하자. 이는 부분균형분석에서는 분명하지 않은 무역전환 관세동맹의 몇 가지 측면을 보여 준다. 더불어 관세동맹의 형성으로 인한 정태적 후생효과에 대한 매우 완전한 그림을 보여 준다.

무역전환 관세동맹의 일반균형분석은 그림 10-3에서 설명된다. 이 그림은 그림 8-4에 있는 2국의 생산가능곡선과 동일하다. 단순화를 위해 2국은 1국과 3국의 상품 X의 상대가격에 영향을 미칠 수 없는 소국이라 가정한다.

상품 X의 수입에 100%의 비차별적 종가관세를 부과하게 되면 2국은 점 F에서 생산한다. 그 점에서 한계변환율, 또는 변환곡선의 기울기가 1국의 상품 X의 관세포함 상대가격 $P'_1 = 2$(그림에 표시되지 않음)와 일치하게 된다. 그러나 2국은 관세를 징수하므로 2국은 $P_1 = 1$인 선상에서 1국과 30X를 30Y

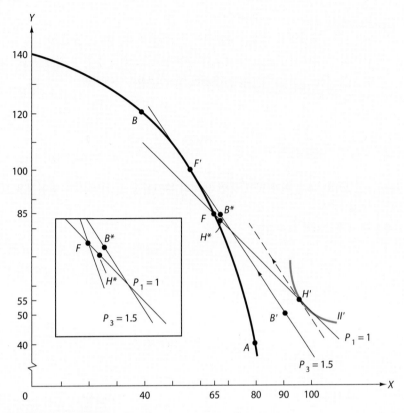

그림 10-3 **무역전환 관세동맹의 일반균형분석**

상품 X에 100%의 비차별적 수입관세를 부과하면 상품의 상대가격 $P_1=1$에서 2국은 점 F에서 생산하고 무차별곡선 II'상의 점 H'에서 소비한다. (그림 8-4에서와 마찬가지로) 3국과만 관세동맹을 체결함으로써 2국은 $P_3=1.5$에서 점 F'에서 생산하고 $B'<H'$에서 소비한다. 이러한 무역전환 관세동맹의 결과 2국의 후생은 감소한다. 그러나 기호가 다르다면 2국은 전에는 점 H^*에서 소비하고 3국과의 관세동맹 체결 후에는 점 B^*에서 소비하여 순후생이익을 얻을수 있다($B^*>H^*$이므로).

와 교환함으로써 무차별곡선 II'상의 점 H'에서 소비한다. 한편 (그림 8-4에서와 마찬가지로) 이 점에서 무차별곡선 II'은 $P'_1=2$와 접한다.

2국이 3국과 관세동맹을 체결하면 대신에 3국에서의 자유무역 상대가격 $P_3=1.5$에서 상품 X를 수입할 것이다. 그리고 나서 2국은 $P_3=1.5$를 따라 점 B'에서 소비한다. 점 B'은 점 H'보다 더 적은 상품을 포함하므로 점 B'은 보다 낮은 무차별곡선상에 있게 된다(그림 8-4에서는 표시되지 않음). 이것은 그림 10-2에서 보인 부분균형 결과를 확인해 준다. 거기서 2국은 3국과 관세동맹을 체결함으로써 후생의 순손실을 경험했다.

그러나 선호의 차이가 있는 경우 2국은 관세동맹 형성 전에는 점 H^*에서, 후에는 점 B^*에서 소비할 수 있다. 점 B^*에서는 점 H^*보다 상품 X와 상품 Y를 모두 더 많이 소비하므로 무역전환 관세동맹은 2국의 순후생의 증가를 가져올 것이다(보다 명확하게 이해할 수 있도록 점 F, 점 B^* 및 점 H^* 사이의 관계는 변환곡선 내부의 박스에 확대하여 표시함). 이와 같이 무역전환 관세동맹은 그것이 형성되는 상황에 따라서 후생에 순이익을 줄 수도 있고 순손실을 줄 수도 있다.

> **연습문제** 2국이 점 *F*에서 생산하고 점 *H'*에서 소비하는 그림 10-3에서 시작하여 3국이 1국과 관련하여 상대적 효율성이 낮으면 낮을수록 2국과 3국 간의 관세동맹은 2국의 순후생 이익이 더 커진다는 것을 그래프로 증명하라(관세동맹이 무역전환적이더라도).

A 10.2 2018년 6월 전 세계의 지역 간 무역협정

표 10-6은 2018년 6월 현재 발효 중인 세계의 무역협정 및 지역 간 무역협정을 보여 준다.

표 10-6 2018년 6월 전 세계의 지역 간 무역협정

안데스 공동시장(CAN)

Bolivia, Plurinational State of
Colombia
Ecuador
Peru

아세안 자유무역협정(AFTA)

Brunei Darussalam	Indonesia	Malaysia	Philippines	Thailand
Cambodia	Lao People's Democratic Republic	Myanmar	Singapore	Viet Nam

중미공동시장(CACM)

Costa Rica	El Salvador	Guatemala	Honduras	Nicaragua

카리브 공동시장(CARICOM)

Antigua and Barbuda	Belize	Guyana	Montserrat	Saint Vincent and the Grenadines
Bahamas	Dominica	Haiti	Saint Kitts and Nevis	Suriname
Barbados	Grenada	Jamaica	Saint Lucia	Trinidad and Tobago

중앙아프리카 경제 및 통화공동체(CEMAC)

Cameroon	Chad	Congo	Equatorial Guinea	Gabon
Central African Republic				

동남아프리카 공동시장(COMESA)

Burundi	Egypt	Kenya	Mauritius	Sudan
Comoros	Eritrea	Libya	Rwanda	Uganda
Democratic Republic of the Congo	Eswatini	Madagascar	Seychelles	Zambia
Djibouti	Ethiopia	Malawi	South Sudan	Zimbabwe

표 10-6 2018년 6월 전 세계의 지역 간 무역협정(계속)

서아프리카 제국 경제공동체(ECOWAS)				
Benin	Côte d'Ivoire	Guinea	Mali	Senegal
Burkina Faso	The Gambia	Guinea-Bissau	Niger	Sierra Leone
Cabo Verde	Ghana	Liberia	Nigeria	Togo

유럽 자유무역협력(EFTA)				
Iceland	Liechtenstein	Norway	Switzerland	

유럽연합(28)				
Austria	Denmark	Hungary	Malta	Slovenia
Belgium	Estonia	Ireland	Netherlands	Spain
Bulgaria	Finland	Italy	Poland	Sweden
Croatia	France	Latvia	Portugal	United Kingdom
Cyprus	Germany	Lithuania	Romania	United Kingdom
Czech Republic	Greece	Luxembourg	Slovak Republic	

걸프협력회의(GCC)				
Bahrain, Kingdom of	Oman	Qatar	Saudi Arabia, Kingdom of	United Arab Emirates
Kuwait, the State of				

남미공동시장(MERCOSUR)				
Argentina	Brazil	Paraguay	Uruguay	Venezuela, Bolivarian Republic of

북미자유무역협정(NAFTA)				
Canada	Mexico	United States of America		

남아프리카 개발공동체(SADC)				
Angola	Eswatini	Malawi	Nambia	Tanzania
Botswana	Lesotho	Mauritius	South Africa	Zambia
Democratic Republic of the Congo	Madagascar	Mozambique	Seychelles	Zimbabwe

남미 자유무역지대(SAFTA)				
Afghanistan	Bangladesh	Bhutan	India	Maldives
Nepal	Pakistan	Sri Lanka		

서아프리카 경제공동체(WAEMU)				
Benin	Côte d'Ivoire	Mali	Senegal	Togo
Burkina Faso	Guinea−Bissau	Niger		

(계속)

표 10-6 2018년 6월 전 세계의 지역 간 무역협정(계속)

기타 협정				
아프리카 카리브해 태평양지역국가(ACP)				
Angola	Cook Islands	Ethiopia	Madagascar	Saint Kitts and Nevis
Antigua and Barbuda	Côte d'Ivoire	Fiji	Malawi	Saint Lucia
Bahamas	Cuba	Guyana	Nauru	Somalia
Barbados	Djibouti	Haiti	Niger	South Africa
Belize	Dominica	Jamaica	Nigeria	Sudan
Benin	Dominican Republic	Kenya	Niue	Suriname
Botswana	Equatorial Guinea	Kiribati	Palau	Tanzania
Burkina Faso	Eritrea	Lesotho	Papua New Guinea	Timor—Leste
Burundi	Eswatini	Liberia	Rwanda	
Cabo Verde	Fiji	Mali	Saint Vincent and the Grenadines	Togo
Cameroon	Gabon	Marshall Islands	Samoa	Tonga
Central African Republic	The Gambia	Mauritania	Sao Tomé and Principe	Trinidad and Tobago
Chad	Ghana	Mauritius	Senegal	Tuvalu
Comoros	Grenada	Micronesia, Federal States of	Seychelles	Uganda
Congo	Guinea	Mozambique	Sierra Leone	Vanuatu
Democratic Republic of the Congo	Guinea-Bissau	Namibia	Solomon Islands	Zambia
				Zimbabwe

아프리카				
북아프리카				
Algeria	Egypt	Libya	Morocco	Tunisia
사하라 이남 아프리카				
서아프리카				
Benin	The Gambia	Guinea-Bissau	Mauritania	Senegal
Burkina Faso	Ghana	Liberia	Niger	Sierra Leone
Cabo Verde	Guinea	Mali	Nigeria	Togo
Côte d'Ivoire				

표 10-6 2018년 6월 전 세계의 지역 간 무역협정(계속)

중앙아프리카

Burundi	Central African Republic	Congo	Equatorial Guinea	Rwanda
Cameroon	Chad	Democratic Republic of the Congo	Gabon	Sao Tomé and Principe

동아프리카

Comoros	Kenya	Reunion	South Sudan
Djibouti	Madagascar	Rwanda	Sudan
Eritrea	Mauritius	Seychelles	Tanzania
Ethiopia	Mayotte	Somalia	Uganda

남아프리카

Angola	Eswatini	Malawi	Nambia	Zambia
Botswana	Lesotho	Mozambique	South Africa	Zimbabwe
Territories in Africa not elsewhere specified				

아시아

East Asia

Hong Kong, China	Japan	Korea, Democratic People's Republic of	Chinese Taipei
Macao, China	Korea, Republic of	Mongolia	

동남아시아

Brunei Darussalam	Lao People's Democratic Republic	Philippines	Timor-Leste
Cambodia	Malaysia	Singapore	Viet Nam
Indonesia	Myanmar	Thailand	

남아시아

Afghanistan	Bhutan	Maldives	Pakistan	Sri Lanka
Bangladesh	India	Nepal		

오세아니아

Australia	Kiribati	Nauru	Papua New Guinea	Tonga
Fiji	Marshall Islands	New Zealand	Samoa	Tuvalu
Indonesia	Micronesia	Palau	Solomon Islands	Vanuatu

(계속)

표 10-6 2018년 6월 전 세계의 지역 간 무역협정(계속)

아시아 태평양 경제협력체(APEC)

Australia	Hong Kong, China	Malaysia	Russian Federation	Viet Nam
Brunei Darussalam	Indonesia	New Zealand	Singapore	
Canada	Japan	Peru	Chinese Taipei	
Chile	Korea, Republic of	Papua New Guinea	Thailand	
China	Mexico	Philippines	United States of America	

BRIC

Brazil	Russian Federation	India	China	Zambia

선진국

North America (except Mexico)	European Union (28)	EFTA (Iceland, Liechtenstein, Norway, Switzerland)	Australia, Japan and New Zealand

개발도상국

Africa	South and Central America and the Caribbean, Mexico	Europe except the European Union (28) and EFTA; Middle East	Asia except Australia, Japan, and New Zealand

후진개발도상국

Afghanistan	Comoros	Lao People's Democratic Republic	Niger	Timor-Leste
Angola	Democratic Republic of the Congo	Lesotho	Rwanda	Togo
Bangladesh	Djibouti	Liberia	Sao Tomé and Principe	Tuvalu
Benin	Eritrea	Madagascar	Senegal	Uganda
Bhutan	Ethiopia	Malawi	Sierra Leone	Vanuatu
Burkina Faso	The Gambia	Mali	Solomon Islands	Yemen
Burundi	Guinea	Mauritania	Somalia	Zambia
Cambodia	Guinea-Bissau	Mozambique	South Sudan	Tuvalu
Central	African Republic	Haiti	Myanmar	Sudan
Chad	Kiribati	Nepal	Tanzania	

동아시아무역국(6개국)

Hong Kong, China	Malaysia	Singapore	Chinese Taipei	Thailand
Korea, Republic of				

태평양 동맹

Chile	Colombia	Mexico	Peru

제 11 장

국제무역과 경제발전

학습목표
- 국제무역과 경제발전의 관계를 이해한다.
- 교역조건과 수출 불안정성 및 경제발전 사이의 관계를 이해한다.
- 발전전략으로서의 수입대체와 수출지향을 비교한다.
- 개발도상국이 처해 있는 현재의 문제점을 서술한다.

11.1 서론

북아메리카, 서유럽, 일본, 오스트레일리아, 뉴질랜드 등 몇몇 소수의 국가들을 제외하고는 세계 대부분의 국가들은 저개발국가로 분류되거나, 보다 긍정적으로 표현해서 개발도상국으로 분류된다. 개발도상국은 일반적으로 선진국과 비교하여 낮은 1인당 평균 실질소득, 농업이나 광산물 채굴과 같은 1차적 활동에 높은 노동력 비율, 낮은 수명, 높은 문맹률, 높은 인구증가율, 저성장률 등으로 특징지어진다. 그러나 선진국과 후진국이 명백하게 이분되는 것은 아니고, 매우 가난한 나라에서 매우 부유한 나라까지 연속적인 스펙트럼이 존재한다.

과거에 선진국과 개발도상국 간의 경제관계는 후진국이 선진국으로부터 제조업 제품을 얻기 위해 주로 식품과 원자재를 수출하는 특징이 있었다. 극빈국의 경우에는 아직도 이러한 유형의 거래가 이루어지고 있지만 개발도상국 중 보다 선진화된 국가의 경우 상황이 많이 달라졌다. 개발도상국의 수출 품목 중 제조업품 비율은 1960년에 20% 정도에 불과했으나 2017년에는 50%를 상회하고 있다(World Bank, 2018).

개발도상국의 경제발전의 수준과 그 속도가 주로 국내적 상황에 의존한다고 하더라도 대부분의 경제학자들은 국제무역이 발전과정에서 매우 중요한 역할을 한다고 믿고 있다. 그러나 경제학자들도 항상 그렇게 생각했던 것은 아니다. 1980년대까지만 해도 소수의 영향력 있는 경제학자들은 국제무역과 현재의 국제경제체제의 기능은 지속적으로 개발도상국의 교역조건을 악화시키고, 수출소득의 불안정성을 증대시킴으로써 개발에 도움이 되기보다는 오히려 방해가 된다고 생각했다. 이러한 경제학자들은 비교우위에 입각한 전통적인 무역이론이 개발도상국과 개발과정에는 적절하지 않다고 주장했다. 따라서 이들은 수입대체(즉, 과거에 수입된 제조업품을 국내생산하는 것)를 통한 산업화를 옹호했으며 개발도상국이 무역에 의존하지 말 것을 권고했다. 또한 그들은 현재의 국제경제체제를 개발도상국의 특수한 요구에 부응하도록 개혁해야 할 필요성을 강력히 제기하였다.

이 장에서는 이러한 논제들을 검토하고자 한다. 이러한 논제는 개발경제학 교과서나 교과과정에서 자세히 논의될 것이므로 여기서는 간단히 소개한다. 11.2절에서는 국제무역과 경제개발의 일반적 관계를 소개한다. 11.3절에서는 교역조건과 그것이 경제발전에 미치는 효과를 살펴보고, 11.4절에서는 수출의 불안정성에 관해 논의한다. 11.5절에서는 수입대체 또는 수출 주도형 개발정책에 대해 검토한다. 마지막으로 11.6절에서는 현재 개발도상국이 직면하고 있는 문제들에 대해 검토한다.

11.2 경제발전에서 무역의 중요성

이 절에서는 국제무역이론이 개발도상국과 개발과정에서 적절한 이론이 아니라는 주장을 검토하기로 한다. 그 후 19세기 신정착지에서 국제무역이 어떻게 '성장의 엔진' 역할을 수행했는가를 검토하고, 오늘날의 개발도상국에서는 더 이상 성립하지 않는 이유들을 살펴보기로 한다. 이 절에서는 국제무역이 오늘날의 개발과정에서 기여할 수 있는 모든 중요한 점들을 긍정적인 측면에서 살펴보고자 한다.

11.2A 무역이론과 경제발전

전통적인 무역이론에 따르면 각 국가가 자국이 비교우위에 있는 상품의 생산에 특화하게 되면 세계 산출량은 더 증가하고, 각 국가는 무역을 통해 발생하는 이익을 나누어 가진다는 것이다. 현재의 요소부존과 기술의 상태에서 비교우위론에 의하면 개발도상국은 주로 원자재, 연료, 광물 및 음료를 선진국에 수출하고 제조업 제품을 수입하도록 처방한다.

개발도상국의 이러한 특화 패턴 및 무역은 단기적으로는 후생을 극대화하는 반면, 장기적으로는 선진국에 대해 종속적인 위치로 전락하게 하고 산업의 동태적인 이익을 창출하고 후생을 극대화하는 데 저해가 될 것이라고 개발도상국은 믿어 왔다. 제조업 생산에서 유래되는 **동태적 이익**(비교우위에서 발생하는 정태적 이익과 대비되는)은 보다 훈련된 노동력, 더 많은 기술혁신, 보다 높은 수출품의 가격과 안정성, 국민에게 보다 높은 소득을 가져다준다. 개발도상국이 1차 상품에 특화하고, 선진국이 제조업에 특화하는 경우 산업과 무역의 동태적 효과의 전부 또는 대부분은 선진국에 귀속되어 개발도상국은 여전히 가난하고, 저개발상태에서 의존적으로 남아 있을 것이다. 이러한 생각은 대부분의 선진국은 공업국이고 개발도상국은 농업국이라는 사실에 의해 더욱 설득력을 갖는다.

이와 같이 개발도상국들은 전통적인 무역이론을 정태적이고 개발과정에서는 적절하지 않은 것으로 공격하였다. 그들은 기존의 무역이론이 현재의 상황에 순응하는 것이고, 개발은 필연적으로 현재 상황의 변화를 요구하는 것으로 생각했다. 간단히 말해서 전통적인 무역이론은 한 시점에서의 후생을 극대화하지만 시간의 변화에 따른 후생을 극대화하지 않는 것으로 평가했다.

만일 이러한 점들이 사실이라면 이는 전통적 무역이론이 경제발전의 과정에 적절하지 않다는 심각한 비판이 될 것이다. 그러나 (경제성장과 국제무역을 다루는) 제7장에서 살펴본 바와 같이 전통적인 무역이론은 비교정태분석의 기법에 의해 쉽게 확장되어 요소공급, 기술 및 기호의 변화를 고려할 수 있다. 이는 한 국가의 개발 패턴이 일순간에 결정되는 것이 아니라 시간이 지나면서 기저의 여건이 변함에 따라 개발 패턴을 재산정해야 한다는 것을 의미한다. 예를 들어 개발도상국이 자본을 축적하고 기술을 진보시킴에 따라 비교우위가 1차 산품 및 단순 제조품에서 보다 복잡한 상품 및 서비스로 이행한다는 것이다. 실제로 이것은 어느 정도 브라질, 대한민국, 타이완, 멕시코, 브라질 및 기타 개발도상국에서 발생한 사실이다. 결과적으로 전통적인 무역이론은 개발도상국 및 발전과정에 아직도 타당하다고 할 수 있다.

게다가 비교우위를 처음 계산할 때와 시간이 경과함에 따라 비교우위가 변화하는 경우에도 이론적으로는 산업부문으로부터의 동태적 이익을 고려할 수 있다. 이는 오늘날 몇몇 국가들이 깨닫게 된 바와 같이 산업생산의 확대가 개발도상국의 희소자원을 가장 효율적으로 사용하고 있는 것은 아니라는 것을 의미한다. 따라서 진정으로 동태적 이론의 필요성을 부정할 수는 없지만, 비교정태분석의 방법으로도 한 경제의 동태적 변화를 전통적 무역이론의 틀 내에서 설명할 수 있다. 그 결과 앞에서 언급된 몇 가지 제한조건을 염두에 두면 전통적 무역이론은 개발도상국 및 발전과정에 대해서도 적절하며, 최소한 이것은 그 문제를 연구하는 대부분의 경제학자들의 감각이다.

11.2B 성장 엔진으로서의 무역

19세기 기간에 세계 산업생산의 대부분은 영국에 집중되었다. 자원 빈국인 영국에서 산업 생산 및 인구의 큰 증가로 인해 신정착지역(regions of recent settlement, 미국, 캐나다, 오스트레일리아, 뉴질랜드, 아르헨티나, 우루과이, 남아프리카공화국)의 식품 및 원자재 수출에 대한 수요가 매우 빠른 속도로 증가하였다. 예를 들어 1815년부터 1913년까지 1세기 동안 영국의 인구는 3배 증가했고, 실질 GNP는 10배가 되었으며, 수입물량은 20배로 증가하였다. 그들의 급속한 수출확대는 친숙한 가속도−승수 과정을 통하여 신정착 지역의 나머지 경제에 확산되었다. 넉시(Nurkse, 1970)에 따르면 수출부문은 경제의 빠른 성장과 발전을 가져오는 선도부문이 되었다. 즉, 국제무역은 19세기 기간에 이들 국가에 대해서 성장의 엔진(engine of growth)으로서의 역할을 수행하였다.

신정착지역은 여러 가지 호조건으로 인해 영국의 식료 및 원자재에 대한 수요를 충족시킬 수 있었다. 첫째, 이러한 국가들은 기름진 땅, 숲, 광물자원과 같은 천연자원이 매우 풍부하다. 둘째, 여러 가지 숙련기술을 가진 노동자들이 과밀한 유럽에서 매우 광활한 땅으로 이동하였고 거대한 양의 자본도 마찬가지였다. 데이터가 정확하지는 않지만 캐나다, 아르헨티나, 오스트레일리아와 같은 국가에서 총자본 형성의 30~50%는 자본유입을 통하여 조달되었다. 자본과 노동의 대량 유입을 통해 철도, 운하 및 다른 시설의 건설이 가능하였으며, 그로 인해 식품 및 원자재의 새로운 공급원을 열 수 있었다. 마지막으로 해상운송의 큰 진보로 인해 신대륙은 밀, 옥수수, 면이나 원모, 가죽과 다양한 식료품 및 원자재를 유럽이나 그 밖의 전통적 공급원에 비해 싸게 공급할 수 있게 되었다.

이와 같은 요인들이 신정착지역의 빠른 경제성장을 가능하게 하였다. 그들 제품에 대한 수요는 빠른 속도로 증가하였고 그들은 이용되지 않는 많은 자원을 가지고 있었으며, 또한 유럽으로부터 대량의 자본 및 수많은 노동자들을 받아들였다. 대표적으로 크라비스와 같은 일부 경제학자들은 19세기에 신정착지역의 고도성장은 (풍부한 천연자원과 같은) 내부 조건이 유리했기 때문이며, 무역은 단지 지원하는 역할만 했다고 생각한다(이를 입증할 만한 자료도 제시한 바 있다). 그렇다고 하더라도 오늘날의 개발도상국들이 성장과 발전을 위해 무역에 크게 의존할 수 없다는 점에 많은 사람들이 동의하고 있다. 이것은 수요, 공급조건이 좋지 않기 때문이다.

수요 측면에서 보면 식품 및 원자재에 대한 수요는 19세기 동안 신정착지역의 경우에 비해서 현재 훨씬 더 느린 속도로 성장했는데 그 이유는 여러 가지가 있다. (1) 개발도상국의 식품 및 농업 원자재 수출은 선진국에서의 수요의 소득탄력성이 1보다 작기 때문에 선진국의 소득이 증가함에 따라 개발도상국의 농산물 수출 수요는 소득증가보다 작게 증가한다. 예를 들어, 커피에 대한 수요의 소득탄력성은 0.8이고, 코코아는 0.5, 설탕은 0.4, 차는 0.1이다. (2) 합성 대체재의 개발로 천연자원에 대한 수요가 감소하였다. 예를 들어, 합성고무는 천연고무의 수요를 감소시켰고, 나일론은 면에 대한 수요를 감소시켰으며, 플라스틱은 가죽 및 가죽제품에 대한 수요를 감소시켰다. (3) 기술진보는 많은 제품에서 원자재의 함량을 감소시켰다. (4) 선진국에서 서비스의 산출량은 상품의 산출량보다 더 빠른 속도로 증가하였다. (5) 선진국들은 개발도상국들의 수출품(예 : 밀, 채소, 설탕, 오일 및 기타 제품)에 대해서 무역규제조치를 부과했다.

공급 측면에서 보면 케언크로스(Cairncross, 1962)는 오늘날의 개발도상국들은 19세기의 신정착지역에 비해서 (원유수출국을 제외하고는) 천연자원이 훨씬 덜 풍부하다는 것을 지적했다. 그뿐만 아니라 오늘날의 개발도상국들은 인구밀도가 과밀해서 그들의 식품 및 원자재가 수출되지 않고 국내에서 소비된다. 더 나아가서 오늘날 개발도상국으로의 국제적 자본이동은 19세기의 신정착지역에 비해 훨씬 적다. 그리고 오늘날의 개발도상국들은 숙련노동이 유입되지 않고 유출된다(이 문제는 제12장에서 논의한다). 마지막으로 1990년대까지만 해도 개발도상국들은 빠른 산업화를 위해 농업을 무시했기 때문에 농업 부문의 수출 및 개발 전망이 저해되었다.

11.2C 무역의 경제발전에 대한 기여

오늘날 국제무역이 일반적으로 성장의 엔진으로서의 역할을 할 수는 없다 하더라도 아직도 여러 가지 면에서 개발도상국의 경제성장에 기여할 수 있다. 하벌러(Haberler)는 국제무역이 경제발전에 미칠 수 있는 다음과 같은 중요한 효과를 지적했다. (1) 무역은 과소고용될 수 있었던 국내 자원을 완전히 활용하도록 한다. 즉, 개발도상국들은 무역을 통해 불충분한 국내수요로 인해 자원이 미활용되는 생산가능곡선 안의 비효율적인 생산점으로부터 생산가능곡선상으로 이동할 수 있다. 그러한 나라에서 무역은 잉여분출(vent for surplus) 또는 농산품 및 원자재의 잠재적 초과공급의 탈출구를 의미한다. 이는 특히 동남아시아나 서아프리카와 같은 개발도상국에서 발생했다.

나아가 (2) 무역은 시장의 크기를 확대함으로써 분업과 규모의 경제를 가능하게 한다. 이는 소규모 경제의 경공업 생산에서 특히 중요하고 실제로 일어났다. (3) 국제무역은 새로운 아이디어, 새로운 기술, 새로운 경영기술 및 기타 기술들의 전파의 통로가 된다. (4) 무역은 선진국으로부터 개발도상국으로 자본의 국제적 흐름을 촉진시키고 용이하게 한다. 외국기업이 투자에 대한 경영권을 보유하고 있는 해외직접투자의 경우에 해외자본은 이를 관리할 수 있는 해외 숙련노동을 수반하게 된다. (5) 브라질이나 인도와 같은 여러 대규모 개발도상국에서는 새로운 제조업 제품의 수입으로 인해 국내수요가 자극되어 이들 제품의 효율적인 국내생산이 가능하게 되었다. (6) 국제무역은 국내생산자가 해외경쟁에 대처하기 위해서 효율성을 더 높이도록 자극하기 때문에 탁월한 반독점 무기가 된다. 이것은 다른 제품의 국내생산에 투입물로 사용되는 중간재 및 반제품의 가격 및 비용을 낮추는 역할을 한다.

국제무역에 비판적인 사람들은 이러한 인상적인 이익들의 목록을 무역이 해로운 효과를 갖는 똑같이 인상적인 목록과 대비시킬 수 있다. 그러나 개발도상국은 무역을 통해 아무것도 얻는 것이 없거나 손실을 본다면 무역을 거부할 수 있기 때문에 무역을 하고 있는 개발도상국은 무역으로부터 이익을 얻는다고 생각할 수 있다. 무역이익의 대부분이 선진국에 돌아가는 경우 상당한 불만이 있고 이러한 상황을 바꿀 필요에 대한 정당성이 존재하는 것은 사실이지만 그렇다고 무역이 실제로 해를 주는 것으로 해석되어서는 안 된다. 물론 국제무역이 실제로 경제발전에 해를 끼칠 수 있는 경우들을 찾을 수 있지만, 대부분의 경우 발전과정에서 큰 도움을 주는 것으로 생각된다. 이는 많은 연구자들에 의해서 경험적으로 확인되어 왔다. 중국은 전후 대부분의 기간에 안보와 이념적 이유로 자급자족을 추구해 왔지만 1980년대 이후 무역이 성장 및 발전에 미치는 잠재적 기여를 높이 평가하기 시작했고 실제로 지금은 국제무역으로부터 큰 이익을 획득하고 있다. 이 점은 공산주의 몰락 후 동유럽의 과거 공산주의 국가에도 해당된다.

11.2D 국제무역과 내생적 성장이론

로머(Romer, 1986)와 루카스(Lucas, 1988)에 의해 내생적 성장이론(endogenous growth theory)이 최근에 발전함으로써 국제무역과 장기 경제성장 및 발전 간의 양의 관계에 관한 설득력 있고, 엄격한 이론적 기초가 마련되었다. 구체적으로 내생적 성장에 관한 신이론에 따르면 무역장벽을 낮추는 것은 다음과 같은 이유에서 장기적으로 경제성장과 발전을 가속화시킨다고 본다. (1) 개발도상국이 개방 정도가 낮을 때보다 높을 때 더 빠른 속도로 선진국의 발전된 기술을 흡수할 수 있다. (2) 연구개발로 인한 이익이 증가한다. (3) 생산에서 규모의 경제를 촉진시킨다. (4) 가격왜곡을 축소시키고 국내 자원의 부문 간 배분이 효율적으로 된다. (5) 중간재의 사용에서 전문화와 효율성을 더욱 증대시킨다. (6) 신제품이나 서비스가 보다 신속하게 도입된다.

전에도 자유무역이 성장과 경제발전을 촉진하는 많은 다른 경로들이 알려져 있었다(11.2C절 참조). 그러나 과거의 이론은 훨씬 더 자의적이고, 정밀하지 않았으나, 새로운 성장이론은 보다 낮은 무역장벽이 장기적으로 성장을 촉진할 수 있는 실제적 경로들을 보다 엄밀하고 세밀하게 보여 준다. 특히 내생적 성장이론은 내생적 기술진보가 어떻게 (신고전파 성장이론에서 규정되었던) 자본축적에서 수확체감의 법칙을 상쇄하는 외부효과를 창출하는가를 보여 준다. 수확체감은 더 많은 가변요소가 다른 고정된 요소와 사용될 때 발생한다.

새로운 내생적 성장이론이 자유무역이 장기적으로 경제성장 및 발전을 촉진하는 채널을 이론적으로 구체화시키는 데 큰 기여를 했지만 현실세계에서 이러한 연관관계를 명시적으로 검증하는 것은 자세한 자료의 부족으로 인해 쉽지가 않았다. 실제로 에드워즈(Edwards, 1993), 팩(Pack, 1994)이 지적했듯이 지금까지 대부분의 검증은 몇몇 국가 그룹에 대해서 횡단면 자료에 근거하여 이루어졌고 과거의 연구와 크게 다르지 않았다. 즉, 이러한 실증적 연구는 일반적으로 개방이 고도성장을 촉진한다는 것을 보여 주지만 실제적으로 무역이 어떤 경로로 장기적으로 고도성장에 기여하는지는 자세히 검증되지 않았는데, 이것이야말로 내생적 성장이론의 이론적 공헌이다. 이를 위해 보다 특정한 국가의 연구를 통해 혁신, 성장 및 무역의 관계를 검토하는 것이 필요하다(사례연구 11-1 참조).

사례연구 11-1 성장과 무역에 관한 동아시아의 기적

표 11-1은 경제실적이 좋았던 아시아 고도성장경제(High-Performance Asian Economies, HPAEs)의 실질 GDP와 무역의 평균성장률을 보여 준다. 이러한 나라들은 (1960년대부터 고도성장을 했던 아시아의 4마리 호랑이라고 불린) 홍콩, 대한민국, 싱가포르, 타이완과 1970년대 및 1980년대의 고도성장기에 이 4개국을 추격한 말레이시아, 인도네시아, 타이 및 중국이다. 이 중 특히 중국은 놀라운 성장으로 인해서 독자적으로 구분하며, 타이완의 자료는 입수 불가능하다.

이 표에 의하면 아시아 고도성장경제의 실질 GDP는 1980~1990년 10년 동안 평균 6.9%로 성장하였고, 1990~1995년 기간에는 7.7%로 성장하였다. 중국에서의 실질 GDP의 성장률은 한층 높아서 각각 10.2%, 12.8%였다. 경제실적이 좋았던 아시아 경제에서는 이러한 성장률로 인해 실질 GDP가 거의 10년마다 2배씩 증가했고, 중국에서는 6~7년마다 2배가 되었다.

표 11-1은 수출 성장률이 GDP 성장률보다 훨씬 높다는 것을 보여 준다. 수출의 증가는 GDP의 성장을 촉진하는 계기가 되었고 또한 성장에 의해 자극을 받았다는 점은 확실하다. 경제실적이 좋았던 아시아 경제와 중국의 고도성장에 기여한 다른 요인들로는 매우 높은 저축 및 투자율, 교육 및 훈련의 개선, 신기술의 신속한 도입, 농업경제에서 공업경제로의 이행 등이 있다. 무역과 성장에 관한 '아시아 경제의 기적'은 기타 개발도상국 및 선진국에서 실질 GDP와 수출이 평균 이하의 낮은 성장을 했다는 점과 대조가 된다(표 11-1 참조).

그러나 1997년 7월 타이는 갑자기 깊은 경제위기에 빠져들었고, 이는 (경제를 엄격하게 통제했던 중국을 제외한) 실적이 좋았던 다른 아시아 경제로 빠르게 파급되었다. 이러한 위기의 원인은 이들 국가가 국제자본시장에서 달러와 엔화로 단기자금을 과도하게 차입하여 자금의 상당 부분을 실물자산 투기와 다른 비생산적인 투자에 사용했기 때문이다. 상업은행과 기업이 그들의 대출을 재상환할 수 없게 되자 외국은행은 그들의 대출상환 연기를 거부했다. 그러자 국내의 상업은행은 국내기업에 대한 대출을 중단했고, 그 결과 많은 기업들이 도산했으며 이들 국가는 깊은 불황에 빠져들었다. 위기가 절정이었던 1997~1998년에 대한민국, 홍콩, 타이 및 말레이시아의 실질 GDP는 5% 이상 감소하였고, 인도네시아에서는 거의 15% 감소하였다. 그러나 1998~1999년에 최악의 위기상황은 지나가고 성장은 회복되었지만, (중국을 제외하고는) 위기 이전보다 성장률은 둔화되었다.

표 11-1 **아시아 고도성장경제에서 실질 GDP와 무역의 평균성장률(1980~1995)**

	실질 GDP 성장률(%)		수출 성장률(%)	
	1980~1990	1990~1995	1980~1990	1990~1995
대한민국	9.4	7.2	12.0	13.4
홍콩	6.9	5.6	14.4	13.5
싱가포르	6.4	8.7	10.0	13.3
타이	7.6	8.4	14.0	14.2
인도네시아	6.1	7.6	5.3	21.3
말레이시아	5.2	8.7	10.9	14.4
평균	6.9	7.7	11.1	15.0
중국	10.2	12.8	11.5	15.6
개발도상국	2.8	2.1	7.3	5.2
선진국	3.2	2.0	5.2	6.4

출처 : World Bank, *World Bank Development Report*, 1997-2009.

11.3 교역조건과 경제발전

이 절에서는 먼저 여러 가지 교역조건들을 정의한다. 그다음에 개발도상국의 상품 교역조건이 악화될 것으로 예상되는 여러 가지 이유를 분석한다. 마지막으로 개발도상국의 상품 및 소득 교역조건이 시간에 따라 어떻게 변화되었는가를 측정하기 위해 시도되었던 여러 가지 경험적 연구결과를 제시한다.

11.3A 여러 가지 교역조건

4.6절에서는 상품 또는 순물물교환 교역조건을 정의했다. 그러나 여러 가지 다른 유형의 교역조건이 있는데 소득 교역조건, 단일요소 교역조건, 복수요소 교역조건이 그것이다. 이제 이러한 교역조건들을 각각 정의하고 그 중요성을 예를 들어 설명할 것이다.

4.6절에서 상품(commodity) 또는 순물물교환 교역조건(net barter, terms of trade, N)을 그 국가의 수출품의 가격지수(P_X)를 수입품의 가격지수(P_M)로 나누어서 100을 곱한 값으로 정의했다.

$$N = (P_X/P_M)100 \tag{11-1}$$

예를 들어 1980년을 기준연도로 하는 경우 2010년 말에 그 나라의 수출품의 가격지수가 5% 하락하고 수입품의 가격지수가 10% 상승하면, 이 국가의 상품 교역지수는 다음과 같이 하락하게 된다.

$$N = (95/110)100 = 86.36$$

이것은 1980년과 2010년 사이에 그 국가의 수출품 가격이 수입품 가격에 비해 14% 하락했다는 것을 의미한다.

한 국가의 소득 교역조건(income terms of trade, I)은 상품 교역조건에 수출물량지수를 곱한 것이다.

$$I = (P_X/P_M)Q_X \tag{11-2}$$

여기서 Q_X는 수출물량지수이다. 이 경우 소득 교역조건은 그 국가의 수출에 근거하여 수입할 수 있는 능력을 의미한다. 앞의 예에서 Q_X가 1980년 100에서 2010년에 120으로 증가하면 그 국가의 소득 교역조건은 다음과 같다.

$$I = (95/110)120 = (0.8636)(120) = 103.63$$

이것은 1980년부터 2010년 기간에 그 국가의(수출소득에 근거한) 수입능력이 3.63%만큼 증가했다는 것을 의미한다(P_X/P_M는 감소했지만). 소득 교역조건의 변화는 개발도상국에서 매우 중요한데, 그 이유는 그 국가들이 수입자본재에 크게 의존하여 경제발전을 하기 때문이다.

한 국가의 단일요소 교역조건(single factoral terms of trade, S)은 다음과 같이 표시된다.

$$S = (P_X/P_M)Z_X \tag{11-3}$$

여기서 Z_X는 그 국가의 수출산업의 생산성 지수를 나타낸다. 이와 같이 S는 수출에 체화된 국내 생산요소 단위당 그 국가가 얻을 수 있는 수입품의 양을 나타낸다. 예를 들어 그 국가의 수출부문의 생산성이

1980년 100에서 2010년에 130으로 증가하면 그 국가의 단일요소 교역조건은 112.27로 증가한다.

$$S = (95/110)130 = (0.8636)(130) = 112.27$$

이는 이 국가가 1980년에 비해서 2010년에 수출에 체화된 국내 생산요소의 단위당 수입품을 12.27% 더 많이 얻는다는 것을 의미한다. 즉, 한 국가가 수출부문의 생산성 증가를 다른 국가와 공유한다고 하더라도 그 국가는 2010년에 1980년에 비하여 더 나아질 수 있다. 단일요소 교역조건의 개념은 복수요소 교역조건(double factoral terms of trade, D)으로 확장될 수 있다.

$$D = (P_X/P_M)(Z_X/Z_M)100 \qquad (11\text{-}4)$$

여기서 Z_M은 수입생산성 지수이다. 이와 같이 D는 수입에 체화된 해외요소 단위당 그 국가의 수출에 체화된 국내요소의 단위수를 측정한다. 예를 들어 1980년에서 2010년 사이에 Z_M이 100에서 105로 상승하면 D는 다음과 같이 상승한다.

$$D = (95/110)(130/105) = (0.8636)(1.2381)(100) = 106.92$$

네 가지로 정의된 교역조건 중에서 N, I, S가 가장 중요하다. D는 개발도상국의 경우에 크게 중요하지 않고 거의 측정되지 않는다. 개발도상국에 있어 가장 중요한 것은 I와 S이다. 그러나 N이 측정하기가 가장 용이하기 때문에 경제문헌상에 대부분의 논의는 N의 관점에서 이루어지고, N은 자주 단순히 교역조건으로 불린다. 앞의 예들에서 보았듯이 I와 S는 N이 하락할 때도 증가할 수 있다. 이것은 일반적으로 개발도상국에 유리한 것으로 간주된다. 물론 가장 좋은 상황은 N, I, S가 모두 증가하는 경우이다. 한편 개발도상국의 관점에서 최악의 상황은 세 가지 교역조건이 모두 악화되는 것이다. 이 것은 7.5B절에서 논의한 **궁핍화 성장**을 가져올 수 있다.

11.3B 상품 교역조건 악화의 이유

프레비시(Prebisch), 싱어(Singer), 뮈르달(Myrdal)과 같은 경제학자에 따르면 개발도상국들의 **상품 교역조건**은 시간에 따라 악화되는 경향이 있다. 그 이유는 선진국에서 발생하는 생산성 증가의 전부 또는 대부분은 높은 임금, 높은 소득의 형태로 선진국의 노동자에게 돌아가지만 개발도상국에서 일어나는 생산성 증가의 대부분은 가격인하로 반영되기 때문이라는 것이다. 따라서 이 논의에 의하면 선진국은 두 가지 경우의 좋은 측면을 모두 향유한다. 선진국들은 생산성 증가의 이익을 노동자의 고임금과 고소득의 형태로 유지하고 동시에 개발도상국의 농업 수출품에 대해서 낮은 가격을 지불함으로써 개발도상국에서 발생하는 생산성 증가의 이익을 대부분 획득하게 된다.

선진국과 개발도상국의 생산성 증가에 대해 매우 다른 반응이 나타나는 것은 그들의 국내 노동시장이 다르기 때문이다. 특히 선진국에서는 노동이 상대적으로 희소하고 노동조합이 강하기 때문에 선진국의 생산성 증가의 대부분은 고임금의 형태로 노동자에게 귀속되고 생산비와 가격은 크게 변하지 않는다. 실제로 선진국에서는 임금이 생산성보다 더 상승할 수 있으며 그 결과 선진국이 수출하는 제조업 제품의 생산비와 가격이 상승한다. 다른 한편으로는 대부분의 개발도상국에서는 잉여노동, 대규모 실업, 노동조합이 약하거나 존재하지 않으므로 이러한 나라들에서 발생하는 생산성 증가의 모두 또는 대부분은 농산물 수출의 낮은 생산비 또는 낮은 가격으로 반영된다.

모든 생산성 증가가 선진국과 개발도상국 모두에서 낮은 상품가격으로 반영된다면 개발도상국의 교역조건은 시간이 지남에 따라 개선될 것이다. 그 이유는 농업 분야의 생산성 증가는 공업 분야에 비해 전반적으로 더 낮기 때문이다. 그러므로 제조업 제품의 비용과 가격은 농산물의 가격과 비교하여 하락할 것이다. 선진국은 대부분 제조업 제품을 수출하고 농산물과 원자재를 수입하기 때문에 그들의 교역조건은 악화될 것이며, 개발도상국의 교역조건은 시간이 지남에 따라 개선될 것이다. 프레비시(1962), 싱어(1950), 뮈르달(1959)에 따르면 개발도상국의 전체적인 교역조건이 지속적으로 악화될 것으로 예상하는 이유는 생산성 증가가 선진국에서는 보다 높은 임금으로 반영되지만 개발도상국에서는 보다 낮은 가격으로 반영되기 때문이다.

개발도상국의 교역조건 악화를 예상할 수 있는 또 하나의 이유는 선진국 제조업 제품에 대한 수출수요가 개발도상국의 농산물 및 원자재 수출에 대한 수요보다 훨씬 더 빠른 속도로 성장하는 경향이 있기 때문이다. 이것은 제조업 제품의 수요의 소득탄력성이 농산물 및 원자재의 탄력성보다 훨씬 더 크기 때문이다. 이러한 논의가 어떤 의미를 갖기는 하지만 이론적인 근거만으로 그것들을 평가하는 것은 어렵다. 더 나아가 지난 10년 동안 많은 개발도상국들은 총수출에서 제조업 수출 비율이 크게 증가했다는 사실로 보아 그 계산은 한층 더 어려워지고 결과의 유용성은 떨어지게 될 것이다.

11.3C 상품 및 소득 교역조건의 역사적 변화

개발도상국의 교역조건이 악화될 것이라는 프레비시와 싱어의 신념은 영국의 교역조건이 1870년 100에서 1938년에 170으로 상승했다는 것을 보여 주는 1949년의 UN 연구에 근거한다. 개발도상국은 식품 및 원자재를 수출하고 제조업 제품을 수입하는 반면에, 영국은 제조업 제품을 수출하고 식품 및 원자재를 수입하기 때문에 프레비시와 싱어는 이것으로부터 개발도상국의 교역조건(영국의 교역조건의 역수)이 100에서 100/170＝59로 하락했다고 추론했다.

이러한 결론은 여러 가지 이유로 심각한 도전을 받았다. 첫째, 수출과 수입 가격이 영국에서는 부두에서 측정되었기 때문에 영국의 식품 및 원자재 수입가격의 하락은 이 기간에 발생했던 해양운송 비용의 급격한 하락을 반영하고 수출국이 받는 상대가격이 낮다는 것을 의미하지 않는다. 둘째, 영국이 제조업 수출로 받은 상대가격이 높은 것은 1차 산품보다는 제조업 제품에서 더 큰 질적 개선이 있었다는 것을 반영한다. 예를 들어 오늘날의 1파운드의 커피가 과거의 1파운드의 커피와 크게 다르지 않는 반면에 오늘날 타이프라이터나 PC는 20~30년 전의 타이프라이터보다 성능이 많이 향상되었다. 그러므로 어떤 제조업 제품의 가격이 1차 산품의 가격과 관련하여 상승한다는 것은 자연스러운 것이다. 셋째, 선진국들 또한 몇몇 1차 산품을 수출했고(미국은 농산물을 많이 수출한다는 점을 상기하자) 개발도상국 역시 많은 제조업 제품을 수출했다. 따라서 거래되는 1차 산품의 가격을 거래되는 제조업 제품의 가격으로 나눠서 개발도상국의 교역조건을 측정하는 것은 전적으로 타당하지 않다. 넷째, 1차 산품의 가격이 터무니없이 낮은 불황기에 그 연구가 끝났기 때문에 영국의 교역조건의 상승(그리고 개발도상국의 교역조건의 하락)은 크게 과대평가되었다.

이러한 비판으로 인해 UN 연구의 약점을 보완하기 위한 많은 실증적 연구가 이루어졌다. 1956년 킨들버거(Kindleberger)의 연구는 1870년부터 1952년까지 개발도상국의 서부유럽에 대한 교역조건이 약간 하락한 것으로 결론을 내렸다. 그러나 킨들버거 역시 질의 변화를 고려하지 않았다. 1963년 립시(Lipsey)의 연구는 1880년부터 1960년까지 미국에 대한 개발도상국의 교역조건이 지속적으로 하락하는 추세가 없음을 발견하였다. 개발도상국의 교역조건은 제1차 세계대전 이전과 제2차 세계대전부터 1952년까지 개선되었으며 그 후에는 악화되었다. 보다 최근에 스프라오스(Spraos, 1983)는 수송비와 품질개선을 고려할 때 개발도상국의 상품 교역조건이 1870년부터 1938년까지 악화되었지만, UN 연구에서 발견된 것보다는 악화 정도가 훨씬 적었다는 점을 확인했다. 그러나 스프라오스는 1970년까지 전후의 기간을 포함했을 때 교역조건이 악화되었다는 증거를 찾지 못했다. 그릴리와 양(Grilli and Yang, 1988)은 1차 산품과 제조업품 간의 교역조건(당시의 개발도상국의 교역조건에 대한 근사치)이 1900~1986년 기간 및 석유제품을 제외했을 때는 1953년 이래로 연간 0.6% 악화되었음을 발견했다. 이 결과는 1900~1990년의 기간에 대한 라인하트와 위컴(Reinhart and Wickham, 1994)의 연구에서도 확인되었다. 카신과 맥더모트(Cashin and McDermott, 2002)는 1862년부터 1999년까지 140년 동안 1차 산품의 실질가격이 연간 1% 하락했음을 발견했다. 그들은 또한 1900년대 초부터 가격변동폭이 커졌으며, 1970년대 초부터 가격변동이 보다 빈번하게 일어났다는 증거를 보여 줬다. 마지막으로 자니아스(Zanias, 2004)는 그림 11-1에서와 같이 (자연대수를 취한 후 수직축에 표시되었기 때문에 같은 길이는 동일한 변화율을 의미함) 제조업품에 대한 1차 산품의 가격이 1900년부터 1998년까지 거의 1/3로 하락했지만, 이는 시간이 지남에 따라 연속적으로 하락한 것이 아니라 구조변화시기(1915~1920년 및 1975~1993년)에 발생했음을 보여 준다.

이러한 연구들로부터 몇 가지 중요한 결론을 내릴 수 있다. 첫째, 장기적인 교역조건의 변화를 추정하는 데는 심각한 통계적 난점이 항상 있다는 것이다. 예를 들면 어느 해를 자료의 시작과 끝으로 보는가에 따라 그리고 수출품과 수입품의 가격을 계산하는 방식에 따라 결과는 매우 민감하다. 둘째,

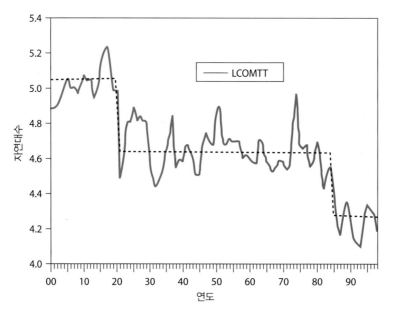

그림 11-1 상품 교역조건과 구조변화(1900~1998)

사례연구 11-2   시간의 경과에 따른 상품가격

표 11-2는 1972년부터 2017년까지 몇몇 연도에 대한 상품 가격지수의 변화를 보여 준다. 이 표에 의하면 2010년도의 가격을 100이라 할 때 비연료상품의 가격은 1972년도의 89에서 2017년에는 367로 122% 상승했다.(변화율은 초기가격과 최종가격의 평균을 이용하여 계산했다.) 동일한 1972~2017년의 기간에 식품은 100%, 음료는 114%, 원자재는 131% 금속은 138% 상승하여 179% 상승한 석유가격

과 비교된다. 그러나 표 11-2의 가격지수는 급격히 변동하여 비교연도가 달라지면 그 결과 역시 달라졌을 것이라는 점에 주목하자. 또한 이 자료는 1차 산품 수출국의 교역조건은 수출상품의 종류에 따라 달라진다는 점을 보여 준다. (선진국, 개발도상국 전반, 아시아, 중동과 서반구의 교역조건의 변화에 대해서는 사례연구 4-4의 표 4-3 참조)

표 11-2 상품가격의 변화(1972~2017)(2010 = 100)

상품	1972	1974	1980	1986	1990	1995	2000	2005	2010	2015	2017	변화율(%) (1972~2017)
비연료상품	89	171	230	171	214	253	202	255	100	342	367	122
식품	107	242	253	164	206	231	182	222	100	313	323	100
음료	140	214	445	454	238	359	233	308	100	532	508	114
원자재	34	56	102	81	119	157	127	130	100	156	162	131
금속	139	255	355	255	394	394	323	517	100	655	762	138
석유	28	113	359	138	226	168	276	521	100	498	501	179

출처 : IMF data.

개발도상국 전체의 전반적 교역조건의 변화는 개별 개발도상국의 교역조건 변화와 별 관계가 없다는 점이다. 예컨대 식료품을 수출하는 개발도상국의 교역조건은 원유를 주로 수출하는 개발도상국의 교역조건보다 적게 개선될 수 있다. 따라서 수출상품의 유형과 시간의 경과에 따른 이들의 가격변화가 중요하다(사례연구 11-2 참조). 셋째, 대부분의 연구에 의하면 상품 교역조건의 장기적인 추세와는 관계없이, 개발도상국 전체의 소득 교역조건은 수출물량의 급속한 증가로 인해 시간이 지남에 따라 상당히 개선되었다. 예를 들어 그릴리와 양(1988)은 1953년부터 1983까지 개발도상국의 상품 교역조건은 약 20% 악화되었지만, 소득 교역조건은 약 165% 개선되었다는 점을 발견했다(앞에서 지적한 바와 같이 개발도상국에게는 소득 교역조건이 상품 교역조건보다 더 중요하다). 마지막으로 요소 교역조건은 생산성 변화의 척도를 구하기가 어렵기 때문에 측정하기 어렵다.

11.4 수출 불안정성과 경제발전

장기적 또는 지속적 교역조건의 악화와 별도로 개발도상국들은 수출가격 및 소득의 **단기변동**으로 인해 발전에 심각한 저해를 받아 왔다. 이 절에서는 단기 불안정성을 살펴본다. 먼저 이론적 관점에서 개발도상국의 수출가격과 소득에서 단기변동의 원인과 결과를 보기로 한다. 그러고 나서 단기변동의

크기를 측정하고 개발에 미치는 실제적 효과를 살펴보기로 한다. 마지막으로 개발도상국의 수출가격과 소득을 안정화시킬 목적으로 진행되는 국제상품협정에 관해 간단히 논의한다.

11.4A 수출 불안정성의 원인과 결과

개발도상국들이 수출하는 1차 산품의 수출가격은 크게 변동한다. 이는 수요와 공급이 비탄력적이고 불안정하기 때문이다. 그림 11-2에서 D와 S는 각각 1차 산품에 대한 개발도상국의 경사가 급한(비탄력적인) 가상적 수요와 공급곡선을 나타낸다. D와 S의 경우에 균형가격은 P이다. 어떤 이유로 D가 D′으로 감소하거나 S가 S′으로 증가하는 경우 균형가격은 P′으로 크게 하락한다. D와 S가 D′, S′으로 동시에 이동하는 경우 균형가격은 한층 더 떨어져서 P″이 된다. D′과 S′이 다시 D와 S로 복귀하면 균형가격은 급격히 상승해서 P가 된다. 이와 같이 개발도상국의 1차 산품에 대한 수요와 공급곡선이 비탄력적이고 불안정한 경우 이들 국가의 수출품가격이 크게 변동할 수 있다.

그렇다면 개발도상국에서 1차 산품의 수출 수요곡선과 공급곡선이 왜 비탄력적이고 이동하게 되는가? 개발도상국의 1차 산품의 수출에 대한 수요는 선진국의 개별 가계가 그들 소득의 극히 일부만을 커피, 차, 코코아, 설탕과 같은 상품에 지출하기 때문에 가격 비탄력적이다. 따라서 이러한 상품의 가격이 변할 때에 가계는 이러한 상품의 구입을 크게 변화시키지 않을 것이며, 그 결과 가격 비탄력적인 수요가 된다. 한편 많은 광물에 대한 수요는 대체재가 거의 없기 때문에 가격 비탄력적이며, 동시에 개발도상국의 1차 산품에 대한 수출수요는 선진국의 경기변동으로 인해 불안정적이다.

공급 측면에서는 개발도상국의 1차 산품의 공급이 가격 비탄력적인데(즉, 가격 변화에 대해서 공급량이 크게 변하지 않음), 왜냐하면 개발도상국의 자원 이용에 있어서 내부적인 경직성이나 비유연성이 존재하기 때문이다. 특히 목재와 같이 오랜 회임기간을 필요로 하는 산업에서 그러하다. 공급곡선은 기후조건, 질병 등으로 인해 불안정하거나 이동한다.

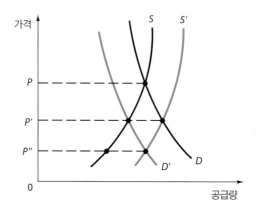

그림 11-2 가격 불안정성과 개발도상국의 1차 산품 수출

D와 S는 개발도상국에 1차 산품 수출에 수요와 공급곡선을 각각 나타낸다. D와 S의 경우에 균형가격은 P이다. D가 D′으로 이동하고, 또는 S가 S′으로 이동하는 경우 균형가격은 P′으로 크게 하락한다. D와 S가 모두 D′과 S′으로 이동하는 경우 균형가격은 한층 더 떨어져 P′이 된다. 그 이후에 D′과 S′이 다시 D와 S로 복귀하면 균형가격은 P로 복귀하게 된다. 이와 같이 가격 비탄력적이고 불안정한 D와 S 곡선은 큰 가격변동을 가져올 것이다.

수출품 가격이 급변하기 때문에 개발도상국의 **수출소득**은 해마다 크게 변동할 수 있다. 수출소득이 증가할 때 수출업자들은 소비지출, 투자 및 은행예금을 증가시키지만 수출소득이 감소할 때는 이들 역시 감소한다. 이러한 효과는 승수–가속도 과정을 통해 경제의 나머지 부문에 전파된다. 이러한 호경기와 불경기가 되풀이되면 (수입기계, 연료 및 원자재에 의존하는) 개발계획을 수립하는 것이 어렵게 된다.

11.4B 수출 불안정성의 측정과 경제개발에 미치는 효과

1966년에 발표된 유명한 연구에서 맥빈(MacBean)은 1946~1958년 기간에 수출 불안정성 지수(달러 표시 수출소득의 5년간 이동평균으로부터의 편차로 정의되며, 0부터 100까지의 값으로 측정됨)가 45개 개발도상국에 대해서는 23이었고 자료를 얻을 수 있는 18개 선진국에 대해서는 18이었다는 사실을 발견했다.

이러한 실증 결과는 개발도상국의 **수출 불안정성**(export instability)이 선진국보다 다소 크기는 하지만, 불안정성 자체는 0부터 100까지 측정했을 때 **절대적으로는** 그리 크지 않다는 점을 의미한다. 또한 맥빈은 개발도상국의 수출소득 불안정성이 큰 이유는 과거에 사람들이 생각한 것처럼 이들 국가들이 소수의 1차 산품을 수출하거나 소수의 국가들에게 수출하기 때문(즉, 무역의 상품별 집중이나 지역적 집중)이 아니고 수출상품의 유형 때문이라는 것을 보여 주었다. 예를 들어 고무, 주트, 코코아와 같은 상품을 수출하는 국가의 수출소득은 석유, 바나나, 설탕, 담배를 수출하는 국가보다 훨씬 불안정하다.

더 나아가서 맥빈은 개발도상국의 수출소득이 크게 변동하더라도 개발도상국의 국민소득, 저축, 투자는 크게 변하지 않고 개발도상국의 개발 노력을 저해하지 않는다는 점을 보여 줬다. 그 이유는 불안정성의 절대적 수준이 비교적 낮고 수출소득으로 인한 승수효과가 작기 때문인 것으로 보인다. 이러한 결과를 바탕으로 맥빈은 개발도상국들이 그들의 수출소득을 안정화시키기 위하여 요구한 비용이 많이 드는 국제상품협정은 정당화될 수 없다고 결론을 내렸다. 동일한 자원으로 실제로 불안정하지도 않은 수출소득을 안정화시키는 것보다는 진정으로 개발 목적에 사용하는 것이 더 유익하다는 것이다. 마셀(Massell, 1970), 란시에리(Lancieri, 1978), 러브(Love, 1986), 마셀(Massell, 1990), 고시와 오스트리(Ghosh and Ostry, 1994), 신하(Sinha, 1999)의 후속 연구는 그 후의 기간에 대하여 수출 불안정성이 그다지 크지도 않고 개발을 저해하지도 않았다는 맥빈의 결과를 확인하였다.

11.4C 국제상품협정

개발도상국의 **개별 생산자**는 제2차 세계대전 이후 설립된 **마케팅 위원회**(marketing boards)와 같은 순수한 국내계획에 의해서 수출가격을 안정화시킬 수 있다. 이 위원회는 위원회가 정한 안정적 가격으로 국내생산자의 생산물을 구매하여 변동하는 세계가격으로 판매함으로써 운영된다. 풍년의 경우 국내가격은 세계시장 가격보다 낮게 책정되어 그 결과 위원회는 자금을 축적하고, 흉년의 경우에는 국내생산자에게 세계시장 가격보다 높은 가격을 지급하여 자금을 사용한다. 그 예로는 제2차 세계대전 이후 설립된 가나의 코코아 마케팅 위원회와 버마(현재의 미얀마)의 쌀 마케팅 위원회를 들 수 있다. 그러나 이러한 마케팅 위원회 중 극히 일부만 성공했는데, 그 이유는 시간이 지남에 따라 세계시장의 평균가격과 같도록 하는 국내시장 가격을 정확히 예측하는 것이 어렵고 부정부패 때문이다.

개발도상국들은 **국제상품협정**(international commodity agreements)에 더 큰 관심을 기울여 왔는데, 그 이유는 국제상품협정의 경우 수출가격과 수출소득을 증대시킬 수 있는 가능성이 있기 때문이다. 국제상품협정에는 완충재고, 수출통제 및 구매계약이라는 세 가지 유형이 있다.

완충재고(buffer stocks)란 상품가격이 최저가격 이하로 떨어질 때 상품을 구입하고 그 상품가격이 설정된 최고가격보다 높을 때 재고로부터 그 상품을 판매하는 것이다. 완충재고 협정은 몇 가지 단점이 있다. (1) 어떤 상품의 저장비용이 매우 높을 수 있다. (2) 최저가격이 균형가격보다 높으면 재고는 시간이 지남에 따라 점점 증가한다. 완충재고 협정의 한 예로는 **국제주석협정**이다. 이것은 1956년에 체결되어 몇 년 동안 성공을 거두었으나 1985년에 와해되었다. **국제천연고무협정**은 1979년 설립되었으나 1998년 종결된 반면, **국제코코아협정**은 2001년 설립되어 2014년 갱신되었고 2018년 현재도 운용 중이다.

수출통제(export controls)란 상품가격을 안정화시키기 위해서 각 국가가 수출하는 상품의 수량을 규제하는 것이다. 수출통제 협정의 중요한 이점은 재고를 유지하는 비용을 피할 수 있다는 점이다. 단점은 (수량 할당제도와 같이) 비효율성이 야기되고 상품의 주요 수출업자가 (개별 수출업자들은 참여하지 않거나 속이려고 하는 강한 유인이 있음에도 불구하고) 모두 참여해야 한다는 점이다. 한 예는 **국제설탕협정**이다. 이것은 1954년에 체결되었으나 대체적으로 선진국이 그들의 사탕무로 만든 설탕의 생산을 증가시킬 수 있었기 때문에 설탕가격이 안정화되고 상승할 수 없었다. 1962년에 체결된 **국제커피협정**은 1980년대의 커피가격을 안정화시키는 데 성공했다. 그러나 이 협정은 커피가격의 하락과 더불어 1989년에 붕괴되었고 1993년에 부활했다. 2010~2011년과 2014년을 제외하고는 커피수출국 연합의 세계적 수출 유보 정책이 커피공급을 충분히 감소시키는 데 실패했기 때문에 커피의 과잉 공급으로 커피가격은 낮은 상태에 있었다. 9.3C절에서 지적한 바와 같이 OPEC은 1970년대에 원유가격이 급상승한 이래 1980년대와 1990년대 대부분 혼란상태에 빠졌는데, 그 이유는 원유의 과잉 공급과 원유에 대한 수요의 둔화로 인해 가격이 크게 하락하였기 때문이다. 그러나 2000년대 초기부터 원유가격은 급상승하였으며 2014년 급락할 때까지 높은 수준에 머물러 있었다(표 11-2 참조).

구매계약(purchase contracts)은 수입업자가 특정한 상품의 특정량을 구입하기로 동의한 최저가격과 수출업자가 그 상품의 특정량을 팔기로 동의한 최고가격을 규정하는 장기적인 다자간 협정이다. 완충재고와 수출통제의 단점을 회피하기 위해 구매계약에서는 상품의 이중 가격제도를 도입했다. 한 예는 **국제밀협정**인데, 1949년에 체결되었다. 그러나 이 협정은 개발도상국보다는 미국, 캐나다, 오스트레일리아에 주로 영향을 주었다. 그러나 1970년대 초 이후에 소련의 대량 밀 구입 결과 밀가격이 설정된 최고가격 한도를 크게 상회했기 때문에 가동되지 못했다. 이 협정은 1995년 종료되었다.

앞에서 언급한 국제상품협정들은 제2차 세계대전 이후로 한때나마 작동한 것으로 유일하게 중요한 것이다. 그러나 이미 앞에서 언급한 바와 같이 국제커피협정의 경우를 제외하면, 일반적으로 국제상품협정은 실패했거나 제한된 성공만을 거두었다. 그 이유 중 한 가지는 이를 운영하는 데 대단히 많은 비용이 들고, 이를 설립하고 운영하는 대부분의 부담을 짊어져야 하는 선진국의 지원이 없었기 때문이다. 국제상품협정을 평가할 때에 가격이 안정되는지 아니면 소득이 안정되는지 그리고 불안정성이 수요곡선의 이동에 의한 것인지 아니면 공급곡선의 이동에 의한 것인지를 판단하는 것이 중요하다는 점에 주목해야 한다.

IMF는 1969년 특정 연도의 수출소득이 과거 5년간 이동평균보다 낮은 개발도상국을 위해 보상금융계획을 설립하였다. 수출소득을 안정화시키는 유사한 계획이 유럽연합에 의해서 4억 달러의 기금으로 1975년에 설정되어 57개의 아프리카, 카리브해, 태평양에 있는 로메 협정 국가들에 적용되었다. 그러나 이것들은 매우 약한 계획이며 개발도상국들의 요구에는 크게 미치지 못했다. 그럼에도 불구하고 보상금융계획은 많은 이익을 제공하고 국제상품협정과 관련된 대부분의 문제를 회피할 수 있게 했다.

11.5 수입대체 및 수출지향적 공업화

이 절에서는 개발도상국들이 산업화를 하고자 하는 이유와 수입대체와 수출지향적 공업화의 장단점을 검토한다. 그리고 나서 1950~1970년대 대부분의 개발도상국들이 산업화 및 발전 전략으로 채택한 수입대체정책의 결과를 평가한다. 그 후 대부분의 개발도상국에서 무역자유화를 향한 흐름에 대해 검토한다.

11.5A 수입대체 대 수출을 통한 개발

1950년대, 1960년대, 1970년대 기간에 대부분의 개발도상국들은 전통적인 무역이론이 처방하는 대로 수출을 위해 1차 산품(식품, 원자재, 광물)의 생산에 계속적으로 특화하지 않고 공업화를 위한 정교한 시도를 하였다. 공업화는 (1) 보다 빠른 기술진보, (2) 대부분의 개발도상국이 직면하는 실업을 경감시키기 위한 고소득 일자리의 창출, (3) 생산과정에서 전방 및 후방 연관효과를 통한 보다 높은 승수와 가속도, (4) 교역조건의 개선과 수출가격과 소득의 안정성, (5) 개발도상국의 제조업에 대한 수입수요가 그들의 수출소득보다 더 빠른 속도로 증가하기 때문에 발생하는 국제수지상의 어려움의 경감 등을 제공한다는 데 근거를 두고 있다. 개발도상국이 공업화하려고 하는 것은 대부분의 가난한 국가가 농업국인 데 반해 모든 부자국가는 공업국이라는 사실에 미루어 볼 때 자연스럽다.

개발도상국이 공업화하기로 결정한 경우 수입대체를 통한 공업화와 수출지향적 공업화 중 하나를 선택해야 한다. 수입대체 공업화(import-substitution industrialization, ISI) 전략은 다음의 세 가지 장점을 갖는다. (1) 상품의 수입에 의해 증명되듯이 산업제품에 대한 수요가 이미 존재하므로 수입을 대체할 산업을 설정하는 위험이 감소된다. (2) 선진국에 대해 공산품에 대한 무역장벽을 낮추도록 요구하는 것보다 자국의 국내시장을 해외경쟁으로부터 보호하는 것이 더 용이하다. (3) 외국기업들은 개발도상국의 조세장벽을 극복하기 위해 이른바 관세공장을 설립할 유인을 갖는다.

이러한 장점에 비해 다음과 같은 단점도 있다. (1) 국내산업이 해외경쟁으로부터의 보호에 익숙해져서 보다 효율적으로 되기 위한 유인을 갖지 않는다. (2) 국내산업은 국내시장의 협소로 인해 규모의 경제를 활용할 수 없으므로 비효율적인 산업을 초래할 수 있다. (3) 보다 단순한 제조업 수입이 국내생산에 의해 대체된 후에 보다 자본집약적이고 발전된 기술을 이용하는 수입이 국내생산에 의해 대체되어야 함에 따라 수입대체는 점점 더 비용이 들고 어려워진다.

수출지향 공업화(export-oriented industrialization) 역시 장점과 단점이 있다. 장점은 다음과 같다. (1) 국내시장의 협소를 극복하고 개발도상국이 규모의 경제를 활용할 수 있도록 한다. 이것은 매우 가난하고 소규모인 개발도상국에게 특히 중요하다. (2) 수출을 목적으로 한 제조업의 생산이 경제 전반에 걸쳐 효율성을 제고하고 촉진한다. 이것은 한 산업의 산출물이 국내 다른 산업의 투입물이 되는 경우 특히 중요하다. (3) (수입대체의 경우에서처럼) 제조업 수출의 확대는 국내시장의 성장에 의해 제한되지 않는다.

한편 두 가지 심각한 단점이 있다. (1) 개발도상국은 이미 기반이 있고 효율적인 선진국의 산업과 경쟁하기 때문에 수출산업을 설립하는 것이 매우 어렵다. (2) 선진국은 개발도상국이 이미 비교우위에 있거나 곧 획득할 수 있는 단순 노동집약적인 상품을 생산하는 산업을 높은 실효보호율로 보호한다.

1950년대, 1960년대, 1970년대 기간에 대부분의 개발도상국, 특히 비교적 대국들은 수입대체 공업화 정책을 매우 선호했다. 그들은 기존의 유치산업을 보호하고 가공 정도에 따라 크게 증가하는 실효관세율로 유치산업의 탄생을 장려했다. 이것은 처음에는 외국의 부품을 조립하는 비교적 단순한 단계를 장려하기 위해 시행되었으며, 또한 순차적으로 부품과 중간재들이 점점 더 국내에서 생산될 수 있을 것이라는 희망에 근거하였다(후방연관효과). 국내산업의 높은 보호 역시 개발도상국에서 관세공장의 창설을 자극하였다.

11.5B 수입대체의 경험

수입대체를 통한 공업화 정책은 제한된 성공만을 거두었거나 실패를 가져왔다. 100~200% 이상에 이르는 매우 높은 실효보호율은 1950년대, 1960년대, 1970년대 인도, 파키스탄, 아르헨티나, 나이지리아와 같은 국가에서는 매우 보편적이었다. 이것으로 인해 국내산업은 매우 비효율적이 되었고 소비자는 매우 높은 가격을 지불해야 했다. 때때로 수입투입물의 외국통화가치가 국내생산물의 외국통화가치보다 높은 경우도 있었다(음의 부가가치).

산업에서의 높은 보호와 보조금으로 인해 자본집약도는 지나치게 높고 노동은 별로 흡수되지 않았다. 예를 들어 인도와 같은 자본빈국에서의 철강산업의 자본집약도는 자본풍부국인 미국의 자본집약도와 거의 같은 수준에 이르렀다. 이것은 개발도상국에서 이용 가능한 투자자본을 빠른 속도로 고갈시켰고, 극소수의 일자리만 창출할 뿐이었다. 그 결과 대부분의 개발도상국에서 노동력 증가의 대부분은 매년 농업 분야 및 전통적 산업에서 흡수되어야 했고, 실업과 과소 고용문제가 악화되었다. 또 현대 도시에서 고소득 일자리를 찾고자 하는 희망으로 도시로의 인구이동이 폭발적인 상황에까지 이르렀다. 최우선 순위는 새로운 공장건설, 신기계의 도입에 주어졌고, 그 결과 필요한 원자재나 연료를 구입하기 위한 자금의 부족으로 유휴생산시설이 만연했다. 공장의 1교대 가동의 결과 개발도상국의 자본집약도는 지나치게 높았고 노동은 별로 흡수되지 않았다.

수입대체를 통한 공업화의 결과 농업과 다른 1차 산업은 무시되었고, 이로 인해 많은 개발도상국들의 전통적인 수출부문에서 수출소득이 감소하고 브라질과 같은 국가는 과거 수출하던 식량을 수입해야 했다. 그뿐만 아니라 수출대체정책을 실시한 결과 기계, 원자재, 연료 및 식량조차도 더욱더 많이 수입하게 되어 개발도상국의 국제수지 문제가 악화되었다.

총체적으로 볼 때 인도, 파키스탄, 아르헨티나와 같은 수입대체를 통한 공업화를 강조했던 개발도상국들은 상황이 훨씬 악화되었고, 1950년대 초반 이후로 수출지향 전략을 택한(홍콩, 대한민국, 싱가포르) 국가보다 훨씬 낮은 비율로 성장하게 되었다(사례연구 11-3 참조). 수입대체정책은 개발도상

사례연구 11-3　부유한 국가, 세계화 국가, 비세계화 국가의 GDP 성장

표 11-3은 세계화를 추진한 개발도상국(즉, 세계화 국가)이 부유한 국가나 비세계화 국가보다 그 이전에는 그렇지 않았지만 1980년대 이후에는 성장률이 더 높았음을 보여 준다. 부유한 국가는 24개 OECD 국가와 칠레, 홍콩, 싱가포르, 대한민국, 타이완과 같이 일찍 세계화를 추진한 국가(상대적으로 고소득국가)의 합으로 정의된다. 자료를 구할

수 있는 73개국 중에서 GDP 대비 무역비율이 높고 평균관세율이 급격히 낮은 상위 1/3 국가(24개국)는 세계화 국가로 분류하였으며, 나머지 2/3(49개국)는 비세계화 국가로 분류하였다. 성장은 실질 GDP의 가중평균 증가로 측정하였다. 따라서 1980년대 초 이래로 세계화는 보다 높은 성장률과 밀접한 관계에 있다.

표 11-3　부유한 국가, 세계화 국가, 비세계화 국가의 실질 GDP 평균성장(1960~2000)(%)

	1960년대	1970년대	1980년대	1990년대	2000년대
부유한 국가	4.7	3.1	2.3	2.2	1.6
세계화 국가	1.4	2.9	3.5	5.0	5.0
비세계화 국가	2.4	3.3	0.8	1.4	2.3

출처 : D. Dollar and A.Kray, "Trade Growth and Poverty," *World Bank Research Paper*, March 2001, p. 38; and World Bank, World Development Report, 2009, D.Salvatore, "Globalization, International Competitiveness, and Growth: Advanced and Small Countries," *Journal of International Commerce, Economics and Policy*, April 2010, pp. 21-32.

국 국민소득의 10%에 달하는 낭비를 가져온다고 추정되지만, 개발의 초기단계에서는 수입대체정책이 어느 정도 도움이 된다는 것은 지적되어야 한다. 반면에 개발의 차후단계에서는 수출지향정책이 절대적으로 중요하다. 수입대체와 수출지향정책은 이와 같이 양자택일의 문제가 아니라 어느 정도 순차적으로 적용될 수 있으며, 비교적 규모가 큰 개발도상국의 경우 특히 그러하다. 이것은 실제로 대한민국이 시도했던 정책이다.

11.5C 개발도상국에서 최근의 무역자유화와 성장

과거 수입대체 산업화를 택한 많은 개발도상국들은 1980년대부터 무역을 자유화하고 수출지향 전략을 채택하기 시작하였다. 그러한 개혁은 1982년의 외채위기(11.6B절 참조)와 수출지향형 국가들의 가시적인 성공으로 인해 더욱 촉진되었다. 표 11-4는 1980년대, 1990년대 초 라틴아메리카, 아프리카, 아시아의 몇몇 개발도상국들이 취한 무역자유화 조치들을 보여 준다. 일반적으로 이 개혁은 평균관세율과 양적 수입제한조치를 현격하게 축소하고 단순화하였다. 이로 인해 GDP에서 수출과 수입의 합계로 측정되는 개방도가 상승하였으며, 총수출에서 제조업품이 차지하는 비율 역시 크게 상승하였고(사례연구 11-4 참조) 자유화 국가의 성장률도 높아졌다. 무역개혁은 몇 차례에 걸쳐 마지못해 소규모로 하는 것보다는 일거에 대담하게 하는 것이 성공적이었으며 반인플레이션 정책과 병행해서 하는 것이 성공적이었다.

세계은행은 기술적 지원과 대부를 통해 무역자유화 프로그램의 계획과 집행을 용이하게 하였다. 세계은행은 1980년에 구조조정을 위한 자금지원을 시작했고, 1995년까지 200억 달러 이상을 구조개

표 11-4 | 몇몇 개발도상국의 무역개혁

국가	개혁 내용
아르헨티나	1991년 평균관세수준을 18%에서 11%로 인하하고 수입면장. 규제를 상당 부분 완화. 1992년 최고관세율을 또 다시 15% 인하
브라질	1990년 주요 무역개혁을 발표하여 거의 모든 쿼터를 관세로 대체. 1990년 평균관세율을 37%에서 25%로 인하, 1992년에는 21%로 인하, 1994년에는 14%로 인하
칠레	1973년 모든 쿼터를 철폐하고 자동차를 제외한 모든 상품에 대한 10%의 단일관세율 적용. 1980년대 초 금융위기 이후 관세율을 15%로 인상
중국	1992년 협정에서 상당한 수입자유화를 실시했으며, 여기에는 1998년까지 약 90%의 비관세장벽 철폐가 포함됨
이집트	모든 교역상품에 대한 수입 쿼터를 1990년의 37%에서 1991년에 23%, 1992년에는 10%로 감소하며 1993년에는 최고관세율이 100%에서 80%로 인하
인도	수입품의 70%에 달하는 제한적인 수입면장 규정을 1992년 철폐, 최고관세율은 110%에서 1993년 85%로 인하
멕시코	1985년부터 쿼터를 상당 부분 감축. 1988년에는 평균관세율을 11%로 인하하고 최고관세는 20%로 설정
필리핀	28%의 평균관세율을 1995년까지 20%로 인하하기로 하는 무역개혁을 1991년 채택. 일부 쿼터도 철폐
터키	1980년부터 쿼터와 기타 비관세장벽을 상당 부분 감축하고, 1992년에는 관세를 상당 부분 인하

출처 : D. Rodkrik, "The Rush to Free Trade in the Developing World: Why So Late? Why Now? Will It Last?" *NBER Working Paper No.3947*, January 1992, pp. 3-4; and S.Hickok, "Recent Trade Liberalization in Developing Countries," *Quarterly Review*, Federal Reserve Bank of New York, Autumn 1993, p. 3.

사례연구 11-4 | 몇몇 개발도상국의 총수출에서 제조업의 비율

표 11-5는 1983년과 2017년 아시아, 아프리카, 라틴아메리카의 몇몇 개발도상국의 총수출 중에서 제조업이 차지하는 수출비중을 보여 준다. 이 표를 통해 나타난 모든 국가의 수출구조가 같은 기간 제조업품의 확대방향으로 변했음을 알 수 있다. 이는 특히 (제조업 수출비중이 4배 이상 증가한) 이집트와 (제조업 수출비중이 2배 이상 증가한) 남아프리카공화국, 케냐, 타이, 말레이시아, 멕시코(2배 증가한), 칠레의 경우에 특히 그렇다. 따라서 개발도상국이 원자재와 식료품을 수출하고 제조업품을 수입하는 전형적인 형태는 더 이상 사실이 아니다. 또한 개발도상국들은 대부분 단순한 노동집약적 상품을 수출한다는 결론 역시 (표에 포함된 국가 중) 말레이시아와 브라질 같은 선진 개발도상국의 경우에는 더 이상 타당하지 않다.

표 11-5 | 1983년과 2017년 몇몇 개발도상국의 총수출 중 제조업품의 비율

아프리카	1983	2017	아시아	1983	2017	라틴아메리카	1983	2017
이집트	12	54	인도	52	71	아르헨티나	16	29
케냐	15	37	말레이시아	25	68	브라질	39	38
남아프리카공화국	18	47	파키스탄	63	77	칠레	7	14
튀니지	44	82	타이	31	78	멕시코	37	82

출처 : World Bank, *World Development Indicators, Various Issues*.

혁 또는 부문개혁을 시도할 목적으로 60개 이상의 국가에 대여하기 시작했다. 대부의 경우 국가 수는 사하라 이남 아프리카에서 가장 많았지만 대부의 규모가 작았기 때문에 훨씬 더 많은 양이 다른 개발 도상국에 돌아갔다. 개발도상국들이 관세 및 무역에 관한 일반협정(GATT)에 가입하고(9.6B절 참조), 우루과이 라운드가 성공적으로 종결됨에 따라(9.7A절 참조) 이미 수행된 개혁과 추가적인 개혁이 더욱 공고해졌으며, 이로 인해 향후 10년간 개발도상국의 생산성 및 경제성장이 촉진되었다.

11.6 개발도상국이 직면하는 현안

이 절에서는 오늘날 개발도상국이 직면하는 다음의 가장 심각한 문제들을 검토한다. (1) 여러 국가, 특히 사하라 이남 아프리카에 소재한 많은 국가들의 심각한 빈곤, (2) 몇몇 극빈국들의 지속 불가능한 외채, (3) 선진국의 개발도상국 수출에 대한 무역보호조치. 이러한 각각의 문제들을 간단히 검토해 보자.

11.6A 개발도상국의 빈곤

표 11-6은 2017년도 여러 국가군의 인구와 구매력으로 평가한 1인당 국민소득, 1990년부터 2017년까지의 1인당 실질소득의 증가율 및 1990년과 2016년의 유아사망률 및 평균수명을 보여 준다. 이 표에 의하면 2017년도 전체 개발도상국과 과거 공산권 국가의 1인당 평균소득(중국과 인도는 각각 8,690달러, 1,820달러)은 고소득 선진국의 50,133달러에 비해 4,450달러에 불과함을 알 수 있다. 한층 더 심각한 점은 1인당 실질소득의 증가율이 사하라 이남 아프리카의 경우 (가뭄, 전쟁, 인구 급증, HIV의 확산 및 개발계획의 전반적 실패로 인해) 1.9%이며, 유럽 및 중앙아시아 개발도상국의 경우 (공산주의

표 11-6 인구, 경제 및 건강지표(1990~2017)							
		1인당 소득		1,000명당 유아사망률		평균수명 (연)	
국가/지역	인구(2017) (백만 명)	달러 (2017)	성장률(%) (1990~2017)	1990	2016	1990	2016
중저소득 경제	6,281	4,450	4.3	36	18	63	70
사하라 이남 아프리카	1,061	1,454	1.9	46	28	50	60
동아시아 및 태평양	2,314	10,170	6.1	28	8	69	75
중국	1,386	8,690	9.5	30	5	69	76
남아시아	1,788	1,743	5.1	59	28	58	69
인도	1,391	1,820	5.5	57	25	58	69
유럽 및 중앙아시아	916	22,651	1.7	14	5	72	77
중동 및 북아프리카	444	7,245	1.9	28	14	66	73
라틴아메리카 및 카리브해 국가	644	8,200	1.9	23	9	68	76
고소득 경제	1,249	50,133	1.3	6	3	75	80
세계	7,530	10,366	1.6	37	19	65	72

출처 : World Bank, *World Development Indicators, Various Issues.*

의 붕괴 이후 경제적 구조조정으로 인해) 1.7%이고, 중동과 북아프리카의 경우 (1990년대 전쟁, 정치적 혼란 및 원유가격의 급락으로 인해) 1.9%에 불과하다는 점이다.

또한 1990년부터 2017년까지 라틴아메리카와 카리브해 국가의 1인당 소득의 연평균 증가율은 정치적 혼란과 개발계획의 실패로 인해 대단히 낮았다(1.9%). 동아시아와 태평양경제(특히 중국)에서만 1인당 실질소득은 1990년부터 2017년까지 급증했다. 남아시아에서는 1인당 소득 증가율이 동아시아에서와 같이 괄목할 만하지는 않지만 상당한 수준이었다. 또한 이 표를 통해 저소득 개발도상국에서는 고소득 선진국에 비해 유아사망률은 훨씬 높고 평균수명은 훨씬 낮지만, 1990년부터 2016년까지 이들 지표가 개선되고 있음을 알 수 있다.

지난 30년간의 급격한 세계화 동안 세계의 빈곤인구(세계은행은 하루에 1.25달러 이하로 생활하는 사람으로 정의) 수가 급격하게 감소했지만, 오늘날 세계에는 7억 명 이상의 빈곤인구가 존재하고, 약 1억 5,500만 명의 5세 이하의 어린들이 만성적으로 영양실조상태에 있다(Salvatore, 2007, 2018). 최근의 심각한 범세계적 금융위기와 이로 인한 저성장은 세계의 빈곤을 감소시킨 지난 10년간의 성과를 망쳐버릴 수 있으며 이는 세계의 빈곤층에게는 비극이다.

그러나 한 국가의 1인당 소득을 각국에서 화폐의 구매력 차이를 고려하지 않고 환율을 이용하여 달러로 환산하게 되면 고소득국가와 저소득국가 사이의 격차가 과대평가되며, 한 국가의 발전수준이 낮을수록 격차가 과대평가된다는 점에 주의해야 한다. 예를 들어 각국 화폐의 구매력을 바탕으로 계산한 1인당 실질소득에 의하면 2017년 중국의 1인당 실질소득은 (표 11-6에 나타난 바와 같이) 8,690달러가 아니라 16,760달러이며, 인도의 1인당 실질소득은 1,820달러가 아니라 7,060달러이다. 따라서 **구매력평가(PPP)**를 고려한 1인당 소득에 의하면 고소득국가와 저소득국가 사이의 생활수준 격차는 줄어들기는 하지만 그 격차는 여전히 크다(이 장 부록 참조). 그뿐만 아니라 개발도상국에서의 소득불평등은 선진국에서보다 훨씬 크다(Campano and Salvatore, 2006; Salvatore, 2010).

11.6B 개발도상국의 외채문제

1970년대와 1980년대 초반에 개발도상국의 총누적 **외채**(foreign debt)는 1조 달러를 초과하였으며, 이들 국가는 이 외채를 상환(즉, 원금상환이나 또는 이자 지급마저도)하는 데 어려움을 겪었다. 1982년 8월 멕시코가 외채를 상환(이자 지급)할 수 없었을 때 세계는 외채위기에 빠져들었다. 자국의 외채를 재협상하기 위한 계획의 일환으로 개발도상국들은 수입을 줄이고 인플레이션을 낮추며, 임금인상 및 국내 프로그램을 축소하도록 하는 긴축조치를 취할 것을 IMF로부터 요구받았다. 1994년에 중소득 개발도상국의 경우 외채문제는 어느 정도 해결되었으나(즉, 관리될 수 있었으나), 외채과다 최빈국(이들 중 대부분은 사하라 이남 아프리카 국가임)의 경우는 그렇지 못했다. 1999년 6월 G7 선진국들은 세계의 외채과다 국가들이 그들 정부에 진 부채의 90%까지 탕감해 주었다.

1997~1998년의 동아시아, 1998년의 러시아, 1999년과 2002년의 브라질, 2000~2002년 터키와 아르헨티나의 금융위기로 인해 이들 국가의 외채가 급증했다. 이로 인해 1997년 7월부터 1998년 10월까지 대한민국은 580억 달러, 인도네시아는 420억 달러, 브라질은 410억 달러, 러시아는 230억 달러, 타이는 170억 달러의 IMF, 세계은행 및 민간은행의 구제방안(금융지원의 약속)이 필요하게 되었다. 2002년 2월 IMF는 160억 달러의 여신을 터키에게 지원하여 금융위기를 극복하도록 했지만 (역사상 가장 큰 규모인

1,400억 달러의 외채에 대해 2001년 12월 채무불이행을 선언한) 아르헨티나에 대해서는 지원을 거부했다. 2002년 8월 IMF는 300억 달러의 여신을 브라질에 제공하여 신뢰를 회복하고 막대한 양의 자본유출을 억제하도록 하였다. 아르헨티나는 2003년에 성장을 회복하였고 2005년에는 외채를 재조정하여 IMF 여신을 모두 상환하였다.

2008~2009년의 글로벌 금융위기가 발생했을 때 개발도상국들은 이전의 위기보다는 더 잘 대처할 준비가 되어 있었다. 그러나 선진국들이 위기를 타개하기 위해 이자율을 급격히 인하하자 많은 개발도상국들은 드물게 낮은 이자율을 활용하기 위하여 외국통화(주로 달러)로 표시된 해외 차입을 급속히 증가시켰다. 그러나 2017년 성장이 재개되고 미국의 연방준비은행이 달러 차입에 대한 이자율을 인상함에 따라 (아르헨티나와 터키로부터 시작하여 브라질, 인도, 인도네시아, 러시아, 남아프리카공화국과 같은) 많은 개발도상국들은 외채를 상환하기 어려워졌으며, 2018년 새로운 채무위기가 발생하기 시작했다(사례연구 11-5 참조).

사례연구 11-5 개발도상국의 외채부담

표 11-7은 (라틴아메리카의 외채위기가 공식적으로 시작된 해인 1982년 직전의) 1980년, (1997년 동아시아 금융위기가 발생하기 직전인) 1995년 및 (2008~2009년 글로벌 금융위기 이후의) 2015년에 개발도상국 전체와 지역별 개발도상국에 대해 총외채, GNI에 대한 총외채의 비율 및 수출에서 외채상환(외채에 대한 이자지급 및 원금상환)이 차지하는 비율을 보여 준다. 이 표로부터 1980년 개발도상국의 총외채는 5,800억 달러였음을 알 수 있다.(이 중 라틴아메리카 및 카리브해 국가의 외채가 2,570억 달러로 가장 컸다). 총외채는 1995년 1조 8,600억 달러로 급증했고, 2015년에는 6조 6,690억 달러가 되었다.

또한 표 11-7을 통해 GNI 대비 총외채 비율은 1980년부터 1995년까지 급상승했지만, 2015년까지는 (공산주의의 붕괴로 인한 파행으로 인해) 유럽과 중앙아시아를 제외하고는 하락했음을 알 수 있다. 수출 대비 외채상환 비율 역시 1980년부터 1995년까지 (동아시아 및 태평양, 라틴아메리카 및 카리브해 국가를 제외하고는) 상승했지만, 그 후 유럽과 중앙아시아를 제외하고는 2015년까지 모든 지역에서 하락했다. 그러나 2008~2009년 글로벌 금융위기 이후의 아주 낮았던 저금리를 활용하기 위해 많은 개발도상국들이 달러 차입을 증가시킴에 따라 2018년에는 새로운 채무위기에 직면하게 되었다.

표 11-7 개발도상국의 외채 지표(1980, 1995, 2015)

	총외채(10억 달러)			GNI 대비 외채(%)			수출 대비 외채상환(%)		
	1980	1995	2015	1980	1995	2015	1980	1995	2015
개발도상국 전체	580	1,860	6,669	21	39	26	13	18	12
사하라 이남 아프리카	61	236	416	24	76	28	7	16	8
동아시아 및 태평양	65	456	2,274	16	36	18	27	13	6
남아시아	38	152	637	16	32	24	12	30	11
유럽 및 중앙아시아	76	246	1,439	8	33	51	7	11	25
중동 및 북아프리카	83	162	198	22	59	16	6	21	7
라틴아메리카 및 카리브해 국가	257	609	1,696	36	36	36	36	27	23

출처 : World Bank, *International Debt Statistics*, Various Issues.

11.6C 개발도상국의 무역문제

1980년대에 선진국들은 저성장과 높은 실업률로 인한 고통 때문에 개발도상국으로부터의 수입에 대해 자국의 일부 대형 산업(직물, 철강, 조선, 소비자 가전제품, TV 수상기, 신발 및 기타 제품)에 제공했던 보호무역조치를 강화했다. 이들 산업은 개발도상국이 비교우위를 획득하였거나 획득하고 있었던 산업들이다. 신보호무역주의의 상당 부분은 신흥공업경제(Newly Industrialized Economies, NIEs)라고 불리던 아시아 고도성장경제(HPAEs) 국가들의 제조업 수출을 겨냥한 것이었다. 이들 경제(홍콩, 대한민국, 싱가포르, 타이완)의 특징은 GDP, 산업생산 및 제조업 수출의 급성장이다. 1993년에는 산업국가에 대한 개발도상국의 수출 중 1/3 정도가 쿼터 및 기타 비관세장벽에 의해 규제되었다.

보호무역주의의 강화 추세가 계속되었다면 개발도상국에서는 수출비관주의(export pessimism)가 부활하고(정당화되고) 내부지향적 정책으로 복귀하였을 것이다(Salvatore, 2012). 다행히 1993년 12월 우루과이 라운드가 성공적으로 타결되어 무역규제 및 보호무역주의는 감축되었다(9.7A절 참조). 우루과이 라운드 결과 발생한 무역자유화는 대부분 선진국 간에 이루어졌지만 개발도상국도 이익을 얻게 되었다(사례연구 9-7 참조). 2001년 11월에 시작된 도하 라운드(9.7B절 참조)는 개발도상국의 무역 요구를 다룸으로써 '개발 라운드'가 될 예정이었으나 선진국과 개발도상국 그리고 선진국 간의 첨예한 의견 불일치로 타결되지 못했다.

2008~2009년 글로벌 금융위기의 결과 보호무역주의가 확산되었고 2018년에는 트럼프 대통령이 모든 국가에게 손해를 끼칠 무역전쟁을 시작하면서 보호무역주의가 또 등장하게 되었다. 1974년 6월 UN 총회는 (1) 개발도상국의 외채 재협상과 이자 경감, (2) 국제상품협정의 협상, (3) 개발도상국의 제조업품 수출에 대한 선진국 시장에서의 특혜적 접근, (4) 선진국에서 농업제품에 대한 무역장벽의 제거, (5) 개발도상국에 대한 기술이전의 증대와 다국적기업의 규제, (6) 개발도상국에 대한 원조를 부유한 국가의 소득의 0.7%까지 확대, (7) 국제적 의사결정에 있어서 개발도상국의 역할 증대를 목표로 신국제경제질서(New International Economic Order, NIEO)의 설립을 요구하였다. 이러한 요구들의 대부분은 이미 1966년 이후 4년마다 개최되는 유엔무역개발협의회(United Nations Conferences on Trade and Development, UNCTAD)에서 제기된 것들이다. 그러나 1980년대와 1990년대 초 세계경제의 둔화로 인해 대부분의 산업국가들이 저성장과 실업이라는 자체의 내부적인 문제를 해결하기 위해 국내적인 문제에 관심을 기울임에 따라 뜨거운 논쟁거리로서의 신국제경제질서는 소멸되었다.

그럼에도 불구하고 세계화가 급격히 진행되었던 지난 30년 동안 많은 개발도상국에서 성장률은 증가했고 빈곤은 감소했다. 또한 오늘날의 세계에서 일부 개발도상국이 빈곤한 원인은 내부적인 이유 때문이며 전쟁, 부패, 정치적 불안정, 질병 및 자연적 재해 때문이라는 점도 더욱 잘 알게 되었다. 2000년도에 세계은행은 새천년 개발목표(Millennnium Development Goals, MDG)를 제안했는데, 이는 빈곤 개발도상국이 성장을 촉진하고, 빈곤을 감소시키며, 지속 가능한 발전을 도모할 수 있도록 부유한 국가들이 지원할 것을 제안한 것이다.

2017년에 선진국들은 그들의 GDP 중에서 0.2%만을 해외 원조로 제공하였으며, 미국도 예외는 아니었다. 그러나 우루과이 라운드 협정의 시행으로 인한 보호무역주의와 무역규제 감소는 개발도상국에게 무역 이익을 가져다주었다(사례연구 11-6 참조).

사례연구 11-6 세계화와 세계의 빈곤

세계화는 세계의 빈곤을 확대시키는 것으로 종종 비난받지만 사실은 세계화가 없었더라면 세계의 빈곤은 더한층 만연했을 것이다. 세계화가 모든 국가를 이롭게 하지 않는다는 것은 사실이다. 세계의 최빈국(특히 사하라 이남 아프리카 국가들)은 세계화에 뒤처져 있거나 그 언저리에 있으며, 2000년대에 1980년대보다 더 가난하다(즉, 1인당 평균 실질소득이 더 낮다). 그러나 그들의 가난의 원인은 세계화가 아니며 가뭄, 기근, 내전, 전쟁 및 HIV 등이다. 세계화가 비난을 받는 것은 세계화로 인해 나타나는 효율성의 증가와 개방성의 이익이 모든 국가에게 공평하고 균등하게 확산되지 못하기 때문이다. 그러나 지난 10년간 가장 빠른 성장을 보인 것도 사하라 이남 국가들이다.

세계은행은 가난한 사람들(하루에 1.25달러 이하로 생활하는 사람들)의 수가 1981년부터 2005년까지 6억 5천만 명 감소한 것으로 추정한다(Shaohua and Ravillion, 2008). 세계화가 아니었더라면 이 숫자는 더 커지면 커졌지 작아지지는 않았을 것이다. 그럼에도 아직도 비세계화 국가에 살면서 극심한 빈곤을 겪고 있는 7,000억 명의 사람들이 있으며, 수천 명의 어린이가 매일 기아 때문에 죽어가고 있다. 이러한 비극을 극복하기 위해 189개국은 2000년 새천년 선언에 서명하여 2015년까지 빈곤을 감소시키고 궁핍의 다른 원인들을 해결하며 지속적 개발을 촉진하기 위한 구체적 목표를 포괄하는 8개 항의 목표로 구성된 새천년 개발목표(Millenium Development Goal, MDG)를 채택하였다. 8개 항의 MDG는 (1) 극심한 빈곤과 굶주림을 1990년 수준의 절반으로 경감, (2) 보편적 교육의 달성, (3) 성의 평등 촉진, (4) 유아사망률의 감소, (5) 임산부 건강의 개선, (6) HIV/AIDS, 말라리아 및 기타 질병의 퇴치, (7) 환경 지속가능성의 보장, (8) 개발을 위한 글로벌 동반자 관계의 설립이다.

2005년도에 제프리 삭스(Jeffrey Sachs)는 부유한 국가가 유엔의 요구대로 자국 GDP의 0.7%(2009년 현재 1,290억 달러에서 2,810억 달러)를 개발도상국에 대한 원조로 제공

표 11-8 2030년까지 달성해야 할 지속가능한 발전 목표

목표 1 : 모든 곳에서 모든 형태의 빈곤 종식

목표 2 : 기아 퇴치, 식량 안보의 달성 및 영양 상태의 개선과 지속가능 농업의 증진

목표 3 : 건강한 삶의 보장 및 모든 연령대의 복지 증진

목표 4 : 공평한 질적 교육 및 무상 교육의 보장과 모든 사람에게 평생 학습기회의 증진

목표 5 : 성적(性的) 평등과 모든 여성의 자율권 보장

목표 6 : 모든 사람에게 수질과 위생시설의 이용가능성과 지속가능한 관리 보장

목표 7 : 모든 사람이 이용할 수 있는 안정적이고 지속가능한 에너지 보장

목표 8 : 지속적, 포괄적, 지속가능한 경제발전을 촉진하고 모든 사람에게 완전고용과 생산적 고용 및 품위 있는 생활 증진

목표 9 : 탄력적 사회기반시설 건설, 포괄적이고 지속가능한 산업화의 촉진 및 혁신 증진

목표 10 : 국가 간, 국가 내의 불평등 감소

목표 11 : 포괄적, 탄력적, 지속가능한 도시와 거주지 형성

목표 12 : 지속가능한 소비와 생산 패턴 보장

목표 13 : 기후변화와 그 충격에 대처하기 위한 긴급 행동

목표 14 : 지속가능한 발전을 위한 대양, 바다 및 해양자원의 보존 및 사용

목표 15 : 지상 생태계의 지속가능한 사용의 증진과 보호, 복원 및 삼림의 지속가능한 관리, 사막화에 대처, 토지 황폐화의 반전 및 생물 다양성 파괴의 중지

목표 16 : 지속적 발전을 위한 평화적이고 포괄적인 사회의 촉진, 만인을 위한 사법체계, 모든 수준에서 효과적이고 포괄적이며 책임 있는 제도의 구축

목표 17 : 지속적 발전을 위한 국제적 동반자 관계의 활성화와 실행방법 강화

(계속)

한다면 이들 목표의 대부분을 달성할 수 있다고 지적하였다. 그러나 소수의 국가들만이 GDP의 0.7% 이상을 원조로 제공하고 있다. 기타 대부분의 국가들은 해외 원조를 2010년까지 GDP의 0.5%, 2015년까지는 0.7%로 인상하기로 약속했으나 지켜지지 않았다. (사실상 2017년에 전체 선진국 국가들은 GDP의 0.2%만을 해외원조로 제공했다.) 부분적으로는 이러한 이유 때문에 목표 1(극심한 빈곤과 기아로 고통받는 사람들을 절반으로 줄인다는 목표)과 목표 7(개선된 수질에 접근할 수 없는 사람들의 비율을 절반으로 줄인다는 목표)만이 2015년에 달성되었다. 이에 따라 2015년 9월 25일, UN 총회는 '세계 전환을 위한 결의안 : 지속가능한 발전을 위한 2030 어젠다'를 채택하였다. 이는 표 11.8에 나타난 바와 같이 2030년까지 달성해야 할 일련의 목표

이다. 이러한 목표를 달성하기 위해서는 빈곤 국가들이 개발 노력을 배가하고 부유한 국가들이 그들의 시장을 빈곤 국가의 수출품에 대하여 폭넓게 개방하고 해외원조를 상당부분 증가시키는 것이 필요하다.

출처 : World Bank, *Globalization, Growth and Poverty* (Washington, D.C.: World Bank, 2002); J. Sachs, *The End of Poverty* (New York: Penguin Press HP, 2005); United Nations, *The Millennium Development Goals Report 2015* (New York: U.N., 2015); United Nations, *Transforming Our World: The 2030 Agenda for Sustainable Development* (New York: U.N., 2015); D. Salvatore, "Growth, Poverty and Inequality in a Globalized World," in P. Pagnini ed. *Overland*, Paris, Vol. 1, No. 1, 2018; and *World Bank, World Development Indicators* (Washington, D.C.: World Bank, 2018).

요약

1. 개발도상국의 경제발전 수준과 속도는 주로 국내적 상황에 의존하지만 국제무역도 개발과정에 상당한 기여를 할 수 있다. 그러나 프레비시, 싱어, 뮈르달과 같은 경제학자들은 국제무역과 현재의 국제경제체제는 개발도상국을 희생해서 선진국들에게 이익을 주는 것으로 보고 있다.

2. 무역에 관한 진실로 동태적인 이론이 필요하지만 비교정태분석기법을 통해 전통적인 무역이론을 확장함으로써 생산요소 또는 기술, 기호의 변화까지도 분석할 수 있다. 수요와 공급상황의 악화로 인해 오늘날의 국제무역은 19세기의 신대륙에서만큼 성장의 엔진 역할을 기대할 수는 없다. 그러나 무역은 아직도 매우 중요한 긍정적 역할을 수행할 수 있다.

3. 상품 교역조건 또는 순물물교환 교역조건(N)은 시간이 경과함에 따라 수입가격에 대한 수출가격의 움직임을 측정한다. 소득 교역조건(I)은 한 나라의 수출에 근거한 수입능력을 측정한다. 단일요소 교역조건(S)은 수출에 체화된 국내 요소의 단위당 얻을 수 있는 수입의 양을 측정한다. 개발도상국의 경우에 I와 S는 N보다

중요하다. 그러나 대부분의 논의와 논쟁은 N의 관점에서 이루어졌다(왜냐하면 그것이 측정하기가 가장 용이하기 때문이다). N이 하락하더라도 I와 S는 증가할 수 있다. 프레비시와 싱어는 개발도상국의 경우에 N이 하락하는 경향이 있다고 주장했다. 왜냐하면 개발도상국에서 생산성 증가의 대부분은 농산물 수출가격의 하락으로 반영되기 때문이다. 실증적 연구에 따르면 개발도상국의 경우 N이 지난 세기에 걸쳐 하락한 것으로 보이지만 I는 수출량의 큰 증가로 인해 상당히 증가했다.

4. 장기 또는 지속적인 교역조건의 악화 이외에도 개발도상국은 선진국보다 수출품 가격과 소득이 단기에서 크게 변동하였는데, 이것은 그들의 수출품에 대한 가격 비탄력적이고, 불안정한 수요에 근거한다. 그러나 수출 불안정성의 절대적 수준은 아주 큰 것은 아니고, 대부분의 경우 개발에 방해가 된 것 같지 않다. 과거 개발도상국들은 수출가격과 수입을 안정화시키고 증대시킬 수 있는 국제상품협정을 요구했다. 이러한 것들로는 완충재고, 수출통제 또는 구매협정이 있다. 이 중

에서 극소수만이 현재 운영되고 있으며, 어떤 것도 특별히 효과적인 것 같진 않다. 상품협정을 체결하고 운영하는 데 사용된 자원들이 효율적으로 이용되었다고 보기 어렵다.

5. 1950년대, 1960년대, 1970년대 기간에 대부분의 개발도상국들은 수입대체정책을 통해 산업화를 시도해 왔다. 그 결과 비효율적인 산업, 과다한 자본집약도, 노동 흡수력의 약화, 농업의 무시, 보다 큰 국제수지 등의 문제가 발생했다. 1980년대 말 이후 많은 개발도상국들은 수출주도형 정책으로 이행했으며 농업에 더 관심을 갖게 되었다.

6. 오늘날 개발도상국이 직면하는 가장 심각한 문제들로는 (1) 사하라 이남 아프리카와 같은 많은 국가들에서 심각한 빈곤 상태, (2) 많은 최빈국들의 지속 불가능한 외채, 특히 사하라 이남 아프리카, (3) 개발도상국의 수출에 대한 선진국의 보호무역주의를 들 수 있다. 개발도상국들은 이러한 문제를 해결하기 위해서 UN과 산하 특별 기구인 유엔무역개발회의(UNCTAD)에서 신국제경제질서(NIEO)를 창설할 것을 요구했다. 세계화가 세계 빈곤의 원인은 아니지만 그렇다고 모든 국가에게 이익을 준 것은 아니었다. 2000년도에 세계은행은 새천년 개발목표(MDG)를 제안했는데, 이는 빈곤 개발도상국이 성장을 촉진하고, 빈곤을 감소시키며, 지속 가능한 발전을 도모할 수 있도록 부유한 국가들이 지원할 것을 제안한 것이다. 2015년까지 이들 목표 중 일부만이 달성되었을 뿐이다. 2015년 9월 25일, UN 총회는 세계 전환을 위한 결의안 : 지속가능한 발전을 위한 2030 어젠다를 채택하였다. 이는 표 11.8에 나타난 바와 같이 2030년까지 달성해야 될 일련의 목표이다.

주요용어

구매계약(purchase contracts)
국제상품협정(ational commodity agreements)
내생적 성장이론(endogenous growth theory)
단일요소 교역조건(single factoral terms of trade, S)
마케팅 위원회(marketing boards)
복수요소 교역조건(double factoral terms of trade, D)
상품(commodity)
성장의 엔진(engine of growth)
소득 교역조건(income terms of trade, I)
수입대체 공업화(Import-Substitution Industrialization, ISI)
수출 불안정성(export instability)
수출비관주의(export pessimism)
수출지향 공업화(export-oriented industrialization)

수출통제(export controls)
순물물교환 교역조건(net barter, terms of trade, N)
신국제경제질서(New International Economic Order, NIEO)
신정착지역(regions of recent settlement)
신흥공업경제(Newly Industrialized Economies, NIEs)
아시아 고도성장경제(High-Performance Asian Economies, HPAEs)
완충재고(buffer stocks)
외채(foreign debt)
유엔무역개발협의회(United Nations Conferences on Trade and Development, UNCTAD)
잉여분출(vent for surplus)

복습문제

1. 일부 경제학자들이 전통적 무역이론을 개발도상국과 그들의 개발과정에 적합하지 않다고 생각한 이유는? 이러한 비난에 어떻게 답변할 수 있는가?

2. 19세기의 신정착지역의 경우 국제무역은 어떻게 성장의 엔진이 되었는가?

3. 오늘날의 개발도상국에게 국제무역이 성장의 엔진이 될 수 없는 이유는 무엇인가? 오늘날에도 국제무역은 어떻게 개발을 지원하는 역할을 할 수 있는가?

4. 상품또는 순물물교환 교역조건이란 무엇인가? 소득 교역조건이란? 단일요소 교역조건이란 무엇인가? 복수요소 교역조건이란? 개발도상국에게 가장 중요한 교역조건은 어떤 것이며 그 이유는?

5. 프레비시, 싱어와 뮈르달이 개발도상국의 상품 교역조건이 시간의 경과에 따라 악화될 것이라고 생각한 이유는 무엇인가?

6. 프레비시와 싱어가 그들의 생각을 확인하기 위해 인용한 UN의 연구에 대해 어떤 비판을 할 수 있는가?

7. 지난 세기, 특히 제2차 세계대전 이후 기간에 개발도상국의 상품 교역조건과 소득 교역조건의 변동에 대해 이루어진 많은 실증적 연구로부터 어떤 결론을 내릴 수 있는가?

8. 수출 불안정성이란 무엇인가? 수출 불안정성의 원인과 이것이 경제발전에 미치는 효과는 무엇인가? 수출 불안정성의 원인과 경제발전에 미치는 효과에 대한 실증적 연구의 결과는 무엇인가?

9. 국제상품협정이란 무엇인가? 개발도상국들이 이를 추진한 이유는? 완충재고, 수출통제 및 구매계약이란 무엇인가? 각각의 예를 들어 보라.

10. 개발도상국들이 공업화를 추진한 이유는? 수입대체란 무엇인가? 수출지향적 정책이란 무엇인가? 개발도상국이 공업화를 하기 위한 방법으로 각각의 장점과 단점은?

11. 지난 수십 년간 수입대체의 경험은 어떠했는가? 이러한 경험 때문에 어떤 일이 발생했는가?

12. 오늘날 개발도상국들이 직면하고 있는 문제는 무엇인가? 그 원인은?

13. 세계의 어떤 지역에 최빈국들이 집중돼 있는가? 이들 국가가 빈곤한 이유는?

14. 개발도상국들은 그들이 직면하고 있는 문제를 어떻게 해결하려고 하는가? 가까운 장래에 이들 문제가 해결될 전망은?

15. 세계화로 인해 세계의 빈곤이 더 증가했는가 아니면 감소했는가? 세계의 빈곤을 감소시키기 위한 세계은행의 계획은 무엇인가?

연습문제

1. 국제무역으로 인해 개발이 저해되는 모든 경로를 열거하라.

2. 국제무역이 경제개발을 저해한다는 연습문제 1번에 대해 반박하라.

3. 비용이 증가하는 경우의 개발도상국의 가상적인 생산가능곡선을 그리라. 수평축은 1차 산품을 수직축은 제조업 제품을 측정하도록 하고 그림 위에 1차 산품의 기술진보가 그 국가의 생산곡선에 미치는 효과를 보여 주라.

4. 1차 산품의 기술진보가 개발도상국의 교역조건에 미치는 효과를 지적하라. 그 이유는?(힌트 : 제7장 참조)

5. 무역이 어떻게 잉여를 분출할 수 있는가를 그림으로 보이라.

6. 1980년 개발도상국의 수출가격, 수입가격, 수출량, 생산성 지수가 100인 경우에 다음의 경우에 2010년의 지수는 얼마인가?

   (a) 국가의 수출가격지수가 10% 상승하고 수입가격지수가 20% 상승하는 경우 상품 교역조건

(b) 수출물량지수가 2010년에 130으로 증가하는 경우 소득 교역조건

(c) 수출부문의 생산성이 2010년에 140까지 증가하는 경우 단일요소 교역조건

7. 연습문제 6번의 국가가 1980년도와 비교하여 2010년에 더 잘살게 되었는가? 아니면 더 못살게 되었는가? 그 이유는?

8. 성장 전보다 성장 후에 성장으로부터 발생하는 교역조건의 악화로 인해 개발도상국이 더 못살게 될 수 있는 것을 그래프를 이용하여 보이라.

9. 한 상품의 공급이 증가할 때 균형가격이 그 상품에 대한 수요곡선이 가격 비탄력적일수록 더 크게 하락한다는 것을 보여 주는 그림을 그리라.

10. 음(−)의 기울기를 갖는 수요곡선과 양(+)의 기울기를 갖는 공급곡선을 사용하여 생산자의 소득 변동이 공급에서의 이동보다 수요에서의 이동의 경우에 더 크다는 것을 보여 주는 2개의 그림을 그리라.

11. 그림을 사용하여 완충재고로 인해 어떻게 상품이 관리할 수 없을 만큼 축적되거나 재고가 바닥날 수 있는가를 보이라.

12. 개발도상국이 요구한 신국제경제질서가 왜 창설되지 않는가? 이것은 왜 더 이상 뜨거운 논쟁거리가 되지 못했는가?

13. 우루과이 라운드의 시행으로 인해 어떤 측면에서 개발도상국에 도움이 되었는가? 어떤 측면에서 그렇지 못했는가?

14. 지난 30년 동안 대부분의 개발도상국에서 궁핍화 성장이 일어났을 것 같지 않은 이유를 설명하라.

15. 부국들이 극빈 개발도상국의 모든 외채를 탕감해 주지 않는 이유를 설명하라.

부록

부록에서는 (1) 전통적인 방법과 구매력 평가를 기준으로 측정한 일부 선진국과 개도국에서의 소득불평등을 소개하고 (2) 세계은행의 2016년 1인당 국민총소득(GNI) 추정치로 분류한 소득대별 세계지도를 보여 준다.

A11.1 전통적인 척도와 구매력평가 척도에 의한 소득 불균등성

표 11-9는 전통적인 방법으로 측정했을 때(즉, 공식 환율을 이용하여 각국의 1인당 국민소득을 달러로 환산한 경우)와 각국에서 화폐의 구매력 차이를 고려하여 조정을 한 경우 2017년 각국의 1인당 소득을 보여 준다. 전통적인 방법으로 측정했을 때 미국의 1인당 소득은 중국보다 6.7배 더 높지만, 각국 화폐의 구매력 차이를 고려한 경우에는 3.6배밖에 높지 않다는 점에 주목하자. 또한 전통적 방법으로 측정했을 때 영국의 1인당 국민소득(40,503달러)은 표에 있는 국가들 중 네 번째이지만, 구매력평가(PPP)로 평가한 1인당 국민소득은 (프랑스와 일본의 뒤를 이어) 여섯 번째인데, 그 이유는 영국 물가가 일본과 프랑스보다 높기 때문이다. 어떤 측정방법을 이용하든 미국은 가장 높은 생활수준을 영위하고 있다. 마지막으로 전통적인 방법에 의하면 미국의 1인당 소득은 (세계 최빈국인) 부룬디보다 201배 높지만, PPP에 의하면 78배 높다. 그러나 큰 차이라는 점에 주목하자.

| 표 11-9 | 2017년 전통적인 방법과 구매력평가(PPP) 방법에 의한 1인당 소득 |

전통적인 방법(달러)		구매력평가 방법(달러)	
미국	58,270	미국	60,200
독일	43,490	독일	51,760
캐나다	42,870	캐나다	45,750
영국	40,530	일본	45,470
일본	38,550	프랑스	43,720
프랑스	37,970	영국	43,160
이탈리아	31,020	이탈리아	40,030
스페인	27,180	스페인	38,090
중국	8,690	멕시코	17,740
멕시코	8,610	중국	16,760
브라질	8,580	브라질	15,160
인도	1,820	인도	7,060
부룬디	290	부룬디	770

출처 : World Bank, *World Development Indicators*, Various Issues.

A11.2 세계의 소득대별 분포

그림 11-3은 세계은행이 추정한 2016년 국민총소득 추정치에 따라 분류한 세계의 소득지도이다.

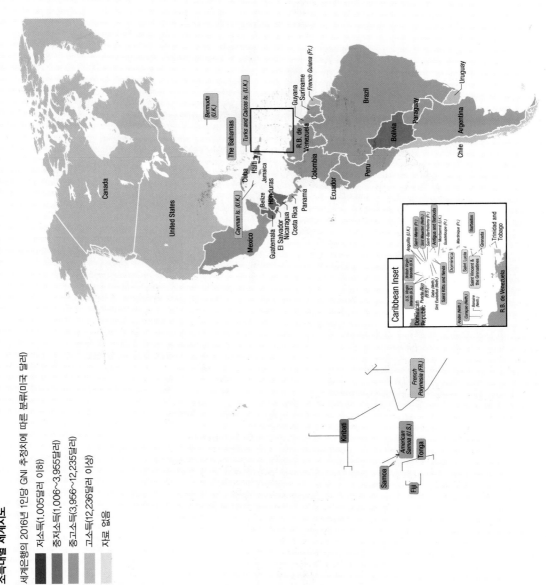

소득대별 세계지도

세계은행의 2016년 1인당 GNI 추정치에 따른 분류(미국 달러)

저소득(1,005달러 이하)
중저소득(1,006~3,955달러)
중고소득(3,956~12,235달러)
고소득(12,236달러 이상)
자료 없음

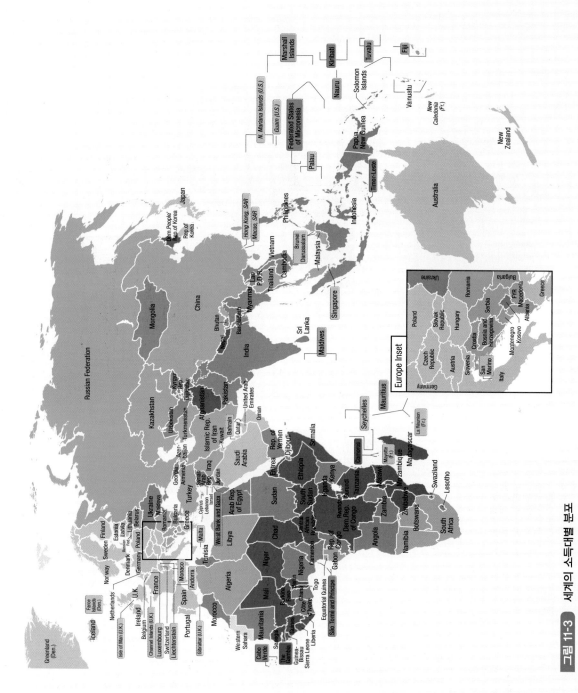

그림 11-3 세계의 소득별 분포

출처 : The World Bank, 2018. https://openknowledge.worldbank.org/handle/10986/29788. Licensed under CC-By-SA-3.0.

국제자원이동과 다국적기업

12.1 서론

지금까지는 상품무역만을 살펴보았으며 국제간 자원이동은 없는 것으로 가정하였다. 그러나 자본, 노동 및 기술은 국경을 넘어 이동한다. 어떤 의미에서는 국제무역과 생산자원의 이동은 상호 대체적인 것이라고 할 수 있다. 예를 들면 미국과 같이 상대적으로 자본이 풍부하고 노동이 희소한 국가는 자본집약적인 상품을 수출하거나 자본 자체를 수출할 수 있으며 또한 노동집약적인 상품을 수입하거나 노동이 풍부한 국가로부터의 이민을 받아들일 수도 있다. 국제무역의 경우와 마찬가지로, 특정 생산자원이 상대적으로 풍부해서 보수가 낮은 국가로부터 그 생산자원이 희소해서 보수가 높은 국가로 이동하는 경우에도 국가 간 생산요소의 가격이 균등화되며 일반적으로 후생은 증가한다.

그러나 국제무역과 생산자원의 국제적 이동은 관련국에 상이한 경제적 효과를 미친다. 이 장에서는 국제자본이동의 비용과 편익을 중점적으로 살펴본다. 또한 다국적기업은 비교적 새롭고 대단히 중요한 경제적 기업의 한 유형으로 자본, 노동 및 기술의 국제적 이동 통로로 중요한 수단이기 때문에 다국적기업도 상세하게 살펴볼 것이다.

해외투자는 포트폴리오 투자(portfolio investments)와 직접투자라는 두 가지 유형의 투자로 구분될 수 있다. 포트폴리오 투자는 한 국가의 통화로 표시된 채권과 같은 순수 금융자산에 대한 투자이다. 채권의 경우 투자자는 고정된 수익이나 정기적인 간격으로 수익을 얻기 위해 자본을 대여하고 약정된 날짜에 채권의 액면가치를 상환받는다. 제1차 세계대전 이전의 해외투자는 대부분 이러한 유형이었으며 철도건설이나 새로운 토지, 원자재의 구입을 목적으로 주로 영국으로부터 '신정착지'로 유입되었다. 미국 정부는 포트폴리오 투자를 어떤 주식회사의 의결권이 있는 주식을 10% 이하 구입하는 것으로 정의한다(10% 이상의 경우는 직접투자로 간주). 주식의 경우 투자자는 주주권이나 기업의 가치에 대한 청구권을 구입한다. 포트폴리오 투자나 금융투자는 은행이나 투자기금과 같은 금융기관을 통해 주로 이루어진다. 국제 포트폴리오 투자는 제1차 세계대전 이후 붕괴되었다가 1960년대 이후에야 재개되었다.

한편 직접투자(direct investments)는 공장, 자본재, 토지 및 재고품에 대한 실물적 투자로 자본과 아울러 경영도 수반되는데, 투자자는 투자자본에 대한 통제권을 보유한다. 직접투자는 보통 자회사를 설립하거나(예 : 주식의 대부분을 구입함으로써) 다른 기업에 대한 통제권을 갖는 형태로 이루어진다. 그러나 미국 정부는 특정 기업의 10% 이상의 주식을 구입하는 것을 직접투자로 간주한다. 국제적인 맥락에서 볼 때 직접투자는 제조업, 자원추출 또는 서비스 업종에 종사하는 다국적기업에 의해 주로 이루어지며, 민간자본의 국제적 이동 경로와 형태로 포트폴리오 투자만큼 중요하다.

12.2절에서는 국제자본이동에 관한 자료를 소개하고 12.3절에서는 해외직접투자 및 포트폴리오 투자의 동기를 살펴본다. 12.4절에서는 국제자본이동이 투자국과 유치국에 미치는 후생효과를 분석하고 12.5절에서는 다국적기업이 존재하는 이유와 다국적기업으로 인한 문제점을 살펴본다. 마지막으로 12.6절에서는 일반적으로 노동이 국제적으로 (특히 숙련노동이) 이동하는 이유와 이로 인한 후생효과를 논의한다. 부록에서는 국제자본이동과 관련된 소위 이전문제를 살펴본다.

12.2 국제자본이동에 관한 자료

이제 1980년부터 2017년까지 미국의 해외자본투자와 외국의 대미자본투자의 규모와 구성요소를 살펴보기로 하자.

표 12-1은 미국 민간부문의 해외장기증권(주식과 채권) 보유액과 해외 민간부문의 미국에 대한 장

표 12-1 미국의 장기 해외민간투자(1980~2017)　(단위 : 10억 달러, 취득원가 · 경상비용 · 시장가치 기준, 연말)

연도	1980	1985	1990	1995	2000	2005	2010	2015	2017
미국의 해외자산									
외국증권	78.0	138.7	425.5	1,278.7	2,556.2	4,629.0	7,160.4	9,570.2	13,000.0
직접투자									
취득원가	215.4	230.3	421.5	711.6	1,316.2	2,241.7	3,741.9	5,289.1	6,013.3
경상비용	388.1	371.0	616.7	885.5	1,550.9	2,827.4	4,387.8	5,933.9	6,706.3
시장가치	297.3	475.7	853.3	1,493.6	2,934.6	4,047.2	5,486.4	7,057.1	8,910.0
외국의 미국자산									
미국증권	242.6	473.7	946.8	1,901.0	4,008.5	7,337.8	12,000.0	17,000.0	19,000.0
직접투자									
취득원가	83.0	184.6	403.7	560.1	1,256.9	1,634.1	2,280.0	3,354.9	4,025.6
경상비용	127.1	247.2	505.3	680.1	1,459.1	2,007.2	2,791.4	3,935.3	4,670.2
시장가치	99.9	309.3	661.2	1,135.5	3,023.8	3,227.1	4,099.1	6,729.2	8,925.5

출처 : U.S. Department of Commerce, *Survey of Current Business*(Washington, D.C.: U.S. Government Printing Office, Various Issues).

기증권보유액이 1980년부터 2017년까지 급격히 증가했으며, 2017년 말 미국 내 해외보유자산이 미국의 대외자산보유액보다 약간 더 많았음을 보여 준다. 또한 표 12-1은 각 연도 말 미국의 해외직접투자와 외국의 미국에 대한 **직접투자** 액수를 보여 주고 있다. 해외직접투자는 취득원가, 경상비용 또는 대체비용 및 (주식시장 가격을 이용하여) 시장가치로 평가된다. 미국의 해외직접투자는 대부분 1960년대와 1970년대에 발생한 반면, 외국의 대미직접투자는 대부분 1980년대 이후에 발생했기 때문에 미국의 해외직접투자는 그동안의 인플레이션 누적 효과를 조정할 필요가 있으므로 취득원가를 경상비용과 시장가치로 보완할 필요가 있다. 또한 표 12-1은 미국의 해외직접투자와 외국의 대미직접투자의 저량이 1980년부터 2017년까지 급속히 증가했으며 시장가치로 평가했을 때의 액수가 경상가치로 평가했을 때보다 크다는 점을 보여 준다.

표 12-2는 1980년부터 2017년까지 미국의 유럽에 대한 직접투자가 캐나다 및 라틴아메리카에 대한 직접투자보다 훨씬 빠른 속도로 증가했음을 보여 준다. 그 이유는 유럽연합이 급속히 성장했으며, 유럽연합이 유럽연합 외부의 국가들에게 부과하는 공동관세를 미국이 피하려 했기 때문이다. (11.6B절에서 논의한) 라틴아메리카 국가들의 국제채무 문제로 인해 1985년 미국의 라틴아메리카 국가에 대한 직접투자는 1980년보다 실제로 적었다는 점에 주목하자. 또한 일본에서의 경기침체로 인해 1990년대 미국의 일본에 대한 직접투자는 여타 지역에 대한 직접투자의 증가율보다 낮았다는 점 역시 주목하자.

표 12-3은 미국의 해외직접투자와 외국의 대미직접투자를, 제조업, (예금은행과 보험을 포함한) 금융업 및 (대부분 금융 서비스 이외의 기타 서비스인) 기타 부문으로 구분하여 보여 준다. 금융업에 관한 자료는 1985년 이후부터 이용 가능하다. 이 표를 통해 1985년 이후 금융업 및 기타 부문에 대한 해외직접투자는 제조업에 대한 직접투자보다 훨씬 빠른 속도로 증가했음을 알 수 있다. 사례연구 12-1은 1980년부터 2017년까지 미국으로의 해외직접투자의 연간 추이를 보여 준다.

표 12-2	미국의 지역별 해외직접투자(1980~2017)					(단위 : 10억 달러, 취득원가 기준, 연말)	
연도	총계	캐나다	유럽	라틴아메리카	아시아 · 태평양	일본	기타
1980	215.6	45.0	96.5	38.9	25.3	6.2	9.9
1985	230.3	46.9	105.2	28.3	35.3	9.2	14.6
1990	421.5	68.4	204.2	72.5	63.6	21.0	12.8
1995	711.6	81.4	363.5	122.8	126.0	39.2	17.9
2000	1,316.2	132.5	687.3	266.6	207.1	57.1	22.7
2005	2,241.7	233.5	1,110.0	365.9	380.5	79.3	45.6
2010	3,741.9	295.2	2,034.3	752.8	570.1	113.5	89.5
2015	5,289.1	362.0	3,075.6	902.6	847.1	106.9	101.8
2017	6,013.3	391.3	3,553.4	1,008.1	941.2	129.2	99.3

출처 : U.S. Department of Commerce, *Survey of Current Business* (Washington, D.C.: U.S. Government Printing Office, Various Issues).

표 12-3 미국의 장기 해외민간투자(1980~2017) (단위 : 10억 달러, 취득원가 기준, 연말)

연도	1980	1985	1990	1995	2000	2005	2010	2015	2017
미국의 해외투자									
제조업	89.3	94.7	168.0	250.3	343.9	449.2	585.8	693.8	870.1
금융[a]	–	22.5	109.4	228.7	257.2	518.5	803.0	719.6	826.4
기타	126.1	113.1	144.1	232.6	715.1	1,274.0	2,353.1	3,875.7	4,316.8
총계	215.4	230.3	421.5	711.6	1,316.2	2,241.7	3,741.9	5,289.1	6,013.3
미국에 대한 외국인투자									
제조업	33.0	59.6	152.8	214.5	480.6	513.6	748.3	1,359.8	1,607.2
금융	–	35.5	70.4	115.6	217.0	346.5	356.8	444.0	530.0
기타	50.0	89.2	180.5	230.0	559.3	774.0	1,174.9	1,551.1	1,879.3
총계	83.0	184.6	403.7	560.1	1,256.9	1,634.1	2,280.0	3,354.9	4,025.5

[a] 보험기관은 포함되지만 예금기관(은행)은 제외함.

출처 : U.S. Department of Commerce, *Survey of Current Business* (Washington, D.C. : U.S. Government Printing Office, Various Issues).

12.3 국제간 자본이동의 동기

이 절에서는 포트폴리오 투자와 해외직접투자의 동기를 살펴본다. 이 두 가지 유형의 해외투자의 동기는 기본적으로는 동일하지만, 해외직접투자의 경우 국제 포트폴리오 투자를 설명하는 기본 모형으로는 해결할 수 없는 점을 추가적으로 설명해야 한다.

12.3A 국제 포트폴리오 투자의 동기

국제 포트폴리오 투자의 기본 동기는 해외에서 더 높은 수익을 얻는 것이다. 따라서 한 국가의 거주자는 해외 채권에 대한 수익률이 더 높으면 해외 채권을 매입한다. 이는 수익률을 극대화하기 위한 단순한 결과이며 그 결과 수익률은 국제적으로 균등화된다(2국이 존재하는). 기본적인 헥셔-오린 모형에 의하면 자본에 대한 수익률은 원래 자본-노동 비율이 낮은 국가에서 더 높다. 한 국가의 거주자는 외국기업의 수익성이 국내기업의 수익성보다 장차 높을 것으로 예상하면 외국기업의 주식을 매입한다(논의를 단순화하기 위해 외국 증권을 보유하는 데 드는 거래비용이나 기타의 비용은 무시하기로 하자).

국제 포트폴리오 투자가 해외에서 더 높은 수익을 얻기 위해서 발생한다는 설명은 분명히 옳은 설명이다. 문제는 이러한 설명방법으로는 한 가지 중요한 점(현실세계에서 **관찰되는** 양방향의 자본이동)을 설명할 수 없다는 점이다. 즉, 한 국가에서 증권에 대한 수익률이 다른 국가보다 낮다면 수익률이 낮은 국가에서 수익률이 높은 국가로 자본이 이동하는 현상을 설명할 수 있지만, 현실세계에서 종종 관찰할 수 있는 바와 같이 반대방향으로도 동시에 자본이 이동하는 현상은 설명할 수 없다(표 12-1, 12-3 참조).

양방향의 자본이동을 설명하기 위해서는 위험이라는 요인을 고려해야 한다. 즉, 투자자들은 특정 투자와 관련된 수익률뿐만 아니라 위험도 고려한다. 채권을 보유할 때의 위험은 도산과 채권가격의

사례연구 12-1 미국에 대한 해외직접투자의 변동 흐름

표 12-4는 미국에 대한 해외직접투자의 수준이 1980년 90억 달러임을 보여 준다. 미국에 대한 해외직접투자는 (경기가 후퇴한 해인) 1983년에 87억 달러로 감소했다가 1990년에는 562억 달러로 증가했다. 그 후에 (1990~1991년의 경기후퇴 직후인) 1993년에는 297억 달러로 감소했다가 2000년도에는 사상 최대인 2,596억 달러로 증가했다. 그 후 (2001년도의 경기후퇴 이후 성장이 둔화되었던) 2002~2005년에는 낮았다가 2008년에는 2,557억 달러로 증가했지만 2009년에는 경기후퇴로 인하여 1,268억 달러로 감소하였고, 2014년에는 저성장으로 인하여 516억 달러로 하락하였다. 그러나 2015~2017년에는 고도성장으로 인하여 대단히 높았다. 따라서 미국에 대한 해외직접투자는 고성장기에는 증가하고 저성장기에는 감소하는 것으로 보인다.

1980년대 후반에 많은 미국 사람들은 외국인들, 특히 일본인들이 미국을 모두 사버릴 것이라고 걱정하였다. 미국에서의 저성장과 경기후퇴로 인하여 미국에 대한 해외직접투자의 매력이 없어졌기 때문에 이러한 우려는 1990년대 초반 수그러들었다. 그러나 1990년대 후반 고도성장이 재개됨에 따라 미국에 대한 해외직접투자는 1980년대 후반보다 훨씬 높은 수준으로 폭증했으나, 이번에는 미국이 1980년대와 비교해 볼 때 국제경쟁력을 갖추었기 때문에(사례연구 6-8 참조) 해외직접투자의 폭증은 우려의 대상이 아니었고 실제로 미국경제의 고도성장에 기여하는 것으로 환영받았다. 그러나 최근 들어 중국 기업이 미국의 첨단기술 기업을 인수함에 따라 미국의 국제경쟁력을 잠식하고 국가안보를 위협할 것이라는 우려가 일어나고 있다.

표 12-4 미국에 대한 해외직접투자의 흐름(1980~2017)

(단위 : 10억 달러)

연도	해외직접투자	연도	해외직접투자	연도	해외직접투자
1980	9.0	1993	29.7	2006	115.0
1981	14.8	1994	37.2	2007	142.3
1982	9.7	1995	47.9	2008	255.7
1983	8.7	1996	63.7	2009	126.8
1984	15.0	1997	59.5	2010	140.5
1985	15.2	1998	147.1	2011	106.5
1986	25.1	1999	221.6	2012	119.8
1987	34.3	2000	259.6	2013	124.1
1988	45.0	2001	140.9	2014	51.6
1989	51.8	2002	105.3	2015	340.9
1990	56.2	2003	93.4	2016	296.0
1991	45.8	2004	92.9	2017	200.5
1992	31.6	2005	70.7		

출처 : U.S. Department of Commerce, *Survey of Current Business*(Washington, D.C.: U.S. Government Printing Office, Various Issues).

변동성으로 구성된다. 주식을 보유할 때의 위험은 도산, 주식가격의 더 큰 변동성 및 기대 이하의 수익률을 얻을 가능성으로 구성된다. 따라서 투자자들은 일정한 위험수준에서 수익률을 극대화하며, 일반적으로 수익률이 더 높을 경우에만 더 큰 위험을 감수한다.

예를 들어 주식의 경우에 평균수익률을 중심으로 한 변동성(분산)으로 위험을 평가한다고 하자. 주식 A와 주식 B의 평균수익률은 30%이지만, 주식 A는 수익률이 20%이거나 40%가 될 확률이 각각 1/2인 반면 주식 B는 수익률이 10%이거나 50%일 확률이 각각 1/2이라고 하자. 이때 주식 B가 주식 A보다 위험하다는 점은 분명하다. 두 가지 주식의 평균수익률은 동일하므로 투자자들은 위험을 극소화하기 위하여 주식 A를 보유해야 한다.

그러나 주식 B의 수익률이 상승할 때 주식 A의 수익률은 하락하고 또한 그 반대의 경우도 성립한다면(즉, 시간이 지남에 따라 두 가지 주식의 수익률이 음의 상관관계를 가지고 있는 경우), 투자자들이 두 가지 주식을 모두 보유함으로써 여전히 평균 30%의 수익률을 얻을 수 있지만 위험은 훨씬 작아진다. 즉, 특정 시점에서 주식 A를 보유함으로써 평균 이하의 수익을 얻을 수 있는 가능성은 주식 B를 보유함으로써 평균 이상의 수익을 얻을 수 있는 가능성으로 어느 정도 상쇄된다. 결과적으로 주식 A와 주식 B를 모두 포함하는 포트폴리오의 위험은 상당히 감소한다.

따라서 포트폴리오 이론(portfolio theory)에 의하면 시간이 지남에 따라 수익률이 반대방향으로 변화하는 증권에 투자함으로써 포트폴리오 전반적으로는 더 낮은 위험으로 일정한 수익률을 얻거나 위험이 일정할 때 더 높은 수익률을 얻을 수 있다. 해외 증권에 대한 수익률은 (해외경제 여건이 상이한 정도에 따라) 국내 증권에 대한 수익률과 역의 관계에 있을 가능성이 크기 때문에, 국내 증권과 해외 증권을 모두 포함하는 포트폴리오는 국내 증권만을 포함하는 포트폴리오보다 더 높은 수익률을 얻거나(또는 얻고) 위험은 더 작아진다.

이처럼 균형 있는 포트폴리오를 구성하기 위해서는 양방향의 자본이동이 필요하다. 예를 들면 (주식 B보다 위험은 작지만 평균수익률은 동일한) 주식 A를 1국에서 매입할 수 있고, (주식 A의 수익률과는 음의 상관관계에 있는) 주식 B를 다른 2국에서 매입할 수 있다면 균형 있는 포트폴리오를 구성하기 위해 1국의 투자자는 주식 B를 매입하고(즉, 2국에 투자하고) 2국의 투자자는 주식 A를 매입해야(즉, 1국에 투자해야) 한다. 따라서 위험분산화(risk diversification)를 통해 양방향의 국제적 포트폴리오 투자를 설명할 수 있다.

앞에서는 투자자들이 주식에 대한 평균수익률과 그 변동성을 알고 있는 것으로 암묵적으로 가정하였다. 그러나 실제로 이러한 것들을 거의 알 수 없다. 따라서 투자자들은 어떤 주식을 매입할 것인지를 결정할 때 (시장에 대한 지식이나 직관 등을 통해) 평균수익률과 변동성이 어떻게 될 것인가를 스스로 생각해야 한다. 동일한 주식에 대해서도 개인마다 다른 기대를 가질 수 있기 때문에 각 국가의 투자가들이 좋다고 생각하는 주식은 다를 수 있다. 이를 통해 양방향의 국제 포트폴리오 투자가 발생하는 이유를 좀 더 정확하게 설명할 수 있다.

12.3B 해외직접투자의 동기

해외직접투자의 동기는 일반적으로 포트폴리오 투자의 동기와 마찬가지로 (해외에서 성장률이 더 높거나 세금을 우대하거나 인프라를 더 잘 활용할 수 있기 때문에) 더 높은 수익을 얻고 위험을 분산하기 위한 것이다. 실제로 수출이나 해외의 생산 및 판매설비를 통해서 국제 지향적 기업들은 순수 국내 기업에 비해 수익성은 더 높고 이윤의 변동 가능성은 훨씬 작다는 점이 밝혀진 바 있다.

이러한 이유를 통해 국제 포트폴리오 투자를 충분히 설명할 수는 있지만 해외직접투자와 관련된 한 가지 기본적 문제는 설명할 수 없다. 즉, 해외직접투자를 받아들이는 대신 한 국가의 거주자가 해외로부터 차입하여 자국 국내에 **직접**투자하지 않는 이유를 설명할 수 없다. 한 국가의 거주자는 국내 여건에 보다 익숙하기 때문에 외국의 투자자들보다 경쟁우위를 가질 수도 있을 것이다. 이러한 문제는 몇 가지 방법으로 설명할 수 있다. 이를 설명하는 데 가장 중요한 것으로는 많은 대기업들이 (보통 독점적, 과점적 시장에서) 일부 고유한 생산기술과 경영능력을 가지고 있어 해외에서 쉽고도 유익하게 활용할 수 있으며 이러한 기술들을 직접 통제하기를 원하는 경우를 들 수 있다. 이러한 상황에서 기업들은 해외직접투자를 하며, 이때 국내에서 생산되는 차별화된 상품의 해외생산 또는 **수평적 통합**(horizontal integration)이 발생한다.

예를 들면 IBM이 직접 통제를 하고 싶은 특정한 컴퓨터 기술을 보유하고 있는 경우, 해외시장에 직접 수출하는 것보다는 해외에서 (현지 상황에 적응함으로써) 이 기술을 쉽게 복제함으로써 현지 시장에 자사제품을 더 효율적으로 공급할 수도 있다. IBM은 무역비밀이나 특허에 관한 통제를 철저히 하고 일관된 질과 서비스를 보장하기 위하여 해외생산자에게 라이선스 계약을 체결하지 않을 수도 있다. IBM이 외국의 생산자와 라이선스 계약을 체결한다고 하더라도, 이 분야에서 일어나고 있는 매우 빠른 기술혁신의 속도에 비추어 볼 때 가능하지 않을 수도 있다. 이러한 상황은 근본적으로 제너럴 일렉트릭, 토요타 및 기타의 많은 다국적기업의 경우에도 마찬가지이며, 이것이 바로 제조업 분야에서 선진국에 대한 해외직접투자가 발생하는 동기이다.

해외직접투자가 발생하는 다른 이유로는 필요 원자재에 대한 통제권을 획득함으로써 가능한 한 낮은 비용으로 지속적인 공급을 보장하기 위한 것이다. 이를 **수직적 통합**(vertical integration)이라 하며, 개발도상국이나 광물이 풍부한 일부 선진국에 대한 대부분의 해외직접투자는 이러한 유형이다. 따라서 미국기업과 외국기업은 캐나다, 자메이카, 베네수엘라, 오스트레일리아 및 다른 국가들의 광산을 소유하며, 외국인들은 미국 내 일부 석탄 광산을 소유한다. 다국적기업과 관련된 수직적 통합은 세계의 주요 자동차 생산업자들이 그러하듯이 판매망이나 유통망을 소유함으로써 **전방으로** 통합할 수도 있다.

해외직접투자가 발생하는 또 다른 이유로는 각국이 수입품에 부과하는 관세나 기타의 규제를 피하거나 해외직접투자를 유치하기 위한 각국 정부의 보조금 때문이다. 전자의 예로는 미국기업의 유럽연합 국가에 대한 대규모 직접투자와 제조업 부문에서 개발도상국에 대한 직접투자를 들 수 있다. 후자의 예로는 개발도상국 및 선진국의 침체지역에 대한 해외직접투자를 들 수 있다. 해외직접투자가 발생하는 기타의 이유로는 외국의 과점시장에 진입해서 이윤을 공유하고, 유망한 외국기업을 매입함으로써 미래의 경쟁을 피하고 수출시장의 상실에 대비하거나, 대형 다국적기업만이 시장에 진입하기 위한 자금을 조달할 수 있기 때문이라는 점을 들 수 있다.

따라서 양방향의 해외직접투자는 (미국에서의 컴퓨터산업과 같이) 일부 산업이 특정 국가에서 발전한 반면, (일본의 자동차산업과 같이) 다른 국가에서는 다른 산업이 보다 효율적이기 때문인 것으로 설명될 수 있다. 제2차 세계대전 이후에 (항공운수와 같은) 수송수단 및 (국제 전화선 및 국제 간 자료의 전송 및 가공과 같은) 통신수단의 비약적 발전으로 인해 해외직접투자는 (가능해졌고) 촉진되었다. 이러한 발전으로 인해 다국적기업의 본사는 세계적으로 퍼져 있는 자회사의 운영에 관해 즉각적이고도 직접적인 통제를 할 수 있게 되었고, 그 결과 해외직접투자가 촉진되었다.

범세계적인 해외직접투자의 분포 역시 지리적 근접성이나 기존의 무역관계에 영향을 받는 것으로 보인다. 예를 들면 미국은 라틴아메리카, 방글라데시, 파키스탄, 필리핀 및 사우디아라비아에 대한 해외직접투자의 주요 공급원이며, 유럽연합으로부터의 해외직접투자는 주로 아프리카의 가나와 모로코, 라틴아메리카의 브라질, 아시아의 인도, 스리랑카, 베트남, 동부유럽의 과거 공산권 국가에 주로 이루어지며, 일본은 대한민국, 싱가포르, 타이완, 타이에 대한 해외직접투자의 주요 공급원이다. 사례연구 12-2는 몇몇 국가 및 연도에 대해 각 지역의 해외직접투자의 유출액 및 유입액을 보여 준다.

12.4 국제자본이동의 후생효과

이 절에서는 국제자본이동이 투자국과 유치국에 대해 미치는 후생효과를 살펴본다. 이러한 효과 중 일부는 도표를 통해 살펴볼 수 있는 데, 먼저 이를 도표로 살펴보고 후에 도표상에는 나타나지 않는 효과를 살펴보기로 하자. 자본이동의 효과만을 분리하여 살펴볼 수 있도록 상품무역은 없는 것으로 가정한다.

12.4A 투자국과 투자유치국에 미치는 효과

그림 12-1에서 (1국과 2국의) 두 국가로 구성된 세계를 가정하고 세계 전체 총자본의 양은 OO'이라고 하자. 세계의 총자본저량 중에서 1국은 OA를 2국은 $O'A$를 가지고 있다고 하자. $VMPK_1$과 $VMPK_2$ 곡선은 각각 여러 투자수준에 대한 1국과 2국의 자본의 한계생산물 가치를 보여 준다. 경쟁적 시장에서 자본에 대한 한계생산물 가치는 자본에 대한 수익 또는 보수와 같다.

자본이동이 없는 경우에 1국은 총자본저량 OA를 국내에 투자하여 수익률은 OC가 된다. 따라서 (한계생산물곡선 아래에 있는 면적으로 측정할 수 있는) 국내총생산(국민소득)은 $OFGA$가 되는데, 이 중에서 $OCGA$는 1국의 자본소유자에게 귀속되며 나머지 CFG는 노동과 자본과 같은 기타의 협동 생산요소에 귀속된다. 마찬가지로 자본이동이 없는 경우 2국은 총자본저량 $O'A$를 국내에 투자하여 수익률은 $O'H$가 된다. 2국의 국내총생산(국민소득)은 $O'JMA$이며 이 중 $O'HMA$는 2국의 자본소유자에게 귀속되고 나머지 HJM은 기타의 협동 생산요소에 귀속된다.

이제 자본이 국제적으로 자유롭게 이동한다고 가정하자. 2국의 자본수익률($O'H$)이 1국의 자본수익률(OC)보다 높기 때문에 AB만큼의 자본이 1국으로부터 2국으로 이동하며 양국에서 자본수익률은 $BE(=ON=O'T)$에서 균등화된다. 이때 1국의 **국내총생산**은 $OFEB$가 되고, 여기에 해외투자로 인한 총소득 $ABER$을 더하면 1국의 **국민소득**은 $OFERA$가 된다(따라서 자본이동 전에 비해 국민소득은 ERG만큼 증가한다). 자본이동이 자유로워진 결과 1국의 자본에 대한 총소득은 $ONRA$로 증가하는 반면, 기타 생산요소의 소득은 NFE로 감소한다.

2국으로 AB의 해외자본이 유입된 결과 자본수익률은 $O'H$에서 $O'T$로 하락한다. 2국의 국내총생산은 $O'JMA$에서 $O'JEB$로 증가한다. 국내총생산의 증가분 $ABEM$ 중에서 $ABER$은 외국의 투자가에게 귀속되므로 2국으로 귀속되는 총생산의 순증가분은 ERM이 된다. 2국에서 자본소유자에 대한 총소득은 $O'HMA$에서 $O'TRA$로 감소하며 기타 협동요소에 대한 총소득은 HJM에서 TJE로 증가한다.

(2국가를 합한) 세계 전체의 관점에서 볼 때, 총생산은 $OFGA + O'JMA$에서 $OFEB + O'JEB$로 증가했으며, (그림의 색칠해진 부분인) $ERG + ERM = EGM$만큼 순증가했다. 따라서 국제자본이동의 결과

사례연구 12-2 세계 각국의 해외직접투자의 저량

표 12-5는 2000년, 2010년 및 2017년도에 몇몇 국가와 지역에 해외직접투자의 유출액과 유입액의 저량을 보여 준다. 이 표를 통해 2017년도에 미국의 해외직접투자(FDI) 유입액과 유출액이 가장 컸음을 알 수 있다. FDI 유입액에서는 미국이 선두이고, 영국, 캐나다, 스위스, 네덜란드, 독일, 프랑스, 스페인, 이탈리아, 일본의 순이다. FDI 유출액에서는 미국이 선두이고 그다음 독일, 네덜란드, 영국, 일

본, 캐나다, 프랑스, 스위스, 스페인, 이탈리아의 순이다.

2017년도에 개발도상국의 FDI 유입액은 선진국의 51%였으며, FDI 유출액은 선진국의 29%였다. 개발도상국의 FDI 유입액 중 70%가 아시아 지역으로(이 중 홍콩의 비중이 가장 높음) 21%가 라틴아메리카 지역으로의 유입이었다. 이행경제와 아프리카 국가의 FDI 유입액은 상대적으로 적었다(표 12-5 참조).

표 12-5 지역별, 주요 국가별 해외직접투자의 저량(2000, 2010, 2017년)

(단위 : 10억 달러, 경상비용 기준, 연말)

	유입			유출		
	2000	2010	2017	2000	2010	2017
선진국	5,782	13,480	20,331	6,699	15,555	23,498
미국[a]	2,783	3,422	7,807	2,694	4,810	7,799
영국	439	1,068	1,564	940	1,686	1,532
캐나다	325	984	1,084	442	998	1,487
스위스	102	648	1,060	232	1,043	1,272
네덜란드	244	588	975	305	968	1,605
독일	471	956	931	484	1,365	1,607
프랑스	184	631	874	366	1,173	1,451
스페인	156	628	644	129	653	597
이탈리아	123	328	413	170	491	533
일본	50	215	207	278	831	1,520
개발도상국	1,546	6,123	10,353	691	3,060	6,898
아시아	1,053	3,881	7,263	597	2,466	5,707
홍콩	435	1,066	1,969	379	944	1,804
중국	193	588	1,491	28	317	1,482
싱가포르	111	633	1,285	57	466	841
라틴아메리카	339	1,629	2,194	54	457	813
브라질	---	682	778	--	191	359
멕시코	122	390	489	8	117	180
이행경제	52	676	840	20	367	442
러시아	30	464	447	19	336	382
아프리카	153	598	867	40	134	366
남아프리카공화국	44	180	150	27	83	270
세계	7,380	20,279	31,524	7,410	20,982	30,838

[a] 자료 수집 방법의 차이로 인해 미국의 수치는 표 12-1과 12-3의 숫자와 약간 차이가 있음.

출처 : UNCTAD, *World Investment Report* 2018(Geneva: United Nations, 2018).

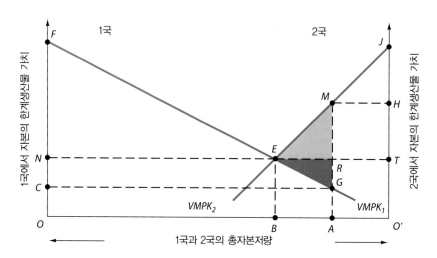

그림 12-1 국제자본이동의 산출량 및 후생효과

총자본 스톡 *OO'* 중에서 1국은 *OA*를 보유하고 총산출량은 *OFGA*이며, 2국은 *O'A*를 보유하며 총산출량은 *O'JMA*이다. 1국에서 2국으로 *AB* 만큼 자본이 이동하면 자본의 수익률은 양국에서 *BE*로 균등화된다. 세계 총산출량은 *EGM*만큼 증가하는데, 그중 *EGR*은 1국에 귀속되고, 나머지 *ERM*은 2국에 귀속된다. 2국의 국내 총산출량의 증가분 *ABEM* 중에서 *ABER*은 외국투자자에게 귀속되고 남은 *ERM*은 2국의 순이익이 된다.

국제적 자원배분의 효율성이 제고되며 세계 총생산과 후생이 증가한다. *VMPK*₁ 곡선과 *VMPK*₂ 곡선의 기울기가 클수록 국제자본이동으로 인한 총이익은 더 커진다는 점을 주목하자.

12.4B 투자국과 유치국에 대해 미치는 기타의 효과

노동과 자본이라는 두 가지 생산요소가 자본이동이 있기 이전이나 이후에도 모두 완전고용된다고 가정하면, 그림 12-1을 통해서 투자국에서 자본의 평균수익과 총수익은 증가하지만 노동의 평균수익과 총수익은 감소한다는 사실을 알 수 있다. 따라서 해외투자를 통해서 투자국 전체로는 이익을 얻지만, 국내소득은 노동자로부터 자본가에게로 재분배된다. 이러한 이유로 미국의 노동조합은 미국의 해외투자를 반대한다. 마찬가지로 투자유치국 역시 해외투자를 유치함으로써 이익을 얻지만, 그 결과 국내소득이 자본가로부터 노동자에게로 재분배된다. 완전고용이 이루어지지 않는 경우를 가정하면, 해외투자의 결과 투자국의 고용은 감소하는 반면 유치국의 고용수준은 증가한다. 따라서 투자국의 노동조합은 해외투자를 반대하며 유치국의 노동자들은 이익을 얻을 것이다.

국제자본이동은 투자국과 유치국의 국제수지에도 영향을 미친다. 한 국가의 국제수지는 여타국에 대한 총지출과 총수입을 측정하는 것이다. 해외투자가 발생하는 해에 투자국의 총지출은 증가하여 국제수지는 적자(해외로부터의 수입보다 해외에 대한 지출이 더 많음)가 된다. 이러한 요인으로 인해 1960년대 미국의 국제수지는 대폭의 적자를 기록하였으며, 1965년부터 1974년까지 미국의 해외투자는 규제되었다. 물론 투자국의 국제수지가 악화되는 이면에는 유치국이 해외투자를 유치하는 해에 유치국의 국제수지가 개선되는 반대 측면이 있다.

투자국이 처음 자본이전을 하여 해외지출이 증가함에 따라 국제수지가 악화되는 현상은 투자국의 자본재, 부품 및 기타 생산물 수출이 증가하고 자본이전에 따르는 이윤이 투자국으로 유입됨에 따라 어느 정도 완화되기는 한다. 초기의 자본이전에 따른 투자금액의 '회수기간'은 평균적으로 5년에서 10년인 것으로 추정된다. 장기적으로 고려해야 할 또 다른 효과는 해외투자로 인해서 투자국의 수출이 대체되거나 아니면 과거에 수출하던 상품을 수입하게 되는지의 여부이다. 따라서 해외투자가 투자국의 국제수지에 미치는 즉각적인 효과는 부정적이고 유치국의 국제수지에 미치는 효과는 긍정적이지만 장기적인 효과는 다소 불확실하다. 그러나 FDI 유입과 유출이 거의 균형상태인 국가에 대해서는 그 효과가 작을 것이다(사례연구 12-2의 표 12-5 참조).

또한 해외소득에 대한 각국의 과세율이 상이하기 때문에 해외투자가 투자국 및 유치국에 미치는 후생효과가 나타날 수 있다. 미국에서는 법인세가 수입의 30%이고 영국에서는 20%라면, 미국기업이 세금을 적게 내기 위해서 영국에 투자하거나 영국 내 자회사를 통해 해외판매를 하는 것은 당연한 일이다. 미국을 포함한 대부분의 국가들은 (형평성의 이유로 이중과세를 회피하기 위한) 이중과세협정의 서명국이므로, 미국은 해외수입의 (국내 세율 40%와 외국의 세율 30%의 차이인) 10%에 대해서만 과세할 수 있다. 결과적으로 과세표준과 징수세액은 투자국에서는 감소하고 유치국에서는 증가한다.

해외투자는 투자국과 유치국의 무역량 및 생산량에 영향을 미침으로써 교역조건에도 영향을 미칠 가능성이 크다. 그러나 교역조건은 양국에서의 경제상황에 따라 다르게 변화하므로 사전적으로 그 변화방향을 알 수 없다. 또한 해외투자는 투자국의 기술적 우위에도 영향을 미치며 유치국이 자국 경제를 통제하고 독자적인 경제정책을 수행할 수 있는 능력에도 영향을 미친다. 국제자본이동의 이러한 효과들은 다국적기업의 활동으로부터 야기되므로 다음 절에서는 이를 살펴보기로 한다.

12.5 다국적기업

전후 기간에 발생한 가장 중요한 국제경제 진전 상황 중의 한 가지는 다국적기업(multinational corporations, MNCs)의 확산이다. 다국적기업은 여러 국가에 걸쳐 생산설비를 소유하고 통제하며 경영하는 기업이다. 오늘날 다국적기업은 세계 전체 생산량의 약 25%를 차지하며 기업내무역(모기업과 자회사 간의 무역)은 제조업 분야 세계 총무역의 1/3가량을 차지하는 것으로 추정된다. 제너럴 모터스와 엑손과 같은 일부 다국적기업은 거대한 기업으로 연간 매출액이 수백억 달러에 달하여 일부 국가를 제외한 나머지 국가의 국민소득보다도 더 많다. 그뿐만 아니라 오늘날 대부분의 해외직접투자는 다국적기업에 의해 이루어진다. 이러한 과정에서 모기업은 보통 해외의 자회사로부터 생산과 소득의 일부를 받는 대신 자회사에게 경영기업, 기술, 부품, 판매조직을 제공한다. 이 절에서는 다국적기업이 존재하는 이유와 다국적기업으로 인해 투자국과 유치국에서 발생하는 문제점들을 살펴본다.

12.5A 다국적기업의 존재 이유

다국적기업이 존재하는 근본적 이유는 생산과 유통의 글로벌 네트워크로 인한 경쟁우위 때문이다. 이러한 경쟁우위는 부분적으로 해외의 자회사와의 수직적 통합 및 수평적 통합 때문에 발생한다. 대부분의 다국적기업은 수직적 통합을 통해서 해외 원자재와 중간재의 공급을 보장받을 수 있으며, 해외시장의 불완전성을 (보다 효율적인 기업 내 거래를 통해서) 우회할 수 있으며 보다 나은 유통 및 서비스 네트워크를 구축할 수도 있다. 또한 다국적기업은 해외 자회사와의 수평적 통합을 통해 독점력을 잘 보호하고 활용할 수 있으며, 자사제품을 현지 여건이나 기호에 맞출 수 있고 제품의 질을 일관성 있게 보장할 수 있다.

또한 다국적기업의 경쟁우위는 생산, 금융, 연구·개발(R&D) 및 시장 정보의 수집에 있어서의 규모의 경제 때문에 발생할 수도 있다. 다국적기업의 생산량은 많기 때문에 국내의 소규모 기업보다 생산에서의 특화와 분업을 더 한층 이룰 수 있다. 미숙련노동만을 이용해서 생산되는 부품은 저임금국가에서 생산되어 다른 곳으로 수송된 후 조립된다. 그뿐만 아니라 다국적기업과 자회사는 순수한 국내기업보다 더 좋은 조건으로 국제자본시장에 접근할 수 있기 때문에 대규모 사업에 필요한 자금을 용이하게 조달할 수 있다. 또한 다국적기업은 전문인력과 시설을 더 많이 이용할 수 있기 때문에 그들의 목적에 적합한 일부 선진국에서 연구 및 개발활동에 전념할 수도 있다. 마지막으로 해외 자회사는 해외 각지로부터의 정보를 모기업으로 집중시켜, 모기업은 일반적으로 국내기업보다 비교 생산비, 소비자 기호 및 시장 여건의 변화를 더 잘 평가하고 예상하며 활용할 수 있다.

대기업은 그 산업에서 추가적으로 투자할 때의 수익이 해외에서 더 높으면 해외에 투자한다. 대기업은 그 산업에서 경쟁우위를 가지고 있고 그 산업을 가장 잘 알기 때문에 보통은 해외투자를 결정할 때 국내의 기타 산업에서 더 높은 이윤 가능성을 고려하지 않는다. 즉, 대기업이 해외투자를 결정할 때 결정적으로 중요한 것은 특정 산업에서 예상되는 국내와 해외의 이윤율 차이이다. 이를 통해 토요타가 미국의 자동차 시장에 투자를 하고, IMB이 일본의 컴퓨터산업에 투자하는 이유를 알 수 있다. 실제로 일본의 몇몇 전자제품 다국적기업이 미국의 컴퓨터 시장을 공략하기 위해 미국시장에 투자하는 현상도 설명할 수 있다. 이러한 예들은 다국적기업이 대부분 **차별화된** 제품을 판매하는 **과점업체**라는 점을 의미하며, 이러한 차별화된 제품들이 등장하게 된 이유는 **기술 갭 모형**이나 **제품수명주기설** 및 규모의 경제에 의한 생산기술로 설명될 수 있다(6.5절 참조). 다국적기업이 판매하는 제품의 예로는 자동차, 석유제품, 전자제품, 금속, 사무용품, 화학제품 및 식료품 등이 있다.

또한 다국적기업은 순수 국내기업보다 자신들의 활동 환경을 통제하고 자신들에게 유리하도록 변화시킬 수 있다. 예를 들면 특정 부품을 생산하기 위한 공장을 설립하기 위한 장소를 결정할 때 다국적기업은 보통 세금감면, 보조금 및 기타 조세나 무역 특혜의 형태로 유인을 제공하는 저임금국가들을 둘러본다. 다국적기업은 투자유치국에 비해 규모가 크다는 점만으로도 현지 정부의 정책에 영향을 미치고 이익을 추출하는 데 있어 국내기업보다 유리한 위치에 있다. 그뿐만 아니라 다국적기업은 미래의 경쟁을 피하기 위해 유망한 국내기업을 매입할 수도 있고 현지 거래를 제한하는 기타의 관행에 가담해서 이윤을 증가시키는 데 순수 국내기업보다 더 유리한 위치에 있다. 또한 다국적기업은 분산화를 통해서 순수 국내기업보다 더 높은 이윤을 얻고, 직면하는 위험도 더 낮다.

마지막으로 다국적기업은 세율이 높은 국가의 자회사로 선적되는 부품에 대해서는 인위적으로 높은 가격을 책정하고, 세율이 낮은 국가의 자회사로부터 선적되는 부품에 대해서는 낮은 가격을 책정함으로써 세금부담을 최소화할 수 있다. 이를 **이전가격책정**(transfer pricing)이라 하는데, 독립적이거나 어느 정도 거리가 있는 기업 사이의 거래와는 달리 기업 내 거래의 경우에 이전가격책정이 종종 발생한다. 좀 더 최근에는 미국의 일부 다국적기업들이 회사법인을 이전하여 세금을 절감할 목적으로 [기업의 법적 이전(corporate inversion) 또는 **조세전도**(tax inversion)라고 함] 세율이 낮은 국가의 경쟁 기업을 인수하거나 인수하려고 시도하고 있다.

종합하면 이러한 요인들이 결합하여 다국적기업은 순수 국내기업에 대해 경쟁우위를 가질 수 있으며, 이를 통해 오늘날 다국적기업이 대단히 중요한 이유와 확산되는 이유를 알 수 있다. 즉, 해외 자회사와의 수직적 통합과 수평적 통합을 통해서 규모의 경제를 활용함으로써, 그리고 순수 국내기업보다 활동 환경을 잘 통제함으로써, 다국적기업은 오늘날 존재하는 가장 중요한 형태의 민간부문의 국제경제 조직체로 성장하였다. 사례연구 12-3은 세계에서 가장 큰 다국적기업들을 살펴본다.

12.5B 다국적기업이 투자국에 야기하는 문제점

다국적기업은 범세계적으로 생산 및 유통을 효율적으로 조직하여 세계의 생산량과 후생을 증가시키기는 하지만, 투자국 및 유치국 내에서 심각한 문제점을 초래하기도 한다. 다국적기업의 폐해로 알려진 것 중 논쟁의 여지가 가장 많은 것이 해외직접투자로 인한 투자국에서 일자리의 상실이다. 다국적기업으로 인해 일자리를 상실하는 사람들은 투자국이 비교열위를 가지고 있는 생산부문에서 미숙련노동자와 반숙련노동자들이다. 이러한 이유로 미국과 기타 투자국의 노동조합들은 다국적기업의 해외투자에 반대한다. 그러나 해외직접투자의 결과 다국적기업의 본부에서는 일부 사무직, 경영직 및 기술직의 일자리가 창출될 수 있다. 상실된 일자리의 수가 창출된 일자리의 수보다 많다고 하더라도 해외직접투자

사례연구 12-3 전 세계에서 가장 큰 다국적기업

표 12-6은 2017년 매출액이 1,000억 달러를 상회하는 다국적기업에 대한 모기업의 본국, 주요 산업, 연매출액을 보여준다. 이 표로부터 11개 다국적기업 중에서 3개 기업이 미국과 독일 및 일본에 본부를 두고 있으며, 1개 기업은 대한민국과 영국에 본부를 두고 있음을 알 수 있다. 8개는 자동차기업이고 통신장비, 컴퓨터 장비 및 기계류가 각 1개를 차지한다. 피아트 크라이슬러는 해외매출의 비율이 가장 높으며(92.1%) 11개 기업의 단순 평균은 76.1%이다.

표 12-6 2017년 세계에서 가장 규모가 큰 다국적기업

순위	기업	본국	산업	연간매출액(10억 달러)	해외판매비율
1	피아트 크라이슬러	영국	자동차	125.1	92.1
2	혼다	일본	자동차	138.6	87.5
3	삼성	대한민국	통신장비	211.9	86.8
4	BMW AG	독일	자동차	111.2	86.3
5	다임러 AG	독일	자동차	185.3	85.4
6	닛산 자동차	일본	자동차	107.8	84.6
7	폭스바겐	독일	자동차	260.1	80.8
8	토요타	일본	자동차	265.0	68.4
9	애플 컴퓨터	미국	컴퓨터 장비	229.2	63.2
10	제네럴 일렉트릭	미국	기계	122.1	62.1
11	포드	미국	자동차	156.8	40.1

출처 : UNCTAD, *World Investment Report* 2018(New York and Geneva: UNCTAD, 2018)

가 없었더라면 창출된 일자리마저도 외국의 경쟁자에게 모두 빼앗겨 일자리는 전혀 창출되지 않았을지도 모른다. 물론 그 정도는 해외직접투자의 유형과 해외직접투자가 발생하는 상황에 따라 달라진다. 미국의 다국적기업이 해외에서 고용한 노동자들에 대해서는 사례연구 12-4를 참조하기 바란다.

이와 관련되는 문제로는 기업이윤을 극대화하기 위해 외국의 기타 저렴한 생산요소와 결합되는 선진기술의 수출이다. 이러한 선진기술의 수출은 투자국의 기술우위와 미래를 잠식할 수 있다는 주장이 제기되고 있다. 그러나 이러한 폐해와는 대조적으로 다국적기업은 본국에서 연구개발 활동을 집중하여 기술적 우위를 계속 유지하는 경향이 있다. 종합적으로 볼 때 다국적기업이 투자국의 기술우위를

사례연구 12-4 미국 다국적기업의 해외에서의 고용

표 12-7은 미국의 다국적기업이 각국에서 고용한 노동자의 수와 비율을 보여 준다. 이 표를 통해 미국의 다국적기업은 2015년에 1,410만 명 이상을 해외에서 고용했는데, 이 중 32.9%는 유럽에서, 35.9%는 아시아와 태평양에서, 20.2%는 라틴아메리카와 서반구 기타 지역에서 고용했다. 중국, 영국, 멕시코, 캐나다에서의 고용이 산업국가에서의 고용 중 가장 높았다(각각 총고용의 12.1%, 10.0%, 9.7%, 8.3%).

2015년에 외국의 다국적기업들은 미국에서 680만 명의 노동자를 고용했으며, (미국 다국적 기업이 해외에서 고용한 인원은 1,410만 명임) 8.8절에서 지적한 것처럼 미국 다국적기업이 해외에서 창출한 일자리가 모두 미국의 국내 일자리를 희생해서 이루어진 것은 아니라는 점에 주의해야 한다.

표 12-7 2015년 미국 다국적기업에 의한 해외고용 인력의 수(1,000명)

지역/국가	고용	총고용에 대한 비율(%)
캐나다	1,172	8.3
유럽	4,653	32.9
영국	1,416	10.0
독일	703	5.0
프랑스	478	3.4
아시아 및 태평양	5,071	35.9
중국	1,706	12.1
인도	1,136	8.0
일본	378	2.7
필리핀	335	2.4
라틴아메리카 및 기타 서반구	2,857	20.2
멕시코	1,377	9.7
브라질	681	4.8
아프리카	240	1.7
중동	132	0.9
모든 국가	**14,124**	**100.0**

출처 : U.S. Department of Commerce, *Survey of Current Business*, December 2017.

잠식할 것인가 하는 문제는 뜨거운 논쟁거리인데, 이에 대한 명쾌한 해답은 아직도 없는 상태이다.

다국적기업이 투자국에 미칠 수 있는 또 한 가지의 폐해는 이전가격책정 및 이와 유사한 관행 때문에 발생하고 또한 다국적기업이 세율이 낮은 국가로 생산 활동을 이전하기 때문에 투자국의 세수기반이 잠식당하고 조세수입이 감소한다는 점이다. 이는 국제적으로 공통된 조세 관행 때문에 나타난다. 구체적으로는 유치국은 자회사의 이윤에 대해 먼저 과세한다. 해외 자회사에 대한 이중과세를 피하기 위해 투자국은 (투자국의 세율이 유치국의 세율보다 높은 경우) 보통 본국으로 송금된 이윤에 대해서만 과세하고 그것도 세율의 차이만큼만 과세한다.

예를 들어 설명하면 이 점이 명확해질 것이다. 법인세율이 투자국에서는 50%이고 유치국에서는 40%이며, 세전 위험조정 이윤율이 해외에서는 20%이고 투자국에서는 16%라고 하자. 이때 다국적기업은 해외투자를 할 것이다. 해외에서 수익률이 20%일 때 유치국은 이 중 8%의 세금을 징수하고 나머지 12%는 다국적기업이 갖는다. 다국적기업이 12%의 세후 이익을 본국으로 송금하면 본국(투자국)은 이에 대해 (해외와 국내에서의 법인세율의 차이인) 10%의 세금을 징수한다. 따라서 본국은 1.2%만을 징수하며 그것도 다국적기업이 본국으로 송금하는 경우에만 해당된다. 다국적기업의 자회사가 해외에 재투자하는 것은 본국으로부터 무이자로 대출받는 것과 같다. 투자국과 유치국의 법인세율이 동일하다면 투자국은 다국적기업이 국내로 이윤을 송금한다고 하더라도 세금을 징수할 수 없다. 애초에 다국적기업이 국내에 투자하여 16%의 수익을 냈더라면, 본국은 (50%의 세율로) 8%의 세금을 징수했을 것이다. 따라서 다국적기업으로 인해 본국의 세수기반이 잠식되고 조세수입은 감소한다.

마지막으로 다국적기업은 국제금융시장에 용이하게 접근할 수 있기 때문에 국내의 통화정책을 우회할 수 있으며 그 결과 본국에서 정부 당국이 정책에 대한 통제력을 갖는 것이 어렵게 된다. 규모가 가장 큰 다국적기업 중 약 1/3의 본국이 미국이기 때문에, 다국적기업에 대해 제기되는 이러한 부정적 효과는 미국에게 특히 중요하다. 일반적으로 투자국(본국)은 국제수지상의 이유나 또는 최근 들어서는 고용상의 이유로든 다국적기업의 활동을 어느 정도 규제한다.

12.5C 다국적기업이 유치국에서 야기하는 문제점

유치국은 다국적기업에 대해 더 심각한 불만을 가지고 있다. 첫 번째 그리고 가장 중요한 점은 다국적기업이 국내 경제를 지배한다는 주장이다. 캐나다의 경우에 이러한 주장은 사실인데, 제조업 분야의 총자본 중 거의 60%가 외국인들에 의해 (40%는 미국인들에 의해) 소유되거나 통제되고 있다. 이러한 점은 일부 소규모 개발도상국의 경우에도 해당된다. 유치국이 외국의 지배를 느끼는 것은 다음의 경우들이다. (1) 다국적기업의 자회사가 본국에 우호적이지 않은 국가에 대해서는 수출을 꺼리거나 또는 그러한 수출을 금지하는 **본국**의 법을 준수해야 하는 경우, (2) 국내의 긴축적인 여신 상황을 우회하기 위해 해외로부터 자금을 차입하거나, 국내에서 이자율이 낮은 경우 해외로 대부하는 경우, (3) 코카콜라나 청바지 등과 같은 상품의 대규모 광고가 국내의 기호에 미치는 경우 등이다.

다국적기업이 투자국에 미치는 다른 폐해로는 연구·개발 자금을 본국으로 빨아들인다는 주장이 제기되고 있다. 물론 이렇게 하는 것이 다국적기업이나 세계 전체의 입장에서는 효율적일 수 있지만, 그 결과 유치국은 기술적으로 종속상태에 있게 된다. 이러한 점은 개발도상국의 경우에 사실이며 또한 심각하다. 또한 다국적기업은 현지 저축과 기업가적 자질을 흡수함으로써 경제성장과 발전에 더 중요할 수도 있는 기존의 국내기업은 이러한 것들을 이용할 수 없게 된다. 그러나 이러한 문제점이 발생하는 정도는 명확하지 않다. 아울러 다국적기업은 투자로 인한 이익의 대부분을 세금이나 관세 우대 또는 세금 회피의 방법을 통해 유치국으로부터 짜낼 수도 있다. 개발도상국의 광물과 원자재 생산에 대한 다국적기업의 해외직접투자는 해외 착취라는 원성을 사기도 했는데, 그 내용은 유치국에 낮은 가격을 지불하고, 노동이 풍부한 개발도상국에는 적절하지 않은 대단히 자본집약적 생산방법을 이용하며, 현지 노동을 훈련시키지 않고, 천연자원을 과잉개발하며, 이중구조의 **고립경제**를 창출한다는 내용들이다.

이러한 불만의 대부분은 어느 정도 사실이며, 개발도상국이 유치국인 경우는 특히 그러한데, 이로 인해 많은 유치국들은 해외직접투자의 이익은 증대시키는 반면 폐해를 완화하기 위해 해외직접투자를 규제하기에 이르렀다. 따라서 캐나다는 25% 이하의 캐나다 지분을 갖는 해외 자회사에 대해 더 높은 세금을 부과한다. 인도는 해외직접투자가 허용되는 부문을 명기하고 그 활동을 규제하기 위한 법을 제정하였다. 일부 개발도상국가들은 **합작투자**(현지인의 지분참여)만을 허용하고, 기술이전 및 국내 노동의 훈련에 관한 법을 제정하고 수입된 투입물의 이용과 이윤의 송금 한도를 설정하며 환경 규제 등을 가하고 있다. 극단적으로 유치국들은 외국의 생산시설을 국유화할 수도 있지만 이로 인해 그 국가에 대한 해외직접투자는 장차 심각하게 감소할 것이다.

대형 다국적기업의 1/3 정도의 투자 본국인 미국에서조차도 1980년대 후반대의 해외직접투자가 최고조에 달했을 때 외국의 통제에 대한 우려가 표출된 바 있다. 그 후 이러한 우려는 1990년대 초반 해외직접투자가 급격히 감소함에 따라 사라졌다(사례연구 12-1 참조). 현재 다국적기업에 대한 국제적 행동 규범을 제정하려는 노력이 유럽연합, OECD, UN 및 UNCTAD 내에서 진행 중이다. 그러나 투자국과 유치국의 이해관계가 상충되기 때문에 이러한 국제적 규범을 조문화시키는 것은 사실상 불가능할 것으로 보인다. 따라서 다국적기업이 투자국과 유치국에서 야기하는 문제점들과 남용사례들을 실질적으로 제한하는 것은 성공할 것 같지 않다. 우루과이 라운드에서는 해외직접투자에 대한 국내 규제 중 일부만을 철폐했다.

12.6 국제노동이동의 동기 및 후생효과

일반적으로 노동은 자본보다 이동가능성이 낮다. 그러나 19세기에 거대한 이민자의 물결이 유럽으로 부터 신세계로 이동하였다. 그 결과 유럽에서는 인구 압력이 완화되었고 신세계, 특히 미국의 급속한 성장 및 발전에 크게 기여했다. 이 절에서는 노동이 국제적으로 이동하는 이유를 살펴보며 인구 유입국과 인구 유출국에 미치는 후생효과를 분석한다. 이러한 효과는 도표를 통해 살펴볼 수 있는 효과를 먼저 검토한 후에 도표를 통해 분석하기 곤란한 내용을 살펴보기로 하자.

12.6A 국제노동이동의 동기

노동은 경제적 동기와 비경제적 동기에 의해 국제적으로 이동한다. 19세기와 그 이전에 일어났던 국제적 이민의 일부분은 유럽에서의 정치적 · 종교적 억압을 피하기 위한 동기에서 이루어졌다. 그러나 대부분 국제노동이동, 특히 제2차 세계대전 말 이후의 국제노동이동은 해외에서 더 높은 실질임금과 소득을 얻을 수 있을 것이라는 전망 때문에 이루어졌다.

경제적 동기에 의해 이주를 결정하는 문제는 다른 유형의 투자를 분석할 때 사용된 분석도구와 방법을 이용하여 분석할 수 있다. 구체적으로는 다른 유형의 투자와 마찬가지로 이주에도 비용과 수익이 수반된다. 비용에는 수송비, 새로운 국가에서 일자리를 탐색하는 기간 동안 포기해야 하는 임금 등이 포함된다. 또한 수량화하기 곤란한 비용들도 많이 있는데, 여기에는 친척, 친구, 익숙한 환경으로부터의 이별, 새로운 관습과 종종 새로운 언어까지도 습득해야 할 필요성, 새로운 환경에서 일자리와 거주지 등을 찾을 때 수반되는 위험 등이 포함된다. 물론 이주는 보통 무리지어 연쇄적으로 이루어졌기 때문에 이러한 비경제적 비용은 크게 감소하였으며, 많은 이주자들은 같이 이동하였고, 같은 고향으로부터 상당수의 이주자가 이미 정착한 지역으로 이주하였다.

국제적 이주로 인한 경제적 이익은 이주 노동자가 그의 남은 노동수명 기간에 국내에서 벌 수 있었던 것보다 해외에서 더 많이 벌 수 있는 실질임금 및 소득의 차이로 측정할 수 있다. 이주로 인한 기타의 이익에는 이주자 자녀에 대한 고용 및 교육기회의 증가가 포함된다. 수익이 비용을 초과하는 크기로부터, 기타 투자의 경우와 마찬가지로 이주 결정에 관한 내부수익률을 추정할 수 있다. 이러한 수익률이 이주와 관련된 비경제적 비용을 상쇄할 정도로 충분히 크면 노동자들은 이주할 것이다. 물론 현실세계에서는 노동자들이 이러한 비용–편익 분석을 할 수 있는 정보를 가지고 있지 못하다. 그럼에도 불구하고 노동자들은 마치 그러한 분석을 할 수 있는 것처럼 행동한다. 이 점은 이주자들이 항상 저임금 지역에서 고임금 지역으로 이주한다는 사실로 확인할 수 있다. 그뿐만 아니라 젊은 노동자들은 나이 든 노동자들보다 보다 손쉽게 이주하는데, 그 이유는 해외에서의 더 높은 임금으로부터 이익을 얻을 수 있는 잔여 노동기간이 더 길기 때문이다.

12.6B 국제노동이동의 후생효과

국제적 노동이동이 이민 유입국과 이민 유출국에 미치는 후생효과는 국제자본이동을 분석하는 데 사용된 분석기법을 이용하여 분석할 수 있다. 그림 12-2에서 1국의 노동공급은 OA이고 2국의 노동공급은 $O'A$이다. $VMPL_1$과 $VMPL_2$는 각각 1국과 2국의 노동의 한계생산물가치 곡선이다. 완전경쟁 상태에서 $VMPL$은 노동의 실질임금과 같다.

이주가 일어나기 전에 1국에서 임금은 OC이고 총생산은 $OFGA$이다. 2국에서는 임금은 $O'H$이고 총생산은 $O'JMA$이다. 이제 노동이 국제적으로 자유롭게 이주할 수 있다고 하자. 1국(OC)보다 2국의 임금($O'H$)이 더 높기 때문에, AB의 노동자들이 1국에서 2국으로 이주한 결과 양국에서의 임금은 $BE(=ON=O'T)$로 균등화된다. 따라서 1국에서 임금은 상승하는 반면 2국에서는 임금이 하락한다(이러한 이유로 노동조합은 이민 유입을 반대한다). 한편 1국의 총생산은 $OFGA$에서 $OFEB$로 감소하며, 2국에서는 $O'JMA$에서 $O'JEB$로 증가하여, 세계 전체의 생산량은 (그림에서 색칠한 부분인) EGM만큼 순증가한다. 그 결과 (이민 유출국인) 1국에서는 소득이 노동자에게 유리하게 재분배되는 반면, 2국에서는 노동 이외의 생산자원에게 유리하게 소득이 재분배된다는 점에 주목하자. 1국은 이주 노동자로부터 송금을 받을 수도 있다. 또한 이주가 일어나기 전에 1국에서 AB만큼의 실업이 존재했더라면 이주가 일어나든 일어나지 않든 1국의 총생산은 $OFEB$가 되었을 것이며 이주로 인한 세계 전체의 총생산은 $ABEM$만큼 순증가한다(그리고 이는 2국으로 귀속된다)는 점 또한 주목하자.

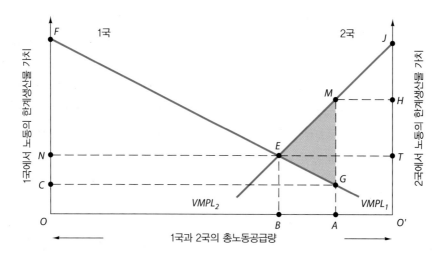

그림 12-2 국제노동이동의 산출량 및 후생효과

1국은 *OA*의 노동공급으로 *OC*의 실질임금과 *OFGA*의 총산출량을 갖는다. 2국은 *O′A*의 노동공급으로 *O′H*의 실질임금과 *O′JMA*의 총산출량을 갖는다. 1국에서 2국으로 *AB*만큼 노동이동이 이루어지면 양국에서 실질임금을 *BE* 수준에서 균등화된다. 이것으로 인해 1국에서는 총산출량이 *OFEB*로 감소하고 2국에서는 *O′JEB*로 증가한다. 세계 총산출량은 *EGM*(색칠된 부분)만큼 순증가한다.

12.6C 국제노동이동의 기타 후생효과

지금까지는 모든 노동이 미숙련노동인 것으로 암묵적으로 가정하였다. 그러나 현실세계를 대충 관찰하더라도 여러 노동자와 노동자 집단에 체화된 (교육, 훈련 및 건강의 형태로) 인적 자본의 양과 질에 큰 차이가 있음을 알 수 있다. 이때 고도로 숙련된 노동의 이주가 이민 유출국과 이민 유입국 사이에 미치는 후생효과는 어떻게 될 것인가 하는 의문이 생긴다. 이러한 후생효과는 미숙련노동의 이주로 인한 후생효과와는 다를 것이라는 점은 확실하다. 1950년대와 1960년대에 상당수의 과학자, 기술자, 의사, 간호사 그리고 고도로 숙련된 전문인력이 개발도상국으로부터 선진국으로 유럽으로부터 미국으로 이주함에 따라 이 문제에 대한 우려가 제기되었다. 예를 들면 1980년대에 세계의 여타 국가로부터 미국으로 쏟아져 들어온 870만 명 중 150만 명이 대학교육을 받았다. AT&T와 벨 연구소 산하 통신과학 연구 분야의 200명의 연구자 중 40% 이상이 외국에서 태어났으며, 미국대학에서 컴퓨터과학 박사학위를 받은 사람 중 50% 이상이 외국 태생의 학생이었으며, 이 중 상당수는 미국에 남았다. 실제로 반도체에서 생명공학에 이르기까지 미국의 첨단과학은 갈수록 세계화되는 시장에서 경쟁력을 기르기 위해 갈수록 이주 과학자와 기술자에 의존하고 있는 실정이다. 고도로 숙련된 노동자의 이러한 이주문제를 생동감 있게 표현하여 **두뇌유출**(brain drain)이라 한다.

숙련된 이주자의 유출국에서는 이러한 노동자를 교육하고 훈련하는 데 많은 비용을 지불하지만 결국은 이들이 고국을 떠나기 때문에 이민 유입국에게만 이익을 준다고 비난한다. 확실히 고도로 숙련된 노동자들은 고국에서 효율적으로 이용되기 어려운데, 일부 개발도상국에서 종종 발생하는 일이지만 의사가 간호업무만 수행하거나 엔지니어가 그저 기술자로 이용되는 경우가 그 예이다. 그럼에도 불구하고 이들 노동자의 고국은 이들 노동자를 훈련시키는 데 많은 비용을 지불하지만, 이민자로부터의 국내 송금이라는 형태의 이익(그러나 2017년도에 이 금액은 4,670억 달러를 상회하는데, 해외원조는 1,470억 달러에 불과함)만을 받는다는 점도 여전히 사실이다. 아마도 보다 역동적이며, 민첩하고 젊은 노동자들이 해외로 이민을 가기 때문에 국내 노동력에서 이러한 자질을 가진 노동력은 감소할 것이다.

숙련노동의 이민을 장려하고 미숙련노동의 이민에는 심각한 제한을 가하는 (미국, 영국 및 기타 선진국과 같은) 각국의 이민법 때문에 종종 두뇌유출이 촉진되기도 한다. 이로 인해 숙련노동이 이민을 갈 때 숙련노동자에 대해 과세를 하거나 숙련노동자들이 이민국에서 차후에 버는 더 높은 소득에 대해서 과세를 함으로써 이민 유출국이 그들을 훈련시킬 때 지불한 비용의 일부를 회수할 수 있도록 하자는 주장도 제기되었다. 이러한 주장이 합리적인 것으로 보이기는 하지만 이주에는 개인의 자유와 같이 중요한 점을 수반한다는 점을 고려해야 할 것이다. 따라서 이주자 개인이나 이민 유입국 정부의 관점에서 볼 때, 이민자 고국에 대해 원조의 증가나 금융적 이전과 같은 방법을 통해 숙련 이민자의 훈련비용을 보상하는 것이 바람직한 것으로 보이며, 이민자의 고국이 개발도상국인 경우에는 더욱 그렇다.

숙련노동과 미숙련노동의 이주문제를 논의할 때 이주 결정은 어느 정도 항구적인 것으로 가정하였다. 그러나 상당수의 노동자의 이주, 특히 유럽연합에 대한 이주는 일시적인 것이었다. 즉, 독일과 같은 국가는 필요할 때마다 일시적으로 외국 노동자(소위 게스트 워커)를 받아들이지만, 국내 경기가 침체되어 외국인 노동자가 필요하지 않을 때에는 근로 허가를 갱신하지 않는다. 이렇게 함으로써 독일은 자국 경제와 노동력을 경기침체로부터 다소 격리시키는 대신, 이로 인한 조정부담은 터키, 알제리, 이집트와 같은 유출국이 떠안게 되는데, 이들 국가는 빈곤국가들이며 실업문제에 효과적으로 대처할 수 없는 국가들이다.

2010년에 이민자들은 오스트레일리아 **노동력**의 거의 26.5%, 스위스의 26.3%, 캐나다의 19.6%, 스페인의 14.3%, 독일의 12.9%, 미국의 12.5%, 프랑스의 11.6%, 영국의 11.3%였다. 사례연구 12-5는 역사적 자료를 통해 미국의 이민 및 이민정책에 대한 논쟁을 보여 준다. 최근 들어 선진국, 특히 유럽에서 실업률이 높아지면서, 과거 일시적 이주자들을 환영했던 프랑스와 영국 같은 국가에서도 그들은 별로 환영받지 못하고 있으며 차별도 심해지고 있다. 그들의 근로 허가는 갱신되지 않고 귀국하도록 종용되고 있다. 그럼에도 불구하고 유입국에서 그들의 숫자와 비율은 계속 증가하고 있다.

또한 불법이민의 문제가 있다. 이 문제는 미국에서 주 관심사가 되었는데, 미국에서는 수백만 명의 불법이민자들이 최저임금에도 미치지 못하는 임금을 받고 지하경제에서 일하고 있으며 사회보장 혜택도 거의 받지 못하고 있다. 불법이민은 미국의 미숙련노동자들에게 타격을 주기 때문에 미국의 소득분배에 심각한 영향을 미친다. 이로 인해 미국에서는 불법이민에 대처하고 불법이민의 홍수를 막거나 속도조절을 하기 위한 방법에 대한 격렬한 논쟁이 벌어졌다. 2015년 현재 미국에는 1,130만 명의 불법이민자들이 있는 것으로 추산된다. 이들 중 약 700만 명은 노동자들인데, 이는 미국 노동력의 약 4.9%에 해당된다. 2009~2011년의 경제위기와 높은 실업률을 경험한 후에야 미국으로의 불법이민 행렬이 상당히 줄어들었다.

1986년에 미국은 1986년 **이민 개혁 및 통제법**을 통과시켰는데, 이 법은 (1) 1982년 1월 1일 이전부터 미국에 지속적으로 거주했음을 입증할 수 있는 불법 외국인들을 사면하고 합법적 영주권과 궁극적으로는 시민권을 취득할 수 있는 가능성을 제공했고, (2) 불법 외국인을 고용한 고용주에게 불법 외국인 1인당 250달러에서 10,000달러에 이르는 벌금을 부과하도록 하였다. 2010년까지 1/4이 채 안 되는 불법 외국인들이 법적 지위를 신청했다. 2004년에 부시 대통령은 수백만 명의 불법 노동자들이 시민권의 기타 혜택과 아울러 일시적 법적 지위를 갖도록 허용하는 계획을 제안했다. 오바마 대통령도 이민 개혁에 성공하지 못했고, 트럼프 대통령은 2017년부터 미국의 이민 시스템을 정비하고자 하였다. 사례연구 12-5는 미국으로의 이민에 대한 역사적 자료를 보여 주고 이민정책에 대한 논쟁을 요약한다.

사례연구 12-5　미국의 이민 및 이민정책에 관한 논쟁

표 12-8은 1901년부터 2016년까지 매 10년 단위로 미국으로 이민 온 사람들의 수와 미국 인구에 대한 비율을 보여 준다. 이 표를 통해 미국으로 이민 온 사람들의 수가 1901년부터 1910년까지 10년 동안 거의 900만 명에 달했고, 미국 인구의 10%에 이르는 것을 알 수 있다. 미국으로의 이민은 1931년부터 1940년 기간에 대공황과 제2차 세계대전의 발발로 급격하게 감소했다. 제2차 세계대전 이후 이민은 다시 증가하여 2000년부터 2010년 기간에는 1,050만 명이었다(그러나 지난 세기에 미국 인구가 급증했기 때문에 이

표 12-8	1901~2016년 미국으로의 이민	
	종합	
연도	이민자(1,000명)	비율[a]
1901~1910	8,795	10.4
1911~1920	5,736	5.7
1921~1930	4,107	3.5
1931~1940	528	0.4
1941~1950	1,035	0.7
1951~1960	2,515	1.5
1961~1970	3,322	1.7
1971~1980	4,499	2.0
1981~1990	7,256	3.0
1991~2000	9,081	3.4
2001~2010	10,501	3.5
2011~2016	6,335	3.4

[a] 미국 인구 1,000명당.

출처 : U.S. Department of Commerce, *Statistical Abstract of the United States: 2018.*

는 미국 인구의 3.5%에 불과하다).

2016년에 4,330만 명의 미국인이 미국 이외의 지역에서 태어났는데, 이는 미국 인구의 13.4%에 해당한다. 이 숫자는 제2차 세계대전 이후 가장 높은 수준이다(사상 최고는 1910년도의 14.7%). 불법이민자 수는 1,110만 명으로 이는 총이민자 수의 25.6%에 해당한다. 최근 들어 (불법이든 합법이든) 이민자 수가 급증하여 미국의 이민정책에 관한 뜨거운 논쟁거리가 되었다.

고도로 훈련받은 사람들이나 총명한 학생들이 미국으로 이민 와서 상위학위를 받고 미국에 남는 것은 미국에게는 큰 이익이 된다. 그러나 교육받지 못하고 기술이 없는 사람들의 이민의 경우에는 불분명하다. 미국 인구조사 자료에 의하면 25세 이상 최근의 이민자들 중 약 21%(순수 미국인의 경우에는 약 15%임과 비교)가 학사학위를 가지고 있지만 31%는 고등학교 졸업장이 없다(미국에서 태어난 사람들의 경우 8%임과 비교된다). 따라서 이민자의 대다수는 교육을 많이 받았거나 교육을 거의 받지 못한 사람들이다.

일반적으로 이민은 국가에 도움이 된다. 그러나 적어도 단기에는, 토착 노동자들은 이민이 없었을 때보다 더 낮은 임금을 받는 반면 고용주들은 더 낮은 임금을 지급함으로써 이익을 얻는다. 이를 통해 노동자들은 이민을 반대하는 반면 기업가들은 이민을 찬성하는 이유를 알 수 있다. 최근의 연구에서 보르하스(Borjas, 2005)는 외국인 노동자의 공급이 10% 증가할 때마다 이와 경쟁하는 미국 노동자의 임금은 3~4% 감소한다고 추정하였다.

1990년에는 H1-B 비자 프로그램이 설립되어, 고용주가 미국의 이민국에 청원하는 경우 매년 65,000명의 교육받은 외국인들이 주로 첨단산업에서 6년 동안(그러나 처음 3년 이후에는 갱신을 해야 함) 미국인의 전문화된 일자리를 채우도록 하였다. H1-B 비자의 수는 1999년에는 115,000명, 2001년에

는 195,000명으로 증가했지만, 2004년에는 65,000명으로 감소했다. 그 이후 미국의회는 이들 비자의 수를 급격하게 증가시키는 것을 고려하고 있다. 미국의 석사학위 또는 그 이상의 학위를 받은 지원자에 대한 고급학위 프로그램을 통해 20,000명이 추가로 승인된다.

출처 : S. A. Camarota, *Immigrants in the United States*, 2007 (Washington, D.C.: Center for Immigration Studies, November 2007); G. J. Borjas, "The Labor Market Impact of High Skill Immigration," *American Economic Review*, May 2005, pp. 56-60; "Talent Shortage Prompts US Calls for Visa Reforms," *Financial Times*, May 11, 2007, p. 5; "Winners and Losers from the H-1B Visa Program," NBER Digest, April 2017; "Illegal Immigration Falls to Low Level," *Wall Street Journal*, November 28, 2018, p. A3; and "U.S. Citizenship and Immigration Services, U.S. Department of Homeland Security," *H-1B Fiscal Year 2018*.

요약

1. 이 장에서는 자본, 노동 및 기술의 국제 간 이동의 효과를 검토하였다. 몇 가지 면에서 이것들은 국제 간 상품무역을 대체하는 역할을 한다. 주식이나 채권의 구입과 같은 포트폴리오 투자는 순수한 금융자산에 대한 투자이고 주로 은행과 투자기금을 통해서 이루어진다. 직접투자는 공장, 자본재, 토지, 재고에 관한 실물투자로서 자본과 경영이 모두 수반되고, 투자자는 투자자본의 사용에 관한 통제권을 갖는다. 국제 간의 직접투자는 보통 다국적기업에 의해 이루어진다.

2. 미국의 민간이 보유한 해외장기증권(주식과 채권)과 외국의 민간이 보유한 미국 내 해외장기증권은 1980년부터 2017년까지 급격히 증가하였다. 해외직접투자도 마찬가지이다. 1980년부터 2017년까지 미국의 유럽에 대한 해외직접투자의 양은 미국의 캐나다와 라틴아메리카에 대한 해외직접투자의 양보다 훨씬 빠른 속도로 증가했다. 제조업, 금융 및 서비스에서의 미국의 해외직접투자와 외국의 대미직접투자는 원유에 대한 직접투자보다 훨씬 빠른 속도로 증가했다. 1990년대 후반에 외국의 대미직접투자가 급증하였음에도 불구하고 1980년대 후반 및 지난 10년 동안과는 달리 이로 인해 큰 우려를 불러일으키지 않았다.

3. 국제 포트폴리오 투자의 기본 동기는 수익극대화와 위험분산화이다. 위험분산화는 양방향의 자본이동을 설명하기 위해 필요하다. 해외직접투자는 추가적인 설명

을 필요로 한다. 이는 (1) 해외에서 독특한 생산지식이나 경영기법을 활용하는 것(수평적 통합), (2) 필요한 원자재의 해외 구입처나 해외 마케팅 판로에 대한 통제를 유지하는 것(수직적 통합), (3) 수입관세와 기타 무역규제를 회피하고 외국의 보조금을 이용하는 것, (4) 외국의 과점시장에 진입하는 것, (5) 장차의 경쟁을 피하기 위해 외국기업을 인수하는 것, (6) 금융상의 융통을 얻을 수 있는 우월한 능력이다.

4. 국제 간의 자본이동은 투자국과 투자유치국 모두의 국민소득을 증가시킨다. 그러나 투자국의 경우에 자본에 귀속되는 상대적인 몫은 증가하고, 노동에 귀속되는 몫은 감소하는 반면에, 투자유치국의 경우에는 상황이 반대가 된다. 이와 같이 고용수준은 투자국에서는 감소하고, 투자유치국에서는 증가한다. 단기에서는 투자국의 국제수지는 악화되고, 투자유치국에서는 개선되는 경향이 있다. 그러나 장기에서 해외투자가 투자국과 유치국에 미치는 국제수지 효과는 덜 분명하다. 법인세율이 높은 국가는 해외투자를 유발하게 되고 조세수입을 상실하게 된다. 교역조건 역시 해외투자에 의해서 영향을 받는다.

5. 다국적기업은 오늘날 민간부문의 국제경제 조직에서 가장 특별한 조직이다. 다국적기업이 존재하게 된 기본적인 이유는 전 세계적인 생산 및 유통의 경쟁적 우위이다. 다국적기업이 국내에 야기할 수 있는 문제점

은 국내 일자리를 수출하는 것이고, 국내의 기술상의 우위를 잠식하는 것이다. 또한 이전가격을 통해 국내 조세를 회피하고, 국내 경제에 대한 정부의 통제가 감소하는 것이다. 다른 한편으로는 유치국은 주권의 상실, 국내의 연구개발 활동, 조세회피, 부적절한 기술, 투자국에 흘러 들어가는 대부분의 이익들로 인해 불평을 한다. 그 결과 대부분의 유치국은 예상되는 부정적인 효과를 감소시키고, 가능한 한 이익을 증가시키기 위한 정책들을 채택해 왔다.

6. 국제 간 노동의 이동은 경제적, 비경제적 이유로 발생할 수 있다. 경제적인 이유로 노동이 이동하는 경우에 이주 결정은 다른 인적, 물적 투자의 경우와 같이 비용과 수익의 관점에서 평가될 수 있다. 국제 간에 노동이동은 이민 유출국의 경우에 총생산을 감소시키고, 실질임금을 증가시키는 반면에 이민 유입국에서는 총생산이 증가하고, 실질임금은 감소한다. 그 결과 세계 산출량은 증가한다. 고도로 숙련되고 훈련된 인력의 이동은 이민 유입국에게는 특별한 이익을 제공하지만, 이민 유출국에게는 매몰비용이나 대체비용의 형태로 심각한 부담을 가져온다. 이 문제는 두뇌유출이라 한다.

주요용어

다국적기업(multinational corporations)
두뇌유출(brain drain)
수직적 통합(vertical integration)
수평적 통합(horizontal integration)
위험분산화(risk diversification)

이전가격책정(transfer pricing)
직접투자(direct investments)
포트폴리오 이론(portfolio theory)
포트폴리오 투자(portfolio investments)

복습문제

1. 생산자원의 국제적 이동이 상품무역을 대체한다는 것은 무슨 의미인가?

2. 포트폴리오 투자란 무엇인가? 이는 어떤 기관을 통해 일어나는가?

3. 직접투자란 무엇인가? 어떤 기관이 주로 이를 행하는가?

4. 1980년과 2017년에 미국의 해외직접투자액과 미국이 보유한 해외 장기 증권액은 얼마인가?

5. 2017년의 미국의 해외직접투자는 유럽, 캐나다, 라틴 아메리카 및 기타 지역에 어떻게 분포되어 있는가? 2017년도 미국의 제조업, 금융 및 기타 활동에 대한 해외직접투자액은 얼마인가? 미국에 대한 외국인 투자에 대해서도 동일하게 답해 보라.

6. 국제 포트폴리오 투자의 기본 동기는 무엇인가? 해외 직접투자를 설명하기 위해서는 어떤 이유가 추가적으로 필요한가?

7. 양방향의 국제 포트폴리오 투자를 어떻게 설명할 수 있는가? 위험분산이란 무엇인가? 수평적 통합이란? 수직적 통합이란?

8. 해외직접투자가 유치국 및 투자국의 국민소득에 미치는 효과는 무엇인가? 각 국가에서 노동 및 자본으로 귀속되는 국민소득은 상대적으로 어떤 영향을 받는가?

9. 해외직접투자가 유치국 및 투자국의 국제수지에 미치는 장기 및 단기효과는? 법인세율이 높은 국가는 어떤 문제에 직면하게 되는가?

10. 오늘날 다국적 기업의 중요성은 무엇인가? 다국적기업이 존재하는 이유는?

11. 다국적기업이 유치국에 야기하는 문제는 무엇인가? 투자국에 야기하는 문제는?
12. 유치국은 다국적기업의 해로운 영향을 제한하고 이로운 효과를 증대하기 위하여 어떤 노력을 기울였는가?
13. 노동자들이 국제적으로 이주하는 이유는 무엇인가? 노동자의 이주가 이주국 및 송출국의 노동자에게 귀속

되는 국민소득의 비율, 실질임금, 총생산에 미치는 효과는 무엇인가?
14. 두뇌유출이란 무엇인가? 이로 인한 문제는? 이를 어떻게 극복할 수 있는가?

연습문제

1. 가격－수량으로 된 그림에 자본유출이 투자국에 미치는 효과를 그리라.
2. 가격－수량으로 된 그림에 자본유입이 투자유치국에 미치는 효과를 보이라.
3. 이용 가능한 보다 최근의 데이터를 활용하여 표 12-1을 바꾸라.
4. 이용 가능한 보다 최근의 데이터를 활용하여 표 12-2를 바꾸라.
5. 이용 가능한 보다 최근의 데이터를 활용하여 표 12-3을 바꾸라.
6. 이용 가능한 보다 최근의 데이터를 활용하여 표 12-4를 바꾸라.
7. 다음 명제가 옳은가 그른가를 판단하고, 이유를 설명하라. "많은 자산들로 구성된 포트폴리오의 수익성은 그 포트폴리오의 가장 높은 수익을 갖는 자본의 수익을 초과할 수 없다. 그러나 가장 낮은 위험을 갖는 자산보다 더 낮은 위험을 가질 수는 있다."
8. 1국에서 2국으로 자본이동의 결과 양국에 동일한 이익을 보여 주는 그림 12-2와 유사한 그림을 그리라.
9. 1국에서 2국으로 자본이동에 의해 2국에 대한 이익보다 1국에 대한 이익이 더 큰 것으로 보이는 그림 12-2와 유사한 그림을 그리라.
10. 앞의 두 문제에 대한 답과 투자국과 투자유치국에 대한 국제자본이동으로부터의 총이익의 배분에 관한 그림 12-1로부터 어떤 일반적인 원리를 도출할 수 있는가?
11. 개발도상국에서 미국의 직접투자에 대한 수익률이 선진국에서 미국의 직접투자에 대한 수익률을 상회하는 이유를 설명하라.
12. 그림 12-2를 사용하여 미국의 노동조합이 왜 미국이 해외에 투자하는 것을 반대하는지 설명하라.
13. 그림 12-2를 사용하여 개발도상국의 노동이 해외직접투자의 유입으로부터 이익을 얻게 되는 이유를 설명하라.
14. 이용 가능한 최근 데이터를 사용하여 표 12-6을 바꾸라. 2017년 이래로 세계에서 가장 규모가 큰 다국적기업의 순위는 어떻게 변화되었는가?

부록

이 부록에서는 (1) 이전문제와 (2) 국제무역, 금융 및 원조, 이주에 대한 자료를 소개한다.

A12.1 이전문제

어떤 국제적 장기자본이동의 경우라도 그것이 성공적이기 위해서는 투자국으로부터 투자유치국으로 실물자본의 이동이 있어야 한다. 예를 들어 한 국가가 다른 국가에 1억 달러의 투자를 하게 되면 실제로 국제자본이동이 일어나기 위해서 투자국은 국내 실물자본을 방출하고 투자유치국에 1억 달러의 수출을 증가시켜야 한다. 현재로서 꼭 기억해야 할 점은 금융자본의 이전이 실제로 이루어지기 위해서 실물자본의 이동이 수반되어야 한다는 사실이다. 이를 이전문제라 한다.

이전문제는 국제자본이동의 경우뿐 아니라 전쟁 피해보상 지불과 관련해서도 발생한다. 이러한 예로는 1870년부터 1871년까지의 전쟁 후에 프랑스가 프로이센에게 지불한 배상금과 제1차 세계대전 후 독일이 프랑스에게 지불한 배상금이 있다. 보다 최근에는 1970년대에 석유가격의 커다란 상승으로 인해 이전 문제가 발생하였다. 사우디아라비아, 리비아, 쿠웨이트와 같은 대부분의 석유수출 국가들은 석유소득의 전부를 석유수입 국가로부터의 수입에 지출하지 않았다. 지출되지 않은 대부분의 소득은, 특히 미국과 같은 선진국에서의 자산구입에 사용되었다. 모든 초과소득이 그렇게 사용되지 않게 되고 석유수입 국가가 수입초과를 개선시키려고 노력함에 따라 세계경제에서는 디플레이션 경향이 발생했다. 이와 같이 이전문제는 1970년대에 석유위기의 핵심을 이루고 있다.

보다 더 직접적인 관심을 갖게 하는 것은 1980년대에 미국에 대한 막대한 순해외투자로부터 발생하는 이전문제인데, 그 결과 미국은 1914년 이후 처음으로 1985년에 채무국이 되었다. 이러한 거대한 미국으로의 순자본유입에 대응하는 것은 미국의 기록적인 무역적자로 그것을 통해 실물자본의 이전이 이루어졌다.

> **연습문제** 1973년부터 1980년까지(석유위기 기간) (a) 사우디아라비아의 배럴당 석유수출 달러 가격, (b) 석유수출기구(OPEC)의 총수출의 달러가치, (c) OPEC의 총수입의 달러 가치, (d) 미국 석유수입의 달러가치를 보여 주는 표를 만들라.(힌트 : 국제통화기금이 발행한 *International Financial Statistics* 1981년판 참조)

A12.2 국제무역, 금융 및 원조, 이주

표 12-9는 2016년 국제무역, 금융 및 원조에 대한 국가별 자료를 보여 준다.

표 12-9

	상품무역		제조업품 수출	첨단제품 수출	경상수지	해외직접투자의 순이동	(순)공적개발지원	외채		은행부문에 의한 국내 여신	순이주
	수출 (백만 달러)	수입 (백만 달러)	총상품무역 대비 비중	총상품무역 대비 비중	백만 달러	백만 달러	1인당(달러)	GNI 대비(%)	총 백만 달러	(% GDP)	(1,000명)
	2016	2016	2016	2016	2016	2016	2016	2016	2016	2016	2017
Afghanistan	596.455	6534.14	6.561715		−3647.721	93.58944	117.2763	12.20855	2403.87	T	−299.999
Albania	1962.114	4669.214	66.31311	0.6477507	−900.2067	1044.188	58.59669	71.03136	8437.14	66.16188	−40
Algeria	30026	47089	4.618177	0.3435239	−26178.95	1637.371	3.876516	3.585934	5466.35	54.75272	−50.002
Andorra											
Angola	27306.2	12538.2			−3070.972	4104.423	7.176507	41.19787	35364.6	28.75415	0
Argentina	57879	55911	26.56786	8.792814	−14693.04	3260.164	0.0592965	35.71719	190490	38.11481	24.002
Armenia	1791.723	3273.468	23.72327	5.938609	−238.1187	338.1152	111.7198	92.42558	9953.09	54.37078	−24.989
Australia	192488.5	195981	17.61814	14.78156	−37026.04	42579.99				182.7724	849.966
Austria	152099	157746.3	82.95526	17.57476	8291.062	−29948.41				129.8896	99.999
Azerbaijan	13118.4	8532.4	4.834548	2.083501	−1363.404	4499.666	7.942354	39.81687	14085.3	38.9158	0
Bangladesh	34894.41	44832.1			928.3475	2326.968	15.36401	17.56241	41125.6	61.44301	−2350.001
Barbados	516.834	1621.538	60.24268	24.34815		228.2921				47.0412	2.072
Belarus	23537.3	27609.9	54.81675	4.694039	−1669.1	1246.9	−2.348042	83.00191	37515.5		10
Belgium	398033.5	372637.2	76.6617	12.53606	487.4944	37013.22				153.6902	240
Benin	1764.861	2839.594	14.17039	2.830055	−808.7444	131.6859	45.33448	27.05924	2323.37	23.99757	−10
Bhutan	524.709	1002.451			−617.567	8.075838	64.51775	113.8044	2348.18	53.49303	0
Bolivia	6999.998	8479.26	5.483176	4.457497	−1931.555	335.3655	63.96561	33.23331	11015.3	76.30411	−50.005
Bosnia and Herzegovina	5326.501	9140.113	67.22773	2.610687	−820.5101	272.5213	126.6373	65.81041	10957.7	56.72826	−2.506
Brazil	185286.4	143492	39.86245	13.44871	−23545.85	78248.38	3.248787	30.89275	543257	111.3271	30
Bulgaria	26589.62	28955.18	57.16478	7.957681	1242.82	1655.55		76.39133	39656.8	54.34061	−24.001
Burkina Faso	2306.239	3170.783	11.74677	4.386618	−779.601	390.3114	54.87806	23.90544	2824.88	29.36571	−125
Burundi	109.3251	615.8663	18.47634		−354.8217	0.0554204	70.51708	20.17995	602.781	34.97329	20
Cambodia	10069.33	12631.66	93.15397	0.4323655	−1775.166	2287.034	46.2735	54.44994	10230.2	71.06424	−149.999
Cameroon	3408.403	5218.208	12.71217		−1037.127	663.7252	32.2733	30.45755	7283.23	18.61045	−24
Canada	390306.8	412963	54.49178	12.93471	−49423.05	34612.04					1100
Central African Republic	103.8772	309.7766	56.67713	0.0873599		31.19688	108.7489	38.80721	682.206	30.46742	−150
Central Europe and the Baltics	731925.7	722298.4	82.36758	10.63398		114153.6				65.63165	−243.005
Chad	1800	2500				559.8575	43.20762	17.57859	1654.99	26.61777	10
Chile	60597.34	58829.4	14.88638	6.948893	−3499.417	12373.87	9.959377			126.2544	85.285
China	2097632	1587925	93.75454	25.23614	202203.4	174749.6	−0.5738015	12.7946	1429468	215.1827	−1624.595
Colombia	31756.81	44889.87	25.50815	9.825404	−12128.92	13849	22.74599	43.33643	120282	53.69074	−147.004
Congo, Dem. Rep.	5400	4800			−1334.148	1204.709	26.76585	15.81633	5076.94	11.60475	119.303
Congo, Rep.	3788.711	5486.772				2006	17.13167	52.03848	3836.87	38.86325	−20.003
Costa Rica	9634.416	15121.48	52.14288	18.25831	−1473.868	2957.526	20.73591	46.94872	25567.1	79.12888	16.384
Cote d'Ivoire	10875.57	8695.217			−413.9917	577.4792	27.78917	32.3059	11344.1	32.0825	30
Croatia	13824.63	21906.77	66.83434	11.61767	1389.874	1864.322				84.90456	−40
Czech Republic	162714.1	143086.9	90.30865	13.878	3015.908	10850.61				66.74313	59.997
Denmark	95344.71	85554.73	62.92361	15.6724	22458.39	8529.083				215.041	75.998
Dominica	22.597	213.943			4.791871	31.61419	115.5786	58.47131	297.065	33.6745	
Ecuador	16797.66	16324.21	7.509403	8.370247	1442.259	755.3929	14.86048	35.53147	34083.5	36.05744	−30.776
Egypt, Arab Rep.	25468	55789	53.90162	0.4865808	−19894.2	8106.8	22.26272	20.01958	67214.1	119.6001	−275
El Salvador	5419.57	9829.3	77.82186	4.616906	−499.6864	479.4694	20.36338	60.31929	15424.9	88.77473	−202.694
Eritrea	341.9255	1050				52.30538			796.402		−49.999
Ethiopia	2918.701	16965.76	12.53248	17.2435	−8269.356	3988.953	39.77942	31.97825	23063		−60.001
Finland	57618.24	60872.53	69.13877	8.441461	−843.3346	4503.964				154.6078	70
France	501764.8	572233	79.8334	26.66938	−21123.63	35407.75				155.2004	400.002
Georgia	2113.1	7294.6	32.21878	3.899192	−1848.129	1607.525	124.4159	117.9969	15986.8	65.43932	−50
Germany	1334356	1055718	83.99687	16.90519	297318.7	58056.86				133.7623	1850
Ghana	11136.88	12907.21	14.77901	1.509263	−2832.047	3485.333	46.65518	51.80756	21396.1	34.28577	−100
Greece	28165.29	48842.63	37.41004	11.44428	−1964.347	3060.785				126.0338	49.996
Guatemala	10465.3	17001.76	42.25154	5.446996	1023.4	1174.5	16.01511	31.65668	21234	41.91058	−46.073
Guyana	1440.6	1447.8	12.66834	0.1775124	127.8526	31.99908	90.30096	47.32183	1638.94	61.61222	−24.552
Haiti	1036.03	3422.95			−72.45935	104.9	99.03539	26.75633	2158.09	31.55837	−175
Honduras	7939.7	10558.9	33.85056	2.482776	−586.9962	1147.03	45.18007	37.8156	7579.34	60.56947	−14.001
Hong Kong SAR, China	516734	547336	62.98458	12.12123	12711.2	133259.2				210.6171	146.542
Hungary	101915.8	93897.11	86.06151	14.03834	7593.624	69815.57				57.84966	29.999
India	264143.9	361207.8	73.06826	7.12969	−12113.71	44458.57	2.02291	20.40659	456140	75.0338	−2449.998
Indonesia	144743.1	135652.8	47.66832	5.786377	−16952.26	4541.714	−0.4291588	35.13192	316431	47.93617	−825
Iran, Islamic Rep.	73000	40000				3372	1.447356		5378.27	77.64807	−274.998
Iraq	43890	38713	0.002888		3843.1	146.4	61.41538				39.171
Ireland	130869.1	81105.77	87.98463	29.08979	14348.52	79163.35				98.83219	23.497
Israel	60401	68879.4	92.46929	18.38106	11879.3	11902.6				81.10976	50.002
Italy	461874.8	406924.9	83.61707	7.488383	47656.36	19635.9				170.6439	350
Japan	644899.7	607602.4	88.53925	16.22075	193996	39323.37	345.1493	250		108.311	0
Jordan	7548.633	19324.47	72.0381	1.919195	−3688.169	1552.958	289.6285	70.73158	27125.9		0
Kazakhstan	36736.9	25376.7	18.41853	30.38996	−8873.534	16779.57	3.426987	135.1364	163758	43.29844	0
Kenya	5694.932	14107.19			−3375.837	393.3594	45.16796	31.96356	22325	42.56854	−50
Korea, Rep.	495426	406192	90.09222	26.5832	99243	12104.3				169.6304	200
Kyrgyz Republic	1573.2	4000.4	47.1894	18.49041	−792.2426	619.2207	84.75204	125.253	7876.31	18.17313	−100.001
Lao PDR	3352.13	4739.45	27.34315	33.5807	−1233.699	997.4394	58.93152	93.07781	14159.9		−73.518
Lebanon	3930.114	19613.5	60.61875	2.371671	−10555.37	2610.182	189.5427	67.91034	31960.7	209.5882	−150
ILiberia	169.6	1311				453.18	176.6409	52.28681	951.62		−25
Libya	6000	10700			−4705.2	492.556	28.52102			45.36588	−9.997

(계속)

표 12-9 (계속)

	상품무역 수출 (백만 달러) 2016	상품무역 수입 (백만 달러) 2016	제조업품 수출 총상품무역 대비 비중 2016	첨단제품 수출 총상품무역 대비 비중 2016	경상수지 (백만 달러) 2016	해외직접투자의 순이동 (백만 달러) 2016	(순)공적개발지원 1인당(달러) 2016	(순)공적개발지원 GNI 대비(%) 2016	외채 총 백만 달러 2016	은행부문에 의한 국내 여신 (% GDP) 2017	순이주 (1,000명) 2012
Lithuania	25023.8	27339.65	61.5476	11.74856	−490.2204	962.2974				52.21328	−25
Madagascar	2324.83	2854.704	30.50729	0.647806	−37.78601	540.8428	24.97735	30.62165	2934.51	18.77796	−7.5
Malawi	1017.411	2425.144			−911.7952	325.6324	68.72094	34.69913	1846.56	19.59375	−60
Malaysia	189659.3	168430.1	68.51771	42.9748	7132.791	13470.09	−1.662217	69.57507	200364	145.2564	250
Mali	2802.998	4099.776	21.84437	4.708348		125.5309	67.18372	27.94233	3787.945	28.72018	−200
Mauritania	1400.68	1900.061	0.1540533	0.0020465	−706.7855	271.1349	67.62353	84.84731	3833.466		25.502
Mexico	373939.2	397515.8	82.97804	15.2892	−23321.14	34775.68	6.345518	40.6776	422656.8	54.79036	−300
Moldova	2044.6	4020.2	32.90719	3.103245	−285.58	90.97	92.44771	91.96134	6594.69	31.72517	−14.318
Morocco	22838.53	41673.11	70.84036	3.671893	−4531.145	2318.279	56.47737	46.42937	46264.66	108.2576	−257.096
Mozambique	3328.236	5206.186	22.49647		−3845.982	3128.15	53.11924	95.66832	10293.92	43.94093	−25
Myanmar	11831.3	15704.7	28.74643	7.608172	−1760.684	3278.096	29.00602		6453.002	39.30248	−99.998
Nepal	695.949	8934.821	70.72962		−167.8299	105.9964	36.77771	19.72084	4251.27	86.18675	−350
Netherlands	571435.9	505067	67.26064	17.77787	65572.55	185753.1				208.904	80
New Zealand	33740.18	36062.61	18.37345	10.1442	−4376.612	1934.891					74.403
Nicaragua	4781.83	7062.2	50.36539		−989.29	898.9	70.00245	85.35147	10990.9	49.65951	−106.342
Niger	1031.689	1715.323	9.404625	1.937384	−1180.858	301.1279	46.01173	43.49081	3233.062	18.17699	−28.497
Nigeria	35000	39000	1.132071	1.972874	2713.567	4445.103	13.44543	7.85913	31151.47	26.55513	−300
Norway	89483.06	72669.31	22.66745	19.28457	14301.17	−18642.11				150.3312	140
Pakistan	20375	46847	78.22602	1.908155	−7094	2488	15.28368	24.10641	72697.48	52.35623	−1071.778
Palau	6.54	153.508	88.76728	60.28014			35.24487	822.6759			
Panama	11194.93	20569.2	90.11893		−3160	5994.6	5.604693	177.8249	89492.15	80.89943	31.448
Papua New Guinea	8184.847	2360			5180.993	−39.76982	65.29382		19688.49	46.48201	−1.001
Paraguay	8493.659	9752.56	9.444593	7.245459	414.5328	411.466	13.2217	62.89743	16323.43	45.1637	−82.365
Peru	37019.78	36265	13.13829	4.222255	−5303.69	6862.893	10.07779	37.73929	69503.05		−179.54
Philippines	57406.13	89435.02	85.26489	55.10235	−1198.874	8279.548	2.77632	21.06709	77319.2	63.49205	−650
Poland	202526.5	197299.5	80.30425	8.456638	−1369	16758				75.68864	−50.002
Portugal	55369.68	67789.88	76.73627	5.290145	1200.978	9422.381				159.3502	−30.001
Romania	63527.65	74564.22	79.52277	8.499881	−3960.512	6252.036		52.86652	95888.35	34.03604	−150
Russian Federation	281851	191588	21.76542	10.71925	24400.83	32538.9		42.02364	524685.9		799.998
Rwanda	745	2495.47	12.18907	12.28155	−1335.779	266.3	96.35907	34.08812	2783.188	18.93025	−44.999
Saudi Arabia	183579.5	140169.6	17.77306	2.969138	−23842.75	7452.533				34.05945	590
Senegal	2640.277	5477.912	36.46893	2.081141		392.8156	47.7815	46.55899	6637.541	42.23878	−99.996
Serbia	14882.3	19101.6			−1189.782	2354.734	89.74088	83.17655	29599.39	55.584	−50
Sierra Leone	561.3625	981.2297	20.38226	0.0012518	−162.3591	137.9657	93.71717	44.83686	1472.407	21.80289	−21
Singapore	338081	291908.3	79.07356	48.85089	58844.64	74253.03				129.5507	298.448
Slovak Republic	77559.82	75508.52	90.01344	9.825915	−1291.443	3548.473				77.84345	4.999
Somalia						339	81.67344	46.25825	2649.21		−199.788
South Africa	75207.28	91591.76	51.15327	5.292056	−8083.336	2215.307	21.09042	50.94712	146040.3	176.576	300
Spain	290053.6	311101.8	72.56231	6.979881	23768.7	32116.53				187.4506	200
Sri Lanka	10309.7	19182.8	69.96268	0.8430309	−1742.4	897.0494	17.22021	58.97036	46607.9	71.85931	−449.999
Sudan	3093.639	8323.395			−4213.356	1063.768	19.68137	24.34427	21082	22.46039	−250.001
Sweden	139486.8	140822.3	75.59843	14.28624	21674.79	8108.326				154.5169	200
Switzerland	302901.6	270113.1	91.17392	27.08278	63204.91	60477.42				179.71	250
Syrian Arab Republic	1700	4500					481.2491		4394.035		−1240
Tajikistan	899	3031			−362.2339	240.5324	38.20285	59.72486	4876.658	25.18456	−99.999
Tanzania	5129.7	9300.458	25.11053	2.015402	−2009.048	1365.388	41.70898	35.28239	16474.52	20.24924	−199.999
Thailand	215387.5	194198	78.24095	21.51317	48237.25	3063.235	3.307442	31.4314	121497.2	167.3533	97.222
Togo	1035.736	2260.509	51.29814	0.0330341		254.9384	21.68839	29.05971	1176.008	42.84292	−9.999
Tunisia	13572.05	19461.79	81.68865	6.072385	−3694.263	695.101	55.02204	69.49895	28110.51	92.58836	−20
Turkey	142529.6	198618.2	80.09437	2.029508	−33137	13343	45.43944	47.79408	405656.1	80.60418	1525.002
Turkmenistan	7000	7000				4522.482	5.826003	1.477619	508.683		−25.001
Uganda	2482.313	4829.459	24.95576	1.832544	−711.1472	625.7043	42.35276	39.63123	9946.994	23.37815	−150
Ukraine	36364	39151	47.51436		−1340	3441	33.84384	127.7787	117983.3	78.77873	−100
United Arab Emirates	299000	271000	8.24101	2.321466		8985.705				107.593	301
United Kingdom	409578.3	636365.9	79.0882	21.83372	−154872.8	265810.6				165.7866	900
United States	1451011	2250154	63.54046	19.95872	−451692	479415				241.8913	4500
Uruguay	6996.543	8136.629	22.12602	9.707015	416.7716	−379.1089	5.331001			35.03168	−15
Uzbekistan	9000	11500				66.50237	14.36076	23.7539	16282.53		−44.314
Venezuela, RB	23867	13550			−3870	1587	1.373852		113023.9		−60.493
Vietnam	176580.8	174803.8	82.80588		8235	12600	30.59277	45.55726	86952.49	140.062	−200
West Bank and Gaza			65.30162	0.5939233	−1941.333	296.4735	527.6843				−32.816
Yemen, Rep.	500	6800			−561		69.83741	26.01504	7065.832		−150
Zambia	6512.805	7537.346			−953.9616	662.814	58.01684	50.57303	9547.794	27.04363	−40
Zimbabwe	3318.889	3700	13.31729	5.206453	−591.3199	343.0138	40.53593	57.00867	8897.584		−99.998
World	1.61E+07	1.63E+07	68.76595	17.8838		2448814	21.1812			184.1169	0
Low income	62061.57	127382.5				16551.03	46.86778	33.00746	121261.4	26.84755	−3675.622
Middle income	5103479	4843336	67.20647	18.1949		552261.4	13.02121	25.87125	6755687	143.3704	−10964.07
Lower middle income	998864.1	1260704	57.05694	10.18856		116441.5	18.10035	28.57486	1774683	66.86739	−10438.79
Upper middle income	4104594	3583080	69.48473	19.94889		435819.9	6.733557	25.0323	4981004	168.7523	−525.277
Low & middle income	5167787	4970597	66.93696	18.07985		568812.4	25.39131	25.96979	6876948	141.9723	−14639.69
East Asia & Pacific	2926138	2399496		25.59164		219498.9	3.75411	17.182	2308375	194.4983	−3408.905
Europe & Central Asia	675408.5	678141.7	37.90009	8.62032		91933.18	23.50472	53.25211	1522544		1602.472
Latin America & Caribbean	740440.1	770967	56.40022	12.87468		147510	19.82656	38.08083	1740663	82.85127	−1731.412
Middle East & North Africa	229012.3	307430			−2416.237	20827.12	68.75999	18.40857	224686.1	95.23847	−1632.06
South Asia	331796.3	490666.4	73.22927	6.583439	−6962.017	50834.89	7.898018	21.63673	626729.4	71.2793	−7076.44
Sub-Saharan Africa	260179.7	322144.2			−1723.595	38208.45	42.86148	31.91205	453950.2	59.51906	−1544.84
High income	1.10E+07	1.13E+07	69.54354	17.80933		1880001	0.1828541			205.8341	14628.87

국제수지, 외환시장 및 환율

제3부(제13~15장)에서는 국제수지, 외환시장 및 환율결정이론을 다룬다. 국제수지 불균형의 조정, 개방경제 거시경제학 및 현행 국제금융제도의 기능을 다루는 제4부를 이해하기 위해서는 이 3개의 장에서 소개되는 내용을 명확하게 이해하는 것이 필수이다. 제13장에서는 국제수지의 의미, 기능 및 측정을 살펴본다. 제14장에서는 이론을 소개할 뿐만 아니라 외환시장의 실제 작동을 살펴보기 때문에 국제경제학을 공부하는 학생들, 특히 경영학을 전공하는 학생들에게 실질적으로 적합한 내용이다. 제15장에서는 국제수지에 대한 통화론적 접근방법 및 자산시장을 기초로 한 현대적 환율이론과 환율결정이론을 살펴본다.

제 13 장

국제수지

학습목표

■ 국제수지는 무엇이며 무엇을 측정하는지를 이해할 수 있다.

■ 연도별 미국의 국제수지 변화를 설명할 수 있다.

■ 무역수지가 심각하게 악화될 경우의 문제점을 인식하고 최근 미국의 순국제투자포지션을 설명할 수 있다.

13.1 서론

제1부와 제2부에서는 경제의 통화부문과 반대되는 실물부문을 다루었다. 통화는 명시적으로 고려되지 않았고 상대가격으로 표시 되었다. 여기서는 국제경제학 또는 국제금융의 통화측면을 검토한다. 여기서 통화는 명시적으로 도입되고 상품가격은 국내통화와 외국통화 단위로 표시된다. 국제금융에 관한 논의를 국제수지로부터 시작하기로 한다.

국제수지(balance of payments)란 원칙적으로 특정기간에(보통 1년) 한 국가의 거주자가 다른 국가의 거주자와 행한 모든 거래를 기록한 요약표로, 미국과 일부 다른 국가들은 분기별로 이러한 거래를 기록한다. 국제수지의 주요 목적은 정부에게 그 국가의 국제적 위상을 알려 주고 통화정책, 재정정책 및 무역정책을 수립할 때 도움을 주는 것이다. 정부는 또한 주요 교역 상대국의 국제수지를 참조하여 정책결정을 하기도 한다. 한 국가의 국제수지에 포함되어 있는 정보는 국제무역이나 국제금융과 직·간접으로 관련되어 있는 은행, 기업 및 개인들에게 필수불가결한 것이다.

앞에서 정의한 국제수지의 개념을 조금 더 명확하게 설명할 필요가 있다. 첫째 한 국가의 거주자가 외국의 거주자와 행하는 수백만 건의 거래가 문자 그대로 국제수지에 **개별적으로** 나타날 수 없다는 점은 분명하다. 국제수지는 **요약표**로서 모든 상품무역을 몇 개의 항목으로 집계한다. 마찬가지로 유형별 국제자본이동의 순수지(net balance)만을 포함한다. 그뿐만 아니라 한 국가의 중앙은행이 외환보유고의 일부를 자국의 상업은행에 매각하는 경우와 같이 외국의 거주자와 직접적으로 연관되어 있지 않은 거래도 국제수지에 포함된다.

국제거래란 한 국가의 거주자와 외국의 거주자 사이에(보통 지급이 수반되는) 상품, 서비스 및 자산의 교환을 의미하며, (반대급부가 없는) 증여나 기타의 이전 거래도 국제수지에 포함된다. 그러므로 누가 한 국가의 **거주자**인가 하는 문제는 보다 명확하게 설명할 필요가 있다. 외교관, 군인, 관광객 및 일시적으로 이주하는 노동자는 그들이 시민권을 가지고 있는 국가의 거주자이다. 마찬가지로 주식회사는 법인으로 등록된 국가의 거주자이지만, 주식회사의 해외지점이나 현지법인은 그렇지 않다. 물론 이러한 구분은 다소 자의적이고 문제의 여지가 있을 수도 있다. 예를 들면 어떤 노동자가 일시적으로 해외에 이주하여 그곳에서 영원히 거주할 수도 있다. UN, IMF, 세계은행, WTO와 같은 국제기구는 이들 기구가 위치한 국가의 거주자가 아니다. 또한 국제수지는 시간이라는 차원을 가지고 있다는 점도 기억해야 할 것이다. 즉, 국제수지는 일정 기간(보통은 1년) 한 국가의 거주자와 다른 국가의 거주자 사이에서 발생한 상품, 서비스, 증여 및 자산의 이동인 것이다.

이 장에서는 미국과 기타 국가들의 국제거래를 검토한다. 13.2절에서는 국제수지를 기술하는 데 사용되는 몇 가지 회계원리를 논의한다. 13.3절에서는 2017년 미국의 국제거래내역을 제시하고 분석한다. 13.4절에서는 다양한 계정수지와 국제수지 불균형의 개념과 측정에 관해 검토한다. 13.5절에서는 전후 미국의 국제수지를 간략히 검토한다. 13.6절에서는 경상계정의 중요성을 보여주고, 13.7절에서는 미국의 국제투자포지션을 검토한다. 부록에서는 IMF에 보고하는 데 사용하는 국제수지 측정방법을 제시한다. 이러한 방법을 사용함으로써 서로 다른 국가 간의 국제수지의 일관성이 유지되고 상호 비교가 가능해진다.

13.2 국제수지의 회계

우리는 국제수지 회계원칙 또는 국제거래가 일국의 국제수지에 기록 또는 기입되는 방법을 검토한다. 2014년 6월 경제분석국(BEA)은 국제경제계정의 종합적인 재편성을 새로 도입하였다. 그에 따라 2014년 미국의 국제수지는 이러한 새로 도입된 회계원칙을 사용하여 작성되었다. 우리는 국제수지계정의 주요한 세 가지 개념인 경상계정, 자본계정 및 금융계정을 검토하는 것으로부터 시작한다.

13.2A 경상계정과 자본계정

경상계정(current account)거래는 재화와 서비스의 수출과 수입, 외국거주자로부터 수령하거나 지불한 1차(투자) 소득과 외국에 송금하거나 수령한 2차(경상이전, 일례로 노동자의 연금) 소득의 수입(대변)과 지출(차변)을 포함한다. (보통 규모가 매우 작은) 자본계정(capital account)거래는 생산되지 않은 비금융자산의 획득과 처분, 자본이전의 수령과 지불을 의미한다. 재화와 서비스의 수출, 외국거주자로부터 수령한 1차(투자) 소득과 외국에서 수령한 2차(경상이전, 일례로 노동자의 연금) 소득 및 외국에서 수령한 자본이전은 대변거래(credit transactions)로 분류된다. 반면에 재화와 서비스의 수입, 외국거주자에 지불한 1차 소득과 외국에 송금한 2차 소득 및 외국에 지불한 자본이전은 차변거래(debit transactions)에 기록된다.

경상계정거래(current-account transactions)와 자본계정거래(capital-account transactions)에서 순대출(net lending, +)은 한 국가의 경상계정과 자본계정에서 대부가 차입을 초과할 때 발생한다. 우리는 이것을 그 국가가 기타국에 대해 신용을 제공했으므로 순대여라고 부른다. (타국의 총부채의 총신용 초과분에 대해 지불을 약속한 것이므로) 순대부자의 의미는 경상거래와 자본거래에서 지출보다 벌어들이는 것이 더 많다는 것을 의미한다. 경상계정과 자본계정거래에서 순차입(net borrowing, −)은 한 국가의 경상계정거래와 자본계정거래에서 총차입이 총대부를 초과할 때 발생한다. 우리는 이것을 그 국가가 기타국에 대해 신용을 제공했으므로 순차입이라고 부른다. (자국이 총부채의 총신용 초과분에 대해 지불을 약속한 것이므로) 순차입자의 의미는 경상계정거래와 자본계정거래에서 소득보다 지출이 더 많다는 것을 의미한다.

13.2B 금융계정

금융계정(financial account)거래는 금융자산의 순취득, 외국부채의 순발생 및 순금융파생거래(보유고 제외)를 포함한다. 금융자산의 순취득(net acquisition of financial assets)은 직접투자 및 포트폴리오 투자자산(단기 및 장기)뿐 아니라 다른 투자 자산(통화, 예금, 대출, 무역신용, 선지급) 다른 투자 및 공적 준비자산(나중에 논의)을 포함한다. 순부채의 발생(net incurrence of liabilities)은 직접 및 포트폴리오 투자 부채 및 기타 투자 부채(통화, 예금, 대출, 무역신용, 선지급)를 포함한다. 금융파생상품(financial derivatives) 또한 금융계정에 포함된다. 금융파생자산은 보통의 주식 및 채권보다 복잡하지만 그 가치는 주식과 채권의 가치에 따라 결정된다.

금융계정거래에서 순대출(net lending from financial-account transactions, +)은 그 국가의 금융자산의 순취득이 부채의 순발생을 초과할 때 발생하며 금융계정거래에서 순차입(net borrowing from financial-account transactions, −)은 그 국가의 부채의 순발생이 금융자산의 순취득을 초과할 때 발생한다.

공적 준비자산(official reserve assets)은 해당국의 통화당국의 금 보유, 특별인출권(SDR)의 보유, IMF의 준비자산 포지션뿐 아니라 통화당국이 보유하고 있는 공적인 해외통화보유를 포함한다. 특별인출권[또는 지금(paper gold)]은 IMF의 장부상에서 창출된 국제준비자산이며 회원국의 국제무역의 중요성에 따라 회원국에 배분된다. IMF의 보유자산포지션은 IMF에 가입한 회원국이 IMF에 지불한 보유고로서 그 국가는 필요한 경우에 허락 없이 자동적으로 차입할 수 있다. IMF의 회원국은 IMF가 부가한 융자조건을 충족하는 경우 추가적인 대출이 가능하다(특별인출권과 IMF의 준비자산포지션은 제21장에서 자세히 논의함).

13.2C 복식부기에 의한 국제거래

일국의 국제거래를 기록할 때 복식부기(double-entry bookkeeping)로 알려진 회계 절차가 사용되는데, 이것은 거래가 두 번 기록 또는 기입되는 것을 의미한다. 그 이유는 각각의 거래는 일반적으로 양면을 갖기 때문이다. 우리가 무언가를 팔면 그 대가를 받거나 그것에 대해서 지불을 하겠다는 바이어의 약속을 받는다. 유사하게 우리가 무엇을 사면 그것에 대해 지불하거나 지불하겠다는 약속을 하게된다. 이와 같이 각각의 거래는 2번 기입되는데, 한 번은 무언가를 매입하거나 매도하는 것, 그리고 그것에 대한 동일한 지불을 하거나 지불을 받는 것이다.

예를 들어 한 기업이 100달러의 제품을 수출하고 90일 내에 수출업자에게 지불을 하겠다는 수입업자의 약속을 받아들이면 100달러의 수출은 그 국가의 경상계정에 기록되고 100달러의 해외자산의 취득은 그 국가의 금융계정에 기록된다. 90일 내에 지불하겠다는 수입업자의 약속을 승락함으로써 수출업자는 100달러의 청구권을 갖는 것이다. 수입업자가 그 구입에 대해 현금으로 지급하게 되면 그 거래는 전과 동일한 방식으로 기록되고 수출업자가 현금 지급을 받는다는 것을 제외하고는 동일하다. 재화 및 서비스의 수입은 유사하게 기록되고 역으로 기록될 뿐이다. 재화 또는 서비스의 외국으로부터의 수입은 경상계정의 차변에 기록되고 100달러의 부채발생은 금융계정에 기록된다.

또 하나의 국제거래로서 미국 정부가 100달러의 식량원조를 빈국에 제공하는 것을 상정해 보자. 그 거래의 양면은 미국의 경상계정의 차변과 대변에 기록된다. 빈국으로 100달러의 식량을 보내는 것은 미국의 경상계정의 대변에 기록되고 원조가치는 2차 소득으로 기록된다. 국제거래의 또 하나의 다른 예는 일국의 거주자가 100달러의 외국주식을 외국은행으로부터 100달러의 차입을 통해서 구입하는 것이다. 그 거래의 양면은 그 국가의 금융계정에 다음과 같이 기록된다. 금융자산의 취득(100달러 주식의 구입 및 해외부채의 발생)은 대변에, 주식구입을 위한 100달러의 은행융자는 차변에 기록된다.

보다 복잡한 예는 외국의 거주자가 미국의 재무부 증권 200달러를 구입하고 미국에 있는 은행계정에서 인출함으로써 지불하는 경우이다. 미국의 국제수지에서 그 거래는 다음과 같이 기록된다. 재무부 증권 200달러의 구입은 미국 금융계정에서 200달러의 부채의 발생으로 미국의 은행계정 해외거주자가 인출한 것은 금융자산의 취득으로 기록된다. 즉, 자산의 취득과 그와 동일한 액수의 부채의 발생이다.

복식부기로 인해 경상 및 자본계정거래의 순대출과 순차입은 금융계정거래의 순차입 및 순대출과 동일해야 한다.

$$경상계정 + 자본계정 = 금융계정 \qquad (13-1)$$

복식부기 원리로 인하여 경상 및 자본계정의 수지는 금융계정의 수지와 동등해야 한다. 그러나 대부분 이러한 동일성은 오차와 누락으로 인해 현실세계에서는 타당하지 않다. 오차는 서로 다른 기록 조건, 자료수집기관의 차이, 거래의 추정치의 오류에 의해 발생한다. 무역거래보다는 서비스 거래에서 발생하는 누락항은 망각 또는 조세회피 때문에 발생한다. 경상 및 자본, 금융계정에서 총대변과 총차변의 차이는 국제수지에서 통계적 불일치(statistical discrepancy)로 기록된다.

13.3 미국의 국제거래

표 13-1은 이 앞 절에서 논의한 회계 포맷과 회계원리를 활용한 2017년 미국의 국제거래 요약표를 보여 준다. 몇 가지 경우 반올림을 해서 소계의 합계가 총계와 다르게 나타난다.

표 13-1에서 2017년 미국의 경상계정에서 재화와 서비스의 수출 및 소득의 수령(대변)으로 3조 4,330억 달러를 보인다. 이 중 재화의 수출은 1조 5,530억 달러, 서비스의 수출은 7,980억 달러, 1차 소득수입 9,280억 달러, 2차 소득수입 1,540억 달러이다. 미국의 주요 수출품은 석유제품, 자동차, 농업제품, 화학제품(사례연구 13-1)이고 미국의 서비스 수출로는 여행, 운송, 보험, 외국에 제공하는 금융 서비스 등이 포함된다.

한편 2017년 미국의 경상계정에서 재화와 서비스의 수입, 소득지출(차변)은 3조 8,820억 달러이고 그중 재화의 수입은 2조 3,610억 달러, 서비스의 수입은 5,420억 달러, 1차 소득지출은 7,060억 달러, 2차 소득지출은 2,730억 달러이다. 자본계정에서는 자본이전수입 기타 신용은 없고 자본이전지출과 기타 부채도 없다(반올림하여 0으로 기록).

표 13-1 2017년도 미국의 국제거래(10억 달러)

경상계정

재화 및 서비스 수출과 소득수입(대변)	3,433
재화 및 서비스의 수출	2,351
재화	1,553
서비스	798
본원적 소득수입	928
2차 소득(경상이전)수입	154
재화 및 서비스 수입과 소득지출(차변)	3,882
재화 및 서비스의 수입	2,903
재화	2,361
서비스	542
본원적 소득지출	706
2차 소득(경상이전)지출	273

자본계정

자본이전수입과 기타 신용	25
자본이전지출과 기타 신용	0

금융계정

미국의 순 금융자산 취득(파생상품 제외)	
자산/금융 유출의 순증가(+)	1,183
직접투자자산	379
포트폴리오 투자자산	587
기타 투자자산	218
준비자산	−2
미국의 순 금융부채발생(파생상품 제외)	
자산/금융 유입의 순증가(+)	1,538
직접투자부채	355
포트폴리오 투자부채	799
기타 투자부채	384
금융파생상품(준비자산 제외) 순거래	23
통계적 불일치	92

수지

경상계정 수지	−449
재화 및 서비스수지	−552
재화수지	−807
서비스수지	255
본원적 소득수지	222
2차 소득수지	−119
자본계정 수지	25
순대여(+) 또는 순차입(−) (경상 및 자본계정거래)	−424
순대여(+) 또는 순차입(−) (금융계정거래)	−332

출처 : U.S. Department of Commerce, *Survey of Current Business* (Washington, D.C., September 2018), and Borga, M. and K. L. Howell, "The Comprehensive Restructuring of the International Economic Accounts: Changes in Definitions, Classifications, and Presentations," *Survey of Current Business*, September 2018, pp. 1-19.

사례연구 13-1 미국의 주요 수출품 및 수입품

표 13-2는 2017년도 미국의 주요 수출품 및 수입품 액수를 보여 준다. 미국의 주요 수출품은 자동차, 석유제품, 농산품, 화학제품이다. 미국의 수입품은 자동차, 석유제품, 가전제품, 의류 및 가사용품이 주종을 이루고 있다. 표 13-2를 통해 미국은 민간항공기, 화학제품, 농산품, 석유 시추 및 건설장비, 과학장비에서 수출이 수입을 초과함을 알 수 있다. 이러한 것들은 미국이 비교우위를 가지고 있는 상품이다. 미국은 자동차, 가전제품, 의류 및 가사용품, 컴퓨터, 석유제품, 의료제품, 통신장비, 전기기계, 반도체에서 수입이 수출을 초과한다(비교열위를 가지고 있다).

표 13-2 2017년도 미국의 주요 수출품 및 수입품(10억 달러)

수출품	금액	수입품	금액
자동차	157.6	자동차	359.8
석유제품	137.4	석유제품	199.6
농산품	124.2	가전제품	187.8
화학제품	112.0	의류 및 가사용품	136.9
민간항공기	56.0	의료제품	110.1
전기기계	54.9	농산품	108.4
의료제품	51.2	전기기계	76.1
반도체	47.9	화학제품	74.7
과학장비	46.7	통신장비	74.3
가전제품	41.1	컴퓨터	69.0
통신장비	38.2	반도체	54.2
석유 시추 및 건설장비	17.9	과학장비	45.9

출처 : U.S. Department of Commerce, *Survey of Current Business* (Washington, D.C.: U.S. Government Printing Office, September 2018).

미국의 금융계정의 첫 번째 부분에서 2017년 미국은 파생금융상품을 제외하고 1조 1,830억 달러의 금융자산을 획득하였는데, 그중 3,790억 달러는 직접투자, 5,870억 달러는 포트폴리오 투자, 2,180억 달러는 기타 투자의 감소, 20억 달러는 미국의 공적 준비자산의 감소라는 것을 보여 준다.

미국 금융계정의 두 번째 부분에서 파생금융상품을 제외한 1조 5,380억 달러의 금융부채를 부담하였고, 이 중 직접투자는 3,550억 달러, 7,990억 달러는 포트폴리오 투자, 기타 투자 부채는 3,840억 달러라는 것을 보여 준다. 2013년 준비자산을 제외한 파생금융상품의 순수지는 230억 달러이다.

표 13-1에서 금융계정 다음으로 2017년 미국의 통계적 불일치는 920억 달러라는 것을 보여 준다. 이것은 복식부기 원리에 따라 미국의 경상계정과 자본계정의 순차입을 금융계정거래의 순차입과 일치시키는 조건으로부터 도출된다.

13.4 다양한 계정수지와 미국의 국제수지

표 13-1의 하단은 여러 가지 수지를 보여 준다. 표와 같이 미국은 2017년 4,490억 달러의 경상수지 적자를 기록하였다. 이것은 미국의 재화와 용역의 수출, 1차 소득과 2차 소득의 가치(대변)가 재화와 용역의 수입, 1차(투자) 소득과 2차 소득의 가치(차변)에 비해 4,490억 달러의 차이로 부족함을 의미한다. 이것은 5,520억 달러의 재화 및 서비스수지 적자(무역수지 적자 8,070억 달러와 서비스수지 2,550억 달러의 흑자), 1차 소득의 2,220억 달러의 흑자, 1,190억 달러의 2차 소득 수지 적자에 기인한다.

자본계정에서 250억 달러의 흑자로 인해 경상계정에서의 순차입의 합계는 4,240억 달러이다. 이것은 2017년 경상계정 및 자본계정에서 4,240억 달러만큼 소득보다 많이 지출했다는 것을 의미한다.

표 13-1의 마지막 줄은 금융계정거래에서의 순차입이 3,320억 달러임을 보여 준다. 이것은 미국이 2017년 대여보다 차입을 920억 달러만큼 많이 하였음을 의미한다. 복식부기 원리에 따라 경상계정 및 자본계정에서의 순대여 또는 순차입은 금융계정에서의 순대여 또는 순차입과 동일하므로 파생금융상품을 기록한 후에 920억 달러의 **통계적 불일치**가 기록된다(표 13-1 참조).

금융계정거래에서 3,320억 달러의 미국의 순차입 중에서 20억 달러는 미국의 공적 준비자산의 감소로 커버되었다(표 13-1 참조). 제2차 세계대전 후 1971년까지 공적 결제수지(official settlements balance)하에서였다면 미국은 2017년에 20억 달러의 공적 결제수지의 적자를 냈다고 할 수 있다. 그러나 현재의 관리변동환율제도하에서는 20억 달러 공적 준비자산을 잃었다고만 말할 수 있다. 이런 의미는 14.3C절에서 다룬다.

13.5 전후 미국의 국제수지

이 절에서는 표 13-3을 사용하여 미국의 국제수지의 역사를 제시한다. 표 13-3으로부터 미국의 무역수지는 1960년대에는 흑자였으나 1970년대에 적자로 돌아섰고(50년 동안 처음으로 발생한 사건이며 1970년대에는 1970년과 1975년만 무역흑자였음) 1982년 이후에는 적자규모가 크게 확대되었다는 것을 알 수 있다. 이것은 1970년대에 수입석유가격이 크게 상승한 것을 반영하며 1980년대에는 달러의 국제가치가 크게 상승한 것 때문이다. 1990년대와 2000년대에는 유럽과 일본보다 미국의 경제가 급속도로 성장한 것도 그 원인 중 하나이다. 사례연구 13-2는 지난 30년간의 미국과 중국 간의 상품무역적자 및 무역을 보여 준다.

미국의 재화 및 서비스의 수지는 1980년대 이후 미국의 재화 또는 상품무역수지만큼 크게 적자를 보이진 않았다. 왜냐하면 서비스 무역수지 흑자가 점점 증가하였기 때문이다(사례연구 13-3은 미국의 주요 상대국가와의 상품 및 서비스 무역수지를 보여 준다). 미국은 또한 본원적 소득의 흑자가 점증하였고 2차 소득의 적자는 점점 증가하였다. 상품 및 서비스수지, 본원적 소득과 2차 소득수지를 합하면 미국의 경상수지를 도출할 수 있다. 미국의 경상수지는 1960년대에는 흑자였으나 그 이후로 적자로 돌아섰고 그 규모가 확대되었다. 미국의 경상수지 적자는 1980년대에는 연평균 780억 달러였고 1990년대에는 1,160억 달러, 2000년대에는 5,730억 달러였으나 2010년부터 2017년까지는 연평균 4,300억 달러로 하락하였다.

표 13-3 미국의 국제거래 요약(1960~2017)(10억 달러)

연도	재화무역수지	서비스수지	재화 및 서비스수지	본원적 소득수지	2차 소득수지	경상계정 수지
1960	5	−1	4	3	−4	3
1965	5	0	5	5	−5	5
1970	2	0	2	6	−6	2
1975	9	4	12	13	−7	18
1980	−26	6	−19	30	−8	2
1985	−122	0	−122	26	−22	−118
1990	−111	30	−81	29	−27	−79
1995	−174	78	−96	21	−38	−114
2000	−446	70	−377	19	−58	−416
2005	−783	76	−708	68	−100	−740
2006	−836	86	−752	43	−89	−798
2007	−821	124	−699	101	−115	−713
2008	−833	132	−702	146	−125	−681
2009	−510	127	−384	124	−122	−382
2010	−649	154	−495	178	−125	−442
2011	−741	192	−549	221	−133	−460
2012	−741	204	−537	212	−125	−450
2013	−703	224	−478	225	−123	−377
2014	−742	233	−508	238	−119	−390
2015	−762	261	−500	181	−115	−435
2016	−751	249	−502	193	−124	−433
2017	−807	255	−552	222	−119	−449

출처 : U.S. Department of Commerce, *Survey of Current Business* (Washington, D.C. : U.S. Government Printing Office, September 2018 and Previous Issues).

일국의 국제수지를 논의할 때 몇 가지 중요한 요점들을 염두에 두어야 한다. 첫째는 무역수지에 대한 관심이 지나치게 과도하다는 것이다. 특히 무역수지가 적자인 경우에 더욱 그러하다. 그 이유 중 하나는 월별, 분기별 무역수지에 관한 자료가 가장 먼저 공표된다는 것이다. 무역수지가 적자가 된다는 것이 바람직하지 않다는 것은 오도된 이해일 수 있다. 왜냐하면 무역수지 적자는 적자국이 국내에서 소비할 재화가 더 많아진 것을 의미하기 때문이다. 더 나아가 대규모의 지속적인 무역적자(예 : GDP의 2~3%를 초과하는 규모)는 선진국에서는 장기적으로 지속 가능하지 않다. 이 문제는 다음 절에서 검토한다.

둘째, 오늘날의 분절화된 생산이 이루어지는 글로벌 세계에서 무역수지 개념 자체가 모호할 수 있다. 왜냐하면 특정 재화를 수출하는 나라가 그 수출재의 생산에 일부만 기여할 수 있기 때문이다. 여러 경

사례연구 13-2 폭증하는 미국의 대중국 무역수지 적자

그림 13-1은 1985년부터 2017년까지 미국의 대중국 상품 수출과 수입을 보여 주고 있다. 미국의 대중국 수입은 미국의 대중국 수출보다 훨씬 빠르게 증가하여 미국의 대중국 무역수지 적자는 큰 폭으로 빠르게 증가하고 있다(2017년에는 3,360억 달러가 되었다). 사실상 2000년에는 중국이 일본을 제치고 미국의 무역수지 적자가 가장 큰 국가가 되

었다. 2017년 미국의 대중국 무역적자는 대일본 무역적자 570억 달러의 6배 이상이 되었다. 중국과 같이 경제규모가 크고 고도성장을 하는 개발도상국가가 무역수지 흑자를 기록하는 것이 정상적인 일이라고 하더라도 적자규모가 매우 크고 증가 속도가 빠르기 때문에 미국-중국 무역관계에 주요한 걸림돌이 되고 있다.

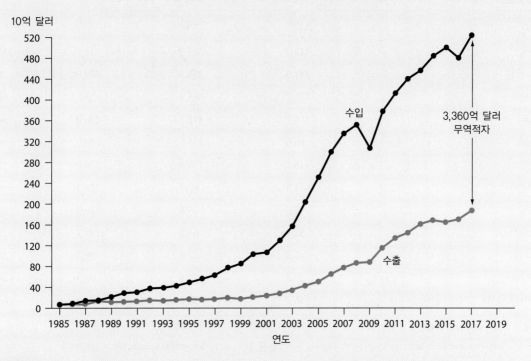

그림 13-1 **미국의 상품 및 서비스에 대한 대중국 수출, 수입 및 순 무역수지(1985~2017)(10억 달러)**

미국의 대중국 수입은 미국의 대중국 수출보다 훨씬 빠르게 증가하여 미국은 큰 폭의 무역수지 적자를 기록하였다.

출처 : U.S. Department of Commerce, *Survey of Current Business* (Washington, D.C. : U.S. Government Printing Office, Various Issues).

우에 한 국가는 그 국가가 다른 국가로부터 수입하는 제품의 부품과 구성품을 단지 조립만 할 수 있다. 예를 들어 중국이 미국으로 수출하는 아이패드(애플이 개발한 제품)는 그 부품이나 구성품의 1/3 이상이 다른 국가로부터 중국이 수입한 구성품일지라도 전적으로 중국의 수출품으로 기록될 수 있다.

셋째, 국제거래는 독립적이지 않고 상호 연관되어 있다는 것을 인지하는 것이 매우 중요하다. 예를 들어 미국이 해외원조를 삭감하게 되면 원조 수령국의 미국으로부터의 수입능력이 감소할 수 있다. 그러므로 미국의 예상하는 무역수지의 개선은 해외원조의 감소보다 적을 수 있으며, 특히 그 원조제품이 미국에 묶여 있는 경우 더욱 그러하다.

마지막으로 중국과 같은 나라가 미국과의 무역적자를 감소시키려 하는 경우 미국의 브라질에 대한

사례연구 13-3 미국의 주요 교역 상대국

표 13-4는 2017년도 미국의 12대 주요 교역 상대국에 대한 상품과 서비스의 수출 및 수입과 이들 국가에 대한 순수지를 보여 주고 있다. 이 표로부터 2017년도 미국의 주요 교역 상대국은 중국, 캐나다, 멕시코, 일본, 독일, 영국의 순임을 알 수 있다. 또한 이 표를 통해 미국은 중국에 대하여

대규모의 상품수지 적자를 기록하고 있음을 알 수 있으며, 바로 이러한 점들이 첨예한 무역마찰의 원인이 되고 있다 (사례연구 13-2 참조). 미국은 또한 2017년에 멕시코, 독일, 일본과도 적자를 보였으나 중국과의 적자가 압도적이다. 같은 해 미국은 브라질, 영국, 캐나다와는 흑자를 기록했다.

표 13-4 2017년도 미국의 주요 교역 상대국에 대한 상품 및 서비스 무역 및 순수지(10억 달러)

국가	수출	수입	총계	순수지[a]
중국	188.0	523.7	711.7	−335.7
캐나다	341.3	338.5	679.8	2.8
멕시코	276.7	345.4	622.1	−68.7
일본	114.7	171.3	286.0	−56.6
독일	86.6	153.3	239.9	−66.7
영국	126.2	110.6	236.8	15.6
대한민국	73.4	82.7	156.1	−9.3
인도	49.5	76.8	126.3	−27.3
프랑스	52.9	66.8	119.7	−13.9
브라질	63.5	35.0	98.5	28.5
이탈리아	27.8	62.5	90.3	−34.7
타이완(중국)	36.2	50.6	86.8	−14.4

[a] 일부 순수지는 10억 달러 반올림 오차 있음.

출처 : U.S. Department of Commerce, *Survey of Current Business* (Washington, D.C. : U.S. Government Printing Office, July 2018).

무역흑자를 감소시킬 수 있다. 왜냐하면 브라질은 중국으로 자연자원을 대부분 수출하여 미국 제품에 대한 수입지출을 하기 때문이다. 다자간 무역과 고도로 상호 의존적인 거래가 이루어지는 세계에서 한 국가의 국제거래에 대한 해석은 특별히 인과관계를 설정하고자 할 때 매우 조심스럽게 다루어져야 한다.

13.6 경상계정의 중요성

표 13-3을 통해서 미국은 과거 수십 년간 경상계정적자가 심화되었는데, 그 주원인은 재화 또는 상품 무역에서의 **무역적자**(trade deficits)(수출을 초과하는 수입)의 증가에 그 원인이 있었다. 이러한 거대한 무역적자는 자주 미국에서 수백만의 일자리 손실이 발생하고 미국의 거대한 해외로부터의 차입 때문에 미국이 최대 채무국이 된 원인인 것으로 비난을 받고 있다. 이러한 비난을 보다 자세히 검토해

보기로 하자.

먼저 모든 차입이 경상 및 무역계정의 적자를 해결하기 위한 수동적 결과는 아니라는 것이다. 미국의 어떤 차입은 외국인이 미국 이외보다 미국에서 실물투자기회가 낮다고 평가하여 이를 활용하기 위한 외국인의 의도에서 발생할 수 있으며, 이러한 차입은 미국의 일자리를 창출하게 된다. 두 번째로 해외로부터의 차입은 미국 자신이 국내투자에 국내저축으로는 재원조달이 어려운 생산적인 투자기회를 활용하기 위한 결과일 수 있다는 것이다. 마지막으로 정부 자신이 재정적자(조세징수를 초과하는 정부지출)를 커버하기 위해 해외로부터 차입을 할 수 있다.

이와 같이 일국의 경상수지는 일국의 국민소득에서 최종 **정산** 결과(bottom line)로 해석될 수 있다. 구체적으로 경상계정적자(current account deficit, $M - X$) 또는 해외 순차입은 재정적자(budget deficit, $G - T$ 또는 정부지출 − 조세)를 커버하기 위한 정부의 공공차입과 민간저축(private saving, S)을 초과하는 민간투자(private investment, I) 또는 민간 순차입의 합계로 해석할 수 있다.

$$
\begin{array}{ccccc}
(M - X) & = & (G - T) & + & (I - S) \\
\text{경상계정적자} & = & \text{정부적자} & + & \text{민간투자 − 민간저축} \\
\text{(해외 순차입)} & = & \text{(공공부문 차입)} & + & \text{(민간부문 차입)} \qquad (13\text{-}2)
\end{array}
$$

이와 같이 경상계정적자(해외순차입)를 감소시키기 위해서는 그 국가는 (1) 순공공차입 (2) 순민간차입 둘 중 하나를 감소시키거나 두 가지를 모두 감소시켜야 하지만 단기에서는 실행하기가 어렵다. 예산 적자를 감소시키기 위해서는 세입을 증가시키거나 정부지출을 감소시켜야 한다. 세입을 증가시키는 것은 인기가 없는 정책이고 정부지출(예 : 건강 및 교육에 대한 지출 등)을 감소시키는 것은 실행하기가 어렵다. 똑같은 이유로 민간 저축을 장려하거나 민간투자를 감소하는 것도 쉽지 않다. 소득이 일정한 상태에서 민간저축은 민간소비를 감소시킴으로써만 증가할 수 있고(예 : 조세징수나 규제 증가를 통하여) 민간투자 역시 성장을 감소시키며 일자리를 축소시키게 된다.

우리는 또한 매우 상호 의존적인 세계에서 살고 있으며 한 국가의 경상수지 적자는 여타 세계의 경상수지 흑자라는 것을 기억해야 한다. 적자국 측면에서 경상적자를 축소시키고자 하는 시도는 흑자국이 경상흑자를 유지하거나 보존하는 정책을 채택해서는 안 된다는 것을 의미한다. 실제로 흑자 국가들은 그들의 흑자를 축소시키고자 하는 조치를 취함으로써 적자국이 적자를 감소시키고자 하는 정책을 용이하게 하여 국제적인 거시경제균형으로 돌아가는 데 기여해야 한다. 이 모든 것은 제18장에서 자세히 검토되는데, 거기서는 특히 조정정책 또는 개방경제 거시경제학을 다룬다.

물론 **경상계정흑자**는 그 국가가 외부세계에 대해 순대여자라는 것을 의미한다. 이것은 그 국가가 예산 흑자 또는 민간에서 저축이 투자를 초과함으로써 소득 이하로 지출한다는 것을 의미한다. 그 국가가 대여하는 금액은 그 국가의 순해외투자를 의미한다.

13.7 미국의 국제투자포지션

일국의 국제수지가 1년 동안 재화, 서비스 및 자본의 국제적 유량을 측정한다면 국제투자포지션(international investment position)은 연말 시점에서 일국의 해외자산 및 외국인 보유 국내자산의 총량 및 분포를 측정한다. 따라서 국제수지는 유량개념이고 국제투자포지션은(국제부채수지라고도 함) 저량개념이다.

일국의 국제투자포지션을 통하여 그 국가의 해외투자로부터 발생하는 미래의 소득흐름과 외국인의 국내투자에 대한 지출의 흐름을 예측할 수 있다. 더 나아가 만약 통계적 불일치가 없고 미국의 해외투자에 저량과 외국인의 미국에 대한 직접투자가 그 기간에 가격과 환율변동을 반영하도록 재평가된다면 전년도 말의 국제투자포지션에 특정 연도 동안의 자본흐름을 더함으로써 특정 연도 말의 국제투자포지션을 알 수 있다.

표 13-5는 해외직접투자를 시장가격을 평가해서 1980년, 1990년, 2000년, 2005년, 2010년, 2015~2017년 미국의 국제투자포지션을 보여 준다. 이 표로부터 우리는 미국의 순해외투자포지션은 1980년 말 3,600억 달러 흑자에서 2017년 말 7조 7,250억 달러의 적자로 크게 악화되었음을 알 수 있다. 또한 그 표로부터 미국의 해외보유자산의 총량은 1980년에 9,300억 달러에서 2017년 27조 7,990억 달러로 30배 증가하였다. 미국의 부채(외국인 보유 미국자산)는 1980년 5,690억 달러에서 2017년 35조 5,240억달러로 더 빠르게(62배) 증가하였다. 그림 13-2에서 1997년 이후로 미국의 경상수지 적자가 크게 증가하였고 1999년 이후로 순국제투자포지션이 악화되었음을 알 수 있다. 그 결과 1990년대에 미국은 대량의 (실제로는 최대) 부채국이 되었다(사례연구 13-4 참조).

표 13-5 미국의 연도별 국제투자포지션(1980~2017)							(단위 : 시장가치 기준, 10억 달러, 연말)	
	1980	1990	2000	2005	2010	2015	2016	2017
미국의 순국제투자포지션	360	−230	−1,337	−1,932	−2,512	−7,462	−8,182	−7,725
순국제투자 포지션(파생금융상품 제외)	360	−230	−1,337	−1,990	−2,622	−7,516	−8,239	−7,753
미국의 자산	930	2,179	6,239	11,962	21,768	23,431	24,061	27,799
자산(파생금융상품 제외) 기능적 범주	930	2,179	6,239	10,772	18,115	20,987	21,840	26,177
직접투자(시장가치)	388	617	1,532	2,652	5,486	7,057	7,422	8,909
포트폴리오 투자	62	342	2,426	4,329	7,160	9,570	10,011	12,544
준비자산	171	175	128	188	489	384	407	449
기타 투자	309	1,045	2,153	3,603	4,980	3,976	3,999	4,273
미국의 부채	569	2,409	7,576	13,894	24,279	30,892	32,242	35,524
부채(파생금융상품 제외) 기능적 범주	569	2,409	7,576	12,762	20,738	28,503	30,079	33,929
직접투자(시장가치)	127	505	1,421	1,906	4,099	6,729	7,596	8,925
포트폴리오 투자	290	1,057	4,247	7,590	11,869	16,646	17,359	19,482
기타 투자	151	847	1,908	3,266	4,769	5,128	5,124	5,522

출처 : U.S. Department of Commerce, *Survey of Current Business* (Washington, D.C.: U.S. Government Printing Office, September 2018 and Previous Issues).

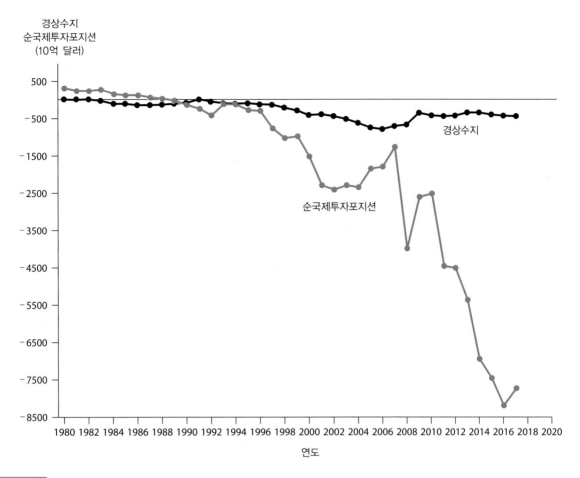

경상수지
순국제투자포지션
(10억 달러)

그림 13-2 미국의 경상수지와 순국제투자포지션(1980~2017)(10억 달러)

미국은 1980년, 1981년 및 1991년을 제외하고는 경상수지 적자를 나타내었다. 미국의 경상수지 적자는 1997년 이후 대규모화되었고 빠른 속도로 증가하였다. 미국의 순국제투자포지션은 1980~1986년에는 양(+)이었으나 그후 음(-)이 되었고 1999년 이후에는 급격히 증가하였다.

출처 : U.S. Department of Commerce, *Survey of Current Business* (Washington, D.C.: U.S. Government Printing Office, September 2018 and Previous Issues).

사례연구 13-4 채무국으로서의 미국

1986년에 미국이 순 채권국에서 채무국으로 이동함에 따라 경제학자, 정치가, 정부관리 간에 이러한 사태 전개의 이점과 위험에 관한 격렬한 논쟁이 있었다. 유리한 점으로는 1980년대 중반 해외투자가 대량으로 유입됨에 따라 미국은 이자율 인상과 민간투자의 '구축(crowding out)' 없이도 재정적자의 절반가량을 충당할 수 있었다. 또한 기업, 농업, 부동산 및 기타 재산에 대해서도 해외투자가 이루어졌으며, 이로 인해 미국이 보다 빠른 성장을 할 수 있었다. 1980년대에 해외투자로 인해 미국 내에서 250만 개의 일자리가

추가적으로 창출되었으며, 외국의 보다 효율적인 신경영기법들이 도입된 것으로 추정된다.

해외투자가 직접적인 생산활동에 투입되고 투자수익이 외국 투자자에게 지급하는 이자나 배당금보다 크면 해외투자는 그만큼 미국에 유리하다. 그러나 해외투자가 단순히 미국 소비지출 증가의 재원이 되면 외국 투자자에게 지급하는 이자나 배당금은 미국의 장래 소비 및 경제성장에 대한 실질적 부담이 되거나 누출됨을 의미한다. 세계에서 가장 경제규모가 크고 부유한 국가인 미국이 외채상환 요구

(계속)

를 받을 경우 이를 갚을 수 있다는 점은 의심할 여지가 없다. (2017년에 GDP의 94%에 해당되긴 하지만) 많은 미국인들에게 보다 곤혹스러운 것은 외채가 다음 세대에 대한 부담이며 미국의 외채로 인해 빈곤국가에서 자본이 이탈되고 있다는 사실이다.

또한 어떤 이유로든 외국인이 갑자기 투자금을 인출해 갈 위험이 존재한다. 그로 인해 금융위기가 촉발되고 미국의 이자율이 상승할 수 있다. 외국인 투자에 대한 투자소득 지급이 증가한다는 것은 장차 미국의 경상수지가 악화되는 것을 의미하며, 이로 인해 기타 국가의 자원이 유출되며 성장이 둔화된다. 일반적으로 미국 내 외국기업들이 발전된 미국 기술을 해외로 이전시킬 것을 우려하는 사람들도 있다. 외국 행정가와 로비스트들이 미국 의회, 주 의회 의사당, 시청 등에 자주 출입함에 따라 미국의 정치, 경제문제에 대한 국내 통제력이 약화될 것이라는 우려도 있다. 이러한 모든 점에는 약간의 아이러니가 있는데, 이러한 우려는 사실상 캐나다, 유럽국가 및 개발도상국들이 1950년대, 1960년대 및 1970년대에 자국으로 유입된 대규모 해외투자(특히 미국 투자)에 대하여 종종 토로하던 불만들이기 때문이다. 1980년대 후반 이후 해외투자의 위험에 대한 미국 내 우려의 목소리가 높았지만 이제 형세는 반전된 것으로 보인다. 대부분의 국가가 해외직접투자를 유치하기 위해 적극적으로 모색한 1990년대 초반에는 이러한 우려가 거의 사라졌으나 2000년대에 와서 다시 나타나고 있다.

출처 : "A Note on the United States as a Debtor Nation," *Survey of Current Business* (Washington, D.C. : U.S. Government Printing Office, June 1985), p. 28 and "The International Investment Position of the United States," *Survey of Current Business* (July 2008–2018).

요약

1. 국제수지란 일정 기간 통상 1년 동안에 한 국가의 거주자와 다른 나라 거주자 사이에 이루어진 모든 거래를 기록한 요약표이다. 주요 목적은 통화당국에게 그 나라의 국제적인 위상을 알리고, 국제무역이나 금융에 관여하고 있는 은행, 기업 및 개인들의 의사결정에 도움을 주는 것이다.

2. 국제수지는 경상계정, 자본계정 및 금융계정으로 나뉜다. 경상계정거래는 재화와 서비스의 수출과 수입, 1차(투자) 소득과 2차(경상이전) 소득의 수입(대변)과 지출(차변)을 포함한다. 자본계정거래는 비생산적 비금융자산의 획득과 처분, 자본이전의 수령과 지불을 의미한다. 순대여는 대부와 차입을 초과할 때 순차입은 차입이 대부를 초과할 때 발생한다. 금융계정거래는 금융자산의 순취득, 부채의 순부담, 파생금융상품의 순거래 등이다. 순차입은 금융자산의 순취득이 부채의 순부담을 초과할 때 발생한다. 공적 준비자산에는 통화당국이 보유하는 금, 특별인출권, IMF 포지션과 외국환보유액이 포함된다.

3. 2017년에 미국의 상품 및 서비스 수출은(미국의 해외자산에 대한 투자소득을 포함하면) 3조 4,330억 달러였으며, 미국의 상품 및 서비스 수입은 (미국 내 해외자산에 대한 투자소득의 지급을 포함하면) (−)3조 8,820억 달러였다. 이와 같이 미국은 2017년 4,490억 달러의 경상수지 적자를 기록하였다. 자본수지는 250억 달러였다. 2017년 미국은 1조 1,830억 달러의 금융자산을 획득하였고 1조 5,380억 달러의 부채를 부담하였다. 파생금융상품의 순수지는 (−)230억 달러였다. 이와 같이 미국의 금융계정은 3,320억 달러의 순차입을 기록하였다. 복식부기원리에 따른 통계적 불일치는 920억 달러이다.

4. 중요한 국제수지 요소로는 상품, 서비스 각각의 수지, 상품과 서비스를 합계한 수지, 1차 소득수지, 2차 소득수지 그리고 마지막 세 가지 수지의 합계인 경상수지가 있다. 경상계정과 자본계정의 수지는 경상 및 자본계정에서 그 국가가 순대여인지 순차입인지를 보여 준다. 자본계정 수지는 자본계정거래에서 순대여자인지

순차입자인지를 보여 준다.

5. 미국은 1960년대 경상수지 흑자를 보였으나 1970년 대에 와서는 경상수지 적자로 돌아섰으며, 1982년에 적자폭이 매우 컸다. 1980년대 경상수지 적자규모는 연 780억 달러, 1990년대에는 1,160억 달러, 2000년대 5,730억 달러로 증가하다가 2010년부터 2017년 기간에 4,300억 달러로 감소하였다.

6. 일국의 경상수지는 그 국가의 국민소득 추계에서 **최종 정산 결과**를 보여 주므로 특별히 중요하다. 좀 더 구체적으로 표현하면 경상계정적자 또는 해외로부터의 순

차입은 예산적자를 충당하기 위한 순정부(공공)차입과 민간부문 순차입 또는 민간투자(I)의 민간저축(S) 초과분의 합계이다.

7. 국제투자포지션 또는 국제대차는 매년 말 한 국가의 해외자산과 그 국가 내 외국자산의 총량 및 분포를 측정하며, 미국의 해외투자로부터의 소득과 미국에서의 해외투자에 대한 지급의 미래흐름을 예측하는 데 유용하게 쓰인다. 미국은 1914년 이후 1986년에 처음으로 순채무국이 되었고 지금은 세계에서 채무규모가 가장 큰 국가이다.

주요용어

경상계정(current account)
경상계정거래(current-account transactions)
경상계정적자(current account deficit, $M-X$)
공적 결제수지(official settlements balance)
공적 준비자산(official reserve assets)
국제수지(balance of payments)
국제투자포지션(international investment position)
금융계정(financial account)
금융계정거래에서 순대출(net lending fromfinancial-account transactions, $+$)
금융계정거래에서 순차입(net borrowing from financial-account transactions, $-$)
금융자산의 순취득(net acquisition of financial assets)
금융파생상품(financial derivatives)

대변거래(credit transactions)
무역적자(trade deficits)
민간저축(private saving, S)
민간투자(private investment, I)
복식부기(double-entry bookkeeping)
순대출(net lending, $+$)
순부채의 발생(net incurrence of liabilities)
순차입(net borrowing, $-$)
자본계정(capital account)
자본계정거래(capital-account transactions)
재정적자(budget deficit, $G-T$)
차변거래(debit transactions)
통계적 불일치(statistical discrepancy)

복습문제

1. 국제수지란 무엇인가? 어떠한 점에서 국제수지는 요약표인가? 국제거래란 무엇인가? 한 국가의 거주자는 어떻게 정의되는가? 한 국가의 국제수지를 측정하는 데 시간은 어떤 관련이 있는가?

2. 경상계정에는 어떤 국제거래가 포함되는가? 자본계정

은 무엇을 포함하는가? 경상계정과 자본계정에서 대변거래와 차변거래는 무엇인가? 경상계정과 자본계정에서 순대여와 순차입은 무엇을 의미하는가?

3. 금융계정에는 어떤 국제거래가 포함되는가? 금융자산의 순획득의 의미는? 부채의 순부담은? 금융계정거래

에서 순대출과 순차입이란?

4. 전반적인 국제수지는 왜 항상 균형을 이루어야 하는 가? 복식부기란 무엇인가? 복식부기에서는 왜 통계적 불일치란 항목을 설정하는가? 통계적 불일치는 어떻게 발생하는가?

5. 2014년 미국의 경상계정은 순대출과 순차입 중 어느 것인가? 그 규모는?

6. 2014년 미국의 금융계정은 순대출과 순차입 중 어느 것인가? 그 규모는?

7. 2017년 920억 달러의 통계적 불일치는 어떻게 발생했는가?

8. '경상계정이 국가의 국민소득에서 최종 정산 결과'라는 의미는 무엇인가?

9. 경상계정적자, 예산적자, 민간투자 및 민간저축 간에는 어떤 관계가 있는가?

10. 일국의 국제수지나 국민소득을 분석함에 있어 피해야 할 가장 심각한 위험은 무엇인가?

11. 종전 이후 미국의 무역수지 불균형의 원인과 결과는 무엇인가?

12. 한 국가의 국제투자포지션 또는 국제대차란 무엇인가? 국제투자포지션은 국제수지와 어떤 관계가 있는가?

13. 한 국가의 국제투자포지션이 중요한 이유는 무엇인가?

14. 미국이 순채무국이 되었기 때문에 발생하는 유리한 점과 위험에는 어떠한 것들이 있는가?

연습문제

문제 1~7번의 거래가 미국의 국제수지에 어떻게 기입되는가를 보이라.

1. 미국의 거주자가 영국의 거주자로부터 500달러의 상품을 수입하고 3개월 후에 대금을 지불하기로 하였다.

2. 해외원조계획의 일환으로 미국 정부가 미국은행에 있는 100달러의 은행잔고를 개발도상국에 제공하였다.

3. 미국 정부는 100달러 상당의 식량원조를 개발도상국에 제공하였다.

4. 미국의 거주자가 1,000달러의 외국 주식을 구입하고 대금은 그의 해외은행잔고에서 인출하여 지불하였다.

5. 미국 거주자가 외국 주식에 대한 배당금으로 100달러를 받아서 해외에 있는 그의 은행계정에 예금하였다.

6. 외국투자가가 400달러의 미국 재무부 증권을 구입하고 대금은 미국에 있는 그의 은행잔고에서 인출하여 지불하였다.

7. 연습문제 6번의 외국 투자가는 (동일한 연도에) 만기가 되어 원금과 이자를 합쳐 410달러를 지급받아 이 달러를 자국의 은행에 예금하였다.

8. 국가의 경상수지 적자가 1,000억 달러이고, 예산적자가 800억 달러, 국가의 민간저축이 200억 달러라고 가정하면 민간투자는 얼마인가?

9. 식 (13-2)를 (a) 경상계정흑자의 관점에서 재작성한 후 (b) 예산흑자의 관점에서 풀고, 다시 (c) 민간저축의 관점에서 문제를 풀어라.

10. 최근 연도에 대하여 표 13-1을 작성하라.

11. 최근 연도에 대하여 표 13-2를 작성하라.

12. 최근 연도에 대하여 표 13-3을 작성하라.

13. 최근 연도에 대하여 표 13-4를 작성하라.

14. 최근 연도에 대하여 표 13-5를 작성하라.

부록

A13.1 IMF의 국제거래 보고방식

이 부록의 A13.1절에서는 모든 국가가 국제통화기금(IMF)에 보고할 때 이용하는 국제수지의 측정방법을 소개한다. 이와 같이 표준화된 보고방식 때문에 여러 국가의 국제수지를 일관성 있게 비교할 수 있다.

표 13-6은 2017년 한 해에 대해 미국, 일본, 독일, 영국, 프랑스, 이탈리아, 캐나다의 국제수지표를 국제통화기금의 표준형식으로 요약해서 보여 준다. 표 13-7은 스페인, 대한민국, 중국, 인도, 브라질, 러시아, 멕시코의 국제수지를 요약해 보여 준다.

표 13-6의 항목 A로부터 2017년에 미국은 (−)4,491억 달러의 경상계정 수지 적자를 기록한 반면 일본은 (+)1,958억 달러의 경상수지 흑자를 기록했음을 알 수 있다. 또한 독일은 (+)2,915억 달러의 경상수지 흑자, 영국은 (−)984억 달러의 경상수지 적자, 프랑스는 (−)133억 달러의 경상수지 적자, 이탈리아는 (+)554억 달러의 경상수지 흑자, 그리고 캐나다는 (−)488억 달러의 경상수지 흑자를 기록했음을 알 수 있다.

표 13-6의 항목 B는 자본계정을 보여 준다. 자본계정은 자본이전과 생산되지 않은 비금융자산의 취득과 처분을 측정한다. 자본이전은 고정자산의 소유권 이전과 고정자산의 취득 및 처분과 연관된 자금의 이전으로 구성된다. 비생산 비금융자산의 취득과 처분에는 특허, 리스 및 기타 이전 가능 계약과 같은 무형자산을 포함한다. 표 13-6으로부터 2017년도에 미국의 자본계정 수지는 248억 달러였지만 다른 6개 국가의 자본계정은 미미한 수준이었음을 알 수 있다.

표 13-6의 항목 C는 금융계정을 보여 준다. 이 금융계정은 이 장에서 논의한 자본계정과 거의 동일하다. 금융계정은 (한 국가에 대한 그리고 한 국가로부터의) 직접투자, 포트폴리오 투자자산 및 부채(주식 및 채권) 그리고 통화당국, 일반정부, 은행 및 기타 부문의 기타 투자자산 및 부채를 측정한다. (대외채무와 마찬가지로 만기가 중요한) 기타 투자를 제외하고는 장기자본과 단기자본이라는 전통적인 구분방법을 이제는 사용하지 않으며, 단기채나 파생금융상품은 금융계정의 포트폴리오 항목에 기록한다. 2017년도에 각국의 금융계정 수지는 미국 −3,302억 달러, 일본 1,338억 달러, 독일 3,177억 달러, 영국 −934억 달러, 프랑스 −307억 달러, 이탈리아 686억 달러, 그리고 캐나다의 경우 −409억 달러였다.

경상계정(항목 A), 자본계정(항목 B), 금융계정(항목 C) 및 순오차 및 누락(항목 D)을 합하면 한 국가의 국제수지가 된다. 표 13-7로부터 국제준비자산 및 관련 항목(E)의 변화는 일본(236억 달러)의 경우를 제외하고는 매우 작다는 것을 알 수 있다.

> **연습문제**　고정환율제도하에서 표 13-6과 13-7에 제시된 국가들의 국제수지 흑자나 적자가 얼마인지를 보이라.

표 13-6   IMF 방식에 의한 국제수지포지션 : 미국, 일본, 독일, 영국, 프랑스, 이탈리아, 캐나다(10억 달러)[a]

	미국	일본	독일	영국	프랑스	이탈리아	캐나다
A. 경상계정	**−449.1**	**195.8**	**291.5**	**−98.4**	**−13.3**	**55.4**	**−48.8**
상품 대변(수출)	1,553.4	688.9	1,434.1	436.4	554.3	496.2	423.5
상품 차변(수입)	2,360.9	644.7	1,134.5	612.9	608.4	432.7	442.1
상품수지	−807.5	44.2	299.6	−176.5	−54.1	63.4	−18.7
서비스 : 대변(수출)	797.7	186.3	308.7	359.9	276.0	112.1	87.3
서비스 : 차변(수입)	542.5	192.9	332.5	212.4	245.9	116.0	106.3
상품 및 서비스 수지	−552.3	37.7	275.7	−29.0	−23.9	59.5	−37.7
1차 소득 : 대변	928.1	272.4	225.9	222.3	186.7	81.7	88.9
1차 소득 : 차변	706.4	95.5	149.4	264.7	126.8	69.3	97.8
상품, 서비스 및 1차 소득수지	−330.5	214.7	352.3	−71.4	36.0	72.0	−46.7
2차 소득 : 대변	154.1	20.0	81.4	24.8	31.3	18.9	9.7
2차 소득 : 차변	272.7	38.9	142.2	51.8	80.6	35.4	11.8
B. 자본계정[b]	**24.8**	**−2.6**	**−0.3**	**−2.2**	**1.3**	**−1.1**	**−0.0**
자본계정 : 대변	24.8	0.6	26.6	2.4	2.5	3.6	0.2
자본계정 : 차변	0.0	3.1	26.9	4.7	1.2	4.7	0.3
A와 B의 총합	−424.4	193.2	291.1	−100.6	−12.0	54.3	−48.9
C. 금융계정[b]	**−330.2**	**133.8**	**317.7**	**−93.4**	**−30.7**	**68.6**	**−40.9**
직접투자 : 자산	379.2	168.6	125.0	147.1	57.0	13.0	81.2
주식 및 투자기금 몫	352.5	145.6	80.7	107.8	45.1	16.4	80.6
부채	26.7	22.9	44.3	39.3	11.9	−3.4	0.6
직접투자 : 부채	354.8	18.8	77.9	64.7	47.3	9.2	27.5
주식 및 투자기금 몫	308.4	16.7	27.5	67.6	39.9	17.1	29.4
부채	46.4	2.2	50.5	−2.9	7.4	−7.9	−1.8
포트폴리오 투자 : 자산	586.7	100.9	118.6	112.9	45.7	142.2	65.4
주식 및 투자기금 몫	166.8	100.3	69.9	75.3	44.4	108.9	52.9
부채	419.9	0.7	48.7	37.5	1.3	33.3	12.5
포트폴리오 투자 : 부채	799.2	153.0	−109.5	197.2	26.4	32.2	146.4
주식 및 투자기금 몫	155.7	16.6	−5.5	64.8	9.2	17.2	43.2
부채	643.5	136.4	−104.0	132.4	17.2	15.1	103.3
파생금융상품 및 피고용인 스톡옵션(ESO) : 순	23.1	30.6	10.3	12.6	−1.0	−8.4	−
파생금융상품 및 ESO : 자산	−	−400.5	10.3	−	6.4	−	−
파생금융상품 및 ESO : 부채	−	−431.0	−	−	7.4	−	−
기타 투자 : 자산	218.5	4.5	145.9	258.8	142.6	27.5	31.0
기타 주식	−	5.9	4.4	0.4	2.5	0.1	−
부채	218.5	−1.5	141.5	258.4	140.1	27.4	31.0

표 13-6	2017년도 IMF 방식에 의한 국제수지포지션 : 미국, 일본, 독일, 영국, 프랑스, 이탈리아, 캐나다(10억 달러)[a] (계속)						
	미국	일본	독일	영국	프랑스	이탈리아	캐나다
기타 투자 : 부채	383.7	−1.1	113.6	362.8	201.2	64.4	44.6
기타 주식	−	0.0	−0.2	−	−0.0	0.0	−
부채	383.7	−1.1	113.8	362.8	201.3	64.4	44.6
경상계정+자본계정−금융 계정수지	−94.2	59.4	−26.6	−7.3	18.7	−14.3	−7.9
D. 순오차 및 누락항	**92.5**	**−35.8**	**25.1**	**14.8**	**−22.1**	**17.2**	**8.8**
E. 준비자산 및 관련 항목	**−1.7**	**23.6**	**−1.5**	**7.5**	**−3.4**	**2.9**	**0.9**
준비자산	−1.7	23.6	−1.5	7.5	−3.4	2.9	0.9
IMF 여신	−	−	−	−	−	−	−
예외적 금융	−	−	−	−	−	−	−

[a] 반올림으로 인하여 일부 합은 일치하지 않는다. 미국 값은 정의와 데이터 수정이 다르기 때문에 표 13-1의 값과 약간 다르다.
[b] E 항목의 범주로 분류된 요소는 제외한다.

출처 : International Monetary Fund, *Balance of Payments Statistics Yearbook* (Washington, D.C., 2018).

표 13-7	2017년도 IMF 방식에 의한 국제수지포지션 : 스페인, 대한민국, 중국, 인도, 브라질, 러시아, 멕시코(10억 달러)[a]						
	스페인	대한민국	중국	인도	브라질	러시아	멕시코
A. 경상계정	**25.0**	**78.5**	**164.9**	**−38.2**	**−9.8**	**33.3**	**−19.5**
상품 대변(수출)	313.5	577.4	2,216.5	304.1	217.2	353.5	409.8
상품 차변(수입)	338.3	457.5	1,740.3	452.2	153.2	238.1	420.8
상품수지	119.9	476.2	−148.1	64.0	115.4	−10.9	−18.7
서비스 : 대변(수출)	139.4	87.5	206.5	185.3	34.5	57.7	27.6
서비스 : 차변(수입)	76.3	121.9	471.9	109.4	68.3	88.8	37.5
상품 및 서비스 수지	38.3	85.4	210.7	−72.2	30.2	84.3	−20.8
1차 소득 : 대변	61.5	24.4	257.3	18.5	11.9	46.6	10.4
1차 소득 : 차변	62.5	24.3	291.8	44.9	54.5	88.7	38.7
상품, 서비스 및 1차 소득수지	37.3	85.5	176.3	−98.6	−12.4	42.3	−49.1
2차 소득 : 대변	17.9	9.4	28.6	67.1	5.4	10.6	30.6
2차 소득 : 차변	30.2	16.5	40.0	6.6	2.8	19.5	0.9
B. 자본계정[b]	**3.1**	**−0.0**	**−0.0**	**0.0**	**0.4**	**−0.2**	**0.2**
자본계정 : 대변	3.9	0.2	0.2	0.4	0.5	0.6	0.5
자본계정 : 차변	0.9	0.3	0.3	0.4	0.2	0.8	0.3
A와 B의 총합	28.1	78.4	164.8	−38.1	−9.4	33.1	−19.3
C. 금융계정[b]	**21.7**	**82.7**	**−148.6**	**−76.6**	**−11.2**	**14.2**	**−24.9**
직접투자 : 자산	26.1	31.7	101.9	11.1	6.3	36.8	3.4
주식 및 투자기금 몫	39.5	25.0	99.7	5.9	6.2	34.2	5.9
부채	−13.4	6.6	2.2	5.2	0.1	2.6	2.6

(계속)

| 표 13-7 | 2017년도 IMF 방식에 의한 국제수지포지션 : 스페인, 대한민국, 중국, 인도, 브라질, 러시아, 멕시코(10억 달러)[a](계속) |

	스페인	대한민국	중국	인도	브라질	러시아	멕시코
직접투자 : 부채	6.2	17.1	168.2	39.9	70.7	28.6	32.1
주식 및 투자기금 몫	3.9	10.5	142.2	37.1	59.1	26.6	22.1
부채	2.3	6.5	26.0	2.9	11.5	1.9	9.9
포트폴리오 투자 : 자산	95.2	75.5	109.4	0.3	12.4	1.3	15.8
주식 및 투자기금 몫	62.3	33.9	37.7	0.3	10.0	0.2	13.3
부채	32.9	41.6	71.7	−	2.4	1.1	2.5
포트폴리오 투자 : 부채	68.7	17.7	116.8	30.9	−1.1	9.3	23.9
주식 및 투자기금 몫	27.2	8.7	33.9	5.9	5.7	−7.9	10.3
부채	41.5	9.0	82.9	24.9	−6.7	17.2	13.7
파생금융상품 및 피고용인 스톡옵션(ESO) : 순	−2.4	−8.3	−0.5	−0.1	0.7	0.2	3.9
파생금융상품 및 ESO : 자산	−	−	−1.5	18.9	−8.2	−14.0	−
파생금융상품 및 ESO : 부채	−	−	−1.0	19.1	−8.9	−14.2	−
기타 투자 : 자산	42.3	21.9	76.9	60.3	44.8	−8.5	5.5
기타 주식	0.3	0.3	−0.0	−	0.4	0.7	−
부채	42.0	21.6	76.9	60.3	44.4	−9.1	5.5
기타 투자 : 부채	64.7	3.4	151.3	77.3	5.8	−22.4	−2.4
기타 주식	−0.0	−0.0	−	−	−	0.0	−
부채	64.7	3.5	151.3	77.3	5.8	−22.4	−2.4
경상계정+자본계정−금융계정수지	6.4	−4.3	313.4	38.5	1.8	18.9	5.6
D. 순오차 및 누락항	−2.3	8.7	−221.9	−1.4	3.2	3.8	−10.4
E. 준비자산 및 관련 항목	4.1	4.4	91.5	37.1	5.1	22.6	−4.8
준비자산	4.1	4.4	91.5	37.1	5.1	22.6	−4.8
IMF 여신	−	−	−	−	−	−	−
예외적 금융	−	−	−	−	−	−	−

[a] 반올림으로 인하여 일부 합은 일치하지 않는다. 미국 값은 정의와 데이터 수정이 다르기 때문에 표 13-1의 값과 약간 다르다.

[b] E 항목의 범주로 분류된 요소는 제외한다.

출처 : International Monetary Fund, *Balance of Payments Statistics Yearbook* (Washington, D.C., 2018).

외환시장과 환율

14.1 서론

외환시장(foreign exchange market)이란 개인, 기업 및 은행이 외국통화 또는 외환을 사고파는 시장이다. 어떤 특정 통화(예 : US 달러)에 대한 외환시장은 달러가 다른 통화와 거래되는(예 : 런던, 파리, 취리히, 프랑크푸르트, 싱가포르, 홍콩, 동경, 뉴욕 등과 같은) 모든 장소로 구성되어 있다. 이러한 금융센터들은 전산망으로 연결되어 있으며 상호 간 끊임없는 접촉을 하면서 단일한 국제적 외환시장을 형성한다.

14.2절에서는 외환시장의 기능을 살펴보고, 14.3절에서는 환율과 재정을 정의하고 환율과 국제수지의 관계를 살펴본다. 14.4절에서는 현물환율(spot rates) 및 선물환율(forward rates)을 정의하고 통화스왑, 통화선물 및 통화옵션을 논의한다. 14.5절에서는 환위험, 헤징 및 투기를 다룬다. 14.6절에서는 외환시장의 효율성을 살펴보고, 커버된 이자재정 및 커버되지 않은 이자재정을 살펴본다. 마지막으로 14.7절에서는 유로커런시(Eurocurrency), 유로본드(Eurobond) 및 유로노트(Euronote) 시장을 살펴본다. 부록에서는 커버된 이자재정 마진을 정확하게 계산하는 공식을 유도한다.

14.2 외환시장의 기능

지금까지 외환시장의 중요한 기능은 자금 또는 구매력을 한 국가 및 한 국가의 통화로부터 다른 국가 및 다른 국가의 통화로 이전하는 것이었다. 이는 보통 전자이체에 의해 이루어지는데, 최근에는 인터넷에 의한 자금이전이 증가하고 있다. 이러한 방법을 이용하여 국내은행은 외국 금융센터에 있는 환거래 은행으로 하여금 특정 수량의 현지 통화를 개인이나 기업 또는 계정에 지급할 것을 지시한다.

외환에 대한 수요는 관광객이 다른 나라를 방문하여 자국 통화를 방문국 통화로 환전할 때나 국내기업이 다른 나라로부터 수입하려 할 때 그리고 한 개인이 해외에 투자하려고 할 때 등 여러 경우에 발생한다. 한편 한 나라의 외환공급은 외국인 여행자의 지출, 수출로 인한 외화 획득 그리고 해외투자로부터 발생한 소득 수취의 경우에 발생한다. 예를 들어 미국기업이 영국에 수출하고 영국기업으로부터 파운드 스털링(영국 통화)으로 지급받는다고 가정하자. 이 경우 미국의 수출업자는 은행에서 파운드화를 달러로 환전할 것이다. 그러면 이 은행은 영국을 방문하려는 미국 거주자들이나 영국으로부터 수입을 하고 파운드화로 지급하고자 하는 미국기업 또는 영국에 투자하기 위해 파운드화가 필요한 미국 투자자들에게 이 파운드화를 팔아 달러를 받는다.

따라서 한 나라의 상업은행은 그 나라 거주자들의 해외거래 과정에서 발생하는 외환의 수요와 공급에 관한 청산소(clearinghouse) 역할을 수행한다. 만약 이러한 기능이 없다면 영국의 파운드화를 필요로 하는 미국의 수입업자는 판매할 파운드화를 보유하고 있는 미국의 수출업자를 직접 찾아 나서야만 할 것이다. 이러한 일은 매우 많은 시간을 낭비하고 비효율적이고 본질적으로는 물물교환과 다를 바 없다. 파운드화의 초과공급 상태에 있는 미국의 상업은행들은 여분의 파운드화를 (외환 브로커를 매개로 하여) 고객의 수요를 충당할 만큼 파운드화를 보유하지 못한 상업은행에 매도한다. 최종적으로 한 국가는 자국 국민의 해외여행 지출, 수입 그리고 해외투자 등에 필요한 외환을 외국인의 국내 관광 및 수출 그리고 해외 투자수익 등으로 발생하는 외환 수취로 지급한다.

만일 한 나라의 대외거래 과정에서 발생한 외환에 대한 총수요가 총공급을 초과하면, 총외환수요량과 총외환공급량의 균형이 이루어지도록 (다음 절에서 살펴보는 바와 같이) 그 나라 통화와 다른 나라 통화 간의 교환 비율이 변화한다. 만약 이러한 환율의 조정이 이루어지지 않는다면 그 나라의 상업은행들은 중앙은행으로부터 차입을 해야만 한다. 이때 이 나라 중앙은행은 '최후의 대부자(lender of last resort)'로서의 역할을 하며 중앙은행의 외환보유고가 감소한다(즉, 국제수지의 적자). 반면에 한 나라의 대외거래 과정에서 외환의 초과공급이 발생하면(그리고 환율이 변화하지 않는다면) 이러한 외환의 초과공급분은 그 나라 중앙은행에서 자국통화로 환전되므로 그 나라의 외환보유고는 증가한다(국제수지의 흑자).

이와 같이 외환시장에는 네 단계의 거래자 또는 참가자가 있음을 알 수 있다. 가장 아래 또는 첫 번째 단계는 여행자, 수입업자, 수출업자, 투자자 등과 같은 전통적 이용자들이다. 이들은 외국통화의 직접적 이용자이며 공급자이기도 하다. 다음 두 번째 단계는 외환의 이용자와 획득자 사이에서 청산소로서의 역할을 수행하는 상업은행들이다. 세 번째 단계는 외환 브로커들인데, 이들은 상업은행 간 (소위 은행 간 시장 또는 도매시장) 외환의 유입과 유출을 원활하게 해 주는 역할을 한다. 마지막으로 네 번째 단계는 한 나라의 중앙은행으로, 중앙은행은 그 나라의 총외환수입과 지출이 일치하지 않을 때 최후의 구매자와 판매자로서의 역할을 수행한다. 그 결과 중앙은행의 외환준비고가 감소하거나 증가한다.

미국 달러화는 미국의 국가통화뿐만 아니라 국제통화로서의 특수한 지위를 갖고 있으므로 미국의 수입업자와 해외에 투자하고자 하는 미국 내 거주자들은 달러로 지불할 수가 있다. 그렇기 때문에 영국에서 달러를 파운드화로 환전해야 하는 사람들은 바로 영국의 수출업자나 해외투자 수취인들이다. 마찬가지로 미국의 수출업자와 해외투자 수취인도 달러로 지불할 것을 요구할 수 있다. 이때 영국의 수입업자나 투자자들은 런던에서 파운드화를 달러로 환전하여 지불해야 한다. 이러한 이유로 **외국의 금융센터**는 규모가 더 커지게 된다.

그러나 미국 달러는 국제통화 이상의 역할을 한다. 달러는 **기축통화**(vehicle currency)이다. 즉, 달러는 브라질의 수입업자가 일본의 수출업자에게 대금결제를 하는 경우와 같이 미국과 관계없는 거래의 경우에도 사용된다(사례연구 14-1 참조). 유럽통화동맹 또는 EMU의 새로 창설된 통화인 유로의 경우도 마찬가지이다. 미국은 달러가 기축통화로 사용될 때 세뇨리지(seigniorage) 이익을 얻는다. 이것은 외국인이 해외에서 보유하고 있는 달러 금액만큼 발생하며 그만큼 미국에 대해 무이자 대출을 해 주는 것과 같다. 현재 미국 달러의 60% 이상이 해외에서 보유되고 있다.

스위스 바젤에 있는 국제결제은행(BIS)의 세계 전체 외환거래 총액은 2001년에는 하루에 거의 1조 2,000억 달러, 2004년에는 1조 9,000억 달러, 2007년에는 3조 3,000억 달러, 2010년에는 4조 달러, 2013년에는 5조 3,000억 달러, 2017년에는 5조 1,000억 달러에 이르는 것으로 추정되고 있다. 이는 2017년 세계 전체 연평균 무역거래액과 미국 GDP의 약 25%에 해당한다. 영국 소재 은행들이 외환시장 턴 오버의 대략 37%를, 그다음은 미국이 약 20%를, 싱가포르는 8%, 홍콩 7%, 일본 6%, 프랑스 3%, 스위스 · 오스트레일리아 · 독일은 2%, 기타 소규모 시장이 나머지를 차지한다. 대부분의 외환거래는

사례연구 14-1 지배적인 국제통화로서의 미국 달러

오늘날 미국의 달러는 국내거래뿐만 아니라 국제 민간거래와 국제간 공적 거래에 있어서도 계산의 단위, 교환의 매개수단 및 가치저장 수단의 역할을 하는 지배적인 기축통화이다. 미국 달러는 제2차 세계대전 이후 영국의 파운드를 대신하여 지배적인 기축통화가 되었는데, 그 이유는 달러 가치의 안정, 고도로 발달된 미국의 대형 금융시장 및 거대한 규모의 미국 경제 때문이다. 또한 (유럽연합 28개 회원국의 19개국 공식통화인) 유로는 1999년 처음 탄생한 이후 두 번째로 중요한 기축통화가 되었다(사례연구 14-2 참조).

표 14-1은 2016년도 세계경제에서 달러, 유로 및 기타 주요 통화의 상대적 중요성을 보여 주고 있다. 이 표는 외환거래의 43.8%가 달러로, 15.7%가 유로로, 10.8%가 일본의 엔으로, 6.4%가 파운드 스털링으로, 2.4%가 스위스 프랑으로, 그리고 기타 통화로 이루어지고 있음을 보여 준다(중국 위안 또는 인민폐가 2%). 또한 표 14-1을 통해 은행간 대부의 59.1%, 국제간 채권거래의 46.7%, 국제간 무역송장의 42.1%가 달러로 표기되고 있음을 알 수 있다. 또한 외환보유고의 63.8%가 달러로, 20%가 유로 형태로 보유되고 있는 반면, 기타 통화의 보유비중은 대단히 작음을 알 수 있다. 비록 미국은 제2차 세계대전 이후 누려 왔던 유일한 기축통화국으로서의 지위는 점차 약화되고 있지만 아직도 세계에서 지배적인 기축통화국의 위치를 누리고 있다.

표 14-1 2016년도 주요 국제통화의 상대적 중요성(%)

	외환거래[a]	은행간 대부[a]	국제간 채권거래[a]	무역송장[b]	외환보유고[c]
미국 달러	43.8	59.1	46.7	42.1	63.8
유로	15.7	23.7	37.6	31.3	20.0
일본 엔	10.8	4.0	1.9	3.4	4.2
파운드 스털링	6.4	4.5	8.0	7.2	4.6
스위스 프랑	2.4	1.7	1.0	1.5	0.2
기타 통화	20.9	7.0	4.8	14.5	7.2

[a] Bank of International Settlements (Basel: BIS, 2018 Data).
[b] ECB, The International Role of the Euro (Frankfurt, ECB), June 2018, p. 11.
[c] IMF, Currency Composition of Official Foreign Exchange Reserves (Washington, D.C.: IMF, March 2018).

실제로 통화를 교환하지 않고 은행계정의 장부상으로 지급과 수입을 기록한다. 예를 들어 미국의 수입업자는 자신이 거래하는 미국 은행계정에 장부상으로 지급함으로써 유럽통화동맹으로부터의 수입대금을 지불한다. 그러면 그 미국 은행은 상품가격에 해당하는 유로를 유럽통화동맹의 수출업자 계정에 장부상으로 지급하도록 유럽통화동맹의 환거래 은행에 지시한다.

외환시장의 또 다른 기능은 신용 기능이다. 신용은 보통 상품이 운송 중이고 구매자가 상품을 다시 판매하여 그 대금을 지불할 수 있는 동안 제공된다. 일반적으로 수출업자가 수입업자에게 허용하는 대금의 지급 기간은 90일 정도이다. 그러나 수출업자는 보통 수입업자의 지불 의무를 자기가 거래하는 상업은행에서 할인한다. 결과적으로 수출업자는 즉시 대금을 수령하고 은행은 지불기일이 만기가 될 때 수입업자로부터 대금을 수령한다. 외환시장은 (14.5절에서 논의되겠지만) 헤징과 투기의 수단을 제공하는 또 다른 역할도 한다. 오늘날 외환거래의 약 90%는 순수 금융거래이며 무역금융은 약 10%에 불과하다.

전자이체로 인해 몇 초 만에 통화거래를 실행할 수 있고 하루 24시간 거래가 된다는 점에서 외환시장은 진정으로 범세계적이라고 할 수 있다. 샌프란시스코와 로스앤젤레스에서 은행의 정규 업무시간이 마감되면 싱가포르, 홍콩, 시드니, 도쿄에서 은행의 업무가 시작된다. 이들 은행의 업무시간이 마감될 무렵 런던, 취리히, 파리, 프랑크푸르트, 밀라노에서 은행의 업무가 시작되며 이들 은행의 업무가 마감되기 전에 뉴욕과 시카고에서 은행의 업무가 시작된다. 사례연구 14-1에서는 지배적인 기축통화인 달러를 살펴보며, 사례연구 14-2에서는 신속하게 두 번째로 중요한 기축통화가 된 유로의 탄생을 논의한다.

14.3 환율

이 절에서는 먼저 환율을 정의하고 변동환율제도에서 환율이 어떻게 결정되는가를 살펴보고, 각종 통화 간의 환율이 상이한 금융센터 간에 재정에 의하여 어떻게 균등화되는가를 설명한다. 마지막으로 환율과 국제수지의 관계를 살펴본다.

14.3A 균형환율

단순화를 위해 두 경제, 즉 미국과 유럽통화동맹(EMU)만이 존재한다고 가정하고 달러($)가 국내통화이고 유로(€)는 외국통화라고 하자. 달러와 유로 사이의 **환율**(exchange rate, R)은 1유로를 구입하는 데 필요한 달러의 수량을 말한다. 즉, $R = \$/€$이다. 예를 들어 환율이 $R = \$/€ = 1$이면 이것은 1유로를 구입하는 데 1달러가 필요하다는 것을 의미한다.

오늘날 우리가 채택하고 있는 변동환율제도에서 유로화에 대한 달러화 표시 가격(R)은 다른 상품가격의 결정원리와 같이 유로화에 대한 시장 수요곡선과 공급곡선이 교차하는 점에서 결정된다. 그림 14-1은 이를 보여 주고 있는데, 수직축은 유로화의 달러 표시 가격 또는 환율($R = \$/€$)을, 수평축은 유로화의 수량을 표시한다. 유로화에 대한 시장수요와 공급곡선은 점 E에서 교차하여 균형환율은 1이고 유로화의 수요량과 공급량은 하루에 2억 유로이다. 환율이 이보다 높으면 유로화의 공급량이 수요량을 초과하므로 환율은 균형환율인 $R = 1$로 하락하고, 환율이 $R = 1$보다 낮으면 유로화의 수요

사례연구 14-2 새로운 통화의 탄생 : 유로

1999년 1월 1일, 유로(euro, €)는 유럽연합 당시의 15개 회원국 중 11개 회원국(오스트리아, 벨기에, 독일, 핀란드, 프랑스, 아일랜드, 이탈리아, 룩셈부르크, 스페인, 포르투갈, 네덜란드)의 단일통화로 탄생했다. 그리스는 2001년 초 참가하였고, 슬로베니아는 2007년에, 사이프러스와 몰타는 2008년에, 슬로바키아는 2009년, 에스토니아는 2011, 라트비아는 2014년에, 리투아니아는 2015년에 가입하여 유럽통화동맹(EMU)의 회원국은 19개국(2015년 유럽연합의 28개 회원국 중)이 되었다. 영국, 스웨덴, 덴마크는 참가하지 않았지만 수년 내에 참가할 것으로 보인다. 이것은 일련의 주권국가들이 자국의 통화를 포기하고 공통의 통화를 선택한 첫 번째 일이었으며, 제2차 세계대전 이후 발생한 가장 중요한 경제적 사건 중의 하나로 평가받고 있다.

유로는 처음부터 중요한 국제통화가 되었는데, 그 이유는 유럽통화동맹이 (1) 미국에 버금가는 경제 단위이며 무역 단위이고, (2) 고도로 발달된 대형 금융시장이 성장하고 있으며 점차 규제가 완화되고 있고, (3) 인플레이션이 높지 않아 유로의 가치가 안정될 것으로 예상되기 때문이다. 그러나 유로가 조만간 국제통화나 기축통화로서 달러를 대체할 수 없는 충분한 이유도 있다. 그 이유는 (1) 대부분의 1차 산품은 달러로 가격이 표시되고 있는데 당분간 이러한 관습이 유지될 것이고, (2) (EMU 참가 후보국이며 EMU에 참가하기도 전에 유로를 사용할 수도 있는) 중부유럽이나 동부유럽의 구공산권 국가와 서부 아프리카와 동부 아프리카에 있는 과거 프랑스 식민지를 제외하고는 EMU 비회원 국가들은 당분간 대부분의 국제거래를 달러로 할 것이며, (3) 단순한 타성에 의해 현재의 국제통화(달러)를 선호하기 때문이다.

유로는 이후 최근 10년간 달러와 그 후에는 중국의 화폐인 인민폐와 더불어 주도적 위치를 공유할 가능성이 매우 크다. 중국은 역외시장에 자국통화를 사용하게 하거나 국제무역거래의 결제 및 무역송장액에 인민폐 사용을 촉진시킴으로써 이미 자국의 통화를 국제화하는 데 속도를 가하고 있다. 2017년까지 인민폐는 세계에서 8번째로 많이 사용되는 통화가 되었다. 그러나 국제수지의 1%에 사용된다. 제21장에서 이 주제로 돌아가 국제통화 시스템에 대해 살펴볼 것이다.

출처 : D. Salvatore, "The Euro: Expectations and Performance," *Eastern Economic Journal*, Winter 2002, pp. 121 – 136; D. Salvatore, "Euro," *Princeton Encyclopedia of the World Economy* (Princeton, N.J.: Princeton University Press, 2008), pp. 350 – 352; World Bank, *Multipolarity: The New Global Economy* (Washington, D.C.: World Bank, 2011), pp. 39 – 142; and D. Salvatore, "Exchange Rate Misalignments and the International Monetary System," *Journal of Policy Modeling*, July/August 2012, pp. 594 – 604; "The Future of the Renminbi," *The Financial Times*, September 30, 2014, p. 1; D. Salvatore, "Europe's Euro and Competitiveness Crises," The Journal of Policy Modeling, May/June 2015, pp. 445 – 449; and "The Dollar's Dominance Creates Ripples Globally," *Wall Street Journal*, May 10, 2018, p. A2.

량이 공급량을 초과하므로 환율은 균형환율 $R = 1$로 상승한다. 환율이 균형수준으로 상승할 수 없다면(1973년 3월까지 통용되었던 고정환율제도의 경우처럼) 미국 거주자의 유로화에 대한 수요에 제약을 가하거나 미국중앙은행(연방준비은행)의 국제준비자산으로 유로화에 대한 초과수요를 충당해야 한다.

유로화에 대한 미국의 수요는 우하향하는데, 이는 환율(R)이 낮아질수록 미국 거주자의 유로화에 대한 수요량이 증가함을 의미한다. 그 이유는 환율이 하락하면(즉, 1유로를 구입하는 데 필요한 달러의 수량이 더욱 적어지게 되면) 미국이 영국으로부터 수입을 하거나 영국에 투자하는 것이 더 싸지므로, 미국 거주자의 유로화에 대한 수요량이 증가하기 때문이다. 반면에 미국의 유로화 공급은 보통(그림 14-1과 같이) 우상향하는데, 이는 환율(R)이 높아질수록 미국으로 공급되는 유로화의 수량이 증가함을 의미한다. 그 이유는 환율이 높아지면 EMU의 거주자들은 1유로에 대해 더 많은 달러를 받게 되기 때문이다. 그 결과 미국 상품과 미국에 대한 투자가 보다 저렴해지고 매력적이므로 미국에서 지

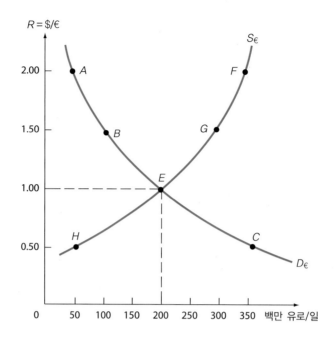

변동환율제도에서의 환율

수직축은 유로의 달러 표시 가격($R=\$/€$)을 수평축은 유로화의 양을 표시한다. 변동환율제도에서 균형환율이 $R=1$일 때 수요량과 공급량이 일치하며 하루에 2억 유로가 거래된다. 이는 미국의 유로에 대한 수요곡선과 공급곡선이 교차하는 점 E로 표현된다. 환율이 균형환율보다 높다면 유로화에 대한 초과공급이 발생하여 환율은 균형환율로 하락하며, $R=1$보다 환율이 낮다면 유로화의 공급부족으로 인하여 환율은 균형환율로 상승한다

출을 더 많이 하기 때문에 미국으로 더 많은 유로화가 공급된다.

   (예컨대 EMU 상품에 대한 미국 내의 인기가 높아진 결과) 미국의 유로화에 대한 수요곡선이 위로 이동하여 유로화에 대한 공급곡선과 점 G에서 교차하면(그림 14-1 참조), 균형환율은 $R=1.5$가 되고 유로화의 균형거래량은 하루 3억 유로가 될 것이다. 이때는 1유로를 구입하는 데 (앞에서의 1달러 대신) 1.5달러가 필요하므로 달러화는 평가하락한 것이다. 따라서 평가하락(depreciation)은 외국통화의 국내가격이 상승함을 뜻한다. 반대로 유로화에 대한 미국의 수요곡선이 밑으로 이동하여 점 H에서 공급곡선과 교차하면(그림 14-1 참조), 균형환율은 $R=0.5$로 하락하며 이때 (1유로를 구입하는 데 더 적은 달러가 필요하므로) 달러화는 평가상승했다고 한다. 그러므로 평가상승(appreciation)은 외국통화의 국내가격이 하락하는 것을 뜻한다. 국내통화의 평가상승은 외국통화의 평가하락을 뜻하며 그 역도 마찬가지이다. 미국의 유로화에 대한 공급곡선이 이동하여도 마찬가지로 균형환율과 유로화의 균형거래량에 영향을 미친다(이는 이 장의 뒤에 연습문제로 수록되어 있음).

   환율은 또한 국내통화 한 단위에 대한 외국통화의 가격으로도 정의할 수 있다. 이는 앞에서 정의한 내용을 역으로 표현하면 된다. 앞의 예에서는 유로화의 달러 가격이 $R=1$이므로 그 역수도 역시 1이다. 만일 유로의 달러 표시 가격이 $R=2$라면 달러의 유로 표시 가격은 $R=1/2$이 되고 1달러를 구입하는 데 1/2유로가 필요하다. 이런 방법으로 정의한 환율이 간혹 사용되고는 있지만, 특별히 명시하지 않는 한 앞에서 내린 환율의 정의, 즉 유로화에 대한 달러 표시 가격(R)을 사용하기로 한다. 현실세

계에서는 혼동을 피하기 위해 환율의 개념을 명확히 정의하여 이용하고 있다(사례연구 14-3 참조).

마지막으로 설명의 편의상 두 종류의 통화만이 존재하는 경우를 설명하였으나, 실제로는 모든 쌍의 통화에 대한 수많은 환율이 존재한다. 따라서 미국의 달러와 유로 환율 외에도 미국의 달러와 영국의 파운드(£), 미국의 달러와 스위스의 프랑, 캐나다의 달러와 멕시코의 페소, 영국의 파운드와 유로, 유로와 스위스의 프랑 및 이들 통화와 일본의 엔 사이의 환율도 있다. 그러나 일단 달러화에 대한 각종 통화 간의 환율이 결정되고 나면, 다른 두 통화 간의 환율, 즉 교차환율(cross exchange rate)은 쉽게 결정된다. 예를 들어 미국 달러화와 영국 파운드 간의 환율이 2이고 미국 달러화와 유로 사이의 환율이 1.25이면, 파운드와 유로 사이의 환율은 1.6이 된다(즉, 1파운드를 구입하는 데 1.6유로가 필요하다). 구체적으로는 아래와 같다.

$$R = €/£ = \frac{£의 \$ 표시 가격}{€의 \$ 표시 가격} = \frac{2}{1.25} = 1.60$$

시간이 지나면서 한 통화는 어느 통화에 대해 평가하락할 수도 있고 또 다른 통화에 대해서는 평가상승할 수도 있기 때문에 실효환율(effective exchange rate)을 계산한다. 실효환율은 자국통화와 그 나라의 가장 중요한 교역 상대국 통화 사이의 환율을 가중평균한 것으로 가중값은 교역 상대국의 상대적 중요성에 의해 결정된다(14.5A절 참조). 마지막으로 우리가 지금까지 논의한 명목환율과 (제15장에서 논의될) 실질환율을 구분할 수 있어야 한다.

14.3B 재정

임의의 두 통화 사이의 환율은 재정(arbitrage)을 통해 여러 금융센터에서 같게 유지된다. 재정이란 이윤을 얻기 위해 통화가치가 저렴한 금융센터에서 통화를 구입하여 보다 비싼 금융센터에서 즉시 재판매하는 것을 의미한다.

일례로 유로화의 달러 가격이 뉴욕에서는 0.99달러이고 프랑크푸르트에서는 1.01달러라면, 재정자(대개 상업은행의 외환거래자)는 뉴욕에서 유로화를 0.99달러에 매입하여 프랑크푸르트에서 1.01달러에 즉시 판매함으로써 1유로당 0.02달러의 이익을 얻는다. 1유로당 이익이 작은 것처럼 보이지만 단 몇 분의 작업으로 백만 유로에 대해 2만 달러의 이익을 얻을 수 있다. 이 이익 중 전자이체 및 재정과 관련된 부대비용을 차감해야 하지만 이러한 비용은 대단히 적으므로 무시하기로 하자.

그러나 재정이 발생함에 따라 두 통화 사이의 환율은 두 금융센터에서 균등화되는 경향이 있다. 위의 예에서 재정의 결과 유로에 대한 수요는 뉴욕에서 증가하여 유로의 달러 표시 가격은 상승압력을 받고, 동시에 프랑크푸르트에서 유로를 판매함에 따라 유로의 공급이 증가하여 유로의 달러 가격이 하락압력을 받는다. 이러한 현상은 유로의 달러 표시 가격이 뉴욕과 프랑크푸르트에서 일치하게 되어(\$1 = €1) 재정으로 인한 이익이 없어질 때까지 계속된다.

위의 예와 같이 두 나라의 통화와 두 금융센터가 재정에 연관될 때 이를 2점 재정(two-point arbitrage)이라 하고, 세 나라 통화와 3개의 금융센터가 연관될 때는 삼각재정(triangular or three-point arbitrage)이라 한다. 삼각재정은 그리 흔하지는 않지만, 2점 재정과 같은 방법으로 작용하여 3개의 금융센터에서 세 가지 통화 사이의 간접환율 혹은 교차환율이 일관성을 갖게 된다. 예를 들어 환

사례연구 14-3 환율의 표시방법

표 14-2에서 2019년 2월 25일 월요일 미국통화에 대해 여러 국가의 통화의 환율 또는 현물환율을 보여 주고 있다. 환율은 먼저 외국통화의 달러 표시 가격으로(직접 또는 미국식 표시방법), 나중에는 달러의 외국통화 표시 가격(간접 또는 유럽식 표시방법)으로 보여 준다. 예를 들어 유로지역의 경우 직접 표시방법에 따른 현물환율은 1유로당 1.1359

달러이다. 간접 또는 달러의 유로 표시 가격은 1달러당 0.8804유로이다. 표의 마지막 열에는 연초 대비 환율 변화를 보여 준다. 이것은 연초부터 당일까지(YDT) 환율의 백분비 변화이다. 예를 들어 달러는 유로 대비 2019년 초부터 2019년 2월 25일까지 1.0% 평가상승하였다는 것을 보여 준다.

표 14-2 환율 표시방법(2019년 2월 25일)

통화
최근 뉴욕 거래소의 달러 대비 환율

국가/통화	미국 달러 단위	외국통화 단위	연초 대비 변화율 (%)	국가/통화	미국 달러 단위	외국통화 단위	연초 대비 변화율 (%)
미국				유럽			
아르헨티나 페소	.0256	39.0255	3.7	체코공화국 코루나	.04430	22.575	0.7
브라질 헤알	.2665	3.7522	−3.3	덴마크 크로네	.1522	6.5698	0.9
캐나다 달러	.7583	1.3188	−3.3	유로지역 유로	1.1359	.8804	1.0
칠레 페소	.001537	650.60	−6.3	헝가리 포린트	.003573	279.87	−0.04
에콰도르 미국 달러	1	1	unch	아이슬란드 크로나	.008344	119.84	3.2
멕시코 페소	.0523	19.1329	−2.6	노르웨이 크로네	.1163	8.5953	−0.5
우루과이 페소	.03054	32.7400	1.1	폴란드 즐로티	.2618	3.8196	2.1
아시아−태평양				러시아 루블	.01526	65.532	−5.4
오스트레일리아 달러	.7169	1.3949	−1.6	스웨덴 크로나	.1074	9.3089	5.2
중국 위안	.1495	6.6894	−2.7	스위스 프랑	.9994	1.0006	1.9
홍콩 달러	.1274	7.8487	0.2	터키 리라	.1886	5.3025	0.3
인도 루피	.01412	70.835	1.8	우크라이나 흐리우냐	.0371	26.9300	−2.9
인도네시아 루피아	.0000713	14018	−2.5	영국 파운드	1.3097	.7635	−2.6
일본 엔	.009004	111.06	1.3	중동, 아프리카			
카자흐스탄 텡게	.002657	376.32	−2.1	바레인 디나르	2.6525	.3770	0.01
마카오 파타카	.1237	8.0852	0.2	이집트 파운드	.0570	17.5490	−2.0
말레이시아 링깃	.2458	4.0682	−1.6	이스라엘 셰켈	.2773	3.6065	−3.5
뉴질랜드 달러	.6882	1.4531	−2.4	쿠웨이트 디나르	3.2914	.3038	0.2
파키스탄 루피	.00715	139.775	−0.02	오만 오만리알	2.5972	.3850	0.01
필리핀 페소	.0193	51.869	−1.2	카타르 카타르리알	.2745	3.643	0.2
싱가포르 달러	.7410	1.3496	−1.0	사우디아라비아 사우디리알	.2666	3.7507	−0.02
대한민국 원	.0008960	1116.06	0.2	남아프리카공화국 랜드	.0723	13.8279	−3.7
스리랑카 루피	.0055636	179.74	−1.7				
타이완 달러	.03252	30.748	0.5				
타이 바트	.03197	31.280	−3.2				
베트남 동	.00004307	23217	0.1				

출처 : Reprinted by permission of the Wall Street Journal, ⓒ 2019 Dow Jones & Company, Inc. All rights reserved.

율이 다음과 같다고 하자.

$$뉴욕 \; \$1 = €1$$

$$프랑크푸르트 \; \$1 = £0.64$$

$$런던 \; £0.64 = 1\$$$

이러한 교차환율은 일관성이 있다. 왜냐하면

$$\$1 = €1 = £0.64$$

이므로 이익을 얻을 수 있는 재정의 가능성이 없기 때문이다. 그러나 뉴욕에서 유로의 달러 표시 가격이 $0.96이고 다른 환율이 위와 같다면, 뉴욕에서 $0.96로 €1를 매입하고 이 €1로 프랑크푸르트에서 £0.64를 매입한 후 이 €0.64로 런던에서 $1을 매입하면, 1유로당 0.04달러의 이익을 얻을 수 있다. 반대로 유로의 달러 표시 가격이 뉴욕에서 $1.04이면 위의 경우와 반대로 하여 이익을 얻을 수 있다. 즉, 런던에서 $1로 £0.64를 매입하고 이 £0.64로 프랑크푸르트에서 1유로를 매입한 후 이를 뉴욕에서 1.04달러로 환전하면 1유로당 0.04달러의 이익을 얻을 수 있다.

2점 재정의 경우와 마찬가지로 삼각재정의 경우에도 통화의 가치가 저렴한 금융센터에서는 통화에 대한 수요가 즉각 증가하고 통화의 가치가 비싼 금융센터에서는 통화에 대한 공급이 즉각 증가하여 교차환율은 일관성 있게 유지되고 재정에 의한 이익이 더 이상 발생하지 않는다. 결과적으로 재정에 의하여 각종 통화 사이의 환율은 즉각적으로 균등화되며 교차환율은 일관성 있게 되어 모든 국제금융센터가 하나의 단일시장으로 통합된다.

14.3C 환율과 국제수지

이제 그림 14-2를 이용하여 환율과 국제수지의 관계를 살펴보기로 하자. 그림 14-2는 $D'_€$로 표시된 유로에 대한 새로운 수요곡선이 추가된 점을 제외하고는 그림 14-1과 동일하다. 우리는 제13장에서 미국의 유로에 대한 수요($D_€$)는 미국의 유럽연합의 재화 및 서비스에 대한 수요, 미국의 유럽연합에 대한 1차(투자) 소득 및 2차 소득(경상이전지출)에 대한 지불, 미국의 유럽통화동맹에 대한 투자(해외금융 자산의 순취득 – 미국의 자본유출)에서 발생한다는 것을 보았다.

한편 유로의 공급($S_€$)은 미국의 유럽연합으로의 재화 및 서비스에 대한 수출, 미국의 유럽연합으로부터의 1차(투자) 소득 및 2차 소득에 대한 수령, 유럽연합의 미국에 대한 투자(미국의 자본유입)에서 발생한다(단순화를 위해 세계는 미국과 유럽연합의 2개국으로만 구성되고 두 국가 간의 거래는 유로로 이루어진다고 가정한다).

수요곡선과 공급곡선이 각각 $D_€$와 $S_€$일 때, 균형환율 $R = \$/€ = 1$(그림 14-2의 점 E)이 되고, (그림 14-1에서와 마찬가지로) 하루의 수요량 및 공급량은 2억 유로가 된다. 어떤 이유로든 (미국의 EMU 상품에 대한 수요의 증가와 같이) 미국의 유로화에 대한 자율적인 수요가 증가하여 수요곡선이 $D'_€$로 이동한다고 하자. 미국이 $R = 1$에서 환율을 고정시키고자 한다면 미국의 통화당국은 하루에 TE(그림 14-2에서 2억 5,000만 유로)만큼의 유로에 대한 초과수요를 보유하고 있는 유로의 공적 준비자산으로부터 공급해야 한다. 또는 유로의 평가상승(달러의 평가하락)을 막기 위하여 EMU의 통화당국은 달

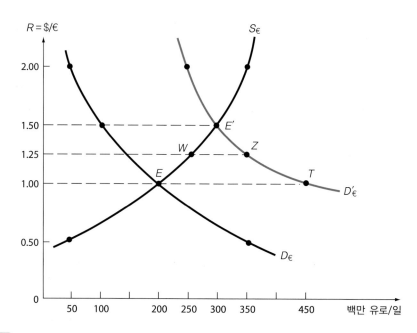

그림 14-2 **고정환율제도와 변동환율제도에서의 불균형**

유로에 대한 수요곡선과 공급곡선이 각각 D_ϵ와 S_ϵ일 때, 환율 $R = \$/\epsilon = 1$에서 균형이 성립하고 하루에 거래되는 유로의 양은 2억 유로가 된다. D_ϵ가 D'_ϵ로 위로 이동하면 고정환율제도에서는 2억 5,000만 유로(그림의 TE)의 초과수요를 (유로의 공적 준비자산으로부터) 매각하여 $R = 1$의 환율을 유지할 수 있다. 자유변동환율제도에서 달러는 $R = 1.50$(그림의 점 E')이 될 때까지 평가하락한다. 한편 관리변동환율제도에서 미국이 달러의 평가하락을 $R = 1.25$가 되도록 제한하려고 하면, 미국은 유로의 공적 준비자산으로부터 하루에 1억 유로의 초과수요를 충당해야 한다.

러를 매입하여 (따라서 달러의 공적 준비자산이 증가) 외환시장에 유로를 공급해야 한다. 어느 경우이든 미국의 공적 결제수지는 하루에 2억 5,000만 유로(공적 환율인 $R = 1$인 경우에는 2억 5,000만 달러) 또는 연간 912억 5,000만 유로(912억 5,000만 달러)의 적자가 된다.

반대로 미국이 순수변동환율제도를 채택하고 있다면 환율은 $R = 1.00$에서 $R = 1.50$으로 상승하여 (즉, 달러는 평가하락) 유로의 수요량(하루에 3억 유로)은 유로의 공급량(그림 14-2의 점 E')과 정확히 일치하게 된다. 이 경우에는 미국의 유로 공적 준비자산은 감소하지 않는다. 실제로 이러한 제도에서는 국제 준비자산이 전혀 필요하지 않을 것이다. 자율적 거래에 의한 유로에 대한 초과수요는 달러가 유로에 대하여 충분히 평가하락함으로써 완전히 제거된다.

그러나 1973년 이래 운용되고 있는 관리변동환율제도에서 미국의 통화당국은 달러의 평가하락(또는 평가상승)을 완화하기 위하여 외환시장에 개입할 수 있다. 앞의 예에서 미국은 달러의 평가하락(순수변동환율제도에서 $R = 1.50$까지 달러가치가 하락하도록 하는 대신에)이 $R = 1.25$가 되도록 제한할 수 있다. 미국은 공적 준비자산으로부터 유로에 대한 초과수요분 WZ 또는 1억 유로를 매일 외환시장에 공급하여 그렇게 할 수 있다(그림 14-2 참조). 이러한 제도에서 미국 국제수지의 잠재적 적자 중 일부는 미국 준비자산의 감소에 의해 부분적으로 충당되며, 나머지는 달러의 평가하락으로 반영된다. 따라서 미국의 국제수지 적자를 단순히 미국 공적 준비자산의 감소나 미국 공적 준비계정의 순차변잔고로 측정할 수는 없다. 관리변동환율제도에서 공적 준비자산의 감소는 국제수지의 적자를 측정하는 것이 아니라 환율수준과 환율의 변동에 영향을 미치기 위한 공적 개입의 정도만을 측정하는 것이다.

이러한 이유로 미국은 1976년 이후 국제수지 적자나 흑자를 계산하지 않고 있다. 현재의 관리변동 환율제도에서 공적 준비자산에 대한 지나친 관심을 갖지 않도록 국제거래표에 공적 준비자산이 (쉽게 계산할 수는 있지만) 나타나지도 않는다(표 13-1 참조).

그러나 국제거래와 국제수지의 개념 및 측정은 몇 가지 이유로 아직도 중요하다. 첫째, 제13장에서 지적한 바와 같이 무역은 국제거래와 국민소득 사이의 연결고리가 된다(이러한 연결고리는 제17장에서 살펴본다). 둘째, 많은 개발도상국가들은 고정환율제도를 채택하고 있으며 자국의 통화를 미국의 달러, 유로 또는 SDRs 등과 같은 주요 통화에 대해 고정시키고 있다. 셋째, 국제통화기금은 회원국으로 하여금 매년 자국의 국제수지표를 (A13.1절에서 논의된 표준화된 형태로) IMF에 보고하도록 하고 있다. 그리고 마지막으로 가장 중요한 것으로는 공적 준비자산이 국제수지 적자나 흑자를 측정하지는 않지만 한 국가의 통화당국이 환율의 급변성을 감소시키고 환율수준에 영향을 미치기 위한 목적으로 외환시장에 개입한 정도를 측정한다는 것이다.

14.4 현물환율, 선물환율, 통화스왑, 통화선물 및 통화옵션

이 절에서는 현물환율과 선물환율을 구별하고 그 중요성을 살펴본다. 그리고 통화스왑, 통화선물 및 통화옵션과 그 용도를 논의한다.

14.4A 현물환율과 선물환율

가장 일반적인 외환거래의 형태는 계약을 체결한 후 2영업일 이내에 외환을 지급하거나 수취하는 것이다. 2영업일은 계약자 쌍방이 국내 및 해외 은행계정에 대금을 이체하는 데 충분한 시간이다. 이러한 종류의 거래를 **현물환거래**(spot transaction)라고 부르며 현물환거래가 발생할 때의 환율을 **현물환율**(spot rate)이라고 한다. 그림 14-1에서 $R = \$/€ = 1$은 현물환율이다.

현물환거래 이외에 **선물환거래**(forward transactions)가 있다. 선물환거래는 계약 당시에 약정된 환율[**선물환율**(forward rate)]로 일정량의 외환을 미래의 특정일에 팔거나 사기로 계약하는 거래이다. 예를 들어 현 시점으로부터 3개월 후에 $\$1.01 = €1$의 환율로 100유로를 매입하는 계약을 할 수 있다. 계약이 체결된 시점에서는(보통 10%의 증거금을 제외하고는) 통화를 지불하지 않는다는 점에 주목하자. 따라서 매입자는 3개월 후에 그때의 현물환율과는 관계없이 100유로를 101달러에 매입한다. 전형적인 선물환거래의 기간은 1개월, 3개월 또는 6개월인데, 3개월이 가장 보편적이다(사례연구 14-3 참조). 이보다 장기의 선물환거래는 그에 따른 불확실성이 크기 때문에 그리 흔하지 않다. 그러나 만기가 되면 1기간 혹은 그 이상의 기간에 대한 선물환계약을 다시 체결할 수 있다. 여기서는 3개월 만기의 선물환거래 및 선물환율만을 다루는데, 이러한 과정은 만기가 다른 선물환거래의 경우에도 마찬가지로 적용된다.

균형선물환율은 미래에 인도할 외환에 대한 시장 수요곡선과 공급곡선이 교차하는 점에서 결정된다. 선물환에 대한 수요와 공급은 헤징, 환투기 그리고 커버된 이자재정의 과정에서 발생한다. 헤징,

환투기 및 커버된 이자재정과 현물환율 및 선물환율 사이의 밀접한 관계에 대해서는 14.5절 및 14.6절에서 논의한다. 다만 여기서 알아두어야 할 사실은 어떤 시점에서의 선물환율은 그 시점에서의 현물환율과 같거나, 높거나 아니면 낮을 수 있다는 점이다.

만일 선물환율이 현재의 현물환율보다 낮다면 외환은 국내통화에 대하여 할인되었다고 하며, 이를 **선물환 할인**(forward discount)이라고 부른다. 반대로 선물환율이 현재의 현물환율보다 높은 경우에 외환은 국내통화에 대하여 할증되었다고 하며 이를 **선물환 할증**(forward premium)이라고 부른다. 예컨대 현물환율이 $1 = €1이고, 3개월 선물환율이 $0.99 = €1라면 유로의 달러에 대한 3개월 선물환율은 1센트 또는 1% (혹은 연간 4%) 할인되었다고 한다. 한편 현물환율이 $1 = €1이고 3개월 선물환율이 $1.01 = €1라면 유로는 1센트 또는 3개월간 1%(혹은 연간 4%) 할증되었다고 한다.

선물환 할인(*FD*)이나 선물환 할증(*FP*)은 보통 그에 상응하는 현물환율로부터 연간 %로 표시하며 다음의 공식을 이용하여 계산할 수 있다.

$$FD \text{ 또는 } FP = \frac{FR - SR}{SR} \times 4 \times 100$$

여기서 *FR*은 선물환율을, *SR*은 (앞에서 단순히 *R*이라고 표시하였던) 현물환율을 나타낸다. 4를 곱하는 이유는 *FD*(−)나 *FP*(+)를 연간기준으로 표시하기 위함이며 *FD*와 *FP*를 %로 표시하기 위하여 100을 곱한다. 따라서 유로의 현물환율이 *SR* = $1.00이고 선물환율은 *FR* = $0.99이면

$$FD = \frac{\$0.99 - \$1.00}{\$1.00} \times 4 \times 100 = \frac{\$0.01}{\$1.00} \times 4 \times 100$$
$$= -0.01 \times 4 \times 100 = -4\%$$

가 되어 앞에서 공식을 이용하지 않고 얻은 결과와 일치하게 된다. 마찬가지로 *SR* = $1이고 *FR* = $1.01라면 *FP*는 다음과 같다.

$$FD = \frac{\$1.01 - \$1.00}{\$1.00} \times 4 \times 100 = \frac{\$0.01}{\$1.00} \times 4 \times 100$$
$$= 0.01 \times 4 \times 100 = +4\%$$

14.4B 외환스왑

외환스왑(foreign exchange swap)이란 어떤 통화를 현물 매도함과 동시에 선물시장에서 재매입하는 것이 하나의 단일거래로 이루어지는 것을 말한다. 예를 들면 씨티은행이 오늘 100만 달러를 수취하고 3개월 후에 100만 달러가 필요한 경우 이 기간에 100만 달러를 유로에 투자하고 싶다고 하자. 씨티은행은 오늘 현물시장에서 달러를 팔고 유로를 매입하는 동시에 3개월 선물시장에서 유로를 팔고 달러를 매입하는 2개의 거래를 개별적으로 하는 대신에 프랑크푸르트의 도이치은행과 100만 달러를 유로로 스와핑하는 단일거래를 택함으로써 중개수수료를 절감할 수 있다. 통화스왑에서 (통상 연간 기준으로 표현되는) **스왑률**(swap rate)은 현물환율과 선물환율의 차이이다.

특정 통화를 미래에 인도하는 매매와 관련된 대부분의 은행 간 거래는 선물환계약만으로 이루어지는 것이 아니고 통화스왑의 형태로 현물환거래와 결합되어 이루어진다. 통화스왑 거래의 미결제 잔

액은 2016년 4월 현재 약 2조 3,780억 달러에 이른다. 이것은 은행간 통화거래의 47%를 차지한다. 현물환거래는 1조 6,520억 달러 또는 총거래의 33%이다. 이와 같이 외환거래시장은 통화스왑과 현물환시장이 대부분을 차지한다.

14.4C 외환선물과 외환옵션

개인, 기업 또는 은행은 외환선물과 외환옵션을 사거나 팔 수 있다. 외환선물거래는 1972년 시카고상업거래소(CME)의 국제통화시장(IMM)에서 처음 시작되었다. **외환선물**(foreign exchange futures)이란 표준화된 통화 수량과 특정한 거래 일자에 대한 선물계약으로 조직화된 시장(거래소)에서 이루어지고 있다. IMM에서 거래되는 통화는 일본의 엔, 캐나다의 달러, 영국의 파운드, 스위스의 프랑, 오스트레일리아의 달러, 멕시코의 페소 및 유로이다.

IMM 거래는 표준화된 규모의 계약으로 이루어진다. 예를 들면 IMM의 일본 엔 계약은 ¥1,250만, 파운드 계약은 £62,500, 캐나다 달러 계약은 C$100,000, 유로 계약은 €125,000의 단위로 이루어진다. 계약의 인도결제일은 1년에 4일, 즉 3월, 6월, 9월, 12월의 세 번째 수요일로 제한되어 있다. IMM은 1일 가격변동폭을 제한한다. 매도자와 매입자는 중개수수료를 지불하고 (계약액의 약 4%에 해당하는) 증거금을 예치해야 한다. IMM과 유사한 시장으로는 유로넥스트와 프랑크푸르트 기반의 유렉스가 있다.

외환선물시장에서는 소수의 통화가 표준화된 거래규모로만 거래되며 인도결제일이 한정되어 있고, 1일 가격변동폭이 제한되어 있으며, 시카고, 뉴욕, 런던, 프랑크푸르트, 싱가포르와 같은 몇몇 지역에서만 거래된다는 점에서 선물환시장과 차이가 있다. 통화선물거래는 선물환거래에 비해 거래규모가 작기 때문에 대기업보다는 소규모 기업에게 유용하지만 다소 비용이 많이 든다. 또한 통화선물 계약은 만기가 되기 전에 조직화된 외환선물시장에서 매도할 수 있지만 선물환계약은 이것이 불가능하다. 통화선물시장은 선물환시장에 비해 규모가 작지만 최근 들어 특히 급격히 성장해 왔다(2016년 4월 말 현재 통화선물의 미결제 잔액은 약 7,000억 달러이다). 이들 두 시장에서 가격이 상이할 때 재정에 의해 이들 시장은 연결되어 있다.

1982년 이래로 개인, 기업 그리고 은행은 필라델피아증권거래소, 시카고상업거래소(1984년 이후) 및 은행에서(일본의 엔, 캐나다 달러, 영국의 파운드, 스위스 프랑 및 유로) 외환옵션을 매입하거나 매도할 수 있게 되었다. **외환옵션**(foreign exchange option)이란 지정일 (유럽 옵션) 또는 지정일 이전 아무 때나(아메리칸 옵션) 지정된 가격[권리행사가격(strike price)]으로 표준화된 수량의 거래통화를 매입(콜옵션)하거나 매도(풋옵션)할 수 있는 의무가 아닌 권리를 구매자에게 부여하는 계약이다. 통화옵션은 표준화된 규모로 거래되고 있으며 거래 단위는 IMM 선물계약과 같다. 옵션의 매입자는 통화를 매입할 수 있는 선택권이 있으며 통화를 매입하는 것이 이익이 되지 않으면 매입을 포기할 수도 있다. 그러나 옵션의 매도자는 매입자가 (매입을) 원하는 경우에 반드시 계약을 이행해야 한다. 매입자는 계약을 체결할 때 이러한 특권에 대한 대가로 매도자에게 계약액의 1%에서 5%에 해당하는 프리미엄(옵션가격)을 지불한다. 2017년 4월 현재 외환옵션의 미결제 잔액은 약 2,540억 달러 정도이다.

이와는 대조적으로 선물환계약이나 외환선물은 모두 옵션이 아니다. 선물환계약은 반대매매를 할 수 있고 (즉, 이전의 매입을 중화시키기 위하여 통화를 선물환 매도할 수 있음) 외환선물계약은 선물거래소에서 다시 매도할 수 있지만 반드시 이행되어야 한다(즉, 계약의 양 당사자는 인도일에 계약을 이행해야 함). 따라서 옵션은 선물환계약보다는 융통성이 없지만 경우에 따라서는 옵션이 보다 유용할 수도 있다. 예를 들어 EMU 기업을 인수하고자 입찰하는 미국기업은 인수에 성공할 경우 지정된 금액을 유로로 지불해야 한다. 미국기업은 이러한 입찰이 성공할지를 알 수 없으므로 필요로 하는 유로화 콜옵션을 매입하여 입찰이 성공하는 경우 옵션을 행사하면 된다. 사례연구 14-4에서는 전 세계 외환시장의 일평균 거래액의 거래수단, 통화 및 지리적 위치별 분포를 보여 준다.

사례연구 14-4 외환시장의 규모, 통화 및 지역분포

표 14-3은 2016년 외환시장의 규모, 통화 및 지역분포에 관한 자료를 보여 준다. 표에서 일별 현물환거래는 1조 6,520억 달러로 총외환 턴오버의 32.6%이고, 아웃라이트(확정일 인도) 선물환거래는 7,000억 달러로서 총액의 13.8%에 해당하며 외환스왑은 2조 3,780억 달러로서 46.9%이다. 또한 통화스왑(외환파생상품)은 820억 달러로서 1.6%를 차지하고, 옵션 및 기타 상품 2,540억 달러 또는 5.0%이며 총외환

시장 규모는 5조 660억 달러이다. 표를 통해 미국 달러의 비중은 유로의 2.8배로서 일본 엔의 4배, 영국 파운드(두 통화는 달러와 유로 다음으로 가장 많이 사용)의 7배에 이른다. 영국(대부분 런던) 시장규모의 비중은 36.9%로 가장 높고, 다음으로 미국(대부분 뉴욕, 시카고, 필라델피아)은 19.5%를 차지한다.

표 14-3 2016년도 글로벌 외환시장 턴오버, 통화 및 지역분포(일평균)

시장 턴오버[a]		통화분포		지역분포	
	금액(10억 달러)	점유율(%)	통화	점유율(%)[b]	국가	점유율(%)
현물거래	1,652	32.6	미국 달러	87.6	영국	36.9
아웃라이트 선물환거래	700	13.8	유로	31.4	미국	19.5
			일본 엔	21.6	싱가포르	7.9
외환스왑	2,378	46.9	영국 파운드	12.8	홍콩	6.7
통화스왑	82	1.6	오스트레일리아 달러	6.9	일본	6.1
옵션	254	5.0	캐나다 달러	5.1	프랑스	2.8
총계	5,066	100.0	스위스 프랑	4.8	스위스	2.4
			중국 인민폐	4.0	오스트레일리아	1.9
			스위스 크로나	2.2	독일	1.8
			기타	23.6	기타	13.9
			총계	200.0	총계	100.0

[a] 4월의 일일 평균, 수십억 달러. 반올림으로 인하여 일부 합은 일치하지 않는다.
[b] 각 거래가 두 가지 통화를 포함하기 때문에 총시장 점유율은 100%가 아닌 200%로 계산된다.
출처 : Bank for International Settlements, *Triennial Central Bank Survey* (Basel: BIS, December 2016).

14.5 환위험, 헤징 및 환투기

이 절에서는 환위험의 의미를 살펴보고 환투기를 주업무로 하고 있지 않은 기업이나 개인이 환위험을 피하거나 커버할 수 있는 방법에 관해 살펴본다. 그다음 투기자들이 미래의 환율을 예측함으로써 이익을 얻는 방법을 살펴본다.

14.5A 환위험

한 나라의 외환수요 및 공급곡선은 시간이 경과함에 따라 이동하여 현물환율(및 선물환율)은 빈번하게 변동한다. 외환에 대한 수요 및 공급곡선은 국내와 해외에서 국내 및 해외상품에 대한 기호의 변화, 각국의 상이한 경제성장률, 인플레이션율 및 상대이자율의 변화와 기대의 변화 등으로 인해 시간이 지남에 따라 이동한다.

예를 들어 EMU 상품에 대한 미국의 선호도가 증가하면 유로화에 대한 미국의 수요는 증가하며(수요곡선은 위쪽으로 이동) 이로 인해 환율은 상승한다(즉, 달러의 평가하락). 반면에 미국의 인플레이션율이 EMU보다 낮다면 영국의 거주자에게 미국 상품의 가격은 더 저렴해진다. 그 결과 미국에 대한 유로화의 공급이 증가하여(공급곡선은 오른쪽으로 이동) 환율이 하락한다(달러의 평가상승). 또는 단순히 달러가 강세를 나타낼 것이라는 예상만으로도 달러가 평가상승할 수 있다. 간단히 말해 동태적이고도 급변하는 세계에서 환율은 동시적으로 작용하는 수많은 경제적 요인들의 끊임없는 변화를 반영하여 빈번하게 변동한다.

그림 14-3은 1971년부터 2014년까지 미국의 달러와 일본 엔, 유로, 영국 파운드, 캐나다 달러 사이의 환율이 큰 폭으로 변동하고 있음을 보여 주고 있다. 여기에서 환율은 외국의 관점에서 정의되기 때문에(즉, 환율은 미국 달러의 외국통화 표시 가격) 환율이 상승하는 것은 외국통화의 평가하락(즉, 1달러를 사기 위해 필요한 외국통화의 양이 더 많아짐)을 그리고 환율이 하락하는 것은 외국통화의 평가상승을 의미한다는 점에 주의하자.

그림 14-3의 첫 번째 도표는 일본의 엔이 1971년 초 1달러당 약 360엔에서 1978년에는 1달러당 180엔으로 급격히 평가상승하였음을 보여 준다. 그 후 엔 환율은 상승하여(즉, 엔은 평가하락) 1982년 가을과 1985년 봄에 1달러당 260엔이 되었지만, 그 후 지속적으로 하락하여 1995년 봄에는 1달러당 거의 80엔 수준이 되었고 1996년에서 2007년까지는 달러당 109~125엔에, 2008년에서 2017년에는 80~121엔 범위에 머물다가 2019년 1월에는 평균 110엔이 되었다.

그림 14-3의 두 번째 패널에서는 유로가 1999년 1월 1일 도입된 가치인 1유로당 1.17달러에서 2000년 10월 1유로당 0.85달러 급격히 평가하락하였다는 것을 알 수 있다. 그 후 2002년 초 그전만큼 급격히 평가상승하여 2004년 12월에 1유로당 1.36달러의 높은 수준에 도달하였다. 그 후 유로는 2005년에 평균 1유로당 1.25달러 정도로 평가하락하였다가 2008년 7월에 1유로당 1.58달러의 정점에 도달하였고, 2009~2017년에는 1유로당 1.11달러에서 1.36달러, 2019년 1월에는 1유로당 1.15달러로 평가하락하였다. 그림 14-3에서 유로/달러 환율은 유로의 달러화 표시 가격(그림 14-3에서 다른 통화의 표시 방법과 반대로)으로 표시된 것을 주목할 필요가 있다. 또한 영국 파운드는 1980년부터 1985년까지 달러에 대해 크게 평가하락하였고(2008년 초 평가상승), 캐나다 달러는 2002년부터 2008년 초까지 미국

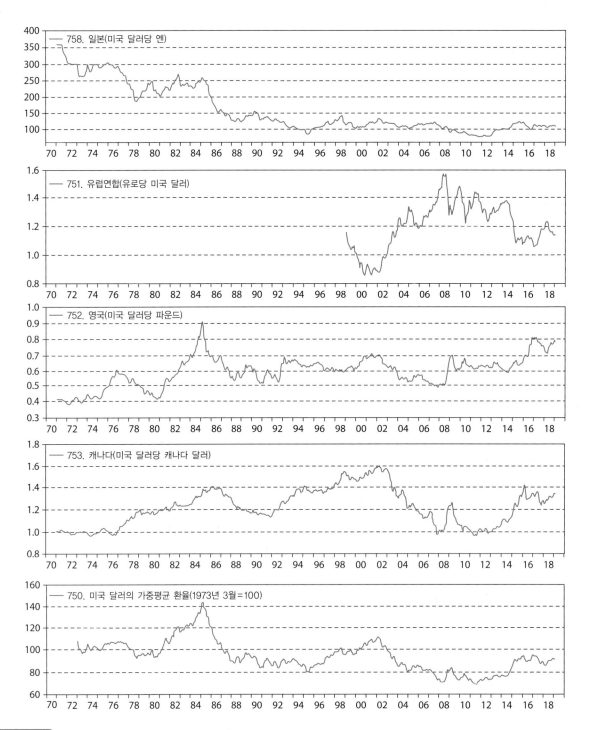

그림 14-3 주요 통화의 환율 및 달러의 유효환율(1970~2019)

상위 4개의 패널은 1970년부터 2019년까지 (유로는 1999년 초에 도입) 일본 엔, 유로, 영국 파운드, 캐나다 달러의 환율변동을 보여 준다. 사용된 환율 표시방법은 유로를 예외로 하고 모두 달러의 외국통화 표시값이다. (따라서 환율의 상승은 외국통화의 평가하락을, 달러의 평가상승을 의미) 맨 아래 패널에서는 1973년 3월을 100으로 놓았을 때 달러의 외국통화표시 가중평균값으로 정의되는 달러의 유효환율을 보여 준다. 그림들로부터 1970년부터 2019년까지 환율의 큰 폭의 변동이 있었음을 알 수 있다.

에 대해 크게 평가상승하였다(그리고 2008년 가을 이후 평가상승).

그림 14-3의 제일 아래 도표는 (달러의 외국통화 표시 가격을 가중평균한 것으로 정의된 1973년 3월 = 100) 달러의 실효환율을 보여 준다. 미국의 달러와 다른 통화 사이의 환율이 변화하는 정도가 다르며 때때로 변화방향까지 다르기 때문에 이 지수가 중요하다. 1980년 초부터 1985년 초까지 기타 통화의 평가하락 및 달러의 평가상승, 1985년 초부터 1987년 말까지 기타 통화의 평가상승 및 달러의 평가하락은 이 도표를 통해 명확하게 알 수 있다. 다소 명확하지는 않지만 달러의 실효환율은 1987년 이후에도 급변하였고 2019년 1월에는 평균 91 부근을 유지하였다(그림 14-3 참조).

그림 14-3에서와 같이 환율의 빈번하고도 급격한 변동 때문에 장차 외환을 지불하거나 수취하는 개인, 기업 및 은행은 환위험에 처하게 된다. 예를 들어 미국의 수입업자가 유럽통화동맹(EMU)으로부터 10만 유로의 상품을 수입하고 3개월 후에 유로화로 지불해야 한다고 가정하자. 만일 유로화의 현물환율이 $SR = \$1/€1$라면 수입업자가 3개월 후에 지불해야 하는 금액의 현재 달러가치는 10만 달러이다. 그러나 3개월 후에 현물환율이 $SR = \$1.10/€1$가 되면 그때 수입업자는 수입품에 대하여 11만 달러를 지불해야 하며 현재 가치보다 1만 달러를 더 지불해야 한다. 물론 3개월 후에 현물환율은 $SR = \$0.90/€1$가 될 수도 있는데, 이 경우 수입업자는 9만 달러만 지불하며 예상했던 것보다 1만 달러를 적게 지불할 수도 있다. 그러나 수입업자는 대개 이와 같은 환위험을 피하고 싶어 한다. 즉, 그는 3개월 후 유로의 달러가격이 상승할 때(현물환율이 상승할 때)를 대비하고 싶을 것이다.

마찬가지로 3개월 후에 10만 유로를 수취하기로 되어 있는 미국의 수출업자는 3개월 후 현물환율이 $SR = \$0.90/€1$라면 (현시점의 현물환율 $SR = \$1/€1$에서 받을 수 있는 10만 달러 대신에) 9만 달러밖에 받지 못한다. 그러나 수입업자와 마찬가지로 수출업자도 그가 직면하게 되는 환위험을 (적은 비용으로) 피하고 싶어 할 것이다. 또 다른 예로 미국 재무부 증권보다 수익률이 높은 3개월 만기 EMU 단기재정증권에 투자하기 위해 현재의 현물환율로 유로화를 구입하는 투자자가 있다고 하자. 그러나 그가 유로화를 달러로 환전하는 3개월 후에 현물환율의 하락폭이 크다면 EMU의 증권으로부터 얻게 되는 추가적인 이자수입이 상쇄되거나 오히려 손해를 볼 수도 있다.

위의 세 가지 예에서 명백히 알 수 있는 것은 미래에 외환을 지불하거나 수취할 때 현물환율이 변동하므로 **환위험**(foreign exchange risk) 또는 소위 '오픈 포지션(open position)'이 발생한다는 사실이다. 일반적으로 기업가는 위험기피적이므로 이러한 환위험에 대비하거나 이를 기피하려고 한다(반면에 재정의 경우에는 값이 싼 금융센터에서 통화를 구입하여 보다 비싼 금융센터에서 즉시 재판매하므로 환위험이 발생하지 않는다는 점에 주목하기 바란다). 환위험은 미래에 외환을 수취하고 지불하는 거래[**거래 환노출**(transaction exposure)] 때문에 발생하기도 하지만, 해외에 보유한 재고와 자산을 기업의 연결대차대조표에 국내통화로 기입하기 위하여 평가할 때[**회계적 환노출**(translation or accounting exposure)]와 기업의 미래 이윤을 국내 통화가치로 추정할 때[**경제적 환노출**(economic exposure)]도 발생한다. 다음에서는 거래 환노출 또는 위험에 대해서 살펴보기로 하자.

14.5B 헤징

헤징(hedging)이란 환위험의 회피 또는 오픈 포지션을 커버하는 것을 말한다. 가령 앞의 예에서 수입업자는 현재 현물환율인 $SR = \$1/€1$에 10만 유로를 차입하고 지불만기가 될 때까지 3개월 동안 은행에 예금하여 이자수입을 얻을 수도 있다. 그렇게 함으로써 수입업자는 3개월 후의 현물환율이 현재의 현물환율보다 높아지더라도 수입품에 대해 10만 달러 이상을 지불해야 하는 위험을 피할 수 있다. 마찬가지로 수출업자는 현시점에서 10만 유로를 차입하고 이를 현재의 현물환율인 $SR = \$1/€1$에 10만 달러로 환전한 후 이를 은행에 예금하여 이자수입을 얻을 수 있다. 3개월 후에 수출업자가 수취하는 10만 유로로 차입금 10만 유로를 상환하면 된다. 이러한 방식으로 환위험을 피하는 데 드는 비용은 대출이자와 예금이자의 차액이 된다.

그러나 위에서와 같이 현물환시장에서 환위험을 커버하는 일은 심각한 결함이 있는데, 그 이유는 기업가 또는 투자자가 3개월 동안 자금을 차입하거나 자기 자금을 묶어 두어야 하기 때문이다. 이를 피하기 위해 보통 선물환시장에서는 헤징이 발생한다. 따라서 수입업자는 3개월 후에 인수(및 결제) 하기로 하고 현재의 3개월 선물환율로 유로를 선물환 매입하면 된다. 만일 유로가 연간 4% 선물환 할 증되어 있다면 수입업자는 수입대금을 결제하기 위한 10만 유로에 대해 10만 1,000달러를 지불하면 된다. 따라서 헤징 비용은 (10만 달러의 1%인) 1,000달러가 된다. 마찬가지로 3개월 후에 수출대금으로 10만 유로를 수취하는 수출업자는 현재의 3개월 선물환율로 3개월 후에 유로화를 인도하기로 하는 선물환 매도를 하면 된다. 3개월 내에는 자금이 이전되지 않으므로 수출업자는 현시점에서 차입할 필요가 없다. 만일 유로화가 연간 4% 선물환 할인되었다면 수출업자는 3개월 후에 그가 인도하는 10만 유로에 대해 9만 9,000달러를 받는다. 반면에 유로가 4%의 선물환 할증되어 있다면 수출업자는 3개월 만에 헤징을 통해 10만 1,000달러를 받게 된다.

통화선물시장이나 통화옵션시장에서도 환위험을 헤징하고 오픈 포지션을 회피할 수 있다. 예를 들어 수입업자가 3개월 후에 10만 유로를 지불해야 되고 유로의 3개월 선물환율이 $FR = \$1/€1$이라고 하자. 수입업자는 10만 유로를 선물 매입하거나(이 경우 수입업자는 3개월 후에 10만 달러를 지불하고 10만 유로를 받는다), 3개월 후에 10만 유로를 $\$1/€1$의 행사가격으로 콜옵션을 매입하는 대가로 1%(또는 10만 달러 옵션에 대한 1,000달러)의 프리미엄을 지급할 수도 있다. 만일 3개월 후에 유로의 현물환율이 $SR = \$0.98/€1$가 되면 선물환으로 헤징한 경우 수입업자는 10만 달러를 지불해야 한다. 그러나 옵션을 매입한 경우에는 옵션을 행사하지 않고 현물환시장에서 10만 유로를 9만 8,000달러에 매입할 수도 있다. 이 경우 1,000달러의 프리미엄은 보험증서로 생각할 수 있고 수입업자는 통화선물 계약으로 2,000달러를 절약하게 된다.

환율이 불확실한 상황에서 무역업자와 투자자들이 헤징할 수 있는 능력은 국제무역과 국제투자의 흐름을 크게 촉진한다. 장차 동일한 외환을 여러 차례 지불하고 동시에 수취하는 다국적기업은 순 오픈 포지션에 대해서만 헤징할 필요가 있다는 점에 주목할 필요가 있다. 마찬가지로 은행도 미래의 계약일에 지불하고 수취할 외환의 순잔고에 대해서만 오픈 포지션을 갖는다. 은행은 가능한 한 대부분의 오픈 포지션을 (외환 브로커를 통하여) 다른 은행과 거래함으로써 커버하고 잔여 부분은 현물환시장, 통화선물시장, 통화옵션시장에서 커버한다. 최근 들어 각종 외환거래와 관련한 위험이 크게 증가하였지만, 이러한 환위험을 인식하고 이에 대처하기 위한 지식과 환위험을 커버하기 위한 수단 역시 크게 증가하였다.

14.5C 투기

투기(speculation)는 헤징과 반대가 된다. 헤징을 하는 사람은 환위험을 커버하려 하지만 반대로 투기자는 이익을 얻을 수 있다는 기대감에서 환위험 또는 오픈 포지션을 수용하며 추구하기도 한다. 만약 투기자가 장래의 현물환율의 변화 정도를 정확하게 예상한다면 그는 이익을 얻고 그렇지 않은 경우에는 손해를 본다. 헤징의 경우와 같이 투기는 현물환시장, 선물환시장, 통화선물시장 및 통화옵션시장에서 발생할 수 있는데 보통 선물환시장에서 발생한다. 먼저 현물환시장에서의 투기를 살펴보기로 하자.

만일 어떤 투기자가 특정 외환의 현물환율이 상승할 것으로 예상한다면 그는 그 통화를 현 시점에서 매입하여 은행에 예금한 후 다시 매도할 수 있다. 투기자의 예상이 정확하여 실제로 현물환율이 상승한다면 이 투기자는 통화 1단위당 그 통화를 매입할 때의 낮은 현물환율과 매도할 때의 높은 현물환율의 차액만큼 이익을 얻는다. 그러나 투기자의 예상과 달리 현물환율이 하락한다면 매입가격보다 낮은 가격으로 그 통화를 매도해야 하므로 손해를 보게 된다.

한편 투기자가 현물환율이 하락할 것으로 예상한다면 그는 3개월 동안 외환을 차입하여 즉시 현재의 현물환율로 국내통화와 교환한 후, 국내통화를 은행에 예금하여 이자를 얻는다. 이 투기자가 예상한 대로 3개월 후에 현물환율이 하락하면, 그는 더 낮은 환율로 외환을 매입하여 (자기의 외환차입을 상환하고) 이익을 얻는다(물론 투기자가 이익을 얻기 위해서는 3개월 후의 현물환율이 현재보다 충분히 낮아서 국내통화예금보다 이자율이 높은 외화예금에 대한 이자를 상쇄할 수 있어야 한다). 만일 3개월 후의 현물환율이 낮아지지 않고 오히려 상승한다면 투기자는 손해를 볼 것이다.

위의 두 예에서 투기자는 현물환시장에서만 거래했으며 투기를 하기 위해 자기 자금을 묶어 두든지 아니면 차입을 해야 했다. 선물환시장에서 헤징과 마찬가지로 투기 역시 발생하는 이유는 이러한 불편을 피하기 위해서이다. 예를 들어 어떤 투기자가 3개월 후에 특정 외환의 현물환율이 현재의 3개월 선물환율보다 높아질 것으로 예상하면, 그는 3개월 후에 인도받기로(지불하기로)하고 일정액의 외환을 선물환 매입하면 된다. 3개월 후에 그의 예상이 정확하면, 투기자는 약정된 낮은 선물환율로 외환을 인도받아 높은 현물환율로 즉시 매도하여 이익을 얻는다. 물론 투기자의 예상이 틀려서 3개월 후의 현물환율이 약정된 선물환율보다 낮다면 이 투기자는 손해를 본다. 어쨌든 (투기자가 선물환계약 당시에 지불해야 하는 보통 10%의 증거금을 제외하고는) 3개월 내에는 통화가 이전되지 않는다.

다른 예로써 유로에 대한 3개월 선물환율이 $FR = \$1.01/€1$이고 어떤 투기자가 3개월 후 유로화에 대한 현물환율이 $SR = \$0.99/€1$가 된다고 예상하는 경우를 생각해 보자. 그러면 이 투기자는 3개월 후에 인도하기로 하고 유로화를 선물환 매도한다. 3개월 후에 그의 예상이 적중하여 현물환율이 그가 예상한 것과 같다면, 그는 현물환시장에서 유로화를 $SR = \$0.99/€1$에 매입하여, 약정된 선물환율 $\$1.01/€1$로 유로화를 매도함으로써 선물환계약을 이행할 수 있으며, 그 결과 이 투기자는 1유로당 2센트의 이익을 얻으며, 3개월 후의 현물환율이 $SR = \$1.00/€1$이면 1유로당 1센트의 이익을 얻는다. 또한 3개월 후의 현물환율이 $\$1.01/€1$라면 이 투기자는 아무런 이익도 얻지 못한다. 마지막으로 3개월 후의 현물환율이 그가 유로화를 선물환 매도할 때의 선물환율보다 높으면 투기자는 1유로당 선물환율과 현물환율의 차이만큼 손해를 본다.

(유로가 평가하락할 것으로 믿는) 이 투기자는 또 다른 방법으로 3개월 후에, 예컨대 $1.01/€1의 행사가격으로 풋옵션을 매입할 수도 있다. 만일 그의 예상이 적중하여 3개월 후에 유로의 현물환율이 실제로 $0.99/€1가 되면, 그는 현물시장에서 $0.99/€1에 유로를 매입하고 옵션을 행사하여 $1.01/€1를 받는다. 이렇게 하여 이 투기자는 1유로당 2센트의 이익을 얻는다(여기에서 프리미엄 또는 옵션 가격을 공제하면 그의 순이익이 된다). 이 경우에 옵션 가격이 선물환계약에 수반되는 수수료보다 높아 옵션을 선택할 때의 순이익이 다소 작아질 수도 있다는 점을 제외하면, 옵션이나 선물환계약을 할 때의 결과는 동일하다. 반대로 투기자의 예상이 틀려서 3개월 후 유로의 현물환율이 그가 예상한 것보다 훨씬 높으면, 이 투기자는 그의 옵션을 행사하지 않으며 프리미엄이나 옵션 가격만큼 손해를 본다. 선물환계약의 경우에는 투기자가 매매계약을 이행해야 하므로 더 큰 손해를 본다.

투기자가 미래의 현물환율이 높아지면 외환을 재매도할 목적으로 현물환시장, 선물환시장, 또는 통화선물시장에서 외환을 매입하거나 외환의 콜옵션을 매입하는 경우 투기자는 이들 통화에 대하여 **롱 포지션**을 취한다고 한다. 반대로 투기자가 미래의 낮은 환율로 외환을 매입해 외환차입을 상환하거나 선물매도계약이나 옵션을 이행하기 위한 목적으로 외환을 차입하거나 외환을 선물매도하는 경우에 투기자는 **숏 포지션**을 취한다고 한다(즉, 이 투기자는 현재 그의 수중에 없는 것을 매도하는 것이다).

투기는 안정적일 수도 있고 불안정적일 수도 있다. **안정적 투기**(stabilizing speculation)는 외환의 국내가격(즉, 환율)이 하락하거나 낮을 때, 환율이 곧 상승하여 이익을 얻을 수 있다고 예상하여 외환을 매입하거나 또는 환율이 상승하거나 높을 때, 곧 환율이 하락할 것으로 예상하여 외환을 매도하는 것을 말한다. 안정적 투기는 시간이 경과함에 따라 환율변동을 완화시켜 주는 중요한 기능을 수행한다.

반면에 **불안정적 투기**(destabilizing speculation)는 환율이 낮거나 하락할 때 장차 환율이 더 하락할 것으로 예상하여 외환을 매도하거나 또는 환율이 상승하거나 높을 때 환율이 더 상승할 것을 예상하여 외환을 매입하는 것을 말한다. 따라서 불안정적 투기는 시간의 경과에 따른 환율변동 폭을 확대시켜 국제무역 및 국제투자의 흐름을 대단히 파행적으로 만들 수 있다. 투기가 주로 안정적인가 불안정적인가 하는 문제는 대단히 중요한데, 이 문제는 변동환율제도의 운용을 깊이 있게 다루고 있는 제16장과 변동환율제도 및 고정환율제도의 운용을 비교하는 제20장에서 다시 다루기로 한다. 일반적으로 '정상적인' 조건에서의 투기는 안정적인 것으로 생각되며 여기서는 투기가 안정적인 것으로 가정하자.

은행보다는 부유한 개인이나 기업이 대개 투기자가 된다. 그러나 미래에 외환으로 지불해야 하는 사람은 누구나 환율이 상승할 것으로 예상될 때는 지불을 신속히 하고, 환율이 하락할 것으로 예상될 때는 지불을 지연시킴으로써 투기를 할 수 있다. 반면에 장차 외환을 수취할 사람들은 누구나 반대의 전략을 이용함으로써 투기를 할 수 있다. 이를테면 수입업자는 환율이 곧 상승할 것으로 예상되면 그는 상품의 주문 즉시 수입 대금을 지불할 것이다. 반대로 환율이 상승할 것으로 예상하는 수출업자는 상품의 인도를 지연시키고 대금의 수령을 지연시키기 위하여 신용기간을 더욱 장기화시키려 할 것이다. 이러한 것을 **리드**(leads)와 **래그**(lags)라 부르며 이는 투기의 한 형태이다.

최근 들어 환율에 대한 투기로부터 몇 건의 막대한 손실이 발생했다. 가장 놀랄 만한 사건 중의 하나는 로열 더치 셸(Royal Dutch Shell)이 지분의 50%를 보유하고 있는 일본의 정유 및 유통회사인 쇼와카 쉘 세키유(Showaka Shell Sekiyu)의 사례이다. 1989년부터 1992년까지 쇼와카의 금융부서는 달러가 평가상승할 것이라고 예상하여 64억 4,000만 달러를 통화선물시장에 베팅하였다. 달러가 평가하락함에 따라(엔이 평가상승함에 따라 그림 14-3 참조) 쇼와카는 13억 7,000만 달러의 손해를 입었다. 좀 더 최근에는 아일랜드의 가장 큰 은행인 AIB(Allied Irish Bank)의 미국 자회사인 올퍼스트 뱅크(Allfirst Bank)의 존 러스낙(John Rusnak)은 미국 달러를 일본의 엔과 거래하는 과정에서 5년 동안 7억 5,000만 달러의 손실을 본 것이 2002년 2월 밝혀졌다. 2004년 1월에는 오스트레일리아 국립은행(IVAB)의 외환 딜러 4명이 3개월간의 규정 위반 외환거래를 통해 3억 6,000만 달러의 손실을 초래하였다. 그리고 2014년 11월에 영국, 미국, 스위스 당국은 별도의 합의를 통해 환율 조정을 위해 6개 주요 은행(UBS, 씨티그룹, JP 모건 체이스, HSBC, 스코틀랜드왕립은행, 뱅크오브아메리카)에 43억 달러의 벌금을 부과했다. 정말로 환투기 사기는 대단히 위험하고 막대한 손실과 벌금을 초래할 수 있다!

14.6 이자재정과 외환시장의 효율성

이자재정(interest arbitrage)은 해외에서 더 높은 수익을 얻기 위한 단기유동자본의 국제적 이동을 뜻한다. 이자재정은 커버될 수도 있고 커버되지 않을 수도 있는데 이들을 차례로 살펴보자. 그 후에 커버된 이자평형이론 및 외환시장의 효율성을 살펴본다.

14.6A 커버되지 않은 이자재정

해외의 금융센터에서 더 높은 이자수입을 얻기 위해 해외로 자금을 이전시킬 경우 국내통화를 외환으로 환전하여 투자해야 하고 만기가 되면 이러한 외화자금(및 이자수입)을 국내통화로 재환전해야 하므로 투자기간 동안 외환의 평가하락 가능성으로 인하여 환위험이 존재한다. 만일 이러한 환위험이 커버되고 있으면 커버된 이자재정이 되고, 그렇지 않은 경우에는 커버되지 않은 이자재정이 된다. 이자재정은 보통 커버되고 있지만 먼저 단순한 커버되지 않은 이자재정(uncovered interest arbitrage)을 살펴보자.

3개월 만기 재무부 증권의 연간 이자율이 뉴욕에서는 6%이고 프랑크푸르트에서는 8%라고 하자. 그러면 미국의 투자자는 현재의 현물환율로 달러를 유로화로 환전하여 EMU 증권을 매입하면 연간 2%의 이익을 얻는다. EMU 증권이 만기가 되면 미국의 투자자는 투자한 유로화와 이자소득을 달러로 환전한다. 그러나 그때 유로화가 평가하락하여 현재 유로화를 매입할 때 지불했던 달러보다 더 적은 달러를 받을 수도 있다. 만일 유로화가 3개월 투자기간에 연간 1% 평가하락하면 미국의 투자자가 해외투자로부터 얻는 순이익은 (그가 추가로 더 받는 2%의 이자에서 유로화의 평가하락으로 손해를 본 1%를 차감하면) 연간 1%가 되며, 3개월 동안 1/4%의 이익을 얻는다. 만일 유로가 3개월 동안 연 2% 평가하락하면 미국의 투자자는 아무런 이익을 얻을 수 없으며, 유로화가 2% 이상 평가하락하면 미국의 투자자는 손해를 본다. 물론 유로화가 **평가상승**하면, 미국의 투자자는 추가적인 이자소득과 아울러 평가상승으로 인한 이익도 얻는다.

커버되지 않은 이자재정과 관련된 것으로 캐리 트레이드(carry trade)가 있다. 캐리 트레이드란 투자자가 저수익통화를 차입하여 고수익통화를 대여(투자)하는 전략이다. 즉, 투자자가 비교적 이자율이 낮은 통화를 차입한 후 그 펀드를 사용하여 이자율이 높은 다른 통화를 구입하는 전략이다. 그러나 투자기간에 고수익통화가 평가하락하면 투자자는 손실을 볼 위험을 감수한다(사례연구 14-5 참조).

사례연구 14-5   캐리 트레이드

앞에서 정의한 것처럼 캐리 트레이드란 투자자가 저수익통화를 차입하고 고수익통화를 대여(투자)하는 전략이다. 투자기간 동안 양의 이자율 차보다 고수익통화가 저수익통화에 비해 더 높은 백분율의 차이로 평가하락하면 투자자는 손실을 보게 된다.

예를 들어 엔 캐리 트레이드에서 투자자가 일본은행에서 엔을 1%의 이자율로 차입하고 그것을 당시의 환율로 달러로 교환한 후 4%의 이자를 지급하는 미국 채권을 구입한다고 가정하자. 투자기간에 엔-달러 환율이 변화하지 않는다면 투자자는 3%의 이익을 얻을 것이다. 달러가 엔에 비해 평가상승하면 더 큰 이익을 얻을 것이다. 한편 투자기간 동안 달러가 엔에 비해 평가하락하면 투자자는 더 작은 이익을 얻거나 손익분기점 또는 손실을 볼 수도 있을 것이다. 구체적으로 투자기간에 달러가 엔에 비해 3% 이하로 평가하락하면 그만큼 적게 이익을 볼 것이다. 정확히 3% 평가하락하면 손익분기점이 될 것이며(거래비용은 없다고 가정) 3% 이상으로 평가하락하면 투자자의 손실은 달러의 평가하락률과 이자율 차이와 간격이 될 것이다. 이와 같이 캐리 트레이드에서의 위험은 환율의 불확실성에 기인한다.

실제로는 레버리지로 인해 전에 예측한 것보다 훨씬 큰 이익이나 손실이 발생할 수 있다. [왜냐하면 투자자는 미국 채권을 채권가격의 일부(보통 10%)로 구입하기 때문] 이 경우에 이익이나 손실은 10배로 확대된다.

이론적으로 커버되지 않은 이자평형에 따르면 캐리 트레이드는 두 통화 간의 이자율 차이와 투자자들이 저수익통화가 고수익통화에 비해 평가상승할 것을 예상하는 비율과 동일하므로 예측한 이윤을 발생시키지는 않는다. 그러나 캐리 트레이드는 투자자가 차입통화를 다른 통화로 전환하는 과정을 통해 매각하므로 차입된 통화가치를 약화시키게 된다. 실제로 캐리 트레이드는 저수익통화의 급속한 평가하락과 고수익통화의 급속한 평가상승을 통해 환율의 변동성을 증가시킨 것으로 비난을 받아 왔다.

미국 달러와 엔은 1990년대 이후 캐리 트레이드 거래에서 가장 빈번히 사용되어 온 통화로서 엔은 저수익통화, 달러는 고수익통화의 역할을 하였다. 2007년 초에 엔 캐리 트레이드는 최고조에 도달하였으며 규모는 약 1조 달러에 이르렀다. 2008년에는 엔의 급속한 평가상승으로 그 거래는 크게 위축되었다. 이로 인해 엔화 표시 부채의 위험을 커버하기 위해 외국통화를 엔으로의 전환 압력을 받았고, 이것은 엔의 평가상승을 더욱 가속화시켰다. 환율의 변동성은 캐리 트레이드의 불확실성을 증가시키는 경향이 있는데, 그것은 2008년에 발생했으며 2008년 세계 금융위기로 인한 신용규제에 기여하였다.

출처 : C. Burnside, M. Eichenbaum, and S. Rebelo, "Carry Trade and Momentum in Currency Markets," *Annual Review of Financial Economics*, December 2011, pp. 511–535; and "Fumbling the Carry Trade," *The Wall Street Journal*, March 12, 2015, p. C1; and "Dollar-Yen Carry Trade Just Got More Alluring, Thanks to BOJ," Bloomberg, August 14, 2018 at https://www.bloomberg.com/news/articles/2018-08-14/dollar-yen-carry-trade-just-got-moreappealing-thanks-to-boj.

14.6B 커버된 이자재정

단기자금을 해외에 투자하는 투자자는 일반적으로 환위험을 피하려 한다. 따라서 보통 이자재정은 커버되고 있다. 환위험을 피하고자 하는 투자자는 외국의 재무부 증권을 매입하기 위해 현재의 현물환율로 국내통화를 외환으로 환전하는 동시에, 그가 만기일에 받게 될 원리금을 선물환 매도한다. 따라서 커버된 이자재정(covered interest arbitrage)이란 투자할 외환을 현물 매입함과 동시에 환위험을 피하기 위해 외환을 선물환 매도하는 것(스왑)을 말한다. 따라서 재무부 증권이 만기가 되면 투자자는 해외투자원리금과 동등한 가치의 국내통화를 환위험 없이 받을 수 있다. 이자율이 높은 나라의 통화는 보통 선물환 할인되므로 투자에 대한 순수익은 대략 해외금융센터와 국내의 이자율 차이와 선물환 할인율 사이의 차이와 일치한다. 선물환 할인율만큼 수익이 감소하는 것은 환위험을 피하기 위한 보험비용으로 생각할 수 있다.

한 예로 앞의 예를 계속 사용하여 3개월 재무부 증권의 연간 이자율이 뉴욕에서는 6%이고 프랑크푸르트에서는 8%이며 유로화는 연 1% 선물환 할인되었다고 가정하자. 커버된 이자재정을 위해서 미국의 투자자는 (EMU 재무부 증권을 매입하기 위해) 달러를 유로화로 현재의 현물환율로 환전하는 동시에 그가 받게 될 투자원리금을 현재의 선물환율로 선물환 매도한다. 유로화는 연 1% 선물환 할인되었으므로 미국의 투자자는 3개월간 외환거래로부터 발생하는 환위험을 커버하기 위해 1/4%의 손해를 감수해야 한다. 따라서 순이익은 추가적으로 받을 수 있는 연 2%의 이자에서 외환거래로부터 손해를 보는 1%를 뺀 1%가 된다(따라서 투자기간인 3개월 동안에는 1/4%가 된다). 이자율 차이와 선물환 할인율을 연간 기준으로 표시하고 그다음에 3개월 투자기간에 대한 수익률을 계산하기 위하여 이를 4로 나누었음에 주의하자.

그러나 커버된 이자재정이 계속됨에 따라 이익을 얻을 수 있는 가능성은 점점 감소하다가 마침내 소멸된다. 이는 두 가지 이유 때문에 발생한다. 첫째, 자금이 뉴욕에서 프랑크푸르트로 이동함에 따라 (뉴욕에서는 자금의 공급이 감소하므로) 뉴욕 이자율은 상승하며, (프랑크푸르트에서는 자금의 공급이 증가하여) 프랑크푸르트 이자율은 하락한다. 그 결과 프랑크푸르트에서 높았던 이자율의 차이는 감소한다. 둘째, 현물환시장에서 유로화를 매입한 결과 현물환율은 상승하고 선물환시장에서 유로화를 매도함에 따라 선물환율은 하락한다. 따라서 유로화에 대한 선물환 할인율(즉, 현물환율과 선물환율 간의 차이)은 상승한다. 프랑크푸르트에서 높았던 이자율 차이가 감소하고 유로화의 선물환 할인율이 상승하므로 순이익은 감소하고 마침내 0이 된다. 이 경우 유로화는 커버된 이자재정 평형 (Covered Interest Arbitrage Parity, CIAP) 상태에 있다고 한다. 이때 외국의 금융센터에서 높았던 이자율 차이는 (모두 연간 기준으로 계산할 때) 외환의 선물환 할인율과 같아진다. 실제 세계에서는 커버된 이자재정에 의해 국제적으로 자금이 이동하기 위해서는 최소한 연 1/4% 이상의 순이익이 필요하다. 따라서 앞의 예에서 거래비용을 감안하면 순이익은 연간 3/4% 또는 3개월간 0.1875%이다.

만일 유로화가 선물환 할증되었다면 미국의 투자자가 3개월간 얻을 수 있는 순이익은 추가 이자수입에 유로화의 선물환 할증을 합한 것이 된다. 그러나 커버된 이자재정이 계속됨에 따라 (앞에서 설명한 바와 같이) 프랑크푸르트에서 높았던 이자율 차이와 유로화에 대한 선물환 할증율은 감소하여 마침내 유로화는 선물환 할인되고 모든 이익도 소멸되고 만다. 따라서 어떤 통화에 대한 선물환율 및 현물환율은 커버된 이자재정을 매개로 하여 밀접한 관계에 있다.

14.6C 커버된 이자재정 평형

그림 14-4는 국가 간 이자율 차이는 커버된 이자재정을 통하여 외환에 대한 선물환 할인 및 선물환 할증과 밀접한 관계가 있음을 일반적으로 그리고 엄밀하게 보여 주고 있다. 그림의 수직축은 한 국가의 금융센터(i)와 해외금융센터(i^*)의 이자율 차이($i - i^*$)를 연간 %로 표시한다. ($i - i^*$)가 0보다 작으면 외국에서의 이자율이 국내 이자율보다 더 높다는 것을 의미한다. 수평축은 연간 %로 표시한 외환에 대한 선물환 할인율($-$) 또는 선물환 할증률($+$)을 측정한다.

대각선상의 실선은 커버된 이자재정 평형(CIAP)을 보여 준다. 따라서 ($i - i^*$)가 -1이면 외환은 연간 1% 선물환 할인된 것이다. ($i - i^*$)가 1이면 외환은 연간 1% 선물환 할증된 것이다. 이자율 차이가

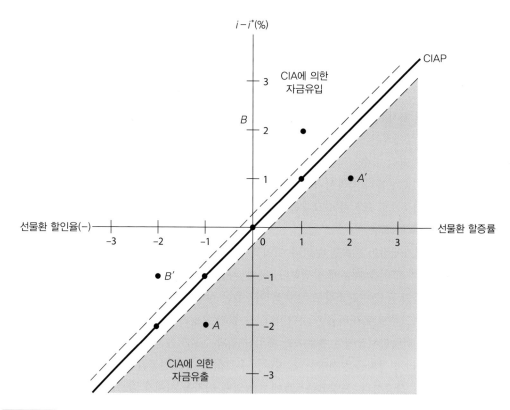

그림 14-4 커버된 이자재정

수직축은 국내(i)와 외국(i^*)의 이자율 차이($i - i^*$)를 연간 %로 표시한다. 수평축은 선물환율을 측정하며 −부호와 +부호는 각각 연간 %로 표시된 선물환 할인율 및 선물환 할증률을 나타낸다. 대각선상의 실선은 커버된 이자재정 평형(CIAP)을 보여 준다. CIAP 선 아래에서는 음(−)의 이자율 차이가 선물환 할인율보다 크거나 선물환 할증률이 양(+)의 이자율 차이보다 크다. 어느 경우이든 커버된 이자재정에 의해 자금이 유출된다. CIAP 선 위에서는 반대의 경우가 되며 재정에 의해 자금이 유입된다.

0이면, 외환은 선물환 할인이나 할증되지도 않으며(즉, 선물환율은 현물환율과 같으며) 이는 원점의 CIAP 선으로 표현된다.

CIAP 선 아래에서는 음(−)의 이자율 차이(즉, 외국의 이자율이 더 높음)가 선물환 할인율보다 크거나 선물환 할증률이 양(+)의 이자율 차이보다 크다(그림 14-4 참조). 어느 경우이든 커버된 이자재정(CIA)에 의한 **자금유출**로 순이익을 얻을 수 있다. 예를 들어 점 A에서는 연간 −2%의 이자율 차이가 존재하며(외국에서의 이자율이 연간 2% 더 높음) 외환은 연간 1% 선물환 할인되어 있다. 따라서 연간 1%의 커버된 이자재정 마진이 존재하므로 자금은 유출된다. 마찬가지로 점 A'에서 외환은 연간 2% 선물환 할증되었고 양의 이자율 차이는 1%밖에 되지 않는다. 따라서 투자자는 외환거래에서 2% 이익을 얻고 해외투자로 인해 1%의 이자손실을 보기 때문에 해외에 투자하려는 유인을 갖게 된다. 이 때 순이익은 연간 1% 또는 투자기간인 3개월 동안 1/4%가 된다.

재정에 의한 자금유출이 계속됨에 따라 순이익은 감소하며 결국은 소멸된다. 구체적으로 점 A에서는 해외로 자금이 이동함에 따라 앞 절에서 설명한 바와 같이 외국에서 높았던 이자율 차이(예 : −2

에서 −1.5로 감소하고)는 감소하고 외환에 대한 선물환 할인율(예 : −1에서 −1.5로)이 상승하여 CIAP 선에 도달한다(그림 14-4 참조). 점 *A'*에서는 해외로 자금이 이동함에 따라 양의 이자율 차이(예 : 1에서 1.5로)는 증가하고 선물환 할증률(예 : +2에서 +1.5로)은 감소하여 다시 CIAP 선에 도달하게 된다. 특히 자금이 해외로 이동하면 국내에서는 이자율이 상승하고 해외에서는 하락한다. 따라서 국내 이자율이 더 높으므로 양의 이자율 차이는 증가한다. 반면에 투자자들이 해외투자를 위해 외환을 매입함에 따라 현물환율은 상승한다. 또한 환위험을 커버하기 위해 외환을 선물환 매도함에 따라 선물환율은 하락한다. 따라서 선물환 할증률(즉, 선물환율이 현물환율보다 높은 정도)은 하락한다. 양의 이자율 차이는 증가하고 선물환 할증률은 감소하여 재정에 의한 자금유출로부터 발생하는 순이익은 감소하고 결국은 이자평형선상의 0이 되고 재정에 의한 자금유출은 더 이상 없어진다.

이자율 평형선 위에서는 양의 이자율 차이가 외환에 대한 선물환 할증률보다 높거나(그림의 점 *B*) 음의 이자율 차이가 선물환 할인율보다 높다(그림의 점 *B'*). 어느 경우이든 외국인들은 국내에 투자하는 것이 유리하므로 재정에 의해 **자금유입**이 발생한다. 그러나 재정에 의해 자금이 계속 유입됨에 따라 순이익은 감소하여 이자율 평형선에 도달하면 소멸된다. 현실세계에서는 순이익이 연간 약 1/4%(3개월간 1/16%)일 때 이자재정(자금유입이든 자금유출이든)이 발생하지 않는다. 이 범위가 그림에서는 대각선상의 점선 사이의 흰 부분으로 표시되어 있다.

14.6D 커버된 이자재정 마진

CIAP 선상에서는 음(−)의 이자율 차이(즉, 외국의 이자율이 높음)가 외환에 대한 선물환 할인율(*FD*)과 같으며, 양(+)의 이자율 차이는 외환에 대한 선물환 할증률(*FP*)과 같음을 살펴보았다. 이는 다음과 같이 표현된다.

$$i < i^* \text{이면 } i - i^* = FD \text{ 또는}$$
$$i > i^* \text{이면 } i - i^* = FP$$

그러나 선물환율에서 현물환율을 빼고 이것을 현물환율로 나눈 것[즉, $(FR - SR)/SR$]은 $(SR > FR$일 때) 선물환 할인율이고, $(FR > SR$이면) 선물환 할증률이므로 위의 CIAP 조건은 다음과 같이 표현할 수 있다.

$$i - i^* = (FR - SR)/SR \tag{14-1}$$

이제 커버된 이자재정 마진(Covered Interest Arbitrage Margin, CIAM) 또는 커버된 이자재정으로 인한 수익률을 다음과 같이 정의하거나

$$\text{CIAM} = (i - i^*) - FD \text{ 또는 } FP$$

보다 정확하게는 다음과 같이 정의할 수 있다.

$$\text{CIAM} = (i - i^*)/(1 + i^*) - (FR - SR)/SR \tag{14-2}$$

여기서 $(1 + i^*)$는 가중요소이다. 이 공식은 이 장 부록에서 유도한다.

이 공식이 어떻게 적용되는지를 보기 위해 3개월 재무부 증권의 연간 이자율이 뉴욕에서는 6%이고 프랑크푸르트에서는 8%이며 유로의 현물환율은 $1/€1이고 유로에 대한 3개월 선물환율이 $0.99/€1 라고 하자. CIAM 공식을 적용하면 다음과 같다.

$$CIAM = (0.06 - 0.08)/(1 + 0.08) - (\$0.99 - \$1.00)/\$1.00$$
$$= (-0.02)/1.08 - (-\$0.01)/\$1.00$$
$$= -0.01852 + 0.01$$
$$= -0.00852$$

CIAM이 음(−)의 부호인 것은 CIA에 의한 자금유출 또는 프랑크푸르트에 대한 투자를 의미한다. CIAM의 절댓값은 프랑크푸르트에 투자된 1달러당 추가적 수익이 연간 0.852% 또는 분기 간에는 0.213%임을 의미한다(이 숫자는 가중요소 없이 앞에서 계산한 숫자와 유사). 이 숫자는 3개월 EMU 재무증권에 1,000만 달러를 투자하고 3개월간 환위험을 커버하면 21,300달러의 추가수익을 얻을 수 있음을 뜻한다. 이러한 추가수익으로부터 거래비용을 빼야 할 것이다. 만일 거래비용이 연간 1/4% 또는 분기 간에 1/16라면 거래비용은 1,000만 달러의 (0.01/16)인 6,250달러가 된다. 따라서 CIA에 의해 프랑크푸르트에 1,000만 달러를 3개월간 투자할 때 거래비용을 고려한 순이익은 $21,300 − $6,250 = $15,050가 된다.

현실세계에서는 상당한 크기의 커버된 이자재정 마진을 종종 관찰할 수 있다. 그 이유는 커버된 이자재정이 작용하지 않아서가 아니라 다른 요인들이 작용하고 있기 때문이다. 예를 들면 해외에서의 세율이 CIAM보다 더 높기 때문에 재정에 의한 자금유출이 발생하지 않을 수도 있다. 마찬가지로 외국정부가 채무불이행을 선언하거나 해외투자 원리금의 국내 송금에 대해 외환규제를 할 것이라고 투자자들이 우려하면, 투자자들은 외국금융센터에서 유리한 투자기회가 있더라도 해외에 투자하지 않을 수 있다. 또는 단순히 개발도상국 금융센터의 해외투자 기회에 대한 정보의 부족 때문에 큰 폭의 지속적인 CIAM이 존재할 수도 있다.

14.6E 외환시장의 효율성

가격이 이용 가능한 모든 정보를 반영하고 있을 때 시장은 **효율적**이라고 한다. 선물환율이 미래의 현물환율을 정확히 예측할 때, 즉 선물환율이 이용 가능한 모든 정보를 반영하며, 새로운 정보에 신속하게 조정되어 투자자들이 이용 가능한 정보를 이용하여 보통 이상의 이익을 일관성 있게 얻을 수 없으면 외환시장은 효율적이라고 한다.

시장의 효율성의 여부는 대단히 중요한데, 그 이유는 시장이 효율적인 경우에만 가격이 다양한 자원의 희소가치를 정확히 반영하여 자원이 효율적으로 배분되기 때문이다. 예를 들어 어떠한 이유로든 어느 상품의 가격이 소비자들이 평가하는 가치보다 높으면 이 상품을 생산하는 데 지나치게 많은 자원이 투입되어 소비자들이 선호하는 다른 상품의 생산이 감소하는 비용을 치르게 된다.

바로 그 특성 때문에 시장의 효율성에 대한 검증은 정형화하고 해석하기도 대단히 어렵다. 외환시장이 효율적이라고 하더라도 한 통화의 선물환율이 그 통화의 미래의 현물환율과 일치할 것으로 기대할 수는 없는데, 그 이유는 미래의 현물환율이 예견되지 않았던 사건들에 의해서 좌우되기 때문이다. 그러나 선물환율이 미래의 현물환율보다 높거나 낮은 빈도가 비슷하면, 투자자들이 특정 정보를 이용하여 보통 이상의 이윤을 일관성 있게 얻을 수 없다는 의미에서 외환시장은 효율적이라고 할 수 있다.

레비치(Levich, 1985) 및 다른 학자들은 **외환시장의 효율성**(efficiency of foreign exchange markets)에 대한 많은 실증연구를 하였다. 대부분 이러한 연구 결과에 의하면 위와 같이 효율성을 정의할 때 외환시장은 효율적인 것으로 보인다. 예를 들어 몇몇 실증연구 결과에 의하면 무위험재정(risk-free arbitrage)의 기회는 거의 없고, 이자율 평형으로부터의 이탈 정도는 대부분 거래비용보다 낮은 것으로 나타나고 있다. 마찬가지로 투기자들은 때로는 이익을 얻지만 때로는 손해를 보며, 확실하고도 많은 이익을 얻을 수 있는 기회는 거의 없다. 보다 최근에 프랑켈(J. A. Frankel)과 맥아더(A.T. MacArthur)(1988)는 커버된 이자재정이 대규모 산업국가에서는 잘 성립하지만 소규모 산업국가의 경우에는 그렇지 않다는 증거를 제시한 바 있으며, 루이스(Lewis, 1995)는 커버된 이자재정이 개발도상국의 경우에는 잘 성립하지 않는다는 점을 보여 주었다. 클라리다 등(Clarida et al., 2003)은 선물환에 관한 시계열 자료들은 미래 현물환의 경로를 예측하는 데 충분히 활용되지 않은 정보들을 포함하고 있다는 것을 보여 준다.

따라서 대부분의 연구 결과에 의하면 외환시장이 대단히 효율적인 것으로 보이지만 이러한 결론에 대하여 이견이 없는 것은 아니다. 환율은 뉴스에 신속하게 반응하고 급격하게 변동하며, 이를 정확하게 예측하려는 시도는 모두 실패했다. 그러나 선물환율이 이용 가능한 거의 모든 정보를 반영하며, 일반적으로 미래의 현물환율을 과대 예측하거나 과소 예측하는 빈도가 비슷하다고 하더라도, 선물환율이 미래의 현물환율보다 높거나 낮은 정도(즉, 분산)는 크거나 작을 수 있다는 점에 주목하기 바란다. 지난 10년간 이러한 분산은 상대적으로 컸다. 즉, 선물환율은 미래의 현물환율에 대한 훌륭한 예측량이지만 효율적인 예측량은 아닌 것으로 보인다(Engel, 2013). 이 문제에 관해서는 환율예측을 다루는 다음 장에서 살펴보기로 한다.

환율의 변동성이 커짐에 따라 외환거래의 규모는 세계무역액보다 더 빨리 성장하였고 투자자본의 이동규모보다 훨씬 빠른 속도로 증가하였다. 1998~2001년 동안에만 외환거래의 규모가 하락하였다(1998년 1조 5,000억 달러에서 2001년 1조 2,000억 달러로). 이것은 유로의 도입(유로가 여러 주요 통화를 대신하여 이런 통화 간 교환할 필요성을 제거)과 은행부문의 통합(은행 간 거래의 통합)에 기인한다. 보다 최근에 외환거래액은 과거의 성장을 회복하여 2017년 4월에는 51억 달러 수준에 도달하였다.

14.7 유로커런시 시장 또는 역외 금융시장

이 절에서는 유로커런시 시장 또는 역외 금융시장의 운용과 효과를 살펴보고 유로본드 및 유로노트를 논의한다.

14.7A 유로커런시 시장의 설명 및 규모

유로커런시(Eurocurrency)란 통화발행국 이외의 지역에 예치된 상업은행 예금을 뜻한다. 예를 들어

(미국은행의 영국 지점까지도 포함하여) 영국의 상업은행에 예치된 미국 달러 표시 예금을 유로달러라고 한다. 마찬가지로 프랑스의 상업은행이나 영국은행의 프랑스 지점에 예치된 파운드 스털링은 유로스털링이라 하고 스위스 은행에 (새로운 유럽 통화인) 유로로 예치된 예금은 (어색한 '유로유로'라는 말을 피하기 위하여) '유로예금(Eurodeposit)'이라 한다. 국제은행이나 다국적기업 또는 정부가 추가적으로 외화자금을 조달하거나 투자할 필요가 있을 때 이들 은행 예금계정의 잔고에서 차입하거나 대부하며 이러한 차입과 대부가 발생하는 시장을 유로커런시 시장(Eurocurrency market)이라 한다.

초기에는 달러만이 이러한 방법으로 사용되었으므로 이와 같은 시장을 유로달러 시장이라고 불렀다. 그 후에 기타 주요국의 통화(영국의 파운드 스털링, 독일의 마르크, 일본의 엔, 프랑스 및 스위스의 프랑)도 이러한 방법으로 사용되었으므로 이와 같은 시장을 **유로커런시 시장**이라고 부르게 된 것이다. 예치국 통화 외의 다른 통화로 예금을 예치하는 관행은 도쿄, 홍콩, 싱가포르, 쿠웨이트, 바하마와 카리브해역의 케이만 군도와 같은 비유럽 국제금융센터에까지 확산되어 이를 역외 예금(offshore deposits)이라고 한다. 그러나 유럽 지역 이외에 예치된 예금도 종종 유로예금이라고 한다. 유로커런시 시장은 이처럼 지역적으로 확대되어 사실상 24시간 영업을 하고 있다. 실제로 어느 한 국가에 예치된 해외 예금은 (그 국가의 통화로 예치되었더라도) 국내 예금에 대한 해당국 정부의 규제로부터 면제된다면 사실상 유로커런시이다.

유로커런시 시장은 대부분 만기 6개월 이하의 단기자금으로 구성되어 있다. 유로커런시 시장의 규모를 측정할 때는 총규모와 순규모를 구분해야 한다. 총규모에는 은행 간 예금이 포함된다. 은행 간 예금이란 초과분의 유로커런시를 보유한 은행이 유로커런시의 초과수요 상태에 있는 은행에 예치한 예금이다. 따라서 은행 간 예금은 한 은행으로부터 다른 은행으로 유로커런시 자금의 이전이며 비은행 고객에게 대부할 수 있는 유로커런시의 총량이 증가한 것은 아니다. 그러나 은행 간 시장은 유로커런시 시장에서 중요한 역할을 하기 때문에 유로커런시 시장의 규모를 측정하는 데는 총규모가 더 적합한 것으로 보인다(사례연구 14-6 참조).

14.7B 유로커런시 시장의 발전 및 성장 원인

2007년 이전까지 유로커런시 시장이 존재하고 괄목할 만한 성장을 한 데에는 몇 가지 이유가 있다. 한 가지 이유로는 단기예금 이자율이 해외에서 더 높았기 때문이다. 1986년 3월 폐지될 때까지 연방준비제도의 레귤레이션 Q(regulation Q)는 미국은행이 지급하는 예금이자율에 대한 상한선을 설정하였는데, 이 상한선은 종종 유럽은행이 지불하는 예금이자율보다 낮았다. 그 결과 단기 달러 예금이 유럽은행으로 빠져나가 유로달러가 되었다. 또 다른 중요한 이유는 다국적기업의 입장에서는 그들이 지불해야 할 통화를 단기간 해외에 예치하는 것이 편리하기 때문이다. 달러는 국제결제를 할 때 가장 중요한 국제통화 또는 기축통화이기 때문에 유로달러의 형태로 통화를 보유하는 것은 당연한 일일 것이며, 또 다른 중요한 이유는 다국적기업이 유로커런시 시장에서 차입함으로써 국내의 여신규제를 극복할 수 있다는 점이다.

유로커런시 시장은 원래 냉전시대 초기에 공산권 국가들이 정치적 위기가 발생하면 그들의 달러 예금이 동결될 것을 우려하여 미국 이외의 지역에 달러 예금을 예치하려고 했기 때문에 시작되었다. 1973년 이후 유가가 몇 배 상승하면서 석유수출국의 막대한 달러 예금은 유로달러 시장의 성장의 기

사례연구 14-6   유로커런시 시장의 규모와 성장

표 14-4는 1964년부터 2017년까지 유로커런시 예금(즉, 차입국이나 대출국 통화 이외의 다른 통화로 표기된 국제 은행예금)의 총규모와 순규모 및 유로달러의 점유율을 보여 준다. 또한 이 표는 비교를 용이하게 하기 위하여 동 기간 미국(M2로 정의된)의 통화량을 보여 준다. 이 표로부터 유로커런시 시장의 총규모는 1964년의 190억 달러에서 2007년에는 17조 9,000억 달러 이상으로 급격하게 증가했고, 그 후 글로벌 금융위기 결과로 2009년에는 15조 8,000억 달러, 2017년에는 15조 4,000억 달러에 이르렀다. 따라서 유

로커런시 예금의 총규모는 1964년 미국 M2의 5% 이하에서 2007년에는 238%로 증가하였고, 2017년에는 111%였다. 미국의 통화량이 1964년부터 2017년까지 33배 증가한 반면 유로커런시 예금은 811배 증가하였다(그러나 1964~2007년 사이 미국 통화량의 18배에 비하면 943배 증가). 이 표를 통해 총 유로커런시 예금 중 유로달러가 차지하는 비중은 1968년의 79%에서 1996년과 2007년에는 55%로 감소하였고, 2017년에는 65%였음을 알 수 있다.

표 14-4   유로커런시 예금시장의 규모(10억 달러)

연도	총규모	순규모	총규모 대비 유로달러(%)	미국의 통화량(M2)
1964	19	14	n.a.	425
1968	46	34	79	567
1972	210	110	78	802
1976	422	199	69	1,152
1980	839	408	71	1,599
1984	1,343	667	78	2,310
1988	2,684	1,083	64	2,994
1992	3,806	1,751	59	3,431
1996	4,985	2,639	55	3,842
2000	6,077	3,532	63	4,949
2004	10,035	6,952	57	6,437
2006	14,168	9,604	59	7,094
2007	17,931	11,966	55	7,522
2008	16,668	10,928	58	8,269
2009	15,817	10,829	57	8,552
2010	16,014	10,983	58	8,849
2011	16,183	10,926	60	9,692
2012	15,776	11,598	57	10,491
2013	15,588	11,639	59	10,064
2014	15,465	11,843	61	11,719
2015	14,349	8,999	63	12,400
2016	14,388	9,162	64	13,273
2017	15,400	9,938	65	13,843

출처 : Morgan Guaranty, *World Financial Markets*; BIS, Quarterly Survey; and IMF, *International Financial Statistics*; Various Issues.

폭제가 되었다. 이들 국가들은 정치적 위기가 발생하면 달러 예금이 동결될 것을 우려하여 달러 예금을 미국 이외의 지역에 예치하려고 하였다. 1970년대 말과 1990년대 초 미국이 각각 이란과 이라크와의 갈등관계에 있을 때, 이란과 이라크가 미국에 보유하고 있던 달러 예금 중 일부 부분에 대한 동결조치가 실제로 발생하였다.

유럽은행은 외환표시 예금을 받아 미국 국내은행보다 더 높은 이자율을 지급할 수 있는데, 그 이유는 유럽은행이 이 예금을 보다 높은 이자율로 대출할 수 있었기 때문이다. 일반적으로 유로커런시 예금의 대출이자율과 차입이자율 간 스프레드는 미국 국내은행의 경우보다 크다. 따라서 유럽은행은 미국의 국내은행보다 더 높은 예금 이자율을 지불하고 더 낮은 이자율로 대출할 수 있다. 그 이유는 (1) 유로커런시 시장에서는 예금 및 대출에 대한 경쟁이 치열하고, (2) (유럽은행의 미국 지점을 제외하고는) 유로커런시 예금에 대한 법적 지불준비금과 기타의 규제가 없기 때문에 유로커런시 시장에서 영업비용이 저렴하며, (3) 대규모의 예금 및 대출을 취급함으로써 발생하는 규모의 경제와 (4) 위험분산 때문이다. 유로커런시 시장에서 재정은 광범위하게 이루어지므로 일반적으로 이자율 평형은 유지되고 있다.

14.7C 유로커런시 시장의 운용 및 효과

한 가지 중요한 문제는 유로커런시가 통화인가 아닌가 하는 점이다. 유로커런시는 대부분 요구불예금이 아니라 정기예금이므로 보통 통화에 대한 좁은 의미의 정의나 (유통통화와 요구불예금만 포함하는) M1에 의하면 유로커런시는 통화 그 자체라기보다는 **대체통화** 또는 **준통화**이다. 따라서 유로은행은 일반적으로 통화를 창조하지 못하며, 본질적으로는 대부자와 차입자를 연결시켜 주는 금융중개기관이고, 미국의 상업은행보다는 (NOW 계정을 개설하기 이전의) 저축 및 대부기관에 더 가깝다. 보다 중요한 것은 2007년까지는 유로예금시장이 급격히 성장함에 따라 세계의 유동성이 크게 증가하였다는 점이다. 또한 유로예금시장으로 인해 국내와 외국의 금융시장이 상당히 통합되었으며 그 결과 산업국가 내 국내은행의 경쟁이 격화되고 효율성이 제고되었다.

유로커런시 시장의 존재, 규모 및 급성장으로 인해 몇 가지 문제점이 야기되었다. 가장 심각한 문제 중의 하나는 유로커런시 시장 때문에 각국 정부의 국내안정화 정책의 효과가 줄어든다는 점이다. 예를 들어, 국내의 여신규제 때문에 국내에서 자금을 차입할 수 없는 대기업은 유로커런시 시장에서 차입할 수 있고 또 실제로 자금을 차입함으로써 국내 인플레이션 압력을 제거하기 위해 여신을 제한하려는 정부의 노력을 좌절시킨다. 이는 국내 금융거래가 유로커런시 거래에 비해 작은 소국의 경우에 특히 그렇다. 이와 밀접한 문제로 한 국제금융센터에서 다른 국제금융센터로 단기의 유동적 유로커런시 자금이 대규모로 빈번하게 이동하면 환율 및 국내이자율이 불안정해질 수도 있다는 점이다.

또 다른 문제점은 유로커런시 시장이 대체로 통제되지 않는다는 점이다. 따라서 범세계적인 불황이 발생하면 일부 은행들은 지급불능 사태에 처하게 되고 19세기와 1930년대 자본주의 국가들이 경험했던 국제적 금융공황이 발생할 수도 있다. 국내의 금융공황은 중앙은행이 예금보험을 통해 국내은행을 규제하고, 유동성이 부족한 경우에는 '최후의 대부자' 역할을 함으로써 어느 정도 해소할 수 있다. 그러나 유로커런시 시장에서 한 국가가 유로커런시 시장을 규제하면, 유로커런시 시장의 활동이 다른 지역으로 이동하는 결과만이 나타날 것이다. 따라서 규제와 지침이 효과적이기 위해서는 다자간에 행해져야 한다. 그러나 유로은행 업무에 대한 경쟁이 치열한 점으로 보아 이러한 다자간 협력이 가까운 장래에 이루어질 것 같지는 않다. 실제로 각국은 유로은행업을 유치하기 위하여 현재의 규제를 철폐하며 필요한 하부구조를 제공하는 등 각자의 길을 가고 있다.

그 한 예로 미국의 사례를 들 수 있다. 1981년 12월부터 미국에서 IBF(International Banking Facilitie)가 허용되었다. 즉, 미국은행은 해외로부터 예금을 유치하여 이를 해외에 재투자함으로써 막대한 유로달러 시장과 직접 경쟁할 수 있게 되었다. 이에 따라 미국 국내은행에 예치된 해외예금에 대해서는 (달러로 예치되었다고 하더라도) 연방은행이 부과한 지급준비 및 보험 요건이 면제되었다. 또한 몇몇 주는 국제적인 은행거래로 발생한 이윤에 대해서 주 정부의 세금 및 지방세를 면제하는 보완적인 법안을 통과시켰다. 거의 200여 개에 달하는 미국은행이 이 시장에 참가하였는데, 이 중 약 절반은 뉴욕에 있고 나머지 은행은 시카고, 마이애미, 뉴올리언스와 샌프란시스코에 있다. 미국은 거대한 유로달러 시장의 20%가량을 점유했으며, 이에 따라 은행업에서 수천 개의 새로운 일자리가 창출되었는데, 이 중 절반은 뉴욕에 소재하고 있다.

14.7D 유로본드 시장과 유로노트 시장

유로본드(Eurobonds)란 채권이 판매되는 국가 이외의 다른 통화로 장기자본을 조달하기 위하여 차입자 국가 이외의 지역에서 판매되는 장기채권이다. 이에 대한 예로는 미국기업이 런던에서 유로나 미국 달러로 표시된 채권을 판매하는 경우를 들 수 있다. 유로본드는 **외국채**와 구분해야 하는데, 외국채는 단순히 외국에서 판매되는 채권으로 채권이 판매되는 국가의 통화로 표시된 것을 말한다. 그 예로 파운드 스털링 표시 채권을 영국에서 판매하는 다국적기업을 들 수 있다. 반대로 유로본드는 해외에서 판매되지만 다른 나라의 통화로 표시된 채권이다. 주요 국제 채권시장으로는 런던, 프랑크푸르트, 뉴욕 및 동경이 있다. 유로본드는 무담보(즉, 담보를 필요로 하지 않는다는 점에서)라는 점에서 대부분의 국내채와는 다르다. 다른 형태의 채무증권으로는 **유로노트**(Euronotes)가 있다. 이는 단기의 유로커런시 대출과 장기 국제채권의 중간쯤에 위치하고 있는 중기 금융상품이다. 기업, 은행 및 국가는 노트 판매국 외의 통화로 중기 자금을 차입하기 위하여 이러한 국제노트를 발행한다.

2010년에 기업과 은행 및 각국은 1조 4,990억 달러의 유로본드와 유로노트를 거래하였다. 이것은 1993년의 2,000억 달러보다는 높고, 2007년의 2조 7,840억 달러보다는 낮다(금융위기로 인해). 1993년에 비해 2007년까지 거래규모가 크게 증가한 이유는 프랑스, 독일, 일본 등 여러 나라에서 국제채무증권을 거래하는 자본시장의 개장과 미국이자평형세의 폐지 때문이다. 유로본드와 유로노트를 발행하는 유인은 다른 대안들보다 장기 차입비용이 저렴하기 때문이다. 2010년에 유로본드와 유로노트의 72%가 달러 표시였으며 22%는 유로, 2%는 캐나다 달러, 1% 오스트레일리아 달러와 파운드이고 기타 통화는 2%였다.

일부 유로본드는 자금의 공급자가 인출할 통화를 선택하여 환율변동으로부터 어느 정도 보호받을 수 있도록 두 가지 이상의 통화로 표시되기도 한다. 그 대신 자금공급자는 보다 낮은 이자율로 자금을 공급할 수 있다. 유로본드와 유로노트는 여러 국가의 여러 은행 간에 신용위험을 분산할 수 있도록 (신디케이트라고 하는) 은행집단에 의해 양도되는 경우가 많이 있다. 통상 유로본드와 유로노트는 변동금리채이다. 즉, 부과되는 이자율은 3개월이나 6개월마다 시장상황이 변화함에 따라 재조정된다.

유로본드나 유로노트가 신디케이트에 의해 발행되고 판매되고 나면, 투자자들이 보유하고 있는 국제채나 국제노트를 판매할 수 있는 국제채 또는 국제노트의 유통시장이 등장한다(처음 발행되는 채권이나 노트가 판매되는 시장을 발행시장이라 한다).

유로대출 금리는 LIBOR(런던은행 간 대출금리)나 유로은행들 간 대출금리인 EUROBOR(벨기에에서 결정)에 마크업이나 스프레드를 합한 것으로 표시된다. 이러한 스프레드는 차입자의 신용등급에 따라 다르며 최우량 차입자에 대해서는 1%, 신용등급이 낮은 차입자에 대해서는 2% 정도이다. 때로는 신용등급이 낮은 차입자는 여러 가지의 수수료를 사전에 지급하여 낮은 스프레드를 약정할 수도 있다. 이러한 수수료에는 신디케이트를 조직하는 은행에 대한 간사은행 수수료, 참가은행에게 대여자금의 액수에 따라 배분되는 참가은행 수수료, 미인수 채권에 대한 약정수수료 등이 있다. 그러나 한때 유로크레디트 최고의 벤치마크 은행이었던 LIBOR는 2008~2009년 글로벌 금융위기 이후 관련 스캔들로 인해 영국 은행규제기관에 의해 몇 년 내에 단계적으로 폐지될 수 있다.

요약

1. 외환시장은 개인이나 기업 그리고 은행이 외화 또는 외환을 매매하는 시장이다. 어떤 통화, 예컨대 미국 달러에 대한 외환시장은 달러와 다른 통화가 매매되는 런던, 파리, 취리히, 프랑크푸르트, 싱가포르, 홍콩, 도쿄, 뉴욕과 같은 지역으로 구성되어 있다. 이러한 상이한 금융센터는 전화망과 비디오 스크린으로 연결되어 있고 상호 간에 끊임없이 접촉하고 있다.

2. 외환시장의 주요기능은 구매력을 한 국가나 한 통화로부터 다른 국가나 다른 통화로 이전시키는 것이다. 외환의 수요는 다른 나라로부터 상품과 서비스를 수입하거나 해외에 투자할 때 발생하며, 외환의 공급은 상품과 서비스를 다른 나라로 수출하거나 외국으로부터 투자가 유입될 때 발생한다. 그러나 오늘날 외환거래의 약 90%는 외환거래자와 투기자들에 의해서 이루어지고 있다. 한 나라의 상업은행은 외환의 수요와 공급에 대한 청산소 역할을 한다. 또한 상업은행은 외환 브로커의 중개를 통해 다른 은행과 외환에 대한 수요 및 공급의 균형을 유지한다. 한 국가의 중앙은행은 '최후의 대부자 또는 차입자'로서의 역할을 한다.

3. 환율(R)은 외국통화의 국내 통화가격으로 정의된다. 1973년 이후 운용되고 있는 변동환율제도에서 균형 환율은 외환에 대한 총수요 및 총공급곡선이 교차하는 점에서 결정된다. 외환의 국내 통화가격이 상승하면 국내통화는 평가하락하였다고 말한다. 반대의 경우에는 국내통화가 평가상승하였다(그리고 외환은 평가하락하였다)고 한다. 재정이란 이익을 얻기 위하여 외환을 값이 싼 지역에서 매입하여 값이 비싼 곳에서 즉시 매도하는 것을 말한다. 재정으로 인하여 모든 금융센터에서 환율이 균등화되고 교차환율이 일관성 있게 되어 각각의 금융센터들은 하나의 시장으로 통합된다. (오늘날 우리가 채택하고 있는) 관리변동환율제도에서 공적 준비자산의 감소는 국제수지의 적자를 측정하는 것이 아니라 환율수준에 영향을 미치기 위해 외환시장에 개입한 정도만을 나타낸다.

4. 현물환거래는 외환의 인도가 2영업일 내에 이루어진다. 선물환거래란 미래(보통 1개월, 3개월, 6개월 후)에 일정한 양의 외환을 현재 약정된 환율(선물환율)로 매매하기로 하는 계약을 말한다. 선물환율이 현물환율보다 낮을 때 외환은 연간 몇 % 선물환 할인되었다고 하고, 반대의 경우 외환은 선물환 할증되었다고 한다. 통화스왑은 특정통화를 현물 매도함과 동시에 선물로 재매입하는 것을 말한다. 외환선물은 표준화된 통화수

량과 특정한 인도결제일에 대한 선물계약으로 조직화된 시장(거래소)에서 거래된다. 외환옵션이란 표준화된 수량의 거래통화를 지정된 날짜나 또는 그 이전에 매입 또는 매도할 수 있는 권리를 명기한 계약이다.

5. 환율은 시간이 지남에 따라 변동하므로 장차 외환으로 지불하거나 지불받는 사람은 환위험에 처하게 된다. 이러한 환위험을 커버하는 것을 헤징이라 한다. 투기는 헤징의 반대이다. 투기란 이익을 얻기 위해 오픈 포지션을 취하는 것인데, 안정화적일 수도 있고 불안정적일 수도 있다. 헤징과 투기는 현물환시장, 선물시장, 통화선물시장 및 통화옵션시장에서 나타날 수 있는데 보통 선물환시장에서 나타난다.

6. 이자재정이란 해외에서 높은 수익을 얻기 위한 단기유동자금의 국제적 이동을 말한다. 커버된 이자재정이란 투자를 하기 위해 외환을 현물로 매입함과 동시에 환위험을 커버하기 위하여 상응하는 외환을 선물 매도하는 것을 말한다. 커버된 이자재정에 대한 순수익은 보통 외국과의 이자율 차이에서 선물환 할인율을 뺀 것과 같다. 커버된 이자재정이 계속됨에 따라 순수익은 감소하며 마침내 소멸된다. 순수익이 0일 때 이 통화는 이자율 평형 상태에 있다고 한다. 선물환율이 미래의 현물환율을 정확히 예측할 때 외환시장은 효율적이라고 한다.

7. 유로커런시란 통화발행국 이외의 지역에 예치된 상업은행 예금이다. 또한 통화발행국에 예치된 예금도 국내 예금에 부과되는 여러 가지 규제로부터 면제되면 사실상 유로커런시이다. 지난 30년간 유로커런시 시장은 급성장하였다. 유로커런시 시장이 존재하고 급성장한 이유는 (1) 유로커런시 예금에 대한 높은 이자율, (2) 다국적기업의 입장에서 유로커런시 시장의 편리성, (3) 국내의 금융규제를 피할 수 있는 능력 때문이다. 일반적으로 유로은행은 통화를 창조하지 못하며 본질적으로는 차입자와 대출자를 연결하는 금융중개기관이다. 유로커런시 시장은 환율 및 금융시장의 불안정성을 초래할 수도 있다. 유로본드란 채권 판매국 이외의 다른 통화로 장기자본을 조달하기 위하여 차입자의 국가 이외 지역에서 판매되는 장기채권이다. 유로노트는 단기의 유로커런시와 장기의 유로본드의 중간쯤에 위치한 중기 금융상품이다. 유로커런시 시장의 성장은 2008~2009년 글로벌 금융위기 이후 멈추었다.

주요용어

교차환율(cross exchange rate)

기축통화(vehicle currency)

불안정적 투기(destabilizing speculation)

선물환율(forward rate)

선물환 할인(forward discount)

선물환 할증(forward premium)

세뇨리지(seigniorage)

실효환율(effective exchange rate)

안정적 투기(stabilizing speculation)

역외 예금(offshore deposits)

외환선물(foreign exchange futures)

외환스왑(foreign exchange swap)

외환시장(foreign exchange market)

외환시장의 효율성(efficiency of foreign exchange markets)

외환옵션(foreign exchange option)

유로(Euro)

유로노트(Euronotes)

유로본드(Eurobonds)

유로커런시(Eurocurrency)

유로커런시 시장(Eurocurrency market)

이자재정(interest arbitrage)

재정(arbitrage)

캐리 트레이드(carry trade)

커버되지 않은 이자재정(uncovered interest arbitrage)

커버된 이자재정(covered interest arbitrage)

커버된 이자재정 마진(Covered Interest Arbitrage Margin, CIAM)

커버된 이자재정 평형(Covered Interest Arbitrage Parity, CIAP)

투기(speculation)

평가상승(appreciation)

평가하락(depreciation)

헤징(hedging)

현물환율(spot rate)

환위험(foreign exchange risk)

환율(exchange rate, R)

복습문제

1. 외환시장이란 무엇인가? 가장 중요한 기능은? 이 기능은 어떻게 수행되는가?

2. 외환시장 참가자의 네 가지 부류는? 외환시장의 기타 기능은?

3. 환율이란 무엇인가? 변동환율제도하에서 균형환율은 어떻게 결정되는가?

4. 국내통화의 평가하락이란 무엇을 의미하는가? 평가상승이란? 교차환율이란 무엇인가? 실효환율은 무엇인가?

5. 재정이란 무엇인가? 그리고 그 결과는? 삼각재정이란 무엇인가? 교차율이란?

6. 변동환율제도에서 국제수지 적자나 흑자의 측정이 적합하지 않은 이유는 무엇인가?

7. 현물환거래와 현물환율이란 무엇인가? 선물환거래 및 선물환율은 무엇인가? 선물환 할인이란 무엇인가? 선물환 할증이란 무엇인가? 통화스왑이란 무엇인가? 외환선물이란? 외환옵션이란?

8. 환위험이란 무엇인가? 현물환시장, 선물환시장, 외환선물시장 및 외환옵션시장에서 환위험은 어떻게 커버되는가? 보통 현물환시장에서 헤징이 발생하지 않는

이유는?

9. 투기란 무엇인가? 현물환시장, 선물환시장, 외환선물시장 및 옵션시장에서 투기는 어떻게 일어나는가? 현물환시장에서는 보통 투기가 일어나지 않는 이유는? 안정적 투기란 무엇인가? 불안정적 투기란?

10. 이자재정이란 무엇인가? 커버되지 않은 이자재정이란? 커버된 이자재정이란? 이자재정은 선물환시장에서 어떻게 커버되는가? 커버된 이자재정이 계속됨에 따라 이로부터 발생하는 순이익이 감소하는 이유는?

11. 외환이 커버된 이자재정 평형(CIAP)에 있다는 뜻은? 어떤 요인들 때문에 CIAP가 성립하지 않을 수 있는가?

12. (a) 유로커런시란 무엇인가? (b) 역외 예금이 보다 적합한 용어인 이유는? (c) 유로커런시에 대한 대출이자율과 차입이자율 사이의 스프레드가 미국 상업은행의 달러 예금에 대한 스프레드보다 작은 이유는?

13. (a) 유로커런시는 통화인가? (b) 유로은행은 통화를 창조하는가? (c) 유로커런시가 존재함으로써 발생하는 가장 심각한 문제는 무엇인가?

14. 유로커런시와 유로본드 및 유로노트의 차이점은 무엇인가?

연습문제

1. 다음 그림에서
   (a) 파운드의 공급곡선이 $S_{\pounds}$와 $S'_{\pounds}$일 때 변동환율제도에서 달러와 파운드 사이의 균형환율과 균형거래량

은 얼마인가?
   (b) 파운드의 공급곡선이 $S_{\pounds}$일 때 미국이 \$3 =£1의 환율을 유지하기 위해서는 미국의 중앙은행은 하루

에 얼마의 파운드 보유량이 증가 또는 감소해야 하는가?

2. (a) 연습문제 1번과 같이 파운드에 대한 수요곡선 $D_£$와 공급곡선 $S_£$를 다시 그리고 $1 = £1$에서 $D_£$와 교차하도록(교차점을 C로 표시) 다른 파운드에 대한 공급곡선($S_£^*$)을 그리라.

(b) 변동환율제도를 가정하고 파운드에 대한 공급곡선이 $S_£^*$일 때 균형환율과 파운드의 균형거래량은 얼마인가?

(c) 파운드의 공급곡선이 $S_£^*$일 때 미국이 $R = 1.5$의 환율을 유지하려고 한다면 중앙은행이 보유하는 파운드는 하루에 얼마나 증가 또는 감소하는가?

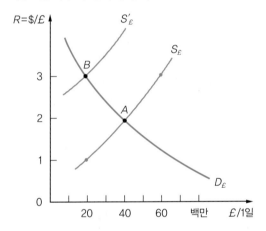

3. 환율이 다음과 같다고 가정하자.

뉴욕에서는 $2 = £1$

런던에서는 ¥410 = £1

도쿄에서는 ¥200 = $1

삼각재정을 통해 어떻게 이익을 얻을 수 있는지 설명하라.

4. (a) 연습문제 3번의 예에서 어떤 요인에 의하여 교차환율이 일관성을 갖게 되는지 설명하라.

(b) 연습문제 3번에서 일관성 있는 교차환율은 얼마인가?

5. 현물환율 및 3개월 선물환율이 다음과 같을 경우 선물환 할인율 혹은 선물환 할증률을 계산하라.

(a) $SR = \$2.00/£1$, $FR = \$2.01/£1$

(b) $SR = \$2.00/£1$, $FR = \$1.96/£1$

6. 현물환율 및 3개월 선물환율이 다음과 같을 경우 선물환 할인율 혹은 선물환 할증률을 계산하라.

(a) $SR = SF2/€1$, $SF2.02/€1$

여기서 SF는 스위스 프랑이며, $€$는 유로이다.

(b) $SR = ¥200/\$1$, $FR = ¥190/\$1$

7. $SR = \$2/£1$이고 3개월 $FR = \$1.96/£1$라고 가정하자 3개월 후에 10,000파운드를 지불해야 하는 수입업자는 어떻게 환위험을 헤징할 수 있는가?

8. 연습문제 7번에서 3개월 후에 100만 파운드를 수취하는 수출업자는 어떻게 환위험을 헤징할 수 있는가?

9. 3개월 선물환율이 $FR = \$2.00/£1$이고, 어떤 투기자가 3개월 후 현물환율이 $SR = \$2.05/£1$가 될 것으로 예상한다고 가정하자. 이 투기자는 선물환시장에서 어떤 방법으로 투기할 수 있는가? 만일 예상이 정확하다면 그는 얼마나 이익을 얻을 수 있는가?

10. 연습문제 9번의 투기자가 3개월 후 현물환율이 $SR = \$1.95/£1$가 될 것으로 예상한다면, 그는 선물환시장에서 어떤 방법으로 투기할 것인가? 그의 예상이 정확한 경우 이익은 얼마인가? 만일 3개월 후의 현물환율이 $SR = \$2.05/£1$라면 결과는 어떻게 될까?

11. 해외금융센터에서 더 높은 이자율 차이가 연 4%이고 외환이 연 2% 선물환 할인되었다면 이자재정자가 환위험을 커버하고 3개월 만기의 외국의 재무부 증권을 구입하면 대략 얼마의 이익을 얻는가?

12. 연습문제 11번의 경우에

(a) 선물환율이 연 1% 할증되었다면 그가 얻는 이익은?

(b) 선물환율이 연 6% 할인된 경우에는 어떻게 될까?

13. 그림 14-4를 참조하여 (a) 점 B와 점 B'에서는 재정에 의해 자금이 유입되는지 설명하라. (b) 재정에 의한 자금유입이 지속되면 어떤 요인에 의해 순이익이 소멸되는지를 설명하라.

14. CIAP가 성립한다고 하더라도 여러 금융센터의 투자자들은 금융투자로부터 반드시 동일한 수익을 얻을 수 없는지 설명하라.

부록

A14.1 커버된 이자재정 마진 공식의 도출

이번 부록에서는 커버된 이자재정 마진(CIAM)을 계산하는 공식을 유도한다. 식 (14A-1)의 공식으로부터 출발해 보자.

$$K(1 + i/4) \gtreqless (K/SR)(1 + i^*/4)FR \tag{14A-1}$$

K = 투자금액
i = 연간 국내 이자율
i^* = 연간 해외 이자율
SR = 현물환율
FR = 선물환율

식 (14A-1)의 좌변은 K만큼의 자금을 국내에 3개월 투자할 때의 투자가치(투자원금+이자수입)이다. 우변은 동일한 자금을 해외에 3개월 투자하고 환위험을 커버한 경우의 국내통화 표시 투자가치(투자원금+이자수입)이다. 특히 이 식의 우변은 투자의 외환 표시 가치에 3개월 동안의 해외 이자율에 1을 더한 값을 곱하고(투자자금과 이자를 국내통화로 재환전하기 위하여) 이를 다시 선물환율로 곱한 것이다. 이 식의 좌변이 우변보다 크면 투자자들은 국내에 투자하며, 우변이 좌변보다 클 경우에는 해외에 투자하고 양변이 일치하면 투자자들은 해외 및 국내투자에 대해 무차별하다.

커버된 이자재정(CIA) 이론에 의하면 재정에 의한 자금의 유출이나 유입은 순이익이 없어질 때까지(즉, 커버된 이자재정 평형 또는 CIAP에 도달할 때까지) 계속된다. 따라서 CIAP에 도달하면 식 (14A-1)의 양변이 일치한다. 식 (14A-1)을 방정식으로 보고 이를 풀면 다음의 커버된 이자재정 마진(CIAM) 공식을 유도할 수 있다. 이때 편의상 양변을 K로 나누고 i와 i^*를 4로 나누어 주는 것을 잠시 생략하면 공식이 쉽게 유도한다. 이렇게 하여 1달러당 연간 CIAM을 계산할 수 있다. 그후 이렇게 구한 CIAM에 투자된 자금(K)을 곱하고 i와 i^*를 4로 나누면 환위험을 커버했을 때 3개월 투자에 대한 추가적 달러수입, 즉 이자재정 마진을 %로 계산할 수 있다.

위에서 설명한 바와 같이 식 (14A-1)을 방정식으로 취급하고 양변을 K로 나눈 후 i와 i^*를 4로 나누는 것을 생략하면 다음 식 (14A-2)를 얻게 된다.

$$1 + i = (FR/SR)(1 + i^*) \tag{14A-2}$$

식 (14A-2)를 풀면 다음과 같다.

$$(1 + i)/(1 + i^*) = FR/SR$$

$$[(1 + i)/(1 + i^*)] - 1 = [FR/SR] - 1$$

$$(1 + i - 1 - i^*)/(1 + i^*) = (FR - SR)/SR$$

$$(i - i^*)/(1 + i^*) = (FR - SR)/SR$$

FR에 대해 풀면 CIAP가 성립할 때의 선물환율을 계산할 수 있는 다음의 식 (14A-3)이 된다.

$$FR = [(i - i^*)/(1 + i^*)] \, SR + SR \qquad (14A\text{-}3)$$

따라서 커버된 이자재정 마진(CIAM)은 다음과 같다.

$$CIAM = [(i - i^*)/(1 + i^*)] - (FR - SR)/SR \qquad (14A\text{-}4)$$

이 식이 14.6D절에 소개된 식 (14-2)이다. 식 (14A-4)의 우변의 첫 번째 분수는 국내와 외국의 이자율 차이를 $1 + i^*$로 나눈 것이다. 두 번째 분수는 선물환 할인율이다. CIAP가 성립하면 이 두 가지는 일치하므로 CIAP = 0이 된다. 식 (14A-4)는 연간 CIAM이므로 3개월 CIAM은 CIAM/4가 된다.

연습문제 14.6D절의 i, i^*, SR 및 FR에 대한 수치를 이용하여 다음과 같은 경우에 미국의 투자자가 100,000달러를 3개월간 투자했을 때 받게 되는 달러(원금＋이자)를 구하라. (a) 미국 재무부 증권에 투자했을 때, (b) 환위험을 커버하고 EMU 재무부 증권에 투자했을 때 (b)에 대한 답은 14.6B절과 같이 CIAM을 평가했을 때와 얼마나 차이가 있는가?

제 15 장

환율결정이론

학습목표
- 구매력평가 이론을 이해하고 단기에서 그 이론이 잘 적용되지 않는 이유를 이해한다.
- 환율에 관한 통화론적 접근방법과 포트폴리오 모형을 이해한다.
- 환율의 과잉조정의 원인을 이해한다.
- 왜 환율을 예측하기 어려운지를 이해한다.

15.1 서론

이 장에서는 현대적 환율이론들을 살펴본다. 이 이론들은 1960년대 후반 이후 개발된 국제수지에 대한 통화론적 접근방법과 자산시장 또는 포트폴리오 접근방법을 기초로 한다. 이러한 이론은 대부분 환율을 순수한 금융현상으로 본다. 또한 이들 이론은 환율의 단기적 변동성이 대단히 크며 환율이 장기적으로 균형수준을 오버슈팅(overshooting)하는 현상을 설명하려고 하는데, 이러한 현상은 지난 50년간 관찰되어 왔다.

이러한 현대적 환율이론은 (제16장과 제17장에서 논의되는) 전통적 환율이론과 구분되는데, 전통적 환율이론은 무역 흐름을 기초로 장기 또는 수년 동안만을 대상으로 환율변동을 설명한다. 1973년 변동환율제도가 도입된 이래 국제자본이동은 엄청나게 증가했으며 현재는 무역보다 그 규모가 훨씬 크다. 따라서 환율에 대한 통화론적 접근으로 관심이 이동하는 것은 당연한 일이다. 그러나 전통적 환율이론은 장기적 환율을 설명하는 데 여전히 중요하다.

15.2절에서는 구매력평가 이론을 소개하는데, 이 이론은 환율결정에 대한 통화론적 접근방법과 자산시장 또는 포트폴리오 접근방법의 장기적 분석틀이 된다. 15.3절에서는 국제수지와 환율에 대한 통화론적 접근방법을 살펴보고, 15.4절에서는 환율결정에 대한 자산시장 또는 포트폴리오 접근방법을 소개한다. 15.5절에서는 환율동학과 단기환율이 장기환율수준을 오버슈팅하는 경향을 설명한다. 마지막으로 15.6절에서는 통화론적 접근방법과 자산시장 또는 포트폴리오 접근방법 및 환율 예측에 대한 실증연구를 살펴본다. 이 장의 부록에서는 통화론적 접근방법과 포트폴리오 접근방법에 대한 정형화된 모형을 소개한다.

15.2 구매력평가 이론

이 절에서는 구매력평가(PPP) 이론을 살펴보고 환율을 설명하는데, 이 이론이 얼마나 유용한지를 평가한다. 구매력평가(PPP) 이론[purchasing-power parity (PPP) theory]은 스웨덴의 경제학자인 구스타프 카셀(G. Cassel)이 정립한 이론으로 제1차 세계대전으로 인하여 국제무역이 붕괴되고 여러 나라에서 상품의 상대가격이 크게 변화한 이후 각국이 금본위 제도로 복귀할 수 있는 균형환율을 추정하기 위해 이용되었다. 구매력평가 이론에는 절대적 이론과 상대적 이론이 있는데, 이들을 차례로 살펴보자.

15.2A 절대적 구매력평가 이론

절대적 구매력평가 이론(absolute purchasing-power parity theory)은 두 통화 사이의 균형환율은 두 나라의 물가수준의 비율과 같다는 것이다.

$$R = \frac{P}{P^*} \tag{15-1}$$

여기서 R = 환율 또는 현물환율이며 P와 P^*는 각각 국내와 외국의 일반물가수준이다. 예를 들면 밀 1부셸의 가격이 미국에서는 1달러이고 EMU에서는 1유로라면 달러와 파운드 사이의 환율은 $R =$ \$1/€1 = 1이 되어야 한다. 즉, 일물일가의 법칙(law of one price)에 의해 한 상품의 가격은 동일한 통화로 표시하면 (두 가지 통화의 구매력이 일치하도록) 양국에서 동일해야 한다. 만일 밀 1부셸의 가격이 미국에서는 0.5달러이고 EMU에서는 1.5달러라면 상인들은 미국에서 밀을 구입하여 EMU에서 판매함으로써 이익을 얻을 것이다. 이러한 상품재정으로 인해 밀의 가격이 EMU에서는 하락하는 반면 미국에서는 상승하여 (무역에 대한 규제나 수송비가 존재하지 않을 때) 결국 두 경제에서 밀의 가격은 1달러로 같아진다. 통화재정과 마찬가지로 상품재정으로 인하여 시장 간에 상품의 가격은 균등화된다.

절대적 구매력평가 이론은 타당하지 않을 수 있다. 그 이유는 첫째, 이 이론은 자본계정은 완전히 무시한 채 상품 및 서비스 무역만이 균형이 되도록 하는 환율을 결정하는 것으로 보인다. 따라서 상품 및 서비스 무역만 균형이 되도록 하는 환율이 결정되면 자금이 유출되는 국가의 국제수지는 적자가 되고, 자금이 유입되는 국가의 국제수지는 흑자가 된다. 둘째, 비교역상품과 비교역 서비스가 존재하기 때문에 절대적 구매력평가 이론으로는 상품 및 서비스 무역의 균형을 달성할 수 있는 환율조차도 결정할 수 없다.

비교역상품에는 시멘트나 벽돌과 같이 수송비가 너무 높아 인접한 국경지역을 제외하고는 국제적으로 교역되지 않는 생산물이 포함된다. 기술자, 미용사, 주치의 및 기타 서비스를 포함한 대부분의 서비스는 국제적으로 교역되지 않는다. 국제무역에 의하여 교역상품과 교역 서비스의 가격은 국가 간 균등화되는 경향이 있지만, 비교역상품과 비교역 서비스의 가격은 균등화되지 않는다. 각국의 일반물가수준에는 교역상품과 비교역상품이 포함되고, 비교역상품의 가격은 국제무역에 의해 균등화되지 않으므로 절대적 구매력평가 이론으로는 무역 균형을 달성할 수 있는 환율을 결정할 수 없다. 그뿐만 아니라 절대적 구매력평가 이론은 운송비와 국제무역의 자유로운 이동에 대한 기타 장애를 고려하지 않고 있다. 따라서 절대적 구매력평가 이론을 너무 심각하게 받아들일 필요는 없다(사례연구 15-1, 15-2 참조). 구매력평가 이론은 보통 상대적 구매력평가 이론의 형태로 사용된다.

사례연구 15-1 현실세계에서 절대적 구매력평가 이론

그림 15-1은 1973년 이후 변동환율제도 기간에 독일 마르크로 표시한 달러의 실제 환율(즉, 시장에서의 DM/$, 파란색 선)과 (미국 물가지수에 대한 독일 물가지수로 측정한, 검은색 선) 구매력평가 환율을 보여 준다(1999년 초부터 DM/$ 변동은 달러에 대한 유로의 변동을 반영한다). 절대적 구매력평가 이론이 성립하면 이 두 가지 환율은 일치

해야 한다. 그러나 그림에서 볼 수 있는 바와 같이 이 두 가지 환율에는 큰 차이가 있다. 달러는 1973년부터 1980년까지, 1985년부터 2000년 그리고 2002년부터 2014년까지 저평가되었고 다른 해에는 고평가되었다. 이 그림은 (1985년 초) 절정기에는 마르크 표시 달러의 가치가 거의 40%가량 고평가되었음을 보여 준다.

그림 15-1 실제 및 PPP 달러 환율(1973~2017)

파란색 선은 1973년부터 2017년까지 (DM/$로 정의된) 달러의 시장환율을, 검은색 선은 (미국의 소비자물가지수에 대한 독일의 소비자물가지수로 측정한) 구매력평가 환율이다. 이 그림을 통해 달러는 1973~1980년, 1985~2000년 및 2002~2014년에 저평가되었고 다른 해에는 고평가되었음을 알 수 있다(1999년 초부터 DM/$의 변화는 달러에 대한 유로 환율의 변화를 반영한다).

출처 : International Monetary Fund, *International Financial Statistics* (Washington, D.C. : IMF, Various Issues).

15.2B 상대적 구매력평가 이론

보다 정교한 상대적 구매력평가 이론(relative purchasing-power parity theory)은 일정 기간의 환율변화는 같은 기간 양국의 상대적 물가수준의 변화에 비례한다는 것이다. 특히 기준기간을 하첨자 0으로 표시하고 다음 기간(1기)을 하첨자 1로 표시할 때 상대적 구매력평가 이론에 의하면

$$R_1 = \frac{P_1/P_0}{P_1^*/P_0^*} \cdot R_0 \tag{15-2}$$

가 된다. 여기에서 R_1과 R_0는 각각 제1기와 기준기간의 환율이다.

예로 기준기간으로부터 1기 사이에 외국의 일반물가수준은 변하지 않는 반면(즉, $P_1^*/P_0^* = 1$), 국내의 일반물가수준이 50% 상승했을 때, 상대적 구매력평가 이론에 의하면 (외국통화 1단위당 국내통화 표시 가격으로 정의된) 1기의 환율은 기준기간과 비교하여 50% 더 높아야(즉, 국내통화의 가치는

사례연구 15-2 빅맥지수와 일물일가의 법칙

절대적 구매력평가 이론에 의하면 환율은 미국과 다른 나라의 물가수준의 비율과 같아야 하기 때문에 특정 상품, 예컨대 맥도널드의 빅맥 햄버거의 달러 가격은 모든 국가에서 동일해야 한다. 표 15-1의 두 번째 열을 통해 사실상 빅맥의 달러 표시 가격은 국가별로 큰 차이가 있다는 것을 알 수 있다. 2018년 7월 빅맥 가격은 미국의 5.51달러에 비해 스위스에서 6.54달러로 가장 비싸고 우크라이나에서는 1.91달러로 가장 싸다.

표의 세 번째 열은 2018년 7월 10일 당시의 환율로 여러

국가 통화의 고평가(+) 또는 저평가(−)의 정도를 보여 준다. 미국의 빅맥 가격 5.51달러에 비해 스위스의 빅맥 가격은 6.54달러이므로 (6.54−5.51/5.51)×100인 18.7%만큼 고평가되었다. 스웨덴의 크로나는 5.8% 고평가되었다. 한편 표에서 그 외의 다른 국가의 통화들은 저평가되었다. 노르웨이의 크로네는 5.2%, 캐나다의 달러는 8.0%, 유로는 14.1%, 우크라이나의 흐리우냐는 65.4%까지 저평가되었다. 전에 언급했던 이유들로 인해 절대적 구매력평가 이론은 타당하지 않다.

표 15-1 빅맥지수 : 달러에 대한 지역별 평가

국가	당시 환율에서 빅맥 가격(달러)	달러에 대한 고평가(+) 또는 저평가(−) (%)
스위스	6.54	18.7
스웨덴	5.83	5.8
노르웨이	5.22	−5.2
캐나다	5.07	−8.0
유로지역[a]	4.74	−14.1
덴마크	4.72	−14.4
오스트레일리아	4.52	−18.1
브라질	4.40	−20.1
영국	4.23	−23.2
일본	3.51	−36.4
체코공화국	3.40	−38.3
중국[b]	3.10	−43.8
아르헨티나	2.71	−50.9
멕시코	2.57	−53.3
남아프리카공화국	2.32	−57.9
터키	2.28	−58.5
러시아	2.09	−62.0
우크라이나	1.91	−65.4

[a] 회원국의 가중평균.
[b] 5개 도시의 평균.

출처 : "Burgernomics," *The Economist*, July 14, 2018, p. 61 and "Burgernomics," *The Economist*, January 19, 2019, p. 81.

50% 평가하락해야) 한다.

절대적 구매력평가 이론이 성립하면 상대적 구매력평가 이론도 성립하지만, 상대적 구매력평가 이론이 성립한다고 해서 절대적 구매력평가 이론이 반드시 성립하지는 않는다는 점에 주목하자. 예컨대 자본이동과 수송비 및 국제무역의 자유로운 흐름에 대한 기타 장애와 정부의 개입정책 등의 요인 때문에 절대적 구매력평가 이론은 성립하지 않지만, 이러한 요인들이 변화만 보는 경우에 상대적 구매력평가 이론은 타당할 수 있다.

그러나 상대적 구매력평가 이론에도 다른 난점은 있다. 이러한 난점 중의 한 가지는 [1964년 발라사(Balassa)와 사무엘슨(Samuelson)이 지적한 바와 같이] 교역상품과 교역 서비스 가격에 대한 비교역상품과 비교역 서비스 가격의 비율이 개발도상국보다 선진국에서 체계적으로 높다는 사실 때문에 발생한다. **발라사-사무엘슨 효과**(Balassa-Samuelson effect)는 교역재의 노동생산성은 선진국이 개발도상국보다 높은 반면 여러 가지 비교역상품과 비교역 서비스(예 : 이발)의 생산기술이 선진국에서나 개발도상국에서 유사하기 때문인 것으로 설명한다. 그러나 선진국 노동자들은 비교역상품과 비교역 서비스 부문에서도 교역상품과 교역 서비스 부문에서 받는 높은 임금을 받으려고 하기 때문에 결과적으로 선진국에서 비교역상품과 비교역 서비스의 가격은 개발도상국에 비해 체계적으로 훨씬 높다. 예를 들면 이발 가격이 미국에서는 10달러이지만 브라질에서는 1달러에 불과할 수도 있다.

일반물가지수에는 교역상품 및 교역 서비스의 가격뿐만 아니라 비교역상품과 비교역 서비스의 가격이 포함되며, 비교역상품과 비교역 서비스의 가격은 국제무역으로 균등화되지 않고 개발도상국보다 선진국에서 체계적으로 높기 때문에, 상대적 구매력평가 이론은 개발도상국의 환율을 과소평가하고 선진국의 환율을 과대평가하는 경향이 있으며, 발전수준의 격차가 클수록 이러한 왜곡의 정도도 커진다. 이 점은 로고프(Rogoff, 1996)와 추드리 및 칸(Choudri and Khan, 2005)에 의해 확인된 바 있다.

또한 중요한 구조변화의 결과 상대적 구매력평가 이론에 문제점이 발생할 수도 있다. 예를 들어 상대적 구매력평가 이론에 의하면 제1차 세계대전 직후 영국의 파운드화는 과소평가(즉, 파운드화의 환율이 너무 높았다)된 것으로 보였으나, 실제로 당시에는 이와는 정반대였다는 점(즉, 파운드화의 환율은 더 높았어야 했다)은 분명하다. 그 이유는 영국이 전쟁 동안 상당량의 해외투자를 회수하였기 때문에 (해외투자 소득의 감소를 고려하지 않은) 상대적 구매력평가 이론으로 예측된 환율수준에서는 전후 영국의 국제수지가 큰 폭의 적자를 보였을 것이기 때문이다. 사례연구 15-3은 상대적 구매력평가 이론을 간단하게 검증한 것을 소개한다. 보다 엄밀하고 정형화된 검증은 다음 절에서 논의한다.

15.2C 구매력평가 이론에 대한 검증

1973년 이후 변동환율제도가 채택됨에 따라 구매력평가 이론에 대한 관심이 재차 고조되었으며, 이에 따라 이 이론의 타당성에 대한 수많은 실증연구가 행해졌다.

프렌켈(Frenkel, 1978)은 인플레이션율이 높았던 1920년대에, 크라비스와 립시(Kravis and Lipsey, 1978)는 1950~1970년의 기간에 대해, 맥키논(McKinnon, 1979)은 1953~1977년의 기간에 대해 PPP 이론의 장기적 타당성에 관한 경험적 증거를 제시했다. 반대로 프렌켈(Frenkel, 1981)은 1970년대에 특히 1970년대 후반에, 그리고 레비치(Levich, 1985)와 돈부시(Dornbusch, 1987)는 1980년대에 PPP 이론이 성립하지 않는다는 결과를 발견했다.

사례연구 15-3 현실세계에서 상대적 구매력평가 이론

그림 15-2는 1973년부터 2017년(변동환율제도 기간)까지 18개 선진국에 대해 상대물가수준의 변화와 환율변화 간의 관계를 보여 준다. 수평축은 각국의 평균 인플레이션율에서 미국의 평균 인플레이션율을 차감한 값을 측정한다. (양의 값을 갖는 것은 해당 국가의 인플레이션율이 미국보다 높다는 것을 의미한다.) 수직축은 미국 달러의 외국통화가격으로 정의되는 환율의 변화를 측정한다. 이처럼 환율의 증가는 미국 달러에 비해 **외국통화가 평가하락**하는 것을 의미하고, 환율의 하락은 외국통화가 평가상승하는 것을 의미한다.

상대적 구매력평가(PPP) 이론에 따르면 미국보다 인플레이션율이 높은 국가는 통화가 평가하락하고 낮은 인플레이션을 경험하는 국가는 환율이 평가상승하게 된다. 그림으로부터 분석대상인 44년간 이 사실이 타당하다는 것을 알 수 있다. 즉, 미국보다 인플레이션율이 더 높은 국가는 그 국가의 통화가 평가하락했고 미국보다 인플레이션율이 낮은 국가는 통화가 평가상승하였다. 이 이론이 완전히 타당하기 위해서는 그림 15-2의 점들이 기울기가 1인 직선과 완전히 일치해야 한다. 그러나 그렇지는 않으므로 상대적 구매력평가 이론은 대략적으로만 타당하다.

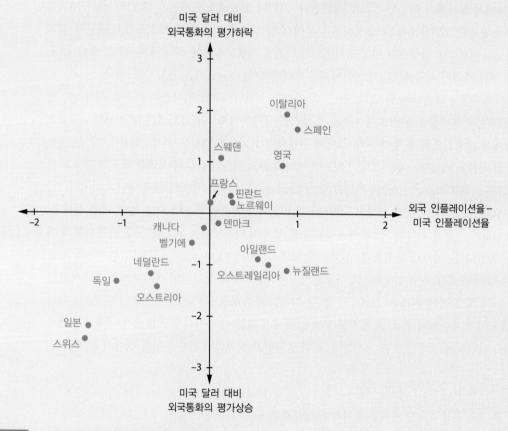

그림 15-2 **인플레이션 격차와 환율(1973~2017)**

수평축을 따라 양(+)의 값을 갖는 것은 해당국의 평균 인플레이션율이 미국의 인플레이션율보다 높다는 것을 의미한다. 수직축을 따라 양(+)의 값을 갖는 것은 해당국의 통화가 미국 달러에 비해 평가하락한 것을 나타낸다. 인플레이션이 높을수록 해당국의 통화가 평가하락한 것으로 나타난 것을 통해 장기에서 상대적 구매력평가 이론이 대체로 타당하다는 것을 확인할 수 있다. 1999년 이후 유럽통화동맹국들의 환율변화는 달러와 유로 간의 환율변화를 반영한다.

출처 : International Monetary Fund, *International Financial Statistics*, Various Issues.

프랑켈(Frankel, 1986, 1990)은 PPP로부터의 이탈은 대단히 천천히 소멸되기 때문에 PPP 이론을 타당하게 검증하기 위해서는 수십 년에 걸친 장기자료를 이용해야 한다고 주장한 바 있다. 1869~1984년 기간에 대한 달러/파운드의 연도별 자료를 이용하여 프랑켈은 PPP로부터의 이탈이 50% 소멸되는 데 4~5년 걸리고, 1년에 소멸되는 정도는 15%라는 점을 발견하였다. 로디안과 테일러(Lothian and Taylor, 1996)는 1790~1990년 기간의 달러/파운드 및 프랑/파운드 환율을 이용, 프랑켈과 로스(Frankel and Rose, 1995)는 1948~1992년까지 150개 국가에 대한 환율을 이용, 맥도널드(MacDonald, 1999)는 1960~1996년까지의 자료를 이용, 테일러(Taylor, 2002)는 1882~1996년의 기간에 대한 20개국(G7 국가 및 13개 기타 국가)의 연간 자료를 이용하여 프랑켈의 결과를 확인하였다. 캐신 및 맥더모트(Cashin and McDermott, 2006)는 1973~2002년 동안 90개 선진국과 개발도상국에 대해 그들의 이전의 결론을 확장하고 재확인했다.

PPP로부터의 이탈이 이렇게 천천히 소멸되는 이유는 무엇일까? 로고프(Rogoff, 1996, 1999)가 제시한 한 가지 설명은 지난 20년 또는 30년간 진행된 세계화에도 불구하고 국제 상품시장은 아직도 국내상품시장보다 훨씬 덜 통합되었다는 것이다. 그 이유는 수송비, 보호무역의 존재 및 위협, 정보비용 및 노동의 국제적 이동 가능성에 대한 제약 등을 들 수 있다. 다양한 조정비용 때문에 환율이 큰 폭으로 변동하더라도 국내의 상대가격이 즉각적으로 또한 큰 폭으로 변동하지 않을 수 있다.

따라서 PPP 이론의 경험적 타당성에 대해 다음과 같은 전반적 결론을 내릴 수 있다. (1) 밀이나 특정 등급의 철과 같이 교역량이 많은 **개별** 상품에 대해서는 PPP가 성립(즉, 일물일가의 법칙이 적용)한다고 생각할 수 있지만 교역상품 전반이나 (비교역상품을 포함하고 있는) 모든 상품에 대해서는 PPP가 그다지 잘 성립하지 않을 것이다. (2) 일단 포함되는 상품의 범위가 결정되면, PPP가 장기간(수십 년)에는 잘 성립하지만 10년이나 20년의 기간에는 그다지 잘 성립하지 않고 단기간에는 전혀 성립하지 않는다. (3) 순수하게 금융적 교란이 발생하고 인플레이션이 높은 기간에는 PPP가 잘 성립하지만, 통화안정 시기에는 잘 성립하지 않고 주요 구조변화가 발생하는 시기에는 전혀 성립하지 않는다.

이러한 결론은 PPP 이론 자체의 타당성과 관련해서도 중요하지만 다음 장에서 살펴보는 바와 같이 국제수지 및 환율결정에 대한 통화론적 접근방법과 자산시장 또는 포트폴리오 접근방법에서 PPP 이론이 차지하는 중심적 역할 때문에 또한 대단히 중요하다.

15.3 국제수지 및 환율에 대한 통화론적 접근방법

이 절에서는 국제수지에 대한 통화론적 접근방법(monetary approach to the balance of payments)을 살펴본다. 이러한 접근방법은 1960년대 말 로버트 먼델(Robert Mundell)과 해리 존슨(Harry Johnson)이 처음 시작하였으며 1970년대에 크게 발전되었다. 통화론적 접근방법은 국제수지를 본질적 통화적 현상으로 간주하는 점에서 (시카고 학파로부터 유래한) 국내의 통화주의(monetarism)를 국제경제에 확장한 것이다. 즉, 통화는 장기적으로 국제수지에 대한 교란요인으로뿐만 아니라 조정에서도 결정적인 역할을 한다. 15.3A절에서는 고정환율제도에서 통화론적 접근방법을 15.3B절에서는 변동환율제도에서의 통화론적 접근방법을 살펴본다. 15.3C절에서는 통화론적 접근방법에 의해 환율이 어떻게 결정되는가를 살펴보고 15.3D절에서는 기대가 환율에 미치는 효과를 논의한다.

15.3A 고정환율제도에서 통화론적 접근방법

통화론적 접근방법은 **명목 통화잔고에 대한 수요**는 **명목 국민소득**과 정의 관계에 있으며 장기적으로 안정적이라는 전제에서 출발한다. 따라서 **통화수요**(demand for money)는 다음과 같이 표현할 수 있다.

$$M_d = kPY \tag{15-3}$$

M_d = 명목 통화잔고의 수요량

k = 명목 통화잔고와 명목 국민소득의 바람직한 비율

P = 국내의 물가수준

Y = 실질 국민소득

식 (15-3)에서 PY는 명목 국민소득 또는 생산량(GDP)이다. 장기에는 명목 국민소득이 완전고용수준에 있는 것으로 가정한다. k는 명목 국민소득에 대한 명목 통화잔고의 바람직한 비율이며, k는 또한 $1/V$과 같은데 V는 통화의 유통속도 또는 경제 내에서 1년간 통화가 회전하는 횟수이다. V(따라서 k도)는 제도적 요인에 의해 결정되고 일정하다고 가정하므로 M_d는 안정적이고 국내의 물가수준과 실질 국민소득과 정의 관계를 갖는 함수이다.

예를 들어 GDP $= PY = 10$억 달러이고 $V = 5$(따라서 $k = 1/V = 1/5$)이면, $M_d = (1/5)PY = (1/5)(10$억 달러) $= 2$억 달러가 된다. 식 (15-3)에는 포함되지 않았지만, 통화에 대한 수요는 이자율(i) 또는 이자를 지급하는 채권 대신에 비활동적인 통화잔고를 보유하는 데 드는 기회비용과 음의 관계에 있다(이처럼 보다 완벽한 통화수요 함수는 이 장 부록에 정형화된 형태로 소개된다). 그러나 분석을 단순하게 하기 위해 지금은 M_d가 PY 또는 명목 GDP하고만 관계있다고 가정하여 식 (15-3)을 계속 사용할 것이다.

한편 한 국가의 **통화량**(supply of money)은 다음과 같이 결정된다.

$$M_s = m(D + F) \tag{15-4}$$

M_s = 한 국가의 총통화량

m = 통화승수

D = 한 국가의 본원통화 중 국내 구성부문

F = 한 국가의 본원통화 중 국제 또는 해외 구성부문

한 국가의 본원통화 중 국내 구성부문(D)은 통화당국에 의해 창조된 국내 여신 또는 국내자산이다. 통화량 중 해외 구성부문(F)은 한 국가의 국제준비자산으로 국제수지의 흑자나 적자로 인하여 증가하거나 감소한다. $D + F$를 한 국가의 본원통화(monetary base) 또는 **고성능통화**(high-powered money)라고 한다. (오늘날 우리가 채택하고 있는) 부분지급준비제도에서는 은행에 D나 F가 1달러 예금될 때마다 그 국가의 통화량은 몇 배 증가한다. 이것이 바로 식 (15-4)에서 통화승수인 m이다.

예컨대 상업은행에 1달러가 예금되면 법적 지급준비율(LRR)이 20%일 때 은행은 0.8달러를 대출할 수 있다. 그러면 차입자는 첫 번째 은행이 대출한 0.8달러로 지불을 하고, 이 금액은 결국 다른 은행으로 예금된다. 그러면 이 은행은 이 중 80%(0.64달러)를 대출하며 20%(0.16달러)는 지급준비금으로 보

유한다. 이러한 과정은 계속 반복되어 처음의 1달러 예금이 총 $\$1 + \$0.8 + \$0.64 + \cdots = \$5$의 요구불 예금(이는 통화량의 일부임)에 대한 본원통화가 된다. 5달러라는 숫자는 원래의 예금 1달러를 법적 지급준비율 20% 또는 0.2로 나누어 구할 수 있다. 즉, $\$1/0.2 = 5 = m$이 된다. 그러나 현실세계에서의 통화승수는 초과지급준비금이나 누출로 인해 이보다는 작을 것이다. 설명을 단순하게 하기 위해 통화승수는 일정하다고 가정하자.

$M_d = M_s$인 균형상태(예 : 한 국가의 GDP가 증가하여)에서 통화수요가 증가하면 국내 본원통화(D)가 증가하든지 아니면 국제준비자산 또는 국제수지의 흑자(F)가 증가해야 한다. 통화당국이 D를 증가시키지 않으면 통화에 대한 초과수요는 F의 증가에 의해 충족된다. 반대로 통화수요(M_d)가 일정할 때 본원통화의 국내부문(D)과 통화량(M_s)이 증가하면 F가 감소한다(국제수지의 적자). 따라서 통화수요의 초과분이 본원통화의 국내부문의 증가로 충족되지 않으면 국제수지는 흑자가 되는 반면, 통화량의 초과분이 통화당국에 의해 해소되지 않고 국제준비자산의 유출에 의해 교정될 때 국제수지 적자가 발생한다.

예를 들어 한 국가의 GDP가 10억 달러에서 11억 달러로 증가하면 M_d는 2억 달러 (10억 달러의 1/5)에서 2억 2,000만(11억 달러의 1/5)달러로 증가한다. 이 국가의 통화당국이 D를 일정하게 유지하면, 궁극적으로 F가 400만 달러 증가하여(국제수지 흑자) 통화량은 2,000만 달러(400만 달러×통화승수 $m = 5$) 증가한다. 이러한 국제수지 흑자는 경상수지나 자본수지의 흑자를 통해 발생할 수 있다. 현재로서는 통화에 대한 초과수요 때문에 국제수지는 흑자가 되어 M_s가 초과수요만큼 증가한다는 점이 중요하며, 이러한 흑자가 어떤 형태로 나타나는지는 중요하지 않다. 반대로 통화의 초과공급이 존재하면 초과공급이 해소될 수 있도록 준비자산이 유출된다(국제수지의 적자).

따라서 고정환율제도에서 한 국가는 장기적으로 통화량을 조절할 수 없다. 즉, 한 국가의 통화량 규모는 장기적으로 국제수지의 균형을 달성할 수 있는 규모로 결정된다. 외국인들은 달러를 기꺼이 보유하려고 하기 때문에 고정환율제도에서는 미국과 같은 준비통화국만이 장기적으로 통화량을 조절할 수 있다.

요약하면 한 국가의 국제수지 흑자는 국내의 통화당국에 의해 충족되지 못하는 **통화에 대한 초과수요** 때문에 발생한다. 반대로 한 국가의 국제수지 적자는 한 국가의 통화당국에 의해 해소되지 않거나 교정되지 않는 **통화에 대한 초과공급** 때문에 발생한다. 장기적으로 볼 때 한 국가의 국제수지 흑자나 적자는 일시적이며 스스로 조정된다. 즉, 통화에 대한 초과수요나 초과공급이 자금의 유입이나 유출에 의해 해소되고 나면, 국제수지 흑자나 적자도 조정되며 더 이상 통화가 국제적으로 이동하지 않는다. 따라서 미국과 같은 준비통화국을 제외하고는 고정환율제도에서 장기적으로 통화량을 조절할 수 있는 국가는 없다.

15.3B 변동환율제도에서 통화론적 접근방법

변동환율제도에서 국제수지의 불균형은 통화나 국제준비자산이 국제적으로 이동하지 않아도 환율변동에 의해 순간적으로 자동 조정된다. 즉, 변동환율제도에서 국가는 통화량이나 통화정책에 대한 통제력을 행사한다. 환율이 변화하면 국내 물가가 변화하고 그 결과 조정이 이루어진다. 예를 들면 (과도한 통화량으로 인한) 국제수지 적자의 결과 그 국가의 통화는 자동적으로 평가하락하고 이에 따라 통화의 초과공급이 충분히 흡수될 때까지 물가가 상승하고 통화수요가 증가하여 자동적으로 국제수지 적자가 해소된다.

반대로 (통화에 대한 초과수요로 인한) 국제수지의 흑자가 존재하면 자동적으로 그 국가의 통화는 평가상승하며 그 결과 국내물가는 하락하여 통화에 대한 초과수요 및 국제수지 흑자는 해소된다. 고정환율제도에서는 국제수지 불균형을 통화나 준비자산의 국제적 이동으로 정의하지만 (따라서 국가는 장기적으로 통화량에 대한 통제력이 없음), 변동환율제도에서는 통화나 준비자산이 국제적으로 이동하지 않고도 환율의 신속한 자동적 변동에 의해 국제수지 불균형이 조정된다(따라서 국가는 통화량이나 통화정책에 대한 통제력을 가지고 있음).

한 국가의 다른 국가의 통화로 표시한 실제 환율은 이 국가 통화량과 실질소득의 증가율과 외국의 통화량 및 실질소득의 증가에 의해 결정된다. 예를 들면 외국에서는 통화량, 실질소득 및 통화수요의 증가율이 0인 반면, 국내에서는 통화량의 증가가 실질소득 및 통화수요의 증가를 초과하면 국내 물가 및 환율은 상승(통화의 평가하락)한다. 반대로 국내통화량이 실질소득 및 통화수요보다 작게 증가하면, 국내 물가 및 환율은 하락(통화의 평가상승)한다(통화론적 접근방법에서 환율이 실제로 결정되는 과정은 다음 절에서 논의한다).

따라서 통화론적 접근방법에 의하면 한 국가의 통화량이 과다하게 증가하면 그 국가의 통화는 평가하락하는 반면, 통화량이 충분히 증가하지 않으면 그 국가의 통화는 평가상승한다. 다른 말로 하면 (실질소득이나 통화수요에 비하여 통화량이 빠른 속도로 증가하여) 인플레이션 압력이 존재하는 국가에서는 환율이 상승(즉, 평가하락)(그림 15-3 참조)할 것이다. 반대로 외국보다 낮은 인플레이션 압력을 받는 국가에서는 환율이 하락(평가상승)할 것이다. **글로벌 통화론자**에 의하면 1970년대에 미국의 달러가 평가

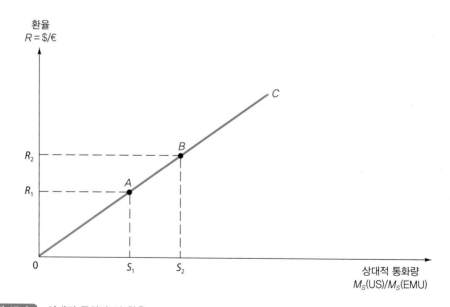

그림 15-3 상대적 통화량 및 환율

선 *OC*는 유럽통화동맹의 통화량에 대한 미국의 통화량 비율[$S = M_S(US)/M_S(EMU)$]과 달러-유로 환율($R = \$/€$)의 관계를 보여 준다. 선 *OC*는 S_1이 S_2로 변하면 R은 R_1에서 R_2로 비례적으로 증가한다는 것을 보여 준다.

하락하고 독일 마르크가 평가상승한 이유는 미국에서는 통화가 과도하게 증가하여 인플레이션 압력이 컸던 반면 독일에서는 통화 증가율이 낮아 인플레이션 압력이 낮았기 때문이라고 한다.

변동환율제도에서 기타 국가들은 일부 국가의 과도한 통화량 증가로부터 어느 정도 차단된다. 과도한 통화량 증가로 인하여 통화가 평가하락하는 국가는 외국으로 인플레이션 압력을 전파하는데, 이는 통화나 준비자산의 수출을 통해 직접 전파되는 것이 아니라 일차적으로 수입수요의 증가를 통해 전파된다. 이러한 과정은 시간이 걸리며 세계경제가 유휴자원을 가지고 있는 정도와 해외의 구조적 여건에 의해 달라진다.

오늘날 운용되고 있는 관리변동환율제도에서는 통화당국이 자국통화의 과다한 평가상승이나 평가하락을 방지하기 위하여 외환시장에 개입하며, 그 과정에서 준비자산이 증가하거나 감소한다. 이 제도에서는 국제수지 적자의 일부분은 통화의 평가하락에 의해 자동적으로 조정되는 한편 나머지 부분은 국제준비자산의 감소에 의해 조정된다(그림 14-2 참조). 결과적으로 한 국가의 통화량은 국제수지 적자에 의해 영향을 받으며 국내통화정책의 효과는 부분적으로 상실된다. 관리변동환율제도에서는 한 국가의 통화량이 외국의 과도하거나 불충분한 통화증가에 의해서 영향을 받는데, 물론 그 정도는 고정환율제도의 경우보다는 약하다. 현행 변동환율제도의 운용에 관해서는 제20~21장에서 상세하게 논의한다.

15.3C 환율결정에 대한 통화론적 접근방법

14.3A절에서 환율을 외국통화 1단위의 국내통화가격으로 정의한 바 있다. 달러($)가 국내통화이고 유로화(€)가 외국통화이면, 환율(R)은 1유로당 달러의 액수, 즉 $R = \$/€$로 정의된다. 예를 들어 $R = \$1/€1$이면 이는 1유로화를 구입하기 위해 1달러가 필요하고 만약 $R = \$1.20/€1$이면 1유로를 얻기 위해 1.2달러가 필요하다는 말이다.

시장이 경쟁적이고 관세, 수송비 및 기타 무역에 대한 장애가 존재하지 않으면 구매력평가(PPP) 이론을 전제로 하는 일물일가의 법칙에 의해 한 상품의 가격은 미국이나 유럽통화동맹(EMU)에서 모두 같아야 한다. 즉, $P_X(\$) = RP_X(€)$가 된다. 예를 들어 상품 X 1단위의 가격이 유럽통화동맹에서 $P_X = €1$이고, $R = \$1.20/€1$이면 미국에서는 $P_X = \$1.2$가 된다. 이는 모든 교역상품에도 적용되며 모든 상품 (물가지수)에도 해당된다.

$$P = RP^*$$

그리고

$$R = \frac{P}{P^*} \tag{15-1}$$

여기서 R은 달러의 환율, P는 미국의 달러 가격 물가지수, P^*는 유럽통화동맹(EMU)의 유로 가격 물가지수를 의미한다.

이제 미국과 EMU에서의 명목 통화수요 함수(식 15-3의 M_d와 M_d^*)로부터 시작하여 달러와 유로화 사이의 환율이 어떻게 결정되는지를 통화론적 접근방법으로 살펴보기로 하자.

$$M_d = kPY \text{이고} \quad M_d^* = k^*P^*Y^*$$

여기서 k는 미국에서 명목 국민소득에 대한 명목 통화잔고의 바람직한 비율이며, P는 미국의 물가수준, Y는 미국의 실질 생산량이고 상첨자(*)가 붙은 기호는 EMU를 의미한다.

균형상태에서 통화수요는 통화량과 같다. 즉, $M_d = M_s$이고 $M_d^* = M_s^*$이다. 식 (15-3)의 M_d에 M_s를 대입하고 M_d^*에 M_s^*를 대입한 후 EMU에 대한 식을 미국에 대한 식으로 나누면

$$\frac{M_s^*}{M_s} = \frac{k^* P^* Y^*}{kPY} \tag{15-5}$$

가 된다. 식 (15-5)의 양변을 $\frac{P^*}{P}$와 $\frac{M_s^*}{M_s}$로 나누면

$$\frac{P}{P^*} = \frac{M_s k^* Y^*}{M_s^* kY} \tag{15-6}$$

가 된다. 그러나 식 (15-1)로부터 $R = \frac{P}{P^*}$이므로 다음과 같다.

$$R = \frac{M_s k^* Y^*}{M_s^* kY} \tag{15-7}$$

EMU의 k^*와 Y^* 그리고 미국의 k와 Y가 일정하다고 가정하면 M_s와 M_s^*가 변하지 않는 이상 R은 일정하다. 예를 들어 $k^* Y^*/kY = 0.3$이고 $M_s/M_s^* = 4$이면 $R = \$1.2/€1$가 된다. 게다가 R의 변화는 M_s의 변화에 비례하고 M_s^*의 변화에는 반비례한다. 예를 들어 M_s가 M_s^*에 비하여 10% 증가하면, R은 10% 상승(달러의 평가하락)한다.

식 (15-7)과 관련하여 몇 가지 중요한 점을 주의해야 한다. 첫째, 식 (15-7)은 구매력평가(PPP)이론과 일물일가의 법칙(식 15-1)이 성립할 때 성립한다. 둘째, 식 (15-7)은 식 (15-3)과 같은 형태의 명목 통화수요 함수로부터 유도되었는데, 이 통화수요 함수에는 이자율이 포함되어 있지 않다. 이자율과 환율 사이의 관계는 기대에 대해 논의하는 15.3D절에서 살펴본다. 셋째, 각국에서 준비자산의 이동이나 변화가 없어도 환율이 변화하여 통화시장의 균형이 이루어진다. 따라서 (무역을 통해 세계시장의 가격에 영향을 미치지 못하는) 소국의 경우에는 PPP 이론에 의해 고정환율제도에서는 물가수준이 결정되며, 변동환율제도에서는 환율이 결정된다. 사례연구 15-4는 통화량 증가와 인플레이션율의 관계(식 15-6)를 보여 주며, 사례연구 15-5는 명목환율과 실질환율의 관계를 보여 줌으로써 변동환율제도에서 통화론적 접근방법을 검증한다.

15.3D 기대, 이자율 차이 및 환율

환율은 통화량과 실질소득의 국가 간 증가율 차이에 의해 결정되지만 기대 인플레이션과 예상되는 환율변화에 의해서도 결정된다. 만일 전년도에 예상했던 것보다 미국의 인플레이션율이 EMU의 인플레이션율보다 갑자기 10% 더 높아질 것으로 예상하면, PPP 이론이나 일물일가의 법칙으로 예측할 수 있는 것처럼 미국과 EMU의 물가가 같아지도록 달러는 즉각 10% 평가하락할 것이다. 따라서 한 국가에서 기대 인플레이션율이 상승하면 그 국가의 통화는 즉시 같은 크기만큼 평가하락한다.

환율변화가 예상되면 실제 환율은 예상되는 환율변화만큼 즉각 변화한다. 왜 그렇게 되는지를 살펴보기 위해 14.6A절에서 논의된 커버되지 않은 이자재정(UIA)을 상기하자. 통화론자들은 국내 및

사례연구 15-4 통화량 증가와 인플레이션

표 15-2는 1973~1985년, 1986~1998년, 1999~2008년, 2009~2017년 기간에 주요 7개국(G7)에 대한 통화량(M1)의 증가율과 소비자물가의 상승률을 보여 준다. 현실세계에서 물가는 여러 가지 요인에 의해 결정되지만 통화론적 접근방법에 의하면 물가와 통화량은 장기적으로는 같은 방향으로 움직인다. 이 표로부터 첫 번째 기간(1973~1985년)에 대한 미국, 일본, 프랑스, 이탈리아, 두 번째 기간(1986~1998년)에 대한 미국, 프랑스, 이탈리아의 경우 통화량 증가율은 인플레이션율과 유사함을 알 수 있다. 그러나 이것은 세 번째 기간(1999~2008년)에는 미국에만 해당하고, 다른 G7 국가는 그 기간에 인플레이션율은 낮고 통화량 증가율은 높았다. 1973~2008년 전 기간에 통화량 증가율과 인플레이션율은 미국과 이탈리아에서만 비슷했다. 마지막 기간(2009~2017년)에는 모든 G7 국가에서 통화량 증가율은 상대적으로 높았지만 인플레이션율이 매우 낮았다.

표 15-2 통화량과 소비자물가(1973~2017)(% 증가)

	1973~1985	1986~1998	1999~2008	1973~2008	2009~2017
미국					
통화량 증가율	80.4	40.9	34.3	143.0	114.4
인플레이션율	83.0	39.2	23.2	130.0	13.1
일본					
통화량 증가율	75.3	74.3	67.2	169.1	47.4
인플레이션율	74.0	15.2	−1.2	86.1	1.4
독일[a]					
통화량 증가율	76.5	96.3	65.1	176.6	74.9
인플레이션율	50.3	26.4	15.9	87.4	10.6
영국					
통화량 증가율	92.2	100.9	77.3	182.8	61.7
인플레이션율	119.8	50.0	26.5	160.5	20.3
프랑스[a]					
통화량 증가율	102.5	35.9	65.1	164.8	74.9
인플레이션율	107.1	27.4	16.8	136.6	9.5
이탈리아[a]					
통화량 증가율	146.1	51.5	65.1	185.0	74.9
인플레이션율	139.9	53.1	21.8	171.5	11.3
캐나다					
통화량 증가율	106.2	76.0	70.3	182.2	95.8
인플레이션율	91.1	32.7	20.7	131.5	13.4
상기 국가 평균					
통화량 증가율	97.0	68.0	63.5	171.9	77.7
인플레이션율	95.0	34.9	17.7	129.1	11.4

[a] 1999~2017년 기간에 통화량 증가율은 유로 증가율을 반영함.

출처 : IMF, *International Financial Statistics* (Washington, D.C. : IMF, Various Issues).

사례연구 15-5 명목환율, 실질환율 및 통화론적 접근방법

그림 15-4는 1973~2017년까지 미국 달러($)와 독일의 마르크(DM) 간의 명목환율 및 실질환율 지수(1973 = 100)를 보여 준다. 명목환율은 1973~1998년의 DM/$로 정의된다(1999년 초부터 마르크의 변동은 달러에 대한 유로 환율의 변화를 반영한다). 실질환율은 명목환율을 미국의 소비자물가지수에 대한 독일의 소비자물가지수의 비율로 나눈 것이다. 즉, (DM/$)/(PGerm/PUS) = (DM/$)(PUS/PGerm)이다.

(PPP 이론이 전제하는 바와 같이) 명목환율이 미국과 독일의 상대적 물가 변화를 반영한다면 실질환율은 명목환율과 같거나 실질환율의 명목환율에 대한 비율은 일정해야 한다. 그러나 이 그림으로부터 명목환율과 실질환율은 같은 방향으로 변동하지만, 1973~1985년, 1998~2001년 및 2015~2017년 기간에는 그 차이가 점차 커지고 있음을 알 수 있다. 따라서 통화론적 접근법의 결정적 구성요소(구매력평가 이론)는 1973~1985년, 1998~2001년 및 2015~2017년에는 타당하지 않은 것 같다(그림 15-4 참조).

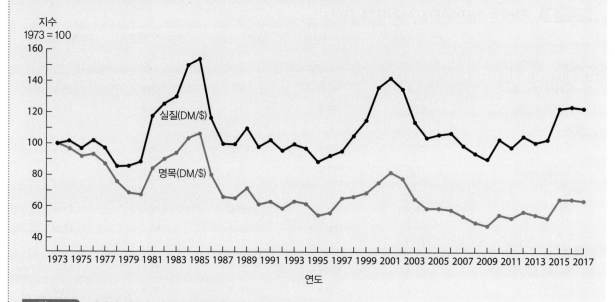

지수
1973 = 100

연도

그림 15-4 달러와 마르크 사이의 명목환율 및 실질환율 지수(1973~2017)

이 그림은 1973~2017년까지 달러($)와 독일의 마르크(DM) 간의 명목환율 및 실질환율 지수(1973 = 100)를 보여 준다. 명목환율은 DM/$로 정의되며, 실질환율은 (DM/$)(PUS/PGerm)이다. 1973~1985년, 1998~2001년 및 2015~2017년에는 명목환율과 실질환율의 차이가 커지고 있기 때문에 통화론적 접근방법의 결정적 구성요소인 PPP 이론은 이 기간에 성립한다고 할 수 없다.

출처 : IMF, *International Financial Statistics* (Washington, D.C.: IMF, Various Issues).

해외채권이 완벽한 대체재인 것으로 가정하므로 (따라서 국내채권을 보유하는 대신 해외채권을 보유할 때 추가적인 위험은 없다) 두 국가 사이의 이자율 차이는 항상 두 통화 사이의 예상되는 환율변화와 같다.

$$i - i^* = EA \qquad (15-8)$$

i는 (미국) 국내 이자율, i^*는 (EMU) 해외 이자율 그리고 EA는 외국통화(€)의 국내통화($)에 대한 연간 기대(예상되는) 평가상승률이다.

예를 들어 $i = 6\%$이고, $i^* = 5\%$라면 EMU와 미국에 대한 투자수익률이 같아지고 커버되지 않은 이자평형 상태에 도달하기 위해서는 파운드가 연간 1% 평가상승할 것이라는 기대가 형성되어야 한다. 즉, EMU의 이자율이 미국보다 연 1% 이자율이 낮은 것은 유로의 기대 평가상승률이 연 1%라는 점에 의해 상쇄되어, 커버되지 않은 이자평형 조건처럼 미국 및 EMU에 대한 수익률이 같아진다.

어떤 이유로든 만일 유로의 기대 평가상승률(달러의 평가하락률)이 연간 1%에서 2%로 상승한다면, 미국의 투자수익률 연 6%에 비해 EMU 투자수익률은 7%(이자율 5%와 유로의 기대 평가상승률 2%의 합)가 된다. 이로 인해 자금은 미국으로부터 EMU로 즉각 이동하여 유로는 실제로 연 1% 평가상승하며 유로가 장차 연 1% 평가상승할 것이라는 기대와 커버되지 않은 이자평형 역시 성립하게 된다. 앞의 결론은 미국에서 더 높았던 연간 이자율 차이가 1%로 변하지 않음을 가정하고 있다. 만일 이자율 차이가 변한다면 유로의 기대 평가상승률도 달라지겠지만, 식 (15-8)로 표현되는 커버되지 않은 이자평형 조건이 충족되도록 유로의 기대 평가상승률은 항상 이자율 차이와 같아야 한다.

만일 $i < i^*$이기 때문에 미국의 투자수익률이 EMU의 수익률보다 낮다면, 커버되지 않은 이자평형 조건이 충족되도록 유로는 그 차이만큼 평가하락(달러는 평가상승)할 것으로 기대된다. 그뿐만 아니라 유로의 기대 평가하락률(달러의 평가상승률)이 변한다면 커버되지 않은 이자평형 조건이 충족되도록 유로는 실제로 그만큼 평가하락할 것이다. 구매력평가(PPP) 이론 및 일물일가의 법칙과 마찬가지로 커버되지 않은 이자평형 조건도 통화론적 접근방법 및 환율결정에서 핵심적인 구성요소이다. 사례연구 15-6은 커버되지 않은 이자평형 조건에 대한 실증적 결과를 보여 준다.

15.4 포트폴리오 모형과 환율

이 절에서는 국제수지 및 환율결정에 대한 자산시장 또는 포트폴리오 접근방법을 소개한다. 15.4A 절에서는 단순한 포트폴리오 모형을 소개하고 15.4B절에서는 예상되는 환율변화 및 위험을 포함하는 확장된 포트폴리오 모형을 소개한다. 15.4C절에서는 이러한 모형을 이용하여 포트폴리오 조정과 환율을 검토한다.

15.4A 포트폴리오 모형

지금까지는 통화론적 접근방법을 소개하고 국내의 통화수요 및 통화량에만 관심을 기울였다. 이를 통해 국내의 통화량이 통화수요를 초과하면 고정환율제도에서는 국내통화가 유출(국제수지의 적자) 되고 변동환율제도에서는 국내통화가 평가하락한다는 점을 살펴보았다. 반대로 국내의 통화수요가 통화량을 초과하면 고정환율제도에서는 자본이 유입(국제수지의 흑자)되고 변동환율제도에서는 국내통화가 평가상승한다. 통화론적 접근방법은 국내 및 해외채권이 완전 대체재임을 가정한다.

자산시장 접근방법 또는 포트폴리오 접근방법(portfolio balance approach)은 국내채권 및 해외채권이 불완전 대체재임을 가정하고, 각국의 금융자산(통화는 이의 한 가지 형태일 뿐임)에 대한 총수요와 총 공급 또는 저량을 균형시키는 과정에서 환율이 결정된다고 생각하는 점에서 통화론적 접근방법과 차이가 있다. 따라서 포트폴리오 접근방법은 통화론적 접근방법을 보다 현실적이고 바람직한 방향으로

사례연구 15-6 이자율 차이, 환율 및 통화론적 접근방법

그림 15-5는 1973~2017년까지 미국 달러와 독일 마르크 사이의 (그림 15-4에서와 마찬가지로 DM/\$로 정의된) 명목환율 지수(%로 표시된)와 미국과 독일의 명목 이자율 차이를 보여 준다. 명목 이자율 차이는 미국 재무부 증권에 대한 수익률−독일 재무부 증권 수익률로 정의된다. 통화론적 접근방법에 의하면 (다른 조건이 일정할 때) 독일에 비해 미국에서 이자율이 상승하면 달러는 마르크에 대해 평가하락하며, 독일에 비해 미국에서 이자율이 하락하면 달러는 마르크에 대해 평가상승한다(두 곡선이 반대 방향으로 움직여야 함). 그림 15-5는 1973년부터 2017년까지 44년 기간 중 33년간, 특히 그 기간의 전반기에는 사실이라는 것을 보여 준다.

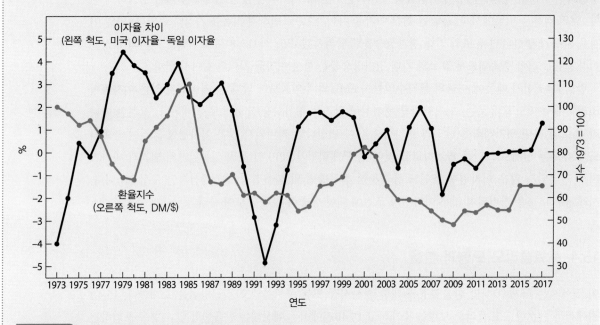

그림 15-5 명목 이자율 차이와 환율의 변동(1973~2017)

통화론적 접근방법으로 예측할 수 있는 바와 같이 1973~2017년까지 44년 기간 중 33년간은 미국의 이자율이 독일보다 더 상승하면 달러는 독일 마르크(1999년 이후는 유로)에 대해 평가하락했다(두 곡선은 반대방향으로 움직였다).

출처 : IMF, *International Financial Statistics* (Washington, D.C. : IMF, Various Issues).

변형시킨 것으로 생각할 수 있다. 포트폴리오 접근방법은 1970년대 중반 개발되었으며 기본 모형을 여러 방향으로 변형한 모형이 소개되었다.

가장 단순한 포트폴리오 모형에 의하면 개인이나 기업은 그들의 금융자산을 국내통화, 국내채권 및 외화표시 해외채권으로 조합하여 보유한다. (국내 및 해외의) 채권을 보유하는 이유는 이자를 얻을 수 있기 때문이다. 그러나 이들 채권은 채무불이행과 채권의 시장 가격변동으로 인한 위험을 수반한다. 국내 및 해외채권은 완전 대체재가 아니며 해외채권은 국내채권과 비교하여 추가적인 위험을 수반한다. 그러나 국내통화를 보유하면 위험은 없지만 이자 수익을 얻을 수 없다.

따라서 국내통화를 보유하는 데 드는 기회비용은 채권을 보유함으로써 얻을 수 있는 이자이며, 채권에 대한 이자가 높을수록 개인이나 기업이 보유하려는 통화량은 감소할 것이다. 어느 특정시점에서 개인들은 각자의 선호도와 위험회피 성향의 정도에 따라 각자의 금융자산을 통화와 채권으로 보유하려고 할 것이다. 개인이나 기업은 금융자산의 일부를 (채권으로 보유하지 않고) 지불 목적으로 (통화에 대한 거래적 수요) 통화의 형태로 보유한다. 그러나 채권에 대한 이자가 높을수록 그들이 보유하려고 하는 통화의 양은 감소할 것이다(즉, 그들은 통화의 사용을 경제화한다).

그러나 이러한 선택은 국내통화와 채권 일반에 대해 국한된 것은 아니고 국내통화, 국내채권 및 해외채권에 대한 선택의 문제가 된다. 외화표시 해외채권은 외국통화가 평가하락하면 채권보유자의 국내통화로 표시했을 때 자본손실이 발생할 수 있는 위험이 따른다. 그러나 한 국가에서 수익률을 하락시키는 교란이 다른 국가에서 동시에 발생할 가능성은 별로 없으므로, 해외채권을 보유하면 위험을 분산시킬 수 있다. 따라서 금융 포트폴리오에는 국내통화(거래의 목적으로), 국내채권(이자를 지급하므로) 및 해외채권(이자 및 위험의 분산)이 포함될 것이다. 포트폴리오 보유자의 기호나 선호, 금융자산, 국내 및 해외의 이자율, 외국통화의 미래 가치에 대한 예상, 국내 및 해외의 인플레이션율 등이 주어졌을 때 포트폴리오 보유자는 그의 만족을 극대화할 수 있는(즉, 그의 기호에 가장 적합한) 포트폴리오를 보유할 것이다.

기저의 요인들(즉, 포트폴리오 보유자의 기호나 선호, 금융자산, 국내 및 해외의 이자율, 기대 등) 중 어느 한 가지라도 변화하면 포트폴리오 보유자는 그의 포트폴리오를 재편성하여 바람직한 포트폴리오(균형 포트폴리오)가 새롭게 구성된다. 예를 들어 국내 이자율이 상승하면 국내채권에 대한 수요가 증가하고 해외채권 및 국내통화 수요는 감소한다. 투자자들이 해외채권을 매도하고 국내채권을 보유하기 위하여 외환을 국내통화로 환전함에 따라 환율은 하락한다(즉, 국내통화는 외국통화에 비해 평가상승한다). 반대로 외국에서 이자율이 상승하면 해외채권에 대한 수요가 증가하지만 국내채권 및 국내통화에 대한 수요는 감소한다. 투자자들이 해외채권을 매입하기 위하여 외국통화를 매입함에 따라 환율은 상승한다(즉, 국내통화는 평가하락한다). 마지막으로 자산이 증가하면 국내통화, 국내채권 및 해외채권에 대한 수요가 증가한다. 그러나 투자자들이 해외채권을 매입하기 위해 외국통화를 매입함에 따라 환율은 상승한다(즉, 국내통화는 평가하락한다).

자산시장 접근방법에 의하면 각각의 금융자산에 대한 수요와 공급이 일치할 때 각 금융시장에서 균형이 이루어진다. 자산시장 접근방법을 포트폴리오 접근방법이라고 하는 이유는 투자자들이 금융자산을 (그들 개인의 관점에서) 분산되고 안정된 포트폴리오의 형태로 보유하기 때문이다. 국내 이자율보다 해외 이자율이 더 상승하거나 투자자들의 금융자산이 증가하거나 투자자들의 해외채권 수요가 증가하면, 외국통화에 수요가 증가하여 환율은 상승한다(즉, 국내통화는 평가하락한다). 반대로 국내 이자율이 해외 이자율보다 높거나 아니면 투자자들의 자산이 감소하여 투자자들이 해외채권을 매도하면 외환공급이 증가하여 환율은 하락한다(즉, 국내통화는 평가상승한다). 따라서 각 금융시장이 균형을 이루어 가는 과정에서 환율이 결정됨을 알 수 있다. 보다 정형화된 자산시장 또는 포트폴리오 접근방법과 환율결정이론은 부록의 A15.2절에서 소개한다.

15.4B 확장된 포트폴리오 모형

이 절에서는 통화수요(M), 국내채권 수요(D) 및 해외채권 수요(F)를 결정하는 변수들을 보다 포괄적으로 고려하여 앞에서 소개된 단순한 포트폴리오 모형을 확장한다. 앞에서 소개된 단순한 포트폴리오 모형으로부터 M, D 및 F는 국내 및 해외의 이자율(i와 i^*)에 의존한다는 점을 살펴보았다. M, D 및 F에 영향을 미치는 추가적인 변수로는 **현물환율의 기대 변화**(expected change in the spot rate)(외국통화의 기대 평가상승률 또는 EA), 국내의 거주자가 해외채권을 보유할 때 수반되는 추가적인 위험을 보상하기 위한 위험 프리미엄(RP), 실질소득 수준 또는 생산량(Y), 국내의 물가수준(P) 및 거주자의 부(W) 등이 있는데 이제 이들 변수들을 모두 고려해 보자.

15.3C절에서 통화론적 접근방법을 살펴볼 때 논의한 커버되지 않은 이자평형 조건(식 15-8)으로부터

$$i - i^* = EA \tag{15-8}$$

임을 이미 알고 있다. 즉, 외국(영국)보다 국내(미국)의 이자율이 더 높으면 이러한 이자율 차이는 외국통화(€)의 국내통화($)에 대한 기대 평가상승률과 같다. 자산시장 모형에서는 이제 EA도 M, D 및 F에 대한 수요함수에서 추가적인 설명변수로 포함된다.

또한 국내채권 및 해외채권은 이제 불완전한 대체재로 가정하였으므로 해외채권을 보유할 때는 국내채권을 보유하는 경우보다 추가적인 위험이 수반된다. 이러한 추가적인 위험은 **예상하지 못한 환율의 변화**(환위험) 및/또는 외국정부가 국내 송금을 규제할 수도 있기 때문에 발생하는 위험(국가위험) 때문에 발생한다. 이제 국내 거주자가 해외채권을 보유할 때 발생하는 추가적인 위험을 보상하기 위한 **위험 프리미엄**(risk premium, RP)을 포함하도록 식 (15-8)의 커버되지 않은 이자평형 조건을 확장해야 한다.

따라서 커버되지 않은 이자평형 조건은 다음과 같다.

$$i - i^* = EA - RP$$

따라서

$$i = i^* + EA - RP \tag{15-9}$$

가 된다. 식 (15-9)는 국내 이자율(i)이 해외 이자율(i^*) + 외국통화의 기대 평가상승률(EA) − 해외채권 보유의 위험 프리미엄(RP)과 같아야 함을 의미한다.

예를 들면 $i = 4\%$, $i^* = 5\%$이고 $EA = 1\%$이면 커버되지 않은 이자평형 상태에 있기 위해서는 해외채권에 대한 RP는 2%(즉, 4% = 5% + 1% − 2%)가 되어야 한다. 만일 RP가 1%라면 국내 거주자는 다음 절에서 설명하겠지만 해외채권을 보다 많이 보유하는 것이 이익이 된다. 물론 국내채권이 해외채권보다 더 위험하다면 식 (15-9)에서 RP의 부호는 +가 된다.

통화론적 접근방법과 마찬가지로 확장된 자산시장 모형 또는 포트폴리오 모형에도 한 국가의 실질소득 또는 생산량(GDP), 물가수준(P), 국가의 부(W)가 포함된다. M, D 및 F에 대한 확장된 수요함수는 식 (15-10)부터 식 (15-12)까지로 표현되며, 각 변수 위의 부호는 각 식의 우변에 포함된 독립변수 또는 설명변수와 좌변의 종속변수 사이의 양(+) 또는 음(−)의 관계를 나타낸다.

$$M = f(\overset{-}{i}, \overset{-}{i^*}, \overset{-}{EA}, \overset{+}{RP}, \overset{+}{Y}, \overset{+}{P}, \overset{+}{W}) \tag{15-10}$$

$$D = f(\overset{+}{i}, \overset{-}{i^*}, \overset{-}{EA}, \overset{+}{RP}, \overset{-}{Y}, \overset{-}{P}, \overset{+}{W}) \tag{15-11}$$

$$F = f(\overset{-}{i}, \overset{+}{i^*}, \overset{+}{EA}, \overset{-}{RP}, \overset{-}{Y}, \overset{-}{P}, \overset{+}{W}) \tag{15-12}$$

식 (15-10)은 국내 거주자의 (국내)통화수요(M)는 국내 이자율(i), 해외 이자율(i^*) 및 외환의 기대 평가상승률(EA)과 음(−)의 관계에 있음을 의미한다. 즉, i, i^* 및 EA가 높을수록 M은 작아진다. 국내 이자율이 상승하면 국내통화를 보유하는 데 드는 기회비용이 높아지기 때문에 국내통화에 대한 수요가 감소한다. 마찬가지로 외환의 기대 평가상승률이 커지면 (해외채권에 대한 기대 수익률이 높아지므로) 국내통화 보유의 기회비용이 커지기 때문에 M은 EA와 음(−)의 관계에 있다. 반대로 M은 국내 거주자가 해외채권을 보유하도록 하는 데 필요한 위험 프리미엄(RP) 및 국내의 실질소득(Y), 물가(P) 및 부(wealth)와는 정의 관계에 있다. 즉, 해외채권에 대한 위험 프리미엄, 실질소득, 물가 및 부가 커질수록 국내통화에 대한 수요는 증가한다.

식 (15-11)은 국내채권(D)에 대한 수요는 i, RP 및 W와 정(+)의 관계에 있음을 의미한다. 즉, 국내 채권에 대한 이자율이 높을수록 국내채권에 대한 수요는 증가한다. 마찬가지로 해외채권에 대한 위험 프리미엄이 높을수록 국내의 거주자는 해외채권 대신에 국내채권을 더 많이 보유하려고 한다. 그뿐만 아니라 국내 거주자의 부가 커지면 해외채권, 국내채권 및 국내통화에 대한 수요는 증가한다. 반대로 D는 i^*, EA, Y 및 P와는 음(−)의 관계에 있다. 즉, i^*가 높아지면 국내 거주자는 국내채권 대신 해외채권을 더 많이 보유하려고 하며, 마찬가지로 Y 및 P가 더 커지면 국내 거주자들은 D와 F 대신에 국내통화를 더 많이 보유하려고 한다. 마지막으로 국내 거주자의 부가 증가할수록 M, D 및 F에 대한 수요는 증가한다.

식 (15-12)는 F가 i, RP, Y 및 P와는 음(−)의 관계에 있고 i^*, EA 및 W와는 정(+)의 관계에 있음을 의미한다. 즉, i가 높아지고, 해외채권에 대한 위험 프리미엄이 커질수록 국내 거주자들은 해외채권을 적게 보유하려고 한다. Y나 P가 커지면 국내 거주자들은 국내통화를 더 많이 보유하고 (국내채권과) 해외채권을 더 적게 보유하려고 한다. 반대로 해외채권에 대한 이자율(i^*)이 상승하거나, 외환의 기대 평가상승률(EA)이 상승하거나 국내 거주자의 부가 증가하면 국내 거주자들은 해외채권을 더 많이 보유하려고 한다.

국내통화(M), 국내채권(D), 해외채권(F)에 대한 각각의 수요를 외생적인(즉, 모형 밖에서 결정되는) 것으로 가정한 각각의 공급과 같게 하면 국내통화, 국내채권 및 해외채권의 균형 거래량과 국내와 해외의 균형이자율 및 균형환율을 구할 수 있다. 이러한 값들은 동시에 결정된다. 그뿐만 아니라 국내통화, 국내채권, 해외채권의 세 가지 자산은 서로 대체재이기 때문에 모형 내의 어느 한 가지 변수가 변하면 기타의 다른 변수들도 영향을 받는다. 예를 들어 국내통화나 국내채권으로부터 해외채권으로 수요가 변하면 통화를 환전해야 하므로 환율이 변한다.

15.4C 포트폴리오 조정과 환율

이 절에서는 포트폴리오 조정을 통해 확장된 자산시장 모형이 어떻게 작동하는지를 살펴보자. 국내 통화 당국이 공개시장 조작을 통해 정부증권(채권)을 매각한다고 하자. 그러면 (채권 대금을 국내통화로 지불하므로) 국내통화량이 감소하고, 채권 가격은 하락하며 국내 이자율(i)은 상승한다. i의 상승으로 인해 M과 F에 대한 수요는 감소하고 D에 대한 수요는 증가한다(식 15-10에서 15-12까지의 부호 참조). 즉, 국내의 거주자들은 국내통화 및 해외채권에 대한 수요를 줄이고 국내채권을 더 많이 보유한다. 외국의 거주자들 (위의 모형에서 외국 거주자들의 수요함수는 표시하지 않았음) 역시 자국통화나 자국의 채권수요를 줄이는 대신 국내채권을 더 많이 매입할 것이다. 해외채권에 대한 수요의 감소로 인해 해외채권 가격은 하락하고 해외 이자율(i^*)은 상승하며, 국내로 자금이 유입됨에 따라 국내 이자율의 상승(i)은 둔화된다. 게다가 국내 및 해외 거주자들이 해외채권을 매도하고 국내채권을 매입하는 과정에서 국내통화를 매입하고 외국통화를 매도하기 때문에 변동환율제도에서 국내통화는 평가상승하고 외국통화는 평가하락한다(고정환율제도에서는 우리나라의 국제수지는 흑자가 된다).

i와 i^*의 상승 및 국내통화의 평가상승(외국통화의 평가하락)으로 인하여 외국통화의 기대 평가상승률이 더 커질 수도 있으며, 해외채권의 보유량이 감소하여 해외채권에 대한 위험 프리미엄이 감소할 수도 있다. 그러나 모든 시장에서 동시에 균형이 다시 성립하게 되면, 결국에는 커버되지 않은 이자평형 조건(식 15-9)이 성립한다. 국내 및 해외의 실질 GDP 수준, 물가 및 부(즉, Y, P, W와 Y^*, P^*, W^*)도 i, i^*, EA 및 RD의 변화에 의해 영향을 받으며 이에 따라 모형 내의 모든 변수에 또다시 영향을 미친다. 국내 이자율의 상승이 다른 변수에 미치는 효과를 추적하는 것은 대단히 복잡하고 어려운 일이다. 현실세계에서는 국내 및 외국 경제모형을 컴퓨터 시뮬레이션하여 모형 내에 포함된 각 변수의 최종 균형값을 구한다. 이러한 모형을 통해 모형 내 모든 변수의 관계를 알 수 있고 균형환율이 결정되는 데 있어 경제 전반을 포괄적으로 볼 수 있도록 하기 때문에 이 모형이 중요하다.

외생적 변화의 다른 예로 외국통화가 과거에 예상했던 것 이상으로 장차 평가상승(EA)한다고 하자. 이 경우 일차적인 효과는 M과 D가 감소하고 F가 증가하는 것이다(식 15-10에서 15-12까지 EA에 대한 부호 참조). M과 D가 감소하면 국내 이자율(i)은 하락하지만 국내 거주자들이 해외채권을 매입하기 위해 국내자금이 유출됨에 따라 i의 하락은 완화되고 (해외 이자율) i^*는 하락한다. 국내 거주자에 의한 F의 증가로 인해 외환 수요가 증가하여 외환은 평가상승(국내통화는 평가하락)하는데, 그 결과 외환의 기대 평가상승률(EA)이 커진 것이 어느 정도 완화된다. 모든 시장이 동시에 균형을 찾아가는 과정에서 이러한 변화는 국내 및 해외 거주자에 대한 모든 변수에 영향을 미친다. EA가 상승하는 대신에 위험 프리미엄(RP)이 더 커지면 그 효과는 지금 논의한 것과는 정반대가 될 것이다(식 15-10부터 15-12까지 RP 변수에 대한 부호 참조).

마지막으로 국내에서 실질소득 또는 GDP(Y)가 증가한 효과를 살펴보자. 식 (15-10)부터 식 (15-12)까지의 식으로부터 실질소득 증가의 직접적 효과는 M이 증가하고 D와 F가 감소함을 알 수 있다. F의 감소 결과 변동환율제도에서는 국내통화가 평가상승(외국통화의 평가하락)하고 고정환율제도에서는 국제수지가 흑자가 된다. 이러한 변화는 모든 시장에서 균형이 동시에 달성될 때까지 모형 내 모든 변수들은 또다시 영향을 받을 것이다. 일단 균형에 다시 도달하게 되면 환율은 더 이상 변화하지 않고 국제수지 불균형은 해소될 것이다. 즉, 자산시장 또는 포트폴리오 접근방법에 의하면 모형 내의 어떤 변수가 외생적으로 변화하면 일시적으로 환율이 변화하고 국제수지 불균형이 나타난다. 장기간에 걸친 환율의 변화나 국제수지 불균형은 불균형에 대한 조정속도가 느리거나 외생적 변화가 연속적으로 발생하는 것을 의미한다.

15.5 환율동학

이 절에서는 환율동학, 즉 외생적인 변화 후 시간이 지남에 따라 환율이 새로운 균형환율로 접근해 가는 과정에서의 환율변화를 살펴본다. 15.5A절에서는 직관적으로 환율동학을 소개하고 15.5B절에서는 그림을 이용하여 보다 정형화된 방법으로 소개한다.

15.5A 환율의 오버슈팅

이자율, 기대, 부 등이 변화하면 균형이 교란되며 이에 따라 투자자들은 금융자산을 재조정하여 새로운 균형에 도달한다는 점을 앞에서 살펴보았다. 이러한 조정은 포트폴리오를 구성하는 다양한 금융자산의 **저량**(stock)변화를 수반한다. 투자자들의 포트폴리오를 구성하는 금융자산의 **총저량**(total stock)은 장기간에 걸쳐 축적되었기 때문에 저축이나 투자를 통한 연간 **유량**(flow)(저량의 증가)에 비해 규모가 매우 크다. 또한 한 시점에서 투자자들의 포트폴리오를 구성하는 금융자산의 총저량의 규모가 클 뿐만 아니라 다양한 금융자산 보유에 따른 이익과 비용에 영향을 미치는 이자율, 기대 및 기타 요인들이 변화하면 투자자들이 신속하게 균형 포트폴리오를 조정하기 때문에 금융자산의 저량 역시 즉각적으로 변화한다.

　예를 들어 예상치 못한 통화량의 증가로 인해 한 국가의 이자율은 즉각 하락한다. 모든 시장이 원래 균형상태에 있었다면, 앞에서 설명한 바와 같이 국내 이자율이 하락했을 때 투자자들은 국내채권 대신 국내통화나 해외채권을 보유하려고 할 것이다. 이러한 저량 조정은 그 규모가 크며 즉각적으로 또는 단시간 내에 발생한다. 이는 예컨대 한 국가의 통화가 평가하락한 결과 발생하는 상품 무역의 유량변화와는 대조적인데, 이러한 유량변화는 장기간에 걸쳐 점진적으로 발생한다(과거의 계약은 이행되어야 하고 새로 주문을 하는 데는 수개월이 걸림). 따라서 금융자산의 저량 조정은 보통 무역의 유량 조정보다 규모가 크고 신속하게 발생한다.

　무역의 유량 조정에 비해 금융자산의 저량 조정이 규모가 크고 신속하다는 점은 환율의 결정과 변화(환율동학)에 대단히 중요한 의미를 가지고 있다. 예를 들면 예상치 못한 통화량의 증가와 이로 인한 이자율 하락의 결과, 투자자들은 해외채권의 저량을 증가시키려 하기 때문에 해외채권의 수요가 대규모로 신속하게 증가할 것이다. 이로 인해 국내통화는 즉각 대폭으로 평가하락하며, 무역량의 변화와 같은 실물시장의 점진적 소규모 변화를 압도할 수 있다(물론 해외에서 통화량이 증가하고 이자율이 하락한다면 반대 결과가 나타남). 장기적으로는 실물시장의 변화가 환율에 영향을 미칠 것은 확실하지만 단기나 초단기(1일, 1주일, 1개월)에는 환율의 변화가 금융자산의 저량 조정이나 기대 효과를 대부분 반영할 것이다. 만일 실물부문이 금융부문과 같이 즉각적으로 반응한다면 **환율의 오버슈팅 현상**(exchange rate overshooting)은 나타나지 않을 것이다.

　앞에서 분석한 내용을 토대로 환율이 장기균형으로 조정되는 과정에서 환율이 단기적으로 장기 균형환율을 오버슈팅하는 현상을 설명할 수 있다. 무역의 유량 조정은 시간이 지남에 따라 점진적으로 발생하기 때문에 단기나 초단기에는 환율조정의 부담을 대부분 금융시장이 떠안게 된다. 따라서 금융시장이 신속하게 다시 균형을 찾기 위해서는 환율이 오버슈팅될 수밖에 없다. 시간이 경과하면서 실물(예 : 무역)부문에서 발생하는 조정 효과가 누적됨에 따라 환율은 반대방향으로 변화하며 오버슈팅이 제거된다. 이러한 과정에 대한 정확한 설명은 다음 절에 소개된다.

15.5B 새로운 균형환율로 가는 시간 경로

단기환율이 장기 균형환율을 오버슈팅하는 정확한 경로를 설명하는 모형은 1976년 루디 돈부시(Rudi Dornbusch)가 소개하였는데 그림 15-6을 통해 시각적으로 살펴볼 수 있다. 도표 (a)는 t_0의 시점에서 연방준비은행이 미국의 통화량을 1,000억 달러에서 1,100억 달러로 100억 달러를 예기치 않게 증가시켰으며 그 후 같은 수준으로 통화량을 유지하고 있음을 보여 준다. 도표 (b)는 예상하지 못한 미국의 통화량 증가로 인해 t_0의 시점에서 미국의 이자율이 10%에서 9%로 즉각 하락했음을 보여 준다. 도표 (c)는 미국의 통화량이 10% 증가한 것이 미국의 물가수준에는 즉각적인 영향을 미치지 못하고 있음을 보여 준다. 미국의 물가는 '경직적'이어서 시간이 지나면서 점차 상승하여 장기적으로는 처음보

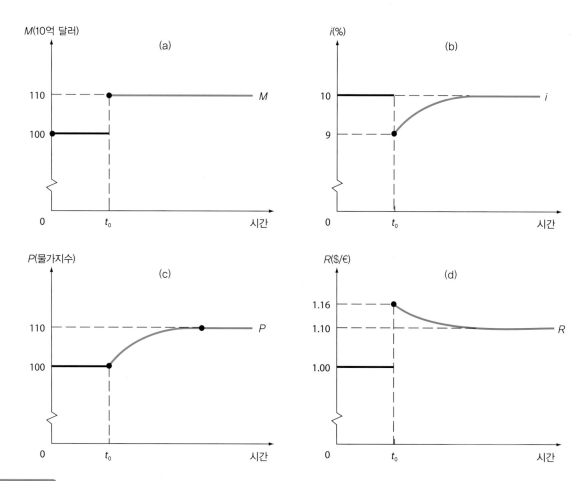

그림 15-6 환율의 오버슈팅

도표 (a)는 t_0의 시점에서 미국의 통화량이 1,000억 달러에서 1,100억 달러로 10% 예기치 않게 증가했음을 보여 주고, 도표 (b)는 미국의 통화량이 증가한 결과 미국의 이자율이 10%에서 9%로 즉각 하락했음을 보여 준다. 도표 (c)는 미국의 물가지수가 100에서 장기적으로는 110으로 10% 점차 상승함을 보여 준다. 도표 (d)는 달러 환율(R)이 즉각적으로 \$1/€1에서 \$1.16/€1로 16% 상승(달러의 평가하락)하여 장기 환율 \$1.10/€1를 오버슈팅하며 장기에 걸쳐 점차 평가상승함으로써(R의 하락) 장기환율로 접근함을 보여 준다. 미국 물가가 상승함에 따라 미국 이자율은 장기적으로는 원래의 10%로 점차 복귀한다.

다 10% 상승(물가지수 100에서 110으로)한다고 가정한다.

마지막으로 도표 (d)는 투자자들이 국내통화와 국내채권 대신 해외채권을 보유하려고 함에 따라 (해외채권을 더 매입하기 위하여) 외환에 대한 수요가 증가하고 그 결과 환율(R)은 상승(미국통화의 평가하락)한다는 점을 보여 준다. 달러는 즉각적으로 10% 이상 평가하락하는데, 장기적으로는 (미국 내 통화량이 10% 증가하였으므로) 달러가 10% 평가하락할 것으로 예상할 수 있다. 도표 (d)는 R이 즉각적으로 t_0의 시점에서 \$1/€1에서 \$1.16/€1로 16% 상승(달러의 평가하락)함을 보여 준다. PPP 이론에 의하면 장기적으로 달러는 (통화량이 증가한 비율과 같은 비율인) 10%만 상승해야 하는데, 달러가 즉각적으로 10% 이상 상승하는 원인이 무엇일까 하는 의문점이 남는다.

이 의문에 대답하기 위해서는 식 (15-8)로 표현되는 커버되지 않은 이자평형 조건을 다시 살펴보아야 한다. 이 조건은 국내 이자율(i)은 해외 이자율(i^*)에 외환의 기대 평가상승률(EA)을 합한 것과 같다는 것이다. (통화론적 접근방법에서와 같이) 국내채권과 해외채권은 완전한 대체재이므로 위험 프리미엄은 없다. 편의상 $EA = 0$이라고 가정하면 커버되지 않은 이자평형 조건에 의해 미국의 통화량이 증가하기 이전에는 $i = i^*$가 된다. 그러나 예기치 않게 미국의 통화량이 증가하여 이자율이 하락한다. 따라서 이제 미국의 이자율(i)은 해외 이자율(i^*)보다 낮은데, 커버되지 않은 이자평형 조건이 성립하기 위해서는 이 차이가 외환(€)의 기대 **평가하락률**이나 달러의 기대 평가상승률로 상쇄되어야 한다.

달러가 장차 **평가상승**하면서도 장기적으로는 (미국의 통화량 및 물가상승률과 일치하도록) 10% 평가하락할 수 있는 유일한 방법은 달러가 즉각적으로 10% 이상 평가하락하는 방법뿐이다. 도표 (d)는 달러가 t_0의 시점에서 즉각 16% 평가하락(R은 상승)하고 그 후 시간이 지남에 따라 점진적으로 6% 평가상승(R이 하락)하여, 장기적으로는 결국 10% 평가하락함을 보여 주고 있다. 다른 말로 하면 초기의 과도한 평가하락 이후 달러는 평가상승하여 달러의 저평가가 해소된다. 또한 시간이 지남에 따라 미국 물가는 10% 상승하고 명목이자율 역시 점차 상승하여 장기적으로는 원래의 수준인 10%로 복귀함을 도표 (b)로부터 알 수 있다.

미국에서 물가가 상승함과 동시에 달러가 (t_0의 시점에서 갑자기 16% 평가하락한 이후) 시간이 지남에 따라 6% 평가상승하는 것은 모순되는 것으로 보일 수도 있다. 그러나 도표 (d)에서 알 수 있는 바와 같이 t_0의 시점에서 과도한 평가하락을 해소하기 위해 달러가 평가상승할 뿐이다. 무역까지 고려해서 이 현상을 다른 각도에서 보면 달러의 급격한 평가하락으로 인해 미국의 수출은 점차 증가하고 수입은 점차 감소하여 (다른 조건이 같다면) 시간이 지나면서 달러는 **평가상승**한다고 생각할 수 있다. 미국의 통화량이 예기치 않게 10% 증가하면 PPP 이론으로부터 달러는 장기적으로 10% 평가하락할 것임을 알고 있기 때문에 달러가 장차 평가상승할 수 있는 유일한 길은 달러가 현재 즉각 10% 이상 평가하락하는 방법뿐이다.

물론 환율이 장기균형수준에 도달하기 전에 다른 교란요인이 발생한다면 환율은 끊임없이 변동하며 장기균형수준으로 접근하겠지만 도달할 수는 없다. 이러한 사실은 최근 현실세계에서의 환율 경험과 잘 부합하는 것으로 보인다. 1971년 이후, 특히 1973년 이후 환율은 큰 폭의 급변성과 오버슈팅을 보이고 그 후에 조정되지만 항상 변동하는 특징을 보여 주고 있다(사례연구 15-7 참조).

사례연구 15-7   미국 달러 환율의 오버슈팅

그림 15-7은 1961년부터 2015년 1월까지 미국 달러의 독일 마르크 및 일본 엔 환율의 급변성과 오버슈팅을 보여 주고 있다. 이 그림은 1달러당 외환단위로 표시한 환율을 전월 대비 변화율로 보여 준다(1999년 초 이후 달러/독일 마르크의 환율은 달러에 대한 유로의 환율변화를 반영). 1961년부터 1971년의 고정환율 동안 달러 환율의 소폭 변동을 1973년 이후 변동환율 또는 관리변동환율 기간의 급격한 변동 및 오버슈팅과 비교해 보자.

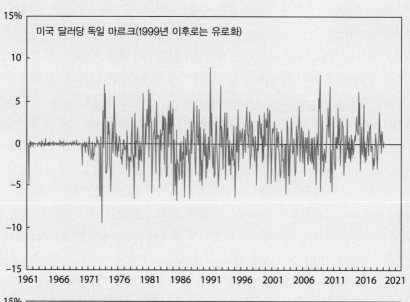

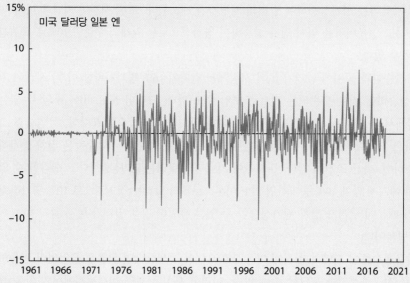

그림 15-7   달러 환율의 오버슈팅

1973년 이후 독일 마르크 및 일본 엔에 대한 달러 환율의 급격한 변동은 현재의 관리변동환율제도에서 달러의 오버슈팅을 시사한다. 1999년 이후 DM/$의 변동은 유로의 달러에 대한 변동을 반영한다.

출처 : International Monetary Fund, *International Financial Statistics* (Washington, D.C.: IMF, Various Issues).

15.6 통화론적 모형 및 포트폴리오 모형에 대한 실증분석 및 환율예측

프렌켈(Frenkel, 1976)은 1976년의 영향력 있는 논문에서 1920년대 독일의 초인플레이션 (hyperinflation) 시기에 통화론적 모형을 뒷받침하는 강력한 증거를 제시했으며, 빌슨(Bilson, 1978) 과 돈부시(Dornbusch, 1979)도 1970년대 인플레이션 시기에 대하여 같은 증거를 제시했다. 그러나 1970년대 후반 이후 통화론적 모형은 실증분석에 의해 기각된다. 예를 들면 프랑켈(Frankel, 1993)은 독일에서 통화량이 증가한 결과 통화론적 모형으로 예측할 수 있는 바와 같이 마르크가 평가하락하 는 대신 평가상승했음을 발견했다. 그러나 맥도널드와 테일러(MacDonald & Taylor, 1993), 맥도널드 (MacDonald, 1999), 라파흐와 오하르(Rapach & Wohar, 2002)는 보다 정교한 추정기법을 이용하여 장 기의 경우에 (환율은 균형수준으로 수렴한다는) 통화론적 모형을 뒷받침하는 증거를 발견했다.

불충분한 자료 때문에 자산시장 또는 포트폴리오 모형에 대한 경험적 연구는 훨씬 적게 이루어졌 으며 이루어진 연구 역시 이 모형을 뒷받침하는 경험적 증거를 그다지 제시하지 못하고 있다. 브랜 슨, 할투넨 및 메이슨(Branson, Halttunen & Masson, 1977)과 프랑켈(Frankel, 1984)은 두 가지 경험적 연구를 하였는데, 프랑켈은 1973~1979년 기간에 달러의 독일 마르크, 일본 엔, 프랑스 프랑, 영국 파 운드에 대한 환율 방정식을 추정한 결과 모형에 포함된 설명변수에 대한 효과(부호)는 이들 이론에서 예측한 것과는 반대로 나타났음을 발견했다.

통화론적 모형과 포트폴리오 모형을 실증적으로 검증하는 다른 방법은 이들 모형의 미래 환율 예 측능력을 살펴보는 것이다. 미즈와 로고프(Meese & Rogoff, 1983a)는 한 획기적인 연구에서 어떤 환 율모형도 선물환율(forward rate)이나 랜덤워크 모형(random walk model)의 예측능력을 능가하지 못한 다는 점을 발견했다. 랜덤워크 모형이란 다음 분기의 환율에 대한 최상의 예측량은 현재 분기의 환율 이라는 것이다. 실제로 마르크/달러, 엔/달러 환율에 대한 6개의 검증 중 4개는 랜덤워크 모형이, 2개 는 선물환율이 최상의 예측량이었으며 포트폴리오 모형이 최상의 예측량이 된 경우는 한 번도 없었 다. 그러나 이들이 행한 그 후의 연구(1983b)에서는 12개월 이상의 기간에 대해서는 포트폴리오 모형 이 단순한 랜덤워크 모형을 능가하는 것으로 나타났다.

최근에 발표된 논문에서 마크(Mark, 1995)는 미즈와 로고프(Meese & Rogoff, 1983)의 모형을 환율 의 오버슈팅을 포함하는 모형으로 수정하여 1981~1991년 기간에 1분기, 1년, 3년의 기간에 대하여 미국 달러의 캐나다 달러, 마르크, 엔, 스위스 프랑에 대한 환율에 대한 통화론적 모형을 검증하였다. 마크는 1분기에 대한 4개의 환율에서는 수정모형이 단순한 랜덤워크 모형과 같은 크기의 예측오차를 보이고 있음을 발견했다. 1년 기간에 대해서는 수정모형이 달러/엔, 달러/스위스 프랑 환율에서 랜덤 워크 모형을 능가했지만 다른 환율에 대해서는 그렇지 못했고, 3년 기간에 대해서는 (미국 달러/캐나 다 달러를 제외한) 3개의 환율에서 수정모형이 랜덤워크 모형을 능가했다. 마크의 결과는 그 이전의 연구보다는 이 장에서 검토한 환율 모형을 뒷받침하는 것으로 나타났지만 라파흐와 오하르(Rapach & Wohar, 2002), 프랑켈과 로즈(Frankel & Rose, 1995), 루이스(Lewis, 1995), 로고프(Rogoff, 1999), 닐 리와 사르노(Neely & Sarno, 2002), 엥글과 웨스트(Engle & West, 2004)의 연구는 여전히 이 점에 대해 여전히 회의적이다. 에반스(Evans)와 라이온스(Lyons)는 2005년에 하루부터 한 달 기간에 대해서 랜 덤워크 모형이나 기타 모형보다 우월한 비공공정보를 이용하는 미시적 기초 모형을 소개하였다.

환율모형이 환율을 잘 예측하지 못하는 데는 근본적으로 두 가지 이유가 있다. 첫째는 환율이 예측할 수 없는 새로운 정보나 '뉴스'의 영향을 강하게 받는다는 점이다(Dornbusch, 1980). 둘째는 외환시장 참가자의 기대가 적어도 일시적으로는 자기실현적(self-fulfilling)이거나 자기보강적(self-enforcing)인 경우가 종종 있기 때문에 소위 말하는 투기적 거품(speculative bubble)이 나타난다는 점이다. 즉, 환율이 어떤 방향으로 움직이면 경제의 기본여건과는 상관없이 환율이 그 방향으로 계속 움직일 것이라고 예상하는 경우가 때때로 있다는 것이다. 그러나 궁극적으로 이러한 거품은 붕괴되고 환율의 변화방향이 반전되면서 반대방향으로 지나치게 변동하며 장기 균형환율을 오버슈팅한다. 환율 거품의 예로는 1980년대 전반기에 달러의 급격한 과대평가를 들 수 있다. 예측할 수 없는 뉴스와 밴드왜건 효과(bandwagon effect) 때문에 단기(1년 이하) 환율을 예측하는 것은 거의 불가능하다. 1999년 1월 유로가 탄생한 후 1년간 유로/달러 사이의 환율의 경우에 그러했다(사례연구 15-8 참조).

좀 더 최근에 엥글, 마크와 웨스트(Engle, Mack, & West, 2007), 왕과 우(Wang & Wu, 2009), 델라 코르테, 사르노와 치아카스(Della Corte, Sarno, & Tsiakas, 2008), 림, 사르노와 소일리(Rime, Sarno, & Sojli, 2010), 에반스(Evans, 2011) 및 엥글(Engle, 2013)은 테일러의 규칙과 그것이 기대에 미치는 효과를 강조함으로써 환율의 급변성을 설명하고 예측구간을 줄일 수 있다는 것을 보여 주었으나 대부분의 환율예측은 아직도 빗나가는 것 같다.

따라서 환율을 모형화하는 이론적 작업이 놀랄 만하게 진행되는 데 반해 장기의 경우를 제외하고는 실증 연구의 결과들은 이러한 이론을 뒷받침하는 증거를 별로 제시하지 못하고 있다고 결론지을 수 있다. 그러나 이들 이론이 잘못되었거나 필요 없다는 뜻은 아니고, 단지 이들 이론이 환율 결정에 대해 충분히 설명을 못하고 있다는 뜻이다. 직관적으로 볼 때 환율이 장기에서는 구매력평가 수준으로 수렴할 것이며, 커버되지 않은 이자평형 조건을 확장하여 환율변동에 대한 기대나 위험 프리미엄을 포함하면 이 조건 역시 성립할 것으로 생각된다. 그러나 기대를 보다 훌륭하게 모형화하고 통화이론과 실질환율 이론을 종합할 필요는 있다. 이러한 문제는 제16장과 제17장에서 다루기로 한다.

사례연구 15-8 유로환율은 예측을 불허한다

유로(2015년 유럽연합 28개 회원국 중 19개국의 새로운 통화)(사례연구 14-2 참조)는 1999년 1월 1일 1.17달러의 가치로 도입되었지만, 거의 모든 예측(연말까지 1.25달러에서 1.3달러로 평가상승할 것임)과는 반대로 지속적으로 하락하여 2000년 10월 말 0.82달러까지 하락하였다(그림 15-8 참조). 그 후 유로는 2001년 초 0.95달러까지 평가상승하였으나 유럽통화동맹(EMU)에서의 높은 이자율, 미국에서의 불황 및 2001년 9월 뉴욕 세계무역센터에서의 테러공격에도 불구하고 2001년 7월 0.85달러 이하로 다시 하락하였다. 다시 한 번 모든 전문가의 예측이 빗나갔다. 그러나 2002년 2월부터 유로는 거의 연속적으로 평가상승하여 2002년 중반에는 달러와 등가에 도달하였고 2004년 말에는 1.36달러, 2008년 7월에는 줄곧 1.58달러를 유지하였다. 그리고 2019년 1월에는 1.15달러가 되었다. 전문가들은 유로의 움직임에 대한 이유를 결과가 나온 후에만 '설명'이 가능할 뿐이다.

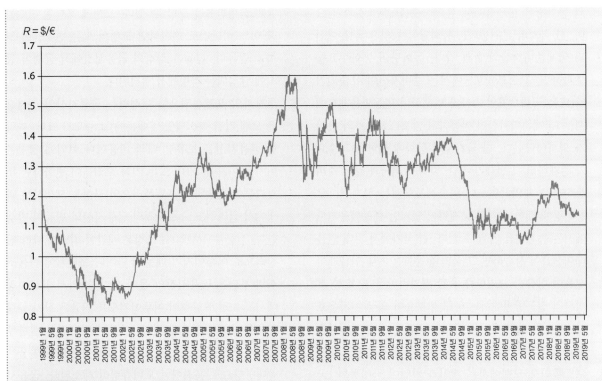

그림 15-8 유로의 도입 이후 유로/달러 환율

유로는 1999년 처음 도입된 이후 2000년 10월까지 거의 연속 평가하락하였으며 2002년 중반까지 달러가치를 밑돌아 전문가들의 예측은 빗나갔다. 유로는 2004년 12월 1.36달러의 가치를 유지했고, 2008년 7월에는 1.58달러, 2019년 1월에는 1.14달러였다.

출처 : International Monetary Fund, *International Financial Statistics* (Washington, D.C. : Various Issues).

요약

1. 현대적 환율이론들은 국제수지에 대한 통화론적 접근 방법과 자산시장 또는 포트폴리오 접근방법을 바탕으로 하고 있으며 대부분 환율변화를 순수한 금융현상으로 본다. 한편 전통적 환율이론은 무역흐름을 바탕으로 하고 있으며 장기적인 환율변동을 설명한다. 현재 금융자본 이동 규모가 무역보다 훨씬 크기 때문에 관심의 방향이 현대적 환율이론으로 전환되었지만 전통적 환율이론은 여전히 중요하며 장기에서 현대적 환율이론을 보완하는 역할을 한다.

2. 절대적 구매력평가(PPP) 이론에서는 두 통화 사이의 환율은 양국의 물가수준의 비율과 동일하다. 따라서

한 상품의 가격은 동일한 통화로 표시했을 때 양국에서 같다는(일물일가의 법칙) 것이다. 보다 정교한 상대적 구매력평가 이론에 의하면 환율변화는 동일한 기간 양국의 상대적인 물가수준의 변화에 비례한다. 이 이론은 매우 장기의 경우에 또는 인플레이션이 높은 기간에만 적합하다. 그러나 이 이론은 비교역상품의 존재와 구조변화 때문에 일반적으로 타당하지 않으며, 1970년대 후반 이후 특히 그렇다.

3. 통화론적 접근방법에 의하면 통화에 대한 명목수요 함수는 장기적으로 안정적이며 명목 국민소득과는 정의 관계에 있지만 이자율과는 음의 관계에 있다. 한 국가

의 통화량은 본원통화에 통화승수를 곱한 것과 같으며, 한 국가의 본원통화는 통화당국에 의한 국내 여신과 국제준비자산의 합과 같다. 통화량이 통화수요를 초과하면, 고정환율제도에서는 준비자산이 유출되거나 또는 국제수지의 적자가 발생하며 변동환율제도에서는 (국제준비자산이 이동하지 않고) 그 국가의 통화가 평가하락한다. 한 국가에서 통화에 대한 초과수요가 존재하면 그 반대가 된다. 따라서 미국과 같은 준비통화국을 제외하면 고정환율제도에서는 장기적으로 통화량에 대한 국가의 통제력이 없지만 변동환율제도에서는 통제력을 가질 수 있다. 한 국가에서 기대 인플레이션율이 상승하면 그 국가의 통화는 기대 인플레이션율이 상승한 크기만큼 즉각 평가하락한다. 또한 통화론적 접근방법에서는 국내 이자율이 외국 이자율보다 더 높은 경우 이자율 차이는 외환의 기대 평가상승률과 같다고 가정한다(커버되지 않은 이자평형).

4. 포트폴리오 모형에서는 개인과 기업이 국내통화, 국내채권 및 외화표시 해외채권을 결합하여 보유하는데 (국내 및 해외) 채권을 보유하는 동기는 이자 수입 때문이다. 그러나 채권보유에는 채무불이행이나 채권의 가격변동에 따른 위험이 수반된다. 이 외에도 해외채권의 보유에는 환위험과 국가 위험이 수반되는 반면에, 국내통화를 보유하면 위험은 없지만 이자를 얻을 수 없다. 국내통화(M), 국내채권(D) 및 해외채권(F)의 수요는 국내 및 해외 이자율(i와 i^*), 외환의 기대 평가상승률(EA), 해외채권에 대한 위험 프리미엄(RP), 실질 GDP(Y), 물가(P) 및 부(W)의 함수이다. M, D와 F를 각각의 공급과 같게 하면 통화량, 국내채권 및 해외채권의 균형거래량과 아울러 국내 및 해외의 균형이자율과 균형환율을 구할 수 있다. 모형에 포함된 변수들 중 어느 하나라도 변화하면 모형의 모든 변수들이 영향을 받는다. 환율은 각각의 금융시장에서 균형이 동시에 달성되는 과정에서 결정된다.

5. 투자자의 포트폴리오를 구성하는 금융자산의 총저량은 오랜 기간 축적되었기 때문에 그 규모가 크다. 다양한 금융자산을 보유할 때의 비용이나 이익에 영향을 미치는 이자율, 기대 또는 기타 요인들이 변화하면 투자자들이 신속하게 포트폴리오의 균형을 모색하는 과정에서 급격하고도 즉각적인 금융자산의 변동이 발생한다. 실물부문(무역)의 조정은 시간이 지남에 따라 점진적으로 이루어지기 때문에 단기나 초단기에 환율조정의 부담은 금융시장의 몫이 된다. 따라서 금융시장에서 신속하게 균형이 이루어지도록 환율은 장기 균형환율을 오버슈팅하게 된다. 시간이 지나면서 실물부문에서 발생하는 조정의 효과가 누적됨에 따라 환율은 반대방향으로 움직이며 오버슈팅이 해소된다. 금융시장의 기저에 있는 조건은 항상 변화하므로 환율은 급변한다.

6. 실증적 연구들은 장기의 경우를 제외하면 통화론적 모형이나 포트폴리오 모형을 뒷받침하지 않는 것으로 보인다. 단기환율은 모든 예측을 불허하는데, 그 이유 중의 한 가지는 예상할 수 없는 뉴스의 중요성 때문이며 또 다른 이유는 투기적 거품이 존재하고 진행되기 때문인데, 이로 인해 환율은 경제의 기본여건에서 벗어나는 경우가 많다. 이러한 사실은 이론이 잘못되었거나 유용하지 않다는 것을 의미하는 것은 아니며, 단지 환율결정에 대한 불완전한 설명을 하고 있다는 것을 의미한다.

주요용어

구매력평가(PPP) 이론[purchasing-power parity (PPP) theory]

국제수지에 대한 통화론적 접근방법(monetary approach to the balance of payments)

발라사-사무엘슨 효과(Balassa-Samuelson effect)

본원통화(monetary base)

상대적 구매력평가 이론(relative purchasing-power parity theory)

위험 프리미엄(risk premium, RP)

일물일가의 법칙(law of one price)

절대적 구매력평가 이론(absolute purchasing-power parity theory)

통화량(supply of money)

통화수요(demand for money)

포트폴리오 접근방법(portfolio balance approach)

현물환율의 기대 변화(expected change in the spot rate)

환율의 오버슈팅 현상(exchange rate overshooting)

복습문제

1. 전통적 환율이론과 현대적 환율이론이란 무엇인가? 두 가지의 차이점은? 각 이론의 타당성은? 두 이론 사이의 관계는?

2. 구매력평가 이론이란 무엇인가? 이 이론은 어떻게 이용되는가? 절대적 구매력평가 이론이란 무엇인가? 이 이론을 받아들일 수 없는 이유는?

3. 상대적 구매력평가 이론이란 무엇인가? 경험적 연구들은 이 이론을 뒷받침하는가 아니면 기각하는가?

4. 국제수지에 대한 통화론적 접근방법에서 통화에 대한 수요란 무엇인가? 한 국가의 통화량이란 무엇인가? 한 국가의 본원통화란 무엇인가? 통화승수는?

5. 통화론적 접근방법에 의하면 국제수지 흑자나 적자는 왜 발생하는가? 고정환율제도에서 통화량에 대한 국가의 통제력이 없는 이유는 무엇인가?

6. 통화론적 접근방법에 의하면 변동환율제도에서 국제수지 적자는 어떤 과정을 통하여 조정되는가? 고정환율제도에서는 어떤 차이가 있는가?

7. 통화론적 접근방법에 의하면 변동환율제도에서 환율수준과 환율의 변화는 어떻게 결정되는가? 통화론적 접근방법에 의할 때 관리변동환율제도는 고정환율제

도나 변동환율제도와 어떤 차이가 있는가?

8. 국제수지에 대한 통화론적 접근방법에서 기대와 커버되지 않은 이자평형 조건이 차지하는 역할은 무엇인가?

9. 자산시장 또는 포트폴리오 접근방법이란 무엇인가? 통화론적 접근방법과의 차이는 무엇인가?

10. 포트폴리오 접근방법에 의할 때 단기와 장기의 환율변화에서 무역에 의한 조정과 비교하여 금융자산의 저량 조정이 갖는 상대적 중요성은 무엇인가?

11. 포트폴리오 접근방법에서 기대와 위험 프리미엄은 어떤 역할을 하는가? 통화론적 접근방법에서는 위험 프리미엄이 없는 이유는?

12. 오늘날의 외환시장에서 종종 관찰되는 환율의 오버슈팅을 통화론적 접근방법과 포트폴리오 접근방법은 어떻게 설명하는가?

13. 실증적 연구에 의하면 통화론적 접근방법과 포트폴리오 접근방법은 뒷받침되는가 아니면 기각되는가?

14. 어떤 면에서 이론적 연구와 경험적 연구가 더 행해져야 하는가? 이러한 연구가 행해진다면 가까운 장래에 어떤 결과가 나타날 것인가?

연습문제

1. 1973년에 GDP 디플레이터는 영국에서 15.6이었고 미국에서는 34.3이었다(1995 = 100). 2001년에는 이것이 영국에서는 116.1이었고 미국에서는 112.1이었다. 환율은 1973년에 $1 = £0.4078였고 2001년에는 $1 = £0.6944였다.
   (a) 1973년부터 2001년까지 영국과 미국의 인플레이션율을 계산하고 그 차이를 구한 다음 같은 기간 영국 파운드의 미국 달러에 대한 평가하락률과 비교하라.
   (b) 1973년부터 2001년까지 영국과 미국 간의 상대적 구매력평가 이론은 성립하는가? 그 이유는?

2. 1973년에 GDP 디플레이터가 스위스에서는 45.0이었고 미국에서는 34.3이었다(1995 = 100). 2001년에는 이것이 스위스에서는 103.2였고 미국에서는 112.1이었다. 1973년에는 $1 = SF3.1648이었고 2001년에는 $1 = SF1.6876이었다. 1973년부터 2001년까지 스위스와 미국 간에 상대적 구매력평가 이론은 성립하는가?

3. 어떤 국가에서 통화의 유통속도가 $V = 5$이고 명목 GDP = 2,000억 달러라고 하자.
   (a) 이 국가의 통화수요량은 얼마인가?
   (b) 이 국가의 명목 GDP가 2,200억 달러로 증가하면 통화수요량은 얼마나 증가하는가?
   (c) 명목 GDP가 해마다 10% 증가하면 이 국가의 통화수요는 어떻게 변화하는가?

4. 한 국가의 통화당국이 창조한 국내 여신이 80억 달러이고, 이 국가의 국제준비자산이 20억 달러이며, 이 국가의 상업은행에 대한 법적 지급준비율이 25%라고 하자.
   (a) 이 국가의 본원통화의 양은 얼마인가?
   (b) 통화승수의 크기는 얼마인가?
   (c) 이 국가의 총통화량은 얼마인가?

5. 고정환율제도를 가정하고 다음 국가의 국제수지 적자나 흑자의 규모는 얼마인가?
   (a) 연습문제 3(a) 및 4(a)
   (b) 연습문제 3(b) 및 4(b)

   (c) 연습문제 3(c) 및 4(c)

6. 다음에서 통화당국이 본원통화의 국내 구성부문을 변화시키지 않을 경우 국제수지의 불균형은 어떻게 조정되는지를 설명하라.
   (a) 연습문제 5(b)
   (b) 연습문제 5(c)
   (c) 만일 통화당국이 본원통화의 국내 구성부문을 변화시킴으로써 국제수지 불균형을 중화 또는 불태화한다면 어떤 현상이 발생하는가? 이러한 일은 얼마나 오래 지속될 수 있는가?

7. 한 국가의 명목 GDP = 100, $V = 4$이고 $M_s = 30$이라고 하자. 이 국가의 국제수지가 적자가 되는 이유를 설명하라.

8. 일물일가의 법칙에 의하면 2개의 국가가 존재할 때 국제적으로 교역되는 상품의 한 국가에서의 가격은 다른 국가에서 이 상품의 가격에 환율을 곱한 것과 같다. 이러한 법칙이 성립한다고 가정하고 첫 번째 국가에서는 인플레이션이 없고 두 번째 국가에서는 인플레이션이 있을 경우 첫 번째 국가에서 장기적으로 물가와 환율을 일정하게 유지시킬 수 없는 이유를 설명하라.

9. 이자율이 뉴욕에서는 $i = 10\%$이고 프랑크푸르트에서는 $i^* = 6\%$이며 오늘의 현물환율은 $SR = \$1/€1$이고 3개월 후에는 $\$1.01/€1$가 될 것으로 예상된다고 하자.
   (a) 커버되지 않은 이자평형 조건(UIP)이 성립하는 이유를 설명하라.
   (b) 기대가 변화하여 3개월 후의 현물환율이 $\$1.02/€1$가 될 것으로 예상되며 이자율 차이는 변하지 않는다면 어떤 일이 발생할지를 설명하라.

10. (a) 환율의 기대변화와 외환에 대한 선물환 할인 또는 할증의 차이를 설명하라.
    (b) 환율의 기대변화가 선물환 할인 또는 할증과 같은 경우는 언제인가?

11. 한 국가의 개인이나 기업은 그들의 자산 중 바람직한 비율만큼 해외채권을 보유하고 있다고 하자. 이때 환

율이 일회적으로 하락(국내통화는 평가상승하고 외국
통화는 평가하락)한다고 하자. 15.4A절에서 소개된 단
순한 포트폴리오 모형에 의하면 어떤 조정이 발생할
것으로 예상되는가?

12. 15.4B절에서 소개된 확장된 자산시장 또는 포트폴리
오 모형을 이용하여 변동환율제도에서 국내의 기대 인
플레이션율이 더 높아지면 어떤 포트폴리오 조정이 일

어나는지를 설명하라.

13. 15.5B절에서 소개된 확장된 자산시장 또는 포트폴리
오 모형을 이용하여 외국 정부의 재정적자로 인하여
외국에서 통화량이 증가하면 어떤 포트폴리오 조정이
발생하는지 설명하라.

14. EMU 중앙은행이 예기치 않게 통화량을 증가시킬 때
발생하는 달러의 환율동학을 설명하라.

부록

이 부록에서는 국제수지와 환율에 대한 통화론적 접근방법과 포트폴리오 접근방법에 대한 정형화된
모형을 제시한다.

A15.1 정형화된 통화론적 접근방법

부록에서는 이 장에서 서술적으로 소개되었던 국제수지에 대한 통화론적 접근방법을 요약하여 정형
화된 수리적 모형으로 소개한다.

우선 통화수요 함수가 다음과 같은 형태를 갖는다고 가정하자.

$$M_d = (P^a Y^b u)/(i^c) \tag{15A-1}$$

M_d = 명목 통화에 대한 수요량
P = 국내 물가수준
Y = 실질 소득 또는 생산량
i = 이자율
  a = 통화수요의 가격탄력성
  b = 통화수요의 소득탄력성
  c = 통화수요의 이자율탄력성
  u = 오차항

식 (15A-1)은 15.3A절에서 설명한 바와 같이 M_d가 PY 또는 GDP와는 정의 관계에 있고 i와는 음의
관계에 있음을 보여 준다.

한편 한 국가의 통화량은

$$M_s = m(D + F) \tag{15A-2}$$

로 가정하는데 여기서

M_s = 한 국가의 총통화량

m = 통화승수

D = 본원통화 중 국내 구성부문

F = 본원통화 중 해외 구성부문

이다. D는 이 국가의 통화당국에 의해 결정되고 $D+F$는 이 국가의 총본원통화 또는 고성능 통화의 양을 의미한다.

균형상태에서 통화량은 통화수요량과 같다.

$$M_d = M_s \tag{15A-3}$$

식 (15A-3)의 M_d에 식 (15A-1)을 대입하고 M_s에 식 (15A-2)를 대입하면,

$$(P^a Y^b u)/(i^c) = m(D + F) \tag{15A-4}$$

가 된다. 식 (15A-4)의 양변에 자연대수(ln)를 취하면

$$a \ln P + b \ln Y + \ln u - c \ln i = \ln m + \ln(D + F) \tag{15A-5}$$

를 얻는다. 식 (15A-5)를 시간(t)으로 미분하면

$$a(1/P)(dp/dt) + b(1/Y)(dY/dt) + (1/u)(du/dt) - c(1/i)(di/dt)$$
$$= (1/m)(dm/dt) + [D/(D + F)](1/D)(dD/dt)$$
$$+ [F/(D + F)](1/F)(dF/dt) \tag{15A-6}$$

를 얻는다. $D + F = H$, $(1/P)(dP/dt) = gP$, $(1/Y)(dY/dt) = gY$ 등으로 기호를 단순화하면(g는 증가율),

$$agP + bgY + gu - cgi = gm + (D/H)gD + (F/H)gF \tag{15A-7}$$

를 얻는다. 식 (15A-7)에서 우변의 마지막 항이 좌변의 종속변수가 되도록 식을 정리하면, 다음과 같이 국제수지에 대한 통화론적 접근방법을 검증할 때 보통 사용되는 일반적인 식이 된다.

$$(F/H)gF = agP + bgY + gu - cgi - gm - (D/H)gD \tag{15A-8}$$

식 (15A-8)에 의하면 물가, 실질소득, 이자율 및 통화승수의 증가율이 0이면, 한 국가의 국제준비자산의 가중증가율[$(F/H)gF$]은 이 국가의 본원통화 중 국내부문의 음($-$)의 가중증가율[$(D/H)gD$]과 같다.

이것이 의미하는 바는 다른 조건이 일정할 때 한 국가의 통화당국이 D를 변화시키면 F는 자동적으로 같은 크기만큼 반대방향으로 변한다는 것이다. 따라서 한 국가의 통화당국은 본원통화(즉, $H = D + F$)의 구성만 결정할 수 있지 본원통화 자체의 규모는 변화시킬 수 없다. 즉, 고정환율제도에서 통화량이나 통화정책에 대한 국가의 통제력은 없다.

반대로 P, i, m이 일정할 때 Y의 증가는 D의 증가 또는 F의 증가 또는 D와 F의 증가에 의해 충족되어야 한다. 만일 통화당국이 D를 증가시키지 않는다면, 이 국가에서 통화에 대한 초과수요가 발생하

며 고정환율제도에서는 해외로부터의 통화나 준비자산의 유입(국제수지의 흑자)에 의해 충족된다. 식 (15A-8)은 이 식에 포함된 변수가 국제수지에 미치는 효과를 파악하는 데 이용될 수 있다.

식 (15A-8)과 같은 방법을 이용하여 행해진 실증분석들은 국제수지에 대한 통화론적 접근방법에 대해 애매한 결과만을 보여 주고 있으며, 통화론적 접근방법을 전통적 접근방법과 조화시키기 위해서는 보다 많은 실증적 및 이론적 연구가 필요하다.

> **연습문제** 특정기간 특정국가에 대해 식 (15A-8)을 추정한 결과 $a = b = c = 1$이고, $gu = gi$ $= gm = 0$이라고 하자. 또한 분석기간 초에 이 국가의 $D = 100$이고, $F = 20$이며, 분석기간에 $gP =$ 10%이고, $gY = 4$%이며 통화당국이 D를 100에서 110으로 증가시켰다고 하자. 고정환율제도에서 분석기간 말의 준비자산(F)의 규모를 추정하라.

A15.2 정형화된 포트폴리오 모형과 환율

이 절에서는 정형화된 단순한 1국 포트폴리오 모형을 소개하는데, 이 모형에서 개인과 기업은 그들의 금융자산을 국내통화, 국내채권 및 외환표시 해외채권을 결합하여 보유한다.

이 모형의 기본방정식은 다음과 같다.

$$M = a(i, i^*)W \tag{15A-9}$$

$$D = b(i, i^*)W \tag{15A-10}$$

$$RF = c(i, i^*)W \tag{15A-11}$$

$$W = M + D + RF \tag{15A-12}$$

여기서 M은 명목 국내통화에 대한 수요량, D는 국내채권에 대한 수요, R은 (외국통화 1단위당 국내통화로 정의된) 환율, RF는 국내통화로 표시한 해외채권 수요, W는 부이며 i와 i^*는 각각 국내 및 해외의 이자율이다.

처음 3개의 식은 국내 거주자의 국내통화, 국내채권 및 해외채권에 대한 수요는 국내 및 해외 이자율의 함수이고, 부의 일정비율과 같다는 점을 보여 주고 있으므로 $a + b + c = 1$이 된다. 즉, 한 국가의 총체적인 부는 $M + D + RF$와 같다(식 15A-12).

특히 위의 모형은 M, D 및 RF가 W의 일정 비율임을 의미한다. 그뿐만 아니라 M은 i 및 i^*와 음($-$)의 관계에 있고, D는 i와는 정($+$)의 관계에 있지만 i^*와는 음($-$)의 관계에 있다. RF는 i와 음($-$)의 관계에 있지만 i^*와는 정($+$)의 관계에 있다. i가 상승하면 D는 증가하지만 M과 RF는 감소한다. i^*가 상승하면 RF는 증가하지만 M과 D는 감소한다. 시간이 지남에 따라 W는 저축을 통해 증가하며 W가 증가하면 M, D 및 RF도 증가한다.

포트폴리오 접근방법에 의하면 각 금융시장에서 수요량과 공급량이 일치할 때 균형이 성립한다. 처음에 각 금융시장은 균형상태에 있다고 가정하고 식 (15A-12)에서 RF에 대해 풀면

$$RF = W - M - D \tag{15A-13}$$

가 된다. 식 (15A-13)의 M과 D에 각각 식 (15A-9)와 식 (15A-10)을 대입하면

$$RF = W - a(i, i^*)W - b(i, i^*)W$$

$$RF = (1 - a - b)W \tag{15A-14}$$

를 얻을 수 있다. 식 (15A-14)는 다음과 같이 쓸 수 있다.

$$RF = (1 - a - b)W - f(i, i^*)W \tag{15A-15}$$

따라서 다음과 같다.

$$R = f(i, i^*)W/F \tag{15A-16}$$

식 (15A-16)은 환율이 i^*, W와는 정(+)의 관계에 있지만 i, F와는 음(−)의 관계에 있음을 의미한다. 따라서 저축의 증가로 인한 부의 증가는 세 가지 금융자산에 대한 수요를 증가시키지만 해외채권을 매입하기 위해 국내통화를 외환으로 환전하는 과정에서 환율은 상승(국내통화는 평가하락)한다. 마찬가지로 해외 이자율이 상승하면 국내 거주자들은 해외채권을 더 많이 매입하며 R은 상승한다. 반대로, F의 공급이 증가하면 F의 가격은 하락하여 국내 거주자의 부는 감소한다. 이때 국내 거주자들은 해외채권을 포함한 세 가지 금융자산의 보유량을 감소시키려 할 것이다. 그러나 (외환으로 표시된) 해외채권을 매도하고 외환시장에서 외환을 국내통화로 환전함에 따라 R은 하락(즉, 국내통화는 평가 상승)한다. 국내 이자율이 상승하는 경우에도 마찬가지이다.

연습문제   앞에서 소개된 포트폴리오 모형을 이용하여 다음이 환율에 미치는 효과를 분석 하라. (a) 국내통화량의 증가, (b) 국내통화의 일회적인 평가하락

개방경제 거시경제학 및 국제통화제도

제4부(제16~21장)에서는 개방경제 거시경제학을 다룬다. 제16장에서는 환율이 해당 국가의 경상수지에 미치는 효과를 살펴본다. 제17장에서는 경상수지가 한 국가와 외국의 소득수준에 어떻게 영향을 미치고 또 반대로 어떤 영향을 받는지를 살펴본다. 제18장과 제19장에서는 개방경제에서의 통화정책과 재정정책을 다룬다. 따라서 제16장부터 제19장까지 개방경제 모형을 단계적으로 확장한다. 특히 제16장에서는 환율이 한 국가의 경상수지에 미치는 효과를 부분균형 분석방법으로 검토한다. 제17장은 재화시장 모형을 경제 전반으로 확장한다. 제18장에서는 통화시장과 국제자본이동이 추가되며 재정정책과 통화정책을 살펴보고, 제19장에서는 물가 및 인플레이션을 다룸으로써 모형을 완결한다. 마지막으로 제20장과 제21장에서는 국제통화제도의 운용 및 미래에 관해 살펴본다.

제 16 장

변동환율제도와 고정환율제도하에서 가격조정기구

- 환율변화가 당사국의 경상수지에 미치는 효과를 이해한다.
- '외환시장의 안정성'의 의미와 중요성을 이해한다.
- '환율전가'의 의미와 중요성을 이해한다.
- 금본위제도가 어떻게 운영되었는지를 설명한다.

16.1 서론

이 장에서는 변동환율제도 및 고정환율제도에서 한 나라의 경상수지가 가격변화에 의해 어떻게 영향을 받는가를 살펴보고, 제17장에서 본국 및 타국의 소득에 의해 경상수지가 어떻게 영향을 받는가를 살펴본다. 또한 제17장에서는 소득 및 가격 변화가 한 국가의 경상수지와 국민소득 수준에 미치는 결합 효과를 종합한다.

논의를 단순화하기 위하여 민간자본의 자율적 국제적 이동은 없다고 가정하자. 즉, 민간자본의 국제적 이동은 일시적인 무역의 불균형을 커버(즉, 지불)할 수 있도록 수동적으로 이루어진다. 또한 각국은 경상수지(및 국제수지) 적자를 환율변화를 통해 조정한다고 가정하자(경상수지 및 국제수지 흑자를 조정하기 위해서는 환율변화의 방향이 반대가 된다). 이 전통적 환율 모형은 무역흐름을 바탕으로 하고 있으며 조정속도는 수출과 수입이 가격(환율)의 변화에 반응하는 정도(탄력성)에 좌우되기 때문에 이를 무역 접근방법(trade approach) 또는 탄력성 접근방법(elasticity approach)이라고 한다.

제15장에서 살펴본 바와 같이 오늘날 민간자본의 국제적 이동은 무역규모보다 훨씬 크다. 따라서 환율은 대체로, 특히 단기의 경우에 무역보다는 자본이동을 반영하는 반면, 장기에는 무역이 환율에 강한 영향을 미친다. 이 장에서 민간자본의 자율적 국제적 이동이 없다고 가정하는 이유는 무역이 환율에 미치는 효과와 환율이 무역에 미치는 효과를 분리하여 알아보기 위해서이다. 물론 현실세계에서는 무역과 자본이동이 모두 환율에 종합적인 영향을 미치지만 금융부분과 무역부문을 통합한 환율결정이론은 아직 개발되지 않았다. 이러한 이론에 가장 근접한 것이 15.4절에서 살펴본 자산시장 또는 포트폴리오 모형이다.

16.2절에서는 환율이 경상수지에 미치는 효과를 살펴보고, 16.3절에서는 환율변화가 국내물가(인

플레이션율)에 미치는 효과를 살펴본다. 16.4절에서는 이와 밀접한 관련이 있는 외환시장의 안정성에 관한 문제를 검토하며, 16.5절에서는 무역 탄력성의 추정값을 소개하고 경상수지가 환율의 변화에 대해 시차를 두고 부분적으로 반응하는 이유를 설명한다. 마지막으로 16.6절에서는 금본위제도하에서의 조정기구(소위 가격-정화-유통기구)를 설명한다. 부록에서는 국내물가에 대한 환율변화의 효과를 그래프로 설명하며, 외환시장의 안정성에 대한 마셜-러너 조건을 수학적으로 도출한다. 그리고 금본위제도에서 금의 수출입점(gold point)과 금의 국제적 이동이 어떻게 결정되는가를 그래프를 이용하여 설명한다.

16.2 변동환율제도하에서의 조정

이 절에서는 평가하락이나 평가절하에 의해 경상수지나 국제수지 적자가 조정되는 방법을 살펴본다. 평가하락이란 변동환율제도를 전제로 하고 있다. 한편 **평가절하**(devaluation)란 한 나라의 통화당국이 의도적으로 고정된 환율수준으로부터 더 높은 환율수준으로 환율을 상승시키는 것을 말한다. 그러나 평가하락과 평가절하는 가격에 영향을 미쳐 한 국가의 경상수지나 국제수지를 조정하므로 이들을 가격조정기구라고 하며 여기에서는 이들을 함께 설명한다. 이는 다음 장에서 논의되는 국내 및 해외의 소득변화를 통하여 국제수지 불균형이 조정되는 소득조정기구와 구분되어야 한다. 먼저 조정과정 자체를 살펴보고 외환에 대한 수요곡선과 공급곡선이 어떻게 도출되는가를 살펴보기로 한다.

16.2A 환율변화에 의한 국제수지 조정

그림 16-1은 한 나라의 국제수지 적자가 평가하락이나 평가절하에 의해 조정되는 과정을 보여 준다. 이 그림에서는 미국과 EMU 두 경제만이 존재하고 국제적인 자본이동이 없다고 가정하였으므로 유로에 대한 미국의 수요 및 공급곡선은 상품과 서비스의 거래만을 반영한다. 이 그림에서 환율이 $R = \$1/€1$일 때 미국의 유로 수요량은 연간 120억 유로인 반면 공급량은 80억 유로임을 알 수 있다. 따라서 미국의 국제수지는 40억 유로(AB)의 적자가 발생한다.

만일 미국의 유로화에 대한 수요 및 공급곡선이 $D_€$와 $S_€$일 때 달러가 $R = \$1/€1$에서 $R = \$1.20/€1$로 20% 평가하락하거나 평가절하되면 미국의 국제수지 적자는 완전히 제거된다. 즉 $R = \$1.20/€1$에서 유로에 대한 수요량과 공급량은 연간 100억 유로로 같아지며(그림의 점 E), 미국의 국제수지는 균형을 이루게 된다. 그러나 미국의 유로에 대한 수요 및 공급곡선이 $D_€^*$와 $S_€^*$로 탄력성이 작다면(기울기가 가파르다면) 위에서와 같이 달러를 20% 평가절하해도 미국의 국제수지 적자는 30억 유로(그림의 CF)로 감소할 뿐이며, 적자를 완전히 제거하기 위해서는 (그림의 점 E^*) 달러가 100% 평가하락 또는 평가절하되어야 한다. 이와 같이 큰 폭으로 달러화가 평가하락하거나 평가절하되는 것은 (다음에서 살펴보는 이유 때문에) 현실성이 없을 수도 있다.

따라서 미국의 유로화에 대한 수요 및 공급곡선이 얼마나 탄력적인가를 아는 것은 매우 중요한 일이다. 경우에 따라서는 적자국의 외환에 대한 수요와 공급곡선의 형태 때문에 평가하락이나 평가절하의 결과 국제수지 적자가 감소하거나 제거되지 않고 오히려 증가하는 경우도 있다. 한 나라의 외환에 대한 수요와 공급곡선이 어떻게 도출되는지를 설명한 후에 이 문제를 살펴보기로 하자.

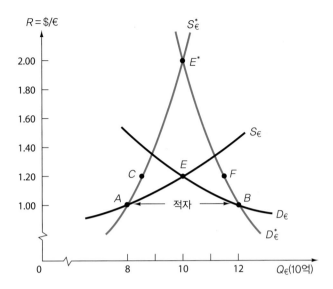

그림 16-1 환율변화에 의한 국제수지 조정

환율이 $R = \$1/€1$일 때 미국의 유로 수요량은 연간 120억 유로인 반면 공급은 80억 유로이다. 따라서 미국의 국제수지는 40억(AB) 유로의 적자가 발생한다. 수요 및 공급곡선이 $D_€$와 $S_€$일 때 달러가 20% 평가하락하거나 평가절하되면 미국의 국제수지 적자는 완전히 제거된다(점 E). 수요 및 공급곡선이 $D_€^*$와 $S_€^*$이면 적자를 완전히 제거하기 위해서는 100%의 평가하락이나 평가절하가 필요하다(그림의 점 E^*).

16.2B 외환에 대한 수요곡선의 도출

그림 16-1의 미국의 유로화에 대한 수요곡선($D_€$)은 (그림 16-2의 왼쪽 도표에 표시된) 유로화 표시 미국의 수입 수요곡선과 미국의 수입품에 대한 EMU의 공급곡선으로부터 도출된다. 한편 그림 16-1의 미국의 유로화 공급곡선($S_€$)은 유로화로 표시한 미국의 수출품에 대한 수요곡선 및 공급곡선으로부터 도출된다(그림 16-2의 오른쪽 도표). 먼저 미국의 유로화에 대한 수요곡선($D_€$)을 도출해 보자.

그림 16-2의 왼쪽 도표에서 D_M은 $R = \$1/€1$일 때 유로화로 표시한 미국의 EMU로부터 수입 수요곡선을, S_M은 미국의 수입상품에 대한 EMU의 공급곡선을 의미한다. 수요곡선과 공급곡선이 D_M과 S_M이면, 유로화로 표시한 미국의 수입품 가격은 $P_M = €1$이고 미국의 수입량은 연간 $Q_M = 120$억 단위가 된다. 따라서 미국의 유로화 수요량은 120억 유로이다(그림 16-2의 왼쪽 도표의 점 B'). 이것은 그림 16-1에서 미국의 $D_€$상의 점 B에 해당한다.

달러가 $R = \$1.20/€1$로 20% 평가하락하면 S_M은 변하지 않지만 D_M은 D_M'으로 20% 아래로 이동한다(그림 16-2의 왼쪽 도표 참조). 그 이유는 미국이 계속 (D_M상의 점 B'과 같이) 120억 단위를 수입하기 위해서는 달러 표시 수입품의 가격이 변하지 않도록 유로화로 표시한 미국의 수입품 가격이 $P_M = €1$에서 $P_M = €0.8$로 20% 하락해야 하기 때문이다(D_M'상의 점 H). 그러나 $P_M = €1$보다 낮으면 EMU의 미국에 대한 수출 공급이 감소하는 반면(즉, EMU는 S_M상에서 아래로 이동하며) 유로화 표시 수입품의 가격이 $P_M = €0.8$보다 높으면 미국의 수입수요량은 감소하므로(미국은 D_M' 선상에서 위로 이동하므로) 가격은 새로운 균형점 E'에서 결정된다(그림 16-2의 왼쪽 도표 참조). 학생들은 이 단락과 앞의 단락을 다시 읽고 그림 16-2의 왼쪽 도표와 그림 16-1과의 관계를 세세하게 공부해야 한다. 왜냐

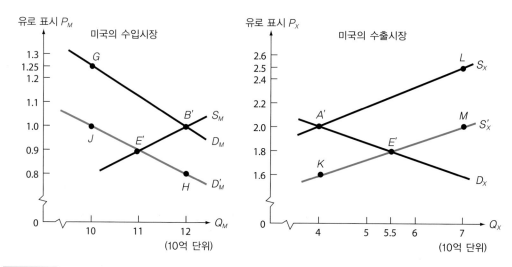

그림 16-2 미국의 외환에 대한 수요 및 공급곡선의 도출

왼쪽 도표에서 수요곡선과 공급곡선이 $D_M(R = \$1/€1)$과 S_M이면, $P_M = €1$이고 연간 $Q_M = 120$억 단위가 된다. 따라서 미국의 유로화 수요량은 120억 유로이다(점 B'). 이것은 그림 16-1에서 미국의 $D_€$상의 점 B에 해당하는 점이다. 달러가 20% 평가하락하면 D_M은 D'_M으로 20% 아래로 이동한다. 그 결과 $P_M = €0.9$, $Q_M = 110$억 단위가 되므로 미국의 유로화 수요량은 99억 유로로 감소한다(왼쪽 도표의 점 E'). 이 점은 그림 16-1의 $D_€$상의 (99억 유로를 반올림하여 100억 유로로 표시한) 점 E에 해당된다.

오른쪽 도표에서 수요와 공급이 D_X와 S_X일 때 유로화 표시 미국 수출상품의 가격은 $P_X = €2$이고 미국의 수출량은 $Q_X = 40$억 단위이므로 미국으로 공급되는 유로화의 양은 80억 유로가 된다(그림 16-2의 오른쪽 도표에서 점 A'). 이는 그림 16-1의 $S_€$ 곡선상의 점 A에 해당한다. 달러를 20% 평가절하하면 S_X는 S'_X로 20% 아래로 이동한다. 이때 $P_X = €1.80$이고 $Q_X = 55$억 단위가 되므로 미국으로 공급되는 유로화의 양은 99억 유로가 된다(점 E'). 이것은 그림 16-1의 점 E에 해당한다.

하면 이 문제는 중요한 문제이고 국제금융에서 가장 까다로운 문제 중의 하나이기 때문이다.

D'_M은 일정한 비율로 이동했기 때문에 D_M과 평행이 아니라는 점에 유의하기 바란다. 따라서 점 $B'(€1.00)$에서 20% 아래로 이동하면 €0.2만큼 이동하지만, 점 $G(€1.25)$에서 20% 아래로 이동하면 €0.25만큼 이동한다. 이제 수요곡선과 공급곡선이 D'_M과 S_M이므로 $P_M = €0.9$, $Q_M = 110$억 단위가 되고 미국의 유로화 수요량은 99억 유로로 감소한다(그림 16-2의 왼쪽 도표에서 점 E'). 이 점은 그림 16-1의 $D_€$상의 (99억 유로로 반올림하여 100억 유로로 표시한) 점 E에 해당된다. 따라서 미국의 유로화 수요량은 (그림 16-2 왼쪽 도표의 점 B'으로 표시된) $R = \$1/€1$일 때의 120억 유로에서 (점 E'으로 표시된) $R = \$1.20/€1$일 때는 100억 유로로 감소한다. 이는 그림 16-1의 $D_€$ 선상의 점 B로부터 점 E로 이동하는 것으로 표현된다.

D_M의 탄력성이 0인(즉, D_M이 수직인) 특이한 경우에만 미국의 유로화 수요량은 달러가 평가하락하거나 평가절하된 후에도 변하지 않는데, 그 이유는 이때 D_M이 아래로 이동해도 D_M 그 자체는 변하지 않기 때문이다(이 문제는 연습문제로 수록됨). 따라서 D_M이 수직인 특수한 경우를 제외하면 달러가 평가하락하거나 평가절하되면 미국의 유로화 수요량은 항상 감소하므로 $D_€$는 우하향한다(그림 16-1 참조). 달러가 평가절하되거나 평가하락하면 유로화 표시 미국의 수입품 가격과 미국의 수입량이 모두 하락하기 때문에 미국의 유로화 수요량은 감소한다(그림 16-2의 왼쪽 도표 참조).

또한 S_M이 일정할 때 D_M의 탄력성이 작을수록(즉, 기울기가 클수록) 미국의 유로화 수요량이 감소하는 정도가 작아지고 미국의 유로화 수요곡선의 탄력성이 작아진다(기울기가 커지게 된다). (이 문제는 이 장의 뒤에 있는 연습문제에 수록됨) 이 경우에 달러화의 20% 평가절하는 그림 16-1에서 D_ϵ 상의 점 B에서 점 E로의 이동이 아니고 D_ϵ^*상의 점 B에서 점 F로의 이동으로 표현될 수 있다.

16.2C 외환에 대한 공급곡선의 도출

그림 16-2의 오른쪽 도표에서 D_X는 미국의 수출상품에 대한 유로화 표시 EMU의 수요이고, S_X는 $R = \$1/\epsilon 1$일 때 EMU에 대한 미국의 수출상품 공급이다. 수요와 공급이 D_X와 S_X일 때 유로화 표시 미국 수출상품의 가격은 $P_X = \epsilon 2$이고 미국의 수출량은 $Q_X = 40$억 단위가 되므로 미국으로 공급되는 유로화의 양은 80억 유로가 된다(그림 16-2의 오른쪽 도표에서 점 A'). 이는 그림 16-1의 S_ϵ 곡선상의 점 A에 해당한다.

달러가 $R = \$1.20/\epsilon 1$로 20% 평가절하되거나 평가하락하면 D_X는 변하지 않으나 S_X는 S_X'로 20% 아래로 이동한다(그림 16-2의 오른쪽 도표 참조). 그 이유는 이제 1유로는 달러로 표시했을 때 20% 더 비싸졌기 때문에 미국 수출상품의 유로화 표시 가격이 $P_X = \epsilon 1.6$이거나 달러가 평가절하되기 전보다도 20% 가격이 낮더라도 (그림에서 S_X'상의 점 K) 미국은 (S_X상의 점 A'과 같이) 40억 단위를 수출하려고 하기 때문이다. 그러나 유로화 표시 가격이 $P_X = \epsilon 2$보다 낮으면 EMU는 미국의 수출상품을 더 수입하며(EMU는 D_X 선을 따라 아래로 움직이며) 유로화 표시 가격이 $P_X = \epsilon 1.6$보다 높으면 미국의 수출 공급이 증가하므로(미국은 S_X' 선상에서 위로 움직이므로) 결국 새로운 균형점 E'에 도달하게 된다(그림 16-2의 오른쪽 도표 참조).

공급곡선이 일정한 비율로 이동하기 때문에 S_X'는 S_X와 평행하지 않다는 점에 유의해야 한다. 수요와 공급곡선이 D_X와 S_X'일 때 $P_X = \epsilon 1.8$이고 $Q_X = 55$억 단위이므로 미국으로 공급되는 유로화의 양은 99억 유로($1.8 \times 55 = 99$)로 증가한다. 이것은 그림 16-2의 오른쪽 도표에서 점 E'으로 표시되며, 그림 16-1에서 (99억 유로를 반올림하여 100억 유로로 표시한) S_ϵ상의 점 E에 해당된다. 따라서 미국으로 공급되는 유로화의 양은 $R = \$1/\epsilon 1$일 때 80억 유로(그림 16-2의 오른쪽 도표에서 점 A')에서 $R = \$1.20/\epsilon 1$일 때는 100억 유로(점 E')로 증가한다. 이것은 그림 16-1에서 S_ϵ상의 점 A로부터 점 E로 이동하는 것으로 표현된다.

달러를 평가절하하면 유로화 표시 가격은 하락하지만 미국의 수출량은 증가한다는 점에 유의하기 바란다(그림 16-2의 오른쪽 도표에서 점 E'과 점 A'을 비교해 보라). 이때 미국으로 공급되는 유로화의 양은 점 A'과 점 E' 사이의 D_X의 가격탄력성에 의해 결정된다. 위의 경우에는 Q_X의 증가율이 P_X의 감소율보다 크기 때문에 D_X는 가격탄력적이며, 미국으로 공급되는 유로화의 양이 증가했다. 만약 그림 16-2의 오른편 도표에서 D_X의 탄력성이 작다면(기울기가 크다면), 똑같이 20% 평가절하하더라도 그림 16-1의 점 A는 S_ϵ상의 점 E로 이동하지 않고 S_ϵ^*상의 점 C로 이동할 것이다. 따라서 D_X의 탄력성이 작을수록 유로화 공급곡선(S_ϵ)의 탄력성 역시 작아질 것이다.

만약 D_X가 단위탄력적이라면 달러가 평가하락하거나 평가절하되더라도 유로화 공급량은 변하지 않으므로 유로화 공급곡선은 수직 또는 탄력성이 0으로 된다(S_X가 수직이어서 달러의 평가하락 또는 평가절하의 결과 S_X가 변하지 않는 경우에도 위와 동일). 마지막으로 D_X가 가격비탄력적이라면 달러의 평가절하 또는 평가하락의 결과 미국으로의 유로화 공급량은 사실상 감소하므로 미국의 유로화

공급곡선은 우하향한다(이 문제는 이 장 뒤의 연습문제에 수록됨). 따라서 미국의 유로화에 대한 수요곡선은 거의 언제나 우하향하는 반면, 미국의 유로화 공급곡선은 D_X가 탄력적, 단위탄력적 또는 비탄력적인가에 따라 각각 우상향하거나 수직이거나 우하향한다. 16.4절에서는 이러한 점들이 외환시장의 안정성을 결정하는 데 중요한 역할을 한다는 사실을 살펴볼 것이다.

16.3 환율의 변화가 국내물가와 교역조건에 미치는 효과

지금까지는 달러의 평가절하 또는 평가하락이 미국의 국제수지에 미치는 영향을 살펴보기 위해 **외화(유로화)로 표시한** 미국의 수입품 및 수출상품에 대한 수요곡선과 공급곡선을 중심으로 논의를 전개하였다. 그러나 달러의 평가절하나 평가하락은 **달러화로 표시한** 미국의 국내 물가에 매우 중요한 영향을 미친다. 즉, 달러가 평가하락하거나 평가절하되면 미국의 수입대체상품과 수출상품의 생산이 촉진되고 미국 내 물가가 상승한다. 따라서 달러가 평가절하나 평가하락한 결과 미국에서 유로화로 표시한 수입품 및 수출상품의 가격은 하락하지만(그림 16-2 참조), 수입대체상품과 수출상품의 달러 표시 가격은 상승하여 인플레이션 압력이 생긴다. 보다 상급의 학생들을 위하여 A16.1절에서는 이 점을 그래프로 설명한다.

달러화의 평가절하나 평가하락의 폭이 클수록 미국 경제에 대한 인플레이션 압력이 더욱 커지기 때문에 미국의 국제수지 적자를 환율변화를 통해 조정하려는 것은 현실성이 없다. 미국의 수입대체상품과 수출상품의 달러 표시 가격이 상승하는 것은 미국 생산자들이 비교역상품이나 국내상품의 생산으로부터 수입대체상품 및 수출상품의 생산으로 자원을 이동시키는 데 필요한 유인이라는 점에 주목하자. 그러나 이러한 가격 상승 때문에 평가절하 또는 평가하락으로 인해 미국이 점할 수 있었던 가격우위 역시 감소한다(사례연구 16-1 참조).

평가하락이나 평가절하는 그 나라의 교역조건에도 영향을 미친다. 한 나라의 교역조건은 그 나라의 수입상품 가격에 대한 수출상품 가격의 비율로 정의된다. 수출가격과 수입가격은 모두 국내통화로 측정하든지 아니면 모두 외국통화로 측정하여야 한다. 평가하락 또는 평가절하의 결과 국내통화로 표시한 수출상품 및 수입품의 가격은 모두 상승하므로 수출상품의 가격이 수입품의 가격보다 더 크게 상승했는가, 더 작게 상승했는가, 아니면 같은 비율로 증가했는가에 따라 교역조건은 개선되거나 악화되거나 변하지 않는다.

그림 16-2로부터 달러가 20% 평가절하 또는 평가하락했을 때 미국의 수출상품과 수입품의 유로화 표시 가격이 변하는 정도를 정확히 알 수 있으므로 미국 교역조건의 변화를 측정할 수 있다. 달러가 평가하락 또는 평가절하되기 이전에는 $P_X = €2$(그림 16-2의 오른편 도표에서 점 A')이고 $P_M = €1$(왼편 도표의 점 B')이므로 $P_X/P_M = 2/1 = 2$ 또는 200%이다. 달러화가 20% 평가하락 또는 평가절하된 후에는 $P_X = €1.8$(오른편 도표의 점 E')이고 $P_M = €0.9$(왼편 도표의 점 E')이므로 $P_X/P_M = 1.8/0.9 = 2$ 또는 200%이다. 따라서 이 경우 미국의 교역조건은 변하지 않았다. 미국의 수출상품 및 수입품에 대한 달러 표시 가격을 사용하여 교역조건의 변화를 측정하여도 결과는 동일하다(부록의 그림 16-7 참조). 그러나 일반적으로는 한 나라의 통화가 평가절하 또는 평가하락할 때 (부록 A16.2에서 논의되고 있는 바와 같이) 그 나라의 교역조건은 변할 것이다.

표 16-1은 1997년 중반부터 1999년 가을까지 자국통화의 급격한 평가하락을 포함한 심각한 경제위기와 외환위기를 겪었던 아시아 4개국(타이, 대한민국, 말레이시아, 인도네시아)의 통화가치 하락률과 이로 인한 인플레이션율을 보여 준다. 이들 국가들은 1997년까지 고도성장을 하여 '아시아의 용'이라고 불리던 국가들이다. 또한 이 표는 동기간에 (1997년 2분기부터 1999년 3분기까지) 급격한 통화가치의 하락과 인플레이션 압력을 받았던 라틴아메리카 국가들(브라질, 칠레, 멕시코)에 대한 자료도 함께 보여 주고 있다.

표 16-1로부터 인도네시아를 제외하면 해당 아시아 국가들의 인플레이션율은 평가하락률의 1/3이 채 안 됨을 알 수 있다. 다른 말로 하면 이들 아시아 국가들에서 평가하락으로 인한 가격 우위 중 약 1/3가량이 인플레이션으로 소실되었다는 의미이다. 인도네시아의 경우에는 소실된 비율이 72.5%(49.0/67.6)에 이르며, 라틴아메리카 국가의 경우에는 이 비율이 브라질은 20%, 칠레는 46%였다. 멕시코의 경우는 인플레이션율이 평가하락률의 거의 2배에 달한다. 제18장과 제19장에서 살펴보겠지만 인플레이션은 통화의 평가하락률에만 좌우되는 것은 아니며 구조적 여건과 그 국가 내에서 작용하고 있는 기타 요인에 의해서도 결정된다.

표 16-1 일부 아시아 및 라틴아메리카 국가의 평가하락률, 인플레이션(1997년 2분기~1999년 3분기, %)

아시아 국가	통화의 평가하락	인플레이션
인도네시아	67.6	49.0
말레이시아	40.0	8.6
대한민국	25.4	8.1
타이	32.1	9.3
라틴아메리카 국가		
브라질	42.6	8.3
칠레	19.4	8.9
멕시코	15.5	27.7

출처 : International Monetary Fund, *International Financial Statistics* (Washington, D.C. : IMF, 2000).

어떤 산업국가가 예전에 수입하고 있던 천연자원을 국내에서 생산하면 흥미로운 상황이 벌어진다. 이에 대한 좋은 예로 영국이 1976년에 북해에서 다량의 원유를 생산하면서 원유를 수입할 필요가 없어진 경우를 들 수 있다. 그 결과 그 나라의 통화가 지나치게 평가상승하여 전통적인 공업부문에서 국제경쟁력을 상실하고 심지어는 탈공업화에 이를 수도 있다. 이를 네덜란드 병(Dutch disease)이라고 부른다. 이 명칭은 네덜란드가 천연가스산업을 개발하여 천연가스 수입의 필요성이 없어지자 네덜란드의 플로린(Dutch florin)이 평가상승하여 전통적인 공업부문에서 경쟁력을 상대적으로 상실했던 데서 유래한다.

16.4 외환시장의 안정성

이 절에서는 외환시장의 안정성에 대한 의미와 조건을 살펴본다. 안정적 외환시장(stable foreign

exchange market)이란 균형환율로부터 교란이 발생하면 자동적으로 환율이 균형수준으로 회복되는 힘이 존재하는 시장을 의미한다. 반면에 균형환율로부터 교란이 발생하면 환율이 균형수준으로부터 더욱 멀어지게 될 때 이를 불안정한 외환시장(unstable foreign exchange market)이라고 한다.

16.4A 안정적 외환시장과 불안정한 외환시장

외환의 공급곡선이 양(+)의 기울기를 갖거나, 음(−)의 기울기를 갖더라도 외환의 수요곡선보다 비탄력적(기울기 큼)이면 외환시장은 안정적이다. 만약 외환의 공급곡선이 음의 기울기를 가지고 있고 또 외환의 수요곡선보다 더 탄력적(기울기가 작음)이라면 외환시장은 불안정하다. 이러한 조건이 그림 16-3에 예시되어 있다.

그림 16-3의 왼쪽 도표는 그림 16-1의 D_ϵ와 S_ϵ를 다시 그린 것이다. 수요 및 공급곡선이 D_ϵ와 S_ϵ일 때 균형환율은 $R = \$1.20/\text{€}1$이고 유로화의 수요량과 공급량은 연간 100억 유로(그림 16-3의 왼쪽 도표에서 점 E)로 일치한다. 어떤 이유로든 환율이 $R = \$1/\text{€}1$로 하락하면 40억 유로($AB$)에 대한 초과수요(미국의 국제수지 적자)가 발생하며 환율은 $R = \$1.20/\text{€}1$의 균형환율로 자동 회복된다. 반대로 환율이 $R = \$1.40/\text{€}1$로 상승하면 30억 유로($NR$)에 대한 초과공급(미국의 국제수지 흑자)이 발생하며 그 결과 환율은 자동 하락하여 $R = \$1.20/\text{€}1$의 균형환율로 복귀한다. 따라서 그림 16-3의 왼쪽 도표에 있는 외환시장은 안정적이다.

그림 16-3의 가운데 도표에서 D_ϵ는 왼쪽 도표의 D_ϵ와 동일하지만 S_ϵ는 우하향하며 D_ϵ보다 기울기가 크다(탄력성이 작다). 이 경우에도 마찬가지로 균형환율은 $R = \$1.20/\text{€}1$(점 E)이며, 환율이 $R = \$1/\text{€}1$로 균형환율보다 낮으면 15억 유로에 해당하는(UB) 초과수요(미국의 국제수지 적자)가 발생하여, 환율은 자동적으로 $R = \$1.20/\text{€}1$의 균형환율로 회복된다. 균형환율보다 높은 $R = \$1.40/\text{€}1$의 환율에서는 10억 유로($NT$)에 해당하는 초과공급(미국의 국제수지 흑자)이 발생하여, 환율은 자동적으로 균형환율 수준인 $R = \$1.20/\text{€}1$로 하락한다. 이 경우에도 외환시장은 역시 안정적이다.

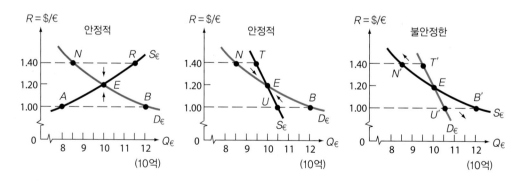

그림 16-3 안정적 외환시장과 불안정한 외환시장

3개의 도표에서 모두 균형환율은 $R = \$1.20/\text{€}1$이고 유로화의 수요량과 공급량은 연간 100억 유로이다. 어떤 이유로든 균형이 교란되어 환율이 $R = \$1/\text{€}1$로 하락하면 왼쪽 및 가운데 도표에서는 환율이 균형환율로 자동 회복되지만 오른쪽 도표에서는 외환의 초과공급으로 인하여 환율은 더욱 하락한다. 마찬가지로 $R = \$1.40/\text{€}1$에서는 왼쪽 및 가운데 도표에서는 초과공급이 발생하여 환율이 $R = \$1.20/\text{€}1$로 하락하지만, 오른쪽 도표에서는 초과수요로 인하여 환율이 더 상승한다. 따라서 왼쪽 및 가운데 도표는 안정적 외환시장을, 오른쪽 도표는 불안정한 외환시장을 보여 준다.

그림 16-3의 오른쪽 도표는 가운데 도표와 똑같은 것처럼 보이지만 수요와 공급곡선이 서로 바뀌어져 있다. 따라서 이제는 S_ϵ가 음($-$)의 기울기를 가지고 있고 D_ϵ보다 경사가 완만(탄력적)하다. 균형환율은 역시 $R = \$1.20/€1$이지만(점 E) 이제 환율이 균형환율보다 낮으면 유로화에 대한 초과공급이 발생하여 환율은 자동적으로 더 떨어지고 균형환율로부터 더욱 멀어진다. 예를 들면 $R = \$1/€1$의 환율에서는 15억 유로($U'B'$)의 초과공급이 발생하므로 환율은 자동적으로 더 떨어지고 균형환율로부터 더욱 멀어지게 된다. 한편 $R = \$1.40/€1$에서는 10억 유로($N'T'$)의 초과수요가 발생하여 환율은 자동적으로 상승하고 균형환율로부터 더욱 멀어지게 된다. 따라서 오른쪽 도표의 외환시장은 **불안정적**이다.

외환시장이 불안정하면 변동환율제도는 국제수지 불균형을 개선시키지 못하고 오히려 악화시킨다. 이때 적자를 제거하거나 감소시키기 위해서는 적자국 통화의 평가절하가 아니라 평가상승이 필요한 반면, 흑자를 조정하기 위해서는 평가절하가 필요하다. 이러한 정책들은 안정적인 외환시장의 경우에 요구되는 정책과는 정반대이다. 그러므로 외환시장이 안정적인지 불안정적인지를 결정하는 것은 중요하다. 외환시장이 안정적이어야만 유로의 수요와 공급곡선의 탄력성(적자국 통화의 평가하락 또는 평가절하를 통해 국제수지 불균형을 조정하는 것의 실현가능성)이 중요해진다.

16.4B 마셜–러너 조건

현실세계에서 외환 수요곡선과 공급곡선의 정확한 형태를 알고 있다면 외환시장이 어떤 경우에 안정적이고, 불안정적인지를 쉽게 알 수 있고, 안정적이라면 국제수지 적자를 조정하기 위해 필요한 평가절하나 평가하락의 크기를 판단하는 것도 (앞에서 살펴본 바와 같이) 용이할 것이다. 그러나 불행하게도 현실은 그렇지 않다. 따라서 수출상품과 수입품에 대한 수요와 공급으로부터 외환시장의 안정성과 불안정성 및 외환에 대한 수요와 공급의 탄력성을 추론할 수밖에 없다.

외환시장의 안정조건은 마셜–러너 조건으로 판단할 수 있다. 마셜–러너 조건을 일반적으로 정형화하는 것은 매우 복잡하므로 부록의 A16.2절에서 소개하고, 여기서는 일반적으로 사용되는 단순한 형태를 소개하고 논의한다. 이 조건은 수출상품과 수입품의 공급곡선(S_M과 S_X)이 모두 무한탄력적 또는 수평일 때 성립한다. 마셜–러너 조건(Marshall-Lerner condition)에 의하면 수입수요(D_M)와 수출수요(D_X)에 대한 가격탄력성의 절댓값의 합이 1보다 클 때 외환시장은 안정적이다. 만약 D_M과 D_X의 가격탄력성의 합이 1보다 작다면 외환시장은 불안정하고, 이러한 두 가지 수요탄력성의 합이 1인 경우에는 환율이 변화하여도 국제수지는 변하지 않는다.

예를 들어 그림 16-2의 왼쪽 도표에서 D_M이 수직이고 S_M이 수평이면 달러화의 평가하락이나 평가절하 결과 미국의 수입수요는 변하지 않으므로 미국의 유로화 수요량은 변하지 않고, 그 결과 미국의 국제수지는 변하지 않는다. 그림 16-2의 오른쪽 도표에서 S_X가 수평선이어서 달러화가 일정비율로 평가하락 또는 평가절하되는 비율만큼 아래로 이동하면, D_X가 가격에 대해 탄력적, 단위탄력적 또는 비탄력적인가에 따라 미국으로 공급되는 유로화의 양은 증가, 불변, 또는 감소함을 알 수 있다. 따라서 D_M과 D_X의 가격탄력성의 합은 D_X의 가격탄력성과 같고(왜냐하면 D_M의 탄력성이 0으로 가정했으므로), D_X의 탄력성이 1보다 크면 미국의 국제수지는 개선된다.

D_M이 우하향하여 달러가 평가절하되는 것만큼 아래로 이동하면 미국의 유로화 수요량은 감소하고, 그 자체로 미국의 국제수지는 자동적으로 개선된다. D_M의 가격탄력성이 클수록 미국의 유로화 수

요량이 감소하는 정도는 더욱 커진다. 이제 D_X의 가격탄력성이 1보다 작아서 달러의 평가절하 결과 유로의 공급량이 감소한다고 하더라도 미국의 유로화 수요량이 감소하는 정도가 미국으로 공급되는 유로화 양이 감소하는 정도보다 크다면, 미국의 국제수지는 여전히 개선될 것이다. 이렇게 되기 위해서는 D_M과 D_X의 탄력성의 합이 1보다 커야 한다. 이들 두 가지 탄력성의 합이 1보다 크면 클수록 달러의 평가절하나 평가하락으로 인한 미국의 국제수지 개선 효과는 더 커진다.

16.5 현실세계에서의 탄력성

이 절에서는 수입품과 수출상품의 가격탄력성을 측정하는 방법을 살펴보고 현실세계에서 탄력성의 추정값을 소개하며 J-곡선 효과를 논의한 후 국내가격에서 환율변동의 '가격전가(pass-through)'를 살펴본다.

16.5A 탄력성의 추정값

마셜-러너 조건에 의하면 수입수요와 수출수요의 가격탄력성의 절댓값의 합이 1보다 클 때 외환시장은 안정적이다. 그러나 한 나라의 국제수지 적자를 조정하기 위해 (즉, 과도한 인플레이션 압력을 받지 않고) 평가하락이나 평가절하를 이용하려면 외환에 대한 수요와 공급곡선이 충분히 탄력적이어서 두 가지 탄력성의 합이 1보다 상당히 커야 한다. 따라서 현실세계에서의 수출상품과 수입품의 탄력성을 아는 것은 매우 중요한 일이다.

제2차 세계대전 전에는 일반적으로 외환시장이 안정적일 뿐만 아니라 외환의 수요와 공급이 매우 탄력적인 것으로 생각되었다. 여러 사람 중 특히 마셜(Marshall)은 1923년에 출판된 **통화, 신용 및 통상** (*Money, Credit and Commerce*)에서 이러한 견해를 피력하였지만 경험적 증거는 제시하지 못했다.

1940년대에는 국제무역에서 가격탄력성을 추정하기 위하여 많은 계량경제학적 연구가 시도되었다. 창(Chang)은 두 가지 대표적인 연구를 하였는데, 하나는 1924년부터 1938년까지 자료가 존재하는 21개국에 대한 수입수요의 가격탄력성을 측정한 1945년의 연구였고, 또 하나는 같은 기간에 대해 22개국 수출수요의 가격탄력성을 측정한 1948년의 연구였다. 창은 수요탄력성의 합이 평균적으로 1보다 간신히 크며, 따라서 외환시장은 안정적이지만 외환에 대한 수요와 공급곡선은 (그림 16-1의 D_ϵ, S_ϵ 대신 D_ϵ^*, S_ϵ^*와 같이) 아마도 기울기가 상당히 크고 비탄력적일 것이라는 사실을 발견하였다. 다른 연구들도 이와 비슷한 결론을 내렸고, 수입수요와 수출수요에 대한 탄력성의 절댓값의 합이 1보다 작거나 1에 아주 가깝다는 사실을 확인하였다. 따라서 제2차 세계대전 이전의 탄력성 낙관론(elasticity optimism)이 전후에는 탄력성 비관론(elasticity pessimism)으로 바뀌었다.

그러나 오커트(Orcutt)는 1950년의 논문에서 국제무역의 탄력성을 추정하는 데 사용된 회귀방법은 실제의 탄력성을 전반적으로 과소평가한다는 견해에 대해 설득력 있는 이유를 제시하였다. 간단히 말하면 그것은 마셜의 견해가 옳고 새로운 계량경제학적 기법에 의한 탄력성 추정값은 외관상으로는 정확하게 보일지라도 사실과는 거리가 멀다는 것이다.

1940년대에 행해진 초기의 계량경제학적 연구가 수입과 수출에 대한 수요의 가격탄력성을 대체로 과소평가한다고 하는 오커트의 주장에 대해, 그가 제시한 한 가지 이유는 추정상의 식별문제

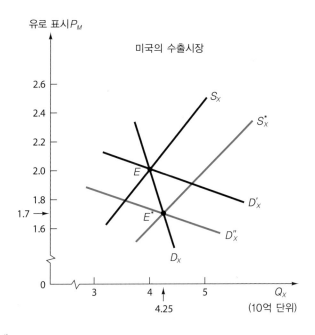

관찰된 균형점 E와 E^*는 비탄력적 수요곡선 D_X가 이동하지 않는 경우에도 관찰될 수 있고, 탄력적 수요곡선 D'_X가 D''_X로 이동하는 경우에도 관찰될 수 있다. 1940년대에 사용된 추정기법은 실제의 수요곡선이 D'_X라고 하더라도 (비탄력적인) 수요곡선 D_X의 탄력성을 추정하였다.

(identification problem)이다. 이는 그림 16-4를 이용하여 설명할 수 있다. 이 그림은 미국의 수출상품에 대한 외국의 수요곡선과 미국의 공급곡선을 외환(유로)으로 표시했을 때, 달러의 평가하락 또는 평가절하가 미국 수출시장에 대해 미치는 효과를 보여 준다는 점에서 그림 16-2의 오른쪽 도표와 유사하다. 점 E와 점 E^*는 각각 달러의 평가절하 또는 평가하락 이전과 이후에 실제로 관찰된 점이라고 가정하자(그림 16-4의 곡선들은 실제로 관찰할 수 없음). 그림 16-4에서 S_X가 S^*_X로 아래로 이동하는 것은 (그림 16-2의 오른쪽 도표에서와 마찬가지로) 달러가 평가하락이나 평가절하되었기 때문이다. 달러의 평가하락이나 평가절하는 미국의 수출상품에 대한 외국의 수요에는 영향을 미치지 못한다.

만약 (미국 수출상품에 대한 기호의 변화와 같은) 다른 변화가 없다면 추정된 미국의 수출상품에 대한 외국의 수요곡선은 그림 16-4의 D_X로 알 수 있듯이 비탄력적이다. 그러나 D'_X가 미국 수출상품에 대한 외국의 기호 감소로 인하여 D''_X로 아래로 이동한다면 수요곡선 D'_X가 탄력적인 경우에도 균형점 E와 E^*를 관찰할 수 있다. 회귀분석은 실제의 수요곡선이 탄력적이어서 D'_X와 D''_X와 같다고 하더라도, D_X에 대한 탄력성을 추정할 뿐이어서 탄력성이 낮은 것으로 나타난다(즉, 회귀분석의 기법은 수요곡선 D'_X와 D''_X를 식별하지 못한다). 기호의 변화나 기타 설명할 수 없는 요인 때문에 수요는 시간이 경과함에 따라 자주 변화하므로 추정된 탄력성은 실제의 탄력성을 과소추정하는 경향이 있다.

또한 1940년대의 탄력성은 가격변화에 대한 1년 이하의 기간에 대한 수량반응을 토대로 단기탄력성을 측정한 것이다. 준츠와 롬버그(Junz & R. Rhomberg, 1973)는 국제무역에서 가격변화에 대한 수량반응에는 다섯 가지의 시차가 존재할 수 있음을 보여 주고 있다. 이러한 시차에는 가격변화를 인지할 수 있을 때까지의 인지시차(recognition lag), 가격변화를 이용하기 위한 의사결정 시차(decision lag),

가격변화의 결과 상품의 주문 및 인도에 소요되는 인도시차(delivery lag), 새로운 주문을 하기 전에 재고를 정리하는 데 필요한 교체시차(replacement lag), 마지막으로 가격변화의 결과 생산물의 구성을 변화시키기 위한 생산시차(production lag) 등이 있다. 준츠와 롬버그는 최종적 장기 수량반응의 50%가 발생하기 위해서는 3년, 90%가 발생하기 위해서는 5년이 걸리는 것으로 추정하였다. 1940년대의 초기의 계량경제학적 연구는 가격이 변화한 당해 연도만의 수량반응을 측정했기 때문에 장기적인 탄력성을 크게 과소평가하고 있다.

16.5B J-곡선 효과와 수정된 탄력성 추정값

국제무역에서 단기탄력성은 장기탄력성에 비해 훨씬 작을 뿐만 아니라 평가절하나 평가하락 직후 한 나라의 무역수지가 악화되었다가 나중에 개선될 수도 있다. 그 이유는 평가절하나 평가하락 직후에는 국내통화 표시 수입품의 가격이 수출상품 가격보다 빨리 상승하는 반면, 처음에는 수량이 그다지 변화하지 않는 경향이 있기 때문이다. 시간이 지나면서 수출량은 증가하고 수입량은 감소하며 수출상품 가격은 수입품 가격을 추격하기 때문에 이 국가의 무역수지는 더 이상 악화되지 않고 반전된다. 경제학자들은 평가절하나 평가하락의 결과 무역수지가 처음에는 악화되고 후에 개선되는 이러한 경향을 J-곡선 효과(J-curve effect)라고 한다. 그 이유는 무역수지를 수직축에 시간을 수평축에 그리면, 평가절하나 평가하락에 대한 무역수지의 반응이 J자의 모양을 하기 때문이다(그림 16-5 참조). 이 그림에서는 초기의 무역수지가 0임을 가정하고 있다.

하버거(Harberger, 1957), 하우태커와 매기(Houthakker & Magee, 1969), 스턴, 프란시스와 슈마허(Stern, Francis, & Schumacher, 1976), 스피탤러(Spitaeller, 1980), 아터스와 나이트(Artus & Knight, 1984)[골드스타인과 칸(Goldstein & Khan, 1985)은 이들 연구를 요약 · 검토했음], 후퍼, 존슨과 마르

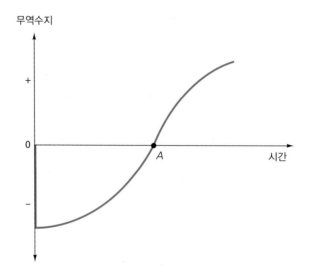

그림 16-5 J-곡선

초기의 무역수지가 0인 원점에서 시작하여 평가절하나 평가하락의 결과 처음에는 무역수지가 악화되고 (시점 A 이후에) 개선된다.

케스(Hooper, Johnson, & Marquez, 1998)는 실증적 연구를 통해 오커트가 제기한 몇 가지 추정문제를 극복하려고 하였다. 이들 연구들은 대체로 J-곡선 효과의 존재를 확인하였으며 장기탄력성의 값은 1940년대의 실증적인 연구에서 추정된 탄력성의 값보다 약 2배 정도 높다는 결론을 내렸다. 이러한 연구의 핵심은 단기에는 현실세계의 탄력성이 충분히 높아서 외환시장은 안정적이며, 장기에도 외환에 대한 수요와 공급의 탄력성이 매우 높다는 것이다. 그러나 초단기(예 : 처음 6개월 동안)에는 이른바 충격탄력성(impact elasticity)이 매우 낮아서 평가절하나 평가하락의 결과 경상수지가 악화되고 그 다음에 개선된다(J-곡선)는 것이다. 사례연구 16-2와 16-3은 여러 국가의 수입 및 수출에 대한 탄력

사례연구 16-2 국제무역에 있어 가격탄력성의 추정값

표 16-2는 14개 산업국가의 제조업 상품의 수출과 수입에 대한 충격, 단기 및 장기탄력성의 절댓값을 보여 준다. 충격탄력성으로 알 수 있는 바와 같이 외환시장은 6개월의 초단기 조정기간에는 매우 불안정한 것으로 보여 J-곡선 효과를 확인할 수 있다. 1년의 조정기간에 대한 단기탄력성은 대부분의 국가에 대해 마셜-러너 조건이 충족되고는 있지만 가까스로 성립하고 있다. 장기(수년의 조정기간)의 경우에는 수출상품 및 수입품에 대한 가격탄력성의 단순평균이 7개 산업국가에서는 1.92로, 소규모 산업국가에서는 2.07, 그리고 14개국 전체에 대해서는 2.00으로 나타났다. 따라서 외환에 대한 수요곡선과 공급곡선은 대단히 탄력적이다.

표 16-2 제조업 상품의 수입 및 수출에 대한 수요의 가격탄력성의 추정값

국가	수입탄력성			수출탄력성		
	초단기	단기	장기	초단기	단기	장기
미국	−	1.06	1.06	0.18	0.48	1.67
일본	0.16	0.72	0.97	0.59	1.01	1.61
독일	0.57	0.77	0.77	−	−	1.41
영국	0.60	0.75	0.75	−	−	0.31
프랑스	−	0.49	0.60	0.20	0.48	1.25
이탈리아	0.94	0.94	0.94	−	0.56	0.64
캐나다	0.72	0.72	0.72	0.08	0.40	0.71
오스트리아	0.03	0.36	0.80	0.39	0.71	1.37
벨기에	−	−	0.70	0.18	0.59	1.55
덴마크	0.55	0.93	1.14	0.82	1.13	1.13
네덜란드	0.71	1.22	1.22	0.24	0.49	0.89
노르웨이	−	0.01	0.71	0.40	0.74	1.49
스웨덴	−	−	0.94	0.27	0.73	1.59
스위스	0.25	0.25	0.25	0.28	0.42	0.73

출처 : J.R.Artus and M.D.Knight, *Issues in the Assesment of Exchange Rates of Industrial Countries*, Occasional Paper 29(Washington, D.C. : International Monetary Fund, July 1984), Table 4, p. 26. 표상의 '대시(−)'는 사용할 수 없는 값을 나타냄.

사례연구 16-3 국제무역에서 기타 가격탄력성의 추정값

표 16-3에서는 G7 국가(미국, 일본, 독일, 영국, 프랑스, 이탈리아, 캐나다)의 단기 및 장기에서 재화 및 서비스 수요의 가격탄력성의 추정값의 절대치를 보여 준다. 1950년대 중반 또는 1960년대 초반부터 1996년, 1997년까지 탄력성이 분기별 자료를 사용하여 추정되었다(각국의 자료 수집 가능성에 의존). 결과로부터 단기 가격탄력성의 값이 매우 낮아 외환시장이 불안정한 것 같으며 따라서 마셜-러너 조건이 충족되지 않으며 G7 모든 국가에 대해 *J*-곡선 효과를 확인시키는 결과이다. 그러나 (여러 해에 걸친) 장기에서는 7개 국가 중 5개 국가에서는 수입과 수출수요의 가격탄력성의 합이 1보다 크다(그래서 마셜-러너 조건은 충족). 독일과 프랑스는 예외이고 그룹 전체의 수출입 가격탄력성의 가중평균은 1.26이다. 석유수입(가격탄력성이 매우 낮음)이 제외된다면 탄력성의 추정치는 훨씬 높아질 것이다.

보다 최근 데이터를 사용해서 친(Chinn, 2005), 크레인,

크롤리, 퀘이엄(Crane, Crowley, & Quayyum, 2007), 키, 니시타, 올라레아가(Kee, Nicita, & Olarreaga, 2008) 등은 가격탄력성이 표 16-3의 값보다 일반적으로 높다는 것을 발견했다. 예를 들어 키, 니시타, 올라레아가는 1988년부터 2001년까지의 데이터를 사용하여 표 16-3에 열거된 G7 국가들의 수입수요의 장기 가격탄력성이 각각 2.09, 1.83, 1.43, 1.42, 1.47, 1.35, 1.28이라는 것을 발견했다. (그들은 수출수요의 가격탄력성이나 단기탄력성은 제시하지 않았다.) 보다 최근의 무역탄력성은 종전의 추정치보다 훨씬 높았을 뿐만 아니라 핀스트라 등(Feenstra et al., 2014), 임브스와 메장(Imbs & Mejean, 2015)은 특정물품과 특정부문의 탄력성이 총량 탄력성보다 훨씬 높다는 것을 발견했다. 그들은 미국의 수입수요의 총가격탄력성이 1.75이지만 부문별 평균치는 4.17이라는 것을 발견했다. (그들은 다른 가격탄력성이나 다른 국가들의 가격탄력성은 제공하지 않았다.)

표 16-3 수출과 수입에 대한 가격탄력성 추정치

국가	수입탄력성		수출탄력성	
	단기	장기	단기	장기
미국	0.1	0.3	0.5	1.5
일본	0.1	0.3	0.5	1.0
독일	0.2	0.6	0.1	0.3
영국	0.0	0.1	0.2	1.6
프랑스	0.1	0.4	0.1	0.2
이탈리아	0.0	0.4	0.3	0.9
캐나다	0.1	0.9	0.5	0.9

출처 : P. Hooper, K. Johnson, and J. Marquez, "Trade Elasticities for the G-7 Countries," Board of Governors of the Federal Reserve System, *International Finance Discussion Papers No. 609*, April 2008, pp. 1-20.

성의 추정값을 소개하고, 사례연구 16-4와 16-5는 환율의 변화가 미국의 무역수지와 경상수지에 미치는 효과를 살펴보며, 사례연구 16-6은 1990년대 초 금융위기 시기에 환율의 변화가 유럽의 주요 산업국가의 경상수지에 대해 미친 효과를 살펴본다.

16.5C 환율의 전가

한 국가의 무역수지나 경상수지가 평가하락에 대하여 반응하는 데는 보통 시차가 (일시적으로는

사례연구 16-4 달러의 실효환율 및 미국의 경상수지

그림 16-6은 1980년부터 2017년까지 (1달러당 외국통화로 정의한, 1995 = 100, 오른쪽 수직선) 달러의 실효환율지수와 (왼쪽 수직선, 단위 10억 달러로 표시한) 미국의 경상수지를 보여 준다. 이 그림은 1980년부터 2017년까지 달러의 실효환율은 거의 40% 평가상승했지만 미국의 경상수지는 1982년부터 악화되기 시작했음을 보여 준다. 달러가 1985년에 급격하게 평가하락하기 시작했음에도 불구하고 미국의 무역수지는 1987년까지 계속 악화되었다. 따라서 미국의 무역수지는 (약 2년간의) 시차를 두고 달러 환율의 변화에 반응하는 것으로 보인다.

1987년부터 1991년까지 환율은 크게 변하지 않았음에도 불구하고 1987년부터 1991년 경상수지는 개선되었고, 그

후 1994년까지는 악화되었다. 달러는 1995년부터 2001년까지 (1999년 제외) 평가하락하였고 미국의 경상수지는 악화되었으나 달러의 평가하락에도 불구하고 2002~2006년 경상수지는 한층 더 악화되었다(2001년 제외). 2009년부터 2011년에 달러가치는 하락하고 미국의 경상수지는 악화된 반면 2012~2013년은 그 반대였다. 2014년부터 2017년까지 달러는 평가상승하였고 경상수지는 악화되었다.

이와 같이 미국의 경상수지는 2년의 시차를 두고 실효환율에 반응하기도 하고 반대로 움직이기도 한다. 분명히 다른 강력한 힘이 미국의 경상수지에 영향을 준다는 것을 알 수 있다(다음 장에서 논의).

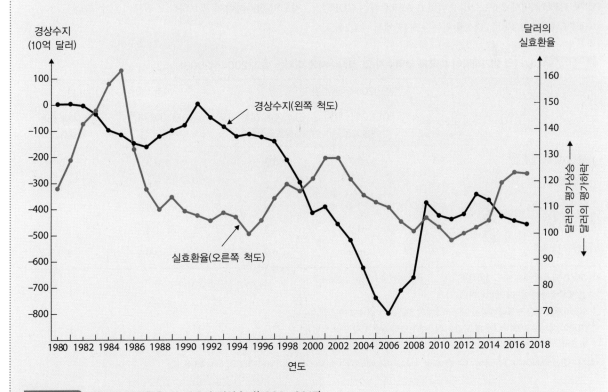

그림 16-6 달러의 실효환율 및 미국의 경상수지(1980~2017)

미국의 경상수지는 긴 시차를 두고 반응하지만(환율이 평가하락할 때 개선되고 평가상승할 때 악화됨) 항상 그런 것은 아니다(2002~2006년 동안은 달러가 평가하락했는데도 불구하고 경상수지는 크게 악화됨).

출처 : International Monetary Fund, *International Financial Statistics* and U.S. Department of Commerce, *Survey of Current Business*, Various Issues.

사례연구 16-5 달러의 평가하락과 미국의 경상수지

표 16-4는 달러가 다른 (미국 제외) OECD 국가에 대해서 30% 평가하락하거나 전 세계 통화에 대해서 22.5% 평가하락하는 경우 미국의 성장률, 인플레이션율, 무역수지, 경상수지 및 단기이자율에 미치는 효과의 추정값을 보여 준다. 효과는 2004~2009년 (초기상황) 동안 달러의 평가하락이 없는 경우를 기준으로 결정된다. 표를 통해 달러의 평가하락이 없는 초기상황과 비교하여 2004~2009년 기간의 연평균 효과와 최종상황(2009년)을 알 수 있다.

표 16-4로부터 OECD 국가에 대해 달러가 30% 평가하락하는 경우(모든 통화에 대해 22.5% 평가하락하는 경우와 결과는 동일하거나 거의 유사) 2004~2009년 동안 실질 GDP 성장률이 3.3%에 이르고 있다. 인플레이션율은 초기상황 1.3%에 비해 2.6%로 상승하였고 무역수지는 GDP의 −4.7%에서 −3.4%로, 경상수지는 −5.1%에서 −4.2%로,

단기이자율은 3.9%에서 6.9%로 바뀌었다. 이러한 효과는 예상했던 대로 무역수지와 경상수지를 개선한 것 외에도 달러의 평가하락은 수출과 성장을 촉진시켰다. 그러나 그 효과는 인플레이션 측면으로 인해 이자율이 높아지고 성장률이 저하되는 측면도 있다.

표의 마지막 2개의 열에서는 초기상황 대비 2009년의 결과를 보여 준다. 즉, 미국의 성장은 초기에 비하여 1%의 반 정도만 하락하고 물가수준은 7.6% 더 높으며, 무역수지는 2.0%p 더 개선되고, 경상수지 또한 1.4%p 개선되며 (−5.1%에서 GDP의 −4.2%) 단기이자율은 3%p 더 높게 나타난다(3.9%에서 6.9%로). 이와 같이 우리는 미국의 무역 및 경상수지의 적절한 개선을 위해서는 달러의 상당한 정도의 평가하락이 필요하다고 결론지을 수 있다.

표 16-4 달러의 평가하락이 미국의 무역수지 및 경상수지에 미치는 효과(2004~2009)

	연평균(2004~2009)			기준 대비 종기(2009) 변화	
	초기상황	OECD에 대한 환율조정[a]	전 세계에 대한 환율조정[b]	OECD에 대한 환율조정	전 세계에 대한 환율조정
실질 GDP 성장률[c]	3.3	3.3	3.3	−0.5	−0.3
인플레이션율[c]	1.3	2.6	2.2	7.6	5.1
무역수지[d]	−4.7	−3.4	−3.4	2.0	1.9
경상수지[d]	−5.1	−4.2	−4.3	1.4	1.3
단기이자율[e]	3.9	6.9	6.9	3.0	3.0

[a] OECD 국가에 대해 30% 평가하락.
[b] 전 세계에 대해 22.5% 평가하락.
[c] 처음 3개의 열은 연평균변화율, 마지막 2개의 열은 초기 대비 2009년의 수준값.
[d] GDP의 백분비, 마지막 2개 열의 값은 처음 2개 열의 값을 더할 필요가 없음.
[e] 백분비.

출처 : Organization for Economic Cooperation and Development, *Economic Outlook* (Paris: OECD, June 2004).

J-곡선 효과와 같은 엉뚱한 효과도) 존재하지만, 이러한 시차 이후에도 수입품의 국내가격은 평가하락의 크기보다 적게 상승할 수도 있다. 즉, 평가하락으로부터 국내물가로의 가격전가(pass-through) 효과가 불완전할 수도 있다. 예를 들어 한 국가의 통화가 10% 평가하락하면 수입품의 국내통화 표시 가격은 10% 이하로 상승할 수도 있다. 그 이유는 이 국가의 시장점유율을 유지하고 확대하려고 노력한 외국의 수출기업이 수출상품의 가격을 인하하여 시장점유율이 하락하는 것을 막고, 가격인상의

사례연구 16-6 1990년대 초 유럽의 금융위기 기간 중 환율 및 경상수지

표 16-5는 (제20장에서 상세하게 살펴볼) 1990년대 초반 유럽의 금융위기로 인하여 이탈리아에서는 22.1%, 영국에서는 8.0% 통화가치가 하락한 반면, 독일 및 프랑스의 실질 실효환율은 평가상승하였음을 보여 준다. 또한 이 표는 1992년부터 1995년까지 4개국의 경상수지가 개선되었으며, (평가하락률이 가장 높았던) 이탈리아의 경상수지가 가

장 많이 개선되었음을 보여 준다. 독일과 프랑스의 경상수지도 (이들 통화의 평가상승에도 불구하고) 개선되었기 때문에 한 국가의 경상수지에는 다른 요인이 작용하는 것이 틀림없다. 이 문제는 다음 장에서 살펴보기로 한다. 이탈리아의 경상수지는 대부분 리라의 평가하락 이후 1년 이내에 개선되었다는 점에 주목하자.

표 16-5 이탈리아, 영국, 독일, 프랑스의 실질 실효환율과 경상수지(1992~1995)

국가	실질 실효환율지수(1995 = 100)				경상수지(10억 달러)			
	1992	1993	1994	1995	1992	1993	1994	1995
이탈리아	122.1	106.0	107.2	100.0	3.1	32.9	35.4	44.1
영국	108.0	105.0	103.3	100.0	−22.9	−20.0	−17.0	−18.5
독일	83.0	87.6	92.5	100.0	28.2	41.2	50.9	65.1
프랑스	88.6	92.2	95.6	100.0	2.4	7.2	7.2	11.0

출처 : Organization for Economic Cooperation and Development, *Economic Outlook* (Paris: OECD, December 2000).

일부 이윤을 줄임으로써 흡수하려고 하기 때문이다. 구체적으로는 어떤 국가의 통화가 10% 평가하락하면, 이 국가로 수출하는 외국기업은 시장점유율이 낮아질 것을 우려하여 수출상품의 가격을 6%만 인상하고 이윤이 4% 감소하도록 할 수도 있다.

미국의 경우에 달러의 평가하락으로 인한 전가효과는 장기에서 약 42% 정도인 것으로 추정된다. 이는 미국이 수입하는 상품의 달러 표시 가격은 달러의 평가하락률 중 약 42% 상승하며 나머지 58%는 수출업자의 이윤감소로 흡수된다는 뜻이다(사례연구 16-7 참조). 환율변화로 인한 가격에 미치는 전가효과(즉, 기업의 가격책정 능력)는 지난 20년간 인플레이션율이 낮은 환경하에서 감소했다고 제조업보다는 1차 상품무역에서 그리고 중국과의 무역에서 더 감소했다는 실증적 증거가 많아지고 있다(Taylor, 1999; McCarthy, 1999; Chinn, 2005; Ihrig, Marazzi, & Rothenberg, 2006; Marquez & Schindler, 2007; Takhtamanova, 2008; Mishkin, 2008; Kee, Nicita, & Olarrega, 2008; Imbs & Mejean, 2015; Boz, Gopinath, and Plafborg-Moller, 2017; and Fontagne, Martin, and Orefice, 2018).

또한 수출업자들은 달러의 평가하락이 지속되고 가까운 장래에 반전되지 않는다는 확신이 없으면 달러가 평가하락한 것만큼 가격을 인상하려고 하지 않을 것이다. 생산설비를 계획하고 건설하고 해체하며 새로운 시장에 진입하거나 철수하는 데는 비용이 많이 들기 때문에 수출업자들은 수출상품의 가격을 대폭 인상해 시장을 상실하는 위험을 감수하려 하지 않는다. 이러한 효과를 교두보 효과(beachhead effect)라 한다. 달러가 급격히 평가하락했던 1985년부터 1988년의 기간에 일본의 자동차업체들은 미국 시장점유율을 유지하기 위해 자동차 수출가격을 가능한 한 오래 인상하지 않았으며

사례연구 16-7 선진국에서 환율의 수입가격으로의 전가탄력성

표 16-6은 G7 국가와 소수의 기타 국가들에 대해 환율변화로 인한 수입가격에 미치는 전가탄력성은 1975~2003년 기간에 대해 장기와 단기로 나누어 보여 주고 있다. 표를 통해 단기환율 전가탄력성은 미국의 0.23에서 네덜란드의 0.79에 이르기까지 분포하고 14개 국가에 대한 비가중 평균값은 0.53임을 알 수 있다. 이것은 미국의 달러가 10% 평가하락하는 경우 미국의 수입가격은 2.3% 상승하고, 네덜란드 플로린이 10% 평가하락하는 경우 네덜란드의 수입가격은 7.9% 상승한다는 것을 의미한다. 장기환율 전가탄력성은 이탈리아의 0.35의 낮은 값부터 일본의 1.13의 높은 값까지 분포하고 있으며 14개국 전체에 대한 비가중 평균값은 0.70이다.

표 16-6 선진국에서 환율의 수입가격으로의 전가탄력성

국가	단기탄력성	장기탄력성
미국	0.23	0.42
일본	0.43	1.13
독일	0.55	0.80
영국	0.36	0.46
프랑스	0.53	0.98
이탈리아	0.35	0.35
캐나다	0.75	0.65
오스트레일리아	0.56	0.67
헝가리	0.51	0.77
네덜란드	0.79	0.84
폴란드	0.56	0.78
스페인	0.68	0.70
스웨덴	0.48	0.38
스위스	0.68	0.93
비가중 평균	0.53	0.70

출처 : J. M. Campa and L. S. Goldberg, "Exchange Rate Pass-Through into Import Prices?" *The Review of Economics and Statistics*, November 2005, pp. 679–690. © 2005 by the President and Fellows of Harvard College and the Massachusetts Institute of Technology. Table 1.

마지못해 소폭 가격인상을 했다는 점에서 이 효과를 분명히 알 수 있다. 이러한 과정에서 일본 자동차업체의 이윤마진은 급감하였으며 경우에 따라서는 손실을 입기도 했는데, 이로 인해 미국의 자동차업체들로부터 덤핑을 한다는 비난을 받기도 했다. 동시에 미국의 자동차업체들은 가격을 유지하여 일본 자동차업체로부터 시장점유율을 탈환하는 대신 가격을 인상하여 이윤마진을 높이는 길을 택했다.

16.6 금본위제도하에서의 조정

제16장의 마지막 절인 이 절에서는 금본위제도로 알려진 국제통화제도의 운용을 살펴본다. 금본위제도에서도 자동적인 가격기구에 의해 조정이 이루어지지만 변동환율제도하에서 작동하는 가격기구와는 성격이 다르다.

16.6A 금본위제도

금본위제도(gold standard)는 1880년경부터 1914년 제1차 세계대전이 발발할 때까지 운용되었다. 전쟁 직후 금본위제도로 복귀하려고 시도하였지만 1931년 대공황기에 이러한 노력은 실패했으며 가까운 장래에 금본위제도로 복귀할 가능성은 거의 없다. 그럼에도 불구하고 금본위제도에 내재되어 있는 장점과 단점을 이해하는 것은 그 자체로도 중요할 뿐 아니라 제2차 세계대전 이후 1971년 붕괴하기까지 운용되었던 고정환율제도(브레튼우즈 체제 또는 금환본위제)에서도 (어느 정도) 이러한 장ㆍ단점이 적용되기 때문에 중요하다.

금본위제도에서 각국은 자국통화에 포함되는 금의 함량을 정의하고 이 가격에서 어떤 양의 금도 수동적으로 사거나 팔 준비가 되어 있다. 각국 통화 1단위에 포함되어 있는 금의 함량은 고정되어 있으므로 환율 역시 고정된다. 예를 들면 금본위제도에서 미국에서 1달러의 금화는 순금 23.22 그레인을 함유하고 있는 반면, 영국에서 1파운드의 금화는 순금 113.0016 그레인을 함유하고 있다. 이것은 파운드의 달러 표시 가격 또는 환율이 R = $/£ = 113.0016/23.22 = 4.87임을 의미하며, 이를 주조평가(mint parity)라 한다(금본위제도의 중심은 프랑크푸르트가 아니라 런던이므로 유로와 달러 대신 파운드와 달러를 중심으로 논의를 전개한다).

1파운드의 가치가 있는 금을 뉴욕과 런던 간에 운반하는 데 드는 수송비가 약 3센트이므로 달러와 파운드 간의 환율은 주조평가의 상하 3센트 이상 변동할 수 없다(환율은 4.90 이상으로 상승하거나 4.84 이하로 하락할 수 없다). 그 이유는 누구나 미국 재무부(뉴욕 연방준비은행은 1913년에 설립되었음)에서 4.87달러 어치의 금을 매입하여 3센트의 비용으로 런던에 운반하고 이를 (영국의 중앙은행인) 잉글랜드은행에서 1파운드와 교환할 수 있으므로 아무도 1파운드에 대하여 4.90달러 이상을 지불하지 않기 때문이다. 따라서 미국의 파운드화 공급곡선은 R = $4.90/£1에서 무한탄력적(수평)이 되며, 이것이 미국의 금 수출점(gold export point)이다.

반대로 달러와 파운드 사이의 환율은 4.84달러 이하로 하락할 수 없다. 그 이유는 누구나 1파운드 상당의 금을 영국에서 구입하여 3센트의 비용으로 뉴욕으로 운반하고 4.87달러와 교환(따라서 받는 순금액은 4.84달러가 됨)할 수 있으므로 아무도 1파운드에 대하여 4.84달러 이하를 받으려고 하지 않기 때문이다. 따라서 미국의 파운드화에 대한 수요곡선은 R = $4.84/£1에서 무한탄력적(수평)이 되며, 이것이 미국의 금 수입점(gold import point)이다.

달러와 파운드 간의 환율은 미국의 파운드화 수요곡선과 공급곡선이 금 수출입점 사이의 교차점에서 결정되었으며, 미국의 금 매입이나 금 판매로 인해 금 수출입점 밖으로 이동할 수 없다. 즉, 달러가 평가하락하는 경향, 즉 환율이 R = $4.90/£1 이상 상승하려는 경향은 미국으로부터의 금 수송에 의해 좌절된다. 이러한 금의 유출은 미국의 국제수지 적자 규모를 측정한다. 반대로 달러가 평가상승하는 경향, 즉 환율이 $R = \$4.84/£1$ 이하로 하락하려는 경향은 미국으로의 금 수송에 의해 좌절되며, 이러한 금의 유입은 미국의 국제수지 흑자 규모를 측정한다(관심 있는 독자를 위해 부록의 A16.3절에서는 이러한 과정을 도표로 설명하였다).

금본위제도하에서 국제수지 적자는 금으로 결제되고 각국의 금 보유량은 제한되어 있으므로 적자는 무한히 계속될 수 없고 곧 조정되어야만 한다. 이제 금본위제도하에서 국제수지 적자와 흑자를 자동적으로 조정하는 조정기구를 살펴보자.

16.6B 가격-정화-유통기구

금본위제도에서의 자동조정기구는 가격-정화-유통기구(price-specie-flow mechanism)이다. 이는 다음과 같이 작동하여 국제수지 불균형을 조정한다. 금본위제도에서 각국의 통화량은 금 그 자체 및 금과 교환되는 지폐로 구성되어 있으므로 적자국에서는 통화량이 감소하고 흑자국에서는 증가하게 된다. 이에 따라 적자국의 국내물가는 하락하고 흑자국의 국내물가는 상승하여 결과적으로 적자국의 수출은 촉진되고 수입은 둔화되어 국제수지 적자가 제거된다.

금의 유출과 통화량의 감소로 인해 적자국의 국내물가가 하락하는 것은 소위 통화수량설(quantity theory of money)을 기초로 하고 있다. 이것은 식 (16-1)을 이용하여 설명할 수 있다.

$$MV = PQ \tag{16-1}$$

여기에서 M은 한 국가의 통화량, V는 통화의 유통속도(국내통화 1단위가 1년 동안 회전되는 횟수), P는 일반물가지수이며, Q는 실물 생산량이다. 고전파 경제학자들은 V가 제도적 요인에 의해 결정되며 일정한 것으로 생각했다. 또한 그들은 (물가, 임금 및 이자율의 완벽하고도 즉각적인 신축성을 가정하여) 일시적인 교란을 제외하고는 경제 내에는 자동적으로 인플레이션 없이 완전고용이 달성되는 경향이 있는 것으로 생각하였다. 예컨대 경제 내에 실업이 존재하면, 완전고용을 달성할 수 있을 정도로 임금이 충분히 하락하여 자동적으로 조정된다. 따라서 산출량은 완전고용수준에서 고정된 것으로 가정하였다. V와 Q가 일정할 때 M이 변하면 P는 그 비율만큼 변한다(식 16-1 참조).

따라서 적자국의 금이 유출됨에 따라 적자국의 통화량은 감소하고 이에 비례하여 국내물가는 하락한다. 예를 들어 국제수지의 적자와 금의 유출로 인하여 M이 10% 감소하면 이 국가의 P도 10% 하락한다. 이에 따라 적자국의 수출은 촉진되고 수입은 둔화된다. 반면 흑자국에서는 위와 반대로 될 것이다. 즉, 흑자국의 통화량이 (금의 유입으로 인하여) 증가하면 흑자국의 국내물가는 상승하고, 이에 따라 흑자국의 수출은 둔화되고 수입은 촉진된다. 따라서 이러한 과정이 계속되어 마침내 적자와 흑자는 해소된다.

여기에서 조정과정이 자동적이라는 점에 주목해야 한다. 즉, 국제수지 불균형이 발생하면 조정과정은 즉시 작동하며 불균형이 완전히 제거될 때까지 계속 작동한다. 또한 이러한 조정과정은 적자국과 흑자국의 국내물가의 변화에 의존한다는 점에 주목하자. 따라서 변동환율제도에서 국내통화의 대외가치가 변화하여 국제수지 불균형이 조정되는 반면, 금본위제도에서는 각국의 국내물가가 변화하여 조정이 이루어진다. 또한 금본위제도에서의 조정은 적자국과 흑자국에서 수출 및 수입의 가격탄력성이 높다는 점을 전제하므로 수출량과 수입량은 가격변화에 신속하고도 상당한 정도로 반응한다.

가격-정화-유통기구는 1752년 데이비드 흄(David Hume)이 소개하였는데, 흄은 한 국가가 수입보다 수출을 더 많이 하여 지속적으로 금을 축적할 수 있다는 중상주의자들의 사고가 잘못된 것임을 입증하기 위해 이것을 이용하였다. 흄은 한 국가가 금을 축적함에 따라 국내물가가 상승하여 마침내 이 국가의 (처음에 금 축적의 원인이었던) 수출흑자가 소멸된다는 점을 지적하였다. 흄은 매우 멋진 예를 들어 이 점을 설명하였는데, 즉 각각의 구획이 서로 연결되어 있는 한(즉, 각국이 국제무역에 의해 서로 연결되어 있는 한) 어떤 구획(국가)에서 수위(금의 양)를 자연적인 수준 이상으로 상승시키려고 하는 것은 무의미하다는 것이다.

한 국가의 통화량이 국제수지 여건에 따라 수동적으로 변화하도록 한다는 것은 각국이 인플레이션 없는 완전고용을 달성하기 위하여 통화정책을 사용할 수 없다는 것을 의미한다. 그러나 이 문제는 고전파 경제학자들에게는 전혀 문제가 되지 않았는데, 그 이유는 고전파 경제학자들은 인플레이션 없이 완전고용으로 향하는 자동적인 경향이 경제 내에 있는 것으로 생각했기 때문이다. 조정과정이 작동하기 위하여 각국은 국제수지 적자나 흑자가 자국의 통화량에 미치는 영향을 불태화(중립화)하지 않을 것으로 생각했다는 점에 주목하기 바란다. 반대로 금본위제도에서의 게임의 룰(rules of the game of the gold standard)은 적자국이 여신을 더욱 제한하고 흑자국은 여신을 확대하여 조정과정을 강화하는 것이었다(금본위제도에서의 실제 경험은 제21장에서 논의한다).

요약

1. 이 장에서는 환율결정에 대한 전통적인 무역 또는 탄력성 접근방법을 살펴보았다. 이 접근방법에서는 민간자본의 자율적 국제적 이동이 없는 것으로 가정하며(즉, 민간자본은 일시적 무역불균형을 커버 또는 지불하기 위해 수동적으로 이동하며), 경상수지(및 국제수지)의 적자가 변동환율제도에서는 해당국 통화의 평가하락에 의해, 그리고 고정환율제도에서는 해당국 통화의 평가절하에 의해 어떻게 조정되는지를 살펴보았다. 경상수지(및 국제수지)가 흑자인 경우에는 이와 반대가 된다.

2. 한 국가는 보통 자국통화의 평가하락이나 평가절하를 통해 국제수지 불균형을 조정할 수 있다. 외환에 대한 수요곡선과 공급곡선이 탄력적일수록 일정한 규모의 적자를 조정하는 데 필요한 평가절하나 평가하락의 정도는 작아진다. 한 국가의 외환수요는 외환 표시 수입 수요 및 수입품의 공급으로부터 도출된다. 후자가 탄력적일수록 전자도 탄력적으로 된다.

3. 어떤 국가의 통화가 평가절하 또는 평가하락하면 그 국가의 수출상품과 수입대체상품의 국내통화 표시 가격이 상승하고 인플레이션 압력을 받게 된다.

4. 외환의 공급곡선이 우상향하거나, 우하향하더라도 외환에 대한 수요곡선의 기울기보다 더 크다면(탄력성이 작다면) 외환시장은 안정적이다. 마셜-러너 조건에 의하면 수입품과 수출상품에 대한 수요의 가격탄력성의 합이 (절댓값으로) 1보다 크면 외환시장은 안정적이며, 이 조건은 수출상품과 수입품에 대한 공급탄력성이 무한대일 때 성립한다. 두 가지 수요탄력성의 합이 1이면 환율이 변해도 이 나라의 국제수지는 변하지 않으며, 반대로 두 가지 수요탄력성의 합이 1보다 작다면 외환시장은 불안정하며 평가절하의 결과 이 나라의 적자는 감소하지 않고 오히려 증가한다.

5. 1940년대에 연구된 국제무역에서의 탄력성에 대한 실증적인 추정값에 의하면 외환시장은 불안정하거나 겨우 안정적인 것으로 나타나 소위 탄력성 비관론이 나

타나게 되었다. 그러나 이들 계량경제학적인 연구는 장기탄력성을 추정하지 않고 단기탄력성을 추정하였고, 특히 수요의 이동에 관한 식별문제 때문에 실제의 탄력성을 상당히 과소평가하였다. 보다 최근의 연구결과들은 외환시장이 대체로 안정적이고 장기적으로 외환에 대한 수요 및 공급곡선이 대단히 탄력적이라는 점을 보여 준다. 환율변동에 대해 경상수지 불균형은 충분히 반응하지 못하며 장기의 시차를 두고 반응하는 것으로 보인다. 또한 평가하락이나 평가절하의 결과 한 국가의 무역수지는 처음에는 악화되고 후에 개선될 수도 있다(J-곡선 효과). 한 국가의 통화가 평가하락해도 보통은 국내의 수입가격에 부분적으로만 전가된다.

6. 금본위제도에서 각국은 자국통화의 금의 함량을 정의하고 이 가격에서 어떠한 양의 금도 수동적으로 사거나 팔도록 되어 있다. 그 결과 주조평가라고 하는 고정환율이 결정된다. 환율은 외환에 대한 수요곡선과 공급곡선이 금 수출입점 사이의 교차하는 점에서 결정되며, 각국의 금 매입이나 판매로 인하여 환율이 금 수출입점 밖으로 변동할 수 없다. 금본위제도에서의 조정기구는 가격-정화-유통기구이다. 적자국의 금이 유출되면 적자국의 통화량은 감소하며, 이에 따라 국내 물가가 하락하여 적자국의 수출이 촉진되고 수입은 둔화되어 마침내 적자가 제거된다. 흑자의 경우에는 이와 반대의 과정으로 조정된다.

주요용어

가격-정화-유통기구(price-specie-flow mechanism)

가격전가(pass-through)

금 수입점(gold import point)

금 수출점(gold export point)

금본위제도(gold standard)

금본위제도에서의 게임의 룰(rules of the game of the gold standard)

네덜란드 병(Dutch disease)

마셜-러너 조건(Marshall-Lerner condition)

무역 접근방법(trade approach)

불안정한 외환시장(unstable foreign exchange market)

식별문제(identification problem)

안정적 외환시장(stable foreign exchange market)

주조평가(mint parity)

탄력성 비관론(elasticity pessimism)

탄력성 접근방법(elasticity approach)

통화수량설(quantity theory of money)

평가절하(devaluation)

J-곡선 효과(J-curve effect)

복습문제

1. 평가절하나 평가하락의 결과 국제수지나 경상수지의 적자는 어떻게 감소하거나 제거되는가?

2. 한 나라의 외환에 대한 수요곡선과 공급곡선이 비탄력적인 경우 평가절하나 평가하락으로 국제수지 적자를 제거하는 것이 실현가능하지 않은 이유는?

3. 한 국가의 외환 수요곡선은 어떻게 도출되는가? 이 곡선의 탄력성을 결정하는 것은 무엇인가?

4. 한 국가의 외환 공급곡선은 어떻게 도출되는가? 이 곡선의 탄력성을 결정하는 것은 무엇인가?

5. 평가절하나 평가하락이 인플레이션 압력을 가하는 이유는?

6. 외환에 대한 수요곡선과 공급곡선이 어떤 형태일 때 외환시장이 안정적인가? 불안정한 경우는?

7. 외환시장이 안정적이기 위한 마셜-러너 조건은 무엇

인가? 불안정한 시장인 경우는? 환율이 변해도 국제수지가 변하지 않는 조건은?

8. 외환시장이 불안정하면 적자국 통화가 평가하락해도 국제수지 적자는 감소하지 않고 증가하는 이유는 무엇인가?

9. 탄력성 비관론이란 무엇인가? 이것은 왜 나타났는가?

10. J-곡선 효과란 무엇인가?

11. 탄력성 비관론이 정당화될 수 없는 이유는? 외환시장의 안정성과 외환에 대한 수요곡선 및 공급곡선의 탄력성에 대하여 오늘날 지배적인 견해는?

12. 가격전가란 무엇을 의미하는가? 국제경쟁력과의 관련성은 무엇인가?

13. 금본위제도에서는 환율은 어떻게 결정되는가?

14. 금본위제도에서는 무역수지 적자나 흑자가 어떻게 자동적으로 제거되는가?

연습문제

1. 한 국가의 교역상품(즉, 국내에서 생산되고 수입하거나 수출되는 상품)에 대한 우하향하는 수요곡선과 우상향하는 공급곡선으로부터 가격이 균형가격보다 낮을 때 교역상품에 대한 수입수요곡선을 도출하라.

2. 연습문제 1번과 같은 경우에 가격이 균형가격보다 높을 때 이 교역상품에 대한 수출 공급곡선을 유도하라.

3. 그림 16-2의 왼쪽 도표와 유사한 그림을 그리되 D_M을 수직으로 그리고 D_ϵ가 수직인 이유를 설명하라.

4. 그림 16-2의 오른쪽 도표와 유사한 그림을 그리되 S_X을 수직으로 그리고 S_ϵ가 수직인 이유를 설명하라.

5. 그림 16-2의 왼쪽 도표와 유사한 그림을 그리되 D_M을 그림 16-2보다 기울기가 더 크게(탄력성이 작도록) 그린 후 D_ϵ가 그림 16-1보다 기울기가 더 큰(탄력성이 작은) 이유를 설명하라

6. 그림 16-2의 오른쪽 도표와 유사한 그림을 그리되 S_X를 그림 16-2보다 기울기가 더 크게(탄력성이 작도록) 그린 후 적당한 범위에서 D_X가 가격탄력적이면 S_ϵ가 그림 16-1보다 기울기가 더 큰(탄력성이 작은) 이유를 설명하라

7. 소국의 경우에 S_M과 D_X가 수평인 이유를 설명하라.

8. 소국의 통화가 평가절하되거나 평가하락하면 국제수지가 항상 개선되는 이유를 설명하라.

9. 그림 16-2와 유사한 그림을 그리되 불안정한 외환시장이 되도록 그리라.

10. 어떤 면에서 미국은 중국과 무역문제가 있는가?

11. 1990년대에 달러의 엔화에 대한 급격한 평가하락에도 불구하고 미국의 대일본 무역수지 적자가 감소하지 않았기 때문에 국제수지에 대한 탄력성 접근방법은 성립하지 않는다고 말할 수 있는지 설명하라.

12. 금본위제도에서 미국의 통화당국은 금 1온스의 가격을 35달러로 정하였고 영국의 통화당국은 14파운드로 정하였다고 하자. 미국의 달러와 파운드 사이의 관계는 어떻게 되는가? 이를 무엇이라고 하는가?

13. 뉴욕과 런던 사이의 금 수송비는 수송되는 금 가치의 1%라고 하자. 달러와 파운드 사이의 금 수출점 또는 환율($R = \$/£$)의 상한선은 얼마인가? 그 이유는?

14. 달러와 파운드 사이의 금 수입점 또는 환율($R = \$/£$)의 하한선은 얼마인가? 그 이유는?

부록

이 부록의 A16.1절에서는 환율의 변화가 교역상품의 국내통화 표시 가격에 미치는 효과를 그림을 이용하여 설명한다. A16.2절에서는 외환시장의 안정성에 관한 마셜-러너 조건을 수리적으로 유도하고, 마지막 A16.3절에서는 금본위제도에서의 금 수출입점과 금의 국제적 이동이 어떻게 결정되는가를 도표를 이용하여 살펴본다.

A16.1 환율의 변화가 국내가격에 미치는 효과

달러의 평가하락이나 평가절하는 미국의 수입대체상품과 수출상품의 생산을 촉진하고 이로 인해 미국 내 달러 표시 가격이 상승한다는 점을 16.3절에서 살펴보았다. 그림 16-7을 이용하여 이를 설명할 수 있다.

그림 16-7의 왼쪽 도표에서 S'_M은 환율이 $R = \$1/€1$일 때 미국의 수입품에 대한 EMU의 공급곡선을 달러로 표시한 것이며 D'_M은 달러 표시 미국의 수입 수요곡선이다. 수요곡선과 공급곡선이 D'_M과 S'_M일 때 점 B'에서 균형이 성립하며 $P_M = \$1$이고 연간 $Q_M = 120$억 단위가 된다. 달러가 $R = \$1.20/€1$로 20% 평가하락하거나 평가절하되면, 달러로 표시한 미국 수입품에 대한 EMU의 공급곡선은 S''_M으로 20% 하락(위로 이동)하는데, 그 이유는 EMU의 수출업자가 미국으로부터 받는 1달러의 가치는 유로로 표시할 때 20% 하락하기 때문이다. 이것은 EMU의 수출업자에게 1단위당 20%의 세금을 부과

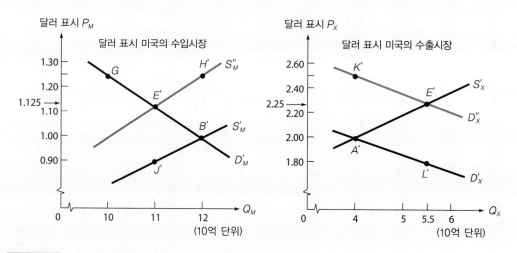

그림 16-7 평가하락이나 평가절하가 국내가격에 미치는 효과

왼쪽 도표의 D'_M은 미국의 달러 표시 수입 수요곡선이며, S'_M은 환율이 $R = \$1/€1$일 때 미국의 수입품에 대한 EMU의 공급곡선을 달러로 표시한 것이다. 수요곡선과 공급곡선이 D'_M과 S'_M일 때 $P_M = \$1$이고 연간 $Q_M = 120$억 단위이다. 달러가 20% 평가하락하거나 평가절하되면, S'_M은 S''_M으로 위로 이동하지만, D'_M은 변화하지 않는다. 수요곡선과 공급곡선이 D'_M과 S''_M일 때 $P_M = \$1.25$가 되고 $Q_M = 110$억 단위가 된다.

오른쪽 도표에서 D'_X는 $R = \$1/€1$일 때 미국 수출상품에 대한 EMU의 수입곡선을 달러로 표시한 것이며 S'_X는 달러 표시 미국의 수출상품 공급곡선이다. 수요곡선과 공급곡선이 D'_X와 S'_X일 때 $P_X = \$2$, $Q_X = 40$억 단위가 된다. 달러가 $R = \$1.20/€1$로 20% 평가하락하거나 평가절하하면 D'_X는 D''_X로 위로 이동하지만, S'_X는 변하지 않는다. 수요곡선과 공급곡선이 D''_X와 S'_X일 때 $P_X = \$2.25$이고 $Q_X = 55$억 단위(점 E')가 된다. 따라서 달러가 평가절하나 평가하락하면 미국 내 달러 표시 가격은 상승한다.

하는 것과 같다. S'_M은 일정한 비율로 이동하고 S'_M으로부터 20% 위로 이동할 때 S''_M을 기준으로 계산하므로 S''_M은 S'_M과 평행이 아니라는 점에 주의하라. 또한 달러의 평가절하 또는 평가하락의 결과 D'_M은 변화하지 않는다. 수요곡선과 공급곡선이 D'_M과 S''_M일 때 $P_M = \$1.125$가 되고, $Q_M = 110$억 단위(점 E')가 된다. 따라서 달러가 20% 평가절하나 평가하락한 결과 미국 수입품의 달러 표시 가격은 1.00달러에서 1.125달러로 12.5% 상승한다.

그림 16-7의 오른쪽 도표에서 D'_X는 미국 수출상품에 대한 EMU의 수입곡선을 $R = \$1/€1$일 때 달러로 표시한 것이며 S'_X는 달러 표시 미국의 수출상품 공급곡선이다. 수요곡선과 공급곡선이 D'_X와 S'_X일 때 점 A'에서 균형이 성립하며 $P_X = \$2.00$, $Q_X = 40$억 단위가 된다. 달러가 $R = \$1.20/€1$로 20% 평가하락하거나 평가절하되면 미국의 수출상품에 대한 EMU의 수요곡선은 달러로 표시했을 때 D''_X로 20% 상승(위로 이동)하는데, 이제 1유로는 달러로 표시했을 때 20%의 가치가 더 있기 때문이다. 이것은 EMU의 미국 수출상품 구매자에게 단위당 20%의 보조금을 지급하는 것과 같다. D'_X는 일정한 비율로 이동하고 D'_X로부터 20% 위로 이동할 때 D''_X를 기준으로 계산하므로 D''_X는 D'_X와 평행하지 않다는 점을 주목하자. 또한 달러의 평가하락이나 평가절하의 결과 S'_X는 변하지 않는다. 수요곡선과 공급곡선이 D''_X와 S'_X일 때 $P_X = \$2.25$이고 $Q_X = 55$억 단위(점 E')가 된다. 따라서 달러가 20% 평가하락하거나 평가절하된 결과 미국 수출상품의 달러 표시 가격은 2달러에서 2.25달러로 12.5% 상승한다.

수입대체상품과 수출상품의 달러 표시 가격이 상승하는 것은 미국의 생산자로 하여금 비교역상품의 생산에서 교역상품의 생산으로 생산을 전환하는 데 필요하지만, 그 결과 미국이 평가절하나 평가하락으로 얻을 수 있었던 가격우위는 감소한다. 수입대체상품이나 수출가능상품의 가격은 미국의 일반물가지수의 한 부분이고 이것이 상승하므로 달러의 평가절하나 평가하락은 미국 내 인플레이션 압력을 가하게 된다. 결과적으로 일정한 규모의 적자를 조정하기 위하여 필요한 평가절하나 평가하락의 규모가 클수록 적자를 조정하기 위한 방법으로 평가절하나 평가하락을 실행할 수 있는 가능성은 더 작아진다. 평가하락이나 평가절하의 결과 비교역상품의 생산으로부터 교역상품의 생산으로 국내 자원이 전환될 수 있는 용이성과 이러한 전환에 수반되는 인플레이션 압력을 쉽게 알 수 있는 지표로 수출상품과 수입상품에 대한 수요 및 공급의 탄력성을 이용할 수 있다.

연습문제 그림 16-7로부터 달러가 20% 평가절하되거나 평가하락하기 이전과 이후의 미국 교역조건을 계산하라. 이 결과를 16.3절에서의 결과와 비교하라.

A16.2 마셜-러너 조건의 도출

이제는 외환시장이 안정적이기 위해서는 수입품과 수출상품에 대한 수요탄력성의 합이 1보다 커야 한다는 마셜-러너 조건을 수학적으로 유도해 보자. 이 조건은 수입품과 수출상품에 대한 공급곡선이 무한탄력적 또는 수평일 때 성립한다.

마셜-러너 조건을 수학적으로 유도하기 위하여

P_X와 P_M = 각각 수출상품과 수입품의 외환 표시 가격

Q_X와 Q_M = 각각 수출량과 수입량

V_X와 V_M = 각각 외환 표시 수출액과 수입액이라고 하자.

그러면 무역수지(B)는 다음과 같다

$$B = V_X - V_M = Q_X \cdot P_X - P_M \cdot Q_M \tag{16A-1}$$

소폭의 평가절하를 할 때 무역수지의 변화(dB)는 다음과 같다.

$$dB = P_X \cdot dQ_X + Q_X \cdot dP_X - (P_M \cdot dQ_M + Q_M \cdot dP_M) \tag{16A-2}$$

이 결과는 미분의 곱셈공식($duv = v \cdot du + u \cdot dv$)을 이용하여 얻을 수 있다. S_M은 수평이므로 달러의 평가절하나 평가하락의 결과 P_M은 변하지 않기 때문에(즉, $dP_M = 0$), 식 (16A-2)의 마지막 항은 0이 된다. 따라서 첫 항과 세 번째 항을 정리하면 다음과 같다.

$$dB = dQ_X \cdot P_X + Q_X \cdot dP_X - dQ_M \cdot P_M \tag{16A-3}$$

이제 식 (16A-3)을 가격탄력성을 이용하여 정리하자. 수출상품에 대한 수요의 가격탄력성(n_X)은 P_X가 일정한 비율로 변화할 때 Q_X의 변화율을 측정하는 것이다. 즉, 다음과 같다.

$$n_X = -\frac{dQ_X}{Q_X} \div \frac{dP_X}{P_X} = \frac{dQ_X}{Q_X} \div k\left(\frac{P_X}{P_X}\right) = \frac{dQ_X \cdot P_X}{Q_X \cdot k \cdot P_X} \tag{16A-4}$$

여기서 $k = -dP_X/P_X$(달러의 평가절하 또는 평가하락률)이다.

마찬가지로 수입 수요의 가격탄력성(n_M)은 다음과 같다.

$$n_M = -\frac{dQ_M}{Q_M} \div \frac{dP_M}{P_M} = \frac{dQ_M \cdot P_M}{Q_M \cdot k \cdot P_M} \tag{16A-5}$$

식 (16A-4)로부터 다음을 얻을 수 있다.

$$dQ_X \cdot P_X = n_X \cdot Q_X \cdot P_X \cdot k \tag{16A-6}$$

이는 식 (16A-3)의 첫 번째 항이다. 또한 식 (16A-3)의 두 번째 항은 다음과 같이 다시 쓸 수 있다.

$$Q_X \cdot dP_X = Q_X(dP_X/P_X)P_X = Q_X(-k)P_X = -Q_X \cdot k \cdot P_X \tag{16A-7}$$

마지막으로 식 (16A-5)로부터 다음과 같은 식을 얻을 수 있다.

$$dQ_M \cdot P_M = -n_M \cdot Q_M \cdot dP_M = -n_M \cdot Q_M \cdot P_M \cdot k \tag{16A-8}$$

여기에서 $k = dP_M/P_M$이다. 외환으로 표시하면 $dP_M = 0$이지만 국내통화로 표시하면 dP_M은 양(+)이다. 식 (16A-8)은 식 (16A-3)의 세 번째 항이다.

식 (16A-6), (16A-7), (16A-8)을 식 (16A-3)에 대입하면 다음과 같다.

$$dB = n_X \cdot Q_X \cdot P_X \cdot k - Q_X \cdot P_X \cdot k - (-n_M \cdot Q_M \cdot P_M \cdot k) \tag{16A-9}$$

이 식을 정리하면 다음과 같다.

$$dB = k[Q_X \cdot P_X(n_X - 1) + n_M \cdot Q_M \cdot P_M] \tag{16A-10}$$

처음에

$$B = Q_X \cdot P_X - Q_M \cdot P_M = 0 \tag{16A-11}$$

이면

$$dB = k[Q_X \cdot P_X(n_X + n_M - 1)] \tag{16A-12}$$

이 되고, $dB > 0$이면

$$n_X + n_M - 1 > 0 \text{ 또는 } n_X + n_M > 1 \tag{16A-13}$$

가 된다. 여기서 n_X와 n_M은 양(+)이다.

$V_M > V_X$의 상태에서 평가절하나 평가하락을 하면 n_M은 n_X보다 상대적으로 더 큰 가중값을 갖게 되며 안정적 외환시장에 대한 마셜-러너의 조건은 보다 쉽게 충족되고 다음과 같이 표현된다.

$$n_X + (V_M/V_X)n_M > 1 \tag{16A-14}$$

미국의 수입상품에 대한 외국공급의 가격탄력성(e_M)과 미국의 수출상품공급의 가격탄력성(e_X)이 무한대가 아니라면,

$$n_X + n_M < 1 \tag{16A-15}$$

라 하더라도 e_M과 e_X가 작을수록 외환시장은 더욱 안정적으로 된다.

e_M과 e_X가 무한대가 아닐 때 외환시장의 안정성에 관한 마셜-러너 조건은 다음과 같이 표현된다.

$$\frac{e_X(n_X - 1)}{e_X + n_X} + \frac{n_M(e_M + 1)}{e_M + n_M} \tag{16A-16}$$

또는 위의 두 항을 공통분모로 합하면 다음과 같다.

$$\frac{e_M e_X(n_M + n_X - 1) + n_M \cdot n_X(e_M + e_X + 1)}{(e_X + n_X)(e_M + n_M)} \tag{16A-17}$$

식 (16A-16)이나 (16A-17)이 0보다 크거나 작거나 0인가에 따라 각각 평가절하나 평가하락의 결과 외환시장이 안정적이거나 불안정하거나 변화하지 않는다. 스턴(Stern, 1973)의 책에는 식 (16A-16)이 수학적으로 유도되어 있다.

또한 스턴의 책에는 평가절하국의 교역조건이 악화되는 조건도 유도되어 있는데 이는 다음과 같다.

$$e_X \cdot e_M > n_X \cdot n_M \tag{16A-18}$$

식 (16A-18)의 부등호 방향이 반대가 되면 평가절하국의 교역조건은 개선되며 양변이 같으면 교역조건은 변하지 않는다.

> **연습문제**   소국의 통화가 평가절하 또는 평가하락하더라도 교역조건이 변하지 않는 이유를 설명하라. (힌트 : 연습문제 9번 참조)

A16.3 금본위제도에서의 금의 이동과 금 수출입점의 도출

그림 16-8은 금본위제도에서 금 수출입점과 금의 국제적 이동이 어떻게 결정되는지를 보여 준다. 그림에서 주조평가는(16.6A절에서 정의된 바와 같이) $4.87 = £1이다. 미국의 파운드 공급곡선($S_£$)은 *REABCF*로 표시되고 미국의 금 수출점인 $4.9 = £1(주조평가에 1파운드 상당의 금을 뉴욕에서 런던으로 수송하는 비용 3센트를 합한 것)에서 무한탄력적 또는 수평이다. 미국의 파운드 수요곡선($D_£$)은 *TEGHJK*로 표시되고 미국의 금 수입점인 £4.84 = £1(주조평가에서 1파운드 상당의 금을 런던에서 뉴욕으로 수송하는 비용 3센트를 뺀 것)에서 무한탄력적 또는 수평선이다. $S_£$와 $D_£$는 금 수출입점 내의 점 E에서 교차하므로 균형환율은 $R = $4.88/£1가 되고 금의 국제적 이동은 없다(즉, 미국의 국제수지는 균형이 된다).

만약 미국의 파운드 수요가 $D'_£$로 증가(위로 이동)하면, 환율은 $R = $4.94/£1(그림의 점 E')로 상승하려는 경향이 있다. 그러나 금본위제도에서 어느 누구도 1파운드에 대하여 4.9달러 이상을 지불하지

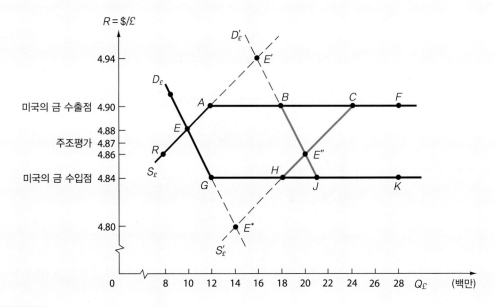

그림 16-8   금 수출입점과 금의 이동

$S_£$와 $D_£$에서 균형환율은 $R = $4.88/£1(점 E)가 되고 금의 국제적 이동은 없으며 미국의 국제수지는 균형이 된다. $D'_£$와 $S_£$이면, 자유변동환율제도에서는 균형환율이 $R = $4.94/£1이지만 금본위제도에서는 미국의 600만 파운드(*AB*) 금 수출 때문에 (미국의 금 수출점인) $R = $4.9/£1 이상 상승할 수 없다. 이 크기가 금본위제도에서 미국의 국제수지 적자이다. $D_£$와 $S'_£$이면, 자유변동환율제도에서는 균형환율이 $R = $4.8/£1이지만 금본위제도에서는 미국의 600만 파운드(*HG*) 금 수입 때문에 (미국의 금 수입점인) $R = $4.84/£1 이상 하락할 수 없다. 이 크기가 금본위제도에서 미국의 국제수지 흑자이다.

않으므로(즉, 미국의 파운드 공급곡선은 $R = \$4.9/£1$에서 수평선이기 때문에) 환율은 $R = \$4.9/£1$로밖에 상승하지 못하며 미국은 점 B에 위치하게 된다. 점 B에서 미국의 파운드 수요량은 1,800만 파운드인데, 이 중 1,200만 파운드(점 A)는 미국의 영국에 대한 상품과 서비스의 수출에 의해 공급되고 나머지 600만 파운드(AB)는 미국에서 영국으로 금수출(이것은 미국의 국제수지 적자)로 공급된다.

반대로 미국의 파운드 수요곡선이 이동하지 않고 계속 $D_£$인 데 반해 미국의 파운드 공급곡선이 $S'_£$로 증가(우측으로 이동)하면 변동환율제도에서 균형점은 $E^*(R = \$4.8/£1$의 환율)이다. 그러나 금본위제도에서는 어느 누구도 1파운드에 대하여 4.84달러 이하를 받으려 하지 않으므로(즉, 미국의 파운드 수요곡선은 $R = \$4.84/£1$에서 수평선) 환율은 $R = \$4.84/£1$로만 하락하며 미국은 점 H상에 있게 된다. 점 H에서 미국의 파운드 공급량은 1,800만 파운드이지만 미국의 파운드 수요량은 1,200만 파운드(점 G)에 불과하다. 미국에 공급되는 600만 파운드(HG)의 초과공급량은 영국으로부터의 금수입이라는 형태를 취하게 되고, 이것은 미국의 국제수지 흑자이다.

금본위제도에서는 가격-정화-유통기구가 작동하여 $D_£$와 $S_£$는 또다시 금 수출입점 내부에서 교차하도록 이동함으로써 양국의 국제수지 불균형은 자동적으로 조정된다.

> **연습문제** 그림 16-8에서 $D_£$는 $D'_£$로 $S_£$는 $S'_£$로 동시에 이동하는 경우 금본위제도와 변동환율제도의 경우에 환율 및 미국 국제수지의 흑자나 적자규모를 구하라.

제 17 장

소득조정기구 및
자동조정기구의 종합

학습목표
- 개방경제에서 균형 국민소득이 어떻게 결정되는가를 이해한다.
- 외국의 반향에 대한 의미를 이해한다.
- 흡수(총지출) 접근방법의 작동원리를 설명한다.
- 개방경제에서 모든 자동적 조정기구들의 종합적 작용원리를 이해한다.

17.1 서론

이 장에서는 먼저 **자동적 소득조정기구**의 작동을 살펴보는데, 이는 적자국 및 흑자국에서 국민소득의 변화가 유발되어 국제수지가 조정되는 것이다. 자동적 소득조정기구는 케인스 경제학을 개방경제(국제거래를 하는 국가)에 적용시킨 것이다. 이는 (제16장에서 소개한) 자동적인 가격의 변화에 의해 국제수지가 조정되었던 전통적 또는 고전적 조정기구와 구별된다.

제16장과 마찬가지로 여기에서도 한 국가의 경상수지에서 적자 혹은 흑자가 발생한다고 가정하자. 그러나 제16장에서는 국민소득이 일정하고 자동적 가격변화에 의해 국제수지의 조정이 이루어진다고 암묵적으로 가정하였지만, 이제는 모든 가격이 일정한 것으로 가정하고 소득의 자동적 변화에 의해 어떻게 국제수지가 조정되는지를 살펴본다. 구체적으로는 자동적 소득조정기구만을 분리하여 살펴보기 위해 고정환율제도를 가정하고 모든 가격, 임금 및 이자율은 고정되어 있다고 가정한다. 또한 각국은 초기에는 불완전고용 상태에 있는 것으로 가정한다. 현실세계에서는 국제수지의 불균형이 국민소득뿐만 아니라 환율, 물가, 임금 및 이자율 등에 영향을 미친다. 따라서 모든 자동조정기구는 어느 정도 동시에 작동할 것이다. 이처럼 자동적 조정기구를 종합하는 것은 이 장의 마지막 두 절에서 소개한다.

17.2절에서는 (경제학 원론에서 배운) 폐쇄경제에서 균형 국민소득 및 승수의 개념과 그 결정에 관해 복습하며, 17.3절에서는 이러한 개념을 확장하여 소규모 개방경제에서의 균형 국민소득 수준 및 승수의 결정원리를 살펴본다. 17.4절에서는 한 국가가 소국이 아닐 때 발생하는 외국의 반응까지 고려할 수 있도록 위의 논의를 확장한다. 대국에서 무역 및 소득수준이 변화하면 교역 상대국의 무역 및 국민소득에 영향을 미치고, 이것이 다시 처음 국가로 2차적인 영향(반향)을 미치기 때문에 외국의 반

향이 나타난다. 사실상 이러한 과정을 통하여 경기변동이 국제적으로 전파된다. 17.5절에서는 가격조정기구와 소득조정기구를 함께 살펴보고, 마지막으로 17.6절에서는 통화적 조정을 설명하고 모든 자동조정기구를 종합하며 아울러 각 자동기구의 단점과 조정정책의 필요성을 지적한다. 부록에서는 외국의 반향을 고려한 무역승수를 수리적으로 유도하고 이전문제(transfer problem)를 살펴본다.

17.2 폐쇄경제하에서의 소득결정이론

이 절에서는 폐쇄경제[closed economy, 즉 자급자족(autarky) 상태에 있거나 국제무역을 하지 않는 경제]에서 균형 국민소득 및 승수의 개념과 그 결정원리를 복습한다. 이러한 개념들은 경제원론에서 다루어지는데, 소규모 개방경제(17.3절)에서 균형 국민소득 수준 및 승수를 살펴보기 위한 출발점이 된다. 이 장에서는 자동적 소득조정기구를 살펴보기 때문에 모형에 정부부문을 포함할 필요는 없다. 재정정책 및 기타 정책을 살펴보는 제6장에서는 정부부문을 고려한다.

17.2A 폐쇄경제에서 균형 국민소득 결정

정부부문이 없는 폐쇄경제에서의 균형 국민소득 수준(equilibrium level of national income) 혹은 생산량 수준(Y)은 식 (17-1)로 표현되는 바와 같이 의도된 혹은 계획된 소비(C)에, 의도된 혹은 계획된 투자지출(I)을 합한 것과 같다.

$$Y = C(Y) + I \tag{17-1}$$

의도된 혹은 계획된 투자(desired or planned investment, I)는 외생적이며 국민소득 수준과는 독립적이다(즉, 국민소득 수준에 따라 변화하지 않는다). 반대로 의도된 소비지출 $C(Y)$는 국민소득의 함수로, 국민소득 수준에 의존한다. 이는 소득(Y)이 증가함에 따라 의도된 소비(C) 또한 증가함을 의미한다. 소득의 변화(ΔY)에서 소비의 변화(ΔC)가 차지하는 비율을 한계소비성향(Marginal Propensity to Consume, MPC)이라 한다. 소비자는 소득의 일부를 저축하므로 소비의 증가는 소득의 증가보다 작고 $MPC < 1$가 된다. 그림 17-1은 이러한 관계를 보여 준다.

그림 17-1의 상단 도표에서 소비 및 투자지출은 수직축에, 국민소득은 수평축에 표시되어 있고, $C(Y)$선은 소비함수(consumption function)이다. 의도된 소비는(소득이 0일 때) 100이며, 소득이 증가함에 따라 증가한다. 소득이 0일 때 소비수준이 0보다 큰 것은 이 국가가 과거의 저축으로 소비하거나 돈을 빌리는 것을 의미한다. 한편, 소득이 증가함에 따라 의도된 소비도 증가하지만 소득이 증가하는 것보다는 적게 증가한다. 예를 들면 소득이(상단 도표에서 AB로 표시되는 바와 같이 400에서 1,000으로) 600만큼 증가하면 소비는 450만큼(BC) 증가한다. 따라서 한계소비성향(MPC)은 $\Delta C/\Delta Y = 450/600 = 3/4$, 즉 0.75이다. 이러한 선형의 소비함수는 절편이 100이고 기울기가 0.75인 $C = 100 + 0.75Y$로 표현된다.

소비함수에 소득과는 관계없는 가상적인 의도된 투자지출 150을 합하면 그림의 총지출함수 $C(Y) + I$를 구할 수 있다. $C(Y) + I$ 함수는 45° 선과 점 E에서 교차하며, 45° 선상의 모든 점에서는 수직축과 수평축의 거리가 같기 때문에 점 E에서 (수직축으로 측정된) 1,000만큼의 소비와 투자지출의

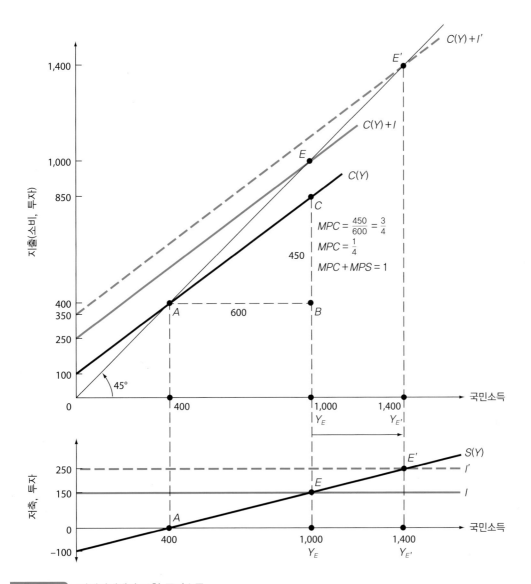

그림 17-1 폐쇄경제에서 균형 국민소득

상단 도표에서 C(Y)는 소비함수이고 C(Y) + I는 소비함수에 의도된 투자를 합해서 얻은 총지출함수이다. 균형 국민소득 수준은 C(Y) + I 함수가 45° 선과 교차하는 점 E에서 결정된다. 하단 도표에서는 저축함수 S(Y)가 수평의 투자함수와 교차하는 점 E에서 균형이 결정된다. 두 개의 도표에서 균형 국민소득 수준은 1,000이다. 투자가 I' = 250으로 증가하면 새로운 균형 국민소득 수준은 점 E'으로 표시된 1,400이고, 여기에서 점선의 C(Y) + I'이 45° 선과 교차하고 점선의 I' 선이 S(Y)와 교차한다.

총합은 (수평축으로 측정된) 1,000만큼의 소득 또는 생산량 수준과 일치한다. 따라서 균형 국민소득 수준은 $Y_E = 1,000$이 된다.

$Y > 1,000$이면 생산량이 의도된 지출보다 많으므로 판매되지 않은 상품이 누적된다. 따라서 **의도하지 않은(unplanned)** 재고가 증가하기 때문에 기업들은 생산을 감축한다. 반대로 $Y < 1,000$인 경우에는 생산량이 의도된 지출보다 적으므로 재고는 감소하고 생산은 증가한다. 따라서 $Y_E = 1,000$ 이외의

다른 소득수준에서는 의도된 지출이 생산량보다 크거나 작으므로 국민소득 수준이 $Y_E = 1,000$을 향해 움직인다고 하는 의미에서 균형 국민소득 수준 $Y_E = 1,000$은 안정적이다. 균형 국민소득 수준이 완전고용 국민소득 수준(Y_F)과 같아야 할 이유는 없으므로 여기서는 완전고용 상태가 아닐지라도 균형은 성립한다고 가정한다.

그림 17-1의 하단 도표에서 수직축은 저축 및 투자수준을, 수평축은 (상단 도표와 마찬가지로) 국민소득 수준을 측정한다. 의도된 투자수준은 소득수준과는 관계없이 $I = 150$으로 외생적이다. 한편 의도된 저축은 소득함수로서 저축함수(saving function)는 다음과 같다.

$$S(Y) = Y - C(Y) \tag{17-2}$$

따라서 (상단 도표에서) $Y = 0$이고 $C = 100$이면 (하단 도표에서는) $S = -100$이 된다. $Y = 400$, $C = 400$이면 $S = 0$(2개의 도표에서 점 A)이다. $Y = 1,000$, $C = 850$이면 $S = 150$이다. 소득이 증가하면 의도된 저축도 증가한다는 점에 유의하자. 소득의 변화(ΔY)에서 의도된 저축의 변화(ΔS)가 차지하는 비율을 한계저축성향(Marginal Propensity to Save, MPS)이라 한다. 예를 들면 하단 도표에서 소득이 (400에서 1,000으로) 600 증가하면 저축은 150 증가한다. 따라서 한계저축성향(MPS)은 $\Delta S / \Delta Y = 150/600 = 1/4$이다. 소득의 변화($\Delta Y$)는 항상 소비의 변화($\Delta C$)와 저축의 변화($\Delta S$)의 합과 같으므로 $MPC + MPS = 1$이고, $MPS = 1 - MPC$이다. 위의 예에서는 $MPC + MPS = 3/4 + 1/4 = 1$이고, $MPS = 1 - 3/4 = 1/4$이다.

하단 도표에서 150의 의도된 투자(경제에 대한 주입)는 $Y = 1,000$일 때 의도된 저축(경제로부터의 누출)과 같다. 투자는 총지출을 증가시켜 생산을 자극하므로 경제에 대한 주입(injection)이며, 저축은 생산된 소득이지만 지출되지 않으므로 경제로부터의 누출(leakage)이다. 따라서 균형 국민소득 수준은

$$S = I \tag{17-3}$$

일 때의 소득수준이다. 그림으로 보면 균형 국민소득 수준은 저축함수와 투자함수(investment function)가 교차하는 점 E에서 결정된다. $Y > 1,000$이면 의도된 저축이 의도된 투자보다 크기 때문에 그 차이만큼 의도하지 않은 또는 계획되지 않은 재고투자가 발생한다. 따라서 생산량과 소득수준은 $Y_E = 1,000$의 방향으로 감소한다. 반대로 $Y < 1,000$에서는 의도된 투자가 의도된 저축을 초과하여 그 차이만큼 의도하지 않은 재고가 감소하여 소득과 생산은 $Y_E = 1,000$의 방향으로 증가한다.

따라서 균형 국민소득 수준은 상단 도표에서 $C(Y) + I$ 함수와 45° 선이 교차하는 점, 또는 하단 도표에서는 $S(Y)$와 I 함수가 교차하는 점에서 결정된다. 두 경우 모두 균형 국민소득 수준은 $Y_E = 1,000$이고 균형 국민소득 수준은 완전고용 소득수준보다는 작다고 가정하자.

17.2B 폐쇄경제하에서의 승수

어떤 이유로든 투자가 $I = 150$에서 $I' = 250$으로 100만큼 증가하면 총지출함수는 $C(Y) + I$에서 (그림 17-1의 상단 도표에서 점선으로 표시된) $C(Y) + I'$으로 100만큼 위로 이동하고 $Y_{E'} = 1,400$에서 균형점 E'이 결정된다. 다른 말로 하면 투자가 독립적으로 증가하면 투자함수는 $I = 150$에서 (하단 도표에서 점선으로 표시된) $I' = 250$으로 위로 이동하여 저축함수와 점 E'에서 교차하고 $Y_{E'} = 1,400$에서 균형

국민소득 수준이 결정된다.

하단 도표의 원래의 균형점 E에서 투자가 $I = 150$에서 $I' = 250$으로 증가하면 $I' > S$이 되어 Y는 증가한다. Y가 증가하면 S도 증가한다. 이러한 과정은 Y가 충분히 증가하여 이로 인해 유발된 4가 I'과 같아질 때까지 계속된다. 이렇게 되기 위해서는 상단 도표와 하단 도표에서 새로운 균형점 E'으로 표시된 바와 같이 국민소득 Y는 $Y_E = 1,000$에서 $Y_{E'} = 1,400$으로 400만큼 증가해야 한다. 다시 말하면

$$\Delta I = \Delta S = MPS \times \Delta Y$$

이므로

$$\Delta Y = \left(\frac{1}{MPS}\right) \Delta I$$

가 된다. 따라서 승수(k)는 다음과 같다.

$$k = \frac{\Delta Y}{\Delta I} = \frac{1}{MPS} = \frac{1}{1 - MPC} \tag{17-4}$$

즉, 폐쇄경제에서의 케인스 승수(multiplier, k)는 한계저축성향의 역수와 같고, 또한 $1 - MPC$의 역수와 같다. 그런데 $0 < MPS < 1$이므로 승수는 1보다 큰 값을 갖는다. 예를 들면 그림 17-1에서 $MPS = 1/4$이므로 $k = 4$이고 투자가 100 증가하면 Y는 400 증가하며 이로 인하여 유발된 S는 100이 증가한다.

소득이 투자보다 더 많이 증가하는 이유는 다음과 같다. 투자지출이 증가하면 생산자는 생산을 확대하고, 더 많은 노동자를 고용하며 자본과 기타 생산요소를 더욱 많이 사용한다. 생산과정에서 파생된 소득은 생산량의 가치와 동일하므로 투자지출이 100만큼 증가하면 소득 역시 100만큼 증가하는 직접적 효과가 있다. 그러나 사람들은 100만큼 소득이 증가한 것 중에서 3/4(MPC)을 소비할 것이다. 따라서 소득이 100 증가할 때 소비지출은 75 증가한다. 그 결과 생산은 더욱 증가하여 소득은 추가적으로 75 증가하고, 이러한 소득의 증가로 인해 소비는 다시 56.25(0.75 × 75이므로)만큼 또 증가한다.

이러한 과정은 단계마다 소득이 증가하는 정도가 작아져서 결국 소득이 증가하지 않을 때까지 계속된다. 따라서 소득은 첫 번째 단계에서는 100, 두 번째 단계에서는 75, 세 번째 단계에서는 56.25 등으로 계속 증가하여 결국 증가한 소득의 총합은 400이 된다. 소득이 $Y_E = 1,000$에서 $Y_{E'} = 1,400$으로 400 증가할 때 이로 인해 유발된 저축은 100만큼 증가하여 결국은 $S = I' = 250$이 되고 소득증가의 과정은 멈춘다.

17.3 소규모 개방경제하에서의 소득결정이론

이제 균형 국민소득과 승수에 관한 논의를 폐쇄경제에서 소규모 개방경제(국제거래를 통해 무역상대국이나 다른 국가의 국민소득에 영향을 미치지 못하는 경제)의 경우로 확장시켜 보자. 먼저 한 나라의 수입함수를 정의하고 균형 국민소득 수준의 결정원리를 수식과 도표를 이용하여 살펴본 후 무역승수를 도출하며, 17.4절에서는 소국이라는 가정을 완화하여 외국의 반향을 고려한다. 논의를 쉽게 하기 위하여 정부부문은 존재하지 않고 이 경제는 완전고용수준 이하의 상태에 있는 것으로 계속 가정한다.

17.3A 수입함수

한 국가의 수입함수(import function) $M(Y)$는 이 나라의 국민소득과 수입 사이의 관계를 보여 준다. 그림 17-2는 가상적인 수입함수를 보여 준다. $Y = 0$일 때 $M = 150$이고 Y가 증가함에 따라 M도 증가한다는 점에 유의하기 바란다. 소득이 0일 때 이 나라는 해외에서 차입을 하거나 국제준비자산을 이용하여 150을 수입한다. 그리고 소득이 증가함에 따라 수입도 증가한다.

소득 변화(ΔY)에 대한 수입 변화(ΔM)의 비율을 한계수입성향(Marginal Propensity to Import, MPM)이라고 한다. 예를 들면 그림 17-2의 수입함수의 점 G에서 점 H로의 이동은 $Y = 1,000$에서 $Y = 2,000$으로 소득이 증가함에 따라 수입은 $M = 300$에서 $M = 450$으로 증가하는 것을 의미한다. 따라서 $MPM = \Delta M/\Delta Y = 150/1,000 = 0.15$이다. MPM은 $M(Y)$의 기울기와 같고 일정하다. 한편 소득에 대한 수입의 비율을 평균수입성향(Average Propensity to Import, APM)이라 하는데, (그림 17-2에서와 같이 수입함수의 절편이 0보다 크면) 소득이 증가함에 따라 평균수입성향은 감소한다. 따라서 점 G에서 $APM = M/Y = 300/1,000 = 0.3$이고 점 H에서는 $APM = M/Y = 450/2,000 = 0.225$이다. 이때 MPM/APM은 수입수요의 소득탄력성(income elasticity of demand of imports, n_Y)이다. 구체적으로 다음과 같이 나타낼 수 있다.

$$n_Y = \frac{\text{수입의 변화율}}{\text{소득의 변화율}} = \frac{\Delta M/M}{\Delta Y/Y} = \frac{\Delta M/\Delta Y}{M/Y} = \frac{MPM}{APM} \tag{17-5}$$

그림 17-2에서 점 G에서 점 H로 이동할 때의 n_Y는 다음과 같다.

$$n_Y = \frac{150/1,000}{300/1,000} = \frac{0.15}{0.30} = 0.5$$

미국은 대국이고 자원이 풍부하며 국제무역 의존비중이 높지 않기 때문에 미국의 APM과 MPM은

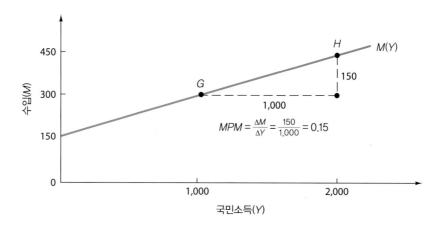

그림 17-2 수입함수

수입함수 $M(Y)$는 소득이 0일 때 수입은 150이며, 소득이 증가하면 수입도 증가함을 보여 준다(소득이 변화할 때 수입의 변화율). 수입함수의 기울기를 한계수입성향(MPM)이라고 한다. 이 수입함수의 경우에는 $MPM = \Delta M/\Delta Y = 0.15$로 일정하다.

다른 국가에 비해 작을 것이다. 이를테면 미국의 $APM = 0.15$이고 $MPM = 0.27$이면 $n_Y = 1.8$이고, 독일의 $APM = 0.33$, $MPM = 0.50$이면 $n_Y = 1.5$이며, 영국의 $APM = 0.29$, $MPM = 0.64$이면 $n_Y = 2.2$이다. G7 국가 중 오직 일본만이 APM과 MPM이 미국보다 작다. 미국과 기타 국가에 대한 수입수요의 소득탄력성은 사례연구 17-1에서 소개된다.

17.3B 소규모 개방경제에서 균형 국민소득의 결정

폐쇄경제에서 균형 국민소득의 결정원리를 국제무역이 있는 개방경제로 쉽게 확장할 수 있다. 개방경제에서 수입은 저축과 마찬가지로 소득흐름으로부터의 누출인 반면, 수출은 투자와 마찬가지로 소득흐름으로의 주입이다. 특히 수입은 저축과 마찬가지로 벌어들인 소득 중 국내생산물을 구입하는 데 지출되지 않는 부분인 반면, 수출은 투자와 마찬가지로 국내생산을 촉진한다.

소규모 개방경제의 경우에 수출은 외생적이며 (투자와 마찬가지로) 소득수준에 의존하지 않는 것으로 가정하자. 따라서 수출함수(export function)는 소득 축에 평행한 직선이 된다. 즉, 한 나라의 수출은 무역상대국이나 기타 국가의 입장에서는 수입이기 때문에 수출국의 소득수준에 의존하지 않고 무역상대국이나 기타 국가의 소득수준에 의해 결정된다. 반대로 수입은 (저축과 마찬가지로) 국내 소득수준의 함수이다. 이 점을 염두에 두고 소규모 개방경제의 경우에 균형 국민소득 수준이 결정되는 조건을 살펴보자.

소규모 개방경제의 소득 흐름에서 주입과 누출에 관련된 균형조건은 다음과 같다.

사례연구 17-1 수입의 소득탄력성

표 17-1은 표 16-3에서 가격탄력성을 추정하기 위해 사용한 동일한 자료원에서 미국, 일본, 독일, 프랑스, 영국, 이탈리아, 캐나다에 대해 재화 및 서비스 수입의 소득탄력성 값을 보여 준다. 표에서 미국, 독일, 프랑스, 이탈리아, 캐나다의 수입의 소득탄력성은 1.4에서 1.8에 걸쳐 있다. 영국은 2.2, 일본은 0.9이다. 일본의 수입 소득탄력성이 낮은 것은 일본에서는 MPM이 APM보다 낮다는 것이고 다른 선진국의 경우와 반대이다. 이것은 일본의 경우 원자재의 수입이 비례 이상이고 소득이 증가하는 경우 다른 선진국에 비해 수입재보다는 국내재에 비례적으로 더 많은 지출이 이루어진다는 것을 의미한다.

수입수요의 가격탄력성의 경우와 같이 수입수요의 소득탄력성 또한 과거에 비해서 보다 글로벌화된 세계에서 최근에 실질적으로 크게 증가했었던 것 같다. 크레인, 크롤리, 퀘이염(Crane, Crowley, & Quayyum, 2007)은 1981년부터 2006년까지의 데이터를 사용하여 표 17-1의 G7 국가들의 수입수요의 소득탄력성이 1.95, 1.94, 3.28, 1.62, 1.65, 2.48, 1.67이라는 것을 발견했다.

표 17-1 수입의 소득탄력성

국가	탄력성
미국	1.8
일본	0.9
독일	1.5
프랑스	1.6
영국	2.2
이탈리아	1.4
캐나다	1.4

출처 : Hooper, Johnson, and Marquez (2008).

$$I + X = S + M \tag{17-6}$$

균형 국민소득 수준을 결정하는 이 조건이 무역수지(및 국제수지)의 균형을 의미하는 것은 아니라는 점에 유의하기 바란다. $S = I$인 경우에만 $X = M$이 되어 무역수지는 균형을 이루게 된다.

식 (17-6)을 다시 정리하면 균형 국민소득 수준을 결정하는 조건은 다음과 같이 쓸 수 있다.

$$X - M = S - I \tag{17-7}$$

이 식은 균형 국민소득 수준에서 한 나라의 무역수지 흑자(외국으로부터의 주입)는 국내투자에 대한 국내저축의 초과분(순 국내누출)과 같다는 점을 의미한다. 반대로 균형 국민소득 수준에서 한 나라의 무역수지 적자는 국내저축에 대한 국내투자의 초과분과 일치한다.

식 (17-7)에서 I를 좌변으로 이항하면 다음과 같은 유용한 균형조건을 구할 수 있다.

$$I + (X - M) = S \tag{17-8}$$

수출초과는 해외자산의 축적을 뜻하므로 식 (17-8)에서 $(X - M)$은 순 해외투자를 의미한다. 따라서 식 (17-8)은 균형 국민소득 수준에서 국내투자와 해외투자를 합한 것이 국내저축과 일치한다는 점을 보여 준다(사례연구 17-2 참조). 만일 수입이 수출을 초과하면 $(X - M)$항은 음$(-)$이 되어, 국내투자는 순 해외투자의 회수액(즉, 외국인이 국내에 투자한 것)만큼 국내저축보다 크다.

17.3C 그래프로 살펴본 균형 국민소득의 결정

앞에서 수식으로 설명한 소규모 개방경제에서 균형 국민소득이 결정되는 원리를 그림 17-3을 통해 알 수 있다. 그림 17-3에서 상단 도표와 하단의 도표는 각각 식 (17-6)과 식 (17-7)로 표현된 균형 국민소득 수준의 결정원리를 보여 준다. 수출은 외생적으로 300이라고 가정하였고 상단과 하단 도표에서 소득수준은 모두 $Y_E = 1,000$이다. 특히 상단 도표에서는 저축과 수입의 합 및 투자와 수출의 합을 수직축에, 소득은 수평축에 표시하고 있다. (그림 17-1과 마찬가지로) 투자 $I = 150$이고, 수출 $X = 300$이면 투자함수와 수출함수의 합은 $I + X = 150 + 300 = 450$이다. 그런데 저축함수와 수입함수의 합 $S(Y) + M(Y)$는 그림 17-2의 수입함수를 그림 17-1의 저축함수에 수직으로 더하여 구할 수 있다. 예를 들어 $Y = 0$일 때, $S = -100$, $M = 150$이므로 $S + M = -100 + 150 = +50$이다. $Y = 1,000$이면 $S + M = 150 + 300 = 450$이다. 저축함수와 수입함수의 합의 기울기는 (저축함수의 기울기인) MPS와 (수입함수의 기울기인) MPM의 합과 같다는 점에 유의하자. 즉, $S(Y) + M(Y)$의 기울기 $= MPS + MPM = 0.25 + 0.15 = 0.40$이다.

따라서 균형 국민소득 수준은 $Y_E = 1,000$이고, $(I + X)$ 함수가 $S(Y) + M(Y)$ 함수와 교차하는 점(상단 도표의 점 E)에서 결정된다.

$$주입 = 누출$$
$$I + X = S + M$$
$$150 + 300 = 150 + 300$$
$$450 = 450$$

사례연구 17-2 민간부문 수지 및 경상수지

표 17-2에서 주요 7개국(G7)에 대해 1996~2000년 기간 및 2001년 국내총생산(GDP)의 백분율로 표시하여 민간부문 수지($S-I$)와 경상수지($X-M$)를 알 수 있다. 이 표로부터 GDP의 백분율로 표시할 때 미국은 가장 큰 민간부문 및 경상수지 적자를, 일본은 가장 큰 민간부문 및 경상수지 흑자를 보인 것을 알 수 있다(단 캐나다는 2001년에 일본보다 더 큰 경상수지 흑자를 보임). 식 (17-7)의 균형 조건($S-I$) $= (X-M)$은 (다음 장에서 논의되는) 정부부문의 누락으로 인해 성립되지 않는다.

표 17-2 G7의 민간부문 수지 및 경상수지(1996~2001)

국가	민간부문 수지(1996~2000)		경상수지(1996~2000)	
	평균	2001	평균	2001
미국	-2.7	-4.7	-2.7	-4.1
일본	7.9	8.5	2.3	2.1
독일	1.2	1.8	-0.6	-0.7
영국	-0.6	-2.9	-1.2	-1.8
프랑스	4.7	3.0	2.2	1.6
이탈리아	4.6	1.5	1.6	0.1
캐나다	-0.4	0.9	0.1	3.7

출처 : Organization for Economic Cooperation and Development, *Economic Outlook* (Paris: OECD, December 2001), p. 134.

이 경우에 $I = S = 150$이므로 $X = M = 300$(그림에서 EJ)이라는 점에 주목하자. 따라서 $Y_E = 1,000$인 균형 국민소득 수준에서 무역수지는 균형을 이루게 된다. 주입과 누출이 같지 않을 때 이 경제는 자동적으로 Y_E로 복귀한다는 의미에서 Y_E 역시 안정적이다.

그림 17-3의 하단 도표에서는 $(X-M)$과 $(S-I)$를 수직축에, Y를 수평축에 측정한다. $Y = 0$이면 $X = 300$, $M = 150$이므로 $X-M = 300-150 = 150$이다. X는 일정한 반면 Y가 증가하면 M도 증가하므로, Y가 증가할 때 $X-M(Y)$ 함수는 감소한다. 즉, Y가 증가하면 무역수지는 악화된다. 반대로 $Y = 0$에서 $S = -100$이고 $I = 150$이므로 $S-I = -100-150 = -250$이다. Y가 증가하면 S도 증가하는 반면 I는 일정하므로 $S(Y) - I$ 함수는 증가한다. 따라서 균형 국민소득 수준은 $X-M(Y)$ 함수가 $S(Y) - I$ 함수와 교차하는 점(하단 도표의 점 E)에서 결정되며 이때 $Y_E = 1,000$이다.

그림 17-3의 하단 도표 및 식 (17-7)을 이용할 때의 장점은 무역수지를 그림으로부터 직접 알 수 있다는 점이다. $X-M(Y)$ 함수와 $S(Y) - I$ 함수가 수평축에서 교차하므로 $Y_E = 1,000$에서 $X-M = S - I = 0$이 된다. 즉, 이 경우에 무역수지는 균형 국민소득 수준에서 균형을 이룬다. 이는 (수출과 투자의 독립적 증가와 같은) 교란요인이 한 나라의 균형 국민소득 수준에 미치는 효과와 자동적인 소득조정기구의 작동을 분석하는 데 편리한 출발점이 된다.

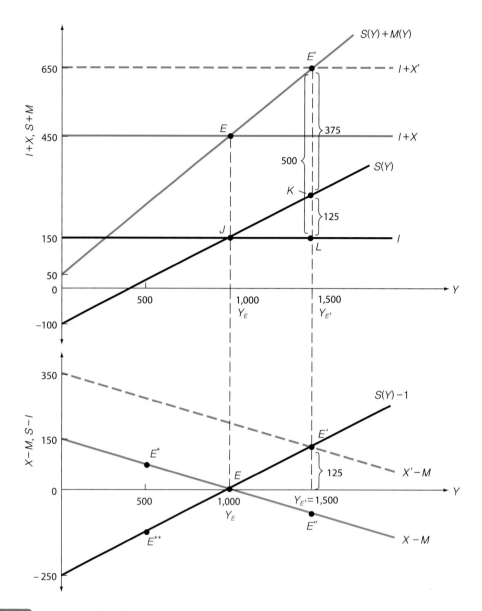

그림 17-3 소규모 개방경제에서의 국민소득 결정

상단 도표는 저축과 수입의 합 및 투자와 수출의 합을 수직축에, 국민소득을 수평축에 측정한다. 균형 국민소득 수준은 Y_E = 1,000이고, $I+X$ 함수가 $S(Y)+M(Y)$ 함수와 교차하는 점 E에서 결정된다. Y_E = 1,000에서 $S=I$ = 150이므로 $X=M$ = 300이 된다. 하단 도표는 $(X-M)$과 $(S-I)$를 수직축에 Y를 수평축에 측정한다. $X-M(Y)$ 함수는 Y가 증가하면 감소하는데, X는 일정한 반면 Y가 증가하면 M 역시 증가하기 때문이다. $S(Y)-I$ 함수는 Y가 증가하면 증가하는데, Y가 증가하면 S도 증가하는 반면 I는 일정하기 때문이다. Y_E = 1,000이고 이는 $X-M(Y)$ 함수가 $S(Y)-I$ 함수와 교차하는 점 E에서 결정된다. 이때 $X-M=S-I$ = 0이 된다. (하단 도표에서 점선 $I+X'$과 하단 도표에서 $X'-M(Y)$로 표현되는 바와 같이) X가 200만큼 외생적으로 증가하면, $Y_{E'}$ = 1,500, $X'-M$ = 125 및 $S-I$ = 125가 된다.

17.3D 무역승수

그림 17-3의 두 도표에 있는 균형점 E로부터 시작하여 (식 17-6의 좌변에 있는) 투자나 수출이 독립적으로 변화하면 균형 국민소득 수준이 교란된다. 균형 국민소득 수준이 변화하면 (식 17-6의 우변의) 저축 및 수입량도 변화하여 마침내 저축과 수입의 유발된 변화의 합이 투자와 수출의 독립적 변화의 합과 같게 된다. 즉, 새로운 균형 국민소득 수준은 다음 점에서 결정된다.

$$\Delta I + \Delta X = \Delta S + \Delta M \tag{17-9}$$

소득이 변화할 때 유발된 저축과 수입의 변화는 다음과 같다.

$$\Delta S = (MPS)(\Delta Y)$$

$$\Delta M = (MPM)(\Delta Y)$$

식 (17-9)의 ΔS와 ΔM에 이를 대입하면 다음과 같이 나타낼 수 있다.

$$\Delta I + \Delta X = (MPS)(\Delta Y) + (MPM)(\Delta Y)$$

$$\Delta I + \Delta X = (MPS + MPM)(\Delta Y)$$

$$\Delta Y = \frac{1}{MPS + MPM}(\Delta I + \Delta X)$$

따라서 무역승수(foreign trade multiplier, k')는 다음과 같다.

$$k' = \frac{1}{MPS + MPM} \tag{17-10}$$

예를 들어 그림 17-3의 균형점 E에서 시작하여 수출이 $X = 300$에서 $X' = 500$으로 200만큼 외생적으로 증가하면 다음과 같이 된다.

$$k' = \frac{1}{MPS + MPM} = \frac{1}{0.25 + 0.15} = \frac{1}{0.40} = 2.5$$

$$\Delta Y = (\Delta X)(k') = (200)(2.5) = 500$$

$$Y_{E'} = Y_E + \Delta Y = 1,000 + 500 = 1,500$$

$$\Delta S = (MPS)(\Delta Y) = (0.25)(500) = 125$$

$$\Delta M = (MPM)(\Delta Y) = (0.15)(500) = 75$$

따라서 $Y_{E'}$에서는 다음이 성립한다.

$$주입의\ 변화 = 누출의\ 변화$$

$$\Delta I + \Delta X = \Delta S + \Delta M$$

$$0 + 200 = 125 + 75$$

$$200 = 200$$

$Y_{E'} = 1,500$의 새로운 균형 국민소득 수준에서는 수출이 수입을 125만큼 초과한다. 즉, 소득이 자동적으로 변화한 결과 유발된 수입의 증가는 수출의 독립적 증가보다는 작기 때문에 국제수지의 조정은 불완전하다. 위에서 구한 무역승수 $k' = 2.5$는 이에 상응하는 17.2B절에서 구한 폐쇄경제의 무역승수인 $k = 4$보다 작은데, 그 이유는 개방경제에서 국내소득이 저축과 수입으로 누출되기 때문이다. 이것이 개방경제 거시경제학의 기본적 결과이다.

그림 17-3의 상단 도표에서 (점선으로 표시된) $I + X'$ 함수는 $S(Y) + M(Y)$ 함수와 점 E'에서 교차한다. $Y_{E'} = 1,500$에서는 $X' = 500(E'L)$이고 $M = 375(E'K)$이므로 $X' - M = 125(KL)$이다. 이와 동일한 결과가 그림 17-3의 하단 도표에서 점 E'으로 표시되는데, 여기서 높은 수준의 새로운 $X' - M(Y)$ 함수 (점선)는 변화하지 않은 $S(Y) - I$ 함수와 $Y_{E'} = 1,500$에서 교차하여 무역수지의 흑자는 $X' - M = 125$가 된다.

$MPS + MPM$이 작으면 작을수록 그림 17-3의 상단 도표에서 $S(Y) + M(Y)$의 기울기는 완만해지며, 무역승수의 크기와 독립적 투자 및 수출의 증가에 따른 소득 증가의 크기가 더 커진다는 점에 주목하자. 또한 X가 외생적으로 증가하면 Y가 증가하지만 I는 불변($\Delta I = 0$)이라는 점도 주목하자.

만일 X 대신 I가 200만큼 증가한다면

$$\Delta I + \Delta X = \Delta S + \Delta M$$
$$200 + 0 = 125 + 75$$

가 되고, 이 나라는 수입의 증가와 동일한 75만큼의 지속적인 무역수지 적자를 경험하게 된다. 이는 도표상으로는 $S(Y) - I$ 함수가 아래로 200만큼 이동해 변화하지 않은 $X - M(Y)$ 함수와 점 E''(그림 17-3의 하단 도표 참조)에서 교차하여 $Y_{E''} = 1,500$이고 $X - M = -75$인 것으로 표현된다.

반면에 그림 17-3의 하단 도표의 균형점 E에서 시작해 저축이 200만큼 독립적으로 증가하면 $S(Y) - I$ 함수가 위로 200만큼 이동하며 (점 E^*에서) $Y_E^* = 500$이 되고, 무역수지의 흑자는 $X - M = 75$가 된다. 마지막으로 수입이 200만큼 독립적으로 증가하면 $X - M(Y)$ 함수가 아래로 200만큼 이동하여 균형점은 E^{**}가 되고(그림 17-3의 하단 도표 참조), $Y^{**} = 500$이 되어 이 국가의 무역수지 적자는 $X - M = -125$가 된다. 이처럼 균형 국민소득 수준이 감소하는 이유는 수입이 국내생산을 대체하기 때문이다. 사례연구 17-3은 미국의 경상수지와 성장률과의 관계를 보여 주며, 사례연구 17-4는 몇몇 개발도상국의 경우에 대해 이들 관계를 보여 준다.

17.4 외국의 반응

이 절에서는 소규모 개방경제의 가정을 완화하여 외국의 반응(foreign repercussions)을 고려할 수 있도록 분석을 확장한다. 두 나라만이 존재(즉, 1국과 2국)할 경우에 2국의 수입이 독립적으로 증가하면 1국의 수출은 같은 크기로 독립적으로 증가한다. 만일 2국의 수입이 독립적으로 증가하여 국내생산을 대체하면 2국의 소득은 감소한다. 그 결과 2국의 수입이 감소하여 수입의 독립적 증가는 어느 정도 상쇄된다. 이것이 1국에 대한 외국의 반응이며, 이로 인해 원래의 1국 수출의 독립적 증가는 어느 정도 상쇄된다. 결과적으로 외국의 반응이 있을 때 1국의 무역승수는 외국의 반응이 없을 때보다 작아

사례연구 17-3 미국과 전 세계 성장률 및 미국의 경상수지 적자

표 17-3은 1998년부터 2017년까지 미국과 세계 전체의 실질 GDP의 증가율 및 미국의 경상수지(CA)와 미국의 GDP 대비 경상수지(CA/GDP)를 보여 준다. 여기서는 미국의 경상수지의 지속가능성이 관심사이기 때문에 미국의 경상수지 적자규모보다는 CA/GDP의 비율을 중심으로 살펴본다.

표로부터 미국의 CA/GDP는 2008∼2009년까지, 2012∼2013년까지 미국 경제성장이 둔화됨에 따라(예상한 바와 같이) 개선되었다. 그러나 경제성장이 둔화되어도 CA/GDP가 2010년에는 증가하고 2011년에는 변하지 않았다. 이것은 미국의 CA/GDP는 정반대 방향으로 작용하는 (이 장의 다음 부분과 제16장에서 검토) 많은 경제적인 힘의 상호작용(예 : 단지 미국의 값만이 아닌 여타국의 성장, 달러 환율의 변화, 상대 인플레이션율)에 의해 결정된다는 것을 보여 준다. 경상수지 적자는 자본유입에 의해 결제되므로 미국의 경상수지의 지속가능성에 대한 의문이 생긴다. 해외로부터의 자본유입이 갑자기 철회되거나 동결되면, 달러는 급격한 평가하락과 함께 미국 이자율의 급격한 상승을 가져오므로 미국은 경상수지 적자를 조정하거나 감소시킬 수밖에 없다. 미국경제는 깊은 불황에 빠질 수 있다. 따라서 미국이 경상수지 적자를(예 : 2009년 이후처럼 GDP의 2∼3% 범위 내로) 축소시키는 것이 중요하다.

표 17-3 미국과 전 세계 성장률 및 미국의 경상수지 적자(1998∼2017)

	평균 (1998∼2007)	2008	2009	2010	2011	2012	2013	2014	2015	2016	2017
미국 실질 GDP 증가율(%)	3.0	−0.3	−2.8	2.6	1.6	2.2	1.8	2.5	2.9	1.6	2.2
세계 실질 GDP 증가율(%)	4.2	3.0	−0.1	5.4	4.3	3.5	3.5	3.6	3.5	3.3	3.7
미국의 경상수지(10억 달러)	−530	−691	−384	−431	−446	−427	−349	−365	−408	−433	−449
미국의 CA/GDP	−4.6	−4.7	−2.7	−2.9	−2.9	−2.6	−2.1	−2.1	−2.2	−2.3	−2.3

출처 : IMF, *International Financial Statistics* (Washington, D.C. : IMF, 2018).

지며, 무역수지는 그다지 많이 개선되지 않을 것이다.

1국의 독립적 수출 증가가 2국의 국내생산을 대체한다고 가정하면, 외국의 반응이 있을 때 수출의 독립적 증가에 대한 1국의 무역승수(k'')는 다음과 같이 나타낼 수 있다.

$$k'' = \frac{\Delta Y_1}{\Delta X_1} = \frac{1}{MPS_1 + MPM_1 + MPM_2(MPS_1/MPS_2)} \tag{17-11}$$

여기서 밑에 있는 첨자 1과 2는 각각 1국과 2국을 의미한다(이 공식과 다음의 공식은 부록에서 유도한다). 예컨대 (17.3절에서와 같이) 1국의 $MPS_1 = 0.25$, $MPM_1 = 0.15$이고 2국의 $MPS_2 = 0.2$, $MPM_2 = 0.1$이라면 승수(k'')는 다음과 같다.

$$k'' = \frac{\Delta Y_1}{\Delta X_1} = \frac{1}{0.25 + 0.15 + 0.10(0.25/0.20)} = \frac{1}{0.525} = 1.90$$

따라서 1국의 수출이 초기에 독립적으로 200 증가하면, 외국의 반응이 없을 때 1국의 소득은 (200)(2.5) = 500 증가하지만, 외국의 반응이 있을 때는 (200)(1.90) = 380 증가한다. 그 결과 외국의 반응이

사례연구 17-4 G7 국가와 브릭스의 성장과 경상수지

표 17-4는 2010년부터 2017년까지 G7 국가와 브릭스(BRICS)의 성장률과 GDP 대비 경상수지 비율을 보여 준다. 표로부터 2010년부터 2017년까지 기간 동안 평균 성장률은 독일의 2.3%부터 이탈리아의 0.0%까지였던 반면 2017년 실질 GDP 성장률은 캐나다의 3.0%부터 이탈리아의 1.5%까지이다. 브릭스의 경우 2010년부터 2017년까지 실질 GDP 성장률은 중국의 8.2%부터 브라질의 1.5%인 반면 2017년 실질 GDP 성장률은 중국의 6.9%부터 브라질의 1.5%까지이다.

표 17-4로부터 G7 국가와 브릭스 국가 중 몇몇 국가들은 GDP의 백분율로 표시한 대규모의 고질적인 경상수지 적자를 나타냈다는 것을 알 수 있다(G7 국가 중에서는 영국, 캐나다, 미국, 브릭스 국가 중에서는 남아프리카공화국, 브라질, 인도). 반면 G7 국가 중에서 독일과 일본, 브릭스 국가 중에서 러시아와 중국은 대규모의 지속적인 경상수지 흑자를 기록하였다. 독일의 경상수지 흑자는 남아프리카공화국과 브라질의 경상수지 적자만큼이나 지속가능하지 않다는 것은 분명하다.

표 17-4 G7 국가와 브릭스의 성장률과 경상수지(2010~2017)

국가	실질 GDP 증가율		GDP 대비 경상수지(%)	
	평균(2010~2017)	2017	평균(2010~2017)	2017
G7 국가				
미국	2.2	2.2	−2.4	−2.3
일본	1.5	1.7	2.3	4.0
독일	2.3	2.5	7.2	7.9
영국	1.9	1.7	−4.1	−3.8
프랑스	1.2	2.3	−0.7	−0.6
이탈리아	0.0	1.5	0.1	2.8
캐나다	2.2	3.0	−3.2	−2.9
브릭스(BRICS)				
중국	8.2	6.9	2.3	1.4
인도	7.4	6.7	−2.4	−1.9
브라질	1.5	1.0	−3.0	−0.5
러시아	1.8	1.5	3.3	2.2
남아프리카공화국	2.1	1.3	−3.9	−2.5

출처 : IMF, *International Financial Statistics* (Washington, D.C. : IMF, 2018).

있을 때 $\Delta M_1 = (\Delta Y_1)(MPM_1) = (380)(0.15) = 57$이 되고 $\Delta S_1 = (\Delta Y_1)(MPS_1) = (380)(0.25) = 95$가 된다. 이들 값을 균형식 $\Delta I_1 + \Delta X_1 = \Delta S_1 + \Delta M_1$에 대입하면 $0 + \Delta X_1 = 95 + 57 = 152$가 된다. 따라서 X_1의 순증가분은 외국의 반응이 있을 때는 152가 되는 반면, 외국의 반응이 없을 때는 200이 된다. M_1이 57 증가하면 1국의 무역수지 흑자는 외국의 반응이 있을 때는 $152 - 57 = 95$가 되는 데 비하여, 외국의 반응이 없을 때는 125(그림 17-3의 점 E')가 된다.

국민소득 수준과 무역수지가 균형상태(그림 17-3의 하단 도표에서 점 E)에 있을 때 1국에서 투자(I_1)의 독립적 증가는 소득(Y_1)을 증가시키고 또한 수입(M_1)을 증가시키므로 1국의 무역수지는 적자가 된다(그림 17-3의 하단 도표에서 균형점 E'' 참조). 외국의 반응이 없을 때는 이것으로 모든 과정이 마무리된다. 외국의 반응이 있는 경우 M_1의 증가는 2국의 수출(X_2)이 증가한 것과 같으므로 Y_2 및 M_2가 증가한다. 이러한 M_2의 증가는 X_1의 증가(1국에 대한 외국의 반응)이며 원래의 1국의 무역수지 적자는 완화된다.

외국의 반응이 있을 때 투자의 독립적 증가로 인한 1국의 승수(k^*)는 다음과 같다.

$$k^* = \frac{\Delta Y_1}{\Delta I_1} = \frac{1 + MPM_2/MPS_2}{MPS_1 + MPM_1 + MPM_2(MPS_1/MPS_2)} \tag{17-12}$$

식 (17-12)의 분모는 식 (17-11)의 분모와 동일하므로 위에서의 계산을 그대로 적용하면 다음과 같은 결과를 얻게 된다.

$$k^* = \frac{\Delta Y_1}{\Delta I_1} = \frac{1 + 0.10/0.20}{0.525} = \frac{1.50}{0.525} = 2.86$$

따라서 $k^* > k' > k''$이고 I_1이 독립적으로 200 증가하면 Y_1은 외국의 반응이 없을 때는 500 증가하는 반면, 외국의 반응이 있는 경우에는 $(200)(2.86) = 572$ 증가한다. 결과적으로 외국의 반응이 있을 때 M_1은 $(\Delta Y_1)(MPM_1) = (572)(0.15) = 85.8$, $\Delta S_1 = (\Delta Y_1)(MPS_1) = (572)(0.25) = 143$ 증가한다.

이들 값을 균형식 $\Delta I_1 + \Delta X_1 = \Delta S_1 + \Delta X_1$에 대입하면 $200 + \Delta X_1 = 143 + 85.8 = 228.8$을 얻을 수 있다. 따라서 X_1의 유발된 증가는 28.8이다. M_1이 85.8 증가하고 X_1이 28.8 증가함에 따라 1국의 무역수지 적자는 외국의 반응이 있는 경우 $85.8 - 28.8 = 57$이고, 외국의 반응이 없을 때는 75(그림 17-3의 점 E'')가 된다. 따라서 외국의 반응이 있는 경우의 무역수지 흑자나 적자는 외국의 반응이 없을 때보다 작게 된다.

마지막으로 2국에서 투자가 독립적으로 증가하면 외국의 반응이 있을 때 I_2의 독립적 증가로 인한 1국의 무역승수(k^{**})는 다음과 같다.

$$k^{**} = \frac{\Delta Y_1}{\Delta I_2} = \frac{MPM_2/MPS_2}{MPS_1 + MPM_1 + MPM_2(MPS_1/MPS_2)} \tag{17-13}$$

$k^* = k^{**} + k''$임에 유의하기 바란다. I_2가 독립적으로 증가할 때 1국의 무역수지와 Y_1에 미치는 효과는 이 장의 뒤에 있는 연습문제에 수록되었다. 식 (17-11), (17-12), (17-13)으로 표현되는 외국의 반응이 있을 때의 무역승수는 부록의 A17.1절에서 수리적으로 도출한다.

이러한 방법으로 경기변동이 국제적으로 전파된다는 점에 주목하기 바란다. 예를 들면 미국에서 경제활동이 확대되면 수입이 증가한다. 그런데 미국의 수입은 다른 국가의 수출이므로 미국에서 경제활동의 확대는 다른 국가로 전파된다. 이들 국가의 수출증가로 인해 이들 국가의 경제활동이 확대되고 미국으로부터의 수입이 증대하여 다시 미국으로 파급된다. 다른 예로는 1930년대의 대공황을 들 수 있다. 1930년대 초반 미국의 경제활동이 갑작스럽게 위축되면서 미국의 수입수요가 대폭 감소하였다. 이런 경향은 스무트-홀리 관세법(Smoot-Hawley Tariff)의 통과로 더욱 악화되었는데, 이는 미국 역사상 가장 높은 관세였으며 다른 국가들의 보복을 초래하였다. 미국의 급격한 수입 감소는 외국에 대해 (승수효과를 통해) 심각한 디플레이션 영향을 미치게 되었고, 이로 인해 외국은 미국으로부터 수입을 줄이게 되어, 미국의 국민소득은 더욱더 감소하였다. 이러한 외국의 반응은 공황을 전세계로 전파시키는 데 중요한 역할을 하였으며, 소국의 경우에만 자국 경제에서 발생하는 변화가 외국에 대해 미치는 반응을 무시할 수 있었다. 사례연구 17-5는 1997년 7월 아시아에서 시작된 금융위기가 무역의 연관성을 통하여 미국, 일본 및 유럽연합에 미친 효과를 보여 준다.

사례연구 17-5 1990년대 후반 아시아 금융위기가 OECD 국가에 미친 영향

표 17-5는 OECD가 INTERLINK 모형을 이용하여 추정한, 1997년 7월 아시아 금융위기가 미국, 일본, 유럽연합, 캐나다, 오스트레일리아, 뉴질랜드에 미친 효과의 추정값을 보여 준다. 아시아 금융위기는 무역의 연관성을 통하여 세계 각국으로 전파되었다. 구체적으로는 위기를 경험한 국가의 통화가 평가하락하면서 이들 국가의 수출은 촉진되었지만 소득 감소로 인해 이들 국가의 수입수요는 감소하였다. 이러한 효과는 외환위기가 발생하지 않았더라면 나타났을 외국의 성장률과 경상수지에서 실제의 성장률과 경상수지의 차이로 측정할 수 있다.

표 17-5는 아시아 금융위기로 인하여 1998년부터 1999년까지 미국의 실질 GDP가 (1998년의 4.7%에서 4.3%로 1999년의 4.2%에서 3.8%로) 0.4%p 감소했음을 보여 준다. 이는 1998년과 1999년에 미국의 GDP가 약 340억 달러에서

350억 달러 감소한 것에 해당한다. 유럽연합에서의 성장률 하락(%p)은 미국과 비슷하지만, 일본, 오스트레일리아, 뉴질랜드의 경우는 미국보다 훨씬 컸고, 캐나다의 경우에는 미국보다 작았다. 또한 이 표는 금융위기로 인해 미국의 경상수지 적자가 1998년 130억 달러, 1999년 270억 달러 증가했음을 보여 준다. 경상수지 적자에 미친 효과는 일본과 유럽연합에서는 미국과 비슷했고 캐나다, 오스트레일리아, 뉴질랜드에서는 미국보다 훨씬 작았다. 따라서 일부 대국이나 지역에서의 경제위기는 무역의 연관성을 통하여 다른 국가나 지역으로 쉽게 파급되며, 이들 국가에 큰 영향을 미친다는 사실을 알 수 있다. 이것은 2007년 미국 서브프라임 모기지 시장에서 시작되어 2008년 미국의 전체 금융 및 경제 부문, 더 나아가 세계의 나머지까지 확산된 금융위기로부터(21.6E절에서 자세히 논의) 한층 더 분명해진다.

표 17-5 아시아 금융위기가 OECD 국가의 성장률 및 경상수지에 미친 효과(1998~1999)

국가	실질 GDP 증가율(%)		경상수지(10억 달러)	
	1998	1999	1998	1999
미국	−0.4	−0.4	−13	−27
일본	−1.3	−0.7	−12	−22
유럽연합	−0.4	−0.2	−19	−28
캐나다	−0.2	−0.3	−2	−3
오스트레일리아 및 뉴질랜드	−0.9	−0.1	−3	−4
OECD	−0.7	−0.4	−26	−55

출처 : Organization for Economic Cooperation and Development, *OECD Economic Outlook* (Paris: OECD, June 1998), p. 17.

17.5 흡수접근방법

이 절에서는 자동적 가격조정 및 소득조정기구를 통합한 소위 흡수접근방법을 살펴본다. 구체적으로는 평가절하 혹은 평가하락을 통해 한 나라의 국제수지 적자가 조정되는 과정에서 유발되는 (자동적인) 소득변화의 효과를 살펴본다. 제16장에서는 자동적인 가격조정기구만을 분리해서 살펴보기 위해 이러한 자동적 소득변화를 생략하였다.

한 국가는 (외환시장이 안정적일 때) 국제수지의 적자를 평가절하나 평가하락을 통하여 조정할 수 있다는 점을 제16장에서 살펴보았다. 한 국가의 무역수지가 개선되는 정도는 수출품 및 수입품에 대한 가격탄력성에 따라 좌우되므로 이러한 방법으로 적자를 조정하는 것을 **탄력성 접근방법**이라 한다. 평가절하나 평가하락은 수출을 촉진하고 수입을 억제하므로(수입이 억제됨에 따라 수입대체품의 국내생산은 촉진됨) 적자국의 무역수지는 개선된다. 이에 따라 적자국의 생산 및 실질소득이 증가하면 수입이 증가하여 평가절하나 평가하락으로 인한 원래의 무역수지 개선효과는 부분적으로 상쇄된다.

그러나 적자국이 이미 완전고용상태에 있었다면 생산은 증가할 수 없기 때문에 **실질국내흡수**(지출)가 감소할 때에만 평가하락이나 평가절하의 결과 한 나라의 국제수지 적자가 감소하거나 제거된다. 만일 실질국내흡수가 자동적으로든 아니면 긴축적 재정정책이나 통화정책을 통해서든 감소하지 않는다면, 평가하락이나 평가절하의 결과 국내가격이 상승하기 때문에 평가하락으로 인해 발생했던 유리한 경쟁우위가 완전히 상쇄되어 적자는 감소하지 않는다.

그림 17-3의 하단 도표에서 살펴보면 적자국의 평가하락이나 평가절하의 결과 (X는 증가하고 M은 하락하므로) $X - M(Y)$ 함수는 위로 이동하여 초기에 완전고용 이하의 수준에서는 (또 마셜-러너 조건이 충족된다면) 이 나라의 무역수지가 개선된다. 그러나 무역수지가 최종적으로 개선되는 정도는 $X - M(Y)$ 함수가 위로 이동한 것보다는 작은데, 그 이유는 국내생산이 증가하면 수입수요가 증가하여 원래의 무역수지 개선이 부분적으로 상쇄되기 때문이다. 그러나 이 국가가 원래 완전고용상태에 있었다면 평가하락이나 평가절하의 결과 인플레이션이 발생하여 $X - M(Y)$ 함수가 원래의 위치로 다시 이동하므로 무역수지는 개선되지 않는다. 국내흡수가 어떤 방법으로든 감소할 때만 적자국의 무역수지는 개선된다(즉, $X - M(Y)$ 함수가 원래의 위치로 이동하지 않는다).

이러한 분석방법은 알렉산더(Alexander)가 1952년 처음 소개했는데, 그는 이것을 흡수접근방법 (absorption approach)이라고 불렀다. 알렉산더는 (실질변수로 표현했을 때) 생산이나 소득(Y)은 소비 (C) + 국내투자(I) + 무역수지($X - M$)와 같다는 항등식에서 출발하였다.

$$Y = C + I + (X - M) \tag{17-14}$$

국내흡수($C + I$)를 A라 하고 무역수지($X - M$)를 B라 하면 위의 식은 다음 식이 된다.

$$Y = A + B \tag{17-15}$$

양변에서 A를 빼면 위의 식은 다음 식이 된다.

$$Y - A = B \tag{17-16}$$

즉, 국내생산 혹은 소득에서 국내흡수를 빼면 무역수지와 같다. 평가하락이나 평가절하의 결과 무역수지(*B*)가 개선되기 위해서는 *Y*가 증가하거나 *A*가 감소해야 한다. 만일 이 나라가 원래 완전고용상태에 있었다면 생산이나 실질소득(*Y*)은 증가할 수 없고, 따라서 자동적으로든 긴축적인 재정정책이나 통화정책에 의해서든 국내흡수가 감소할 때만 평가하락이나 평가절하는 효과가 있다.

평가하락이나 평가절하의 결과 임금소득자로부터 이윤소득자에게로 소득이 재분배된다면(한계저축성향은 보통 임금소득자보다 이윤소득자의 경우에 더 높으므로) 국내흡수는 자동적으로 감소한다. 게다가 평가하락으로 인해 국내가격이 상승하면 민간이 보유하고자 하는 실질현금잔고의 가치가 감소하며, 실질현금잔고의 가치를 회복하기 위해 민간은 소비지출을 줄여야 한다. 마지막으로 국내물가의 상승으로 인하여 보다 많은 사람들이 더 높은 과세구간에 위치하게 되므로 소비가 감소한다. 이러한 자동적인 효과의 크기나 속도는 불확실하므로 긴축적인 재정정책이나 통화정책을 이용하여 국내흡수를 적절히 감소시켜야 한다. 이 문제는 다음의 두 장에서 다루기로 하자.

따라서 탄력성 접근방법은 수요측면을 강조하여 수출품이나 수입대체품에 대한 추가적인 수요를 충족할 수 있는 유휴자원이 경제 내에 존재하고 있음을 암묵적으로 가정하는 반면, 흡수접근방법은 공급측면을 강조하여 한 국가의 수출품 및 수입대체품에 대한 적절한 수요가 있다는 점을 암묵적으로 가정한다. 그러나 탄력성 접근방법이나 흡수접근방법 모두 중요하며 이 두 가지 방법을 동시에 고려해야 한다는 점은 명백하다.

자동적 소득조정기구 및 흡수접근방법과 밀접한 관계가 있는 것으로 소위 **이전문제**(transfer problem)가 있다. 이 문제는 부록의 A17.2절에서 다루기로 한다.

17.6 통화적 조정과 자동조정의 종합

이 절에서는 국제수지의 불균형에 대한 통화적 조정을 살펴본다. 그 후에는 자동적 가격조정, 소득조정 및 통화적 조정을 종합하고 이러한 조정방법이 현실세계에서 어떻게 작동하는가를 살펴본다. 마지막으로 각각의 자동조정기구의 단점을 설명함으로써 이 장을 마치기로 한다.

17.6A 통화적 조정

지금까지는 통화적 조정을 고려하지 않았다. 그러나 환율이 자유롭게 변동할 수 없을 때는 국제수지 적자의 결과 그 국가의 통화량이 감소하는데, 그 이유는 외환에 대한 초과수요가 그 국가의 중앙은행에서 국내통화를 외환으로 환전하여 해소되기 때문이다. 부분지급준비 은행제도에서는 이렇게 준비자산이 감소하면 통화량은 무역수지 적자의 몇 배 감소한다. 통화당국이 통화량의 감소를 불태화(sterilization)하거나 중화하지 않으면 적자국의 이자율은 상승한다.

적자국에서 이자율이 상승하면 국내투자는 위축되고 (승수과정을 통하여) 국민소득이 감소하며 이에 따라 수입이 감소하여 적자폭도 감소한다. 그뿐만 아니라 이자율이 상승하면 외국자본이 유입되어 적자가 충당될 수 있다. 흑자국에서는 반대의 과정이 발생한다. 금본위제도에서의 실제 조정은 (16.6B절에서 설명한 가격-정화-유통기구보다는) 이러한 국제자본이동과 자동적인 소득조정을 통해서 이루어졌다.

통화량과 소득 감소의 결과 적자국에서는 흑자국에 비해 물가가 하락하는 경향이 있기 때문에 적자국의 무역수지는 한층 더 개선된다. 국내가격의 변화를 통한 이러한 조정은 이론적으로는 금본위제도에서 가장 현저하고 직접적인 현상이지만, 다른 국제통화제도의 경우에도 이러한 조정이 나타난다.

제19장에서 살펴보겠지만 실제로 이러한 자동적 통화-물가의 조정을 통해 한 국가의 무역수지 적자와 실업이 제거될 수 있지만 그것은 장기의 경우에만 국한된다. 다음에서는 통화량의 변화가 이자율과 국내물가의 변화를 통해 어느 정도 국제수지에 영향을 미치는 것으로 가정하자.

17.6B 자동조정의 종합

이제는 균형 국민소득 수준에서 실업과 국제수지 적자에 직면하고 있는 국가에 대해 자동적 가격조정, 소득조정 및 통화적 조정을 종합해 보자[즉, 자동조정기구의 종합(synthesis of automatic adjustments)].

자유변동환율제도와 안정적 외환시장의 경우에는 적자가 완전히 제거될 때까지 이 국가의 통화가 평가하락할 것이다. 관리변동환율제도에서 이 국가의 통화당국은 보통 적자가 완전히 해소될 만큼의 평가하락을 용인하지 않는다. (전후 1973년까지 채택했던) 고정환율제도에서는 허용된 좁은 한도 내에서만 환율이 평가하락할 수 있었기 때문에 국제수지 조정은 대부분 다른 방법을 통해서 이루어졌다.

평가하락은 (허용되는 정도에 따라) 적자국의 생산과 소득을 촉진하며 수입 증가를 유발하므로 평가하락으로 인한 초기의 무역수지 개선효과는 부분적으로 상쇄된다. 이는 자유변동환율제도에서는 국제수지 적자를 해소하기 위해 필요한 평가하락의 정도가 자동적 소득조정이 없는 경우보다 더 크다는 것을 의미한다.

자유변동환율제도의 경우를 제외하고는 국제수지 적자는 그 나라의 통화량을 감소시켜 이자율이 상승한다. 또한 이로 인해 적자국의 국내투자 및 소득이 감소하여 수입의 감소가 유발되어 그 결과 적자가 감소한다. 이자율의 상승은 외국자본을 유인하여 적자를 충당할 수 있도록 한다. 소득과 통화량의 감소에 따라 적자국의 물가는 흑자국에 비해 상대적으로 하락하므로 적자국의 무역수지는 한층 더 개선된다.

고정환율제도에서는 한 국가가 평가절하를 하지 않는 한 위에서 논의된 통화적 조정을 통하여 대부분 자동적 조정이 이루어진다. 반대로 자유변동환율제도에서 국가경제는 국제수지 불균형으로부터 상당히 차단되어 있고 대부분의 국제수지 조정은 환율변동을 통하여 이루어진다(제20장에서는 고정환율제도와 변동환율제도를 비교, 평가한다).

자동적인 가격조정, 소득조정 및 통화적 조정이 모두 작동할 수 있다면 고정환율제도에서도 국제수지 불균형이 어느 정도 완벽하게 조정될 것으로 보인다. 그러나 문제는 자동조정과정에서 종종 심각한 부작용이 나타난다는 점인데, 각국은 이로 인해 (제18장과 제19장에서 논의되는 바와 같이) 조정정책을 사용하여 부작용을 피하려 한다.

현실세계에서는 한 국가에서 (지출의 증가와 같은) 독립적 교란이 발생하면 소득, 물가, 이자율, 환율, 경상수지 및 기타 변수 등이 변하며, 한 국가에서 발생한 교란이 다른 나라에 영향을 미치고 그 반응이 다시 그 국가로 전파된다. 이들 변수 사이에는 대단히 복잡한 관계가 존재하고 시간이 지남에 따라 기타의 변화와 교란이 발생한다. 또한 각국은 대내 목표와 대외 목표를 달성하기 위한 다양한 정책을 채택하고 있기 때문에 현실세계에서 이러한 효과를 모두 파악하기는 대단히 어렵다.

이제는 대형 컴퓨터의 등장으로 한 경제에 대한 대규모 모형을 구성하여 한 국가나 다른 국가에서의 독립적 지출의 변화가 물가, 이자율, 수출, 수입 및 기타 변수에 대해 미치는 순효과와 무역승수를 추정하는 데 이용되고 있다. 이러한 모형들은 대단히 복잡하기는 하지만 이 장에서 설명된 일반적 원리에 따라 작동한다(사례연구 17-6 참조).

사례연구 17-6 세계경제의 상호의존성

표 17-6은 정부지출의 독립적 증가가 자국의 국민총생산(GNP), 소비자물가지수(CPI), 이자율, 통화가치, 경상수지에 미치는 효과와 무역상대국에 미치는 반향을 보여 준다. 이러한 시뮬레이션 결과들은 연방준비제도이사회(FRB)의 다국 간 모형을 이용하여 구한 것이다. 정부지출 증가의 효과는 몇 년에 걸쳐 효과가 나타나지만 표 17-6에서 소개된 결과들은 정부지출이 증가한 다음 해의 결과를 보여 준다. 표의 A는 미국에서 정부지출이 1% 증가했을 때 미국과 기타 OECD 국가에 대한 효과를 보여 준다. OECD는 경제협력개발기구로 세계에서 가장 규모가 큰 산업국가 24개국으로 구성되어 있다.

표의 A는 미국의 정부지출이 GNP 대비 1% 증가하면 (승수과정을 통하여) 그다음 해에 미국의 GNP가 1.8% 증가함을 보여 준다. 기간이 길어지면 총효과는 더 커질 것이다. 또한 정부지출 증가로 인해 미국 물가는 0.4%, 미국의 단기이자율은 (4%에서 5.7%로) 1.7%p, 미국의 통화가치는 2.8% 상승하며, 미국의 경상수지는 165억 달러 악화됨을 알 수 있다. 달러는 평가상승하는데, 그 이유는 미국의 이

표 17-6 정부지출이 GNP 대비 1% 증가할 때 다음 연도에 대한 추정효과

A. 미국의 정부지출 증가

	미국 내 효과	기타 OECD 국가에 대한 효과
GNP	1.8%	0.7%
CPI	0.4%	0.4%
이자율	1.7%[a]	0.4%
통화가치	2.8%	—
경상수지	−165억 달러	89억 달러

B. 기타 OECD 국가의 정부지출 증가

	기타 OECD 국가에 대한 효과	미국 내 효과
GNP	1.4%	0.5%
CPI	0.3%	0.2%
이자율	0.6%[a]	0.5%[a]
통화가치	0.3%	—
경상수지	−72억 달러	79억 달러

[a] 백분율 변화.

출처 : R. Bryant, D. Henderson, G. Holtham, P. Hooper, and S. Symansky, eds., *Empirical Macroeconomics for Interdependent Economies* (Washington, D.C.: Brookings Institution, 1988), p. 21.

자율 상승으로 인한 자금유입이 미국 GNP의 증가로 인해 유발되는 수입의 증가보다 크기 때문이다.

이 표의 상단 우측은 미국의 지출 및 소득 증가로 인하여 기타 OECD 국가의 GNP가 0.7% 증가함을 보여 준다. 그 결과 기타 OECD 국가의 물가와 단기이자율은 0.4% 상승한다. 달러의 평가상승은 기타 OECD 국가 통화의 평가하락을 의미하며 기타 OECD 국가의 경상수지는 89억 달러 개선된다. 기타 OECD 국가의 평균 평가하락률은 추정하지 않았으며, 이들 국가에서 경상수지가 개선되는 정도는 미국의 경상수지 적자의 증가보다 작은데, 그 이유는 미국이 상당 부분 OPEC(석유수출국기구)와 기타 저개발국가로부터 수입하기 때문이다.

표의 B는 기타 OECD 국가에서 정부지출이 1% 증가하면 이들 국가의 평균 GNP는 1.4% 증가하며, 물가는 0.3%, 단기이자율은 0.6%p 상승하고 통화가치는 0.3% 상승하며 경상수지는 72억 달러 악화됨을 보여 준다. 이러한 변화들은 미국에 영향을 미치는데 미국에서는 GNP가 0.5% 증가하고 물가는 0.2%, 단기이자율은 0.5%p 상승하며 경상수지는 79억 달러 개선된다. 세계경제에 대한 다른 모형도 이와 비슷한 결과를 보여 준다(Mckibbin, 1997; Coeneme et al., 2012). 오늘날 세계경제의 상호의존성이 강하다는 점은 미국과 미국의 교역 상대국에서 발생하는 기타의 변화를 통해서도 알 수 있다.

17.6C 자동조정의 단점

자유변동환율제도의 단점은 환율의 교란적 변동이다. 이는 (비용을 지불하여 환위험을 헤징할 수 있다고 하더라도) 국제무역의 흐름을 방해하고, 장기적으로는 전혀 불필요할 수도 있는 (국내자원의 이동과 특화 패턴의 변화라는 형태로) 값비싼 조정 부담을 줄 수 있다.

관리변동환율제도에서는 환율의 교란적 변동을 피할 수는 있지만 통화당국은 다른 국가를 희생시키면서(이에 따라 보복을 유발시키면서) 국내경제를 진작시키기 위해 국내통화를 과소평가하는 방향으로 환율을 조작할 수도 있다. 이렇듯 경쟁적인 평가하락이나 평가절하(인근 궁핍화 정책)는 양차대전 동안 국제무역에 파행적이고 큰 손실을 주는 것이었다(21.2B절 참조).

반면에 고정환율제도에서 평가절하의 가능성은 불안정적인 국제자본이동을 유발할 수도 있는데 이 역시 파행적인 것이다. 고정환율제도의 경우에 각국은 1차적으로 통화적 조정에 의존해야 한다.

자동적인 소득변화의 경우에도 역시 심각한 부작용이 있을 수 있다. 예를 들면 수입이 독립적으로 증가하여 국내생산을 희생해야 하는 국가는 무역수지 적자가 감소할 수 있도록 국민소득의 감소를 수용해야 한다. 반대로 완전고용상태에서 수출이 독립적으로 증가하는 국가는 무역수지 흑자가 해소되도록 국내 인플레이션을 감수해야 할 것이다.

마찬가지로 자동적인 통화적 조정이 작동하기 위해서는 한 국가가 국제수지 불균형에 따른 통화량의 변화를 수동적으로 받아들여야 하며, 이에 따라 인플레이션 없는 완전고용이라는 중요한 목표를 달성하기 위한 통화정책의 이용을 포기해야 한다. 이러한 이유 때문에 각국은 국제수지 불균형을 해소하기 위해 자동기구에 의존하는 대신 조정정책을 자주 사용하게 된다.

요약

1. 소득조정기구는 적자국 및 흑자국 국민소득의 유발된 변화를 통해 국제수지가 조정되는 것이다. 소득조정기구만을 분리하기 위하여 고정환율제도를 가정하고 모든 물가, 임금 및 이자율이 일정한 것으로 가정한다. 또한 경제가 완전고용 이하의 상태에 있는 것으로 가정한다.

2. 정부부문이 없는 폐쇄경제에서 균형 국민소득 수준(Y_E)은 의도된 소비지출(C)에 의도된 투자지출(I)을 합한 것과 같다. 즉, $Y = C(Y) + I$이다. 마찬가지로 $S = I$일 때 Y_E가 결정된다. $Y \neq Y_E$라면 의도된 지출은 생산물의 가치와 일치하지 않으므로 $S \neq I$이다. 그 결과 의도되지 않은 재고투자나 재고의 감소가 발생하여 경제는 Y_E 방향으로 움직이게 된다. I의 증가로 인해 Y_E는 I의 증가보다 몇 배 증가한다. I의 증가분에 대한 Y_E의 증가분의 비율을 승수(k)라 하는데, 이는 한계저축성향(MPS)의 역수와 같다. Y_E의 증가로 말미암아 S는 I의 독립적 증가만큼 증가한다.

3. 소규모 개방경제에서 수출은 I와 마찬가지로 외생적이며, 국민소득과는 독립적인 반면, 수입(M)은 S와 마찬가지로 소득에 의존한다. Y의 변화분에 대한 M의 변화분의 비율을 한계수입성향(MPM)이라 한다. Y_E는 주입의 합($I + X$)이 누출의 합($S + M$)과 일치하는 곳에서 결정된다. Y_E에 대한 조건은 $X - M = S - I$와 $I + (X - M) = S$로 표현할 수 있다. 무역승수는 $k' = 1/(MPS + MPM)$이고 이에 상응하는 폐쇄경제에서의 승수(k)보다 작다. I와 X 중 어느 하나가 독립적으로 증가하면 Y_E는 $k' \times \Delta I$나 $k' \times \Delta X$만큼 증가한다. Y_E가 변화하면 S는 (MPS) $\times$ (ΔY)만큼 변화하고 M은 (MPM) $\times$ (ΔY)만큼 변화하지만 무역수지의 조정은 불완전하다.

4. 소국이 아닌 경우에는 외국의 반응을 무시할 수 없다. 2개국 모형의 경우 1국의 수출이 독립적으로 증가하는 것은 2국의 수입이 독립적으로 증가하기 때문이며 그 크기 또한 같다. 만일 2국의 수입이 독립적으로 증가하여 국내생산을 대체하면 2국의 소득은 감소하기 때문에, 2국의 수입이 감소하여 수요의 독립적 증가는 어느 정도 상쇄된다. 이것이 1국에 대한 외국의 반응으로, 이로 인해 초기에 1국에서의 독립적 수출증가의 효과는 어느 정도 상쇄된다. 따라서 외국의 반응이 있을 때 1국의 무역승수와 무역수지 흑자는 외국의 반응이 없을 때보다 작게 된다(식 17-11 참조). 또한 외국의 반응이 있을 때 1국의 투자(식 17-12 참조)와 2국의 투자(식 17-13 참조)가 독립적으로 증가하는 경우에 대해서도 1국의 무역승수를 계산할 수 있다. 외국의 반응은 경기순환이 국제적으로 전파되는 과정을 설명해 준다.

5. 흡수접근방법은 자동적 가격조정기구와 소득조정기구를 종합한다. 예를 들면 평가하락이나 평가절하는 수출 및 수입대체상품의 국내생산을 촉진하고, 실질 국민소득 수준을 증가시킨다. 그 결과 수입의 증가가 유발되어 초기의 무역수지 개선효과가 부분적으로 상쇄된다. 그러나 이 국가가 처음부터 완전고용의 상태에 있었다면 생산이 증가할 수 없기 때문에 평가하락이나 평가절하의 결과 국내물가가 상승하여 실질국내흡수가 어떤 방법으로든 감소하지 않는다면 무역수지는 변하지 않는다.

6. 환율이 자유롭게 변동할 수 없을 때 적자국 통화가 평가하락하면 적자가 완전하게 해소되지는 않는다 하더라도 일부 개선된다. 이때 적자로 인하여 적자국의 통화량이 감소하고 이자율은 상승한다. 그 결과 투자, 소득 및 수입의 감소가 유발되어 적자가 감소하며, 이자율의 상승으로 인하여 자금이 유입된다. 그뿐만 아니라 통화량과 소득이 감소하기 때문에 적자국의 물가는 흑자국의 물가에 비해 하락하는데, 이로 인하여 적자국의 무역수지는 더 한층 개선된다. 이러한 모든 자동조정기구가 동시에 작동하면 국제수지가 완전히 조정되겠지만 이는 대외균형을 달성하기 위하여 대내균형을 희생시키는 것이다.

주요용어

균형 국민소득 수준(equilibrium level of national income)

무역승수(foreign trade multiplier, k')

소비함수(consumption function)

수입수요의 소득탄력성(income elasticity of demand of imports, n_Y)

수입함수(import function)

수출함수(export function)

승수(multiplier, k)

외국의 반응(foreign repercussions)

의도된 혹은 계획된 투자(desired or planned investment, I)

자동조정기구의 종합(synthesis of automatic adjustments)

저축함수(saving function)

투자함수(investment function)

평균수입성향(Average Propensity to Import, APM)

폐쇄경제(closed economy)

한계소비성향(Marginal Propensity to Consume, MPC)

한계수입성향(Marginal Propensity to Import, MPM)

한계저축성향(Marginal Propensity to Save, MPS)

흡수접근방법(absorption approach)

복습문제

1. 자동적인 소득조정기구는 어떻게 작동하여 국제수지를 조정하는가? 소득조정기구를 분리하기 위하여 일정한 것으로 가정한 변수에는 어떤 것들이 있는가?

2. 폐쇄경제란 무엇인가? 의도된 혹은 계획된 투자, 소비 그리고 저축이란 무엇인가? 투자가 외생적이라는 말은 무슨 뜻인가? 소비함수, 저축함수, 그리고 투자함수란 무엇인가?

3. MPC와 MPS는 무엇을 측정하는가?

4. 폐쇄경제에서 균형 국민소득 수준은 어떻게 결정되는가? 폐쇄경제에서 승수의 크기(k)는 어떻게 결정되는가?

5. 수출이 외생적이라 함은 무슨 뜻인가? MPM, APM, n_Y는 각각 무슨 뜻인가?

6. 소규모 개방경제에서 균형 국민소득 수준은 어떻게 결정되는가? 무역승수(k')의 크기는 어떻게 결정되는가?

7. 자동적 소득조정기구가 무역수지나 국제수지를 불완전하게 조정한다는 것은 무슨 뜻인가?

8. 외국의 반응이란 무엇인가? 외국의 반응을 고려하지 않는 것은 어떤 경우에 문제가 되는가?

9. 외국의 반응이 있는 경우 2국의 국내생산을 대체하는 1국의 수출증가에 대한 1국의 무역승수는?

10. 1국에서 투자가 독립적으로 증가할 때의 승수는? 2국의 투자가 독립적으로 증가하는 경우는? 외국의 반응은 국제적 경기변동과 어떤 관계가 있는가?

11. 탄력성 접근방법이란 무엇인가? 흡수접근방법이란? 흡수접근방법은 어떻게 자동적 가격조정기구와 소득조정기구를 종합하는가?

12. 완전고용상태에서 적자국 통화가 평가하락하거나 평가절하되면 적자국의 무역수지는 어떻게 변하는가? 실질국내흡수는 어떻게 감소될 수 있는가?

13. 자동적인 통화조정이란 무엇인가? 이는 국제수지 불균형을 어떻게 조정하는가?

14. 고정환율제도나 관리변동환율제도의 경우에 한 경제의 균형이 완전고용 수준상태 이하에 있다면 자동조정기구들이 어떻게 작용하여 국제수지 적자를 조정하는가? 각각의 자동조정기구의 단점은 무엇인가?

연습문제

1. $C = 100 + 0.8Y$이고 독립투자 $I = 100$일 때 균형 국민소득 수준을 결정하는 그림을 그리라.

2. 연습문제 1번에서
   (a) 저축함수의 식은 무엇인가?
   (b) 의도된 저축과 투자를 이용하여 균형 국민소득 수준을 결정하는 그림을 그리라.

3. 연습문제 1번의 숫자와 그림을 이용하여 독립적 투자지출이 $I = 100$에서 $I' = 200$으로 100 증가할 때, 총지출을 이용하여 새로운 균형 국민소득 수준이 결정되는 그림을 그리라.

4. 연습문제 2번의 숫자와 그림을 이용하여 독립적 투자지출이 $I = 100$에서 $I' = 200$으로 100 증가할 때
   (a) 의도된 저축과 투자를 이용하고 총지출을 이용하여 새로운 균형 국민소득 수준이 결정되는 그림을 그리라.
   (b) 승수의 크기는 얼마인가?

5. $C = 100 + 0.8Y$, $M = 150 + 0.20Y$, $I = 100$ 그리고 $X = 350$일 때
   (a) 수식을 이용하여 Y_E를 구하라.
   (b) 그림 17-3의 상단 도표를 이용하여 Y_E를 구하라.

6. 연습문제 5번의 경우에 그림 17-3의 하단 도표를 이용하여 Y_E를 구하라.

7. 연습문제 5번과 6번에서의 그림과 수식을 이용하여 다음의 경우에 Y_E에 대한 효과를 구하라.
   (a) X가 200 증가

(b) I가 200 증가
(c) X와 I가 모두 200 증가

8. 연습문제 5번과 6번에서의 그림과 수식을 이용하여 다음의 경우에 Y_E에 대한 효과를 구하라.
   (a) S가 100 감소
   (b) M이 100 감소
   (c) S와 M이 모두 100 감소

9. 1국과 2국이 모두 대국이고 $MPS_1 = 0.20$, $MPS_2 = 0.15$, $MPM_1 = 0.20$ 및 $MPM_2 = 0.10$이며 1국이 균형 국민소득 수준과 무역수지 균형상태에 있을 때 1국의 균형 국민소득 수준과 무역수지는 다음의 경우 어떻게 변하는가?
   (a) 2국의 국내생산을 대체하는 1국의 수출이 독립적으로 200 증가
   (b) 1국의 투자가 독립적으로 200 증가

10. 2국의 투자가 독립적으로 200 증가할 때 연습문제 9번을 풀어라.

11. 17.4절의 숫자의 예를 이용하여 연습문제 9번을 풀어라.

12. 연습문제 7번의 (b)를 이용하여 완전고용과 무역수지 적자상태에서 평가하락이 Y_E와 $X-M$에 미치는 효과를 그림으로 설명하라.

13. 현실세계에서 어느 경우에 식 (17-8)이 성립하지 않는가?

14. 무역수지 불균형을 조정하는 데 있어 자동조정기구가 조정정책에 비해 갖는 장점은 무엇인가?

부록

이 부록의 A17.1에서는 외국의 반응이 있을 때의 무역승수를 수리적으로 도출하고 A17.2절에서는 이 전문제를 살펴본다.

A17.1 외국의 반응이 있을 때 무역승수의 도출

외국의 반응이 있을 때의 무역승수를 도출하기 위해 기호를 단순화하여 * 표시가 없는 것은 1국, * 표시가 있는 것은 2국을 뜻한다고 하자. 또한 $s = MPS$이고 $m = MPM$이라고 하자.

(식 17-9로부터) 1국과 2국의 균형 국민소득 수준의 변화는 다음과 같다.

$$\Delta I + \Delta X = \Delta S + \Delta M$$
$$\Delta I^* + \Delta X^* = \Delta S^* + \Delta M^* \tag{17A-1}$$

그러나 $\Delta S = s\Delta Y$, $\Delta M = m\Delta Y$이고 $\Delta S^* = s^*\Delta Y^*$, $\Delta M^* = m^*\Delta Y^*$임은 이미 알고 있다. 또한 1국의 수출 변화(ΔX)는 2국의 수입 변화($\Delta M^* = m^*\Delta Y^*$)이고 2국의 수출 변화($\Delta X^*$)는 1국의 수입 변화($\Delta M = m\Delta Y$)라는 점도 알고 있다. 따라서 이 값을 식 (17A-1)에 대입하면 다음과 같다.

$$\Delta I + m^*\Delta Y^* = s\Delta Y + m\Delta Y$$
$$\Delta I^* + m\Delta Y = s^*\Delta Y^* + m^*\Delta Y^* \tag{17A-2}$$

식 (17A-2)로부터 외국의 반응이 있을 때의 무역승수를 도출할 수 있다. 먼저 외국의 반응이 있을 때 1국 투자의 독립적 증가에 대한 1국의 무역승수를 도출해 보자(식 17-12의 k^*). 2국에서는 투자의 독립적 변화가 없으므로 $\Delta I^* = 0$이다. 식 (17A-2)의 두 번째 식을 ΔY^*에 대해 풀고 이를 첫 번째 식에 대입하면 다음과 같은 결과를 얻는다.

$$m\Delta Y = s^*\Delta Y^* + m^*\Delta Y^*$$
$$m\Delta Y = (s^* + m^*)\Delta Y^*$$
$$\frac{m\Delta Y}{s^* + m^*} = \Delta Y^*$$
$$\Delta I + m^*\frac{(m\Delta Y)}{s^* + m^*} = s\Delta Y + m\Delta Y$$
$$\Delta I + (s + m)\Delta Y - \frac{(m^*m)}{s^* + m^*}\Delta Y$$
$$\Delta I = \left[(s + m - \frac{(m^*m)}{s^* + m^*}\right]\Delta Y$$
$$\Delta I = \left[\frac{(s + m) - (s^* + m^*) - m^*m}{s^* + m^*}\right]\Delta Y$$
$$\Delta I = \left[\frac{ss^* + m^*m + ms^* + m^*s - m^*m}{s^* + m^*}\right]\Delta Y$$
$$\frac{\Delta I}{\Delta Y} = \left[\frac{ss^* + ms^* + m^*s}{s^* + m^*}\right]$$
$$\frac{\Delta Y}{\Delta I} = \frac{s^* + m^*}{ss^* + ms^* + m^*s}$$

분자와 분모를 s^*로 나누면 다음과 같은 결과가 나온다.

$$k^* = \frac{\Delta Y}{\Delta I} = \frac{1 + (m^*/s^*)}{s + m + (m^*s/s^*)}$$

이것이 바로 17.4절의 식 (17-12)이다.

또한 식 (17A-2)로부터 2국의 투자가 독립적으로 증가할 때 1국의 무역승수(식 17-13의 k^{**})를 마찬가지 방법으로 도출할 수 있다. 1국의 독립적 투자는 변화하지 않으므로 $\Delta I = 0$이 된다. 식 (17A-2)의 첫 번째 식을 ΔY^*에 대해 풀고 이를 두 번째 식에 대입하면 다음을 얻게 된다.

$$\Delta Y^* = \frac{(s + m)}{m^*} \Delta Y$$

$$\Delta I^* + m\Delta Y = s^* \frac{(s + m)}{m^*} \Delta Y + m^* \frac{(s + m)}{m^*} \Delta Y$$

$$\Delta I^* = \left[s^* \frac{(s + m)}{m^*} + m^* \frac{(s + m)}{m^*} - m \right] \Delta Y$$

$$\Delta I^* = \left[\frac{s^*s + s^*m}{m^*} + \frac{m^*s + m^*m}{m^*} - \frac{mm^*}{m^*} \right] \Delta Y$$

$$\Delta I^* = \left[\frac{s^*s + s^*m + m^*s}{m^*} \right] \Delta Y$$

$$\frac{\Delta Y}{\Delta I^*} = \frac{m^*}{s^*s + s^*m + m^*s}$$

$$k^{**} = \frac{\Delta Y}{\Delta I^*} = \frac{(m^*/s^*)}{s + m + (m^*s/s^*)}$$

이것이 17.4절의 식 (17-13)이다.

이제 외국의 반응이 있을 때 1국의 수출이 증가하여 2국의 생산을 대체하는 경우(따라서 양국의 지출의 총합은 변하지 않음)에 대한 1국의 무역승수를 도출할 수 있다. 1국의 수출이 독립적으로 증가하면, 1국의 균형 국민소득은 1국의 투자가 같은 크기만큼 독립적으로 증가할 때와 동일하게 증가한다(식 17-12의 $\Delta Y/\Delta I$). 2국의 지출이 감소하면 1국의 균형 국민소득 수준은 2국의 투자가 같은 크기만큼 감소할 때와 동일하게 감소한다(식 17-13의 $-\Delta Y/\Delta I^*$).

$$k'' = \frac{\Delta Y}{\Delta X} = \frac{\Delta Y}{\Delta I} - \frac{\Delta Y}{\Delta I^*}$$

즉, k''은 식 (17-12)에서 식 (17-13)을 뺀 것과 같다. 이것이 바로 식 (17-11)이다.

연습문제 (a) 식 (17A-2)로부터 시작하여 k^*와 k^{**}를 도출한 것과 같은 방법으로 1국에 대한 k''을 구하라. (b) 만일 1국의 독립적 수출증가가 2국의 지출증가와 같다면 외국의 반응이 있는 경우에 1국의 무역승수의 크기는?

A17.2 이전문제의 재론

여기서는 이전문제를 논의한다. 이전문제를 여기서 논의하는 이유는 자동적 소득조정기구 및 가격 조정기구와 관련이 있기 때문이다. 이전문제는 보기 드문 대규모 자본이동이 지불국의 수출잉여 및 같은 크기의 수취국의 수입잉여를 수반할 수 있는 조건을 다룬다.

이 문제는 제1차 세계대전 이후 독일이 프랑스에게 지불해야 했던 배상금과 관련하여 관심이 집중되었는데, 이로 인해 이 문제에 관한 케인스(Keynes)와 올린(Ohlin) 사이의 유명한 논쟁이 시작되었다. 보다 최근에는 1970년대 원유가격의 급격한 상승으로 인한 원유수입국과 원유수출국 사이의 이전문제가 관심사가 되었다.

지불국과 수취국이 고정환율제도를 채택하고 있고 완전고용상태에 있는 것으로 가정하여 이전문제를 다루기로 하자. 지불국과 수취국의 지출이 변할 때에만 실물자원은 이전된다. 금융적인 이전이 지불국의 유휴잔고(예 : 유휴 은행잔고)를 통해 이루어지고, 수취국에서도 유휴잔고(저축)가 된다면 양국에서의 지출은 변하지 않게 되고 실물자원은 이전되지 않는다. 실물자원이 이전되기 위해서는 지불국의 지출이 감소할 수 있도록 세금이 증가하거나, 세금의 감소를 통해 수취국의 지출이 증가하여야 한다.

수취국의 지출증가는 수입을 증가시키는 반면, 지불국의 지출감소는 수입을 감소시킨다. (지불국과 수취국의) 2개국 모형의 경우에는 이로 인해 (양국이 이전을 하기 전에 무역수지가 균형이었다면) 지불국의 무역수지 흑자와 같은 크기의 수취국의 무역수지 적자가 발생한다. 실물자원의 이전은 오직 지불국의 무역수지 흑자 및 이에 상응하는 수취국의 무역수지 적자를 통해서만 가능하다.

지불국과 수취국의 *MPM*의 합이 1이라면 금융적 이전의 결과(무역수지의 변화를 통하여) 동일한 액수의 실물자원이 이전되며 이때의 조정을 **완전하다**(complete)고 한다. 한편 만일 양국의 *MPM*을 합한 것이 1보다 작으면 실물자원의 이전은 금융적인 이전보다 작게 되며 이 경우 조정은 **불완전하다** (incomplete)고 한다. 만일 양국의 *MPM*의 합이 1보다 크다면 실물자원의 이전(즉 양국 무역수지의 순변화)은 금융적 이전보다 크게 되고 이때의 조정은 **과잉조정되었다**(overcomplete)고 한다. 마지막으로 지불국의 무역수지가 개선되지 않고 악화되는 경우에(따라서 수취국의 무역수지는 개선됨) 조정은 **전도되었다**(perverse)고 한다. 이 경우에는 거꾸로 수취국에서 지불국으로 실물자원이 이전된다.

소득변화만을 통한 조정이 불완전할 때 완전한 조정이 이루어지기 위해서는 지불국의 교역조건이 악화되어야 할 것이다(수취국의 교역조건은 개선된다). 지불국의 교역조건 악화로 인해 지불국의 실질국민소득과 수입이 한층 더 감소한다. 수입가격에 대한 수출가격이 하락하므로 지불국의 수입이 억제되고 수출은 한층 더 증가하여 이전이 완결된다. 반대로 소득변화를 통한 조정이 과잉인 경우에는 완전한 조정이 이루어질 수 있도록 지불국의 교역조건이 개선되어야 한다.

예를 들어 A국이 1억 달러를 B국으로 이전한다고(혹은 대여한다고) 하고 이 과정에서 A국의 소득은 1억 달러 감소하고 B국의 소득은 그만큼 증가한다고 가정하자. A의 *MPM* = *m*은 0.4이고 B국의 *MPM* = *m**는 0.6이면 A국의 수입은 4,000만 달러 감소하고 (A국의 수출과 같은) B국의 수입은 6,000만 달러가 증가하여 A국의 순 무역수지는 1억 달러 개선된다. 결과적으로 이전은 완전하여 교역조건이 변화할 필요가 없게 된다. 만일 *m* = 0.2이고 *m** = 0.5라면 A국의 수입은 2,000만 달러 감소하고 B국의 수입은 5,000만 달러 증가하여 A국의 순 무역수지는 7,000만 달러 개선된다. 따라서 A국의 국제수지는 (자본유출 1억 달러와 무역수지 흑자 7,000만 달러를 합하면) 3,000만 달러 적자가 되며 이때 이전은 불완전하다고 한다. 따라서 이전이 완전해지기 위해서는 A국의 교역조건은 악화되고 B국의 교역조건은 개선되어야 한다. 마지막으로 $m = 0.5$이고 $m^* = 0.7$인 경우에는 A국의 무역수지는 1억 2,000만 달러 개선되고 과잉조정된다. 이 경우에는 완전한 조정을 이루기 위해서 A국의 교역조건이 충분히 개선되어야 한다.

현실세계에서는 $m + m^* < 1$일 것으로 생각되므로 소득변화를 통한 조정은 불완전할 것으로 보이며, 조정의 '2차적 부담'은 교역조건에 반영된다. 즉, 이전이 완전해지기 위해서는 지불국의 교역조건은 악화되어야 한다(또한 수취국의 교역조건은 개선되어야 한다).

연습문제   1970년대에 유가의 급상승으로 인한 이전이 어떻게 달성되었는지 논의하라. 1980년대에는 무슨 일이 일어났는가?

제 18 장

개방경제 거시경제학 : 조정정책

학습목표
- 고정환율제도와 변동환율제도하에서 재정정책과 통화정책을 사용하여 대내균형과 대외균형을 어떻게 달성하는가를 이해한다.
- 대내균형과 대외균형을 달성하기 위한 난점과 경험을 이해한다.
- 대내균형과 대외균형을 달성하기 위해 직접통제를 사용하는 경우의 문제점을 이해한다.

18.1 서론

이 장에서는 물가안정이 이루어진 완전고용과 국제수지 균형을 달성하기 위한 조정정책들을 살펴본다. 앞의 두 장에서 논의되었던 자동조정기구는 바람직하지 않은 부작용을 초래할 수 있기 때문에 (17.6C절 참조) 조정정책이 필요하다. 자동조정기구보다는 조정정책을 강조한 가장 대표적인 경제학자는 제임스 미드(James Meade)이다.

한 국가의 가장 중요한 경제적 목적 또는 목표로는 (1) 대내균형, (2) 대외균형, (3) 합리적인 성장률, (4) 공정한 소득분배, (5) 적절한 환경보호를 들 수 있다. 대내균형(internal balance)이란 완전고용 혹은 연간 4~5% 정도 이내의 실업률[일자리를 바꾸는 과정에서 생기는 소위 마찰적 실업(frictional unemployment)]과 연간 2~3% 정도의 인플레이션율을 의미한다. 대외균형(external balance)은 국제수지의 균형(혹은 고갈된 국제준비자산을 보충하기 위한 흑자와 같이 의도된 일시적 불균형)을 뜻한다. 일반적으로 각 국가는 대외균형보다는 대내균형에 우선순위를 두고 있지만, 대규모의 지속적인 대외불균형이 발생할 때는 때때로 우선순위를 바꾸기도 한다.

이러한 목표들을 달성하기 위해 각국은 (1) 지출변화정책 또는 수요정책, (2) 지출전환정책, (3) 직접통제와 같은 정책수단을 활용할 수 있다. 지출변화정책(expenditure-changing policy)으로는 재정정책과 통화정책을 들 수 있다. 재정정책(fiscal polity)은 정부지출, 조세 또는 이 두 가지를 모두 변화시키는 정책을 뜻한다. 정부지출을 증대시키거나 조세를 감소시키는 것을 **팽창적 재정정책**이라 하며, 그 결과 승수과정을 통하여(국내투자나 수출의 증가와 마찬가지로) 국내생산 및 소득과 (이 나라의 한계수입성향에 따라) 수입이 증가한다. 긴축적 재정정책은 정부지출의 감소, 조세수입의 증가를 뜻하며, 그 결과 국내생산, 소득 및 수입이 감소한다.

정부부문을 도입하면 식 (17-6)의 균형조건이(참조의 편의를 위해 식 18-1로 다시 씀) 식 (18-2)로 확장된다. 여기서 G는 정부지출을, T는 조세를 의미한다.

$$I + X = S + M \tag{18-1}$$

$$I + X + G = S + M + T \tag{18-2}$$

정부지출(G)은 투자(I)나 수출(X)과 같이 시스템으로의 주입이며, 조세(T)는 저축(S)이나 수입(M)같이 시스템으로부터의 누출이다. 식 (18-2)는 다음과 같이 재정리할 수 있다.

$$(G - T) = (S - I) + (M - X) \tag{18-3}$$

이 식은 정부예산의 적자($G > T$)가 저축의 투자에 대한 초과분이나 수입의 수출에 대한 초과분으로 충당되는 것을 의미한다(사례연구 18-1 참조). 팽창적 재정정책은 $(G - T)$의 증가를 의미하며, 정부지출이 증가하거나 조세감소 또는 양자의 결합에 의해 이루어질 수 있다. 긴축적 재정정책은 이와 반대가 된다.

통화정책(monetary policy)이란 통화량을 변화시켜 한 나라의 국내 이자율에 영향을 주는 정책을 말

사례연구 18-1 G7 국가의 정부와 민간부문 수지 및 경상수지

표 18-1은 1996~2000년 및 2001년 G7 국가의 GDP 대비 평균 정부부문 수지($G - T$)와 민간부문 수지($S - I$), 무역 또는 경상수지($X - M$)를 %로 보여 준다. 이 표로부터 약간 변형시킨 식 (18-3)이 타당하다는 것을 알 수 있다. 예를 들어 2001년 미국의 경우 $T - G$는 0.6이다(재정흑자). 그러므로 $G - T = -0.6$은 $S - I = -4.7$에 $M - X = 4.1$을 더하거나, $S - I = -4.7$에 $X - M = -4.1$을 뺀 것과 일치하여 -0.6

$= -4.7 + 4.1$이 된다. 표에 따르면 일본은 1996~2001년 동안 G7 국가 중 가장 큰 재정수지 적자 및 민간부문의 흑자를 기록한 반면에, 미국은 민간부문과 경상수지에서 대규모 적자가 나타나고 있다.

13.6절의 식 (13-2) $[(M - X) = (G - T) + (I - S)]$는 $(M - X)$를 좌변으로 이항한 것을 제외하고는 식 (18-2)를 다시 쓴 것이다.

표 18-1 G7 국가의 GDP의 백분율로 표시한 정부와 민간부문 수지 및 경상수지(1996~2001)

국가	정부부문 수지 평균(1996~2000)	2001	민간부문 수지 평균(1996~2000)	2001	경상수지 평균(1996~2000)	2001
미국	−0.1	0.6	−2.7	−4.7	−2.7	−4.1
일본	−5.6	−6.4	7.9	8.5	2.3	2.1
독일	−1.7	−2.5	1.2	1.8	−0.6	−0.7
영국	−0.6	1.1	−0.6	−2.9	−1.2	−1.8
프랑스	−2.6	−1.5	4.7	3.0	2.2	1.6
이탈리아	−2.9	−1.4	4.6	1.5	1.6	0.1
캐나다	0.5	2.8	−0.4	0.9	0.1	3.7

출처 : Organization for Economic Cooperation and Development, *Economic Outlook* (Paris: OECD, December 2001), p. 134.

한다. 통화량이 증가하고 이자율이 하락하는 통화정책은 **완화적**이다. 이에 따라 (승수과정을 통해) 한 나라의 투자 및 소득수준과 수입도 증가하게 된다. 동시에 이자율이 하락함에 따라 단기자본의 유출이 증가하거나 유입이 감소한다. 반대로 **긴축적 통화정책**은 한 나라의 통화량을 감소시키고 이자율을 상승시키는 정책을 뜻한다. 이에 따라 투자, 소득 및 수입을 위축시키고 단기자본이 유입되거나 유출이 감소한다.

지출전환정책(expenditure-switching policy)이란 환율을 변화시키는(즉, 평가절하나 평가절상) 정책을 뜻한다. 평가절하는 외국상품으로부터 국내상품으로 지출을 전환시키며 한 국가의 국제수지 적자를 해소하기 위해 사용될 수 있다. 그러나 이로 인한 국내생산의 증가로 인해 수입이 증가하므로 초기의 무역수지 개선효과는 부분적으로 상쇄된다. 평가절상은 지출을 국내상품으로부터 외국상품으로 전환시키며 국제수지 흑자를 줄이기 위해 이용될 수 있다. 이 또한 국내생산을 감소시키므로 수입이 감소하게 되어 평가절상의 효과는 부분적으로 상쇄된다.

직접통제(direct controls)에는 관세와 쿼터 그리고 국제무역 및 자본의 국제적 이동에 대한 기타 여러 가지 제한이 있다. 이들 역시 지출전환정책이지만 (모든 품목에 대해 동시에 적용되는 일반적인 정책인 평가절하나 평가절상과는 반대로) 특정한 품목의 국제수지를 목표로 하고 있다. 가격통제나 임금통제 형태의 직접통제도 다른 정책이 실패하는 경우 국내 인플레이션을 억제하기 위하여 이용될 수 있다.

다수의 경제적 목표에 직면하여 다양한 정책수단이 이용 가능할 때 한 나라는 각각의 목표를 달성하기 위하여 어떤 정책수단을 활용할 것인가를 결정해야 한다. 1969년 노벨 경제학상 수상자인 틴버겐(J. Tinbergen)이 지적하였듯이 한 나라는 보통 독립적인 정책목표의 개수만큼 같은 수의 정책수단이 필요하게 된다. 만일 두 가지 목표를 **완전히** 달성하기 위해서는 두 가지 정책수단이 필요하며, 세 가지 목표가 있는 경우에는 세 가지 수단이 필요하다. 때때로 특정한 목표를 달성하기 위한 정책수단이 다른 목표를 달성할 수도 있지만, 그 정책으로 인하여 한 나라의 제2의 목표가 달성되는 것이 더욱 어려워지는 경우도 있다. 일례로 국내실업을 해소하기 위해 팽창적 재정정책을 사용하면 국제수지 흑자는 감소하지만, 적자는 증가할 것이다.

각각의 정책은 한 나라의 대내균형과 대외균형 모두에 영향을 미치므로 먼델(R. A. Mundell)이 개발한 **효율적 시장구분의 원칙**(principle of effective market classification)에 따라 각각의 정책을 비교하여 각 정책이 가장 효과적으로 목적을 달성하도록 해야 한다. 18.6A절에서는 각국이 이 원칙을 준수하지 않을 경우 각국은 대내 및 대외균형으로부터 더욱더 이탈하게 되는 것을 보여 준다.

18.2절에서는 대내균형과 대외균형을 둘 다 달성하기 위한 지출변화정책과 지출전환정책을 분석하고, 18.3절에서는 재화시장, 통화시장 그리고 국제수지의 균형을 정의할 수 있는 새로운 분석도구를 소개한다. 18.4절에서는 이 새로운 분석도구를 이용하여 고정환율제도에서 대내균형과 대외균형을 달성할 수 있는 방법을 살펴보고, 18.5절에서는 변동환율제도에서의 방법에 대해 살펴본다. 18.6절에서는 소위 정책 배정문제, 즉 대내균형과 대외균형을 달성하기 위하여 재정정책과 통화정책을 어떻게 이용해야 하는가 하는 문제를 제시하고 평가하기로 한다. 18.6B절에서는 완전고용에 도달할 때까지 국내물가가 일정하다는 가정을 완화하기로 하고, 18.7절에서는 직접통제를 살펴본다. 부록에서는 재화시장, 통화시장 그리고 국제수지의 균형조건을 유도한다. 그다음 이러한 분석도구를 이용

하여 환율이 변화할 때 세 가지 시장에서의 균형이 어떻게 달성되는가를 살펴보고, 마지막으로 이러한 새로운 분석도구를 수리적으로 설명한다.

18.2 지출변화정책 및 지출전환정책하의 대내균형과 대외균형

이 절에서는 지출변화정책과 지출전환정책을 사용하여 대내균형과 대외균형을 동시에 달성하는 방법을 살펴본다. 논의를 단순화하기 위하여 국제자본이동은 없는 것으로 (따라서 국제수지는 무역수지와 같아짐) 가정한다. 또한 총수요가 완전고용 산출량 수준에 도달하기 전까지 물가는 일정하다고 가정한다. 국제자본이동이 없다는 가정은 다음 절에서 완화되며, 완전고용에 이를 때까지 인플레이션이 없다는 가정은 18.6B에서 완화된다.

그림 18-1의 수직축은 환율(R)을 나타내고 있다. R의 증가는 평가절하(환율인상)를 뜻하며 R의 감소는 평가절상(환율인하)을 뜻한다. 수평축은 실질국내지출 또는 흡수(D)를 나타낸다. 흡수(D)는 국내소비와 투자 외에도 정부지출(재정정책에 의해 그 수준의 변동이 가능하다)을 포함한다.

EE 곡선은 대외균형을 달성하는 국내실질지출(또는 흡수)과 환율 간의 다양한 조합을 나타내며, 양(+)의 기울기를 갖는데 그 이유는 다음과 같다. (평가절하로 인해) R이 높아지면 (마셜-러너 조건

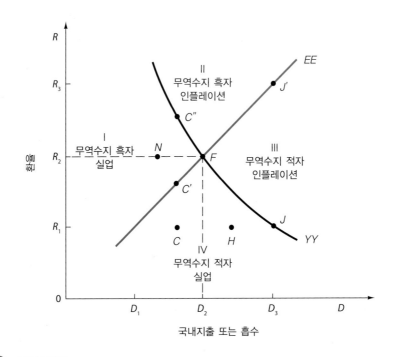

그림 18-1 스완의 도표

수직축은 환율을 나타내고, 수평축은 실질국내지출 또는 흡수를 나타낸다. EE 곡선상의 점들은 대외균형을 의미하며, 그 곡선의 오른쪽 부분은 무역수지 적자를, 왼쪽 부분은 무역수지 흑자를 나타낸다. 그리고 YY 곡선상의 점들은 대내균형을 나타내는데 그 곡선의 오른쪽 부분은 인플레이션을, 왼쪽 부분은 실업을 나타낸다. EE 곡선과 YY 곡선의 교차를 통해 대내불균형과 대외불균형의 네 영역이 정의되며, 이것은 대내균형과 대외균형을 동시에 달성하는 점 F에 도달하기 위한 적절한 정책조합을 결정하는 데 도움을 준다.

이 충족되는 경우) 한 국가의 무역수지는 개선된다. 따라서 대외균형과 무역수지의 균형이 달성되기 위해서는 수입이 충분히 증가하여 이로 인한 실질국내흡수(D)가 증가해야 하기 때문이다. 예를 들어 EE 선상의 점 F에서 R이 R_2에서 R_3로 상승하면 대외균형(EE 선상의 점 J')이 유지되기 위해서는 D가 D_2에서 D_3로 증가해야만 한다. D가 이보다 조금 증가하면 무역수지는 흑자가 되고, D가 이보다 많이 증가하면 무역수지는 적자가 된다.

한편 YY 곡선은 대내균형(즉, 물가안정하의 완전고용)을 달성하는 환율(R)과 국내흡수(D)의 여러 가지 조합을 보여 준다. YY 곡선은 음($-$)의 기울기를 갖는데 그 이유는 다음과 같다. (평가절상으로 인하여) R이 낮아지면 무역수지가 악화되어 실업이 발생하며 이에 따라 대내균형을 지속적으로 유지하기 위해서 국내흡수(D)가 증가해야 하기 때문이다. 예컨대 YY 선상의 점 F에서 R이 R_2로부터 R_1으로 하락하면 대내균형이 유지되기 위해서는 D가 D_2에서 D_3(YY 선상의 점 J)로 증가해야 한다. D가 이보다 적게 증가하면 실업이 발생하고, D가 이보다 많이 증가하면 총수요가 과다하게 되어 (수요견인) 인플레이션이 발생한다.

그림 18-1에서 EE 곡선과 YY 곡선이 교차하는 점 F(즉, R_2와 D_2)에서만 대내균형과 대외균형이 동시에 달성됨을 알 수 있다. EE 곡선의 윗부분은 무역수지 흑자를, 아랫부분은 무역수지 적자를 나타내고, YY 곡선의 윗부분은 인플레이션을, 아랫부분은 실업을 나타내므로 대외불균형 및 대내불균형에 대해 다음과 같이 4개의 영역으로 구분할 수 있다(그림 18-1 참조).

제 Ⅰ 영역	무역수지 흑자 및 실업
제 Ⅱ 영역	무역수지 흑자 및 인플레이션
제 Ⅲ 영역	무역수지 적자 및 인플레이션
제 Ⅳ 영역	무역수지 적자 및 실업

그림 18-1로부터 점 F에 도달하기 위해 필요한 지출변화정책 및 지출전환정책의 조합을 결정할 수 있다. 예를 들면 (적자와 실업을 나타내는) 점 C에서는 점 F에 도달하기 위해 환율(R)과 국내흡수(D)가 증가해야 한다. R만이 증가하면 대외균형점(EE 곡선상의 점 C')에 도달하거나, R이 더욱더 증가하는 경우 대내균형점(YY 곡선상의 점 C'')에 도달할 수는 있지만 대내균형과 대외균형을 동시에 달성하는 점에 도달할 수는 없다. 마찬가지로 국내흡수만을 증가시키면 대내균형점(YY 곡선상의 점 J)에 도달할 수는 있지만, 이 점은 EE 곡선 아래에 있으므로 무역수지는 적자가 된다. 점 C와 점 H는 모두 제Ⅳ영역에 있지만 점 F에 도달하기 위하여 점 H에서는 국내흡수의 감소가 필요한 반면, 점 C에서는 국내흡수가 증가되어야 한다는 점을 주목할 필요가 있다(그림 18-1 참조).

비록 어떤 국가가 YY 선상의 점 J에서와 같이 대내균형을 이미 달성하고 있더라도 평가절하만으로도 EE 선상의 점 J'에 도달할 수는 있으나 그 점에서 이 국가는 인플레이션에 직면하게 된다. 따라서 두 가지 목표를 동시에 달성하기 위해서는 두 가지의 정책수단이 필요하다. 한 국가가 점 F의 바로 양옆이나 바로 위아래 중 하나에 있는 경우에만 이 국가는 한 가지 정책수단만을 사용해서도 점 F에 도달할 수 있다. 예를 들면 점 N에서는 국내흡수를 D_1에서 D_2로 증가시키기만 하면 점 F에 도달할 수 있다. 그 이유는 환율의 변화 없이도 국내흡수의 증가로 인해 초기의 무역수지 흑자를 해소시킬 수 있을 만큼 수입이 정확하게 증가하기 때문이다. 그러나 이러한 경우는 흔한 일은 아니다. 그림 18-1의 네 가지 영역에서 필요한 지출변화정책 및 지출전환정책의 정확한 조합은 이 장 뒤에 수록된 연습문제에서 다루게 된다. 그림 18-1은 이를 소개한 오스트레일리아의 경제학자 스완(T. Swan)의 이름을 기념하여 스완의 도표(Swan's diagram)라 부른다.

제2차 세계대전 말부터 1971년까지 널리 운용되었던 고정환율제도에서 선진국들은 일반적으로 근본적 불균형의 상황에서조차도 자국통화를 평가절하나 평가절상하는 것을 탐탁지 않게 생각하였다. 흑자국들은 흑자의 위신과 국제준비자산의 축적을 향유하였고, 적자국들은 평가절하를 경제적 취약함을 드러내는 것으로 생각하여, 그것으로 인해 국제자본이 불안정하게 이동할 것을 두려워하였다(제21장 참조). 결과적으로 각국은 대내균형과 대외균형을 달성하기 위해 지출변화정책만을 가지고 있는 셈이 되었다. 이 이론적인 문제는 먼델이 대내균형을 달성하기 위해서는 재정정책을 사용하고, 대외균형을 달성하기 위해서는 통화정책을 이용하는 방법을 제시함으로써 해소되었다. 이와 같이 지출전환정책이 없더라도 이론적으로는 각국이 대내균형과 대외균형을 동시에 달성할 수 있다.

18.3 재화시장, 통화시장 및 국제수지의 균형

이 절에서는 먼델-플레밍 모형(Mundell-Fleming model)을 도입하여 환율을 변화시키지 않고, 재정정책과 통화정책을 이용하여 대내균형과 대외균형을 달성하는 방법을 살펴보기로 한다. 이를 위해서는 새로운 분석도구가 필요한데, 이러한 분석도구는 여기에서 직관적인 수준에서 소개하고 부록에서는 엄밀하게 유도한다. 그러나 여기에서는 직관적인 소개만으로도 충분하므로 이 장의 나머지 부문을 이해하기 위해 부록을 참고할 필요는 없다. 이 절에서 소개되는 분석도구는 다음 절의 분석에서도 이용된다.

새로운 분석도구는 다음의 세 가지 곡선으로 구성되어 있다. 즉, 재화시장이 균형을 이루는 점들의 조합으로 된 *IS* 곡선과 통화시장이 균형을 이루는 *LM* 곡선 그리고 국제수지 균형을 나타내는 *BP* 곡선이 있다. 단기자본은 국제적인 이자율 차에 의해 영향을 받는 것으로 가정한다. 실제로 이 점 때문에 대내균형을 달성하기 위해서는 재정정책을, 대외균형을 달성하기 위해서는 통화정책을 직접 이용할 수 있다.

그림 18-2에는 *IS*, *LM* 및 *BP* 곡선이 나타나 있다. *IS* 곡선(*IS* curve)은 재화시장이 균형을 이루는 이자율(i)과 국민소득(Y)의 여러 가지 조합이다. 재화시장은 상품 및 서비스에 대한 수요량과 공급량이 일치할 때 또는 식 (18-2)에서 알 수 있는 바와 같이 주입의 합이 누출의 합과 같을 때 균형이 된다. 투자수준(I)은 이자율(i)과 역의 관계에 있는 것으로 본다. 즉, (투자 목적으로 자금을 차입할 때) 이자율이 낮을수록 투자수준은 높아진다(또한 승수과정을 통해 국민소득도 높아진다). 제17장에서와 마찬가지로 수출(X), 정부지출(G), 조세(T)는 외생적이거나 Y와는 독립적인 반면, 저축(S)과 수입(M)은 국민소득 수준(Y)의 양의 함수이다. 이것을 염두에 두고 *IS* 곡선이 음의 기울기를 갖는 이유를 보기로 하자.

$i = 5.0\%$의 이자율과 $Y_E = 1,000$의 국민소득은 재화시장의 균형을 달성하는 하나의 균형점이다(*IS* 곡선상의 점 *E*). 이자율이 낮을수록 투자수준은 높아지므로 보다 높은 투자수준(및 일정한 수출)과 일치할 수 있도록 저축과 수입이 높아지기 위해서는 소득이 증가해야 하므로 *IS* 곡선은 우하향한다. 그

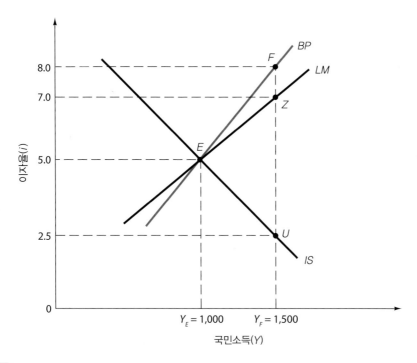

그림 18-2 **재화시장과 통화시장 및 국제수지의 균형**

IS, *LM* 및 *BP* 곡선은 각각 재화시장, 통화시장, 국제수지가 균형을 이루는 이자율(i)과 소득(Y)의 여러 가지 조합을 보여준다. 이자율이 낮을수록 투자수준은 높아지므로 상품과 서비스의 수요와 공급이 일치하기 위해서는 보다 높아진 투자수준과 일치할 수 있도록 저축과 수입이 증가하기 위해서는 소득이 증가해야 하므로 *IS* 곡선은 우하향한다. 보다 높은 소득은 보다 높은 거래적 통화수요를 의미하고, 통화의 총수요량이 주어진 통화량과 일치하기 위해서는 보다 높은 이자율과 보다 높은 투기적 통화수요와 관련되어야 하므로 *LM* 곡선은 우상향한다. 이자율이 상승하면 자본유입이 증가하고 이에 따라 국제수지가 계속 균형을 유지하기 위해서는 국민소득 수준(그리고 수입)과 이자율(그리고 자본유입)이 증가해야 하므로 *BP* 곡선도 우상향하게 된다. 모든 시장은 점 *E*에서 균형을 이루는데, 이자율이 5%이고, 국민소득이 1,000인 점에서 *IS* 및 *LM*, *BP* 세 곡선이 교차한다. $Y_E < Y_F$이다.

점에서 재화시장은 다시 균형을 이루게 된다. 수출, 정부지출 및 조세는 외생적이므로 국민소득 수준의 증가에 의해 영향을 받지 않는다. 이와 같이 재화시장의 균형은 $\Delta I = \Delta S + \Delta M$일 때 회복된다. 예를 들어 $i = 2.5\%$에서 투자수준은 $i = 5.0\%$에서보다 높을 것이며, 재화시장의 균형을 회복하기 위해서는 국민소득 수준이 (완전고용 국민소득 수준인) $Y_F = 1,500$이 되어야 할 것이다(*IS* 곡선상의 점 *U*). $Y < 1,500$이면 ($i = 2.5\%$일 때) 실업이 발생하고, $Y > 1,500$이면 인플레이션이 나타나게 된다.

LM 곡선(*LM curve*)은 주어진 일정한 양의 통화량과 통화수요가 일치하여 통화시장이 균형을 이루도록 하는 이자율(i)과 국민소득(Y)의 여러 가지 조합이다. 통화는 거래적 동기와 투기적 동기에 의해 수요된다. 거래적 통화수요(transaction demand for money)는 지불기일이 되었을 때 사업상 지불을 할 목적으로 보유하는 잔고이며, 국민소득 수준과 정(+)의 관계에 있다. 즉, 국민소득 수준이 증가함에 따라 거래량이 증가하므로(대체로 같은 비율로) 통화잔고에 대한 수요량은 증가한다. 투기적 통화수요(speculative demand for money)는 이자를 지급하는 채권 대신 통화잔고를 보유하려 함으로써 발생한다. 통화잔고를 선호하는 이유는 채권가격의 하락이라는 위험을 피하기 위한 것이다. 또한 통화잔고로 말미암아 그 보유자는 미래의 (금융적인) 투자기회를 이용할 수도 있게 된다. 그러나 이자율이 높

으면 높을수록 잔고를 보유하는 비용(즉, 포기한 이자)이 커지게 되므로 투기나 유동성 목적의 통화 수요량은 적어진다.

$i = 5\%$이고 $Y_E = 1,000$에서 거래적 목적과 투기적 목적에 의한 통화수요량은 주어진 통화량과 일 치하여 통화시장은 균형을 이루게 된다(LM 곡선상의 점 E). 이자율(i)이 높으면 높을수록 투기적 목 적에 의한 통화수요량은 감소하므로 LM 곡선은 우하향한다. 거래적 목적에 이용될 수 있는 보다 많은 나머지의 통화량은 더 높은 소득수준에서만 보유될 것이다. 예를 들어 $i = 7.0\%$일 때 통화시장이 균형 을 이루기 위한 국민소득 수준은 $Y_F = 1,500$(LM 곡선상의 점 Z)이 되어야 한다. $Y < 1,500$(이고 $i = 7.0\%$)이면 통화수요는 공급보다 작고, $Y > 1,500$이면 통화 초과수요가 있게 된다. LM 곡선은 통화당 국이 통화량을 일정하게 유지한다는 가정에서 도출된다는 점에 주의할 필요가 있다.

BP 곡선(BP curve)은 환율이 일정할 때 국제수지가 균형이 되는 이자율(i)과 국민소득(Y)의 여러 가 지 조합이다. 국제수지는 무역수지의 흑자가 같은 양의 자본유출로 상쇄되거나, 무역수지의 적자가 동일한 양의 자본유입으로 상쇄될 때 또는 무역수지가 0이고 순 국제자본이동이 0일 때 균형이 된다. BP 곡선상에서 대외균형을 나타내는 한 점은 $i = 5.0\%$이고 $Y_E = 1,000$인 점 E이다. 이자율이 상승하 면 자본유입이 증가하고 (혹은 자본유출이 감소) 이에 따라 국제수지가 계속 균형을 유지하기 위해서 는 국민소득 수준과 수입이 증가해야 하므로 BP 곡선은 우상향하게 된다.

예를 들어 $i = 8.0\%$에서 국제수지가 균형을 유지하기 위해서는 국민소득 수준이 $Y_F = 1,500$이 되어 야 한다(BP 곡선상의 점 F). FE 곡선의 좌측에는 국제수지 흑자가, 우측에는 적자가 있게 된다. 국제 단기자본이동이 이자율의 변화에 민감할수록 BP 곡선의 기울기는 완만해진다. BP 곡선은 환율이 일 정하다는 가정하에서 그려진 것이다. 한 국가의 통화가 평가하락하거나 또는 평가절하되면 이 국가 의 무역수지는 개선된다. 따라서 국제수지가 계속 균형상태에 있기 위해서는 이자율이 하락하여 자 본유입이 감소(또는 자본유출이 증가)하여야 하므로 BP 곡선은 아래로 이동한다. 반대로 평가절상이 나 평가상승은 BP 곡선을 위로 이동시킨다. 여기에서는 환율이 고정된 것으로 가정하고 있으므로 BP 곡선은 이동하지 않는다.

그림 18-2에서 재화시장, 통화시장, 국제수지가 동시에 균형을 이루는 유일한 점은 IS, LM 및 BP 곡선이 교차하는 점 E 하나뿐이다. 이 균형점에서 소득수준은 $Y_E = 1,000$인데, 이는 완전고용 소득수 준 $Y_F = 1,500$보다 작다는 점에 주목하라. 또한 BP 곡선은 IS 곡선과 IM 곡선이 교차하는 점에서 반드 시 교차하지 않는다는 점도 주목할 필요가 있다. 그러나 3개의 시장이 동시에 균형을 이루는 점 E와 같은 점은 환율이 고정된 상태에서 한 국가가 재정정책과 통화정책을 적절히 조합하여 완전고용 소 득수준에 도달할 수 (또한 대외균형을 유지할 수) 있는 방법을 살펴보는 데 편리한 출발점이 된다.

18.4 고정환율제도에서 대내외균형을 위한 재정정책 및 통화정책

이 절에서는 먼저 재정정책이 IS 곡선에 미치는 효과와 통화정책이 LM 곡선에 미치는 효과를 살펴본 다. 그 후에 대외균형과 실업(그림 18-2의 점 E)인 상태와 국제수지 적자와 실업인 상태 각각에 대해 서 재정정책과 통화정책을 사용하여 대내균형과 대외균형에 도달하는 방법을 살펴본다. 마지막으로 자본이동이 무한 탄력적인 경우를 분석한다.

18.4A 대외균형과 실업이 존재할 경우의 재정정책 및 통화정책

정부지출의 증가와 또는 (민간소비를 증가시키는) 조세 감축의 형태로 시행되는 팽창적 재정정책은 IS 곡선을 우측으로 이동시키는데, 이는 각각의 이자율에서 국민소득 수준이 보다 높아질 때 재화시장은 균형을 이루기 때문이다. 반대로 긴축적 재정정책은 IS 곡선을 좌측으로 이동시킨다. 통화량의 증가와 같은 완화적 통화정책은 LM 곡선을 우측으로 이동시키는데, 이는 각각의 이자율에서 통화량의 증가를 흡수하기 위하여 국민소득 수준이 보다 증가해야 한다는 것을 의미한다. 반대로 긴축적 통화정책은 통화량을 감소시켜 LM 곡선을 좌측으로 이동시킨다. 재정 및 통화정책은 BP 곡선에 직접적인 영향을 미치지 못하며 여기서는 환율이 고정되어 있다고 가정하고 있으므로 BP 곡선은 변화하지(즉, 이동하지) 않는다.

그림 18-3은 그림 18-2의 국가가 IS 곡선을 IS′으로 우측으로 이동시키는 **팽창적 재정정책**과 LM 곡선을 LM′까지 좌측으로 이동시키는 **긴축적 통화정책**을 결합하여 완전고용 국민소득 수준에 도달하고 대외균형을 유지할 수 있음을 보여 주고 있다. 여기에서 점선 IS′과 점선 LM′은 변화하지 않은 BP 곡선과 $Y_F = 1,500$이고 $i = 8.0\%$(점 F)의 완전고용 소득수준에서 교차하고 있다. 즉, 국민소득의 증가(이로 인한 수입의 증가)로 인한 무역수지의 악화는 이자율이 $i = 8.0\%$로 상승함에 따른 자본유입의 증가(또는 자본유출의 감소)로 정확히 상쇄되어 이 국가의 국제수지는 균형을 이루게 된다.

이 국가는 변하지 않은 IS 곡선과 점 U에서 교차할 수 있도록 LM 곡선을 우측으로 이동시키는

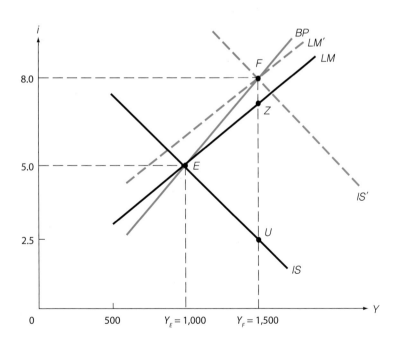

그림 18-3 대외균형과 국내실업이 존재할 경우의 재정정책 및 통화정책

국내실업과 대외균형을 이루고 있는 점 E에서 시작하여 환율이 고정된 상태에서 IS 곡선을 IS′으로 이동시키는 팽창적 재정정책과 LM 곡선을 LM′으로 이동시키는 긴축적 통화정책을 사용하여 대외균형하에서 완전고용 국민소득 수준인 $Y_F = 1,500$에 도달할 수 있다. 세 시장은 IS′, LM′ 곡선과 변화하지 않은 BP 곡선이 $i = 8.0\%$, $Y_F = 1,500$의 소득수준에서 교차하여 균형점 F에 도달한다.

완화적 통화정책을 사용하여 완전고용 국민소득 수준에 도달할 수 있다. 그러나 점 U에서는 이자율이 2.5%가 되어서(이는 점 E에서의 이자율 $i = 5.0$%보다 낮음), 소득의 증가에 따른 무역수지의 악화와 더불어 이자율의 하락에 따라 자본유입이 감소(혹은 자본유출이 증가)하므로 대규모의 국제수지 적자가 발생한다. 또한 이 국가는 IS 곡선을 우측으로 이동시켜 LM 곡선과 점 Z에서 만날 수 있도록 하는 팽창적 재정정책을 사용하여 완전고용 국민소득 수준에 도달할 수도 있다. 점 Z에서의 이자율은 점 E에서의 이자율보다 높으므로 무역수지의 악화는 자본유입의 증가(또는 자본유출의 감소)로 어느 정도 상쇄된다. 그러나 그러한 자본유입의 증가나 자본유출의 감소는(점 Z가 BP 곡선의 우측에 있으므로) 이 국가가 국제수지 적자를 벗어나기에 충분치 못하다.

완전고용 국민소득 수준 $Y_F = 1,500$에 도달하고 국제수지의 균형을 달성하기 위해 이 국가는 IS 곡선을 LM 곡선상의 점 Z까지가 아닌 BP 곡선상의 점 F까지로 이동시킬 수 있는 보다 강력한 팽창적 재정정책을 이용해야 한다(그림 18-3 참조). 그림에서 볼 수 있는 바와 같이 LM 곡선을 LM'으로 이동시키는 긴축적 통화정책은 IS'으로 표현되는 팽창적 재정정책의 효과를 부분적으로 상쇄시키는 한편 대외균형이 성립할 수 있도록 이자율을 $i = 8.0$%로 상승시킨다. 따라서 이 국가가 대내균형과 대외균형을 동시에 달성하기 위해서는 두 가지 **상충되는** 정책(팽창적 재정정책과 긴축적 통화정책)이 필요하다.

18.4B 국제수지 적자와 실업이 존재할 때 재정정책 및 통화정책

그림 18-4는 (그림 18-2와 18-3에서와 같이) IS 곡선과 LM 곡선이 점 E에서 교차하지만 BP 곡선은 이 점에서 교차하지 않는 초기 상황을 보여 주고 있다. 즉, 국내경제는 $i = 5.0$%와 $Y_E = 1,000$에서 (실업이 존재하는 상태로) 균형을 이루고 있지만 점 E는 BP 곡선상의 점 B의 우측에 있으므로 국제수지 적자상태에 있다. 다시 말하면 $i = 5.0$%(BP 곡선상의 점 B)에서 대외균형이 성립하기 위해서는 국민소득 수준 $Y = 700$이 되어야 한다. 그러나 $Y_E = 1,000$이므로 이 국가는 초과국민소득 300(1,000 − 700)에 한계수입성향(MPM)을 곱한 만큼 국제수지가 적자가 된다. 만일 (제5장에서와 같이) $MPM = 0.15$이면 이 국가의 국제수지 적자는 $300 × 0.15 = 45$가 된다. $Y_E = 1,000$에서 이 국가가 국제수지 균형을 이룰 수 있도록 자본유입이 45만큼 증가(혹은 자본유출이 45만큼 감소)하기 위해서는 이자율이 $i = 6.5$%(BP 곡선상의 점 B')가 되어야 한다.

국내경제가 실업($MPM = 0.15$인 경우 45만큼의)과 국제수지 적자인 상태에서 균형을 이루는 점 E에서 시작해 IS 곡선을 IS'으로 우측 이동시키는 팽창적 재정정책과 LM 곡선을 LM'으로 좌측 이동시키는 긴축적 통화정책을 사용하면 완전고용 소득수준 $Y_F = 1,500$과 대외균형을 달성시킬 수 있다. 이 때 점선 IS'과 LM' 곡선은 변화하지 않은 BP 곡선과 $i = 9.0$%와 $Y_F = 1,500$(그림에서의 점 F)에서 교차한다. 이 경우 이 국가가 대외균형을 달성하기 위해서는 이자율은 $i = 5.0$%에서 $i = 8.0$%(그림 18-3에서처럼)가 아닌 $i = 9.0$%까지 상승해야 한다는 점에 주목하라.

18.4C 탄력적인 자본이동하의 재정정책 및 통화정책

이전 절에서 우리는 국내실업과 국제수지 적자의 상태에 있는 국가는 적절한 **팽창적 재정정책**과 **긴축적 통화정책**을 사용하여 대내균형과 대외균형을 동시에 달성할 수 있다는 것을 보았다. 그러나 그림 18-4를 검토해 보면 BP 곡선이 LM 곡선보다 가파르고, 완전고용 국민소득 수준(Y_F)에서 BP 곡선이

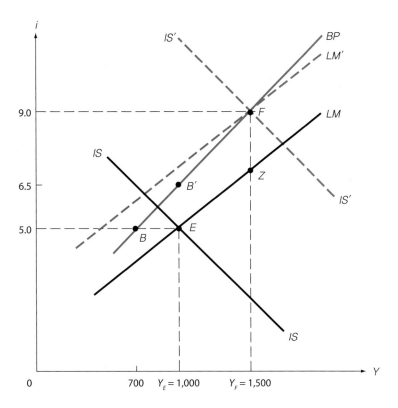

그림 18-4 국내실업과 국제수지 적자가 존재할 때의 재정정책 및 통화정책

국내실업과 국제수지 적자가 있는 점 E에서 시작하여 환율이 고정된 상태에서 IS 곡선을 IS′으로 이동시키는 팽창적 재정정책과 LM 곡선을 LM′으로 이동시키는 긴축적 통화정책을 사용하여 대외균형하에서 완전고용 국민소득 수준인 Y_F = 1,500에 도달할 수 있다. 3개의 시장은 IS′, LM′ 곡선과 변하지 않은 BP 곡선이 i = 9.0%, Y_F = 1,500의 소득수준에서 교차하여 균형점 F에 도달한다. 최초의 국제수지 적자로 인해 대내외균형에 도달하기 위해 그림 18-3에서보다 이자율이 더 높아야 한다.

LM 곡선의 위쪽에 위치할 때만 긴축적 통화정책이 요구된다는 것을 알 수 있다. 이것은 국제자본이동이 국제 간의 이자율 차의 변화에 매우 민감하지 않다는 것을 의미한다.

그러나 오늘날 선진국 간 국제자본이동에 관한 통제의 모두 또는 대부분을 철폐하면 이러한 국가들에 대해서 BP 곡선은 그림 18-4에서보다 더 평평할 것이고, 그림 18-5와 같이 완전고용 국민소득 수준에서 LM 곡선의 아래쪽에 위치할 것 같다. 그 경우 국내실업과 국제수지 적자의 상태에 있는 점 E에서 시작하여 한 국가(점 B′가 점 E 위에 있음)는 IS를 IS′으로 이동시키는 **팽창적 재정정책**과 LM 곡선을 LM′으로 이동시키는 **완화적 통화정책**을 사용하여 IS′과 LM′이 i = 6.0%이고, Y_F = 1,500인 점 F에서 불변의 BP 곡선과 만나게 하여 대내균형과 대외균형을 동시에 달성할 수 있다. 국제자본이동이 전의 경우보다 훨씬 더 탄력적이므로 이자율은 그림 18-4의 i = 5.0%에서 i = 9.0%로 상승하는 대신에 i = 5.0%에서 i = 6.0%로 상승하기만 해도 된다. 이와 같이 국내실업과 국제수지 적자에 직면하여 대내균형과 대외균형을 달성하기 위해서는 완전고용 국민소득 수준에서 BP 곡선이 LM 곡선의 아래쪽 또는 위쪽에 있는가에 따라(자본이동이 이자율 차에 어느 정도 민감한가에 따라) 팽창적 재정정책과 완화적 또는 긴축적 통화정책이 필요하다.

그림 18-4나 18-5와 유사한 그림들을 사용하여 최초의 대내와 대외의 불균형의 상태에 따라 대외균형을 이루는 완전고용 국민소득 수준에 도달하기 위해 필요한 재정정책과 통화정책의 적절한 조합을 보여 줄 수 있다. 이러한 유형의 분석은 제2차 세계대전 말부터 1971년까지 지배했던 고정환율제도의 운영을 검토하는 것뿐 아니라 유럽연합이 그들의 공동통화(1999년 1월 도입된 유로)로 가는 과정에서 안정된 환율을 추구함에 따라 갖게 된 경험, 그들의 환율을 고정하거나 대규모 선진국의 통화나 특별인출권(SDRs)에 고정시킨 많은 개발도상국들에게도 해당된다. 이러한 분석은 또한 미국, 일본, 캐나다, 유럽연합(유로의 채택 이후)들과 같이 국제자본이동을 유인함으로써 그들의 통화를 관리한 국가들에게도 적절하다. 사례연구 18-2에서는 1980년대 이후 미국의 경상수지와 재정적자 간의 관계를 검토한다.

18.4D 완전한 자본이동하의 재정정책 및 통화정책

그림 18-7의 점 E에서(그림 18-2와 18-3에서와 같이) 3개의 시장이 동시에 균형상태에 있고, 자본이

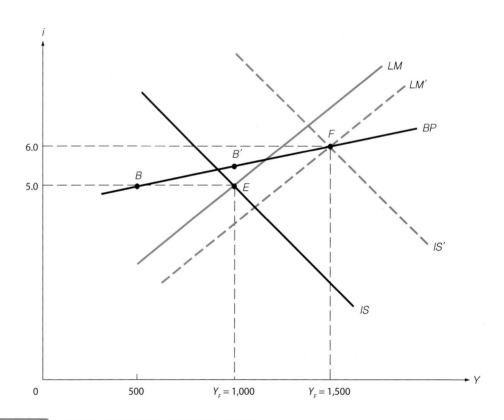

그림 18-5 **탄력적인 자본이동하의 재정정책과 통화정책**

국내실업과 국제수지 적자가 있는 점 E에서 시작하여 그 국가는 환율을 고정시킨 상태에서 IS를 IS'으로 이동시키는 팽창적 재정정책과 LM 곡선을 LM'으로 이동시키는 완화적 통화정책을 사용하여 대외균형을 이루면서 완전고용 국민소득 수준 $Y_F = 1,500$에 도달할 수 있다. 3개의 시장은 IS' 곡선과 LM' 곡선이 이동하지 않는 BP 곡선과 만나는 $i = 6.0\%$이고, $Y_F = 1,500$인 점 F에서 동시에 균형을 이룬다.

사례연구 18-2 미국의 경상계정과 예산적자 간의 관계

그림 18-6에서 1980년부터 1989년(1984년 제외)까지와 2001년부터 2003년 및 2011년부터 2017년(2016년 제외)까지 미국의 국내총생산(GDP) 대비 미국의 경상수지 적자와 미국의 재정적자(모든 정부지출이 징수한 조세총액의 초과분)는 쌍둥이(twins)처럼 다소간 함께 움직였다는 것을 알 수 있다(이러한 이유로 이를 쌍둥이 적자라고 함). 그러나 이것은 재정적자가 경상수지 적자를 충분히 설명하거나 그 원인이 된다는 것을 의미하진 않는다. 왜냐하면 각각은 미국과 외국에서의 조세, 이자율, 환율에 대한 예상뿐 아니라

저축률, 인플레이션, 성장과 같은 다른 많은 요인들에도 의존하기 때문이다. 식 (18-3)으로부터 $(S-I)$가 일정한 경우에만 $(X-M)$과 $(G-T)$가 함께 움직인다는 것을 알 수 있다. 실제로 1989년부터 2001년까지와 2003년부터 2011년까지 미국의 경상수지 적자와 재정적자는 서로 반대방향으로 움직였으며 후자가 하락할 때는 전자가 상승하고, 그 반대의 경우도 성립되었다. 미국은 2009년 정부재정 적자가 최대(GDP의 12.8%)였으며 경상수지 적자는 2006년에 최대치(GDP의 5.8%)를 기록했다.

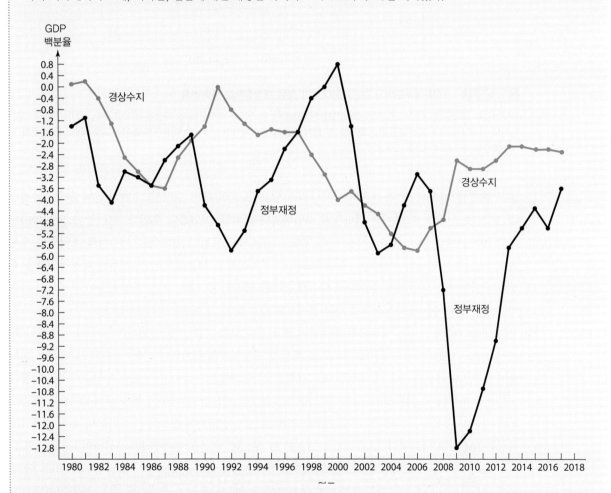

그림 18-6 GDP의 백분율로 표시한 미국의 경상계정과 재정적자(1980~2017)

1980년부터 1989년(1984년 제외)까지와 2001년부터 2003년 및 2011년부터 2017년(2016년 제외)까지 GDP의 백분율로 표시한 미국의 경상수지 적자와 미국의 재정적자는 쌍둥이(twins)처럼 함께 움직였으나, 그 이후에는 서로 반대방향으로 움직였다.

출처 : Organization for Economic Cooperation Development, *Economic Outlook* (Paris: OECD, June 2015); D. Salvatore, "Twin Deficits in the G-7 Countries and Global Structural Imbalances," *Journal of Policy Modeling*, September 2006, pp. 701–712; and D. Salvatore, "Global Imbalances," *Princeton Encyclopedia of the World Economy* (Princeton, N.J.: Princeton University Press, 2008), pp. 536–541.

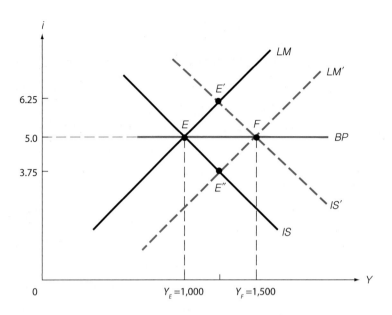

그림 18-7 **고정환율제도에서 완전자본이동의 경우 재정정책과 통화정책**

국내실업과 대외균형, 자본의 완전이동성과 고정환율제도의 점 *E*에서 시작하여 *IS* 곡선을 *IS'*으로 이동시키는 팽창적 재정정책을 사용하는 경우 자본이동을 중화시킬 수 없기 때문에 *LM* 곡선이 *LM'*으로 이동하므로 완전고용 국민소득 수준인 Y_F =1,500에 도달할 수 있다.

동이 완전한 (따라서 *BP* 곡선은 세계시장의 이자율 *i* = 5.0%에서 수평선) 초기의 균형상태를 가정한다. 이는 소국이 *i* = 5.0%에서 얼마든지 차입하거나 대여할 수 있음을 뜻한다. 이러한 조건은 1980년대와 1990년대의 유로 통화시장을 통해 고도로 자본시장 통합이 이루어진 서유럽의 소국의 경우에 특히 적합하다. 이러한 극단적인 경우에 소국은 통화정책을 사용하지 않고 적절한 재정정책만을 사용하여 완전고용 국민소득 수준과 국제수지 균형을 달성할 수 있다. 사실 자본이동이 완전하고 환율이 고정된 경우에는 통화정책의 효과는 전적으로 무력한데, 그 이유는 다음과 같다.

그림 18-7에서 소국은 점 *E*에서 시작하여 *IS* 곡선을 우측의 *IS'*으로 이동시켜 *IS* 곡선이 수평인 *BP* 곡선과 Y_F = 1,500인 점 *F*에서 교차하도록 팽창적 재정정책을 실시해야 한다. 점선의 *IS'* 곡선이 변화하지 않은 *LM* 곡선과 점 *E'*에서 만난다는 사실은 이 국가의 이자율이 *i* = 6.25%로 상승하려는 경향이 있음을 의미한다. 그러나 이 소국의 경우에 *i* = 5.0%에서 국제자본이동이 무한 탄력적이므로 해외로부터 자본이 유입되고 (외환이 자국통화와 교환되므로) 이 국가의 통화량은 증가하며 이에 따라 *LM* 곡선은 *LM'*으로 이동한다. 결과적으로 점선의 *IS'*과 *LM'* 곡선은 수평인 *BP* 곡선상의 *i* = 5.0%와 Y_F = 1,500인 점 *F*에서 교차하게 되고, 이 국가는 대내균형과 대외균형을 동시에 달성하게 된다. 이 경우에 *LM* 곡선이 *LM'*으로 이동할 때까지 통화량이 증가하는 것을 소국이 막을 수는 없을 것이다. *LM* 곡선이 *LM'*으로 이동한 경우에만 자본유입은 중단되고, 이 국가의 통화량은(*LM'*의 수준에서) 안정된다.

만일 이 소국이 *LM* 곡선을 *LM'*으로 우측 이동시키는 완화적인 통화정책을 사용하여 점 *F*에 도달하려고 한다면 이자율은 *i* = 3.75%로 (그림의 점 *E''*) 하락할 것이다. 그 결과 자본이 유출되고 이에 따라 이 국가의 통화량은 원래 수준으로 감소하여 LM' 곡선은 원래의 LM 곡선으로 다시 이동한다. 한편 이러한 자본이동이 통화량에 미치는 영향을 불태화(sterilize) 또는 중화(neutralize)시키려 한다면 이 국가의 외환보유고는 고갈되고 이 국가의 통화량이 원래의 LM 수준으로 감소할 때까지 자본은 계속 유출될 것이다. 따라서 오늘날과 같이 고도로 통합된 자본시장에서 소국이 완전탄력적 자본이동에 직면하는 경우 통화정책은 전적으로 무력해진다. 사례연구 18-3에서는 미국의 재정정책의 효과가 유럽연합과 일본에 미치는 반향효과를 살펴본다.

18.5 변동환율제도에서의 *IS-LM-BP* 모형

이 절에서는 변동환율제도에서 *IS-LM-BP* 모형을 이용하여 통화정책을 통해 3개 시장의 균형을 동시에 달성할 수 있는 방법을 살펴본다. 18.5A절에서는 자본이동이 불완전한 경우를 검토하고, 18.5B절에서는 자본이동이 완전한 경우를 보기로 한다.

18.5A 변동환율과 불완전한 자본이동하의 *IS-LM-BP* 모형

그림 18-8의 점 E는 그림 18-2에서와 마찬가지로 대외균형 및 실업상태에서 3개의 시장이 균형을 이루는 점이다. 정부는 LM 곡선을 LM'까지 우측으로 이동시키는 완화적 통화정책을 이용하여 $Y_F = 1,500$이고 $i = 2.5\%$인 점 U에서 IS 곡선과 교차하도록 할 수 있다. 점 U는 BP 곡선의 우측에 있으므로 (점 E와 비교하여 Y는 높고 i는 낮기 때문에) 이 국가는 국제수지 적자에 직면하게 된다.

변동환율제도에서는 이 국가의 통화가 평가하락하여 BP 곡선은 우측으로 이동한다. 동시에 평가하락은 이 국가의 국제수지를 개선시키며(마셜-러너 조건이 충족된다는 전제하에서) IS 곡선을 우측으로 이동시킨다. 또한 평가절하에 따라 국내물가와 통화에 대한 거래적 수요가 증가하여 LM' 곡선

사례연구 18-3 미국의 재정정책이 미국 및 해외에 미치는 효과

표 18-2에서는 고정환율제도하에서 GDP의 6%에 해당하는 규모의 미국의 제한적 재정정책(조세 증가와 정부지출 감소의 결합을 통해)으로 인해 미국의 성장률, 인플레이션율, 무역수지, 경상수지 및 단기이자율에 미치는 효과와 유럽통화동맹(EMU)과 일본에 미치는 반향효과를 보여 준다. 정책효과는 2004~2009년까지 제한적 재정정책을 사용하지 않았을 때의 미국의 상황을 초기상황으로 보고 그것과의 비교를 통해 측정한다. 표에서는 제한적 재정정책을 사용하지 않는 미국의 상황과 비교하여 2004~2009년의 연평균효과와 2009년의 최종상황을 보여 준다.

표를 통해 미국에서 GDP 6% 정도의 제한적 재정정책을 시행하는 경우 2004~2009년 기간 초기상황 3.3%에서 2.6%로 감소하는 것을 알 수 있다. 인플레이션율은 1.3%에서 1.6%로, 평균무역수지는 −4.7%에서 GDP의 −3.7%로, 경상수지는 −5.1%에서 GDP의 −3.8%로, 단기이자율은 3.9%에서 0.0%로 감소한다. 이러한 정책효과의 방향은 인플레이션율의 상승을 제외하고는 예상과 동일하다.

맨 마지막 줄은 초기상황과 비교한 2009년의 최종상황을 보여 준다. 즉, 성장률은 초기에 비해 4.5% 낮고, 물가는 1.5% 높고, 무역수지는 2.1%(GDP의 −5.0%에서 −2.9%로), 경상수지는 2.6% 개선되고 단기이자율은 5.4% 낮아진다(1.6% 대신 7.0%). 미국이 제한적 재정정책을 사용하는 경우 표의 맨 아랫부분에서 볼 수 있듯이 EMU와 일본에 대해서도 반향효과를 갖는다.

(계속)

| 표 18-2 | 고정환율제도하에서 미국의 제한적 재정정책의 효과(2004~2009) |

	연평균(2004~2009)		초기상황 대비
	초기상황	제한적 재정정책[a]	최종상황(2009)
미국			
실질 GDP 성장률[b]	3.3	2.6	−4.5
인플레이션율[b]	1.3	1.6	1.5
무역수지[c]	−4.7	−3.7	2.1
경상수지c	−5.1	−3.8	2.6
단기이자율[d]	3.9	0.0	−5.4
유럽통화동맹			
실질 GDP 성장률[b]	2.3	2.2	−0.4
인플레이션율[b]	1.6	1.7	1.0
무역수지[c]	2.5	1.9	−1.4
경상수지[c]	1.0	0.3	−1.5
단기이자율[d]	3.6	2.5	−1.5
일본			
실질 GDP 성장률[b]	1.6	1.3	−2.0
인플레이션율[b]	−0.2	−0.7	−2.7
무역수지[c]	2.6	2.2	−1.3
경상수지[c]	5.0	4.5	−1.3
단기이자율[d]	0.0	0.0	0.0

[a] GDP 6% 규모의 제한적 재정정책.
[b] 처음 열은 연평균 변화율, 마지막 열은 초기상황 대비 2009년 수준.
[c] GDP의 백분율.
[d] 백분율.

출처 : Organization for Economic Cooperation and Development, *Economic Outlook* (Paris: OECD, June 2004).

은(실질통화량이 감소하므로) 좌측으로 이동한다. IS' 및 LM'' 곡선이 $Y_{E'} = 1,400$이고, $i = 4.5\%$인 점 E'과 같은 점에서 BP' 곡선과 교차할 때 3개 시장에서의 균형이 다시 성립하게 된다. 완화적 통화정책을 계속 실시하면 이러한 과정이 반복되어 완전고용 국민소득 수준 $Y_F = 1,500$에서 3개 시장의 균형이 달성된다. 변동환율제도의 경우에는 3개 시장의 균형은 항상 BP 곡선상에 있지만 BP 곡선은 이동한다는 것을 주목하라.

점 E에서 시작하여 완전고용 국민소득 수준에 도달하기 위하여 IS 곡선을 우측으로 이동시켜 LM 곡선과 점 Z에서 교차할 수 있도록 하는 팽창적 재정정책을 실시하는 경우에도 위의 분석과 유사하

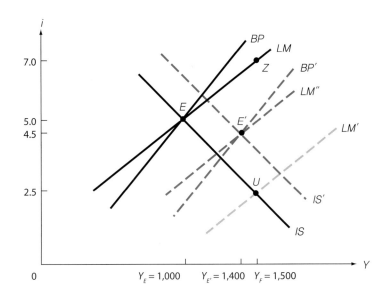

그림 18-8 **변동환율제도의 *IS-LM-BP* 모형**

대외균형 및 국내실업하에서 3개의 시장이 균형을 이루는 점 *E*에서 시작하자. 그 국가는 완화적 통화정책을 이용하여 *LM* 곡선을 *LM'*까지 우측으로 이동시켜 $Y_F = 1,500$의 완전고용 국민소득 수준인 점 *U*에서 *IS* 곡선이 교차하도록 할 수 있다. 그러나 점 *U*는 *BP* 곡선의 우측에 있으므로 이 국가는 국제수지 적자에 직면하게 된다. 변동환율제도에서는 이 국가의 통화가 평가하락하여 *BP* 곡선과 *IS* 곡선은 우측으로 이동하고, *LM'* 곡선은 좌측으로 이동하여 *BP'*, *IS'*과 *LM"* 곡선이 $Y_{E'} =$ 1,400인 *E'*과 같은 점에서 교차한다. 완화적 통화정책을 계속 실시하면 이러한 과정이 반복되어 완전고용 국민소득 수준 $Y_F = 1,500$에서 3개 시장의 균형이 달성된다.

다. 점 *Z*가 *BP* 곡선의 우측에 있기 때문에 이 국가의 국제수지는 적자가 된다. 따라서 이 국가의 통화는 평가하락하며 모든 곡선이 이동하여 *IS* 곡선과 *LM* 곡선이 *BP* 곡선상에서 교차하게 되고 3개의 시장은 동시에 균형을 이루게 된다. 그러나 이 국가가 팽창적 재정정책 대신 완화적 통화정책을 사용하면, (*BP* 곡선이 *LM* 곡선보다 가파르든 완만하든 상관없이) 이자율은 하락하고, 이것이 장기성장을 촉진한다는 점을 주목하자. 한 국가가 대내균형을 달성하기 위하여 지출변화정책(통화 또는 재정정책)을 사용하는 경우에, 대외균형을 동시에 달성하기 위해서는 환율이 변화하도록 하거나 지출전환정책을 사용해야 한다는 점이 중요하다. 이 경우는 18.2절에서 행한 분석과 그림 18-1의 스완의 도표를 참고하면 된다.

18.5B 변동환율과 완전한 자본이동하의 *IS-LM-BP* 모형

(그림 18-7에서와 마찬가지로) 완전한 자본이동 및 변동환율제도에서 대외균형 및 실업상태에 있는 그림 18-9의 점 *E*에서 시작한다. 이 국가가 팽창적 재정정책을 이용하여 *IS* 곡선을 *IS'*까지 이동시켜 $Y_F = 1,500$인 점 *F*에서 *BP* 곡선이 교차하도록 한다. 점선 *IS'*과 변하지 않는 *LM* 곡선은 점 *E'*에서 교차하여 그 국가의 이자율은 $i = 6.25\%$로 상승한다. 이것은 대량의 자본유입을 가져오고, 그 국가의 통화는 평가상승하여 수출은 억제되고 수입은 촉진되어 *IS'*은 다시 원래의 *IS* 곡선으로 되돌아가게 된다. 이와 같이 자본이동이 완전한 경우 변동환율제도에서 재정정책은 국민소득의 수준에 영향을 미

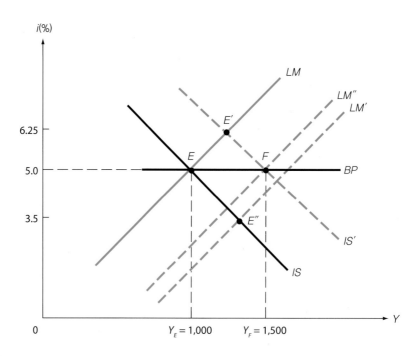

그림 18-9 완전한 자본이동과 변동환율제도의 조정정책

대외균형 및 실업, 완전한 자본이동 및 변동환율제도의 점 E에서 시작하여 그 국가가 완화적 통화정책을 이용하여 LM 곡선을 LM'까지 이동시켜 Y_F = 1,500의 완전고용 국민소득 수준에 도달할 수 있다. 이것은 IS 곡선은 IS'으로 오른쪽으로 이동시키고, (통화의 평가하락의 경향이 무역수지를 개선시키므로) LM' 곡선은 LM''으로 약간 뒤로 이동한다(국내가격상승으로 인한 실질통화량의 감소로 인해). 최종적인 균형은 IS' 곡선과 LM'' 곡선이 Y_F = 1,500에서 BP 곡선과 만나는 점 F에서이다.

치는 데 있어 전적으로 무력하다.

한편 점 E에서 시작하여 완화적 통화정책을 사용하면 LM 곡선이 LM'으로 이동하여 이자율이 하락한다(LM'이 IS 곡선과 만나는 점 E''을 참조). 이로 인해 자본이 유출되고, 그 국가의 통화는 평가하락하는 경향을 띠게 되고 (수출이 촉진되고 수입이 억제됨에 따라) IS 곡선은 IS'으로 우측으로 이동하고, LM' 곡선은 약간 좌측으로 돌아가 LM''이 (그 국가의 가격상승으로 실질통화량이 감소함에 따라) 된다. 따라서 IS' 곡선과 LM'' 곡선은 Y_F = 1,500인 점 F에서 BP 곡선과 교차하게 되므로 이 국가는 통화정책만으로도 대내균형과 대외균형을 동시에 달성할 수 있다. 이 국가는 LM' 곡선의 LM''으로의 이동을 고려하기 위해 Y_F = 1,500의 약간 우측에서 LM' 곡선이 BP 곡선과 교차하여 최종적인 균형이 Y_F = 1,500인 점 F에서 이루어지도록 한 것을 주목하라. 이와 같이 자본이동이 완전할 때 고정환율제도에서는 재정정책은 효과가 있고, 통화정책은 효과가 없는 반면, 변동환율제도에서는 통화정책은 효과가 있고, 재정정책은 효과가 없다.

_IS-LM-BP_ 모형은 지난 40년 동안 개방경제의 정책결정과정에서 중요한 역할을 해 왔다. 이 모형에 대한 한 가지 심각한 비판은 그것이 유량과 저량을 혼용하고 있다는 것이다. 특히 LM 곡선은 통화의 저량에 기초하지만, BP 곡선은 자본의 유량에 근거하고 있다. **저량과 유량을 혼용하는 것은 좋은 생각이 아니다.** 이러한 맥락에서 이 모형은 국내 이자율이 상승하면 자본이 유입되고 이로 인해 국제수지 적자는 융통되는 것으로 가정하고 있다. 그러나 자본유입은 단회적인 유형일 가능성이 크며, 국

내 이자율이 상승함에 따라 투자자들이 그들의 포트폴리오를 재조정하게 되면 멈추게 될 가능성이 크다. 사례연구 18-4에서는 변동환율제도에서 미국과 다른 OECD 국가들의 통화정책의 효과를 검토한다.

사례연구 18-4 · 미국과 기타 OECD 국가에서 통화정책의 효과

표 18-3은 미국과 기타 OECD 국가에서 4%의 통화량이 증가하는 경우(팽창적 통화정책) 미국과 기타 OECD 국가들의 국민총생산(GNP), 소비자물가지수(CPI), 이자율, 통화가치, 경상수지에 미치는 효과를 보여 준다. OECD(경제협력개발기구)는 시행기간에 24개의 선진국을 모두 포함하고 있다. 모의실험 결과는 연방준비제도이사회(FRB)의 다국 모형을 사용하여 얻을 수 있다. 통화량 증가의 효과는 여러 해에 걸쳐 나타날 것으로 생각되지만, 표 18-3은 통화량이 증가한 두 번째 해의 효과만 보여 준다.

표의 A 부분은 미국의 4% 통화량의 증가는 (승수과정을 거쳐) 미국이 통화량을 증가시킨 다음 해에 미국 GNP의

1.5%의 증가를 가져온다. 기간을 더 길게 하면 총효과는 더 커질 것이다. 그것은 또한 미국 물가의 0.4%의 증가와 미국 단기이자율의 2.2%p 하락(예 : 6.2에서 4.0%로), 달러 국제가치의 6.0% 하락(평가하락)과 미국 경상수지에서 31억 달러의 적자를 가져온다(GNP 상승으로 인한 수입상승성향이 미국의 경상수지를 개선시키는 달러 평가하락을 압도하기 때문에).

상단 표의 우측 부분은 미국의 통화량 증가가 기타 OECD 국가들에 대해 0.7%의 GNP 감소, 0.6%의 물가하락, 0.5%p의 단기이자율 하락, 35억 달러의 경상수지 악화를 가져온다. OECD 국가들의 환율에 미치는 효과는 추정

표 18-3 4%의 통화량 증가가 두 번째 해에 미치는 추정효과

A. 미국의 통화량 증가

	미국 내 효과	기타 OECD 국가에 대한 효과
GNP	1.5%	−0.7%
CPI	0.4%	−0.6%
이자율	−2.2%[a]	−0.5%[a]
통화가치	−6.0%	−
경상수지	−31억 달러	−35억 달러

B. 기타 OECD 국가의 통화량 증가

	기타 OECD 국가에 대한 효과	미국 내 효과
GNP	1.5%	0.0%
CPI	0.6%	−0.2%
이자율	−2.1%[a]	−0.2%[a]
통화가치	−5.4%	−
경상수지	35억 달러	1억 달러

[a] 백분율 변화.

출처 : R. Bryant, D. Henderson, G. Holtham, P. Hooper, and S. Symansky, eds., *Empirical Macroeconomics for Interdependent Economies* (Washington, D.C.: Brookings Institution, 1988), p. 23.

(계속)

되지 않았다. 세계 여타국에서의 GNP 감소는 미국의 수입 증가에 비추어 볼 때 이상한 것처럼 보인다. 그러나 미국의 수입증가는 OECD 국가들로부터라기보다는 세계의 나머지 국가(개발도상국과 OPEC)로부터일지도 모른다. 더 나아가 미국의 팽창적 통화정책의 반향효과는 무역을 통해서만 작동하는 것은 아니고 논리적인 추론만으로 평가하기에는 너무 복잡하다. 그것이 우리가 모형을 필요로 하는 이유이다.

표의 B 부분은 여타 OECD 국가들이 4%의 통화량을 증가시키는 경우 GNP의 1.5%의 증가, 물가의 0.6%의 상승과 단기이자율의 2.1%p의 하락, 통화가치의 5.4% 하락(평가하락)과 경상수지에서 35억 달러의 흑자를 가져온다. 이러한 변화는 미국에 대해 반향효과를 갖는다. 미국은 0.2%의 물가하락, 0.2%p의 단기이자율 하락, 1억 달러의 경상수지 개선이 이루어진다. 미국의 GNP에 미치는 효과는 없고, 달러의 환율에 관한 효과는 추정되지 않았다.

18.6 정책조합과 물가변화

이 절에서는 먼저 대내균형을 달성하기 위해 재정정책을, 대외균형을 달성하기 위해 통화정책을 사용하는 이유를 살펴본다. 그 후 이러한 정책조합(policy mix)의 유효성과 비용상승 인플레이션을 고려할 때 야기되는 문제점에 대한 평가를 한다. 마지막으로 전후 기간에 미국 및 기타 주요 선진국들이 실시했던 정책조합의 경험을 살펴본다.

18.6A 정책조합과 대내 및 대외균형

그림 18-10에서 원점으로부터 수직축을 따라서 상방으로 이동하는 것은 긴축적 통화정책(즉, 통화량의 감소와 이자율의 상승)을 의미하며, 수평축을 따라서 우측으로 이동하는 것은 팽창적 재정정책(정부지출의 증가 또는 조세의 감소)을 의미한다.

그림에서 IB 선은 대내균형(즉, 물가안정과 완전고용)을 달성하는 여러 가지 재정정책과 통화정책의 조합을 나타낸다. 대내균형을 유지하기 위해서 팽창적 재정정책은 충분한 정도의 긴축적 통화정책으로 상쇄되어야 하므로 IB 곡선은 우상향한다. 예를 들어 그림 18-10의 점 F에서 점 A로 이동시키는 정부지출의 증가는 총수요의 초과 또는 수요견인 인플레이션을 야기한다. 이는 긴축적 통화정책과 이자율의 상승으로 이 국가를 IB 선의 점 A'으로 이동시킴으로써 교정되거나 제거될 수 있다. 점 A'보다 낮게 이자율을 상승시키는 긴축적 통화정책은 총수요의 초과를 완전히 해소하지는 못하며 인플레이션 압력을 남겨 놓는다. 반대로 점 A' 위로 이동시키는 긴축적 통화정책과 이자율의 상승은 정부지출 증가에 의한 인플레이션을 해소하지만 실업을 유발한다. 따라서 IB 선의 우측과 아래에는 인플레이션이 있게 되고, IB 선의 좌측과 위에는 실업이 있게 된다.

반면에 EB 선은 대외균형(즉, 국제수지의 균형)을 달성하는 여러 가지 재정정책과 통화정책의 조합을 보여 준다. EB 선상의 한 대외균형점에서 시작했을 때 팽창적 재정정책은 국민소득을 증가시켜 국제수지를 악화시킨다. 이때 이 국가가 대외균형을 지속적으로 유지하기 위해서는 긴축적 통화정책을 사용하여 이자율을 충분히 상승시켜 자본유입을 증가(또는 자본유출을 감소)시킴으로써 악화된 국제수지를 개선시켜야 한다. 예를 들어 EB 선상의 점 F에서 확장적 재정정책으로 점 A로 이동하면 국제수지 적자가 생기는데, 이것은 EB 선상의 점 A''으로 이동시키는 긴축적 통화정책과 이자율의 상승으

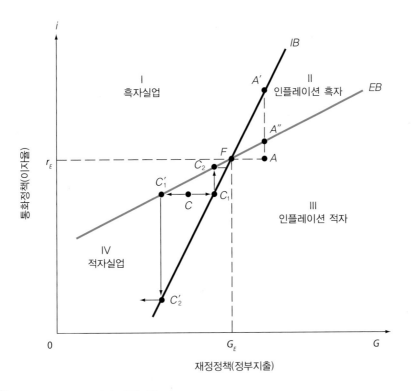

그림 18-10 효율적인 시장 구분과 정책조합

수직축을 따라서 이동하는 것은 긴축적 통화정책과 높은 이자율을 의미하며, 수평축을 따라서 이동하는 것은 팽창적 재정정책을 의미한다. *IB* 선은 대내균형을 달성시킬 수 있는 여러 가지 재정정책과 통화정책의 조합을 나타낸다. 반면에 *EB* 선은 대외균형을 유지할 수 있는 여러 가지 재정정책과 통화정책의 조합을 보여 준다. 통화정책은 또한 단기적인 국제자본의 이동을 가져오므로 *EB* 선의 기울기는 *IB* 선의 기울기보다 완만하다. 제IV영역에 있는 점 *C*에서 시작하여 *IB* 선상의 점 C_1에 도달할 수 있도록 팽창적 재정정책을 적절하게 사용하고, *EB* 선상의 점 C_2에 도달할 수 있도록 긴축적 통화정책을 사용한다면 이 국가는 대외균형과 대내균형을 동시에 달성하는 점 *F*에 도달할 것이다. 반대로 하는 경우 *EB* 선상의 점 C_1'으로 이동한 후, *IB* 선상의 점 C_2'로 이동한다면 이 국가는 균형점 *F*에서 더욱더 멀어질 것이다.

로 해소된다. 결과적으로 *EB* 선은 우상향한다. 이 국가를 점 *A''* 위로 이동시키는 더 긴축적인 통화정책의 경우 국제수지 흑자가 생기는 반면, 점 *A''*의 아래로 이동시키는 통화정책의 경우에는 국제수지 적자가 발생한다. 따라서 *EB* 선의 우측과 아래에서는 국제수지 적자가, 좌측과 위에서는 국제수지 흑자가 발생한다.

이 국가는 *IB* 선과 *EB* 선이 교차하는 점 *F*에서만 대외균형과 대내균형을 동시에 달성할 수 있다. 그림 18-10에서 *IB* 선과 *EB* 선이 교차함에 따라 대외 및 대내불균형을 보여 주는 네 가지의 영역으로 나누어진다. *EB* 선의 기울기는 *IB* 선의 기울기보다 완만하다는 점에 주의하라. 단기적인 국제자본이동이 국제이자율의 차이에 민감할 때는 항상 *EB* 곡선의 기울기가 완만해진다. 이는 다음과 같이 설명될 수 있다. 팽창적 재정정책은 국민소득을 증가시키고 통화에 대한 거래적 수요를 증가시킨다. 만일 통화당국이 이러한 통화수요의 증가를 충족시킬 수 있을 만큼의 통화량을 충분히 공급한다면 이자율은 변화하지 않을 것이다. 이러한 상황에서 재정정책은 국민소득 수준에는 영향을 미치지만 이자율에는 영향을 미치지 못한다. 반대로 통화정책은 통화량과 이자율을 변화시킴으로써 작용한다. 이자율의 변화는(승수과정을 통해) 투자수준 및 국민소득 수준에 영향을 미치지만 또한 국제자본이동에도 영향을 준다. 결과적으로 통화정책은 재정정책보다 대외균형을 달성시키는 데 있어서 효과적이다. 따라서 *EB* 선의 기울기는 *IB* 선의 기울기보다 완만하게 된다.

효율적 시장구분의 원칙에 따르면 대외균형을 달성하기 위해서는 통화정책을, 대내균형을 달성하기 위해서는 재정정책을 각각 사용하여야 한다. 만일 어떤 국가가 반대로 정책을 사용하면 이 국가는 대내균형과 대외균형으로부터 더욱 멀리 이탈할 것이다. 예를 들어 그림 18-10에서 실업과 적자의 상태(제IV영역)에 있는 점 *C*에서 국제수지 적자를 해소하기 위해 긴축적 재정정책을 사용하여 *EB* 선상의 점 C_1'으로 이동한 후, 실업을 해소하기 위해 완화적 통화정책을 사용하여 *IB* 선상의 점 C_2'로 이동한다면 이 국가는 점 *F*에서 더욱더 멀어질 것이다. 반대로 이 국가가 *IB* 선상의 점 C_1에 도달할 수 있도록 팽창적 재정정책을 적절하게 사용하고, *EB* 선상의 점 C_1에 도달할 수 있도록 긴축적 통화정책을 사용한다면 이 국가는 점 *F*로 더욱더 접근하게 될 것이다. 사실상 이 국가는 팽창적 재정정책과 긴축적 통화정책을 적절히 배합하여(그림 18-3과 18-4의 *IS-LM-BP* 모형의 경우와 같이) 단번에 점 *C*에서 점 *F*로 이동할 수 있다. 마찬가지로 이 국가는 어떤 상태의 대내 및 대외불균형점에서도 재정 및 통화정책을 적절히 배합하여 점 *F*에 도달할 수 있다. 이는 이 장 뒤에 있는 연습문제에 수록되어 있다.

국제단기자본이동이 국가 간의 이자율 차이에 민감할수록 *EB* 선의 기울기는 *IB* 선에 비해 완만해진다. 반대로 단기자본이동이 이자율 차에 대해 전혀 반응하지 않는 경우 *EB* 선은 *IB* 선과 같은 기울기를 갖게 되어 (또한 일치하여) 재정정책과 통화정책을 구분하더라도 위에서와 같은 목적을 달성할 수 없게 된다. 이 경우에는 환율을 변화시키지 않고는 대내균형과 대외균형을 동시에 달성할 수 없다. 이것이 바로 18.2절에서 검토한 경우이다.

18.6B 물가가 변하는 경우 정책조합의 평가

고정환율제도에서 대내균형을 달성하기 위해 재정정책을, 대외균형을 달성하기 위해 통화정책을 배합하는 데는 몇 가지 비판에 직면한다. 이 비판 중의 하나는 국제자본이동이 기대한 대로 국제적인 이자율 차이에 의해 반응하지 않을지도 모르며, 이러한 반응은 부적절하거나 심지어는 교란적일 수도 있고, (먼델이 가정한 것처럼) 지속적인 것이 아니라 일시적일 수도 있다는 점이다. 일부 경제학자에 의하면 적자국이 시간이 경과함에 따라 긴축적 통화정책을 계속 사용하지 않는다면 적자국은 **통화정책**을 사용하더라도 적자를 단지 단기적으로만 융통할 수 있다고 한다. 장기조정은 18.2절에서 지적한 바와 같이 환율의 변화를 필요로 하게 될 것이다.

또 다른 비판은 정부 및 통화당국이 통화 및 재정정책의 효과를 정확히 알 수 없으며 이러한 정책의 결과가 나타나기까지에는 여러 가지 시차, 즉 인지, 정책선택, 실시의 시차가 존재한다는 점이다. 따라서 그림 18-10을 이용하여 18.6A절에서 설명된 바와 같이 대내 및 대외균형을 달성하는 과정은 지나치게 단순화되어 있다. 게다가 미국과 같은 국가에서의 통화정책은 준자율적인 연방준비이사회(Federal Reserve Board)에 의해 결정되는 반면, 재정정책은 정부의 한 부처에 의해 수행되므로 재정정책과 통화정책을 조정하기는 어려운 일이라는 것이다. 그러나 재정당국이 대외불균형을 무시하고 대내균형만을 추구하며, 통화당국은 통화정책의 대내불균형에 대한 효과를 고려하지 않고 대외균형이라는 목적만을 추구한다면 이 국가는 점진적으로(그림 18-10에서 점 *C*로부터의 화살표가 보여 주는 바와 같이) 대내 및 대외균형에 점점 가까이 도달할 수 있다.

또 다른 문제점은 완전고용 국민소득 수준에 도달하기 전에는 물가가 일정하다는 가정을 완화할 때 발생한다. 1990년대에는 물가가 완전고용 국민소득 수준에 도달하기 일찍 전부터 상승하기 시작하며 경제가 완전고용 수준에 접근함에 따라 더욱 빨리 상승하였다[논쟁이 되고 있는 실업률과 인플레이션과의 역의 관계 또는 상충관계는 **필립스 곡선**(philips curve)으로 요약된다]. 완전고용에 도달하기도 전에 물가상승이나 인플레이션이 발생할 때 한 국가는 완전고용, 물가안정, 국제수지의 균형이라는 적어도 세 가지 목표를 갖게 되므로 이 세 가지 목표를 완전하게 달성하기 위해서는 세 가지 정책을 필요로 한다. 즉, 그 국가는 완전고용을 달성하기 위해서는 재정정책을, 물가안정을 달성하기 위해서는 통화정책을 사용하고, 대외균형을 달성하기 위해서는 환율을 변화시켜야 한다. 특수한 경우 다른 정책들이 실패할 때에는 이러한 목표의 하나 또는 그 이상을 달성하기 위해 직접통제를 실시할 수도 있다. 이러한 것들은 다음 절에서 검토한다. 1990년대 기간에 기업의 경우 국제경쟁의 심화로 인해 가격상승을 자제하고, 노동자들은 완전고용의 상황에서조차도 일자리를 상실할지도 모른다는 두려움 때문에 임금인상 요구를 하지 못하게 되는 등 세계화로 인해 많은 변화가 발생했다.

현대 국가들은 또한 적정 성장률이라는 네 번째의 목표를 가지고 있는데 이를 달성하기 위해서는 장기이자율이 낮아야 한다. 따라서 이러한 국가는 이자율 구조를 '왜곡'시켜, 즉 그렇지 않았더라면 존재했을 장기이자율과 단기이자율 사이의 관계를 변화시켜 (성장목표를 달성하기 위해 필요한) 장기이자율을 낮게 하고, (물가안정이나 대외균형을 달성하기 위해 필요한) 단기이자율을 높게 할 수도 있다. 또한 통화당국은 공개시장에서 재무부 증권을 매각하고(이는 재무부 증권의 가격을 낮추고 단기이자율을 상승시킨다) 장기채권을 구입함으로써(이는 장기채권의 가격을 상승시키고 장기이자율을 하락시킨다) 이를 달성할 수도 있다. 미국은 1960년대 초에 이를 시행했지만 별로 성공을 거두지 못한 것으로 보인다.

18.6C 현실세계에서의 정책조합

1950년대와 1960년대의 고정환율 기간 동안 미국과 기타 주요 선진국들이 실제로 행한 정책조합을 살펴보자. 이들 대부분의 국가들은 대체로 대내균형을 달성하기 위하여 재정정책과 통화정책을 사용했으며, 대외불균형이 심화되어 더 이상 무시할 수 없는 경우에만 그들의 목표를 대외균형 달성으로 전환하였음을 알 수 있다. 그런 경우에도 이들 국가들은 대외불균형을 조정하기 위하여 통화정책을 사용하는 것을 주저한 것으로 보이며 대신에 자본이동에 대한(다음 절에서 논의되는) 직접통제 방식을 선호하였다.

1971년 이후 관리변동환율제도 기간에 주요 국가들은 환율이 대외불균형의 조정기능을 담당하는 데 대해 만족했던 것으로 보이며, 일반적으로 재정정책과 통화정책은 대내균형을 달성하는 데 이용하였다. 실제로 1970년대의 석유위기 기간에 각국이 국내의 인플레이션 압력을 진정시키기 위한 노력의 일환으로 환율을 관리하려고 한 경우도 있었다. 그러나 금융시장이 급격히 변화하는 기대의 영향을 받고 실물시장(예 : 수출과 수입)보다 신속하게 조정되었기 때문에, 균형환율을 중심으로 한 환율의 오버슈팅과 급변성(volatility)이 빈번히 발생하였다. 1980년대 전반기에 인플레이션 압력이 진정됨에 따라 주요 국가들은 (미국을 제외하고는) 대내균형을 달성하기 위해서는 재정정책과 통화정책을 계속 사용하였지만, 환율을 관리하여 대외불균형을 조정하는 데에는 가끔 통화정책을 사용하였다.

1985년까지는 달러가 전반적으로 과대평가되었으며, 순수한 시장력(market force) 때문에 달러가치의 하락 경향이 없다는 점도 명백해졌다. 미국의 막대한 **재정적자**로 인해 미국의 이자율은 해외보다 높아졌고, 이에 따라 대규모의 자본이 미국으로 유입되었다. 그 결과 달러는 큰 폭으로 과대평가되었고, 미국의 무역수지 적자는 막대해졌으며, 보호주의에 대한 요구(13.9절 참조)가 나타나게 되었다. 이때 미국은 4개 주요 선진국(독일, 일본, 프랑스, 영국)과 국제적 협력을 도모함으로써 달러의 과대평가를 조정하기 위해 외환시장에 개입하려고 했다. 또한 미국은 1986년부터 1991년까지 무역과 자본이동에는 직접적인 영향을 주지 않고 성장을 촉진하고 고용을 증대시키기 위해 선진국에서의 이자율을 동시에, 동등하게 협력하여 인하시킬 것을 주장했다.

달러는 1985년 2월을 정점으로 하여 1988년까지 다소간 연속적으로 평가절하되었지만, 미국의 경상수지 적자는 1987년 말까지 개선되지 않았다(그림 16-6 참조). 1990년과 1991년에 미국과 유럽의 다른 선진국들은 취약한 경제 및 불경기와 싸우기 위해 이자율을 인하한 반면에, 통일 독일은 국내의 인플레이션의 압력을 피하고, 국내저축을 촉진시키며, 동독의 재건을 위한 외국자본을 끌어들이기 위해 이자율을 인상시켰다. 이와 같이 주요 선진국들은 계속해서 대내균형에 우선순위를 부여하였고, 대외균형보다는 대내균형을 위해 통화정책을 사용하였다.

1992년부터 1997년까지 유럽에서는 1990년대의 심각한 불경기 이후 침체된 성장률을 높이기 위해 이자율을 하락시키는 경향이 있었으나, 미국에서는 비교적 빠른 성장에 직면하여 인플레이션 압력을 억제하기 위해 이자율이 상승하였다. 1997년부터 2000년까지 미국의 경제성장률과 이자율은 유럽과 일본에 비해 훨씬 높았고 미국으로 대량의 외국의 금융자본과 직접투자가 유입되었으며 그로 인해 달러의 평가상승과 무역적자가 발생하였다. 2001년 첨단기술 분야의 버블로 인해 침체에 빠졌고 2001년부터 2003년까지 연방준비은행(Fed)은 이자율을 1%(40년 동안 가장 낮은 수준)를 인하하였고 부시 대통령은 대규모의 예산팽창정책을 추진하였다.

2004년 미국에서 성장의 빠른 회복이 있자 연방준비은행(Fed)과 유럽중앙은행(ECB)은 2006년과 2007년에 인플레이션 압력을 저지하기 위해 이자율을 인상하기 시작했다. 그러나 다시 방향을 전환하여 2008~2009년(전후 가장 심각한 상태)의 경기침체를 막기 위해 이자율을 인하하였다. 미국과 대부분의 선진국들은 경기침체를 막기 위해 팽창적인 정책을 사용하였다. 거의 0에 가까운 이자율(유동성 함정)에도 불구하고 경기회복이 늦어지자 연방준비은행과 유럽중앙은행은 유동성을 경제 내에 직접 주입하는 비전통적인 통화정책인 양적 완화(QE)까지 동원하였다. 2006년에 2002년(그림 16.6 참조) 이후 달러의 평가하락과 이후의 불황의 결과 미국의 경상적자가 감소하였다(그림 18-6 참조). 사례연구 18-5는 2006년 이후 미국의 통화정책 및 재정정책을 보여 준다. 사례연구 18-6은 미국 정부와 연방준비은행이 재정정책과 통화정책을 사용하지 않았다면 불경기가 더 심화되었을 것임을 보여 준다.

18.7 직접통제

일국의 국제수지에 영향을 주는 직접통제는(관세, 쿼터 및 국제무역에 대한 기타의 양적 규제와 같은) 무역통제(trade controls)와 (국제자본이동에 대한 규제나 복수환율과 같은) 금융 또는 **외환통제**

사례연구 18-5   지난 10년간 미국의 통화정책 및 재정정책

표 18-4는 2006년부터 2017년까지 미국의 통화정책(통화 공급의 성장률로 측정)과 재정정책(예산수지로 측정)의 경로 및 그 정책들이 기타 거시경제 변수에 미치는 효과를 요약하는 미국의 거시경제 자료를 보여 준다. 첫 번째 행에서는 미국이 2006년에 비교적 고도성장을 하였다는 것을 보여 준다. 2007년에는 서브프라임 모기지 위기로 인해 성장이 둔화되었고, 2008년에는 2009년의 대침체기로 음의 성장(거의 0)률을, 2010~2017년 사이에 약간 회복되었다. 미국의 성장률은 2014년과 2015년에 높아졌지만 2016년에는 다시 낮아졌으며, 2017년에는 2.3%에 머물렀다.

두 번째 행에서는 연방준비은행이 2006년과 2007년에 석유가격 및 기타 1차 산품 가격의 급격한 상승으로 인한 인플레이션 위험을 해결하려고 함에 따라 통화량 증가가 2006년에는 마이너스(−)였고, 2007년에는 매우 낮았음을

볼 수 있다. 2008년에는 2007년의 금융위기와 2008~2009년의 침체, 2010~2017년의 저성장을 극복하기 위해 기존의 정책 경로를 변경하여 통화량을 급속도로 증가시켰다.

세 번째 행에서는 심각한 불황을 극복하기 위해 채택한 강력한 부양책의 결과로 2008년에는 GDP의 7.2%에 해당하는 비교적 큰 재정적자가 있었고, 2009년에는 GDP의 12.8%라는 전후 최대치에 이르렀다. 그후 재정적자는 2015년에 GDP의 4.3%까지 하락했고 2017년에는 3.6%였다. 네 번째 행에서는 예상했던 바와 같이 단기이자율이 2007년, 2009년, 2012~2014년, 2016~2017년을 제외하고는 통화량 증가율과 역으로 움직였다. 경상수지와 환율과의 관계는 사례연구 16-4에서 검토하였고, 재정적자와 경상수지 간의 관계는 사례연구 18-2에서 논의하였다.

표 18-4 미국의 거시경제 자료(2006~2017)

	2006	2007	2008	2009	2010	2011	2012	2013	2014	2015	2016	2017
1. 실질 GDP 성장률(연 %)	2.7	1.8	−0.3	−2.8	2.5	1.6	2.2	1.3	2.6	2.9	1.5	2.3
2. 통화량 증가율(연 %)	−0.5	0.5	16.6	5.7	8.5	17.8	13.7	8.2	10.4	5.3	8.0	7.7
3. 예산수지(GDP의 비율)	−3.1	−3.7	−7.2	−12.8	−12.2	−10.8	−9.0	−5.5	−5.0	−4.3	−5.0	−3.6
4. 이자율(단기, 연 %)	5.2	5.3	3.2	0.9	0.5	0.4	0.4	0.3	0.3	0.5	0.9	1.3
5. 인플레이션율(연 %)	3.2	2.9	3.8	−0.3	1.6	3.1	2.1	1.5	1.6	0.1	1.3	2.1
6. 유효환율(달러당 외국통화, 2010 = 100)	105.8	101.0	97.8	103.9	100.0	95.7	98.6	99.7	102.9	116.3	121.7	121.3
7. 경상수지(GDP의 비율)	−5.8	−4.9	−4.6	−2.6	−2.9	−2.9	−2.6	−2.1	−2.1	−2.2	−2.2	−2.3

출처 : OECD, *Economic Outlook* (Paris: OECD, May 2018) and IMF, *International Financial Statistics* (Washington, D.C.: IMF, 2018). See also D. Salvatore, ed., "Rapid Growth or Stagnation in the U.S. and World Economy?" Special Issue of the *Journal of Policy Modeling*, July/August 2014 with papers by Martin Baily, Robert Barro, William Baumol, Martin Feldstein, Dale Jorgenson, and John Taylor, among others.

(exchange controls)로 구분된다. 일반적으로 무역통제는 외환통제보다 덜 중요하고 받아들이기 쉽지 않다. 또한 직접통제는 보다 일반적인 정책이 실패했을 때 국내 인플레이션을 억제하기 위한 물가 및 임금통제의 형태를 취할 수도 있다.

18.7A 무역통제

무역 또는 통상규제 중에서 가장 중요한 것 중의 하나가 수입관세(import tariff)이다. 수입관세는 수입품의 국내소비자 가격을 상승시켜 수입대체품의 국내생산을 촉진시킨다. 반대로 수출보조금은 외국

사례연구 18-6 강력한 재정정책 및 통화정책 부재 시 미국의 불황 심화

미국과 대부분의 기타 선진국 및 신흥시장 경제국가들은 2008~2009년도 금융 및 경제위기를 극복하기 위해 매우 강력한 재정정책 및 금융정책을 시행하였다.

그림 18-11에서 네 가지 다른 시나리오하에서 미국의 실질 GDP 수준을 알 수 있다. (1) 2009년의 대불황을 극복하기 위해 미국이 취한 강력한 경기 진작 정책과 금융정책(대규모의 유동성 확대), (2) 금융정책만을 채택하는 시나리오

(위에서 두 번째 선), (3) 경기 진작 정책만을 사용하는 시나리오(위에서 세 번째 선), (4) 심각한 불황을 상쇄할 어떤 정책도 취하지 않은 경우(제일 밑에 선). 시나리오 (2)와 (3)을 사용하지 않았다면 미국의 실질 GDP는 더 많이 더 오래 하락했을 것이고, 시나리오(4)는 그뿐 아니라 2010년까지 불황이 계속되었을 것임을 보여 준다.

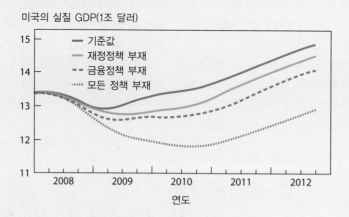

그림 18-11 미국 불황기의 재정 및 금융 조치에 대한 네 가지 시나리오

첫 번째 선(위에서부터 시작)은 2008~2009년의 불황을 극복하기 위해 재정정책과 금융정책을 모두 사용한 경우 2000년부터 2012년까지 미국의 실질 GDP를, 두 번째 선과 세 번째 선은 각각 재정정책과 금융정책을 사용하지 않은 경우, 마지막 선은 모두 사용하지 않은 경우이다.

출처 : U.S. Bureau of Economic Analysis, 2010.

인에게 국내상품을 값싸게 하여 수출을 촉진시킨다. 일반적으로 모든 상품에 대하여 일률적으로 적용되는 일정한 율의 수입관세와 수출보조금은 이 국가의 통화를 동일한 율로 평가절하시키는 것과 같다. 그러나 수입관세와 수출보조금은 보통 일률적으로 적용되지 않고 특정품목에 대하여 적용되며, 수입할당에 상당하는(equivalent) 수입관세는 언제나 존재한다. 이 두 가지는 평가절하와 마찬가지로 지출전환정책이며 국내생산을 촉진한다. 일반적으로 오늘날 여러 국가들은 일시적으로 심각한 국제수지의 어려움을 겪는 경우가 아니면 수입관세나 수입할당을 새로 부과할 수 없도록 되어 있다.

오늘날 개발도상국뿐만 아니라 몇몇 선진국에서 실시하고 있는 다른 무역통제에는 수입업자가 수입하고자 하는 상품의 가치만큼 또는 그 일부분의 금액을 이자 없이 다양한 기간 상업은행에 미리 예치해야 한다는 요구조건이 있다. 이는 상업은행에 예치한 금액에 대해 포기된 이자만큼 수입품의 가격을 상승시키는 효과를 미치므로 수입을 억제하게 된다. 또한 상품의 종류에 따라 상이한 기간에 상이한 금액을 예치할 수도 있다. 이와 같이 수입담보금제도는 신축적인 장치이지만 관리하기 어렵고 비용도 많이 든다. 적자국은 외국여행 및 관광객의 해외지출에 대해 규제를 가할 수도 있다.

18.7B 외환통제

금융 또는 외환통제를 살펴보면 선진국은 때때로 국제수지 적자인 경우 자본수출을 규제하고 국제수지 흑자인 경우 자본수입을 규제해 왔다. 일례로 1963년에 미국은 국제수지 적자를 줄이기 위해 포트폴리오 자본수출(portfolio capital exports)에 대해 이자평형세(interest equalization tax)를 부과하고 해외직접투자에 대한 자발적(후에는 강제적인) 규제를 실시하였다. 이에 따라 미국의 자본수지는 호전되었지만, 미국의 수출 및 그 후의 해외투자에 대한 이자와 이윤의 수입은 확실히 감소하여 전반적인 국제수지에 대한 순효과는 분명하지 않다.

한편 서독과 스위스는 대규모의 국제수지 흑자에 직면하여 세계적인 인플레이션 압력으로부터 국내경제를 격리시키기 위하여 외국으로부터의 예금에 대해서는 이자를 지급하지 않거나 낮은 이자를 지급함으로써 자본수입을 억제하려고 하였다. 1960년대 말과 1970년대 초에 프랑스와 벨기에는 2중 외환시장을 도입하여 대규모 자본유입으로 인한 자금거래에 대한 환율은 하락하도록 하였고(즉, '금융 프랑'은 평가상승), 이에 따라 수출이 억제되고 수입을 촉진시키지 않도록 하기 위하여 경상수지 거래(즉, '상업 프랑')에 대해서는 높은 환율을 유지하였다. 이탈리아는 1971년 브레튼우즈 체제가 붕괴한 이래 행정적으로 관리하기가 어렵고 비용이 많이 소요됨에도 불구하고 이중 외환시장을 도입해 왔다.

또한 국제수지 흑자와 대규모의 자본유입에 직면하고 있는 선진국들은 종종 선물환 할인을 증대시키고 자본유입을 억제하기 위하여 자국통화를 선물환 시장에서 선매하기 위하여 흔히 자국통화를 선매입하기도 한다. 이러한 선매입을 위한 자금은 보통 흑자국에서 차입한다. 예를 들어 1962년도에 국제통화기금(IMF)의 테두리 내에서 체결된 일반차입협정(General Agreements to Borrow)에 따르면 가장 중요한 선진공업국 10개국(미국, 영국, 서독, 일본, 프랑스, 이탈리아, 캐나다, 네덜란드, 벨기에, 스웨덴)은 대규모의 단기자본이 유출되고 있는 어느 회원국가에게나 300억 달러까지 빌려 주기로 합의하였다(21.11절 참조). 1980년대와 1990년대에 발생한 급속한 세계화와 자본시장의 통합으로 인해 선진국들은 자본이동에 대한 대부분의 규제를 폐지하였다.

한편 대부분의 개발도상국들은 어떤 한 유형의 환율통제를 시행하고 있다. 가장 흔한 것은 **복수환율제도**(multiple exchange rates)로 사치품 및 불필요한 수입품에 대해서는 높은 환율을, 필수적인 수입품에 대해서는 낮은 환율을 적용하는 것이다. (경제발전을 위해 필요한 자본설비와 같이) 필수적인 수입품에 대해 낮은 환율을 적용하는 것은 국내 이용자에게 이들 제품을 더욱 저렴하게 하여 수입을 촉진하는 반면, 사치품 및 불필요한 수입품에 대해서는 높은 환율을 적용하여 이들 제품을 국내 구매자에게 비싸게 하여 수입을 억제한다. 외환통제의 극단적인 형태로는 수출업자와 기타 외환수입자로 하여금 모든 외환수입을 통화당국에 제시하도록 하고, 통화당국은 수입허가서(import licences)나 특정 수입상품의 중요도에 따른 상이한 환율로 이용 가능한 외환공급액을 수입업자들에게 배분하는 방법이 있다. 그러나 이에 따라 지하시장(black market)과 이전가격조작[transfer pricing, 즉 저가설정(under-invoicing) 또는 고가설정(over-invoicing)] 및 부패가 조장된다. 사례연구 18-7은 2013년 국제통화기금의 회원국 사이에서 외환통제의 상황을 보여 준다.

사례연구 18-7 전 세계의 국제거래에 대한 직접통제

표 18-5는 2017년 여러 국가가 국제거래에 부과하는 다른 유형의 직접통제에 관한 자료를 요약하고 있다. 이 표로부터 우리는 전 세계적으로 가장 보편적인 형태의 직접통제는 상업은행 및 기타 신용기관에 대한 보증, 증권, 금융지원편의, 자본통제, 직접투자, 자본시장 증권, 부동산거래 및 제도적 투자자들에 대한 자본통제들임을 알 수 있다.

표 18-5 2017년 IMF 회원국들의 국제거래에 대한 직접통제

규제 유형	회원국 수
A. 환율구조	
1. 이중환율	11
2. 복수환율	10
B. 지불수취협정	
1. 쌍방적 지불협정	62
2. 지불지체	21
C. 수출 또는 무형의 거래에 대한 수익에 대한 통제	
1. 송환조항	84
2. 반환조항	61
D. 자본(금융)거래	
1. 자본(금융)시장 증권	155
2. 통화시장수단	124
3. 집합투자증권	126
4. 파생상품 및 기타 수단	104
5. 상업신용	88
6. 금융신용	115
7. 보증, 증권 및 금융지원편의	77
8. 직접투자	153
9. 직접투자의 청산	38
10. 부동산거래	145
11. 개인자본거래	97
12. 상업은행과 기타 신용기관	174
13. 제도적 투자자	151

출처 : International Monetary Fund, *Exchange Arrangements and Exchange Restrictions* (Washington, D.C. : IMF, 2018).

18.7C 기타의 직접통제 및 국제협력

정부당국은 보다 일반적인 정책이 실패했을 때 때때로 인플레이션 억제와 같은 순전히 국내 목적을 달성하기 위한 직접통제를 실시한다. 예를 들면 1971년에 미국은 인플레이션을 억제하기 위해서 물가 및 임금규제 또는 소득정책을 실시한 바 있다. 그러나 이러한 물가 및 임금규제는 성공적이지 못했으며 그 후에 철회되었다. 효율성의 관점에서 볼 때 통화 및 재정정책과 환율변동이 직접통제보다 국내경제와 국제무역 및 국제금융에 대해 바람직하다. 그 이유는 직접통제가 시장기구의 작동을 종종 방해하는 반면, 보다 일반적인 지출변화 또는 지출전환정책은 시장기구를 통해 작동하기 때문이다. 그럼에도 불구하고 이러한 일반적인 정책이 작동하기까지 너무 오랜 시간이 걸리거나 그 효과가 불분명할 때, 그리고 경제의 한 부문에만 영향을 미치는 문제일 때에는 각국은 특정목표를 달성하기 위한 일시적 방법으로 직접통제를 사용할 수도 있다. 이에 대한 한 가지 예가 1981년 미국이 시도한 일본 자동차에 대한 '자발적인 수출할당(voluntary export quotas)'이다.

일반적으로 직접통제와 기타의 정책이 효과적이기 위해서는 상당한 국제협력이 필요하다. 예를 들어 한 국가가 수입할당을 실시하는 경우 이로 인해 영향을 받는 국가들이 이러한 일시적 조치의 필요성을 이해하고 동의하지 않는 한 이들 국가의 보복을 초래하게 될 것이다(따라서 할당 효과는 없어진다). 동일하게 한 국가가 유지하고자 하는 환율의 경우에도 타당하다(한 가지 주목할 만한 예외는 1990년대 초 미국이 일본과의 거대하고 지속적인 무역적자를 감소시키기 위한 노력으로 일본의 의도에 반해 미국의 달러가 일본의 엔에 대해 크게 평가하락하도록 허용하였다). 한 국가가 유지하려고 하는 환율의 경우에도 마찬가지다. 마찬가지로 한 국가가 외국자본을 유치하기 위해 이자율을 상승시키더라도 다른 국가들이 이와 동일한 정도로 이자율을 상승시켜 국제 이자율 차가 변화되지 않도록 한다면 전적으로 상쇄되고 말 것이다. 제2차 세계대전 후 IMF와 GATT의 선도 아래 선진국들이 대부분 직접통제를 철폐한 과정은 제21장에서 상세하게 논의된다.

요약

1. 앞의 두 장에서 논의된 자동조정기구는 바람직하지 않은 부작용이 있으므로 조정정책들이 필요하게 된다. 한 국가의 가장 중요한 경제적 목표 또는 목적은 대내균형과 대외균형이다. 대내균형이란 물가안정 및 완전고용을 의미하며, 대외균형은 국제수지의 균형을 말한다. 이러한 목적을 달성하기 위한 수단으로 각국은 지출변화정책(즉, 재정정책 및 통화정책)과 지출전환정책(평가절하나 평가절상)을 사용할 수 있다. 효율적인 시장구분의 원리에 따르면 각 정책을 비교하여 가장 효율적으로 목적을 달성하도록 사용해야 한다.

2. 스완의 도표에서 우상향하는 EE 곡선은 대외균형을 나타내는 환율과 국내흡수의 여러 가지 조합을 나타내고 있다. EE 곡선의 우측에서는 무역수지 적자가, 좌측에서는 무역수지 흑자가 발생한다. 우하향하는 YY 곡선은 대내균형을 나타내는 환율과 국내흡수 사이의 여러 가지 조합을 표시한다. YY 곡선의 좌측에는 실업이 존재하고, 우측에는 인플레이션이 존재한다. EE 곡선과 YY 곡선이 교차함에 따라 대내 및 대외불균형을 나타내는 네 가지의 영역이 생기는데, 이로부터(EE 곡선과 YY 곡선의 교차점으로 표시되는) 대내균형과 대외균형을 동시에 달성하는 점에 도달하기 위한 정책조합을 선택할 수 있다.

3. 재화 및 서비스에 대한 수요량과 공급량이 일치할 때 재화시장은 균형을 이루게 된다. 거래적 통화수요량과 투기적 통화수요량이 일정한 통화량과 일치할 때 통화시장의 균형이 성립한다. 무역수지의 적자가 이와 동일한 양의 자본유입으로 상쇄되거나 무역수지의 흑자가 이와 동일한 양의 자본유출로 상쇄될 때 국제수지는 균형을 이룬다. IS, LM 및 BP 곡선은 각각 재화시장, 통화시장 및 국제수지가 균형을 나타내는 이자율과 국민소득의 여러 가지 조합을 보여 준다. LM 곡선과 BP 곡선은 보통 우상향하는 반면, IS 곡선은 우하향한다. 자본이동이 이자율 차에 대해 민감할수록 BP 곡선의 기울기는 완만해진다. 이 3개의 곡선이 동일한 점에서 교차하면 그 점에서 3개의 시장이 동시에 균형을 이룬다.

4. 팽창적 재정정책은 IS 곡선을 우측으로 이동시키고, 긴축적 통화정책은 LM 곡선을 좌측으로 이동시키지만, 환율이 고정되어 있는 한 BP 곡선은 이동하지 않는다. 국내 실업과 대외균형의 상태에서 한 국가는 팽창적 재정정책과 긴축적 통화정책을 적절히 이용하여 환율을 변화시키지 않고 대내균형과 대외균형을 동시에 달성할 수 있다. 대내실업과 무역수지 적자의 상태에서도 대내균형과 대외균형을 동시에 달성하기 위해서는 이와 똑같은 일반적인 정책조합이 필요하다. 완전탄력적인 자본이동으로 BP 곡선이 수평인 경우 고정환율제도에서 통화정책은 완전히 무력하며 이때는 적절한 재정정책만을 사용하여 대내 및 대외균형을 달성할 수 있다.

5. 변동환율제도에서 일국은 통화정책 또는 재정정책만을 사용하여 대내균형과 대외균형에 도달할 수 있다. 통화정책을 사용하는 경우 그 국가의 이자율에 더 큰 영향을 주므로 성장률에도 더 큰 영향을 준다. 국제자본이동이 완전탄력적이고 변동환율의 경우 재정정책은 완전 무력하나 통화정책은 효과가 크다.

6. IB 곡선과 EB 곡선은 한 국가가 대내균형과 대외균형을 각각 달성하기 위하여 필요한 재정정책과 통화정책의 여러 가지 조합을 보여 준다. 이 두 곡선은 우상향하지만 통화정책의 결과 단기 국제자본이 이동하므로 EB 선이 보다 완만하고 대외균형을 달성하는 데 효과적이다. 대내균형을 달성하기 위해서는 재정정책을, 대외균형을 달성하기 위해서는 통화정책을 이용해야 한다(만일 이와 반대의 정책을 실시한다면 대내 및 대외균형으로부터 더욱더 이탈하게 된다). 그러나 이러한 정책조합은 단기에만 유효하며, 장기의 경우에는 대외균형을 달성하기 위해 환율의 변화가 필요할 수도 있다. 완전고용에 도달하기 전에 인플레이션이 존재하는 경우에는 물가안정이 세 번째 목표가 되고, 성장은 네 번째 목표가 될 수 있다. 이러한 경우 보통 네 가지 정책수단이 필요하게 된다. 1980년대 중반 미국은 이와 같은 목적을 달성하기 위한 주요 국가 사이의 협력의 필요성을 주장한 바 있었다.

7. 직접통제는 무역통제와 외환통제 및 기타로 구분된다. 무역통제는 관세, 할당, 수입담보금 및 기타 국제무역에 대한 선별적인 규제를 뜻하며, 외환통제에는 국제자본이동에 대한 규제, 선물환시장 개입, 복수환율 등이 포함된다. 보다 일반적인 정책이 실패했을 때 인플레이션을 감소시키기 위해 때때로 적용되는 기타의 직접통제에는 물가 및 임금통제가 있으며, 일반적으로 직접통제는 시장기구의 작동에 개입하므로 비효율적이다. 직접통제와 기타의 정책이 효과적이기 위해서는 종종 국제협력이 필요하다.

주요용어

거래적 통화수요(transaction demand for money)

대내균형(internal balance)

대외균형(external balance)

먼델-플레밍 모형(Mundell-Fleming model)

무역통제(trade controls)

복수환율제도(multiple exchange rates)

외환통제(exchange controls)

지출변화정책(expenditure-changing policy)

지출전환정책(expenditure-switching policy)

직접통제(direct controls)

투기적 통화수요(speculative demand for money)

필립스 곡선(philips curve)

효율적 시장구분의 원칙(principle of effective market classification)

BP 곡선(BP curve)

IS 곡선(IS curve)

LM 곡선(LM curve)

복습문제

1. 국제수지 불균형을 조정하기 위한 정책이 왜 필요한가? 한 국가의 가장 중요한 경제적 목표는 무엇인가?

2. 이러한 목표를 달성하기 위하여 국가가 취할 수 있는 정책에는 어떤 것이 있는가? 이러한 정책은 어떻게 작동하여 의도된 목표를 달성하게 되는가?

3. 효율적 시장구분의 원칙이란 무엇인가? 각국이 이 원칙을 준수하는 것이 중요한 이유는?

4. 스완의 도표에서 EE 곡선은 무엇을 나타내는가? YY 곡선은 무엇을 나타내는가? 이 두 가지 곡선으로부터 알 수 있는 네 가지 대내 및 대외불균형의 영역은 각각 무엇인가? EE 곡선과 YY 곡선의 교차점은 무엇을 나타내는가?

5. 스완의 도표를 이용하여 대내 및 대외균형을 동시에 달성할 수 있는 정책조합을 어떻게 결정할 수 있는가? 어떤 조건에서 한 가지의 정책수단만을 이용하여 대내 및 대외균형을 동시에 달성할 수 있는가?

6. IS 곡선은 무엇을 나타내는가? 왜 IS 곡선은 우하향하는가? LM 곡선은 무엇을 나타내는가? 거래적 통화수요와 투기적 통화수요란 무엇인가? LM 곡선이 보통 우하향하는 이유는? BP 곡선은 무엇을 나타내는가? BP 곡선이 보통 우상향하는 이유는? BP 곡선의 기울기를 결정하는 것은 무엇인가? 어떤 조건에서 재화시

장, 통화시장 및 국제수지가 동시에 균형을 이루는가? 이 균형점이 반드시 완전고용 국민소득 수준인가?

7. 확장적 및 긴축적 재정정책이 IS 곡선에 미치는 효과는? 확장적 및 긴축적 통화정책이 LM 곡선에 미치는 효과는? 재정정책과 통화정책은 직접 BP 곡선에 영향을 미치는가? 어느 경우에 BP 곡선이 하방으로 이동하는가? 어느 경우에 상방으로 이동하는가?

8. 고정환율과 국제자본이동이 제한되는 경우 완전고용과 대외균형을 달성하기 위해 재정정책과 통화정책은 어떻게 사용될 수 있는가? 국제자본이동은 높은가?

9. 고정환율제도에서 국제자본이동이 완전한 경우 통화정책의 효과는 왜 전적으로 무력한가?

10. 고정환율과 불완전한 자본이동의 경우 실업과 국제수지 적자를 해소하기 위해 한 국가는 재정정책과 통화정책을 어떻게 사용할 수 있는가? 완전한 국제자본이동의 경우에는 어떠한가?

11. IB 곡선은 무엇인가? IB 곡선이 우상향하는 이유는? EB 곡선은 무엇인가? EB 곡선이 우상향하는 이유는? EB 곡선의 기울기가 IB 곡선보다 완만한 이유는? 대내균형을 달성하기 위해서는 재정정책을 사용하고, 대외균형을 달성하기 위해서는 통화정책을 사용하는 이유는? 이와 반대 정책을 실시할 때의 결과는?

12. 대내균형을 달성하기 위해 재정정책을 사용하고, 대외균형을 달성하기 위해 통화정책을 사용하는 정책조합에 대해 어떤 비판이 있는가? 물가안정과 성장이라는 목표가 추가적인 목적이 될 때는 어떤 결과가 나타나는가?

13. 직접통제란 무엇인가? 무역통제란? 외환통제는? 무역통제 및 외환통제에서 가장 중요한 형태는 어떻게 작용하여 국제수지에 영향을 미치는가?

14. 직접통제의 장·단점은? 국제수지에 영향을 미치기 위한 직접통제가 효과적이기 위해서 국제협력이 필요한 이유는?

연습문제

1. 그림 18-1과 비슷한 다음 그림에서 C_1, C_4, C_7, C_{10}의 각 점에 대하여 대외균형과 대내균형을 동시에 달성하기 위해 필요한 지출변화정책과 지출전환정책들을 지적하라.

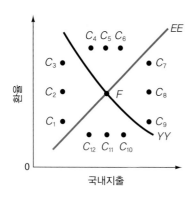

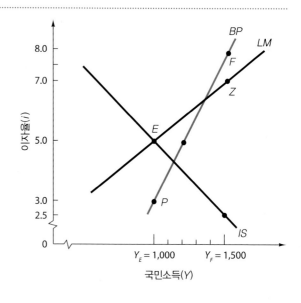

2. 연습문제 1번의 그림에서 C_2, C_5, C_8, C_{11}의 각 점에 대하여 대외균형과 대내균형을 동시에 달성하기 위해 필요한 지출변화정책과 지출전환정책들을 지적하라.

3. 연습문제 1의 그림에서 C_3, C_6, C_9, C_{12}의 각 점에 대하여 대외균형과 대내균형을 동시에 달성하기 위해 필요한 지출변화정책과 지출전환정책들을 지적하라.

4. 그림 18-2와 유사한 다음 그림에서
   (a) $Y_E = 1,000$에서 국제수지가 적자인지 흑자인지를 설명하라.
   (b) 한계수입성향 $MPM = 0.15$이고, 외국의 반향이 없는 경우라면 $Y_E = 1,000$에서 적자 또는 흑자의 규모는?

5. 연습문제 4번에서 재정정책과 통화정책을 적절히 조합하여 대외균형과 완전고용을 달성할 수 있는 방법을 설명하라.

6. 그래프 용지에 그림 18-4와 유사한 그림을 그리되 점선 IS'과 LM'은 그리지 말고 완전고용 국민소득 수준 $Y_F = 1,200$으로 가정하자. 이때 고정환율제도에서 대내균형과 대외균형을 동시에 달성하기 위해 필요한 재정정책 및 통화정책의 적절한 조합을 표시하라.

7. 완전고용 국민소득 수준이 $Y_E = 1,000$일 때 연습문제 6번은 어떻게 되겠는가?

8. 그래프 용지에 그림 18-2와 같은 그림을 그리되 LM 곡선과 BP 곡선을 바꾸어 BP 곡선을 LM 곡선의 기울기보다 완만하게 그리라(이 경우는 흔하지 않지만 이

로 인해 중요한 점을 알 수 있다).

(a) 완전고용 및 대외균형을 달성하기 위해 필요한 적절한 재정 및 통화정책의 조합을 그래프로 표시하라.

(b) 이 경우에 필요한 적절한 정책조합을 18.4절에서 논의된 그림 18-2의 경우와 비교하라.

9. 국제자본이동이 완전탄력적인 경우 연습문제 8번의 결과는 어떻게 될 것인가?

10. 그림 18-8의 점 E에서 시작하여, 그 국가가 완화적인 통화정책 대신 팽창적인 재정정책을 사용함으로써 고정환율제도에서 대외균형과 대내균형을 어떻게 달성할 수 있는가를 보여 주는 그림을 그리라.

11. 그림 18-8의 점 E에서 시작하여, 자본이동이 크고 BP 곡선이 그림 18-8의 점 Z 오른쪽에 있다면 그 국가가 완화적인 통화정책 대신 팽창적인 재정정책을 사용함으로써 변동환율제도에서 대외균형과 대내균형을 어떻게 달성할 수 있는가를 보여 주는 그림을 그리라.

12. 그림 18-10과 유사한 옆의 그림에서 점 C_3, C_6, C_9, C_{12}에 대해 점 F에 도달하기 위해 필요한 재정정책과 통화정책의 유형을 지적하라.

13. 연습문제 12번의 그림에서 점 C_1, C_5, C_7, C_{11}에 대해 점 F에 도달하기 위해 필요한 재정정책과 통화정책의 유형을 지적하라.

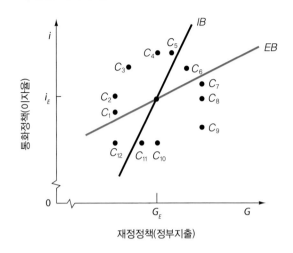

14. 연습문제 12번의 그림에서 점 C_2, C_4, C_8, C_{10}에 대해 점 F에 도달하기 위해 필요한 재정정책과 통화정책의 유형을 지적하라.

부록

이 부록의 A18.1절부터 A18.3절에서는 그림 18-2에서 IS, LM 및 BP 곡선이 어떻게 도출되는지 그리고 재정정책, 통화정책 및 한 국가 통화의 평가절하나 평가하락이 이러한 곡선에 미치는 효과를 살펴보고자 한다. A18.4절에서는 위의 분석을 수학적으로 요약하기로 한다.

A18.1 IS 곡선의 도출

그림 18-12는 시계방향으로 제1사분면에서 제4사분면까지 그려져 있는데, 이를 이용하여 제I사분면에 IS 곡선을 유도할 수 있다. IS 곡선은 재화시장을 균형시키는 이자율(i)과 국민소득 수준(Y)의 여러 가지 조합을 나타낸다. 이때의 균형은 당분간 정부부문이 없는 것으로 가정할 때 국내저축(S)과 수입(M)이라는 소득흐름으로부터의 누출을 합한 것이 투자(I)와 수출(X)이라는 소득흐름으로의 주입을 합한 것과 같다는 것을 의미한다.

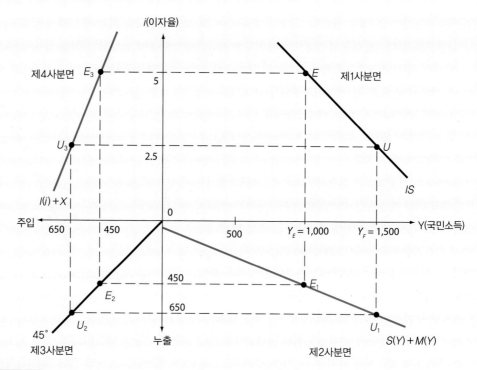

그림 18-12 *IS* 곡선의 유도

제2사분면에서는 저축과 수입을 합한 총누출과 국민소득 수준 사이의 정의 관계를 보여 주고 있다. 제3사분면의 45° 선은 누출($S + M$)이 주입($I + X$)과 같다는 균형조건을 나타내고 있다. 제4사분면에는 투자함수(여기서 투자는 이자율과 역의 관계에 있음)와 외생적인 수출함수를 합한 총주입이 그려져 있다. 제1사분면의 *IS* 곡선은 재화시장의 균형(주입과 누출의 일치로 주어짐)을 성립시켜 주는 이자율(i)과 국민소득 수준(Y)의 여러 가지 조합을 나타낸다. 팽창적 재정정책을 사용하는 경우 총누출함수는 정부지출의 증가 G만큼 좌측으로 이동하게 된다. 어느 통화의 평가절하나 평가하락은 각각의 소득수준에 대한 수입을 감소시켜 제2사분면의 총누출함수는 각각의 소득수준에서 수입(M)이 감소한 것만큼 상방 이동하고, 수출(X)이 증가한 만큼 좌측으로 이동하여 *IS* 곡선은 국제수지 개선폭($X - M$)에 개방경제 승수 k'을 곱한 것만큼 우측으로 이동한다.

제2사분면에는 그림 17-3의 윗그림에 있는 저축과 수입을 합한 함수 $[S(Y) + M(Y)]$가 그려져 있는데, 이 그림은 국민소득 수준과 총누출 사이의 정의 관계를 보여 주고 있다. 제3사분면의 45° 선은 누출($S + M$)이 주입($I + X$)과 같다는 균형조건을 나타내고 있다. 제4사분면에는 투자함수(여기서 투자는 이자율과 역의 관계에 있음)와 외생적인 수출함수를 합한 총주입[$I(i) + X$]이 그려져 있다. 투자함수는 보통 투자의 한계효율곡선(marginal efficiency of investment schedule)이라고도 한다. 예를 들어 $Y_E = 1,000$에서 $S + M = 450 = I + X$이고 $i = 5.0\%$가 되어 제1사분면의 점 E를 구할 수 있다. 유사하게 $Y_F = 1,500$에서 $S + M = 650 = I + X$이고 이자율은 $i = 2.5\%$가 되어 제1사분면의 점 U를 구할 수 있다. *IS* 곡선이 직선이라고 가정하면 제1사분면의 점 E와 점 U를 연결하여 *IS* 곡선을 유도할 수 있다. 이것이 바로 그림 18-2의 *IS* 곡선이다.

정부지출(G)을 고려하게 되면 총누출함수 $I(i) + X + G$는 제4사분면의 총누출함수보다 G만큼 좌측에 위치하게 되고, *IS* 곡선은 제1사분면에 나타난 것보다 G에 개방경제 승수(k')를 곱한 것만큼 우측에 위치하게 된다. 한편 조세(T)를 포함하는 경우 제2사분면의 총누출함수를 T만큼 상방 이동한 $S(Y) + M(Y) + T$가 되게 하고 *IS* 곡선을 T에서 개방경제조세 승수를 곱한 만큼 제1사분면에서 그려진 것보다 좌측으로 이동시킨다. 따라서 총주입이 총누출과 같아야 한다는 균형조건은 다음과 같다.

$$I + X + G = S + M + T \tag{18A-1}$$

정부지출(G)을 고려함으로써 재정정책이 IS 곡선에 미치는 효과를 도표로 분석할 수 있다. G는 재정정책으로서의 목적에만 이용된다고 가정하여 세금(T)은 누출에 포함시키지 않았다.

이 도표를 이용하여 평가절하나 평가하락이 IS 곡선에 미치는 효과를 살펴볼 수 있다. 특히 어느 통화의 평가절하나 평가하락은 각각의 소득수준에 대한 수입(M)을 감소시켜 제2사분면의 총누출함수는 각각의 소득수준에서 수입(M)이 감소한 것만큼 상방 이동한다. 동시에 수출이 증가하는 경우 그 증가분만큼 제4사분면의 총주입함수가 왼쪽으로 이동한다. 따라서 제1사분면의 IS 곡선은 국제수지 개선폭($X - M$)에 개방경제에서의 승수를 곱한 것만큼 우측으로 이동한다.

> **연습문제** 정부지출을 0에서 50으로 증가시키는 확장적 재정정책의 효과를 그림 18-12의 각 사분면에 그리라. 정부가 이러한 팽창적 재정정책을 실시할 때 이자율이 변화하지 않도록 통화량을 변화시킨다고 가정하자. 또한(17.12절에서 소국을 가정하여 외국의 반응이 없는 것으로 했던 것과 같이) 개방경제승수 $k' = 2.5$라고 가정한다.

A18.2 *LM* 곡선의 도출

그림 18-13에서 4개의 사분면을 이용하여 제1사분면의 LM 곡선을 도출할 수 있다. LM 곡선은 통화시장을 균형시키는 이자율(i)과 국민소득 수준(Y)의 여러 가지 조합을 나타낸다. 이때의 균형은 거래적 통화수요와 투기적 통화수요가 주어진 고정된 통화량과 같다는 의미이다.

제2사분면은 거래적 통화수요(MT)와 국민소득 사이의 정의 관계를 보여 준다(여기서 MT는 Y의 일정한 비율이다). 제3사분면은 $MS = 800$으로 가정한 총통화량이 거래적 목적과 투기적 목적으로 각각 얼마만큼씩 보유되는가를 보여 준다. 제4사분면은 투기적 또는 유동성 목적의 통화수요(ML)가 이자율의 감소함수임을 보여 주고 있다. 즉, 이자율 또는 현금잔고를 보유하는 데 대한 기회비용이 높으면 높을수록 투기적 또는 유동성 목적에 의한 통화수요량은 더욱더 작아진다.

예를 들면 $Y_E = 1,000$에서 $MT = 400$이 되어 ($MS = 800$ 중에서) 나머지 400은 $i = 5.0\%$에서 유동성 목적으로 보유된다. 이것이 바로 제1사분면의 점 E이다. 마찬가지로 $Y_F = 1,500$에서 $MT = 600$이 되어 $MS = 800$의 총통화량 중에 나머지 200은 $i = 7.5\%$에서 유동성 목적으로 보유된다. 이에 따라 제1사분면의 점 Z를 구할 수 있다(LM 곡선이 직선인 것으로 가정하면). 제1사분면의 점 E와 점 Z를 연결하여 LM 곡선을 유도할 수 있다. 이것이 그림 18-2의 LM 곡선이다.

완화적 통화정책에 따른 통화량의 증가는 제3사분면의 MS를 하방 이동시키고 제1사분면의 LM 곡선을 우측으로 이동시켜 통화시장의 균형이 다시 성립하게 된다. 반대로 평가절하나 평가하락은 국내물가와 통화에 대한 거래적 수요를 상승시키고(즉 제2사분면에서 MT는 하방 이동) 제1사분면에서 LM 곡선을 좌측으로 이동시켜 통화시장의 균형이 다시 성립하게 된다.

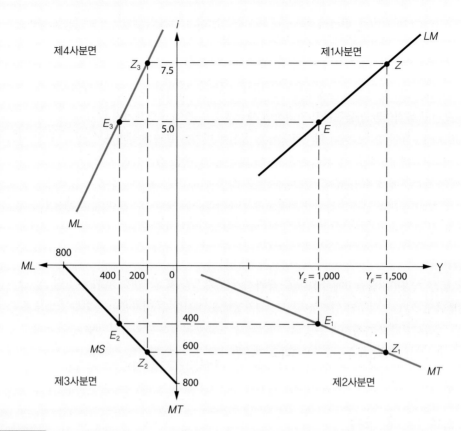

그림 18-13 *LM* 곡선의 유도

제2사분면은 거래적 통화수요(*MT*)와 국민소득 사이의 정의 관계를 보여 준다 제3사분면은 *MS* = 800으로 가정한 총통화량의 얼마만큼이 거래적 목적으로 보유되고, 얼마만큼이 투기적 목적으로 남게 되는가를 보여 준다. 제4사분면은 투기적 또는 유동성 목적의 통화수요(*ML*)가 이자율의 감소함수임을 보여 주고 있다. 제1사분면의 *LM* 곡선은 통화시장을 균형시키는(통화에 대한 총수요와 고정된 통화량의 일치로 주어짐) 이자율(*i*)과 국민소득 수준(*Y*)의 여러 가지 조합을 나타낸다. 팽창적 통화정책에 따른 통화량의 증가는 제3사분면의 *MS*를 하방 이동시키고 제1사분면의 *LM* 곡선을 우측으로 이동시켜 통화시장의 균형이 다시 성립하게 된다. 평가절하나 평가하락은 제2사분면에서 *MT*는 하방 이동시키고, 제1사분면에서 *LM* 곡선을 좌측으로 이동시킨다.

연습문제 제1사분면의 *LM* 곡선상의 점 *E*에서 출발하여 그림 18-13의 4개의 사분면 각각에 대하여 다음의 효과를 그려 넣어라. (a) 통화량의 총증가는 거래적 목적으로 보유된다는 가정하에 통화량을 100 증가시키는 완화적 통화정책, (b) 통화당국이 *MS*를 800으로 유지한다고 가정할 때 제2사분면의 *MT* 함수를 200만큼 하방 이동시키는 평가하락, (c) (b)문제에서 통화당국이 *MS*를 200 증가시켜 *MS* = 1,000인 경우는 어떻게 되겠는가?

A18.3 *BP* 곡선의 도출

그림 18-14의 4개 사분면을 이용하여 제1사분면의 *BP* 곡선을 도출할 수 있다. *BP* 곡선은 국제수지의

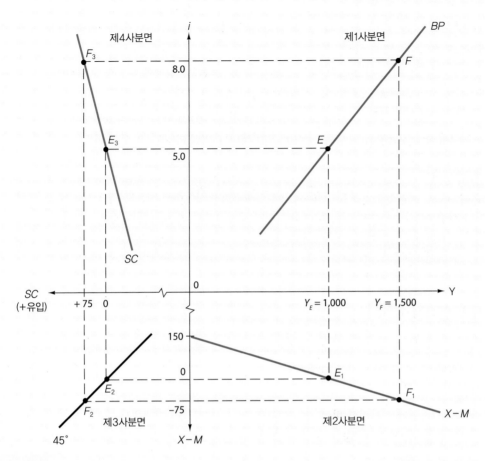

BP 곡선의 유도

제2사분면에서 무역수지($X - M$)가 국민소득의 감소함수로 그려져 있다(그림 17-3 하단 도표로부터). 제3사분면의 45° 선은 무역수지의 적자가 이와 동일한 단기자본의 순유입으로 상쇄되는 것을 보여 준다. 제4사분면은 단기자본의 순유입(SC)이 이자율의 증가함수로 나타나 있다. BP 곡선은 국제수지의 균형을 나타내는 이자율과 국민소득의 여러 가지 조합을 보여 준다. 평가절하나 평가하락을 하게 되면 $X - M$ 함수는 상방 이동하며 각각의 소득수준에 대해 무역수지는 개선되므로 국제수지의 균형을 유지하기 위해서는 보다 낮아진 이자율 i에서 단기자본의 순유입이 보다 작아지게 된다(즉, BP 곡선은 하방 이동한다).

균형을 나타내는 이자율과 국민소득의 여러 가지 조합을 보여 준다.

제2사분면에서 그림 17-3 아래 그림의 무역수지($X-M$)가 국민소득의 감소함수로 그려져 있다. 제3사분면의 45° 선은 무역수지의 적자가 이와 동일한 단기자본의 순유입으로 상쇄되는가 아니면 무역수지의 흑자는 이와 동일한 단기자본의 순유출로 상쇄된다. 제4사분면에서 이 국가의 이자율과 해외에서의 이자율이 일정하다고 가정할 때 순단기 **자본유입**은 이 국가에 유리한 이자율 차의 증가함수로 나타나 있다. 예를 들어 $Y_E = 1,000$에서 $X - M = 0 = SC$가 되고 $i = 5.0\%$가 된다. 이에 따라 제1사분면의 점 E를 구할 수 있다. 마찬가지로 $Y_F = 1,500$에서 $X - M = -75$이고 $SC = +75$가 되어($X - M + SC = 0$)이고 $i = 8.0\%$가 된다. 이에 따라 제1사분면의 점 F를 구할 수 있다. 점 E와 점 F를 연결하여 그림 18-2 제1사분면의 BP 곡선을 유도할 수 있다. $Y < Y_E$일 때는 $X - M > 0$이고 $SC < 0$(즉, 자본의

순유출이 발생)이 되어 $X - M + SC = 0$이 되므로 FE 선상에 있고 점 E의 왼쪽에 있는 다른 점을 구할 수 있다.

환율이 고정되었다는 가정 아래 BP 곡선을 그렸다. 완전고용상태에 도달하기 이전에 평가절하나 평가하락을 하게 되면 $X - M$ 함수는 상방 이동하며 각각의 소득수준에 대해 무역수지는 개선되므로 국제수지의 균형을 유지하기 위해서는 보다 낮아진 이자율 i에서 단기자본의 순유입이 보다 작아지면 (혹은 자본유출이 필요할 수도 있음) 균형이 된다(제1사분면의 BP 곡선은 하방 이동).

> **연습문제** 제1사분면에 있는 BP 곡선상의 점 E에서 시작하여 제2사분면의 $X - M$ 함수를 50만큼 상방 이동시키는 평가하락이나 평가절하의 효과를 그림 18-14의 4개의 사분면 각각에 대하여 표시하라.

A18.4 수리적 요약

위의 논의는 재화시장, 통화시장, 국제수지의 균형을 나타내는 각각 3개의 방정식으로 수학적으로 요약될 수 있다. 이 경우 이 방정식 체계에서 3개의 미지수는 국민소득 수준(Y), 이자율(i) 그리고 환율(R)이다.

부록의 A18.1절에서 지적한 바와 같이 정부부문을 고려한 개방경제에서 재화시장의 균형은 투자(I)와 정부지출(재정정책 변수로 이용되는 G^*)에 수출(X)을 합한 주입이 저축(S)과 수입(M)을 합한 누출과 같을 때 성립한다.

$$I(\overline{i}) + G^* + X(\overset{+}{R}) = S(\overset{+}{Y}) + M(\overset{+}{Y}, \overline{R}) \tag{18A-2}$$

여기서 괄호 안의 변수는 함수적 의존관계를 나타내고 괄호 안의 변수 위에 표시되어 있는 +나 −기호는 양(+)이나 음(−)의 함수관계를 나타낸다. 예를 들어 $I(\overline{i})$는 투자가 이자율과 음(−)의 관계에 있거나 투자가 이자율의 감소함수임을 의미한다.

통화시장에서의 균형이 성립하기 위해서는 거래적 통화수요(MT)에 투기적 또는 유동성 목적의 통화수요(ML)를 합한 것이 통화량과 일치해야 하는데, 통화량은 통화당국에 의해 결정되고 통화정책변수(MS^*)로 이용된다.

$$MT(\overset{+}{Y}, \overset{+}{R}) + ML(\overline{i}) = MS^* \tag{18A-3}$$

마지막으로 국제수지가 균형을 이루기 위해서는 순단기 국제자본이동(SC)에 대한 수지가 무역수지(TB)와 부호는 반대이고 절댓값으로는 동일해야 한다.

$$SC(\overset{+}{i}) = TB(\overline{Y}, \overset{+}{R}) \tag{18A-4}$$

정책변수의 값이 G^*와 MS^*로 주어져 있을 때 Y, i 및 R에 대한 균형값이 결정된다. 도표상으로 이는 그림 18-8의 점 E와 같은 점에 대응하는데, 이 점에서 *IS, LM* 및 *BP* 곡선이 교차하여 3개 시장에서의 균형이 동시에 성립하게 된다.

G^*는 식 (18A-2)에만 나타나므로 재화정책은 재화시장에만 영향을 미치고 *IS* 곡선만을 이동시킨다. MS^*는 식 (18A-3)에만 나타나므로 통화정책은 통화시장에만 영향을 미치고 *LM* 곡선만을 이동시킨다. R은 3개의 식에 모두 나타나므로 환율의 변화는 3개의 시장에 영향을 미치고(18.5절에서 설명한 바와 같이) 3개의 곡선을 모두 이동시킨다.

연습문제 위의 3개의 식을 이용하여 (a) 긴축적 재정정책, (b) 긴축적 통화정책, (c) 어느 국가 통화의 평가상승이나 평가절상의 효과를 살펴보라.

제19장

개방경제하에서의 물가와 산출량 : 총수요와 총공급

- 총수요와 총공급을 고려하는 상황에서 고정환율제도와 변동환율제도하에서 단기 및 장기균형이 어떻게 달성되는가를 이해한다.
- 실물 및 통화충격, 통화정책 및 재정정책이 일국의 총수요 및 균형에 어떤 영향을 주는가를 이해한다.
- 개방경제에서 공급충격을 조정하고 성장을 촉진하기 위해 어떻게 통화정책 및 재정정책이 사용되는가를 설명한다.

19.1 서론

개방경제 거시경제학에 관한 논의에서 지금까지 우리는 경제가 팽창하거나 수축하더라도 물가는 변하지 않는 것으로 가정했다(17.6절과 18.6절은 예외로 함). 경제가 완전고용에 도달하는 경우에만 물가가 상승하는 것으로 보았다. 그러나 현실세계에서는 경기순환의 정상적인 경로상에서 경제가 팽창하거나 수축함에 따라 물가는 상승하거나 하락한다. 이 장에서는 물가가 변하지 않는다는 가정을 완화하여 개방경제에서 물가와 산출량 간의 관계를 검토한다. 이것은 총수요와 총공급의 분석틀을 사용하되 국제무역과 자본이동의 효과를 포함하여 이루어진다.

19.2절에서는 총수요과 총공급의 개념을 복습하고, 폐쇄경제에서 단기와 장기로 나누어 두 곡선의 교차점에서 균형이 어떻게 결정되는가를 보여 준다. 19.3절에서는 논의를 확장하여 변동환율제도와 고정환율제도에서 국제거래가 총수요과 총공급에 미치는 효과를 검토한다. 19.4절에서 재정 및 통화 변수가 총수요에 미치는 효과뿐 아니라 실물적, 통화적 충격의 효과를 검토하며, 19.5절에서는 개방경제에서 고정환율제도와 변동환율제도의 경우 재정정책과 통화정책의 효과를 논의한다. 마지막으로 19.6절에서는 개방경제에서 장기성장을 촉진하고, 공급충격을 조정하기 위한 통화정책 및 재정정책을 논의한다.

19.2 폐쇄경제하에서 총수요, 총공급 및 균형

이 절에서 총수요곡선을 정의하고 그 곡선이 전장의 *IS-LM* 곡선으로부터 어떻게 유도되는가를 살펴본다. 그 후 장기와 단기에서 총공급곡선을 유도하고, 마지막으로 폐쇄경제에서 장기와 단기에서 총수요곡선과 총공급곡선이 어떻게 상호작용하여 균형을 결정하는가를 보여 준다.

19.2A 폐쇄경제하의 총수요

총수요(*AD*)곡선(aggregate demand [*AD*] curve)은 통화량과 정부지출 및 조세가 일정한 상태에서 한 경제의 상품 및 서비스의 **총수요량**과 일반물가 간의 관계를 보여 준다. 총수요곡선은 한 국가에서 국내의 상품 및 서비스에 대한 총수요량을 **일반물가수준**이나 GDP 디플레이터의 함수로 본다는 점을 제외하면 한 상품의 개별수요곡선과 유사하다. 물가가 낮을수록 국내의 상품 및 서비스에 대한 총수요량이 증가하므로 총수요곡선은 우하향하는 형태를 띤다.

그림 19-1은 총수요(*AD*)곡선이 이전 장의 *IS-LM* 모형으로부터 어떻게 유도되는가를 보여 준다. 18.3절의 그림 18-2로부터 *IS* 곡선은 재화시장을 균형시키는(상품의 수요량과 공급량이 일치하는) 이자율(i)과 국민소득(Y)의 여러 가지 조합을 나타낸다는 것을 보았다. 한편 *LM* 곡선은 통화에 대한 수요가 주어진 통화량과 일치하는, 즉 통화시장을 균형시키는 이자율(i)과 국민소득(Y)의 여러 가지 조합을 나타낸다. *IS* 곡선과 *LM* 곡선 모두 주어진 물가수준에서 그려지며, 균형 국민소득(Y_E)과 균형 이자율(i_E)은 *IS* 곡선과 *LM* 곡선이 교차하는 점에서 결정된다(그림 19-1의 왼쪽 도표의 점 *E*). 이것은 그림 19-1의 오른쪽 도표상에 있는 총수요곡선상의 주어진 물가수준(P_E)과 국민소득(Y_E)에서 점 *E*를 정의한다. 두 도표는 수평축을 따라서는 국민소득을 측정하지만 수직축을 따라서는 왼쪽 도표는 이자

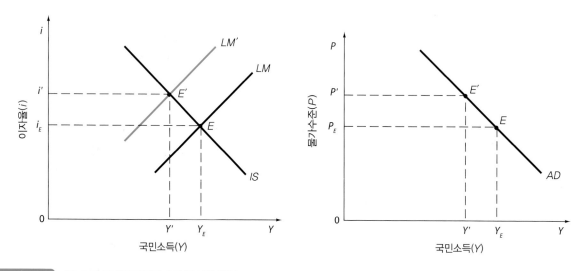

그림 19-1 *IS-LM* 곡선으로부터 *AD* 곡선의 유도

주어진 물가수준에서 *IS* 곡선과 *LM* 곡선의 교점으로부터 왼쪽 도표의 점 *E*에서 균형 국민소득(Y_E)과 이자율(i_E)이 결정된다. 이것은 오른쪽 도표상에 있는 총수요곡선상의 주어진 물가수준(P_E)과 국민소득(Y_E)에서 점 *E*를 정의한다. 물가수준이 P_E에서 P'으로 상승하는 경우 주어진 통화량의 실질가치를 감소시키고, *LM* 곡선이 왼쪽으로 *LM'*까지 이동한다. 왼쪽 도표와 오른쪽 도표의 *AD* 곡선상의 *E'*에서 낮은 국민소득 Y'을 정의한다.

율을, 오른쪽 도표는 물가수준을 측정한다.

물가수준이 P_E에서 P'으로 상승한다고 가정하자. 이것은 주어진 통화량의 실질가치를 감소시키므로, LM 곡선이 LM'까지 왼쪽으로 이동한다. 그림 19-1의 왼쪽 도표의 E'에서 IS 곡선과 LM' 곡선의 교점은 보다 높은 균형 이자율 수준 i'과 보다 낮은 국민소득 Y'을 정의한다. 재화시장에서 균형은 실질조건으로 측정되므로 보다 높은 가격이 직접 IS 곡선에 영향을 미치지 않는다. 보다 높은 균형가격 P'과 보다 낮은 국민소득 수준 Y'은 오른쪽 도표상의 총수요곡선 AD상의 점 E'을 정의한다. 이와 같이 보다 높은 가격은 보다 낮은 국민소득 수준과 관련되어, 우하향하는 모양을 갖는 AD 곡선이 된다. IS 곡선과 LM 곡선이 가파를수록 AD 곡선은 가파르거나 덜 탄력적이 된다.

물가가 변하지 않은 상태에서 통화량이 변하는 경우 AD 곡선 자체가 이동한다. 예를 들어 주어진 물가수준에서 통화량이 증가(완화적 또는 팽창적 통화정책)하는 경우 LM 곡선은 오른쪽으로 이동하고, 더 높은 소득수준을 가져온다. 또한 이것은 주어진 물가수준에서 더 높은 국민소득을 반영하여 전체 AD 곡선이 오른쪽으로 이동한다(연습문제 3번 참조). 이와 같이 주어진 통화량에서 물가가 하락하거나(AD 곡선상에서 하방 이동), 물가가 변하지 않는 상태에서 통화량이 증가하는 경우(AD 곡선 자체의 오른쪽 이동) 국민소득은 증가한다. 유사하게 정부지출이 증가하거나 조세가 감소(팽창적 재정정책)하는 경우 IS 곡선은 오른쪽으로 이동하고 각각의 물가수준에서 보다 높은 국민소득 수준을 반영하여 AD 곡선 또한 오른쪽으로 이동한다. 한편 긴축적 재정정책 및 통화정책을 사용하는 경우 AD 곡선은 왼쪽으로 이동한다.

19.2B 장기와 단기의 총공급곡선

총공급(AS)곡선(aggregate supply [AS] curve)은 한 경제에서 상품과 서비스의 총공급량과 일반물가수준 사이의 관계를 보여 준다. 이 관계는 고려 중인 시간의 길이에 따라 장기총공급곡선과 단기총공급곡선으로 나누어진다.

장기총공급(LRAS)곡선(long-run aggregate supply [LRAS] curve)은 물가에 의존하지 않고 경제 내의 이용 가능한 노동, 자본, 천연자원 및 기술의 양에만 의존한다. 경제 내의 이용 가능한 투입물의 양은 장기에서 그 국가의 **자연산출량 수준(Y_N)**(natural level of output, Y_N)을 결정한다. 경제 내에 이용 가능한 투입물의 양이 많을수록 장기에서 자연산출량 수준 및 소득은 커진다. 장기총공급곡선(LARS)은 물가에 의존하지 않으므로 그림 19-2에서와 같이 물가에 대해 그리는 경우 자연산출량 수준에서 수직선이 된다. 이와 같이 장기에서는 물가가 상승하더라도 산출량에 영향을 주지 않는다. 장기에서 산출량을 증가시키는 유일한 방법은 그 경제의 투입 또는 자원의 공급을 증가시키는 것이다. 이것은 시간이 경과함에 따라 단계적으로 이루어지기 때문에 여기서의 분석에서는 당분간 성장을 고려하지 않는다.

한편 **단기총공급(SRAS)곡선**(short-run aggregate supply [SRAS] curve)은 단기에 물가가 상승하면 산출량이 증가하므로 우상향의 기울기를 갖는다(그림 19-2 참조). 중요한 문제는 단기에 왜 물가와 산출량이 양의 관계를 갖는가이다. 단기총공급곡선(SRAS)은 불완전 정보나 시장의 불완전성으로 인해 우상향한다(그래서 산출량 수준이 일시적으로 자연산출량 수준에서 괴리될 수 있다). 예를 들어 기업들이 보다 높은 가격으로 자신의 제품을 팔 수 있지만 투입물 가격도 같은 비율로 상승했다는 것을 즉

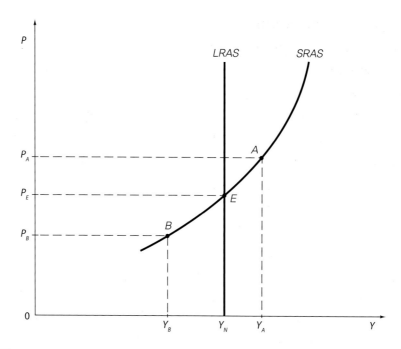

장단기 총공급곡선

장기총공급곡선(LRAS)은 물가와 관계없이 국가의 자연산출량 수준(Y_N)에서 수직선이 된다. 자연산출량 수준은 경제 내의
이용 가능한 노동, 자본, 자연자원 및 기술의 양에만 의존한다. 단기총공급곡선(SRAS)은 우상향의 기울기를 갖는데 불완전
정보나 시장의 불완전성으로 인해 일시적으로 자연산출량 수준(점 E)을 초과하거나(점 A) 미치지 못하게 된다(점 B).

시 알지 못하는 경우 일시적으로 산출량을 증가시킬 것이다. 그 결과 산출량은 그림 19-2에서 SRAS
를 따라 점 E에서 점 A까지 단기에 증가한다. 그러나 기업들이 궁극적으로 그들의 **생산비도 비례적으
로 상승**했다는 것을 알게 되면 생산을 원래의 수준으로 되돌릴 것이며 따라서 총산출량은 보다 높은
가격수준에서도 장기자연산출량 수준으로 복귀할 것이다.

이와 같이 불완전 정보나 시장의 불완전성으로 인해 단기산출량 수준은 그 국가의 장기산출량 수
준을 초과할 수 있다. 이것은 아마도 초과근무방식으로 노동자들을 고용하거나 공장을 보다 오래 가
동하는 방식일 것이다. 그러나 이런 방식으로 산출량을 증가시키는 것은 점점 더 어렵고 비용이 많이
들기 때문에 단기총공급곡선은 점점 더 가파르게 되고 궁극적으로 수직선이 될 것이다(그림 19-2 참
조). 장기적으로 기업의 모든 가격(비용) 또한 비례적으로 증가할 것이고, 기업들은 생산을 원래의 수
준으로 감소시킬 것이다. 그 결과 국가의 산출량 수준은 최초의 장기자연산출량 수준으로 돌아가고
물가수준은 보다 높아질 것이다.

같은 상황이 역으로도 발생할 수 있다. 즉, 기업들이 자신의 제품으로부터 받는 가격이 하락했지만
투입물 가격도 같은 비율로 하락했다는 것을 즉시 알지 못하는 경우 생산을 감축시킬 것이다. 따라서
그 국가의 산출량 수준은 일시적으로 자연산출량 수준 이하가 될 것이다(그림 19-2에서 점 B). 그러나
장기에서 기업들은 자신의 잘못을 인식하게 되고, 산출량을 원래의 수준으로 복귀시킬 것이다(그림
19-2에서 점 E). 동일한 과정은 노동시장의 불완전성에 초점을 맞춤으로써 설명될 수 있다(연습문제
5번 참조).

19.2C 폐쇄경제하에서 단기균형과 장기균형

총수요곡선과 단기와 장기의 총공급곡선이 주어진 경우 그림 19-3을 활용하여 폐쇄경제하의 단기와 장기균형을 살펴볼 수 있다. 총수요곡선 AD와 장기총공급곡선 LRAS 및 단기총공급곡선 SRAS가 자연산출량 수준 Y_N과 물가수준 P_E에서 교차하는 초기 균형점 E에서 시작하자. 점 E에서 경제는 장기적으로뿐만 아니라 단기적으로도 균형이다. 총수요곡선이 예기치 않게 AD에서 AD′으로 오른쪽으로 이동하는 경우, 이것은 물가상승을 가져오지만 기업들은 모든 가격이 상승하고 있다는 것을 즉시 알지 못하므로 실수로 그들이 판매하는 상품의 가격만이 상승한다고 믿게 되고 그에 따라 산출량을 증가시킬 것이다. 이것은 AD′과 SRAS의 교점에서 새로운 단기균형점 A를 가져온다. 점 A에서 가격은 P_A이고 산출량 수준은 Y_A로서 자연산출량 수준 Y_N을 초과하게 된다.

기업들이 모든 가격(그들의 생산비를 포함하여)이 상승한다는 것을 실제로 확인함에 따라 SRAS 곡선은 SRAS′ 곡선으로 상방 이동하게 된다. LRAS 곡선상에서 AD′ 곡선과 SRAS′ 곡선이 교차하는 새로운 장기균형점 C가 생성되며 자연산출량 수준 Y_N에서 물가는 P_C로 상승하게 된다. 물가수준은 더 높지만 산출량은 장기자연산출량 수준으로 돌아가게 된다. 불완전 정보와 시장의 불완전성으로 인해 산출량이 단기적으로 증가하더라도 기업들이 모든 가격과 비용이 비례적으로 증가한다는 사실을 인지함에 따라 생산은 장기산출량 수준으로 다시 감축되게 된다. 즉, 장기에서는 예상가격(expected

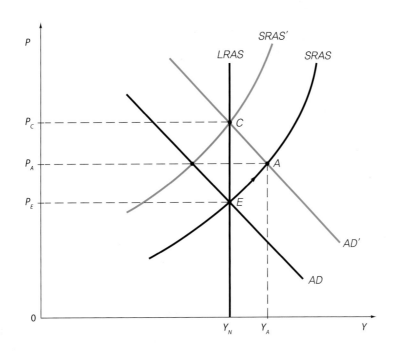

그림 19-3 폐쇄경제하의 균형

총수요곡선 AD와 장기총공급곡선 LRAS 및 단기총공급곡선 SRAS가 교차하는 점 E에서 장단기균형이 동시에 달성된다. 총수요곡선이 예기치 않게 AD에서 AD′으로 오른쪽으로 이동하는 경우 AD′과 SRAS의 교점에서 새로운 단기균형점 A를 가져온다. 점 A에서 가격은 P_A이고 산출량 수준은 Y_A로서 자연산출량 수준 Y_N을 초과하게 된다. 장기에서 예상가격이 실제 가격의 증가에 맞추어 증가함에 따라 단기총공급곡선은 SRAS로 상방 이동하여 P_C와 Y_N에서 AD′, LRAS, SRAS′의 교차점에서 새로운 장기균형점 C가 된다.

prices)이 실제가격과 조화되도록 상승함에 따라 *SRAS* 곡선은 물가수준의 상승만큼 상방 이동하고, 그 국가의 산출량 수준은 보다 낮은 장기자연산출량 수준으로 복귀한다.

이것을 설명하는 다른 방법은 총수요의 예기치 않은 증가는 물가의 예기치 않은 증가와 산출량의 일시적 증가를 가져온다는 것이다. 장기에서 예상가격이 실제가격의 상승에 맞추어 증가함에 따라 단기총공급곡선은 상방 이동하여 주어진 장기총공급곡선상에서 새로운 보다 높은 총수요곡선과 교차하여 경제는 다시 한 번 자연산출량 수준에서 장기와 단기균형을 동시에 달성하게 된다. 장기에서 예상가격이 상승하고, 실제가격과 일치하는 경우 *SRAS* 곡선 전체는 예상가격의 상승만큼 상방 이동한다. *LRAS* 곡선의 오른쪽의 점들은 실제가격이 예상가격을 초과하는 것을 의미한다. 그 경우 예상가격이 상승하고, *SRAS* 곡선은 예상가격이 실제가격과 일치할 때까지 상방 이동하여 그 경제는 장기자연균형산출량 수준으로 돌아가게 된다. *AD* 곡선과 *SRAS* 곡선이 교차하는 점에서 경제는 단기균형에 있다. 그 경제가 다시 장기균형이 되기 위해서는 *AD* 곡선과 *SRAS* 곡선은 *LRAS* 곡선과 교차해야 한다.

불완전 정보와 시장의 불완전성이 없는 경우(기업이 총수요의 증가가 모든 가격을 상승시켜 예상가격이 실제가격과 항상 즉시 일치한다는 것을 인지한다면) 그 국가는 균형점 *E*로부터 단기에서 균형점 *A*로의 중간단계를 거치지 않고, 즉시 균형점 *C*로 이동할 것이다. 이 경우 그 국가의 산출량은 장기자연산출량 수준으로부터 이탈하지 않을 것이고, 그 국가의 단기총공급곡선은 수직이 되고, 장기총공급곡선과 일치하게 될 것이다. 현실세계에서 장기자연산출량 수준으로부터 단기이탈이 발생하는 것은 오직 불완전한 정보와 시장의 불완전성에 기인한다(사례연구 19-1 참조). 반대로 총수요곡선이 하방 이동하는 경우 일시적인 산출량 감소와 영구적인 가격하락을 가져올 것이다(연습문제 6번 참조).

19.3 고정환율제도와 변동환율제도에서 개방경제의 총수요

경제를 개방하는 경우 장기에서는 중요한 공급효과가 발생할 수 있지만 단기 및 중기(대부분의 경제정책에서 고려하는 기간)에서는 주로 총수요에 영향을 주게 된다. 이 절에서는 먼저 고정환율제도의 경우에 다음에는 변동환율제도의 경우에 경제개방의 총수요 효과를 보기로 한다. 오늘날 선진국 간에 국제자본의 이동성이 높은 것을 반영하여 우리는 *BP* 곡선(국제수지를 의미)을 양(+)의 기울기를 갖지만 *LM* 곡선보다 더 평평한 것으로 가정한다.

19.3A 고정환율제도에서 개방경제의 총수요

그림 19-5는 고정환율제도에서 개방경제의 총수요곡선을 유도하는 것을 보여 주고, 그것을 그림 19-1의 폐쇄경제하에서 유도한 총수요곡선과 비교한다. 그림 19-5의 왼쪽 도표는 그림 18-2에서처럼 재화시장, 통화시장 및 국제수지가 i_E와 Y_E에서 모두 균형을 이루는 최초의 균형점 *E*를 보여 준다(*BP* 곡선이 *LM* 곡선보다 완만하다는 것을 제외하고는 동일). 이것은 그림 19-5의 왼쪽 도표에서 점 *E*를 제공한다.

물가수준이 P_E에서 P'으로 상승한다고 가정하자. 이것은 주어진 통화량의 실질가치를 감소시키므로, 폐쇄경제의 경우와 정확히 동일하게 *LM* 곡선이 *LM'*까지 왼쪽으로 이동한다. 그러나 경제가 개

사례연구 19-1　　미국에서의 단기산출량의 자연산출량과의 괴리

그림 19-4는 수평축에 물가상승의 척도로서 GDP 디플레이터(1971 = 100)를, 수직축에 1971년부터 2018년까지 미국의 실질 GDP의 조정된 성장(1971 = 100)을 보여 준다. 실질 GDP의 조정된 성장은 매년 미국의 실질 GDP의 성장률에서 미국의 연평균 장기성장률 2.8%를 차감한 것이다. 이와 같이 실질 GDP의 조정된 성장은 실질 GDP의 단기적 성장이 미국의 장기자연산출량 수준 2.8%의 장기성장률 추세를 제거한 후 100 수준에서 수평선으로부터 어느 정도 일탈되었는지를 보여 준다. 그림에서 우리는 미국의 조정된 또는 단기성장이 물가수준의 상승과 다른 기타 단기 교란에도 불구하고 이론에 의해 예측하는 것과 같이 장기자연산출량보다 높거나 낮은 상태로 일시적으로 괴리되는 것을 알 수 있다. 그림 19-4는 그림 19-2와 19-3의 GDP 디플레이터가 수평축에 그려지고 실질 GDP의 조정 성장이 수직축에 그려진것을 제외하고는 거의 유사하다.

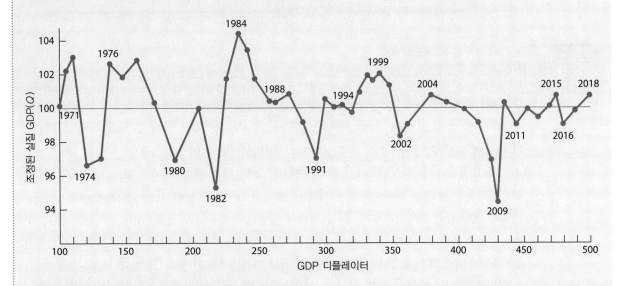

그림 19-4　미국에서의 단기산출량의 자연산출량과의 괴리

미국의 실질 GDP의 조정된 또는 단기성장(1971년 기준연도를 100으로 봄)은 이론에서 예측하는 바와 같이 물가수준(GDP 디플레이터)과 단기교란 요인의 증가에도 불구하고, 장기자연성장률(2.8%의 장기성장률 추세를 제거한 후 100 수준에서 수평선) 상하로 일시적인 괴리가 발생한 것을 알 수 있다.

출처 : Organization Economic Cooperation and Development, *Economic Outlook* (Paris: OECD, Various Issues).

방되는 경우 그 국가의 총수요곡선을 유도할 때 고려해야 할 추가적인 국제적인 효과가 존재한다. 즉, 국내가격이 P_E에서 P'으로 상승하는 경우 그 국가의 수출은 감소하고, 수입은 증가하여 IS 곡선과 BP 곡선이 IS'과 BP'으로 왼쪽으로 이동하게 한다. IS 곡선은 무역수지가 악화되기 때문에 왼쪽으로 이동한다. BP 곡선은 각각의 소득수준에서 국내가격의 증가에서 발생하는 무역수지 악화를 상쇄하기에 충분한 자본을 해외로부터 유치하기 위해서는 보다 높은 이자율이 요구되기 때문에 왼쪽으로 이동한다.

그림 19-5의 왼쪽 도표에서 LM', BP', IS' 곡선의 교점은 새로운 균형점 E''을 결정한다. 점 E''에서 이자율(i_E)은 가격상승이 있기 전의 최초의 균형이자율 수준과 우연히 일치하고 있다. 그러나 가격은

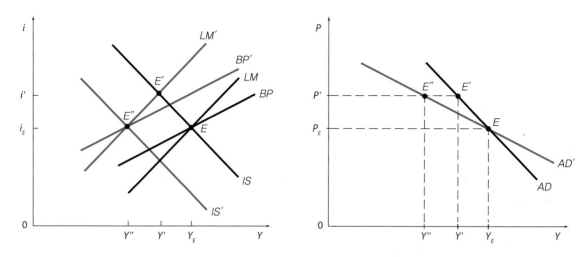

그림 19-5 고정환율제도에서 총수요곡선의 유도

LM, IS, BP 곡선이 물가수준 P_E와 소득 Y_E에서 교차하는 균형점 E에서 우리는 오른쪽 도표의 점 E를 얻는다. 물가수준이 P'으로 상승하는 경우 LM, IS, BP 곡선은 LM', IS', BP'으로 왼쪽으로 이동하고, 이러한 곡선들이 교차하는 새로운 균형점 E"을 생성한다. 점 E와 점 E"을 연결함으로써 우리는 개방경제 총수요곡선 AD'을 유도하는데, 이것은 폐쇄경제하의 총수요곡선 AD보다 평평하거나 더 탄력적이다.

더 높고(P_E 대신에 P') 국민소득 수준은 더 낮다(Y_E 대신에 Y"). 이것은 그림 19-5의 오른쪽 도표에서 점 E"을 제공한다. 오른쪽 도표에서 점 E와 점 E"을 연결하여 개방경제하의 수요곡선 AD'을 얻는다. AD' 곡선은 전에 유도했던 폐쇄경제하의 총수요곡선보다 더 평평하거나 더 탄력적이다. 그 이유는 경제가 개방될 때 폐쇄경제하에서는 존재하지 않았던 국제무역과 국제자본이동으로부터 유래하는 추가적인 효과를 얻기 때문이다. 더 나아가 수출과 수입이 국내가격 변화에 민감할수록 AD' 곡선은 AD 곡선에 비해 더 탄력적이 된다(물론 마셜-러너 조건은 충족된다고 가정한다)(16.4B절 참조).

LM', IS' 곡선이 정확히 BP' 곡선상에서 교차하여(그림 19-5의 왼쪽 도표의 E"에서와 같이) 그 국가가 세 시장 모두에서 동시에 다시 균형을 달성한다는 것을 어떻게 아는가? 대답은 LM' 곡선과 IS' 곡선이 BP' 곡선보다 위에서 교차한다면 그 국가의 이자율은 국제수지균형을 위해 요구되는 것보다 높을 것이다. 그렇다면 그 국가는 국제수지 흑자를 나타낼 것이다. 고정환율제도에서 국제수지 흑자는 국제준비자산의 유입과 통화량의 증가를 가져오고 이것은 LM' 곡선을 BP' 곡선상에서 IS' 곡선과 교차할 때까지 충분히 이동시켜 점 E"에서 그 국가는 재화시장, 통화시장 및 국제수지에서 동시에 균형을 이룰 것이다. IS' 곡선과 LM' 곡선이 BP' 곡선 아래에서 교차하는 경우에는 정반대의 현상이 나타난다.

19.3B 변동환율제도에서 개방경제의 총수요

그림 19-6은 변동환율제도에서 개방경제의 총수요곡선을 유도하는 것을 보여 주고, 그것을 그림 19-1의 폐쇄경제하에서 유도한 총수요곡선과 그림 19-5의 고정환율제도에서 개방경제에 대한 것과 비교한다. 그림 19-6의 왼쪽 도표는 그림 19-5에서처럼 재화시장, 통화시장 및 국제수지가 Y_E와 i_E에서 균형을 이루는 최초의 균형점 E를 보여 준다. 이것은 그림 19-6의 오른쪽 도표에서 점 E를 제공한다.

물가수준이 P_E에서 P'으로 상승한다고 가정하자. 이것은 주어진 통화량의 실질가치를 감소시키므

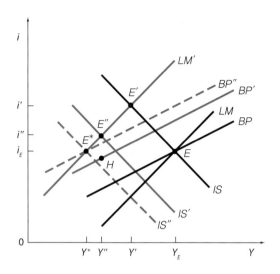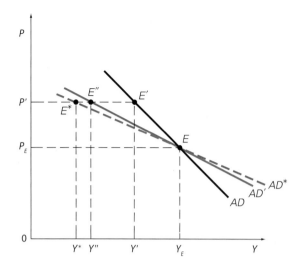

변동환율제도에서 총수요곡선의 유도

좌우 도표의 점 E에서 시작하여 물가수준이 P'으로 상승하는 경우 LM, IS, BP 곡선은 LM', IS', BP'으로 왼쪽으로 이동한다. LM'과 IS' 곡선이 BP' 곡선 위에서 교차하므로(점 E''이 점 H 위에 있음) 그 국가는 국제수지 흑자를 경험하며 또한 그 국가의 통화는 평가절상된다(BP' 곡선이 다시 BP''으로 좌측으로 이동하게 된다). 이것은 LM'과 IS''이 BP'' 곡선상에서 교차할 때까지 IS' 곡선을 IS''으로 이동시키며, 이것은 오른쪽 도표의 점 E^*에 해당한다. 오른쪽 도표에서 점 E와 점 E^*를 연결하여 총수요곡선 AD^*가 도출되며 이것은 AD나 AD'에 비해 평평하거나 더 탄력적이다.

로 LM 곡선이 LM'까지 왼쪽으로 이동한다. 국내가격의 상승은 또한 그 국가의 수출을 감소시키고, 수입을 증가시켜 IS 곡선과 BP 곡선을 그림 19-5에서와 같이 IS'과 BP'으로 왼쪽으로 이동하게 한다. 그러나 이번에는 IS'과 LM'이 점 E''에서 교차하는데 이 점은 BP' 곡선상보다 위에 있으며(점 H), 이것은 그 국가가 무역수지 흑자를 경험한다는 것을 의미한다. 변동환율제도의 경우 국내통화량이 증가하여 LM 곡선을 오른쪽으로 이동시키지 않고, 그 국가의 통화가 평가절상되어 BP' 곡선이 다시 BP''으로 왼쪽으로 이동하게 된다. 이것은 그 국가의 무역수지의 추가적 악화를 야기하며, LM'과 IS''이 BP'' 곡선상에서 점 E^*에서 교차할 때까지 IS' 곡선을 IS''으로 이동시킨다. 그래서 그 국가는 다시 한 번 상품과 서비스 및 통화시장, 국제수지가 동시에 균형을 이루게 된다. 이것은 오른쪽 도표의 점 E^*에 해당한다. 오른쪽 도표에서 점 E와 점 E^*를 연결하여 총수요곡선 AD^*가 도출되며 이것은 AD나 AD'에 비해 평평하거나 더 탄력적이다.

　그림 19-6의 왼쪽 도표에서 균형점 E^*에서의 이자율이 i_E(최초의 균형수준에서의 이자율)와 일치하는데 이것은 우연이다. 즉, i''은 LM', BP''과 IS'' 곡선이 교차하는 점에 따라서 i_E보다 높을 수도 있고 낮을 수도 있다. LM'과 IS'' 곡선이 BP' 곡선 위에서가 아닌 아래에서 교차하는 경우(점 E''이 점 H 위보다 아래에 있다면) 그 국가는 국제수지 적자를 보게 될 것이다. 그 경우에 그 국가의 통화는 평가절하되어(즉, BP' 곡선은 오른쪽으로 이동하고 IS' 곡선도 그러할 것임) LM'과 IS'' 곡선은 BP'' 곡선상에서 교차하고 그 국가는 3개의 시장에서 모두 균형을 이룰 것이다. 만약 LM'과 IS'이 BP'상에서 교차한다면 환율은 변화가 없고, BP' 곡선과 IS' 곡선의 추가적 이동도 없어서 결과는 고정환율제도와 동일하게 될 것이다.

19.4 가격이 신축적인 개방경제에서의 경제적 충격과 거시경제정책이 총수요에 미치는 효과

현실세계에서 IS, LM, BP 곡선에 영향을 주는 어떤 변화든지 총수요에 영향을 줄 수 있으며, 그것은 경제가 고정 또는 변동환율제도 중 어느 제도에서 운영되느냐에 따라 다르다. 이 절에서는 가격이 신축적인 개방경제에서 변동환율제도와 고정환율제도에 대해 재정 및 통화정책뿐 아니라 실물적, 통화적 충격이 총수요에 미치는 효과를 살펴보기로 한다.

19.4A 실물부문의 충격과 총수요

그림 19-7의 양쪽 도표의 균형점 E에서 시작하여 해외가격의 상승이나 국내나 해외에서의 수요변화로 인해 일국의 수출이 증가하거나 수입이 감소하는 경우를 상정하자. 국내가격이 불변인 상태에서 일국의 수출이 증가하거나 수입이 감소하는 경우 일국의 무역수지는 개선되고, IS 곡선과 BP 곡선은 IS'과 BP' 곡선으로 오른쪽으로 이동한다. IS' 곡선과 LM 곡선의 교차점 E'이 BP' 곡선보다 위에 있으므로 그 국가는 무역수지가 흑자가 된다. 고정환율제도에서 이것으로 인해 국제준비자산이 유입되고 통화량이 증가하여 LM 곡선이 LM' 곡선으로 오른쪽으로 이동하여 새로운 균형점 E''을 정의한다. 그림 19-7의 왼쪽 도표에서 점 E에서 점 E''으로의 이동은 오른쪽 도표에서 총수요곡선이 AD에서 AD''으로 오른쪽으로 이동하는 것으로 보인다. 즉, 주어진 국내가격(P_E)하에서 일국의 수출 증가나 수입 감소로 인해 산출량은 Y 대신에 Y''이 된다.

변동환율제도인 경우 결과는 다르게 나타나며 이 경우를 분석하기 위해 그림 19-7을 계속 사용한다. 변동환율제도에서는 그림 19-7의 왼쪽 도표상의 점 E'에서 국제수지의 잠재적 흑자로 인해 통화

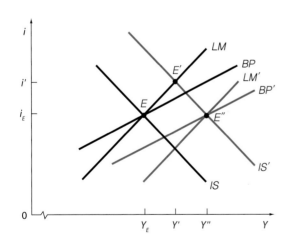
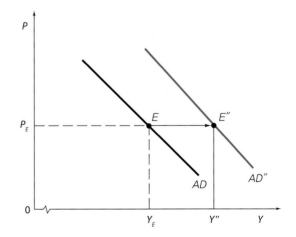

그림 19-7 무역수지의 변화와 총수요

양쪽 도표의 점 E에서 시작하여 국내가격이 불변인 상태에서 일국의 수출 증가나 수입 감소가 발생하는 경우 IS 곡선과 BP 곡선은 IS'과 BP' 곡선으로 오른쪽으로 이동한다. 이것은 고정환율제도에서 일국의 무역수지 흑자를 가져오고, LM 곡선이 LM' 곡선으로 오른쪽으로 이동하여 새로운 균형점 E''을 정의한다. 이와 같이 해서 AD 곡선은 AD'' 곡선으로 오른쪽으로 이동한다. 변동환율제도에서는 통화가 평가상승하여 IS'과 BP' 곡선이 IS 곡선과 BP 곡선으로 다시 이동하여 최초의 균형점으로 돌아간다.

가 평가상승하여 BP′ 곡선이 BP 곡선으로 다시 이동하여 최초의 균형점으로 돌아간다(고정환율의 경우 통화량이 증가하여 LM 곡선이 LM′으로 이동하는 대신에). 국내통화의 평가상승과 더불어 IS′ 곡선은 다시 IS 곡선의 최초의 위치로 돌아간다(통화의 평가상승으로 무역수지가 최초의 상태로 돌아가는 것처럼). 이와 같이 무역수지가 독자적으로 개선되는 경우 변동환율제도에서는 산출량과 총수요에 지속적인 영향을 미치지 못한다(그 국가는 왼쪽 도표에서 균형점 E로, 오른쪽 도표에서 총수요곡선상의 점 E로). 독자적인 무역수지의 악화는 정반대 방향의 효과를 미칠 것이다.

19.4B 통화부문의 충격과 총수요

그림 19-8의 양쪽 도표의 균형점 E에서 시작하여 해외 이자율의 하락이나 국내나 해외에서의 선호변화로 인해 국내로 단기자본의 유입이 증가하거나 유출이 감소하는 경우를 상정하자. 이것으로 인해 양쪽 도표에서 BP 곡선은 BP′ 곡선으로 오른쪽으로 이동한다. 고정환율제도에서 점 E가 BP′ 곡선보다 위에 있다는 것은 그 국가가 국제수지 흑자라는 것을 의미한다(그림 19-8의 왼쪽 도표 참조). 이것은 국제준비자산의 유입과 통화량의 증가를 가져오고 LM 곡선이 LM′ 곡선으로 오른쪽으로 이동하여 보다 높은 소득 Y″에서 새로운 균형점 E″을 형성한다. 국내물가는 보다 높은 국민소득 수준에서 변화하지 않으므로 이것은 총수요곡선이 오른쪽으로 이동하는 것을 의미한다(그림에는 나타나지 않음).

한편 일국이 변동환율제도를 채택하는 경우 BP 곡선이 BP′ 곡선으로 오른쪽으로 이동하는 경우 그것은 그 국가에 잠재적 국제수지의 흑자를 가져온다(그림 19-8의 오른쪽 도표). 이것으로 인해 그 국가의 통화는 평가상승하며 국제수지가 악화된다. 이러한 변화로 인해 BP′과 IS 곡선이 BP″과 IS′으로 이동하여 새로운 균형점 E″에 도달하게 하며 그 점에서 LM, BP″, IS′ 곡선은 주어진 물가수준과 Y″의 보다 낮은 국민소득하에서 서로 교차하게 된다. 그 결과 그 국가의 총수요곡선은 왼쪽으로 이동한다

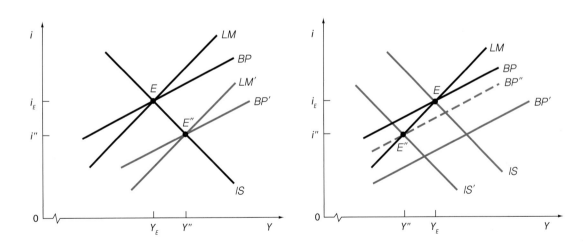

그림 19-8 단기자본이동과 총수요

양쪽 도표상의 균형점 E에서 시작하여 국내가격이 불변인 상태에서 독자적인 단기자본의 유입이 발생하는 경우 고정환율제도에서는 BP 곡선과 LM 곡선은 BP′ 곡선과 LM′ 곡선으로 오른쪽으로 이동하여 왼쪽 도표에서 더 높은 소득 Y″을 갖는 새로운 균형점 E″을 정의한다. 이와 같이 해서 AD 곡선은 오른쪽으로 이동한다(그림에는 나타나지 않음). 변동환율제도에서는(오른쪽 도표) 통화가 평가상승하여 IS 곡선과 BP′ 곡선이 IS′ 곡선과 BP″ 곡선으로 이동하여 최초의 LM 곡선을 따라서 새로운 균형점 E″을 정의하며, 총수요곡선은 왼쪽으로 이동한다.

(그림에서는 보이지 않음). 이와 같이 단기자본유입은 고정환율제도에서는 일국의 총수요곡선을 오른쪽으로 이동시키지만, 변동환율제도에서는 왼쪽으로 이동시킨다. 그 국가로부터 독자적인 단기자본유출이 있는 경우에는 정반대 방향의 결과가 나타난다.

19.4C 개방경제하에서 재정정책, 통화정책과 총수요

우리는 18.4C절에서 국제단기자본이동의 탄력성이 매우 높은 경우(BP 곡선이 LM 곡선보다 기울기가 완만한 경우) 고정환율제도에서 통화정책은 무력하지만 재정정책은 강력하고, 변동환율제도에서는 정반대 방향의 결과가 나타난다는 것을 보았다.

구체적으로 고정환율제도에서 단기국제자본이동이 매우 탄력적인 경우 팽창적 재정정책은 자본유입을 가져오고 그 국가의 총수요곡선을 오른쪽으로 이동시키는 데 매우 효과적이다. 반대로 긴축적 재정정책은 자본유출을 가져오고 그 국가의 총수요곡선을 왼쪽으로 이동시키는 데 매우 효과적이다. 한편, 고정환율제도이고 단기국제자본이동성이 매우 높은 경우 통화량을 증가시켜(완화적 통화정책) 이자율을 낮추고자 하는 어떤 시도도 그 국가의 총수요에 거의 영향을 주지 않고 단순히 자금유출만을 가져올 뿐이므로 효과적이지 못하다.

변동환율제도에서 단기국제자본이동이 매우 탄력적인 경우 정반대의 결과가 나타난다. 즉, 완화적 통화정책은 국가의 총수요곡선을 오른쪽으로 이동시키는 데 매우 효과적이다. 반대로 긴축적 통화정책은 그 국가의 총수요곡선을 왼쪽으로 이동시키는 데 매우 효과적이다. 한편 재정정책은 단기자본이동이 재정정책의 효과를 대부분 상쇄하므로 효과적이지 못하다. 이와 같이 단기자본이동이 매우 탄력적이고 가격 신축성이 있는 개방경제에서는 거시경제정책의 효과를 검토할 때 고정환율제도에서는 재정정책에, 변동환율제도에서는 통화정책에 집중할 것이다.

국제단기자본의 이동성이 매우 높고, 가격이 신축적인 현재의 상황하에서 경제충격 및 거시경제정책이 총수요에 미치는 효과를 다음과 같이 요약할 수 있다.

1. 경제의 실물부문에 영향을 주는 충격은 고정환율제도에서는 총수요(AD)곡선에 영향을 주지만, 변동환율제도에서는 그렇지 않다. 일례로 독자적으로 상품수지가 개선되면 고정환율제도에서는 그 국가의 총수요곡선을 오른쪽으로 이동시키지만 변동환율제도에서는 그렇지 못하다.

2. 통화부문의 충격은 고정환율이든, 변동환율이든 그 국가의 총수요곡선에 영향을 주지만, 그 방향은 반대이다. 예를 들면 독자적인 단기자본의 유입증가는 고정환율제도에서는 총수요곡선의 오른쪽 이동을 가져오지만 변동환율제도에서는 왼쪽으로 이동한다. 정반대의 경우도 사실이다.

3. 재정정책은 고정환율제도에서는 효과적이지만 변동환율제도에서는 그렇지 못하며 통화정책의 경우는 정반대이다. 예컨대 통화정책이 아닌 팽창적 재정정책은 고정환율제도에서 총수요곡선을 오른쪽으로 이동시키지만, 재정정책이 아닌 통화정책이 변동환율제도에서 총수요곡선을 오른쪽으로 이동시키기 위해 사용될 수 있다.

19.5 가격이 신축적인 개방경제에서 재정정책과 통화정책의 효과

우리는 앞 절에서 고정환율제도이고 단기국제자본이동이 매우 탄력적인 경우 통화정책은 무력하지만 재정정책은 효과가 강력하다는 것을 보았다. 한편 변동환율제도에서의 통화정책은 효과적이지만 재정정책은 효과적이지 않다는 것도 알았다. 따라서 여기서는 고정환율제도에서의 재정정책과 변동환율제도에서의 통화정책을 검토하기로 한다.

그림 19-9의 왼쪽 도표에서 자연산출량 수준이 Y_N이고, 물가수준이 P_E인 점에서 AD, $SRAS$ 그리고 $LRAS$가 교차하는 장기균형점 E에서 시작하여 고정환율제도에서 팽창적 재정정책을 사용하는 경우를 보자. 팽창적 재정정책은 AD 곡선을 AD'으로 상향 이동시켜, 가격이 P_A이고 산출량 Y_A가 자연산출량 수준 Y_N을 초과하는 점에서 AD'과 $SRAS$가 서로 교차하는 단기균형점 A를 정의한다. 산출량이 일시적으로 Y_A까지 상승하는 것은 19.3절에서 폐쇄경제에 대하여 보았듯이 시장의 불완전성 또는 정보의 불완전 때문에 발생한다. 이것은 기업이 최초에 그들이 판매하는 제품의 가격만이 상승하고, 실제가격이 일시적으로 예상가격보다 높다고 믿기 때문에 발생한다.

그러나 시간이 경과함에 따라 기업들이 모든 가격(생산비를 포함하여)이 상승했다는 것을 믿게 됨에 따라 $SRAS$ 곡선은 $SRAS'$ 곡선으로 상방 이동한다. $LRAS$ 곡선상에서 AD'과 $SRAS'$의 교점은 물가가 P_C이고 산출량이 Y_N인 새로운 장기균형점 C를 정의한다. 물가수준은 더 높지만 산출량 수준은 단기보다 더 낮은 장기수준으로 되돌아오게 된다. 예상가격이 실제가격의 상승에 맞추어 상향조정됨에 따라 산출량의 단기적 증가는 장기에서는 모두 제거된다. 이것은 폐쇄경제의 경우와 정확히 동일하다는 것을 주목할 필요가 있다. 유일한 차이점은 우리가 개방경제를 다루고 있다는 것이다. 그러

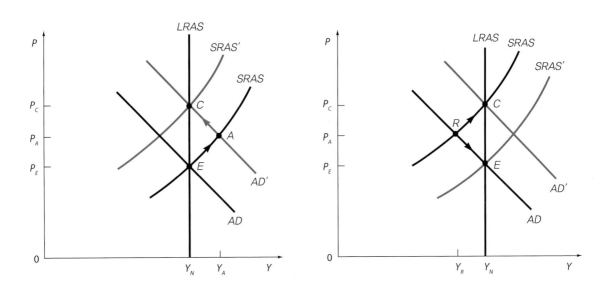

그림 19-9　**고정환율제도에서 자연산출량 수준과 불경기인 경우 팽창적 재정정책**

왼쪽 도표의 장기균형점 E에서 시작하여 팽창적 재정정책을 사용하는 경우 AD 곡선을 AD'으로 상향 이동시켜, 가격이 P_A이고 $Y_A > Y_N$인 단기균형점 A를 정의한다. 장기에서는 $SRAS$가 $SRAS'$으로 상향 이동하여 물가가 P_C이고 산출량이 Y_N인 균형점 C를 정의한다. 오른쪽 도표에서 가격이 P_R, 산출량이 $Y_R < Y_N$인 불경기점 R에서 시작하여 팽창적 재정정책을 사용하는 경우 AD 곡선을 AD'으로 상향 이동시켜 가격이 P_C이고 산출량이 Y_N인 균형점 C를 정의한다. 이 점에서 AD', $SRAS$와 $LRAS$가 서로 교차한다. 그러나 그 국가는 시간이 경과하면 국내가격이 자동적으로 하락하여 $SRAS$가 $SRAS'$으로 하방 이동함에 따라 균형점 E에 도달할 수도 있다.

나 우리가 경제개방의 효과가 AD와 AD′ 곡선으로 포괄되었다고 가정하면 경제의 산출량이 일시적으로 보다 높은 가격에서 장기산출량 수준을 초과하는 과정은 정확히 동일하다. 보다 흥미 있고 현실적인 경우는 그림 19-9의 오른쪽 도표에서 가격이 P_R이고, $Y_R < Y_N$인 점 R과 같이 불경기의 상황에서 팽창적 재정정책을 사용하는 것이다. 오른쪽 도표의 R점에서 시작하여 AD 곡선을 AD′으로 상향 이동시키는 팽창적 재정정책은 가격이 P_C이고 산출량이 Y_N인 균형점 C에 도달하게 한다. 이 점에서 AD′, SRAS와 LRAS가 서로 교차한다. 단기균형점 R로부터 장기균형점 C로의 이동은 SRAS 곡선을 따라 이동한다는 것을 주목할 필요가 있다.

그러나 그 국가는 팽창적 재정정책을 사용하지 않고 단순히 시장의 힘이 작용하도록 허용하더라도 LRAS 곡선상에서 AD와 SRAS′ 곡선이 교차하는 장기균형점 E에 도달할 수 있다. 즉, 점 R에서 산출량 수준 YR이 자연산출량 수준 Y_N보다 적기 때문에 기업의 비용을 포함한 모든 가격이 하락할 것으로 예상되고, 실제로 하락함에 따라 불변하는 AD 곡선이 LRAS 곡선상의 점 E에서 교차하도록 하기 위해 SRAS 곡선은 SRAS′으로 하방 이동한다. 주어진 AD 곡선상에서 점 R에서 점 E로 아래로 이동은 국내가격 하락(19.2A절에서 설명)의 결과 상품과 서비스의 총수요의 폐쇄경제하에서의 증가를 반영할 뿐 아니라 국내가격 하락으로 인한 그 국가의 무역수지 개선도 반영하고 있다(19.3절에서 설명).

그렇다면 그 국가가 팽창적 재정정책이 인플레이션을 야기할 뿐이고, 불경기는 어쨌든 낮은 가격에 의해 자동적으로 제거되는데도 불구하고 그 정책을 채택하는 이유는 무엇인가? 그 이유는 시장의 힘에 의해 불경기를 극복하는 데 걸리는 시간이 너무 길기 때문인데, 이것은 가격이 하방 신축적이지 않을 경우 더욱 그럴 것이다. 가격이 경직적이고, 하방 신축적이지 않다고 믿는 경제학자들은 팽창적 재정정책을 선호한다. 팽창적 재정정책이 차후의 가격상승에 대한 기대와 인플레이션을 가져온다고 믿는 경제학자들은 팽창적 재정정책 없이 시장의 힘에 의해 불경기가 자동적으로 해소되는 것을 선호한다.

우리가 고정환율제도와 변동환율제도에서 일어나는 상이한 조정을 총수요에 포괄하게 되면 변동환율제도에서 통화정책의 효과는 고정환율제도에서 재정정책의 효과와 질적으로 동일하다는 것을 알 수 있다. 즉, 장기균형점으로부터 시작하여 완화적 통화정책은 AD 곡선을 오른쪽으로 이동시키고, 그 국가의 산출량이 일시적으로 증가한다. 그러나 장기에서는 예상가격이 실제가격의 상승에 맞추어 상승함에 따라 SRAS 곡선이 상방으로 이동하고 보다 높은 가격하의 자연산출량 수준에서 새로운 균형점을 생성하게 된다.

변동환율제도의 경우 그 국가의 통화 역시 평가상승할 것이다. 유사하게 최초의 불경기에서 시작하여, 통화정책은 보다 높은 자연산출량 수준으로 이동을 가속화시키지만 가격상승의 대가를 치르게 된다. 다른 대안은 불경기가 시장의 힘에 의해 자동적으로 조정되도록 허용하는 것이다. 이 경우 그 국가는 낮은 가격과 평가상승된 통화로 귀결될 것이다. 그러나 문제는 가격이 경직적이고 하방 신축적이지 않는 한 그 과정에 많은 시간이 걸린다는 것이다. 그 경우 완화적 통화정책으로 인한 인플레이션 비용은 오래 끄는 불경기로 인한 산출량과 고용 손실의 기회비용보다 작을지도 모른다. 중앙은행이 보다 독립적인 국가들은 독립성이 약하고, 정치적 압력에 민감하게 반응하는 국가들에 비해 더 낮은 인플레이션을 경험한다는 어떤 증거가 있고(사례연구 19-2 참조), 그러한 국가는 인플레이션 타기팅을 채택한다(사례연구 19-3 참조).

사례연구 19-2   선진국에서 중앙은행의 독립성과 인플레이션

그림 19-10은 1955년부터 1988년까지 선진국에서 중앙은행의 독립성과 평균 인플레이션 간의 관계를 보여 준다. 그림에 따르면 중앙은행이 좀 더 독립적인 국가들(독일, 스위스, 미국)은 독립성이 낮은 국가들(뉴질랜드, 스페인, 이탈리아, 영국, 프랑스)에 비해 인플레이션이 더 낮다. 특히 지나치게 팽창적인 재정정책으로 인해 이자율이 상승하고 통화의 평가상승을 야기할 때 통화당국은 통화량을 증가시켜 증가된 통화수요에 대처하도록 유권자나 재정정책 입안자들로부터 점점 압력을 크게 받는다. 통화당국이 그러한 압력에 저항하지 못하고(즉, 중앙은행이 충분히 독립적이지 않다면) 순응한다면 그 결과는 인플레이션이 될 것이다. 미국에서 연방준비은행(미국의 중앙은행)으로 운영

되는 준자율적이고, 지출과 조세(재정정책)를 책임지고 있는 집행부서와는 매우 독립적이다. 이와 같이 미국은 덜 독립적인 중앙은행을 갖고 있는 프랑스나 영국에 비해 인플레이션이 낮다. 불경기에는 피선된 관리나 유권자들은 일반적으로 중앙은행의 독립성을 축소시킨다는 위협하에 보다 느슨하거나 팽창적인 통화정책을 요구한다. 한 가지 사건은 1991~1992년 미국이 불경기하에 있었을 때 연방준비은행은 통화정책을 느슨하게 하라는 강한 압력을 받았다. 연방준비은행은 2001년 불경기 동안 어떤 저항도 하지 않고 이자율을 6회(6.5%에서 1.0%까지) 인하하였다. 심지어 2008~2009년 침체기에는 더 많이 인하하였다.

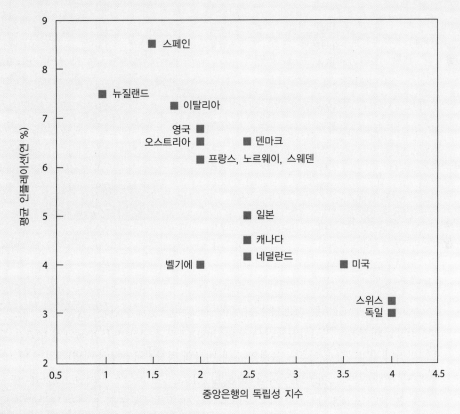

그림 19-10 중앙은행의 독립성 지수와 평균 인플레이션

독일, 스위스, 미국과 같이 중앙은행의 독립성이 높은 국가들은 뉴질랜드, 스페인, 이탈리아, 영국, 프랑스와 같이 독립성이 낮은 국가에 비해 인플레이션이 더 낮다.

출처 : A. Alesina and L. H. Summers, "Central Bank Independence and Macroeconomic Performance: Some Comparative Evidence," *Journal of Money, Credit and Banking*, May 1993, p. 155. Used with permission of The Ohio University.

사례연구 19-3   인플레이션 타기팅 : 통화정책의 새로운 접근방법

1990년대에 시작하여 몇몇 국가들은 인플레이션에 대한 특정한 타깃을 달성하는 것에 근거한 통화정책의 새로운 접근방법인 인플레이션 타기팅(inflation targeting)을 채택하였다(표 19-1 참조). 이 접근방법이 새롭고 차별화되는 점은 인플레이션 통제를 투명성과 계산가능성을 가지고 하겠다는 공적인 선언을 명시적으로 한 것이다. 2010년까지 26개국(반은 선진국, 나머지 반은 개발도상국)이 이 정책을 채택하였다. 더 나아가 미국연방준비은행, 유럽중앙은행, 일본은행, 스위스국립은행도 인플레이션 타기팅의 주요 요소 중 많은 것을 채택하였고 다른 국가들도 그 방향으로 움직

표 19-1   인플레이션 타기팅

국가	인플레이션 타기팅 채택 시기	채택 기간 중 인플레이션율	2009년 평균 인플레이션율	타깃 인플레이션율
뉴질랜드	1990	3.3	0.8	1 – 3
캐나다	1991	6.9	0.3	2 ± 1
영국	1992	4.0	2.2	2 ± 1
스웨덴	1993	1.8	−0.3	2 ± 1
오스트레일리아	1993	2.0	1.9	2 – 3
체코공화국	1997	6.8	1.0	3 ± 1
이스라엘	1997	8.1	3.3	2 ± 1
폴란드	1998	10.6	3.8	2.5 ± 1
브라질	1999	3.3	4.9	4.5 ± 2
칠레	1999	3.2	1.5	3 ± 1
콜롬비아	1999	9.3	4.2	2 – 4
남아프리카공화국	2000	2.6	7.1	3 – 6
타이	2000	0.8	−0.9	0.5 – 3
대한민국	2001	2.9	2.8	3 ± 1
멕시코	2001	9.0	5.3	3 ± 1
아이슬란드	2001	4.1	12.0	2.5 ± 1.5
노르웨이	2001	3.6	2.2	2.5 ± 1
헝가리	2001	10.8	4.2	3 ± 1
페루	2002	−0.1	2.9	2 ± 1
필리핀	2002	4.5	1.6	4.5 ± 1
과테말라	2005	9.2	1.8	5 ± 1
인도네시아	2005	7.4	4.6	4 – 6
루마니아	2005	9.3	5.6	3.5 ± 1
터키	2006	7.7	6.3	6.5 ± 1
세르비아	2006	10.8	7.8	4 – 8
가나	2007	10.5	19.3	14.5 ± 1

출처 : S. Roger, "Inflation Targeting Turns 29", *Finance & Development*, March 2010, pp. 46-49; and S. Jahan, "Inflation Targeting: Holding the Line," IMF, December 18, 2018, pp. 1-8.

이고 있다. 일반적으로 인플레이션 타기팅을 채택하는 국
가들은 항상 하는 것이 아니라 중기(보통 2~3년에 걸쳐서)
에서의 인플레이션 타기팅을 달성하고자 한다.

　표 19-1은 인플레이션 타기팅을 채택한 국가와 채택 시
기 및 채택 기간의 평균 인플레이션율, 2009년의 평균 인플
레이션율, 타깃 인플레이션율을 보여 준다[범위 또는 비율
로 제공되며 지정된 비율(보통 1%)은 플러스 또는 마이너

스]. 1991년부터 2010년 기간에 걸쳐서 대부분의 국가에서
인플레이션과 성장률이 개선되었지만 인플레이션 타깃을
선택한 국가는 더 많이 개선되었고, 인플레이션율과 성장
률에서 변동성이 덜했으며 다른 국가에 비해 글로벌 경제
위기에 영향을 덜 받았다. 사례연구 21-4는 2008~2009년
글로벌 금융위기와 대불황 후에 인플레이션 타기팅이 어떻
게 작동했는가를 검토한다.

19.6 성장을 촉진하고 공급충격을 조정하는 거시경제정책

이 절에서는 가격이 신축적인 개방경제에서 장기성장을 촉진하고 공급충격을 조정하기 위한 재정정
책 및 통화정책을 살펴본다.

19.6A 성장을 위한 거시경제정책

재정정책과 통화정책이 주로 단기와 중기에서 총수요에 영향을 미치기 위해 사용되지만 경제의 장기
적인 성장을 촉진하기 위해서도 사용될 수 있다(즉, $LRAS$ 곡선을 우측으로 이동). 정부는 교육, 사회
간접자본, 기초연구에 대한 지출을 증가시킴으로써 또는 시장의 기능을 개선함으로써 장기성장을 높
일 수 있으며, 또한 조세상의 인센티브나 사적 투자를 촉진시키기 위한 낮은 장기이자율을 유지함으
로써 장기성장을 촉진시킬 수도 있다. 그러나 아직까지는 장기성장의 과정이 완전히 이해되지 않고
있다. 경제의 장기성장을 촉진시키려는 노력이 성공하는 경우 그 국가의 $LRAS$ 곡선은 우측으로 이동
할 것이며, 보다 많은 고용과 더 높은 소득, 낮은 물가, 아마도 장기적으로 평가절상된 통화를 갖게 될
것이다.

　성장을 촉진시키기 위한 팽창적 거시경제정책(재정 및 통화정책)의 사용은 그림 19-11에서 검토한
다. 그 국가의 AD 곡선과 $SRAS$ 곡선이 $LRAS$ 곡선과 P_E와 Y_N에서 교차하는 최초의 장기균형점 E에서
시작한다. 성장을 촉진하기 위해 재정정책 및 통화정책을 사용한다고 하자. 이 경우 AD 곡선을 AD'
으로 오른쪽으로 이동하고, 그 국가는 P_A이고 $Y_A > Y_N$인 새로운 단기균형점 A에 도달한다(지금까지
는 그림 19-9의 왼쪽 도표와 동일). 팽창적 재정정책이 실제로 장기성장을 촉진시키는 정도에 따라
$LRAS$와 $SRAS$는 $LRAS'$과 $SRAS''$으로 이동하고, $LRAS'$과 $SRAS''$ 및 AD'이 교차하는 점에서 $P_G(=P_E)$이
고, $Y'_N > Y_N$인 새로운 균형점 G를 정의한다(그림 19-11 참조).

　성장으로 인해 최초의 균형점과 비교하여 더 높은 자연산출량 수준에도 불구하고 가격은 변하지
않았다. 이와 같이 성장이 없는 경우 장기에서 $SRAS$ 곡선의 상향 이동과 동일한 자연산출량 수준, 훨
씬 더 높은 물가를 가져오는 대신에(그림 19-9의 왼쪽 도표에 있는 점 C) 성장의 경우에는 보다 높은
자연산출량 수준에도 불구하고 물가의 장기적 상승이 존재하지 않게 된다. 성장의 경우 물가는 최초
의 장기균형 수준과 비교하여 더 높을 수도 있고 더 낮을 수도 있다. 그것은 $LRAS$ 곡선과 $SRAS$ 곡선
이 AD 곡선과 관련하여 성장을 목표로 하는 팽창적 거시경제정책의 결과로 어느 정도 오른쪽으로 이

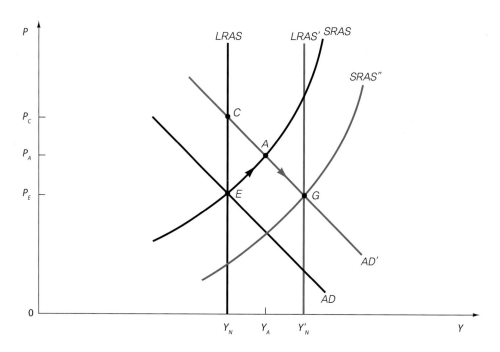

그림 19-11 장기성장을 위한 거시경제정책

최초의 장기균형점 *E*에서 시작하여 성장을 위한 팽창적 거시경제정책은 *AD* 곡선을 *AD'*으로 오른쪽으로 이동시키고, $P_A > P_E$이고 $Y_A > Y_N$인 새로운 단기균형점 *A*를 정의한다. 장기성장의 경우 *LRAS*와 *SRAS*는 *LRAS'*과 *SRAS"*으로 이동하고, $P_G = P_E$이고, $Y'_N > Y_N$인 새로운 균형점 *G*를 정의한다.

동하는가에 전적으로 달려 있다. *LRAS* 곡선과 *SRAS* 곡선이 *AD* 곡선과 관련하여 오른쪽으로 많이 이동할수록 그 국가의 자연산출량 수준은 그만큼 높아지고, 장기에서 물가도 더 낮아질 것이다.

19.6B 공급충격을 조정하는 거시경제정책

거시경제정책은 공급충격을 조정하기 위해서도 사용될 수 있다. 전후 가장 악명 높았던 공급충격은 1973년 가을과 1974년 말 사이, 다시 1979년부터 1981년까지 OPEC(석유수출국기구)에 의해 시발된 석유가격의 급격한 상승이다. 석유가격의 상승은 석유수입국의 생산비를 증가시켰고, 단기 및 장기 공급곡선의 좌방 이동을 야기했다. 총수요에 미치는 효과는 불분명하다. 언뜻 볼 때 석유수입국들은 국제수지 악화, 통화의 평가하락으로 인해 총수요곡선의 오른쪽으로의 이동을 가져올 것 같으나, 자세히 보면 항상 그런 것이 아니라는 것을 알 수 있다. 그 이유는 다음과 같다.

석유에 대한 수요가 비탄력적이기 때문에 석유가격이 상승하는 경우 석유수입국은 이 투입물을 구입하기 위해 더 많은 총지출을 해야 한다. 그러나 오일쇼크에 수반되는 자연산출량 수준의 감소로 인해 다른 모든 수입품의 수입도 감소하게 된다. 따라서 석유수입국의 무역수지는 이러한 두 가지 상반된 힘 중 어느 것이 더 큰가에 따라 악화될 수도 있고 개선될 수도 있다. 그러나 무역수지 요소에는 이외에도 더 많은 것이 존재한다. 대체로 국제수지와 관계되는 것은 *BP* 곡선인데 이것은 무역수지와 자본계정에 관한 수지를 포함한다. 이와 같이 석유수입국들의 무역수지가 석유가격 상승의 직접적 결과로 악화되더라도, OPEC가 그들의 보다 높은 석유수입을 선진국에 투자한다면 그들의 자본계정 또한 개선될 수 있다. 이것은 실제로 미국에서 일어났던 것이다. 이와 같이 석유가격의 상승으로 인한 수입국의 국제수지의 순효과를 사전적으로 결정하는 것은 불가능하다. 그리고 자료를 검토해 본 결과 두 번의 오일쇼크 후에 어떤 국가와 어떤 시기에는 수지가 개선되었고, 다른 경우에는 악화되었다. 그러므로 이후에는 석유수입국의 총수요곡선은 석유가격 상승의 결과로 변화하지 않는다고 가정한다. 그러나 이런 상황이 아닌 경우를 검토하는 것은 단순한 문제이므로 연습으로 남겨 둔다.

위의 상황을 염두에 두고 오일쇼크가 선진국에 미치는 효과와 이러한 충격을 조정하기 위해 요구되는 가능한 거시경제정책을 분석하기 위해 총수요와 총공급의 분석틀을 사용하기로 한다. 이것은 그림 19-12에서 행해진다. LRAS와 SRAS, 그리고 AD 곡선이 P_E와 Y_N에서 교차하는 최초의 장기균형점 E에서 시작하자. 석유가격의 상승의 직접적인 충격은 그 국가의 단기총공급곡선을 SRAS에서 SRAS'으로 이동시켜 SRAS'과 AD 곡선의 교점에서 $P' > P_E$이고, $Y_N' < Y_N$인 새로운 단기균형점 E'을 정의한다. 점 E'에서 불경기(또는 침체)와 보다 높은 물가(또는 인플레이션)의 결합은 스태그플레이션 (stagflation)이라고 한다.

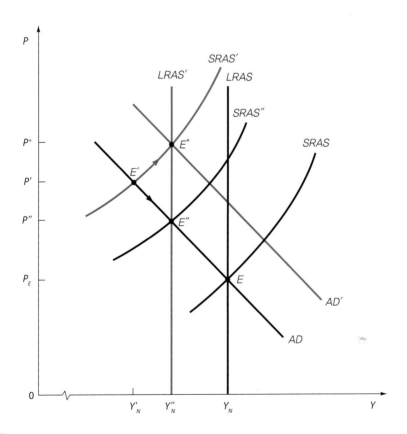

그림 19-12 공급충격을 조정하는 거시경제정책

최초의 장기균형점 E에서 석유가격의 상승은 SRAS 곡선을 SRAS'으로 이동시켜 $P' > P_E$이고, $Y_N' < Y_N$인 점 E'에서 단기균형점이 된다. 시간이 경과함에 따라 불경기로 인해 가격은 하락하고, 그 국가는 새로운 장기균형점 E''에 도달하게 된다. 이 점에서는 LRAS' 곡선과 SRAS'' 곡선, 그리고 AD 곡선이 $P'' < P'$이고 $Y_N'' < Y_N'$인 점에서 교차한다. AD 곡선을 AD'으로 이동시키는 팽창적 통화정책은 $P > P'$이고 산출량 Y_N''에서 다른 장기균형점 E*를 가져온다.

그러나 Y'_N에서 보다 낮은 자연산출량과 고용으로 인해 물가와 그로 인한 비용을 하락시켜 $SRAS'$ 곡선은 $SRAS$까지는 아니지만 우하방으로 이동한다. 또한 석유가격 상승의 결과 장기비용 역시 상승하여 $LRAS$ 곡선 역시 $LRAS'$과 같이 왼쪽으로 이동한다. 이와 같이 새로운 장기균형점 E''은 $LRAS'$ 곡선과 $SRAS''$ 곡선 그리고 AD 곡선이 $P'' < P'$이고 $Y''_N > Y'_N$인 점에서 교차하여 얻는다. 점 E''에서는 오일쇼크 이전의 점 E에 비해 물가는 높고, 자연산출량과 고용은 더 낮다.

가격이 하락하여 결국 장기균형점 E''에 도달하는 것을 기다리는 대신 점 E'으로부터의 회복 속도를 높이기 위해 팽창적 통화정책을 사용하여 총수요곡선을 AD에서 AD'으로 이동시키는 경우 그 국가는 $LRAS'$ 곡선과 $SRAS'$ 곡선 그리고 AD' 곡선의 교점에서 새로운 균형점 E^*에 도달하게 된다. 이 경우 가격은 한층 더 높아질 것이다. 어느 경우에든 그 국가는 공급(석유)충격이 발생하기 전의 자연산출량 수준으로 돌아갈 수 없다는 것을 주목하라. 1970년대의 오일쇼크로부터 발생한 스태그플레이션과 싸우기 위해 팽창적 통화정책을 사용했던 프랑스와 이탈리아 같은 국가들은 불경기의 상황에서조차도 긴축적 통화정책을 사용한 일본과 독일과 같은 국가보다 훨씬 더 높은 인플레이션을 경험하였다. 사례연구 19-4는 두 차례의 오일쇼크로 인한 미국에서 스태그플레이션(불경기와 인플레이션)의

사례연구 19-4　미국에서의 오일쇼크와 스태그플레이션

그림 19-13은 1970년부터 2018년까지 미국의 인플레이션율과 실업률을 보여 준다. 1973년 말부터 1975년 중반까지와 1979년 중반부터 1982년 말까지의 스태그플레이션 기간은 명백히 두 차례의 오일쇼크와 관련된다. 1990년 이후 미국의 인플레이션율은 석유가격의 하락과 상승을 밀접하게 반영한 반면, 실업률은 경제활동 수준에 따라 변동했으며, 2018년에는 역사적으로 낮은 수준인 3.9%를 기록했다.

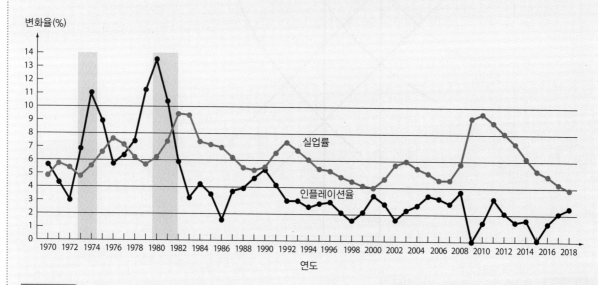

그림 19-13 미국의 스태그플레이션(1970~2018)

음영 처리된 영역은 두 차례의 오일쇼크로 인한 미국의 스태그플레이션(불경기와 인플레이션) 기간이다.

출처 : Organization Economic Cooperation and Development, *Economic Outlook* (Paris: OECD, Various Issues)..

두 기간을 보여 주고, 사례연구 19-5에서는 석유가격이 15달러 상승하는 경우 미국, 일본, 유로지역 및 모든 OECD 국가들에 미치는 충격의 예측치를 보여 준다. 사례연구 19-6에서는 1980년 이후 실제 실업률과 자연실업률과의 관계를 분석하는 한편으로 인플레이션율의 관계로까지 확장한다.

사례연구 19-5　석유가격 상승의 충격효과

표 19-2에서는 석유가격이 지속적 또는 영속적으로 15달러 상승하는 경우 미국, 유럽통화동맹(EMU), 일본 및 OECD 국가들에 미치는 충격효과의 추정치를 2004년과 2005년에 대해 보여 준다. 충격효과는 충격이 없는 경우에 대한 편차로 측정되며 이자율은 변하지 않는 것으로 가정한다. 이 표로부터 석유가격이 15달러 지속적으로 상승하는 경우 미국의 GDP는 2004년에는 0.15%(1%의 약 1/7 수준), 2005년에는 0.35% 감소한다. 미국의 인플레이션은 2004년에는 0.70%p 차로 더 높고, 2005년에는 0.45%p 차로 더 높다.

반면 미국의 경상수지 적자는 GDP의 백분율로 측정할 때 2004년에는 0.30%, 2005년에는 0.25% 악화된다. 또한 표로부터 EMU, 일본, OECD에 대한 충격도 유사하다는 것을 알 수 있다. 1970년대와 1980년대의 에너지 위기 이후로 선진국들은 훨씬 더 에너지 효율적으로 바뀌었고, 1970년대에 비해 1달러의 GDP 생산에 소요되는 에너지는 거의 절반에 불과하였다. 지난 30년간 발생한 급속한 세계화의 과정과 더불어 이것으로 인해 석유가격 상승의 인플레이션 충격은 완화되었다.

표 19-2 석유가격 15달러 상승으로 인한 미국, EMU, 일본, OECD에 대한 충격효과의 추정치

	미국		EMU		일본		OECD	
	2004	2005	2004	2005	2004	2005	2004	2005
GDP 수준	−0.15	−0.35	−0.20	−0.20	−0.35	−0.35	−0.20	−0.25
인플레이션(%p)	0.70	0.45	0.65	0.30	0.40	0.15	0.65	0.35
경상수지(GDP의 %)	−0.30	−0.25	−0.40	−0.30	−0.30	−0.40	−0.15	−0.15

출처 : Organization for Economic Cooperation and Development, *Economic Outlook* (Paris : OECD, December 2004), p. 135.

사례연구 19-6　미국의 실제 및 자연실업률과 인플레이션

표 19-3은 1980~2018년 동안 미국에서의 실제실업률과 인플레이션율을 보여 준다. 1990년대 중반까지만 해도 미국의 자연실업률은 6% 정도 되는 것으로 믿고 있었다. 6% 이하의 실업률은 인플레이션을 높이는 것으로 생각하였다. 1980~1994년 기간의 15년 중 6년만 높은 실업률이 낮은 인플레이션율과 연관되었다(1982년, 1987~1989년, 1991~1992년).

그러나 1995~2007년 기간 중 1997~1998년과 2001~2002년 그리고 2006~2007년 기간에는 미국에서 실업률이

자연실업률 수준 이하로 하락하였음에도 불구하고 인플레이션율은 낮게 유지되거나 오히려 하락하였다. 그 이유는 세계경제의 글로벌화로 인해 기업들은 외국의 경쟁자에게 시장을 빼앗길 것을 두려워하여 가격상승을 주저하거나 노동자들은 일자리 상실을 염려하여 과도한 임금 상승을 주저하였기 때문으로 보인다. 다른 말로 표현하면 자연실업률을 1980년대의 6%에서 그 후 계속 4%로 낮추는 미국 노동시장에 구조변화가 있었던 것 같다.

2008~2009년의 불황과 그 후 2018년까지 10년간의 더딘

(계속)

회복 동안 인플레이션율과 실업률은 2009년, 2011년, 2014년, 2016~2018년 6년만(예상대로) 반대방향으로 움직였다.

출처 : "A Century of Booms and How They Ended," *The Wall Street Journal*, February 1, 2000, p. B1; "Sluggish U.S. Economy a Global Concern," *The New York Times*, September 27, 2002, p. 14; "On the Roll," *U.S. News and World Report*, January 12, 2004, pp. 32 – 39; C. Reinhart and K. Rogoff, "Is the 2007 U.S. Sub-Prime Financial Crisis So Different? An International Historical Comparison," *American Economic Review*, May 2008, pp. 339 – 344; and D. Salvatore, "The Global Financial Crisis: Predictions, Causes, Effects, Policies, Reforms and Prospects," *Journal of Economic Asymmetries*, December 2010, p. 1 – 20 and D. Salvatore, ed., *Rapid Growth or Stagnation in the U.S. and World Economy?* Special Issue of the *Journal of Policy Modeling*. July/August 2014, pp. 601 – 766; and D. Salvatore, "TrumpEconomics: Effects on the United States and the World," Special Issue of the Journal of Policy Modeling. May/June 2018, pp. 477 – 646(with the participation of leading economists).

표 19-3 미국에서의 실업률과 인플레이션율

연도	실업률	인플레이션율	연도	실업률	인플레이션율
1980	7.2	9.2	2000	4.0	3.4
1981	7.6	9.2	2001	4.8	2.8
1982	9.7	6.3	2002	5.8	1.6
1983	9.6	4.3	2003	6.0	2.3
1984	7.5	4.0	2004	5.5	2.7
1985	7.2	3.5	2005	5.1	3.4
1986	7.0	1.9	2006	4.6	3.2
1987	6.2	3.6	2007	4.6	2.9
1988	5.5	4.1	2008	5.8	3.8
1989	5.3	4.8	2009	9.3	−0.3
1990	5.6	5.4	2010	9.6	1.6
1991	6.8	4.2	2011	8.9	3.1
1992	7.5	3.0	2012	8.1	2.1
1993	6.9	3.0	2013	7.4	1.5
1994	6.1	2.6	2014	6.2	1.6
1995	5.6	2.8	2015	5.3	0.1
1996	5.4	2.9	2016	4.9	1.3
1997	4.9	2.3	2017	4.3	2.1
1998	4.5	1.5	2018	3.9	2.5
1999	4.2	2.2			

출처 : Organization for Economic Cooperation and Development, *Economic Outlook* (Paris: OECD, Various Issues).

요약

1. 개방경제 거시경제학에 관한 지금까지의 논의에서 우리는 일반적으로 경기순환에 따라 경제가 팽창하고 수축하더라도 물가는 변하지 않는 것으로 가정했다. 이 장에서는 물가불변의 가정을 완화하고 총수요와 총공급의 분석틀을 사용하여 국제무역과 자본이동을 포괄하는 개방경제하에서 물가와 산출량 간의 단기와 장기적인 관계를 검토한다.

2. 총수요곡선(AD)은 제18장의 IS-LM 곡선으로부터 유도된다. 한 경제에서 물가가 낮을수록 재화와 용역의 수요량은 증가하므로 총수요곡선은 우하향한다. 장기 총공급곡선(LRAS)은 물가와는 독립적이고 그 국가의 자연산출량 수준에서 수직선을 이룬다. 자연산출량 수준은 그 국가의 노동, 자본, 천연자원 및 기술의 이용 가능성에 의존한다. 산출량은 불완전 정보나 시장의 불완전성으로 인해 일시적으로 자연산출량 수준에서 이탈될 수 있다[그 국가의 단기총공급곡선(SRAS)은 우상향한다]. 총수요가 예기치 않게 증가하는 경우 기업들은 일시적으로 산출량을 증가시킨다. 그러나 장기적으로는 예상되는 가격상승이 실제가격의 상승으로 반영되므로 단기총공급곡선은 가격상승분만큼 상향 이동하여 변하지 않는 자연산출량 수준과 더 높은 물가 수준하에서 새로운 장기균형점을 형성한다.

3. 한 국가의 물가수준이 상승하는 경우 그 국가의 통화량의 실질가치가 감소하므로 LM 곡선은 좌상방으로 이동한다. IS 곡선은 무역수지 악화로 인해 좌하방으로 이동하고, BP 곡선은 무역수지 악화를 상쇄하기 위해 더 많은 국제자본을 유치하려면 이자율이 상승해야 하므로 좌상방으로 이동한다. 국내물가가 상승할 때 폐쇄경제인 경우보다 개방경제의 경우 그 경제의 총수요를 더 많이 감소시킨다. 개방경제 총수요곡선은 변동환율제도에서 기울기가 완만하거나 더 탄력적인데 이는 물가상승과 무역수지 악화가 보통 환율변화를 가져오고 추가적인 무역수지 효과를 갖기 때문이다.

4. IS, LM, BP 곡선에 영향을 주는 어떤 변화도 총수요 곡선에 영향을 주게 되며, 또한 그 국가가 고정환율제도나 변동환율제도 중 어느 제도를 채택하는가에 따라 그 결과가 서로 다르다. 국내물가가 불변인 상태에서 무역수지가 개선되면 고정환율제도에서는 그 국가의 총수요곡선이 우상방으로 이동하지만 변동환율제도에서는 통화의 평가상승만을 가져올 뿐이다. 단기자본이 독자적인 유입이 증가하거나 유출이 감소하면 고정환율제도에서는 총수요곡선이 우상방으로 이동하지만 변동환율제도에서는 좌하방으로 이동한다. 국제단기자본의 이동성이 매우 큰 경우 고정환율제도에서 통화정책은 무력하지만 재정정책은 강력하다. 반면에 변동환율제도에서는 정반대의 결과가 나타난다.

5. 장기균형점에서 고정환율제도에서의 팽창적 재정정책이나 변동환율제도에서의 통화정책은 물가의 상승을 가져오고 산출량은 일시적으로 증가할 뿐이다. 한 국가는 고정환율제도에서 팽창적 재정정책이나 변동환율제도에서 완화적 통화정책으로 불경기를 해소할 수 있지만 물가상승의 대가를 치르게 된다. 시간이 지나면 불경기는 가격하락으로 자동적으로 해소되지만 가격이 경직적이고 하방 신축적이지 않는 경우 시간이 오래 걸린다. 중앙은행의 독립성이 강한 국가들은 독립성이 약한 국가들에 비해 더 나은 인플레이션 성과를 나타냈다.

6. 거시경제정책은 장기적인 경제성장을 위해서도 사용될 수 있다. 그 경우 팽창적 거시경제정책을 사용하고 성장이 없는 경우보다 LRAS 곡선과 SRAS 곡선은 오른쪽으로 이동하여 자연산출량 수준과 고용은 증가하고 물가는 하락한다. 1970년대 석유가격의 급격한 상승이라는 공급충격으로 인한 비용증가 때문에 석유수입국의 LRAS 곡선과 SRAS 곡선은 좌방으로 이동하였다. 총수요에 어떤 변화가 있었는가는 불분명하다. LRAS 곡선과 SRAS 곡선의 좌측 이동은 석유수입국에 불경기와 인플레이션, 즉 스태그플레이션을 가져왔다. 스태그플레이션을 저지하기 위해 팽창적 통화정책을 사용한 국가들은 일반적으로 그렇지 않은 국가에 비해 한층 높은 인플레이션을 겪게 되었다.

주요용어

단기총공급(SRAS)곡선(short-run aggregate supply [SRAS] curve)

스태그플레이션(stagflation)

예상가격(expected prices)

인플레이션 타기팅(infllation targeting)

자연산출량 수준(Y_N)(natural level of output, Y_N)

장기총공급(LRAS)곡선(long-run aggregate supply [LRAS] curve)

총공급(AS)곡선(aggregate supply [AS] curve)

총수요(AD)곡선(aggregate demand [AD] curve)

복습문제

1. 개방경제 거시경제학에 관한 분석에서 물가와 산출량의 관계를 검토하는 것은 왜 중요한가? 개방경제 거시경제학에서 물가는 어떻게 포함되는가?

2. 폐쇄경제하에서 총수요곡선은 무엇을 보여 주는가? 그것은 어떻게 유도되는가? 왜 우하향하는가?

3. 주어진 물가수준에서 통화량의 증가는 총수요곡선의 이동으로 보이는 데 반해 주어진 통화량에서 일반물가수준의 감소는 왜 주어진 총수요곡선을 따라서 이동하는 것으로 보이는가?

4. 정부지출의 증가는 총수요에 어떻게 영향을 주는가? 그 이유? 이것을 어떤 종류의 재정정책이라 부르는가?

5. 총공급곡선은 무엇을 보여 주는가? 장기총공급곡선은 단기총공급곡선과 어떻게 다른가?

6. 자연산출량 수준이란 무엇인가?

7. 한 국가의 산출량은 일시적으로 어떻게 자연산출량 수준과 괴리되는가? 한 국가의 산출량 수준은 어떻게, 왜 장기자연산출량 수준으로 복귀하는가?

8. 총수요와 총공급의 틀을 활용하여 한 국가가 장기균형점에 있으면 필연적으로 단기균형점에도 있는 이유를

설명하라. 그 국가는 장기균형 밖에서 단기균형에 있을 수 있는가?

9. 고정환율제도에서 개방경제의 총수요곡선은 어떻게 유도되는가? 이것은 그 국가가 폐쇄경제인 경우보다 왜 더 탄력적인가?

10. 개방경제하의 총수요곡선이 폐쇄경제의 경우보다 더 탄력적이기 위해서는 왜 마셜-러너 조건이 충족되어야 하는가?

11. 변동환율제도에서 개방경제의 총수요곡선은 어떻게 유도되는가? 이것은 폐쇄경제나 고정환율제도의 개방경제보다 왜 더 탄력적인가?

12. 실물부문이 그 국가의 총수요에 미치는 충격은 고정환율제도와 변동환율제도에서 어떻게 다른가?

13. 통화부문의 충격이 총수요에 미치는 효과는 실물부문의 충격의 경우와 고정환율제도와 변동환율제도에서 어떻게 다른가?

14. 고정환율제도에서는 재정정책이 유효하고 통화정책은 무력하나, 변동환율제도에서는 반대가 되는 이유는 무엇인가?

연습문제

1. IS-LM 곡선을 사용하여 한 국가의 일반물가수준이 감소하는 경우 어떻게 총수요곡선을 따라서 하방 이동하는가를 그래프로 보이라.

2. IS-LM 곡선을 사용하여 주어진 LM 곡선에 대해 IS 곡선이 평평하면 할수록 총수요곡선이 그만큼 더 평평하거나 더 탄력적인 이유를 그래프로 보이라.

3. *IS-LM* 곡선을 사용하여 완화적인 통화정책이 총수요 곡선에 미치는 효과를 보이라.

4. *IS-LM* 곡선을 사용하여 팽창적인 재정정책이 총수요 곡선에 미치는 효과를 보이라.

5. 경직적인 임금하에서(가격과 같은 비율로 즉각적으로 상승하지 않는 임금) 예상치 않은 가격상승이 우상향 하는 단기총공급곡선을 가져오는 이유를 설명하라.

6. 그림 19-3에서 그 경제의 최초의 장기 및 단기균형 점은 *AD′* 곡선이 *LRAS*와 *SRAS′* 곡선과 만나는 점을 *C*라고 가정하자. 총수요곡선이 *AD′*에서 *AD*로 하방 이동하는 경우 일시적인 산출량 감소와 영구적인 가격 하락을 가져오는지 설명하라.

7. 노동시장의 불완전성에 비추어 총수요곡선의 하향 이동이 어떻게 일시적인 산출량 감소와 영구적인 가격하락을 일으키는지 설명하라.

8. 고정환율제도에서 운영 중인 경제에서 그림 19-5에서 *LM′* 곡선이 *IS′* 곡선과 *BP′* 곡선의 아래에서 만나는 경우 어떻게 재화시장과 통화시장 그리고 국제수지의 균형이 달성되는가?

9. 변동환율제도를 운영 중인 경제에서 *LM′* 곡선이 *IS′* 곡선과 *BP′* 곡선의 아래에서 만나는 경우 어떻게 재화시장과 통화시장 그리고 국제수지의 균형이 달성되는가를 보여 주는 그림 19-6의 왼쪽 도표와 유사한 그림을 그리라.

10. 고정환율제도에서 한 국가의 무역수지가 독자적으로 악화되는 경우 그 국가의 총수요곡선에 미치는 효과를 검토하라.

11. 변동환율제도에서 연습문제 10번과 동일한 문제를 풀어라.

12. 불경기를 해소하기 위해 팽창적 재정정책 또는 완화적 통화정책 사용의 유용성이 국내가격의 하방 신축성의 정도에 의존하는 이유를 설명하라.

13. 그림 19-12와 관련하여 스태그플레이션을 조정하기 위해 그 국가의 총수요곡선을 *AD′*으로 이동시키는 통화정책은 그 국가의 장기총공급곡선이 장기에서 *LRAS*상에 유지되는 경우 어떤 결과가 발생하는가를 설명하라.

14. 사례연구 19-5에서 제시된 자료에 비추어 볼 때 자연실업률의 개념은 유용한가?

제 20 장

변동환율제도 대비 고정환율제도, 유럽통화제도 및 거시경제정책 조정

- 고정환율제도와 변동환율제도의 장점과 단점을 이해한다.
- 최적통화지역의 의미를 이해한다.
- 유로의 창출과 유럽중앙은행의 운영을 설명한다.
- 통화위원회의 운영과 이를 실제로 채택한 국가에서 어떻게 작동하는지를 설명한다.
- 조정가능 페그, 크롤링 페그 및 관리변동환율제도의 의미와 작동 방법을 이해한다.
- 거시경제정책 조정의 의미와 중요성을 파악한다.

20.1 서론

제16장부터 제19장까지는 변동환율제도와 고정환율제도 각각에 대해서 별도로 국제수지 불균형의 조정과정을 검토하였다. 이 장에서는 상반되는 관계에 있는 고정환율제도와 변동환율제도 간의 상대적 우위 및 열위 그리고 변동환율제도와 고정환율제도의 여러 가지 특성이 혼합되어 있는 혼합제도 (hybrid system)들의 장단점도 아울러 비교, 평가해 보기로 한다.

일반적으로 변동환율제도를 옹호하는 사람들은 변동환율제도가 고정환율제도보다 국제수지 불균형을 해소하는 데 더 효율적이라고 주장한다. 더 나아가 그들은 변동환율제도에서 대외균형이 용이하게, 자동적으로 달성되기 때문에 대내균형 및 여타 경제목표도 쉽게 달성할 수 있다고 강조한다. 한편 고정환율제도 옹호자들은 변동환율제도에서는 고정환율제도에서 나타나지 않는 불확실성으로 인해 국제무역과 투자가 감소하고 불안정적 투기와 인플레이션이 발생할 가능성이 높다고 주장한다.

양측에서 제기된 이론적 논점을 자세히 살펴보면, 한 제도가 다른 제도에 비해 압도적으로 우월하다고 명쾌하게 결론 내리기는 곤란하다. 1970년대 초 고정환율제도가 붕괴되던 당시에 대부분의 경제학자들은 변동환율제도를 지지하는 것처럼 보였다. 그러나 지난 40년간 경험했던 환율의 급변성 (volatility)으로 인해, 오늘날에는 고정환율제도나 관리변동환율제도를 다소 더 선호하는 것으로 보인다. 종종 경제학자들은 지배적인 환율제도가 무엇이든 그 제도하의 고통을 명백한 단점으로 인식하고 이러한 단점이 이상적인 대체적인 제도하에서는 나타나지 않을 것으로 생각하는 것 같다. 이는 사업가, 은행가 및 정부 관리들이 다소 일관성 있게 환율이 고정되거나 적어도 변동이 아주 제한된 제도를 선호하는 것과는 대조된다.

한 국가가 전국적으로 단일통화를 유지함으로써 국내 여러 지역 간에 **영구적인** 고정환율을 채택할 때(예 : 뉴욕의 1달러가 샌프란시스코나 미국의 기타 지역에서의 1달러와 교환될 때) 발생하는 이익이 매우 크다는 것을 부정할 수는 없다. 그러나 이 경우 고정환율과 변동환율에 관한 논쟁은 본질적으로 **최적통화지역**(optimum currency area)에 관한 논쟁이거나 또는 고정환율의 장점이 단점에 의해 압도되기까지 영구적인 고정환율의 영역을 점점 확장해 가는 경우 그 영역이 어느 정도까지 커져야 하는가에 대한 논쟁이 된다. 결국 변동환율과 고정환율 중 어느 것이 더 나은가에 관한 최종적인 결론은 관련된 국가나 지역 및 환율제도가 운영되는 상황에 따라 다르다.

20.2절에서는 변동환율제도를 옹호하는 근거를 살펴본다. 20.3절에서는 고정환율제도를 옹호하는 근거를 검토하고, 20.4절에서는 이 문제와 밀접한 관련이 있는 최적통화지역의 이론을 소개하고 유럽통화제도에 관해 논의한다. 20.5절에서는 통화위원회제도와 달러화를 다루고 20.6절에서는 변동환율제도와 고정환율제도의 특성이 다양한 정도로 혼합된 혼합제도의 장단점을 검토한다. 여기에는 환평가(par value) 주변에서 다양한 변동폭을 갖는 환율제도 또는 조정가능 페그(adjustable peg), 크롤링 페그(crawling peg)와 같은 고정환율제도 및 관리변동환율(managed floating)제도가 포함된다. 마지막으로 20.7절에서는 국제거시경제 정책조정을 다룬다. 부록에서는 국제통화기금의 모든 회원국의 환율제도를 정리한다.

20.2 변동환율제도를 찬성하는 논거

제16장에서 순수한 변동환율제도에서는 한 국가의 국제수지 적자나 흑자가 정부의 개입 없이 또는 그 나라의 국제준비자산이 감소하거나 축적되지 않고도 통화의 평가상승이나 평가하락을 통해 자동적으로 조정되는 것을 보았다. 반면에 법률로 어떤 상품의 가격을 고정하는 것과 같이 환율을 일정수준으로 고정하면 외환에 대한 초과공급이나 초과수요가 나타나는데(즉, 일국의 국제수지에 적자나 흑자가 발생), 이것은 환율 이외의 다른 경제변수의 변화에 의해서만 수정될 수 있다. 이것은 비효율적일 뿐 아니라 정책상의 오류를 초래할 수도 있으며 (통화정책과 같은) 여러 정책의 이용이 불가피하게 되어, 이들 정책을 순수한 국내경제 목표를 달성하는 데 이용할 수 없게 된다.

20.2A 시장의 효율성

변동환율제도에서는 국제수지 불균형을 해소하기 위해 환율의 변동만이 필요하다. 만약 (금본위제도에서 가격-정화-유통기구처럼) 국내 모든 가격이 완전 신축적이라면 고정환율제도에서도 국제수지 균형은 달성될 수 있다. 그러나 국제수지를 조정하기 위해 모든 국내가격을 변화시키는 것보다는 한 가지 가격(즉, 환율)을 변화시키는 것이 보다 더 효율적이다. 이것은 여름이 되면 모든 사건들을 한 시간 일찍 재조정하는 것보다 서머타임제를 실시하는 것이 효율적인 것과 동일한 논리이다. 더구나 현실세계에서는 국내가격이 완전히 신축적이지 않고 하방 경직적인 경향이 있다.

변동환율제도의 옹호자들에 의하면 변동환율제도는 국제수지 불균형이 발생할 때 이를 유연하게 연속적으로 조정한다고 한다. 그 결과 안정적인 투기가 나타나게 되어 환율변동을 완화시킨다. 따라서 환율의 변동은 적은 비용으로 헤징할 수 있게 된다. 한편 고정환율제도에서는 한 국가가 균형환율에서 이탈될 때 환율을 조정할 능력이나 의지가 없으면 불안정화 투기가 야기되고, 결국 그 국가는 불연속적으로 환율변경을 대폭 단행하지 않을 수 없게 된다. 이는 경제에 충격을 줄 뿐 아니라, 그 국가에 심각한 조정비용을 부담하게 하고 또 국제무역 및 투자의 원활한 흐름을 방해한다.

변동환율제도에서는 균형환율에 의해 국내가격으로 환산되는 경우 일국의 여러 가지 상품의 비교우위와 비교열위의 정도를 명백히 알 수 있다. 반면에 고정환율은 현실세계에서 균형환율로부터 종종 이탈하는데, 이 경우에는 무역 패턴을 왜곡시키고 전 세계적으로 자원분배의 효율성을 저해한다.

예를 들어 환율이 과도하게 높은 경우 한 국가는 균형환율에서보다 훨씬 더 많은 상품을 수출할 수 있다. 극단적인 경우에는 그 국가가 실제로는 비교열위에 있는 상품조차도 수출하는 경우가 있다. 즉, 균형환율에서는 한 상품이 경쟁적인 외국상품보다 훨씬 비싸더라도 국내통화가 저평가된 환율에서는 (동일한 통화로 표시할 때) 더 저렴하게 되는 경우도 있다. 이것은 세계자원의 효율적인 이용을 저해하여 생산 및 무역의 국제적 특화로 인한 이익을 감소시킨다.

20.2B 정책상의 우위

변동환율제도에서는 한 국가가 대외균형을 염두에 두지 않고 물가가 안정된 상태의 완전고용, 성장, 공정한 소득분배 등과 같은 순수한 국내목표를 달성하기 위해 모든 정책을 자유롭게 이용할 수 있다. 예를 들면, 제18장과 제19장에서 고정환율제도에서 대내균형을 달성하기 위해서는 재정정책을, 대외균형을 달성하기 위해서는 통화정책을 사용할 수 있음을 보았다. 다른 조건이 같다면 대내균형을 달성하기 위해 재정정책과 병행하여 통화정책을 자유롭게 사용할 수 있다면 훨씬 더 용이하게 목표를 달성할 수 있다. 또한 성장과 같은 기타 순수한 국내목표를 달성하기 위해서도 통화정책이 이용될 수 있다. 각국이 이용할 수 있는 효율적인 정책수단이 제한되어 있음을 감안할 때 이것은 결코 작은 이익이 아니다. 그 외에도 변동환율제도에서는 대외균형을 달성하는 데 있어서 정책상의 실수나 지연 가능성도 최소화된다.

이 외에도 변동환율제도를 옹호하는 보편화된 논거로 변동환율제도(국내목표 달성을 위해 통화정책을 자유롭게 사용할 수 있다는 점 외에도)가 통화정책의 효율성을 제고시켜 준다는 점을 들 수 있다. 예를 들면 반인플레이션(anti-inflation) 정책의 결과 무역수지가 개선되는 경우 국내통화는 평가상승하게 될 것이다. 이것은 수입을 촉진하고 수출을 억제함으로써 국내의 인플레이션 압력을 한층 더 감소시킨다.

인플레이션과 실업 사이의 배향관계(trade-off)는 국가마다 상이하다. 가령 영국과 이탈리아는 1970년대 실업률을 낮게 유지하기 위해서 미국보다 두 자리 숫자의 인플레이션을 더 용인하고, 일본 역시 독일보다 실업률을 더 낮게 유지하기 위해서 인플레이션을 더 용인하는 것으로 보인다. 변동환율제도에서 각국은 자국이 소망하는 인플레이션-실업 간의 배향관계를 달성할 수 있는 국내정책을 추구할 수 있다. 고정환율제도에서는 각국의 인플레이션율이 상이하기 때문에 국제수지 압력이 나타나게 되며(인플레이션율이 높은 국가에서는 적자가, 인플레이션율이 낮은 국가에서는 흑자가 나타냄), 그 결과 각국은 자국의 최적 인플레이션-실업 간 배향관계를 달성할 수 없거나 부분적으로만 달성할 수 있게 된다. 그러나 이러한 점에서의 변동환율제도로 인한 이익은 일시적일 뿐이다.

변동환율제도에서는 정부가 환율을 균형환율 이외의 어떤 일정 수준으로 고정시켜서 한 부문에 이득을 주고 여타 경제부문을 희생하거나 또는 보다 손실이 적은 수단으로 달성될 수 있는 어떤 경제목표를 더 높은 비용으로 달성하거나 하는 것을 불가능하게 한다. 예를 들어 통상적으로 개발도상국들은 개발을 위해 필요한 자본설비의 수입을 촉진하기 위해 환율을 매우 낮게 유지하는데, 이것은 농업제품과 전통적 제품의 수출을 저해한다. 이때 정부는 환율이 균형환율보다 낮기 때문에 발생하는 외환에 대한 초과수요를 제거하기 위해 외환통제 및 무역통제를 혼합하여 사용한다. 다른 조건이 같다면 환율을 본래의 균형수준으로 유지하고 그 국가의 공업생산자에게 보조금을 지급하는 것이 훨씬 더 효율적일 것이다. 보조금은 훨씬 더 확실하고 입법부의 심의에 의해 지급되는 데 반해, 무역과 외환통제는 일반적으로 보조금을 지급하는 것보다 경제에 여러 가지 왜곡과 비효율성을 초래하기 때문에 비효율적이다.

끝으로 변동환율제도는 환율을 고정수준으로 유지하기 위해 필요한 정부의 외환시장 개입비용을 발생시키지 않는다. 변동환율제도는 일반적으로 노벨상 수상자인 밀튼 프리드만(Milton Friedman) 등과 같이 경제에 대한 정부 간섭의 최소화와 최대한의 개인적 자유를 옹호하는 사람들이 선호한다.

이상이 변동환율제도를 찬성하는 가장 강력한 논거인데 대체적으로 타당하지만, 상당히 수정되어야 한다. 이 문제는 20.3절과 20.4절에서 고정환율제도를 옹호하는 맥락에서 그리고 최적통화지역 이론을 검토하면서 다룰 것이다. 또한 여기에서 외환시장에 대한 정부 개입이 전혀 없는 자유변동환율제도(freely floating exchange rate system)를 분석대상으로 하고 있다는 점을 주의해야 할 것이다. 환율의 장기적 추세에 영향을 미치거나 또는 어떤 특정 환율을 유지하지 않더라도 환율의 지나친 단기적 변동을 완화하기 위해 외환시장에 대한 정부의 개입을 최소한으로라도 허용하는 제도는 진정한 의미의 변동환율제도라 할 수 없으며, 이것은 관리변동환율제도(managed floating exchange rate system)라 하며 20.6D절에서 다루기로 한다.

20.3 고정환율제도를 찬성하는 논거

이 절에서는 고정환율제도를 찬성하는 논거를 살펴본다. 이러한 논거는 고정환율제도의 경우에 국제무역과 금융에서 불확실성이 감소한다는 점과 고정환율이 불안정적 투기가 아닌 안정적인 투기를 가져온다는 점 그리고 가격규율이 변동환율제도에서보다는 고정환율제도에서 더 잘 지켜진다는(즉, 인플레이션율이 더 낮다는) 주장에 근거한다. 고정환율제도를 찬성하는 이러한 주장은 획득 가능한 실증적 증거뿐 아니라 변동환율제도 옹호자들의 반론과 함께 제시된다.

20.3A 불확실성의 감소

고정환율제도의 옹호자들에 의하면 고정환율제도에서는 변동환율제도에서 발생하기 쉽고, 생산의 특화 및 국제무역과 투자의 흐름을 저해하는 환율의 매일매일의 격심한 변동을 피할 수 있다는 것이다. 즉, 변동환율제도에서는 한 국가의 외환에 대한 수요와 공급이 매일매일 변화하면 환율도 빈번히 변동한다는 것이다. 게다가 외환에 대한 수요와 공급곡선이 비탄력적이기 때문에(즉, 기울기가 크므로) 환율의 변동이 빈번할 뿐 아니라 변동폭 또한 매우 크다는 것이다. 이러한 환율의 급격한 변동은 생산의 특화와 국제무역 및 투자의 흐름을 저해하고 감소시키게 된다. 이러한 점에서 고정환율제도를 선호하는 입장은 고정환율제도 자체를 선호하기보다는 변동환율제도를 반대하는 입장이다.

예를 들어 그림 20-1에서 미국의 유로에 대한 수요곡선이 시간이 지남에 따라 평균 D_ϵ로부터 D'_ϵ로 그리고 다시 D^*_ϵ로 이동하면 유로에 대한 미국의 공급곡선이 S_ϵ이거나 탄력적일 때는 환율이 R'으로부터 R^*로, 유로에 대한 미국의 공급곡선이 S'_ϵ이거나 비탄력적일 때는 환율이 R^*로부터 R^{**}로 변동한다.

그림 14-3을 보면 실제로 미국의 달러와 G7 선진국 통화 간의 환율이 1970년부터 2019년에 이르기까지 일간 기준으로 크게 변동하였음을 알 수 있다. 1973년 이래 대부분의 국가들은 자유변동환율제도보다는 관리변동환율제도를 채택했다. 외환시장에 대한 통화당국의 개입 결과 환율의 단기적 변동이 완화된 만큼 자유변동환율제도에서라면 환율이 더 큰 폭으로 변동했을 것이다.

또한 시간의 문제도 중요하다. 즉, 장기에는 단기에서보다 탄력성이 높기 때문에 환율변동이 작아진다. 그러나 보통 관심의 초점이 되는 것은 환율의 단기적 불안정성이다. 변동환율제도에서 환율이 단기적으로 과도하게 변동하고 그 결과 경제 내의 여러 부문 사이에 과도하게 국내자원이 재배분된다면 환율의 지나친 단기변동은 마찰적 실업의 증대를 가져와 손실이 클 수도 있다. 환율이 단기적으로 장기 균형환율 수준에 비해 오버슈팅(overshooting)되는 경향은 15.5A절과 사례연구 15-7에서 언급한 바 있다.

변동환율제도의 옹호자들에 의하면 고정환율제도에서 주기적으로 요구되는 대규모 불연속적인 환평가의 변화와 관련된 불안정성과 불확실성은 변동환율제도에 내재되어 있는 불확실성보다 국제무

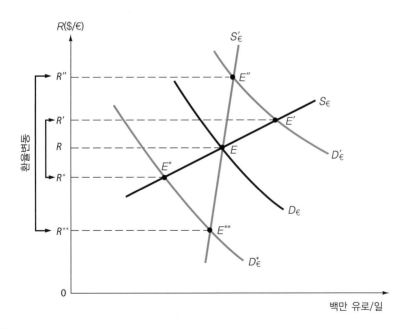

그림 20-1 외환에 대한 수요곡선의 이동과 불확실성

미국의 유로에 대한 수요곡선이 시간이 지남에 따라 평균 D_ϵ로부터 D'_ϵ로 그리고 다시 D^*_ϵ로 이동하면 유로에 대한 미국의 공급곡선이 S_ϵ이거나 탄력적일 때는 환율이 R'으로부터 R^*로, 유로에 대한 미국의 공급곡선이 S'_ϵ이거나 비탄력적일 때는 환율이 R''으로부터 R^{**}로 변동한다.

역과 투자의 원활한 흐름을 훨씬 더 저해하고 와해시킨다는 것이다. 게다가 일반적으로 변동환율제도에서의 불확실성은 헤지를 통해 피할 수 있지만 고정환율제도에서는 그것이 불가능하다는 것이다. 그러나 금본위제도와 같은 진정한 의미의 고정환율제도에서는 환율이 항상 고정되어 있으므로 이러한 불확실성이 근원적으로 존재하지 않는다는 점은 지적되어야 한다.

20.3B 안정화 투기

고정환율제도의 옹호자들에 의하면 투기는 고정환율제도에서보다는 변동환율제도에서 더 불안정해진다고 본다. 불안정화 투기의 경우에 투기자들은 환율이 상승하고 있을 때 환율이 더욱더 상승할 것이라는 기대하에 외환을 매입하며, 환율이 하락하고 있을 때는 환율이 더 하락할 것이라는 기대하에 외환을 매출한다. 이러한 과정에서 경기순환으로 인한 환율변동은 커지며 국제거래에 관련된 불확실성과 위험도 증대된다. 안정화 투기의 경우에는 이와 반대현상이 나타난다.

이것은 그림 20-2에서 설명된다. 곡선 A는 투기가 없을 때 경기순환에 따른 환율의 가상적인 변동(경기순환 전 과정에서 달러는 평가하락하는 경향이 있음을 암묵적으로 가정함)을 보여 준다. 곡선 B는 안정화 투기의 경우로 환율의 변동이 작고, 곡선 C는 불안정화 투기의 경우로 환율변동이 크다는 점을 보여 준다. 불안정화 투기의 경우 환율변동이 확대되면 국제거래의 불확실성과 위험이 증대되고, 무역 및 투자의 국제적인 이동이 감소하게 된다. 고정환율제도의 옹호자들에 따르면 이러한 현상은 환율이 고정되어 있을 때보다도 자유롭게 변동할 때 더 발생하기 쉽다는 것이다.

그러나 변동환율제도의 옹호자들은 이에 동의하지 않는다. 그들은 환율이 지속적으로 조정되지 못하여 마침내 대규모의 불연속적인 환율변화가 불가피하게 되는 경우보다는 환율이 계속적으로 조정될 때 불안정화 투기가 덜 발생한다고 본다. 대규모의 환율변화를 예상하는 경우 평가절하될 것으로

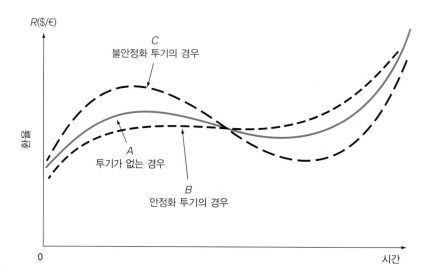

그림 20-2 투기가 없는 경우 및 안정화 투기와 불안정화 투기가 있는 경우의 환율변동

곡선 A는 투기가 없을 때 경기순환에 따른 환율의 변동을 보여 준다. 곡선 B는 안정화 투기의 경우로 환율의 변동이 작고, 곡선 C는 불안정화 투기의 경우로 환율변동이 크다.

생각되는 통화를 매출하고 평가절상될 것으로 생각되는 통화를 매입하면(불안정화 투기) 그 결과 그들의 예상은 스스로 실현되는 경우가 있다. 그러나 이것은 브레튼우즈 체제와 같은 형태의 고정환율제도에서 타당한데 브레튼우즈 체제에서는 '기초적 불균형'의 경우에 환율변동을 허용하기 때문이다. 금본위제도와 같은 진정한 고정환율제도에서는 환율이 항상 고정되어 있으며, 아무리 어렵더라도 국제수지 조정은 환율변경 이외의 다른 방법에 의해 달성된다. 그러한 경우 투기는 대부분 안정적이다. 그러나 진정한 변동환율제도에서도 마찬가지일 것이다.

밀튼 프리드만(Milton Freedman)에 의하면 불안정화 투기를 하게 되면 투기자들은 계속적으로 손해를 보게 되고, 이에 따라 투기자들이 투기를 하지 않기 때문에 투기는 평균적으로 안정적이라고 한다. 즉, 불안정화 투기의 경우에 투기자들은 외환 가격이 상승할 때 그 가격이 훨씬 더 상승할 것이라는 기대 아래 외환을 매입하는데, 만일 가격이 상승하지 않으면 보다 낮은 가격으로 통화를 다시 매출해야 하기 때문에 손해를 입게 된다. 만일 그러한 과정이 계속되면 그들 대부분은 파산하게 될 것이다. 투기자들이 이익을 얻고 계속 활동하기 위해서는 환율이 낮을 때 외환을 매입하여 환율이 높을 때 이 외환을 재매도할 수 있어야 한다. 이것은 투기가 평균적으로 안정적이라는 점을 의미한다. 일부 경제학자들은 이러한 주장을 반박하고 불안정화 행동을 하는 투기자 계층은 항상 다시 보충되기 때문에 투기는 장기적으로도 불안정화될 수 있다는 점을 지적한다. 아울러 불안정화 투기의 결과 투기자들이 파산하게 된다는 사실에도 불구하고 대공황이 시작되었던 1929년 주식시장 혼란기 및 보다 최근에 1987년 10월 주식시장이 붕괴된 시기에 투기자들이 불안정화 행동을 하지 않은 것은 아니었다.

이 문제는 현실세계에서의 경험을 살펴봄으로써만 해결될 수 있다. 그러나 현실세계에서의 경험을 살펴보면 서로 상충되는 증거를 대하게 된다. 넉시(R. Nurkse)에 따르면 양차 대전 사이(제1차 및 제2차 세계대전)의 변동환율제도에 관한 경험으로부터 불안정화 투기가 만연되었음을 알 수 있다(하지만 이러한 견해도 최근에는 변동환율제도에 관한 경험을 통해 수정하게 되었다). 양차 대전 사이의 이러한 경험은 제2차 세계대전 말기에 동맹국들이 고정환율제도(브레튼우즈 체제)를 설립하도록 하는 데 큰 영향을 미쳤다. 반면 변동환율제도에 관한 1950년대 캐나다의 경험으로부터는 안정화 투기가 지배적이었음을 알 수 있다.

1970년대 초반 브레튼우즈 체제 말기에 외환시장의 혼란상과 몇몇 환율의 재조정 그리고 명백히 불안정화 투기 등에 의하여 브레튼우즈 체제는 훼손되었다. 반면 금본위제도(1880~1914년) 동안은 확실히 안정화 투기의 시대였다. 1973년 이래 운영되고 있는 관리변동환율제도에서는 환율이 매일매일 대폭적으로 변동하였으나 투기가 평균적으로 안정적이었는가, 불안정적이었는가에 관한 일반적인 의견 일치는 없다. 아마 양자 모두 존재했을 것이다.

따라서 투기는 브레튼우즈 체제와 같은 형태의 고정환율제도에서와 마찬가지로 오늘날 운영되고 있는 관리변동환율제도에서도 불안정화 형태로 발생할 수 있다. 그러나 대부분의 경제학자들은 '정상적'인 조건하에서 투기는 양 체제에서 모두 대부분 안정화 상태라고 믿는 것으로 보인다. 진정한 변동환율제도와 진정한 고정환율제도에서 투기는 틀림없이 안정적이다.

20.3C 가격규율

고정환율제도에서는 변동환율제도에서 존재하지 않는 가격규율의 문제가 각국에 부과된다[이른바 앵커(anchor) 논쟁]. 즉, 고정환율제도에서는 타국보다 인플레이션율이 높은 국가는 지속적인 국제수지 적자와 지불준비의 감소에 직면한다. 국제수지 적자와 지불준비의 감소는 영원히 지속될 수 없기 때문에 그 국가는 과도한 인플레이션을 억제할 필요가 있으며, 따라서 가격규율을 하지 않을 수 없다. 변동환율제도에서는 국제수지 불균형이 적어도 이론상으로는 환율의 변화에 의해 자동적으로 즉시 조정되기 때문에 이러한 가격규율의 필요성이 존재하지 않는다. 이것을 알고 있기 때문에 선출된 관리들은 그들의 재선 가능성을 높이기 위해 경제를 과도하게 자극하기 쉽다.

이론적으로는 변동환율제도가 고정환율제도보다 인플레이션 경향이 더 있는 것으로 보인다. 제16장에서 한 국가의 통화가 평가하락하면 국내물가가 상승한다는 점을 살펴보았다. 한편 오늘날에는 물가가 하방경직적이기 때문에 평가상승을 해도 물가는 하락하지 않는다. 확실히 고정환율제도에서 평가절하 역시 인플레이션 압력을 가하지만 평가절상의 결과 국내물가는 하락하지 않는다. 그러나 변동환율제도에서는 균형환율이 두 가지 방향으로 오버슈팅되고 평가하락할 때는 물가가 상승하지만, 평가상승할 때는 물가가 하락하지 않으므로 [소위 톱니효과(ratchet effect)] 고정환율제도에서보다 변동환율제도에서 인플레이션이 더 높아질 것이다.

앞에서 지적한 바와 같이 진정한 변동환율제도에 대한 실제 경험이 없기 때문에 관리변동환율제도에 대한 경험을 참고해야 한다. 1973년 이래 관리변동환율제도는 1980년대 초까지 대부분의 국가에 심한 인플레이션 압력을 가했지만 그 후에는 그렇지 않았다. 더구나 이러한 인플레이션 압력은 변동환율제도 때문에 발생했다기보다는 원유가의 급등과 대부분의 국가에서의 과도한 통화창출(그리고 이로 인한 인플레이션 심리)의 결과이다. 그러나 1970년대의 보다 불안정한 시기는 제외하더라도 주요 선진국의 경제적 성과가 1983~2018년 기간보다 1960~1973년에 더 좋았다는 것을 알 수 있다(사례연구 20-1 참조).

변동환율제도의 찬성자들도 변동환율제도가 고정환율제도보다 인플레이션 경향이 더 강하다는 것을 인정한다. 그러나 이것은 각국이 원하는 인플레이션-실업 사이의 배향관계가 상이하고 또한 변동환율제도에서는 각국이 독자적인 안정화 정책을 추구할 수 있기 때문으로 본다. 즉, 각국이 보다 높은 인플레이션과 더 낮은 실업을 (또는 이 반대로) 원하는 방향으로 선택할 수 있기 때문에 생긴다는 것이다. 변동환율제도의 옹호자들은 이것을 변동환율제도의 중요한 장점으로 생각한다.

대체적으로 변동환율제도는 고정환율제도보다도 훨씬 더 외적 충격(수출의 외생적 변화와 같은)으로부터 국내경제를 격리시킨다. 결과적으로 변동환율제도는 커다란 외부 충격을 받기 쉬운 국가들에게 특히 매력적이다. 반면에 대규모의 내적 충격을 받기 쉬운 개방경제는 고정환율제도에서 더 안정적일 수 있다.

예를 들어 한 국가의 투자가 독자적으로 증가하면 승수과정에 의해 국민소득이 증가한다. 소득이 증가하면 수입이 증가하여 고정환율제도에서는 국제수지 적자가 야기될 수 있다. 이 국가는 국제지불준비로 당분간은 적자를 보전할 수 있다. 그러나 변동환율제도에서 이 국가의 통화는 자동적으로 평가하락하여 수출을 자극하기 때문에 소득이 증대되는 경향이 강화된다. 그러나 자본의 국제적 이동을 고려하게 되면 그 결과는 크게 달라진다. 게다가 1973년 이후 환율이 변동하고 있었지만 동시에 경기변동은 더욱더 발생한 것으로 보인다.

이상을 요약하면 모든 요인을 고려할 때 변동환율제도에 의해 야기되는 투기의 형태와 국제거래에

사례연구 20-1 고정환율제도와 변동환율제도에서의 거시경제 성과

표 20-1은 지난 14년간 고정환율제도 기간(1960~1973)과 36년간 변동환율제도 기간(1983~2018)의 G7 선진국의 거시경제성과에 관한 지표를 보여 주고 있다. 1974년부터 1982년까지의 기간은 1973~1974년의 석유위기와 그 후 1979~1980년의 위기로 인해 매우 비정상적인 상황이므로 분석대상에서 제외하였다. 이 표를 통해 고정환율제도 기간이 변동환율제도 기간에 비해 성장률 또는 실질 GDP는 평균적으로 **훨씬** 높고(거의 3배), 인플레이션율은 60% 더 높으며, 실업률은 40% 더 낮다는 것을 알 수 있다.

그러나 고정환율제도 기간(1960~1973)의 거시경제 성과가 좋은 것이 전적으로 또는 주로 환율제도에 기인한 것

으로 볼 수는 없다. 왜냐하면 경제성과란 노동시장의 신축성, 기술변화율, 세계화와 같은 다른 요인들에 의해서도 좌우되기 때문이다. 예를 들어 급속한 세계화는 고정환율제도에 비해 관리변동환율제도 기간의 낮은 인플레이션이 원인이었다(통상적으로는 관리변동환율제도가 고정환율제도에 비해 인플레이션 가능성이 크다는 사실에도 불구하고). 실제로 경제성과에 영향을 미치는 모든 요인을 고려할 때 어느 제도가 더 우월한지를 판단하는 것은 어렵다. 왜냐하면 실제로 환율제도는 운영되는 국가와 상황에 따라 다르기 때문이다. 최종적으로는 어떤 환율제도를 선택하느냐보다는 건전한 경제정책 시행이 더 중요하다.

표 20-1 고정환율제도와 변동환율제도에서의 거시경제 성과(1960~1973, 1983~2018)

국가	실질 GDP 성장률(%)		인플레이션율(%)		실업률(%)	
	1960~1973	1983~2018	1960~1973	1983~2018	1960~1973	1983~2018
미국	3.7	2.9	2.8	2.7	4.9	6.2
일본	11.0	1.8	5.6	0.6	1.2	3.4
독일	5.5	1.8	2.9	1.8	0.6	7.1
영국	2.9	2.1	4.5	3.0	2.8	7.2
프랑스	6.0	1.8	4.3	2.4	1.8	9.9
이탈리아	5.7	1.1	3.8	3.6	3.1	9.6
캐나다	5.0	2.6	2.8	2.6	5.1	8.4
가중평균	5.7	2.0	3.8	2.4	2.8	7.4

출처 : Organization for Economic Cooperation and Development, *Economic Outlook* (Paris: OECD, Various Issues); A. Ghosh, J. D. Ostry, and C. Tsangarides, Exchange Rate Regimes and the Stability of the International Monetary System (Washington, D.C.: IMF, 2010); J. E. Gagnon, *Flexible Exchange Rates for a Stable World Economy* (Washington, D.C.: Peterson Institute for International Economics, 2011); and D. Salvatore, Editor, *Rapid Growth or Stagnation in the U.S. and World Economy*, Special Issue of the *Journal of Policy Modeling*, July/August 2014; *Why Is World Growth Slowing Down?* July/August 2016; *Where Is the World Economy Headed?* July/August 2017; and *TrumpEconomics: Effect on the United States and the World*, May/June 2018 (with papers by Robert Barro, Olivier Blanchard, Martin Feldstein, Edmund Phelps, Kenneth Rogoff, George Stiglitz, Lawrence Summers, and John Taylor, among others).

서의 불확실성의 정도 등으로 인해 변동환율제도가 고정환율제도에 비해 불리하다고 할 수는 없다. 반면에 변동환율제도는 일반적으로 보다 효율적이며 각국은 더 신축적으로 자국의 안정화 정책을 추구할 수 있다. 동시에 변동환율제도는 일반적으로 고정환율제도에 비해 인플레이션 압력이 더 크며 커다란 국내 충격에 직면하는 국가에게는 고정환율제도가 보다 적합하며 안정적이다. 통화당국의 경우 변동환율제도의 가장 큰 매력은 각국은 변동환율제도에서 통화량에 대한 보다 강력한 통제력을 갖게 되고 아마도 고정환율제도 혹은 조정가능 고정환율제도에서보다 실업률을 더 낮출 수 있다는

점이다. 그러나 오늘날처럼 국제자본이동이 대단히 큰 경우에는 이러한 이익이 크게 감소한다. 변동
환율의 가장 큰 단점은 가격 규율이 존재하지 않고 환율이 날마다 오버슈팅되고 발산된다는 점이다.

일반적으로 고정환율제도는 대부분의 교역을 소수의 대국과 행하고, 교란의 성격이 1차적으로 통
화적인 소규모 개방경제에 바람직하다. 반대로 교역 상대국에 비하여 상이한 인플레이션-실업의 배
향관계(inflation-unemployment trade-off)에 있으며, 다변화된 무역을 행하고 교란이 1차적으로 해외
의 실물부문으로부터 야기되는 상대적으로 폐쇄된 대규모 경제의 경우에는 변동환율제도가 우월한
것으로 보인다.

20.3D 개방경제 트릴레마

지금까지의 논의로부터 개방경제에서 정책입안자는 대내균형과 대외균형을 달성하는 데 정책 트릴
레마(trilemma)에 직면한다는 것을 알 수 있다. 그들은 다음의 세 가지 정책 대안 중 두 가지만을 선택
할 수 있다. (1) 고정환율제도, (2) 무제한적 금융 또는 자본이동, (3) 통화정책의 자율성 또는 독립성.
그 국가는 통화정책의 자율성 또는 독립성을 포기해야만 고정환율제도와 무제한적 국제금융 또는 자
본이동을 이룰 수 있다(대안 1과 대안 2). 또는 국제적인 자본이동을 제한하거나 통제해야만 고정환율
제도와 통화정책의 자율성 또는 독립성을 유지할 수 있다(대안 1과 대안 3). 마지막으로 고정환율제도
(대안 1)를 포기해야만 무제한적 국제금융 또는 자본이동과 통화정책의 자율성 또는 독립성을 유지할
수 있다(대안 2와 대안 3).

개방경제에서 정책입안자가 직면하는 세 가지 정책의 트릴레마는 그림 20-3의 삼각형의 코너에서
보인다. 만약 고정환율제도와 무제한적 자본이동을 선택하면(삼각형의 오른쪽 변) 통화정책의 독립
성은 포기해야 한다(금본위제도나 경직적인 고정환율제도에서와 같이). 이 경우에 적자국은 무역 및
국제수지 적자가 해소되려면 통화공급이 하락하는 것을 허용해야 한다. 역으로 고정환율제도와 통화
정책의 독립성을 유지(삼각형의 왼쪽 변)하려면 통화공급의 통제를 위해 자본이동을 제한해야 한다.

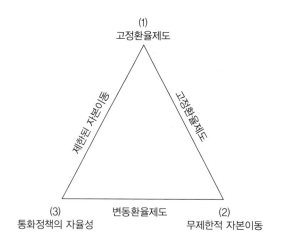

그림 20-3   개방경제에서 정책 트릴레마

삼각형의 각 꼭짓점은 국가가 선택하는 한 가지 정책 대안을 보여 준다. 각국은 세 가지 중 두 가지만 선택 가능하다.

마지막으로 통화정책의 독립성과 무제한적 자본이동을 원하면 고정환율제도를 가질 수 없다(삼각형의 밑변처럼 변동환율제도를 허용해야 한다). 물론 중간적인 정책을 선택할 수도 있다. 예를 들어 어느 정도 환율의 탄력성을 갖고 통화정책의 독립성의 약간의 손실 또는 자본이동에 대한 미미한 통제 등을 결합하는 것이다.

20.4 최적통화지역, 유럽통화제도 및 유럽통화동맹

이 절에서는 최적통화지역 이론, 유럽통화제도 및 유럽중앙은행의 창설과 공통통화(유로)를 보유하고 있는 유럽통화동맹을 검토한다.

20.4A 최적통화지역

최적통화지역 이론은 1960년대에 먼델(Mundell)과 맥키논(Mckinnon)에 의해 개발되었다. 이 이론을 통해 고정환율제도와 변동환율제도 사이의 비교논쟁을 조명할 수 있기 때문에 흥미가 있다. 최적통화지역 혹은 블록(optimum currency area or bloc)은 각국 통화들이 **영구적인 고정환율**로 연결되는 국가 그룹과 그러한 지역을 최적으로 만드는 조건들을 뜻한다. 이때 회원국들의 통화는 비회원국들의 통화에 대해 공동으로 변동할 수 있다. 동일국가의 각 지역은 단일통화를 공유하기 때문에 분명히 최적통화지역이다.

최적통화지역이 형성되면 환율이 영구히 고정되어 있지 않을 때 발생하는 불확실성이 제거되어 회원지역이나 회원국가 간의 생산의 특화 및 무역과 투자의 이동을 활발하게 한다. 또한 최적통화지역을 형성하게 되면 생산자들은 전 영역을 하나의 단일시장으로 간주하게 되고 생산에서 규모의 경제로 인한 이익을 얻을 수 있다.

최적통화지역에서는 영구적인 고정환율로 인해 환율이 여러 회원국 사이에 변동할 수 있는 경우보다 가격은 더 안정적이 될 것이다. 또한 최적통화지역 내부의 상이한 지역이나 국가에서 발생하는 예측할 수 없는 충격(random shock)은 서로 상쇄되고 또한 최적통화지역이 더 커지게 되면 잔존하는 교란요인은 상대적으로 더 작아지기 때문에 가격은 보다 안정적이 된다. 이렇듯 가격 안정성이 증대됨에 따라 교환의 매개 및 가치저장 수단으로서의 통화의 이용이 활발해지며 인플레이션이 심한 경우에 나타나는 비효율적인 물물교환이 억제된다. 또한 최적통화지역은 회원국 통화와 관련된 외환시장에 대한 공적 개입비용, 헤징 비용 그리고 회원국 간을 여행할 때 드는 통화교환비용(만일 최적통화지역이 공통통화를 채택한다면) 등을 절감할 수 있다.

아마도 최적통화지역의 가장 큰 단점은 각 회원국이 자국의 독특한 선호 및 환경에 적합한 독자적인 안정화 정책과 성장정책을 추구할 수 없다는 것이다. 예를 들면 한 최적통화지역 내에서 침체된 지역이나 국가는 과도한 실업률을 줄이기 위하여 팽창적 재정정책 및 팽창적 통화정책을 필요로 하는 반면, 보다 번창하고 있는 지역이나 국가는 인플레이션 압력을 억제하기 위하여 긴축적 정책을 필요로 할 수 있다. 최적통화지역의 형성에 수반되는 이러한 비용은 자본 및 노동이 초과공급지역이나 국가(여기서는 보수와 수익이 더 낮다)로부터 초과수요가 있는 국가(여기서는 보수와 수익이 더 높다)로 더 많이 이동함으로써 어느 정도는 감소한다. 한 국가 내에서 특정지역이 침체를 탈피하기 위해 독립국가를 세우는 것이 그들의 문제를 보다 잘 해결하는 방법이라고 제안하는 사람들은 거의 없을 것이다(그러나 1971년 12월 동파키스탄은 착취를 비난하면서 서파키스탄으로부터 독립하여 방글라데시를 선포하였으며, 퀘벡은 문화적·경제적 이유로 캐나다로부터 탈퇴하겠다고 위협하고 있는 실정이다). 그 대신 이러한 경우에 통상 취해지는 조치는 중앙정부가 침체된 지역에 투자유인과 같은 특별지원을 하는 것이다.

결국 최적통화지역 형성은 다음의 조건하에서 이익이 될 가능성이 크다. (1) 여러 회원국 사이에 자원의 이동성이 클수록, (2) 회원국이 구조적으로 유사할수록, (3) 각국이 재정정책, 통화정책 및 기타 정책을 긴밀히 협조할수록 이익이 된다. 최적통화지역은 영구적인 고정환율제도의 이득을 극대화하고 비용을 극소화하는 데 목표를 두어야 한다. 그러나 최적통화지역을 형성함으로써 각 회원국이 얻는 순이익을 실제로 측정하는 것은 지극히 어려운 일이다.

최적통화지역을 형성함으로써 얻을 수 있는 몇 가지 이익은 고정환율제도에 의해 제고되는 보다 느슨한 형태의 경제관계를 통해서도 얻을 수 있다. 따라서 최적통화지역 형성에 대한 논거는 또한 어느 정도 변동환율제도와 반대되는 고정환율제도에 대한 찬성의 논거가 될 수 있다. 최적통화지역 이론은 통화 분야에서 관세동맹이론의 특수한 분야로 간주될 수도 있다.

20.4B 유럽통화제도(1979~1998)

1979년 3월 유럽연합 또는 EU(그 당시에는 유럽경제공동체 또는 EEC라 부름)는 공통통화와 공동체 범위의 중앙은행의 창설이라는 궁극적 목표를 포함한 회원국 간의 보다 진전된 통화통합의 일환으로 유럽통화제도(European Monetary System, EMS) 설립을 공표했다. EMS의 주요특징은 (1) 회원국 통화의 가중치로 정의되는 유럽통화단위(European Currency Unit, ECU)의 창출, (2) 각 회원국의 통화가 중심률(central rate) 또는 환평가(par value)를 기준으로 상하 최고 2.25%까지 변동할 수 있도록 한 것이다(영국의 파운드와 스페인의 페세타는 6%, 그리스와 포르투갈은 나중에 가입). 따라서 EMS는 가맹국 사이에서는 고정되어 있으면서 조정 가능한 환율제도이지만 달러에 대해서는 가맹국의 통화가 공동으로 변동한다. 그러나 1992년 9월을 시작으로 그 제도는 공격을 받았고, 1993년 8월에 허용된 변동폭의 범위가 2.25%에서 15%로 증가하였다(사례연구 20-2 참조). (3) 가맹국에게 단기 및 중기의 국제수지 원조를 제공하기 위한 유럽통화협력기금(European Monetary Cooperation Fund, EMCF)의 설립이다.

가맹국 통화가 허용된 변동폭의 75%에 이를 때, 즉 **변동의 한계점**(threshold of divergence)에 이를 때 각국은 자국통화가 허용된 변동폭 밖으로 변동하지 않도록 여러 가지 조정조치를 취하게 된다. 환율이 범위의 한계에 도달하면 개입의 부담을 약세통화 회원국과 강세통화 회원국 간에 상호협력을 통해 분담하였다. 예를 들어 프랑스 프랑이 독일 마르크에 대해 상한선까지 평가하락한다면 프랑스 중앙은행은 독일 마르크 준비금을 매각해야 하고 독일 중앙은행(분데스방크)은 필요한 마르크를 프랑스에 대여해야 했다.

가맹국은 EMCF로부터 쿼터를 할당받았는데, 이 중 20%는 (시장가격으로 평가하여) 금으로 지불하고 나머지는 달러를 지불하여 ECU와 교환하기로 되어 있다. 가맹국이 자국의 달러와 금을 ECU로 보다 많이 전환시킴에 따라 ECU의 액은 증가하였으며, 실제로 ECU는 중요한 국제준비자산과 개입통화(intervention currency)가 되었다. ECU의 한 가지 장점은 임의의 한 국가의 통화와 비교하여 가치에서 더 큰 안정성을 갖는다는 것이다. EMCF는 결국 EU의 중앙은행으로 발전할 것으로 예상되었다. 1998년 초까지 EMCF의 총준비 '풀'은 500억 달러를 상회하였고 1 ECU의 가치는 약 1.1042달러였다.

1979년 3월부터 1992년 9월까지 총 11차례의 EMS의 통화 재조정(currency realignments)이 있었다. 일반적으로 이탈리아와 프랑스(1987년까지)와 같은 인플레이션이 높은 국가는 독일과 같이 인플레이션이 낮은 국가에 대한 경쟁력을 유지하기 위해 자국의 통화를 ECU에 대해 주기적으로 평가절하할 필요가 있다. 이 점은 EMC 가맹국의 통화정책, 재정정책 및 기타의 정책을 통합하지 않고 가맹국 사이의 환율을 좁게 설정한 한계 내에서 유지하려고 하는 EMS의 기본적 취약점을 잘 보여 준다. 프라티아니와 하겐(Fratianni & von Hagen)이 지적한 바와 같이 1979~1987년 기간에 이탈리아와 프랑스의 인플레이션은 EMS에서 독일로 인해 억제되었고, 이것으로 인해 독일 마르크의 실질적인 더 높은 평가상승의 필요가 감소하였다. 그러나 프랑스와 이탈리아는 독일이 낮은 인플레이션으로 단계적으로 수렴함에 따라 큰 실업을 받아들여야 했다. EU가 환율을 안정화하고자 하는 것은 1973년 환율의 대폭적인 변동에 비추어 이해될 수 있다(사례연구 20-2 참조). 실증적 증거(Giavazzi & Giovannini, 1989; MacDonald & Taylor, 1991)에 따르면 EMS 회원국 간의 명목 및 실질환율과 통화량의 변동은 적어도 1992년 9월까지는 비회원국에 비해 더 적었던 것으로 평가된다.

사례연구 20-2   유럽통화제도에서의 통화위기(1992~1993)

1992년 9월에 영국과 이탈리아는 환율 메커니즘(Exchange Rate Mechanism, ERM)을 포기했다. 이로 인해 EU 통화들은 좁게 정의된 한도 내에서만 변동이 허용되었다. 이것은 1992년 9월과 1993년 5월 사이에 스페인의 페세타, 포르투갈의 에스쿠도, 아일랜드의 파운드의 평가절하를 야기했다. (동독 재건의 고비용으로 인한) 인플레이션의 압력을 억제하기 위해 독일이 이자율을 높게 유지하자 독일의 마르크는 다른 통화에 비해 강세를 띠게 되었으며 유럽통화제도(EMS)의 긴장의 원인으로 널리 비난을 받았다. 영국과 이탈리아는 심화된 불경기와 상승하는 고실업률로 인해 ERM 내에서 환율을 유지하는 비용을 감당할 수 없다고 판단하고 그것을 포기하였다. 이것은 그들의 통화가 평가하락하고 이자율이 인하되는 것을 허용했으며 둘 다 경제성장을 자극하였다.

그러나 이것이 위기의 끝은 아니었다. 1993년 8월에 독일의 분데스방크(독일의 중앙은행)가 많은 금융분석가들과 통화거래자들이 예상했던 대로 할인율을 낮추는 것을 거부하자 투기자들은 철저하게 프랑스, 덴마크, 스페인, 포르투갈, 벨기에의 통화를 매각함으로써 반응하였다(영국과 이탈리아는 이미 ERM을 떠났고, 영향을 받지 않았다). 분데스방크와 협력한 프랑스 은행에 의한 외환시장에 대한 대규모의 개입이 투기적 공격을 종결시키는 데 실패한 후, 유럽연합은 각료들에게 상하 2.25%의 좁은 변동폭을 포기하고 중심률의 어느 쪽으로든 상하 15%의 보다 넓은 변동폭을 허용했다.

위의 기간에 분데스방크는 350억 달러 이상의 마르크를 프랑과 다른 통화를 지지하기 위해 매각했으며, 관련된 모든 중앙은행의 시장개입에 지출된 총비용은 1,000억 달러를 초과했을지도 모른다. 그러나 1조 달러 이상이 외환시장을 통해 이동함으로써 그러한 대량의 개입마저도 대량의 투기적 공격에 직면하여 시장의 힘을 역전시킬 수는 없다. 허용된 변동폭을 크게 확대함으로써 투기적 공격을 종결시키긴 했지만 환율은 여전히 위기 전의 수준 가까이 유지되었다.

출처 : D. Salvatore, "The European Monetary System: Crisis and Future," *Open Economies Review*, December 1996, pp. 593–615.

20.4C 통화통합으로의 전환

1989년 6월에 유럽집행위원회 의장인 자크 들로르가 인도하는 위원회에서는 통화통합을 목표로 3단계의 정책전환을 권고했다. 첫 번째 단계는 1990년 7월에 시작하였고, 공동체 내의 자본이동에 관한 모든 제한을 철폐함과 아울러 경제성과의 수렴과 재정정책과 통화정책에서의 협력을 요구하였다. 두 번째 단계는 1991년 12월에 네덜란드 마스트리히트에서 열린 모임에서 승인되었는데, 1994년 1월 까지 회원국의 거시경제정책을 더 집중화시키고, 환율변동을 감소시키기 위해 유럽중앙은행(ECB)의 선행주자로서 유럽통화기구(European Monetary Institute, EMI)의 창설을 요구했다. 세 번째 단계는 1997년 또는 1999년까지 단일통화의 창설 및 외환시장 개입과 공개시장 조작에 가담할 유럽중앙은행 의 창설을 골자로 하는 통화통합의 완성을 포함한다. 이것은 회원국들이 통화량과 통화정책에 관한 그들의 주권을 포기하는 것을 의미하며, 추가적으로 재정정책에 대해서도 그들은 더 이상 충분한 자유를 갖지 못한다. 공통된 중앙은행으로 인해 각국의 중앙은행은 미국에서의 연방준비은행과 다르지 않은 역할을 수행할 것이다.

마스트리히트 조약(Maastricht Treaty)은 한 국가가 통화연합에 가입하기 전의 여러 가지 조건을 설정하였다. (1) 인플레이션율은 인플레이션율이 가장 낮은 3개의 공동체 국가의 평균율을 1.5%p 이상 상회해서는 안 된다. (2) 재정적자는 GDP의 3%를 초과해서는 안 된다. (3) 총체적인 정부부채는 GDP의 60%를 초과해서는 안 된다. (4) 장기이자율은 이자율이 가장 낮은 3개의 공동체 국가의 평균율을 2%p 이상 상회해서는 안 된다. (5) 평균환율은 가입하기 전 2년 동안 EMS 평균의 2.25% 이상으로 하락해서는 안 된다. 1991년까지는 프랑스와 룩셈부르크만이 이러한 조건 모두를 충족시켰다. 독일은 1991년 가입 당시는 통일비용으로 인해 GDP의 5%까지 재정적자가 발생해서 모든 조건을 다 충족시키지는 못했고, 이탈리아는 GDP의 10%의 재정적자와 GDP의 100% 이상이 되는 총외채로 인해 이러한 조건의 어느 것도 충족시키지 못했다. 그러나 1998년까지 유럽연합 대부분의 회원국은 마스트리히트 기준의 대부분을 충족시켰고(사례연구 20-3 참조), 진정한 통화통합의 단계에 서게 되었다.

1997년에 통화통합에 참여하는 국가들이 운영하는 재정상의 제약을 한층 더 강화하기 위해 안정 및 성장조약(Stability and Growth Pact, SGP)이 체결되었다. SGP는 재정적자를 GDP의 3% 이하로 할 것을 요구하였으며, 불경기의 경우 팽창적 재정정책을 사용할 수 있으나 3% 이하의 가이드라인은 유지해야 한다. 재정 지표를 어기는 국가는 상당한 벌금이 부과된다. 독일은 이 조약을 재정적 가이드라인이 통화연합에서 지배되고, 지나친 통화창출과 인플레이션과 약한 유로를 피하기 위해 통화통합으로 진행하기 위한 조건으로써 요구하였다. 아이러니한 것은 독일 (그리고 프랑스) 재정적자가 GDP의 4%에 도달한 2003년에 SGP를 충족할 수 없었다는 것이다. 그로 인해 2005년에는 몇 가지 조건을 추가함으로써 SGP 룰을 완화시켰다.

협상 내내 영국은 보다 큰 정치적·경제적 통합으로 가려는 EU의 움직임에 대해 더 많은 주권을 포기해야 한다는 두려움으로 인해 속도를 지속적으로 늦추고자 시도하였다. 영국은 국가통화로 스털링을 포기하는 약속을 거부했으며 또 공동체 전반의 노동규제를 받아들인다는 약속도 거부하였다. 문화, 언어, 국민적 기질의 차이로 인해 통화통합으로의 진전은 어려웠고 동유럽과 중유럽의 민주국가의 차후의 가입은 문제를 한층 복잡하게 할 것으로 예상된다. 그럼에도 불구하고 마스트리히트 조

사례연구 20-3 마스트리히트 수렴지표

표 20-2는 1998년 1월 유럽연합의 15개 회원국에 대해 마스트리히트 5개 지표 중 4개 지표값을 보여 준다. 이 정보는 환율지표와 더불어 유럽집행위원회가 단일통화에 참여할 자격이 있는가를 결정하기 위해 사용하는 지표이다. 표로부터 그리스를 제외하고 모든 국가가 인플레이션율, 공적 적자, 장기이자율 지표를 충족시키고 있다. 8개 국가는 공적 부채 지표를 충족시키지 못한다. 아일랜드는 환율지표도 충족시키지 못하고 있다. 유럽집행위원회는 그리스를 제외하고 모든 국가가 단일통화에 참여할 만큼 충분한 진전이 있었다고 결정했다. 영국과 덴마크, 스웨덴은 통화공급과 통화정책에 대한 완전한 통제를 잃을 것을 원치 않아 참여하지 않기로 결정하였다. 그러나 나중에 참여할 권리를 유보하였다. 그리스는 2001년 1월 1일, 슬로베니아는 2007년, 사이프러스와 몰타는 2008년, 슬로바키아는 2009년, 에스토니아는 2011년, 라트비아는 2014년, 리투아니아는 2015년에 가입이 허용되었다. 이와 같이 유로존의 회원국의 수는 19개국으로 증가하였다(그림 20-4 참조).

표 20-2 EU 회원국의 마스트리히트 수렴지표(1998년 1월)

	인플레이션율(%)	GDP 대비 공적 적자[a](%)	GDP 대비 공적 부채[a](%)	장기이자율(%)
독일	1.4	2.5	61.2[b]	5.6
프랑스	1.2	2.9	58.1	5.5
이탈리아	1.8	2.5	118.1[b]	6.7
영국	1.8	0.6	52.3	7.0
오스트리아	1.1	2.3	64.7[b]	5.6
벨기에	1.4	1.7	118.1[b]	5.7
덴마크	1.9	−1.1	59.5	6.2
그리스	5.2[b]	2.2	107.7[b]	9.8[b]
핀란드	1.3	−0.3	53.6	5.9
아일랜드	1.2	−1.1	59.5	6.2
룩셈부르크	1.4	−1.0	7.1	5.6
네덜란드	1.8	1.6	70.0[b]	5.5
포르투갈	1.8	2.2	60.0	6.2
스페인	1.8	2.2	67.4[b]	6.3
스웨덴	1.9	0.5	74.1[b]	6.5
EU 평균	1.6	1.9	70.5	6.1
기준값	2.7	3.0	60.0	7.8

[a] 추정치.
[b] 기준 미충족 국가.

출처 : European Commission, *Convergence Report 1999* (Brussels: European Commission, 1998).

(계속)

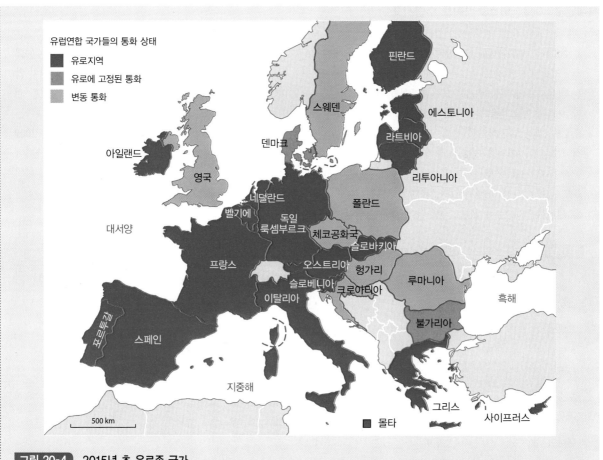

그림 20-4 2015년 초 유로존 국가

2015년 현재 유로존의 19개 국가는 오스트리아, 벨기에, 사이프러스, 에스토니아, 핀란드, 프랑스, 독일, 그리스, 아일랜드, 이탈리아, 라트비아, 리투아니아, 룩셈부르크, 몰타, 네덜란드, 포르투갈, 슬로바키아, 슬로베니아, 스페인이다.

출처 : *The Economist*, 2015.

약은 유럽중앙은행(1998년 설립)이 가동되기 시작하고, 유로가 존재하는 1999년 초에 유럽에서 진정한 통화연합을 가져오는 가교 역할을 수행했다.

20.4D 유로의 탄생

1999년 초 유럽통화제도는 유로의 도입과 유럽중앙은행에 의한 공통통화정책으로 인해 유럽통화동맹(European Monetary Union, EMU)이 되었다. 1999년 1월 1일에 유로(euro, €)는 11개의 유로지역 또는 유로 나라(오스트리아, 벨기에, 독일, 핀란드, 프랑스, 아일랜드, 이탈리아, 룩셈부르크, 스페인, 포르투갈, 네덜란드)의 공통된 통화로서 존재하게 되었다. 그리스는 2001년 1월 1일에 가입하였고, 영국과 스웨덴, 덴마크는 참여하지 않았다. 유로의 창출은 전후 통화의 역사에서 가장 중요한 사건 중의 하나로, 지금까지 주권국가의 큰 그룹이 공통통화를 위해 자발적으로 자국의 통화를 포기한 적이 없었다.

1999년 1월 1일 이후 유로는 금융시장에서 거래되었으며, 새로 발행되는 증권은 유로로 표시되었고, 유로지역에서 공식적인 통계는 유로로 표기되었지만 2002년 시작까지는 유로 수표와 동전은 도입되지 않았다. 즉, 이 기간까지 유로는 계산단위에 불과하고 실제로 물리적으로 통용되는 통화는 아니었다. 그러나 2002년 1월 1일부터 7월 1일까지 이를 선택한 국가들에 대해서 유로와 자국통화는 함께 통용되다가 2002년 7월 1일까지는 모든 국가통화는 무대에서 사라지고 유로 지폐와 동전이 유로지역 12개 참여국의 유일한 법정통화가 되었다.

참여국의 통화로 표시한 유로의 가치는 1998년 가을에 결정되었으나 엄격하게 고정되었다. 참여국의 통화와 유로의 공식적인 교환비율은 표 20-3에 제시되어 있다.

1999년 1월 1일부터 2002년 1월 1일까지 미국의 달러, 영국의 파운드, 일본의 엔 등 다른 국가의 통화로 표시한 유로의 환율은 변동하였지만 각 참여 통화의 가치는 유로 단위로 엄격히 고정되었다. 이것은 유로에 참여한 국가의 통화는 다른 국가의 통화와 유로가 다른 국가의 통화와 변동하는 정도만큼 변동한다는 것을 의미한다. 예를 들어 유로의 달러화 가격이 1.10달러이면 독일 마르크의 달러화 가치는 유로의 독일 마르크 가격보다 10% 더 높거나 1.10 × 1.95583, 즉 2.151413달러와 동일하다. 그후 유로가 1.05달러로 평가하락하면 독일 마르크의 달러 가격은 1.05 × 1.95583 또는 2.0536215달러이다.

영국과 스웨덴 그리고 덴마크의 통화와 유로 간의 지나친 변동성과 가능한 잘못된 정렬을 피하기 위해 유럽통화제도에서 운영되었던 것과 유사한 환율 메커니즘 II(ERM II)가 설정되었다. 그러나 1992~1993년의 ERM 위기의 경험이 보여 준 바와 같이 그러한 체제는 불안정하고 위기에 예민하다. 또한 영국과 스웨덴 그리고 덴마크는 미래 유로의 선택을 용이하게 하기 위해 유로에 대한 그들의 통

표 20-3 유로에 대한 공식적인 통화변환율

국가	자국통화	유로당 자국 통화단위
오스트리아	실링	13.7603
벨기에	벨기에 프랑	40.3399
핀란드	마르카	5.94573
프랑스	프랑스 프랑	6.55957
독일	독일 마르크	1.95583
아일랜드	푼트	0.787564
이탈리아	이탈리아 리라	1936.27
룩셈부르크	룩셈부르크 프랑	40.3399
네덜란드	길더	2.20371
포르투갈	에스쿠도	200.482
스페인	페세타	166.386

출처 : "The Launch of the Euro," *Federal Reserve Bulletin*, October 1999, pp. 655 - 666.

사례연구 20-4   유로의 수익과 비용

유로지역 국가의 공통통화로서 유로를 선택하는 것은 참여하는 국가에게 주요한 이익을 제공하지만, 또한 심각한 비용을 야기할 것이다. 이익은 다음과 같다: (1) 유로지역 국가에서 통화를 교환할 필요성의 제거(1년에 300억 달러를 절약할 것으로 추정), (2) 참여국 통화 간의 환율의 급변성의 제거, (3) 참여국들의 보다 빠른 경제 및 통화통합, (4) 과거에 독일의 분데스방크가 여타 유럽연합 회원국들에게 실제로 부과했던 것보다 더 팽창적인 통화정책을 추구하는 유럽중앙은행의 능력, (5) 외부적으로 부가된 조건 없이는 국내를 정돈하려고 하지도 않고 할 수도 없는 그리스나 이탈리아와 같은 국가에 대한 보다 큰 경제적 규율, (6) 유로의 국제통화로의 사용에 따른 세뇨리지(사례연구 14-1 참조), (7) 국제금융시장에서 차입비용의 감소, (8) 국제문제에서 유럽연합에 대한 경제적·정치적 중요성의 증가.

유로를 채택함으로써 참여국에서 발생하는 가장 심각한 문제점은 그들 중의 하나나 소수가 불경기에 직면하거나 비대칭적 충격에 직면할 때이다. 그 이유는 그렇게 영향을 받는 국가들이 그 문제를 극복하기 위해 환율정책도 통화정책도 사용할 수 없고, 재정정책 또한 심각하게 제한되기 때문이다. 그러한 상황하에서 시간이 경과함에 따라 문제가 점진적으로 해결되도록 기다려야 한다. 미국과 같이 보다 더 완전히 통합된 국가에서는 한 지역에서 불경기가 발생하면 즉각 노동이 빠져나갈 것이며, 그 지역은 재정상의 재배분으로 이익을 얻을 것이다. 그러나 EMU에서는 미국에서보다 노동이동이 훨씬 제한되고, 재정적 재배분도 그러하다. 이와 같이 유로지역의 국가가 비대칭적 충격을 다루기는 더욱 어렵다. 경제통합이 EMU 내의 노동이동을 자극하지만, 완성되기에는 수년이 걸리는 느린 과정이다. 유로지역 내의 자본이동은 어느 정도 그 문제를 해결하는 데 있어 부적절한 노동이동의 대용물이 된다.

출처 : G. Fink and D. Salvatore, "Benefits and Costs of European Economic and Monetary Union," *The Brown Journal of World Affairs*, Summer/Fall 1999, pp. 187 – 194; D. Salvatore, "The Unresolved Problem with the EMS and EMU," *American Economic Review Proceedings*, May 1997, pp. 224 – 226; and D. Salvatore, "Euro," *Princeton Encyclopedia of the World Economy* (Princeton, N.J.: Princeton University Press, 2008), pp. 350 – 352.

화변동을 제한하는 데 관심이 있었다(Salvatore, 2002). 2004년에 에스토니아, 리투아니아, 슬로베니아는 통화기준 15%의 변동폭을 갖는 환율 메커니즘(ERM II)에 가입한다.

유로는 1999년 1월 1일에 €1 = $1.17로 도입되었지만 대부분의 전문가 의견과 달리 1999년 말까지 평가(€1 = $1) 밑에서 하방으로 이동하였다. 그것은 실제로 2002년 중반 달러와 근접한 평가로 복귀하기 전 2000년 10월 말에 0.82달러까지 하락하였다. 그 후 2004년 12월에는 1.36달러까지 상승했다가 2008년 7월에는 1.63달러까지 상승했으며 2014년 1월에 1.14달러가 되었다(사례연구 15-8 참조). 유로의 탄생은 유로지역에서는 중요한 이익이 되지만 특별히 단기에서는 심각한 비용부담을 야기할 것으로 예상된다(사례연구 20-4 참조).

20.4E 유럽중앙은행과 공통통화정책

1998년에 유럽연합의 국가별 중앙은행의 연합구조인 **유럽중앙은행체제(ECSB)**의 운영도구로써 **유럽중앙은행**(European Central Bank, ECB)이 창설되었다. 1999년 1월에 ECB는 유럽통화동맹(EMU)의 공통통화정책에 대한 책임을 떠맡았다. ECB의 통화에 관한 정책은 6명으로 구성되는 집행위원회(2003년까지 ECB의 총재인 네덜란드의 빔 다위센베르흐와 2011년까지 프랑스의 장클로드 트리셰, 그후 이탈리아의 마리오 드라히)와 각국의 중앙은행 총재들로 구성되는 이사회에서 다수결에 의해 결정된다.

마스트리히트 조약에 의해 ECB에 가격안정을 추구하는 유일한 권한이 부여되었고, 그것은 거의 정치적인 압력과는 독립적이었다. ECB는 활동에 관해 유럽의회가 보고하는 것만 요구되고, 유럽의회는 ECB의 결정에 영향을 주는 어떤 힘도 가지지 않는다. 이를테면 미국의회는 연방준비이사회의 독립성을 감소시킬 수 있는 법을 통과시킬 수 있는 반면, ECB의 위상이 변화되기 위해서는 마스트리히트 조약 자체가 법에 의하거나 모든 회원국의 투표에 의해 변경되어야 한다. ECB의 거의 총체적인 독립성은 ECB에 지나친 통화자극을 강요하는 정치적인 압력으로부터 보호하기 위한 것이다. 그러나 이것은 또한 ECB가 너무 멀며, 비민주적이고 시민들의 경제적 요구에 무반응하다는 비판을 받았다.

그러나 이상하게도 유로의 환율정책은 ECB보다는 정치가의 수중에 있다. 통화정책과 환율정책은 밀접하게 연관되기 때문에 이해하기 어려운 것이며, 타국과 관계없이 진실로 독립적인 통화정책을 수행한다는 것은 불가능하다. 예상할 수 있듯이 1999년 EMU 첫해의 운영은 성장을 자극하기 위해 낮은 이자율을 요구하고, 유로의 약함을 극복하길 바라는 정치가들과 대부분 치솟는 인플레이션을 두려워하여 저항하는 ECB (적어도 공식적인 발표상으로는) 간에 어느 정도 소란스러움이 있었다. 1999년에 연합차원의 통화정책에 관한 갈등으로 아일랜드와 스페인 같은 국가는 과도한 성장과 인플레이션 위험에 직면한 반면(따라서 보다 제한적인 통화정책을 요구) 다른 국가들(독일과 이탈리아)은 저성장에 직면하여 보다 낮은 이자율을 요구하는 등의 갈등이 있었다.

ECB는 아일랜드와 스페인의 기준에서는 너무 낮고, 독일과 이탈리아의 관점에서 볼 때는 너무 높은 중도적인 통화정책을 채택하였다. 2000년부터 2008년까지 ECB는 치솟는 인플레이션을 두려워하고, 신뢰성을 달성하기 위해 매우 긴축적인 통화정책을 시행하였다(확실히 미국 Fed가 수행한 것보다 훨씬 긴축적이었다). 그러나 ECB는 2008년 가을부터 유로존이 직면한 심각한 경기침체와 경제위기를 해결하기 위해 이자율을 인하하였다(사례연구 20-5 참조)

2012년 6월 유럽연합(EU)의 지도자들은 은행연합(Banking Union)을 창설하기로 결정하였다. 2014년 11월 4일 유럽중앙은행은 2013년 10월 15일 단일감독체계(SSM)의 규정에 따라 은행(영국과 스웨덴 은행 제외)의 허가권을 갖게 되었다. 더 나아가 단일해결위원회(SRB)는 2015년 1월 120개의 가장 큰 규모의 유럽은행(총자산 300억 유로 초과)의 위기를 관리하기 위해 감독하에 두고 단일해결기금(SRF)은 자금으로 은행에 자금지원을 하게 되었다. 그러나 이 모든 것은 실질적인 은행연합의 창설에는 미치지 못한 결과이다. 2018년 12월에 EU 각료들은 회원국들이 시장의 변동성을 극복하는 데 도움을 주기 위해 보다 신축성을 부여하는 방향으로 미래의 금융위기를 대비하여 유로존을 강화하기로 합의하였다.

20.5 통화위원회제도와 달러화

이 절에서는 통화위원회제도를 창설함으로써 또는 다른 국가의 통화를 채택함으로써(달러화) 일국의 환율을 경직적으로 페그(peg)시키거나 고정시키는 것의 이익과 비용을 검토한다. 다음 절에서는 고정환율제도와 변동환율제도의 특성을 다양한 정도로 결합하고 있는 혼합환율제도의 장단점을 검토한다.

20.5A 통화위원회제도

통화위원회제도(Currency Board Arrangement, CBA)는 공통통화를 채택하거나 달러화(달러를 자국의 통화로 채택하는 것)에는 미치지 못하나 가장 극단적인 형태의 환율 페그(고정환율제도)이다. CBA하

사례연구 20-5   유로존 위기

2008~2009년의 글로벌 금융위기가 종식되기 전에 유로존은 2010~2011년 존재 자체를 위협하는 심각한 위기에 빠져들었으며, 이 책을 저술하는 2019년 시점에서도 그대로 진행 중이다. 그 위기로 인해 아일랜드, 그리스, 포르투갈, 스페인, 이탈리아 등이 주로 영향을 받았고, 저성장 또는 침체기에 과도하고 지속 불가능한 차입 때문에 발생하였다(표 20-4 참조).

과도한 차입은 유로에 참가하면서 취약국의 차입비용이 급격하게 감소하게 된 것이 원인이다. 그러나 2008~2009년 저성장 또는 침체로 인해 그러한 취약국들이 부채를 상환할 수 없다는 것이 분명해졌다. 아일랜드, 포르투갈, 특히 그리스의 붕괴를 막기 위해 부유한 유로존 국가들(주로 독일)의 대량의 구제금융, 유럽중앙은행의 취약국의 정부채권 구입, 800개 이상의 유럽은행에 1%의 이자율(은행은 즉시 5~6%의 이자를 지불하는 국채를 매입함)로 1조 3,000억 달러의 융자를 제공하였다. 이에 대한 대답으로 취약국들은 재정적자를 GDP의 0.5% 이하(GDP의 3%라는 마스트리히트 기준을 비교할 때), GDP의 60%까지 부채한도를 책정하는 등 새로운 안정화 정책을 추진하였다. 그러나 과감한 재정의 긴축은 취약국들을 성장의 둔화와 침체에 빠져들게 하였다. 유로위기는 통화정책은 공통, 재정정책은 독립적으로 유지하는 하프웨이하우스라는 측면에서 볼 때 일어날 수밖에 없는 측면이 있다.

출처 : D. Salvatore, "The Common Unresolved Problems of EMS and EMU," *American Economic Review*, May 1997, pp. 224‒226; and D. Salvatore, Editor, *When and How Will the Euro Crisis End*?, Special Issue of the *Journal of Policy Modeling*, May/June 2015, with papers by Paul De Grauwe, Barry Eichengreen, Martin Feldstein, and Jeffrey Frankel, among others.

표 20-4 유로존 국가들의 정부부채와 재정적자(2011)

국가	GDP 대비 재정적자(%)	GDP 대비 정부부채(%)	실질 GDP 성장률(%)
독일	1.0	87.2	3.1
오스트리아	2.6	79.7	3.0
벨기에	3.9	102.3	2.0
네덜란드	4.6	75.2	1.3
프랑스	5.2	100.1	1.7
이탈리아	3.8	119.7	0.5
포르투갈	4.2	117.6	−1.6
스페인	8.5	75.3	0.7
그리스	9.2	170.0	−6.9
아일랜드	13.0	114.1	0.7

출처 : Organization for Economic Cooperation and Development, *Economic Outlook* (Paris: OECD, May 2012).

에서 그 국가는 자국의 환율을 외국통화, SDR 또는 복합통화에 (법으로) 경직적으로 고정시키고, 중앙은행은 독자적으로 운영하지 못하게 된다. CBA는 그 국가의 통화량에 대해 100%의 국제준비자산의 지원이 있으므로 금본위제도와 유사하다. 이와 같이 그 국가는 통화량에 대한 통제를 포기하고, 중앙은행은 독자적인 통화정책을 수행하는 기능을 포기한다. CBA하에서 국가의 통화량은 국제수지 흑자와 국제준비자산의 유입이나 국제수지 적자와 국제준비자산의 유출에 반응하여 각각 증가하거

사례연구 20-6 아르헨티나 통화위원회제도와 위기

아르헨티나가 깊은 경제위기에 직면하여 붕괴되었던 1991년부터 2001년 말까지 통화위원회제도(CBA)가 있었다. 아르헨티나의 CBA는 브라질이 먼저 자국의 통화를 평가절하해야 했고, 그후 급격히 평가하락이 허용된 1999년까지 합리적으로 운영되었다. 페소가 달러에 경직적으로 묶임에 따라 브라질(최대의 무역상대국)에 대해 국제경쟁력의 큰 손실을 입었고, 불경기에 빠져들었다. 그러나 총량적으로 과대평가된 통화는 아르헨티나가 직면한 유일한 문제는 아니었으며, 통제 불가능한 재정적자는 한층 더 심각했다. 아르헨티나는 자신의 가능성 밖에서 살고 있었으며, 이것은 지속 불가능하였다. 페소의 과대평가는 위기를 더 심각하게 하였다. 그러나 해외투자를 유치하기 위해 공공금융을 축소하는 것은 불황을 심화시킬 뿐이었으며, 아르헨티나를 두려워하는 많은 투자자들을 유치하지도 못하고, 거리에서의 폭동을 일으키게 할 뿐이었다. 따라서 아르헨티나는 통화위원회제도를 포기하고 페소를 평가절하하였다.

이것은 아르헨티나에게 페소의 평가절하 또는 완전한 달러화의 두 가지 선택을 남겼다. 아르헨티나는 CBA를 포기하는 것을 달갑지 않게 생각했으며, 1980년대 말의 초인플레이션으로 돌아갈 것을 두려워하여 페소를 평가절하하였다. 달러화는 위험이 없는 것이 아니다. 특히 그것이 외환위험을 제거하고 더 많은 해외투자를 끌어들일 것처럼 보였지만 달러화는 브라질과 관련하여 국제경쟁력의 문제를 제거하지 못했을 뿐 아니라 아르헨티나의 재정문제마저도 해결하지 못했다. 아는 바와 같이 2002년 1월에 아르헨티나는 대규모의 외채에 대해 채무불이행을 하였으며, 통화위원회제도를 포기하고 페소를 평가절하하고 변동하도록 하였다. 2002년 가을까지 CBA하에서 달러당 1페소에서 달러당 3.5페소로 평가하락하였다(250% 평가하락). 결국 아르헨티나는 외국인 채권 보유자에게 달러당 25센트에 상환했다.

출처 : A. de la Torre, E. Yeyati, and E. Talvi, "Living and Dying with Hard Pegs: The Rise and Fall of Argentina's Currency Board," in G. von Furstenberg, V. Alexander, and J. Melitz, Eds., *Monetary Unions and Hard Pegs* (New York: Oxford University Press, 2004), pp. 183 – 230.

나 감소한다. 그 결과 대부분 인플레이션율과 이자율은 한 국가가 자국의 통화를 페그하는 그 국가의 상황에 의해 결정된다.

보통 한 국가는 심각한 금융위기에 있을 때 인플레이션과 효율적으로 싸우는 수단으로써 이러한 극단적인 협정을 하게 된다. CBA는 홍콩(1983년 이후), 아르헨티나(1991년부터 2001년 말까지), 에스토니아(1992년 이후부터 2010년 말까지), 리투아니아(1994년 이후부터 2014년 말까지), 불가리아(1997년 이후), 보스니아와 헤르체고비나(1997년 이후) 같은 국가나 경제에서 운영되어 왔다. CBA가 성공적으로 운영되는 핵심조건은 건전한 은행제도(중앙은행이 최종 대부자가 될 수 없거나 은행에 신용제공이 불가능하므로)와 조심스러운 재정정책(중앙은행이 정부에 대여할 수 없으므로)이다.

CBA의 주요한 장점은 경제정책체제의 신뢰성인데 그것으로 인해 낮은 이자율과 낮은 인플레이션을 야기한다. CBA의 비용은 그 국가의 중앙은행이 (1) 독자적인 통화정책을 수행하지 못한다. (2) 최종적인 대여자로서 행동하지 못한다. (3) 자국통화를 독자적으로 발행하는 데서 오는 세뇨리지를 징수하지 못한다는 것이다. 사례연구 20-6에서는 1990년대 CBA하의 아르헨티나의 경험을 살펴본다.

20.5B 달러화

어떤 국가들은 CBA보다 한층 더 나아가 다른 국가의 통화를 법화로 채택한다. 그 국가가 달러가 아닌 다른 국가의 통화를 채택하더라도 그 과정을 보통 달러화라 부른다. 푸에르토리코 연방, 미국의 버진 아일랜드, 파나마는 1904년 이래 공식적으로 달러화(dollarization)를 시행했다. 에콰도르는 2000년에 완전히 달러화를 하였고, 엘살바도르는 2001년에 시행하였다. 2001년 이후 니카라과는 거의 달러화를 시행하였고 코스타리카는 달러화로의 전환을 고려하고 있다.

달러화의 이익과 비용은 CBA를 채택하는 경우와 유사하지만 달러화는 CBA보다 더 나아가 그 체제를 포기할 탈출 옵션까지 포기하는 것을 의미하므로 그 국가의 통화주권의 보다 완전한 포기를 의미하게 된다. 달러화는 다음과 같은 이익을 필요로 하는 국가에서 발생한다. (1) 국내통화를 달러로 바꾸는 비용을 축소하고, 환위험을 헤지할 필요, (2) 상품재정의 결과로 미국과 유사한 인플레이션에 직면하거나, 어떤 국가위기를 제외하고 이자율이 미국의 수준으로 하락하는 경우, (3) 외환위기를 피할 목적으로 외환 및 무역통제 및 재정규율을 강화하고 보다 빠르고도 완전한 통화통합을 고무하기 위해, (4) 보다 신속하고 완전한 국제금융통합을 촉진하기 위해.

달러화는 달러화하는 국가에게 다음의 비용을 발생시킨다. (1) 국내통화를 달러로 대체하는 비용 (평균 라틴아메리카 국가에 대해 GDP의 4~5% 정도로 추정됨), (2) 통화 및 환율정책의 독립성 상실 (그 나라는 경기상황과 상관없이 미국과 동일한 통화정책에 직면함), (3) 위기에 직면하여 국내은행 및 기타 금융기관을 돕는 최종 대여자로서의 중앙은행의 위치 상실.

달러화가 바람직한 국가들로는 미국이 주요한 파트너가 되는 소규모 개방경제와 통화성과의 역사가 좋지 않거나 경제정책의 신뢰성이 거의 없는 국가이다. 라틴아메리카 대부분의 소국들, 특히 카리브해 국가뿐 아니라 중앙아메리카에 있는 국가들은 이러한 상황에 매우 유사하다. 그러나 소국에서 대국으로 점점 이동하는 경우 달러화가 그 국가에 순이익을 줄 것인가에 관해서는 명쾌한 대답을 얻기가 매우 어렵다.

20.6 환율 밴드, 조정가능 페그제도, 크롤링 페그제도 및 관리변동환율제도

이 절에서는 고정환율제도의 특성과 변동환율제도의 특성을 결합한 혼합환율제도의 장단점을 검토한다. 여기에는 평가가치 또는 고정환율을 중심으로 환율 밴드가 다양한 경우 조정가능 페그제도, 크롤링 페그제도, 관리변동환율제도가 포함된다.

20.6A 환율 밴드

대부분의 고정환율제도는 보통 한정된 좁은 범위 내에서 환율이 변동할 수 있도록 한다. 즉, 각국은 자국통화의 환율 혹은 환평가를 결정하고 환율이 그 환평가를 중심으로 상하 소폭으로 변동할 수 있도록 허용한다. 예를 들어 제2차 세계대전 후부터 1971년까지 운용되었던 브레튼우즈 체제하에서는 환율이 이미 설정된 환평가 또는 고정환율의 상하 1% 내에서 변동하도록 허용하였다. 금본위제도에서는 예컨대 달러와 파운드 사이의 환율이 주조평가를 중심으로 뉴욕과 런던 사이에 1파운드 가치의 금을 운반하는 데 드는 비용만큼 상하로 변동(소위 금수출입점)할 수 있었다(16.6A절 참조).

고정환율제도에서 실제환율은 변동폭 내에서 수요와 공급에 의해 결정되었다. 그리고 금과 연계되어 있지 않은 고정환율제도에서는 외환시장에 대한 공식적인 개입에 의해, 순수한 금본위제도에서는 금 수송에 의해 환율이 이 변동폭을 벗어나지 않도록 하였다(제16장에서 설명된 것과 같이). 다음에서는 금과 연계되지 않은 고정환율제도를 집중적으로 살펴보기로 한다. 고정환율제도에서 환율의 변동폭이 소폭이라는 것은 통화당국이 이미 설정된 환평가를 유지하기 위해 계속적으로 외환시장에 개입할 필요가 없이 환율이 허용된 변동폭을 벗어나지 않도록만 하면 된다는 장점이 있다.

그림 20-5의 맨 위 도표에서 달러와 유로 사이의 평가 또는 고정환율은 $R = \$/€ = 1$로 가정되었으며 (브레튼우즈 체제에서와 같이) 평가의 상하 1% 내에서 변동하도록 허용된다. 그 결과 (수평 점선으로 표시된) 변동폭은 $R = 0.99$달러(하한)와 $R = 1.01$달러(상한)로 결정된다.

이와 같이 고정환율제도는 고정환율 또는 평가를 중심으로 어느 정도 신축성을 보여 준다. 기술적으로 각국은 허용된 변동폭을 넓혀서 실제환율이 보다 더 시장력에 의해 결정되도록 하여 공식적 개입의 필요성을 점차 감소시킬 수 있다. 궁극적으로 허용된 변동폭은 외환시장에 대한 모든 공식적 개입을 제거할 수 있을 정도로 넓혀질 수도 있다. 이것은 본질적으로 변동환율제도를 의미한다. 고정환율제도를 선호하게 되면 변동폭이 좁아지며, 변동환율제도를 선호하게 되면 변동폭이 넓어진다.

20.6B 조정가능 페그제도

조정가능 페그제도(adjustable peg system)에서는 평가가 주기적으로 변화되고, 국제수지 적자를 해소하기 위해서는 통화가 평가절하되고, 흑자 해소를 위해서는 평가절상되어야 한다는 전제조건하에서 평가와 허용 변동폭을 정의하게 된다. 브레튼우즈 체제(제21장 참조)는 원래 조정가능 페그제도로 설립되었으며 기초적 불균형에 처했을 때 각국은 자국통화의 평가를 변경시킬 수 있었다. '기초적' 불균형에 대해서는 어디에서도 명확히 정의되지는 않았지만 대체로 수년간에 걸쳐 지속되는 대규모의 잠재적 혹은 실질적인 국제수지 적자나 흑자를 뜻한다.

그러나 브레튼우즈 체제에서 각국은—국가적 위신과 환율의 빈번한 변동으로 불안정적 투기가 조장될지도 모른다는 염려 때문에(미국의 경우에도 달러가 국제적 지불준비로 보유되었기 때문에)—자주 불안정적인 투기의 상황에서도 실제로 평가를 변경하지 않을 수 없게 될 때까지 평가를 변경하려 하지 않았다. 따라서 브레튼우즈 체제가 조정가능 페그제도로 설립되었지만, 실제에 있어서는 거의 진정한 고정환율제도처럼 운용되었다.

진정한 조정가능 페그제도는 국제수지의 불균형에 처해 있는 국가가 조정가능 페그제도의 신축성을 이용하여 (혹은 이용하도록 요구되고) 환율변화에 대한 압박을 견디지 못할 때까지 기다리지 않고 그들의 평가를 실제로 변경시키는 제도이다. 이것은 그림 20-5의 중간 도표에 나타나 있는데, 거기에서 원래의 평가는 맨 위의 도표와 같으며 그 국가는 네 번째 달 초에 국제수지 적자에 직면하고 있으면 자국통화를 평가절하(환율을 인상)하거나 국제수지 흑자에 직면하고 있으면 평가절상(환율을 인하)을 한다.

그러나 조정가능 페그제도가 의도된 대로 운영되기 위해서는(한 국가의 국제지불준비고가 일정 백분율만큼 감소되었을 때와 같이) 그 국가가 평가를 언제 변경시켜야 할 것인가를 결정할 수 있도록 몇 가지 객관적인 규칙이 합의되어야 하고 시행되어야 한다. 어떠한 규칙도 어느 정도는 자의적이 될 것이며 투기자들에게 알려지게 될 것이고, 그들은 평가변화를 예측하여 이윤이 발생하는 불안정화 투기에 뛰어들 것이다.

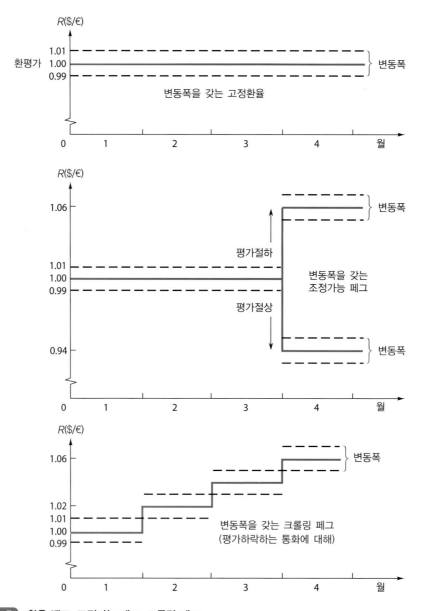

그림 20-5 환율 밴드, 조정가능 페그, 크롤링 페그

맨 위의 도표에서 달러와 유로 사이의 평가는 $R = \$1/€1$로 가정되었으며 설정된 평가를 중심으로 평가의 상하 1% 내에서 변동하도록 허용된다. 중간 도표는 그 국가가 국제수지 적자를 해소하기 위해 $R = 1$달러에서 $R = 1.06$달러로 평가절하하고, 국제수지 흑자를 해소하기 위해 $R = 1$달러에서 $R = 0.94$달러로 평가절상하는 것을 보여 준다. 맨 아래 도표는 국제수지 적자를 해소하기 위해 3개월 동안 월말에 약 2% 정도 평가절하하는 것을 보여 준다.

20.6C 크롤링 페그제도

크롤링 페그제도(crawling peg system)나 '슬라이딩 평가 또는 글라이딩 평가제도(sliding or gliding parties)'는 조정가능 페그제도에서 나타나는 비교적 큰 폭의 평가변화와 불안정적인 투기의 가능성을 피하기 위해서 고안되었다. 이 제도하에서 평가는 균형환율에 도달할 때까지 빈번히 그리고 분명히 규정된 간격으로 예컨대 월별로 미리 알려진 소량 혹은 적은 비율만큼 변화한다. 그림 20-5의 맨 아래 도표에서 통화의 평가절하가 필요한 국가에 대해 이를 표시하였다. 3개월 뒤 요구되는 1회의 6% 평가절하 대신에 그 국가는 3개월 동안 매월 말에 약 2%씩 평가절하한다.

이 국가는 예정된 환율변화에서 생기는 어떠한 이익도 상쇄되도록 단기이자율을 조정함으로써 불안정적 투기를 피할 수 있다. 예를 들어 2%의 평가절하를 발표하면 단기이자율은 2% 상승하게 되지만, 이것은 이 나라가 통화정책을 수행하는 데 방해가 된다. 그럼에도 불구하고 크롤링 페그제도는 대규모 평가절하에 따르는 정치적 오점을 제거하고 불안정적 투기를 막을 수 있다. 크롤링 페그제도는 넓은 변동폭과 더불어 사용되면 한층 더 큰 신축성을 달성할 수 있다.

소규모 평가절하 전에 변동폭의 상한이 우연히(그림 20-5에서처럼) 소규모 평가절하 후에 변동폭의 하한과 같거나 위에 있는 경우 평가절하는 실제의 현물환율에 어떤 변화도 가져오지 않을 것이다. 크롤링 페그제도를 사용하고자 하는 국가는 평가변화의 빈도와 변화 정도 및 허용되는 변동폭의 크기를 결정해야 하며, 이 제도는 실물적인 충격과 높은 인플레이션율에 직면하는 개발도상국에 가장 적절할 것이다.

20.6D 관리변동환율제도

투기가 안정적이라 하더라도 경기순환으로 인한 실물경제요소의 변동 때문에 환율은 여전히 시간에 따라(허용된다면) 변동한다. 불안정적 투기와 오버슈팅(overshooting)은 이러한 환율의 내재적인 변동을 확대시킨다. 앞에서 살펴보았듯이 환율변동은 국제무역과 투자의 흐름을 감소시키는 경향이 있다. 관리변동환율제도(managed floating exchange rate system)에서 한 국가의 통화당국은 장기적 환율추세에 영향을 미치지 않고 환율의 단기적인 변동을 완화하기 위해 외환시장에 개입할 책임이 있다. 통화당국이 성공하는 만큼 그 국가는 고정환율제도에서 생기는 대부분의 이익을(20.4절 참조) 누리는 한편 국제수지 불균형을 조정하는 데 신축성을 갖게 된다.

한 가지 발생할 수 있는 난점은 장기적인 환율의 추세가 어떻게 될 것인가를 파악하는 데 통화당국이 직업적 투기자, 투자가 그리고 무역업자보다 우위에 있지 않을 수도 있다는 점이다. 다행히도 만일 국가가 그때그때의 상황에 대처하는 정책(policy of leaning against the wind)을 채택한다면 환율의 단기변동을 안정시키기 위하여 환율의 장기적 추세를 알 필요가 없다. 이렇게 하기 위해서 그 국가의 통화당국은 국제지불준비를 활용하여 외환시장에서 외환에 대한 단기 초과수요의 일부(전부는 아니더라도)를 공급하고(따라서 이 국가의 통화가 평가하락하려는 경향이 완화됨) 외환에 대한 단기 초과공급의 일부를 흡수(지불준비의 증가)하여야(따라서 통화가 평가상승하려는 경향이 완화됨) 한다. 이것은 환율의 장기적 추세에는 영향을 주지 않고 환율의 단기적 변동만을 감소시킨다.

관리변동환율제도에서는 국제지불준비가 여전히 필요한 반면 자유변동환율제도에서 국제수지 불균형은 공적개입 및 지불준비 없이도 환율변동(안정적 외환시장의 경우에)에 의해 즉각적으로 그리고 자동적으로 수정된다는 점에 주목하라. 그러나 자유변동환율제도에서는 관리변동환율제도가 완화시키려 하는 환율변동을 받아들일 수밖에 없다.

관리변동환율제도에서 통화당국이 환율의 단기변동을 얼마만큼 성공적으로 완화시킬 수 있는가 하는 문제는 외환에 대한 단기 초과수요 및 초과공급을 얼마만큼 흡수할 수 있는가에 달려 있다. 이것은 또한 그 국가가 안정화 목적을 위해 외환시장에 개입하고자 하는 의지와 이 국가가 보유하고 있는 국제지불준비의 규모에 달려 있다. 한 국가의 국제지불준비 저량이 크면 클수록 통화당국이 달성할 수 있는 환율의 안정성은 더욱 증대된다.

그러나 앞에서 논의한 그때그때의 상황에 대처하는 정책(오늘날과 같이)이 정확하게 파악되지 않으면 (1973년 이후의 상황) 수출을 촉진하기 위해 환율을 높게(즉, 자국통화를 평가하락한 수준에서) 유지하려는 위험이 따른다(2005년 이후 미국과 중국의 상황). 이것은 위장된 인근 궁핍화 정책이며 다른 나라의 수출이 감소하고 수입이 증가할 때 타국의 보복을 초래한다. 이러한 종류의 변동환율제도를 때때로 더티 플로팅(dirty floating)이라고 부른다. 따라서 명확하게 정의되고 준수되는 행동규칙이 없는 경우에 국제무역과 투자를 저해하는 왜곡 및 갈등의 위험이 있다.

1973년 이래 전 세계는 다양한 관리변동환율제도를 채택하고 있다. 이 제도는 심사숙고한 후에 채택된 것은 아니고, 외환시장의 혼란상과 감당하기 어려운 불안정적 투기로 인해 브레튼우즈 체제가 붕괴함에 따라 받아들이게 된 것이다. 관리변동환율제도의 초기에는 더티 플로우팅과 이에 따른 불가피한 마찰을 방지하기 위하여 환율변동을 관리하기 위한 특별 규칙을 고안하려고 하였다. 그러나 최근까지의 이러한 노력은 모두 실패했다. 지난 40년간의 관리변동환율제도의 시기에 1970년대 초에 변동환율을 선호했던 사람들이 희망했던 것이나 변동환율을 반대했던 사람들이 심각하게 불안했던 것들은 사실상 모두 나타나지 않았다. 또한 원유가의 폭등과 이에 따른 세계적 인플레이션 및 불황으로 인해 야기된 1970년대의 대혼란기 및 2008~2009년의 글로벌 금융위기 및 대침체기에 어떠한 고정환율제도도 존속될 수 없었을 것이라는 점도 역시 사실일 것이다.

그럼에도 불구하고 달러가 1980년부터 1985년 2월까지 큰 폭으로 평가상승하고, 1985년 2월부터 1987년 말까지 큰 폭으로 평가하락했다는 점은 현행 관리변동환율제도에서는 큰 폭의 환율 불균형이 발생하면 수년간 지속될 수 있다는 점을 명백히 보여 준다. 이에 따라 주요통화의 변동 허용폭에 대한 목표를 설정하고 국제협조를 증진하며 주요국 사이의 정책협력을 모색하는 방향으로 현행 국제통화제도를 개혁하자는 요구가 새롭게 등장하였다.

현행의 제도는 보다 높은 정도의 신축성을 보여 주며 어느 정도 국가들로 하여금 자국의 선호와 여건에 가장 적합한 환율제도를 선택하도록 허용하고 있다(사례연구 20-7 참조). 일반적으로 공업대국과 인플레이션 압력을 많이 받는 국가들은 소규모의 개발도상국이나 고도로 특화된 개방경제에 비해 더 큰 환율변동을 채택하였다. 1976년의 자메이카협정으로(이것은 1973년 이후로 운용되었던 사실상의 관리변동환율제도를 다소간 공식적으로 인정하였다) 일국은 환율체제의 변동이 무역상대국이나 세계경제에 혼란을 주는 것으로 입증되지 않는 한 조건이 변화함에 따라 환율체제를 변경시킬 수 있게 되었다(이에 관해서는 제21장에서 논의함). 최근에 국가들은 아주 경직적인 고정환율제도나 매우 신축적인 환율만을 고려하고 선택해야 한다는 데 거의 의견의 일치를 보이는 것 같다. 중간 위치에 있는 제도는 불안정적 투기를 더 불러오고, 지속하기가 더 어렵다는 점에서 덜 매력적인 것으로 생각된다.

20.7 국제거시경제 정책조정

최근 수십 년간 세계는 한층 더 통합되고, 선진국들은 점점 더 상호의존적이 되어 가고 있다. 국제무

사례연구 20-7 IMF 회원국의 환율제도

표 20-5는 2017년 8월 31일 현재 IMF 188개 회원국과 3개 자치령[아루바, 퀴라소/생마르텡(네덜란드), 홍콩특별행정구(중국)]의 실제 환율제도의 분포를 보여 준다. 105개국(총 191개국 중 54.7%)은 경직된 또는 유연한 페그(고정환율제도)를 87개국(총회원국의 45.3%)은 변동 또는 관리변동환율제도로 운영되고 있다.

그중 13개국은 독립된 법정통치가 없는 국가로 달러를 자국 통화로 사용하는 에콰도르, 엘살바도르, 파나마와 코소보, 몬테네그로(유로를 자국 통화로 사용)가 여기에 속한다. 또한 11개국은 통화위원회제도(이것도 경직된 페그임)를 운영하는데, 불가리아와 홍콩특별행정구가 여기에 속한다. 전통적인(유연한) 페그를 운영하는 국가는 43개국인데 여기에는 덴마크, 요르단, 쿠웨이트, 리비아, 모로코, 사

우디아라비아가 속한다. 안정화된 제도를 운영하는 국가는 24개국인데, 여기에는 방글라데시, 이라크, 나이지리아, 파키스탄, 싱가포르, 베트남이 속한다. 크롤링과 유사한 제도(유연한 페그)를 운영하는 국가는 10개국으로 도미니카공화국, 에티오피아, 이란이 속한다.

변동환율제도를 운영하는 38개국은 이집트, 아르헨티나, 브라질, 콜롬비아, 헝가리, 인도, 인도네시아, 이스라엘, 대한민국, 멕시코, 필리핀, 루마니아, 남아프리카공화국, 스위스, 타이, 터키, 우크라이나이다. 자유변동환율제도를 운영하는 31개 국가는 미국, 19개 유럽통화연합(EMU) 회원국, 일본, 영국, 오스트레일리아, 캐나다, 멕시코, 폴란드, 러시아, 스웨덴이다. 2017년 8월 말 현재 다양한 형태의 환율제도가 운영되고 있다는 것을 알 수 있다.

표 20-5 IMF 회원국의 환율제도(2017년 4월 31일)

환율제도	회원국 수	비율
경직된 페그	**24**	**12.5**
독립 법화 부재	13	6.8
통화위원회	11	5.7
유연한 페그	**81**	**42.2**
전통적 페그	43	22.4
안정화된 제도	24	12.5
크롤링 페그	3	1.6
크롤링 유사 페그	10	5.2
구간대 페그 환율	1	0.5
변동	**69**	**35.9**
변동	38	19.8
자유 변동	31	16.1
기타		
기타 관리제도	**18**	**9.4**
총계	**191**	**100.0**

출처 : IMF, *Annual Report on Exchange Rate Arrangements and Exchange Restrictions 2017* (Washington, D.C. : IMF, 2018).

역은 산출량보다 2배 빠른 속도로 증가하였고, 특히 1970년대 초 이후로 금융자본의 국제이동은 더욱 증가하였다. 오늘날 7대 선진국(G7)에서 GNP에 대한 무역의 비율은 1960년대에 비해 2배가 되었고, 세계는 진정으로 통합되고 세계화된 국제금융시장의 방향으로 빠른 속도로 진행되고 있다.

세계경제의 상호의존성이 증가함에 따라 오늘날 개별 국가의 경제정책의 효과는 크게 감소되었고, 여타 세계에 미치는 스필오버 효과는 증가하였다. 예컨대 미국 경제를 부양시키기 위해 완화적 통화정책을 사용하면 미국의 이자율은 낮아지고, 자본유출이 발생한다. 이 자본유출로 인해 미국에서의 완화적 통화정책의 팽창적 효과는 잠식되고 달러는 평가하락된다. (다른 조건이 동일한 한) 다른 국가들은 자본유입에 직면하게 되고, 미국의 팽창적 통화정책의 결과로 그들 국가통화는 평가상승하게 된다. 이것은 그 국가 자신의 특수한 목표의 달성을 저해할 것이다. 유사하게 미국에서의 팽창적 재정정책도 여타 세계에 스필오버 효과를 미칠 것이다(사례연구 17-6, 18-3 및 18-4 참조).

이와 같이 상호의존성이 증가함에 따라 국제거시경제 정책조정은 바람직하고 필수적인 것이 되었다. 특히 각자는 독립적으로 행동하는 것보다는 협조적으로 정책을 시행함으로써 성과가 더 좋을 수 있다. 국제거시경제 정책조정(international macroeconomic policy coordination)이란 국제적 상호의존성의 인식하에 한 국가의 경제정책을 수정하는 것을 지칭한다. 예를 들어 전 세계의 경기침체의 경우 각 국가는 무역수지의 악화를 피하기 위해 경제를 부양하는 것을 주저할지도 모른다. 그러나 모든 국가가 상호조정을 통해 동시적으로 팽창정책을 사용하면 어떤 국가도 무역수지의 악화를 경험하지 않고, 산출량과 고용이 증가할 수 있다. 또 하나의 예는 각 국가가 수출을 촉진하고 수입을 억제하기 위해 취하는 경쟁적인 평가절하를 들 수 있다(인근 궁핍화 정책). 이러한 노력들은 자기 좌절적이며 국제무역을 저해한다. 이것은 실제로 양차 대전(제1차 세계대전과 제2차 세계대전) 기간에 발생했으며, 제2차 세계대전 후 고정환율제도(브레튼우즈 체제) 창설의 주요 이유 중 하나이다. 이것은 경쟁적 평가절하를 피하기 위한 협조적 협정으로 간주될 수 있다.

현재의 국제통화제도하에서 국제정책조정은 매우 간헐적으로 발생하며 그 영역도 제한되어 있다. 한 가지 사건은 독일이 1978년 그 제도에 대해 '기관차적'(자국경제를 부양하여 그것으로 수입을 증가시키고, 나머지 세계의 경기도 활성화) 역할을 수행하는 데 동의했을 때 발생했다. 그러나 독일은 국내 인플레이션이 상승하는 것을 두려워한 나머지 성과를 보기도 전에 그 노력을 포기했다. 제한된 국제정책조정에 대한 보다 성공적인 예는 1985년 9월의 플라자 합의로서 G5국가(미국, 일본, 독일, 프랑스, 영국)가 달러의 지나친 과대평가를 제거하기 위해 외환시장에 공동으로 개입하여 달러의 단계적인 평가하락 또는 '연착륙'을 시도한 것이다. 이것과 관련된 성공적이었지만 제한된 국제정책조정의 예는 달러-엔과 달러-마르크 환율에 대한 연참조영역(soft reference ranges) 또는 목표 존의 설정을 가져온 1987년 2월의 루브르 협정이다. 제한된 다른 정책조정의 성공적인 예는 1986년 미국, 일본, 독일에 의해 시작된 일련의 이자율 삭감을 위한 조정과 1987년 10월 전 세계적인 주식시장 폭락 그리고 2001년 9월 11일 테러공격 및 2008~2009년의 전 세계적 경제불황 동안의 조정을 통한 신속한 반응이다.

그러나 이러한 정책조정의 사례들은 간헐적이고 범위가 제한되어 있다. 1989년 이후로 조정과정 또한 악화된 것 같다. 예를 들어 1991년 12월 독일은 미국과 여타국들이 불경기로 인해 낮은 이자율을 선호했음에도 불구하고 동독의 재건으로 촉발된 인플레이션의 압력을 억제하기 위해 이자율을

1948년 이후 최고 수준으로 크게 상승시켰다. 미국은 불경기에서 탈출하기 위해 실제로 이자율을 낮추었으며, 이것은 독일 마르크에 대한 달러의 급격한 평가하락을 불러일으켰다. EU의 여타국들은 대신에 독일의 리드를 따를 수밖에 없었으며 유럽통화제도가 요구한 바대로 허용된 2.25%의 변동폭 내에서 유지하기 위해 이자율을 인상했으며, 이와 같이 유약한 경제를 활성화하기 위한 완화적 통화정책을 포기해야 했다. 이러한 다른 선진국의 요구에 대한 독일의 총체적 무시로 인해 국제통화협력은 심각한 퇴보를 가져왔고 1992년 9월과 1993년 8월의 환율 메커니즘(ERM)의 심각한 위기를 초래했다 (20.4B절 참조).

효과적이고 성공적인 국제적 거시경제정책의 조정에는 많은 장애물이 존재한다. 한 가지는 국제통화제도의 기능에 관한 의견일치의 부족이다. 예를 들면 미국의 연방준비은행은 통화팽창이 산출량과 고용의 증가를 가져오는 것으로 믿는 반면, 유럽중앙은행은 인플레이션을 가져오는 것으로 믿을지도 모른다. 또 하나의 장애는 요구되는 정확한 정책조합에 관한 의견일치의 부족에서 발생한다. 가령 주어진 재정정책의 효과에 관해 계량경제모형이 달라짐에 따라 결과도 달리 나타난다. 또한 성공적인 정책조정으로 인한 이익을 참여국 간에 어떻게 배분할 것인가와 협상을 하고 정책을 수행하는 비용을 어떻게 배분하는가의 문제이다. 프렌켈, 골드스타인, 메이슨(Frenkel, Goldstein, & Masson, 1991)이 보고한 실증적 연구에 따르면 각국은 국제적 거시경제정책의 조정으로 어느 정도 이익을 얻지만 그 이익이 매우 크지 않다고 지적한다. 그러나 이러한 연구는 성공적인 국제적 정책조정이 가져오는 이익을 충분히 다 파악하지 못했기 때문에 나타난 결과일지도 모른다(Salvatore, 2013, 2014).

요약

1. 앞의 장들에서는 변동환율제도 및 고정환율제도 각각에 대해서 별도로 조정과정을 검토하였으나 이 장에서는 고정환율제도 및 그와 대비되는 변동환율제도의 장점과 단점을 비교하여 평가하였다. 또한 변동환율제도와 고정환율제도의 여러 가지 특성을 결합한 혼합제도의 장단점도 비교·평가하였다.

2. 변동환율제도를 찬성하는 논거는 그 제도가 보다 더 큰 시장효율성과 정책상의 장점을 갖는다는 것이며, 다음과 같은 이유로 고정환율제도보다 더 효율적이라고 한다. (1) 국제수지를 조정하는 데 모든 국내가격 변동에 의하기보다는 환율변동에만 의존한다. (2) 특별한 경우에 대규모로 국제수지를 조정하기보다는 유연하게 연속적으로 해 나간다. (3) 여러 가지 상품의 비교우위와 비교열위의 정도를 명백히 식별할 수 있다. 변동환율제도의 정책상 장점은 다음과 같다. (1) 통화정책을 국내 목적을 위해 자유롭게 사용할 수 있다. (2) 변동환율제도는 통화정책의 효율성을 높여 준다. (3) 각국은 자국의 인플레이션-실업 간 배향관계를 추구할 수 있다. (4) 변동환율제도는 다른 정책에 의해 보다 잘 달성할 수 있는 목표를 환율을 통해 달성하느라 환율을 잘못 사용할 위험을 제거시켜 준다. (5) 외환시장에 대한 공적 개입 비용이 없다.

3. 고정환율제도를 찬성하는 논거는 불확실성이 더 적다는 주장과 투기가 보다 안정적일 것이라는 생각, 그리고 고정환율제도에서 인플레이션 압력이 상대적으로 적다는 점이다. 그러나 이론적 및 실증적 논거에서 볼 때 변동환율제도는 고정환율제도에 비해 투기 가능성이 더 높은 것으로 평가되진 않는다. 한편 변동환율제도는 일반적으로 보다 더 효율적이며 각국은 보다 신축적으로 자국의 독자적인 안정화 정책을 추구할 수

있다. 그러나 변동환율제도는 고정환율제도보다 인플레이션 가능성이 더 크며 안정화 경향이 낮고 내부적인 충격을 겪는 경제의 경우에 덜 적합하다. 또한 과도한 환율의 변동성을 갖는다. 어떤 환율제도하에서든 정책입안자들은 개방경제정책 트릴레마에 직면할 수밖에 없다.

4. **최적통화지역** 또는 **블록**은 여러 국가의 통화가 영구적으로 고정된 환율을 통해 연결된 국가들의 그룹을 뜻한다. 이것은 중요한 이익을 제공하지만 참여하는 국가들에게 비용도 야기한다. 유럽통화제도(EMS)는 1979년에 시작되었고, 유럽통화단위(ECU)의 창설을 포함하며, 회원국의 환율이 2.25%의 범위에서 변동하고, 유럽통화협력기금(EMCF)을 창설하여 회원국들에게 단기와 중기의 국제수지 지원을 제공한다. 1989년 6월에 유럽집행위원회 의장인 자크 들로르가 인도하는 위원회는 1997년 또는 1999년까지 단일통화와 유럽중앙은행(ECB)을 갖는 통화통합을 목표로 3단계의 전환을 권고했다. 영국과 이탈리아는 1992년 9월에 환율메커니즘으로부터 이탈하였으며, 변동의 허용폭은 상하 15%가 되었다. 1999년 1월 1일에 유럽연합의 15개 회원국 중 11개국은 공통통화로서 유로를 채택하고, 유로지역에서 연합차원의 통화정책에 책임을 지는 유럽중앙은행(ECB)을 둔 유럽통화동맹(EMU)을 형성하였다. 2015년까지 19개의 유럽연합 국가는 유로를 채택하였다.

5. **통화위원회제도(CBA)**하에서 해당 국가는 환율을 경직적으로 고정시키고, 중앙은행은 통화량에 대한 통제력이나 독립적인 통화정책을 시행할 능력과 최종 대여자로서의 자격을 상실한다. CBA하에서 일국의 통화량의 증가나 감소는 각각 국제수지 흑자나 적자의 결과로만 발생하게 된다. CBA의 주요한 장점은 경제정책의 신뢰성이 있다는 것과 이자율과 인플레이션이 낮다는 것이다. **달러화**란 한 국가가 다른 나라의 통화(대부분 달러)를 자국의 법정 통화로 채택하는 것이다. 달러화의 이익과 비용은 CBA의 경우와 유사하지만 그 국가가 탈출의 선택권을 포기했기 때문에 보다 단호하다는 측면에서만 차이가 있다.

6. 대부분의 환율제도는 통상 한정된 소폭의 범위 내에서 환율이 변동하도록 허용된다. 그러나 **조정가능 페그제도**에서는 한 국가가 국제수지 불균형에 처할 때 환율을 주기적으로 변경시키는 것이 요구된다. 조정가능 페그제도의 단점은 불안정적인 투기가 초래될 수도 있다는 것이다. 이것은 **크롤링 페그제도**로 극복될 수 있는데, 이 경우에는 평가가치가 소폭으로, 빈번히 일정한 간격을 두고 변화한다. 2017년에 8월에 IMF의 191개 회원국의 105개국(54.7%)은 어떤 유형의 고정환율제도에서 운영되며, 그 나머지는 어느 정도 환율 탄력성을 갖고 있다.

7. 최근 수십 년간 세계는 점점 더 상호의존적이 되었고, 이로 인해 국제적인 정책 조정은 더 바람직하고, 필요 불가결하게 되었다. 현재의 국제통화제도에서 국제적인 정책조정은 간헐적으로 있었고 그 영역도 제한되었다. 국제통화제도의 기능에 대한 의견일치의 부족, 요구되는 정확한 정책조합에 대한 동의의 결여, 성공적인 정책조정으로부터의 이익을 참여국 간에 배분하는 방법에 관한 의견일치의 어려움, 협상하고 동의를 이끌어 내는 데 드는 비용을 분산시키는 방법의 결여로 인해 여러 가지 어려움이 발생한다. 실증적 연구에 의하면 정책적 조정으로 인한 후생의 이익이 있기는 하지만 아주 크지는 않다.

주요용어

관리변동환율제도(managed floating exchange rate system)

국제거시경제 정책조정(international macroeconomic policy coordination)

그때그때의 상황에 대처하는 정책(policy of leaning against the wind)

달러화(dollarization)

더티 플로팅(dirty floating)

마스트리히트 조약(Maastricht Treaty)

안정 및 성장조약(Stability and Growth Pact, SGP)

유럽중앙은행(European Central, Bank, ECB)

유럽통화기구(European Monetary Institute, EMI)

유럽통화단위(European Currency Unit, ECU)

유럽통화동맹(European Monetary Union, EMU)

유럽통화제도(European Monetary System, EMS)

유럽통화협력기금(European Monetary Cooperation Fund, EMCF)

유로(euro, €)

은행연합(Banking Union)

자유변동환율제도(freely floating exchange rate system)

조정가능 페그제도(adjustable peg system)

최적통화지역 혹은 블록(optimum currency area or bloc)

크롤링 페그제도(crawling peg system)

통화위원회제도(Currency Board Arrangment, CBA)

트릴레마(trilemma)

환율 메커니즘(Exchang Rate Mechanism, ERM)

복습문제

1. 변동환율제도는 일반적으로 국제수지 불균형을 어떻게 조정하는가? 고정환율제도는 일반적으로 국제수지 불균형을 어떻게 조정하는가? 이러한 기본적인 두 가지 유형의 조정제도 사이의 선택이 중요한 이유는?

2. 고정환율제도와 대비되는 변동환율제도의 두 가지 주요 장점은 무엇인가? 변동환율제도의 주요 장점에 포함되는 특별한 장점들은 무엇인가?

3. 변동환율제도에 비하여 고정환율제도의 추정되는 장점은 무엇인가? 변동환율제도 찬성자들은 이에 대해 어떻게 대답하는가?

4. 이용 가능한 실증적, 이론적 근거에서 볼 때 변동환율제도와 고정환율제도 중 어떤 제도가 더 선호되는지에 대해 어떠한 총체적 결론에 도달하는가?

5. 최적통화지역 또는 블록은 무엇을 의미하는가?

6. 최적통화지역의 장단점은 무엇인가? 최적통화지역을 형성할 때 필요한 조건은 무엇인가?

7. 유럽통화제도란 무엇인가? 창설 이후로 어떻게 기능해 왔는가? 유럽통화동맹이란 무엇인가? 유로란? 유럽중앙은행의 기능은 무엇인가?

8. 통화위원회제도란 무엇인가? 달러화란? 각국이 이것을 채택하는 이유는? 각각은 어떻게 작동하는가? 각각의 이익과 비용은 무엇인가?

9. 고정환율제도에서 환율변동 허용폭을 증대시키면 어떠한 효과가 발생하는가?

10. 조정가능 페그제도란 무엇인가? 영구히 고정된 환율제도와 관련하여 조정가능 페그제도의 장단점은 무엇인가?

11. 크롤링 페그제도란 무엇인가? 이러한 제도가 조정가능 페그제도의 단점을 어떻게 극복할 수 있는가?

12. 관리변동환율제도란 무엇인가? 그때그때의 상황에 대처하는 정책은 어떻게 운영되는가? 자유변동환율제도 및 고정환율제도와 비교하여 관리변동환율제도의 장점은 무엇인가?

13. 더티 플로팅이란 무엇인가? 현재의 관리변동환율제도는 얼마나 순조롭게 운영되고 있는가?

14. 국제거시경제 정책조정이란 무엇인가? 그것은 왜 필

요하며, 어떻게 운영되는가?

15. 거시경제정책 조정이 확대되는 경우의 잠재적 이익은 무엇인가? 예측 가능한 미래에 주요 선진국 간에 훨씬 더 많은 거시경제정책 조정이 있을 것이라는 것은 얼마나 그럴 것 같은가?

연습문제

1. 한 상품의 가격이 미국에서는 3.5달러이고, 유럽통화연합에서의 가격은 4유로라고 하자. 또 달러와 유로 간의 실제 환율은 $R = \$1/€1$이고 균형환율은 $R' = \$0.75/€1$라 가정하자. 이때
   (a) 미국은 이 상품을 수출하겠는가, 수입하겠는가?
   (b) 미국은 이 상품에 비교우위를 갖고 있는가?

2. 고정환율제도에서 국제자본이동이 완전 탄력적일 때 통화정책이 완전히 무력한 이유를 설명하라.

3. 그림 20-1과 유사한 그림을 그리고, 주어진 외환공급곡선의 이동이 있을 때 외환에 대한 수요가 비탄력적일 때보다는 탄력적일 때 환율변동이 보다 작음을 보이라.

4. 경기순환의 과정에서 환율의 장기추세가 없다고 할 때 투기가 없는 경우, 안정적 투기가 있는 경우, 불안정적 투기가 있는 경우 각각에 대해 경기순환의 과정에서 환율의 변동을 보여 주는 그림 20-2와 유사한 그림을 그리라.

5. 경기순환의 과정에서 달러의 암묵적 평가상승 추세가 있다고 할 때 연습문제 4번을 풀어라.

6. 최적통화지역과 고정환율제도 간의 차이를 설명하라.

7. 유럽연합의 국가들에 대해 하나의 중앙은행과 하나의 통화를 갖는 것은 (a) 그 회원국들이 더 이상 독립적인 통화정책을 갖지 못하고 (b) 회원국 간에 환율과 같은 것이 존재하지 않게 되는 것이다.
   이유를 설명하라.

8. 단일통화의 창설로 EU 회원국에 발생할 것 같은 비용과 이익을 지적하라.

9. 다음의 차이를 지적하라.
   (a) 고정환율제도
   (b) 통화위원회제도
   (c) 달러화

10. 환율이 $R = \$2/€1$인 경우에서 시작하여 평가가치의 상하 1% 변동폭을 허용하고 그 통화를 매월 말 1%씩 3개월 동안 평가상승하는 국가의 크롤링 페그제도에서의 환율을 나타내는 그림을 그리라.

11. 그림 20-2에서 투기가 없는 경우 경기순환의 과정에서 환율변동을 보여 주는 실선(곡선 A)에서 시작하여 환율변동의 약 1/2을 제거하는 그때그때의 상황에 대처하는 정책으로 경기순환 과정에서의 (관리변동환율제도에서 투기가 없는 경우) 환율변동을 보여 주는 그림을 그리라.

12. 변동환율제도는 국제적 교란으로부터 경제를 격리하므로 국제적 정책조정이 필요하지 않다. 옳은가, 그른가? 그 이유를 설명하라.

13. 국제거시경제 정책조정을 위해 어떻게 게임이론이 사용될 수 있는가를 설명하라.

14. 국제적 정책조정이 없는 경우에는 팽창적 재정정책과 긴축적 통화정책을 추구하지만 정책조정이 있는 경우에는 반대가 되는 이유를 설명하라.

15. (a) 지난 20년간 주요 선진국 간에 국제거시경제 정책조정의 경험을 검토하라.
    (b) 오늘날 전 세계의 주요 선진국 간에 더 큰 국제거시경제 정책조정이 있을 가능성에 관해 어떤 결론에 도달할 수 있는가?

부록

A20.1 환율협정

이 부록에서 우리는 2017년 8월 31일 현재 국제통화기금(IMF)의 187개 회원국에 대한 환율제도를 소개하고 있다. 이것은 다음의 표 20-6에서 볼 수 있다. 이 표에 의하면 현재의 체제는 각 국가가 자신에 가장 적합한 제도를 선택하도록 많은 정도의 자유를 주고 있다. 그 결과 어떤 사람들은 현재의 체제를 무체제라고도 한다. 각국은 환율제도의 변동으로 무역상대국이나 세계경제에 혼란을 주지 않는 한 자국의 환율체제를 자유롭게 변경시킬 수 있다.

> **연습문제**　1999년 1월 1일 현재 유럽연합 각국은 어떤 종류의 환율제도를 채택하고 있는가? 현재 유럽연합에 속해 있는 국가는?

표 20-6　환율제도와 통화정책 틀의 실제 분류표(2017년 8월 31일 현재)

환율제도 (국가 수)	통화정책의 골격						
	환율 앵커				화폐의 총량 목표 (24)	인플레이션 타기팅 구조 (40)	기타(46)
	미국 달러(39)	유로(25)		복합통화 (9)	기타(9)		
독립적 법화가 없는 환율협정(13)	Ecuador El Salvador Marshall Islands Micronesia	Palau Panama Timor-Leste	Kosovo Montenegro	San Marino	Kiribati Nauru Tuvalu		
통화위원회 (11)	Djibouti Hong Kong SAR **ECCU** Antigua and Barbuda Dominica Grenada	St. Kitts and Nevis St. Lucia St. Vincent and the Grenadines	Bosnia and Herzegovina Bulgaria		Brunei Darussalam		
전통적 페그 (43)	Aruba The Bahamas Bahrain Barbados Belize Curaçao and Sint Maarten Eritrea	Iraq Jordan Oman Qatar Saudi Arabia Turkmenistan United Arab Emirates	Cabo Verde Comoros Denmark São Tomé and Príncipe **WAEMU** Benin Burkina Faso Côte d'Ivoire Guinea Bissau Mali Niger Senegal Togo	**CEMAC** Cameroon Central African Rep. Chad Rep. of Congo Equatorial Guinea Gabon [col: 유로]	Fiji Kuwait Morocco Libya	Bhutan Lesotho Namibia Nepal Swaziland		Solomon Islands Samoa

(계속)

표 20-6 환율제도와 통화정책 틀의 실제 분류표(2017년 8월 31일 현재) (계속)

환율제도 (국가 수)	통화정책의 골격						
	환율 앵커				화폐의 총량 목표 (24)	인플레이션 타기팅 구조 (40)	기타(46)
	미국 달러(39)	유로(25)	복합통화 (9)	기타(9)			
안정화된 제도(24)	Angola (04/16) Guyana Lebanon · Maldives Trinidad and Tobago (12/15)	Croatia (4/16) FYR Macedonia	Singapore Vietnam		Bangladesh Bolivia China (11/15) Malawi (08/16) Nigeria (03/15) Papua New Guinea (05/16) Tajikistan (02/16) Tanzania (01/16) Yemen	Czech Rep. Serbia (01/16)	Kenya (11/15) Lao P.D.R. (01/15) Pakistan (03/15) Sudan
크롤링 페그 (3)	Honduras Nicaragua		Botswana				
크롤링 유사 페그(10)			Iran		Burundi (06/16) Ethiopia Rwanda (03/15) Uzbekistan	Dominican Republic	Costa Rica (4/16) Jamaica Mauritania Sri Lanka
구간대 페그 환율(1)							Tonga
기타 관리 제도(18)	Cambodia Liberia Zimbabwe (10/16)		Syria		Algeria Belarus Democratic Rep. of the Congo (6/16) The Gambia Guinea Sierra Leone (10/15) Suriname (03/16) Myanmar		Azerbaijan Haiti Kyrgyz Rep. South Sudan Vanuatu Venezuela (03/16)

표 20-6 환율제도와 통화정책 틀의 실제 분류표(2017년 8월 31일 현재) (계속)

환율제도 (국가 수)	통화정책의 골격						
	환율 앵커				화폐의 총량 목표 (24)	인플레이션 타기팅 구조 (40)	기타(46)
	미국 달러(39)	유로(25)	복합통화 (9)	기타(9)			
변동(38)					Afghanistan Madagascar Seychelles	Albania Argentina Armenia Brazil Colombia Georgia Ghana Guatemala Hungary Iceland India Indonesia Israel Kazakhstan Korea Moldova New Zealand Paraguay Peru Philippines Romania South Africa Thailand Turkey Uganda Ukraine Uruguay	Egypt (11/16) Malaysia (09/16) Mauritius Mongolia Mozambique Switzerland Tunisia (05/16) Zambia
자유 변동 (31)					Australia Canada Chile Japan Mexico Norway Poland Russia Sweden United Kingdom	Somalia United States **EMU** Austria Belgium Cyprus Estonia Finland France Germany Greece Ireland Italy Latvia Lithuania Luxembourg Malta The Netherlands Portugal Slovak Rep. Slovenia Spain	

출처 : IMF, *Exchange Arrangements and Exchange Restrictions* (Washington, D.C. : IMF, 2018), pp. 6-7.

국제통화제도 : 과거, 현재 및 미래

21.1 서론

이 장에서는 금본위제도 시대부터 현재까지 국제통화제도가 어떻게 운영되었는가를 살펴보기로 한다. 이 중 일부는 여러 가지 국제수지 조정기구를 살필 때 실례를 들면서 소개된 바 있다. 이제는 이것들을 종합하여 1880년대부터 지금까지 다양한 국제통화제도하에서 실제로 발생했던 국제수지 조정 과정과 보다 광범위하게 개방경제 거시경제정책 및 그 성과에 대해 평가하고자 한다. 역사적인 접근 방법을 취하지만 제16장부터 제20장까지 논의한 분석틀을 근거로 다양한 국제통화제도의 운영에 대하여 평가해 본다.

국제통화제도(international monetary system, 때때로 국제통화질서 또는 체제라고도 함)는 국제결제를 하기 위한 규칙, 관습, 수단, 융자제도 및 조직을 뜻한다. 국제통화제도는 환율이 결정되는 방법이나 국제준비자산이 어떤 형태를 취하느냐에 따라 분류된다. 환율에 의해 분류하는 경우 평가 가치를 중심으로 소폭의 변동을 할 수 있는 고정환율제도, 넓은 폭으로 변동할 수 있는 고정환율제도, 조정가능 페그(adjustable peg)제도, 크롤링 페그(crawling peg)제도, 관리변동환율제도 또는 자유변동환율제도 등이 있다. 국제준비자산에 따라 분류하면 (금이 유일한 국제준비자산인) 금본위제도, (순수한 달러본위제도 또는 금과는 아무 관계도 없는 환본위제도와 같은) 순수한 환본위제도나 (양자를 결합한) 금환본위제도가 있다.

이러한 여러 가지의 분류형태는 다양한 방법으로 결합될 수 있다. 예를 들면 금본위제도는 고정환율제도이다. 그러나 금과는 전혀 관계없이 금에 의해 뒷받침되지 않는 미국 달러와 같은 어떤 국가의 통화로 구성되는 국제준비자산을 가진 고정환율제도도 있다. 마찬가지로 금과 외환 또는 외환만을 국제준비자산으로 갖는 조정가능 페그제도나 관리변동제도도 있다. 자유변동환율제도에서는 국제수지 불균형이 발생할 때 환율이 자동적으로, 즉각적으로 변화하여 이를 조정하게 되므로 이론적으로 준비자산은 필요하지 않다. 이 장에서 설명하겠지만 분류상 가능했던 대부분의 국제통화제도는 분석

기간에 어떤 시점이나 일부 국가에서 운영되고 있었다.

바람직한 국제통화제도는 국제무역과 투자의 흐름을 극대화하며, 무역으로부터 이익을 세계 각국에 '공평하게' 분배하는 제도이다. 국제통화제도는 조정, 유동성, 신인도의 측면에서 평가할 수 있다. 조정(adjustment)이란 국제수지 불균형이 해소되는 과정을 뜻한다. 훌륭한 국제통화제도는 조정에 필요한 비용과 시간을 극소화해야 한다. 유동성(liquidity)은 일시적 국제수지 불균형을 해결하기 위해 이용할 수 있는 국제준비자산의 양을 뜻한다. 훌륭한 국제통화제도는 각국에 적정한 준비자산을 공급하여 국내경제를 위축시키거나 세계 전체에 인플레이션 압력을 가하지 않고 국제수지 적자를 조정할 수 있어야 한다. 신인도(confidence)란 조정기구가 적절히 작동하고, 국제준비자산의 절대가치와 상대가치가 유지되는 것에 대한 신뢰를 의미한다.

21.2절에서는 1880년부터 1914년까지 운영된 금본위제도와 제1차 세계대전과 제2차 세계대전 사이의 경험을 살펴보기로 한다. 금본위제도는 금이 유일한 국제준비자산인 고정환율제도이다. 양차 세계대전 사이의 시기는 처음의 변동환율제도와 나중의 금본위제도로 복귀하려는 노력 — 이러한 시도는 실패했다 — 으로 특징지어진다. 21.3절과 21.4절, 21.5절에서는 제2차 세계대전 말부터 1971년 8월까지 운영된 고정된 또는 조정가능 페그 금환본위제도인 브레튼우즈 체제의 설립, 운영 및 붕괴를 살펴보고자 한다. 그때부터 1973년 3월까지는 조정가능 페그 달러본위제도가 지배적이었다. 21.6절에서는 현재의 관리변동환율제도의 운영 및 문제점을 살펴보고, 마지막으로 부록에서는 1950년부터 2018년까지 국제준비자산의 구성 및 가치에 관해 소개한다.

21.2 금본위제도와 두 세계대전 사이의 경험

이 절에서는 먼저 1880년경부터 제1차 세계대전이 발발했던 1914년까지 운영되었던 금본위제도를 살펴본다. 그리고 1919년에서 1924년까지 사이에 있었던 변동환율제도에 대한 경험과 그 후의 금본위제도를 회복하려는 시도에 대해 살펴본다(이러한 시도는 1931년 대공황이 심화됨에 따라 실패했다).

21.2A 금본위제도(1880~1914)

금본위제도(gold standard)는 1880년경부터 1914년까지 운영되었다. 16.6A절에서 설명한 바와 같이 금본위제도하에서 각국은 자국통화 한 단위의 금의 함량을 규정하고, 이 가격으로 얼마든지 금을 수동적으로 매입하거나 매출하게 된다. 각국 통화 1단위당 금의 함량은 고정되어 있으므로 환율 또한 고정되었다. 이를 **주조평가(mint parity)**라 하는데, 환율은 이 주조평가를 중심으로 외국통화 1단위와 동일한 가치의 금을 두 금융센터 간에 수송하는 데 드는 비용만큼 상하, 즉 **금 수송점(gold points)** 내에서 변동할 수 있다.

환율은 금 수송점 내에서 수요와 공급에 의해 결정되었고, 금 수송 때문에 금 수송점 밖으로 이동할 수 없었다. 즉, **금 수출점(gold export point)** 아래로 통화가 평가하락하려는 경향은 그 국가로부터의 금의 유출로 인해 지속될 수 없었다. 이러한 금의 유출은 그 국가의 국제수지 적자를 의미한다. 반대로 한 국가의 통화가 **금 수입점(gold import point)** 이상으로 평가상승하려는 경향은 금의 유입으로 인해 지속될 수 없었다. 이러한 금의 유입은 이 국가의 국제수지 흑자를 의미한다. 적자는 금으로 청산되어야 하고 각국의 금 준비는 제한되어 있으므로 적자는 영원히 지속될 수는 없고 신속하게 조정되어야 했다.

흄(Hume)이 설명한 바와 같이 금본위제도에서의 조정기구는 자동적인 가격-정화-유통기구(price-specie-flow mechanism)인데(16.6B절 참조) 이는 다음과 같이 작동한다. 각국의 통화량은 금 자체나 금에 의해 뒷받침되는 지폐로 구성되어 있으므로 적자국의 통화량은 감소하고 흑자국의 통화량은 증가한다. 이에 따라 적자국의 국내가격은 하락하고 흑자국에서는 상승한다(**통화수량설** 참조). 결과적으로 적자국의 수출은 촉진되고 수입은 위축되어 국제수지 적자가 해소되며, 흑자국에서는 이와 반대가 될 것이다.

국제수지 사정에 따라 수동적으로 통화량이 변화하도록 한다는 것은 한 국가가 인플레이션 없는 완전고용을 달성하기 위해 통화정책을 사용할 수 없었다는 것을 뜻한다. 그러나 고전파 경제학자들은 경제제도 내에는 인플레이션 없이 완전고용에 도달하려고 하는 자동적인 경향이 있는 것으로 믿었기 때문에 이러한 점은 별문제가 안 되었다.

조정과정이 작동하기 위해서는 각국이 국제수지 적자나 흑자가 통화량에 미치는 효과를 **불태화**(sterilize 즉, 중화)시키지 않아야 한다. 반대로 금본위제도에서의 **게임의 룰**은 적자국은 여신을 제한하고 흑자국은 여신을 확대함으로써 조정과정을 가속화하도록 요구하였다. 그러나 넉시(Nurkse)와 블룸필드(Bloomfield)는 금본위시대에 통화당국이 이러한 게임의 룰을 종종 준수하지 않았고, 국제수지 불균형이 자국의 통화량에 미치는 효과를 전부는 아닐지라도 부분적으로는 불태화시켰다는 점을 발견했다. 마이켈리(Michaely)는 조정과정을 원만히 하고 적자국의 통화량이 지나치게 감소하고 흑자국의 통화량이 지나치게 증가하는 것을 방지하기 위해서는 이러한 것들이 필요하다고 주장했다.

위의 방법이 금본위제도에서의 조정기구가 작동해야 했던 방식이었다. 실제로 1920년대에 타우시그(Taussig)와 하버드대학교의 그의 제자들은 조정과정이 대단히 신속하고도 원활하게 이루어져 국가 사이에 금이 거의 이동하지 않았다는 점을 발견했다. 타우시그는 국제수지 불균형이 대체로 (위에서 설명한 바와 같이) 금의 수송보다는 국제자본이동에 의해 청산되었다는 점을 발견했다. 즉, 영국의 경우 국제수지가 적자일 때 통화량은 감소하고 이자율이 상승하여 단기자본이 유입됨으로써 적자가 청산되었다.

영국은 의도적으로 할인율을 상승시킴으로써[영국에서는 **은행률**(bank rate)이라 부름] 자본유입에 대한 유인을 강화하였는데, 이에 따라 이자율은 더욱 상승하고 자본은 더욱 유입되었다. 게다가 적자로 인한 영국의 통화량 감소는 물가보다는 국내 경제활동을 위축시켰던 것으로 보이며(제17장에서 논의된 자동적인 소득조정기구로 설명한 바와 같이) 이에 따라 수입은 억제되었고, 국제수지 흑자의 경우에는 위와는 반대의 과정으로 조정되었다.

금본위제도에서 대부분의 조정은 가격-정화-유통기구에서 설명한 바와 같이 이루어지지 않았는데, 이는 조정과정이 신속하고 원활했다 할지라도 금본위시대에 존재했던 특수한 사정에 기인하기 때문이다. 이 시기는 전 세계적으로 경제적 팽창 및 안정의 시기였다. 파운드 스털링은 유일한 국제통화였으며, 런던은 유일한 국제금융센터였다. 따라서 파운드에 대한 신인도의 결여가 있을 수 없었고 기타의 통화 또는 다른 경쟁적인 국제금융센터로 신인도가 이동할 수 없었다. 오늘날보다는 가격이 더 신축적이었고 각국은 대내균형보다는 대외균형에 중점을 두었다. 이러한 상황에서는 어떤 국제통화제도라도 원활하게 운영되었을 것이다.

제1차 세계대전 전 또는 약 30년 동안 금본위제도가 순조롭게 운용될 수 있었던 조건을 충족시키지 않고 오늘날 금본위제도로 복귀하려고 한다면 이는 확실히 실패할 것이다. 그럼에도 불구하고 금본위제도 시대는 '지나간 좋은 시절'에 대한 잊혀지기 어려운 향수를 자아내게 했으며, 이는 오늘날에도 어느 정도 남아 있다. 그렇다고 (가까운 장래에) 금본위제도나 이와 유사한 어떤 제도로 복귀할 것 같지는 않다.

21.2B 두 세계대전 사이의 경험

제1차 세계대전이 발발하자 고전적인 금본위제도는 붕괴되었다. 1919년에서 1924년까지 환율은 급격히 변동했으며 이에 따라 안정성 있는 금본위제도로 복귀하고자 했다. 1925년 4월 영국은 전쟁 전의 가격으로 파운드의 **금**에 대한 **태환성**을 회복했고 제1차 세계대전 발발 시 시행했던 금수출 금지를 철폐했으며 다른 국가들도 영국의 뒤를 이어 금본위제도로 복귀했다(미국은 이미 1919년에 금본위제도로 복귀했다). 그러나 새로운 제도는 금 및 금으로 태환 가능한 통화(대부분 파운드지만 미국의 달러와 프랑스의 프랑도 포함됨)가 국제준비자산으로 이용되었다는 점에서 순수한 금본위제도라기보다는 금환본위제도의 성격을 띠고 있었다. 이는 세계 총무역액에서 차지하는 비율이(전쟁의 결과 다른 물가가 실질적으로 상승했음에도 불구하고 전쟁 전의 가격으로 평가되어) 훨씬 작아진 금을 효율적으로 사용하기 위한 것이었다.

그러나 영국이 (특히 미국에게) 경쟁력을 상당히 상실했고 전쟁비용을 지불하기 위하여 해외투자의 상당 부분을 정리했으므로 전쟁 전의 수준으로 평가를 설정함에 따라 파운드는 대단히 과대평가되었다(15.2절 카셀의 구매력평가 이론에 대한 논의 참조). 이에 따라 영국에서는 국제수지 적자가 야기되었고 적자를 억제하려 함에 따라 경기는 위축되었다. 반대로 프랑은 1926년 평가하락된 수준에서 안정되었으므로 프랑스는 대규모의 국제수지 흑자를 나타내게 되었다.

프랑스는 파리를 국제금융센터로 만들기 위해 1928년 프랑스의 국제수지 흑자에 대해 파운드나 기타의 통화로 결제하지 않고 금으로 결제하도록 하는 법안을 통과시켰다. 이에 따라 얼마 되지 않은 영국의 금 보유고는 상당량 고갈되었으며 런던으로부터 파리와 뉴욕으로 단기자본이 이동하게 되었다. 프랑스가 이미 축적된 파운드의 금에 대한 태환을 시도하자 영국은 1931년 9월에 파운드의 금으로의 태환을 중지하지 않을 수 없었으며 파운드는 평가절하되었고 금환본위제도는 붕괴되었다(1933년에 미국은 실제로 금본위제도를 폐지하였다).

프랑스가 보유하고 있던 파운드를 모두 금으로 전환시키기로 한 결정이 금환본위제도가 붕괴되는 데 직접적인 원인이 되었지만 보다 근본적인 원인은 (1) 전반적으로 부적절한 평가에 직면하여 국제수지 불균형이 자국의 통화량에 미치는 효과를 각국이 불태화시킴에 따라 적절한 조정기구가 없었던 점, (2) 런던과 새로 등장하게 되는 국제금융센터인 뉴욕이나 파리 사이의 불안정적인 막대한 자본이동, (3) 대공황의 발생(여기에는 국제금융제도가 제대로 기능하지 못한 점이 크게 작용하였다) 등이 있다. 그러나 세계적인 엄청난 불황하에서는 어떠한 국제금융제도도 붕괴되었을 것이다.

1931년부터 1936년까지는 각국이 자국의 실업을 '수출'하려 함에 따라 심각한 불안정과 경쟁적인 평가절하가 이루어진 시기였다. 미국은 1933년과 1934년에 수출을 증대시키기 위하여 국제수지 흑자

상태에서도(1온스당 금의 달러가격을 20.67달러에서 35달러로 인상함으로써) 달러를 평가절하하였다. 언급할 필요도 없이 이것은 심각한 정책상의 과오였다. 팽창적인 국내정책을 사용했더라면 미국 경제는 진작되었을 것이며 동시에 국제수지 흑자는 시정되거나 감소했을 것이다. 1936년까지 주요 통화 사이의 환율은 경쟁적인 평가절하가 시작되기 전인 1930년의 환율과 거의 비슷하였으며, 유일한 효과는 금 보유고의 가치가 상승했다는 점이다. 그러나 평가절하에 대한 방어책으로 대규모의 금으로 전환되었기 때문에 외환보유고는 많이 감소했다.

이 시기는 또한 각국이 고율의 관세와 기타 심각한 무역규제를 실시하여 국제무역액이 거의 반으로 감소했던 시기였다. 예를 들어 1930년 미국은 스무트-홀리 관세법(Smoot-Hawley tariff Act)을 통과시켰는데, 이는 미국의 수입관세를 전례 없이 높게 인상한 것이다. 1939년에는 불경기로 인해 완전고용을 포기했고 곧이어서 전쟁이 발발했다.

넉시에 의하면 양차 대전 사이의 경험을 통해 불안정적 투기가 만연했다는 것과 변동환율제도의 불안정성을 명백히 확인할 수 있었다. 이러한 경험으로 인해 제2차 세계대전 말 연합국들은 약간의 신축성은 있지만 환율의 고정성을 대단히 강조하는 국제통화제도를 설립하게 되었다(이 문제는 다음 절에서 논의). 보다 최근에 학자들은 1919년에서 1924년까지 환율의 급격한 변동은 제1차 세계대전 동안 진행되어 온 심각한 불균형 및 전후의 복구와 관련된 불안정성을 반영하며, 이 기간의 고정환율제도는 어떤 경우에도 붕괴될 수밖에 없었던 것으로 양차 세계대전 사이의 경험을 재해석하고 있다.

21.3 브레튼우즈 체제

이 절에서는 소위 브레튼우즈 체제와 (새로운 국제통화제도의 운영을 감독하고 일시적으로 국제수지 어려움을 겪는 국가에 신용을 공여하기 위하여 창설된 기구인) 국제통화기금(IMF)을 설명하기로 한다.

21.3A 금환본위제도(1947~1971)

1944년 미국, 영국 및 기타 42개국 대표들은 전후 창설될 국제통화제도를 논의하기 위해 뉴햄프셔 주의 브레튼우즈에서 회합을 가졌다. 이 회합에서 (1) 국제무역 및 금융에 관하여 합의된 일련의 행위규칙을 각국이 준수하도록 감독하고, (2) 일시적으로 국제수지 어려움을 겪는 국가에게 차입의 편의를 제공하기 위해 국제통화기금(International Monetary Fund, IMF)을 설립하기로 하였다.

새로운 국제통화제도는 영국 대표인 케인스가 제시한 안보다는 미국 재무부의 해리 화이트(Harry D. White)가 제시한 안을 반영하였다. 케인스는 (미국의 연방준비은행과 같은) 한 국가의 중앙은행이 국내에서 통화를 창출하는 것과 마찬가지로 '방코르(bancor)'라 불리는 새로운 계산단위를 기초로 국제유동성을 창출할 수 있는 청산동맹(clearing union)의 창설을 주장하였다. IMF는 1947년 3월 1일 30개 가맹국으로 설립되었다. 1990년대에 소비에트공화국들과 여타국들이 가입하였고 2014년에는 IMF 회원국이 191개국에 달하였으며, 2018년에도 같은 수준을 유지하였으며 쿠바와 북한 같은 소수의 국가만이 비회원국으로 남아 있다.

브레튼우즈 체제(Bretton Woods system)는 금환본위제도였다. 미국은 금의 가격을 1온스당 35달러로 고정하였고, 어떠한 규제나 제약 없이 요구할 때마다 (이 가격으로) 금을 매입하거나 매출하기로 되어 있었다. 기타국은 자국통화의 가격을 달러에 대해 고정하고 (따라서 금에 대해서는 간접적으로) 환율이 평가의 상하 1%를 초과하여 변동하지 못하도록 외환시장에 개입하기로 하였다. 환율은 허용된 변동폭 내에서 수요와 공급에 의해 결정되었다.

특히 한 국가는 자국통화가 합의된 평가에서 1% 이상 평가하락하지 않도록 달러를 방출하여 자국통화를 매입해야 하거나 혹은 자국통화가 평가로부터 1% 이상 평가상승하지 않도록 하기 위해서는 자국통화로 달러를 매입해야(국제준비자산의 증가) 했다. 기타 통화가 달러로 완전히 태환할 수 있게 된 1950년대 후반과 1960년대 초반까지는 미국의 달러가 유일한 개입통화(intervention currency)였으므로 새로운 체제는 사실상 금달러 본위제도였다.

각국은 일시적으로 국제수지 적자가 발생하는 경우 자국의 국제준비자산과 IMF로부터의 차입으로 충당하게 된다. 기초적 불균형(fundamental disequilibrium)의 경우에만 각국은 IMF의 승인을 거친 후에 자국통화의 평가를 변경시킬 수 있었다. 기초적 불균형에 대해서는 명확하게 정의되지는 않았지만 일반적으로 대규모의 지속적인 국제수지 적자나 흑자를 뜻한다. 그러나 10% 미만의 환율변화는 기금의 승인 없이도 허용되었다. 따라서 브레튼우즈 체제는 적어도 원래 구상되기는 일반적인 환율의 안정성과 몇 가지 신축성을 결합한 조정 가능한 페그제도의 성격을 띠고 있었다. 환율의 고정성을 강조한 것은 각국이 양차 세계대전 사이에 일어났던 국제무역 및 금융에서의 무질서한 상태를 피하려 했기 때문인 것으로 이해된다.

전후 과도기 이후 각국은 자국통화를 기타 통화 및 미국 달러로 태환하는 데 대한 모든 규제를 철폐하기로 하였다. 각국은 추가적인 무역규제를 하는 것이 금지되었으며[그렇지 않다면 통화의 태환성(currency convertibility)은 별 의미가 없게 됨], 현행의 무역규제는 GATT의 후원 아래 다자간 협상을 통해 점진적으로 철폐하기로 하였다. 그러나 대규모의 불안정적 또는 국제적 핫머니(hot money)의 이동으로부터 자국통화를 보호할 수 있도록 유동자본의 국제적 이동에 대한 규제는 허용되었다.

(다음에서 설명할) 기금으로부터의 차입은 일시적 국제수지 적자를 충당하는 데에만 국한되었으며, 장기여신으로 인한 기금 자원의 정체를 방지하기 위해 3년에서 5년 이내에 상환하도록 하였다. 장기의 개발 원조는 국제부흥개발은행(International Bank for Reconstruction and Development, IBRD) 또는 세계은행(World Bank)과 이의 부속기관인 (외국으로부터 개발도상국으로의 민간투자를 촉진하기 위하여 1956년에 설립된) 국제금융공사(International Finance Corporation, IFC)와 (가난한 개발도상국에 대하여 낮은 이자율로 신용을 공여하기 위해 1960년도에 설립된) 국제개발연맹(International Development Association, IDA)에 의해 제공되었다. 2015년에 중국은 브릭스(브라질, 러시아, 인도, 중국, 남아프리카공화국)와 소수의 선진국, 다수의 개발도상국의 참여하에 아시아 인프라 투자은행 (Asian Infrastructure Inverstment Bank, AIIB)을 역내의 인프라 사업(교통, 통신 및 에너지 사업)의 자금지원을 목적으로 설립하였으며, 500억 달러의 초기 자본으로 시작하여 1,000억 달러까지 자본 확충을 할 계획이고, 본부는 중국의 상하이에 위치하고 있다.

국제통화기금은 또한 가맹국의 국제수지, 국제무역 및 기타 경제자료를 수집하고 공표하였다. 오늘날 IMF는 특히 국제금융통계(International Financial Statistics)와 무역통계(Direction of Trade Statistics)를 발간하는데, 이는 가맹국의 국제수지, 무역 및 기타 경제지표에 대해 상호 비교가 가능한 가장 권위 있는 시계열 자료이다.

21.3B 국제통화기금으로부터의 차입

IMF에 가입하게 되면 각국은 자국의 경제적 중요도 및 국제무역량에 따라 쿼터를 할당받으며, 할당받은 쿼터의 크기에 따라 자국의 투표권과 기금으로부터의 차입능력이 결정된다. 기금에 대한 총불입금은 1944년 88억 달러로 설정되었으며, 가장 강대국인 미국은 가장 많은 쿼터인 31%를 할당받았다. 쿼터는 가맹국의 국제무역 및 상대적인 경제적 중요도의 변화를 반영하기 위하여 5년마다 개정되었다. 2018년 말에 기금에 대한 총불입금은 4,755억 SDR(약 8,702억 달러)로 증가하였는데, 이는 가맹국의 증가와 쿼터의 주기적 증가 때문이다. 미국의 쿼터는 전체의 17.46%로 감소하였으며, 일본, 중국, 독일의 쿼터는 각각 6.48%, 6.41%, 5.60%였고, 프랑스와 영국의 쿼터는 4.24%였다.

IMF에 가입하게 되면 각국은 쿼터의 25%를 기금에 금으로 내고, 나머지는 자국통화로 내야 한다. 기금으로부터 차입할 때는 자국통화를 추가적으로 IMF에 예치하여 IMF에 의해 승인된 이와 동등한 태환 가능한 통화를 획득할 수 있는데, 이때 국제통화기금은 차입 국가의 통화로 쿼터의 200%를 초과하여 보유할 수 없다.

국제통화기금의 원래 규칙에 의하면 가맹국은 1년 동안 쿼터의 25% 이상을 차입할 수 없으며, 5년 동안 쿼터의 총 125%까지 차입할 수 있다. 각국은 소위 골드 트랑슈(gold tranche)인 쿼터의 처음 25%까지는 어떠한 제약이나 조건 없이 거의 자동적으로 차입할 수 있다. (그다음 연도에) 소위 크레디트 트랑슈(credit tranche)인 추가적인 차입에 대해서는 적자국이 적자를 없애기 위해 적절한 조치를 취할 수 있도록 더 높은 이자율을 부과하고 감독을 강화하며 조건을 까다롭게 한다.

상환은 3~5년 이내에 하도록 되어 있으며 기금이 인정한 다른 태환 가능한 통화를 기금으로부터 재매입하는 형태를 취하게 되어 IMF는 차입 국가 쿼터의 75% 이상을 차입 국가의 통화로는 보유하지 않게 된다. 기금이 보유하고 있는 통화가 발행국 쿼터의 75%가 안 될 경우에는 자국통화로 상환을 해도 된다. 한 국가(A국)가 상환하기 전에 다른 국가(B국)가 기금으로부터 A국 통화를 차입하면 기금이 보유하고 있는 A국 통화가 A국 쿼터의 75%가 될 때 A국은 차입을 상환하게 된다.

기금이 보유하고 있는 한 국가의 통화가 쿼터의 75%에 미달하면 이 국가는 차입금을 상환하지 않고도 기금으로부터 차입할 수 있다. 이것이 슈퍼골드 트랑슈(super gold tranche)이다. 기금이 보유하고 있는 어떤 통화가 고갈되는 경우 기금은 이 통화가 '희소'함을 선포하고 가맹국으로 하여금 희소통화국에 대해 무역차별을 할 수 있도록 허용하고 있다. 이는 기금이 국제수지 조정을 적자국과 흑자국의 공동책임으로 보고 있기 때문이다. 그러나 지금까지 기금이 이러한 희소통화 조항을 발동한 적은 없다.

한 국가의 골드 트랑슈를 기준으로 슈퍼골드 트랑슈를 합하거나 차입액을 차감한 것이 한 국가의 순 IMF 포지션(net IMF position)이다. 따라서 한 국가의 순 IMF 포지션은 자국의 쿼터에서 IMF가 보유하고 있는 자국통화를 차감한 것과 같다. 기금에 가입할 때 한 국가가 납부하는 금준비(gold reserve)의 양은 IMF에 대한 '리저브 포지션'이라 하며, 여기에 이 국가의 기타 금준비, 특별인출권(SDR 다음 절 참조)과 기타 태환 가능한 통화를 합하면 이 국가의 총국제준비가치가 된다(13.3절 참조).

21.4 브레튼우즈 체제의 운영과 변천

이 절에서는 1947년에 브레튼우즈 체제가 시작되어 1971년에 붕괴하기까지의 운영을 살펴보기로 한다. 또한 브레튼우즈 체제가 환경의 변화에 대응하여 1944년에 합의한 최초의 청사진으로부터 어떻게 변천되어 왔는지를 살펴보고자 한다.

21.4A 브레튼우즈 체제의 운영

브레튼우즈 체제에서는 기초적 불균형의 경우 환율의 변화가 허용되었다. 그러나 실제로는 선진국들이 환율의 변화에 대단히 소극적이어서 이러한 환율의 변화는 상당히 지체되었고, 이로 인해 불안정화 투기가 발생하자 실제로 환율을 변경시키지 않을 수 없었다. 적자국은 평가절하를 자국경제의 취약성을 드러내는 것으로 생각하였으므로 평가절하에 소극적이었으며, 흑자국은 필요한 평가절상을 기피하고 대신 국제준비자산을 축적하였다. 1950년부터 1971년 8월까지 영국은 1967년에만 평가절하를 하였고, 프랑스는 1957년과 1969년에만 평가절하하였으며, 서독은 1961년과 1969년에 평가절상을 단행하였다. 또한 미국, 이탈리아 및 일본은 자국의 평가를 변화시킨 적이 없다. 한편 캐나다는 (IMF 규칙을 무시하고) 1950년부터 1962년까지 변동환율제도를 채택하였으며 1970년에는 이를 다시 실시하였다. 한편 후진국들은 모두 평가절하를 매우 자주 단행하였다.

선진국들이 기초적 불균형에 직면해서도 정책적으로 자국의 평가를 변경시키지 않으려 했기 때문에 두 가지 중요한 결과가 초래되었다. 첫째, 브레튼우즈 체제는 국제수지 불균형을 조정하기 위한 신축성과 메커니즘을 대부분 상실하게 되었다. 이것이 1971년 8월 브레튼우즈 체제가 붕괴하는 데 결정적 원인이 되었다는 점을 21.5절에서 설명할 것이다. 둘째, 첫째와 관련되어 있지만 기초적 불균형에 직면하여 선진국들이 자국의 평가변경에 소극적이었던 점이 투기자에게는 일방적으로 훌륭한 도박장을 제공하게 되어 국제적으로 대규모의 불안정화 자본이 이동하게 되었다.

특히 전후 대부분의 기간에 만성적인 국제수지 적자에 직면했던 영국과 같은 국가의 경우는 파운드가 평가절하되리라는 예상 때문에 막대한 유동자본이 유출되어 고통을 받았다. 실제로 이러한 기대는 스스로 실현되어 영국은 1967년(평가절하를 피하기 위해 경기를 위축시키려고 노력한 후)에 파운드를 평가절하하지 않을 수 없었다. 반대로 독일과 같이 만성적 국제수지 흑자에 직면한 국가는 마르크가 평가절상되리라는 기대 때문에 막대한 자본이 유입되었다. 이에 따라 1961년과 1969년에는 마르크의 평가절상이 불가피하게 되었다.

달러의 금으로의 태환성은 제2차 세계대전 후 곧 회복되었다. 1958년에 주요 유럽통화는 경상계정 거래에 대하여 사실상 태환성을 회복했으며, 1961년에는 정식으로 또는 공식적으로 태환성을 회복했다. 일본의 엔은 1964년 미국 달러 및 기타 통화로 태환되기 시작했다. 21.3A절에서 지적한 바와 같이 불안정화 자본이동으로부터 각국을 어느 정도 보호하기 위해 자본계정에 대한 규제는 허용되었다. 이러한 규제에도 불구하고 전후에는 막대한 양의 불안정화 자본이동이 발생했는데 점점 더 빈번해지고 파행적이 되었으며, 1971년 8월 브레튼우즈 체제가 붕괴될 때 절정에 달하였다. 1960년대의 **유로커런시** 시장의 성립 및 급격한 성장으로 인해 이러한 대규모의 불안정적 '핫머니(hot money)' 이동은 가속화되었다(14.7절 참조).

1962년의 무역확대법과 GATT의 후원 아래 미국은 광범위한 다자간 무역협정(케네디 라운드)을 주도하고 관여했는데, 이에 따라 제조업제품에 대한 평균관세율은 10% 이하로 인하되었다. 그러나 개발도상국에 특히 중요한 섬유와 같은 단순 제조업제품이나 농업의 경우에는 국제무역에 대한 여러 비관세장벽이 잔존해 있었다. 이 시기에 몇 차례에 걸쳐 경제통합이 시도되었는데 가장 성공적인 것이 그 당시 유럽공동시장(European Common Market)이라 불린 유럽연합(EU)이다.

21.4B 브레튼우즈 체제의 변천

브레튼우즈 체제는 환경의 변화에 따라 여러 해에 걸쳐 여러 방향으로 (1971년까지) 변천하였다. 1962년 IMF는 국제수지상의 어려움에 직면한 국가를 도울 수 있도록 필요한 경우 자금을 보충하기 위하여 가장 중요한 10대 선진국(미국, 영국, 서독, 일본, 프랑스, 이탈리아, 캐나다, 네덜란드, 벨기에, 스웨덴) 외에 스위스와 60억 달러까지의 일반차입협정(General Arrangements to Borrow, GAB)을 체결하였다. 이 60억 달러의 금액은 IMF를 설립할 당시 합의조항(Articles of Agreement)에서의 정기적 증가액을 상회하는 것이었다. GAB는 이후 매년 갱신되고 확대되었다.

1960년대 초부터 가맹국들은 스탠바이협정(standby arrangements)을 체결하기 시작했다. 이는 가맹국이 IMF로 장차 차입을 받기 위해 미리 승인을 받는 것이다. 일단 스탠바이협정이 체결되면 그 국가는 해당 금액의 1%의 1/4에 해당하는 약간의 계약금(commitment charge)을 지불하고 필요할 때 추가적인 금액을 즉시 차입할 수 있으며, 이때 실제 차입금에 대해 연 5.5%의 이자를 지불한다. 스탠바이협정은 불안정적 '핫머니'가 이동할 것으로 예상될 때 이에 대한 1차 방어선으로 체결되었다. 쿼터가 몇 차례 증액된 후 기금의 총자금은 1971년도에 285억 달러에 달했다(이 중 67억 달러 또는 23.5%가 미국의 쿼터이다). 1971년 말 기금은 약 220억 달러를 대출하였는 바(대부분 1956년 이후) 이 중 약 40억 달러가 상환되지 않았다. 또한 기금의 규정은 변경되어 가맹국은 어느 한 해에 자국 쿼터의 50%까지(25%로부터 상향되어) 차입할 수 있도록 하였다.

각국의 중앙은행도 '핫머니'의 이동에 대처하기 위해 외환시장에 개입할 때 사용되는 상대방 국가의 통화를 서로 교환하도록 하고 있는 소위 스왑협정(swap arrangements)을 체결하였다. 따라서 대규모의 유동자본이동에 직면하는 국가는 외환에 대한 선물할인율을 상승시키거나 선물할증률을 감소시켜 불안정적 '핫머니'의 이동을 억제하기 위해 외환을 선물매출할 수 있게 되었다(14.3절에서 14.6절까지 참조). 스왑협정은 특정기간에 대해 체결되었고 환율이 고정되었다. 만기가 되면 스왑협정은 거래로 청산되거나 다음 기간에 대하여 다시 체결되었다. 1960년대에 미국과 유럽 각국은 이러한 스왑협정을 여러 번 체결하였다.

1947년부터 1971년까지 브레튼우즈 체제에 도입된 가장 중요한 변화는 국제금준비, 외환, IMF의 리저브 포지션을 보완하기 위한 특별인출권(Special Drawing Right, SDR)의 창출이다. 때때로 지금(paper gold)이라 불리는 SDR은 IMF가 규정한 회계항목이다. SDR은 금이나 기타의 통화에 의해 뒷받침되지는 않고 IMF가 창출한 순수한 국제준비자산이다. SDR의 가치는 가맹국들의 합의에 의해 결정된다. SDR은 국제수지 적자나 흑자를 결제하기 위해 중앙은행 간의 거래에만 이용되고 민간 상업거래에는 이용되지 않는다. 각국의 SDR 보유량이 배분된 양을 초과하거나 부족한 부분에 대해서는 1.5%의 이자가 부과된다(그 후 이는 5%로 인상되고 지금은 시장률에 의하여 결정된다). 그 이유는 적자국이나 흑자국으로 하여금 국제수지 불균형을 조정하도록 압력을 가하기 위해서이다.

1967년 리우데자네이루에서 열린 IMF 회의에서 95억 달러의 SDR을 창출하고 이를 1970년 1월, 1971년, 1972년의 3회에 걸쳐 가맹국들에게 IMF에서의 가맹국의 쿼터에 따라 배분하기로 결정하였다. 1979~1981년에는 SDR의 추가적인 배분이 있었다(21.6A절 참조). 1 SDR의 가치는 원래 1달러와 같도록 설정되었으나 1971년 및 1973년 달러의 평가절하 결과 1 SDR의 가치는 1달러를 상회하게 되었다. 21.6A절에서 설명하는 바와 같이 1974년부터 SDR의 가치는 통화 바스켓에 연계되었다.

1961년에는 금가격이 1온스당 35달러의 공적 금가격을 상회하는 것을 방지하기 위하여 공적 보유금을 런던 금시장에 매출하도록 하는 소위 골드 풀(gold pool)이 미국의 주도 아래 선진국 국가군에 의해 시작되었다. 이는 1968년 금위기의 결과 이중금시장(two tier gold market)이 설립되었을 때 중단되었다. 이에 따라 금의 자유시장가격은 공적 가격을 상회할 수 있게 되었고 시장에서의 수요와 공급에 의해 결정된 반면, 중앙은행 간의 공적 거래에서는 1온스당 35달러로 유지되었다. 이러한 조치는 미국의 금준비가 고갈되는 것을 방지하기 위해 취해졌다.

그동안 IMF 가맹국은 전 세계 대부분의 국가를 포함할 정도로 증가했다. 브레튼우즈 체제의 결함에도 불구하고 1971년까지의 전후 시대에는 세계의 산출량이 급속히 증가하고 국제무역은 이보다 더 급속히 증가했다. 따라서 총체적으로 판단할 때 브레튼우즈 체제는, 특히 1960년대 중반까지는 세계 공동체에 큰 도움이 되었다고 볼 수 있다(사례연구 21-1 참조).

21.5 미국의 국제수지 적자와 브레튼우즈 체제의 붕괴

이 절에서는 전후 대부분 기간에 미국의 국제수지 적자의 원인과 이것이 1971년 8월 브레튼우즈 체제의 붕괴와 갖는 관련성을 간단히 살펴본다. 그 후 브레튼우즈 체제가 붕괴하게 된 보다 근본적인 원인과 이것이 현행의 관리변동환율제도에 대해서 갖게 되는 의미를 살펴본다.

21.5A 미국의 국제수지 적자

1945년부터 1949년까지 미국은 유럽에 대해 막대한 국제수지 흑자를 나타냈고, 유럽의 부흥을 위해 마셜 플랜(Marshall Plan)에 의한 원조를 확대했다. 1950년까지 유럽의 경제가 완전히 회복됨에 따라 미국의 국제수지는 적자로 바뀌었다. 1957년까지 미국의 적자는 매년 평균 10억 달러로 비교적 작은 규모였으며, 이러한 미국의 적자에 따라 유럽 각국과 일본은 자국에 국제준비자산을 축적할 수 있었다. 이 시기는 달러 부족(dollar shortage)의 시기였다. 미국은 자국의 적자를 대부분 달러로 결제했다. 흑자국은 달러를 기꺼이 수취하려고 했는데, 이는 (1) 미국이 1온스당 35달러의 고정된 가격으로 금과 교환했으므로 달러는 금과 마찬가지로 선호되었고, (2) 달러는 다른 국가와의 국제거래를 결제하는 데 이용될 수 있었으며(즉, 달러는 진정한 국제통화였다), (3) 금은 이자수입이 없지만 달러 예금에는 이자수입이 있기 때문이었다.

1958년부터 미국의 국제수지 적자는 급격히 증가하였으며, 매년 연평균 30억 달러를 상회하였다. 1958년부터 미국의 국제수지 적자가 더욱 커진 것은 자금유출의 막대한 증가(대부분 유럽에 대한 직접

사례연구 21-1 상이한 환율제도하에서의 거시경제 성과

표 21-1은 영국과 미국의 금본위제도 기간, 양차 대전 간 및 제2차 세계대전 후 기간의 고정환율제도와 변동환율제도에서의 거시경제 성과를 보여 준다. 표에서 영국과 미국의 1인당 소득의 성장률이 제2차 세계대전 기간 후가 금본위제도하에서보다 더 높고, 1973년부터 2018년까지의 영국을 제외하고는 인플레이션율은 더 높고, 실업률은 더 낮은 것을 알 수 있다. 이와 같이 양국의 거시경제적 성과는 낮은 인플레이션율은 별도로 하고, 금본위제도 기간이 제2차 세계대전 후의 기간과 비교하여 더 높지 않다는 것을 알 수 있다.

한편 대공황이 휩쓸었던 양차 대전 간은 금본위제도나 제2차 세계대전 후의 기간에 비해 일반적으로 거시경제적 성과가 더 나쁜 것으로 나타난다. 유일한 예외는 미국에서 대전 기간의 1인당 소득의 성장이 금본위제도 기간의 성장을 앞서고 있다는 것이다. 그러나 제2차 세계대전 전과 후를 비교할 때 대전 전의 자료의 질이 떨어지고, 성장에 영향을 주는 기타 많은 요인들이 두 기간이 상이하기 때문에 해석하는 데 주의를 기울여야 한다.

표 21-1 상이한 환율제도에서의 미국과 영국의 거시경제 성과(1870~2018)

	1인당 실질소득의 연평균 성장률	인플레이션율	실업률
금본위제도			
영국(1870~1913)	1.0	−0.7	4.3[a]
미국(1879~1913)	1.4	0.1	6.8[b]
대전 간 기간			
영국(1919~1938)	0.6	−4.6	13.3
미국(1919~1940)	1.6	−2.5	11.3
제2차 세계대전 후 기간 —			
고정환율기간			
영국(1946~1972)	1.7	3.5	1.9
미국(1946~1972)	2.2	1.4	4.6
제2차 세계대전 후 기간 —			
변동환율기간			
영국(1973~2018)	2.0	3.5	7.3
미국(1973~2018)	2.8	4.0	6.3

[a] 1888~1913
[b] 1890~1913

출처 : M. D. Bordo, "The Classical Gold Standard: Some Lessons for Today," in *Readings in International Finance* (Chicago: Federal Reserve Bank of Chicago, 1987), pp. 83‒97; M. Friedman and A. J. Schwartz, *A Monetary History of the United States* (Princeton, N.J.: Princeton University Press, 1963); and Organization for Economic Cooperation and Development, *Economic Outlook* (Paris: OECD, Various Issues).

투자)와 (베트남 전쟁 기간의 과도한 통화창출과 관련된) 미국에서의 높은 인플레이션 때문이었다. 이에 따라 1968년부터는 전통적인 미국의 무역수지 흑자가 사실상 소멸되었다. 미국은 국제수지 적자를 대부분 달러로 결제하여 1970년에는 외국의 공적 달러보유가 1949년의 130억 달러로부터 400억 달러로 증가했다(외국의 민간 달러보유는 이보다 더 컸는데, 이는 미국의 금준비에 대한 잠재적 청구권이 될 수 있다). 동시에 미국의 금준비는 1949년의 250억 달러에서 1970년에는 110억 달러로 감소하였다.

달러가 국제통화였으므로 미국은 자국의 국제수지 적자를 조정하기 위해 평가절하를 단행할 수 없었다. 대신 미국은 몇 가지 다른 정책을 채택하였으나, 이 정책은 제한적인 성공만을 거두었다. 1960년대 초 국내 성장을 촉진하기 위하여 장기이자율은 상대적으로 낮게 하는 한편, 단기자본의 유출을 억제하기 위하여 단기이자율을 높게 유지하려고 한 것은 이러한 조치 중의 하나이다[오퍼레이션 트위스트(operation twist)]. 또한 미국은 선물환시장에 개입하여 선물할인율을 상승시킴으로써 커버된 이자 중재에 의한 유동자본의 유출을 억제하기 위해 독일 마르크와 같은 강세통화를 선물 매출하였다(14.6절 참조). 또한 달러를 지원하기 위해 현물환시장에도 개입했다.

현물환 및 선물환시장에 개입하기 위한 자금은 다른 나라의 중앙은행과의 스왑협정이나 IMF의 스탠바이협정에 의해 조달되었다. 미국은 수출을 촉진하기 위한 기타의 조치를 추가적으로 실시하고 해외에 대한 군사 및 기타 정부지출을 감소시켰으며, 대부분의 해외원조는 미국에서 지출하도록 제한했다. 게다가 1963~1968년 기간에 미국은 자본유출에 대한 몇 가지 직접통제를 도입했는데, 이것은 이자평형세(interest equalization tax), 해외직접투자계획(foreign direct investment program)과 외국인에 대한 은행여신의 규제이다.

미국의 국제수지 적자가 지속되고 시간이 지날수록 증가함에 따라 미국의 금보유는 감소한 반면, 외국의 달러보유는 증가하여 1960년대 초에는 미국의 금보유를 초과하기 시작했다. 외국의 공적 달러보유 기관이 여분의 달러를 연방준비에서 금으로 전환시켜 미국의 금준비가 더욱 감소되는 것을 억제하기 위하여 미국은 소위 루자본드(Roosa bonds)를 발행했다. 이것은 달러로 표시되었지만 환율을 보장한 중기 재무부 증권이다. 그럼에도 불구하고 미국의 금준비는 계속 감소하고 외국의 달러보유는 계속 증가하여 1970년에 이르러서는 미국의 총금준비의 약 4배에 달했다.

미국의 대규모의 지속적인 국제수지 적자와 급격히 감소하는 금준비에 직면하여 평가의 재조정이 필요하다는 것이 명백해졌다. 미국은 1970년과 1971년 초에 특히 서독이나 일본과 같은 흑자국으로 하여금 자국통화를 평가절상하도록 설득하였으나 실패하였으며, 조만간 달러를 평가절하할 것이라는 예상이 지배적이었다. 이때는 국제자본시장이 유로커런시 시장을 중심으로 고도로 통합되었으므로, 이에 따라 불안정적인(막대한) 자본이 달러로부터 독일 마르크, 일본의 엔 그리고 스위스 프랑과 같은 강세통화로 이동하였다. 1971년 8월 15일 닉슨 대통령은 달러의 금에 대한 태환을 중지하지 않을 수 없었다. 금교환창구(gold window)는 폐쇄되었으며, 브레튼우즈 체제는 붕괴되었다. 동시에 미국은 일시적으로 10%의 수입부과금을 부과하고, 임금 및 가격통제를 실시했는데 이는 통화 사이에 필요한 재조정이 이루어진 후 철폐하기로 하였다.

미국이 국제수지 적자를 달러로 결제할 수 있게 됨에 따라 (금 및 외환의 제한된 공급으로 말미암아 국제수지 적자를 감당하는 데 대해 엄격한 제약이 따랐던) 다른 나라의 경우와는 달리 미국은 중요한 특권을 부여받게 되었다. 통화를 발행함으로써 한 국가에 귀속되는 이익 또는 자국통화가 국제통화로 이용될 때 생기는 이익을 세뇨리지(seigniorage)라 한다. 그러나 미국은 이러한 세뇨리지의 특권에 대해 비싼 대가를 지불했다. 미국은 브레튼우즈 체제를 붕괴시키지 않고는 (영국, 프랑스와 같은 국가가 때때로 평가절하했던 것처럼) 달러를 평가절하시킬 수 없었다. 미국에서는 다른 나라의 경우에 비해 통화정책의 사용이 제한되었다. 결과적으로 미국은 국내 목표를 달성하기 위하여 재정정책에 보다 더 의지하는 수밖에 없었으며 국제수지 적자를 조정하기 위해서는 (자본이동에 대한 규제와 같은) 임시변통(ad hoc) 정책에 의존하지 않을 수 없었다.

달러가 국제통화로 된 결과 미국이 평균적으로 이익을 보았는가 손해를 보았는가 하는 문제는 결정하기 어렵다. 어쨌든 프랑스, 독일, 일본 및 기타 흑자국은 미국이 세계의 은행이라는 지위를 남용하여 대규모의 지속적인 국제수지 적자로 과도한 유동성을 공급하여 충당할 것으로 생각했다. 독일과 일본이 평가절상을 기피함에 따라 미국은 달러를 평가절하하지 않을 수 없었고 그 결과 브레튼우즈 체제는 붕괴되었다. 유일한 세계의 은행이라는 지위와 이러한(샤를르 드골의 말을 인용하면) "과도한" 특권을 미국으로부터 박탈한 것은 대체로 정치적 결정이었다. 아이러니하게 1971년 8월 브레튼우즈 체제가 붕괴된 후 그리고 1973년 3월 달러의 가치가 변동할 수 있도록 허용된 후에도 달러는 금의 뒷받침 없이도 국제통화가 되었다. 외국이 보유하는 달러는 1971년 이후 급격히 증가했다(21.6절 참조).

21.5B 브레튼우즈 체제의 붕괴

위에서 설명한 바와 같이 브레튼우즈 체제가 붕괴된 **직접적인 원인**은 1970년 말 및 1971년 초 미국이 막대한 국제수지 적자에 직면하여 곧 달러를 평가절하하지 않을 수 없을 것이라는 예상 때문이었다. 이에 따라 대규모의 유동자본이 미국으로부터 유출되었고 닉슨 대통령은 1971년 8월 15일 달러의 금에 대한 태환을 정지하고 10%의 일시적인 수입부과금을 부과하였다.

1971년 12월 10개국 대표가 워싱턴의 스미소니언 회관에 모여 금의 달러 가격을 1온스당 35달러에서 38달러로 인상시키기로 합의하였는데, 이는 달러가 약 9% 평가절하된 것을 의미한다. 동시에 독일 마르크와 일본의 엔은 달러에 대하여 각각 17% 및 14% 평가절상되었고 기타 통화들은 이보다 작게 평가절상되었다. 또한 환율의 변동폭은 새로운 중심환율(central rate)로부터 상하 1%에서 상하 2.25%로 확대되었고, 미국은 10%의 수입부과금을 폐지했다. 달러는 금으로 태환되지 않았으므로 세계는 사실상 달러본위제도(dollar standard)를 채택한 것이다. 닉슨 대통령은 이러한 스미소니언협정(Smithonian Agreement)을 '세계 역사상 가장 중요한 통화협정'으로 평가하였으며 달러를 '결코 또다시 평가절하하지 않을 것'을 약속했다.

그러나 1972년 또다시 발생한 미국의 막대한 국제수지 적자로 인하여(90억 달러 규모) 스미소니언협정은 이행되지 않았으며 달러의 평가절하가 다시 필요한 것으로 기대되었다. 이러한 기대로 인하여 달러에 불리한 투기가 재현되었으며 1973년 2월 미국이 또다시 (공적 금가격을 1온스당 42.22달러로 인상함으로써) 달러를 약 10% 평가절하하지 않을 수 없었고, 이러한 기대는 스스로 실현되었다. 동시에 달러는 금으로 태환되지 않았다. 1972년 3월 유럽공동시장의 원래 가맹국이었던 6개국은 달러에 대하여 자국통화들을 공동으로 변동하도록 하며 총변동폭은 1971년 12월에 합의된 4.5% 대신 2.25%로 변경하였다. 이것이 유럽 스네이크제도(European snakes) 또는 '터널 안의 스네이크(snake in the tunnel)'이며 1973년 3월까지 지속되었다.

1973년 3월 달러에 불리한 투기가 또다시 재현되자 주요 선진국들의 통화당국은 자국통화를 독자적으로 변동하도록 하든가(미국의 달러, 영국의 파운드, 일본의 엔, 이탈리아의 리라, 캐나다의 달러,

스위스의 프랑) 공동으로 변동하도록 하였다(독일의 마르크, 프랑스의 프랑과 중부 및 북부유럽의 6개국 통화, 즉 달러에 대한 최강세 통화와 최약세 통화 사이의 최대 변동폭이 2.25%인 스네이크). 이런 과정을 통해 현재의 관리변동환율제도가 탄생하게 되었다. 프랑스는 1974년, 노르웨이는 1977년, 스웨덴은 1978년에 각각 스네이크를 폐지하였다(영국, 이탈리아, 아일랜드는 1973년에 가입하지 않음).

브레튼우즈 체제가 붕괴된 직접적인 원인은 1970년과 1971년 미국의 막대한 국제수지 적자이지만 근본적인 원인은 유동성, 조정 및 신인도 사이의 상호 관련성에서 찾을 수 있을 것이다. 유동성이란 유동성이 필요할 때 이용할 수 있는 총국제준비자산의 양이다. 국제준비자산은 공적 보유금, 외환(대부분 미국의 달러), IMF 가맹국의 리저브 포지션 및 SDR로 구성된다. 표 21-2를 통해 브레튼우즈 체제에서 대부분의 유동성 증가는 미국의 국제수지 적자를 보전하기 위한 달러로 구성된 공적 외환보유의 증가에 기인한 것임을 알 수 있다.

현재 IMF는 모든 국제준비를 SDR로 표시하고 있지만 표 21-2에서는 국제준비가 달러로 표시되고 있다. 1 SDR은 1970년까지 1달러와 같았으며 1971년과 1972년에는 약 1.09달러, 1973년에는 약 1.21달러와 같았다(부록의 표 21-7 참조). 금준비는 1970년까지 1온스당 35달러의 금 공식가격으로 평가되었고, 1971년과 1972년에는 1온스당 38달러로, 1973년에는 1온스당 42.22달러로 평가되었다. 1973년 말 런던자유시장 가격인 1온스당 112.25달러로 평가하면 세계 총금준비는 1,150억 달러였다. 단순화하기 위해 표 21-2의 모든 준비자산은 SDR 대신 미국 달러로 평가되었고 금준비는 공식가격으로 평가하였다.

조정과정이 작동하여 궁극적으로 적자가 조정되기까지 무역을 규제하지 않고 일시적 국제수지 적자를 보전할 수 있도록 하기 위해 국제유동성이 필요하게 된다. 유동성이 부족하면 세계무역의 확대가 저해되며, 과도한 유동성은 범세계적인 인플레이션 압력을 초래한다. 그러나 트리핀(Triffin, 1961)에 의하면 이 문제는 심각한 딜레마를 초래했다. 브레튼우즈 체제에서 대부분의 유동성은 미국의 국제수지 적자로 인한 외환의 증가에 의해 공급되었다. 그러나 이러한 국제수지 적자가 오래 지속될수록 그리고 의도하지 않았지만 달러가 외국에 축적될수록 달러에 대한 신인도는 감소하였다. 1950년대의 달러 부족은 1960년대에는 달러 과잉(dollar glut)으로 바뀌었다.

1967년 IMF가 95억 달러의 SDR을 창출하기로 결정한 것은 미국이 곧 자국의 적자를 조정할 것이라는 희망 아래 이러한 문제에 대응하기 위한 것이었다. SDR은 1970년 1월, 1971년과 1972년 3차례

표 21-2 국제준비자산(1950~1973)　　　　　　　　　　　　　　　　　　　(단위 : 10억 달러, 연말)

	1950	1960	1969	1970	1971	1972	1973
금(공식가격으로)	33	38	39	37	36	36	36
외환	13	19	33	45	75	96	102
SDR	–	–	–	3	6	9	9
IMF 리저브 포지션	2	4	7	8	6	6	6
총계	48	61	79	93	123	147	153

출처 : International Monetary Fund, *International Financial Statistics Yearbook*, 1989.

에 걸쳐 배분되었는데, 이때는 미국의 막대한 국제수지 적자로 인해 세계적으로 유동성이 과잉공급된 시기였다. 표 21-2에 나타난 바와 같이 1970년부터 1971년, 1972년에 이르는 동안 SDR이 증가한 것은 1971년 1월과 1972년에 가맹국에게 SDR이 배분되었을 뿐만 아니라 1971년 12월 달러의 평가절하로 인하여 SDR의 달러가치가 상승했기 때문이기도 하다. 마찬가지로 1972년과 1973년 사이에는 SDR이 추가로 배분되지 않았지만 1 SDR의 가치는 1972년 약 1.09달러로부터 1973년에는 1.21달러로 상승했다.

이미 살펴본 바와 같이 우선 미국은 달러를 평가절하할 수 없었기 때문에 대규모의 지속적인 국제수지 적자를 조정할 수 없었다. 따라서 브레튼우즈 체제에는 각국이 기꺼이 사용할 수 있는 적절한 조정기구가 결여되어 있었기 때문에 미국의 국제수지 적자는 지속되었고, 이에 따라 달러에 대한 신인도는 저하되었다. 따라서 브레튼우즈 체제가 붕괴된 근본적인 원인을 조정, 유동성 및 신인도 사이의 상호 관련성에서 찾을 수 있다.

21.6 국제통화제도 : 현재와 미래

이 절에서는 현재의 관리변동환율제도와 국제통화제도의 운영을 살펴본 후, 가장 중요한 통화 및 무역문제가 무엇인지를 확인하고 개혁을 위한 제안들에 대해 평가하기로 한다.

21.6A 현 제도의 운영

1973년 3월 이후 전 세계적으로 관리변동환율제도가 채택되었다. 이 제도에서 각국의 통화당국은 환율의 장기적 추세에는 영향을 미치지 않은 상태에서 환율의 단기적 변동을 완화시키기 위하여 외환시장에 개입할 책임이 있다. 이는 그때그때의 상황에 대처하는 정책(policy of leaning against the wind)으로 달성될 수 있다(20.6D절 참조). 확실히 현 제도는 심사숙고하여 선택한 것이라기보다는 외환시장의 혼란과 불안정화를 일으키는 막대한 투기에 직면하여 브레튼우즈 체제가 붕괴되자 어쩔 수 없이 선택하게 된 제도이다.

관리변동환율제도의 초기에는(자국의 수출을 촉진하기 위하여 각국이 이용할 수도 있는) 경쟁적인 평가절하를 방지하기 위하여 변동상황을 관리하는 특별한 규칙을 만들어 1930년대의 무질서한 상황으로 복귀하는 것을 방지하려고 했었다. 그러나 이러한 남용에 대한 두려움은 현실화되진 않았고 관리변동제도는 대단히 원활하게 작동하고 있는 것으로 생각되었다. 따라서 이러한 모든 시도는 실패했고 더 이상 적극적으로 추진되지 않았다. 실제로 1976년의 자메이카협정(Jamaica Accords)에 의하여 관리변동환율제도는 정식으로 공인되었으며 자국의 행동이 무역상대국이나 세계무역에 파행적이지 않는 한 각국은 자신의 외환제도를 선택하는 것이 허용되었다. 이러한 자메이카협정은 1978년 4월에 인준되고 효력을 발생하기 시작했다.

2017년에 191개 IMF 회원국 중 42.2% 또는 81개 회원국이 어떤 형태이든 환율변동성을 선택하였다. 그러나 여기에는 모든 선진국과 수많은 개발도상국이 포함되므로 세계무역의 약 4/5 정도가 독자적으로 또는 공동으로 (EU와 같이) 환율을 관리하고 있는 국가 사이에서 이루어졌다고 볼 수 있다. 나머지 국가의 대부분은 통화위원회제도(CBA)하에서 자국의 통화를 미국의 달러나 유로 또는 통화

바스켓에 대하여 고정시켰다(20.6절과 표 20-4 참조). 1974년부터 1977년까지, 그 후 1981년부터 1985년까지 그리고 1990년대 초 이후로 미국은 달러가치를 안정화할 목적으로 외환시장에 개입하지 않는 관대한 무시(benign neglect) 정책을 취했다.

1979년 3월 유럽통화제도(EMS)가 출범하였고 1999년 1월에는 유로(2002년 초에 실제로 유통되기 시작함)와 더불어 유럽통화동맹(EMU)이 창설되고 유럽중앙은행(ECB)이 활동을 개시하였다(20.4절 참조).

현재의 관리변동제도에서도 각국이 환율의 단기변화를 완만히 할 수 있도록 외환시장에 개입하기 위해서는 국제준비자산이 필요하며, 현재는 대부분 달러를 이용하여 이러한 개입이 이루어지고 있다. 1975년 1월에 1933년 이후 처음으로 금을 소유하는 것이 허용되었다(보석으로는 예외로 하고). 미국은 자유시장에서 보유한 금의 일부를 매각하였다. 1980년 1월 런던시장에서 금 가격은 일시적으로 온스당 800달러 이상으로 상승하였으나 곧 하락했으며 최고 가격의 약 절반 정도 수준에서 안정화되었다. 그러나 다시 상승하여 2011년 9월 5일에는 1,896.50달러를, 2018년 말에는 1,268.49달러를 상회하였다. 자메이카협정의 일환으로 IMF는 국제준비자산으로 금을 없앤다는 입장을 드러내기 위해 1976년에서 1980년 사이에 금 보유의 1/6을 매각하였다(케인스의 용어를 빌리면 '야만적인 유산'). 금의 공식가격은 폐지되었고, 차후에 IMF와 회원국 간의 금거래는 없을 것이라는 것에 동의하였다. IMF는 또한 계속해서 금 보유의 가치평가를 1971년 전의 공식가격인 온스당 35달러나 35 SDR로 유지하였다. 그러나 언젠가는 의도한다면 금이 국제준비자산으로 될 수도 있을 것이다. 1996년 가을에 IMF는 20억 달러 상당의 금 보유분을 매각하기로 결정했으며, 그 수입을 극빈 개발도상국의 외채를 감축시키는 데 사용하였다.

1971년까지 1 SDR은 1달러로 평가되었으나, 1971년 12월 달러의 평가절하 이후 1 SDR은 1.0857달러로 평가되었으며, 1973년 2월의 계속된 달러의 평가절하 이후에는 1 SDR은 1.2064달러, 2018년 말에는 1.2684달러로 평가되었다. 1974년 1 SDR의 가치는 그것의 가치를 안정시키기 위해 16개 주요 통화 바스켓의 가중평균과 같았다. 1981년 이 바스켓에 포함된 통화의 수는 다음의 5개로 줄었고, 유로의 출현과 더불어 4개가 되었다(괄호 안에는 2001년에 주어진 상대적인 가중치가 표시되어 있다). 즉, 미국 달러(37.4%), 유로(37.4%), 영국 파운드(11.3%), 일본 엔(9.4%)이었다. 2016년 10월 1일에 중국의 위안화 혹은 인민폐는 10.92로 가중되었고, 나머지는 각각 41.7, 30.9, 8.09, 8.33으로 가중 수정되었다.

1974년 이후로 IMF는 모든 준비자산과 기타 공적 거래를 미국의 달러가 아닌 SDR로 측정하고 있다. 표 21-3은 미국 달러와 SDR(2018년 말 1.3830달러로 평가)로 측정된 국제준비자산의 구성을 보여준다. 1950년부터 2018년까지 IMF가 제시한 대로 SDR로 표시되는 국제준비자산의 구성을 보기 위해서는 부록의 표 21-7을 참조하면 된다.

21.6B 현행의 IMF 운영

최근 IMF의 운영에서 몇 가지 변화가 발생했다. IMF 회원국의 쿼터는 회원국 전반에 대해 여러 차례에 걸쳐서 증액되어 2018년 말 기금의 자원은 6,756억 달러에 달했다(1947년의 88억 달러에서 시작하여). 회원국들은 일반적으로 쿼터 증액의 25%는 SDR이나 기금이 선정한 국가의 통화로 그 국가의 승

표 21-3	2018년의 국제준비자산	(단위 : 10억 달러, 10억 SDR, 연말)

	미국 달러	SDR
외환	11,106.6	8,038.8
SDR	282.4	204.2
IMF의 리저브 포지션	93.9	67.9
총계-금	11,482.9	8,268.8
공식가격의 금	56.6	40.9
금 포함 공식가격 총액	11,539.5	8,309.7

출처 : International Monetary Fund, *International Financial Statistics* (Washington, D.C. : IMF, April 2019).

인하에서 납부하고 나머지는 자국의 통화로 하였으며, 새로운 회원국도 자국의 쿼터를 같은 방법으로 납부하였다. 과거의 골드 트랑슈는 지금은 1차 크레디트 트랑슈(first credit tranche)라 불린다.

IMF는 1962년 체결한 일반차입협정(General Arrangement to Borrow, GAB)을 10차례 갱신하고 확대했다. 1997년에는 신차입협정(New Arrangement to Borrow, NAB)으로 확대하였다. 중앙은행들도 그들 간의 스왑협정을 확대하였다. 스왑협정은 2008~2009년 세계금융위기 동안 정점에 달해 거의 30개국의 중앙은행이 총 5,530억 달러를 미국 연방준비은행으로부터 차입하였다. 기금에서의 차입 규정도 완화되었고, 회원국이 이용 가능한 신용의 총량을 크게 증가시키는 새로운 신용편의도 추가되었다. 그러나 신용의 총량은 여러 가지 조건에 따라서 여러 가지 다른 신용한도액(credit lines)으로 구성된다. 지금 IMF 대여는 SDR로 지정된다. 최초의 입회금이 있고, 부과되는 이자는 대여 기간, 사용되는 편의, 지배적인 이자율 등에 기초한다. 회원국의 환율정책에 대한 통상적인 감독 책임 외에도 기금은 최근에 회원국들이 그들의 구조적인 문제를 극복하기 위한 도움 제공을 포함하여 그 책임을 확대하였다.

IMF가 설계한 새로운 신용공여제도들로는 다음과 같은 것이 있다. (1) EEF(Extended Fund Facility)는 1974년에 시작되었고 장기적인 성격의 국제수지 문제를 겪고 있는 국가들의 구조적인 문제해결을 위한 장기신용공여, (2) FCL(Flexible Credit Line)은 1999년 창설되어 신용공여의 탄력성 부여, (3) PLL(Precautionary and Liquidity Line)은 2011년에 창설된 건전한 경제기본과 정책을 갖춘 국가의 신용공여이다. 또한 특별히 저소득국가의 신용공여로는 다음과 같은 것이 있다. (1) ECF(Extended Credit Facility)는 2010년에 신설되어 중기의 국제수지 문제를, (2) SCF(Standby Credit Facility)는 2010년에 시작되어 단기 국제수지 문제 및 예비적 필요를, (3) RCF(Rapid Credit Facility)는 긴급한 국제수지문제에 대한 신속한 지원을 위한 것이다.

회원국의 기금으로부터의 출자금 인출은 현재 단일 연도에는 쿼터의 200%, 또는 회원국의 쿼터의 600%의 총누적 한도액 내에서 지금까지의 누적액의 200%까지 가능하다. 융자의 수혜국 및 융자의 유형은 시대에 따라 크게 변화하였다. 최초의 20년 기간에는 자금 사용의 절반 이상이 선진국들이었고, 사용 목적도 단기적 국제수지 문제였다. 1980년대 초반 이후로 대부분의 융자는 개발도상국에게 이루어졌고, 구조적인 문제를 해결하기 위한 중기적인 성격이었다. 현재 기금의 총융자 및 신용액은

1980년에는 140억 달러, 1986년에는 410억 달러, 2018년에는 820억 달러이다.

1982년 이후 라틴아메리카 대국들과 같은 많은 개발도상국들의 대규모 외채에 대해 IMF는 여러 차례 채무재조정과 구조작업을 시도했다. 추가적인 대출과 특별지원을 위한 조건으로 수입을 감소시키고 수출을 촉진하며, 그 국가가 보다 지속 가능성을 갖도록 하기 위해 정부지출 및 통화량의 증가율을 감소시키고 임금인상을 자제할 것을 요구하였다. 그러나 그러한 IMF의 융자조건(IMF conditionality)은 매우 고통스러운 것으로 판명되었으며, 1980년대 말과 1990년대에 폭동과 정부의 전복을 초래하기까지 했다. 그로 인해 IMF는 채무국가의 사회적 필요와 그러한 요구로 인해 초래될 정치적인 결과를 고려하지 않은 채 '머리만 있고 가슴은 없는(all head and no heart)' 정책을 수행한 것으로 비난을 받게 되었다. 이러한 비난에 대한 부분적인 반응으로 최근에는 대출활동에 보다 신축적이 되었고, 구조적인 문제를 해결하기 위한 중기 대부(전통적으로 세계은행에 의해 이루어진 것)도 시행하기 시작했다.

2009년 이후로 IMF는 유럽집행위원회(EC)와 유럽중앙은행(ECB)과 함께 그리스, 아일랜드, 포르투갈, 스페인 등과 같은 과도한 채무를 지고 있는 유럽연합 회원국들이 부채상환, 정부부채의 융통이 불가능한 경우나 과도한 채무를 갖는 은행에 구제금융을 제공하였다.

2010년 12월 국제통화기금의 위원회는 과업에 관한 근본적인 개혁을 승인했는데, 그 개혁으로는 다자감독, 쿼터의 100% 증가(기금의 자원을 2배로 증가), 세계경제에서 IMF 회원국의 상대적 중요성을 반영한 쿼터 비율의 재배분이 있다.

표 21-4는 요약표로서 현대 통화 역사의 중요한 일지를 제시한다.

21.6C 현행 환율제도의 문제점

현재의 국제통화체제는 여러 가지 심각하고도 상호 관련된 국제통화상의 문제점에 직면해 있다. 이러한 것들로 (1) 환율의 급변성이 과도하고 환율의 오조정이 광범위하고 지속적이며, (2) 지도적인 선진국들이 경제정책을 보다 원활히 조정하는 데 실패하였고, (3) 신흥시장경제에서 국제금융위기를 방지하거나, 금융위기가 발생하는 경우 적절하게 대처하는 데 무능력하다는 것이다.

1973년 이후 환율의 특징이 급변성과 오버슈팅이라는 것은 14.5A절과 15.5A절에서 이미 살펴본바 있다. 이는 국제무역과 투자의 흐름을 상당히 저해할 수도 있다. 이보다 더 심각한 문제는 현재의 관리변동환율제도에서는 큰 폭의 환율 불균형이 발생할 수도 있고 수년간 지속될 수도 있다는 사실이다(14.5A절과 그림 14-3 참조). 달러가 1980년부터 1985년까지 크게 평가상승하였고, 1985년 2월부터 1987년 말까지 더 크게 평가하락하였다는 사실로부터 이 점을 명확하게 알 수 있다. 최근에 엔-달러 환율이 1995년 4월에 달러당 85엔에서 2002년 2월 달러당 132엔으로 변동하였고 2011년 말에는 달러당 78엔에서 2019년 1월 말에는 109엔으로 변동하였다. 1999년 1월 1일부터 2000년 10월까지 유로는 1.17달러에서 0.82달러로 평가하락하였고, 그 후 2004년 12월에는 1.36달러로 상승했다가 2005년 11월에는 1.18달러로 하락하였으며, 2008년 7월 15일 이후 1.60달러의 높은 수준을 유지하다가 2019년 1월에는 1.14달러로 하락하였다. 1980년대 전반기 달러의 과도한 평가상승과 1990년대 말과 2000년대 초 달러의 과대평가는 미국에서의 막대한 무역수지 적자와 보호무역에 대한 요구를 초래하였다. 그것은 또한 현재의 국제통화제도의 개혁에 대한 새로운 요구를 불러일으켰다. 고정환율제도와

표 21-4 현대 주요 통화 역사

1880~1914년	고전적 금본위제도 기간
1925년 4월	영국이 금본위제도로 복귀
1929년 10월	미국 주식시장 붕괴
1931년 9월	영국이 금본위제도를 포기
1934년 2월	미국이 금의 공식가격을 1 온스당 20.67달러에서 35달러로 인상
1944년 7월	브레튼우즈 회의
1947년 3월	IMF 활동시작
1967년 9월	SDRs의 창출 결정
1968년 3월	금의 이중시장 창설
1971년 8월	미국이 달러를 금으로 태환하는 것을 보류 — 브레튼우즈 체제의 종언
1971년 12월	스미소니언협정(금의 공식가격이 온스당 38달러로 상승, 허용된 변동폭이 4.5%로 증가)
1973년 2월	미국이 금의 공식가격을 온스당 42.22달러로 인상
1973년 3월	관리변동환율제도의 등장
1973년 10월	OPEC 석유수출의 선별적 금지 및 석유가격의 급격한 상승 시작
1976년 1월	자메이카협정(관리변동환율을 인정하고 금의 공식가격을 폐지하는 협정)
1978년 4월	자메이카협정 효력 발휘
1979년 봄	제2차 오일쇼크
1979년 3월	유럽통화제도(EMS)의 창설
1980년 1월	금 가격이 온스당 800달러 이상으로 일시적 상승
1985년 9월	달러가치를 낮추기 위해 개입한 플라자 협정
1986년 가을	GATT의 다자간 무역협정의 새로운 라운드가 시작
1987년 2월	환율을 안정화시키는 루브르 협정
1987년 10월	뉴욕 주식시장의 붕괴 및 전 세계로 확산됨
1989~1990년	동유럽에서 민주적 시장개혁의 시작, 독일의 통일
1991년 12월	유럽연합이 1997년 또는 1999년까지 통화통합의 방향으로 진행하는 마스트리히트 조약 승인
1991년 12월	소비에트연방 해체 및 독립국가연합(CIS) 형성
1992년 9월	영국과 이탈리아가 환율 메커니즘(ERM) 포기
1993년 1월 1일	유럽연합(EU)이 단일 통합시장이 됨
1993년 8월 1일	유럽통화제도(EMS)가 상하 15%의 변동폭 허용
1993년 12월	우루과이라운드가 종결되고 세계무역기구(WTO)가 GATT를 대체함
1994년 1월 1일	북미자유무역협정 체결
1994년 1월 1일	유럽연합에 의한 유럽중앙은행(ECB)의 전신으로 유럽통화기구(EMI)의 창설
1999년 1월 1일	단일통화(유로)의 도입 및 유럽중앙은행(ECB)에 의한 연합차원의 통화정책
2000년 10월	유로가 달러에 대해 가장 낮은 수준으로 하락
2002년 1월 1일	유로가 유럽통화동맹(EMU)의 12개국 통화로서 유통되기 시작함
2006년 12월	미국의 경상수지 적자가 GDP의 6%의 높은 수준 유지
2008년 7월 15일	유로는 1.60달러의 높은 수준 유지
2008년 9월 15일	리먼 브라더스의 파산에서 시작된 세계금융위기
2011년 9월 5일	금가격의 온스당 1,896.50달러 도달
2012년 2월	그리스가 디폴트와 그에 따른 유로 포기를 피하기 위한 채무재조정
2017년 1월 20일	트럼프 대통령 취임, 미국 우선 정착 시행, TPP 사인 거부, NAFTA 재협상, 보호무역 강화
2019년 1월	세계경제 저성장 또 다른 금융위기 및 불황의 두려움

변동환율제도 간의 상대적 장점에 대한 초기의 논의 대신에 환율 신축성의 최적 정도와 정책 협조에 관한 논의가 중심을 이루게 되었다.

어느 정도의 협력이 증대되었는데, 예를 들면 미국은 1985년 9월에 독일, 일본, 프랑스 및 영국과 협상하여(소위 뉴욕의 프라자 협정이라 부르는) 달러가치를 하락시키기 위하여 외환시장에 공동으로 개입하기로 한 바 있다. 1986년에 미국은 독일, 일본과의 협상을 통해 무역과 자본이동에는 직접 영향을 미치지 않고 성장을 촉진하며 실업(이는 1980년대 대부분의 유럽국가의 노동력 중 10%를 상회함)을 감소시키기 위하여 주요국의 이자율을 동시에 조정하여 하락시키자는 것이다(18.6C절 참조). 주요 선진국들은 통화 및 기타 정책변화의 국제적 반향효과에 점점 더 관심을 갖고 있다. 1987년 2월에 G7 국가는 루브르에서 달러-엔, 달러-마르크 환율에 대한 참조영역이나 목표존을 설정하는 데 동의했다(그러나 큰 성공은 없었음). 성공적인 국제통화협력의 다른 예로는 1987년 10월의 전 세계적인 주식시장 폭락과 2001년 9월 11일 테러리스트 공격에 대한 신속하고도 협조적인 반응 및 2008~2009년 기간의 선진국의 깊은 불황과 신흥국들의 성장 감축에 대한 반응을 들 수 있다.

이와 밀접한 관계에 있는 문제가 외국인이 보유한 막대한 규모의 **위협적 달러**(dollar overhang)인데, 이 위협적 달러는 국제이자율 차와 환율변화에 대한 기대에 대응하여 국제금융센터 사이에서 이동하려고 한다. 이러한 '핫머니'의 이동은 유로커런시 시장의 급격한 성장에 의해 촉진되었다(14.7절 참조). 이 문제를 해결하기 위한 오래된 제안으로는 IMF에 의한 **대체계정**(substitution account)을 도입하여 외국인이 보유한 달러를 SDR로 전환시키자는 것이 있다. 그러나 현재까지는 이러한 제안에 대한 어떤 행동도 취하지 않았으며, 이러한 SDR에 대하여 지급할 이자율과 미국이 IMF로부터 이러한 달러를 재매입하는 절차 등과 같이 몇 가지 해결되지 않은 문제가 남아 있다. 적어도 가까운 장래에는 (사례연구 14-1, 14-2 참조) 주요 국제통화와 개입통화로서의 달러의 중요성은 계속 유지될 것으로 보인다.

21.6D 현행 환율제도의 개혁을 위한 제안

환율의 과도한 변동을 감소시키고 환율의 오조정을 피하기 위한 여러 가지 제안이 있었다. 한 가지 제안은 윌리엄슨(Williamson, 1986)이 최초로 제안한 **목표존**(target zones)의 창설에 기초하고 있다. 그러한 체제하에서 주요 선진국들은 균형환율을 추정하고, 허용되는 변동폭에 동의할 것이다. 윌리엄슨은 균형환율에서 10% 상하로 환율의 변동폭을 허용할 것을 제안하였다. 환율은 허용된 변동폭의 범위에서는 수요와 공급의 힘에 의해 결정되고, 목표존 밖으로 이동하는 것은 외환시장의 공식적 개입에 의해 금지된다. 그러나 목표존은 엄격하지 않으며 기준이 되는 균형환율이 목표존 밖으로 이동하거나 경계 가까이 있는 경우에는 변화할 것이다. 명시적이진 않지만 주요 선진국들은 1987년 2월 루브르 협정에서 이러한 달러와 엔, 달러와 마르크 간의 환율에 대해 '엄격하지 않은' 목표존 또는 '참조존'에 관해 동의했던 것으로 보인다(윌리엄슨이 주장했던 상하 10%보다 훨씬 좁은 변동폭으로). 그러나 1990년대 초반 이러한 암묵적인 협정은 달러가 엔에 대해 평가하락하는 것을 목격한 후 강한 시장 압력에 직면하여 포기하였다.

목표존의 비판자들은 목표존이 고정환율제도와 변동환율제도의 최악의 특징들을 구현하고 있다고 믿는다. 목표존은 변동환율의 경우처럼 환율의 상당한 변동과 변덕성을 허용하고 인플레이션을 유발할 수 있다. 목표존은 고정환율의 경우처럼 외환시장의 공식적인 개입에 의해서만 방어될 수 있기 때문에 국가의 통화의 독립성을 감소시킨다. 이러한 비판에 대응하여 밀러와 윌리엄슨(Miller & Willamson, 1988)은 목표존 내에서 환율을 유지할 목적으로 외환시장에 개입할 필요성을 감소시키기 위해 주요 선진국 편에서 상당한 정책조정을 요구하는 방향으로 청사진을 확장하였다.

현재의 국제통화제도를 개혁하고자 하는 다른 제안은 선진국들 간의 광범위한 정책협력에 기초를 두고 있다. 이러한 제안 중 최상이면서 밀접하게 연관된 것은 맥키논(McKinnon, 1984, 1988)이 제시한 제안이다. 이러한 제도하에서 미국, 일본, 독일(지금은 유럽통화연합)은 그들 통화 간의 환율을 (구매력평가에 의해 결정된) 균형수준에서 고정시킨 후 환율을 고정된 상태로 유지하기 위해 자신들의 통화정책을 긴밀하게 조정할 것이다. 달러가 엔에 대해 평가하락하는 경향일 때 미국은 통화량의 성장률을 감소시켜야 하는 반면, 일본은 증가시켜야 하는 신호로 본다. 이러한 세 국가의 통화량의 순효과는 전 세계경제의 반인플레이션 팽창과 일관성 있는 비율로 확장될 것이다.

1986년 IMF 임시위원회에 의해 제기된 다른 제안은 세계경제가 지속 가능한 반인플레이션 경로를 따라 성장하도록 하기 위해 기금의 감독하에 각국이 따를 조정된 거시정책의 유형에 대한 신호를 제공하기 위해 경제성과에 대한 **객관적 지표**를 개발하는 것이다. 이러한 객관적 지표로는 GNP의 성장, 인플레이션, 실업, 무역수지, 통화공급의 성장, 재정수지, 환율, 이자율, 국제준비자산이다. 이러한 객관적 지표의 상승 또는 하락은 그 국가의 제한적 또는 팽창적 정책의 필요에 대한 신호를 제공하며, 그 지표의 안정성은 세계 전반에 대해 반인플레이션 세계팽창의 지침이 될 것이다.

그러나 국가마다 매우 다른 인플레이션-실업 간의 배향관계가 있으므로 실제적으로 효과적이고도 실질적인 거시경제정책의 조정이 불가능할 것이다. 예를 들면 1980년대와 1990년대에 미국은 거대한 재정적자를 실질적으로 빠른 속도로 감소시킬 수도 없었고, 원하지도 않았던 것 같다. 독일은 높은 실업률에 직면하더라도 경제 부양을 원치 않았으며, 일본은 미국과의 무역수지 불균형을 감소시키기 위해 미국으로부터 수입을 더 많이 허용하는 보호주의적인 정책을 폐지하는 데 달가워하지 않았다. 실증적 연구 또한 국가들이 국제적 정책협력으로부터 이익을 얻긴 하지만 협력으로부터의 후생이익은 그리 크지 않다는 것을 보여 준다(20.7절 참조).

현재의 국제통화제도를 개혁하고자 하는 또 하나의 제안은 오늘날의 고도로 통합된 국제자본시장에서 거대한 국제자본이동이 환율 불안정성과 세계경제를 괴롭히는 세계적 불균형의 원인이라는 전제에 근거하고 있다. 그러므로 이러한 제안은 국제적 투기자본의 이동을 제한하는 데 근거하고 있다. 토빈(Tobin, 1978)은 '국제금융이라는 바퀴에 약간의 모래를 뿌리기 위해' 거래기간이 짧을수록 세율이 점점 높아지는 거래세를 제안하였다. 반면에 돈부시와 프랑켈(Dornbusch & Frankel, 1987)은 무역거래에는 덜 신축적이고, 무역거래나 투자와 관련 없는 순수 금융거래에 대해서는 더 신축적인 이중환율로 금융자본이 국제적으로 이동하는 것을 줄일 것을 제안하였다. 토빈, 돈부시와 프랑켈(Tobin, Dornbusch, & Frankel)은 자본시장분할이나 자산시장의 충격흡수방식으로 국제적 핫머니의 이동을 제한하게 되면 가능하지도 않고 유용성도 없는 선진국 간의 밀접한 정책조정 없이도 국제통화제도가 유연하게 작동한다고 보았다. 그러나 이러한 제안의 비판자들은 비생산적이거나 투기적인 자본과 국제무역과 투자와 관련된 생산적 자본을 구분하는 것이 거의 불가능하다고 지적한다. 마지막으로 먼델(Mundell)은 '글로벌 경제는 글로벌 통화를 요구한다'는 점에서 세계 단일통화를 지지한다.

그러나 선진국들이 경제목표를 달성하는 데 더 큰 성공을 얻기 위해 앞으로 그들이 자주성을 포기할 각오가 되어 있는지는 여전히 의문으로 남는다. 결국 현재의 국제통화제도의 개혁은 현재의 제도를 완전히 새로운 것으로 대체하기보다는 그 기능을 개선하는 것으로 될 것 같다(Kenen, 1983, 2007; Goldstein, 1995; Eichengreen, 1999, 2008; Salvatore, 2000, 2002, 2005, 2010, 2011, 2012; Rajan, 2008, 2010; Truman, 2006, 2009; Dooley, Folkets-Landau, & Garbar, 2009; Ghosh, Ostry, & Tsangarides, 2010; Stigliz, 2010; Klein & Shambaugh, 2010; Reinhart & Rogoff, 2010; Razin & Rosefielde, 2011, and Obstfeld and Taylor, 2017).

21.6E 금융위기 및 국제통화제도

현재의 국제통화제도가 직면하는 또 하나의 심각한 문제는 신흥시장 및 선진국 시장경제에서 발생하는 국제금융위기를 예방할 능력이 없는 것 같다는 것이다. 1990년대 중반 이후로 다음과 같은 7번의 위기가 있었다. 1994~1995년의 멕시코, 1997~1999년의 동남아시아, 1998년 여름의 러시아, 1999년의 브라질, 2001~2002년의 터키와 아르헨티나의 경우 및 2014년 러시아, 2018년의 아르헨티나, 터키 및 여러 신흥시장경제의 경우이다(사례연구 21-2, 21-3 참조). IMF는 가장 최근 위기 동안 GDP의 백분율로 표시한 산출량의 누적 손실을 멕시코의 경우 30%, 인도네시아의 경우 82%로 추정하였다.

이러한 위기를 가져온 근본적인 원인은 국가마다 다르지만 그 과정은 매우 유사하다. 각 위기는 그 국가의 금융적 약점의 첫 번째 신호로서 대량의 단기유동자본이 철수한 결과로 시작되었다. 1990년

사례연구 21-2 통화위기의 해부 : 멕시코 페소의 붕괴

멕시코는 1994년 12월 발생한 심각한 금융위기로 인해 수십 년간 경험해 보지 못한 최악의 불황을 겪게 되었다. 그러한 위기의 직접적인 원인은 1994년 미국이 이자율을 급격히 상승시켰기 때문이다. 그로 인해 미국에서 멕시코로 이동했던 자본이 역으로 이동하게 되었다. 이것은 1994년 1월 치아파스 남부 주에서 발생한 무장 폭동과 1994년 2명의 고위정치 관료 살해로 발생한 정치적 위기로 더 악화되었다.

그로 인한 대량의 자본 유출을 방향전환하기 위해 멕시코는 단기의 달러표시 금융자산을 발행하고 국내 이자율을 급격히 인상하였다. 멕시코가 자국의 부채를 상환할 수 없을 것이라는 우려로 인해 외국 투자자들은 계속해서 자금을 멕시코로부터 인출하였다. 이로 인해 멕시코는 1994년 12월 20일 페소 가치를 달러당 3,500페소에서 4,025페소로 15% 평가절하할 수밖에 없었다. 그러나 멕시코의 조치는

너무 소량이고 또한 시기가 너무 늦어서 지속적으로 외환보유고가 감소하게 되었고, 그로 인해서 멕시코는 페소가 변동하도록 할 수밖에 없었다. 그 후 페소 가치는 1995년 3월 달러당 7페소로 평가하락하였고, 1995년 12월에는 달러당 거의 8페소까지 평가하락하였다.

미국은 멕시코를 돕고 금융위기가 다른 신흥시장(특히 아르헨티나, 브라질)에 확산되는 것을 막기 위해 1995년 1월 IMF를 통해 거의 480억 달러에 달하는 국제 원조를 결정하였고, 이로 인해 금융시장을 안정화시키고 금융위기를 멕시코로 한정하는 데 성공하였다. 그러나 멕시코는 1995년 매우 높은 이자율과 심각한 재정적자 축소로 인해 실물부문에서 심각한 경기침체를 겪게 되었다. 1996년에서야 비로소 침체의 저점에 도달하였고 성장세로 돌아섰다.

출처 : Federal Reserve Bank of Atlanta, "A Predictable and Avoidable Mexican Meltdown," *Economics Update*, December 1996, pp. 1-3.

사례연구 21-3 신흥시장에서 경제위기의 연표

표 21-5는 1990년대 말부터 현재까지 신흥시장에서의 경제 위기의 연표를 보여 준다. 1990년대 신흥시장에서의 경제 위기는 1997년 7월 타이에서 발생했다. 1997년 가을에 그 위기는 필리핀, 대한민국, 인도네시아, 말레이시아로 확산 되었으며, 1998년 여름에는 러시아로, 1999년 1월에는 브 라질까지 영향을 주었다. 그것은 멕시코, 아르헨티나뿐 아 니라 중국, 타이완, 홍콩, 싱가포르 등 다른 개발도상국들 에도 모두 영향을 미쳤다. 그러나 1999년 말경 그 위기는 다소간 해소되었으며, 인도네시아와 러시아를 제외하고는 신흥시장에서 성장이 회복되었다. 그러나 2001년 터키에서

은행 및 금융위기가 발생했으며, 2002년에 아르헨티나는 총체적인 금융, 경제 및 정치위기에 직면했다. 그러나 두 위기는 2003년에 어느 정도 해결되었다. 2008~2009년에 대부분의 선진국에서 발생한 심각한 불황의 결과 대부분의 신흥시장의 성장은 크게 둔화되었다(사례연구 21-4 참조). 2014년 말경에 러시아는 심각한 금융 및 경제위기에 다시 직면하였고, 아르헨티나는 IMF로부터 500억 달러의 구제 금융을 요청했고, 터키와 남아프리카공화국은 심각한 불황 에 직면했고, 베네수엘라는 총체적으로 정치적 및 경제적 붕괴에 직면했다.

표 21-5 1990년대 말 신흥시장에서 경제위기의 연표

1997년

5월 15일	타이는 바트에 대한 압력을 완화시키는 노력의 일환으로 자본통제를 발표
7월 2일	타이는 바트를 15~20%까지 평가절하를 단행
7월 14일	필리핀과 인도네시아는 각각 페소와 루피아의 평가절하를 단행
8월 20일	타이와 IMF는 170억 달러의 금융안정화 패키지에 동의
10월 27일	다우존스 산업평균이 아시아의 공포로 인해 554포인트 하락
10월 31일	인도네시아와 IMF는 230억 달러의 금융안정화 패키지에 동의
11월 7일	아르헨티나, 브라질, 멕시코, 베네수엘라에서 금융시장이 급격하게 하락
11월 17일	대한민국은 원화의 방어를 포기
12월 3일	대한민국과 IMF는 570억 달러의 금융안정화 패키지에 동의
12월	대한민국의 원과 인도네시아의 루피아 붕괴, 다른 아시아국가 통화들도 하락 시작
12월 30일	외국은행들은 대한민국의 1,000억 달러의 단기부채를 상환연장하기로 동의

1998년

3월 초	인도네시아의 경제는 초인플레이션으로 기울다 폭동이 발생, 정부는 식료품 수입에 보조금 지급, IMF 프로그램을 어김
4월 10일	인도네시아는 새로운 개혁 프로그램에 대해 IMF와 의향서에 서명
5월 초	인도네시아의 경제적 상황이 악화됨. 보다 빈번하고도 대규모의 폭동이 발생함
5월 19일	인도네시아의 정치적 대변동이 러시아 시장에 재정적 전염의 확산을 두려워함
5월 21일	수하르토 인도네시아 대통령 사임. 하비가 승계함
5월 26일	대한민국의 주식시장 11년 내 최저로 하락
5월 27일	러시아 중앙은행은 해외자본이 머물 수 있도록 이자율을 150%까지 3배 올림
7월 13일	러시아와 IMF는 226억 달러의 긴급 금융안정화 패키지에 동의
8월 17일	러시아는 루블을 평가절하하고 단기외채에 대해 지불불능 선언
9월 말	뉴욕연방준비은행은 장기자본관리 조정, 부채 1,000억 달러로
11월 13일	브라질은 IMF, 세계은행 및 다국 구조계획에서 415억 달러 협상

(계속)

1999년	
1월 8일	브라질은 대규모의 자본유출에 직면하여 헤알 8% 평가절하
1월 15일	브라질은 헤알이 세계시장에 자유롭게 변동하도록 허용, 헤알 35% 평가절하
1월 27일	중국은 위안화를 평가절하한다는 소문을 부인, 중국의 성장률 하락
1999년 말	신흥시장에서 금융위기 종료 선언, 성장회복
2001년	
2월	터키가 금융위기를 겪고, 통화(리라)의 자유변동 허용
12월	아르헨티나 부채 상환불능 선언(역사상 규모가 가장 큼)
2002년	
1월	아르헨티나 통화위원회제도를 경험, 페소의 평가절하, 금융, 경제, 정치적 소용돌이에 빠짐, IMF는 경제의 구조개혁에 대한 신뢰할 만한 계획이 없는 경우 자금 대여 거부
2월 4일	터키, IMF에서 128억 달러 대출
8월 7일	브라질은 새로운 금융위기를 피하기 위해 300억 달러 자금을 수령
2005년	
6월	아르헨티나는 채권 보유자의 약 75%로 외채 구조조정
7월	중국은 자국통화를 2% 평가상승시켜 달러에 대한 환율 페그를 변경
11월	브라질은 IMF 부채를 조기상환
2006년	
1월	아르헨티나는 IMF 부채를 조기상환
2014년	
가을	러시아는 심각한 금융 및 경제위기에 봉착
2018년	아르헨티나, 터키, 남아프리카공화국 및 기타 신흥시장경제가 새로운 경제위기에 직면

출처 : Inter-American Development Bank, 1999; updated by the author.

대 초반에 많은 신흥시장들이 그들의 자본시장을 자유화한 후 외국의 투자자들은 높은 수익률을 얻고, 포트폴리오를 다양화하기 위해 대량의 자금을 쏟아부었으나 그 국가의 경제적 문제의 첫 신호에 반응하여 대량으로 자금을 즉각 철수하였고, 그것이 위기의 전조가 되었다. 국제통화제도에 대한 위험은 이러한 위기가 선진국을 포함한 나머지 세계로 확산된다는 것이다.

보통 금융위기가 발생하면 그에 따라 평가절하 또는 평가하락이 이루어지며 개발도상국 경제에 더 심각한 폐해를 가져오게 된다. 그 이유는 개발도상국은 선진국과 달리 주요 외국통화로 차입(달러, 유로, 엔)하게 되고 공여자는 그 국가의 통화의 평가하락을 걱정하기 때문이다. 개도국의 통화가 평가하락할 때 부채의 국내통화가치는 평가하락, 평가절하만큼(외국공여자에게 부의 이전) 증가하게 된다. 개도국이 자국통화로 차입할 수 없는 상황을 아이켄그린과 하우스만(Eichengreen & Hausmann, 1999)은 원죄(original sin)라는 용어를 사용하여 설명하였다. 최근에 과거의 소위 죄인들인 멕시코, 브라질은 그 국가의 통화로 차입할 수 있게 되었지만 아직 많은 개도국의 민간차입은 달러로 이루어지기 때문에 그 국가의 통화가 평가절하 또는 평가하락하는 경우 더욱 심각한 문제에 봉착하게 된다.

미래에 그러한 위기를 피하거나 최소화시키고, 현재의 **국제통화제도**의 골격을 크게 강화하고, 그 기능을 개선하기 위해 많은 조치들이 제안되었고 몇 단계는 이미 취해졌다. 이러한 것들은 다음을 포함한다 : (1) 국제통화관계에서 투명성의 제고, (2) 은행 및 금융제도의 강화, (3) 더 큰 민간부문의 개입 촉진.

시장은 신뢰할 만하며 시의적절한 정보 없이는 효율적으로 작동할 수 없기 때문에 투명성의 증가는 필요불가결하다. 이 목적으로 IMF는 1996년의 **특별자료유포기준(SDDS)**, 1997년의 **일반자료유포체계(GDDS)**를 설정하였다(2001년 **자료품질평가틀**에 의해 개선됨). 재정이나 경상수지 적자, 장기 및 단기외채, GDP의 백분율로 표시한 국제준비자산과 같은 **조기경보 금융지표**들은 어떤 신흥국가들이 어려움을 겪게 될 것인가를 알려 줄 수 있다. 해외투자자들이 잠재적 위험을 주목하고, 과도한 자본을 그런 국가들에 쏟는 것을 피하게 되는 경우 위기를 피할 수 있다.

현재의 국제통화제도의 구조를 개선하는 두 번째 방법은 신흥시장의 은행 및 금융제도를 강화하는 것이다. 은행제도의 약점은 지난 10년간 금융위기에 연루된 모든 신흥시장에서 공통적이다. 유약한 은행금융체제는 금융위기를 초래하고 심각성을 가져온다. 은행 금융제도는 감독이나 표준을 개선하고, 은행이 자본요구를 충족하고, 부실대출에 대한 적절한 조항을 갖추고, 대여활동에 대해 적절하고 시의에 맞는 정보를 제공함으로써 가능하다. 또한 지불불능인 기관들을 신속하게 효과적으로 정리하는 것도 중요하다. 이러한 정책들을 시행하는 것은 한 국가의 은행 금융제도가 이미 문제에 휘말린 경우에는 매우 어렵다. 그러나 건전한 금융제도는 전체 경제의 건전성과 성장을 위해 필수적이므로 IMF는 회계, 감독, 공사, 지불 및 결제제도, 보험 및 은행에서 좋은 관행의 표준을 설정해 오고 있다. 이러한 것 중 몇몇은 IMF 감독기능의 일환으로 이미 시행되고 있다.

현재의 국제통화제도를 강화하는 세 번째 방법은 신흥시장에서 금융위기를 해결하는 데 IMF의 공적 원조의 전제조건으로서 출구를 향해 돌진하는 것보다는 상환기간을 연장하거나 대출을 재협상하고, 새로운 자금을 제공함으로써 민간부문의 개입을 증대시키는 것이다. 논리는 대여자들이 비생산적인 목적으로 신흥시장에서 너무 많은 단기자본을 대여함으로써 초래한 위기에 대해 책임을 져야 한다는 것이다. 즉, 자금제공자들이 풀려나서 출구로 돌진하는 것을 허용하는 것보다는 문제해결에 적극 참여하도록 해야 한다는 것이다. 이러한 목적으로 IMF는 금융위기에 직면한 신흥시장이 지속가능한 상태로 신속히 복귀하도록 **국가채무재조정기구(SDRM)**의 창설을 제안하였다.

그러나 금융위기는 신흥시장경제에서만 발생하는 것은 아니다. 2008~2009년 기간에 미국과 대부분의 선진국들도 1929년 대공황 이후 가장 심각한 금융 및 경제위기를 겪었으며, 이 위기는 전 세계로 확산되어 글로벌 금융위기로 이어졌다(사례연구 21-4 참조). **G20**(Group of twenty)가 '힘을 얻고' 세계경제의 방향을 제시하는 위원회로서 G7(러시아를 포함하면 G8)을 대체하게 된 것은 이 시점에서이다. 2009년에 G20은 다음의 19개국 재무장관과 중앙은행 총재들을 포함했다: 아르헨티나, 오스트레일리아, 브라질, 캐나다, 중국, 프랑스, 독일, 인도, 인도네시아, 이탈리아, 일본, 멕시코, 러시아, 사우디아라비아, 남아프리카공화국, 대한민국, 터키, 영국, 미국. 20번째 회원국은 유럽연합으로 이는 순번으로 돌아가는 집행위원회 총재직과 유럽중앙은행에 의해 대표된다.

이러한 20개 회원국 외에도 다음의 포럼 또는 기관의 CEO들이 G20 회의에 참석한다. 참석하는 기

사례연구 21-4 글로벌 금융위기와 대불황(2008~2009)

2008~2009년에 미국과 다른 선진국들은 1929년 대공황 이래로 경험해 보지 못한 가장 심각한 금융위기 및 경기침체를 겪게 되었다. 그 위기는 은행들이 비우량 대출 또는 주택담보대출(서브프라임)을 상환능력이 없는 개인과 가계에 제공한 결과로 2007년 미국 주택부문에서 시작되었다. 많은 개인과 가계가 대출을 상환할 수 없게 되자 미국의 은행들은 심각한 위기에 빠졌고, 그것이 2008년에는 전체 금융부문으로 확산되었고, 거기서 다시 미국의 실물부문과 전세계 나머지 국가까지 확대되었다. 그 결과는 소위 대불황이었다.

그 불황은 많은 유럽은행들이 미국 은행들보다 한층 더 과도한 행동을 하였기 때문에 미국에서 대서양까지 확산되었고 미국보다 훨씬 더 심각한 주택시장버블을 겪게 되었다. 모든 선진국에서의 심각한 불황으로 인해 그들의 수입과 신흥시장으로의 해외직접투자가 크게 감소하여 그 위기는 전 세계의 나머지 국가들에게까지 확산되었다. 대부분의 신흥시장경제(러시아, 멕시코, 터키)도 깊은 불황에 빠졌고 중국과 인도도 기록적인 성장이 크게 감소하였다.

2009년 깊은 불황으로 인해 실질 GDP는 미국에서 2.8%, 유로지역에서 4.5%, 영국에서 5.2%, 일본에서 5.5%, 캐나다에서 2.7% 감소하는 등 대규모의 선진국들에서 감소하였다. 경기 회복은 매우 느리게 진행되어 2011년이 되어서야 미국 실질 GDP가 위기 이전의 GDP 수준으로 회복하였다. 가장 큰 규모의 신흥시장 중 러시아에서 7.8%, 터키에서 4.8%, 멕시코에서 4.7%까지 하락하였고 중국과 인도도 심각한 성장저하를 겪게 되었다.

미국과 기타 선진국들은 대불황에 직면하여 은행과 기타 금융기관의 파산을 막기 위해 이자율을 인하하고 대규모의 경제부양정책을 도입하였으며, 양적 완화(quantiative easing)와 함께 대량의 유동성 주입을 시도하였다. 그러나 이러한 노력은 경기침체가 더 악화되지 않는 다른 점에서 도움을 주는 정도였고 경기 회복은 훨씬 더디게 진행되었다. 저성장과 고실업은 2018년 대부분의 선진국이 직면하는 심각한 경제문제로 여전히 남아 있었다. 미국은 유로지역 국가나 일본보다 정책을 더 잘 수행하였지만 그 경제적 성과는 수십 년간 경제위기 이전 수준보다 못하였다.

실로 성장은 기술진보와 혁신의 완화, 인구 및 노동력 감소 및 기타 구조적인 이유로 위기 이전 추세부터 전 세계적으로 저하되었다. 현재의 세계 성장 둔화가 '뉴 노멀' 또는 지속적인 추세의 시작이 될지는 시간이 지나야만 알 수 있다.

출처 : AEA Sessions at the Annual Meetings of the American Economic Association, the following Special Issues of the *Journal of Policy Modeling* edited by D. Salvatore: *Growth or Stagnation in the U.S. and World Economy?*, July/August 2014; *Why Is World Growth Slowing Down?*, July/August 2016 (with papers by Nobels Angus Deaton, Roger Myerson, Edmund Phelps, Robert Shiller and Joseph Stiglitz, and top economist Olivier Blanchard, Martin Feldstein, Dale Jorgenson, Kenneth Rogoff, and others), July/August 2017; *Trump Economics: Effects on the United States and the World*, May/June 2018; *Technology, Trade, Productivity, Growth, and Jobs*, (with Jason Furman, Robert Gordon, Dale Jorgenson, Robert Shiller, and others), May/June 2019. Also, D. Salvatore: "The Global Financial Crisis: Predictions, Causes, Effects, Policies, Reforms, and Prospects," *Journal of Economic Asymmetries*, Vol. 7, No. 2, pp. 1-20; "Globalization, International Competitiveness and Growth: Advanced and Emerging Markets, Large and Small Countries," *Journal of International Commerce (JICEP)*, April 2010, Vol. 1, No. 1, pp. 21-32; "Europe's Growth Crisis: When and How Will It End?" *The World Economy*, May 2017, pp. 836-848; and, "Mediterranean Challenge: Inclusive Growth and Sustainable Development," *New Medit*, September 2018, pp. 3-8.

관으로는 국제통화기금(IMF) 및 세계은행(WB), IMF와 세계은행 내의 국제금융통화위원회(MFC) 및 개발위원회(DC) 등이 있다. G20는 2009년 4월 런던에서 회합을 갖고 다음에 근거하여 심각한 금융 및 경제위기를 극복하고 미래의 위기를 방지하기 위한 개혁을 추진하기 위한 정책, 즉 (1) 금융감독 및 규제의 강화, (2) 국제적인 정책협력의 촉진, (3) IMF의 개혁, (4) 시장개방의 유지 등을 제안하였다. 국제금융 시스템을 개혁하고 세계경제의 새로운 방향을 제시하기 위한 모임들이 잇따라 열렸으나 1919년 초 현재까지 이러한 목적들을 달성하기 위한 구체적인 조치들은 많이 취해지지 않았다.

21.6F 기타 현재의 세계 문제

현행의 환율제도에서와 우리가 논의한 글로벌 금융 및 경제위기에서 발생되는 문제는 현재 세계가 직면하고 있는 다음의 심각한 경제문제들과 밀접하게 연관되어 있다 : (1) 대불경기 이후 선진국의 저성장과 고실업, (2) 급속히 글로벌화한 세계에서 선진국의 보호무역주의와 새로운 세계경제의 권력으로서 중국의 부상, (3) 선진국의 대규모 구조 불균형과 저성장, 중유럽과 동유럽의 전환경제에서의 불충분한 구조조정, (4) 많은 개발도상국에서의 심각한 빈곤 , (5) 성장과 지속 가능한 세계 발전을 저해하는 자원고갈, 환경악화 및 기후변화. 이 절은 국제경제학을 공부한 후에 도달할 수 있는 상호연관되어 있는 문제들에 대한 해결책을 제시한다.

1. 대불황 이후 선진국의 저성장과 고실업 2000년대 시작부터 선진국은 1929년 대공황 이후 가장 심각한 금융경제위기로부터 빠져 나왔음에도 불구하고 여전히 저성장과 고실업을 겪게 되었다. 미국과 기타 선진국들은 은행과 기타 금융기관들을 파산으로부터 구조하기 위해 이자율을 인하하고 대규모의 경제부양정책을 도입하였다. 그러나 이러한 노력은 경제적인 침체가 더 악화되는 것을 막는 정도의 성공만 달성하였다. 경기침체는 공식적으로는 2010년에 종결되었지만 저성장과 고실업은 대부분의 선진국들이 오늘날 직면한 가장 심각한 경제문제로 여전히 남게 되었다. 이러한 문제는 그리스, 아일랜드, 포르투갈, 스페인, 이탈리아(19개 유럽통화동맹 회원국들)에 더 심각하였고 여전히 과도한 차입, 지속 불가능한 재정적자, 국제경쟁력의 손실로 인해 위기는 지속되고 있다.

선진국들이 성장을 촉진하고 실업을 축소하기 위한 방법론에 의견의 차이가 있다. 자유주의 경제학자들은 추가적인 재정촉진 및 비전통적인 팽창적인 통화정책(지속적인 양적 완화)을 동원하여 수요와 성장을 촉진할 것을 주장한다. 반면 보수주의 경제학자들은 이미 대규모의 지속 불가능한 재정적자와 과도한 유동성으로 인해 이러한 정책들은 효과가 없을 뿐 아니라 상황을 더 악화시킬 수 있다고 본다. 더 큰 규모의 재정적자는 소비자들이 더 높은 재정적자를 지불하기 위해 미래의 세금을 더 많이 지불할 것으로 예상하기 때문에 민간소비를 위축시킨다. 유사하게 유동성이 이미 과도한 상태에서 유동성을 추가하는 것은 투자와 성장을 촉진하지 않고 미래의 인플레이션 압력을 강화시킬 것으로 생각한다. 이와 같이 보수주의 경제학자들은 미국과 기타 선진국의 성장을 촉진하기 위해서는 경제를 재구조화하고 교육과 인프라를 개선할 필요가 있다고 믿는다. 그러나 이러한 정책들은 결과를 도출하는 데 시간이 걸리고 또 저성장 시기에는 시도하기가 어려우며 대부분의 국가들이 이미 높고 지속 불가능한 재정적자를 겪는 상황에서 추가적인 지출을 필요로 한다. 자유주의 경제학자들도 선진국들이 장기적인 성장을 촉진하기 위해 경제를 구조조정할 필요가 있다는 데 동의한다. 그러나 동시에 장기에 도달하기 전에 그들은 추가적인 재정통화 팽창정책이 단기성장을 촉진하기 위해 필요하다고 믿는다.

2. 글로벌화한 세계의 맥락에서 선진국의 보호무역주의 1970년대 중반 이후 비관세장벽(NTB)이 급속도로 성행하게 되었다. 오늘날 비관세장벽은 전후 무역체제 및 세계후생에 심각한 위협을 준다. 보호주의의 증가로 국제무역의 흐름이 왜곡됨으로써 국제 간 자원의 잘못된 배분, 성숙한 경제에서의 구

조조정 둔화, 개발도상국의 저성장을 가져왔고 무역전쟁의 가능성이 커졌다. 이러한 문제는 세계가 북미자유무역협정(미국, 캐나다, 멕시코를 포함한 NAFTA), 유럽 블록 또는 유럽연합(EU), 훨씬 덜 분명하고 느슨한 아시아 블록이라는 3개의 주요 블록으로 분할됨으로써 한층 더 복잡해졌다.

1993년 12월 우루과이 라운드의 성공적인 종결로 오늘날 세계는 보호무역의 문제를 해결하는 방향으로 일보 전진하게 되었다. 그러나 많은 심각한 무역 문제들이 여전히 남아 있다. 가장 중요한 것은 몇몇 부문(보험과 같은)은 협정에 포함되어 있지 않고, 농업보조금은 여전히 높으며, 의약품의 특허보호는 실망스러운 수준이고, 컴퓨터 칩의 무역은 아직도 관세가 부과되고 있다. 반덤핑조치와 세이프가드가 아직도 가능하며 심각한 무역분쟁의 잠재성도 남아 있다. 이러한 문제들은 2011년 11월 카타르 도하에서 시작된 다자간 무역협상의 새로운 라운드(도하 라운드)에서 제기되었지만 2008년 7월 실패로 끝났다. 또한 우리는 지역 무역협정이 진정한 다자주의의 대안이 될 수 없다는 것에 주목할 필요가 있다.

2016년 이래로 미국은 대규모의 지속 불가능한 무역적자를 줄이기 위해 철강, 알루미늄 및 기타 제품들에 대해 높은 관세를 부과해 왔으며, 환태평양경제동반자협정(TPP)에 서명하지도 않았고, 캐나다와 멕시코에 NAFTA 재협상을 하도록 압력을 넣기도 하였다. 중국의 대부분 또는 모든 수출품에 대해 더 높은 관세를 부과하겠다고 위협하는가 하면 미국과 다른 나라의 희생 위에 상당한 불공정한 우위를 점하고 있는 중국의 국가자본주의를 종식시키고자 지금(2019) 무역전쟁을 시작하였다. 이러한 무역전쟁은 중국은 물론이고 미국에도 심각한 손해를 입힐 것이며 세계경제 성장률도 낮출 것이다. 대부분의 정치경제학자와 정부 관료들도 중국의 노선을 바꾸고자 하는 이러한 시도는 세계무역기구에 의해서 이루어지는 것이 바람직하고, 미국이 일방적으로 해서는 안 된다고 생각한다. 트럼프 행정부는 WTO가 무역체제의 규칙을 집행할 능력이 없거나 그럴 의사가 없는 것으로 보는 것 같다.

기술발전, 세계화, 특히 중국과 같은 신흥시장경제의 제조업 수출로 인한 경쟁의 증가로 미국 및 선진경제는 광범위한 다운사이징, 일자리 불안정 및 임금상승의 둔화를 겪고 있다. 그러나 이러한 문제에 대한 해결방법이 무역을 제한하거나 국제경쟁을 감소시키는 것이 아니고, 오히려 직업훈련을 증가시키고 보다 숙련된 노동력을 창출하며, 새로운 정보, 원거리통신, 컴퓨터, 생체의학, 기타 첨단기술 분야를 위해 지속적인 일자리를 준비할 필요가 있다. 이러한 새로운 첨단기술 일자리에 필요한 기술을 획득한다면 미국 및 선진경제의 노동자들은 일자리가 있는 곳으로 이동할 것이고, 더 많은 숙련된 이민자들을 받아들인다면 미국 및 선진국들은 세계에서 가장 경쟁력이 있는 경제를 이룰 것이다. 이것은 부국 노동자들이 '새로운 경제'가 가져오는 더 높은 생산력과 임금 및 생활수준을 얻기 위해 지불해야 하는 대가이다.

3. 선진국의 대규모 구조와 저성장, 전환경제의 불충분한 구조조정 오늘날 많은 선진국은 성장을 저해하는 심각한 구조적인 문제에 직면해 있다. 미국은 너무 많이 지출하고 너무 적게 저축한다. 이것은 해외에서 과도하게 차입하여 소득보다 많이 지출한다는 것을 의미한다. 그 결과 거대하고 지속 가능하지 않은 무역적자가 초래되고 금융상황이 불안정해진다(사례연구 21-5 참조). 미국 경제는 규모가 거대한 경제이므로 상호의존적인 세계에서 이것은 급속히 글로벌 경제문제화가 된다. 그래서 미국은 지출을 줄이고 저축률을 높일 필요가 있다. 이것은 쉬운 문제도, 신속히 해결될 문제가 아님에도 불

사례연구 21-5   주요 선진국의 무역 불균형

오늘날 세계경제가 직면한 가장 심각한 불균형 중의 하나는 미국과 영국의 고질적인 대규모 무역적자와 독일의 무역흑자이다(선진국 중에서). 표 21-6에서 미국의 무역적자는 1980년 255억 달러에서 1990년에는 1,103억 달러, 2000년에는 4,439억 달러, 그 후 2006년에는 8,913억 달러로 증가했고(표에는 나타나지 않음), 2018년에는 8,075억 달러를 기록했다. 독일의 무역수지 흑자는 1960년 21억 달러에서 2018년에는 2,624억 달러가 되었다. 일본의 무역수지 흑자(1995년 1,318억 달러로 최고치)는 2011~2015년 적자로 돌아섰고, 2016년에 흑자로 돌아왔으며, 2018년에는 112억 달러에 이르렀다. 2018년에 영국은 1,841억 달러의 무역수지 적자를, 프랑스는 587억 달러의 무역수지 적자를 기록하였고, 이탈리아는 556억 달러의 무역수지 흑자를, 캐나다는 169억 달러의 무역수지 적자를 기록했다.

미국의 달러는 무역량으로 가중했을 때 1981년부터 1985년까지 거의 40% 평가상승했으나 1985년부터 1988년 같은 정도로 평가하락했다. 그러나 미국의 무역수지 적자는 1988년에만 감소했다. 기록적인 무역수지 적자에도 불구하고 미국의 달러는 1995년부터 2000년까지 급격하게 평가상승했는데, 그 이유는 미국의 고도성장으로 인해 막대한 양의 해외자본이 미국으로 유입되었기 때문이다. 달러가 2005년 중반에 평가하락하기 시작했지만 미국의 무역수지 적자는 2006년까지 증가했다. 현재 미국의 무역수지 적자는 장기적으로 유지할 수 없는 수준이며, 독일의 막대한 무역수지 흑자 역시 마찬가지이다(선진국 중에서).

표 21-6   주요 선진국의 무역 불균형(1960~2018)   (단위 : 10억 달러)

국가	1960	1970	1980	1990	1995	2000	2005	2010	2015	2018
미국	4.9	2.6	−25.5	−110.3	−172.3	−443.9	−783.3	−648.7	−761.9	−891.3
일본	0.3	4.0	2.1	69.3	131.8	116.7	107.0	108.5	−7.3	11.2
독일	2.1	5.7	7.9	68.5	65.1	56.4	176.7	213.7	289.6	262.4
영국	−1.1	0.0	3.4	−32.5	−19.0	−49.9	−124.7	−152.5	−180.0	−184.1
프랑스	0.6	0.3	−14.1	−13.3	11.0	−3.2	−19.7	−63.3	−32.1	−58.7
이탈리아	−0.6	−0.2	−15.9	−1.5	39.7	9.5	0.5	−24.4	56.6	55.6
캐나다	−0.2	3.0	7.9	9.5	25.9	45.0	50.6	−9.4	−19.3	−16.9

출처 : International Monetary Fund, *International Financial Statistics Yearbook*, Various Years; and D. Salvatore, "Global Imbalances," *Princeton Encyclopedia of the World Economy* (Princeton University Press, 2008).

구하고 미국은 문제를 해결하기 위해 크게 노력할 것 같지 않다.

유럽은 최근의 글로벌 금융위기 이전에도 성장을 저해하고 고실업을 야기한 약간 다른 구조적인 문제에 직면하고 있다. 대부분의 유럽국가들은 과도하게 관대한 사회보장혜택과 신축적이지 못한 노동시장을 보유하고 있다. 이로 인해 세계화와 국제경쟁 사회에서 직업과 일자리 창출에 어려움을 겪고 있다. 높은 실업으로 인해 유럽은 해외수입이 줄어들고 일자리 창출을 위해 무역을 제한하지만 성과를 거두지는 못한다. 다시 한 번 상호의존적인 세계에서 국가 또는 지역의 문제가 급속히 일반적인 글로벌 문제화가 되는 것을 알 수 있다. 유럽의 실업문제를 해결하기 위해서는 사회보장혜택을 줄이고 노동시장의 신축성을 저해하는 규제를 제거해야 한다는 데 동의하는 의견이 점점 많아지고 있다.

이러한 논의는 쉽지만 행동으로 옮기기는 어렵다. 특히 유럽은 고임금과 포괄적인 사회적 노동의 보호를 자랑스럽게 여기기 때문에 더욱 그렇다.

일본은 실물부동산 버블과 이로 인해 많은 은행이 상환 불가능한 부채를 떠안게 된 1990년대 초반 이후 4번의 불황과 저성장을 겪고 있다. 그에 따라 일본은 심지어 사업성이 있는 분야까지 대출을 중단하여 경제적 침체에 빠져들었다. 일본은 이 문제를 극복하기 위해 가능한 모든 수단을 동원하였다. 민간투자를 촉진하기 위해 이자율을 실질적으로 0 수준까지 낮추었고 경제를 도약시키고 진작시키기 위해 도로와 사회간접자본(필요하지 않은 경우에도)을 건설하기 위해 공공사업을 수행하였고, 수출을 장려하기 위해 환율의 저평가를 유지하였다. 그럼에도 불구하고 2004년에야 겨우 경제불황에서 벗어났으나 최근의 세계적인 금융위기로 다시 불황에 빠져들었고, 2014년에도 다시 불황이 도래하였다. 일본은 과도한 재정적자와 국가부채를 줄이고 분배 시스템의 심각한 비효율성을 제거해야 한다. 전에도 언급했듯이 저성장에 직면하여 경제를 구조조정하고 비효율성을 제거하고 예산을 삭감하는 것은 어려운 일이다.

전환경제(과거의 중유럽과 동유럽, 소련의 중앙계획경제)의 경우 구조조정과 시장경제를 위한 상당한 진전이 있었으나 그 과정이 완전한 것과 큰 차이가 있다. 2004년 이후 13개의 전환경제(중유럽과 동유럽의 11개국과 사이프러스, 몰타)는 유럽연합에 가입하였고 그중 7개 국가는 유로를 채택하였다. 서유럽의 저성장에도 불구하고 전환경제의 세계경제로의 통합은 구조조정을 원활히 하고 다른 선진국과의 생활수준의 격차를 해소하는 데 기여할 것이다.

4. 많은 개발도상국에서의 심각한 빈곤 개발도상국들은 매우 빠른 속도로 성장하고 있지만, 특히 사하라 이남 아프리카의 많은 극빈 개발도상국들은 심각한 가난, 관리 불가능한 외채, 경제적 침체, 생활수준의 국제적 격차 심화 등에 직면해 있다. 이러한 상황은 세계경제에 심각한 문제를 제기한다. 국제무역과 특화로 인한 이익을 이렇게 불균등하게 확산시키는 국제경제체제는 적절한 기능을 하고 있다고 볼 수 없고 공평하다고는 더욱 말할 수 없다.

지난해 동안 개발도상국의 상황을 개선시키고 개발을 촉진하는 방법에 관한 여러 가지 제안이 UNCTAD와 기타 국제포럼을 통해 제시되었다. 이러한 제안들은 1980년대와 1990년대 선진국(특히 서유럽, 일본, 미국)이 자신의 통화 및 환율 안정, 저성장, 구조 불균형 및 고실업 문제로 인해 고심하면서 관심에서 멀어지게 되었다. 신국제경제질서(NIEO, 21.6C절 참조)에 대한 요구의 일환으로 개발도상국들은 보다 많은 원조와 아울러 개발도상국 수출품의 대선진국 시장 접근을 더 많이 요구하고 있다.

1993년 12월 우루과이 라운드가 성공적으로 종결되었지만 개발도상국이 직면한 무역 문제는 부분적으로만 해결되었다. 최빈국이 직면하는 문제가 여전히 심각하다는 사실에도 불구하고 선진국이 제공하는 외국원조는 답보상태에 있다. 2000년 9월 새천년 선언은 2015년까지 소득빈곤의 감소, 지속 가능한 발전을 이룬다는 구체적인 타깃을 포함한 정확한 목표를 설정하였다. 도하 라운드에서 무역 문제를 제기하였으나 실패하였고, G20 국가들이 최빈국의 무역 문제를 제기하는 데 성공하기를 기대하고 있다. 그러나 2009년 창설 이후 큰 진전을 이루지 못하고 있다.

5. 자원의 희소성, 환경악화, 기후변화 및 지속 가능한 발전   선진국의 성장과 개발도상국의 발전은 자원의 희소성, 환경악화 및 기후변화에 의해 위협을 받고 있다. 수년에 걸쳐서 중국과 인도와 같은 국가의 급속히 증가하는 수요와 많은 생산국가에서 공급의 경직성으로 인해 석유 및 원자재뿐 아니라 식품가격의 급격한 상승이 초래되었다. 최근에 글로벌 금융위기의 결과로 인한 경기침체와 저성장으로 인해 원자재, 식량의 수요 및 가격상승이 완만하거나 둔화되었지만 자원의 희소성은 미래에 확실히 다시 문제가 될 것이다. 또한 많은 신흥시장경제에서 환경보호가 성장에 장애가 되고 있다. 환경오염은 중국의 특정 지역에서는 매우 심각하고 아마존의 숲은 급속도로 파괴되고 있다. 또한 지구의 생명에 점점 더 극적인 결과를 초래할 위험한 기후변화에 직면하고 있다. 이러한 문제들은 모든 과학을 동원한 협동적인 노력과 전 세계적인 노력에 의해서만 적절히 분석되고 문제가 제기되며 해결될 수 있다. 그러나 이러한 방향으로의 진전은 매우 더딘 편이다.

지금까지의 논의로부터 오늘날 세계가 직면한 문제는 상호 밀접하게 연관되어 있다는 것은 분명하다. 예를 들어 미국의 과도한 무역 및 재정적자로 인해 보호무역주의, 달러평가 하락이 초래되며 이로 인해 개발도상국이든 선진국이든 모든 나라가 영향을 받고 있다. 또한 국제무역과 국제금융 간의 밀접한 연관관계가 있다는 것도 분명하다.

이러한 심각성에도 불구하고 세계는 과거 유사한 문제, 때로는 더 악화된 문제에 직면하고 있었다. 세계가 현재의 경제적, 금융적, 사회적, 정치적, 환경적인 도전들을 협동과 상호이해의 정신으로 해결하기를 희망한다.

요약

1. 이 장에서는 금본위제도 시기부터 현재까지의 국제통화제도의 운영에 대해 살펴보았다. 국제통화제도란 국제결제를 가능하도록 하는 규칙, 관습, 도구, 수단 및 조직을 뜻한다. 국제통화제도는 환율이 결정되는 방법이나 국제준비자산의 형태에 따라 분류된다. 바람직한 국제통화제도는 국제무역 및 투자의 이동을 극대화하며, 무역으로부터의 이익을 국가 간에 공평하게 배분하는 제도로 조정, 유동성 및 신인도의 관점에서 평가할 수 있다.

2. 금본위제도는 1880년경부터 1914년 제1차 세계대전이 발발할 때까지 운영되었다. 금본위제도에서 대부분의 실제 조정은 가격-정화-유통기구에 따른 국내가격의 변화보다는 안정화적인 단기자본이동과 그에 따라 유발된 소득변화에 의해 이루어진 것으로 보인다. 또한

조정은 활발하고도 안정적인 경제상황에 의해 더욱 촉진되었다. 1919년부터 1924년까지의 기간은 환율이 크게 변동된 것으로 특징지어진다. 1925년에 시작하여 영국과 기타 국가들은 금본위제도로 복귀하려고 시도하였으나, 이러한 시도는 1931년 대공황이 심화됨에 따라 실패하였다. 그 후 각국은 자국의 실업을 수출하려고 경쟁적인 평가절하를 단행하였다. 이러한 평가절하와 대부분의 국가들이 행한 심각한 무역규제로 인해 국제무역은 거의 절반 수준으로 감소하였다.

3. 1944년 합의된 브레튼우즈 체제에 따라 국제통화기금(IMF)이 창설되었다. 이 기구의 목적은 (1) 각국이 국제무역 및 금융에서 합의된 행위규칙을 준수하는가를 감독하고, (2) 일시적으로 국제수지 어려움을 겪는 국가에게 차입편의를 제공하는 것이다. 이것은 금과 태

환 가능한 통화(초기에는 미국의 달러뿐이었음)를 국제준비자산으로 하는 금환본위제도였다. 환율은 설정된 평가의 상하 1%까지만 변동할 수 있고, 평가는 기초적 불균형의 경우에만 IMF의 승인을 거친 후에 변경될 수 있었다. 각국은 국제무역에서 자국의 중요성에 따라 기금에 대한 쿼터를 할당받았다. 각국은 쿼터의 25%는 금으로, 나머지 75%는 자국통화로 이를 납입했다. 국제수지 어려움에 처한 국가는 매년 자국통화를 예치하고 태환 가능한 통화를 교환하는 방식으로 기금으로부터 자국 쿼터의 25%까지 차입할 수 있는데, 이는 기금이 이 국가의 통화를 쿼터의 200% 보유할 때까지 가능하다.

4. 브레튼우즈 체제에서 기초적 불균형에 처한 선진국들은 평가 변경에 소극적이었다. 전후 달러의 태환성은 곧 회복되었고, 기타 선진국들의 통화의 태환성은 1960년대 초에 회복되었다. 1971년까지 제조업제품에 대한 관세가 평균 10% 이하로 인하되었다. 가맹국 및 쿼터의 증가에 따라 1971년 기금의 자금은 285억 달러로 증가했으며, 기금은 자금을 더욱 보강하기 위해 일반차입협정을 체결했다. 각국은 IMF와 스탠바이협정을 체결하고 다른 중앙은행과는 스왑협정을 체결했다. 또한 IMF는 가맹국이 임의의 한 해에 자국 쿼터의 50%까지 차입할 수 있도록 하였으며, 1967년에 IMF는 국제준비자산을 보완하기 위하여 95억 달러의 특별인출권(1970~1972년 사이에 배분됨)을 창출하기로 결정했다. 1961년에는 골드 풀이 설립되었지만 1968년 붕괴하였고 이중가격제가 창설되었다. 브레튼우즈 체제 동안 EU와 유로커런시 시장이 탄생했으며 세계의 산출량은 급속히 증가했고 국제무역은 이보다 더 빠른 속도로 증가했다.

5. 달러가 주요한 국제통화로서 통용됨에 따라 미국은 세뇨리지 이익을 얻었다. 하지만 미국은 국제수지 적자를 조정하기 위하여 평가절하를 할 수 없었고 미국의 통화정책은 심각하게 제한되었다. 브레튼우즈 체제가 붕괴된 직접적인 원인은 1970년 미국의 거대한 국제수지 적자와 1971년에 적자가 한층 더 커질 것이라는 예

상 때문이었다. 이로 인해 달러에 불리한 대량의 불안정적 투기가 발생했으며, 1971년 8월 15일에 달러의 금으로의 태환이 연기되었고, 1971년 12월에 통화들 간의 재조정이 이루어졌다. 브레튼우즈 체제가 붕괴된 근본적인 원인은 적절한 조정기구가 없었다는 점에서 찾을 수 있다. 미국 국제수지의 지속적인 적자에 따라 브레튼우즈 체제에 유동성은 공급하였지만 달러에 대한 신인도는 낮아졌다. 달러는 1973년 2월 다시 평가절하되었고, 1973년 3월에는 달러에 불리한 계속적인 투기에 직면하여 주요 통화들은 독자적으로 또는 공동으로 변동하도록 허용되었다.

6. 1973년 3월 이후 관리변동환율제도가 전 세계적으로 시행되었다(이것은 자메이카협정에서 정식으로 인정되었고 1978년 4월부터 효력이 발생했음). 1979년 3월 유럽통화제도가 설립되었고, 1988년 10월에 유럽중앙은행이 창설되었고, 1999년 1월 1일에는 유럽연합의 단일통화로서 유로가 도입되었다[2002년 1월 1일부터는 유럽통화동맹(EMU)의 단일 통화로 통용되기 시작]. IMF로부터의 차입규정이 완화되었으며 중요한 신용편의가 새로 창출되었다. 오늘날 세계가 처한 가장 심각한 통화문제는 환율의 과도한 변동과 환율의 오조정이 심각하다는 것이다. 이러한 문제들을 극복하기 위해 목표존과 국제적인 거시정책의 조정이 요구되었다. 과거 10년 기간에 멕시코, 동남아시아, 러시아, 브라질, 터키, 아르헨티나, 러시아 등에서 일련의 금융 및 경제위기가 있었고, 2008년과 2009년에는 미국과 대부분의 다른 선진국에서도 위기가 있었다. 이에 대해 G20가 제시한 해결책으로는 금융감독 및 규제의 강화, 국제적인 정책협조의 강화, IMF 개혁 및 시장개방의 유지이다. 기타 심각한 국제경제 문제로는 (1) 대불경기 이후 선진국의 저성장과 고실업, (2) 급속히 글로벌화한 세계에서 선진국의 보호무역주의, (3) 선진국의 대규모 구조 불균형과 저성장, 중유럽과 동유럽의 전환경제에서 불충분한 구조조정, (4) 많은 개발도상국에서의 심각한 빈곤, (5) 성장과 지속 가능한 세계발전을 저해하는 자원고갈, 환경악화 및 기후변화 등이 있다.

주요용어

개입통화(intervention currency)

골드 트랑슈(gold tranche)

관대한 무시(benign neglect)

국제개발연맹(International Development Association, IDA)

국제금융공사(International Finance Corporation, IFC)

국제부흥개발은행(International Bank for Reconstruction and Development, IBRD)

국제통화기금(International Monetary Fund, IMF)

국제통화제도(international monetary system)

기초적 불균형(fundamental disequilibrium)

달러 과잉(dollar glut)

달러본위제도(dollar standard)

달러 부족(dollar shortage)

대체계정(substitution account)

루자본드(Roosa bonds)

브레튼우즈 체제(Bretton Woods system)

세계은행(World Bank)

세뇨리지(seignorage)

순 IMF 포지션(net IMF position)

슈퍼골드 트랑슈(super gold tranche)

스미소니언협정(Smithonian Agreement)

스왑협정(swap arrangements)

스탠바이협정(standby arrangements)

신인도(confidence)

신차입협정(New Arrangement to Borrow, NAB)

아시아 인프라 투자은행(Asian Infrastructure Inverstment Bank, AIIB)

양적 완화(QE)

원죄(original sin)

위협적 달러(dollar overhang)

유동성(liquidity)

일반차입협정(General Arrangements to Borrow, GAB)

자메이카협정(Jamaica Accords)

조정(adjustment)

크레디트 트랑슈(credit tranche)

통화의 태환성(currency convertibility)

특별인출권(Special Drawing Right, SDR)

1차 크레디트 트랑슈(first credit tranche)

G20(Group of twenty)

IMF의 융자조건(IMF conditionality)

복습문제

1. 국제통화제도란 무엇인가? 국제통화제도는 어떻게 분류될 수 있는가?

2. 바람직한 국제통화제도의 특징은? 국제통화제도는 어떻게 평가될 수 있는가?

3. 흄은 금본위제도하에서 국제수지 불균형에 대한 조정을 어떻게 설명하는가? 금본위제도에서 조정은 실제로 어떻게 이루어졌는가?

4. 1920년부터 1924년까지 어떠한 국제통화제도가 운영되었는가? 1925년에서 1931년 사이에는 어떤 일이 있었는가? 1931년 이후에는 어떤 일이 있었는가?

5. 국제통화기금(IMF)의 두 가지 기본적인 기능은 무엇인가?

6. 브레튼우즈 체제가 금환본위제도라는 것은 무슨 뜻인가? 브레튼우즈 체제에서 환율은 어떻게 결정되었는가? 각국은 어떤 조건에서 환율을 변경시킬 수 있었는가?

7. 각국이 IMF로부터 차입하기 위한 절차는?

8. 브레튼우즈 체제는 어떻게 해서 의도한 바대로 운용되었는가? 어떻게 해서 의도한 바대로 운용되지 못했는가? 브레튼우즈 체제는 시간의 경과에 따라 어떻게 변천했는가?

9. 일반차입협정이란 무엇인가? 스탠바이협정이란? 스왑협정이란? 특별인출권이란? 골드 풀이란? 이중 금시장이란?

10. 달러 부족이란 무엇인가? 달러 과잉이란? 루자본드란? 이자평형세와 해외직접투자 계획의 목적은 무엇인가?

11. 세뇨리지란 무엇인가?

12. 스미소니언협정이란 무엇인가? 유럽 스네이크 제도란

무엇인가? 달러본위제도란? 조정, 유동성, 그리고 신인도란?

13. 자메이카협정에서 합의된 내용은?

14. 오늘날 특별인출권의 가치는 어떻게 결정되는가? IMF가 새로 창설한 추가적인 신용편의에는 무엇이 있는가?

15. 오늘날 세계가 직면한 주요 문제에는 어떠한 것들이 있는가? 이를 해결하기 위해 어떠한 것들이 제안되었는가?

연습문제

1. 다음에 관해 설명하라.
   (a) 오늘날의 경제상황은 금본위제도 시기와 비교해서 어떻게 다른가?
   (b) 오늘날의 경제상황에서는 금본위제도로 복귀하여 이를 순조롭게 운영하는 것이 왜 불가능한가?

2. IMF에 대해 1억 달러의 쿼터를 가진 국가에 대해 이 국가는 IMF에 쿼터를 어떻게 납입하고 원래의 규정에 따라 이 국가가 어느 임의의 한 해에 IMF로부터 차입할 수 있는 금액에 대해 설명하라. 오늘날의 규정과는 어떻게 다른가?

3. 연습문제 2번에서 이 국가가 IMF로부터 첫해에 허용된 최대금액을 차입할 수 있는 절차를 설명하라.

4. 연습문제 2번에서 최초의 규정하에서 첫해에 허용된 최대금액을 이미 차입한 후에 이 국가가 매년 IMF로부터 허용된 최대금액을 차입할 수 있는 절차를 설명하라.

5. 연습문제 2번의 국가에 대하여 최초의 규정하에서 이 국가는 IMF로부터의 차입금을 언제, 어떻게 상환할 수 있는가?

6. 만일 연습문제 2번의 국가가(A국) 1년 후에 차입을 중단하고 차입금을 상환하기 전에 다른 국가가 IMF로부터 A국 통화를 1,000만 달러 차입하는 경우에는 어떻게 되는가?

7. (a) 한 국가가 브레튼우즈 체제하에서 **선물환시장**에 개입함으로써 어떻게 대규모의 불안정적 자본유입의 억제를 시도할 수 있는가를 설명하라.

   (b) 동일한 사항이 현재의 국제통화제도하에서 달성될 수 있는가?

8. (a) 한 국가가 브레튼우즈 체제하에서 현물시장에 개입함으로써 어떻게 대규모의 불안정적 자본유입의 억제를 시도할 수 있는가를 설명하라.

   (b) 동일한 사항이 현재의 국제통화제도하에서 달성될 수 있는가?

9. 브레튼우즈 체제에서 달러의 역할에 대하여 설명하라.

10. 브레튼우즈 체제에서 다음을 설명하라.
    (a) 붕괴의 직접적 원인
    (b) 붕괴의 근본적 원인

11. 현재의 국제통화제도의 운영에 관해 간단히 설명하라.

12. (a) 1994년 12월 멕시코 통화위기의 근본적 원인에 관해 설명하라.
    (b) IMF는 미래에 유사한 위기의 재발을 방지하기 위해 어떤 것을 제안하는가?

13. 1994년 12월 멕시코 위기에 관하여
    (a) 단기자본에 크게 의존하고 있는 개발도상국에 제공하는 교훈을 제시하라.
    (b) 일단 시작된 통화위기를 어떻게 다룰 것인가에 관한 교훈을 제시하라.

14. (a) 1990년대 후반 신흥시장 및 2008~2009년 선진국에서 발생한 경제위기의 근본적인 원인을 설명하라.
    (b) 미래에 유사한 위기를 피하기 위한 처방은 무엇인가?

15. 오늘날 세계가 처한 가장 중요한 경제문제를 열거하라.

부록

A21.1 국제준비자산 : 1950~2018년

이 부록에서는 IMF가 보고한 대로 SDR로 평가한 국제준비자산의 양에 관한 역사적 자료를 제시한다. IMF는 온스당 35 SDR의 공식가격으로만 금 보유고를 환산한다. 표 21-7은 SDR 시장가격으로 표시한 금 보유고를 나타내고 또한 연말에 1 SDR의 달러가치를 보고한다. 표상의 몇 부분의 총계는 매우 작은 반올림상의 오차가 있다. 금의 SDR 시장가격은 1968년 이중 금시장이 창설될 때까지 온스당 35 SDR의 공식적 시장가격과 동일했다. 1971년 브레튼우즈 체제의 붕괴 이후 외환준비자산(대부분 달러) 및 금준비의 급격한 증가가 있었다는 것을 주목하라. 1992년 SDR 보유고가 감소한 것은 IMF 회원국들이 IMF의 증액된 쿼터를 SDR로 납부하였기 때문이다.

> **연습문제**
>
> (a) 1950년, 1955년, 1965년, 1970년, 1980년, 1985년, 1990년, 1995년, 2000년, 2005년, 2010년, 2015년, 2018년 국제준비자산의 총달러가치의 세계총수입의 달러가치에 대한 비율을 계산하라.
>
> (b) 여러 해에 걸쳐 발생한 국제유동성의 변화에 관해 무엇이라 말할 수 있는가?
>
> (c) 현재의 국제통화체제에서 국제유동성은 왜 과잉이 되는가?

표 21-7 국제준비자산(1950~2018)   (단위 : 10억 SDR, 연말)

	1950	1955	1960	1965	1966	1967	1968	1969
1. 외환	13.3	16.7	18.5	24.0	25.7	29.4	32.6	32.9
2. 특별인출권(SDR)	—	—	—	—	—	—	—	—
3. 기금에서 리저브 포지션	1.7	1.9	3.6	5.4	6.3	5.7	6.5	6.7
4. 금을 제외한 총준비자산	15.0	18.6	22.1	29.4	32.0	35.2	39.1	39.8
5. 온스당 35 SDR로 평가한 금	32.2	35.0	37.9	41.8	40.8	39.6	38.7	38.9
6. 온스당 35 SDR로 평가한 금을 포함한 총준비자산	48.2	53.6	60.0	71.2	72.8	74.6	77.8	78.7
7. SDR 시장가격으로 평가한 금	33.0	35.0	38.6	41.9	41.1	39.4	46.4	45.7
8. SDR 시장가격으로 평가한 금을 포함한 총계	48.0	53.6	60.7	71.3	73.1	74.8	85.5	79.0
9. SDR당 미국 달러	1.0000	1.0000	1.0000	1.0000	1.0000	1.0000	1.0000	1.0000

(계속)

표 21-7 국제준비자산(1950~2018) (계속) (단위 : 10억 SDR, 연말)

	1970	1971	1972	1973	1974	1975	1976	1977	1978	1979	1980	1981
1.	45.1	74.6	95.7	101.8	126.2	137.3	160.2	202.3	222.5	248.6	292.6	291.9
2.	3.1	5.9	8.7	8.8	8.9	8.8	8.7	8.1	8.1	12.5	11.8	16.4
3.	7.7	6.4	6.3	6.2	8.8	12.6	17.7	18.1	14.8	11.8	16.8	21.3
4.	56.2	87.1	110.9	116.8	144.0	158.7	186.6	228.5	245.5	272.9	321.3	329.7
5.	37.0	36.0	35.8	35.9	35.8	35.7	35.5	36.0	36.3	33.1	33.5	33.5
6.	93.2	123.1	146.7	152.7	179.8	194.4	222.2	264.5	281.8	306.0	354.7	363.1
7.	39.6	38.7	52.9	82.6	133.0	140.3	109.1	125.3	154.0	220.5	455.4	406.8
8.	95.8	125.8	163.8	199.4	277.0	299.0	295.7	353.8	399.5	493.8	776.6	736.4
9.	1.0000	1.0857	1.0857	1.2064	1.2244	1.1707	1.1618	1.2417	1.3028	1.3173	1.2754	1.1640

	1982	1983	1984	1985	1986	1987	1988	1989	1990	1991	1992	1993
1.	284.7	308.8	349.1	347.9	363.8	455.9	494.4	545.1	611.3	646.2	673.3	750.3
2.	17.7	14.4	16.5	18.2	19.5	20.2	20.2	20.5	20.4	20.6	12.9	14.6
3.	25.5	39.1	41.6	38.7	35.3	31.5	28.3	25.5	23.7	25.9	33.9	32.8
4.	327.9	362.3	407.1	404.9	418.7	507.6	542.8	591.1	655.4	692.6	720.1	797.7
5.	33.4	33.3	33.3	33.4	33.3	33.1	33.1	32.9	32.9	32.9	32.5	32.2
6.	361.2	395.6	440.3	438.2	452.0	540.8	576.0	624.0	688.3	725.5	752.6	829.9
7.	324.1	383.4	348.9	274.8	286.0	297.7	307.5	273.0	253.1	237.5	231.6	241.4
8.	652.0	745.7	756.1	679.6	704.6	805.3	850.3	864.0	908.3	929.8	951.7	1,039.0
9.	1.1031	1.0470	0.9802	1.0984	1.2232	1.4187	1.3457	1.3142	1.4227	1.4304	1.3750	1.3736

	1994	1995	1996	1997	1998	1999	2000	2001	2002	2003	2004	2005
1.	812.8	934.9	1,089.2	1,197.9	1,167.6	1,298.3	1,486.1	1,631.0	1,770.9	,035.5	2,413.5	3,022.5
2.	15.8	19.8	18.5	20.5	20.4	21.5	21.5	21.5	21.5	21.5	21.5	21.5
3.	31.7	36.7	38.0	47.1	60.6	54.8	47.4	56.9	66.1	66.5	55.8	28.6
4.	860.3	991.3	1,145.8	1,265.5	1,248.6	1,371.6	1,552.0	1,707.4	1,856.8	2,122.1	2,489.7	3,071.3
5.	32.0	31.8	31.8	31.2	33.9	37.7a	37.2	36.9	36.6	36.0	35.4	34.6
6.	890.4	1,020.1	1,177.6	1,296.7	1,282.5	1,409.3	1,589.2	1,744.3	1,893.4	2,158.1	2,525.1	3,105.9
7.	240.4	236.1	245.2	218.9	202.3	219.1	227.7	227.3	238.3	251.4	266.3	308.5
8.	1,100.7	1,227.4	1,391.0	1,484.4	1,450.9	1,590.7	1,779.7	1,934.7	2,131.7	2,409.5	2,791.4	3,414.4
9.	1.4599	1.4865	1.4380	1.3493	1.4080	1.3725	1.3029	1.2567	1.3595	1.4860	1.5530	1.4293

	2006	2007	2008	2009	2010	2011	2012	2013	2014	2015	2016	2017	2018
1.	3,491.7	4,242.6	4,769.2	5,208.1	6,016.0	6,647.4	7,126.2	7,588.3	8,006.8	7,876.6	7,966.1	8,030.8	8,220.9
2.	21.5	21.5	21.4	204.1	204.3	204.3	204.2	204.2	204.2	204.1	204.2	204.2	204.2
3.	17.5	13.7	25.1	38.7	48.8	98.3	103.2	97.5	81.7	63.5	79.1	67.9	81.5
4.	3,527.9	4,275.2	4,813.5	5,447.6	6,264.5	6,939.8	7,421.1	7,876.5	8,278.1	8,143.8	8,220.8	8,268.8	8,482.8
5.	34.2	33.7	33.7	34.3	34.7	35.1	35.7	35.9	36.0	32.2	33.4	40.9	34.7
6.	3,562.1	4,308.9	4,847.2	5,481.9	6,299.2	6,974.9	7,456.8	7,912.4	8,314.1	8,177.0	8,254.2	8,309.7	8,517.5
7.	393.5	424.7	545.5	609.0	788.8	1,026.1	1,107.3	939.8	1,303.4	880.3	995.1	955.1	1,010.2
8.	3,955.6	4,733.6	5,392.7	6,090.9	7,088.0	8,001.0	8,564.1	8,852.2	9,581.5	9,024.1	9,215.9	9,223.9	9,396.4
9.	1.5044	1.5803	1.5403	1.5677	1.5400	1.5353	1.5369	1.5400	1.4488	1.3857	1.3440	1.4240	1.3908

[a] IMF는 금 보유량을 재산정.

출처 : IMF, *International Financial Statistics Yearbooks* 1985, 1998, 2000, 2014, 2018, 2019, and IFS, February 2019.

용어해설

가격전가(pass-through) 환율의 변화가 수출품과 수입의 가격변화에 영향을 주는 비율

가격-정화-유통기구(price-specie flow mechanism) 금본위 제도에서의 자동조정 메커니즘. 이는 적자국에서 금이 유출되고 화폐공급이 감소함으로써 작동된다. 그 결과 국내 물가가 하락하여 적자가 사라질 때까지 수출은 증가하고 수입은 감소한다. 흑자국에서는 반대 과정을 통해 흑자가 사라지게 된다.

가변수입관세(variable import levies) EU가 농산품의 수입에 부과하는 관세로 EU가 설정한 높은 농산물 가격과 세계 시장에서의 낮은 가격의 차이와 같다.

개방경제 거시경제학(open economy macroeconomics) 환율, 국제수지 및 국제수지 조정에 관한 학문

개입통화(intervention currency) 환율이 허용된 또는 바람직한 범위 밖으로 벗어나지 않도록 통화당국이 사용하는 (달러와 같은) 태환 가능한 통화

게임이론(game theory) 갈등 상황에서 최적의 전략을 선택하는 방법

경상계정(current account) 여기에는 재화와 서비스의 수출과 수입, 1차 소득 및 2차 소득이 포함된다.

경상계정적자(current account deficit) 경상계정거래에서 차변의 총액의 대변의 총액에 대한 초과분

경상자본계정거래에서 순대출(net lending from current and capital account transeations) 경상자본계정에서 대변의 차변에 대한 초과분

경상자본계정거래에서 순차입(net borrowing from current and capital account transeations) 경상자본계정에서 차변의 대변에 대한 초과분

경제동맹(economic union) 회원국 간 무역에 대한 모든 장벽을 철폐하고, 기타국에 대한 무역장벽을 통일하며, 회원국 간 노동과 자본의 자유로운 이동을 허용하고, 회원국의 조세, 금융 및 재정정책까지도 통일하는 동맹

경제상호원조회의(Council of Mutual Economic Association, CMEA 또는 COMECON) 1949년 서방국가로부터의 무역을 전환하여 공산권 국가 사이의 자급자족 정도를 높이기 위하여 소비에트 연합에 의해 결성된 공산권 국가 사이의 조직

경제통합(economic integration) 회원국들 사이에서만 차별적으로 무역장벽을 인하하거나 철폐하는 무역정책

골드 트랑슈(gold tranche) 일국의 IMF 쿼터의 25%를 금으로 납부하고 거의 자동적으로 대출이 가능하다.

공동시장(common market) 회원국 간 무역에 대한 모든 장벽을 제거하고 비회원국가에 대한 무역정책을 통일시키며 회원국 간 노동과 자본의 자유로운 이동을 허용함. 그 예로 1993년 1월 1일 이후의 유럽연합을 들 수 있다.

공적 준비자산(official reserves) 통화당국이 보유하는 금, SDR, IMF 포지션 및 타국 통화의 공적 보유이다.

과점(oligopoly) 시장조직의 한 형태로 동질적이거나 차별화된 상품을 생산하는 생산자가 소수 존재한다.

과학적 관세(scientific tariff) 국내의 생산자들이 외국 경쟁자들과의 경쟁에 대처할 수 있도록 수입품의 가격이 국내가격과 같아지도록 부과하는 관세

관대한 무시(benign neglect) 1973년 3월부터 1977년 말까지와 1981년부터 1985년까지 미국이 취한 외환시장 불개입정책

관리변동환율제도(managed floating system) 장기환율은 변하지 않는 상태에서 단기환율의 변동성을 줄이기 위해 통화당국이 외환시장에 개입하는 것

관세공장(tariff factory) 수입관세를 회피하기 위하여 어떤 국가나(관세동맹과 같은) 경제 단위에 행하는 직접투자

관세동맹(customs union) 회원국 간 무역에 대한 모든 장벽을 제거하며 기타 국가에 대한 무역정책을 통일시킴. 대표적인 예로는 유럽연합이 있다.

관세 및 무역에 관한 일반협정(General Agreements on Tariffs and Trade, GATT) 다자간 무역협상을 통해 자유무역을 촉진하기 위한 국제기구

관세의 무역효과(trade effect of a tariff) 관세의 부과로 인한 교역량의 감소

관세의 보호비용(protection cost of a tariff) 관세 부과로 소비 왜곡과 비효율적 생산이 야기되어 발생하는 후생의 감소

관세의 사중적 손실(deadweight loss of a tariff) **관세의 보호비용** 참조

관세의 생산효과(production effect of a tariff) 수입품에 대해 관세를 부과하면 수입품의 국내 가격이 상승하여 이 상품의 국내 생산이 증가하는 것

관세의 소비효과(consumption effect of a tariff) 관세부과로 가격이 상승한 결과 수입 상품의 국내 소비가 감소하는 것

관세의 수입효과(revenue effect of a tariff) 관세로 인해 정부가 징수하는 수입

교역조건(terms of trade) 한 국가의 수출품 가격지수를 수입품 가격지수로 나눈 것

교역조건 효과(terms-of-trade effect) 무역을 할 때의 상품의 균형상대가격이 변화하는 것으로, 이는 한 국가가 성장함에 따라 교역량이 변화하기 때문에 발생한다.

교차환율(cross rate) 통화 A와 통화 C의 환율과 통화 B와 통화 C의 환율이 주어졌을 때 통화 A와 통화 B의 환율

교환으로부터의 이익(gains from exchange) 자급자족하에서

한 국가가 생산점에서 계속 생산한다고 하더라도 교환을 할 수 있기 때문에 발생하는 소비의 증가

구매계약(purchase contracts) 수입업자가 특정한 상품의 특정한 양을 구입하기로 합의한 최적가격과 수출업자가 특정한 양을 판매하기로 합의한 최고가격을 규정하는 다자간 장기계약

구매력평가 이론(purchasing power parity theory) 두 통화 간의 환율 변화는 양국의 물가수준의 변화율과 일치한다는 이론

국가 간 생산요소의 이동가능성(international factor mobility) 생산요소가 수익이 낮은 국가로부터 높은 국가로 국경을 넘어 이동

국가안보조항(national security clause) (이미 협상되었더라도) 국가 안보에 중요한 산업에 피해를 줄 수 있는 관세인하를 방지하는 보호무역주의 장치

국내 부가가치(domestic value added) 최종재의 가격에서 그 상품의 생산에 사용되는 수입된 중간투입물의 비용을 뺀 것

국내 이동가능성(internal factor mobility) 한 국가 내에서 생산요소가 수익이 낮은 지역이나 산업으로부터 수익이 높은 곳으로 이동하는 것

국영무역회사(state trading companies) 중앙계획경제에서 특정한 생산라인의 무역을 담당하는 국가 기구

국제개발협회(International Development Association, IDA) 1960년에 개발도상국에 대한 저리의 자금을 지원하기 위해 설립된 세계은행 그룹

국제거시경제 정책조정(international macroeconomic policy coordination) 국제적 상호의존성의 인식하에 각국의 거시경제정책을 수정하는 것

국제금융(international finance) 외환시장, 국제수지 및 국제수지 조정에 관한 연구

국제금융공사(International Financde Corportation, IFC) 1956년 개발도상국에 대한 국내 및 해외투자를 촉진하기 위해 설립된 세계은행 그룹

국제금융공사(international finance corporation) 국제부흥

개발은행의 자회사로서 개발도상국에 민간투자가 이루어지도록 외국의 유수한 투자를 유치한다.

국제무역기구(International Trade Organization, ITO) 제2차 세계대전 이후 국제무역을 다루기 위해 설립된 국제기구로 미 상원이 인준하지 않아 설립이 무산되었으며 그 역할을 GATT가 담당했는데, 역할은 위축되었다.

국제무역이론(international trade theory) 무역의 발생원인과 무역으로부터의 이익을 살펴봄

국제무역정책(international trade policy) 무역규제의 이유와 효과를 살펴봄

국제부흥개발은행(International Bank for Reconstruction and Development, IBRD) 제2차 세계대전 이후 개발도상국에 대한 장기적 개발지원을 제공하기 위해 설립된 국제기구

국제상품협정(international commodity agreements) 개발도상국의 1차 산품의 가격과 소득을 안정화시키고 증대시키기 위한 생산자 및 소비자 국가로 구성된 기구

국제수지(balance of payments) 특정 기간 일국의 거주자와 타국의 거주자 간에 이루어진 모든 거래를 기록한 요약표

국제수지에 대한 통화론적 접근방법(monetary approach to balance of payment) 국제수지의 균형과 불균형, 환율의 변화가 장기적으로 화폐시장의 수요와 공급에 의해 이루어진다고 보는 학설

국제수지 조정(balance of payments adjustment) 국제수지 불균형이 해소되는 메커니즘의 작동 및 효과

국제수지 흑자(balance of payment surplus) 경상 및 자본계정 또는 자율적 거래에서 대변의 차변에 대한 초과분

국제 카르텔(international cartel) 여러 지역에 있는 상품 생산자(또는 정부) 기구로 기구의 총이윤을 증대하거나 극대화하기 위해 상품의 생산과 수출을 통제한다. 독점자처럼 행동하는 국제 카르텔을 집중화된 카르텔이라고 한다.

국제통화기금(International Monetary Fund) 브레튼우즈 체제하 국제기관으로 국제무역 및 금융 분야의 합의한 준칙의 준수여부를 감독하고 일시적 국제수지 불균형이 발생한 국가에 차입편의를 제공하는 목적을 갖는다.

국제통화제도(international monetary system) 국제결제를

원활하게 하기 위한 준칙, 관습 도구 및 시설 및 조직을 의미한다.

국제투자포지션(international investment position) 연말 기준으로 한 국가의 해외자산과 그 국가에 대한 외국인 자산의 총량과 분포. 국제부채수지라고도 한다.

궁핍화 성장(immiserizing growth) 무역을 하지 않을 때 성장을 하게 되면 그 국가의 후생은 증가한다고 하더라도, 성장의 결과 한 국가의 교역조건이 아주 많이 악화되어 성장 후에 후생이 오히려 감소하는 현상

규모에 대한 수익불변(constant returns to scale) 생산량이 요소의 투입량과 같은 비율로 증가하는 경우

규모에 대한 수익증가(increasing returns to scale) 생산요소의 투입량이 증가하는 비율보다 생산량이 더 많이 증가하는 현상. 예를 들면 생산요소의 투입량이 2배 증가할 때 생산량이 2배 이상 증가하는 경우

균형국민소득(equilibrium national income) 의도된 지출이 산출량 가치와 일치하는, 의도된 저축과 의도된 투자가 일치하는 상태의 국민소득수준

균형성장(balanced growth) 생산요소의 양이 같은 비율로 증가하거나 두 가지 상품의 생산에서 기술진보가 같은 비율로 발생하는 것

그때그때의 상황에 대처하는 정책(leaning against the wind) 통화당국이 외환시장의 초과 수요를 흡수하거나 초과공급에 대한 수요를 일으킴으로써 정부가 환율의 변동성을 감소시키는 정책

그래비티 모형(gravity model) (다른 조건이 일정하다면) 두 국가 간의 무역은(물리학에서 뉴턴의 중력 법칙과 마찬가지로) 두 국가의 GDP의 곱에 비례하고 두 국가 간 거리에 반비례한다는 이론

금본위제도(gold standard) 1880년경부터 1914년까지 시행된 국제통화제도로 금이 유일한 국제준비자산이고 환율은 금 수출점과 수입점의 구간 내에서만 변동하고, 국제수지 조정은 가격 – 정화 – 유통기구에 의해 이루어진다.

금본위제도에서의 게임의 룰(rule of the game of the gold standard) 금본위제도하에서 적자국은 신용창출을 제한하

고, 흑자국은 신용을 팽창시킴으로써 국제수지 상황에 따라 금의 국가 간 이동이 이루어지도록 하는 준칙

금 수입점(gold import point) 주조평가 마이너스 외국통화 한 단위에 해당하는 금의 양국 간 수송비

금 수출점(gold export point) 주조평가 플러스 외국통화 한 단위에 해당하는 금의 양국 간 수송비

금융계정(financial account) 금융자산의 순취득, 파생금융상품 부채의 순발생(국제준비자산 제외)

금융계정거래에서 순대출(net lending form financial-account transactions, +) 금융계정에서 대변의 차변에 대한 초과분

금융계정거래에서 순차입(net borrowing from financial-account transactions, –) 금융계정에서 차변의 대변에 대한 초과분

금지관세(prohibitive tariff) 무역이 발생하지 않을 정도로 충분히 높은 관세율로 금지관세를 부과하면 폐쇄경제로 되돌아감

기술 갭 모형(technological gap model) 국제무역이 신상품이나 신공정의 도입 때문에 일정 부분 발생한다는 가설

기술적 한계대체율(marginal rate of technical substitution, MRTS) 동일한 등량선상에 있으면서 노동 1단위를 더 고용할 때 포기할 수 있는 자본의 양

기술·행정 및 기타 규제(technical administrative and other regulations) 안전규정, 건강규정, 상표요구조건 및 국경세 등과 같은 비관세장벽

기초적 불균형(fundamental disequilibrium) 대규모의 지속적인 국제수지 흑자나 적자 상황

기축통화(key currency) 국제계약의 표시단위나 국제거래에 사용되는 달러와 같은 통화

기회비용 불변(constant opportunity costs) 어느 한 가지 상품의 생산을 1단위 증가시키기 위하여 포기해야 하는 다른 상품의 양이 항상 일정한 경우

기회비용이론(opportunity cost theory) 한 가지 상품의 비용은 이 상품을 한 단위 더 생산할 수 있는 생산자원을 얻을 수 있도록 하기 위하여 포기해야 하는 다른 상품의 양으로

표시된다는 이론

기회비용 증가(increasing opportunity costs) 한 가지 상품의 생산이 증가함에 따라 이를 생산하기 위한 생산자원을 방출하기 위해서 포기해야 하는 다른 상품의 양이 점점 증가하는 현상으로, 생산가능 곡선이 원점에 대해 오목한 형태로 표시된다.

남미공동시장(Southern Common Market) **메르코수르** 참조

내생적 성장이론(endogenous growth theory) 자유무역을 함으로써 장기의 경제성장이나 경제발전이 촉진되는 실제의 경로나 이유를 엄밀하고 상세하게 파악하기 위한 이론

내적인 규모의 경제(internal economies of scale) 한 기업의 생산 활동이 범세계적으로 통합될 때 나타나는 생산성 증가

네덜란드병(dutch disease) 과거에 수입된 자원의 국내조달로 자국통화가 평가상승함에 따라 전통적인 부문의 국제경쟁력이 하락하는 현상

노동가치설(labor theory of value) 상품의 가격이나 비용은 이를 생산하기 위해 투입된 노동의 양에 의해 전적으로 결정된다는 이론

노동–자본 비율(labor-capital ratio, L/K) 한 상품의 생산에 이용되는 자본 1단위당 노동의 양

노동절약적 기술진보(labor-saving technical progress) 노동 생산성보다는 자본 생산성이 빠르게 증가하는 기술진보로서 요소가격이 일정하다면 K/L가 상승한다.

노동집약적 상품(labor-intensive commodity) 생산요소의 상대가격이 어떻게 변하더라도 노동자본비율(L/K)이 높은 상품

다국적기업(multinational corporation, MNCs) 여러 국가에 걸쳐 생산 및 유통 조직을 소유, 통제 관리하는 기업

다자간 무역협상(multilateral trade negotiation) 여러 국가들 사이의 무역협상

단기총공급곡선(short-run agggreate supply [SRAS] curve) 총공급량과 물가수준의 일시적인 역의 관계 시장의 불완전 정보의 불완전성에 기인한다.

단일요소 교역조건(single factoral terms of trade) 한 국가의

수출가격지수를 수입가격지수로 나누고 수출부문의 생산성 지수를 곱한 것

달러 과잉(dollar glut) 1950년대 말 1960년대 초 진행된 외국통화당국에 달러의 초과공급 상태

달러 부족(dollar shortage) 1940년대 1950년대 초에 전쟁을 겪은 국가들이 국제준비자산을 축적하지 못한 상황

달러본위제도(dollar standard) 1971년 스미소니언협정에 의해 시작된 국제통화제도로 달러가 계속 국제통화와 준비자산의 역할을 수행하되 자금의 지원 없이 이루어진다.

달러화(dollarization) 한 국가가 타국의 통화를 법정통화로 채택하는 상황

대내균형(internal balance) 물가안정 상태에서 완전고용의 목표로 경제에서 가장 중요한 목표임

대량구매(bulk purchasing) 한 국영무역회사가 다른 나라의 국영무역회사로부터 한 해 또는 수년간에 걸쳐 특정한 양의 상품을 구매하기로 한 협정

대변거래(credit transactions) 재화와 서비스의 수출, 1차 소득과 2차 소득 및 자본이전 등을 통한 수취를 기록한 거래

대외균형(external balance) 일국의 국제수지 균형의 목표

대체계정(substitution account) 달러 오버행의 문제를 해결하기 위해 외국보유 달러를 SDR로 교환하는 계정을 IMF에 설치한 것

대체탄력성(elasticity of substitution) 생산요소의 가격이 변화함에 따라 생산에서 한 가지 생산요소를 다른 생산요소로 대체하기에 용이한 정도

대체탄력성 불변 생산함수(constant elasticity of substitution [CES] production function) 노동과 자본 사이의 대체탄력성이 일정한(반드시 1일 필요는 없음) 생산함수

덤핑(dumping) 어떤 상품을 원가 이하 또는 국내 판매가격 이하로 수출하는 것

도쿄 라운드(Tokyo Round) (1974년의 무역확대법을 근거로) 평균 관세율을 평균 30% 인하하고 비관세장벽을 시행하는 국가의 행동원칙을 규정하기로 한 다자간 무역협상으로 1979년에 종결됨

도하 라운드(Doha Round) 2001년(카타르의) 도하에서 시작된 다자간 무역협정으로 2004년까지 타결되도록 하였으며, 무엇보다도 개발도상국의 선진국 시장에 대한 접근성 확대를 목표로 하고 있다.

독립국가연합(Commonwealth of Independent States, CIS) 1991년 말 소비에트연방이 해체되면서 대부분 과거 소비에트 공화국이었던 국가들로 구성된 조직

독립국가연합 자유무역지대(Commonwealth of Independent States Free Trade Area, CIS-FTA) 독립국가연합 간의 자유무역지대

독점(monopoly) 시장조직의 한 형태로 상품의 생산자가 하나밖에 없으며 밀접한 대체재가 존재하지 않는다.

독점적 경쟁(monopolistic competition) 시장조직의 한 형태로 차별화된 상품을 판매하는 다수의 생산자가 있으며 산업에 대한 진입과 퇴출이 상대적으로 용이하다.

동일한 기술(same technology) 생산기술이 동일함. 그 결과 양국에서 생산요소의 상대가격이 같다면 두 가지 상품을 생산할 때의 K/L가 양국에서 같아지게 된다.

동태분석(dynamic analysis) 한 균형 상태로부터 다른 균형 상태로 가는 조정과정이나 시간 경로를 다룬다.

동태적 외부경제(dynamic external economies) 어느 산업의 생산이 누적적으로 증가하여 시간이 지남에 따라 개별 기업들이 지식을 축적함에 따라 평균생산비가 하락하는 현상

두뇌유출(brain drain) 대단히 숙련된 기술자나 훈련된 사람들이 개발도상국에서 선진국으로 또는 기타 산업국가에서 미국으로 이주하는 것

등량선(isoquant) 기업이 일정한 생산량을 생산할 수 있도록 하는 두 가지 생산 요소의 여러 가지 조합

등비용선(isocost) 생산요소의 가격과 생산요소에 대한 지출이 일정할 때 한 기업이 고용할 수 있는 생산요소의 여러 가지 조합을 보여 주는 선

레온티에프 역설(Leontief paradox) 미국의 수입대체품은 미국의 수출품에 비해 자본집약적이었다는 실증적 결과. 이는 가장 자본풍부국인 미국은 자본집약적인 상품을 수출하

고 노동집약적인 상품을 수입할 것이라는 헥셔-오린 모형과는 정반대의 결과이다.

루자본드(Roosa bond) 1960년대 초 미국이 창출한 달러 표시, 환율보장형 중기 재무부 증권으로 연방준비은행에서 달러를 금으로 교환하는 대신 통화당국이 달러를 보유하도록 유도하는 목적이다.

립진스키 정리(Rybczynski theorem) 상품의 상대가격이 변화하지 않을 때 한 가지 생산요소의 양이 증가하면 증가한 생산요소를 집약적으로 이용하는 상품의 생산은 비례 이상으로 증가하는 반면 다른 상품의 생산은 감소한다는 정리

마셜-러너 조건(Marshal-Lerner condition) 양국의 수입수요의 탄력성의 합이 1보다 큰 경우 외환시장은 안정적이다.

마스트리히트 조약(Mastricht agreement) 1997년 또는 1999년에 EU의 통화통합을 위해 유럽중앙은행의 전신인 유럽통화기구(EMI)를 탄생시킨 조약

마케팅 보드(marketing boards) 농산품 생산자의 수출가격을 안정화하기 위하여 제2차 세계대전 이후 일부 개발도상국이 설립한 제도

먼델-플레밍 모형(Mundell-Fleming model) 환율의 변화 없이 재정정책과 통화정책을 사용하여 대내균형과 대외균형을 어떻게 달성하는가를 보여 주는 모형

메르코수르(Mercosur) 1991년 아르헨티나, 브라질, 파라과이, 우루과이가 창설한 남미공동시장

메츨러 패러독스(Metzler paradox) 스톨퍼-사무엘슨 정리에 대한 예외적인 상황

명목관세(nominal tariff) (종가관세와 같이) 최종 생산물의 가격에 대해 부과하는 관세

무관세지대(duty-free zones) 원자재나 중간재를 무관세로 사용할 수 있도록 함으로써 해외투자를 유치하기 위한 지역

무역굴절(trade deflection) 자유무역지대 밖의 국가들이 자유무역지대 내 기타 회원국의 높은 관세율을 회피하기 위하여 자유무역지대 내 저관세율 국가로 수출하는 것

무역규제(trade controls) 정부가 국제무역을 규제하기 위해 시행하는 관세, 쿼터, 수입 예치금 및 기타의 규제

무역무차별곡선(trade indifference curve) 한 국가에 동일한 만족을 주는 여러 가지의 무역 상황을 보여 주는 곡선

무역승수(foreign trade multiplier) 수출 및(또는) 투자 변화에 대한 국민소득의 증가분

무역으로부터의 이익(gains from trade) 각 국에서 생산에서의 특화와 무역으로 인해 발생하는 소비의 증가

무역을 하는 경우 상품의 균형상대가격(equilibrium-relative commodity price with trade) 두 국가의 무역이 균형을 이루게 되는 점에서의 두 국가 공통의 상대가격

무역의 원인(basis for trade) 두 국가 사이에 무역을 가능하게 하는 힘. 애덤 스미스에 의하면 절대우위였고, 데이비드 리카도에 의하면 비교우위였다.

무역전환(trade diversion) 생산비가 저렴한 관세동맹 외부 국가로부터의 수입이 관세동맹 내의 고비용 수입으로 대체될 때 발생한다. 이는 그 자체로 후생을 감소시킨다.

무역전환 관세동맹(trade-diverting customs union) 무역창출과 무역전환을 동시에 발생시키는 관세동맹으로, 이 두 가지 힘의 상대적 크기에 따라서 회원국의 후생은 증가하거나 감소할 수 있다.

무역정책(trade policy) 한 국가의 국제무역이나 통상에 대한 규제

무역조정지원(Trade Adjustment Assistance, TAA) 1962년의 무역확대법(그 후의 무역법에서도 계속됨)의 일환으로 무역자유화로 피해를 입은 해고 노동자와 산업에 대한 지원

무역창출(trade creation) 관세동맹 내 회원국의 국내 생산이 생산비가 더 저렴한 동맹 내 다른 회원국의 생산으로 대체될 때 발생하며, 이는 후생을 증대시킨다.

무역창출 관세동맹(trade-creating customs union) 무역창출만을 야기하는 관세동맹으로 회원국 및 비회원국의 후생을 증대시킨다.

무역촉진권한(trade promotion authority) 미국 대통령에게 다른 국가와 범세계적 무역협상을 할 수 있도록 허용한 법안으로 의회는 대통령이 체결한 협정에 대해 수정할 수 없고 오로지 찬성과 반대만을 결정할 수 있다.

물류비(logistic costs) **수송비** 참조

미시경제학(microeconomics) 특정 국가 또는 한 가지 상품의 상대가격과 같은 개별 단위에 대한 연구

민간저축(private saving) 국민산출량 중 가계소비와 정부구입에 속하지 않는 부분

반세계화 운동(antiglobalization movement) 세계화 때문에 범세계적인 인권 및 환경문제가 야기되며 다국적기업의 이윤을 위해 인류 후생과 환경 복지가 희생된다고 주장하는 느슨한 조직

발라사-사무엘슨 효과(Balassa-Samuelson effect) 비교역재 가격이 선진국이 개발도상국보다 더 높은 결과 전자가 후자에 비해 환율이 과대평가되는 현상

발트해 자유무역협정(Baltic Free Trade Agreement, BAFTA) 에스토니아, 라트비아, 리투아니아의 발트 3국 내에서 자유무역지역을 설립하기 위한 협정

복수요소 교역조건(double factoral terms of trade) 수출품 가격지수를 수입품 가격지수로 나눈 비율에 수출부문의 생산성 지수를 수입경쟁부문의 생산성 지수로 나눈 비율을 곱한 것

복수환율(multiple exchange rate) 정부가 정한 수입품의 유용성의 정도에 따라 여러 유형의 수입품에 대해 다른 환율들을 적용하는 것으로 주로 개발도상국에서 이루어진다.

복식부기(double-entry bookkeeping) 국제수지의 기입과 관련된 회계원칙으로 모든 거래는 두 번 기록하되 하나는 재화와 서비스의 구입과 판매, 다른 하나는 그에 대한 지불과 수취로 구성된다.

복합관세(compound tariff) 종가관세와 종량관세를 결합한 것

본원통화(money base) 통화당국이 창출한 국내통화와 국제준비자산의 합

부분균형분석(partial equilibrium analysis) (기업이나 국가와 같은) 개별적인 의사결정자의 행동을 따로 분리하여(국가나 기업이 경제의 다른 부분과의 상호 연관성을 무시하고) 분석하는 것

부의 효과(wealth effect) 한 국가에서 성장을 한 결과 발생하는 노동자 또는 1인당 산출량의 변화

북미자유무역협정(North American Free Trade Agreement, NAFTA) 미국, 캐나다, 멕시코 사이에 자유무역을 하기로 한 협정으로 1994년 1월 1일 발효되었다.

불안정한 외환시장(unstabilizing exchange market) 균형에서 이탈되는 경우 균형으로부터 더 멀어지는 외환시장의 조건

불완전 특화(incomplete specialization) 무역을 한 후에 양국에서 두 가지 상품을 모두 생산하는 현상으로 소국의 경우에도 해당된다.

브레튼우즈 체제(Bretton Woods system) 제2차 세계대전 말부터 1971년까지 시행된 금환본위제도

브렉시트(Brexit) 'British exit'의 약자로 영국이 유럽연합에서 탈퇴한 것을 의미하며 2016년 6월 23일 국민투표에서 결정되고, 2020년 1월 31일 단행

비관세장벽(Nontariff Trade Barriers, NTBs) 국제 카르텔, 덤핑 및 수출보조금뿐만 아니라 수출자율규제, 기술적, 행정적, 기타의 규제와 같은 관세 이외의 무역 규제

비교역상품(nontraded goods) 수송비가 국제 간 가격 차이보다 크기 때문에 국제적으로 교역되지 않는 재화와 서비스

비교역 서비스(nontraded services) **비교역상품** 참조

비교우위의 법칙(law of comparative advantage) 한 국가가 모든 상품의 생산에 있어 다른 국가보다 덜 효율적이거나 또는 절대열위를 가지고 있더라도 상호 이익이 되는 무역이 발생할 수 있음을 설명한다. 덜 효율적인 국가는 절대열위가 보다 작은 상품(이것이 비교우위를 가진 상품이다)을 생산하여 수출해야 한다.

비교정학(comparative statics) (경제 여건의 변화로 인한) 2개 또는 그 이상의 균형점을 비교하여 탐구하며 조정 과정이나 이행 과정은 고려하지 않는다.

사회무차별곡선(community indifference curve) 한 국가 또는 사회에 동일한 만족을 줄 수 있는 두 상품 간의 다양한 조합. 사회무차별곡선은 우하향하고, 원점에 대해 볼록하며 교차하지 않는다.

산발적 덤핑(sporadic dumping) 예기치 못한 일시적 초과 공급 상태에 직면하여 국내가격을 인하하지 않고, 이를 해소하기 위하여 국내보다 낮은 가격으로 해외에서 간헐적으로 판매하는 것

산업내무역(intra-industry trade) 같은 종류의 산업 또는 생산물 그룹에 포함되는 차별화된 상품들의 무역

산업내무역지수(intra-industry trade index, T) 수출액과 수입액 차이의 절댓값을 수출액과 수입액의 합으로 나눈 후 1에서 뺀 값

산업연관표(Input-Output table) 경제 내 각 상품의 원천과 목적지를 보여 주는 표

산업정책(industrial policy) 산업국가에서(첨단산업과 같은) 일부 산업의 발전과 성장을 촉진하기 위한 정부의 적극적인 개입정책

상계관세(countervailing duties, CVDs) 외국 정부가 지급한 보조금의 효과를 상쇄하기 위하여 부과하는 관세

상대적 구매력평가 이론(relative purchasing-power parity theory) 기간 간 양국의 환율의 변화는 양국의 물가수준의 변화율과 일치한다는 이론

상품 또는 물물교환 교역조건(commodity or net barter terms of trade) 한 국가의 수출품 가격지수를 수입품 가격지수로 나눈 후 100을 곱한 것

상품의 상대가격(relative commodity prices) 한 상품의 가격을 다른 상품의 가격으로 나눈 것. 이는 첫 번째 상품의 기회비용과 같고 생산가능곡선의 기울기의 절댓값과 같다.

상호수요곡선(reciprocal demand curve) 오퍼곡선이라고도 한다.

상호수요의 법칙(law of reciprocal demand) 무역 이후에 한 국가의 상호수요곡선 또는 오퍼곡선이 만나는 점에서 결정되는 상품의 균형상대가격

상호의존성(interdependence) 국가 간 경제적 관계

생산가능곡선(production possibility frontier) 한 국가가 가지고 있는 생산요소를 모두 활용하고 이용 가능한 최선의 생산방법으로 생산할 때 생산할 수 있는 두 가지 상품의 여러 가지 조합

생산계약곡선(production contract curve) 두 가지 상품의 등량선이 서로 접하여 투입요소가 가장 효율적으로 이용되는 점들을 연결한 곡선

생산자 잉여(producer surplus) **지대** 참조

생산함수(production function) 투입요소의 양이 변화함에 따라 변화하는 최대 생산량과의 관계

서브프라임 모기지 위기(subprime mortgage crisis) 미국의 주택시장에서 시작하여 미국과 전 세계 금융 및 경제 부문으로 확산된 금융위기

선물할인(forward discount) 선물환율이 현물환율보다 낮은 백분율

선물할증(forward premium) 선물환율이 현물환율보다 높은 백분율

선물환율(forward exchange rate) 외환거래 계약이 체결된 후 외환의 인도가 1개월, 3개월 또는 6개월 후에 이루어지는 외환의 환율

성장의 엔진(engine of growth) 19세기에 무역이 신정착지역의 고도성장과 발전을 견인한 원동력이었다는 이론

세계무역기구(World Trade Organization, WTO) 우루과이라운드에서 설립되어 GATT를 대체하게 된 기구로 공산품, 농산품, 서비스 무역을 관장하며 무역분쟁 해결 권한이 확대되었다.

세계은행(World Bank) **국제부흥개발은행** 참조

세계화(globalization) 무역 및 금융 그리고 교통 통신의 혁신이 혁명적으로 발전함에 따라 범세계적으로 경제 통합이 가속화되는 현상

세뇨리지(seigniorage) 통화 발행국에 귀속되는 이익 또는 통화가 국제통화 준비자산으로 사용될 때 국가에 발생하는 이익

소국의 경우(small-country case) 무역을 한 후의 상품의 상대가격이 무역 이전에 대국의 국내 상대가격 수준에서 결정되어 소국이 무역으로부터의 이익을 독차지하는 경우

소득교역조건(income terms of trade) 수출품 가격지수를 수입품 가격지수로 나누어 수출량을 곱한 것

소비자잉여(consumer surplus) 소비자가 어느 한 상품을 구

입하기 위하여 지불할 의사가 있는 금액과 실제로 지불하는 금액의 차이

소비함수(consumption function) 소비지출과 국민소득의 관계로서 소득이 0인 경우도 소비는 +이고(−저축), 소득이 증가함에 따라 소비도 증가하지만 소득의 증가분보다 더 적게 증가한다.

수송비(transport cost) 운임, 보관비, 하역비, 보험료, 운송 중인 화물에 대한 이자비용

수입관세(import tariff) 수입품에 대한 관세

수입대체 공업화(import-substitution industrialization) 1950년대, 1960년대 및 1970년대에 많은 개발도상국들이 채택했던 공업화 전략으로 제조업품의 수입을 국내생산으로 대체하는 전략

수입대체상품(import substitutes) (미국에서 자동차와 같이) 국내에서 생산을 하기는 하지만(생산에서의 불완전특화 때문에) 외국으로부터 수입하는 상품

수입함수(import function) 수입과 국민소득 간의 양(+)의 관계

수직적 통합(vertical integration) 기업이 자체의 원자재와 중간재를 공급받기 위해 후방으로 통합하거나 판매망이나 유통망을 확보하기 위하여 전방으로 통합하는 것

수출 불안정성(export instability) 수출 가격과 소득의 단기적 변동

수출관세(export tariff) 수출품에 대한 관세

수출보조금(export subsidies) 잠재적인 수출업자들에게 세금 감면이나 재정 보조 융자를 제공하거나 수출품을 수입하는 외국인들에게 저금리의 융자를 하는 것

수출비관주의(export pessimism) 개발도상국은 선진국의 보호무역 조치로 인해 선진국에 대한 급격히 수출을 늘려나갈 수 없다는 생각

수출입은행(Export-Import Bank) 미국 정부기관으로 미국의 수출품을 구매할 수 있도록 외국인들에게 저리의 금융을 제공한다.

수출자율규제(voluntary export restraint) 수입국이 전방위로 무역규제를 하겠다고 수출국을 위협하여 수출국이 '자발적으로' 수입국에 대한 수출을 감소시키도록 하는 것

수출지향 공업화(export-oriented industrialization) 일부 개발도상국이 추구한 공업화 정책으로 수출 목적 제조업품 생산량 증가를 꾀한다.

수출통제(export controls) 국제상품협정의 한 종류로 각 국이 수출하는 상품의 양을 규제한다.

수출함수(export function) 수출과 국민소득 간의 관계. 외생 수출의 경우 수출 기능은 수평적이다. 즉 수출은 국민소득에 독립적이다.

수평적 통합(horizontal integration) 국내에서도 생산되는 차별화된 상품을 해외에서 생산하는 것

순 IMF 포지션(net IMF position) IMF 쿼터에서 IMF의 자국통화보유분을 차감한 것

순무역편향적 생산 및 소비(protrade production and consumption) 생산과 소비가 증가하여 무역량이 비례 이상으로 증가하는 것

슈퍼골드 트랑슈(super gold tranche) IMF는 일국의 통화를 자국 쿼터 75% 이하로 보유 그 금액은 상환 부담 없이 인출 가능

스무트-홀리 관세법(Smoot-Hawley Tariff Act of 1930) 1932년에 미국의 평균관세율을 사상 최고인 59%로 인상한 법

스미소니언협정(Smithonian Agreement) 1971년 12월 워싱턴에서 합의에 도달한 협정. 이로 인해 달러가 약 9% 평가절하되었고, 금으로의 전환은 중단되었으며, 환율 변동폭은 새로운 중심환율로부터 상하 2.25%로 확대되었다.

스왑협정(swap agreements) 국제 핫머니의 이동을 방지하기 위해 각국의 중앙은행이 통화를 교환하기로 한 협정

스태그플레이션(stagflation) 경기침체 또는 스태그네이션과 가격상승 또는 인플레이션의 조합

스탠바이협정(standby agreements) IMF 회원국들이 IMF와 미래의 대부에 대한 계약을 미리 체결하고 상황 발생 시 자동적으로 이루어지도록 한 협정

스톨퍼-사무엘슨 정리(Stolper-Samuelson theorem) 무역의 결과 어떤 상품의 상대가격이 상승하면 그 상품을 생산하는 데 집약적으로 이용되는 생산요소에 대한 보수가 증가한다는 이론

승수(multiplier) 정부부문이 없는 폐쇄경제에서 투자변화에 대한 국민소득 증가의 비율

시장지향적 산업(market-oriented industries) 생산과정에서 중량이 증가하거나 수송이 어려워지는 상품을 생산하는 산업으로 생산물 시장 근처에 위치하는 경향이 있다.

신보호무역주의(new protectionism) 새로운 형태의 비관세 장벽

신생독립국가(newly independent states) 아르메니아, 아제르바이잔, 벨라루스, 에스토니아, 그루지야, 카자크스탄, 키르기스스탄, 라트비아, 리투아니아, 몰도바, 러시아, 타지키스탄, 투르크메니스탄, 우크라이나, 우즈베키스탄을 포함한다.

신인도(confidence) 국제수지조정 메커니즘이 적절히 작동되고 국제준비자산의 절대적, 상대적 가치가 유지되는 것에 대한 신뢰

신정착지역(regions of recent settlement) 19세기에 유럽인들이 정착한 미국, 캐나다, 아르헨티나, 우루과이, 오스트레일리아, 뉴질랜드 및 남아프리카공화국과 같이 인구가 희소하고 자원이 풍부한 지역

신차입협정(New Agreement to Borrow, NAB) 1997년 초 IMF와 25개 참여국 및 기관이 5년 동안 일반차입협정(GAB)을 보완하기 위해 약 470억 달러까지 대출하기로 합의한 협정 갱신

신흥공업경제(Newly Industrialized Economies, NIEs) 홍콩, 대한민국, 싱가포르, 대만과 같이 GDP, 공업생산, 제조업 수출의 급격한 성장을 경험한 국가들로 고도성장경제(HPAEs)라고도 한다.

실질환율(real exchange rate) 양국의 소비자물가 수준으로 가중치를 준 명목환율

실효보호율(rate of effective protection) 어느 상품을 생산할 때 국내의 부가가치를 기준으로 계산된 관세

실효환율(effective exchange rate) 주요 무역상대국의 무역량을 가중치로 계산한 환율

쌍방무역(bilateral trade) 두 국가 사이의 무역

아시아 인프라 투자은행(Asian Infrastructure Investment Bank, AIIB) 상해에 본부가 있으며 1,000억 달러의 초기 자본금으로 지역 내 인프라 사업을 지원하기 위해 설립됨

아웃소싱(outsourcing) 세계화된 세상에서 비용을 절감하기 위해 부품이나 컴포넌트를 해외에서 구매하는 것

안정 및 성장조약(Stability and Growth Pact, SGP) 유럽통화동맹의 회원국들이 정부재정 적자를 GDP의 3% 이내로 하자는 협정

안정적 외환시장(stable foreign exchange market) 균형으로부터 이탈하는 경우 외환시장의 균형을 다시 회복하기 위한 조건

안정적 투기(stabilizing speculation) 환율이 낮을 때 환율상승을 예상하고 외환을 구입하는 것으로 이익이 발생한다.

약탈적 덤핑(predatory dumping) 외국의 경쟁자를 축출하기 위하여 해외에서 일시적으로 낮은 가격으로 판매하고, 그 후에는 이로 인해 획득한 독점력을 이용하여 가격을 인상하는 것

양적 완화(quantitative easiness, QE) 성장을 촉진시키기 위해 통화량 증대를 목적으로 정부가 채권을 시장에서 구입하는 비전통적인 통화정책

에지워스 상자도(Edgeworth box diagram) 이용 가능한 생산요소의 양이 일정할 때 두 가지 상품의 등량선으로부터 유도된 상자도

역무역편향적 생산 및 소비(antitrade production and consumption) 생산 및 소비 증가의 결과 무역이 비례 이하로(또는 절대적으로 감소하기까지) 증가하는 것

열등재(inferior goods) 소득이 증가함에 따라 소비가 감소하고 소득이 감소함에 따라 소비가 증가하는 재화[따라서 수요의 소득탄력성은 음(−)이다.]

오일러 정리(Euler's theorem) 생산에서 규모의 경제가 성립하고 각 생산요소가 생산성만큼 지급받으면 생산물의 가치는 생산요소에 대한 보수의 합과 정확하게 일치한다는 이론

오퍼곡선(offer curve) 한 국가가 수출 상품을 제공하는 대신 요구하는 수입상품의 양을 표시한 곡선으로 상품의 상대가격이 변화함에 따라 요구되는 수입상품과 수출상품의 양을 표시한 곡선이다.

오프쇼링(offshoring) 자사 제품에 필요한 부품이나 컴포넌트를 해외에 있는 자사 공장에서 생산하는 것

완전경쟁(perfect competition) (1) 어떤 상품이나 생산요소에 대한 다수의 생산자와 소비자가 존재하고 각각은 너무 미미하므로 시장에서의 가격에 영향을 미치지 못하며, (2) 동일한 상품이나 생산요소는 동질적이며, 즉 질이 같으며, (3) 시장에 대한 완전한 정보와 지식을 가지고 있으며, (4) 생산요소는 내부적으로 완전히 이동 가능한 상태를 말한다.

완전특화(complete specialization) 무역의 결과 국가의 생산자원을 어느 한 가지 상품만 생산하는 데 이용하는 것. 이는 보통 기회비용이 일정할 때 발생한다.

완충재고(buffer stock) 국제상품협정의 한 종류로 상품가격이 합의된 최저 가격 이하로 하락하면 상품을 매입하고(재고의 증가), 상품가격이 설정된 최고 가격 이상으로 상승하면 재고로부터 상품을 판매하는 것

외국의 반응(foreign repercussions) 대국의 소득과 무역수지의 변화가 여타국에 영향을 주고 다시 여타국의 변화가 해당국에 주는 효과를 동시에 고려하는 것. 국제경기순환이 국제적으로 어떻게 전파되는가를 보여 준다.

외부경제(external economies) 산업 전체의 생산량이 증가함에 따라 개별기업의 평균 생산비가 하락하는 현상

외채(foreign debt) 개발도상국이 선진국의 상업은행에 진 빚 원금

외환선물(foreign exchange futures) 장내시장에서의 표준화된 선물 거래

외환스왑(foreign exchange swap) 통화의 현물환 판매와 선물환 매입이 하나의 거래로 이루어지는 것

외환시장(foreign exchange market) 일국의 통화가 다른 국가의 통화와 교환되는 시장

외환시장의 효율성(efficiency of foreign exchange markets) 선물환율이 미래의 현물환율을 정확히 예측하는 상황

외환옵션(foreign exchange option) 만기 전에 표준화된 외환을 사거나 팔 수 있는 권리에 대한 거래

외환통제(exchange controls) 국제자본이동에 대한 제한, 선물환시장에 대한 공적 개입, 복수환율제도 및 기타 국가에서 부과하는 금융 통화 제한을 총칭

요소가격 균등화 정리(factor-priced equalization theorem) 헥셔-오린 이론의 일부로서 몇 가지 제약조건 아래 국제무역의 결과 국가 간 동질적 생산요소에 대한 보수는 상대적으로뿐만 아니라 절대적으로도 균등화된다는 이론

요소부존량(factor endowments) **요소의 풍부성** 참조

요소부존이론(factor-endowment theory) **요소비율이론** 참조

요소비율이론(factor-proportion or) **헥셔-오린 이론** 참조

요소의 상대가격(relative factor prices) 한 가지 생산요소의 다른 생산요소에 대한 상대가격. 노동과 자본이라는 두 가지 생산요소가 존재할 때는 노동의 상대가격은 w/r이고 자본의 상대가격은 그 역인 r/w이다.

요소의 풍부성(factor abundance) 다른 국가보다 한 국가에서 생산요소를 상대적으로 더 많이 가지고 있거나 생산요소의 가격이 상대적으로 더 싼 생산요소

요소집약도 역전(factor-intensity reversal) 노동의 상대가격이 낮을 때는 노동집약적으로 생산되다가 자본의 상대가격이 낮을 때는 자본집약적으로 생산되는 현상. 이러한 현상이 사실이라면 헥셔-오린 이론은 성립하지 않게 된다.

우루과이 라운드(Uruguay Round) 비관세장벽이 증가하는 현재의 추세를 반전시키기 위해 1986년에 개시되어 1993년 말 종결된 다자간 무역협상. 여기에서 GATT는 세계무역기구(WTO)로 대체되었으며 WTO에서는 서비스 및 농업을 다루고 분쟁 조정 절차를 개선하였다.

원죄(original sin) 개발도상국이 자국통화로 차입이 어려운 상황

위안(yuan, renminbi, 인민폐) 중국의 통화

위험분산화(risk diversification) 총투자에 대한 전반적인 위험을 분산시키기 위해 수익률이 반대방향으로 변동하는 증권에 투자하거나 서로 다른 생산 라인에 투자하는 것

위험 프리미엄(risk premium) 해외본드를 보유함으로써 환위험, 국가위험을 부담하는 것에 대한 보상으로 투자자가 요구하는 추가적인 수익

위협적 달러(dollar overhang) 미국의 국제수지 적자로 외국의 많은 양의 달러가 통화센터 간 이동함으로써 환율의 변동성이 커지고 통화당국의 행동을 복잡하게 한다.

유동성(liquidity) 일시적인 국제수지 불균형을 해결하기 위해 조달 가능한 국제준비자산의 양

유럽경제지역(European Economic Area, EEA) EU 가입 12개국과 EFTA 가입 7개국 중 5국이 1994년 1월 1일 결성한 자유무역지역

유럽연합(European Unit, EU) 1958년 서독, 프랑스, 이탈리아, 벨기에, 룩셈부르크, 네덜란드로 구성된 관세동맹으로 시작하여 1973년 영국, 덴마크, 아일랜드가, 1981년에는 그리스, 1986년에는 스페인과 포르투갈이, 1995년에는 오스트리아, 핀란드, 스웨덴이 가입하여 15개국으로 확대되었다.

유럽자유무역연합(European Free Trade Association, EFTA) 1960년 영국, 오스트리아, 덴마크, 노르웨이, 포르투갈, 스웨덴 및 스위스가 설립하였으며 핀란드는 1961년에 준회원으로 가입하였다. 아이슬란드는 1970년에 가맹하였다. 1973년에 영국과 덴마크는 EU에 가입하기 위하여 탈퇴하였고, 핀란드는 1986년에 리히텐슈타인은 1991년에 정회원이 되었다. 1995년에 오스트리아, 핀란드, 스웨덴이 EFTA를 탈퇴하고 EU에 가입하였다.

유럽중앙은행(European central market, ECB) 1997년 또는 1999년에 창설된 미국의 연방준비제도이사회와 유사한 기관으로 유럽연합의 단일 통화를 통제하고 발행한다.

유럽통화기구(European Monetary Institute, EMI) 1991년 마스트리히트 조약에 의해 회원국의 거시경제정책을 집중화하고 환율변동을 줄이기 위해 1994년 1월에 창설된 유럽중앙은행(ECB)의 전신

유럽통화단위(European Currency Unit, ECU) 유럽연합 회원국들 통화의 가중평균에 근거하여 유럽통화제도에 의해 정의된 계산단위

유럽통화동맹(European Monetary Unit, EMU) 유럽연합의 회원국 중 유로를 공통통화로 사용하는 12개 국가로 공통된 통화정책을 사용하기 위해 유럽중앙은행을 창설하였다.

유럽통화제도(European Monetary System, EMS) 1979년 유럽연합의 회원국이 창설한 유럽통화단위. 회원국 간의 환율 변동성의 제한 및 유럽통화기금의 창설을 내용으로 하는 기구

유럽통화협력기금(European Monetary Cooperation Fund, EMCF) 단기 및 중기의 국제수지 지원을 하는 유럽통화제도 산하의 기관

유로(Euro) 1999년 초 유럽연합의 15개 회원국 중 11개국이 채택한 공통통화

유로노트(Euronote) 단기의 유로통화와 장기의 유로본드 중간에 위하는 중기 채권

유로본드(Eurobond) 장기자본조달을 위해 차입국 이외 국가에서 채권이 매각된 국가 외의 통화로 발행된 장기채권

유로시장(Euro market) 유로커런시가 차입 대부되는 시장

유로커런시(Eurocurrency) 외국통화로 표시된 일국의 상업은행 예금

유발수요(derived demand) 상품에 대한 수요가 변화에 기인한 생산요소에 대한 수요

유엔무역개발협의회(United Nations Conference on Trade and Development, UNCTAD) 1964년, 1968년, 1972년, 1976년, 1979년, 1983년, 1987년, 1992년 국제연합(UN)의 후원하에 개최된 직속 기구. 개발도상국들은 자신들의 발전을 촉진하기 위해 현행 국제경제 체제를 개선하여 운영할 것을 요구하였다.

유치산업보호론(infant-industry argument) 한 산업을 자리잡게 하고 보다 효율적인 해외 기업으로부터 보호하기 위해서는 일시적인 무역보호가 필요하다는 주장

은행연합(bank union) EU에 의해 창설된 은행연합으로 유럽중앙은행(ECB)은 EU 은행 위기를 관리하고 모든 EU 은

행에 대한 허가권을 갖게 되었다.

의도된 혹은 계획된 투자(desired or planed investment) 기업이 하고자 하는 투자지출의 수준

이자재정(interest arbitrage) 보다 높은 수익을 목적으로 한 단기유동자금의 해외로의 이동

이전가격책정(transfer pricing) 세율이 높은 국가로부터 낮은 국가로 소득과 이윤을 이전하기 위한 목적으로 생산물에 대해 과다가격책정이나 과소가격책정을 하는 다국적 기업 내부의 거래

이전문제(transfer problem) 대규모 자본이전을 하면 지불국의 수출잉여와 동일한 액수의 수취국 수입잉여가 수반되는 조건

인적 자본(human capital) 노동자에게 체화된 교육, 직업훈련 및 건강 등으로 노동자의 생산성을 증가시키는 것

인플레이션 타기팅inflation targeting) 일국이 특정 인플레이션을 정책목표로 정하고 달성하고자 함

일물일가의 법칙(law of one price) 무역에 대한 규제. 운송비가 없는 경우 동일하게 교역되는 재화는 재정에 의해 지역 간 가격이 동일해진다.

일반균형모형(general equilibrium model) 생산자, 소비자, 교역자의 행동을 동시에 분석하는 모형

일반균형분석(general equilibrium analysis) 경제 내 모든 시장 간의 상호연관성을 연구

일반차입협정(General Agreements to Borrow, GAB) IMF가 선진 10개국과 스위스로부터 국제수지 조정을 위해 차입하기로 한 협정

임계점조항(peril-point provisions) 대통령으로 하여금 국내산업에 심각한 피해를 야기하는 어떠한 관세인하 협상을 못하도록 하는 보호주의적 장치

잉여분출(vent for surplus) 일부 개발도상국에서는 수출이 농산물과 원자재의 잠재적 잉여에 대한 분출구가 될 수 있다는 견해

자급자족(autarky) 자급자족 또는 무역을 하지 않는 상태

자동조정기구의 종합(synthesis of automatic adjustments) 국제수지 불균형을 해소하기 위해 자동적인 가격, 소득 및 통화 조정의 통합

자메이카협정(Jamaica Agreement) 1976년에 체결되고 1978년에 비준된 관리변동환율제도를 용인하고 금의 공식가격을 폐지한 것을 주요 내용으로 한다.

자본계정(capital account) 생산되지 않은 비금융자산의 획득과 처분, 자본이전의 수령과 지불을 의미한다.

자본-노동 비율(capital-labor ratio, K/L) 어떤 상품을 생산할 때 노동 한 단위와 결합하는 자본의 양

자본절약적 기술진보(capital-saving technical progress) 노동의 생산성보다 자본의 생산성이 더 많이 증가하는 기술진보. 생산요소의 상대가격이 변하지 않을 때 L/K가 감소하게 된다.

자본집약적 상품(capital-intensive commodity) 상품의 상대가격이 어떻게 변화하더라도 생산을 할 때의 자본-노동 비율이 높은 상품

자원 지향적 산업(resource-oriented industry) 중량이 많이 나가고 부피가 큰 원자재를 보다 가벼운 최종생산물로 가공하는 산업으로 원자재 공급원 근처에 위치하는 경향이 있다.

자유 입지형 산업(footloose industries) 생산과정에서 중량이 추가되거나 감소하지 않는 산업으로 기타 투입요소의 이용가능성 때문에 생산비용이 가장 저렴한 곳에 위치하는 경향이 있다.

자유경제지대(fee economic zones) **무관세지대** 참조

자유무역지대(free trade area) 회원국 간의 무역에 대한 모든 장벽을 제거하지만 각국은 비회원국에 대한 독자적인 무역장벽을 유지한다. 예로는 EFTA, NAFTA, 메르코수르가 있다.

자유방임주의(laissez-faire) 애덤 스미스와 다른 고전파 경제학자들의 주장으로 경제활동에 대한 규제나 정부개입을 최소화하는 정책

자유변동환율제도(freely floating exchange rate system) 외환시장에서 환율이 시장에서의 수요와 공급에 의해 결정되고 정부 개입이 없음

장기총공급곡선(long-run aggregate supply [$LRAS$]

curve) 물가와 자연산출량 간의 관계를 보여 주는 곡선으로 수직선이며 지역 산출량은 일국의 노동, 자본, 자연자원 및 기술수준에 의해 결정된다.

재정(arbitrage) 이윤 획득을 목적으로 통화가격이 저렴한 통화센터에서 구입하여 즉시 통화가격이 비싼 통화센터에서 재판매하는 행위

재정적자(budget deficit, $G-T$) 정부지출의 징수된 조세의 초과분

저축함수(saving function) 저축과 소득의 관계. 일반적으로 소득이 0인 경우 저축은 음수(−)이고, 소득이 증가함에 따라 증가하므로 소비 증가와 저축 증가는 소득증가와 동일하다.

전략적 무역정책(strategic trade policy) 외부경제가 있는 과점적 시장에서 정부의 적극적인 개입정책으로 한 국가의 후생을 증대시킬 수 있다는 주장

절대우위(absolute advantage) 한 국가가 어떤 상품을 생산할 때의 효율성이 다른 나라보다 큰 것으로 애덤 스미스에게는 이것이 무역의 원인이었다.

절대적 구매력평가 이론(absolute purchasing-power parity theory) 균형환율은 양국의 물가수준의 비율과 일치한다는 이론. 이 구매력평가 이론은 잘못 이해될 가능성이 있다.

정상재(normal goods) 소득의 변화와 같은 방향으로 소비가 변화하는 재화[따라서 수요의 소득 탄력성은 양(+)이다.]

제품수명주기 모형(product-cycle model) 버논이 주장한 가설로 산업국가에서 처음 도입하고 숙련노동으로 생산한 신제품은 궁극적으로 표준화되어 덜 숙련된 노동을 가진 다른 국가에서도 생산된다는 가설

조정(adjustment) 국제수지불 균형이 교정되는 과정

조정가능 페그 제도(adjustable pet system) 환율이나 평가가 국제수지 불균형을 교정하기 위해 간헐적으로 변화하는 환율제도

조정정책(adjustment policy) 국제수지 불균형을 해소할 일차적인 목적을 가지고 일국의 통화당국이 취하는 특정의 조치들

종가관세(ad valorem tariff) 교역되는 상품가격의 일정 비율로 표시된 관세

종량관세(specific tariff) 교역재 1단위당 일정 금액으로 부과되는 관세

주조평가(mint parity) 고정환율 금본위제도하에서 각 나라가 통화 1단위의 금의 함량을 정의하여 고정시킨 환율로 이 공식가격에 따라 수동적으로 금을 수량에 상관없이 매입, 매각하게 된다.

중동부유럽국가(Central and Eastern European Countries, CEEC) 알바니아, 보스니아−헤르체고비나, 불가리아, 크로아티아, 체코공화국, 유고슬라비아 연방공화국, 헝가리, 구유고슬로비아공화국, 마케도니아, 폴란드, 루마니아, 슬로바키아, 슬로베니아로 구성

중립적 기술진보(neutral technical progress) 노동과 자본의 생산성이 같은 비율로 증가하는 기술진보로 생산요소의 상대가격이 변화하지 않으면 K/L도 변하지 않는다.

중립적 생산 및 소비(neutral production and consumption) 생산 및 소비가 증하여 교역량이 같은 비율로 증가하는 것

중상주의(Mercantilism) 17세기와 18세기에 유행했던 일련의 저작물로 한 국가가 부강해지기 위해서는 수입을 억제하고 수출을 장려해야 한다고 주장. 이에 의하면 한 국가는 다른 국가의 희생을 통해서만 이익을 얻을 수 있다.

중앙계획경제(Centrally planned economies) 정부가 생산요소를 소유하여 생산요소의 가격이 정부지침에 의해 결정되는 경제

중유럽 자유무역협정(Central European Free Trade Association, CEFTA) 폴란드, 헝가리, 체코공화국, 슬로바키아가 1992년에 서명하여 10년 내에(그 후 1997년까지) 회원국 간 자유무역을 위한 협정

지대(rent) 생산자로 하여금 일정량의 상품 또는 요소 서비스를 제공하도록 유도하기 위해서 장기적으로 지불할 필요가 없는 금액

지속적 덤핑(persistent dumping) 국내의 독점기업이 이윤을 극대화하기 위하여 국내가격보다 낮은 가격으로 해외에 지속적으로 판매하는 것. 국제 가격차별이라고도 한다.

지출변화정책(expenditure-changing policy) 일국의 총수요의 국내와 해외의 구성을 변화시키는 외환정책

지출전환정책(expenditure-switching policy) 일국의 총수요의 규모를 변화시키는 재정정책과 통화정책

직접통제(direct controls) 상품무역과 자본의 이동에 대한 관세, 쿼터 및 기타의 규제

직접투자(direct investments) 공장, 자본재, 토지 및 재고에 대한 실물적인 투자로써 자본과 경영이 수반되며 투자자는 투자된 자본에 대한 통제권을 갖는다.

집중화된 카르텔(centralized cartel) 독점자처럼 행동하는 한 상품의 공급자 조직

차변거래(debit transaction) 재화와 서비스의 수입, 외국 거주자에게 지불하는 1차 소득, 2차 소득 및 자본이전지출이 포함된다.

차별화된 상품(differentiated products) 동일한 산업 또는 생산물 그룹 내의 서로 다른 생산자가 생산하는(자동차, 담배, 비누와 같이) 어느 정도 상이한 상품

차선이론(theory of the second best) 파레토 최적에 도달하거나 사회적 후생을 극대화하기 위한 모든 조건이 충족될 수 없다면, 이들 조건 중 더 많은 조건이 충족된다고 해서 반드시 차선의 상태에 도달하지는 않는다는 이론

총공급곡선(aggregate supply [AS] curve) 재화와 서비스의 총공급량과 물가와의 도표상의 관계

총수요곡선(aggreate demand [AD] curve) 재화와 서비스의 총수요량과 물가와의 도표상의 관계

최적관세(optimum tariff) 관세 부과로 인한 교역조건 개선의 긍정적 효과가 교역량 감소의 부정적 효과를 상쇄하여 한 국가의 후생을 극대화할 수 있는 관세율

최적통화지역(optimum currency area) 고정환율제도를 영구적으로 유지하는 국가군. 그러한 국가군을 최적으로 하는 지역의 범위

최혜국원칙(most-favored nation principle) 미국과 기타국 사이에 체결한 상호적 관세인하는 모든 무역상대국에게 확대 적용되는 것

캐리 트레이드(carry trade) 수익이 낮은 화폐를 차입하여 수익이 높은 화폐로 대부하여 수익을 발생시키는 것

커버되지 않은 이자재정(uncovered interest arbitrage) 환위험이 커버되지 않은 상태에서 단기유동자금이 이자율이 더 높은 국제통화센터로 이동하는 것

커버된 이자재정(covered interest arbitrage) 현물환율로 매입과 선물환율로의 동시 재판매를 통한 환위험을 제거한 상태에서 단기유동자금의 해외로의 이전

커버된 이자재정 마진(Covered Interest Arbitrage Margin, CIAM) 외국통화센터에 유리한 이자율차에서 외국통화의 선물환 할인율을 공제한 것

커버된 이자재정 평형(Covered Interest Arbitrage Parity, CIAP) 외국통화센터에 유리한 이자율차와 외국통화의 선물환 할인율이 동일한 상황

케네디 라운드(Kennedy Round) (1962년의 무역확대법을 근거로) 1967년 타결된 다자간 무역협정으로 공산품에 대한 관세를 35% 인하하기로 하였다.

콥-더글러스 생산함수(Cobb-Douglas production function) 노동과 자본 사이의 대체탄력성이 1인 생산함수

쿼터(quota) 무역에 대한 직접적 수량적 통제

크레디트 트랑슈(credit tranche) 국제통화기금으로부터의 차입한도 중에서 골드 트랑슈를 제외한 부분

크롤링 페그제도(crawling peg system) 환율이나 평가가 균형에 도달할 때까지 매우 소량으로 미리 발표된 수준으로 빈번히 명확히 정의된 기간 내에 변화하는 제도

탄력성 비관론(elasticity pessimism) 1940년대의 실증적 자료에 근거하여 외환시장이 불안정하거나 겨우 안정적이라는 신념

탄력성 접근방법(elasticity approach) 무역수지의 변화가 환율상승이나 평가절하 등에 의해 이루어지고 그 크기는 일국의 수출과 수입수요의 탄력성의 크기에 의해 결정

탈공업화(deindustrialization) 제조업의 중요성과 제조업 고용비율이 상대적으로 감소하는 현상

통계적 불일치(statistical discrepancy) 복식부기원칙에 따라

대변과 차변의 총계가 일치하도록 국제수지 기록상의 추가한 기입항목

통상정책(commercial policy)　**무역정책** 참조

통화량(supply of money)　일국의 총통화공급은 본원적 통화에 통화승수를 곱한 값과 일치한다.

통화수량설(quantity theory of money)　통화량과 통화의 유통속도를 곱한 값. 완전고용 산출량과 일반물가수준의 곱한 값과 동일하다.

통화수요(demand for money)　국제수지의 통화론적 접근법에 따르면 화폐의 장기수요는 안정적이고 명목국민소득과 양(+)의 관계, 이자율과 음(−)의 관계에 있다.

통화위원회제도(Currency Board Agreements, CBA)　환율을 경직적으로 고정시켜 국제수지 흑자나 적자 상황에서 통화량이 자동적으로 증가나 감소하게 허용함으로써 중앙은행의 통화정책의 독립성을 상실하는 환율협정

통화의 태환성(currency convertibility)　하나의 통화를 제약 없이 다른 통화로 바꿀 수 있는 능력

투기(speculation)　이윤 획득을 목적으로 환위험을 받아들이는 것으로 오픈 포지션이라고도 한다.

투기적 통화수요(speculative demand for money)　비능동적 화폐 수요 가격이 하락하는 자산보유를 피하여 이자율이 상승할수록 수요가 증가한다.

투자함수(investment function)　투자와 국민소득 간의 관계를 나타내는 곡선으로 소득 축에 그렸을 때 수평이다. 즉, 투자는 소득에 대해 독립적이다(소득에 따라 변화하지 않는다).

트리거 프라이스 메커니즘(trigger-price mechanism)　수입 철강의 가격을 최저생산국가의 가격과 같아지도록 관세를 부과함으로써 철강 산업을 보호하기 위해 1978년 미국이 도입한 반덤핑 장치

트릴레마(trilemma)　세 가지 정책안 중 두 가지만 사용 가능한 정책상의 딜레마. 그 세 가지는 고정환율, 통화정책의 독립성 및 무한 자본이동성이다.

특별인출권(Special Drawing Right, SDR)　IMF가 창출한 국

제준비자산. 국제준비자산금은 회원국의 쿼터에 비례하여 배분한다.

특정요소 모형(specific-factor model)　적어도 한 가지 이상의 생산요소가 산업 간에 이동 불가능할 때 상품가격의 변화가 생산요소의 수익에 미치는 효과를 분석하기 위한 모형

특혜무역협정(preferential trade arrangements)　가장 느슨한 형태의 경제통합으로 회원국에 대해서는 비회원국에 대해서 보다 더 낮은 무역장벽을 유지한다. 예로는 영연방특혜제도가 있다.

특화로부터의 이익(gains from specialization)　생산에서의 특화 때문에 발생하는 소비의 증가

파생금융상품(financial derivatives)　통상적인 주식이나 채권보다 복잡한 금융상품으로 주식이나 채권과 관련

패스트 트랙(Fast Track)　**무역촉진권한** 참조

평가상승(appreciation)　외국통화의 국내통화 가격의 상승

평가절하(devaluation)　일국의 통화당국이 정책적으로 하나의 고정 또는 페그된 수준에서 다른 수준으로 환율을 상승시키는 정책

평가하락(depreciation)　외국통화의 국내통화 표시가격의 하락

평균수입성향(Average Propensity to Import, APM)　국민소득에서 수입의 비율 또는 M/Y

폐쇄경제(closed economy)　자급자족 또는 폐쇄경제

폐쇄경제하의 상품의 균형상대가격(equilibrium-relative commodity price in isolation)　폐쇄경제 상태에서 한 국가의 후생을 극대화할 수 있는 상품의 균형 상대가격. 이는 무역을 하지 않을 때의 생산 및 소비점에서 한 국가의 생산가능곡선과 무차별곡선이 접하는 점에서의 기울기로 표시된다.

포트폴리오 이론(portfolio theory)　시간의 경과에 따라 수익률이 반대로 움직이는 증권에 투자함으로써 보다 낮은 위험으로 같은 수익률을 얻을 수 있거나 같은 수준의 위험에 대해 더 높은 수익률을 얻을 수 있다는 이론

포트폴리오 접근방법(portfolio balance approach)　환율은 양

국의 금융자산 시장의 균형을 이루는 과정에서 결정된다는 이론

포트폴리오 투자(portfolio investment) 채권이나(주식회사 주식을 10% 이하 구매할 때의) 주식 투자와 같이 순수한 금융자산을 구입하는 것이며, 이는 보통 은행이나 투자 펀드에 의해 수행된다.

필립스 곡선(Phillips curve) 논쟁의 여지가 있는 실업률과 인플레이션 간의 배향 또는 역의 관계

학습곡선(learning curve) 시간이 경과함에 따라 한 산업의 누적 생산이 증가할 때 평균비용이 하락하는 정도를 보여주는 곡선

한계대체율(Marginal Rate of Substitution, MRS) 한 국가가 어느 한 가지 상품을 한 단위 포기하고도 동일한 만족을 유지한 채 얻을 수 있는 다른 상품의 양. 이는 소비점에서 무차별곡선의 기울기로 표시되며 이 상품의 소비가 증가할수록 감소한다.

한계변환율(Marginal Rate of Transformation, MRT) 한 가지 상품의 생산이 증가함에 따라 포기해야 하는 다른 상품의 양. 이는 상품의 기회비용과 같으며 생산점에서 생산가능곡선의 기울기로 표시된다.

한계수입성향(Marginal Propensity to Import, MPM) 국민소득의 증가분에 대한 수입의 증가분

한계저축성향(Marginal Propensity to Save, MPS) 국민소득의 증가분에 대한 저축의 증가분

해외영업법인(Foreign Sales Corporation, FSC) 수출소득에 대한 실질적 세금을 인하하여 수출을 증진하기 위한 미국의 세법

헤징(hedging) 외환위험의 회피(또는 오픈 포지션의 커버)

헥셔-오린 이론(Heckscher-Ohlin theroy) 한 국가는 (1) 상대적으로 풍부하거나 값싼 생산요소를 집약적으로 이용하는 상품을 수출하고, (2) 국제무역의 결과 동질적인 생산요소에 대한 보수는 균등화된다는 이론

헥셔-오린 정리(Heckscher-Ohlin theorem) 헥셔-오린 이론의 한 부분으로 한 국가는 상대적으로 풍부하거나 상대적으로 저렴한 생산요소를 집약적으로 이용하는 상품을 수출

하고 상대적으로 희소하거나 비싼 생산요소를 집약적으로 이용하는 상품을 수입한다는 이론

현물환율(spot rate) 환율 거래가 성사된 후 2영업일 내에서 인도가 이루어지는 거래

현물환율의 기대 변화(expected change in the spot rate) 미래에 기대되는 현물환율의 변화

확장경로(expansion path) 요소가격이 일정할 때 요소에 대한 지출을 증가시킴에 따라 변화하는 생산자 균형점을 연결한 선

환경기준(environmental standards) 여러 국가에서 허용되는 공해 수준

환율 메커니즘(Exchange Rate Mechanism, ERM) 회원국의 환율 변동을 상하 2.25% 이내에서만 허용하는 유럽통화제도의 협정

환율(exchange rate) 외국통화의 국내통화가격

환율의 오버슈팅(exchange rate overshooting) 환율이 장기 균형수준으로부터 즉각적 이탈했다가 단계적으로 균형수준으로 복귀하는 현상

회피조항(escape clause) 수입품으로 인해 손해를 보았다고 주장하는 산업이 미국 국제무역위원회에 청원할 수 있도록 한 보호주의적 장치로 국제무역위원회는 대통령에게 관세인하 협상을 권고할 수 있다.

효율적 시장구분의 원칙(principle of effective market classification) 정책수단은 복수로 또는 가장 효율적인 방법으로 사용되어야 한다.

흡수접근방법(absorption approach) 환율변화에 의한 국제수지불균형을 조정하는 과정에서 발생하는 유발된 소득변화의 효과를 검토하고 양자를 통합한다.

1934년의 무역협정법(Trade Agreement Act of 1934) 최혜국원칙에 기초하여 대통령이 다른 국가와 50%까지의 관세인하를 협상할 수 있도록 허용한 법

1962년의 무역확대법(Trade Expansion Act of 1962) 대통령으로 하여금 1962년 수준의 50%까지 일괄적 관세인하협정을 하도록 허용하고 무피해원칙을 무역조정 지원으로 대체하였다.

1974년의 무역개혁법(Trade Reform Act of 1974) 대통령에게 케네디 라운드 이후 수준의 60%까지의 관세인하와 비관세장벽 인하 협상을 할 수 있도록 함

1984년의 무역 및 관세법(Trade and Tariff Act of 1984) 대통령에게 서비스 분야의 무역장벽 인하 협상, 이스라엘과의 자유무역 및 일반특혜관세를 1993년까지 확장하도록 위임

1988년 전방위 무역 및 경쟁법(Omnibus Trade and Competitiveness Act of 1988) 슈퍼 301조를 바탕으로 미국의 수출품에 대한 주요 장벽을 제거하지 않는 국가로부터의 수입을 규제할 수 있도록 함

1차 동차(homogeneous of degree 1) 규모에 대한 보수가 불변인 생산함수

1차 크레디트 트랑슈(first credit tranche) SDR이나 IMF가 지정한 통화로 쿼터의 25%로 자동차입 가능한 금액

BP 곡선(BP curve) 국제수지가 균형을 이루는 국민소득과 이자율의 조합으로 양(+)의 기울기를 갖는 곡선

IMF 융자조건(IMF conditions) IMF 회원국이 IMF로부터 차입하는 경우 부과하는 조건

IS 곡선(IS curve) 재화시장이 균형을 이루는 국민소득과 이자율의 다양한 조합을 나타내는 곡선으로 음(−)의 기울기를 갖는다.

J-곡선 효과(J curve effect) 환율상승의 무역수지에 대한 효과로 처음에는 적자를 보이다 나중에는 흑자로 전환되는 현상

LM 곡선(LM curve) 화폐시장이 균형을 이루는 국민소득과 이자율의 다양한 조합을 나타내는 곡선으로 양(+)의 기울기를 갖는다.

찾아보기

ㅈ

ㅊ

ㅋ

ㅌ